科教兴州　生态立州

CHUXIONG ALMANAC

规模以上工业产值：298.72 亿元
总发电量：12.97 亿千瓦时
钢材产量：143.22 万吨
水泥产量：104.24 万吨
卷烟产量：57.8 万箱

全社会固定资产投资：280.62 亿元
全年房地产开发投资：38.25 亿元
商品房竣工面积：70.98 万平方米
商品房销售额：35.73 亿元

社会消费品零售总额：131.9 亿元
外贸进出口总额：10843 万美元
实际利用外资：1331 万美元

公路通车里程：16938.12 千米
客运量：2404 万人
货运量：1317 万吨
电话普及率：51.76 部/百人
旅游业总收入：31.07 亿元

财政总收入：86.49 亿元
地方一般预算收入：30.7 亿元
地方一般预算支出：108.58 亿元
金融机构年末人民币存款余额：437.98 亿元
城乡居民储蓄存款：228.51 亿元
金融机构年末人民币贷款余额：265.22 亿元

普通高校：3 所
普通中专学校：27 所
科技对国民经济增长贡献率：47.6%
电视覆盖率：97.29%
广播覆盖率：97.02%
卫生机构：569 个
卫生技术人员：10805 人
医疗卫生机构床位：9812 张

农村居民人均纯收入：3896 元
城镇居民人均可支配收入：15624 元
农村居民人均住房使用面积：35.3 平方米
城镇居民人均住房总建筑面积：35.16 平方米

[主要资料来源：《楚雄州 2010 年国民经济和社会发展统计公报》]

（本版摄影：朱卫明）

2011 年 8 月 4 日，中共云南省委书记白恩培深入武定县狮山镇西和村调研 （马 骏/摄影）

2010 年 9 月 10 日，中共云南省委书记白恩培、省政府省长秦光荣等领导出席广通至大理铁路扩能改造工程奠基仪式 （马 骏/摄影）

2011年4月8日，国家水利部部长陈雷、中共云南省委副书记李纪恒等领导出席楚雄州水务工作汇报会暨水务局揭牌仪式　(楚雄州水利局/提供)

2011年8月24日，中共云南省委常委、省纪委书记李汉柏，省委常委、省政府副省长李江等领导在楚雄州政务服务中心调研　(马　骏/摄影)

2011年7月7日，国家发改委副主任徐宪平一行在南华县野生菌交易市场调研

（马　骏/摄影）

2010年4月9日，国家教育部副部长陈小娅到楚雄州检查指导抗旱保教工作（曾奇武/摄影）

2010 年 11 月 22 日，中共云南省委常委、省政府常务副省长罗正富深入楚雄中石坝水库调研
（高建波/摄影）

2010 年 2 月 4 日，省政府副省长孔垂柱到楚雄州检查指导抗旱救灾工作　（曾奇武/摄影）

2011 年 8 月 12~15 日，中共楚雄州第八次代表大会召开　　（马　骏/摄影）

新当选的中共楚雄州委八届常委　　（马　骏/摄影）

2011年2月22~26日，楚雄州第十届人民代表大会第六次会议召开 （马 骏/摄影）

2011年2月20~23日，政协楚雄州第八届委员会第五次会议召开 （王 明/摄影）

2011 年 6 月 17 日，在纪念建党 90 周年之际，州级党政领导观看“彝州机关先锋看台”——“走前头、当先锋、作表率”创先争优主题展
（李学能/摄影）

2011 年 4 月 15 日，出席《中国彝族通史》编委会议的领导参加彝族祭火活动
（王　明/摄影）

2010 年 1 月 9 日，由中国文联、中国红十字会总会、中共云南省委宣传部主办的“送欢乐、下基层——赴云南楚雄慰问活动”在楚雄活力广场举行

（马 骏/摄影）

2010 年 7 月 15 日，首届“云南美德少年”颁奖仪式暨“做一个有道德的人”主题夏令营活动开营仪式在禄丰世界恐龙谷举行

（高建波/摄影）

2010 年 11 月 1 日，“2010 年云南省花灯艺术周”在姚安县光禄古镇拉开帷幕

（夏天彧/摄影）

红塔集团楚雄卷烟厂工人在新厂区烟叶分拣车间进行烟叶分拣（马 骏/摄影）

野生菌加工现场（高建波/摄影）

云南钛业股份有限公司生产车间（马 骏/摄影）

2011 年 6 月 29 日，楚雄州举行庆祝建党 90 周年文艺晚会　　（高建波/摄影）

2010 年 8 月 4 日，第五届中国彝族文化展演会、第六届云南民族民间文化博览会暨 2010 年中国楚雄彝族国际火把节迎宾晚会在州体育馆举行　　（马　骏/摄影）

2010 年 9 月 20 日，楚雄州第二届道德模范颁奖晚会在州广电中心演播大厅举行　　（夏天彧/摄影）

2010 年 12 月，楚雄州职业教育园区入驻学校举行冬季运动会（马　骏/摄影）

2010 年 1 月 15 日，楚雄州 2010 年文化、科技、卫生“三下乡”集中示范活动暨启动仪式在永仁县永定镇举行（马　骏/摄影）

2011 年 6 月 26 日，彝剧《杨善洲》在楚雄首演（夏天彧/摄影）

楚雄州年鉴

CHUXIONG ALMANAC

2011

楚雄彝族自治州人民政府 主办
楚雄州地方志办公室 编纂

云南出版集团公司
云南科技出版社
·昆明·

图书在版编目（CIP）数据

楚雄州年鉴. 2011/楚雄州地方志办公室编. —昆明：云南科技出版社，2011.7

ISBN 978-7-5416-4826-7

Ⅰ. ①楚… Ⅱ. ①楚… Ⅲ. ①楚雄彝族自治州-2011-年鉴 Ⅳ. ①Z527.42

中国版本图书馆 CIP 数据核字（2011）第 155367 号

楚雄州年鉴(2011)

楚雄彝族自治州人民政府　主办

楚 雄 州 地 方 志 办 公 室　编纂

地　　址　云南省楚雄市阳光大道 283 号一公司两市场办公区

邮　　编　675000

电　　话　(0878)3389345

传　　真　(0878)3389348

邮　　箱　cxznj@tom.com

出版发行　云南出版集团公司

　　　　　云南科技出版社

地　　址　昆明市环城西路 609 号云南新闻出版大楼

邮　　编　650034

电　　话　(0871)4192752

网　　址　www.ynkjph.com

责任编辑　李永丽

责任校对　叶水金

印　　刷　楚雄师范学院印刷厂

开　　本　889×1194mm　1/16

印　　张　28.75

字　　数　925 千字

版　　次　2011 年 9 月第 1 版

印　　次　2011 年 9 月第 1 次

插　　页　50

印　　数　1500 册

ISBN 978-7-5416-4826-7 / Z·462

定价：180.00 元

若发现印装错误请与承印厂联系

楚雄州年鉴编辑委员会

主　　任　李红民（中共楚雄州委副书记、州人民政府代理州长）
常务副主任　赵祖莹（楚雄州人民政府副州长）
副 主 任　李德胜（楚雄州人民政府秘书长）
李绍文（中共楚雄州委副秘书长、办公室主任）
李　平（楚雄州人民政府副秘书长、办公室主任）
郭孟贤（楚雄州地方志办公室主任）
委　　员　苏贤发（中共楚雄州委副秘书长、州委政策研究室主任）
阮建文（楚雄州人民政府副秘书长）
周兴国（楚雄州发展和改革委员会主任）
邓斯云（楚雄州财政局局长）
何学明（楚雄州工业和信息化委员会主任）
戴凤玲（楚雄州统计局局长）
何锡英（楚雄州社会科学界联合会主席）
杨永昌（楚雄州国家保密局局长）
高建祥（楚雄州档案局局长）
白云鹏（楚雄州地方志办公室副主任）

编 辑 说 明

一、《楚雄州年鉴》是云南省楚雄彝族自治州人民政府主办、州地方志办公室编纂的地方综合年鉴。全面记录楚雄州经济和社会发展基本情况，突出时代特色和地方民族特色，坚持常编常新，旨在为领导决策、部门开展工作和社会各界了解楚雄、研究楚雄、建设楚雄提供系统的州情资料。

二、《楚雄州年鉴》创刊于1989年，每年赓续出版。2011年卷反映楚雄州2010年各项事业发展状况、重大事件和新的成就及经验。为增强时效性，部分图片、文稿收录了2011年的重要内容。

三、《楚雄州年鉴》(2011)以条目体为主，按类目、分目、条目三级编排，设特载、大事·要闻、年鉴论坛、综述、政治、军事、法制、经济管理、农业、工业、烟草业、医药业、商贸业、交通运输业、旅游业、信息产业、城建·环保、财政·税务、金融·保险、科学技术、社会科学、教育、文化、卫生、体育、民族、社会、县（市）概况、人物、附录、统计资料31个类目。类目下设分目229个，约有条目1460个。

四、《楚雄州年鉴》(2011)框架设置在上年版基础上有所调整，类目保持不变，对部分分目作了适当调整，精减条目数量，提高设目的科学性。相关类目下为突出部门职能工作，以事归类，事以类聚，增强部门工作的全局性、系统性、综合性；加大各分目下“概况”条目的设置，全面反映各行业年度工作的整体发展状况。在“十一五”收官之际，为集中反映彝州各条战线在“十一五”期间所取得的发展成就，设立“辉煌十一五·彝州新跨越”彩色专版，用图文并茂的形式，重点宣传和展示彝州在经济建设、政治建设、文化建设、社会建设、生态建设和党的建设方面取得的显著成绩、发展面貌，以发挥年鉴忠实记录历史、总结发展经验的作用。

五、《楚雄州年鉴》(2011)卷首设目录和英文要目，卷末配有索引。具有完善的图书检索系统。

六、《楚雄州年鉴》(2011)采用文稿，均由州属各部门和各县（市）指定专人撰稿，并经部门领导审定。“综述”、“县(市)概况”、“统计资料”的数据由州统计局提供并负责审核，涉密内容由州国家保密局负责审定。编辑结束，经楚雄州年鉴编辑委员会审定后交付出版。

楚雄州地方志办公室

2011年9月

《楚雄州年鉴》编辑人员

顾　　　　问　何　宣（云南年鉴研究会会长）
　　　　　　　张淑静（云南年鉴研究会名誉会长）
主　　　　编　郭孟贤
执 行 主 编　白云鹏
副　主　编　朱卫明
编　　　　辑　朱卫明　周能汉　安孟勤　者宗菊
　　　　　　　王艳萍　罗相海　任学全　彭利侯
校　　　　对　朱卫明　周能汉　安孟勤　者宗菊
　　　　　　　王艳萍　罗相海　任学全　彭利侯
数 据 审 核　楚雄州统计局
保 密 审 查　楚雄州国家保密局
英文目录翻译　杞华仙

《楚雄州年鉴》审稿人员

（按姓名笔划排序）

刁晋光	马国良	马爱芳	王文书	王　平	王　旭	王志勇	王志梅	王学军
王定梁	王建新	王绍才	王晓明	王　森	王耀秋	夭建国	邓瑞云	龙光明
田映昌	田裕民	冉江明	代正权	代丽菊	白忠华	永培映	朱金沙	朱春生
朱梅品	乔　方	延晋昆	刘予敏	刘　安	刘应文	刘　政	刘　祥	刘祥武
刘燕林	许华荣	孙长友	孙家成	苏光祖	苏铸红	杜　鹏	杨　龙	杨永生
杨永昌	杨延春	杨　林	杨　杰	杨　凯	杨树荣	杨继元	杨新林	杨德祥
李玉林	李仕江	李兆友	李兴国	李志勇	李　宏	李松禄	李　明	李绍文
李树华	李　能	李　跃	李彩林	李　康	李　惠	李　靖	李德胜	肖惠华
吴双华	吴正友	吴秉勤	何学明	何　勇	何锡英	余琼芬	邹志琼	宋文浩
张存浥	张利生	张利伟	张林敏	张　明	张明力	张炳华	张洪云	张祖武
张　勇	陆绍林	陈之昌	罗正海	罗永林	罗兴贵	罗金林	周正芬	郎　胜
孟树仙	胡显文	胡智文	钟仕民	钟继红	段绍东	段福君	侯志荣	施克沛
施剑波	耿军华	聂宗林	夏　军	夏　良	柴　俊	徐永金	徐高亮	殷秀玲
高建祥	郭孟贤	郭　骏	唐聆鹏	唐聆燕	黄正山	黄茂林	商雁鸿	董　兵
董智昆	韩仕新	喻胜芳	程宗文	靳　昌	蒲　涌	虞熙朝	蔡永林	谭锐冬
熊卫红	黎思栋	潘学安	戴凤玲					

目　　录

特　　载

抢抓历史机遇　坚持科学发展　为实现富民强州宏伟目标而努力奋斗
——在中国共产党楚雄彝族自治州第八次代表大会上的报告　张太原　1
政府工作报告
——在楚雄彝族自治州第十届人民代表大会第六次会议上　8

大事·要闻

2010 年大事记　18

领导视察　27
全国人大常委会副委员长、九三学社中央主席韩启德到楚雄州视察　27
白恩培到楚雄州调研　27
李纪恒到楚雄州检查指导抗旱救灾工作　28
罗正富到楚雄州调研　28
李江到楚雄州调研　28
杨应楠到楚雄州调研　28
黄毅到楚雄州调研　28
胡振民到楚雄州文联视察指导工作　29
汪民到楚雄州指导抗旱工作　29
胡四一到楚雄州检查指导抗旱救灾工作　29
陈小娅到楚雄州检查指导抗旱保教工作　29
唐仁健到楚雄州调研水利改革发展工作　29
潘家华到楚雄州视察　29
杨保健到楚雄州检查工作　30
孔垂柱到楚雄州检查指导抗旱救灾工作　30
曹建方到楚雄州检查指导工作　30
倪慧芳到楚雄州视察工作　30
王克斌一行到楚雄州调研　30
孙宝厚到楚雄州调研　30
王晨到楚雄州调研　30

年度关注　31
2010 年州重点督查的重大建设项目完成情况　31
2010 年州重点督查的重要工作落实情况　33
特大干旱抗旱救灾　39
“2·25”禄丰与元谋 5.1 级地震抗震救灾　40
中国文联中国红十字会总会赴楚雄州开展“送欢乐、下基层”慰问活动　40
首届国际彝学高峰论坛举行　40
云南省花灯艺术周在姚安隆重举行　41

年鉴论坛

楚雄州参与桥头堡建设战略分析与展望　黄正山　42
滇中城市经济圈区域协调发展之楚雄发展问题　李继云　47

综　　述

楚雄彝族自治州概貌　52
地理位置　52
历史沿革　52
行政区划　52
人口民族　52
自然概貌　52
气候环境　53
资源特产　53
经济状况　53
教科文卫　54
社会生活　55

经济建设　55
经济运行情况　55
经济结构调整　55
重点产业建设　55
固定资产投资　55
区域经济　56
农村劳动力转移就业　56
新农村省级重点建设村工程建设任务全面完成　56
中低产田地改造　56

政治建设　56
领导班子和干部队伍建设　56
深入整治用人上不正之风　57
党的基层组织建设　57

民主党派制度建设 57
政府四项制度建设 57
规范行政权力运行 58
行政审批清理 58
行政行为监督管理 58
规范性文件清理 58
重大决策听证 58

精神文明建设 59
社会主义核心价值体系建设 59
社会主义思想道德建设 59
楚雄州第二届道德模范评选表彰活动 59
公民道德建设实践活动 59
首届“云南美德少年”评选表彰活动暨云南省“做一个有道德的人”主题夏令营活动在楚雄州举行 59
全州开展“做一个有道德的人”主题班会竞赛活动 59
净化社会文化环境家庭护卫行动 59
基础性民心工程建设 59
群众性精神文明创建活动 60
文明交通三年行动计划实施方案推进工作 60

生态建设 60
污染物减排 60
绿色创建活动 60
环保宣传 60
落实耕地保护目标责任制 60
生态建设重点工程 61
森林资源保护 61

创先争优活动 61
基本情况 61
主要做法及成效 61

深入学习实践科学发展观活动（第一批至第三批） 63
基本情况 63
主要做法 63
主要成效 64

政　　治

中国共产党楚雄彝族自治州委员会 66

重要会议 66
中共楚雄州委全体会议 66
中共楚雄州委常委会议 66
中共楚雄州委理论中心组学习会议 67

重要活动 68
经济活动 68
党建活动 68
纪念活动 68
州委部门工作会议 68
年度表彰奖励 70

重要决策 70
经济建设 70
政治建设 70
社会建设 71

组织工作 71
党组织概况 71
党员队伍状况 71
发展党员情况 71
干部队伍状况 72
干部教育培训 72
人才队伍建设 72
机关信息化建设 72
调研和对外宣传工作 72
新农村建设指导员工作 73

老干部工作 73
老干部构成概况 73
全州老干部工作会议 73
承办全国第三届老年合唱大赛 73
看望慰问在易地安置的离休干部 73
全州老干部政治理论培训班 73
省委老干部局到楚雄州调研 74
“敬老节”系列文体活动 74
组织地厅级老干部参观考察 74
老干部活动中心和老年大学工作 74
干休所工作 74

宣传工作 74
宣传工作概况 74
理论武装工作 74
舆论引导工作 75
对外宣传工作 75

文化体制改革与文化产业发展 76
州级文化体制改革 76
文化体制改革实施方案出台 76
文化产业对外宣传 76

统战工作 77
统战工作概况 77
2010 商务考察彝州行活动暨招商引资项目推介会 77
民主党派工作座谈会 77
“九校楚合作”项目工作 77
承接第七届世界云南同乡联谊大会会旗 77
承办云南省民主党派工商联社会服务工作研讨会 77
民主党派工商联工作 77
对台和海外交流交往工作 78

政策研究 78
重要文稿起草 78
调查研究 78
重点课题研究 78
《楚雄政研》编辑 79

保密工作 79
保密工作概况 79
国家统一考试保密管理 79
加强保密技术防范 80
加强保密管理 80
涉密文件清退和废旧文件资料收集销毁工作 80

机关党建 80
州直机关党组织概况 80
思想建设 80
组织建设 81
制度建设 81
党建主题活动 82

企业党建 82
企业党建工作会 82
非公有制企业党建工作 83
州委企业工委系统创先争优活动 83
创建基层党建工作示范点 83
企业党务干部培训班 83
楚雄州第九期企业党建论坛 83
加强企业文化建设 83

党校教育 84
干部教育与培训 84
政治理论研究 84
政治理论宣讲 84
庆祝建校 60 周年 84

信访工作 84
信访工作概况 84
矛盾纠纷排查化解 85
处理重大信访问题 85
大接访大下访活动 85
督查督办 85

楚雄彝族自治州人民代表大会常务委员会 85

重要会议 85
楚雄州第十届人民代表大会第五次会议 85
楚雄州十届人大常委会会议 85
楚雄州十届人大常委会主任会议 87

重要活动 87
省人大常委会调研检查和视察 87
代表视察 88
执法检查 88
州人大常委会各工委工作会议 88
全州县（市）人大常委会主任座谈会 88
专题活动 89

决议决定 89
人事变动决定 89
人事任免决定 89
国民经济决议 90
关于批准《楚雄州人民政府机构改革方案》的决定 90
关于召开楚雄州十届人民代表大会第六次会议的决定 90

议案和建议办理 91
楚雄州十届人大五次会议议案和建议 91
楚雄州十届人大五次会议第 3 号和第 44 号议案办理 91
楚雄州十届人大五次会议第 5 号议案办理 91
楚雄州十届人大五次会议第 6 号议案办理 92
楚雄州十届人大五次会议代表建议、批评和意见办理 93

楚雄彝族自治州人民政府 94

重要会议 94
楚雄州人民政府十届四次全体（扩大）会议暨第四次廉政工作会议 94
楚雄州人民政府常务会议 94
政府部门工作会议 95
全省政府系统工作会议 98

重要活动 99
经贸活动 99
政务活动 100

文化活动 100
社会活动 102
年度表彰奖励 102

重要决策和部署 103
经济建设 103
政治建设 103
社会建设 104
生态建设 104

政务督查和建议提案办理 104
政务督查 104
人大代表建议办理 104
政协委员提案办理 105

联络交往 105
楚雄州人民政府驻北京联络处 105
楚雄州人民政府驻昆明办事处 105

接待工作 106
接待工作概况 106
公务接待 106
会议接待 107
商务接待 107
外事接待 107

机构编制管理 107
政府机构改革 107
做好机构改革部门“三定”工作 107
坚持编制使用审批制度 108
政务和公益中文域名注册管理工作 108

人事管理 108
公务员管理 108
专业技术人才培养管理 108
专业技术职务评聘 108
引进智力 108
实施公共卫生与基层医疗卫生事业单位绩效工资 109
事业单位管理 109
企事业单位工作人员履职考核 109
人才交流 109
人事代理和人才派遣 109
大中专毕业生就业 109
成人教育培训 109
人事考试 109
军队转业干部安置 110

行政监察 110
纪检监察工作十大行动 110
执法监察 110
治理商业贿赂 110
行政问责 110
救灾资金及物资监管 110
工程建设领域专项治理 110
治理教育乱收费 111
巩固治理公路“三乱”成果 111
医疗服务和医药购销督查 111
惠农政策落实 111
政风行风建设 111
继续开展政风行风热线工作 111

政府法制 111
政府法制工作概况 111
规范性文件制定、登记、审查、备案 112
政府法制监督 112
行政复议 112
政府法律服务 113

经济决策与咨询 113
调研和课题研究 113
全州县域经济发展研究 113
编辑出版《彝州经济研究》、《楚雄政报》 113
编印两个内参 114
做好州人民政府专家咨询委和州人民政府顾问工作 114

侨务工作 114
侨务工作概况 114
维护侨益工作 114
侨务调研工作 114
为侨排忧解困 114
为地方经济社会发展服务 114

外事工作 115
外事工作概况 115
因公出国（境）管理 115
外事接待和管理工作 115
外事信息工作 115

对台工作 115
对台工作概况 115
台胞抗旱救灾献爱心 115
楚台两地交流往来 116
台湾佛教慈济慈善事业基金会向姚安地震灾区捐赠物资 116
为台胞台属台企服务 116

招商引资工作取得新进展 116
台资企业和台胞台属基本情况调查 116
实施明德小学建设项目 116

妇女儿童工作 116
妇女儿童工作概况 116
督促落实重点难点指标 117
编制妇女儿童发展新规划 117
“六一”儿童节庆祝活动 117
万名儿童爱眼行动 117
女性人才队伍建设 117
开展妇女社会地位调查 117

机关事务管理 117
加强制度建设 117
公共机构节能工作 118
政府采购工作 118
行政后勤保障工作 118

中国人民政治协商会议楚雄彝族自治州委员会 119

重要会议 119
政协楚雄州第八届委员会第四次会议 119
政协楚雄州第八届委员会常委会议 119
全省政协外联工作座谈会 119
全州政协工作座谈会 120

重要活动 120
政务活动 120
提案活动 121
调研活动 121

视察调研 121
省政协视察组到楚雄调研 121
州政协视察调研工作 121

提案工作 122
提案提交 122
提案办理 122

中国共产党楚雄彝族自治州纪律检查委员会 122

重要会议 122
中共楚雄州纪委七届五次全体会议 122
纪检监察工作会议 122
楚雄州纪检监察系统工作总结会 123

党风党纪 123
党的宗旨教育 123
廉洁自律工作 124
创建学习型纪检监察机关示范点 124
领导干部报告个人有关事项公示工作试点 124
巡视工作 124
派出纪工委建设 124

案件查处 124
信访举报 124
案件查处 124
推行党政纪案件公开审理 124

纪检调研 124
纪检监察调研 124
纪检监察信息 125

群众团体 125

工　会 125
工会工作概况 125
维权机制建设 125
为职工办实事 125
素质提升工程 125
职工文体活动 126
女职工工作 126
财务经审工作 126

共青团 126
团组织概况 126
抓好理论武装 126
扩大网络覆盖 127
加强基层基础工作 127
促进就业创业 127
重点工作成效 127

妇女联合会 127
妇女组织概况 127
基层妇女参选参政 127
纪念“三八”妇女节100周年活动 128
实施妇女发展项目 128
“万名妇女学科技、创佳绩、促和谐”竞赛活动 128
维护妇女合法权益 128
女领导干部联谊会联谊活动 128

民主党派 128

农工党楚雄州委组织建设 128

农工党楚雄州委参政议政 129
农工党楚雄州委社会服务 129
民进楚雄州委组织建设 129
民进楚雄州委参政议政 130
民进楚雄州委社会服务 130
民建楚雄州委组织建设 130
民建楚雄州委参政议政 130
民建楚雄州委社会服务 131
民革楚雄市委 131
民盟楚雄市总支 131
致公党楚雄市支部 132
九三学社楚雄市委 132

工商联 133

工商联组织概况 133
州工商业联合会（商会）三届四次执委（扩大）会议 133
州工商联四川广安商会成立 133
全州工商联工作会议 133
州光彩事业促进会换届及表彰第一届“彝州光彩之星” 133
非公经济人士思想政治工作 134
会员服务 134
光彩事业 134

军　　事

楚雄军分区 135
楚雄军分区概况 135
战备训练 135
安全管理工作 135
后勤装备保障 135
国防后备力量建设 135
国防后备新闻宣传 135
楚雄市人武部民兵应急队伍建设 136
双柏县人武部民兵抢险救灾工作 136
牟定县人武部投入抗旱救灾工作 136
南华县人武部抢险救灾工作 136
姚安县人武部抗旱救灾工作 136
大姚县人武部国防后备力量建设 136
永仁县人武部党委班子建设 136
元谋县人武部抗洪救灾工作 136
武定县人武部征兵工作 136
禄丰县人武部全面建设工作 136

驻楚部队 137
78355 部队 137
96221 部队 137
楚雄预备役高炮团 137

武警楚雄州支队 137
思想政治教育 137
警营文化建设 138
军事业务训练 138
部队安全管理 138
后勤综合保障 138
四项设施建设 138
抢险救灾 138
临时勤务 139
拥政爱民 139

楚雄州消防支队 139
消防工作概况 139
抗旱救灾 139
部队正规化管理 139
思想政治建设 139
社会化消防 139
后勤保障建设 140
消防宣传教育 140

人民防空 140
人防工作概况 140
人防指挥体系建设 140
人防工程建设 140
人防信息化建设 140
人防宣传教育 140

法　　制

政法委员会 141
政法工作概况 141
全州政法工作会议 141
综治维稳、铁路护路“宣传月”启动 141
“三项重点工作”推进会议 141
2009 年度“见义勇为”先进个人颁奖会 141
校园安全保卫督促检查 142
省督查组督查楚雄“三项重点工作”推进情况 142
全州综治维稳基层组织建设工作会议 142
基层政法综治维稳干部培训 142
全省看守所安全管理大检查检查组到楚雄督查指导 142
综治暨政法机关社会管理创新工作推进会 142
社会管理创新试点工作 142
“抗大旱、保民生，调纠纷、保稳定”工作 143

公　安 143
公安工作概况 143
打击刑事犯罪 143
打击经济犯罪 143
禁毒工作 143
治安整治专项行动 143
危险物品管理 143
人口管理 143
社会治安防控体系建设 144
监所管理 144
出入境管理 144
安全保卫 144
公安法制建设 144
公安应急抢险救灾 144
公安队伍建设 144

检　察 145
检察工作概况 145
侦查监督工作 145
公诉工作 145
反贪污贿赂 145
反渎职侵权 145
监所检察 146
控告申诉检察 146
民事行政检察 146
职务犯罪预防工作 146
人民监督员制度试点工作 146
检察技术信息工作 147

审　判 147
审判工作概况 147
刑事审判 147
民商事审判 147
行政审判和国家赔偿 148
案件执行 148
信访与告诉申诉 148
审判业务培训 148

司法行政 148
司法工作概况 148
普法和依法治理 148
人民调解 148
法律援助 149
公证和司法鉴定 149
律师业务 149
社区矫正 149
刑释解教人员安置帮教 149
司法考试 149
法学研究 149

公安交通管理 149
道路交通管理概况 149
春运交通安全保卫 149
交通安全专项整治 150
预防道路交通事故 150
交通安全宣传教育 150
机动车及驾驶人管理 150
交警队伍建设 150

楚雄监狱 151
监狱管理概况 151
教育改造 151
监狱布局调整 151
队伍建设 151

经济管理

发展与计划 152
发展与计划工作概况 152
计划编制 152
计划执行 152
项目投资 153

物价监督管理 153
物价监督管理工作概况 153
价格管理 153
收费管理 153
价格认证 154
价格监测 154
价格监督检查 154

开发投资 154
间接融资 154
资金调度 154
实施 2010 年政府信用建设合作项目 154
成功发行市政项目建设债券 154

国土资源管理 154
国土资源管理工作概况 154
抗旱救灾地下找水打井突击行动 155
规范土地市场 155
重点工程用地服务 155
科学编制“三个规划” 155
第二次全国土地调查 155

矿政管理 155
矿产资源开发整合 155
地质灾害防治 155
矿山地质环境恢复治理 156
基础测绘工作 156
执法监察工作 156
打击私挖滥采 156
土地卫片执法 156

招商引资 156
招商引资概况 156
节会招商实效 156
园区建设和工业招商 156
项目开发和央企入滇项目提报工作 157
重点产业专题招商 157
搭建招商引资平台 157
健全招商引资激励机制 157

工商行政管理 158
工商行政管理工作概况 158
促进市场主体健康快速发展 158
营造宽松创业环境 158
服务新农村建设促进农民增收 158
商标战略 159
维护消费者合法权益 159
市场环境优化服务 159
市场监管 159
机构队伍建设 160

统　计 160
统计工作概况 160
统计方法改革 160
统计法制建设 160
统计基础建设 161
统计服务 161
重大国情国力调查 161

统计调查 161
国家统计局楚雄调查队工作概况 161
国家统计局楚雄调查队基础建设 161
国家统计局楚雄调查队业务建设 162
国家统计局楚雄调查队调查服务 162

审　计 162
审计工作概况 162
专项审计情况 162
“云审工程”建设 163

质量技术监督 163
产品质量监督管理工作概况 163
标准化工作 163
计量管理 163
特种设备监管 163
食品监管 163
减轻企业负担 164
技术机构自身建设 164
“质量兴州”战略 164
名牌战略 164
“质量月”活动 164
执法大比武活动 165

安全生产监督管理 165
安全生产工作概况 165
安全生产检查 165
安全隐患排查治理 166
安全生产行政许可 166
打击非法违法生产经营建设行为专项行动 166
安全生产应急管理 166
全国安全生产大检查 166
职业危害 166
安全生产“一岗双责” 166
安全生产月活动 166
年度较大安全事故 167

乡镇企业 167
乡镇企业发展概况 167
非公经济不断发展壮大 167
积极争取上级扶持资金 167

住房公积金管理 167
住房公积金管理概况 167
住房公积金归集使用 167
住房公积金业务建设 167
住房公积金信息化管理 168

楚雄经济开发区 168
楚雄经济开发区概况 168
国民经济 168
工业经济 168
招商引资 169
主导产业 169
重点项目建设 169
园区建设 169
非公有制经济 170
城乡一体化建设 170

社会事业 170

农　业

农村经济综述 171
农村经济概况 171
农业抗旱 171
农业科技推广 171
农业产业化经营 171
落实强农惠农政策 172
农产品质量安全 172
推进新农村建设 172
农业执法 172
农业信息化建设 172
农村经营管理 172

种植业 172
种植业概况 172
旱粮和晚秋作物生产 172
优势农产品基地建设 172
推广施肥新技术 173
农作物病虫害防治 173
茶桑生产 173
良种良法推广 173

畜牧业 173
畜牧业概况 173
标准化规模养殖 173
畜禽品种改良 173
畜牧项目争取 173
落实惠农政策 173
适用科技培训 173
畜产品质量检测 173
饲草饲料推广 173
重大动物疫病防控 174
动物预防免疫 174
动物疫病监测 174
溯源体系建设 174
产地检疫 174
屠宰检疫 174
养殖监管 174
畜牧执法 174
抗旱保畜 174
“滇中牛”正式纳入《中国畜禽遗传资源目录》 174

农业机械化 174
农机工作概况 174
农机服务 175
农机购置补贴 175
农机安全监管 175
农机登记管理与检验 175
农机技术培训 175
农机技术示范推广 175

生物资源开发 175
生物资源开发概况 175
绿色食品加工 175
特色蔬菜种植 176
外向型特色生物产业 176
失地农民创业园建设 176
项目申报和管理 176

林　业 176
林业工作概况 176
林业抗旱减灾 176
集体林权制度改革 177
中低产林改造 177
楚雄州第四批茶花新品种通过鉴定 177
楚雄州茶花协会参加第26届国际茶花大会 177
楚雄州集体林权制度主体改革总结表彰暨林业产业发展大会 177

水　利 177
水利工作概况 177
部省共建楚雄州山区水利发展与改革示范区 177
水源工程建设 178
灌区建设 178
农村饮水安全项目建设 178
水利建设前期规划 178
北部片区金沙江提水工程规划 178
滇中引水受水区配套工程规划 178
北部片区水资源综合利用规划 178
河口河等小（一）型水库大坝顺利截流 178
大姚县“十一五”水电农村电气化建设通过省级验收 179
80座中小型病险水库除险加固工程全面完工 179
水土保持 179
抗旱救灾 179
洪涝灾害 179
库塘蓄水 179
水政执法 179
水利改革 179

青山嘴水库工程建设 180
库区工作概况 180
移民安置 180
质量安全 180
工程扫尾 180
生态养鱼 180
坝后电站并网发电 180
局部工程验收 180
完善库区交通 180

工　　业

工业经济综述 181
工业经济发展概况 181
工业发展质量提高 181
工业可持续发展能力增强 181
工业投资快速增长 182
工业经济结构调整 182
工业发展基础建设 182
工业发展方式转变 183
工业经济运行协调 183
工业经济人才队伍建设 183

工业园区建设 183
工业园区建设概况 183
工业园区基础设施建设 184

节能减排 184
节能减排概况 184
工业固定资产投资节能评估审查 184
节能宣传周活动 184
企业清洁生产 184
能源审计工作 184
高效照明产品推广和财政补贴 184

煤炭工业 185
煤矿工业发展概况 185
煤炭安全监管 185
煤炭资源整合 185
煤矿安全隐患治理 185
煤矿瓦斯治理 185
煤炭从业人员培训教育 185

电力工业 185
楚雄供电局概况 185
楚雄供电局供电能力 185
楚雄供电局安全生产 186
楚雄供电局电网规划 186
楚雄供电局经营管理 186
楚雄供电局农电工作 186
楚雄供电局应急抢险 186
楚雄州供电有限公司概况 186
楚雄州供电有限公司抗旱救灾抢险 186
楚雄州供电有限公司安全生产 186

冶金矿产业 187
冶金矿产业概况 187
有色金属 187
滇中有色金属公司艾萨炉达产 187
楚雄钛产业基地建设 187

机械工业 187
机械工业发展概况 187
云开电气集团有限公司 187
云南大姚机械配件厂 188

建材工业 188
建材工业发展概况 188
昆钢奕标新型建材有限公司水泥粉磨项目建设 188
昆钢奕标新型建材公司异地技改搬迁 188

轻纺工业 188
轻纺工业概况 188
云南岭东印刷包装有限公司 188
云南嘉宏纺织集团有限公司 188

化学工业 189
化学工业概况 189
化工骨干企业发展 189
燃二化工公司生产能力不断发展 189

食品工业 189
食品工业概况 189
食品工业主要产品产量 190

林产工业 190
林产工业概况 190
林化产业发展 190

烟草业

烟草专卖 191
烟草专卖经营 191

烟草专卖管理 191

烟草生产 191
烤烟生产管理 191
推进现代烟草农业建设 191
特色优质烟叶生产 191
烟叶收购 192
专业化分级散烟收购试点 192
烟叶生产基础设施建设 192
烟草农业生产合作社经营 192
烟草生产专业化服务 192
烟草生产基地单元规划建设 192
烟草生产风险防范 192

卷烟销售 193
卷烟销售概况 193
烟草育苗大棚装置获两项专利 193

卷烟生产 193
卷烟生产概况 193
卷烟厂经济指标 193
优秀卷烟工厂创建 193
卷烟设备管理 194
卷烟生产安全管理 194
卷烟厂易地搬迁技改项目建设 194
卷烟厂企业文化建设 194

医药业

医药综述 195
药品生产监管概况 195
药品市场监督 195
农村药品“两网”建设 195
药品抽验 196
食品药品应急监管 196
药品监管体制调整 196

天然药业 196
医药工业概况 196
医药企业技术改造 196
天然药业发展配套政策 196
彝族医药体系建设 196
中药材种植基地建设 196
医药行业协会常务理事会 197

药品生产 197
盘龙云海药业有限公司 197
龙发制药有限公司 197
老拨云堂药业有限公司 197
云中制药有限公司 197
百草岭药业有限公司 197
广泰生物科技有限公司 197
天利药业有限公司 197
新世纪中药饮片有限公司 197
本草精素生物科技有限公司 198

药品经营 198
药品经营企业概况 198
楚雄州医药有限公司 198
云南康瑞德医药有限公司 198
楚雄州虹成药业有限公司 198
云南剑华药业有限公司 198
楚雄嘉源医药有限公司 198
楚雄州川北医药有限公司 198
云南久泰药业有限公司楚雄分公司 198
云南太阳鸟药业有限公司楚雄分公司 198
云南东骏药业有限公司楚雄分公司 198

商贸业

商贸综述 199
商贸流通概况 199
商务绩效管理 199
市场监测管理 199

商贸流通 199
内贸流通概况 199
万村千乡市场工程 199
家电下乡工作 199
昆交会参展情况 200
商业节能减排 200

对外贸易与经济合作 200
外贸进出口概况 200
国际劳务输出 200
外资利用 201
对外经济合作 201

供销合作 201
供销合作概况 201
乡村流通网络体系建设 201
供销合作经济组织建设 201
供销组织助农增收 201
“乡村流通工程”人才培训 201

粮食流通 201
粮食流通工作概况 201
落实粮食行政首长负责制 201
粮食安全保障体系建设 201
储备粮油管理 202
国有粮食储备企业发展 202
粮油质量安全 202

石油购销 202
中石油楚雄销售公司成品油销售 202
中石化楚雄石油分公司油品购销稳定 202

交通运输业

公路建设 203
公路建设概况 203
重点公路项目建设前期工作 203
重点公路建设 203
农村公路建设 204
地方公路养护 204
公路工程质量监管 204

运输管理 204
运输业概况 204
路政管理 204
运输审批管理 205
旅客运输管理 205
货物运输管理 205
机动车驾驶员培训管理 205
运政稽查 205
车辆技术管理 205
汽车综合性能检测 205
运输安全管理 205
道路运输应急保障 206
海事航运管理 206

公路路政管理 206
路政管理概况 206
公路基础设施管理 206
公路行政执法 206
路政规范管理 206

公路管理与养护 206
公路管养概况 206
公路管养改革 207
等级公路建设 207

公路运输 207
楚雄交通运输集团公司概况 207
楚雄交通运输集团公司基础设施和新项目建设 208
楚雄交通运输集团公司运输安全生产管理 209
楚雄交通运输集团公司技术业务培训 209

城市公交 209
公交事业管理 209
千名出租车司机旅游知识培训 209

铁路运输 209
广通工电段 209
广通车务段 210

旅游业

旅游业综述 211
旅游业概况 211
乡村旅游特色村建设 211
旅游业协会旅游餐饮美食分会成立 211
引团入楚旅行社受奖 211
导游年检培训 211
导游资格考试 211
旅游安全组合保险 211
紫溪山和大姚石羊古镇旅游区荣升 AAA 级旅游区 212
旅游饭店服务技能大赛 212
风景名胜区建设规划 212
民族旅游餐饮文化产业规划研究 212
乡村旅游培训 212
首届“彝州传统菜、创新菜”大赛 212
特色餐饮名店评选 212
《食全食美彝州游》和《楚雄自驾游美食地图》公开发行 212

景区建设 213
景区建设概况 213
禄丰腊玛古猿化石产地遗址保护 213
禄丰世界恐龙谷新建设 214
方山诸葛营民族文化生态旅游示范村开村迎客 214
楚雄彝人古镇和太阳历文化园建设 214
元谋新华浪巴铺土林景区建设 214
文化旅游重大项目推进情况 214

旅游接待 214
旅游接待概况 214
著名影星李连杰到武定狮子山观光考察 215
全国人大代表视察楚雄州文化旅游业 215

亚洲政党扶贫专题会议代表到咪依噜风情谷参观考察 215
台湾南山保险大盟旅行社到楚雄考察 215
广东旅游团接待 215

宣传促销 215
宣传促销工作概况 215
赴西双版纳等地促销 216
滇西北旅游线联合赴日本促销 216
旅游促销团赴省内外促销 216
韩国庆南固城郡与禄丰世界恐龙谷签署合作协议 216
“七彩云南风情楚雄广东行”系列宣传活动 216
参加上海2010中国国际旅游交易会 216

节庆活动 217
节庆活动概况 217
武定牡丹文化旅游节 217
禄丰土官桃花节 217
南华野生菌美食文化节 217
黑井古镇“盐龙女”文化旅游节 217
禄丰县恐龙文化旅游节 217

信息产业

信息产业综述 218
信息法规宣传 218
政府门户网站管理 218
推进基础应用平台和协同办公系统应用 218
政府网站建设及信息公开 218
政府信息系统安全检查 218
无线电频谱管理 218
无线电监测管理 219

邮　政 219
邮政服务概况 219
邮政经营 219
速递物流经营调查 219
党报党刊收订任务 220
邮集及邮品宣传 220
邮政人力资源管理 220
邮政服务流程及质量管理 220

电　信 220
中国电信楚雄分公司 220
中国移动楚雄分公司 221
中国联通楚雄分公司 221

城建·环保

城乡规划 222
云南省城镇特色规划研讨暨武定县特色规划论证会 222
规划编制和管理 222
城乡总体规划和专业规划编制 222
州级政法部门和军事机关迁建工程规划 222
“一书三证”核发管理 222
城市规划编制管理以奖代补 222

城镇建设管理 223
城乡建设概况 223
旅游小镇建设 223
市政基础设施建设 223
治污项目建设 223
城市管理 223
市政公用行业市场化改革 223

建筑业 223
建筑业管理概况 223
农村危房改造 223
“7·09”、“2·25”地震恢复重建 223
勘察和设计 224
建筑节能 224
工程质量监管 224
建筑工程安全管理 224
招标投标管理 224
重点项目建设 224
“十一五”建设成就 224
滇中特色大城市建设 225

房地产业 225
房地产业概况 225
保障性住房建设 225
住房分配货币化 225
城市房屋拆迁 225
住宅专项维修基金 225
住房规划编制 225
农村房屋所有权证 225

环境保护 226
环境保护概况 226
环保评价管理 227
污染防治 227
工程建设领域环保专项整治 227

重点污染防治项目 228
农村环境综合整治 228
环境执法监察 228
环境监测 228
强制性清洁生产审核 228
输油管道泄漏事故处置 228

财政·税务

财　政 229
财政收支概况 229
积极财政政策 229
宏观调控 229
金融协调 230
支农投入 231
社会事业投入 231
财政改革 231
农村综合改革 231
财政监管 231
国有资产管理 232

国家税务 232
国税收入概况 232
税收执法 232
税收征管 234
税种管理 234

地方税务 234
地方税费收入概况 234
税务稽查 234
打击发票违法犯罪 234
严格执行税收政策 234
税收优惠政策 234
社会保险费征管 236
夯实征管基础 236
优化纳税服务 236
税收信息化建设 236

金融·保险

金　融 237
中国银行业监督管理委员会楚雄监管分局 237
中国人民银行楚雄州中心支行 238
中国工商银行股份有限公司楚雄分行 239
中国农业银行股份有限公司楚雄分行 240
中国农业发展银行楚雄州分行 241
云南省农村信用社联合社楚雄办事处 242
中国建设银行股份有限公司楚雄州分行 242
中国银行股份有限公司楚雄州分行 242
交通银行股份有限公司楚雄分行 243
中国邮政储蓄银行有限责任公司楚雄州分行 243
富滇银行股份有限公司楚雄分行 243

保　险 244
楚雄州保险行业协会 244
中国人民财产保险股份有限公司楚雄州分公司 245
中国人寿保险股份有限公司楚雄分公司 245
中国太平洋财产保险股份有限公司楚雄中心支公司 245
泰康人寿保险股份有限公司楚雄中心支公司 245
中国大地财产保险股份有限公司楚雄支公司 245
中国人民健康保险股份有限公司楚雄中心支公司 245

科学技术

科技综述 246
科技工作概况 246
科技项目申报 246
科技项目管理 246
知识产权管理 246

科研活动 247
钛材加工研发及项目建设 247
高钛碴系列项目开发 247
牟定风电场项目研发 247
纯雌性系温室专用型迷你黄瓜新品种选育 247
油茶采穗圃及苗木培育基地建设及开发 247

科技运用 248
粮食高产示范区创建 248
科技抗旱 248
中药材种植技术推广 248
农业产业化示范基地建设 248
培育创新型农业龙头企业 249
工业高新技术开发运用 249

科普宣传 249
科技活动周及“三下乡”活动 249
知识产权保护宣传 249
知识产权培训 250

科技信息征集报送 250

科技成果 250
科技成果管理 250
州级科技成果奖励项目 250

科技协会 251
科协工作概况 251
楚雄州科协五届委员会第四次全体（扩大）会议 251
科技社团管理 251
学术活动 252
全民科学素质建设 252
农民专业合作组织工作 252
农函大科技培训 252
农民专业技术职称评定 252
实施科普惠农兴村计划项目 252
青少年科技教育 252

防震减灾 252
防震减灾工作概况 252
禄丰与元谋交界发生5.1级地震 253
地震应急 253
地震应急工作及安全工程检查 253
抗震设防要求管理 253
震情会商 253
异常监测 253
防震减灾知识宣传 253

气象监测与预报 254
基本气候概况 254
极端天气气候 254
抗旱工作 255
防雹工作 255
防雷减灾 255
气象科技服务 255
气象现代化建设 255
气象基础设施建设 255

水文水资源勘测研究 255
水文水资源概况 255
水文测验 256
水情报汛 256
水质监测 256
水文服务 256
水土保持监测工作 256
水资源状况 256

社会科学

社科综述 257
社会科学工作概况 257
学会发展与管理 257
县级社科联组织建设 257
社会科学研究 257

彝族文化研究 257
刘尧汉教授90华诞暨中华彝族文化学派创建30年座谈会 257
楚雄彝族文化“五个一百”工程 257
彝族文化应用研究 258
参加首届大理巍山·南诏文化节系列活动 258
彝族文化科学研究 258
《春的记忆》获奖 258

党史研究 258
党史工作概况 258
《中共楚雄州委年鉴》(2010) 出版发行 259
《楚雄党史党建》编辑出版 259
中共楚雄党史网站更新和维护管理 259
中共党史学会学术研讨活动 259
县（市）党史工作业务指导 259

地方志编纂 259
地方志工作概况 259
《楚雄州志》续修工作 259
《楚雄州年鉴》编纂出版工作 259
《楚州今古》办刊工作 260
楚雄州方志地情网 260
地方志编修指导工作 260
楚雄州地方志学会 260

教　育

教育综述 261
教育工作概况 261
抗旱保教和抗震救灾 261
中小学校舍安全工程 261
中小学区域布局调整 262
农村初中校舍建设 262
学校安全管理 262
农村义务教育经费保障机制改革 262
“三生教育” 263

校园文化建设 263
教育乱收费治理 263
教育行业行风建设 263
教育目标管理 263
教师专业技术职务评审 263
教育技术装备管理 265
教育工会三届七次全委（扩大）会议 265
第二批教工书屋评估验收 265

基础教育 265
基础教育概况 265
“两基”迎国检工作 265
学前教育规模扩张 265
楚雄一中 266
楚雄州民族中学 266
楚雄师范学院附属中学 266
楚雄天人中学 267
楚雄师范学院附属小学 267
楚雄开发区实验小学 267
楚雄开发区永安小学 267
楚雄州幼儿园 267
楚雄州特殊教育学校 267

职业教育 267
职业教育概况 267
楚雄农业学校 268
楚雄民族中等专业学校 268
楚雄高级技工学校 268
楚雄州体育运动学校 268
楚雄州公安局人民警察培训学校 269

高等教育 269
楚雄师范学院概况 269
楚雄师范学院接受教育部本科教学工作合格评估调研 269
楚雄师范学院教学科研和重点学科建设 269
楚雄师范学院招生就业工作 269
楚雄师范学院学生管理及帮困助学 269
楚雄师范学院成人教育与国际合作交流 270
楚雄医药高等专科学校概况 270
楚雄医药高等专科学校教育科研与人才培养 270
楚雄医药高等专科学校招生就业与社会服务 270
楚雄医药高等专科学校举行建校 60 周年庆祝活动 271
昆明理工大学楚雄应用技术学院概况 271
昆明理工大学楚雄应用技术学院联合办学 271
昆明理工大学楚雄应用技术学院学生技能培养 271

教研与师训 271
普通高中教学管理和指导 271
基础教育课程改革 272
课题研究及管理工作 272
学科教学竞赛及研讨活动 272
教育科研及信息工作 272
国培计划和履职晋级培训 272

电化教育 272
电化教育概况 272
南华县“班班通”建设试点 273
教师远程培训和现代教育技术发展 273

招生考试 273
招生工作概况 273
高校招生考试 273
高中（中专）招生考试 273
考试服务 273

文　化

文化综述 274
文化工作概况 274
文化体制改革 274

文化市场 274
文化市场监督管理 274
网吧市场专项整治 274
建立自由裁量基准制度 274
卡拉 OK 版权收费工作 274
绿色上网专区建设 274

文艺创作 274
文艺创作概况 274
健全文艺发展机制 275
承办“送欢乐、下基层”大型慰问演出活动 275
国家级协会会员培养 275
参加“全国乡村歌手大赛” 275
文学创作与成果获奖 275
艺术展览 275

艺术表演 276
艺术表演概况 276
对外宣传演出 276
一批优秀剧（节）目获奖 276

群众文化 276
农村基层文化阵地建设 276
文化先进县（市）复评 276
非物质文化遗产保护工作 276
乡村文化产业发展 277

文物博物 277
文博发展概况 277
重点文物保护单位维修工程验收 277
全国文物普查第二阶段通过省级验收 277
文博展览 277
文物征集 277
藏品清理管理保护 277
全州文物保护培训 277

新闻出版 277
新闻出版业概况 277
贯彻全国“扫黄打非”工作电视电话会议精神 278
出版物市场安全专项行动 278
联合执法检查 278
集中销毁侵权盗版制品及非法出版物 278
规范印刷企业经营行为 278
打击手机网站制作传播淫秽色情专项行动 278
“扫黄打非”专项行动 278

电　影 278
电影事业概况 278
城市广场数字电影 279
农村数字电影放映 279
州级电影单位体制改革 279

广播电视 279
广播电视事业概况 279
州广播电视传媒公司成立 279
手持电视开通 280
特大旱灾报道 280
广播网开通 280
有线电视数字化整体转换启动 280
广播电视“村村通” 280
省级无线覆盖工程建设 280
州广播电台第二套节目扩大覆盖工程建设 280
广播电视体制改革 280

报　纸 281
楚雄日报社工作概况 281
贯彻落实州委七届七次全会精神宣传 281
“两会”宣传报道 281
创先争优活动宣传 281
抗旱救灾宣传 281
党风廉政建设宣传 281
“十一五”辉煌成就宣传 282
“县（市）新闻”宣传专页 282
《楚雄晚刊》全新改版 282
《彝州手机报》改版创新 282
《楚雄日报》实现彩色印刷 282
楚雄日报传媒有限公司成立 282
《楚雄日报》宣传发行工作 282
《云南经济日报·楚雄经济》 282

图　书 282
图书馆工作概况 282
农家书屋建设 283
新华书店图书销售 283
新华书店多元化经营 283
楚雄新华书店成立60周年活动 283
农家书屋发行配送 283
昆明新知（楚雄）图书城 283

档　案 284
档案工作概况 284
全州档案工作暨“双先”表彰会议 284
国家档案资源体系建设 284
档案利用体系建设 284
县级档案馆库房建设项目正式启动 284
档案制度建设 284

书法·美术·摄影 284
举办“送欢乐、下基层”书画创作笔会 284
舒建新中国画作品展在京开幕 285
张云华书法作品展在楚雄举办 285
首届书法篆刻临作展开展 285
参加省政协系统书画摄影作品展览 285
昆明大理楚雄三地老年书画联展 285

卫　生

卫生综述 286
卫生工作概况 286
卫生专业技术资格考评 287
卫生建设项目 287
医学会工作 287
医患纠纷人民调解机制建立 287
医疗责任保险制度建立 287

医药卫生体制改革 287
医药卫生重点改革 288
健康教育与健康促进 289
无偿献血 289

卫生监督执法 289
食品卫生监督 289
学校卫生监督 289
公共场所卫生监督 289
生活饮用水卫生监督 289
职业卫生监督 289
放射卫生监督 289
医疗机构卫生监督和传染病防治卫生监督 289
卫生行政许可 290
卫生行政处罚 290
卫生知识法规培训 290

卫生应急 290
突发公共卫生事件 290
职业中毒卫生应急 290
抗震救灾卫生应急 290
抗旱救灾卫生应急 290

医疗事业 290
医疗事业概况 290
楚雄州人民医院 290
楚雄州中医医院 291
楚雄州第二人民医院 291
楚雄州疾病预防控制中心 291
楚雄州妇幼保健院 291
楚雄州广通医院 291

疾病预防与控制 291
疫情报告 291
重点疾病预防控制 291
疫苗接种 292
地方病防治 292
慢性非传染性疾病防治 292
卫生监测 293

爱国卫生 293
卫生城市创建 293
改水改厕 293
爱国卫生月活动 293

妇幼保健 293
孕产妇与儿童保健 293
产科建设 293
预防艾滋病母婴传播 293

体　育

体育综述 294
体育工作概况 294
州人大常委会调研审议体育工作 294
楚雄州拳击协会换届选举大会 294

体育比赛 294
“体彩杯”楚雄城区迎新年元旦穿城赛跑 294
全国龙狮大联动系列活动在禄丰县举行 295
楚雄州第十四届庆“三八”女子健身运动会举行 295
州直学校（学院）第八届教职工运动会 295
楚雄州第四届残疾人运动会 295
组团参加省第十三届运动会 295
滇川友邻州市第六届男子篮球联赛在楚雄举行 295
中国楚雄彝族国际火把节体育活动 295
太极拳走进西部活动在楚雄举行 295
云南省足球业余联赛楚雄赛区比赛 296
“体育彩票杯”全州体育系统职工运动会 296
云南省第八届五人制足球赛楚雄赛区比赛 296
校园足球活动和阳光青少年体育活动 296

场馆建设 296
体育场馆建设 296
村级文化体育活动广场建设 296

体育产业 296
体育彩票销售 296
体育场馆开放成效显著 296

民　族

民族综述 297
民族代表人士迎新春座谈会 297
民族理论政策培训班 297
民族团结示范乡村建设 297
民族团结报告会 297
民族团结创建活动 297
少数民族代表人士调查统计 298
省委督查组一行到楚雄州检查指导民族工作 298
武定县民族团结宣传专题报告会 298

民族经济 298
民族机动金管理 298
散杂居少数民族发展 298
少数民族农民致富带头人和优秀民营企业家受表彰 298

民族文化 298
楚雄阿乖佬彝歌队获奖 298
楚雄城区彝族年 298
楚雄城区傈僳族阔时节 299
非物质文化遗产传承人 299
首家民间彝族文化博物馆 299
民族文化宣传工作现场会 299
元谋县发现清代彝汉文古墓碑 299

民族教育 299
民族教育概况 299
少数民族中青年干部培训 299
少数民族公务员招录 299
《楚雄彝族自治州民族教育条例》执法检查 300

民族体育 300
楚雄州第八届民族传统体育运动会 300
楚雄州在省第九届民族传统体育运动会获佳绩 300
民族健身操教练员培训 300

社　会

人民生活 301
城镇居民收入 301
城镇居民支出 301
城镇居民生活质量提高 301
农村居民人均纯收入 302
农村居民家庭经营收入 302
劳动者报酬收入继续增长 302
农村劳动力文化水平程度继续提高 302
农村居民生活住房条件改善 302
农村居民生活水平提高 302

人口和计划生育 302
人口和计划生育工作概况 302
人口控制 302
人口和计划生育宣传教育 303
人口和计划生育依法行政 303
人口和计划生育优质服务 303
人口和计划生育奖励扶助 303
流动人口计生服务管理 303
计生药具管理 303
计生协会工作 303

劳动就业和社会保障 303
劳动和社会保障概况 303
就业再就业工作 304
提高失业保险金标准 304
高技能人才培养与就业 304
社会保险工作 305
补充医疗保险 306
公务员医疗补助 306
省内异地就医联网结算 306
农村社会养老保险 306
劳动合同签订 306
劳动能力鉴定 306
劳动保障工作 306
社会化管理服务 307

民　政 307
民政工作概况 307
救灾工作 308
城乡低保 308
城乡社会救助 308
社会福利事业 309
殡葬改革 309
基层民主政治建设 309
优抚安置及拥军优属 309
专项社会事务管理 309

红十字会工作 310
红十字会工作概况 310
赈灾工作 310
社会救助 310
红十字青少年工作 310
宣传工作 310

扶贫开发 310
扶贫工作概况 310
扶贫整县整乡整村推进 311
信贷扶贫 311
产业扶贫 311
社会帮扶 311
革命老区建设 311

移民工作 312
移民工作概况 312
青山嘴水库移民搬迁安置扫尾工作 312
观音岩水电站建设移民前期工作 312

乌东德水电站建设前期工作 312
其他移民工作 312

残疾人工作 312
残疾人事业概况 312
残疾人劳动就业 313
特殊教育 313
残疾人职业技能竞赛 313
残疾人体育 313
专项助残活动 313

宗教事务 313
宗教工作概况 313
参加全省宗教工作专题研讨班 313
创新宗教工作 314
参加全省首届宗教界体育运动会 314
元谋县举办首届基督教运动会 314
命名表彰首批“和谐宗教活动场所” 314

县（市）概况

楚雄市 315
地理位置 315
行政区划 315
人口民族 315
自然概貌 315
资源特产 315
经济状况 316
教科文卫 316
社会生活 317
楚雄市进京参加首届中国农民艺术节 317
紫溪山茶花规模化种植基地考察 317
乡（镇）领导名录 317
乡（镇）情况一览表 318

双柏县 319
地理位置 319
行政区划 319
人口民族 319
自然概貌 319
资源特产 319
经济状况 319
教科文卫 320
社会生活 320
项目工作提速推进 320
产业培育进一步加快 320
乡（镇）领导名录 321
乡（镇）情况一览表 321

牟定县 321
地理位置 321
行政区划 321
人口民族 321
自然概貌 322
资源特产 322
经济状况 322
教科文卫 322
社会生活 322
牟定风屯风电场开工仪式 323
牟定县人民医院建院70周年暨住院大楼落成庆典 323
乡（镇）领导名录 323
乡（镇）情况一览表 323

南华县 324
地理位置 324
行政区划 324
人口民族 324
自然概貌 324
资源特产 324
经济状况 324
教科文卫 325
社会生活 325
廉租房建设 325
南华县民族中学建设 325
龙山水库工程 325
南华县中医院建设项目 326
乡（镇）领导名录 326
乡（镇）情况一览表 326

姚安县 327
地理位置 327
行政区划 327
人口民族 327
自然概貌 327
资源特产 327
经济状况 327
教科文卫 328
社会生活 328
姚安县启动教育园区建设 328
县城东片区一期开发建设全面启动 328
姚安县第二批县级非物质文化遗产保护项目 328
乡（镇）领导名录 329
乡（镇）情况一览表 329

大姚县 329
地理位置 329
行政区划 329
人口民族 330
自然概貌 330
资源特产 330
经济状况 330
教科文卫 330
“7·09”地震恢复重建 330
全国新型农村社会养老保险试点县 330
7.6万吨优质山泉水生产线正式投产 330
大姚一中70周年校庆活动 331
《大姚县志》(1978~2005)公开出版 331
乡(镇)领导名录 331
乡(镇)情况一览表 332

永仁县 332
地理位置 332
行政区划 332
人口民族 332
自然概貌 332
资源特产 332
经济状况 332
教科文卫 333
社会生活 333
楚雄州首个农村环境综合整治村建成 333
打造永仁太阳城 333
乡(镇)领导名录 334
乡(镇)情况一览表 334

元谋县 334
地理位置 334
行政区划 334
人口民族 334
自然概貌 334
资源特产 335
经济状况 335
教科文卫 335
社会生活 336
“元谋人”博物馆暨元谋体育馆建成开馆 336
元谋县“7·28”、“8·01”特大洪涝灾害 336
乡(镇)领导名录 337
乡(镇)情况一览表 337

武定县 338
地理位置 338
行政区划 338
人口民族 338
自然概貌 338
资源特产 338
经济状况 338
教科文卫 339
武定县被列为联合国千年发展目标基金项目试点县 339
鑫发托佩克养猪场成为楚雄州畜禽规模养殖基地 339
乡(镇)领导名录 339
乡(镇)情况一览表 340

禄丰县 340
地理位置 340
行政区划 340
人口民族 340
自然概貌 340
资源特产 340
经济状况 340
教科文卫 341
社会生活 341
中央电视台《智慧树》栏目走进禄丰 342
“2·25”地震 342
世界恐龙谷二期项目动工典礼 342
首届“云南美德少年”颁奖仪式在恐龙谷举行 342
全省“三下乡”集中示范工作 342
乡(镇)领导名录 342
乡(镇)情况一览表 343

人　物

新闻人物 344
李开斌 344
李彩林 344
晋晓琴 344
蔡红梅 345
普艳喜 345
何　金 345
袁美珍 345
徐永芬 346

楚雄州第二届道德模范 346
助人为乐模范 346
王跃斌 346
倪宏先 346
李俊芬 346
刘大才 347
王荣生 347

见义勇为模范 347
周德明 347
杨正美 347
符正云 347
罗　斌 347
吴保柱 348

诚实守信模范 348
周平忠 348
冯志华 348
杨　涌 348
陆　萍 348
期信才 348

敬业奉献模范 348
张之道 348
朱光荣 349
杨明玉 349
李赞阳 349
李建华 349

孝老爱亲模范 349
白家文 349
黎家荣 349
朱福翠 349
张翠秀 349
郑永芬 350

楚雄州第二届十大杰出女性 350
王建平 350
李秀芳 350
杨　彩 350
杨艳梅 350
杨爱萍 351
杨雪斌 351
沙翠梅 351
梁　芬 351
普　珍 351
樊志勇 352

组织机构及领导名录 352
2010 年度楚雄州享受国务院政府特殊津贴人员名录 367
2010 年度楚雄州享受云南省政府特殊津贴人员名录 368
2010 年度楚雄州获云南省有突出贡献的优秀专业技术人才称号人员名录 368
楚雄州 2010 年度高级专业技术职务任职资格人员名录 368

附　　录

楚雄彝族自治州国民经济和社会发展第十二个五年规划纲要 372
云南省楚雄彝族自治州公路条例 396
楚雄彝族自治州地方志工作规定 398

统计资料

楚雄州 2005 ~ 2010 年国民经济和社会发展主要指标 400
全省 16 州（市）及全州 10 县（市）2010 年国民经济主要指标 406
全国 30 个少数民族自治州 2010 年国民经济主要指标 408

索　　引

索引 412

Main Contents

Special Published 1

Major Events and Important news 18

Major Events in 2010 18
Higher Leader Inspecting Chuxiong 27
Focus Attention on 2010 31

Almanac Forum 42

Summary 52

A Summary of Chuxiong Yi Nationality Autonomous Prefecture 52
Economic Development 55
Political Progress 56
Cultural and Ideological Progress 59
Eco-construction 60
Striving to be the Best Pioneer Activities 61
In-depth study and Practice of the Scientific Outlook on Development Activities from First to Third 63

Politics 66

Chuxiong Yi Nationality Autonomous Prefecture Committee of the Communist Party of China 66
Important Conferences 66
Important Activities 68
Important Decisions 70
Organizations Work 71
Work for Veteran Cadres 73
Propaganda Work 74
Cultural System Reform and Industries Development 75
United Front Work 77
Policies Research 78
Secrecy Work 79
Party Organization at the Administrative Setup 80
Party Organization at the Enterprise 82
Party School Education 84
Work on Complaint Mails and Visits 84

Chuxiong Yi Nationality Autonomous Prefecture Standing Committee of the People's Congress 85
Important Conferences 85
Important Activities 87
Decision and Resolution 89
Motion and Proposal Handling 91

Chuxiong Yi Nationality Autonomous Prefecture People's Government 94
Important Conferences 94
Important Activities 99
Commendations and Awards 103
Government Affairs Supervision and Motion Management 104
Contacts and Exchanges 105
Reception Work 106
Organizational Staffing Management 107
Personnel Administration 108
Administrative Supervision 110
Government Legal System 111
Economic Policy Decisions and Consultations 113
Affairs Concerning Overseas Chinese 114
Foreign Affairs 115
Work on Taiwan Affairs 115
Work for Women and Children 116
Organs Services Management 117

Chuxiong Yi Nationality Autonomous Prefecture Committee of Chinese People's Political Consultative Conference 119
Important Conferences 119
Important Activities 120
Investigations and Studies 121
Motions Work 122

Chuxiong Yi Nationality Autonomous Prefecture Commission for Inspecting Discipline of the Communist Party of China 122
Important Conferences 122
Party Conduct and Discipline 123

Investigation and Handling of Disciplinary Criminal Cases 124
Disciplinary Inspection and Studies 124

Mass Organizations 125
Trade Union 125
The Communist Youth League 126
The Women's Federation 127

Democratic Parties 128

Association of Industry and Commerce 133

Military Affairs 135

PLA Chuxiong Military Sub-command 135
Garrisons 137
Chuxiong Prefecture Detachment of Armed Police Forces 137
Chuxiong Prefecture Detachment of Fire Brigade 139
Air Defense Work 140

Legal System 141

The Political-Legal Committee 141
Public Security 143
Procurator Work 145
Court Work 147
Judicial Administration 148
Traffic Administration 149
Chuxiong Prison 151

Economic Management 152

Administration of Development and Planning 152
Price Supervision and Administration 153
Developing and Investing 154
Land and Resources Administration 154
Introduction Capital Investment 155
Industrial and Commercial Administration 158
Statistics 160
Statistical Investigation 161
Audit Supervision 162
Supervision of Quality and Technology 163
Supervision and Administration about Production Safety 165
Town and Township Enterprises 167
Management of Housing Accumulation Funds 167
Chuxiong Economic Development Zone 168

Agriculture 171

A Summary of Rural Economy 171
Planting 172
Animal Husbandry 173
Agricultural Machinery 174
Organism Resources Developing 175
Forestry 176
Water Conservancy 177
Qingshanzui Reservoir Project Construction 180

Industry 181

A Summary of Industrial Economy 181
Industrial Areas Construction 183
Energy Saving and Pollutant Reduction 184
Coal Industry 185
Electric Power Industry 185
Metallurgy and Mining Industry 187
Engineering Industry 187
Building Materials Industry 188
Textile Industry 188
Chemical Industry 189
Food Industry 189
Forest Products Industry 190

Cigarette Industry 191

Tobacco Monopoly 191
Tobacco Production 191
Cigarette Sales 193
Cigarette Production 193

Medicine Technology Industry 195

A Summary of Medicine Industry 195
Natural Medicine Industry 196
Medicines and Chemical Reagents Production 197
Medicines Management 198

Trade 199

A Summary of Commodity 199
Commodity Circulation 199
Foreign Trade and Economic Cooperation 200
Supply and Marketing Cooperation 201

Grain Circulation 201
Petroleum Trade 202

Communications and Transportation 203

Highways Construction 203
Transportation Management 204
Highways Administration 206
Highways Management and Maintenance 206
Highway Transportation 207
Urban Public Transit 209
Railway Transportation 209

Tourist Industry 211

A Summary of Tourist Industry 211
Tourist Scenic Spot Construction 213
Tourist Reception 214
Tourist Propaganda 215
Tourist Festivities 217

Information Industry 218

A Summary of Information Industry 218
Postal Service 219
Telecommunication Service 220

Construction and Environmental Protection 222

Urban and Rural Areas Planning 222
Construction Administration of Cities and Towns 223
Building Industry 223
Real Estate 225
Environmental Protection 226

Finance and Taxation 229

Finance 229
State Tax Revenue 232
Local Tax Revenue 234

Banking and Insurance 237

Banking 237
Insurance 244

Sciences and Technology 246

A Summary of Science and Technology 246
Scientific Research Activities 247
Science and Technology Utilization 248
Science and Technology Propaganda 249
Science and Technology Achievements 250
Science and Technology Association 251
Against Earthquakes and Fight Adversities 252
Meteorological Observation and Weather Forecasting 254
Hydrologic Survey and Research 255

Social Sciences 257

A Summary of Social Sciences 257
Yi Culture Research 257
History Research of the Communist Party of China 258
Local Chronicles Compilation 259

Education 261

A Summary of Education 261
Elementary Education 265
Vocational Education 267
Higher Education 269
Teaching and Research, Teachers Training 271
Audio-visual Education Program 272
Entrance and Exam 273

Culture 274

A Summary of Culture 274
Cultural Market Management 274
Literary and Artistic Creation 274
Art Performance 276
Mass Culture 276
Cultural Relic and Natural Science 277
Press and Publication 277
Film 278
Radio Broadcast and Television 279
Newspapers 281
Books 282
Archives 284
Calligraphy, Painting and Photography 284

Hygiene 286

A Summary of Hygiene 286
Hygiene Supervision and Enforcement 289
Hygiene Emergency 290
Medical and Health Institutions 290
Disease Prevention and Control 291
Patriotic Health Campaign 293
Women and Children Hygiene 293

Sports 294

A Summary of Sports 294
Athletic Competition 294
Gymnasium Building 296
Sports Industry 296

Minorities 297

A Summary of Ethnic Minorities 297
Economy of Ethnic Minorities 298
Culture of Ethnic Minorities 298
Education of Ethnic Minorities 299
Sports of Ethnic Minorities 300

Society 301

People's Life 301
Population and Family Planning 302
Labor, Employment and Social Protection 304
Civil Administration 307
The Red Cross 310
Supporting and Developing 310
Immigration Work 312
Work for the Deformed 312
Administration of Religious Affairs 313

Counties Summaries 315

Chuxiong City 315
Shuangbai County 319
Mouding County 321
Nanhua County 324
Yaoan County 327
Dayao County 329
Yongren County 332
Yuanmou County 334
Wuding County 338
Lufeng County 340

Figures 344

New Personages 344
The Second Session Moral Paragons of Chuxiong Prefecture 346
The Second Session Ten Outstanding Women of Chuxiong Prefecture 350
The List of Organizations and Leaders 352
The List of Winning the State Council Allowance in 2010 367
The List of Winning the Provincial Government Allowance in 2010 368
The List of Personages of Winning the Title of Yunnan Province Outstanding Contributions to Professional and Technical Personnel in 2010 368
The List of Personages of Winning the Title of Senior Post in Professional Filed in 2010 368

Appendix 372

Statistical Data 400

Index 412

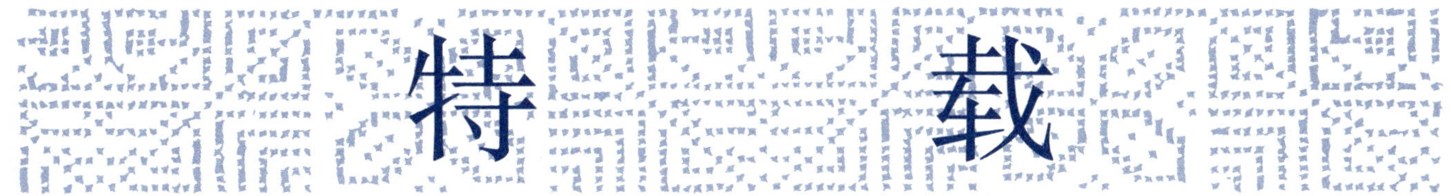

抢抓历史机遇　坚持科学发展
为实现富民强州宏伟目标而努力奋斗

——在中国共产党楚雄彝族自治州第八次代表大会上的报告

中共楚雄州委书记　张太原

（2011年8月12日）

各位代表、同志们：

中国共产党楚雄彝族自治州第八次代表大会，是在国家深入实施西部大开发战略、省委省政府全面部署加快建设面向西南开放重要桥头堡和楚雄州实现“十二五”良好开局的关键时期召开的一次十分重要的大会。大会的主要任务是：高举中国特色社会主义伟大旗帜，以邓小平理论和“三个代表”重要思想为指导，深入贯彻落实科学发展观，总结过去5年的工作成绩，部署今后5年的目标任务，选举产生新一届州委、州纪委和出席省第九次党代会代表，团结动员全州各级党组织、广大党员和各族干部群众，抢抓历史机遇，坚持科学发展，为实现富民强州宏伟目标而努力奋斗。

现在，我代表中共楚雄彝族自治州第七届委员会向大会作报告，请予审议。

一、过去5年的工作

过去的5年，是极不平凡的5年。面对国际金融危机冲击、国家宏观政策调整变化，以及地震、泥石流滑坡、百年不遇干旱等重特大自然灾害的严峻考验，在党中央和省委的正确领导下，七届州委团结带领全州各族人民，深入贯彻落实科学发展观，聚精会神搞建设，一心一意谋发展，各项工作取得了显著成绩。

——*经济平稳较快发展*。认真贯彻落实中央和省委的各项决策部署，采取有效措施着力解决各种突出问题，农业稳步发展，工业化步伐逐步加快，现代服务业加快发展，经济结构不断优化，经济总量快速增加。2010年，全州生产总值达到404.4亿元，年均增长11.6%；完成地方财政总收入和地方财政一般预算收入86.5亿元和30.7亿元，分别比2005年增长1.4倍和1.5倍。

——*基础设施明显改善*。大幅增加基础设施建设投入，5年累计完成固定资产投资842.4亿元。青山嘴水库等一批重点水利工程建成投入使用。永武、元双高等级公路建成通车，昆广铁路复线、广大铁路扩能工程相继开工建设。楚雄市区域中心城市和各县城区建设加快，新农村建设扎实推进，城乡生产生活条件进一步改善。

——*改革开放步伐加快*。科教文卫体等体制改革扎实推进，农村综合改革不断深化，集体林权制度改革和水利管理体制改革深入推进。稳步实施财税体制、投融资体制改革，非公有制经济和中小企业发展的体制机制不断完善。深入推进政府机构和行政审批制度改革，政府职能进一步转变。继续深化对外开放合作，经济发展外向度逐步提高。5年来，全州累计引进州外到位资金295.9亿元，是“十五”期间的5.8倍。

——*人民生活持续改善*。社会事业加快发展，覆盖城乡的基本公共服务体系加紧建立，城乡免费义务教育、基本医疗保障政策得到落实，州文化活动中心、州医院新区、职教园区等项目先后建成。就业形势总体保持稳定，保障性住房建设力度不断加大，扶贫开发成效明显，城乡居民收入不断增加。2010年，全州城镇居民人均可支配收入和农民人均纯收入分别达

15624元和3896元，年均分别增长11.2%和7.5%。

——生态环境不断优化。全面开展“保护七彩云南·构建和谐彝州”行动，深入实施天然林保护、退耕还林、小流域治理、农村能源、水土保持等重点生态工程，全州森林覆盖率达62.5%。环境保护力度明显加大，工业污染治理不断加强，城镇污水和垃圾处理能力明显提高，农村环境整治有序推进。圆满完成了国家和省下达楚雄州的节能减排任务。

——文化建设成效显著。公民道德建设工程和群众性精神文明创建活动扎实推进，城乡居民文明程度不断提高。牢牢把握正确舆论导向，加大对外宣传力度，楚雄州的知名度和影响力显著提升。深入实施文化惠民工程，广大农村和社区文化生活更加丰富。进一步加大优秀文化遗产保护和开发力度，一批优秀民族文化作品和文艺精品获得国家和省级大奖。以世界恐龙谷、元谋土林、武定狮子山、彝人古镇和乡村旅游等为代表的文化旅游产业得到较大发展。

——民主政治扎实推进。全面加强党对人大、政协工作的领导，各级人大、政协职能作用得到充分发挥。基层民主政治建设稳步推进，村、社区自治机制不断完善。统战、民族、宗教、对台和侨务工作进一步加强。工会、共青团、妇联等人民团体的桥梁和纽带作用有效发挥。国防后备力量建设和双拥工作取得新成绩。依法治州进程不断加快，司法公正得到切实维护，公民法律素质进一步提高。不断加强和创新社会管理，切实做好新形势下的群众工作，全州社会保持和谐稳定，荣获了“长安杯”全国综治工作最高奖。

——党的建设全面加强。深入贯彻落实科学发展观，认真组织开展创先争优、学习杨善洲精神以及解放思想大讨论等教育活动，扎实推进学习型党组织建设，党员干部的思想政治素质进一步提高。各级领导班子和干部队伍建设得到加强，干部人事制度改革不断深化，县（市）、乡（镇）党委换届工作圆满完成，全州干部队伍的活力进一步增强。基层党建工作进一步强化，非公经济和新社会组织的党建工作覆盖面不断扩大，村级组织活动场所建设任务全面完成，村级集体经济逐步壮大，基层党组织的凝聚力、战斗力和创造力进一步增强。积极构建惩治和预防腐败体系，严格执行党风廉政建设责任制，着力加强对中央和省、州党委重大决策部署贯彻落实情况的监督检查，坚决纠正损害群众切身利益的行为，严肃查处了一批违纪违法案件，党风廉政建设和反腐败斗争取得新的成效。

总起来说，这5年是经济实力明显增强的5年，是城乡面貌变化较大的5年，是人民生活明显改善的5年，是发展活力持续增强的5年，是社会保持和谐稳定的5年，是党的建设成效显著的5年。这充分说明，总体上楚雄州党员干部的精神状态是饱满的，工作作风是扎实的，是一支能够让组织放心、值得群众信赖的队伍。

这些成绩的取得，是党中央和省委正确领导的结果，是历届州委团结带领全州各级党组织、广大党员和各族干部群众顽强拼搏、艰苦奋斗的结果，是各民主党派、社会各界人士、驻楚人民解放军和武警部队大力支持的结果，是离退休老领导、老同志关心鼓励支持参与的结果。在此，我谨代表中共楚雄州第七届委员会，向所有为全州改革发展稳定作出积极贡献的同志们，向所有关心支持楚雄州各项事业发展的朋友们，致以崇高的敬意和衷心的感谢！

在肯定成绩的同时，也要清醒地看到，我们的工作与中央和省委的要求、与全州人民群众的期盼还有很大差距，前进中还面临许多困难和问题，突出表现在：经济总量小，产业层次低，环境和资源压力大，投资结构不够合理，固定资产投资增速与经济增速还不协调，经济发展的质量和效益有待提高；农村基础设施薄弱，制约因素多，尤其是农民人均纯收入的增长严重滞后于经济增速，农业稳定发展和农民持续增收任务艰巨；群众反映强烈的就业住房、教育医疗、环境保护、安全生产、食品药品安全、企业改制、征地拆迁、涉法涉诉等问题仍然突出，民生改善和社会管理任重道远；个别单位领导班子还不同程度存在着推动科学发展的意识不强烈、方法不科学、落实不到位、效果不明显的问题，科学谋划、统筹协调的意识和水平还有待进一步提高；少数基层党组织仍然存在软弱涣散现象，基层党的建设需要进一步加强；消极腐败现象时有发生，党风廉政建设和反腐败斗争形势依然严峻。

前一段时间，楚雄州发生了极少数领导干部违纪违法和腐败问题，严重损害了党和政府在群众中的形象，也挫伤了一些干部干事创业的激情，给全州的工作带来了极大的负面效应。极个别同志还不同程度存在着认识模糊、思想混乱、精神不佳、消极等待现象。发生这些问题，说明这些领导干部个人党性修养不够，放松了世界观、人生观、价值观的改造，理想信念出现了偏差，抵挡不住权力、金钱、美色的诱惑，既毁了个人的前程，也给国家和人民的利益造成了巨大损失。这也反映出我们的监督工作还很薄弱，民主集中制执行得还不到位，依法决策和依法行政的意识还不强。在这些问题上，我们必须痛定思痛、深刻反思，总结教训、分析原因，采取有力措施，切实加以解决。

二、今后5年经济社会发展的总体思路和奋斗目标

今后5年是楚雄州到2020年与全国和全省同步全面建成小康社会的关键5年，党中央和省委寄予厚望，各族人民群众充满期盼。我们必须增强机遇意识和忧患意识，积极顺应发展趋势，主动适应环境变化，有效化解各种矛盾，进一步明确今后5年经济社会发展的总体思路和奋斗目标，努力在新的历史起点上再创新的辉煌。

当前，国家深入实施新一轮西部大开发，东部沿海发达地区资金、技术和产业加快向西部地区梯度转移，国务院支持云南省加快建设面向西南开放重要桥头堡，省委省政府全面实施“两强一堡”战略，着力推进滇中城市经济圈建设，为楚雄州的发展创造了良好的外部环境，提供了有利条件，带来了千载难逢的重大历史机遇。机遇是一种流动资源，稍纵即逝。牢牢把握机遇，就能赢得先机；如果错失良机，就会更加被动。随着全国、中西部地区和全省各州市加快发展、竞相发展的热潮一浪高过一浪，楚雄州面临的竞争压力空前加大。我们要充分认识到我们的差距，到2010年，楚雄州的地区生产总值和地方财政一般预算收入，在全省16个州市中只排在第6位和第7位，在滇中4州市中综合经济实力倒数第一，这几年一些主要经济指标还在不同程度地下滑。我们既要奋力加快发展实现赶超，又要积极转变经济发展方式，不断提高发展的质量和效益。我们必须进一步统一思想、振奋精神，理清思路、凝心聚力，切实在“加快”上下功夫，在“转变”上动真格，在“发展”上见实效。

今后5年，楚雄州经济社会发展的指导思想是：高举中国特色社会主义伟大旗帜，以邓小平理论和“三个代表”重要思想为指导，深入贯彻落实科学发展观，坚持以科学发展为主题，以加快转变经济发展方式为主线，牢固树立执政为民、富民优先的理念，更加注重发展的质量和效益，更加注重保障和改善民生，更加注重资源节约和环境保护，坚持走生产发展、生活富裕、生态良好的文明发展之路。

总体思路是：牢牢把握国家深入实施西部大开发战略和支持云南省加快建设面向西南开放重要桥头堡的重大历史机遇，按照省委、省政府“两强一堡”战略部署，紧紧围绕富民强州这一宏伟目标，强化基础设施、重点产业两大支撑，突出农业、工业和城镇化三大重点，实施工业强州、开放活州、科教兴州、生态立州四大战略，集中力量建设烟草、冶金化工、生物医药、绿色食品、文化旅游、新能源新材料六大重点产业，努力把楚雄州建设成为滇中城市经济圈新的增长极、桥头堡战略大通道的重要枢纽、外向型优势特色产业基地、金沙江流域经济合作区的重要节点和全国民族团结进步示范区。

主要奋斗目标是：

——经济快速发展。经济增长质量和效益明显提高，经济总量大幅增加，全州地区生产总值和人均生产总值分别比2010年翻一番，地方财政总收入和地方财政一般预算收入分别年均增长15%以上，固定资产投资年均增长20%以上，城镇化率达到40%。

——民生全面改善。教育、医疗、养老、就业、保障性住房等各项社会事业加快发展，基本公共服务体系逐步完善，社会保障水平不断提高，城乡居民收入与经济发展增速基本同步，人民生活更加幸福。

——生态更加良好。发展方式根本转变，环境污染得到有效治理，资源利用效率显著提高，节能减排任务全面完成，生态环境明显改善，森林覆盖率达到63.5%。

——文化繁荣进步。社会主义先进文化深入人心，精神文明和物质文明全面发展，民族文化创造活力持续迸发，社会文化生活更加丰富多彩，文化事业和文化产业加快发展，公民素质和城乡文明程度普遍提高，文化软实力明显提升。

——社会和谐稳定。民主政治建设扎实推进，依法治州进程进一步加快，社会管理格局不断完善，各类矛盾纠纷得到有效预防和化解，人民权益和社会公平正义得到更好保障，民族团结和睦，社会和谐稳定。

基本要求是：

——始终坚持党的领导。坚决与党中央保持高度一致，坚定不移地贯彻落实党中央和省委的各项决策部署，认真执行民主集中制，保障党的团结统一，坚决纠正有令不行、有禁不止的现象，切实发挥党委总揽全局、协调各方的领导核心作用。

——始终坚持解放思想。坚决破除一切妨碍科学发展的思想观念，科学分析新机遇、新挑战，全面认识新形势、新任务，深刻把握新课题、新矛盾，坚持解放思想、实事求是、与时俱进，不断创新思维、拓宽思路、完善举措，创造性地解决改革发展稳定中的各种突出问题。

——始终坚持科学发展。牢固树立发展是硬道理的战略思想，紧紧扭住经济建设这个中心不动摇，着眼发展质量“好”，立足发展速度“快”，坚持因地制宜，注重发挥比较优势，坚定不移地走符合楚雄州实际的全面协调可持续发展之路。

——始终坚持改革开放。坚持不懈地把改革创新精神贯穿到经济社会发展的全过程和各方面，坚定不移地推动重要领域和关键环节改革，加快构建有利于科学发展的体制机制，全面实施互利共赢的开放战略，不断为实现富民强州宏伟目标注入强大动力。

——始终密切联系群众。坚持贯彻党的群众路线，把实现好、维护好、发展好人民群众的根本利益作为一切工作的出发点和落脚点，依法保障各族群众的合法权益，着力解决广大人民群众反映强烈的突出问题，始终保持党同人民群众的血肉联系。

三、今后5年经济社会发展的主要任务

今后5年是楚雄州实现富民强州宏伟目标关键性的5年。全州各级党组织和全体党员干部一定要以对党和人民高度负责的责任感和使命感，切实把思想和行动统一到中央、省委和州委的决策部署上来，围绕中心、服务大局，统筹兼顾、突出重点，细化措施、狠抓落实，不断推动全州经济社会发展再上新的台阶。

（一）坚持基础先行，不断夯实发展基础。基础设施薄弱一直是制约楚雄州发展的瓶颈。我们必须紧紧抓住国家大力支持西部地区基础设施建设的新机遇，加快推进现代化基础设施体系建设。一是加强水利基础设施建设。以水利部和云南省共建山区水利发展与改革示范区为契机，积极推进骨干水源工程、农村“五小水利”、城乡饮水安全、病险水库除险加固、灌区配套改造等工程建设，着力加强中小河流和水土保持生态治理，扎实做好滇中引水等重大工程项目前期工作，不断提高水利保障能力。二是加强交通基础设施建设。积极推进楚雄至广通、武定至禄丰、双柏至新平等高等级公路建设及108、320国道提升改造，抓紧推进昆明至楚雄轻轨交通、昆广和广大铁路复线等项目，积极争取建设备用机场，努力构建完备的现代综合交通运输体系。三是加强城镇基础设施建设。全面配套城镇路网、电网、供排水网、信息网和绿化亮化等基础设施，加快完善城镇教育、医疗、文化、体育、商贸、物流、金融、社区等现代化服务功能，不断提高城镇综合承载能力。四是加强能源基础设施建设。认真做好中缅油气管道入境天然气开发利用规划和楚雄盆地油气资源勘探工作；加大水能、风能、太阳能、生物质能等清洁能源的开发力度，力争到2015年水电、风电、太阳能装机容量分别达到60万千瓦、150万千瓦和50万千瓦；逐步完善区域性电网，确保2015年前完成农网改造升级和城网改造任务，努力构建开放、多元、清洁、安全、经济的能源保障体系。五是加强信息基础设施建设。积极推进“三网融合”，进一步发展和完善电信、有线电视骨干传输网络，加快改造全州交互式数字电视网络，2012年前完成广播电视村村通工程，逐步构建覆盖全州、连接城乡的现代信息网络。

（二）加强“三农”工作，全面推进新农村建设。“三农”问题始终是楚雄州整体工作的头等大事。我们必须坚持把解决好“三农”问题作为全州工作的重中之重，倍加关注农村、关心农业、关爱农民，努力建设广大农民群众幸福生活的美好家园。一是加强农村基础设施和基本公共服务体系建设。按照“山区小康水利”建管模式，加快20万件“五小水利”工程建设；加强农村公路建设，确保2015年前实现60%以上的行政村通沥青（水泥）路。加大中低产田地改造和高标准粮田建设力度，积极推进农村沼气工程建设，健全农村教育、医疗、文化等公共服务体系，不断改善农村生产生活条件。二是稳步发展粮食和烟叶生产。抓住全省实施“优质粮油生产基地建设工程”和“百亿斤粮食增产计划”的重大机遇，加大农业技术和农机推广力度，切实保护好耕地，稳定粮食播种面积，提高良种覆盖率，实现全州粮食年总产量在100万吨以上；积极发展现代烟草农业，转变烟叶发展方式，打造楚雄烟叶品牌，全面提高烟草产业发展水平。三是加快发展现代农业。大力培育和扶持农业龙头企业，发展农民专业合作组织，推进农产品精深加工，加强农产品绿色通道建设，狠抓农产品质量安全，认真做好农业防灾减灾工作，不断提高农业生产专业化、标准化、规模化和集约化水平。四是深入推进扶贫开发工作。以边远少数民族地区和其他地区深度贫困人口为重点，以尽快实现脱贫致富为目标，以实施整村推进、易地搬迁、劳动力培训转移为载体，集中力量、明确责任，着力加强基础产业、基础设施、基本素质、基本保障和基本队伍建设，努力扭转贫困地区发展差距不断拉大的趋势。五是全面实施农民增收计划。认真落实粮食直补、良种补贴、农机购置补贴、农资综合补贴和农业保险等政策，深入推进农民创业促进工程，积极扶持农村中小企业、劳动密集型企业和家庭服务业发展，加强农村劳动力职业技能培训，提高劳务输出质量，多渠道增加农民收入。六是进一步深化农村各项改革。坚持和完善农村基本经营制度，稳步推进统筹城乡综合配套改革，扎实推进集体土地征用和流转制度改革，全面完成农村小型水利工程管理体制改革，进一步深化集体林权制度改革，加快农村经济信息网络和供销流通体系建设，不断完善农村发展的体制机制。

（三）培育重点产业，着力加快产业转型升级。完善产业结构和布局，提高产业核心竞争力，是壮大经济实力的有效途径。我们必须坚定不移地实施工业强州战略，努力促进产业优化升级。一是进一步优化产业结构和布局。用足用好产业政策，加快工业园区建设，继续加强与各类企业集团的合作，重点培育一批产值上百亿元的骨干企业，集中力量建设好楚雄、禄丰、武定、永仁4个工业发展重点规划区，全力打造昆楚、南永、元双、武禄、永武5条工业经济走廊。二是大力发展绿色产业。加快发展蔬菜、中药材种植等特色农业，做特做大食用菌、核桃、油茶等林产业，积极发展畜牧业；加大企业整合力度，提升企业创新能力，着力培强做大生物医药产业；推进红塔集团楚雄卷烟厂搬迁技改，巩固提高烟草及配套产业，努力把楚雄州打造成为全省乃至全国重要的绿色产业基地。三是加快发展冶金化工产业。推动和支持冶金化工企业实施提升改造，不断发展壮大以有色金属、钢铁和石油化工等为主的冶金化工业，努力争取中缅石油炼化衍生产品在楚雄州布局生产。四是积极发展战略性新兴产业。着力打造钛产业基地，加大铂钯镍、稀土、钪等新材料的开发力度，培育壮大清洁能源产业，大力发展生物产业，积极融入战略性新兴产业发展大潮。五是加快发展现代服务业。着力促进商贸物流、金融保险、科技研发、文化创意、工业设计等生产性服务业发展，积极推进文化旅游、社区服务、物流配送、信息咨询等生活性服务业转型升级，加快服务业市场化、产业化、社会化进程。六是支持发展非公经济和中小企业。鼓励支持和引导民间资本与非公企业进入电力、公路、通信、公用事业、保障性住房等行业，积极帮助中小企业解决融资难题，培育发展一批特色鲜明、优势突出、竞争力强的中小企业和非公有制企业。

（四）实施城镇带动，统筹城乡和区域协调发展。城镇化关系着全州广大人民群众的根本利益。我们必须坚持做优州域中心城市、做强县城、做特集镇、做美乡村的原则，加快城镇化进程，积极推进城乡和区域统筹协调发展。一是优化区域发展格局。以城乡统筹和区域统筹为立足点，按照“两极、三区、五带”区域发展布局，积极完善区域协调发展机制，重点支持楚雄、禄丰两县（市）率先发展，加快推进其他县跨越式发展，努力促进区域协调发展。二是加强城镇规划管理。按照统筹规划、合理布局、完善功能、以大带小的原则，科学制定州域、县域城镇化发展规划，推进各县城区、重点集镇和特色乡镇建设，加强城市管理，重视集约节约用地，抓好城镇绿化美化，积极创建优秀旅游城镇、生态园林城镇和文明卫生城镇，着力把楚雄市建设成为滇中城市群特色鲜明、竞争力较强的区域性中心城市。三是加快县域经济发展。积极争取国家和省支持公益性项目建设，加大财税、金融、用地、科技和人才支持力度，加强重大基础设施和优势产业建设，促进生产要素适度聚集，迅速兴起新一轮县域经济发展热潮，全力提升县域经济实力。四是积极推进城乡一体化。按照政府引导、政策扶持、农民自愿的原则，有序促进农村人口向城镇转移，做好重大工程建设移民搬迁安置工作，着力解决好进城农民的社会保障、子女就学、就医、就业、落户等问题。

（五）扩大改革开放，切实增强发展动力。改革开放是时代的主题，也是各项事业不断前进的力量源泉。我们必须坚定不移地深化改革、扩大开放，努力以改革促开放、以开放促发展。一是全面深化各项改革。进一步推进行政管理体制改革，加快法治政府、责任政府、阳光政府和效能政府建设步伐；继续深化财税体制改革，加快建立和完善县、乡基本财力保障机制；大力推进投融资体制改革，积极构建多元化、多层次的投融资体系；深入推进资源性产品价格和要素市场改革，不断完善生产要素和资源价格形成机制；加强土地出让管理，严格执行“招、拍、挂”制度；全面完成水务体制改革，建立城乡涉水事务统一管理的新机制；稳步推进事业单位分类改革，逐步实现基本公共服务均等化和基本公共服务提供方式多元化。二是实施全方位对外开放。充分利用中国——东盟自由贸易区平台，深入推进与东南亚、南亚地区的贸易和经济技术合作交流，全面融入滇中城市经济圈，主动参与昆明—皎漂对外经济走廊、昆明—丽江—香格里拉—西藏昌都对内经济走廊和成渝经济圈建设，积极承接发达地区产业转移，加大优势产品出口加工基地建设力度，支持企业实施“走出去”战略，不断开拓东南亚、南亚市场，努力提高经济发展的外向度。三是大力加强软环境建设。不断完善优惠政策措施，加快市场、金融、信息、人力资源开发、中介组织等服务体系建设，依法规范和简化行政办事程序，完善重大项目审批制度，到2011年底前把州级行政审批事项再精简3/4，着力营造良好的制度环境、政策环境和服务环境。四是加大招商引资力度。进一步落实招商引资优惠政策，营造全民招商、科学招商浓厚氛围，积极引进国内外行业龙头企业和战略投资者，加快引进高新技术产业和产业链高端项目，着力提升招商引资的质量和水平。

（六）重视科教人才，不断提高创新发展能力。科教是兴州之本，人才是强州之基。我们必须把创新科技、培育人才摆在更加突出的位置，全面实施科教人才战略。一是着力提高科技创新能力。加快建立以企业为主体、市场为导向、产学研相结合的科技创新体系，积极开展重点产业科技攻关，广泛开展科技服务、科技普及活动，大力推广实用新科技，努力促进科技成果向现实生产力转化。二是优先发展教育事业。以办好人民满意教育为目标，不断增加教育投入，深化教育改革创新，加快普及学前教育，推进基础教育均衡发展，巩固提高“两基”成果，提升高中教育教学质量，大力发展职业教育，促进高等教育发展，鼓励发展民办教育，进一步加快教育现代化进程。三是积极创新人才工作体制机制。坚持党管人才原则，健全完善人才培养、引进、使用、评价、激励办法，统筹抓好党政人才、企业经营管理人才、专业技术人才、高技能人才、农村实用人才和社会工作人才队伍建设，不断优化人才发展环境和人才队伍结构。

（七）切实改善民生，全力维护社会和谐稳定。保障和改善民生，促进社会和谐，是全面建设小康社会的必然要求。我们必须切实加强以改善民生为重点的社会建设，着力解决好关乎人民群众切身利益的突出问题。一是积极促进就业。认真落实各项促进就业政策，重点做好高校毕业生、退伍军人、下岗职工、就业困难人员的就业指导和军队转业干部的安置工作，加强职业技能培训，鼓励和支持自主创业。二是加强社会保障体系建设。健全失业保险制度，逐步提高城乡低保标准，基本解决失地农民、工程移民的社会保障问题，加快养老服务设施、残疾人康复托养设施和社区服务设施建设，确保2012年实现新型农村社会养老保险和城镇居民养老保险全覆盖。三是加快医药卫生事业发展。加强公共卫生、基层卫生、妇幼保健等基本医疗服务体系建设，合理布局医疗卫生服务网点，加强重大传染病防控，加大食品药品监管力度，支持中医药和彝医药事业发展，完善城镇居民基本医疗保险和新型农村合作医疗制度。加强人口和计划生育工作。四是加大保障性住房建设力度。推进廉租房、公租房、地震安居工程建设和农村危旧房、国有林区棚户区改造，切实改善城乡住房困难群众的居住条件。五是加强和创新社会管理。加大矛盾纠纷排查力度，积极有效化解信访突出问题，加强特殊群体管理，深化社会治安综合治理，强化基层基础建设，巩固“平安楚雄”创建成果，依法打击各类违法犯罪活动，打好禁毒防艾人民战争，始终高度重视安全生产和防灾减灾工作，坚决遏制重特大安全生产事故发生，不断增强人民群众的安全感。

（八）推动文化繁荣，着力增强文化软实力。充分发挥文化引导社会、教育人民、推动发展的作用，是建设民族文化强州的重要内容和根本要求。我们必须大力发展文化事业和文化产业，为推进全州科学发展提供强大的思想保证、精神动力和智力支持。一是加强宣传思想工作。坚持用马克思主义中国化最新成果武装头脑，加强地方历史文化、民族文化研究和成果转化运用，加大对外宣传力度，加强宣传思想文化阵地建设和管理，弘扬时代主旋律，切实维护意识形态领域安全。二是加强精神文明建设。坚持把社会主义核心价值体系建设融入国民教育和精神文明建设范畴，深入推进社会公德、职业道德、家庭美德、个人品德建设，重视对全社会的诚信建设，加强对青少年的德育培养，广泛开展城乡精神文明创建活动，不断提高城乡居民的文明素质。三是大力发展文化体育事业。不断深化文化体制改革，加快公共文化服务体系建设，深入实施文化惠民和文化艺术精品、文化遗产保护、文化人才培育工程，着力打造一批文化精品。广泛开展全民健身运动。四是着力培强文化旅游产业。抓住云南建设民族文化强省和旅游“二次创业”的机遇，依托彝族文化和古生物、古人类、历史文化资源优势，统筹开发旅游线路，加大旅游景区、文化产业园区和文化旅游品牌建设力度，努力把楚雄州建设成为全省新的民族文化旅游产业基地。

（九）加强生态保护，积极构筑生态安全屏障。生态建设和环境保护是加快经济发展方式转变的着力点，也是楚雄州的立州之本。我们必须坚持生态优先、环境优先，加快资源节约型、环境友好型社会建设步伐。一是高度重视生态建设。深入实施退耕还林、天然林保护等重点生态工程，加强自然保护区、天然林资源、野生动植物资源和生物多样性保护，加大中低产林改造力度，推进封山育林、人工造林工作，依法打击破坏森林资源的违法犯罪行为，健全完善生态保护长效机制，不断改善生态环境。二是加大环境保护力度。加强金沙江、红河、龙川江流域污染综合防治，加强水土保持治理，强化地质灾害防治和矿山环境恢复治理，加强工业污染防治，严肃查处违法生产经营行为，推进城镇生活污水、生活垃圾集中处理，全面开展农村环境卫生综合整治，着力改善城乡环境。三是加强资源节约和循环利用。合理开发矿产资源，重视水资源保护，落实节能减排目标责任，鼓励废弃物资源化再利用，大力发展具有资源优势和产业特色的循环经济。

（十）推进民主政治，广泛凝聚发展合力。发展社会主义民主政治是楚雄州各项事业发展的根本保障。我们必须发挥社会主义政治制度的特点和优势，加强民主政治建设，努力形成推动发展的强大合力。支持人大及其常委会紧紧围绕全州工作大局依法行使职权，加强地方立法工作，强化法律监督和工作监督。支持人民政协推进履行职能制度化、规范化、程序化建设，发挥人民政协协调关系、汇聚力量、建言献策、服务大局的作用。加强基层民主政治建设，健全基层群众自治机制，完善政务、厂务、村务公开制度。进一步巩固和壮大最广泛的爱国统一战线，加强对台和侨务工作，支持各民主党派、工商联更好地履行职能、发挥作用。加强对工会、共青团、妇联等人民团体的领导，重视做好红十字会工作。坚持党管武装，加强国防后备力量建设和双拥工作，巩固新型军政军民关系。全面做好民族工作，加强民族团结宣传教育，深入开展创建全国民族团结进步示范区活动。依法管理宗教事务，充分发挥宗教界人士和信教群众在经济社会发展中的积极作用。加快推进依法治州进程，深入开展“六五”普法工作，加强法律援助和司法救助，努力维护社会公平正义。

四、全面加强新形势下党的建设

加强党的建设是实现富民强州宏伟目标的根本保证。我们必须始终坚持党要管党、从严治党的方针，全面加强和改进新形势下党的建设，努力提高党的执政能力和拒腐防变能力，始终保持和发展党的先进性，不断提高党的建设科学化水平，切实把党的政治优势和组织优势转化为推动科学发展、维护民族团结、促进社会和谐的强大力量。

（一）加强思想建设，全面提高党员干部的思想政治水平。思想政治建设是党的建设的首要任务。我们必须高举旗帜、围绕大局、服务人民、改革创新，切实加强思想政治建设，全面提高党员干部的思想政治素质。一是始终坚定理想信念。要高举中国特色社会主义伟大旗帜，坚定不移地走中国特色社会主义道路，坚定不移地坚持中国特色社会主义理论体系，坚定不移地拥护中国特色社会主义制度，牢固树立辩证唯物主义和历史唯物主义世界观和方法论，坚定社会主义、共产主义理想信念不动摇，增强为党和人民事业不懈奋斗的自觉性和坚定性，真正做到立党为公、执政为民。二是切实提高学习能力。全体党员干部要树立终身学习观念，坚持把学习作为一种精神追求，真正做到学以立德、学以增智、学以创业。要在理论学习上下功夫，自觉加强党性锻炼，永葆共产党员政治本色；要在业务知识学习上下功夫，不断增强综合素质，提升业务能力；要在政策法规学习上下功夫，不断增强法制观念，提高法律素养和依法行政能力；要在向实践学习、向群众学习上下功夫，大力弘扬理论联系实际和密切联系群众之风，积极推进学习成果转化。三是不断加强教育培训。深入推进学习型党组织建设，坚持和完善党委（党组）中心组学习制度，建立健全党员干部学习考核评价体系，广泛开展干部培训，发挥各级党校、行政学校以及国民教育体系的作用，加大政治理论、政策法规、业务知识、文化素养和工作技能培训力度，着力推进干部培训轮训规范化、经常化和全覆盖。

（二）加强干部队伍建设，始终保持干部队伍的生机与活力。事业成败，关键在于领导班子和干部队伍。我们必须坚持德才兼备、以德为先的用人标准，坚持五湖四海、任人唯贤，真正把各方面优秀人才集聚到全州各项事业建设中来。一是着力强化领导班子能力建设。完善换届后的党委领导体制和工作机制，加强领导班子思想政治建设，不断提高各级领导班子总揽全局、协调各方的能力，依法行政、科学决策的能力，联系群众、服务群众的能力。二是不断深化干部人事制度改革。认真贯彻落实中央《2010~2020年深化干部人事制度改革规划纲要》，探索和改革初始提名、考核评价、能上能下、公开选拔、竞争上岗等干部选拔任用方式，健全干部选拔任用监督机制和责任追究制度，建立健全科学的工作目标考核体系。三是继续加强干部选拔任用工作。注重选好配强各级党政“一把手”，大力培养优秀年轻干部，加大女干部、少数民族干部、党外干部培养选拔力度，重视干部基层工作经历，特别要把那些政治坚定、有真才实学、实绩突出、群众公认的优秀干部选拔到各级领导岗位上来，形成以德修身、以德服众、以德领才、以德润才、德才兼备的用人导向。

（三）加强基层党组织建设，充分发挥基层党组织的战斗堡垒作用。服务群众、凝聚群众、做群众工作是基层党组织的核心任务，是基层干部的基本职责。我们必须按照围绕中心、服务大局、拓宽领域、强化功能的要求，扎实做好抓基层、打基础工作，切实把基层党组织建设成为推动发展、服务群众、凝聚人心、促进和谐的坚强战斗堡垒。一是深入推进创先争优活动。坚持把创先争优活动作为基层党建一项经常性工作，与学习杨善洲精神结合起来，不断创新活动载体，建立健全长效机制，努力推动各级党组织和广大共产党员在科学发展的实践中创先争优。二是不断改进和创新基层党建工作。坚决落实各级党委（党组）抓基层党建工作责任制，高度重视抓好农村基层党组织建设，加大在非公经济和新社会组织中组建党组织的力度，全面推进机关、社区、企业、学校等各领域党的基层组织建设；认真做好党员发展工作，注重对党员的教育管理和监督，健全党内激励、关怀、帮扶机制；重视发挥离退休老干部、老党员的作用。三是积极推进城乡党建统筹发展。积极探索“以城带乡、资源共享、优势互补、协调发展”的城乡一体化党建工作路子，统筹城市和农村党的建设，逐步形成“共建堡垒、共享资源、共育人才、共同发展经济、共同维护稳定”的城乡统筹基层党建工作新格局。

（四）加强制度建设，不断提高党的建设制度化、规范化、程序化水平。制度更带有根本性、全局性、稳定性、长期性。我们必须坚持把制度建设贯穿于党的建设的全过程，突出重点、整体推进，继承传统、大胆创新，不断健全党的建设制度体系，并认真抓好制度的贯彻落实。一是坚持和完善党的领导。充分发挥党委总揽全局、协调各方的领导核心作用，完善党委与人大、政府、政协的工作衔接机制，切实提高党委的政治、思想和组织领导能力。二是严格执行民主集中制。健全州、县（市）党委全委会、常委会的决策和工作机制，严格执行“三重一大”议事决策制度，推进科学、民主、依法决策，坚决克服违反民主集中制原则的个人独断专行和软弱涣散现象。三是充分发扬党内民主。积极稳妥推进党务公开，保障党员主体地位和民主权利，完善党代表大会制度和党内选举制度，不断扩大基层党组织领导班子公推直选范围，全面推行农村基层党组织“四议两公开”工作法。

（五）加强作风建设，进一步密切党同人民群众的血肉联系。各级党员干部的作风问题事关党的形象，决定事业兴衰。我们必须下大力气解决好作风建设的突出问题，以优良党风促政风带民风。一是继续弘扬优良作风。大力弘扬积极进取、团结干事的作风，坚决反对不思进取、无所作为；大力弘扬敢抓敢管、勇担责任的作风，坚决反对不负责任、推诿扯皮；大力弘扬执政为民、甘当公仆的作风，坚决反对高高在上、漠视群众；大力弘扬勤俭节约、艰苦奋斗的作风，坚决反对铺张浪费、享乐主义。二是全面振奋精神。始终保持奋发有为、昂扬向上的精神风貌，始终保持开拓创新、锐意进取的干事激情，始终倍加珍惜人民赋予的权力，倍加珍惜组织的信任，倍加珍惜自己的工作岗位，始终有一股敢于拼搏、勇于争先的闯劲，有一股自强不息、永不满足的韧劲，有一股吃苦耐劳、有所作为的干劲，真正把全部心思和精力用到干事业、抓落实、促发展上。三是切实提高服务群众水平。始终坚持在思想上尊重群众、感情上贴近群众、工作上依靠群众，认真落实领导干部联系贫困村、自然村等制度，积极深入基层、深入实际、深入群众，努力解决好群众最迫切、最直接、最现实的利益问题。

（六）加强党风廉政建设，坚定不移地把反腐败斗争进行到底。反腐倡廉，关系人心向背和党的生死存亡，是我们必须始终抓好的重大政治任务。我们必须坚持标本兼治、综合治理、惩防并举、注重预防的方针，认真落实党风廉政建设责任制，整体推进反腐倡廉教育、制度、监督、改革、惩处和纠风等各项工作。一是大力加强宣传教育。针对干部作风方面存在的问题，特别是前一段时间楚雄州个别领导干部严重违纪违法案件，深入开展理想信念和党性党风党纪教育，牢固树立以人为本、执政为民理念，切实增强各级领导干部廉洁自律、廉洁从政意识。二是严格加强监督管理。认真贯彻执行党内监督条例、党员领导干部廉洁从政若干准则和各项规定，认真落实领导干部报告个人有关事项、任期经济责任审计制度，强化对领导干部特别是正职的监督，加强廉政风险防控管理，推进行政权力公开透明运行。深入开展专项治理，建立健全纠正和防范损害群众利益的长效机制。三是严肃查处违纪违法案件。始终保持惩治腐败的高压态势，坚决查处官商勾结、权钱交易、买官卖官、行贿受贿、失职渎职和严重侵害群众利益的案件，对腐败分子必须发现一个、查处一个，绝不姑息、绝不手软。各级领导干部要自觉接受监督，严于律己、遵纪守法，讲党性、重品行、作表率，做到立身不忘做人之本、为政不移公仆之心、用权不谋一己之私，永葆共产党人政治本色。

各位代表、同志们，面对错综复杂的矛盾和问题，面对艰巨繁重的改革发展稳定任务，全州共产党员必须坚信马克思主义的真理性、社会主义的优越性，必须维护党的团结和统一，必须坚持解放思想、开拓创新，必须坚持实事求是、因地制宜，必须坚持科学民主决策、依法行政，必须增强忧患意识、大局意识，必须坚定信心、振奋精神，必须率先垂范、廉洁奉公，必须紧紧地依靠全州各族干部群众，必须同舟共济、共克时艰，必须凝心聚力、扎实苦干。只有这样，我们才能不为任何困难所惧、不被任何干扰所惑，才能不悲观、不动摇、不懈怠、不折腾，才能不断解决新问题、战胜新挑战、完成新使命，我们的事业才能无往而不胜！

各位代表、同志们，新目标赋予新使命，新起点开启新征程。让我们更加紧密地团结在以胡锦涛同志为总书记的党中央周围，在省委的正确领导下，团结带领全州广大党员和各族干部群众，同心协力、迎难而上，以更加饱满的热情、更加昂扬的斗志、更加务实的作风，为实现富民强州的宏伟目标而努力奋斗！

政府工作报告

——在楚雄彝族自治州第十届人民代表大会第六次会议上

（2011年2月22日）

各位代表：

现在向大会报告政府工作，请各位代表连同《楚雄彝族自治州国民经济和社会发展第十二个五年规划纲要（草案）》一并审议，并请州政协委员和其他列席人员提出意见。

一、立足新州情，采取新举措，创造新业绩

过去的5年，是楚雄州发展史上极不平凡的5年，也是楚雄州改革开放和社会主义现代化建设取得新的重大成就的5年。我们坚持以科学发展观为指导，进一步深化对州情的认识，全面分析判断形势，不断完善发展思路，抢抓机遇，开拓奋进，有效应对国际金融危机冲击，经受了“8·30”、“7·09”、“2·25”地震、“11·02”特大泥石流滑坡、百年未遇特大干旱等重大自然灾害的考验，妥善处置“4·25”特大交通事故、“12·28”煤与瓦斯突出事故、禽流感等突发事件，成功举办第五届世界菌根食用菌大会、红河流域民族文化与生态文化建设国际会议、首届30个民族自治州州长论坛、首届中国核桃大会等活动，隆重纪念自治州成立50周年。我们还迎来了胡锦涛总书记、贾庆林主席等党和国家领导人莅临楚雄视察工作；争取省人民政府到楚雄召开现场办公会，明确楚雄州在滇中城市经济圈中的战略定位和目标要求，彝州科学发展有了更高的站位、更宽的领域、更大的舞台。全州经济社会实现跨越发展，主要经济指标实现翻番，既定目标任务均已完成或超额完成，“十一五”时期成为楚雄州历史上发展最好最快的时期之一。2010年与2005年相比（下同），全州生产总值由193.3亿元增加到404.4亿元，年均增长11.6%，高于规划目标1.6个百分点，快于“十五”时期1.1个百分点；人均GDP突破2000美元大关，从7538元增加到15452元，提前两年实现比2000年翻一番的目标。全社会固定资产投资由72.5亿元增加到280.6亿元，年均增长31.1%；社会消费品零售总额由55.3亿元增加到132亿元，年均增长19.1%。地方财政总收入由36.4亿元增加到86.5亿元，年均增长18.9%；地方财政一般预算收入由12.3亿元增加到30.7亿元，年均增长20.1%；地方财政一般预算支出由35.6亿元增加到108.6亿元，年均增长25%。城镇居民人均可支配收入由9195元增加到15624元，年均增长11.2%；农民人均纯收入由2223元增加到3896.4元，年均增长11%。金融机构各项存贷款余额分别由185.4亿元、115.8亿元增加到438.3亿元、265.2亿元，年均分别增长18.8%、18%。外贸进出口总额突破1亿美元，年均增长26.7%。人口自然增长率年均增长4.72‰，低于控制目标1.28个千分点。城镇化率由26%提高到32.2%。单位生产总值能耗完成省考核目标。回顾5年的努力，通过全州人民的生动实践和埋头苦干，我们抢抓机遇办成了一系列多年想办而没有条件办成的大事，办好了一系列加快发展的喜事，办成了一系列普惠民生的难事。全州基础设施建设取得明显突破，产业发展实现重大跨越，综合实力大幅提升，人民生活明显改善，在全省和滇中经济圈的影响力进一步增强，建设经济发展、文化繁荣、生态良好、活力涌现、和谐平安的楚雄取得重大进展，前移了“十二五”的起跑线，为“十二五”实现新跨越奠定了坚实基础。

（一）农村经济稳步增长，“强农”工作扎实推进。按照山区、坝区、城郊3种模式，着力推进农村综合改革，加快社会主义新农村建设，发展现代农业，大力调整农业产业结构，积极推进城乡一体化，农业农村经济平稳较快发展。全州农林牧渔业总产值达152.5亿元，年均增长6.5%。粮食产量年均增长0.36%。粮食直补、农资、良种、农机购置等补贴力度进一步加大。

现代农业稳步推进。农业产业化建设迈出新步伐，探索出了禄丰现代烟草农业建设的成功模式，各类农民专业合作经济组织发展到2300个，带动农户28万户，年产值上百万元的农业龙头企业达143户。大力扶持规模化和特色养殖，畜牧业在增加农民收入中始终发挥了重要作用。林产业快速发展，木本油料基地建设成效明显，中低产林改造有序推进，“大资源、小产业、低效益”的状况初步得到改观。

社会主义新农村建设成效明显。按照“修路、治水、安居、通电、办学、兴文、就医、护林、调结构”的扶贫攻坚与新农村建设工作思路，以20户以上自然村为单位，整合项目资金，初步形成了“统一规划、集中投入、渠道不变、各记其功”的投入机制。投入财政资金6960万元，实施州级新农村试点村建设345个。启动实施了安楚、楚大和南永、永武、元双高等级公路沿线“彝州乡风文明示范带”建设。

农村综合改革全面推进。坚持和完善农村基本经营制度，按照依法自愿有偿原则，鼓励有条件的地方发展多种形式的适度规模经营。集体林权制度主体改革全面完成，确权率达99%，配套改革扎实推进。积极稳妥推进乡（镇）机构、村级公益事业建设一事一议财政奖补制度等各项改革，农业农村发展活力不断增强。

（二）工业经济实力增强，“兴工”进程明显加快。坚持把引进战略性合作伙伴促进产业升级、培植优势特色产业、调整优化工业布局、促进技术进步、落实节能减排作为推进新型工业化的着力点，组织实施“双五百亿元”工程，工业发展速度明显加快，质量明显提高。2010年实现工业增加值140.5亿元，增长2.2倍，年均增长16.7%，其中规模以上工业实现增加值106.3亿元，年均增长13.9%。5年实现工业固定资产投资195.7亿元，占全社会固定资产投资的23.2%。全州规模以上工业企业达187户，增加71户。

工业结构进一步优化。坚持实施大企业、大项目带动战略，先后与红塔、云铜、云天化、云冶、昆钢等大企业（集团）建立了战略合作关系，央企、省企、民企入楚成效明显。着力抓好50项重点工业项目实施，滇中有色金属有限公司年产10万吨粗铜、新立公司年产8万吨高钛渣、云南钛业股份有限公司年产2万吨钛材和昆钢重型装备制造集团有限公司年产20万吨民用住宅钢结构产品、澜啤集团年产20万吨啤酒等一批重点工业项目建成投产。云冶6万吨钛白粉和1万吨海绵钛项目、楚雄卷烟厂技改搬迁项目、云南工投集团年产10万吨炭质还原剂生产线项目等稳步推进实施。2010年全州规模以上烟草及配套、化工、冶金矿产、制药、能源等产业实现增加值96.1亿元，增长2倍，占全部规模以上工业增加值的90.4%。

工业园区建设成效显著。全州工业园区规划面积达140平方千米，投入基础设施建设资金9.1亿元，园区发展环境明显改善，有力推进了工业规模化、集约化、集群化发展。

（三）城市建设全面推进，“扩城”力度明显加大。全面加快滇中楚雄特色大城市、县城、中心集镇、旅游小镇建设，城镇基础设施明显改善，城镇辐射和带动能力进一步增强。

城乡规划工作取得突破性进展。建立健全规划管理机构，坚持“富规划、穷建设”，推行规划以奖代补政策，规划龙头作用得到加强。组织开展了滇中楚雄特色大城市建设的研究和规划编制工作，完成了州域城镇体系规划，层级明晰、结构合理、指导和调控作用相结合的城乡规划体系初步形成。

着力推进滇中楚雄特色大城市建设。以大项目实施为推手，从2009年起州财政每年安排5000万元支持滇中楚雄特色大城市建设。实施了州职教园区、州医院新区、州文化活动中心、自来水厂及污水处理厂、楚风苑等扩城项目。探索实践城乡一体化新模式，青山嘴水库移民城市楼房安置模式取得成功，东南片区实施城增村减置换村民宅基地的工作积极推进。楚雄市建成区面积达36平方千米，城镇人口28万人，城镇化率达44.5%，失地农民保障措施不断完善，建设滇中楚雄特色大城市的基础进一步夯实。

城镇化步伐进一步加快。初步形成了以楚雄主城为核心，禄丰工业城市及8座县城为重点，特色小镇、旅游小镇为基础，一般城镇为依托，沿“三纵四横”交通干线聚集发展的四级城镇体系。

（四）城乡消费快速增长，“活商”工作得到加强。加快发展文化旅游、商贸物流等现代服务业，加大招商引资力度，继续深化和扩大开放，进一步优化投资环境，经济外向度不断提高。

流通服务体系更加完善。加大商品流通基础设施建设力度，广通物流中心、楚雄物流产业园区、南华野生食用菌交易市场、大姚核桃交易市场、元谋蔬菜批发交易市场等项目有序推进。积极推进“万村千乡市场工程”和“新网工程”，基本形成了以县级物流企业为龙头、乡（镇）店为骨干、村级店为基础的现代农村流通网络。

文化旅游产业加快发展。围绕“两年打基础、三年成格局、五年成规模并借助2012年国际茶花大会走向世界”的目标，抓住云南旅游“二次创业”机遇，一批重点项目扎实推进。禄丰世界恐龙谷、彝人古镇建成迎宾，黑井、石羊、光禄古镇和罗婺彝寨保护开发成效明显，咪依噜风情谷、永仁方山诸葛村成为云南乡村特色文化旅游的新亮点。彝族文化大观园等大项目有序推进。环州精品旅游线路统筹开发全面展开。

对外贸易持续增长。认真研究和解决外贸发展中遇到的困难，出台促进外贸发展的政策措施，扭转了外贸进出口总额持续下滑局面。2010年外贸进出口总额达1.08亿美元，是2005年的3.3倍。外贸龙头企业加快发展，进出口规模超千万美元的企业达4户。

招商引资成效明显。不断优化投资环境，楚雄州被评为浙商最佳投资城市。累计实施招商引资项目931项，协议总投资736.5亿元，实际引进州外国内到位资金296亿元，年均增长46%。

（五）重点项目加快推进，“固基”工作成效明显。坚持大项目带动大建设、大建设促进大发展，抢抓机遇，举全州之力建成了一批事关全局和长远发展的重大基础设施建设项目，发展条件得到明显改善。累计完成全社会固定资产投资824.4亿元，是“十五”的3.6倍，为实现跨越发展打下了坚实基础。

高度重视项目前期工作。州级财政预算安排的项目前期费大幅增长，2010年达4540万元。完善激励机制，县（市）和州级部门做项目前期工作的积极性明显提高，项目储备工作成效明显。

以水利为重点的农业基础设施建设加快推进。5年开工建设175件重点水利项目，完成水利固定资产投资48.5亿元。实施了以青山嘴大型水库、沙龙中型水库建设和86座病险水库除险加固为重点的水源工程，以中低产田地改造、水土保持生态环境建设、山区小型水利为重点的基础设施建设项目。全州库塘总库容12.4亿立方米，有效灌溉面积178.3万亩，分别净增0.4亿立方米、7.2万亩。完成投资7.1亿元，改造中低产田地61万亩。

交通基础进一步夯实。南永二级公路、永武高速公路建成通车，武昆高速、元双二级公路即将竣工。创新方式，采取BOT模式启动武禄高速公路建设。全省第一条以省地合作模式建设的楚广高速公路扎实推进。全州公路里程达1.7万千米，新增2983千米，黄金大三角高等级公路网基本建成，农村交通状况明显改善。乡（镇）公路硬化率、通油率分别达100%、90%，村（居）委会公路通达率达98%。修通村组公路4024千米，基本实现农村客运网络化。

能源建设加快实施。水电总装机容量达37.5万千瓦；云广正负800千伏特高压直流输电项目建成运营；农村电网改造达85%以上。煤矿安全技改、中缅油气管网建设稳步推进；风能、太阳能等新能源建设取得突破。

（六）人民生活持续改善，“和谐”建设取得突破。坚持不懈办实事、解民忧、谋民利，社会民生持续改善。农林水、教育、卫生、社保等民生支出突破200亿元，年均增长20%以上。

社会事业全面发展。“两基”在巩固中提升，学前教育、职业教育、高等教育持续均衡发展。中小学区域布局调整和校舍安全工程稳步推进，撤并中小学校（点）227所（个），56.7万平方米中小学D级危房全部拆除，新建校舍44.8万平方米，完成教育固定资产投资9.1亿元。圆满完成了“两基迎国检”各项工作，提升了义务教育办学水平。州职教园区基本建成，5所中等职业学校全部迁入办学，师院、医专升级达标工作通过国家验收。认真实施“万村千乡文化中心工程”、“文化资源共享工程”、“文化惠民工程”，文化事业繁荣发展的基础更加坚实。加快科技进步，自主创新能力建设得到加强，科技进步对经济增长的贡献率达47.6%，楚粳系列水稻种子处于国内乃至世界同行业领先水平。医药卫生改革稳步推进，农村卫生、社区卫生、中医药发展等工作取得新成绩，新型农村合作医疗参合率达95.74%，城乡居民医疗保障水平不断提高。认真落实农业人口独生子女“奖优免补”政策，基层计划生育服务体系建设得到加强。全民健身运动广泛开展，竞技体育水平不断提高。20户以上广播电视“村村通”工程全面完成，边远、民族、贫困山区群众看上了高质量的卫星数字电视节目。妇女、儿童、青少年、老龄、红十字、慈善、残疾人、档案、史志等其他社会事业得到发展。完成了第二次经济普查和第六次人口普查工作。

民生领域的重点工作全面落实。就业、再就业工作扎实推进，城镇新增就业12万人，农业劳动力转移就业60多万人，大学毕业生初次就业率达80%以上。城镇基本养老保险参保人数达11.8万人，21万困难群众纳入城乡保障范围，农村五保供养对象实现应保尽保；高龄老人和长寿老人享受到了生活补贴，越来越多的群众享受到了经济社会发展的成果。加快城乡保障性住房建设，累计建设经济适用房26.5万平方米、廉租住房28.5万平方米。投入财政资金2.2亿元，加固改造或拆除重建民房4.9万户，农村危旧房改造和地震安居工程扎实推进。立足“自然灾害频发”的州情特点，积极主动推进防灾减灾体系建设，处置自然灾害和突发事件的能力明显提高。克期完成了灾区恢复重建工作。扶贫开发稳步推进，投入各类扶贫资金36.3亿元，完成扶贫整村推进项目2741个，扶贫整乡推进、整县推进工作扎实开展，基本解决了75.6万贫困人口的脱贫和25.1万绝对贫困人口的温饱问题，提高了50.5万低收入人口的收入。

生态建设和环境保护得到加强。认真实施天然林保护、退耕还林、小流域治理、农村能源、水土保持等重点生态环境工程，切实加强环境保护。实行严格的节能目标问责制，坚决淘汰落后产能，万元GDP能耗累计下降15%以上，规模以上工业增加值能耗下降34%。控制重点污染源，加快污水处理厂建设，节能减排目标全面完成。资源节约型、环境友好型产业发展有新进展。自然生态和农村环境保护工作得到加强，环境质量进一步改善。

社会治安综合治理成效明显。尽职尽责保稳定，加强信访工作，狠抓安全生产，继续打好禁毒防艾人民战争，深入推进平安创建活动，维护了全州社会大局持续稳定。连续三届历时12年荣获“全国社会治安综合治理优秀地市”称号，被中央综治委授予全国综治工作最高荣誉奖“长安杯”，成为全省唯一获此殊荣的州市。

精神文明和民主法制建设进一步加强。深入开展现代公民教育活动和群众性精神文明创建活动，社会主义核心价值体系进一步确立。更加自觉地接受人大的法律监督、工作监督和政协的民主监督，坚持重大事项、重要工作提请州委审定、向州人大及其常委会报告和与州政协通报协商；认真办理人大代表议案、建议和政协提案。坚持依法行政，信息公开制度稳步实施；邀请新闻媒体列席政府常务会议，政务公开力度进一步加大。加强政府法制、行政复议、人民调解、法律援助和行政监察、审计监督等工作，加大政务督查力度，推行电子政务，精减会议和文件，严格公务用车管理，深入开展廉政建设和反腐败斗争，政府自身建设得到加强。2007年以来，认真实施法治政府、责任政府、阳光政府和效能政府16项制度，政府法制化、规范化水平明显提高。切实为驻楚部队解决实际问题；州级政法和军事机关集中搬迁建设工作扎实推进。人民武装、人民防空工作得到加强。民族团结进步工作得到中央和省的表彰。全面贯彻落实党的宗教政策，以宗教和谐促进了社会和谐。

在确保完成“十一五”规划目标的同时，我们还始终高度重视做好打基础、增后劲、利长远的工作。围绕提前实现“十一五”规划目标、尽量前移“十二五”起跑线、超前谋划“十二五”乃至更长远发展的工作思路，我们立足长远，对事关全局和未来发展的重大问题进行了统筹谋划布局，切实打好基础，效果明显。

第一，坚持规划先行，谋划长远发展蓝图。坚持把规划作为加快发展的最大前期工作来抓，重“显绩”更重“潜绩”，通过以“十二五”为中心的各类规划，解决了“项目在哪里”的问题，一批符合国家和省投资扶持导向的大项目进入上级项目规划盘子，加快发展的基础进一步夯实。楚中、楚北、楚南三大区域规划全面推进，进一步优化了跨越发展的生产力布局。

第二，积极创新思路，拓展未来发展空间。坚持解放思想、实事求是，对楚雄州的发展思路、目标、方式和措施进行了深入研究，并实现了一系列大转变：在思想观念取向上，从长期以来满足于“当中游、怕冒尖”、满足于跟随别人发展向增强忧患意识、实现追赶和跨越发展转变；在发展速度取向上，从长期以来留有余地、原地摸高向跳起来摸高甚至撑杆跳跃的跨越发展转变；在发展目标取向上，从长期以来习惯于自己和自己纵比向“纵比跨越发展、横比争先进位”转变；在发展空间取向上，从关起门找优势向更大范围、更高站位、更宽领域展开区域合作与竞争转变；在发展措施取向上，从习惯于学习别人被动发展向非禁即入、敢闯敢试、争当第一转变。这些思路的创新，使我们的发展空间和发展领域得到了新拓展，为实现新跨越奠定了坚实的思想基础。

第三，突出抓好项目，打牢跨越发展基础。牢牢抓住西部大开发、扩大内需和云南省“两强一堡”战略等重大机遇，按照“研究开路、规划先行、项目编报、争取立项、开工建设、监督管理、竣工验收”的思路，强力推进项目工作，形成了项目滚动推进的新机制。“十二五”项目集群规划共筛选出15个大类5651个项目，总投资8169亿元，其中亿元以上投资项目659项，总投资7443亿元。这些努力为实现新跨越储备了丰富的项目资源。

第四，强化要素保障，创造加快发展条件。强化用地保障，采取盘活存量换增量、用活用足用地指标、抓住公路建设机遇超前做好土地收储等措施，最大限度保障了项目建设的用地需求。强化资金保障，充分发挥开发投资公司的融资平台作用，“十一五”期间融资总额达56.8亿元，是“十五”的近10倍。资本运作能力有了新提高，在上海证券交易所成功发行15亿元市政项目建设债券，实现了楚雄州直接融资的零突破。强化人才工作，采取聘请州人民政府顾问等形式，开展社科专家话楚雄、百名博士楚雄行、“九校楚合作”等活动，吸引人才为我所用，推动产业结构优化升级和重大科技问题攻关；通过在重大项目实施中锤炼和培养干部，管理人才队伍得到加强。这些工作为实现新跨越储备了较好的要素资源。

第五，坚持深化改革，提供加快发展动力。稳步推进投融资体制改革，引进富滇银行，成立了一批村镇银行、小额贷款公司，金融支持地方经济发展的能力不断增强。深化国有企业改革取得成效，改制面达100%。市政公用行业改革、财税体制改革继续深化。公共服务均等化、农村综合改革、水利改革、基础教育改革、文化体制改革等扎实推进。加快行政管理体制改革，政府的执行能力、落实能力明显增强。这些改革为实现新跨越提供了动力。

2010年是楚雄州国民经济发展速度进一步加快、发展质量进一步提高、发展实力进一步增强的一年。全州生产总值增长11.3%，完成了“保10争11”的年度目标。固定资产投资增长34.9%，社会消费品零售总额增长20.2%，外贸进出口总额增长56.4%，实际引进州外到位资金突破100亿元大关。财政总收入、一般预算收入、一般预算支出分别增长18%、20%和19.2%。城镇居民人均可支配收入和农民人均纯收入分别增长9.1%和11%。居民消费价格总水平上涨3.7%，城镇登记失业率为3.25%，人口自然增长率为4.31‰。万元GDP能耗下降4.7%。除粮食产量因百年不遇的特大干旱减产6%，未能完成目标外，年初人代会确定的各项目标均已完成或超额完成，确保了“十一五”圆满收官。

总结5年的实践，我们深切感受到，要实现彝州经济社会跨越发展，必须坚持以科学发展观为指导，努力把战胜困难的信心和务实工作的精神相结合，敢于和善于化危为机，在危机中寻找机遇，在困难中加快发展；必须始终坚持党的领导，并努力把中央和省的政策与彝州实际相结合，增强落实的针对性和有效性；必须努力把短期应对措施与长期谋划发展相结合，既重眼前更重将来，始终高度重视做好抓项目、打基础、利长远的工作；必须始终把发展经济与改善民生相结合，让人民群众共享改革发展成果，充分调动社会各界的积极性，形成强大的工作合力；必须敢于和善于坚持先做不争论、先试不议论、先干不空论，在不争论中干事、在不等待中发展、在不畏难中前进；必须敢于和善于在困境中找到出路、在困难中看到希望、在希望中创造可能、在可能中干成事情，坚持通过项目实施统一思想、解放思想，敢于突破、敢于负责、敢于担当，对定下来的工作、看准了的事情，不动摇、不懈怠、不折腾，大胆创新思路，不断完善措施，以更快的节奏、更有效的办法向前推进。这些宝贵经验，我们必须一以贯之地坚持。同时，经历了危机的洗礼和考验，我们也进一步增强了在经济环境发生重大变化的复杂形势下驾驭市场经济的能力、化危为机抢抓机遇的能力、凝聚人心推进科学发展的能力、确保稳定加快和谐社会建设的能力。

各位代表！过去的5年，是楚雄州发展史上经历挑战、经受考验较多的5年，是凝聚人心、团结奋进的5年，是抓住机遇、加快发展的5年，是创新思路、真抓实干的5年，是与时俱进、锐意改革的5年，是统筹兼顾、协调发展的5年，是民族团结、平安和谐的5年。通过5年的努力，我们在全面建设小康社会和构建和谐彝州的征程上又迈出了坚实的一大步。这是省委、省人民政府和州委正确领导、科学决策，州人大、州政协全力支持、强化监督，全州各族干部群众和社会各界团结奋斗、开拓进取的结果，同时也得益于历届州委、州人民政府打下的坚实基础。在此，向全州各族人民致以崇高的敬意和衷心的感谢！向给予政府工作大力支持的人大代表和政协委员，向各民主党派、工商联、各人民团体和社会各界人士，向中央、省属驻楚单位和驻楚部队官兵，向所有关心、支持楚雄发展的海内外朋友们，致以崇高的敬意和衷心的感谢！

在充分肯定成绩的同时，我们也清醒地看到前进中面临的严峻挑战和突出问题。主要是：经济总量小，支柱产业少，重点产业支撑能力弱，经济结构不合理；城乡居民收入偏低；基础设施仍然薄弱；社会事业发展不足，城乡和区域发展不协调；生态和环境保护压力增大；维护社会和谐稳定任务艰巨；政府职能转变还需要不断推进，依法行政的能力和水平有待进一步提高。这些问题，需要我们在今后的工作中认真研究解决。

二、站在新起点，谋求新发展，实现新跨越

“十二五”是楚雄州发展的一个新起点，更是把楚雄州建设成为滇中城市经济圈新的增长极、实现新跨越的黄金机遇期。从外部环境看，我们面临着国家建立扩大内需长效机制、实施新一轮西部大开发战略、更加关注少数民族地区稳定繁荣发展、中国—东盟自由贸易区建成、中国建设面向西南开放的桥头堡、云南省构建滇中城市经济圈等一系列重大发展机遇。从自身发展基础看，通过多年发展积累，楚雄州总体上进入了农业产业化和工业化、城镇化加速推进的时期，发展基础不断改善，支撑全州经济增长的产业基础更加坚实；以农业、交通、城镇为重点的基础设施得到较大改善，支撑发展、聚集发展的能力不断提升，资源、环境、区位的后发优势更加明显；

各族干部群众加快发展、奋力崛起的愿望十分强烈。总之，楚雄州正处于加快经济结构调整，转变发展方式，变追赶发展为跨越式发展，与全国、全省同步实现全面建设小康社会目标的关键时期，既面临比“十一五”更加难得的发展机遇，又面临来自内外发展环境的严峻考验，但总体上看实现跨越发展有利因素大于不利因素，实现跨越发展大有可为。楚雄州完全有条件在新的历史起点上实现跨越发展。我们必须牢牢把握好全州“十二五”时期“爬坡上坎、蓄势突破、勇树标杆、争先进位、跨越发展”的阶段性特点，解放思想、凝聚力量，坚定信心、开拓进取，抢抓机遇、破解难题，在建设滇中城市经济圈新的增长极以及成为全省乃至全国最具发展活力和竞争优势的少数民族自治州中勇当标杆，在一系列重大产业建设中力求突破，在工业化、城镇化和农业产业化进程中实现跨越，全面谋划和推进彝州科学发展的伟大事业。

根据州委七届八次全会确定的“十二五”指导思想和发展思路，州人民政府组织编制了《楚雄彝族自治州国民经济和社会发展第十二个五年规划纲要（草案）》，进一步细化了发展目标，提出了发展重点和工作任务，勾画了未来5年发展蓝图。

纲要强调，“十二五”时期全州经济社会要按照跨越发展的要求，实现更加宏伟的目标：经济实力要有大跨越，全州生产总值（GDP）年均增长12%以上，地方财政总收入和地方财政一般预算收入年均分别增长15%以上，力争全州生产总值和地方财政一般预算收入实现翻番；全社会固定资产投资年均增长25%以上；社会消费品零售总额年均增长18%，外贸进出口总额年均增长18%；三次产业结构进一步优化；城镇化率年均增长1.6个百分点以上，“十二五”末达40%以上。人民生活要有大提高，城乡居民收入年均增长9%左右，就业更加充分，城镇登记失业率控制在4.6%以内；贫困人口大幅减少，价格总水平保持基本稳定。教育科技要有大发展，各项社会事业服务水平不断提高。资源环境要有大改善，单位生产总值能耗继续下降，污染物排放总量继续减少，生态更加良好；人口自然增长率控制在6.35‰以内。

实现跨越发展，“十二五”大有可为，为此要牢牢把握8个重点：

（一）突出“强农”战略重点，全面推进社会主义新农村建设。牢固树立“重中之重”的战略思想，按照在工业化、城镇化深入发展中同步推进农业现代化的要求，把“三农”工作作为全州工作的重中之重，把农民增收和扶贫开发作为“三农”工作的重中之重。按照城郊农民实行城市社区化安置、坝区农民适度集中推进城镇化、山区实施综合开发的要求，大力推进城乡发展一体化，力争在把农民转变为市民上取得重大进展，在把传统农业改造成为现代农业上取得重大进展，在把传统村庄变为具有现代服务功能的新农村上取得重大进展。确保粮食安全，确保农业有好收成、农民有好收入、农村有好局面，加快建设农民幸福生活的美好家园，让农民群众更有尊严地生活。第一产业增加值年均增长6%以上。

（二）突出“兴工”战略重点，培育特色产业体系。“十二五”时期是全州新型工业化发展的黄金机遇期。实现GDP翻番，关键在工业，潜力在工业，希望也在工业。要千方百计加速发展、膨胀总量，做优产品、做强企业、做大产业，在扩大总量中优化结构、实现转型升级，实现区域协调发展。强化创新能力，提升整体竞争力，着力打造现代特色产业体系，努力把楚雄州建设成为桥头堡战略中重要的新型工业重镇。按照“立足大规划、预留大地盘、实施大配套、搞好大服务、进行大招商、引进大项目、促进大发展”的要求，加快工业园区规划建设，加大重点工业项目推进力度，加快推进新型工业化进程。巩固提升烟草加工及配套产业，培强壮大冶金化工业，加快发展天然药业，大力发展绿色食品加工业，发展壮大能源工业，积极培育新兴产业。抢抓机遇，力争楚雄州在省实施的“云酒、云药”产业发展中有一席重要之地。推进与大企业、大集团的深度合作，积极引进央企、省企、攀企和优秀民企入楚发展，提升工业发展的质量和效益。到2015年全州规模以上工业增加值力争突破300亿元，累计工业固定资产投资力争达到400亿元，培育形成年销售收入超50亿元的大企业、大集团5户左右，实现年销售收入超百亿元的大企业、大集团的零突破。

（三）突出“扩城”战略重点，加快城镇化进程。加快推进城镇化，统筹城乡发展，创造支撑彝州持续快速发展的新动力，是“十二五”发展的一个重大课题。要坚持以加快融入滇中城市经济圈发展为取向，以城乡统筹和区域统筹为立足点，按照做大中心城市、做强县城、做特集镇、做美乡村的要求，引导各类生产要素向城镇、园区和重要交通沿线聚集发展，着力构建层次分明、分工合理、特色显著、协调推进的城镇体系。着力加快滇中楚雄特色大城市建设，构建以楚雄市为核心，以双柏、南华、牟定县城和广通镇为辅城的具备半小时核心带动能力的城市经济圈。加快次级中心城市建设，把禄丰建设成为以新型载能产业发展为引擎，具有较多聚集产业和人口的现代化次级中心城市。培育发展州域二级中心城市，大力推进中心镇发展。到2015年全州城镇人口达108.7万，县城建成区面积达100平方千米以上。

（四）突出“活商”战略重点，着力加快服务业发展。把推动服务业发展作为产业结构优化升级的战略重点，拓宽服务业领域，发展服务业新业态，全面提高服务业的总量、质量和素质。着力打造世界恐龙之乡、东方人类故乡等品牌，实现文化旅游业跨越式发展，力争文化旅游产业增加值占全州GDP的比重达到10%以上，把文化软实力变成经济社会发展的硬支撑。加快发展商贸流通业，着力推进楚雄和广通物流园区、南华野生菌物流加工出口基地、元谋农产品物流中心、大姚核桃批发市场、楚雄农产品中心批发市场等重点项目建设，继续推进城乡流通服务体系建设，拓展消费空间。积极推进社区服务、信息咨询、评估、法律等中介服务行业发展，发展金融保险等服务业。

（五）突出“固基”战略重点，进一步夯实发展基础。实施大投资方略，强化大项目支撑，以长足的基础设施建设支撑长远的经济社会发展。建立和完善项目工作机制，围绕投资重点和导向，谋划和争取实施一批带动力强、事关全州发展的大项目、好项目。抢抓机遇，大力提升水利、交通、城镇、能源、信息和重点社会事业等基础设施的共建共享、互联互通能力。推进水利基础设施建设，实施骨干水源和20万个“五小水利”等水利工程，配合做好滇中引水工作，积极推进金沙江提水工程，力争完成水利固定资产投资100亿元。加快交通基础设施建设，着力推进“四纵四横”主骨架公路网和农村公路网及客运站建设；着力在机场和铁路建设上有新突破。加快城镇、能源、信息网络基础设施建设。以保障和改善民生为重点，加大重点社会事业基础设施建设力度，推进基本公共服务均等化。拓宽资金来源渠道，加快资本市场培育，激活社会投资。加大产业投资力度，力争产业投资占全部投资的比重超过50%。全州固定资产投资年均增长25%以上，累计完成2800亿元以上。

（六）突出“和谐”战略重点，切实改善和保障民生。改善民生是加快发展的根本出发点和落脚点，要像重视经济建设那样重视社会建设，像抓经济工作那样抓民生改善，使全州人民成为跨越发展的积极参与者和受益者。按照学有所教、劳有所得、病有所医、老有所养、住有所居的总体要求，加快教育、科技、文化、卫生等关乎民生的社会事业发展。优先发展教育，新增劳动年龄人口平均受教育年限达13年。增强创新能力，科技进步对国民经济的贡献率达53%。大力发展文化事业，加快构建覆盖城乡的公共文化服务体系，努力实现公民文化权益均等化。加快发展卫生事业，加强和完善城乡卫生服务体系建设，提高公共卫生服务水平。稳定低生育水平，“十二五”末全州人口控制在272万以内。加强社会建设，按照“管理不越权、服务不越界”的要求，构建公信度高、执行力强、应急得当、规范有序的社会管理新模式。巩固“长安杯”创建成果。把促进稳定和就业与产业结构调整、市场需求导向、人力资源开发等有机结合，推进创业带动就业工作，到“十二五”末，城镇累计新增就业人员达9.5万人。加快建设符合州情、体系完善、保障有力、覆盖面广的社会保障体系，力争农村社会养老保险参保达100万人，努力实现农村最低生活保障全覆盖。

（七）突出重点领域和关键环节改革，加快实施全方位开放战略。继续深化行政管理体制改革，形成权责一致、分工合理、决策科学、执行顺畅、监督有力的行政管理体制。推进统筹城乡综合配套改革，深化户籍制度、集体林权制度改革。深化投融资体制改革，搭建多元化、多层次、多专业、大平台的投融资体系。深化国资监管体制改革，积极推进地方财税和金融体制改革，推进非税收入收缴管理改革。继续深化社会事业改革。着力推进收入分配制度改革，努力实现居民收入增长与经济发展同步、劳动报酬增长与劳动生产率提高同步。紧紧抓住建设中国面向西南开放桥头堡和新一轮国际国内产业转移的机遇，实施大开放，促进大合作，实现大发展。牢固树立招商引资是加快发展第一要事的理念，努力实现招商引资从项目招商向产业招商、从依靠优惠政策招商向依靠综合优势招商转变。加快发展对外贸易，全面提升开放型经济发展水平。

（八）突出资源节约和环境保护，着力推进“两型社会”建设。强化绿色强州、生态立州意识，以节能减排为重点，健全激励和约束机制，加快构建资源节约、环境友好的生产方式和消费模式，增强可持续发展能力。加强生态建设，保障生态和环境安全。强化环境保护，建立以工业污染防治、城镇两污处理、农村农业面源污染控制为主的防控体系。集约节约利用资源，建立完善资源开发保护长效机制，推进土地、水、矿产等资源的高效利用。大力发展绿色、循环经济，推进清洁生产和资源循环利用。

三、面对新形势，确定新目标，开创新局面

2011年是“十二五”规划的开局之年，也是十届州人民政府任期的最后一年，抓好2011年的工作，意义十分重大。根据楚雄州“十二五”规划纲要提出的目标任务和州委对2011年经济社会发展的总体要求，2011年政府工作的基本思路是：以科学发展观为指导，突出更好更快发展，围绕“强农、兴工、扩城、活商、固基、和谐”战略重点，抢机遇、抓项目，打基础、增后劲，调结构、上水平，惠民生、促和谐，重落实、快发展，着力转变发展方式，推动经济跨越发展，促进社会和谐稳定，努力实现“十二五”的良好开局。

宏观调控主要预期目标为：全州生产总值增长12%以上；全社会固定资产投资增长25%以上；地方财政总收入、地方一般预算收入均增长15%以上；社会消费品零售总额增长18%以上；城乡居民收入均增长9%左右；外贸进出口总额增长15%以上；居民消费价格总水平涨幅控制在4%左右；城镇登记失业率控制在4.6%以内，人口自然增长率控制在6‰以内；城镇化率提高1.6个百分点；单位生产总值能耗下降3%。

围绕上述思路和目标，重点抓好7个方面的工作：

（一）着力夯实发展基础，全面推进“三农”工作。按照“大兴水利强基础、狠抓生产保供给、力促增收惠民生、着眼统筹添活力”的总体要求，加快社会主义新农村建设。力争第一产业增加值增长7%以上，确保粮食产量达100万吨以上。

着力改善农村生产生活条件。抢抓国家把水利作为重点和省倾力优先发展水利的机遇，抢占部省合作先机，继续启动实施骨干水源等7大重点水利工程，完成水利投资15亿元。改造、新建农村公路1180千米，继续实施20户以上适宜通公路的自然村通路工程，力争完成交通建设投资18亿元。改造中低产田地22.2万亩，完成投资3.85亿元。加快建设彝州乡风文明示范带。继续实施“一事一议”财政奖补政策。加强农村电网等基础设施建设。

努力增加农民收入。继续落实好各项支农惠农政策，切实增加农民收入。加大对“三农”的科技扶持力度。完善现有涉农服务平台，为农民增收创造条件。实施农业创新工程，加快山区综合开发和农村劳动力转移，拓宽农民增收渠道。

加快培植优势特色农业。大力发展中草药种植。巩固和扩大禄丰、楚雄、姚安、牟定、武定5县（市）整县推进现代烟草农业建设成果，扎实推进现代烟草农业建设。创新思路，努力做大蔬菜产业。改造中低产林40万亩，力争种植核桃50万亩、油茶2万亩。加快建设和发展一批种养殖业标准示范园区，加快畜牧业发展。

深化农村综合改革。积极稳妥推进农村土地承包经营权依法有序流转和集体土地所有权、集体建设用地、农民宅基地确权登记等工作，使农民成为真正拥有集体资产和个人资产的产权所有者。建立健全“部门联动、政策集成、资金聚集、资源整合”的农村工作决策和推进机制，切实为“三农”发展搞好服务。用好用活信贷资金向“三农”倾斜的政策，拓宽农村融资渠道。

（二）*着力提高发展速度和质量，充分发挥工业主导作用。*以提高工业增长速度和增加值为目标，以构建现代特色产业体系为重点，做大总量，提高质量，加快推进新型工业化。继续推进实施“双五百亿元”工程，力争规模以上工业增加值增长15%以上，完成工业固定资产投资100亿元以上。

加快推进与大企业集团的合作。坚持以优越区位、优势资源、优惠政策、优良项目、优质服务吸引更多的大企业集团入驻楚雄州发展。加快实施中小企业成长工程和非公企业创新能力推进工程，推进中小企业与大企业集团的合作，努力形成以大企业集团为龙头、中小企业协同配套的产业集群发展态势。依托大企业集团，加快推进全州重大工业项目实施和相关产业、企业重组步伐，实现资源优化配置，提升改造传统产业，加快培育新兴产业。

着力抓好重点工业项目实施。继续强力推进烟厂搬迁技改，云冶新立公司年产6万吨钛白粉、1万吨海绵钛，云南工投集团炭质还原剂等项目建设。争取云南茅粮酒业集团年产30万吨健康型木瓜酒、禄丰天宝磷化工公司年产30万吨饲料磷酸盐、牟定风屯和元谋雷应山风电等项目尽快建成投产。抓好云南钛业股份有限公司年产2万吨钛材和昆钢重型装备制造集团民用住宅钢结构及配套产品生产线、滇中有色公司年产10万吨粗铜、云冶新立公司年产8万吨高钛渣、澜沧江啤酒集团年产20万吨啤酒等项目的协调服务工作，尽快实现达产目标，做大工业经济总量。

加快工业园区建设。突出抓好禄丰、楚雄两个省级工业园区和北部永仁工业园区产业承接基地、东部武定工业园区、禄丰工业园区勤丰片区产业承接基地建设，全面加快其他工业园区建设步伐。创新开发机制，以土官楚雄昆钢工业园区、棠海片区昆钢新型建材园区、姚安草海工业园区为重点，引进和支持有实力的大企业集团参与规划、开发园区，吸引更多大项目入驻发展。鼓励园区引进战略合作者、民间资本、社会资金进行建设，以园招商、以商建园。加快标准厂房建设。力争工业园区实现增加值增长30%以上。

增强科技进步对工业发展的支撑作用。加强企业技术中心建设。依托大企业，推进产、学、研结合，加快技术创新成果产业化。促进工业化与信息化融合。加强企业人才培养，重视企业家队伍建设。认真实施标准化战略，做好企业质量管理和知识产权工作。

狠抓要素保障。加强工业经济运行的分析和调节，不断提高前瞻性、指导性。抓好电力、运力协调。继续推进企业与金融机构的合作，做好企业债券发行、股权融资和企业上市培育工作。优化用地结构，确保重点项目、工业园区用地需求。

（三）*着力推进滇中楚雄特色大城市建设，统筹推进城镇化。*把推进城镇化作为扩大内需、调整经济结构的重要抓手，提高城镇综合承载能力，促进产业聚集发展。新增城镇人口1.4万人。

扎实做好城镇规划和建设工作。坚持规划先行，实施州域城镇体系规划，加强县城建设，努力培育一批特色鲜明的旅游小镇、带动辐射能力强的中心集镇。全面启动村庄规划，推动城镇化与新农村建设良性互动发展。加强政策引导，多渠道筹集资金，着力改善城镇路网、供排水、电力、污染治理、通信等基础设施和医院、学校、文化、体育等公共设施，提高城镇承载能力。

推进滇中楚雄特色大城市建设。认真落实推进会议精神，扎实推进重点项目实施。以彝海公园、军警单位迁建等一批重点项目建设为重点，加快东南片区项目建设。抓紧修订完善规划编制，全面启动西北片区开发建设工作。加强旧城提升改造和城镇管理工作。加快双柏、南华、牟定和禄丰广通等辅城建设。

推进城乡一体化发展。按照通过加快城市化进程吸纳一批、农村城镇化聚集一批、新型农村社区建设提升一批的思路，进一步拓宽农村城镇化渠道。推广楚雄市栗子园小区移民集中搬迁的成功经验，继续探索“成都模式”楚雄化的有效途径，采取集中搬迁、置换宅基地等方式盘活土地资源，逐步推进村庄社区化，实现农村人口向城镇有序转移。

（四）着力扩大消费需求，进一步拓展发展空间。发挥消费在扩大内需中的重要作用，不断完善促进流通服务业发展的政策措施，培育新的消费热点，搞活商品流通。力争第三产业实现增加值165亿元以上，增长12%以上。

着力扩大消费需求。切实抓好增加城乡居民收入的各项措施，提高消费能力。大力发展城镇和农村居民生活服务业，加快推进“万村千乡市场工程”和“乡村流通工程”建设，不断满足消费需求。引导城市居民稳步推进住房、汽车等方面的消费。继续落实好鼓励家电、摩托车、汽车下乡的政策，促进农村消费。扶持和发展流通企业，继续推进楚雄农产品中心批发市场等重点项目建设。

加快发展文化旅游业。抓住全省大力支持文化产业建设的机遇，着力推进世界恐龙谷二期、东方人类祭祖坛等重点项目，扎实做好大姚核桃文化产业园、牟定彝人天堂、双柏査姆湖和姚安马游梅葛文化生态区等项目建设工作。按照倒计时的要求，扎实做好2012年国际茶花大会和第七届世界云南同乡联谊大会筹备工作。力争接待海外旅游者突破2万人次、国内旅游者突破1000万人次，实现旅游业总收入35亿元。

进一步加强招商引资工作。实行招商引资“一把手”负责制，落实招商责任，完善利用外资协调督办机制、考核激励机制，加强对已落地项目的协调服务，兑现承诺条件，切实解决落地难、办事难等突出问题。以诚招商，不断优化投资环境，力争招商引资实际州外到位资金突破150亿元。

提升外贸发展水平。继续关注和研究解决外贸企业发展中遇到的困难，优化出口商品结构，加快出口商品基地建设，扩大先进技术和关键零部件进口，培育外贸增长点。主动参与和做好桥头堡建设的相关工作，使楚雄州真正成为桥头堡建设的主阵地之一。

努力保持消费价格总水平基本稳定。高度重视物价问题，多措并举管理好通胀预期。认真贯彻落实好国家和省有关要求，落实“米袋子”、“菜篮子”行政首长负责制和稳定物价责任制，保障主要农副产品、基本生活品、重要生产资料的生产和供应，畅通鲜活农产品“绿色通道”。加强物价监测调控，强化价格执法。完善补贴制度，建立健全社会保障标准与物价上涨挂钩联动机制，保障困难群众基本生活。高度重视食品安全。

（五）着力破解投融资难题，继续保持固定资产投资稳定增长。继续坚持大项目带动投资发展战略，着力破解投融资难题。确保新增固定资产投资70亿元以上。

进一步加大项目争取工作力度。认真落实争取项目资金的激励机制和固定资产投资工作责任制，搞好项目接续，适时推出一批成熟项目。优化投资环境，为重点项目落地做好保障。

全力抓好重点项目建设。确保元双二级公路上半年建成通车，扎实推进武禄、楚广高速公路建设，继续支持武昆高速公路和境内广昆铁路复线、广大铁路、成昆高铁扩能改造等建设项目实施。扎实抓好双柏至新平、楚雄至南华沙桥、安丰营至禄丰碧城、长田至禄丰县城、元谋至祥云等高等级公路建设项目前期工作。尽早完成青山嘴、沙龙水库竣工验收工作，加快双柏河口河水库、姚安下口坝水库和大姚红豆树水库等扩建、新建水利项目建设进度，继续做好禄丰西河、楚雄中石坝、元谋坛罐窑等水源工程项目前期工作。积极推进滇中引水工程、金沙江提水工程、楚雄机场等项目前期工作。大力加强城镇、民生、环保等领域的基础设施建设。

不断提高投资和理财能力。在确保财政平稳增长、增强支出保障能力的同时，进一步增强融资能力，积极应对流动性紧缩压力，多方筹集、调度资金，确保重点项目推进不受影响。严格预算管理，压缩一般性支出，集中财力办大事。继续发挥信贷资金在“固基”方面的动力作用，充分调动各县市和州级部门的融资积极性，保证基础设施在建、续建项目信贷投入。提高融资水平，以存量换增量、以无形资产换有形投入，变历史形成的资产为目前可以经营的资本、变未来的收益为现实的投资，做大做强政府投融资平台，撬动、带动、拉动社会资本，实现多元化融资。大力培育资本市场，拓宽直接融资渠道，更好地满足多样化投融资需求。提升全民金融意识，加强信用体系建设，为金融业健康发展营造良好环境。

（六）着力完善基本公共服务，加快构建和谐彝州进程。提高政府社会保障能力，推进基本公共服务均等化。加强社会管理能力建设，切实维护社会和谐稳定。进一步加大保障和改善民生工作力度，加快发展各项社会事业，不断提高公共服务水平。

加强就业工作。继续做好鼓励创业“贷免扶补”、小额担保贷款工作，以高校毕业生、退伍转业军人、农村转移劳动力和就业困难人员为重点，支持和鼓励劳动者自主创业、自谋职业，促进充分就业。加强劳动保障执法，充分发挥政府、工会和企业作用，建立和谐劳动关系，保障劳动者权益。年内城镇新增就业1.95万人。

搞好社会保障。逐步提高城乡居民最低生活保障标准，进一步建立健全和完善城镇职工、城镇居民养老保险制度，加快建设新型农村社会养老保险制度，巩固完善城镇职工、城镇居民基本医疗保险和新型农村合作医疗制度。健全社会救助体系，做好优抚安置工作。以城市廉租房、公租房、农村危旧房改造和农村民居地震安全工程为重点，切实加大保障性住房建设力度；促进房地产业健康发展，满足居民自住和改善型安居住房需求。以特困人群为重点持续抓好扶贫开发，完成600个扶贫整村推进项目，着力抓好省级新农村重点村建设。做好防灾减灾工作，解决好因灾困难群众的生产生活问题。做好被征地农民和房屋拆迁居民安置工作。高度重视抓好姚安地震灾区统建点民房质量问题整改工作。

大力发展教育事业。认真贯彻落实《国家中长期教育改革和发展规划纲要》，推动教育优先发展。加快发展学前教育，巩固义务教育成果，适度扩大普通高中招生规模和优质普通高中在校生比例，推进中等职业教育创新发展。支持师院和医专加快发展，大力发展高等职业教育，重视发展民族教育和特殊教育。加大力度实施中小学校舍安全工程，努力办人民满意的教育。

加强公共卫生服务体系建设。重点推进基本医疗保障制度、国家基本药物制度、基层医疗卫生服务体系、基本公共卫生服务、公立医院改革试点5项改革。完善重大疾病预防控制、农村医疗卫生和新型城市医疗卫生服务体系。进一步加强中医医疗服务体系和人才队伍建设，发展彝医药事业。抓好州第二人民医院和4个县级医院建设。做好人口工作，稳定低生育水平。

抓好文化体育工作和其他各项社会事业发展。加快实施文化惠民工程，广泛开展群众性文化活动，继续着力解决农村群众“文化五难”问题。深化文化体制改革，创新文化业态，大力发展以文化创意为支撑的创新型彝族文化产业，提高彝族文化产品竞争力。坚持把保护民族文化与经济社会发展相结合，加强对彝族歌舞、服饰、礼仪、节庆等优秀传统文化的挖掘整理、研究保护和开发工作，推动民族文化研究成果与旅游项目开发建设结合，提高文化产品质量。发展体育事业。支持妇女儿童和残疾人事业发展，推进社会养老服务。加快发展史志、档案等其他各项社会事业。

始终牢牢把握各民族共同团结奋斗、共同繁荣发展这个主题，全面贯彻落实党的民族区域自治制度和民族政策，努力维护好彝州民族团结、社会和谐的大好局面。抓好散杂居少数民族村发展扶持项目和民族团结示范村建设。发挥宗教界人士和信教群众在促进经济发展、社会和谐中的积极作用。

加强生态建设和节能减排工作。继续实施天保工程、植树造林等常规工作。建立和完善森林生态效益补偿机制。落实“以奖促治”政策，深入开展农村环境综合整治。健全长效机制，推进新一轮节能减排，确保完成省下达的任务。加快19个城镇“两污”项目建设，确保城镇污水处理率、生活垃圾无害化处理率分别达75%和80%以上。营造低碳生活环境，倡导绿色消费。积极发展碳汇项目。

全力维护社会和谐稳定。妥善解决涉及群众切身利益的实际问题。全面开展“六五”普法教育；深入推进社会矛盾化解、社会管理创新和公正廉洁执法3项重点工作，强化社会治安综合治理。推进新一轮禁毒防艾人民战争，巩固“长安杯”创建成果。

强化安全生产。以企业安全生产工作为重点，全面落实安全生产责任，突出抓好重点领域安全隐患排查整治工作，推进企业安全标准化，加强安全事故应急管理，保障人民群众生命财产安全。

巩固和扩大精神文明及民主法制建设成果。进一步加强社会主义核心价值体系建设。更加自觉地接受人大的法律监督、工作监督和政协的民主监督，提高办理人大代表议案、建议和政协提案的水平。广泛听取各民主党派、工商联、无党派人士的意见和建议，充分发挥工、青、妇等人民团体和其他社会团体对促进科学发展、和谐发展的作用。积极支持驻楚部队现代化建设，继续做好拥军优属、国防动员、民兵预备役和人民防空等工作。

（七）*着力转变政府职能，加快政府自身建设*。实现跨越发展，对政府工作提出了新的更高要求。要按照十七届五中全会提出的加快建设法治政府和服务型政府的要求，根据省人民政府的部署，突出充实工作内容、完善制度体系、加强督促检查、提高实施成效4个重点，继续推进法治政府、责任政府、阳光政府和效能政府建设，不断提高政府创新力、执行力、公信力。按照“一岗双责”的要求，切实抓好政府廉政建设和反腐败工作。2011年，州人民政府又确定了“3个20”重点项目，要严格执行责任制度，创新督查方法，加大督查力度，全力推进工作落实。

各位代表：楚雄州新一轮大建设大发展大跨越的蓝图已经绘就，站在新起点，谋求新发展，实现新跨越，是历史赋予我们的神圣职责，我们面临的任务光荣而艰巨。当前，全州正处于爬坡上坎的关键期，蓄势突破的上升期，争先进位的节点期，新一轮跨越发展的起步期，重大项目推进的攻坚期。让我们紧密地团结在以胡锦涛同志为总书记的党中央周围，在省委、省人民政府和州委的坚强领导下，团结带领全州各族人民，以楚雄发展之忧为忧，以彝州发展之喜为喜，以全州发展之责为责，以“坐不住、等不起、慢不得”的紧迫感，在大平台上促进大发展，在新起点上实现新跨越，为圆满完成2011年各项任务和“十二五”规划目标而努力奋斗！

（责任编辑：任学全）

大事·要闻

2010 年大事记

1 月

1 日 楚雄城区 1.5 万人参加了“体育彩票杯”迎新年元旦穿城赛跑。

5 日 楚雄州姚安县收到中国科学院紫金山天文台发来的贺信：中国科学院紫金山天文台于 2007 年 10 月 9 日发现、国际编号为 175633 号的小行星，已荣获国际小行星中心和国际小行星命名委员会批准，正式命名为“姚安星”。

同日 州委、州人民政府召开 2009 年度省对楚雄州集中检查考核动员暨综合汇报会。

同日 “彝州机关先锋讲堂”（第 2 讲）在楚雄举行，省委党校副校长、省行政学院副院长王国忠应邀就贯彻十七届四中全会精神，促进民族团结和谐发展作专题报告。

6 日 云南省农民工工作联席会议办公室主任暨成员单位联络员会议在楚雄召开。

7 日 省委书记、省人大常委会主任白恩培再次专程来到“7·09”姚安地震重灾区之一的大姚县，深入灾区群众中，实地了解地震恢复重建工作和灾区群众的生产生活，看望慰问灾区各族干部群众。

7～8 日 州委七届七次全体会议在楚雄召开。

7～8 日 省人大常委会立法调研组到楚雄州开展《云南省农村医疗卫生条例（修订草案）》立法调研。

8 日 楚雄州首次举行县（市）委书记和州属党（工）委书记抓基层党建工作专项述职。

9 日 中国文联、中国红十字会总会和 100 多位艺术家赶赴楚雄州，分别在楚雄市活力广场、楚雄市紫溪彝村、姚安县官屯村、大姚县石羊镇开展“送欢乐、下基层”系列慰问演出活动。

12 日 全州公安工作暨立功受奖表彰大会在楚雄召开。

同日 省政府考核组到楚雄考核全州卫生和艾滋病防治工作。

13 日 云南省山区水利发展与改革示范区——楚雄州禄丰县中低产田地改造暨小型水利建设重点县项目在川街乡开工。

15 日 2010 年全州文化科技卫生“三下乡”集中示范活动在永仁县启动。

同日 元谋人博物馆、元谋体育馆正式开馆。

16 日 云南现代职业技术学院筹建开工暨奠基仪式在楚雄举行。

21 日 云南省妇女创业先进典型巡回报告团到楚雄州演讲，来自全州不同战线的 600 余名女干部、企业女职工聆听了演讲。

22～23 日 中办督查室督查专员咸罗洪率领中共中央办公厅、国务院办公厅联合督查组一行，深入姚安县地震灾区和城乡困难群众家中，检查督导困难群众生产生活安排情况。

28 日 2010 年楚雄州“春风行动”首场招聘会在州人力资源市场举行。

29 日 州委、州人民政府在楚雄为州级社会事业重点项目施工单位举行廉政讲座。

同日 九三学社中央社会咨询服务咨询委员会副主任、清华大学材料系粉体工程研究室主任盖国胜教授一行，在云南省政协副主席、九三学社云南省委主委曾华及云南农业大学教授的陪同下，到楚雄州就“九校楚合作”项目相关事宜进行调研。

同日 云南楚雄诚鑫公司高温新型材料技改及技术创新中心奠基。

同日 州内 40 名优秀贫困大学生获得人均 5000 元的“岭东英才奖助学金”。

30 日 泰国清迈商务考察团和 30 多位侨商企业家赴楚雄进行商务参观考察，并参加了州人民政府举行的招商引资项目推介会。

2 月

1 日 中央电视台新闻频道春节特别节目组在敬一丹率领下，深入“中国虎乡、查姆文化、彝州西湖”的双柏拍摄专题节目《与虎为伍的人》。16 日，中央电视台新闻频道播出《与虎共舞的人》，让世界领略到了中国虎乡双柏的美丽神韵和彝族民间舞蹈——老虎笙的古朴神秘风采。

3 日 “云之南”艺术团赴楚雄州“7·09”地震灾区姚安县慰问演出。

4～5 日 副省长孔垂柱率领省林业厅、省农业厅、省防汛抗旱指挥部及省政府办公厅相关领导，到楚雄州检查指导抗旱工作，强调“坚定信心，振奋精神，打好抗旱救灾攻坚战”。

5 日 州纪委七届五次全体会议在楚雄召开。

同日 州各族各界人士新春茶话会在楚雄召开。

同日 南华县在雨露乡举行首批国务院新型农村社会养老保险试点养老金发放仪式，正式拉开了全州新农保工作的序幕。

6 日 州委、州人民政府召开春节双拥座谈会，与驻楚部队官兵欢聚一堂，喜迎新春佳节，共叙鱼水深情。

7日 省政协副主席、省红十字会会长陈勋儒深入姚安县左门乡走访慰问。

9日 云南省副省长曹建方率省政府、省移民局、省财政厅、省民政厅相关领导到楚雄州，对地震恢复重建进展、抗旱群众生产生活、移民安置点建设进行调研慰问。

同日 州防汛抗旱指挥部在楚雄召开抗旱应急工作会议，针对全州遭遇60年一遇严重旱情，启动严重干旱（Ⅱ级）应急响应。

10日 云南省烟草专卖局（公司）、红塔集团分别捐赠300万元资金，支援楚雄州抗击60年一遇的严重旱灾。

22~26日 政协楚雄州第八届委员会第四次会议在楚雄召开。

23日 全州抗旱救灾动员大会在楚雄召开，并启动抗旱预案特大干旱（Ⅰ级）应急响应。

24日 州级机关干部职工抗旱救灾捐款活动在楚雄州政务中心举行。

24~27日 州十届人大五次会议在楚雄召开。

25日12时56分51秒 州内禄丰县与元谋县交界（北纬25.4度、东经101.9度）发生5.1级地震，震中位于禄丰县高峰乡与元谋县羊街镇交界附近。地震发生时，全州10县（市）均有强烈震感。

26日 省政府抗震救灾指导组到楚雄州指导“2·25”禄丰与元谋交界5.1级地震抗震救灾工作。

同日 楚雄州召开第三批下派新农村建设工作队总结表彰大会暨欢送第四批新农村建设指导员视频会议。

27日 州委、州人民政府在楚雄召开“2·25”禄丰与元谋交界5.1级地震抗震救灾工作会议。

3月

1日 全州农村工作会议在楚雄召开。

同日 楚雄州与澳大利亚南澳州职业教育合作签字仪式在楚雄举行。

同日 州广电局在楚雄举行楚雄电视台、楚雄州广播电台新版节目推出，楚视传媒有限公司、楚雄广博传媒有限公司成立暨楚雄CMMB手持电视开通仪式，标志着全州广播电视文化体制改革迈出实质性步伐。

4日 中国国际文化交流基金会向楚雄州贫困优秀代课教师捐款40万元。

5日 全州村“两委”换届选举工作部署会议在楚雄召开。

同日 “彝州机关先锋讲堂”（第3讲）在楚雄开讲，清华大学崔和平教授应邀作题为《中国公共危机管理和媒体应对》的讲座。

6日 全州“三月综治维稳宣传月”启动仪式在楚雄举行。

7日 投资1.07亿元的姚安县教育园区一期工程民族中学项目开工建设。

8日 州委、州人民政府在楚雄召开纪念“三八”国际劳动妇女节100周年暨表彰大会，对全州各行各业做出突出成绩的先进妇女集体和优秀女性进行表彰奖励。

9日 永仁万马110千伏输变电工程投入运行。

10日 州委、州人民政府在楚雄召开抗大旱保民生保春耕工作汇报会，向全省抗大旱保民生促春耕第六专项督办组汇报楚雄州抗旱救灾工作情况，听取专项督办组对楚雄州抗旱救灾工作指导意见。

同日 全省国土资源系统抗旱救灾地下找水行动打的第一口井在楚雄市东华镇莲华村委会寺登村出水，这也是全省第一口抗旱井正式投入使用。

12日 “楚雄州抗灾救灾卫生在行动”活动启动仪式在楚雄举行，全州卫生系统组织3000余名干部职工组成卫生服务队，奔赴抗旱救灾、抗震救灾第一线，落实各项抗灾救灾卫生工作任务。

同日 全州2010年现代烟草农业建设现场会在楚雄召开。

13日 元谋至大理公路大姚至祥云段工程可行性研究报告通过州级评审。

同日 申银万国证券股份有限公司捐资100万元人民币，在武定猫街建设希望小学。

15日 楚雄至广通高速公路建设项目合作协议签字仪式在楚雄举行。

同日 中国武定2010年牡丹文化旅游节开幕式，第二届罗婺国际民歌节民歌赛颁奖典礼暨“盛世牡丹·中外群星演唱会”在武定县城北片新区举行。

17~18日 云南省2009年度耕地保护责任目标履行情况检查组赴楚雄州检查指导工作。

18日 州委组织部转发省委组织部《通知》，要求楚雄州各级党组织和广大共产党员要认真开展“共产党员抗旱先锋行动”。

同日 楚雄州召开农村劳动力转移就业工作视频会议。

同日 楚雄州举办宣传文化建设专题讲座，省社科院院长纳麒应邀作了主题为《走向复兴的伟大探索——中国特色社会主义道路的理论框架》的专题讲座。

20~24日 2012年中国楚雄国际茶花协会部分会员组成代表团，应邀参加在日本九洲岛福冈县久留米市举办的2010年国际茶花大会。

21日 2010年楚雄州“放心农资下乡进村宣传周”活动启动仪式暨放心农资产品推介会在南华县城举行。

22日 省委、省人民政府抗大旱保民生促春耕专项督办活动第六督办组到楚雄州检查督办抗旱救灾工作。

22~24日 楚雄州党委系统办公室工作会议在大姚县召开。

23日 省委副书记李纪恒来到楚雄市、禄丰县旱灾地区，深入村寨、走进田间，详细了解灾情和抗旱救灾工作情况，看望慰问奋战在抗旱救灾一线的各族干部群众，检查指导抗旱救灾工作。

同日 以“虎神雄威”为主题的2010中国双柏彝族虎文化节开幕。

同日 第二届“楚雄州十大杰出女性”评选揭晓。

24日 以国土资源部党组成员、副部长、中国地质调查局局长汪民为组长的国土资源部应对南方干旱紧急行动云南工作组，在副省长刘平等省级相关部门领导陪同下，深入楚雄市子午镇、鹿城镇指导抗旱找水打井工作。

同日 全省州市县价格监督检查工作联席会议在楚雄召开。

同日 永仁工业园区《总体规划》和《可行性研究报告》通过州级评审。

24~25日 由省纪委常委黄雁玲带队的省纪委调研组到楚雄州调研纪检监察工作。

25日 在楚雄州举行的民族团结报告会上，云南大学民族研究院院长何明教授应邀作了题为《坚持“两个共同”，推进民族团结》的专题讲座。

25~28日 为期4天的全州领导干部金融知识高级研修班在楚雄开班，省政府金融办公室党组书记、主任刘建华，省发改委党组副书记、副主任王喜良，云南大学经济学院院长施本植等领导及专家应邀分别作了题为《金融深化与服务》、《项目投资与融资》、《金融体系与区域经济发展》等专题讲座。

26日 州委办、州人大办、州人民政府办、州政协办在楚雄联合举行2010年州人大代表建议和州政协提案办理工作交办会议。

26~27日 由水利部副部长胡四一，水利部水资源司司长孙雪涛等一行组成的国家防总工作组，在省水利厅副厅长陈坚的陪同下到楚雄市、南华县旱灾地区，深入村寨、走进田间，详细了解灾情和抗旱救灾工作情况，检查指导抗旱救灾工作。

28日 成都军区副司令员李作成到驻楚某部队指导部队进行抗旱救灾工作。

31日 全国人大常委会副委员长、九三学社中央主席韩启德到楚雄州视察调研。

同日 在全省水利建设工作会议上，楚雄州人民政府被授予“2007~2009年度全省水利建设先进单位”荣誉称号，大姚县、南华县也同时受到表彰。

4月

1日 楚雄州城镇职工基本医疗保险州级统筹正式实施。

同日 省人民政府正式授予楚雄州图书馆“云南省科学普及教育基地”称号。

2日 遵照党中央和中央军委主席胡锦涛的重要指示，北京军区给水工程团经过三天三夜的行程顺利抵达楚雄州支援抗旱。

同日 楚雄州委、州人民政府，云南电视台，浙江电视台在牟定县隆重举行旱区劳动力转移就业1+1特别行动计划启动仪式暨浙江企业楚雄专场招聘会。

同日 全州工商联系统“贷免扶补”及农村劳动力转移就业工作会议在楚雄召开。

5日 武警部队副司令员戴洪生少将到楚雄州视察武警部队抗旱救灾工作。

6日 玉溪市考察团在玉溪市副市长杨洋的率领下到楚雄州考察职业教育工作。

7日 州人大常委会组织驻楚部分全国、省、州人大代表，在楚雄听取州人民政府关于全州抗旱救灾和公安工作情况汇报。

8日 全州2010年春耕生产动员暨烤烟预整地现场会在姚安县召开。

同日 第二届“楚雄州十大杰出女性”颁奖典礼在州广电中心举行。

8~9日 省政协常务副主席管国忠，省政协副主席曾华，省政协副秘书长、办公厅主任张宁，省政协港澳台侨和外事委员会主任龙忠志出席在楚雄召开的全省政协外联工作座谈会议。

9日 经过七昼夜的奋战，北京军区给水团赴楚雄州抗旱救灾第一眼井在姚安县栋川镇蛉丰村正式出水，标志着给水团官兵抗旱救灾战斗首战告捷。

同日 云南彝族历史文化与社会发展研究基地授牌仪式在楚雄师范学院举行。

同日 共青团楚雄州委“青年马克思主义者”培训基地在州委党校成立。

9~10日 教育部副部长陈小娅率领教育部、人民教育出版社相关领导等，在省教育厅副厅长邹平等陪同下到楚雄州武定、元谋、姚安、楚雄等县（市）中小学校，检查指导抗旱保教工作。

10日 省青年联合会九届四次常委（扩大）会议在楚雄召开。会议期间，举行了民族文化工作研讨会、创业英雄论坛、青联委员走进楚雄议发展、招商引资项目推介、“青春彩云南、抗旱齐行动”联谊晚会等丰富多彩的活动。

13日 全州春耕生产水改旱现场会在楚雄召开，会议对2010年全州农业抗旱救灾和春耕生产各项工作作了全面安排部署，动员全州各级农业部门齐心协力，全力以赴抢抓节令投入春耕生产。

同日 以“我的书屋，我的家”为主题的农家书屋阅读讲演比赛在楚雄州图书馆举行，全州10县（市）文体局选送的15名选手参加了比赛。

14日 由省政协常务副主席管国忠、副主席倪惠芳率领的省政协委员视察组到楚雄州视察抗旱救灾工作。

同日 全国政协委员、中国农工民主党中央副主席、云南省政协副主席陈勋儒，省人大原副主任祁山，省委组织部部务委员、省委老干部局局长薛彪出席在楚雄州举行的“共享幸福和谐，相聚彝州楚雄”2010年第三届全国老年合唱大赛开幕式。

15日 楚雄州“三项重点工作”推进会议在牟定县召开。

同日 2010云南（楚雄）首届县（市）级城市汽车下乡巡展暨第四届楚雄州州庆汽车博览会在彝人古镇开幕。

16日 禄丰世界恐龙谷二期项目奠基仪式暨第二届阿纳狂欢节开幕式在景区“龙柱擎天”前隆重举行，省委常委、省委秘书长杨应楠出席动工典礼并宣布开幕。

17日 中央纪委五室副主任明玉清带领中纪委调研组到楚雄州检查指导党风廉政建设和反腐败工作。

19日 以省政协常委、省政协提案委员会主任郭文龙为组长的省政协调研组到楚雄州调研提案工作。

同日 以“创造·保护·发展”为主题的“2010年楚雄知识产权宣传周”活动启动。

20日 由省人民政府副秘书长蒋兆岗及省民政厅、省财政厅、省住房和城乡建设厅、省气象局相关负责人组成的慰问组深入楚雄州抗旱救灾一线，代表省人民政府亲切看望慰问支援地方抗旱救灾的驻楚某部官兵，指导抗旱救灾和“2·25”禄丰与元谋交界5.1级地震灾区恢复重建工作。

21日 楚雄州举行扶贫劳务输出欢送仪式，欢送775名青年外出务工。

同日 全州政府系统实施四项制度工作推进电视电话会议在楚雄召开。

21～27日 由楚雄电视台与中央电视台合作拍摄的七集系列专题片在央视国际频道（四套）“走遍中国”栏目播出，首次向海内外观众全方位解秘彝州，掀起楚雄宣传周的收视热潮。

22日 楚雄州红十字会发出倡议书，呼吁州内外各级党政机关、企事业单位、社会各界向青海玉树地震灾区捐款献爱心。

同日 州委、州人民政府慰问组到元谋县姜驿乡看望慰问从福建远道而来的地下找水突击队打井队员，并向两支打井队赠送了慰问品和锦旗。

26日 楚雄州召开抗大旱、保民生、抓春耕、促发展电视电话会议，对全州抗旱救灾工作进行再动员、再安排、再部署。

同日 州教育部门与澳大利亚南澳州教育部门合作办学首期TAA（澳大利亚职业培训与鉴定证书）培训班在楚雄开班。

27日 州委、州人民政府在楚雄召开“央企入滇就业扶贫”座谈会。

同日 州属中等职业学校迁入职教园区动员部署会议在楚雄召开，州属5所中等职业学校即将入住职教园区。

同日 楚雄州北部金沙江流域经济社会发展总体规划评审会在昆明举行。

同日 楚雄州人民政府及统战、侨办、侨联、招商等部门领导，赴临沧市参加第六届世界云南同乡联谊大会，并以第七届世界云南同乡联谊大会承办方的名义承接大会会旗。

28日 楚雄州表彰18名见义勇为先进个人。

同日 楚雄州召开2010年全国普通高校招生考试工作电视电话会议。

29日 州第八届劳动模范和先进工作者表彰大会在楚雄举行。

同日 州人大常委会对地方人大设立常委会30周年征文活动进行总结颁奖，25篇被公开采用发表的作品获奖。

同日 省烟草专卖局（公司）局长、总经理余云东一行到禄丰县调研现代烟草农业建设工作。

29～30日 农行云南省分行党委书记、行长字如钧一行到永仁县调研县域经济及农行服务“三农”等工作情况。

30日 州委制定出台《2009～2013年楚雄州党员教育培训工作规划》，将在5年内培训14万党员。

同日 永仁县方山诸葛营民族文化生态旅游示范村开村新闻发布会在永仁方山举行。来自省内外的20余家媒体、上百名记者参加新闻发布会。

5月

4日 楚雄州举行纪念“五四”运动91周年主题活动暨楚雄青年志愿者艺术团成立仪式。

同日 州人民政府安排部署“2·25”禄丰与元谋交界5.1级地震灾区恢复重建工作。

5日 州人民政府在楚雄召开元双公路建设推进协调会。

6日 中央财经工作领导小组办公室副主任、中央农村工作领导小组办公室副主任唐仁健率由中农办、水利部等部门负责人组成的调研组，到楚雄州专题调研水利改革发展工作。省委副书记李纪恒陪同调研。

同日 省林业厅副厅长闫振一行到楚雄州调研核桃专业合作社组建工作。

7日 为期4天的昆明市、大理州、楚雄州老年书画联展在楚雄州老年活动中心开展。

8日 楚雄州举行纪念“5·8”世界红十字日宣传活动。

9日 楚雄州工商联四川广安商会成立。

10日 全州纪检监察宣传教育暨党风建设工作会议在楚雄召开。

同日 全州建设用地保障工作座谈会上要求，解放思想、创新思路、灵活调整，千方百计确保楚雄州建设用地需要。

11日 州委政法委组织召开省检察系统英模事迹（楚雄）报告会。

同日 彝州科学发展大讲坛（第四讲）在楚雄举行，著名经济学家王福重应邀作了题为《2010年中国经济形势和政策取向分析》的专题讲座。

同日 中国书法家协会会员陈振元、中国书画研究院副院长杨竹等书画名家到楚雄州采风，并现场书写、创作了一批书画作品赠予楚雄州。

12～13日 招商银行总行党委副书记、副行长张光华率领考察慰问组深入到永仁、武定两县，慰问当地的招行希望小学师生，并分别向两县各捐赠了教育扶贫资金280万元。

14日 楚雄州10县（市）和156个州属及驻楚中央、省属企事业单位的4.6万名国家公务员和企事业单位管理人员参加了全省法律知识统一考试。

15日 云南省暨楚雄州2010年科技活动周在楚雄启动。

同日 楚雄州首次举行以“打击和防范经济犯罪——你我共同的责任”为主题的宣传日活动。

同日 省州联合承办的《楚雄地震环境与防震减灾》讲座在楚雄举行，省地震局研究员、防灾研究所所长张建国到场主讲。

同日 楚雄州第三次全国文物普查第二阶段实地调查通过省级验收。

17～18日 省安委督查组到楚雄州对安全生产大检查工作开展情况进行督查。

19日 预计总投资为8亿元的楚雄工业园区富民机电机械加工区入园企业集中举行开工仪式，28户来自澳大利亚、浙江省以及大理、东川等国内外的投资企业正式入园。

20日 全州在党的基层组织和党员中深入开展创先争优活动动员大会在楚雄召开。

21日 州委、州人民政府在楚雄召开全州工业经济运行情况座谈会。

22日 省专项检查督导组到楚雄州检查校园及周边治安综合治理情况。

23日 省委常委、常务副省长罗正富在楚雄州检查指导大春生产情况时强调，各地要抢抓节令，坚定信心、振奋精神，采取更加有力的措施，在确保人畜饮水安全的前提下，全力以赴抓好大春栽种，力争将大旱造成的损失降到最低。

25～26日 州委、州人民政府召开楚雄滇中特色大城市建设推进会议，全面加快推进楚雄滇中特色大城市建设步伐。

26日 州委、州人民政府出台《楚雄州创建法治楚雄法治县市工作(2010～2011年)实施方案》

29日 昆明市红十字会援建元谋县花同博爱小学项目签字仪式在楚雄举行。

30日 国家审计署党组成员、总审计师孙宝厚一行到楚雄州调研“云审工程”楚雄行动项目实施情况。

6月

1日 全州水利发展与改革动员大会上要求，全州各级各部门要认清形势，明确目标，抢抓机遇，超前谋划，全面掀起新一轮水利建设发展的新高潮。

同日 《楚雄州新型农村社会养老保险补贴办法》正式实施。

2日 全国旅游发展“十二五”规划编制工作会议参会人员专程到楚雄州考察指导旅游工作。

3～4日 全省16市（区）人大工作研讨会第四十二次会议在楚雄召开。

4日 禄丰县城市总体规划通过省、州专家评审。

同日 全州“安全生产月”宣传活动启动仪式在楚雄市举行。

同日 《楚雄彝族自治州建设领域农民工工资支付管理办法》正式出台实施。

5日 楚雄州组团参加在昆明举行的第八届东盟华商投资西南项目推介会。

6日 第十八届中国昆明进出口商品交易会暨第三届南亚国家商品展开幕式当天，楚雄州有12个项目参加昆交会集体签约，项目协议投资额累计110.5亿元。

8日 被誉为“北疆水神”的北京军区给水工程团在牟定县凤屯镇飒马场村委会罗平关村民小组打出了一口井深97米、日出水量达到310立方米的水井，井水可供该村318人、128头大牲畜饮用以及400多亩耕地的灌溉。

9日 楚雄州8部彝文古籍入选第三批国家珍贵古籍名录。

10日 以省综治办专职副主任胡吉安为组长的省委政法委督查组到楚雄州就三项重点工作推进情况进行督促检查。

12日 姚安县农村信用合作联社太平信用社正式揭牌营业，标志着楚雄州实现乡（镇）金融网点全面覆盖。

18日 州人民政府与10县（市）签订“两基”国检目标责任书。

同日 州政协召开水利基础设施建设情况调研汇报会。

19日 武警云南总队总队长王诚深入武警楚雄支队检查指导工作。

21日 全州民族工作会议暨第六次民族团结进步表彰大会在楚雄隆重召开。

同日 为期5天的楚雄州第八届少数民族传统体育运动会开幕。

同日 《云南省楚雄彝族自治州公路条例》正式公布施行。

同日 州政协组织政协委员视察楚雄滇中特色大城市建设项目。

22日 省政府督查组对楚雄州实施法治政府、责任政府、阳光政府、效能政府四项制度工作情况进行督查。

23日 彝州科学发展大讲坛在楚雄举行，云南省交通运输厅总工程师吴华金博士应邀作题为《楚雄州交通思考》的专题讲座。

同日 楚雄师范学院艺术系和姚安县彝仁工艺饰品有限公司举行合作协议签字仪式，携手推进彝绣产业开发。

24日 全州法治楚雄、法治县（市）创建工作动员大会在楚雄召开。

同日 楚雄州应急救援中心成立。

24～27日 省专项检查组到楚雄州检查抗旱救灾款物管理使用情况。

25日 楚雄州苗学会成立。

28日 楚雄州发放2010年首批33户困难企业社会保险补贴381.66万元。

同日 国家发改委批复了广通至大理铁路扩能改造工程可行性研究报告。

29日 全州“百名优秀村官”表彰大会暨“爱岗敬业、创先争优”演讲比赛决赛在楚雄举行。

7月

1日 楚雄州医疗保险全省异地持卡就医联网结算试点工作正式启动。

4日 全州打击涉烟违法犯罪工作会议在楚雄召开。

5日 楚雄州举办首届农民专业合作社论坛。

同日 总投资6.3亿元的雨果河电站在楚雄州双柏县与玉溪市峨山县交界的绿汁江干流上奠基。

6日 楚雄州实施有线电视数字化整体转换。

8日 广西壮族自治区党委副书记陈际瓦、自治区副主席高雄率领广西城乡风貌改造工作考察团，在中共云南省委副书记李纪恒，省委副秘书长林金宏，省住房和城乡建设厅党组书记叶建成的陪同下，到楚雄州对城乡风貌改造工作进行考察。

同日 楚雄彝族十月太阳历文化园有限公司国有资产转让合同签字仪式在彝人古镇举行。

同日 楚雄老拨云堂药业研发中心发展战略研讨会在楚雄召开。

8～9日 中国红十字基金会“央企援助基金”抗旱救灾项目监督巡视组赴楚雄州，对“央企援助基金”的管理使用情况进行专项检查。

9日 楚雄州与昆钢控股有限公司发展座谈会在楚雄举行。

同日 全州行政事业单位经营性国有资产管理暨推行公务卡结算制度改革工作会议在楚雄召开，从即日起，全州县级以上行政事业单位的公务支出全面启用公务卡结算。

10日 由省发改委主任米东生带领的省发改委调研组一行到楚雄州调研固定资产投资责任制协调落实情况。

10～12日 省委创先争优办督查组到楚雄州调研督查拟创建的省级基层党建示范点情况。

13日 由楚雄、红河、玉溪、临沧、普洱5州（市）的双柏、江城、绿春、红河、元阳、金平、石屏、墨江、临翔、镇沅、景东、新平、元江13县（区）政协共同组织发起的哀牢山南段第九次政协工作暨区域经济发展研讨会在双柏召开。

同日 楚雄州开展第六次全国人口普查综合试点。

14~15日 来昆出席亚洲政党扶贫专题会议的菲律宾、马来西亚、印度等36个国家和地区的100多名领导及来宾分为两组，到楚雄州考察扶贫开发和基层党建工作。

15日 “云南美德少年”颁奖仪式暨“做一个有道德的人”主题夏令营活动开营仪式在禄丰世界恐龙谷举行。

15~16日 省委、省政府督查组到楚雄州督查工会、共青团、妇联及科协工作。

15~18日 第二届全州残疾人职业技能竞赛在楚雄成功举办。

16日 广州青少年抗旱救灾援助楚雄紫溪彝村饮水工程竣工通水仪式暨“大爱在云南”活动在紫溪彝村举行。

同日 楚雄彝人古镇旅游商贸会展有限公司与云南韩国商家繁荣委员会共同签署合作协议，双方将合作打造彝人古镇“韩国商品一条街”。

17日 云南艺术学院暑期“三下乡”社会实践志愿者到楚雄州开展禁毒宣传“六进”活动。

17~18日 省政府副省长孔垂柱到楚雄州检查指导抗旱救灾和农业生产工作时强调，坚定信心，巩固成果，多措并举，千方百计减少干旱造成的损失，全力打好打赢抗旱救灾攻坚战。

18日 楚雄州人民政府与中国国际技术智力合作公司在北京签署“央企入滇就业扶贫”战略合作协议。

同日 “丹青云南·神韵楚雄”——舒建新中国画作品展在中国美术馆开展。

19日 州人民政府安排部署淘汰落后产能工作任务。

同日 州人民政府安排部署煤矿、非煤矿山、尾矿库安全监管工作。

19~20日 省纪委副书记郭志宏一行到楚雄州调研纪检监察工作和干部队伍建设。

20日 楚雄州开展“党员亮身份、公开践承诺”主题实践活动。

21日 省中低产田地工作考核组到楚雄州，对全州中低产田地改造工作进行考核。

同日 历时3天的第三届“斯柏特杯”全国中老年人柔力球邀请赛在楚雄开幕，来自云南、贵州、四川、福建、山西等省区的42支代表队近500名中老年运动员参加比赛和表演。

22日 为降低旱灾损失，州人民政府安排部署全州晚秋作物种植工作。

同日 省审计组一行到楚雄州检查了部分重点项目建设情况。

23日 全州烟叶收购暨现代烟草农业建设现场会在楚雄召开。

同日 楚雄州部署学校及周边治安环境综合治理工作。

24日 在第二届中国少数民族戏剧会演上，由楚雄州民族艺术剧院创作选送的小彝剧《摩托声声》和《慕勒祭爹》分获金奖和银奖。

25日 省文化体制改革第四督查组到楚雄州督查指导工作。

26日 《突发公共卫生事件应急条例》执法检查汇报暨反馈会在楚雄召开。

27日 楚雄州第18批赴新加坡务工人员启程。

28日 州委、州人民政府在预备役高炮团举行“八一”建军节双拥座谈会。

30日 州委、州人民政府要求切实推进省政府下达楚雄州7840套39.2万平方米廉租住房以及19个治污项目建设任务。

8月

2日 楚雄州级机关300多名干部职工在青山湖水库植树点参加义务植树活动。

2~3日 省政府治污项目专项督查组到楚雄州开展专项督查。

同日 楚雄州第三次全国文物普查图片展开展。

同日 楚雄州5家单位和企业荣获云南省2009年度“价格诚信单位”称号。

3~4日 省人大常委会委员、省人大常委会农业工作委员会副主任张耀武率省中低产田改造办公室等部门负责人到楚雄州调研中低产田改造工作。

4日 为期3天的第五届中国彝族文化展演会、第六届云南民族民间文化博览会暨2010年中国楚雄彝族国际火把节在楚雄开幕。

同日 首届国际彝学高峰论坛在楚雄举行。

5日 刘尧汉教授90华诞暨中华彝族文化学派创建30年座谈会在楚雄举行。

7~12日 楚雄代表队参加在广东科学中心举行的第25届全国青少年科技创新大赛上获佳绩。

8日 楚雄州广播电台音乐广播调频覆盖网建设工程通过省级验收。

9日 第七届“中国·南华野生菌美食文化节”在南华县隆重开幕。

同日 省政府公务用车管理工作检查组到楚雄州检查工作。

9~10日 以省政协常委、省政协民宗委主任郭秀文为组长的省政协视察组到楚雄州，对宗教管理工作进行视察。

10日 为期4天的楚雄州第四届残疾人运动会在州体育馆隆重开幕。

同日 在昆明参加第五期全国人大代表专题学习班的来自全国部分省市区和人民解放军的103名全国人大代表到楚雄州参观考察。

同日 全国文化信息资源共享工程楚雄州级支中心在州图书馆挂牌成立并投入使用。

10~11日 云南省政府驻深圳办事处主任、广东省云南商会名誉会长张佩英率广东省云南商会考察团到楚雄州，对招商引资项目及相关资源情况进行考察。

12日 州党政领导看望楚雄阿乖佬彝歌队，并对他们在第十四届CCTV青年歌手大奖赛“原生态”组别单项决赛中勇夺银奖表示祝贺。

13日 楚雄州全面部署减轻企业负担专项治理工作。

14日 州委在楚雄召开常委（扩大）会议，专题研究州级各相关单位文化体制改革实施方案。

15～21 日 南华县残疾人运动员晋晓琴在荷兰世界残疾人游泳锦标赛上连获佳绩。

17 日 2010 年全省基地单元建设验收启动会在楚雄召开。

18 日 《楚雄州利用国际金融组织贷款城市基础设施建设项目建议书》通过评审。

19 日 省工业和信息化委员会在楚雄召开核桃初加工设备推广会。

同日 全省 2010 年明德小学建设项目进度汇报会在楚雄召开。

同日 楚雄连汪坝至南华县城一级公路、禄丰县大荒地至安宁市安丰营高速公路、禄丰县城至长田公路三条高等级公路《工程可行性研究报告》通过州级评审。

20 日 参加国家科技部 2010 年国际沼气技术研讨会的美国、英国等 8 个国家的 30 多位科学家、专家组成的专家团，到楚雄市明宏公司考察楚雄州绿色环保经济畜牧产业集群示范园区建设项目。

21 日 “云岭苗族第一村”奠基仪式在武定县城狮子山脚下举行。

21～25 日 省扶贫办检查组一行到楚雄州，对中央、省、州财政专项扶贫资金进行清理检查。

23 日 楚雄州 35 件商标被认定为云南省著名商标。

24～25 日 督查组到楚雄州对汛期在建工程地质灾害防治、重大建设项目安全生产、煤矿非煤矿尾矿库汛期“三防”安全检查专项行动等 3 个专项工作开展情况进行综合督查。

24～25 日 人口形势分析暨信息化推进会议在楚雄召开。

27 日 在楚雄州第六届残疾人就业供需见面会上 78 名残疾人圆了就业梦。

28 日 楚雄州召开“两污”建设项目专项督查汇报反馈会。

30 日 楚雄州举行纪念中国人民抗日战争胜利 65 周年座谈会。

31 日 全省高校毕业生就业见习工作现场推进会在楚雄召开。

同日 州人大常委会对楚雄州贯彻执行《商标法》情况进行执法检查。

同日 大学生志愿服务西部计划云南省地方项目楚雄州志愿者出征仪式在州军转干校举行，100 名大学生将分赴全州各基层单位展开为期 1 年的教育、卫生、农技、扶贫等方面志愿服务。

同日 由云南法制报社等 12 家中央和省级新闻媒体记者组成的“‘五五’普法云岭行”新闻采访团到楚雄州，就全州“五五”普法工作所取得的成就进行宣传报道。

9月

1 日 全省中低产田地改造办公室主任会议在楚雄州召开。

同日 北浦中学搬迁到原楚雄州民族中专，3200 多名学生在新校区开始了新学期。

2 日 国家烟草专卖局纪检组长潘家华到楚雄州视察现代烟草农业建设情况及农民专业合作社发展情况。

同日 州总工会 2010 年“金秋助学”资金发放会在楚雄召开。

3 日 州工商联在楚雄开展了“转方式、调结构、促发展”主题会员活动。

同日 中国移动 2010 享·玩音乐“秦牵彝州、源惠鹿城”齐秦楚雄歌友会在楚雄师范学院新校区体育馆举行。

4 日 全州鼓励创业促进就业小额担保贷款工作推进会在楚雄举行。

6 日 省检查组到楚雄州检查强农惠农资金专项清查工作。

同日 州职工技术技能竞赛活动在楚雄开赛。

6～9 日 省委常委、副省长李江率省人民政府调研组到楚雄州调研经济社会发展情况。

10 日 铁道部与云南省在楚雄经济开发区举行广大铁路（广通至大理段）扩能改造工程建设动员大会。省委书记白恩培在动员大会上宣布工程开工建设，铁道部副部长卢春房代表铁道部出席动员大会。

同日 州委、州人民政府在楚雄召开 2010 年教师节暨州职教园区搬迁庆祝大会。

11 日 由中华全国妇女联合会、中国关心下一代工作委员会、中国少年报主办，州委宣传部、团州委、州妇联、州关工委、州教育局协办的“金龟子训练营”——好娃娃嘉年华全国巡展活动在楚雄启动。

15～17 日 州人大常委会组织部分驻楚的全国和省、州人大代表对楚雄州实施中小学校舍安全工程和中小学区域布局调整工作进行视察。

16 日 州委、州人民政府在姚安县官屯乡召开地震灾区恢复重建工作现场办公会。

同日 《中华民族风情——彩云之南》系列数字电影《寻梦》在楚雄开机。

17 日 州委党校建校 60 周年庆祝大会在楚雄举行。

同日 “云岭先锋、创先争优——优秀共产党员”事迹楚雄报告会举行。

同日 由省委宣传部组织的“桥头堡建设大家谈·滇中经济区”采访团一行 19 人抵达楚雄州进行集中采访报道。

同日 楚雄州启动财政补贴节能灯推广工作。

19 日 广通物流综合服务中心《初步设计报告》通过省级评审。

20 日 楚雄州举行第二届道德模范表彰颁奖晚会。

同日 滇中楚雄汽车城正式开业。

22 日 由楚雄州农业科学推广研究所水稻育种专家李开斌研究员育成的超级稻品种“楚粳 28 号”，经省农业厅委托的专家组验收，其百亩示范平均亩产达 1002.11 千克，刷新水稻亩产世界纪录。

25 日 武警楚雄州支队被解放军四总部表彰为全军抗旱救灾先进单位。

26 日 省人民政府扩大内需中央投资项目政策落实情况督查组到楚雄州检查指导工作。

26～29 日 省督查组到楚雄州督查“两基”迎国检工作。

27 日 省督查组到楚雄州督查食品安全整顿工作。

27～28 日 大姚一中建校 70 周年

庆祝大会暨2010大姚石羊祭孔大典在大姚县举行。

28日 云南审计发展工程现场推进会在楚雄召开。

同日 “彝州科学素质讲堂”开讲。

同日 楚雄州举行高校毕业生就业见习专场招聘会。

29日 全州深入开展创先争优活动交流推进会在永仁县召开。

同日 在全州“迎国庆、送温暖”慰问困难职工大会上为182名困难职工、13名住楚雄省部级困难劳模、18户零就业家庭发放了23.72万元的慰问金。

同日 楚雄州核桃产业协会成立。

30日 楚雄州第一个风电项目——云南省牟定县凤屯风电场在凤屯镇举行开工仪式。

同日 《楚雄日报》彩色印刷开机暨楚雄日报传媒有限公司成立庆典在楚雄举行。

同日 国庆61周年楚雄州首届书法篆刻临作展在州博物馆开展。

10月

1日 韩国庆南固城郡与禄丰世界恐龙谷签署合作协议，探讨国际恐龙学术研究，共商恐龙文化产业发展。

2日 楚雄州首家民间彝族文化博物馆——南华“英武罗鲁文博园”在美丽的彝乡五街镇开园。中国文联副主席、中国作家协会副主席丹增，省、州、市及南华县、五街镇等相关单位的领导和嘉宾参加开园仪式。

3日 “武定壮鸡”系列产品获云南省第六届“农博会”金奖。

4日 全州工业经济运行座谈会在楚雄召开。

9日 被列入“十一五”楚雄州节能减排淘汰落后产能之一的云南德胜钢铁有限公司200立方米高炉正式拆除。

9～11日 由省政协副主席倪慧芳率队，省政协视察组一行到楚雄州，就“非公经济发展环境”进行视察。

11日 为期5天的川滇友邻州市第六届男子篮球联赛在楚雄开幕。

12日 《楚雄州年鉴》（2010）公开出版发行。

12～13日 副省长刘平到楚雄州调研文化旅游产业发展情况。

12～13日 全省贯彻实施《云南省企业职工基本养老保险条例》座谈会在楚雄州召开。

13日 副省长曹建方在省人民政府副秘书长蒋兆岗及省烟草专卖局、省中烟工业公司负责人的陪同下，到楚雄州就烟叶生产收购情况和“十一五”重大项目建设情况进行调研。

同日 楚雄州贯彻落实全省综治工作会议精神汇报会召开。

同日 全省乡村旅游培训会议在永仁县举行。

同日 云南省城镇特色规划研讨会暨武定县城特色规划论证会在武定召开。

15日 州委、州人民政府召开全州集体林权制度主体改革总结表彰暨林业产业发展大会。

同日 全州扶贫开发现场会暨十年扶贫纲要总结表彰大会在楚雄召开。

16日 全州社会治安综合治理暨社会管理创新工作推进电视电话会议在楚雄召开。

同日 楚雄城区敬老节文艺晚会在州广电中心演播大厅举行，由此拉开了第23届敬老节全州系列活动的序幕。

18日 由省委督查组一行到楚雄州检查指导民族工作。

18～19日 省“两基”迎国检预检组到禄丰县检查楚雄州“两基”迎国检工作情况。

20日 楚雄州举办“低碳经济”专题辅导讲座，云南大学经济学院蒋冠教授应邀作了“低碳经济”的专题讲座。

21日 全省国际金融组织贷款项目前期工作业务培训会在楚雄召开。

22日 省科技厅与楚雄州人民政府举行科技工作会商会议。

同日 省政府保障住房建设工作专项督查组到楚雄州进行检查。

24日 彝族大型风情歌舞《太阳女》在上海世博园宝钢大舞台拉开帷幕，“七彩云南·魅力楚雄上海行”系列宣传活动正式启动。

26日 省委书记、省人大常委会主任白恩培率省委、省政府调研组到楚雄州就农业产业化和农业龙头企业发展情况进行专题调研。

同日 楚雄州人民政府与云南和富投资有限公司在楚雄举行武定至禄丰高速公路BOT项目特许经营权合同签字仪式。

28～29日 中央扩大内需第十八检查组到楚雄州检查指导工作。

29日 《哀牢山国家级自然保护区生态旅游规划》通过省级专家评审。

29～30日 香港特区政府高级公务员考察团一行30余人到楚雄州考察。

31日 清华大学地产总裁班投资楚雄座谈会在楚雄召开。

11月

1日 云南省花灯艺术周在姚安县隆重开幕。

同日 楚雄州第六次全国人口普查入户登记工作全面展开。

1～2日 省人民政府督查组到楚雄州就2010年和“十一五”节能减排目标完成情况进行专项督查和考核。

2日 省人大常委会中低产田地改造视察组到楚雄州视察。

同日 楚雄州安排部署煤矿瓦斯防治工作。

6日 《云南经济日报·楚雄经济》创刊10周年联谊会在楚雄举行。

7日 楚雄州部署加快推进楚雄盆地油气勘探工作。

同日 为期15天的2010年云南省足球业余联赛楚雄赛区比赛落幕，楚雄佳泰房地产代表队夺得冠军。

8日 楚雄州2010年市政项目建设债券上市，15亿元市政项目企业债券成功发行，实现了楚雄州直接向资本市场融资“零”的突破。

同日 “彝州机关先锋讲堂”（第五讲）在楚雄举行，州委副书记李兴顺作了《认真学习党的十七届五中全会精神，全力推动彝州经济又好又快发展》的专题讲座。

9日 民建中央及民建云南省委专

家滇中城市群发展2010楚雄论坛在楚雄举行。

10～11日 省委检查组到楚雄州检查指导创先争优活动。

12日 楚雄州牵头在永仁县召开了滇川3州（市）32县（市、区）流动人口计划生育服务管理区域协作会议。

14日 楚雄市举行“119”消防救援及公共重大突发性灾害事故应急综合实战演练。

同日 农工党楚雄州委在楚雄市举行“国际科学与和平周”大型义诊宣传服务活动。

15日 云南武禄高速公路开发有限公司正式揭牌。

同日 楚雄州中小尺度区域气象全自动观测网站建成，并全部调试正常投入业务运行。

16日 省人民政府正式批准实施《楚雄州北部金沙江流域经济社会发展规划》。

17日 以中央政法委宣传教育指导室主任李宝柱为组长的中央综治督导检查组到楚雄州检查指导社会治安综合治理工作。

同日 州农民专业合作组织建设骨干培训班在楚雄开班。

同日 元谋县蔬菜批发市场举行2010年冬至2011年春菜季交易开市仪式，标志着元谋县冬早蔬菜开始大量上市。

19日 楚雄州全面部署稳定物价、保障市场供应工作，全力确保市场物价稳定。

20日 楚雄西北片区最大的商业项目——“滇中大商汇”举行开工奠基仪式。

21～22日 省委常委、省委统战部部长黄毅到楚雄州调研民族宗教工作。

22日 楚雄州2010年度推进惩治和预防腐败体系建设暨党风廉政建设责任制执行情况检查考核工作全面展开。

同日 “首届中国农民艺术节全国乡村歌手大赛”在云南第一村——昆明福保村落下帷幕，由楚雄州文联选送，代表云南省参赛的牟定县彝族歌手普艳喜荣获原生态组一等奖，为云南省和楚雄州争得荣誉。

22～24日 以省公安厅交警总队总队长陈新钢为组长的省检查督查组到楚雄州，对全州集中开展严厉打击非法违法生产经营建设行为专项行动进行检查督查。

23日 为期8天的云南省第九届少数民族传统体育运动会在普洱市思茅区闭幕，楚雄州代表团获得9金8银11铜位居金牌榜第六位的成绩。

23～24日 云南省民主党派工商联社会服务工作研讨会在楚雄召开。

24日 由上海强生控股股份有限公司独立董事张国明带队，包含13个上市集团公司负责人的上海云南经贸考察团一行，到楚雄州进行投资考察。

25日 日本扶轮社西冈喜良先生及相关成员一行到楚雄州就慈善和扶贫相关事业的交流合作进行访问考察。

26日 楚雄州监察局领导及相关人员做客云南人民广播电台《金色热线》直播节目，就群众关心的热点、难点问题进行现场解答。

同日 云南省下达楚雄州物流业调整和振兴项目投资计划450万元，用于支持南华县、牟定县、永仁县3个项目建设。

26～27日 全州政府系统办公室工作会议在武定县召开。

28日 由中国银监会楚雄监管分局主办，驻楚9家银行机构协办的“2010年楚雄银行业公众教育服务日活动”在楚雄启动。

同日 云南农业大学、中国政法大学专业硕士楚雄教育办学点开学典礼暨楚雄万泽文化产业有限公司揭牌仪式在楚雄举行。

29日 楚雄开发区中小企业创业服务基地建设项目通过省州验收。

30日 禄丰世界恐龙谷旅游景区、楚雄州博物馆被命名为“云南省首批环境教育基地”。

12月

1日 楚雄州部署学前教育发展工作。

3日 楚雄州首个社区老干部工作服务站在鹿城镇学桥街社区成立。

4日 在楚雄彝人古镇，千余名彝族同胞身着盛装，弹奏着三弦、二胡，载歌载舞和来自各地的八方宾客一同欢度彝家人一年一度的彝族十月年。

5日 州委理论学习中心组学习会议召开楚雄州科技工作座谈会，省科技厅厅长龙江应邀在会上作题为“依靠科技进步和创新，为转变全省经济发展方式提供有力支撑”的讲座。

6日 州委、州人民政府召开省委第二巡视组对楚雄州县级巡视工作部署会，对巡视工作进行全面动员和部署。

8日 州委、州人民政府召开滇中楚雄特色大城市建设推进会。

同日 州委、州人民政府召开全州和谐社区建设暨社区党建工作推进会，切实加强和改进和谐社区建设工作。

同日 大姚县湾碧乡发生一起小型卡车翻下深沟造成4人当场死亡、2人在送乡卫生院抢救过程中死亡、3人不同程度受伤的交通事故。

9日 楚雄市鹿城西路“戴梦得”钻石店发生一起入室抢劫案，经过州、市公安机关近15小时的全力侦破，主要犯罪嫌疑人被抓捕归案，案件成功告破。

9～10日 来自缅甸、泰国、柬埔寨、老挝、越南的青年组织官员和社会各界杰出青年代表组成的各国青年代表团一行66人，同我国青年代表团一道欢聚彝州楚雄，参加第七届“澜沧江——湄公河青年友好交流”活动。

13日 彝州科学发展大讲坛（第六讲）在楚雄举行，著名经济学家厉以宁教授应邀作《当前宏观经济形势》专题讲座。

13～15日 省人民政府督查组到楚雄州就四项制度实施工作进行专项督查。

14日 由州委办公室主办、州机关事务管理局承办的州公务中心第六届职工运动会在楚雄开幕。

15～16日 省人大常委会教科文卫委副主任邱瑜一行到楚雄州，就《云南省发展中医药条例（修订草案）》进行立法调研。

16日 州委在楚雄召开专家学者座

谈会，听取对州委《关于制定楚雄彝族自治州国民经济和社会发展第十二个五年规划的建议（征求意见稿）》的意见、建议。

同日 国家人防办副主任、人防局局长李扬，成都军区人防办主任黄昌杰，省人防办党组书记、主任周发洪等一行到楚雄调研人防工作。

同日 全州农村沼气国债项目建设总结表彰会在楚雄召开。

17日 楚雄医药高等专科学校建校60周年庆典大会在楚雄举行，来自州内外的校友代表、教育、卫生等单位的领导、专家、学者1500多人参加了庆典大会。

18日 楚雄海联小额信贷有限公司开业，为全州农村金融服务体系再添新成员。

19日 全省文化科技卫生“三下乡”集中示范活动在禄丰县恐龙艺术广场拉开序幕，省级16个部门向禄丰县捐赠资金、设备、物资等共计价值258.58万元。

同日 楚雄州5名参赛运动员在广州2010亚洲残疾人运动会上奋勇争先，顽强拼搏，取得4金2银3铜的好成绩，并打破了2项亚洲纪录。

20日 云南中烟工业公司技改工程安全管理现场会在楚雄召开。

21日 州人民政府与省公路投资公司联合召开公路建设工作协调会，双方就加快楚广高速公路建设步伐等相关工作进行协调和对接。

同日 州延安精神研究会在楚雄召开第五届一次会员代表大会。

22日 省人民政府节能减排专项督查组到楚雄州对“十一五”节能减排目标完成情况进行专项督查。

同日 红豆树中型水库奠基仪式在大姚县龙街乡石关村委会举行。

23日 省委宣讲团党的十七届五中全会精神报告会在楚雄举行。

同日 州政协举办民生论坛，聚集楚雄州教育发展热点问题。

25～27日 省民委副主任马春率检查考核组到楚雄州，就民族团结目标管理责任制的落实情况进行检查考核。

26日 吕合煤业举行建矿50周年庆典。

28日 楚雄市在全州10县（市）中率先成立了“作家协会”和“美术家协会”。

28～29日 州委七届八次全体会议在楚雄召开，会议审议通过州委“十二五”规划《建议》。

29日 楚雄太阳女演艺有限责任公司成立暨授牌仪式在楚雄举行。

同日 楚雄州有线电视数字化整体转换工作正式启动。

30日 中国红十字基金会“幸福天使基金”向楚雄州捐赠价值40万元的奶粉。

31日 全州州县（市）人民政府机构改革动员会议在楚雄召开。

［安孟勤］

领导视察

【全国人大常委会副委员长、九三学社中央主席韩启德到楚雄州视察】 2010年3月31日，全国人大常委会副委员长、九三学社中央主席韩启德在全国政协常委、九三学社中央副主席赖明，省人大常委会党组副书记、常务副主任晏友琼，省政协副主席、九三学社云南省委主委曾华及省人大常委会办公厅、省委统战部、九三学社云南省委、云南农业大学的相关领导和教授，楚雄州党政领导的陪同下，到楚雄州视察调研。听取了州党政领导就全州基本州情和近年来经济社会发展情况、“十二五”发展的基本思路、“九校楚合作”项目推进情况的工作汇报，先后深入楚雄市明宏生态科技工贸有限责任公司、州职教中心、州医院新区、云南楚雄太阳药业有限公司视察调研。韩启德对楚雄州经济社会发展、民族团结稳定、对外开放、“九校楚合作”项目推进情况给予了充分肯定。就“九校楚合作”项目，韩启德指出，九三学社和云南农业大学要充分发挥智力、人才优势，全力推进项目建设，要抓住胡锦涛总书记视察云南时提出的把云南建设成为我国面向西南开放的桥头堡的机遇，加大产业结构调整，加快转变发展方式，推进更高层次的发展。九三学社要发挥优势，全力支持楚雄州的发展，优先在绿色环保循环经济示范项目上取得突破，推动绿色食品加工、彝药产业加快发展，促进彝州科学发展。韩启德对下步发展提出了要求，要突出特色、依靠科技、注重培养和引进人才。韩启德强调，楚雄州的旱情仍在继续，各级各部门要进一步采取有力措施，在确保人畜饮水安全的情况下，全力抓好抗旱促春耕工作，夺取抗旱救灾和经济社会发展的全面胜利。期间，九三学社中央、九三学社云南省委、云南农业大学还向州内旱灾地区楚雄市东华镇捐款20万元。

【白恩培到楚雄州调研】 2010年1月7日，中共云南省委书记、省人大常委会主任白恩培专程来到“7·09”姚安地震重灾区之一的大姚县，实地了解地震恢复重建工作和灾区群众的生产生活，看望慰问灾区各族干部群众。在省委常委、省委秘书长杨应楠及省级部门有关领导，楚雄州党政领导的陪同下，先后深入大姚县赵家店乡黄羊岭大兴田村民房统规自建点和新街乡芦川村委会大河屯村民小组自建点察看了解重建情况，看望慰问受灾群众，与灾区干部群众亲切座谈了解群众生产生活及今后的发展打算；深入县核桃文化产业园、县实验中学和石羊古镇，了解核桃文化产业园的规划建设、全县中小学布局调整及古镇恢复建设情况。通过调研和听取汇报，白恩培对楚雄州近年来经济社会和各项事业发展，特别是抗震救灾和恢复重建工作给予了充分肯定，要求深入贯彻落实胡锦涛总书记到楚雄视察时的重要指示精神，在保证工程建设质量的前提下，尽可能地加快恢复重建进度，确保2011年春节前绝大部分受灾群众搬入新居。

10月26日，省委书记、省人大常委会主任白恩培率省委、省政府调研组到楚雄州就农业产业化和农业龙头企业发展情况进行专题调研，楚雄州党政领导李兴顺等陪同调研。调研组深入云南广泰生物科技开发有限公司，走进生产车间，察看生产工艺流程，听取企业发展情况介绍以及楚雄州农业产业化和农业龙头企业发展情况汇报。白恩培指出，各级各部门要认真学习贯彻党的十七届五中全会和省委八届九次全会精神，抓住中央继续实施西部大开发和推进云南桥头堡建设的历史机遇，着力培强壮大农业龙头企业，扎实推进农业产业化发展，努力促进农民增收、农业增效和农村发展。

【李纪恒到楚雄州检查指导抗旱救灾工作】 2010年3月23日，中共云南省委副书记李纪恒在省级有关部门领导，楚雄州党政领导李兴顺等陪同下，到州内楚雄市、禄丰县旱灾地区，深入村寨、走进田间，详细了解灾情和抗旱救灾工作情况，看望慰问奋战在抗旱救灾一线的各族干部群众，检查指导抗旱救灾工作。李纪恒先后深入楚雄市子午镇法邑村委会察看现代烟草农业基础设施建设，东华镇莲华村委会寺登村视察抗旱情况，东华镇新柳村委会小波岩村民小组察看中低产田改造，苍岭镇云甸村委会伍桂田村民小组视察抗旱情况；禄丰县金山镇杨家庄村委会姚家洼村视察旱情，并在杨家庄村委会主持召开了州、县、乡（镇）、村干部参加的座谈会。在听取州县委工作汇报后，李纪恒指出，要树立抗大旱、保民生、促春耕、保发展的意识，进一步增强抗大旱、打硬仗的思想，坚决防止因干旱时间长而产生松懈、厌战、消极等待心理，继续保持高昂的工作热情，坚持一手抓抗旱救灾，一手抓经济社会发展，扎扎实实抓好抗旱减灾保民生各项工作，努力实现2010年经济社会发展各项目标。李纪恒强调，楚雄州特别是“2·25”地震受灾县要切实加强领导，落实责任，尽快启动“2·25”地震恢复重建工作，确保9月底全面完成恢复重建任务，夺取抗震抗旱救灾全面胜利。

【罗正富到楚雄州调研】 2010年5月23日，中共云南省委常委、常务副省长罗正富在楚雄州党政领导李兴顺、左荣贵等的陪同下，到楚雄州检查指导大春生产。先后深入禄丰县石门水库、金山镇南雄村委会、中村乡叽啦村委会和楚雄市鹿城镇富民村委会大保山村，子午镇曙光村委会、法邑村委会大空摆村、楚双水库，东华镇江上村，察看水稻栽种、烤烟连片种植基地、玉米种植基地、水库蓄水情况，与干部群众座谈。罗正富强调，各地要抢抓节令，采取更加有力的措施，在确保人畜饮水安全的前提下，全力以赴抓好大春栽种，力争将大旱造成的损失降到最低，抓好经济社会发展，确保完成全年各项目标任务。

9月10日，省委常委、常务副省长罗正富在楚雄州党政领导李兴顺、卢显林、李振华等的陪同下，到楚雄州调研防汛抗旱工作。先后深入楚雄市中石坝水库、西静河水库、九龙甸水库、团山水库，了解了水库的径流面积、水源来源等情况，察看了水库蓄水和防洪情况，并听取了有关部门关于水库蓄水和防洪的情况汇报。罗正富强调，各级各部门要切实将防汛抗旱工作责任落实到位，把做好库塘蓄水作为当前防汛抗旱工作第一要务，蓄防并举，先蓄后防，加强水资源的统筹调度，合理处理好生产与生活、农业与工业等用水关系，确保用水安全。

11月22日，省委常委、常务副省长罗正富在中共楚雄州委常委、州人民政府副州长李红民陪同下，深入禄丰县广通物流中心、州职教中心、楚双水库、钟石坝水库调研。罗正富指出，各级党委、政府要认真学习贯彻党的十七届五中全会和省委八届九次全会精神，切实加快经济发展方式转变，进一步提升经济社会发展的能力和水平，坚持把保障和改善民生作为根本出发点和落脚点，全面完成2010年各项目标任务。

【李江到楚雄州调研】 2010年9月6～9日，中共云南省委常委、副省长李江率在省政府相关部门领导，楚雄州党政领导李兴顺、卢显林、朱非等的陪同下，到楚雄州就经济社会发展情况进行调研。先后深入禄丰、楚雄、南华、牟定4县（市）农村、社区、学校、企业、机关以及重点项目建设现场，看望慰问广大干部群众，共商发展大计，为彝州经济社会发展出谋划策。在视察、调研和听取州、县（市）的工作汇报后，李江对楚雄州近年来各项工作取得的成绩给予了充分肯定。李江强调，楚雄州各级要学习贯彻省委八届九次全会精神，抓住中央继续实施西部大开发和推进云南桥头堡建设的战略机遇，全面完成全年各项经济社会发展目标任务。

【杨应楠到楚雄州调研】 2010年3月13日，经过专家组和工作人员5个昼夜的连续奋战，在楚雄市东华镇莲华村委会寺登村成功出水，这是全省第一口抗旱井正式投入使用。中共云南省委常委、省委秘书长杨应楠及部省相关领导，楚雄州党政领导李兴顺等出席送水仪式。在送水仪式上杨应楠指出，当前旱灾还在延续，全省工农业生产面临重大考验，受灾群众生产生活受到严重威胁，各级各部门要全省动员、全民动手、全力以赴，按照省委白恩培书记提出的重要指示，树立“旱情一日不除、抗旱一日不止”的思想，再接再厉、多措并举、标本兼治，坚决打赢抗旱救灾攻坚战。

【黄毅到楚雄州调研】 2010年11月21～22日，中共云南省委常委、省委统战部部长黄毅率省民委、省宗教局相关负责人，在楚雄州党政领导李兴顺、任锦云、杨元茂的陪同下，深入楚雄州调研民族宗教工作。先后深入元谋县、永仁县、姚安县的田间地头与当地干部和群众探讨蔬菜育苗种植技术、油橄榄品种选育技术；与彝族群众促膝谈心，与宗教界代表人士座谈，听取他们在生产生活中遇到的困难和需求，勉励他们团结协作，共同建设社会主义新农村，共同维护社会稳定，促进社会和谐。黄毅强调，楚雄州要认真学习贯彻党的十七届五中全会精神，深入落实党的民族政策，按照科学发展观的要求，培植特色产业，抓好精深加工，着力改善民生，努力推动民族地区经济社会又好又快发展。

［仲显海］

【胡振民到楚雄州文联视察指导工作】2010年1月9日，中国文联党组书记、副主席胡振民在参加中国文联、中国红十字会总会赴楚雄州开展“送欢乐、下基层”慰问活动后，当晚带领中国书法家协会分党组书记、副主席赵常青，中国摄影家协会分党组书记、副主席李前光，中国文联国内联络部主任夏潮，中国杂技家协会分党组副书记、秘书长邵学敏，在中共云南省委常委、省委宣传部部长张田欣，省委宣传部常务副部长尹欣，省文联党组书记、主席郑明，以及楚雄州党政领导卢显林、张怀德、舒建新、朱非等陪同下，深入州文联视察指导工作，看望文联全体干部职工。通过视察调研和听取了文联工作情况汇报后，胡振民对楚雄州的文联工作非常满意，并交流了到楚雄州视察和参加慰问活动后的几点感受。州文联主席张林敏汇报了近年来的文学艺术工作情况。州级各文艺家协会主席、各协会文艺家代表、10县（市）文联负责人、州文联全体干部职工参加了工作汇报。

［敖成林］

【汪民到楚雄州指导抗旱工作】 2010年3月24日，以国土资源部党组成员、副部长、中国地质调查局局长汪民为组长的国土资源部应对南方干旱紧急行动云南工作组，在副省长刘平等省级部门领导陪同下，深入楚雄市子午镇、鹿城镇指导抗旱找水打井工作。当日上午，汪民、刘平一行在州党政领导李兴顺、左荣贵等陪同下，来到楚雄市子午镇法邑村委会小白喇村民小组，在一片干涸的田块边，省第二地质工程勘察院找水突击队经过8天奋战，钻出的一口日出水量120立方米的水井正在汩汩冒着清泉，解决了该村742人、750头大牲畜的饮水困难。

【胡四一到楚雄州检查指导抗旱救灾工作】 2010年3月26～27日，由水利部副部长胡四一等一行组成的国家防总工作组，在省水利厅副厅长陈坚的陪同下到楚雄市、南华县旱灾地区，深入村寨，走进田间，了解灾情和抗旱救灾工作情况，看望慰问奋战在抗旱救灾一线的各族干部群众，检查指导抗旱救灾工作。26日下午，胡四一一行在楚雄州副州长左荣贵以及州水利局负责人的陪同下，来到楚雄市紫溪镇西静河水库了解灾情。27日，胡四一一行驱车赶往南华县龙川镇上庄科村委会与灾区干部群众亲切交谈，在了解灾情和生产自救情况后，胡四一对灾区广大干部群众不等不靠，多措并举，抗旱自救的精神给予了充分肯定。在随后举行的抗旱救灾工作汇报会上，胡四一听取了楚雄州抗旱救灾工作情况，并对楚雄州抗旱救灾工作给予了充分肯定。胡四一指出，做好抗旱救灾工作是当前全国防汛抗旱和水利工作的重中之重。针对当前西南地区的抗旱救灾工作，国家防汛抗旱总指挥部、水利部召开紧急会议，对抗旱减灾工作再部署、再落实。

【陈小娅到楚雄州检查指导抗旱保教工作】 2010年4月9日下午，教育部副部长陈小娅率领教育部等领导，在云南省教育厅副厅长邹平、王建颖，州委常委、州人民政府副州长李红民和县政府领导的陪同下，深入楚雄、姚安县官屯中学检查指导抗旱保教工作。陈小娅一行深入官屯中学，了解抗旱保教情况及当前抗旱保教工作中急需解决的困难和问题，看望慰问广大师生，与师生亲切交谈。在官屯中学举行的捐赠仪式上，陈小娅还将人民教育出版社向云南旱区学校捐助的80万元抗旱保教资金转交省教育厅，并为官屯中学师生们送上了矿泉水。

【唐仁健到楚雄州调研水利改革发展工作】 2010年5月6日，中央财经工作领导小组办公室副主任、中央农村工作领导小组办公室副主任唐仁健率由中农办、水利部等部门负责人组成的调研组，到楚雄州专题调研水利改革发展工作。省委副书记李纪恒，州党政领导李兴顺、延荣科、任锦云、左荣贵及州农办、州水利局等部门负责人陪同调研或参加水利改革发展调研座谈会。唐仁健、李纪恒一行先后深入南华县沙桥镇石桥河村委会、于栖么村委会和楚雄市青山嘴水库，就“山区小康水利”实施情况、工程性缺水问题、青山嘴水库工程和节水灌溉工程进行调研，并召开了楚雄州水利改革发展调研座谈会，听取了州委、州人民政府关于水利改革发展情况的汇报。

【潘家华到楚雄州视察】 2010年9月2日，国家烟草专卖局纪检组长潘家华到楚雄州视察现代烟草农业建设情况及农民专业合作社发展情况。省烟草专卖局（公司）党组书记、局长、总经理余云

国家烟草专卖局纪检组长潘家华在姚安县调研　（夏天彧/摄影）

东，州党政领导及州烟草专卖局（公司）负责人等陪同视察。潘家华一行先后实地察看了牟定县绿宇种养殖专业合作社、姚安县包粮屯农民专业合作社和清河农民专业合作社，与合作社社长亲切座谈，了解专业合作社的生产、组织、经营和效益等情况。潘家华指出，现代烟草农业建设是推进烟草农业现代化的一项重大战略举措，各级要以促进农业增效、农民增收为目的，切实保护好农民的积极性和利益，进一步提高农民生产组织化程度，全力推进现代烟草农业建设。

［王光林］

【杨保健到楚雄州检查工作】 2010年9月1～2日，由省人大常委会副主任杨保健带队，部分省人大常委会委员、省人大代表组成的省人大常委会执法检查组，在省财政厅、省卫生厅、省农业厅、省质量技术监督局、省工商局等相关部门负责人的陪同下，到楚雄州检查《中华人民共和国食品安全法》贯彻实施情况。检查组先后深入禄丰、楚雄，对部分食品生产加工企业、蔬菜种植基地、餐饮业、农贸市场及农产品质量检测部门进行了实地检查，并听取了楚雄州执行《食品安全法》情况汇报。

［易学敬］

【孔垂柱到楚雄州检查指导抗旱救灾工作】 2010年2月4～5日，省人民政府副省长孔垂柱率领省级部门相关领导，到楚雄州检查指导抗旱工作。州党政领导李琳玻、任锦云、左荣贵及州水利、林业、农业等相关部门负责人陪同检查指导工作。孔垂柱一行深入村寨、坝塘、水库、田间地块，察看和了解人畜饮水、城乡供水以及当前抗旱中急需解决的困难。孔垂柱强调，持续发展的旱情给全省城乡居民生活和农业生产造成严重影响，各级要把抗旱救灾保民生作为当前的中心任务，组织力量，调动资源，采取措施，切实打好抗旱救灾攻坚战，确保城乡供水和人畜饮水安全，夺取抗旱保春耕、保增收、保民生的全面胜利。孔垂柱还深入到楚雄市紫溪山省级自然保护区，要求各级各有关部门要完善措施、健全机制、落实责任，强化火源管理，科学安全有效地处置火情，最大限度遏止森林火灾发生。

【曹建方到楚雄州检查指导工作】 2010年2月9日，省人民政府副省长曹建方率省政府相关部门领导到楚雄州，对“7·09”姚安6.0级地震恢复重建进展、抗旱群众生产生活、移民安置点建设进行调研慰问。在听取州委、州人民政府的工作汇报后，曹建方对楚雄州的地震恢复重建、抗旱保民生以及青山嘴水库移民搬迁工作给予了充分肯定，要求各级党委、政府和各有关部门要进一步加强对地震恢复重建工作的领导，高质量全面完成地震恢复重建任务。

10月13日，副省长曹建方在省烟草专卖局、省中烟工业公司负责人的陪同下，到楚雄州就烟叶生产收购情况和“十一五”重大项目建设情况进行调研。通过实地察看和深入了解，曹建方对楚雄州近年来经济社会发展取得的成就和“十一五”期间重大项目建设顺利推进、成绩突出给予了充分肯定。曹建方指出，全州各级各部门要继续努力，抓住机遇，加大力度，采取扎实有效措施，加快项目建设推进，使项目早日建成投产，为彝州经济社会又好又快发展注入新的活力。强调要把烟叶生产收购工作作为当前中心任务，切实加强组织领导，做到保总量、保质量、保烟农增收。

［王光林］

【倪慧芳到楚雄州视察工作】 2010年10月9～12日，省政协副主席、民盟云南省委主委倪慧芳率省政协社会法制委、提案委及部分省政协委员组成的视察组到楚雄州视察非公经济发展环境。视察组深入武定县、元谋县进行实地视察。通过召开情况汇报会，视察有代表性的非公企业，与县委、政府及有关部门负责人、非公经济人士座谈等形式，全面了解非公经济发展情况和发展中遇到的困难和问题。延荣科等州级领导和相关部门领导陪同视察。州人民政府向视察组汇报了全州营造非公经济发展环境情况以及面临的机遇与挑战。

［白建文］

【王克斌一行到楚雄州调研】 2010年12月13～14日，中国人民解放军总参作战部副部长、国家人防办副主任王克斌等省军部门领导到楚雄调研。在州党政军领导张武育等陪同下，王克斌一行实地察看了“701”人防指挥所、彝人古镇防空地下室，并听取了楚雄州“十一五”期间人防工作情况和“十二五”期间州人防发展规划情况的汇报。王克斌对楚雄州人防工作给予了高度肯定。希望彝州的人防工作在州委、州人民政府、楚雄军分区领导下，在更高的层次上、更高的标准上取得新的突破和成就。

【孙宝厚到楚雄州调研】 2010年5月30日，国家审计署党组成员、总审计师孙宝厚一行，在省州领导陪同下，先后深入南华县、楚雄市在建中的“云审工程”施工现场和州审计局信息中心，就“云审工程”楚雄行动项目实施情况进行实地调研。在汇报会上，孙宝厚一行还通过全州联网的金审工程楚雄州审计信息视频系统向全州审计系统的干部职工送去了慰问和祝福。

［王光林］

【王晨到楚雄州调研】 2010年2月3日，中国劳动保障报社社长王晨、副总编孙元涛到楚雄调研农民工服务中心运行情况及农民工工作开展情况。王晨社长对楚雄州成立农民工服务中心给予高度肯定，强调该举措为保障农民工合法权益提供了基础保证，完善了农民工工作机制，是一项值得推广的新举措，对促进和谐社会建设具有重要的现实意义。并希望彝州进一步完善农民工服务中心的各项工作机制，完善相关配套政策措施，切实为农民工提供优质高效的服务。

［陈长格］

年度关注

【2010年州重点督查的重大建设项目完成情况】 重点水源工程建设项目。水库建设项目。青山嘴水库工程。2010年计划完成投资5000万元，1~12月完成投资1.09亿元，占年度目标任务的217.96%，工程累计完成投资10.46亿元，青山嘴水库工程建设项目已按批准建设内容全面完工。禄丰沙龙水库工程。2010年计划完成投资5000万元，1~12月完成投资5003万元，占年度目标任务的100.06%，工程累计完成投资1.43亿元。双柏河口河水库。2010年计划完成投资4000万元，1~12月完成投资4025万元，占年度目标任务的100.6%，工程累计完成投资6119万元，占批准概算总投资9675.3万元的63.2%。病险水库除险加固工程。2010年计划完成投资1亿元，1~12月完成投资1.65亿元，占年度目标任务的165.3%。30件小（一）型病险水库除险加固项目主体工程建设任务已基本完成，开展了投入使用前的验收工作。

中低产田地改造项目。全州从2009年开始，计划用10年时间筹资30亿元改造200万亩中低产田地，其中前5年每年筹资3亿元以上，改造中低产田地20万亩以上。2009年至2010年冬春之季全州共实施中低产田地改造项目108个，覆盖面积31.94万亩，完成投资3.49亿元，建成高稳产农田地25.01万亩，共完成小型水利工程2192件，沟渠1538.80千米，管网366.04千米，田间机耕路365.37千米，坡改梯1.24万亩，土地平整6.10万亩，实施生物农艺措施4.93万亩。

高等级公路建设项目。元双二级公路项目。元（谋）双（柏）二级公路全长164.3千米，总投资40.4亿元。全线已累计完成投资27.51亿元，其中2010年完成15.3亿元，占年内完成投资任务12亿元的127.5%。昆武高速公路项目。昆（明）武（定）高速公路全长64.58千米，涉及州境内长14.65千米。年内，楚雄州境内正线用地的土地丈量工作已全部结束，已提供1268.26亩建设用地给施工单位进场使用。征地拆迁总包干资金为1.35亿元，已到位资金1.06亿元，已拨付县协调办征地拆迁费6060万元，兑付征迁补偿费4988.44万元。楚（雄）广（通）高速公路建设项目。楚广高速公路全长20.28千米，总投资12.08亿元。该项目建设资金由省公投公司和州人民政府按7∶3的比例筹措承担，省公投公司组建项目业主，负责项目的组织实施，楚雄州人民政府负责该项目的征地拆迁工作。年内，省公投公司已成立指挥部，楚雄州已成立征地拆迁办公室，项目初步设计工作已全部完成。

农村公路建设项目。通乡油路。年内，省共下达楚雄州通乡油路建设项目12项329.3千米，总投资2.23亿元，至年末，通乡油路工程已完工2项29.6千米，在建10项293.7千米。通达工程。年内，省下达楚雄州通达工程建设项目97项1059千米，总投资2.67亿元，至年末，通达工程已完工49项545千米，在建27项255千米，正在招标20项258.9千米。年内，共完成农村公路建设投资3.9亿元，占年内计划完成投资任务3.6亿元的108.3%。

广大铁路扩能改造工程建设项目。主要是做好广大复线铁路扩能改造工程协调、配合、服务工作。2010年6月30日，国家发改委批复了该项目可研，铁道部、省政府于9月在楚雄州举行建设工程开工仪式。年内，各项前期工作已基本完成，有关部门正在组建征迁协调办做好征地拆迁工作。

永仁太阳能发电项目。项目总投资12亿元，2010年计划完成投资2亿元。年内，实际完成投资275万元。该项目地质灾害及压覆矿已取得行政许可批文；水保已通过评审，待取得行政许可批文；环评待批；用地预审已报省待评审。

楚雄卷烟厂易地搬迁技改和楚雄复烤厂改扩建项目。楚雄卷烟厂易地搬迁技改项目。建成后将达到年产60万箱的生产规模。总投资（含设备购置）25亿元，计划2010年完成投资12.7亿元。至12月末已完成投资3.17亿元，累计完成投资8.5亿元。楚雄复烤厂改扩建项目。扩能改建12000千克/时打叶复烤生产线。估算总投资2.8亿元，2010年争取国家烟草专卖局批复并组织实施。截至12月末已完成前期费88.96万元。2010年9月，项目已经通过国家局预算管理委员会审批，并已经下达到云南省烟草公司，云南烟叶复烤有限责任公司及楚雄复烤厂，已经成立了项目实施小组，待收到省公司文件后可组织进行设计招标及后续工作。

云冶集团钛资源开发项目。年产6万吨钛白粉项目。建设年产6万吨氯化法钛白粉生产线，计划总投资18.7亿元，计划2010年完成投资9.3亿元。年内，钛白粉项目5个标段已全面开工，开工42个单体工程，一部分公辅设施土建工程基本结束，陆续进入安装阶段。至12月末共完成投资6.62亿元，从开工至2010年末累计完成投资9.63亿元。年产1万吨海绵钛项目。建设年产1万吨海绵钛生产线。计划总投资19.97亿元，计划2010年完成投资6.29亿元。海绵钛项目4个标段全部开工，共计开工44个单体工程，主工艺氯化精制、还蒸破碎工段厂房土建工程大部分已完工，将陆续进入设备安装阶段。至12月末共完成投资6.08亿元，从开工至今累计完成投资9.52亿元。

云铜集团在楚发展项目。楚雄矿冶年产有色金属总量5万吨（铜金属矿3万吨）技改项目。通过技改，形成年产3万吨/年铜精矿（含电解铜）、2万吨金属矿生产能力。项目总投资8.8亿元，计划2010年完成投资1.4亿元。至12月末共完成投资1.93亿元，从开工起累计完成5.34亿元。其中，六苴矿床“刀把”四期工程1~12月完成投资4822.94万元，从开工起累计完成投资1.02亿元；大姚桂花5000吨规模二期技改扩建工程1~12月完成投资3480.35万元，从开工起累计完成1.46亿元；普洱大箐铜矿开发和周边探矿1~12月投资完成631.70万元，从开工起累计完成4282.70万元；小河—石门坎矿段探矿措施1~12月投资完成1.04亿元，从开工起累计完成2.43亿元。星焰公司牟定郝家河铜矿开发及选厂技改建设项目。总投资2.9亿元，计划2010年完成投资0.8亿元。截至12月末，深部技改工程累计完成投资额8926万元。其中工程直接投资额4837万元，工程配套投资4089万元。

土官工业园区在建项目。年产2万吨钛材加工项目。计划总投资20.6亿元，一期投资2.9亿元，2010年计划完成投资2亿元。一期项目已经投产；二期项目正在进行前期工作。截至12月末共完成投资1.06亿元，从开工起累计完成1.88亿元。年产20万吨民用住宅钢结构及配套产品生产线建设项目。计划总投资6.30亿元，建设年限2010~2011年。至12月末共完成投资1.6亿元。项目一期基本完工，现在正在试生产。年产30万吨饲料磷酸盐项目。总投资3.5亿元，计划2010年完成投资0.8亿元。截至12月末累计完成投资8000万元。现正修建进厂道路及厂区三通一平一期工程。茅粮酒业集团有限公司30万吨健康型木瓜酒品工业园区建设项目。项目计划建设起止年限2010年4月至2017年12月，总投资17亿元。年内已完成可研编制，由于企业方资金不到位，正在开展前期工作。

岭东纸业有限公司厂区搬迁技改扩建项目。通过技术改造使企业年生产卷烟用外包装盒、商标的能力提升至35万箱，总投资2.2亿元，计划2010年完成投资1亿元。至2010年12月末完成投资5060万元，从开工起累计完成7350万元。完成了地质勘探、环境影响评价、矿产压覆情况报告、水土保持方案等项目前期工作；厂房、仓库、锅炉房建筑体的基础建筑工作已完成，正在对内外墙体进行装饰；排架柱浇筑工作，已完成了约95%。

云南工投集团褐煤资源综合开发利用项目。项目估算总投资4.9亿元，2010年启动实施10.06万吨/年炭质还原剂建设项目，完成投资1亿元。截至12月末已完成投资3665.73万元，累计完成7518.88万元。

楚雄州职业教育园区二期工程建设项目。州职业教育园区规划建筑面积46.44万平方米，在建和建成面积43万平方米。一期工程已经基本实施完成，二期工程正在抓紧组织实施。项目计划投资10.6亿元，累计完成投资9亿元，其中，一期工程完成投资6.24亿元，二期工程完成投资2.76亿元，年内累计完成投资2.4亿元。

州县级医院建设项目。州医院新区建设项目。2010年，新区门诊医技楼、行政综合楼、传染楼、学生值班公寓已经建成并于10月25日通过初验；附属工程中污水处理站已经建成试运行，其余附属工程待有关部门验收；内外科住院大楼于12月8日初验。州第二人民医院扩建项目。该项目总投资2500万元，要求2011年末完工，项目于2010年7月开工建设，至年末完成投资700万元。6个县级医院建设项目。南华县中医院、牟定县人民医院、永仁县人民医院、禄丰县人民医院项目已于2010年10月份竣工；至年末，姚安县中医院建设总投资1600万元，已完成投资1300万元；武定县人民医院建设总投资2500万元，已完成投资1800万元。

州文化活动中心项目。总投资3.17亿元，计划2010年完成投资2.2亿元。一期工程会展中心、文化馆和妇女儿童活动中心、科技馆和青少年活动中心、地下停车场已经完工，二期工程民族剧院已完成主体工程、屋面板安装和室内地砖铺贴施工；室内精装修、舞台机械、灯光、音响工程、智能化系统等专业化正进行施工。三期工程室外景观及配套设施已基本完成，景观绿化工程施工已完成，广场喷泉、室外安防、景观照明、建筑外观照明、室外强电、消防及给水、道路排水工程正有序推进。2010年度完成投资1.2亿元。

楚雄市第二水厂及配套管网工程项目。楚雄市第二自来水厂及配套管网工程项目计划总投资3.7亿元，2010年计划完成投资0.5亿元，该项目分为第二自来水厂工程和输水管线工程。第二自来水厂工程已完成厂区“三通一平”、林地审批、土地征用等工作。年内，已到位资金1640万元，完成投资600万元（含100万元征地费）。

城镇污水和生活垃圾处理设施建设项目。规划建设项目19个，总投资10.5亿元，计划2010年完成投资4.6亿元。至2010年末，已基本建成10个，投入试运行的项目6个，在建项目9个。至年末，到位资金2.66亿元，实际完成投资2.88亿元。

城镇保障性住房建设项目。2010年主要是确保2009年开工建设的保障性住房项目上半年完工并投入使用。截至2010年9月25日，2009年开工建设的保障性住房已经全部完成投资，各县（市）陆续分配入住。2010年实施新建廉租住房7840套39.2万平方米的任务已全部开工建设，至年末已完成投资2.43亿元，占总投资4.90亿元的49.52%；计划实施的城市棚户区改造918户及建设公共租赁住房180户项目由于建设投资计划和补助资金年末才批准下达，尚未建设。

楚雄农产品中心批发市场建设项目。该项目规划总投资2.6亿元，计划年内完成投资0.4亿元。项目占地582亩，其中247.92亩为置换市场用地，334.063亩为地产用地。年内已全面完成项目区征地工作，正在进行项目规划和设计。至2010年12月末已完成投资2900万元。

文化旅游业建设项目。中国禄丰世界恐龙谷建设项目（二期）。二期项目主要是以体验“死海”漂浮、“死海健康盐疗”和“水上游乐”为主，并配套会务、餐饮、娱乐、度假酒店等设施为一体的大型综合性旅游项目，计划投资6.3亿元人民币，计划2010年完成投资0.8亿元。2010年4月16日禄丰世界恐龙谷二期经营性项目正式动工。截至年末二期项目共完成投资6198万元。禄丰恐龙山镇项目与投资商初步达成开发协议，正着力开展规划编制等前期工作，已完成镇政府搬迁建设用地的征地工作，积极争取中央扩大内需资金对镇区内部分道路、供水供电设施及与之相配套的基础设施进行建设。

【2010年州重点督查的重要工作落实情况】 新农村建设工作。农村人口饮水安全项目。2010年争取到中央和省解决楚雄州农村14万人和农村学校2.15万人饮水安全项目，两个项目批准概算总投资7700.82万元。至12月末累计完成投资7320.5万元，占总投资的95.06%，连同2010年3月完成的2009年中央扩大内需解决农村4万人口饮水安全项目，2010年楚雄州共解决农村18万人口和农村学校2.15万师生饮水安全问题。农村民居地震安全（危旧房改造）工程。至12月末，农村民居地震安全工程拆除重建竣工534户，修缮加固竣工4840户，完成投资5503万元；农村危改开工4970户，竣工3586户，完成投资1.54亿元。“五小水利”工程。年内建设“五小水利”工程3.29万件，占年度目标任务2万件的164.5%。新建农村户用沼气池工作。省下达楚雄州2010年农村户用沼气池建设1800口，年底开工建设925口。省级新农村重点村建设工作。年内争取省补助资金1575万元，完成105个省级重点村建设。加强烟叶生产基础设施建设。全州计划实施拟建烟水、烟路工程2076件，其中水池1件、沟渠1732条、提灌站3座、小坝塘4座、机耕道路336条，烟草投入补贴资金1.74亿元，计划建设面积16.53万亩。至年末，全州改造烟水、烟路工程2076件全部完成，占计划的100%；烟草投入补贴资金1.74亿元，完成计划的100%，建设面积17.37万亩，完成计划的105.09%。农业生产建设。小春计划种植蔬菜48万亩，实际种植53.86万亩，产量70.16万吨；大春计划种植蔬菜20万亩，实际种植15.77万亩，占计划的78.85%，晚秋蔬菜18.49万亩；小春啤酒大麦计划种植10万亩，实际种植5.97万亩；冬季农业开发面积132.97万亩；新建桑园6100亩。扶持农业龙头企业工作。2010年全州年产值100万元以上龙头企业达143家，比上年增加10户，实现销售收入37亿元，同比增长19%。加快林业产业发展。年内全州完成中低产林改造20万亩，为计划的100%，省投入改造资金1072万元。在已完成的项目中，林农自筹1778万元，企业自筹3393万元，参与中低产林改造的企业达18户。

着力推进新型工业化进程。加快实施工业发展“双500亿工程”。全州规模以上企业户数达到187户，已提前完成“双500亿工程”规模以上企业户数的发展指标，2010年全州规模以上工业可实现销售收入285亿元，增加值105亿元，利税总额72亿元。做好企业维权减负工作。转发工信部《2010年减轻企业负担工作指导意见》；下发《关于在全州开展清费治乱减轻企业负担工作的通知》，就维权减负工作进行全面安排部署；州、县均成立了清费治乱减轻企业负担工作领导小组，切实做好企业维权减负工作。做好融资担保工作。工商联担保资金理事会到2010年末共担保贷款84笔共1.09亿元；云南大昌担保公司担保贷款6.24亿元，比上年同期增加5.19亿元；云南省投融资担保公司在楚雄成立了分公司并积极开展担保业务。同时，加大对企业技术创新、改造支持力度，加大工业项目招商工作力度，加强招商引资项目前期工作。

加快文化旅游产业建设。中国禄丰世界恐龙谷二期工程。项目规划总投资6亿元，工程于2010年4月16日开工，年内完成投资6198万元。精品旅游环线开发项目。中国元谋东方人类祭祖坛项目已完成项目总规评审、规划区1:500地形图测绘、县城连接项目区主干道的可行性研究报告评审等相关工作，项目正在招商中；禄丰恐龙山镇项目投资商正抓紧项目规划设计等前期工作，已完成镇政府搬迁征地工作；南华野生菌王国项目可研、环评、立项批复、土地证办理等已完成，物流基础设施占地4642平方米的冷链房已施工，占地2000平方米的商务中心已施工至二层，光缆、通信管道等各种线缆迁改协议已完成；武定罗婺彝寨一期三号、四号地块的开发建设已完成；启动了二期一、二号地块的土方工程及土司府等旅游基础配套设施建设，累计完成投资3.55亿元；楚雄彝人古镇项目工程顺利推进，年内在建项目有：彝人古镇报业苑、楚雄滇菌王大酒店、彝人古镇六期阳光闲庭5号院和彝人古镇星宿家园一期，总建设规模50.14万平方米。武定狮山大道综合开发项目于1月动工。抓好黑井等4个旅游小镇的建设。光禄古镇完成投资1650万元，并于11月1日初步建成开放接待游客，后续建设稳步推进。石羊古镇完成投资1510万元，现正在开展香水河二期河道治理和景观建设和孔庙广场、文庙街、盐疗馆等重点项目二次招商工作。黑井古镇投资完成930万元，进一步完善景区的基础设施和旅游接待服务设施以及古迹文物修缮，市场经营秩序规范，被评为“中国旅游文化名镇”。禄丰炼象关历史文化名村。做好项目策划包装等前期工作，积极开展招商引资，争取尽快启动炼象关旅游小镇景区开发建设。启动楚雄市茶花谷、彝海公园等项目建设，扎实做好2012年国际茶花大会前期工作。采用BT模式投资1800万元建设峨碌公园茶花精品园；对老城区公共绿地进行绿化提升改造，共定植茶花1060株；紫溪山山茶物种园项目规划已通过专家评审，拆迁方案已拟定，开始设计施工图纸；编制了十里茶花溪——楚雄特色花卉产业园区项目规划，正按计划有序推进；彝海国际茶花文化园，采取BT模式由楚雄永兴集团开发建设。加快实施餐饮品牌工程、扩大彝菜知名度和影响力。组织编写了《楚雄州民族旅游餐饮发展规划研究》；组织开展了“彝州传统菜、创新菜”评比活动；加强餐饮美食市场推广工作，编辑出版了《食全食美彝州游》、《彝州自驾车游与美食地图》；加强与新闻媒体合作，在楚雄电视台开办《我爱生活——楚雄美食走四方》栏目。加强餐饮人才的培养工作。编写全州旅游餐饮技能培训教材，组织轮训餐饮企业员工2000人次，组织餐饮企业赴发达地区学习考察、开阔视野。支持南华、武定、大姚、牟定、楚雄和双柏等县（市）积极打造野生菌、壮鸡美食和核桃美食品牌。召开了全州的旅游餐饮业工作会议。2010年，全州共接待海外旅游者19893人次，同比增长19.4%；接待国内旅游者964.36万人次，同比增长18.7%；旅游业总收入

31.07亿元，同比增长43.97%。

加快推进滇中特色大城市建设。新区开发旧城改造工作。落实责任。按“一个项目、一套班子、一套责任、一个时限”的要求，成立了由市级领导任指挥长的82个重点项目指挥部、55个新区开发建设及旧城提升改造项目指挥部。加快推进重点项目。在2010年计划实施的55个重点项目中32个项目已开工建设，开工率为58.2%，9个项目已具备开工条件，14个项目积极开展前期工作。做好拆违拆临工作。涉及的107个权属单位已有80个完成了拆除工作，累计拆除违法、违章临时建筑165幢21191平方米。创造性地推进“城增村减”工作。2010年楚雄市实际实施66个项目，13个项目已具备开工条件，其余项目积极开展项目前期工作。全年实际完成投资4.1亿元。推进户籍制度改革。全州于2008年2月20日成立了楚雄州深化户籍管理制度改革工作领导小组办公室。2010年，多次召开专题会议研究部署全州深化户籍管理制度改革有关工作，并结合楚雄州实际，出台了《楚雄州人民政府关于深化户籍管理制度改革的实施意见》和《楚雄州公安局对〈楚雄州人民政府关于深化户籍管理制度改革的实施意见〉的解释》。从2008年1月1日至2010年12月31日，全州城镇人口迁移共计2.42万人，其中三投靠落户7197人、购房落户5487人、人才引进306人、投资落户48人、工作调动2249人、其他8865人。全州农业转移人口迁移城镇1.39万人，其中招生1802人、聘用281人、征用土地5315人、投靠亲属2197人、投资及购房3076人，其他1180人。积极解决进城农民工和搬迁移民的养老保险、子女教育、农民工廉租住房保障以及丧葬等问题。截至2010年末，全州参加城镇职工基本养老保险的农民工有1.22万人，占参保职工8.26万人的14.77%。认真贯彻落实以城市全日制公办中小学为主接收农民工子女入学的政策，保证各全日制公办中小学均有一定比例的农民工子女入学。楚雄州规定对常年招用农民工数量较多的企业，在符合规划的前提下，建设农民工集体宿舍，在农民工集中的工业园区，对农民工居住进行统一管理。成立了州、县（市）殡葬管理所，目前有楚雄、禄丰、武定、元谋、姚安、大姚6个殡仪馆。全州各级殡葬管理所为农民工和搬迁移民提供和城镇居民同等标准的遗体火化工作。加快县城、中心集镇及历史文化名镇建设。10县（市）大力推进县城新区开发、道路拓建、公共服务设施配套和工业园区等重点项目建设，实施了一批治污、供水设施、城市道路、河道整治及城市美化亮化工程，城市功能不断完善，城镇环境得到改善，全州市政基础设施建设完成投资12.8亿元。

抓好商贸流通工作。积极构建粮食安全保障体系工作。2010年，全州播种秋粮作物176.03万亩，确保了大旱之年秋粮种植面积基本稳定。同时，密切监视粮食市场行情，扩大粮食购销渠道，掌握足够粮源，确保粮食市场价格稳定，市场供应平稳。全年新增1200万千克稻谷临时储备，确保全州粮食安全。继续抓好“万村千乡市场工程”建设。2010年度省下达楚雄州建设和改造农家店200个、配送中心6个，中央、省扶持资金430万元。年内，200个农家店建设完毕，经验收全部合格；配送中心建成2个，在建4个。建设标准化示范农村综合服务社工作。年内，全州供销系统已建成标准化示范农村综合服务社147个，已建设发展各类农民专业合作社209个，提前超额完成全年目标任务。推动外贸进出口进一步实现增长。2010年，全州外贸进出口总额10843万美元，同比增长56.4%，其中出口10351万美元，同比增长71.3%；进口492万美元，同比减少44.8%。

推进重点领域改革。积极推进医疗卫生体制改革。出台了深化医药卫生体制改革的意见和楚雄州医药卫生体制改革3年实施方案。新农合参合率、报销比例、最高支付限额均提前实现国家和省的医改目标。继续推进投融资体制改革，做好开投公司企业债券发行工作。完成集体林权改主体改革。全州2901万亩集体林地，已确权2868万亩，确权率为98.88%，发放林权证41.68万本，调处林权纠纷1.7万起、面积105.71万亩，林权纠纷起数调处率和面积调处率分别达98%和95.5%。推进政府机构改革。州委、州人民政府分别印发了《中共楚雄州委 楚雄州人民政府关于楚雄州人民政府机构改革的实施意见》和10县（市）人民政府机构改革方案，全面安排部署州县（市）政府机构改革工作。加快推进市政公用行业市场化改革。积极配合做好城市供水、污水和垃圾处理、城镇道路清扫保洁、绿化管养等市政公用行业运行机制的市场化改革。在城镇基础设施重大建设项目引入企业参与建设，目前在治污项目建设中已有6个项目与企业签订了BOT合作协议。楚雄市以及部分县（市）对城市公用设施市场化，采用公共设施部分使用权，如灯杆广告灯箱使用权、公厕经营权、弱电管道使用权等进行拍卖或公开招租等形式，使公共设施既有投入又有产出，又使市政公用设施得到了有效管护。积极探索BOT、BT投资方式，把城市基础项目建设作为招商引资项目公开向社会招标的方式进行建设。楚雄、禄丰、牟定、元谋等县（市）采取公开招标竞价承包经营权、管理权等方式，在环卫、绿化管理方面率先引入市场竞争机制，变“养人”为“养事”，稳步推进城管模式改革。推进文化体制改革。成立楚雄州文化市场综合执法支队、州文化活动中心管理处和州电影事业管理站，州民族艺术剧院升格为正处级，楚雄太阳女演艺有限责任公司组建工作已基本就绪。州博物馆、图书馆、文化馆等公益性文化事业单位的人事、收入分配和社会保障制度改革有序推进。州民族艺术剧院在全面推进内部“三项制度”改革的基础上，建立新的财政拨款制度，推行公益性演出政府采购制度和获奖剧目以奖代补制度。州电影公司即将完成清产核资、财务审计、资产评估、产权界定、非经营性资产剥离和不良资产核销等工作，即将进行公开拍卖，整体改制为民营企业。

进一步发挥金融推动经济发展的作用。继续强化“支农支小”工作，确保农业、小企业信贷投放的增量高于上年增量。至12月末，3家涉农金融机构各项贷款余额173.9亿元，比年初增加27.5亿元，完成目标任务的94.8%。全州银行业金融机构中小企业贷款余额98亿元，比年初增加9亿元，增长10.15%，完成目标任务的98%；落实推动云南银行业支持民族地区发展规划及解决空白乡（镇）金融服务规划。楚雄州缺失金融服务网点有姚安县太平镇、适中乡、左门乡和元谋县凉山乡4个乡（镇），已通过设立（村镇/简易）服务站，实现了楚雄州乡（镇）金融服务全覆盖；进一步扩大新型农村金融机构试点规模，力争成立2家村镇银行。由玉溪城市商业银行作为发起人组建的楚雄兴彝村镇银行2010年4月29日开业，完成目标任务的50%；提升农村金融服务水平，积极推进“惠农卡”发放工作，至12月末，全州银行业金融机构累计发放“惠农卡”26.7万张，完成目标任务的95.4%。

推进经济社会发展规划编制工作。全面完成了“十二五”前期重大课题研究，“十二五”规划《纲要》（草案）已经州人民政府33次常务会议、州委83次常委会议审定通过。27个重点专项规划进入修改完善阶段，部分规划已进入评审阶段。

积极推进楚雄盆地石油天然气风险勘探工作。11月4日中石化西南石油局云南物探公司已在禄丰、武定、元谋及牟定县开展了251千米的二维地震勘探。至12月24日，测量已全部完成；表层结构调查（微测井）野外采集已完成总数的64.84%；钻井已完成全区总井数的57.43%；野外采集完成试验物理点16个，试验物理点全部合格；生产物理点1279个，占全区生产物理点总数的36.54%。中石化勘探南方分公司将据此提出2011年在楚雄盆地投入的实物工作量和投资量。

全面抓好教育改革发展工作。合理调整中小学区域布局。围绕“做大城区，巩固坝区，优化山区”的布局思路，全面推进中小学布局调整工作。2010年全州撤并中小学校（点）266所（个），其中撤并初中12所，撤并小学254所（含教学点144个）。全面推进中小学校舍安全工程。245个建设项目，已完成地质勘察242个，占2010年项目总数的99%；进入施工图纸设计阶段242个，占99%；进入招标阶段239个，占97.6%；进入基础施工阶段242个，占99%；进入主体施工240个，占98%；已经完工193个，占79%；交付使用180个，占73%；完成建筑面积13.71万平方米，完成投资1.38亿元。加快发展中等职业教育。推进职业教育改革发展。一是州属5所中职学校入驻园区办学。二是全面组织开展中等职业教育招生工作，全州中等职业教育招生13643人，在校生人数达到38770人（按生源），普通高中与中等职教在校生之比达到1∶1.04，首次超过了普通高中在校生规模。三是职业教育对外交流合作不断加强。州职教园区与南澳州TAFE学院、中国中智公司，楚雄医专与南澳州和善那国际学院已签订了合作办学意向书，并开展了楚澳职教合作TAA教师培训。大力推进民办教育发展。估算总投资13.56亿元的云南现代职业技术学院（民办高职）已开工建设，楚雄机械电子职业技术学校（民办中专）申办已获省教育厅批准，民办中职教育实现了零的突破。继续支持医专加快发展。《学校总体规划设计方案》已通过评审，学生餐厅、图书馆、学生宿舍等项目已开工建设，校舍馆项目建设已完工。

继续推进公共医疗卫生服务体系建设。推进医药卫生体制改革。出台了关于深化医药卫生体制改革的意见和楚雄州医药卫生体制改革3年实施方案。新农合参合率、报销比例、最高支付限额均提前实现国家和省的医改目标。加快推进基本医疗保障制度建设。年末，全州城镇基本医疗保险参保人数达39.51万人，完成计划任务38.6万人的102.36%，其中城镇职工基本医疗保险参保人数达21.5万人，城镇居民基本医疗保险参保人数达18.01万人。完成州医院新区建设，支持各级医疗卫生机构基础设施建设达标、逐步配齐医疗设备。年末，新区门诊医技楼、行政综合楼、传染楼、学生值班公寓于10月25日通过初验；附属工程中污水处理站已经建成试运行，其余附属工程待有关部门验收；内外科住院大楼已于12月8日初验；医院新区预计2011年2月正式投入使用，累计到位资金3.12亿元，实际完成投资（拨款）3.04亿元。为125个乡（镇）卫生院配备了价值1420万元的医疗设备，为31个中心乡（镇）卫生院配备了31辆救护车，价值465万元。巩固完善新型农村合作医疗制度，完善大病补充保险试行方案。2010年新农合参合人数211.15万人，在2009年基础上新增5.64万人，参合率达95.74%（国家和省要求90%）。2010年新农合最高支付限额提高到3万元，达到楚雄州农民人均纯收入的8.5倍（国家要求为6倍以上）。2010年州内新农合政策范围内住院费用报销比例平均达到60%，并且实现了全州门诊费用统筹。完善大病补充保险试行方案。在全省率先实施以州为统筹单位的新农合大病补充保险制度，2010年参保率达50.11%，于2010年1月1日正式启动理赔服务，截至12月30日，受理赔付8396件，已赔付资金1771万元，其中最高的达到5万元，预计全年资金使用超过95%，理赔受益面达到参保人住院总数的10%，有效防止了他们的因病返贫、因病致贫。继续抓好甲型H_1N_1流感等传染性疾病的防控。全州各级党委、政府高度重视甲型H_1N_1流感疫情防控工作，完善病例监测网络，掌握疫情动态，积极有序开展疫苗接种工作。

继续加强文化和广播电视基础设施建设。乡（镇）综合文化站、农家书屋建设进展情况。州内新增中央第四批投资乡（镇）综合文化站项目建设28个，建筑面积8400平方米，总投资898万元，年内全部建成使用。2010年省新闻出版局下达楚雄州农家书屋建设计划112个，目前已完成选点上报。对2009年的346个建设点，图书已全部配送到位，正在进行图书编目、上架等基础性工作。继续实施广播电视“村村通”工程。州内已全面完成了11.71万套设备安装调试任务，使48万多人口收看到了48套高清晰、高质量的电视节目和收听到4套广播节目，第二批广播电视村村通直播卫星覆盖工程建设全面竣工，待省级验收。继续实施文化惠民工程，着力解决文化“五难”问题。解决基层群众看戏难。全州13个专业剧团持之以恒开展送戏下乡活动，全年公益性演出910场，观众近90万人次。解决基层群众“看书难”。全州已建成农家书屋167个点，另有346个点正在建设中。解决基层群众“上网难”。已建成文化信息资源共享工程州级支中心1个、县级支中心10个、基层站点86个。解决基层群众“看电影难”，全年共放映农村数字电影2.01万场，服务观众492.7万人次。文化基础设施建设步伐加快。全年建成乡（镇）综合文化站28个，另有21个乡（镇）文化站在建。实施村级文化体育活动场所建设试点工程63个。

切实抓好扶贫开发和移民安置工作。整村推进项目。年内，全州共下达实施扶贫整村推进项目624个，完成任务600个的104%。投资460万元，启动了2个县40个贫困村产业互助资金试点项目。扶持扶贫龙头企业17个，集中扶持了515个产业扶贫示范村，完成年初计划300个的171.7%。实施了1495户5928人国债易地扶贫搬迁，完成年初计划任务2800人的297.6%。共发放到户贷款3.5亿元，完成2亿元任务的175%。民族团结示范村。全面完成12个民族团结示范村和10个散杂居少数民族自然村的建设工作。2010年扶贫整村推进项目共48个，项目总投资1136.91万元，项目覆盖州内10个县（市）20个镇，48个自然村，直接受益群众1559户，5719人。农村劳动力技能培训和新增富余劳动力转移就业。年内，农业富余劳动力技能培训2.5万人，完成目标任务2.5万人的100%；全州新增农业富余劳动力转移就业5.18万人，完成目标任务4.5万人的115.11%。开展移民工作。观音岩水电站移民前期工作。2010年度完成观音岩水电站移民项目投资8450.41万元。乌东德水电站。配合项目业主和设计单位完成了预可研报告、正常蓄水位专题报告、施工总布置专题报告、实物指标调查实施细则和工作实施方案的审查，已具备下达“封库令”的条件。青山嘴水库移民工作。完成了实施规划调整概算报告的编制工作；抓好栗子园管理和移民培训就业工作。1～12月共发放栗子园城市楼房安置移民长期生活补助费1900万元，开展移民就业培训11期1025人次，同时开展户长培训11轮73场次，移民劳动力就业率达96%；抓好移民工程竣工审计和移民房屋款清算等扫尾工作。大中型水库移民后期扶持工作。核定上报全州24座大中型水库移民涉及的后期扶持移民3.2万人，并兑付了一至三季度后期扶持资金1406.56万元。

推进城乡社会保障体系建设。推进鼓励创业促进就业政策措施的落实。年内，全州实现城镇新增就业人数2.55万人，完成目标任务1.85万人的137.84%。企业职工参保情况。至12月末，企业职工基本养老保险参保人数达11.78万人，完成目标任务11.78万人的100%。失业保险参保人数达12.85万人，完成目标任务12.85万人的100%。全州城镇基本医疗保险参保人数达39.51万人，完成计划任务38.6万人的102.36%，其中城镇职工基本医疗保险参保人数为21.5万人，城镇居民基本医疗保险参保人数达18.01万人。农村居民参保情况。年内，全州共新增投保人数21.6万人，完成目标任务11.5万人的187.83%；全州新增被征地农民参加农村养老社会保险人数1093人，被征地农民基本养老保险参保率达80%。积极推进流动人员社会保障的转移接续工作。年内，全州企业城镇职工基本养老保险共办理转移接续7498人次，其中，转出853人，转入479人，续保6166人。办理跨省、自治区、直辖市转移42人，转出金额7.75万元。年末，全州城镇职工基本医疗保险共办理转移接续1180人次，其中转出198人，转入179人，续保803人。

进一步做好防灾减灾工作。全面推进防震减灾10大能力建设。对纳入国家基本建设程序的新建建筑100%执行国家抗震标准和规范；编制《楚雄州特色民居通用图集》，指导农村新建住房和经加固住房达到抵御6级左右地震的抗震能力；做好受地震破坏房屋或旧房的抗震加固改造技术指导工作。救灾物资储备库建设情况。2009年底，开工新建2个、修复2个救灾物资储备库建设项目。新建禄丰县救灾储备中心，主体工程已完工。大姚县、牟定县修复救灾物资储备库已完成并投入使用。2010年，已争取双柏县救灾物资储备库建设项目，补助资金50万元。完善应急预案实现四级预案全覆盖。针对州内自然灾害频发的特点和日常救灾工作中的薄弱环节，2004年以来就制定了一系列的抗灾救灾应急预案，2009年修改完善了相关的方案。目前，全州10县（市）、103个乡（镇）、1094个村（居）委会均出台建立和完善了救灾应急预案，形成了横向到边、纵向到底的救灾工作责任体系。加快姚安“7·09”地震灾区恢复重建工作。

切实加强节能减排和环境保护工作。加强节能技术研发推广，大力推进企业节能技术提升改造，积极推广运用高效节能技术和产品，淘汰落后产能，确保年度完成单位GDP能耗降低3.6%，完成“十一五”节能目标。节能减排工作。年内，省政府与楚雄州签订的2010年度污染减排目标责任书中确定的重点污染减排项目已全部按期建成，其中，一平浪煤矿煤矸石电厂锅炉烟气脱硫项目、一平浪盐矿45吨锅炉烟气脱硫项目，云南禄丰勤攀磷化工有限公司硫酸装置尾气脱硫和含酸废水处理封闭循环项目，已通过省环保厅组织的环保验收；楚雄市污水处理厂二期项目、南华和双柏县污水处理厂及配套管网工程项目已于2010年9月底建成投入试运行，永仁县污水处理厂2010年12月已建成；禄丰、武定、姚安、元谋县城污水处理厂已开工建设，牟定和大姚县污水处理厂建设稳步推进；楚雄市污水处理一厂全年正常运行，提前8个月完成省政府下达的主要污染物减排目标。全面推进公共机构节能工作。对43家年初确定的公共机构节能示范单位开展的节能工作进行了专项检查；全州各级公共机构推广财政补贴高效照明产品9万余只；严格加强办公设备的管理，积极开展好节约型机关创建活动，提高创建成效。据统计，全州到2010年底纳入统计的952家公共机构与2009年相比，用电总量降低5.1%；用水总量降低5.4%；用油总量降低5.2%，圆满完成水、电、油能耗在上年的基础上下降5%的节能目标任务。加大生态建设保护力度。2010年，省下达楚雄州公益林补偿面积963.13万亩，补偿资金4886.63万元。任务涉及103个乡（镇）、14个林场、2个自然保护区，5860个林班。截至2010年12月底，全州共兑现森林生态效益补偿基（资）金4566.15万元，兑现率93.4%。共签订禁伐协议1012份、面积54.43万亩，签订限伐协议6.27万份、面积997.33万亩；共划分管护责任区3164个，落实管护责任单位1200个，落实管护人员3140人，与管护责任单位签订管护合同1.89万份。同时，楚雄州的森林生态效益补偿工作被省考评为二等奖。全州2010年各类工程造林项目任务70.36万亩，实际完成70.4万亩，为年初计划55万亩的128%；完成封山育林16万亩，为计划的100%。推进农村环境综合整治。出台了相关政策，每年安排300万元专项资金用于农村环境综合整治工作；向省环保部门上报农村环保项目17个，南华县沙桥镇东街村、武定发窝村和元谋羊街村已列入全省2010年农村环境综合整治计划；年内确定的11个重点村庄建设项目已完成实施方案编制、审查工作，资金已下达到各县（市），正在开展实施；南华县凤头村农村环境综合整治工程已通过环保部和财政部验收；楚雄市鹿城镇国家级生态乡（镇）再提高工程和永仁县乍石村农村环境综合整治示范村建设项目已完成，分别通过省级验收。在明宏科技工贸有限公司开展畜禽养殖业循环经济模式示范。选定原牟定渝滇化工公司、原猫街老乌哨铜矿采选厂关闭遗留尾矿污染防治试点。

维护社会稳定。深入开展新一轮禁毒人民战争，切实维护社会稳定。深入开展禁毒宣传和毒品预防教育活动。4月1～7日，组织开展了“禁毒与防治艾滋病宣传周”活动，共展出禁毒展版360块，设立禁毒咨询点10个，发放禁毒宣传资料5万余份，有6万余人参与了“禁毒与防治艾滋病宣传周”活动。充分利用“6·26”国际禁毒宣传日，认真落实全省禁毒宣传“六进”活动方案，切实提高广大群众拒毒、防毒的意识和能力。通过以上宣传教育活动，使全州毒品预防知晓率达到95%以上，全州禁毒志愿者已发展至1.6万余人，在校学生毒品预防知识知晓率达到100%，继续巩固了在校学生零吸毒成果。加大禁毒执法工作力度，2010年1～12月，全州共破获毒品案件126起，缴获毒品113.93千克，抓获犯罪嫌疑人135人。进一步推进社区戒毒（社区康复）试点工作，加强禁吸戒毒和戒毒康复农场建设。2010年，全州共收戒吸毒人员515人，强制隔离戒毒所在所率保持在收戒数的60%以上。积极开展境外替代种植发展项目取得明显成效。做好新一轮艾滋病防治工作。2010年底，全州城镇居民、农村居民、学生、校外青少年艾滋病防治知识知晓率分别为：96%、92%、100%、85.5%，高危人群艾滋病知识知晓率为98.8%；100%的县级以上医疗机构具备艾滋病检测能力；全州婚前保健人群检测率达95.33%，婚姻登记人群3.53万例，完成任务1.5万例的235.4%，孕产妇3.58万例，完成任务2.5万例的143.3%；艾滋病病毒感染者随访率为98.94%。

抓好安全生产工作。认真落实安全生产主体责任。全州层层签订了安全生产责任状3354份，安全生产“一岗双责”制度得到全面落实。开展重点行业领域安全生产专项整治。23户煤矿企业已完成整合12户；非煤矿山“五有五落实”完成310个，“十达标”完成270个。年初制定了《楚雄州2010年深化危险化学品安全生产专项整治工作方案》，严厉打击危险化学品运输“大吨小标”、“大罐小车”现象，对烟花爆竹涉及城区储存仓库开展有计划搬迁工作。3～4月，组织人员对重点行业领域安全生产专项整治开展督促检查。8月，州人民政府下发了《关于集中开展严厉打击非法违法生产经营建设行为专项行动的通知》。12月18日州人民政府组织了8个考核检查组，对全州10县（市）和州级重点企业进行了考核和安全生产大检查。1～12月全州事故隐患排查3150项，整改完成3402项，整改率达96.6%；落实重大事故隐患治理资金150万元。逐步完善安全生产长效机制。制定并落实安全生产隐患排查治理、挂牌督办制度，安全生产例会制度、安全生产投诉举报与奖励制度、用事故教训推动安全生产工作制度、生产经营单位安全生产承诺制度、安全生产黑名单管理制度、安全生产教育培训制度、重大危险源监控管理制度、安全生产“一岗双责”制度。高危行业安全生产风险抵押金、责任保险、“安保互动”等项工作逐步开展。加强安全生产监管体系建设。州、县（市）落实安监部门人员编制132人，乡（镇）安监办242人，并配备业务用车和相关监测设备。2010年州财政解决州安监局装备资金100万元，楚雄、禄丰、武定、牟定、姚安5县（市）各落实40万元装备资金，其余5县按照县财力都作了妥善安排，每个县市资金安排在15万元以上。抓好安全生产应急队伍建设。4月，州人民政府第26次常务会议专题研究成立楚雄州应急救援中心的有关事项。6月，下发《楚雄州人民政府关于成立应急救援中心的通知》，成立了由19个州级部门为成员的楚雄州应急救援中心，组建成立了州人民政府应急救援支队；各县（市）组建成立了应急救援大队。同时，建立专（兼）职应急队伍6支，共有兼职队员405人。企业制定了应急预案587个、企业与救援队伍签订救援协议73份。加大安全生产监管执法。1～12月，全州共监督检查生产经营单位安全生产工作4509次，共实施经济处罚79次，经济处罚310.9万元。1～12月，全州共发生各类生产安全事故441起、死亡127人、受伤454人、直接经济损失1221.73万元。与上年同期相比，全州各类伤亡事故同比增加26起，死亡减少16人，受伤增加62人，直接经济损失减少628.36万元，分别增加5.92%、减少10.96%、增加15.82%、减少33.96%。2010年省政府下达楚雄州的安全生产总死亡控制指标为127人，截至12月31日，全州发生的各类生产安全事故共死亡127人，占全年总指标的100%。全州境内共发生较大事故6起（省考核楚雄州的4起），省政府下达楚雄州全年较大事故控制数4起，与控制指标持平。

扎实推行效能政府“四项制度”。行政绩效管理制度实施工作。对州职教中心、抗旱救灾资金等7项重大建设项目和重要民生资金管理使用情况等进行跟踪审计。对州文化活动中心和州医院新区等10个重大建设项目的立项、审批、实施，以及资金安排、拨付情况进行稽查。各县（市）结合实际，制定行政机关行政绩效管理制度工作方案，紧紧围绕省、州人民政府确定的省“双20项”和州“3个20项”重要工作及县（市）政府确定的重大建设项目和重要工作，以审计、稽查、绩效评价和督查为手段，对抗旱救灾资金项目等开展了绩效审计，并选取重点民生专项资金支出绩效评价项目开展绩效评价。行政成本控制制度实施工作。严格执行党委、政府批准的机构改革方案和部门“三定”规定，未出现增设机构和人员编制的情况。对公务用车购置严格实行州、县（市）两级财政购车经费预算目标控制。对会议实行计划管理。严格控制各项庆典和论坛支出。严格控制因公出国、出境。严格控制行政机关办公楼等楼堂馆所建设。稳步推进公务卡结算制度。行政行为监督制度实施工作。明确实施范围及重点。全州明确了10县（市）及州发改、建设、国土、财政等与人、财、物紧密相关的行政机关作为推行行政行为监督制度的重点部门。细化分解任务。结合实际，将目标、任务、工作重点和措施落实到每个季度和月份，制定出简明扼要的工作线路图、时间进度表和目标责任制，确保行政行为监督制度顺利实施。找准关键环节。通过认真查找分析，全州确定了群众极为关注、反映较为强烈且问题易发多发的关键部门374个、关键岗位1866个。制定防范风险措施。梳理编制预（决）算、账目公开、物资采购、装备配备、公共物资、公款管理规定等方面的风险表现形式2958条，对2044个重点环节进行认真梳理，并结合各县（市）、州级各行政部门特点，制定科学有效的关键岗位和重点环节风险防范措施2716条。造册登记。制定行政行为监督工作计划表403份、填写个人承诺登记表1886份、填写部门行政行为监督承诺表374份，制定行政行为监督工作计划表403份。各县（市）和州级各部门以人、财、物的管理使用等为关键岗位，以行政审批权力运行为重点环节，针对排查出来的关键岗位和重点环节，及时进行公示，并采取前期预防、中期监督和后期补救等方式，修定工作措施，规范运行流程，完善监督制度。规范重要公共资源交易行为。各县（市）和州级各有关部门对工程建设招投标、土地使用权出让招拍挂、矿业权交易、政府采购、国有企业产权交易等进行认真梳理，查找存在问题，提出完善制度的办法措施。加强监督制约机制建设，规范行政权力运行工作。在巩固扩大南华县“全国政务公开先进单位”和“全国政务公开示范县”成果的基础上，将规范和有效监督行政权力工作在全州范围内推开，对群众极为关注、反映较为强烈且问题易发多发的148个环节进行认真梳理，分析查找出现有制度中存在的问题46个，提出完善制度的办法措施93条。全州416个单位开展了规范行政权力运行工作，其中，州级99家，县级275家，乡（镇）42家。通过开展规范行政权力运行工作，共清理行政权力事项12271项，取消行政审批事项322项，制作权利运行流程图2791项，对具有自由裁量权的593项行政处罚项目进行了细化，制定自由裁量权行政处罚档次标准850个。逐步建立结构合理、配置科学、程序严密、制约有效的权力运行机制。规范重要公共资源交易行为。结合工程建设领域突出问题专项治理工作，对工程建设项目规划、招投标等环节开展清理整治。全州共清查2008年以来政府投资和使用国有资金规模在50万元以上的工程建设项目2133个。其中，工程总投资额在3000万元以上的项目126个；工程总投资额在500万元至3000万元的项目519个；重点对总投资额500万元以上以及自查中发现问题的209个项目进行了重点抽查，重点抽查面达32.4%。通过排查，发现投资规模500万元以上的项目有违规问题127个，已整改纠正123个，其中，涉及违反基本建设程序、项目决策不合规1个；未按规定招标3个；招标程序不合规10个；工程建设实施和质量管理不到位38个；未办理环评43项；土地、矿业权审批和出让发现问题7个，违规变更规划和调整容积率项目21个。共收缴罚没和补交款项金额92.3万元，共拆除城区临街临时违法建筑物71幢，拆除违法建筑面积1万多平方米。同时，认真分析查找现有公共资源交易制度存在的漏洞，并提出相关完善制度的办法措施，进一步规范重要公共资源市场交易行为。以公开问责为抓手，确保行政行为监督制度落到实处。2010年，州在全面推进问责工作“三化”建设的同时，把问责公开纳入各级党委、政府党风廉政建设责任制考核的重要内容一并部署和落实，加大对在抗灾救灾等工作中失职、渎职，推诿扯皮、敷衍塞责、漠视或者损害群众利益，以及在落实效能政府四项制度中工作不力等的公开问责力度。积极推进电子监察系统建设。在楚雄市政务服务大厅和大姚县便民服务中心等条件较好的县推行电子监察系统建设。对条件具备的县（市）开展进驻政务服务中心的行政审批项目实行集中办理，逐步实现电子化审批与电子监察的有效联接，采取视频监察、网络监察和统计监察等方式，通过电子预警、电子纠错，实现对行政审批关键岗位和重点环节的有效监督，推进和完善电子监察系统建设工作。行政能力提升制度实施工作。按照《楚雄州行政机关行政能力提升制度实施方案》的要求，采取“以会代训”、“以学提质”的方式，对干部职工进行全方位培训，各县（市）、州级各实施单位共上报学习培训专题1156项，完成学习培训专题1156项。确定重点工作，实施倒逼管理。各县（市）、州属各实施部门确定年度重点（中心）工作618项，目标倒逼管理重点（中心）工作261项，并对确定的目标倒逼管理重点（中心）工作实行全过程动态倒逼管理。至12月底，已完成重点（中心）工作618项，完成目标倒逼管理重点（中心）工作261项。推行“一线工作法”。建立以职能部门牵头，相关部门参与，衔接紧密的一线工作联动机制，构建流程畅通、高效快捷的工作体系。

【特大干旱抗旱救灾】 2009年全州气候异常，气温偏高，降雨偏少，库塘蓄水锐减。年降雨仅614毫米，比上年少396毫米，为多年平均降雨量850毫米的72.2%，是有气象记录以来的最小值。全州库塘蓄水仅6.27亿立方米，比上年同期减少2.47亿立方米。从2009年9月中旬开始就出现了旱情，呈持续、快速发展趋势。2010年3月9日小春受旱面积达168.82万亩，占实际播种面积的75%；5月26日人畜饮水困难人数达70.79万人；7月19日大春作物受旱面积162.22万亩，占实际栽种农作物264.79万亩的61.3%。州内姚安、大姚、永仁、元谋4个县持续163天无有效降水，其余县（市）持续无有效降水日数达到121天。由于降雨量少，州内龙川江、蜻蛉河、星宿江、勐岗河等主要河流径流断流。旱情最严重时，全州农作物受旱面积日均增加1万亩，农村人畜饮水困难日均增加近0.3万人，库塘蓄水日均减少150万立方米。楚雄城区和南华、武定、双柏和大姚5个县城供水紧缺，部分山区和边远地区人畜饮水非常困难，主要靠人背（挑）马驮解决。旱情至8月2日才结束。2009年入秋至2010年夏季发生的旱情有以下五个特点：一是干旱来得早，从2009年9月初就开始显现；二是持续时间长，历时近一年，为百年不遇的特大干旱；三是旱情发展快，受灾面积、受灾人口和受灾程度持续增加；四是受灾范围广，全州10县（市）103个乡（镇）均不同程度受灾，农业、工业，生产、生活，各行各业都受到不同程度影响；五是灾害损失大，据统计共造成经济损失15.2亿元，创下了楚雄州干旱灾害损失之最。旱情发生后，州委办公室、州人民政府办公室就发出了关于做好抗旱工作确保供用水安全的紧急通知，要求全州高度认识旱情的严重性，紧急行动起来，把思想统一到抗旱保民生、保生产的要求上来，全民动员，精心组织，周密部署，千方百计做好城乡供水和抗旱保民生、保生产工作。国家防汛抗旱总指挥部、水利部等领导和省委、省政府领导先后到楚雄州检查指导抗旱救灾工作，对全州抗旱救灾工作给予了有力支持。州县党委、政府和各级部门全力开展抗大旱、保民生、促发展的攻坚战。一是各级党委、政府高度重视，加强对抗旱救灾的组织领导。2009年11月以来，州委、州人民政府多次召开会议，专题研究部署抗旱救灾工作，要求各县（市）、各有关部门切实加强对抗旱工作的领导和组织协调，各县（市）委、政府要对辖区内的供用水安全负总责，县（市）委、政府主要领导亲自抓，分管领导具体抓，实行县、乡领导分片包干负责制和各部门抗旱工作责任制。为加强领导，监督检查各项抗旱措施的落实，州委、州人民政府建立了州级领导分县检查督促联系制度和工作组帮助指导包县责任制度，州防汛抗旱指挥部及时组织8个工作组，深入各县（市）帮助指导抗旱救灾工作。二是各级各部门全力以赴开展抗旱救灾工作。开展了“万名干部下基层，十万党员在一线，百万群众齐奋战”抗旱救灾大行动，各级各部门依据各自职责开展抗旱救灾工作。全州抗旱救灾工作有序开展，灾区群众人心安定、社会稳定、生产生活秩序正常。三是及时编制供用水方案和抗旱应急规程，为指导抗旱救灾提供科学依据。针对旱情，州县防汛抗旱办公室、水利局按照“先生活、后生产，先节水、后调水，先地表、后地下，先重点、后一般”和生活供用水一城一策、一镇一策、一村一策，农业灌溉用水一灌（区、片）一策、一库一策的原则，及时编制了全州2010年上半年供用水应急方案，为确保城乡居民基本生活用水需求和最大限度满足工农业生产用水需求提供了科学的依据。又及时编制《楚雄州抗旱应急响应工作规程》。州人民政府防汛抗旱指挥部下设的8个工作组，依据规程认真履行职责。依据规程，州人民政府防汛抗旱指挥部于2010年2月9日启动了全州严重干旱（Ⅱ级）应急响应，组织各级各部门开展抗旱救灾，随着旱情持续加深、加重，在2月23日召开全州抗旱救灾动员大会后，启动特大干旱（Ⅰ级）应急响应，再次动员和组织全州干部群众全力投入抗旱救灾工作，直至8月2日才终止抗旱应急响应。四是科学调度、千方百计增加抗旱应急水源。加强供用水管理。自2009年入秋开始，辖区内的水库、水电站、闸坝等所蓄水量由州、县防汛抗旱指挥部办公室严格审批，统一调度。至2010年7月底，各类水利工程累计供水4.71亿立方米，保障了全州城镇生活用水和农村人畜饮水的基本需求，有效保证了工农业生产用水。强化措施，千方百计增加库塘蓄水。防汛、水利部门针对降雨少、库塘蓄水少的实际，及时采取引、提等措施开展挖潜增蓄工作，按一库一策，一村一策，通过蓄、引、提、截流等措施千方百计增加库塘蓄水，动员和组织群众对水池（窖）做到满蓄满灌。五是确保城乡居民基本生活用水需求。把保障人畜饮水安全作为抗旱工作的核心，组织专门力量进行全面调查摸底，详细了解和掌握旱灾情况，结合县情、乡情和村情，按照3月10日前为严重阶段、4月30日前持续干旱为紧急阶段、6月10日前持续干旱为特急阶段、8月20日前为危机阶段，分阶段研究制定切实可行的人畜饮水供水方案和工作措施，全力保障人畜饮水。对供水紧缺的县城、集镇启用备用水源，开辟应急水源，限时、限量供水，严格限制高耗水行业用水；农村人畜饮水困难地区，采取架设管道引水，打机井、淘沙井取水，人背马驮运水，对饮水特别困难的村寨采取临时迁移的方式解决人畜饮水困难问题。采取行政、法律、经济的手段统一调度管理水量，明确要求全州水库供水必须由县（市）防汛抗旱办公室审批，跨流域、区域调水的由州防汛抗旱办公室审批。六是加强大春农业生产用水管理。算清水账、做好跨区域调水工作、确保用水秩序和春耕备耕生产按计划进行。七是全力抓好粮烟抗旱保苗和晚秋作物规划种植。按照“小春损失大春补”的要求，因地制宜抓好大春粮烟生产，适当推迟大春粮食作物播种和移栽时间，大力推广科技抗旱节水增产措施，实施水改旱31.5万亩，推广玉米地膜覆盖栽培技术68.5万亩，推广高产、优质、耐旱、抗病新品种良种面积161.5万亩。大春作物栽种264.8万亩，占播种计划的103.84%。通过大干晚秋，大力推广农作物间套种及晚秋作物种植，重点抓好以玉米、薯类、荞麦、豆类、蔬菜、萝卜、菜用豆为主的晚秋作物生产，千方百计增加粮食产量，增加农民收入。八是努力做好救灾救济工作。民政部门把因旱灾造成生活困难的灾民及时纳入春夏荒救助范围，做到了灾民救济全覆盖。及时有效组织好捐赠接收和救灾物资发放，最大限度的募集社会资金，帮助受灾群众解决实际困难和问题，有效解决了饮水困难群众的燃眉之急。帮助贫困户和薄弱户解决栽种问题。民政部门投入资金4808万元，累计救济灾民110.5万人，发放粮食7884.9吨，救助50.4万人，切实保障了困难群众的基本生活。九是加快农村劳动力转移就业步伐。全年农村劳动力转移就业4.89万人，劳务收入1.93亿元，组织招聘会74场次，组织劳动技能培训1.01万人，其中8121人通过劳动技能鉴定。十是全面做好疾病防控工作。切实加强防控工作的组织领导，制定完善工作预案，积极做好人员、物资准备，配备了应急药品和消杀药品。组织开展“楚雄州抗灾救灾卫生在行动”活动，深入旱区落实健康宣传、疫情监测、饮水卫生安全、食品卫生安全、医疗救治等各项工作。全力做好灾区群众饮用水监测和消毒工作，加强对全州范围内的水源点、二次供水单位、自备水井和临时性水源水质的卫生监测，累计检测水源点10495个，监测检测水质10168次。十一是全力确保社会稳定。全州未发生因旱引发的大规模群体性事件，灾区群众有粮吃、有水喝，人心安定，社会稳定。在这次抗击特大干旱中，全州共投入抗旱救灾资金23204.68万元，投入抗旱救灾人数165.62万人次，投入机动抗旱设备4.22万台（套），机动运水车辆18920辆次，抗旱用电1038万度、用油1293吨，抗旱浇灌面积158.8万亩。打机电井2543眼，建设应急水源工程1647件，临时解决了89.05万人、42.47万头大牲畜的饮水困难。大旱之年，全州栽种大春粮食作物176.14万亩，通过大干晚秋，旱灾损失得到有效弥补。2010年全年大春、小春和晚秋粮食作物总播种面积达364万亩，全年粮食总产仅比上年的102.18万吨减6.14万吨，减产仅6%。全州没有因旱出现渴死人，没有因旱出现无粮吃，没有因旱出现物价大幅上涨，确保了社会稳定及经济良好发展。

【“2·25”禄丰与元谋5.1级地震抗震救灾】 2010年2月25日12时56分51秒，楚雄州禄丰县与元谋县交界发生地震，全州10县（市）均有强烈震感。据中国地震台网测定，此次地震震级为5.1级，震源深度16千米，震中位于元谋县羊街镇与禄丰县高峰乡交界处（北纬25°24′、东经101°54′）。据统计，地震造成元谋县10人受伤，民房及交通、水利、电力、通信、学校等市政基础设施受损严重。灾情发生后，州委、州人民政府高度重视，州党政主要领导第一时间赶到州应急管理办公室，了解灾情，召开抗震救灾紧急工作会议，安排部署抗震救灾工作。州级领导李兴顺、左荣贵、樊炳清等参加会议。紧急会议后，副州长法玉宾、左荣贵率领相关职能部门领导分成两个工作组赶赴禄丰、元谋两县查核灾情，安抚灾民，指导抗震救灾工作。地震发生后，省长秦光荣、常务副省长罗正富、副省长曹建方等领导对抗震救灾工作作出了重要批（指）示。同时，省人民政府决定，下达楚雄州抗震救灾应急抢险补助经费500万元，用于地震灾区应急抢险、灾民的转移安置等项工作。

［王光林］

【中国文联中国红十字会总会赴楚雄州开展“送欢乐、下基层”慰问活动】 2010年1月9日，中国文联、中国红十字会总会率100多位艺术家带着党中央、国务院对彝州人民的深切关怀和新春问候赶赴楚雄州，分别在楚雄市活力广场、楚雄市紫溪彝村、姚安县官屯村、大姚县石羊镇开展系列慰问演出活动。此次“送欢乐、下基层”慰问活动由中国文联、中国红十字会总会、中国音乐家协会、中共云南省委宣传部主办，云南省文联、云南省红十字会和楚雄州委、州人民政府承办。中国文联党组书记、副主席、书记处书记胡振民，中国红十字会党组书记、常务副会长王伟，中国文联党组副书记、副主席、书记处书记覃志刚，中国文联副主席、中国作家协会副主席丹增，中国文联副主席、著名歌唱家吴雁泽，省委常委、省委宣传部部长张田欣，副省长高峰，省政协副主席、省红十字会会长陈勋儒，省委宣传部常务副部长尹欣，省政府副秘书长白庚胜，省文联党组书记、主席郑明及楚雄州党政领导李兴顺、卢显林、张怀德等参加了慰问活动。在楚雄市活力广场慰问演出中，州党政主要领导代表州委、州人民政府和全州各族人民向中国文联、中国红十字会总会慰问团赠送了锦旗；中国摄影家协会向彝州5户群众代表赠送了全家福照片；中国美术家协会、中国书法家协会分别向楚雄州赠送了长卷美术作品和长卷书法作品；中国书法家协会捐资50万元，在姚安地震灾区捐建兰亭小学；中国红十字会总会向“7·09”地震灾区捐赠了价值100万元的慰问物品；中国文联副主席、著名歌唱家吴雁泽，中国音乐家协会分党组书记、副主席徐沛东，中国曲艺家协会分党组书记、副主席姜昆，中国音乐家协会副主席、海政文工团副团长宋祖英等艺术家们为楚雄州干部群众献上了精彩的文艺节目。

［仲显海］

【首届国际彝学高峰论坛举行】 2010

年8月4日，由中共楚雄州委、州人民政府、中国社会科学院民族学与人类学研究所主办、楚雄州委宣传部和楚雄彝族文化研究院承办的首届国际彝学高峰论坛在楚雄州宾馆举行。《求是》杂志社原总编辑、中国少数民族哲学研究会会长王天玺，贵州省人大常委会原副主任、贵州省彝学学会会长禄文斌，中国社科院民族研究所教授、楚雄彝族文化研究院终身名誉院长刘尧汉，云南省民委原主任、云南省彝学会会长马立三等领导以及来自美国、日本的彝学专家、学者出席国际彝学高峰论坛。州党政主要领导代表州委、州人民政府在开幕式上致辞。王天玺、禄文斌、日本学者汤本贵和、美国俄亥俄州立大学教授马克·本德尔等就中国彝族文化的传承和保护作主题发言。中国彝学研究界专家学者从语言学、历史学、民族学与人类学的角度，从彝学研究的现状与展望，彝学学科的理论建设，彝学与民族学、人类学研究，如何科学、理性认识中国彝学，保持民族文化延续性、多元化等当前彝学研究中的重大问题、彝学领域的诸多问题，以及彝学研究的发展等问题进行探讨，形成会议纪要。在论坛开幕式上，还分别授予楚雄彝族文化研究院"国际彝学研究中心"，"云南省民族文化发展基金会楚雄分会"，"云南省社科院楚雄分院"，"楚雄彝族文化研究院"牌匾。中国著名民族学家、博士研究生导师尤中教授向楚雄彝族文化研究院赠送了《中华民族发展史》、《尤中诗文选集》。

［陈世聪］

云南省花灯艺术周节目剧照　　（州委宣传部提供）

【云南省花灯艺术周在姚安隆重举行】

2010年11月1～6日，由中共云南省委宣传部、省文化厅、省文学艺术界联合会和云南电视台、楚雄州委宣传部、姚安县委政府共同举办的云南省花灯艺术周在"千年知府、梅葛故地、花灯之乡"姚安县光禄镇隆重举行，来自全省13个州市的39个参赛剧目和300多名演员参加了花灯艺术周的展演和比赛，载歌载舞迎接全省花灯艺术界的盛大节日。活动以"魅力千年古镇，和谐文化姚安"为主题，旨在展现"花灯之乡"的多姿多彩，提升广场文化品位，丰富群众精神文化生活。

［王光林］

（责任编辑：安孟勤）

年鉴论坛

楚雄州参与桥头堡建设战略分析与展望

楚雄州人民政府研究室　黄正山

中央提出桥头堡战略具有重大而深远的历史意义。楚雄如何抓住机遇，顺势而谋，在桥头堡建设中更好地发挥优势，成为滇中经济圈新的增长极？本文试图对楚雄参与桥头堡建设的战略问题作初步的分析和研究，从而提出参与桥头堡建设的基本思路。

一、建设中国向西南开放桥头堡的背景及重大意义

（一）建设中国向西南开放桥头堡的内涵

所谓桥头堡，从狭义上理解，是指为控制重要桥梁、渡口而设置的碉堡、地堡或据点；从广义上理解，是指陆桥经济研究中一个具有特定内涵的重要概念，确定桥头堡的主要依据是良好的区位及交通运输的便捷程度等，其功能是集运输中心、金融中心和信息中心为一体的商贸中心，它具有控制力、发展力和影响力三个方面的特征。

把云南建成我国向西南开放的重要桥头堡，就是要充分发挥云南的区位优势，打通我国从陆路沟通印度洋的国际大通道，发展壮大通道经济，强化与印度洋沿岸国家的人文交流与合作，使云南成为我国通往印度洋沿岸国家的交通枢纽、物资集散地与贸易中心。因此，使云南成为我国向西南开放的重要桥头堡，并不仅仅是云南一个省的开放，而是我国向西南方向“一洋四区”（一洋指印度洋，四区指东南亚、南亚、西亚和东非）全方位的开放，它更加突出了云南在全国对外开放中前沿性、重要性和带动性的作用，体现了中国向西南开放的理念和思想，突出了云南在中国向西南开放中的战略地位和作用。

（二）中央提出桥头堡战略的背景

1. 把云南建成中国向西南开放的重要桥头堡，是优化我国对外开放格局、全面提升对外开放水平的战略需要。改革开放30多年，我国的对外开放主要侧重于以东部为着力点面向太平洋的开放。从东部沿海地区启程，我国的对外贸易要进入印度洋及沿岸各国乃至欧洲，必须出南海经过马六甲海峡（新加坡港）或巽他海峡（经雅加达港）。目前我国大约有40%的货物和90%以上的原油运输要经过马六甲海峡。随着我国国际贸易日益扩大和贸易结构不断变化，为拓展国际发展空间，优化对外开放格局，迫切需要扩大向西南开放，新开辟一条通往印度洋的陆上通道。因此，从西南方向以印度洋沿岸地区为主的对外开放，已经成为我国对外开放的重要组成部分。

2. 把云南建成我国向西南开放的重要桥头堡，是国家统筹国内发展和对外开放、促进区域协调发展和边疆长治久安的迫切要求。云南既是西部欠发达地区，又是边疆少数民族聚居区。在新的历史时期，加快云南科学发展步伐，不仅是云南自身发展的需要，也是我国继续实施新一轮西部大开发、推动区域协调发展、促进民族团结和边疆稳定的迫切要求。

3. 国家实施向西南开放战略，云南具有得天独厚的地缘和区位优势。云南省地处中国与东南亚、南亚三大经济区的结合部，具有从陆路通过东南亚直接沟通印度洋沿岸国家，连接中国、东南亚、南亚三大市场和沟通太平洋、印度洋的区位优势，同时云南作为我国西南少数民族较为集中的地区，各少数民族在文化上与东南亚各国的许多民族具有悠久的历史渊源，在生活方式和民风民俗方面也有许多相通相融的共同点。早在上世纪90年代，云南就提出了把云南建设成为中国连接东南亚、南亚国际大通道的战略目标。多年来，云南始终坚持把东南亚和南亚作为对外开放的重点，加快通往东南亚、南亚的国际大通道建设，不断扩大对周边国家的开放和深化各个领域的友好交流与合作，从而形成了地理区位优、面临市场广、与东南亚和南亚国家经济互补性强、友好交往历史悠久及对外连通条件好等优势，在我国对印度洋及沿岸国家开放中具有不可替代的重要地位和作用。

（三）实施桥头堡战略的重大意义

面对当前的国际国内形势，尤其是在我国改革开放进入新的发展阶段和新一轮西部大开发加快推进的关键时期，党中央、国务院审时度势，适时提出“把云南建成我国向西南开放的重要桥头堡”这一重大战略决策。这一重大战略的实施，不仅对云南乃至西南地区未来的发展将产生重大的影响，而且对我国调整优化对外开放布局，促进对东南亚、南亚乃至西亚的开放都具有十分重要的意义。

1. 有利于进一步完善我国对外开放格局。实施桥头堡战略，将进一步完善我国“深化沿海开放，加快内地开放，提升

沿边开放，实现对内对外开放相互促进”的对外开放格局，确保我国能源安全和经济安全，进一步发挥云南在我国全方位开放格局中的区位和地缘优势。

2. 有利于不断深化我国与西南周边国家的互利合作。实施桥头堡战略，将有力地推进我国向印度洋开放的进程，不断深化我国与东南亚、南亚及西亚、东非国家合作，进一步增进我国与周边国家相互信任、友好合作、互利共赢、共同发展，建立长期稳定的睦邻友好关系，为实现我国长期战略目标营造良好的地缘政治格局。

3. 有利于促进和带动我国西部地区更好更快地发展。西部地区既是我国少数民族最集中的地区，也是发展较为落后的地区。实施桥头堡战略，将推动滇、黔、桂、川、渝、藏等西南各省（区、市）地处内陆和边远的地缘格局发生重大变化，由交通末梢变为开放前沿，促进我国西南地区更好地利用“两个市场、两种资源”，形成以开放促进改革发展的新动力和我国沿边开放的重要增长极，加快推进西部大开发进程，促进我国西部地区更好更快地发展，从而更好地维护边疆民族团结和稳定。

（四）云南建设桥头堡的战略构想

2009年下半年以来，云南省委、省人民政府和各级领导干部认真学习和深刻领会胡锦涛总书记的讲话精神和重大意义，对云南建设面向西南开放的桥头堡战略进行了深入研究，并积极向国家有关部门沟通汇报，力求使桥头堡战略上升为国家战略。2010年下半年，由国家发改委等部门组成调研组，深入云南各地进行专题调研。在深入调研的基础上，国务院制定出台了《关于支持云南省加快建设我国向西南开放桥头堡的指导意见》。至此，桥头堡建设进入了国家战略规划。根据国家和云南省对实施桥头堡战略的初步方案，云南建设面向西南开放的桥头堡将围绕“通道、基地、平台、窗口”四个重点进行规划建设。一要建成面向西南开放的重要交通枢纽和战略通道；二要建成面向西南开放的重要产业基地；三要建成我国向西南开放的合作平台；四要建成面向西南开放与促进国际交流的重要窗口；五要形成和谐发展的西南边疆。

二、楚雄州参与桥头堡建设的有利条件与制约因素

（一）有利条件

1. 区位优势明显。楚雄处于滇中、滇西和攀西三个经济圈的交汇区，是云南建设通往周边省区市和东南亚、南亚国际大通道的重点区域。楚雄不仅处于全省地理中心，而且是滇中地区承东启西、南下北上的交通咽喉要冲，在全省生产力空间布局和滇中经济圈中居于重要地位。随着境内综合交通网络体系的不断改善，楚雄有条件建成依托昆明、面向东南亚、南亚的重要交通枢纽。

2. 自然条件优越。楚雄州属亚热带季风气候，境内气候宜人，寒、温、热几种气候类型俱全，形成气象要素时空分布复杂、立体气候和小气候特征明显的特点。州境内生物资源种类繁多，已发现的植物种类有6000多种，陆生脊椎动物546种，有珍稀野生动物50种；全州森林覆盖率达62.5%，活立木蓄积量为8亿立方米；旅游资源独具特色，既有百草岭的高山草甸，又有金沙江边低热河谷风光；有丰富的矿产资源，种类涉及41个矿种，其中，铁矿石储量2.7亿吨、煤10亿吨、铜130万吨、盐11亿吨。据统计，矿产资源潜在经济价值达3762亿元，占全省矿产资源潜在经济价值的13%，人均占有量近16万元，是云南省平均水平的2倍；州内水资源总量为84.9亿立方，水能理论蕴藏量为340万千瓦，除金沙江干流外，其他中小河流理论蕴藏量为111.7万千瓦。

3. 文化资源富集。楚雄州拥有以春秋战国时期的铜鼓文化为代表的悠久的历史文化，以彝族优秀文化为代表的丰富多彩的民族文化，以古生物、古人类化石为载体，探寻生命起源和演进规律为主要内容的科考文化，被誉为世界恐龙之乡、东方人类故乡、亚洲铜鼓之乡、彝族文化大观园。楚雄万家坝出土的春秋战国时期的铜鼓，是迄今为止发现的世界上最早的铜鼓，从而使楚雄成为世界铜鼓发源地。楚雄州境内居住着汉、彝、傈僳、苗、傣、回等26个民族，是彝族文化最为集中的地区之一，彝族6大方言、12支系均有分布，以“十月太阳

地处滇中交通要冲的新兴城市——楚雄　　(朱卫明/摄影)

历”和彝族叙事史诗《梅葛》为代表的古老神奇的彝族文化源远流长。近年来，楚雄州加快发展文化产业，建成了一批文化精品，成为文化产业发展的新亮点，还有一批重大文化旅游项目正在有序推进。

4. 发展基础较好。经过多年尤其是“十一五”的发展，全州经济社会发展跃上了新的台阶，为参与桥头堡建设打下了坚实的基础。一是经济总量持续扩大，发展质量稳步提升。全州生产总值由2005年的193.3亿元增加到2010年的404.4亿元，年均增长11.6%。二是产业结构不断优化升级。三次产业结构由2005年的26.3:40.6:33.1调整为2010年的22.4:42.5:35.1，产业结构在经济发展中不断得到优化。三是重点产业建设取得明显成效。2010年，全州烟草、冶金化工、天然药业、绿色食品、文化旅游五大重点产业实现增加值192.8亿元，占全州GDP的比重达47.7%。四是基础设施和投资环境有了较大改善。经过多年的建设，楚雄州的交通、水利、城镇、产业园区等基础设施有了较大改善。州府连接各县的高等级交通骨架网已初步形成，农村水利化程度和城镇供水保障能力不断提高，城镇基础设施不断完善，产业园区基础设施逐步配套，产业培植初见成效，部分县（市）已基本具备布局大产业、加快推进工业化、实现跨越式发展的条件。

（二）制约因素

1. 基础设施薄弱。一是水利设施薄弱。楚雄州处于滇中干旱区，水资源不足，不仅农业发展受到制约，工业发展、城镇建设都受到严重影响。部分县的水利设施只能基本满足农村生产生活需要，城镇供水和工业用水缺口较大。二是交通“黄金大三角”网络虽然已经基本形成，但高等级公路网还不够完善，尤其是滇中城市经济圈纵轴高速公路中的禄丰至武定段、双柏至元江高速通道尚未打通，州际路网建设滞后，农村公路等级低、通达条件差。三是城镇化水平低。2010年全州城镇化率为32.2%，比全省（36%）低3.8个百分点，比全国（47.5%）低15.3个百分点。同时，城镇规模偏小，功能不完善，辐射带动能力较弱，导致城市聚集效应不强，对产业和人口的承载能力不够。四是产业园区建设滞后，园区的水、电、路等基础设施配套不够完善，建设和运营管理体制创新不够，企业聚集发展程度低。

2. 经济总量偏小。一是经济总量在滇中经济圈的比重低。2010年，楚雄州生产总值在滇中地区4州市中所占比重为9.5%，占全省的比重为5.6%，是滇中4州市中唯一不足10%的州市，远低于滇中其他3市的水平。二是经济密度低。2010年楚雄州经济密度为138.22万元，远低于昆明、玉溪和曲靖的水平。三是产业结构不合理。2010年楚雄州三次产业结构为22.4:42.5:35.1，滇中四州市比较，楚雄第一产业比重偏高，第二产业发展不足的状况比较明显，第三产业比重虽与玉溪、曲靖相近，但和昆明相比差距较大。四是财政实力弱。2010年楚雄州财政总收入占全省比重仅为4.78%，远低于昆明、曲靖、玉溪的30.93%、13.87%和16.83%。

3. 贫困面较大。全州10个县（市）有7个是国家和省级扶贫开发工作重点县，2010年还有85万低收入人口，其中30多万属绝对贫困人口。由于贫困人口、绝对贫困人口绝大多数生活在山区和少数民族地区，贫困程度深，扶贫工作任务重、难度大。

4. 对外开放水平低。全州经济外向度达到7.3%，外贸依存度仅为1.35%，工业外向度达到36%，产品国际市场依存度41%，均低于全国、全省平均水平。

综合分析楚雄州发展基础和条件，该州已成为构建滇中城市经济圈和参与桥头堡建设的核心区，并具备布局和建设重大产业基地的条件。面对新的发展机遇，楚雄已进入厚积薄发、加速崛起的新阶段。

三、楚雄州参与桥头堡建设的战略思路

（一）总体思路

楚雄州参与桥头堡建设，必须以邓小平理论和“三个代表”重要思想为指导，深入贯彻落实科学发展观，全面落实胡锦涛总书记重要讲话精神，以开放合作和改革创新为根本动力，以完善基础设施和培强优势产业为重点，解放思想、抓住机遇，深化改革、扩大开放，发挥优势、突出特色，着力加快交通、水利、城镇、产业园区等基础设施建设，着力培强壮大特色优势产业，着力提升楚雄文化软实力，着力建设高效服务体系，把楚雄建成中国向西南开放桥头堡大通道上重要的交通枢纽，承接产业转移、进出口加工和商贸物流基地，促进人文交流的国际文化交流中心。

（二）战略目标

1. 建成中国向西南开放桥头堡大通道上重要的交通枢纽。楚雄不仅是古代南方丝绸之路朱堤道和灵关道的交汇点，素有“省垣门户、迤西咽喉”之称，而且在较长时期内都是西出滇西和东南亚的重要物资集散地。要进一步完善州内综合交通网络体系，改造提升现有交通路网等级和运行能力，把楚雄建成桥头堡大通道上重要的交通枢纽。

2. 建设承接产业转移、进出口加工和商贸物流基地。随着东部沿海地区产业转型升级和发达地区传统制造业向中西部转移进程的加快，以及中国—东盟自由贸易区的建成，云南对外开放的程度将进一步扩大，楚雄企业“走出去”在更大范围内参与区域合作的机遇会更好。在这样的大背景下，我们必须抓住机遇、顺势而谋，充分利用“两个市场、两种资源”，积极推进产业园区建设，进一步加大招商引资力度，培强壮大优势特色产业，把楚雄建成桥头堡重要的承接产业转移、进出口加工和商贸物流基地。

3. 建成促进人文交流的国际文化交流中心。楚雄的铜鼓文化和民族文化与东南亚各国文化具有深厚的历史渊源，尤其是铜鼓文化在东南亚文化圈中具有同根同源的历史联系（楚雄万家坝是东南亚铜鼓发源地，也是世界铜鼓发源地），容易得到东南亚各民族的认同和共鸣。我们必须抓住机遇，加大文化资源整合力度，高起点规划建设一批文化项目，努力把楚雄建成以民族文化、铜鼓文化、科考文化为平台，促进人文交流的国际文化交流中心。

四、楚雄州参与桥头堡建设的对策建议

(一)统一思想,加强领导

建设我国向西南开放的桥头堡,是党中央、国务院根据当前国际国内形势和云南的实际,审时度势作出的一项重大战略决策,是楚雄州更好地发挥区位优势,进一步扩大对外开放,努力实现跨越式发展的一次重大历史机遇。各级领导和广大干部群众要深刻领会中央和省委、省政府全面推进桥头堡建设的重大意义和总体部署,切实把思想统一到中央和省委的要求上来,进一步增强机遇意识、责任意识,在参与桥头堡建设中主动融入、积极有为。为确保桥头堡建设工作顺利推进,州、县(市)政府应成立桥头堡建设领导小组,各有关单位领导为成员,统筹协调桥头堡建设的相关工作。各级领导要认真学习中央和省委的决策部署,进一步了解熟悉东南亚各国的政治、经济、文化、民风民俗等基本情况,为加强与东南亚各国交流合作奠定坚实基础。

(二)规划先行,科学谋划

要在深入调研和科学谋划的基础上,根据中央支持桥头堡建设的指导意见和云南省对桥头堡建设的总体方案,科学编制《楚雄州参与中国向西南开放桥头堡建设总体规划》及相关专项规划,以此指导各县(市)、各部门积极推进桥头堡建设。桥头堡建设规划要与楚雄州国民经济中长期发展规划相互衔接、相互支撑、相互推动。要邀请国内外著名的策划咨询机构帮助研究策划一批重大项目,在此基础上,积极争取中央和省将楚雄州重大项目纳入国家和省桥头堡建设规划盘子。

(三)落实项目,争取支持

项目是桥头堡建设的落脚点和支撑点。要高度重视项目工作,加大项目前期工作力度,做深做细项目前期工作,不断完善项目策划、生成、储备、跟踪、落地机制。要鼓励项目创意和策划,在通道建设、基地建设、平台建设等方面凝聚各方面的智慧和力量,大胆创意策划一批重大项目。要做好项目申报汇报工作,积极争取上级支持。加强项目组织实施,抓好项目分级管理,不断完善有利于项目生成、转化、落地的政策措施,建立健全重点项目领导联系、跟踪服务、落实督办等机制,提高固定资产投资中重点项目和产业项目的比重,争取有更多更好的项目落地楚雄。要充分发挥项目的抓手作用,以项目聚集生产要素,促进投资增长,促进各项工作全面开展。

(四)优化布局,聚集发展

要进一步优化全州生产力空间布局,推动优势产业聚集发展。根据楚雄州州域经济发展现状及区域特点,在桥头堡建设中,全州生产力空间布局要按照"围绕建设滇中经济圈西部(楚雄、禄丰)和北部(武定、禄劝)两个增长极,突出昆楚、禄武两条经济走廊,构筑南永、永武、元双三条经济带,统筹推进楚北、楚中、楚南三个经济圈协调发展、形成中部综合产业、东部重工业、北部绿色产业、西部轻工业和南部生态产业五大特色产业区"的发展格局进行统筹规划。要集中力量支持具备加快发展条件的楚雄、禄丰(三个工业片区)两个省级工业园区率先突破,吸引大企业、大集团、大项目、大产业进入园区,带动园区工业实现跨越式发展。要尽早规划实施楚(雄)广(通)、楚(雄)沙(桥)两个产业园区,把它作为楚雄参与桥头堡建设和支撑滇中楚雄特色大城市建设的重要产业基地来规划建设,同时作为推动跨县域合作发展的试验区来探索。要下决心突破行政区划束缚,遵循区域经济和工业化发展规律,整合资源,发挥优势,集中力量跨区域规划建设产业园区,为工业发展条件较差(主要受区位、资源和基础条件制约)的县提供工业发展平台。要通过加快产业园区建设,推动优势特色产业聚集发展,同时带动全州工业化和城镇化实现跨越式发展。要创新园区招商模式,按照"政府引导、企业为主、市场运作"的原则,鼓励支持大企业、大集团对产业园区进行统筹规划,统一招商。

(五)突出重点,夯实基础

基础设施和产业建设是决定一个地区发展速度和质量的两大因素。解决好这两大问题不仅是加快推进桥头堡建设的需要,同时也是楚雄州在"十二五"乃至"十三五"实现跨越式发展的重要条件。从总体上看,目前楚雄州的基础设施还不适应桥头堡建设的要求,特别是不适应布局大项目、大产业的要求。比如有部分县在没有大项目和大产业进入时,城镇供水已基本满负荷,一旦引进大项目和大产业,水资源就成为一个重要的"瓶颈"。产业培植虽然已初见成效,但产业投资在社会投资中的比重仍然较小,支柱产业仍然单一,除烟草产业外,其他产业不同程度地存在"散、小、弱",特别是以农产品为原料的加工业,受原料基地规模制约明显,有些产业发展还不稳定,还存在一些不确定因素。因此,在桥头堡建设中必须突出抓好基础设施和产业建设这两大重点。

从基础设施建设看,一要继续推进交通骨干网和农村公路网建设。"十二五"期间,要集中力量加快武禄、楚广高速,双柏至新平至元江,南华至景东,宾川至大姚至元谋,南华至西舍路,姚安至广通至禄丰等高等级公路骨干网建设,同时加快州际、县际、乡际、村际路网建设,提高全州公路等级和通达能力。要支持国家和省加快广大、成昆铁路复线(按规划,将建设攀枝花至永仁至元谋至广通复线,同时建设元谋至武定至昆明的客运专线)扩能改造步伐,提升楚雄州铁路运输能力。要积极争取昆明至楚雄轻轨和滇中城市群高速铁路环线早日列项开工(按省规划,该铁路网将连接覆盖州内双柏、楚雄、禄丰、武定、元谋5个县(市)),缩短楚雄与滇中三市的时空距离。二要加快以大中型水利工程为骨干、"五小水利"工程为重点的水利建设步伐,提高城镇供水能力和农业水利化程度。在水利建设中,农业和农村生产生活用水要积极争取国家和省的扶持,满足农村生产生活需要;城镇生活和工业用水要通过深化水利管理体制改革,理顺水价,采取市场化运作模式筹集资金加快建设。三要加快产业园区建设步伐,完善园区配套功能,提高园区产业承载能力和招商引资的吸引力。四要加快城镇基础设施建设,重点要加快城镇供水和"两污"项目建设,提高城镇对产业的承载能力和对农村转移人口的吸引力。

从产业建设方面看，除了继续实施楚雄州现有产业扶持政策和措施、培强壮大现有产业外，“十二五”期间，必须抓住东部沿海地区产业转型升级和产业转移的契机，集中力量，加大投入，着力实施“央企省企入楚”战略，采取更有效、更扎实的措施引进一批央企省企入驻楚雄。要引进央企省企入驻楚雄，必须进一步解放思想、转变观念，看准的好项目、大项目，要敢于用资源和资产“陪嫁”，换取发达地区技术和人才，敢于舍弃眼前利益换取长远利益。只有引进大项目、培强大产业，才能在较短时间内把楚雄的产业做大做强。只有做大做强特色产业，楚雄在桥头堡建设中才有核心竞争力，从而推动彝州实现大发展、大跨越。

（六）深化改革，扩大开放

坚持把改革创新作为发展的不竭动力，不断创新体制机制新优势。要从建设桥头堡的实际出发，在行政体制、涉外管理、金融服务、投融资体制等领域率先进行改革试验。要优化政府组织结构和行政区划设置，提升行政管理层级，加大简政放权力度，扩大县（市）级行政管理权，提高行政效能。创新涉外经济管理机制，合理扩大县级及以上政府的投资及贸易管理权限，允许在东南亚各国的经贸、旅游、文化、教育等交流合作中采取更加灵活开放的政策，适度放宽项目审批、出外考察、用地指标等方面的限制。深化金融改革与创新，加大金融开放合作力度，鼓励引进国内外各类金融、证券、保险等金融机构，壮大金融实力，拓展国际金融业务。深入开展旅游业综合改革试点，建立健全区域旅游合作机制，适时扩大陆上跨境旅游规模。继续深化财税、投资、社会管理、事业单位等领域的改革，探索建立有利于扩大与印度洋沿岸国家交流合作的新机制。把改革与促进发展结合起来，以改革促发展，以发展保稳定，进一步凝聚各方力量，为建设桥头堡提供强大动力和制度保障。

要充分利用楚雄独特的区位优势和现有发展基础，进一步拓展对外开放的广度和深度，积极参与多种形式的国际区域合作，推动形成内外联动、互利共赢、安全高效的开放型经济体系。要建立健全对外开放的合作机制，积极组织企业参与各种国际性商务论坛和商品展销，扩大楚雄企业的知名度和影响力。要加快推进对外合作进程，加强与相关国家在贸易投资、能源和资源开发以及文化、教育、环境保护等重点领域的合作。要积极引进国内外资金、技术、人才以及先进管理，大力发展外向型优势产业，在楚雄、广通、南华布局建设一批外向型产业基地和产业园区。要鼓励支持楚雄企业借助云南国际大通道向西南“走出去”，到越南、老挝、缅甸、泰国、印度、孟加拉、斯里兰卡等国建设中国产业园区和离岸经济合作区。支持鼓励中央和省属企业落户楚雄，以楚雄作为平台进入周边国家投资。大力发展服务贸易，加快发展生产性服务业和现代商贸物流业，加大金融支撑体系建设，把楚雄建成依托昆明，面向东南亚、南亚的国际商贸物流中心。

（七）科教优先，人才支撑

建设中国向西南开放的重要桥头堡，是一项长期而重大的战略任务，必然需要大批高素质和创新型人才来引领实施。没有一大批高素质的人才队伍，桥头堡建设就难以顺利推进。要加快培养高素质的人才，首先必须加快发展教育事业。要推进义务教育均衡发展，一方面要加大对农村教育的投入，改善农村尤其是边远贫困地区的办学条件；另一方面要进一步优化农村校点布局，逐步创造条件将高中集中到县城、初中集中到县城或区域中心集镇举办，优化教育资源配置，实现教育资源利用最大化，着力提高教师队伍素质和办学质量。要继续发展高中阶段教育，调整教育结构，大力发展中等职业教育，培养大批面向生产、建设、管理、服务一线需要的高技能人才。要继续推进高等教育改革发展，优化学科专业结构，加强重点学科建设，促进高校开展国际合作。鼓励支持社会投资办学，加快发展民办教育。要加大高素质人才引进力度。人才引进要与招商引资相结合，在引进资金、技术的同时，积极创造条件，为高素质人才到楚雄干事创业营造良好的氛围。要定期不定期地选派一批具有一定专业知识和能力的优秀中青年干部到中央省属企业和金融、证券等机构挂职培训。科研、学校、医院等事业单位也要建立人才交流培训制度，定期选派优秀人才到发达地区学习培训。

（八）完善政策，强化服务

要积极争取中央和省财政、税收、金融等方面的政策支持，用好用活用足现有各项政策，尤其要用好用活用足民族区域自治方面的倾斜政策，充分发挥政策的导向和调节作用。要围绕桥头堡建设的各项重大举措，适时研究出台有针对性的后续配套政策，提出具有操作性的实施办法，及时跟踪政策实施情况，不断完善各项政策措施，促进资源合理有效配置，有效破解经济社会发展的难题。牢固树立服务意识，积极主动为区域合作提供“多层次宽领域广支点”的良好服务，积极主动为市场对接提供通道平台服务。要不断提升服务质量，吸引企业以桥头堡为立足点，沿大通道向东南亚、南亚开展商贸投资合作，打造与周边地区共同的利益纽带。

（九）加强宣传，营造环境

牢牢把握舆论宣传工作的正确导向，大力宣传党中央、国务院对云南和楚雄的关心支持，大力宣传桥头堡建设的重大意义，使之转化为推动桥头堡建设的强大精神动力。要高度重视宣传产生的国际影响，实行内外有别、统一对外宣传口径。围绕桥头堡建设中与群众切身利益相关的热点难点问题，切实做好引导社会思潮和凝聚社会共识工作，巩固和发展积极健康向上的主流意识，树立桥头堡建设的良好形象。要进一步解放思想，激发创新、创造、创业热情，组织动员全州广大干部群众，最大限度地把全社会的发展积极性引导到桥头堡建设上来。

（十）转变作风，狠抓落实

加快推进政府职能转变，不断增强服务意识，切实转变机关干部作风。进一步加强政府自身建设，增强政府行政行为的透明度，深入推进法治政府、责任政府、阳光政府和效能政府建设。大力推进学习型机关和组织建设，强化学习实效，努力提高机关工作人员的综合素质。强化督查机制，健全完善科学合理的党政机关工作评价体系和考核奖惩办法，加快建立各级政府及其部门绩效评估指标体系和评价机制，细化分解各项具体目标任务，明确工作责任，狠抓工作落实。完善激励机制，把绩效考评结果与每个单位和每个工作人员的职务晋升及年度奖惩挂起钩来，激励广大干部勇于实践、勇于创新、干事创业，促使桥头堡建设的各项决策部署和措施落到实处。

滇中城市经济圈区域协调发展之楚雄发展问题

中共楚雄州委政策研究室　李继云

《云南省滇中城市经济圈区域协调发展规划》（2009 年～2020 年）（以下简称《规划》）是云南省经国务院批准实施的一个重要的区域规划。《规划》提出：到 2020 年，使昆明、曲靖、玉溪、楚雄这 4 个滇中城市的 GDP 超过 8680 亿元，人均 GDP 接近 4.2 万元，成为我国向西南开放的重要桥头堡枢纽以及国际化经济开放示范区。如何抓住《规划》实施给楚雄州带来重大发展机遇，对接滇中城市经济圈、借势滇中城市经济圈、融入滇中城市经济圈，实现跨越发展，已经成为楚雄州各级党委政府及领导干部需要思考的问题，本文欲就此发表一些初步的见解。

一、《滇中城市经济圈区域协调发展规划》概述

何为滇中经济圈？滇中城市经济圈是指云南中部以昆明为核心，半径约 150～200 千米左右包括曲靖市、玉溪市和楚雄彝族自治州 4 个州市组成的行政辖区，总面积 94558 平方千米，占全省国土面积的 24%，2008 年该区域人口 1698.7 万人，占全省总人口的 37.4%。该经济圈位于全国“两横三纵”城市化战略格局中包昆通道纵轴的南端，是在滇中城市群快速发展的基础上，城市间功能不断聚集、运作不断协同、点－轴－圈式空间结构布局日益突出所形成的城市集群，是我国西部大开发的重点地带，是中国连接太平洋、印度洋的陆上枢纽，也是中国面向东南亚、南亚开放的核心区域，对促进我国东西互动、海陆并进的完整开放格局形成具有十分重要的战略意义。

滇中经济圈将如何发展？规划的思路为，构筑一核、两轴、三圈、四极、五通道的空间结构。即：形成一个核心，发展两条轴线，构建三个圈层，培育四个增长极，发挥五大通道优势。一核：以现代新昆明（一湖四片）为核心，范围包括昆明主城、呈贡新城、晋城—新街新城及昆阳—海口新城。该区域是昆明城市功能重组和集聚新兴城市功能的重点区域。两轴：包括滇中东西、南北两条重点发展轴，是滇中城市和产业一体化建设的综合廊道，是中国陆路面向南亚、东南亚开放的必由通道。三圈：以环滇中城市的公路网、铁路网和轨道交通网的建设为基础，构筑“极核圈层”、“带动圈层”及“辐射圈层”三大圈层结构，加快滇中城市经济圈的形成，促进城乡一体化发展。四极：曲靖、玉溪、楚雄、武定（禄劝）四大城市增长极。东部—曲靖增长极，以构建珠江源大城市为目标。南部—玉溪增长极，以加快昆玉一体化进程为目标。西部—楚雄增长极，以加强和提升城市聚集力为目标。北部—武定禄劝增长极，为弥补滇中经济圈城市链条中的塌陷环节，将武定、禄劝两县合并规划建设成为一个生态化新兴产业示范（组团）城市。五通道：以昆明为核心，呈放射状的五大通道，通过铁路、公路网沟通内陆，连接东南亚、南亚。滇东北通道，以昆明经曲靖至上海的沪昆铁路和沪昆高速公路为基础，连川、渝、黔，直接与成渝经济带相接。滇西北通道，以昆明至成都的成昆铁路和昆永高速公路为基础，面向川、藏和金沙江上游，与之城市群相呼应。滇西南国际通道，以昆明经楚雄至大理并延伸至瑞丽和缅甸的第三亚欧大陆桥西南通道（泛亚铁路西线重要部分）为基础，是中国走向南亚、印度洋最便捷的陆路通道。滇南国际通道，以昆明经玉溪至河口、磨憨的泛亚铁路东、中线和昆河、昆曼高速公路为基础，并延伸至越南河内、海防和泰国曼谷。滇东南通道，以昆明至南宁的云桂铁路、昆衡高速公路为基础，经过泛亚铁路可直达越南、泰国、缅甸等东盟国家。

滇中经济圈《规划》涉及楚雄州的主要内容。按照《规划》文本，该区域将构筑一核、两轴、三圈、四极、五通道的空间结构。两轴包括曲靖—昆明—楚雄东西轴线和武定—昆明—玉溪走向的南北轴线。依托高速公路和铁路等交通设施，前者重点发展先进制造业、空港物流、生物制药和重化工产业，后者侧重绿色生态、科技文化和休闲服务等产业。《规划》展示出未来滇中城市增长“四极”中，楚雄和武定（禄劝）分别被列为西增长极和北增长极。在《规划》“三圈一区”中楚雄属带动圈层：即“一小时极核圈”的外围地带（包括曲靖市、玉溪市、楚雄市、武定县〈禄劝县〉）。在《规划》“五通道”中，楚雄处于滇西南国际通道中段，泛亚铁路中线。

二、楚雄在滇中城市经济圈中的位置

地理区位。滇中四州市在地理区位上各有优势。昆明是滇中城市经济圈的中心，辐射曲靖、玉溪、楚雄和其它省内州市，甚至整个西南地区；曲靖西距昆明 135 千米，是云南与外省联系的重要通道；玉溪北距昆明 85 千米，是昆明通往滇南地区和缅甸的主要通道。楚雄是云南建设通往周边省区市和东南亚、南亚国际大通道的重要交通节点，在 5 条经济带（昆明

—成都、昆明—重庆、昆明—贵阳、昆明—南宁、昆明—拉萨）和4条经济走廊（昆明—河内、昆明—曼谷、昆明—仰光、昆明—南亚）中居于核心地位。目前，昆明是全省交通和物流的主枢纽，楚雄虽然与玉溪、曲靖同属区域性的次级枢纽，但在3个次级枢纽中，楚雄处于全省地理中心，是滇中地区北上四川和西进滇西的咽喉要冲，东距昆明160余千米、北距川南经济中心攀枝花不到300千米，320、108两条国道公路和成昆、广大铁路分别联系滇中、滇西、四川，地理和区位优势明显优于其他两个次级中心。随着州内外交通条件的进一步改善，其区位优势将更加明显，有条件发展成为滇中仅次于昆明的重要交通枢纽。

经济实力。2009年,楚雄州生产总值所占比重为9.4%,低于昆明的49.6%、曲靖的23.6%和玉溪的17.4%。在全省,楚雄州生产总值比重为5.5%,是滇中4州市唯一比重不足10%的州市。人均生产总值12701元,低于昆明的28870元和玉溪的27806元,与曲靖的14860元也尚有差距。从三次产业占GDP总量的比重看,楚雄为23.6∶41.6∶34.8（昆明为6.3∶45.6∶48.1，玉溪为10.4∶61.0∶28.6，曲靖为19∶53∶28），产业结构不合理。四州市比较，楚雄第一产业比重偏高，第二产业发展不足的状况比较明显，第三产业比重虽与玉溪、曲靖相近，但和昆明相比仍有较大差距；从地方财政收入看，楚雄占全省比重仅为4.67%，远低于昆明、曲靖、玉溪的36.8%、11.5%和9.9%。农业增加值为80.8亿元，在滇中四州市中位居第三，增速为5.8%，和昆明并列第三。工业增加值为116.5亿元，在滇中四州市中位居末位，增速为10.5%，位居第三，高于昆明。第三产业增加值为119.6亿元，在滇中四州市中位居末位，增速为14.2%，位居第二，高于玉溪、昆明。固定资产投资为207.9亿元，在滇中四州市中位居末位，增速为45.3%，位居第二，高于玉溪、曲靖。社会消费品零售额为109.7亿元，在滇中四州市中位居末位，增速为21.3%，位居末位。农民人均纯收入为3511元，在滇中四州市中位居末位，增速为12.9%，位居第二，高于昆明、玉溪。人均社会消费品零售额为4071元，在滇中四州市中位居第三，增速为21.0%，和玉溪并列第三；年末人均储蓄存款为7049元，在滇中四州市中位居末位，增速为20.3%，位居第二，高于玉溪、曲靖。滇中四州市经济发展从人均水平来看，楚雄远远不如昆明、玉溪，与曲靖相差不大，从增长速度来看楚雄与昆明、曲靖相差不大，略高于玉溪。

基础设施。在滇中四州市中，楚雄经济社会发展实力最弱，投入基础设施建设的资金十分有限，造成基础设施建设起点低、规模小、服务功能较弱，与其在滇中城市经济圈中应承担的职能和发挥的作用还有相当大的差距。交通方面。昆明、曲靖、玉溪目前已基本实现县市之间公路联系高等级化，其中，昆明是全省的交通枢纽，具有五个方向的高速出口和绕城高速，周边100千米范围内主干道基本实现高等级化，有成昆、贵昆、南昆、昆玉、昆河等多条铁路，有全国第四大国际航空港——昆明小哨国际机场；曲靖公路通车里程已达2.56万千米，有昆曲、曲陆、曲胜等多条高等级公路，铁路里程为597.9千米，主城区距昆明小哨国际机场只有80千米；玉溪拥有昆玉、玉元、元磨、玉江、通建等多条高等级公路，已建成通车的公路密度达到每百平方千米99千米，每万人拥有73千米，是全省平均水平的两倍以上。楚雄州有成昆和楚大两条过境铁路，有昆楚、楚大、永武等多条高等级公路，高等级公路通车里程达500千米，交通"黄金大三角"已经基本建成，但高等级公路网还不够完善，特别是州际之间的路网建设滞后，尤其是滇中城市经济圈纵轴高速公路中的禄丰至武定段、双柏至元江高速通道尚未打通，农村公路等级低、通达条件差。城市建设方面。昆明是省会，是云南唯一的特大城市，市区面积450平方千米（其中主城区330平方千米，呈贡新区120平方千米），市区常住人口320万，城市化水平已达68%；曲靖是云南第二大城市，目前中心城区麒麟区建成面积已达52平方千米，人口已达到58万，到2020年，曲靖中心城区建成面积将突破100平方千米，人口达100万以上，成为云南的第二个百万人口特大城市；玉溪中心城区红塔区建成面积为24平方千米，市区人口为20万，中心城区距昆明"一湖四片"中的南部新城昆阳——晋城只有40千米，目前"昆玉一体化"战略和"三湖"生态城市群建设令人关注；楚雄2009年全州城镇化率为31%，比全省（34%）低3个百分点，比全国（46.6%）低15.6个百分点。同时，城镇规模偏小，功能不完善，辐射带动能力较弱，导致城市聚集效应不强，对产业和人口的承载能力不够。

产业建设。楚雄现处在工业化初期向中期发展的阶段，产业发展在滇中四州市中相对落后，但也有自己的特色。目前，楚雄一、二、三产业比重为23.6∶41.6∶34.8，在滇中四州市中，楚雄的第一产业比重偏高，第二产业发展不足的状况比较明显，第三产业比重虽与玉溪、曲靖相近，但和昆明相比仍有较大差距。在州委、州人民政府确定的五大重点产业中，烟草业、天然药业、冶金化工业、绿色食品业、文化旅游业在2009年分别实现增加值58.2亿元、2.68亿元、30.5亿元、53亿元、21.8亿元，五大重点产业占全州生产总值比重达48.5%，在新的发展机遇下，楚雄的重点产业总体将呈现出快速发展的趋势。昆明是云南政治、经济、文化、科技、交通中心，是全国重要的旅游、商贸城市，西部地区重要的中心城市，同时也是滇中城市经济圈的核心。经过多年的发展，昆明形成了卷烟、机电、生物资源、信息、商贸旅游等五大支柱产业。农业发展持续稳定，特色突出，"斗南花卉"、"呈贡蔬菜"成为国内外知名品牌。工业发展逐步加快，形成了以机械、冶金、烟草加工等为主的工业体系，是云南最主要的工业基地和西南地区重要的工业城市，2009年全部工业增加值达到632亿元。商贸、旅游、信息、现代服务业快速发展，2009年第三产业增加值达到870亿元，位居全省第一。曲靖是云南重要的粮食、油料、蚕桑、畜牧生产基地，2009年农业增加值达到161亿元，位居全省第一。曲靖是云南重要的工业基地和工业原料基地，有35个门类的工业行业，目前已经形成烟草、煤炭、电力、机械、化工、冶金、纺织、建材、造纸、皮革、粮油加工为主的较为完善的工业化体系，2009年全部工业增加值达到409亿元，位居全省第二。曲靖是全国乃至亚洲最大的烟草生产基地，烤烟产量占云南的1/3，占全国的1/10。同时，曲靖还是云南重要的商业基地，2009年全社会消费品零售总额达190亿元，位居全省第二，并继续保持快速增长态势。玉溪的主要产业有卷烟制造业、卷烟配套工业、钢铁工业、有色金属业、磷化工业、水泥行业、医药制造业、制糖业、电力生产及供应业等。2009年，玉溪规模以上工业增加值为341.4亿元，规模以上主营业务收入为718.3亿元，利税总额为244.2亿元，利润总额为43.8亿元。不久，玉溪将建成亚洲一流的卷烟及配套产业基地、云南重要的矿冶加工基地、生物资源开发基地和抚仙湖高标准康体、文化旅游胜地，形成4大优势产业和其他特色产业群体共同发展的格局。在《云南省2009年度100强企业排序》中，滇中四州市共拥有87户上榜企业，其中昆明有64户，总营业额3921亿元；玉溪10户，总营业额756亿元；曲靖11户，总营业额241亿元；楚雄2户，总营业额67亿元。昆明作为云南的中心城市，高度集中了现代服务业和现代制造业，已形成了总部经济的特征，而能源、钢铁、有色金属三大高度依托资源的行业，上榜企业大多分布在包括曲靖、玉溪、楚雄在内的其它州市。在滇中重点培育的产业集群分别为：打造以昆明、曲靖、玉溪、楚雄为主的金属冶炼产业群；以曲靖为主的能源产业群；以楚雄、曲靖、玉溪为主的农副产品加工产业群；以玉溪、昆明、曲靖、楚雄为主的“两烟”及配套产业集群；以昆明、曲靖、玉溪为主的高新技术产业集群；曲靖的煤化工产业集群；以昆明、曲靖、玉溪为主的机械制造产业集群；以昆明、楚雄为主的生物制药；以昆明、楚雄为主的文化产业；以昆明、玉溪、楚雄、曲靖为主的旅游产业；以安宁、禄丰为主的重化工产业。楚雄在能源产业、高新技术产业、煤化工产业、机械制造产业等方面都没有优势，产业发展大大弱于昆明、曲靖、玉溪。

资源禀赋。滇中四州市资源条件各有特点。昆明的矿产资源十分丰富，主要有磷、盐、铜、铁、钛、煤、石英砂、铝土、硅石等，其中以磷、盐、铜、钛矿最为丰富，磷矿储量约48亿吨，居全国七大磷矿之首，且品位高，大部分可露天开采；盐矿储量约138亿吨，居全国内陆盐矿第二位；铝土矿、石英砂及钛矿储量比较丰富，是昆明较有开发潜力的矿种。昆明有各级保护文物200多项，有石林、滇池、安宁温泉、宜良九乡、阳宗海、轿子雪山等国家级和省级著名风景区，还有世博园和民族村等100多处重点风景名胜，旅游资源极其丰富。曲靖境内矿产资源丰富，有煤、铅、锌、铁、磷、重晶石、萤石等矿分布，其中以煤、铅、锌为主，煤炭资源远景储量达276亿吨，占全省总量的52%，炼焦煤约占全省的96.5%；铅锌及稀有金属保有量达360万吨，远景储量800万吨，居云南第二位；磷矿预测储量63亿吨，探明储量10亿吨，居云南第二位；硫铁储量占全省的80%；天然气探明储量达4亿吨以上，占全省的80%。曲靖水能资源理论蕴藏量406.28万千瓦，可开发300.31万千瓦，开发潜力巨大。曲靖旅游资源繁多，具备了全国6大类型的旅游资源，在74种基本类型中曲靖有50种，占67%。玉溪矿产资源丰富，矿藏储量较大的有铁矿石、煤、磷矿石、铜矿石、镍，其中，铁矿石储量达5.4亿吨，居全省之首；煤探明储量1.76亿吨；磷矿石储量12亿吨，居全省第二；铜矿石储量135.6万吨；镍储量52万吨，为全国第二大矿床。40种矿产资源的潜在经济价值达4000亿元以上，其中铁、铜、磷、镍4种优势矿产的潜在经济价值在1650亿元以上。玉溪水能蕴藏量达144万千瓦，可开发的有54万千瓦。玉溪有被誉为“高原明珠”的抚仙湖，还有星云湖、杞麓湖、阳宗海、通海秀山、九龙池、聂耳故居、华宁温泉、澄江帽天山等，旅游资源非常丰富。楚雄矿产资源丰富，种类涉及41个矿种，其中，铁矿石储量2.7亿吨、煤10亿吨、铜130万吨、盐11亿吨，据统计，矿产潜在经济价值达3762亿元，占全省矿产潜在经济价值的13%，人均占有量近16万元，是全省平均水平的2倍。楚雄水资源总量为84.9亿立方米，水能理论蕴藏量约为340万千瓦，除金沙江干流外，地面河流宜开发的水能资源量为106.3万千瓦。另外，楚雄还是云南寻找石油和天然气最有希望的一个盆地，生油岩层厚达1000～2000米，预测天然气的资源量十分可观。楚雄植物种类有6000多种，陆生脊椎动物有546种，珍稀野生动物有50种，森林面积1633.6万亩，森林覆盖率高达60.7%，活立木蓄积量为8亿立方米，为全省第二，滇中第一。楚雄旅游资源的总体特征为“一彝三古”（彝族文化、古生物、古人类、古文化），近几年来开发利用较好，具有代表性的有世界恐龙

楚雄州以民族风情浓郁在滇中享有盛誉　（夏丽霞/摄影）

谷、东方人类祭祖坛，旅游开发非常具有特色。综上所述，在滇中四州市中，楚雄的生物资源禀赋相对较好，矿产资源禀赋相对较差，旅游资源具有自己的特色，并介于前二者之间。

三、楚雄州融入滇中城市经济圈需要思考的几个问题

综观滇中城市经济圈区域经济，尽管昆明对于区域经济的发展发挥着重要的作用，但由于种种原因，其经济辐射和带动能力有限，而由于长期条块体制的分割，其它城市间也尚未真正建立起利益紧密相关、分工协作密切的经济体系。滇中城市经济圈地区呈现产业结构的趋同现象，除各州市都有烟草、钢铁、化工、建材、电力等传统行业外，近几年又在竞相发展现代物流、生物制药、新材料等高新技术产业。区域内各州市大多已形成自我循环的“经济圈”。楚雄要想在滇中城市经济圈获得机遇，快速发展，只有对接滇中城市经济圈、借势滇中城市经济圈、融入滇中城市经济圈。

（一）*发展思路对接*。对接滇中城市经济圈的总体发展应坚持资源共享、优势互补、错位发展原则。对接的主要内容：一是发展规划方面的对接。楚雄州的“十二五”规划要以云南省正在制定的国民经济和社会发展“十二五”规划纲要及滇中城市经济圈发展规划为蓝本，围绕“一核”（现代新昆明）来研究如何把楚雄建设成为民族文化旅游产业基地、特色农副产品生产基地、承接产业项目转移基地、休闲商务基地、物流产业基地和出口加工基地，形成并发挥联动滇中、滇西的重要功能作用。二是基础设施建设方面的对接。交通基础设施建设上，到2015年，云南境内陆路骨架网将全面完成，昆明将成为中国走向东南亚、南亚的交通枢纽。楚雄应尽快争取建成楚雄—昆明高速铁路，开通城际高速列车；打通滇中城市经济圈纵轴高速公路中的禄丰至武定段、双柏至元江高速公路，突破交通瓶颈，构建现代立体交通体系，努力缩短经济半径。三是产业发展方面的对接。昆明市技术密集型和资金密集型的产业正快速发展，传统产业的生存空间逐渐缩小，随着土地、劳动力成本的上升，原有的成本优势正逐步丧失，已具备了产业转移的条件。楚雄应顺应产业梯度性转移的趋势，努力疏通和建立承接产业梯度转移的渠道，加快推进区域内的产业承接梯度转移和有效对接。四是旅游文化方面的对接。近年来，楚雄州加快发展文化产业，涌现了一批文化精品项目，成为彝州文化产业发展的新亮点。其中，彝族大型风情歌舞《太阳女》已成为彝族歌舞文化的经典性节目，中国禄丰世界恐龙谷开业不到10个月就荣膺国家4A级旅游景区，彝人古镇以其丰富的文化底蕴及浓郁的彝族特色成为了彝州文化旅游业发展的新名片。应该充分发挥自然和文化资源优势，依托“世界恐龙之乡、东方人类故乡、亚洲铜鼓之乡、彝族文化大观园”等自然和文化遗产，打造知名旅游线路。加大营销力度，促进与滇中其他城市旅游业的对接，着力打造“休闲、度假、参与”主题旅游，让游人留下来，让消费活起来，力促旅游收入最大化。五是内外贸方面的对接。重点放在借助滇中城市经济圈在“桥头堡”中优势，积极参与全国，特别是泛珠三角区域“9+2”（包括广东、广西、福建、江西、湖南、海南、四川、贵州、云南9省区和香港、澳门特别行政区）及东南亚、南亚国际交流与合作，建设好物流产业基地。

（二）*合作理论研究*。滇中城市经济圈区域合作仅处于起步阶段，合作形式还比较松散，区域经济发展的“联动效应”仍待充分发掘，各种行政壁垒、政策壁垒仍未根除，“诸侯割据”的思想依然严重，区域内产业结构“同质化”问题突出。推进深入系统的区域合作研究，不仅是滇中城市经济圈区域面临的一个迫切问题，也是解决楚雄州如何对接、借势、融入滇中城市经济圈发展问题的关键。玉溪市在区域合作研究作了一些探索，2010年由玉溪市政府牵头，省政府研究室与玉溪市政府研究室合作开展了《推进昆玉一体化发展对策研究》和《滇中城市经济圈合作中玉溪产业提升思路研究》两个课题研究，并在此基础上形成了昆明—玉溪中长期合作《框架协议》，这将对玉溪的发展产生重大影响。楚雄的州内合作随着滇中特色大城市规划、楚北规划、楚南规划等规划的研制实施，已经迈出了重大的步伐，下一步，应该就如何借助滇中区域优势加快发展进行研讨，提出融入区域发展的重大基础设施建设、产业布局、重点区域发展的战略规划，引导和促进区域合作健康发展，建立有效机制提升合作层次，采取措施促进人员、货物、资本等快速便捷流动，合作项目在基础设施、物流、资源开发、旅游等方面优先推进，在此基础上扩大相互投资，加强产业合作。

（三）*合作机制建立*。楚雄州可以主动商请其他州市一起研究合作有关事项。一是建立区域合作组织框架，建立“州市长联席会议”制度，各州市高层领导出席，研究决定区域合作重大事宜，协调推进区域合作。联席会议一般应每年举办1次或根据需要举办，并采取“联合主办、轮流承办或主动申办”的方式共同商定承办地。承办方为主席州市，负责提出联席会议方案，并与各州市商定。联席会议达成的共识以“纪要”形式联署确认，以指导区域合作有效开展。二是建立部门间、行业间合作协调机制。建立各州市部门间、行业间的经常性联系，通过专业论坛、行业会议等平台，开展双边和多边的区域交流合作。三是各州市政府经济协作职能部门为区域合作日常联络办事机构。四是适时设立滇中四州市区域合作联络处，各州市派员入驻，地点可设在昆明市。

（四）*合作政策研制*。通过合作机制的建立，联合滇中四州市一起共同制定系列政策。一是制定促进资源共享政策。在基础设施、水资源、矿产资源、旅游资源、公共信息平台方面发展规划时兼顾其它地区的利益。建立跨区域、综合性的公路、铁路、港口、机场等一体化的公共交通运输网络体系，将跨行政区的地理集聚概念转变为区域经济概念。二是制定区域错位发展政策。区域经济一体化并不是泯灭各个地区和城市的特色与个性，而是要形成各具特色和优势的产业，通过区域内协商对话，在发展规划上实施错位发展，尽量避免重复建设和产业严重相似，哪一个地区如果结合自身特点形成了自己的产业，其它地区就不要跟风。三是制定产业跨区整合政策。滇中城市经济圈内部各地之间在资源、产业优势以及生产力发展水平上有许多相似和接近之处，区域内同质的行业或者部门整合可以凝聚各方面优势，弥补彼此的不足，在横向整合中提高整体素质。对于各州市相同的支柱产业，可以将同类厂组成跨州市集团公司，以产品质量好、技术强的企业为龙头，进行生产要素重新组合，形成拳头产品，并向跨国公司发展，用名牌产品来树立滇中城市经济圈地区形象。

（五）合作领域选择。一是农业合作。充分利用武定、元谋、禄丰紧贴昆明消费市场的区位优势和资源优势，围绕发展药材、蔬菜、水果、生猪等产业，推动农产品生产基地建设，打造优质农产品品牌。加强农产品加工合作，鼓励全国，特别是滇中各地的农业产业化企业通过多种形式，与楚雄州的农产品加工企业开展合作。培育壮大区域性农产品生产基地，支持和鼓励农产品加工龙头企业与生产基地建立长期稳固的合作关系，共同打造滇中特色农业产业带。推进区域一体化农产品市场体系和农业信息体系建设，支持农业专业合作社跨地区组织建立联合社，举办区域农业论坛和区域农贸会展，推进区域农业合作，开拓区域农产品市场。二是工业合作。重点应放在冶金钢铁、石油化工、装配制造、生物医药、新型能源等产业上。着力提升打造禄丰（土官）工业园、楚雄（苍岭）工业园、武定工业园，完善基础设施，健全园区功能，为承接产业转移奠定基础。加强与区域内部开发区、产业园区等经济开发管理机构的沟通联系，推动各级各类经济开发区的深入合作。以区域内部关联性优势产业和骨干企业为重点，依托各州市产业（行业）协会组织，引导和支持建立区域性产业协会或联合会。鼓励区域内部企业间开展技术、生产、投资合作，支持企业跨地区投资建厂，谋求集聚发展，完善产业链。三是商贸流通合作。逐步创建“滇中城市经济圈区域共同市场”电子商务平台，加强与各州市网上劳动就业和人才交流市场、知识产权交易市场、资本交易市场、房地产交易市场和各产业专业市场合作，以东南亚、南亚市场为重点，开展外经外贸经验交流与合作。共同推动泛亚铁路、城际高速公路等物流大通道建设。加快城际间物流节点设施建设，支持和鼓励物流企业跨地区经营，加快发展现代运输、仓储和跨地区物流中介产业，建设物流公共信息平台和公共物流配送设施，构建区域联动综合物流体系。四是旅游合作。共同研究制定区域旅游发展战略和市场开发战略，策划和推广区域精品旅游线路，协调对外谈判立场，开发和拓展过境旅游、特色旅游项目，构建区域旅游网络营销系统和商务服务平台，共同开展宣传促销，打造区域旅游品牌。五是媒体合作。商请各州市政府网站开设“滇中城市经济圈区域合作”专栏，全面介绍各州市经济社会发展动态和发展政策措施，适时整合各州市网站专栏，注册“滇中城市经济圈区域合作”域名网站。各州市广播、电视、报纸开辟“滇中城市经济圈区域合作专栏”，推进区域新闻联播和广告联播合作。积极创造条件，开展其它领域的合作。

（责任编辑：任学全）

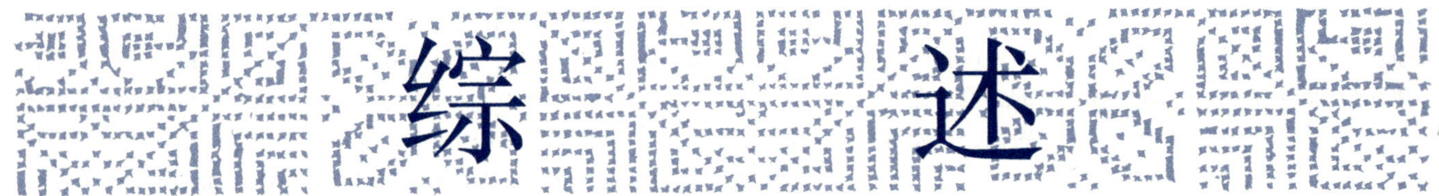

综述

楚雄彝族自治州概貌

【地理位置】 楚雄彝族自治州位于云南省中部偏北，地跨北纬24°13′~26°30′、东经100°43′~102°30′之间，属云贵高原西部、滇中高原的主体部位，自古为“省垣屏障、滇中走廊、川滇通道”。楚雄州东靠昆明市，西接大理白族自治州，南连普洱市和玉溪市，北临四川省攀枝花市和凉山彝族自治州，西北隔金沙江与丽江市相望，是省会昆明市西出滇西7州（市）及缅甸的必经之地，故有“迤西咽喉”之称。全州行政区域总面积29258平方千米。州府驻楚雄市城区，海拔1773米，东距省会昆明165千米。

【历史沿革】 楚雄州境是人类发祥地之一，有着悠久的历史和灿烂的文化。早在170万年前，生活在龙川江两岸的元谋人就已进入了旧石器时代，掌握了用火技术。距今4000年以前，以元谋大墩子和永仁菜园子为代表，楚雄州境各地已先后进入了新石器时代。在2500年前的春秋时期，州境先民创造了以铜鼓为特征的青铜文化，步入了奴隶社会。先秦时期，楚雄州境主要分布着氐羌、百越、百濮三大族群。

西汉中期楚雄州境被纳入中原王朝的版图，分别隶属于越嶲、益州二郡；蜀汉时期，分属建宁郡、越嶲郡和云南郡；西晋时分属云南、建宁二郡；东晋咸康八年（公元342年），有“爨酋威楚筑城硪碌赕居之”，故有威楚之称；南北朝时分属晋宁郡、兴宁郡和建宁郡；唐初属戎州都督府和姚州都督府，南诏时属拓东节度和弄栋节度；宋属弄栋府、鄯阐府和威楚府；元初分属威楚万户、罗婺万户和大理下万户，后改设路、府、州、县，分属中庆路、威楚开南路、武定路和大理路；明代分属云南府、楚雄府、姚安军民府和武定府；清代分属云南府、武定直隶州、楚雄府。民国年间，裁府、州，设道、县，设楚雄、双柏、广通、盐兴、牟定、镇南、姚安、盐丰、大姚、永仁、元谋、武定、罗次、禄丰共15个县。

中华人民共和国成立后，分设楚雄、武定两专区。1953年，两专区合并为楚雄专区，辖楚雄、镇南、牟定、姚安、大姚、盐丰、永仁、元谋、武定、罗次、禄丰、广通、盐兴、双柏、禄劝、富民、安宁17县。1954年改镇南县为南华县。1957年划安宁县归昆明市。

1958年4月15日，楚雄彝族自治州正式成立。建州前夕并盐兴县入广通县。同年又合并楚雄、南华、牟定、双柏4县为楚雄县，合并姚安、大姚、盐丰、永仁4县为大姚县，合并罗次、禄丰、广通3县为禄丰县，合并武定、元谋2县为武定县，划富民县归昆明市。

1959~1961年间，先后恢复永仁、姚安、南华、双柏、牟定、元谋6县。1983年9月改楚雄县为楚雄市，10月划禄劝县归昆明市。至此，楚雄州形成辖楚雄市和双柏、牟定、南华、姚安、大姚、永仁、元谋、武定、禄丰共9县1市的格局至今。

【行政区划】 2010年末，楚雄州共辖9县1市103个乡（镇），其中乡49个（含民族乡4个）、镇54个，1094个村（居）委会，其中居民委员会（社区）57个，村委会1037个。

【人口民族】 2010年末，楚雄州常住人口271万人，出生率10.94‰，死亡率6.63‰，自然增长率4.31‰。按公安户籍人口统计，年末全州总人口261.51万人，比上年末减少4510人。总人口中，农业人口222.55万人，非农业人口38.96万人。少数民族人口90.40万人。万人以上少数民族有彝族（73.15万人）、傈僳族（5.62万人）、苗族（4.51万人）、傣族（2.24万人）、回族（2.10万人）和白族（1.65万人）。全年出生人口3.66万人，死亡人口4.64万人；男女性别比（以女性为100计算）为104.4。

【自然概貌】 州境地势大致由西北向东南倾斜，从南北展布看，具有中部高、南北低、北部比南部稍高的特点；从东西展布看，东西稍高、中部低缓。最高点为大姚县百草岭的主峰帽台山，海拔3657米；最低点是双柏县与玉溪市新平县交界的三江口，海拔556米。

境内地层发育完全，褶皱、断裂发育，山高谷深，地形复杂。境内多山，山地面积占全州总面积的90%以上，盆地及江河沿岸的平坝所占面积不到10%，是一个以高中山和低山丘陵为主的地区，素有“九分山水一分坝”之称。主要山脉有东部的乌蒙山、西南的哀牢山、西北的百草岭，形成三山鼎立之势。

楚雄州地跨金沙江、元江两大水系，其分水岭自东向西从州境中部蜿蜒而过，构成南北分流之态。其中金沙江在州境段全长137千米，水系流域面积1.7万平方千米，涉及除双柏县以外的8县1市，占全州面积的60.1%，主要支流自西向东有一泡江、多底河、湾碧河、万马河、蜻蛉河、龙川江、勐果河、黑鲁拉河等河流，流向均由南向北；元江水系流域面积1.13万平方千米，涉及双柏全县及南华、楚雄、禄丰3县（市）的大部分地区，占全州面积的39.9%，主要支流有礼社江、马龙河、绿汁江及14条小支流，均系从北向南流。

【气候环境】 楚雄州境气候宜人，属亚热带亚湿润高原季风气候，由于山高谷深，气候垂直变化明显。全州总的气候特征是冬夏季短，春秋季长；日温差大，年温差小；冬无严寒，夏无酷暑；干湿分明，雨热同季；日照充足，霜期较短；蒸发旺盛，降水偏少；冬春少雨，夏旱偏重。因各地地形和海拔的差异，有明显的立体气候和小气候特征，呈“一山分四季，谷坡两重天”的特点。2010年全州平均气温17.4℃，雨量682毫米，年日照时数2360小时。总体来说，2009年秋到2010年初夏，楚雄州降雨偏少、温度偏高，森林火险等级高，出现了打破有资料记录以来的严重干旱，干旱等级为特旱。县（市）政府驻地中，楚雄市、双柏县、大姚县、元谋县的空气质量达到一级标准，牟定县、南华县、姚安县、永仁县、武定县和禄丰县达到二级标准。

【资源特产】 楚雄州地带性土壤有暗棕壤、棕壤、黄棕壤、红壤，非地带性土壤有紫色土、水稻土、燥红土、石灰土、冲积土、盐土，计10个土类、18个亚类、57个土属、145个土种，酸碱性适中，宜种范围广，其中紫色土占总面积的65.16%，是烤烟等经济作物优质高产的土壤类型。土地总面积4388.7万亩，耕地主要分布在海拔2300米以下的中、低山丘陵及湖盆坝区。2010年末，全州耕地面积234.43万亩，年内增加1.33万亩，减少1.02万亩。

州境地质构造复杂，矿产资源丰富，种类涉及11大类73种。优势矿种有铁、铜、钛、煤、砷、石盐、石膏、芒硝等，储量比较丰富的矿产还有铅、铂、银、铌、硒、碲、氟、钒、硅石、石墨等，金、大理石、石棉、磷等矿藏也有分布。历史上，铜、铁、盐、煤等矿产曾对楚雄州乃至云南省的经济发展起过举足轻重的作用。据初步探测，楚雄州境还有丰富的石油和天然气资源，预计天然气的资源量十分可观。

楚雄州地处金沙江、元江两大水系的分水岭地带，境内无天然湖泊，也无入境暗河，水资源均由大气降水形成。

州境生物资源丰富。植物资源有6000余种，主要是森林、中草药、野生食用菌等。其中珍稀植物27种，国家一级保护植物8种、二级保护植物19种，经济林127种。野生哺乳动物种类110多种、鸟类390多种、爬行类66种、两栖类34种、鱼类85种，其中长臂猿、懒猴、云豹、绿孔雀等为国家重点保护的珍稀动物。发现有药用植物资源1770种，药用动物77种，药用矿物13种，为天然的民族药业资源宝库。有自然保护区19个，森林覆盖率62.5%。为保护生物资源及生物多样性生态环境，设有哀牢山、雕林山、化佛山、紫溪山、狮山、方山、昙华山、白竹山、老黑山等19个自然保护区，保护区面积285万亩，其中国家级保护区面积48万亩。楚雄州地处滇中腹地，是云南省重点林区之一。2010年人工造林70.4万亩，退耕还林面积17.24万亩，天保工程管护面积2244万亩。

楚雄州旅游资源以“恐龙之乡”、“腊玛古猿”、“元谋猿人”、元谋土林、狮山牡丹、紫溪山茶、彝族十月太阳历、彝族风情和冬暖夏凉的宜人气候而著称。以彝族文化为代表的民族节日、民族服饰、民族歌舞绚丽多彩、风韵独特。各种民族服饰多达400余种，传统的民族节日和集会多达57个，影响深远广泛的有“火把节”、牟定“三月会”、大姚“插花节”、永仁“赛装节”、姚安“龙华会”、禄丰“花会”、武定“花山节”、双柏“虎笙节”等。主要景区（点）有武定狮子山、元谋土林、彝人古镇、禄丰世界恐龙谷、楚雄州博物馆、黑井古镇、南华咪依噜风情谷、楚雄紫溪山、大姚石羊古镇、永仁方山、中国彝族十月太阳历文化园、牟定化佛山、大姚三潭景区、姚安光禄古镇、武定罗婺彝寨。

楚雄州不仅资源丰富，地方产品也独具特色。久负盛名的有楚雄云泉豆瓣酱，禄丰香醋、黑井石榴，南华野生食用菌、大白芸豆、沙桥豆腐、月琴，大姚薄壳核桃、果脯、小把粉丝、野坝子蜂蜜，姚安三角糯米、茯苓、菖河蜂蜜、荞酒、山药，永仁苴却砚、永兴花椒、永桥酒，牟定油卤腐、喜鹊窝酒、铜炊具、化佛茶，双柏妥甸酱油、白竹山茶，元谋热带水果、冬早蔬菜，武定壮鸡、木纹石等。楚雄市、大姚县、南华县被授予“全国核桃之乡”称号。姚安蛉河藕粉、大姚薄壳核桃、元谋蔬菜、武定壮鸡已成产业化发展趋势。此外，遍布全州的虎掌菌、松茸、牛肝菌、黑木耳、香蕈等野生食用菌畅销欧洲及日本；元谋冬早蔬菜远销全国各大中城市，是全国十大蔬菜基地之一；柠檬酸、高低压开关柜等工业产品畅销全国；“排毒养颜胶囊”等民族药享誉海内外。近年来，以“三区八大基地”（天然药物产业园区、特色蔬菜种植园区、绿色食品加工园区和优质烟、优质米、中药材、畜禽、林果、茶桑、魔芋、水产基地）建设为标志的楚雄州生物资源开发创新产业成效显著。

【经济状况】 2010年，全州经济运行态势总体良好。全州生产总值（GDP）404.44亿元，按可比价计算，比上年增长11.3%。其中第一产业增加值90.49亿元，增长3.0%，拉动经济增长0.6个百分点；第二产业增加值171.81亿元，增长15.0%，拉动经济增长6.2个百分点；第三产业增加值142.14亿元，增长12.2%，拉动经济增长4.5个百分点。第一、二、三产业对生产总值增长的贡献率分别为14.6%、54.9%和30.5%，分别比上年下降3.3个百分点、上升14.4个百分点和下降11.1个百分点。第一、二、三产业增加值占生产总值的比重为22.4∶42.5∶35.1。全社会劳动生产率（即按从业人员计算的人均GDP）为23947元/人。按常住人口计算的人均GDP为14949元，按公安户籍人口计算的人均GDP为15452元。非公有制经济增加值168.42亿元，占GDP的比重为

42.1%，比上年上升0.8个百分点（按云南省可比口径计算）。烟草产业、天然药业、冶金化工业、绿色食品业、文化旅游业五大重点产业实现增加值192.85亿元，占GDP的47.7%。

全州居民消费价格总水平比上年上涨3.7%。其中城市上涨3.7%，农村上涨3.8%。居民消费价格中，食品价格上涨9.0%。其中粮食价格上涨22.6%；烟酒及用品价格上涨0.5%；衣着价格下降2.0%；家庭设备用品及维修服务价格下降0.1%；医疗保健和个人用品价格上涨1.9%；交通和通信价格上涨0.8%；娱乐教育文化用品及服务价格上涨2.4%；居住价格上涨2.3%；服务项目价格上涨1.6%。商品零售价格总水平上涨3.7%。农业生产资料价格总水平上涨2.8%。

全年实现农业总产值152.50亿元，按可比价计算，比上年增长3.6%。全年粮食种植面积346.48万亩，比上年增加32.74万亩，增长10.4%。经济作物种植面积187.11万亩，比上年增加18.84万亩，增长11.2%。其中烤烟种植面积61.47万亩，增加7.51万亩；油料种植面积32.22万亩，增加1.31万亩；蔬菜种植面积78.18万亩，增加8.42万亩。粮食作物与经济作物种植比为64.9∶35.1，经济作物种植比重比上年提高0.2个百分点。全年粮食产量96.03万吨，比上年下降6.0%。其中秋粮85.51万吨，增长10.0%；夏粮10.52万吨，下降57.0%。全年肉类总产量33.28万吨，增长8.7%；牛奶产量3221吨，增长38.5%；禽蛋产量7714吨，增长7.7%；蜂蜜产量848吨，下降4.1%；蚕茧产量1703吨，增长5.8%；水产品产量1.7万吨，下降0.5%。大牲畜年末存栏95.97万头，增长1.3%；生猪年末存栏205.52万头，增长3.0%；羊年末存栏130.83万只，增长2.0%；家禽年末存栏909.23万只，增长8.4%。全年各类自然灾害造成直接经济损失26.44亿元。农作物受灾面积155.37公顷，其中绝收75.62公顷。全年发生森林火灾57起，受害森林面积269.22公顷。

全年规模以上工业（年主营业务收入500万元以上）完成产值298.72亿元，比上年增长24.4%（现价）；实现增加值106.32亿元，增长14.4%。烟草制品业、医药制造业、冶金化工业（规模以上）实现增加值85.44亿元，增长13.6%，占全部工业增加值的60.8%，占规模以上工业增加值的80.4%。全州规模以上工业企业实现利税总额68.43亿元，增长5.1%。

全州203个资质建筑企业完成总产值64.22亿元，比上年增长28.3%，实现利润2.21亿元，增长33.1%，实现税金及附加1.69亿元，增长32.0%。全年全社会固定资产投资280.62亿元，比上年增长34.9%。全年新增固定资产137.57亿元，增长112.3%。新开工项目1242个，增长0.6%。

全年社会消费品零售总额131.9亿元，比上年增长20.2%。外贸进出口总额1.08亿美元，比上年增长56.4%。其中出口额1.04亿美元，增长71.3%；进口额492万美元，下降44.8%。全年实际利用外资1331万美元，增长2.9%。

州内公路通车里程1.69万千米（含村道），其中高速公路304.50千米，一级公路13千米。年末全州民用机动车拥有量40.89万辆，增长18.4%。机动车驾驶员36.56万人。全年完成客运量2404万人（不含水运，下同），增长7.4%；旅客周转量16.49亿人千米，增长12.3%；货运量1317万吨，增长10.8%；货运周转量14.61亿吨千米，增长14.5%。

全年完成邮电业务总量9.78亿元，比上年增长21.3%。其中邮政业务总量0.62亿元，增长8.1%；电信业务总量9.16亿元，增长22.3%。订售报纸2773.7万份，订售杂志115.84万份，收发国内信件477.68万件。年末固定电话和移动电话135.48万部，比上年增加10.49万部，增长8.4%。电话普及率为51.76部/百人（按公安户籍人口计算），比上年增加3.86部/百人。新增互联网用户4.96万户，年末达26.82万户，增长22.7%。

全年共接待国内游客964.36万人次，国际游客1.98万人次，分别比上年增长18.7%和19.4%。实现旅游总收入31.07亿元，增长44.0%。其中国内旅游收入30.72亿元，增长13.6%；旅游外汇收入3472.33万元，增长36.6%。

全年完成财政总收入86.49亿元，比上年增长18.0%。其中地方一般预算收入30.7亿元，增长20.0%。地方一般预算支出108.58亿元，增长19.2%。金融机构年末人民币存款余额437.98亿元，比年初增长17.4%，其中城乡居民储蓄存款228.51亿元，增长20.3%。金融机构年末人民币贷款余额265.22亿元，比年初增长22.6%。金融机构净投放现金5.5亿元，下降56.0%，年末存差172.77亿元。全年州内保险公司保费收入10.07亿元，比上年增长15.2%。

【教科文卫】 2010年，全州有普通高校3所（含电大），专任教师630人，招生3902人，在校学生12296人，毕业学生2462人；普通中专学校27所（含成人中专学校9所、中等职业技术学校6所、职业高级中学11所和技工学校1所），专任教师1165人，招生13238人，在校学生31674人，毕业学生8140人；高中学校21所，专任教师2801人，招生13249人，在校学生37453人，毕业学生11589人；初中学校120所，专任教师6895人，招生34931人，在校学生104628人，毕业学生33287人；小学850所，专任教师12816人，招生31306人，在校学生205942人，毕业学生35083人。特殊教育学校1所，专任教师47人，招生40人，在校学生316人。幼儿园200所，专任教师1321人，在园幼儿46533人。全州学龄儿童净入学率99.85%，小学毕业生升学率99.57%，初中毕业生升学率79.56%。初中学龄人口净入学率98.69%，高中学龄人口毛入学率70.58%。教育部门主管录取的大学生11205人，比上年增长3.0%；残疾儿童入学率98.84%。小学、初中、高中专任教师学历达标率分别为98.89%、99.56%和97.18%。

全年列入州级以上科技计划项目69项。其中国家级6项，省级25项，州级

38 项。全年自然科学研究成果获省部级奖 3 项，获地厅级奖 41 项。科技对国民经济增长的贡献率 47.6%，比上年提高 0.4 个百分点。全年组织科技培训 68.58 万人次。受理专利申请 163 件，批准专利 196 件。

年末，全州共有专业艺术表演团体 10 个，公共图书馆 11 个，公共图书馆藏书 112.1 万册，文化馆 11 个（含群艺馆 1 个），博物馆 4 个，文管所 10 个，乡（镇）文化站 103 个。全州有电视台 1 座，广播电台 1 座，电视覆盖率 97.29%，广播覆盖率 97.02%。全年出版报纸 310 期，837 万份。

全州有医院 52 所，妇幼保健院（所、站）11 所，卫生院 117 所，社区卫生服务中心（站）10 个，卫生监督所 11 个，疾病预防控制中心（所）11 个，采供血机构 1 个，急救中心（站）1 个，诊所（卫生所、医务室）340 个，门诊部 9 个，健康教育所 1 个，其他卫生机构 5 个。有卫生技术人员 10805 人，其中执业医师 3254 人，执业助理医师 578 人，注册护士 3077 人。医疗卫生机构床位 9812 张，医院和卫生院床位 9400 张，其中医院床位 6842 张。

全年体育健儿参加省级及以上体育竞技比赛获得奖牌 84 枚。其中金牌 27 枚、银牌 27 枚、铜牌 30 枚。

【社会生活】 2010 年，农村居民人均纯收入 3896 元，比上年增加 385 元，增长 11.0%，扣除物价因素，实际增长 7.0%；城镇居民人均可支配收入 15624 元，比上年增加 1305 元，增长 9.1%，扣除物价因素，实际增长 5.2%。农村居民家庭食品消费支出占家庭消费总支出的比重为 48.7%，城镇居民为 40.7%。年末全州城镇居民人均住房总建筑面积 35.16 平方米，农村人均住房使用面积 35.3 平方米。全州 1037 个村委会，有 1037 个通电话，1035 个通公路，1037 个通电，1019 个通自来水。

年内，参加基本养老保险 11.68 万人，比上年增加 3279 人；参加失业保险 12.85 万人，增加 2152 人；参加基本医疗保险 39.93 万人，增加 19.09 万人；参加工伤保险 7.82 万人，增加 5705 人；参加生育保险 5.37 万人，增加 4585 人。农村居民参加农村社会养老保险 53.34 万人，增加 23.94 万人；参加新型农村合作医疗 211.15 万人，增加 5.64 万人。

年末全州领取失业保险金人数 1881 人。全年 7.62 万城镇居民得到政府最低生活保障，13.92 万农村居民得到政府最低生活保障。全年民政优扶革命伤残军人 1216 人，在乡复员军人 5672 人。全州有养老院 102 个，收养 3116 人；有福利院 4 个，收养 77 人。

年末全州从业人员 168.89 万人，比上年增加 3.12 万人。其中从事农业产业 109.37 万人，从事非农产业 59.52 万人。年末城镇登记失业率为 3.25%，比上年末上升 0.05 个百分点。城镇化水平（城镇化率）32.2%，比上年提高 1.2 个百分点。

［者宗菊］

经济建设

【经济运行情况】 2010 年，楚雄州突出经济社会发展工作重点，主动适应国家宏观调控政策的变化，积极应对并努力克服特大旱灾和后金融危机对经济社会发展的影响，实现了经济持续快速健康发展和各项社会事业全面进步。全年全州实现生产总值 404.44 亿元，同比（下同）增长 11.3%；实现全社会固定资产投资 280.62 亿元，增长 34.9%；地方财政总收入和地方财政一般预算收入分别实现 86.5 亿元和 30.7 亿元，分别增长 18% 和 20%；实现社会消费品零售总额 131.9 亿元，增长 20.2%；城镇居民人均可支配收入达 15624 元，增长 9.1%；农民人均纯收入达 3896 元，增长 11%；外贸进出口总额完成 10843 万美元，增长 56.4%；城镇化率达 32.2%；人口自然增长率为 4.31‰；城镇登记失业率为 3.25%；居民消费价格总水平上涨 3.7%；单位生产总值能耗下降 4.7%。

【经济结构调整】 2010 年，楚雄州三次产业结构进一步优化，第二产业比重逐步提高，一、二、三产业的比重由上年的 23.6∶41.6∶34.8 进一步优化为 22.4∶42.5∶35.1。全州经济呈现出农业稳步发展，工业稳步推进，服务业持续发展的良好势头。

【重点产业建设】 2010 年，楚雄州继续对烟草产业、天然药业、冶金化工业、绿色食品业、文化旅游业加大扶持发展力度，共实现增加值 192.85 亿元，比上年增长 9.8%，占 GDP 比重达 47.68%，比上年下降 0.82 个百分点。其中烟草产业实现增加值 63.94 亿元，增长 4.0%，占 GDP 比重 15.8%；天然药业实现增加值 3.2 亿元，增长 13.1%，占 GDP 比重 0.8%；冶金化工业实现增加值 37.52 亿元，增长 13.2%，占 GDP 比重 9.3%；绿色食品业实现增加值 61.9 亿元，增长 6.8%，占 GDP 比重 15.3%；文化旅游业实现增加值 26.28 亿元，增长 14.1%，占 GDP 比重 6.5%。

【固定资产投资】 2010 年，楚雄州人民政府安排项目前期工作经费 4540 万元，有力地支持了项目前期工作。纳入省级“三个一百”的 5 个重点前期项目中的下口坝水库建设项目已开工建设，禄丰西河水库建设项目已报有关部门审查，牟定县城供水管网改扩建二期建设工程项目初步设计已经通过审查，元谋县城市基础设施建设项目已完成项目可研报批。州重点督查的武禄高速公路、重点水库等 20 个重大前期项目，已实现开工或部分开工 5 个、工程可研报告已批或待批 6 个、4 个正在编制工程可研报告、5 个正在编制或完成规划编制。云南省下达楚雄州的 341 个中央投资项目已有 275 个项目开工建设，完成年度投资计划项目 76 个，完成投资 8.4 亿元；纳入省级“三个一百”的 22 个重点项目完成投资 46.3 亿元，占省下达投资计划的 88%；州重点督查的重点水源工程建设项目、元双公路建设项目、农村公路建设项目等 20 个重大在建项目推进迅速，全年共完成投资 79.8 亿元，占投资总额的 92.7%。全年全州共向国家和省上报项目4805个，争取资金54.5亿元，比上年48.7亿元增加5.9亿元，增长11.9%。中央扩大内需1~4批457个投资项目已全部开工建设，有443个项目完成年度投资计划，累计完成投资23.8亿元，占年度总投资计划的99.3%。全年实现全社会固定资产投资280.62亿元，增长34.9%。

【区域经济】 2010年，中共楚雄州委、州人民政府全面贯彻落实中共云南省委、省人民政府富民强县各项重大决策部署，围绕扩内需、增投资、强基础、培产业的工作目标，切实加大了对县域经济发展的扶持力度。各县（市）因地制宜，充分发挥比较优势，积极采取措施，着力推动县域经济发展，成效明显。全州9县1市财政总收入均超过亿元，比上年增加2个；有9个县（市）地方一般预算收入实现15%以上的增长，最高增幅达37%，全州县级完成地方财政总收入38.15亿元，增长19.9%。全州规模以上工业增加值增长高于25%的县（市）达5个，全社会固定资产投资增长高于40%的县（市）达2个。

［张云徽］

【农村劳动力转移就业】 2010年，中共楚雄州委、州人民政府认真贯彻落实全省劳务输出工作推进会议和《关于实施“云南省农村劳动力转移就业特别行动计划”方案的通知》精神，进一步深化认识，加强领导，强化措施，加大力度，以“转移劳力抗大旱、扩大就业保增收”为主题，扎实有效推动全州农村劳动力转移就业工作。3月16日，召开会议专题研究全州农村劳动力培训转移就业工作。会议决定，成立楚雄州农村劳动力转移就业工作领导小组。3月18日，州委、州人民政府专题召开了农村劳动力转移就业工作视频会议。至年末，全州完成农村劳动力技能培训8.27万人，完成省下达计划的129%；共组织招聘会145场次，完成省计划的659%；新增劳动力转移23.34万人（其中国际劳务输出1522人），完成省计划的474%，取得劳务经济收入25.84亿元。7月18日，中国国际技术智力合作公司与楚雄州人民政府在北京签订了《关于“央企入滇就业扶贫”战略合作协议》；中智公司与州职教园区签订了《职业教育合作协议》，楚雄州与中智公司的战略合作取得了实质性进展。

【新农村省级重点建设村工程建设任务全面完成】 2009年，楚雄州启动了新农村省级重点建设村工作，省安排楚雄州省级重点建设项目村98个，共下达专项补助资金1470万元。规划项目共涉及12个大项31个小项，规划总投资9125.28万元。2010年3月末，全州已全面完成新农村省级重点建设村工程建设任务。

【中低产田地改造】 全州开展新一轮中低产田地改造工作，历时两个冬春，项目覆盖面积达69.74万亩，建成高稳产农田地51.78万亩。工作重点突出，综合效益明显。突出水利设施建设重点，强化对改造片区坝塘、沟渠、管网等水利设施的完善配套，共建成21件容积共132万立方米的小坝塘、1981件容积共3.83万立方米的小水池（窖），14座提灌站、58座取水坝、1108.2千米沟渠、428.32千米引水管网，较好地改善了现有耕地灌溉条件，有效缓解了2009年8月以来百年不遇的特大旱灾，增强了农业抗御自然灾害能力。突出山区重点，着力推动项目向山区延伸拓展。全州在山区半山区实施的项目达到17.15万亩，占项目覆盖总面积的53.69%，使中低产田地改造的难点取得新突破。突出集中连片，全州共建成万亩以上的片区4个，5000亩以上的片区6个，不仅展示了建设成效，而且较好地发挥了典型示范作用。突出项目资金整合，按照“山、水、林、田、路、房、村”综合治理的要求，打破行政区域界限，相关部门加强协调配合，强化项目资金整合，整合项目资金建设面积达14.7万亩，占建成总面积的58.8%；同时积极整合涉农项目，在中低产田地改造项目区大兴农村公益基础设施建设，初步实现了项目区农村田地优质、村庄秀美、农业丰收，为社会主义新农村建设奠定了坚实基础。突出农民主体，努力发动群众参与附属工程建设，参与项目主体工程建设质量监督，着力发挥农民的作用，提高了农民对建成的高稳农田地的关心爱护程度。着力挖掘改造后田地的综合效益，推进土地经营权流转，提高了农业效益。据统计，通过对现有耕地进行改造，对连片地块周边一些轮歇地进行开发整理，全州新增耕地5859亩，可解决5425人的耕地需求；全州实施土地经营权流转5.95万亩，既保障了农民土地经营收入，又增加了劳务收入。工作亮点凸现，示范作用发挥。姚安县整合基本烟田建设项目、土地整理项目和农业综合开发等项目，在栋川镇17个村（居）委会相对集中连片完成中低产田地改造4.68万亩。牟定县采取打破乡（镇）、村组界限，在凤屯镇、共和镇、江坡镇11个村委会，集中连片打造高标准农田示范区，建成高稳产农田地2.18万亩。楚雄市在紫溪镇云庆、冷水、紫金3个典型的山区半山区村委会实施中低产田地改造1.2万亩，探索出了一条适合山区、半山区的中低产田地改造新路子，被云南省中低改办称为“紫溪模式”。全州共建成姚安栋川、牟定共和、楚雄东华3个完善坝区示范区，楚雄紫溪、姚安官屯、禄丰恐龙山和中村、武定县猫街、双柏大庄等6个强化山区示范区，在持续推进中低产田地改造中发挥了重要的示范带动作用。

［熊晓红］

政治建设

【领导班子和干部队伍建设】 2010年，中共楚雄州委组织部研究出台并认真落实《定期分析县处级领导班子和领导干部有关情况制度》、《县市和州级部门领导班子建设联系制度》，多渠道加强与干部的沟通和联系，进一步掌握处级领导班子运行情况和领导干部履职情况，着力解决各级领导班子和领导干部理想信念、班子团结、工作作风等方面的突出问题。积极稳妥做好政府机构改革相关人事安排和县（市）、州属部门领导班子调整、配备和缺额补充工作，全年调整干部6批涉及179人，其中实行常委会票决124人，按照相关程序推荐产生了2名县委书记预备人选。扎实抓好县（市）、乡（镇）党委领导班子换届前期准备，组织召开乡（镇）党委换届工作座谈会，指导县（市）启动了乡（镇）党委领导班子换届工作。配合省委组织部认真做好县（市）委书记集中考核工作，对10县（市）委书记履职情况进行了全面考评。切实加强乡（镇）党政正职的宏观管理，保持乡（镇）干部基本稳定。坚持和完善定期公开推荐优秀干部、全委会提名党政正职人选制度，积极探索竞争性选拔干部工作，初步研究草拟了以推进公开选拔、差额选拔、竞争上岗、公推公选为主要内容的楚雄州竞争性选拔干部“1+4”制度。制定出台了《关于选派干部到金融系统、省属国有大中型企业挂职锻炼的工作方案》，遴选出10名优秀年轻干部到金融机构和省属大型企业挂职锻炼。开展公开选拔领导干部工作，公开招考了2名县处级领导干部和46名科级领导干部。认真指导县（市）开展县级部门中层干部竞争上岗工作。加快从农村和生产一线培养选拔干部工作链建设步伐，从优秀村（社区）党组织书记中选拔了10名副乡（镇）长。

【深入整治用人上不正之风】　2010年，全州组织系统认真组织开展“贯彻四项监督制度，提高选人用人公信度”自我学习教育活动和“干部选拔任用工作法规学习宣传月”活动，进一步增强了各级领导干部遵守法规的自觉性和坚定性。认真组织召开全州干部监督暨提高组织工作满意度座谈会，强化了整治用人上不正之风、提高选人用人公信度的办法措施。切实抓好“提高选人用人公信度”示范县和示范单位创建工作，明确了5个“提高选人用人公信度”示范县和30家示范单位。积极支持配合统计和调查部门开展组织工作满意度调查和群众公信度调查工作。认真抓好干部选拔任用相关制度落实，在10县（市）委全面推行了干部选拔任用工作“一报告两评议”制度，进一步规范干部选拔任用工作。认真组织开展党员领导干部报告个人有关事项工作，细致做好因公因私出国人员审查批办相关工作，认真受理“12380”电话举报和群众来信来访，配合审计部门做好领导干部经济责任审计，切实强化对各级领导班子和领导干部的监督管理。

【党的基层组织建设】　2010年，楚雄州组织部门认真实施党委（党组）抓基层党建工作责任制考核，全面推行各级党组织抓基层党建工作“双向述职”制度，强力推进基层党建工作责任制落实。着力抓好第四届村“两委”换届选举工作，进一步加强村组干部队伍建设，书记、主任“一肩挑”的有762个，占73.5%；村“两委”委员中交叉任职的有4333人，占66.6%。换届选举中，党员和选民的参选率分别为91.5%和93.5%。督促指导各县（市）积极探索建立“基础补贴+绩效补贴+村集体经济创收奖励”的村干部结构补贴办法，调动村（社区）干部的工作积极性。加大资源整合力度，多方筹措建设资金，全力以赴加强村级组织活动场所建设，在全州建成了307个村级组织活动场所。督促指导县乡党委积极发展壮大村级集体经济，全州村级集体经济“空壳”村明显减少，集体经济收入明显增多。深入推进先进典型示范建设，整体推进“彝州先锋走廊”建设，积极开展“百名优秀村官”评选表彰活动。大力加强农村现代远程教育网络站点建设，全面实现全州103个乡（镇）、1093个村（社区）终端接收站点全覆盖。全面加强社区、机关、企业和“两新”组织党建工作，制定下发了《关于进一步加强新经济组织和新社会组织党建工作的意见》。认真做好选聘高校毕业生到村任职和新农村建设指导员选派评比表彰工作，共选聘了205名大学生村官到村任职、选派了1090名新农村指导员驻村工作。认真组织开展“共产党员抗旱先锋行动”，动员全州各级党组织和广大共产党员全力抗大旱保民生促发展。切实加强基层党内民主建设，在全州部分基层党组织开展了领导班子成员公推直选试点工作。

［黄　忠］

【民主党派制度建设】　2010年4月7日，楚雄州制定出台了《中共楚雄州委与各民主党派、州工商联、无党派人士政治协商制度》和《各民主党派、州工商联与州人民政府有关部门对口联系制度》，明确规定了民主协商重大决策、重要工作部署、重要人事安排等11个方面的内容；民主协商和对口联系的基本原则及程序；民主协商和对口联系的8条工作要求；明确了与8家民主党派对口联系的20个州人民政府有关职能部门及职责。

［杨春华］

【政府四项制度建设】　2010年，楚雄州加大政府四项制度建设力度，工作收到了实效。

阳光政府四项制度，即重大决策听证、重要事项公示、重点工作通报、政务信息查询制度。认真贯彻落实《政府信息公开条例》和关于政府重大信息发布、重要事项公示和重点工作通报等一系列制度，充分利用政府网站、政务公开栏、社会听证、广播电视等平台，结合政务公开工作，依法向社会主动公开相关的政府信息，提高了政府信息公开内容的广度和深度。自2009年5月全州政务信息网络查询系统开通以来，州级部门已受理网络查询事项136件，10县（市）受理432件；全州共录入政务信息网络查询常见问题7727条；其中州级部门1001条，10县（市）6726条。制定了《楚雄州人民政府公共服务电话整合工作实施方案》，推进政务信息“96128”电话查询专线建设。

法治政府四项制度，即重大投资项目审批制度、重大资源开发利用制度、重大国有资产处置制度、重大财政支出项目审批制度。年内，楚雄州10县（市）均已制定出台重大投资项目审批、重大资源开发利用、重大国有资产处置、重大财政支出项目审批制度和相应配套措施，推进法治政府四项制度的落实。年内，全州10县（市）和州级各有关部门对工程建设招投标、土地使用权出让招拍挂、矿业权交易、政府采购、国有企业产权交易等现有公共资源交易制度进行认真梳理，排查公共资源交易重点环节148个，查找存在的问题46个，提出完善制度的办法措施93条。

责任政府四项制度，即行政问责制、服务承诺制、首问责任制、限时办结制。年内，楚雄州按照责任政府“巩固、调整、拓展”的要求，进一步巩固实施成果，下发了《关于在全州卫生系统、事业单位全面推行服务承诺等四项制度的通知》，对列入实施的州属13所学校、7个医疗卫生单位及各县（市）列入实施的学校、医疗卫生单位全面推行服务承诺制、首问责任制等责任政府四项制度，认真做好责任政府四项制度向教育、卫生系统事业单位的拓展延伸工作。此外，进一步加大行政问责力度，加大对森林防火、抗灾救灾和恢复重建工作的失职行为，以及损害群众利益行为的问责力度，全州共问责各级干部68人，其中处级干部2人、科级干部27人、一般干部14人、其他人员25人。通过公开问责，达到了“问责一人、警示一片”的效果，进一步促进了干部作风的转变，提升了各级各部门的执行力。

效能政府四项制度，即行政绩效管理制度，行政成本控制制度，行政行为监督制度，行政能力提升制度。年内，楚雄州制定了行政机关行政绩效管理制度工作方案，紧紧围绕省、州人民政府确定的省“双20项目”和州“3个20项目”重要工作及县（市）政府确定的重大建设项目和重要工作，以审计、稽查、绩效评价和督查为手段，对抗旱救灾资金项目等开展了绩效审计，并选取重点民生专项资金支出绩效评价项目开展绩效评价。认真贯彻执行厉行节约规定，严格控制党政机关办公楼等楼堂馆所建设，对严禁公款出国（境）旅游、加强公务用车配备使用管理、控制一般性公用经费支出等作出具体规定，明确控制指标。全年办理和审批因公出国（境）46件，因公出国（境）经费支出80.9万元，同比下降72.41%。巩固清理规范评比达标表彰活动成果，庆典、节会、论坛费用同比减少249.03万元，一般性公用经费减少164.28万元，同比压缩5%。深入实施效能政府四项制度，加强对关键岗位和重点环节的监管。认真组织州级40多个行政机关和各县（市）开展行政行为监督制度的实施工作，查找确定了关键部门374个、关键岗位1866个，对2044个重点环节进行认真梳理，并结合各县（市）、州级行政部门行业特点制定关键岗位和重点环节风险防范措施2716条，制定行政行为监督工作计划表403份、填写个人承诺登记表1886份、填写部门行政行为监督承诺表374份。全面开展规范行政权力运行工作。积极推进电子监察系统建设，在楚雄市便民服务大厅和大姚县便民服务中心等条件较好的县（市）推行电子监察系统建设。按照《楚雄州行政机关行政能力提升制度实施方案》的要求，大力推行“一线工作法”，建立以职能部门牵头，相关部门参与，衔接紧密的一线工作联动机制。

［王光林］

【规范行政权力运行】 2010年，全州416个单位开展了规范行政权力运行工作，其中州级99家、县级275家、乡（镇）42家。通过开展规范行政权力运行工作，共清理行政权力事项12271项，取消行政审批事项322项，制作权利运行流程图2791项，对具有自由裁量权的593项行政处罚项目进行了细化，制定自由裁量权行政处罚档次标准850个。明确了与人、财、物紧密相关的行政机关作为推行行政行为监督制度的重点部门，确定了群众极为关注、反映较为强烈且问题易发多发的关键部门374个、关键岗位1866个，制定科学有效的关键岗位和重点环节风险防范措施2716条，填写个人承诺登记表1886份，填写部门行政行为监督承诺表374份，制定行政行为监督工作计划表4035份。

【行政审批清理】 2010年，中共楚雄州纪委把群众普遍关心、涉及群众最直接利益的问题作为重要内容，深入推进政务公开工作，着力打造阳光政府，营造廉洁高效的政务环境。以规范行政权力运行为抓手，结合法治政府、责任政府、阳光政府和效能政府16项制度实施，加强行政效能监察，着力深化政务公开工作。53个州级行政部门中，有46个部门有行政审批项目，共报送行政审批项目498项，清理取消和调整行政审批项目70项。其中取消行政许可项目14项，取消非行政许可审批项目11项；调整行政许可项目37项，调整非行政许可审批项目8项，保留428项，并以州人民政府第10号令和第11号令的形式公布，保留州级部门行政许可审批项目267项，非行政许可审批项目161项。

【行政行为监督管理】 2010年，中共楚雄州纪委积极推进电子监察系统建设，在楚雄市和大姚县等条件较好的县（市）推行电子监察系统建设。逐步建立了行政权力运行监督机制，依法规范了行政权力的行使，政府行政行为更加公开透明。自“96128”电话查询开通以来，已转接群众来电5699个，转接成功率为93.6%，满意率为97.4%。

［刘伟　施怡磊］

【规范性文件清理】 2010年，根据云南省人民政府要求，楚雄州人民政府规范性文件清理工作从7月开始至12月底结束，共清理出州人民政府现行规范性文件135件。按照清理要求，拟决定废止32件，修改（包括打包修改）35件，继续有效68件。

【重大决策听证】 2010年，楚雄州人民政府法制局积极做好重大决策听证相关工作的收集、上报和协调推进工作，每月按时收集和整理上报重大决策听证相关材料，举行重大决策听证36项，其中州级部门2项，县（市）34项。向州人民政府督查室和省法制办上报全州重大决策听证情况和拟听证情况统计报表共12份。

［武少林］

精神文明建设

【社会主义核心价值体系建设】 2010年，楚雄州坚持把社会主义核心价值体系贯穿到宣传思想文化工作各个方面，体现到思想道德建设和精神文明建设全过程。组建相关文化研究会，召开楚雄州企业文化建设工作座谈会。切实做好学校校园文化建设、思想政治工作和精神文明创建工作。以“做一个有道德的人”、“讲道德、做好人”和“向身边的好人学习”为主题，在全州广大公民和青少年中开展“知荣辱、讲文明、树新风、我行动”的道德实践活动，扎实做好社会主义核心价值体系进校园、进农村、进企业、进机关活动，使之成为人们的行动指南和思想武器。完善公民道德教育体系，深入开展社会主义核心价值体系的宣传教育普及工作。编写《社会主义核心价值体系宣讲参考》读物，在全州大中专院校和各级中小学校广泛深入开展社会主义核心价值体系学习宣传教育和宣讲活动；开展以爱国主义教育、民族团结教育、改革创新教育和时代精神教育，加强理想信念教育；开展“校园拒绝邪教和黄赌毒”宣传教育活动，引导学生树立中国特色社会主义共同理想和正确的价值取向，继续贯彻落实“以德治国”方略和《公民道德建设实施纲要》，强化公民道德建设实践以及良好习惯的养成，推动和谐社会建设，实现经济与社会文明同步发展。

【社会主义思想道德建设】 2010年，楚雄州认真贯彻《公民道德建设实施纲要》，把廉政文化融入到公民道德建设全过程，体现在反腐倡廉思想教育、荣辱观教育、传统美德教育、法制宣传教育工作中，在彝州全社会营造“以廉为荣、以贪为耻”的良好社会风尚，推进廉政文化进机关、进社区、进家庭、进学校、进企业、进农村、进医院工作；从引导广大青少年增强爱国情感做起，弘扬和培育以爱国主义为核心的伟大民族精神；把高职、中职学生思想道德教育工作纳入《思想道德建设工作测评体系》，建立健全高职、中职学生思想道德教育工作的督导检查制度和综合评价机制，以感恩教育、诚信教育、责任教育为重点，把思想道德教育全面融入职业指导工作之中，全面提升高职、中职学生职业综合素养。

【楚雄州第二届道德模范评选表彰活动】 2010年，楚雄州文明委在第八个“9·20”公民道德宣传日活动中开展了楚雄州第二届道德模范评选表彰活动，通过各县（市）、各行业、各系统遴选推荐、媒体公示、公众投票、组委会评定，共25名道德模范受到表彰，其中王跃斌、倪宏先、李俊芬、刘大才、王荣生被评选表彰为“助人为乐模范”，周德明、杨正美、符正云、罗斌、吴保柱被评选表彰为“见义勇为模范”，周平忠、冯志华、杨涌、陆萍、期信才被评选表彰为“诚实守信模范”，张之道、朱光荣、杨明玉、李赞阳、李建华被评选表彰为“敬业奉献模范”，白家文、黎家荣、朱福翠、张翠秀、郑永芬被评选表彰为“孝老爱亲模范”。

【公民道德建设实践活动】 2010年，楚雄州大力开展“讲文明树新风”活动，广泛宣传以勤俭节约为荣、以奢侈浪费为耻，在彝州全社会倡导文明健康的饮酒方式和生活习惯，提升公民健康素质和节约意识；倡导抗震、抗旱救灾等扶贫济困献爱心公益活动；倡导绿色环保生活方式，开展文明生态村创建，加强生态文明建设，深入开展资源节约活动；切实组织好“文明风尚进万家”、“社会公德进社区”、“美德在农家”、“职业道德进机关”、“家庭美德争标兵”等创建活动；深入开展文明礼仪道德实践活动，健全岗位文明行为规范，开展竞赛活动，评选礼仪标兵，促进行风转变，用社会主义核心价值观武装彝州全体公民，逐步形成“讲文明、树正气、促和谐、谋发展”的良好社会氛围。

【首届“云南美德少年”评选表彰活动暨云南省“做一个有道德的人”主题夏令营活动在楚雄州举行】 2010年7月15～18日，云南省文明办、省教育厅、团省委、省妇联、省关工委、云南电视台等部门主办，楚雄州文明办承办的首届“云南美德少年”评选表彰活动暨云南省“做一个有道德的人”主题夏令营活动在楚雄州禄丰世界恐龙谷、中国彝族十月太阳历文化园、楚雄州博物馆、彝人古镇和大姚县石羊古镇孔庙、南华县咪依噜风情谷等地开展，50名首届“云南美德少年”受到表彰（楚雄州元谋县苴林中学文晓霞、师院附小谭颖、永仁县莲池中学蒋友勤3位同学受到表彰），并参加了“做一个有道德的人”主题夏令营活动开营仪式并前往楚雄州各地学习了解关于恐龙文化、民族团结、儒家传统文化等方面的内容。

【全州开展“做一个有道德的人”主题班会竞赛活动】 2010年，楚雄州各县（市）、各学校结合学生年龄特点，广泛开展了“做一个有道德的人”主题班会竞赛活动，引导未成年人从我做起、从身边小事做起、从点点滴滴做起。全省大赛活动结束后，楚雄州文明办荣获云南省“做一个有道德的人”主题班会电视大赛优秀组织奖，武定县第一中学、楚雄师院附小荣获云南省“做一个有道德的人”主题班会电视大赛三等奖。

【净化社会文化环境家庭护卫行动】 2010年，楚雄州妇联、州文明办、州委外宣办、州教育局、州文化局、州公安局等部门以营造文明和健康的网络文化环境为主题，以服务家长和未成年人为核心，以家庭成员的自主参与为特点，以保护未成年人身心健康、促进未成年人健康成长为目标，发放倡议书，深入社区、面向基层发动全州广大家庭积极参与净化社会文化环境活动，教育引导未成年人自觉抵制互联网和手机媒体淫秽色情和低俗有害信息，优化未成年人健康成长的家庭环境，促进形成健康良好的社会风尚。

【基础性民心工程建设】 2010年，楚雄州文明办系统完成了中宣部、中央文明办等部门赠送的455台“绿色”电脑下基层宣传文化中心、文化站、进校园活动，全州逐步建立了健康的校园网站，引导广大未成年人积极参与“绿色上网从我做起”的健康上网活动；深化娱乐场所阳光工程，确保娱乐项目主流的健康性，把净化社会文化环境工作纳入群众性精神文明创建活动之中、纳入未成年人法制教育之中、纳入群众监督之中，着力建立净化社会文化环境工作的长效机制；认真抓好“西部开发助学工程”，做好资助2010年9名贫困优秀大学生、8名高中“宏志班”学生的选拔推荐管理、助学金发放等各项工作。

【群众性精神文明创建活动】 2010年，楚雄州文明委完成了推荐评选首批省级文明县城（禄丰县、大姚县）的上报工作；组织申报了云南省第三批省级文明风景旅游区评选工作，其中黑井古镇、世界恐龙谷、彝人古镇景区被命名为第三批省级文明风景旅游区；审计系统、移动公司系统、电信公司系统被命名为省级文明行业；组织了部分首批州级文明风景旅游区（楚雄市紫溪山风景区，大姚县石羊古镇、昙华山风景区，南华县咪依噜风情谷）的考评工作；全面推进元双线“乡风文明示范带”建设。

【文明交通三年行动计划实施方案推进工作】 2010年，全州10县（市）文明交通出行正式启动，召开了有关座谈会和现场推进会，整治公交车、出租车和助力车的安全文明出行和各种车辆乱停乱放的问题，增强公民文明交通意识，纠正各类违反交通法规的现象，创造良好道路交通环境，进一步提升了彝州公民交通文明素质和社会文明程度。

［赵现培］

生态建设

【污染物减排】 “十一五”期间，楚雄州实施污染减排工程项目34个，结构减排工程项目26个，管理减排工程项目1个。2010年，省人民政府与楚雄州签订的2010年度污染减排目标责任书中确定的一平浪煤矿煤矸石电厂锅炉烟气脱硫项目、一平浪盐矿45吨锅炉烟气脱硫等项目通过省环保厅环保验收。楚雄市污水处理厂二期项目、南华县和双柏县污水处理厂及配套管网工程项目9月末建成并投入运行；永仁县污水处理厂于12月末投入运行；禄丰县、武定县污水处理厂开工建设；姚安县、元谋县污水处理厂管网建设工程开工；牟定县、大姚县污水处理厂建设工作稳步推进。根据完成的污染减排项目统计，省下达楚雄州2010年和“十一五”污染减排目标任务圆满完成。

【绿色创建活动】 2010年，楚雄市创建国家级生态示范区工作通过验收；武定县完成《武定县国家级生态示范区建设规划》并通过省级专家组评审；姚安县前场镇被省政府命名为第五批生态乡（镇），楚雄州省级生态乡（镇）达11个。武定县发窝乡、楚雄市东瓜镇、大姚县昙华乡积极开展国家级生态乡（镇）创建工作；南华县雨露乡、南华县五街镇、元谋县羊街镇完成省级生态乡（镇）申报工作；楚雄市鹿城镇完成“全国环境优美乡（镇）”更名考核工作。至年末，全州创建州级“绿色学校”210所、省级“绿色学校”46所，国家级绿色学校2所，140余名环境教育优秀教师和环境教育先进工作者受到国家、省、州表彰。楚雄州创建省级绿色社区12个，楚雄市北浦社区积极创建申报国家级绿色社区。推荐上报云南省环境教育基地7个，州博物馆和禄丰世界恐龙谷被命名为云南省首批环境教育基地。

【环保宣传】 2010年，楚雄州环保局广泛深入开展环境保护宣传教育工作。开展“三下乡”、科技活动周、安全生产月、“六·五”环境日、“5·22”国际生物多样性日、节能宣传周、世界水日、环保世纪行、科普日、地球日等纪念日环境宣传教育活动，突出“保护七彩云南·构建和谐彝州”主题宣传，动员社会各界力量，积极参与普及环保知识，参与环保实践，共建和谐社会。发挥媒体宣传主渠道作用，宣传七彩云南保护行动，与楚雄日报社、楚雄电视台、楚雄州广播电台、州生态经济学会签订联办“保护七彩云南·构建和谐彝州”专栏和州生态经济学会2010年年会协议，宣传七彩云南保护行动。开展七彩云南保护行动公益宣传，各县（市）在城区显著位置安装七彩云南保护行动户外公益广告牌。至年末，全州制作安装有关七彩云南保护行动的户外公益广告牌21块。

［董廷伟］

【落实耕地保护目标责任制】 2010年，楚雄州土地整治项目申报、实施和监管到位，促进了耕地保护责任制的落实。土地开发整理（中低产田地改造）项目稳步推进。组织实施建设了总规模为4950公顷、总投资为1.30亿元的楚雄市东华、紫溪等8个国家、省级土地开发整理项目。完成了永仁县莲池乡勐莲村等5个省级占补平衡项目和南华县龙川、沙桥等3个2010年第一批省级中低产田地改造项目前期准备工作。5个占补平衡项目拟建设总规模为1352公顷，总投资为4486万元；3个中低产田地改造项目拟建设总规模为1760公顷，总投资为4404万元；申报了姚安县弥兴镇等6个2011年度省级中低产田地改造项目。经云南省国土资源厅验收，双柏县安龙堡等4个州级占补平衡项目建设总规模为1012公顷，预算总投资为2420万元，入库新增耕地782公顷；经州级初验永仁县永定镇云龙村等2个州级占补平衡项目，建设总规模为724公顷，预算总投资为1794万元，预计新增耕地533公顷；在建元谋县老城等2个州级占补平衡项目，建设总规模为612公顷，预算总投资为2362万元，预计新增耕地438公顷；大姚县湾碧等4个县级投资占补平衡项目已经云南省国土资源厅审查备案准备组织实施。楚雄州第一批“三项整治”（城增村减）挂钩试点的武定县38公顷（其中耕地32公顷）增减挂钩指标已经省国土资源厅批复，同意使用周转指标并已归还。年内，楚雄州耕地保有量高于29.18万公顷，高于云南省下达任务数 24.12 万公顷。

［王秋青］

【生态建设重点工程】 2010 年，楚雄州继续实施天然林保护、退耕还林、农村能源建设、野生动植物保护和自然保护区建设、森林生态效益补偿等生态建设重点工程。年内，全州完成天然林保护工程公益林建设 19 万亩，其中封山育林 16 万亩，人工造林 3 万亩；落实森林管护面积 2290.89 万亩。完成退耕还林人工造林 19.19 万亩，完成退耕还林补植补造 2.79 万亩。完成农村沼气池建设 5760 户、农村节柴改灶 5297 户、农村太阳能安装 2405 户。完成哀牢山国家级自然保护区南华管理局基础设施建设和州级陆生野生动物疫病监测中心站建设。全年省下达全州公益林生态效益补偿面积 963.13 万亩，补偿资金 4886.63 万元。其中国家级公益林补偿面积 115.5 万亩，补偿资金 648.48 万元；省级公益林补偿面积 847.63 万亩，补偿资金 4238.15 万元。至年末，全州共兑现森林生态效益补偿资金 4566.15 万元，兑现率 93.4%。共签订禁伐协议 1012 份、面积 54.43 万亩，签订限伐协议 6.27 份、面积 997.33 万亩；共划分管护责任区 3164 个，落实管护责任单位 1200 个、管护人员 3140 人，与管护责任单位签订管护合同 1.89 万份。

【森林资源保护】 2010 年，楚雄州各级林业主管部门认真落实森林资源管理目标责任制。严格森林采伐限额管理。在继续抓好天然林资源保护区人工林采伐试点的同时，完成 199 户木材经营、加工许可证的年检换证工作；组织完成“十二五”森林采伐限额的编制上报和“县市级森林可持续经营规划”编制工作。加大林业执法力度，依法打击破坏森林资源的违法行为。全年全州森林公安共受理各类破坏森林资源的违法犯罪案件 1219 件，查处 1209 件，案件综合查处率为 99.3%。打击处理各类涉林违法犯罪人员 1279 人，逮捕 33 人，为国家挽回经济损失 424 万元。全州林政部门受理林业行政案件 545 起，查处 545 起。全州 14 个木材检查站共检查运输木材车辆 1.28 万车，木材 21 万余立方米。加大森林病虫害防治力度。采取生物防治、人工防治、仿生物农药制剂防治和辅助化学防治等措施，共防治各种林业有害生物面积 14.38 万亩，防治率达 85.15%，有效遏制森林病虫害的发生。

［杨发民　董存丽］

创先争优活动

【基本情况】 根据中央和中共云南省委的部署，楚雄州 10 个县（市）委、15 个州属党（工）委的 9410 个基层党组织 14.03 万名党员参加了创先争优活动。自 2010 年 4 月创先争优活动开展以来，全州各级党组织高度重视，以邓小平理论和“三个代表”重要思想为指导，紧扣“推动科学发展、构建和谐彝州、维护社会安宁、服务人民群众、加强基层组织”的总体要求，围绕建设“经济发展、文化繁荣、生态良好、活力涌现、和谐平安”的楚雄，紧密结合实际，精心组织实施，扎实稳步推进，务求取得实效，全州上下呈现出组织争先恐后创先进、党员你追我赶争优秀、群众实实在在得实惠的生动局面。

【主要做法及成效】 抓组织领导，强化责任落实。中共楚雄州委对深入开展创先争优活动高度重视，组建领导机构和工作机构，统筹开展各项工作，做到办公场所、工作人员、活动经费和保障措施“四到位”。推行“书记抓、抓书记”和行政领导“一岗双责”机制，建立健全责任机制、考核评价机制和激励机制，全面开展党群共建创先争优活动，形成了上级书记抓下级书记、党政齐抓共管、党群共建共创的活动格局。健全了基层党建工作和创先争优活动考核评价机制，全面推行县乡村“三级书记”抓基层党建工作和创先争优活动专项述评制度。2010 年 12 月 29 日，州委召开常委会听取县（市）委书记、州属党（工）委书记抓基层党建工作和创先争优活动专项述评，州委常委进行了点评，进一步推动了创先争优活动深入开展。实行党群共建，州委坚持以党建带工建、带团建、带妇建的原则，成立了党群共建创先争优指导小组，组织召开了党群共建创先争优活动视频会、座谈会、推进会，推动全州党群共建创先争优活动深入开展，初步形成了以党组织创先进带动所在单位创先进，党员争优秀带动身边群众争优秀，工会带领全体职工创先争优，共青团动员全体年轻人创先争

楚雄州深入开展创先争优活动动员大会　（州委组织部提供）

优，妇联组织广大妇女创先争优，创先争优活动成为党内带党外、党员带群众的生动社会实践。

抓载体创新，强化指导督查。各级党组织以深入开展“三个一”和“三牢记五争先”主题实践活动为载体，结合行业特点，确定不同的活动载体，开展丰富多彩的主题实践活动。农村党组织以建设社会主义新农村为主题，深入开展“强班子、强素质，创建带领致富党组织、争当创业致富带头人”的“双强双带”主题实践活动。社区党组织以建设文明和谐社区为主题，深入开展“讲服务，创建温馨家园；讲秩序，创建文明家园；讲共建，创建平安家园；讲团结，创建和谐家园”的“四讲四创建”主题实践活动。国有企业和国有控股企业党组织以增强企业经济活力和竞争力为主题，深入开展“争创政治引领力强、推动发展力强、改革创新力强、凝聚保障力强的党组织；争做政治素质优、岗位技能优、工作业绩优、群众评价优的共产党员”的“四强四优”主题实践活动。机关党组织以建设学习型机关、服务型队伍、效能型部门为主题，深入开展“比学习，创一流素质；比团结，创一流队伍；比服务，创一流作风；比效能，创一流业绩；比奉献，创一流形象”的“五比五创”主题实践活动。高等学校、中等职业学校和中小学校党组以建设人民满意、社会满意教育为主题，深入开展“树立良好师风，争当育人标兵；树立良好学风，争当学习标兵；树立良好作风，争当服务标兵”的“三树立三争当”主题实践活动。科研、文化、卫生、体育等事业单位党组织以服务群众、奉献社会为主题，深入开展“注重道德修养，争做行业模范；注重业务水平，争做行家里手；注重服务奉献，争做岗位楷模”的“三注重三争做”主题实践活动。非公有制经济组织和社会组织中的党组织以服务建设有中国特色社会主义事业为主题，以抓好组织健全和党员队伍建设为基础，深入开展“为社会作奉献、为党旗增光彩；争当岗位能手、争当员工标兵、争当守纪模范”的“两为三争当”主题实践活动。特别是全州各级基层党组织和广大党员按照动员部署、找准问题、提出承诺、确定承诺、公开承诺、践行承诺、考评承诺7个步骤，广泛开展“党员亮身份、公开践承诺”主题实践活动。年内全州9315个基层党组织和12.21万名党员作出承诺事项32.83万件，已兑现30.57件，人民群众在活动中普遍得到了实惠。同时，在“七一”建党节期间，全州开展了有386名选手参加的“爱岗敬业、创先争优”主题演讲比赛，并编印了《让鲜红的党旗高高飘扬——楚雄州“爱岗敬业创先争优”演讲比赛文稿选编》，推动基层党组织和党员在创先争优活动中立足本职岗位发挥先进模范作用。注重分类指导，楚雄州在创先争优活动中把党委领导与行业系统指导紧密结合起来，成立创先争优活动指导组，下设县（市）、机关、事业、企业、党群5个指导小组，针对创先争优活动7个行业8个领域的特点，开展分类指导工作，做到分行业部署推进，分行业组织实施，进一步增强活动的针对性。州直机关工委、州委企业工委、州委统战部、州民政局、州教育局、州卫生局、州财政局（国资委）、州司法局等行业主管部门及时成立创先争优活动指导小组，并按照党组织隶属关系，加强经常性督查、随机抽查、列表督查、明查暗访，领导和指导好所属党组织的创先争优活动。州委创先争优活动领导小组还先后筹备召开了“如何当好县（市）委书记、县（市）长”座谈会、创先争优活动县（市）委书记汇报会、创先争优活动州属党（工）委书记汇报会以及全州创先争优活动基层党组织书记座谈会，分行业分领域推进创先争优活动。加强督促检查，楚雄州构建了创先争优活动经常性督查机制，在经常性督查、随机抽查、明察暗访、跟踪督查、列表督查、问卷督查的基础上，还专门成立调研督查组对各行业创先争优活动进行专项调研督查。

抓典型培树，强化示范带动。抓基层党组织建设先进县（市）创建活动。以健全领导干部联系制度、专项述评报告制度、年度督查考评制度、年度考核评价制度、考核结果运用制度等为保障，以“三强五基本”为要求，把创先争优活动与巩固和拓展学习实践科学发展观活动成果、深化“云岭先锋”工程、加强“彝州先锋走廊”建设结合起来，形成上下联动、左右互动的基层党组织建设先进县（市）创建格局。抓基层党建工作示范点创建活动。坚持典型引路、以点带面，围绕“五好五带头”目标，分类制定了农村、社区、机关等7个行业基层党建示范点创建标准，建立各级党员领导干部结对联系创建基层党建示范点制度，健全示范点自行申报、逐级推荐、分级创建、评比表彰、命名挂牌和动态管理机制，通过层层建立基层党建工作示范点，带动全州各级党组织创先争优。年内，在全州各行业基层党组织中确定了9个省级、164个州级和784个县（市）级基层党建工作示范点。通过一系列的基层党建工作示范点创建工作，楚雄市马石铺、永仁县方山诸葛村党支部等一批示范点的示范带动作用初步显现。建立党员领导干部联系点制度。制定各级基层党建工作示范点创建管理办法和规范化建设的指导意见，建立各级党员领导干部结对联系创建基层党组织建设先进县和基层党建工作示范点制度。全年州、县（市）、乡（镇）三级领导干部共建立联系点1863个。同时，全州各级党员领导干部按照党员领导干部和机关干部在创先争优活动中要带头作表率的要求，深入联系点，对活动开展情况进行点评指导。据统计，全州各级领导共开展领导点评1.10万场次，被点评基层党组织9410个，被点评党员14.03万人，实现点评全覆盖，帮扶困难群众1.29万户，帮助解决群众反映突出问题1.86万件，有效地促进了活动的深入开展。

抓宣传引导，强化活动氛围。在11家州级媒体开设“彝州先锋·创先争优”、“彝州大地党旗红”、“书记畅谈创先争优”和“身边的感动——身边人身边事”等栏目，采取消息、通讯、专访、评论、专报、简报等多种形式，立体式、全方位、不间断地开展宣传报道。据统计，全州各级各类媒体共刊播创先争优活动稿件4473件（次），编发简报100期，上报专报120期，省委创先争优活动领导小组办公室采用楚雄州上报的专报14期；《云南日报》、云南电视台、云南人民广播电台等共刊播楚雄州开展创先争优活动的新闻稿件235篇（条），做到了报刊有文字、电视有图像、广播有声音、网络有图文。其中《创先争优活动是全党范围的重要竞赛活动》、《简论“公开承诺”》、《创先争优活动要防止和克服“六个问题”》等理论文章在“中国共产党新闻网”刊发之后，人民网、新华网、中国新闻网等网络媒体纷纷转载，为全州创先争优活动的深入开展提供了理论指导和理论支持。开展书记畅谈创先争优专访活动，专访10位县（市）委书记、10位乡（镇）党委书记，采访20位优秀村官和村（社区）党组织书记，部分专访先后在《云南日报》、云南电视台、云南人民广播电台等省级媒体刊播，强化了书记抓创先争优活动的意识。在全州广泛放映电影《村官普发兴》和《第一书记》，举办“云岭先锋·创先争优——优秀共产党员先进事迹报告会”，全州党员干部和群众深入学习杨善洲、龚曲此里、郑晌靖、普发兴、杨竹芳、刀会祥等优秀共产党员的先进事迹。同时，推出楚雄州普光荣、李开斌、李赞阳等7个“身边的感动”先进典型，用身边的人和事教育身边人。各基层党组织结合各地民族文化特色，利用花灯、歌舞、彝剧、小品等群众喜闻乐见的载体以及宣传标语、板报墙报、户外广告牌等多种形式扩大社会宣传效果，在全社会营造了争创先进、争当优秀的良好氛围。省委领导对楚雄州“五抓五注重”和“强基立业”的做法给予充分肯定并作出重要批示，省级主流媒体进行了深度报道。

抓工作结合，推动科学发展。创先争优活动中，全州各级各部门紧紧围绕科学发展的中心任务，把深入开展创先争优活动与学习实践科学发展观活动的整改落实工作、与推进“经济发展、文化繁荣、生态良好、活力涌现、和谐平安”楚雄建设的各项重点工作、与抗大旱保民生促发展的各项工作相结合，切实做到两手抓、两不误、两促进。一是始终坚持“务求实效、尽力而为、量力而行、重在长远、服务群众”的整改原则，把认真落实学习实践活动整改落实后续工作，作为创先争优活动的重要任务之一，认真抓好全州20个重点工作项目，切实加强农村水电路等基础设施的664个“五个一批”项目建设，解决人民群众反映强烈的修路、治水、办学、就业、就医等方面的突出问题。二是着力推进重点项目建设，楚雄烟厂技改搬迁、楚雄矿冶技改等重点项目全面实施，楚雄、禄丰2个省级工业园区和8个州级工业园区标准厂房等基础设施建设项目快速推进，滇中楚雄特色大城市建设稳步推进，禄丰世界恐龙谷二期等重点项目建设有序推进，“风情彝州”环州旅游线开发取得突破，乡村旅游业发展迅速，文化旅游业成为了全州经济增长的新亮点。文化惠民工程深入实施，全州改造提升乡（镇）文化站28个，建成农家书屋167个，实施村级文化体育活动场所建设试点工程63个。同时，结合“十二五”规划编制工作，超前谋划和储备了一大批关乎彝州长远发展的大项目、好项目。三是抗灾救灾工作成绩显著。中共楚雄州委把抗旱救灾作为最大的民生工程来抓，通过组建“党员抗旱先锋队”、“党员义务送水队”和“党员抗旱打井突击队”等，全力以赴投入抗旱救灾工作，最大限度地保障城乡群众生活、农业生产和工业生产用水基本需求，取得了抗旱救灾的全面胜利。同时，认真抓好“7·09”地震恢复重建扫尾和“2·25”地震恢复重建工作，2次地震7683户重建户、7.96万户修复加固户民房恢复重建任务全面完成。四是就业和社会保障工作不断加强。年内城镇新增就业1.9万人，农业富余劳动力转移就业14.2万人，全州有21.4万名城乡居民享受最低生活保障，新型农村合作医疗参合率达95%。五是城乡群众住房问题逐步解决。年内开工建设廉租住房7840套、39.2万平方米，农村危房改造和农村民居地震安全工程建设力度不断加大，城乡困难群众的居住条件明显改善。六是社会治安综合治理工作不断加强，禁毒防艾工作成效显著，安全生产工作得到加强，“长安杯”创建成果进一步巩固，人民群众的安全感不断提高，全州社会保持了和谐稳定。

［黄　忠］

深入学习实践科学发展观活动（第一批至第三批）

【基本情况】 楚雄州深入学习实践科学发展观活动按照中央和中共云南省委的安排部署，分三个批次进行。第三批于2009年9月22日启动，2010年3月24日基本结束，活动在乡（镇）、村委会、社区、基层医疗卫生单位、乡（镇）中小学校、新社会组织和非公有制经济组织中开展，共有1663个基层单位、3029个基层党组织、9.9万余名党员参加。

【主要做法】 坚持贯彻上级精神与创造性开展工作相结合，着力突出实践特色。中共楚雄州委在全面把握中央和中共云南省委总体要求的基础上，成立领导小组和办事机构，认真调查摸底，精心制定各批次的《实施（指导）意见》和《实施方案》。在第一批学习实践活动中，明确提出了“实现一个目标、开展一项主题学习实践活动、做到四个结合、解决十个重点问题”的目标要求。在第二、三批学习实践活动中，各县（市）、各乡（镇）党委切实加强组织领导，更加注重取得实效，更加注重简便易行，更加注重分类指导，更加注重强化基层，更加注重统筹兼顾，突出地域特征、民族特色和工作重点，结合自身实际制定实施方案，开展“5+2”、“白加黑”和用彝族语言讲解等形式多样、方法灵活的学习实践活动，全州的学习实践活动呈现出浓郁的彝州特色。

坚持深入学习与积极实践相结合，着力提高思想认识。各参学单位切实把原原本本学读本、学讲话、学文件与辅导报告、座谈交流、专题讨论、主题实践、实地调研等有机结合起来，认真组织学习党的十七大、十七届三中、四中全会精神，省委八届六次、七次、八次全会精神，学习中央和省州县党委关于学习实践活动的重要会议、文件精神，学习胡锦涛总书记到楚雄视察时的重要讲话精神和其他中央领导的重要讲话精神，开展正反两个方面的典型案例学习教育，进一步深化广大党员干部对科学发展观的认识，增强贯彻落实科学发展观的自觉性和坚定性。紧紧围绕事关全州经济社会发展全局的重大问题，州级由州委常委牵头，州级有关部门参与，组织开展深化农村改革、推进投融资体制改革、加快社会事业改革、重点产业发展、解决民生问题、加强作风建设等15个专题调研。15个专题调研形成的26项政策措施，已全部进入州委、州人民政府的决策程序，在“要不要科学发展、能不能科学发展、怎么样科学发展”等重大问题上形成了共识。

坚持查找问题与理清思路相结合，着力完善发展思路。各参学单位在学习实践活动中坚持开门搞活动，深入查找突出问题，深刻剖析主客观原因，进一步明确科学发展方向。州级领导班子通过召开座谈会、发放征求意见表、开设电子信箱等形式，广泛征求各方面人员的意见建议，并召开民主生活会，开展严肃的批评与自我批评，达到了交流思想、增进团结、明确方向、促进工作的目的。州委常委班子通过深入的分析检查，找准了影响和制约彝州科学发展的6个方面问题，深刻分析了主观和客观原因，提出了实现彝州科学发展新跨越的总体要求，明确了建设“经济发展、文化繁荣、生态良好、活力涌现、和谐平安的楚雄”的奋斗目标，制定了“着力培植大产业、着力建设大城市、着力实施大项目、着力改革大深化、着力生态大改善、着力文化大繁荣、着力社会大和谐、着力全民大创业”的战略举措。

坚持开展活动与促进当前工作相结合，着力破解发展难题。在第一批学习实践活动期间，恰逢国际国内经济形势发生重大变化，州委及时把“保增长、保民生、保稳定”作为活动的首要任务，2008年全州共争取落实项目731项；2009年争取国家和省各类项目资金48.7亿元，增长24.6%，其中争取中央四批扩大内需资金12.65亿元。2008年和2009年楚雄州还先后发生“8·30”地震、“11·02”特大自然灾害和“7·09”姚安6.0级地震，面对突如其来的重大自然灾害，州委坚持把抓好抗灾救灾、恢复重建作为检验学习实践活动成效和领导科学发展能力的实践载体，推进灾区科学重建、科学发展。在应急抢险阶段，全州广大党员领导干部身先士卒，靠前指挥，全力投入抗灾救灾工作，实现了灾区群众有安全临时住所、有饭吃、有清洁水喝、有衣穿、伤病者有医药保障、孩子有学上；确保了灾区不因次生灾害和工作不到位而发生新的人员伤亡，确保了灾区不爆发传染病和其他疫情。在恢复重建阶段，认真落实“四包”责任制，全州1.4万余名党员干部深入灾区一线，包县、包乡、包村、包户，与群众同吃、同住、同劳动，帮助灾区群众重建家园，“8·30”地震民房恢复重建任务于2009年春节前全面完成，受灾群众全部搬入新居；“11·02”特大自然灾害民房恢复重建任务于2009年4月前基本完成；“7·09”地震恢复重建工作正抓紧进行，民房恢复重建户全部按计划在2010年春节前搬入了新居，灾区群众过上了一个祥和的春节。

坚持分类指导与试点先行相结合，着力典型示范引路。楚雄州的学习实践活动是在试点先行中展开的，第一批是作为州（市）的试点进行，第二、三批学习实践活动中，楚雄州充分借鉴和发挥试点的成功经验，在精心组织实施好本批次学习实践活动的同时，坚持统筹协调，加强批次衔接，扎实做好3个批次学习实践活动整改落实后续工作和“回头看”工作，认真开展自查、抽查和群众评议州直机关作风活动，千方百计解决突出问题，切实兑现整改承诺事项。在学习实践活动中，楚雄州始终坚持分类指导，加强督促，特别是第三批，楚雄州派出了2个州委巡回检查组，3个行业指导小组，各县（市）和乡（镇）都派出了指导检查组，各指导检查组根据参学单位的实际特点，深入一线，加强指导检查，全面促进学习实践活动的深入开展。同时，在各批次的学习实践活动中，各级各部门切实加强舆论宣传，对在学习实践活动中的好经验、好做法做了深入全面的宣传报道，为学习实践活动营造了浓厚的舆论氛围。

楚雄州领导干部深入学习实践科学发展观专题研讨班　（州委组织部提供）

【主要成效】 科学发展意识有了新增强。全州各级领导班子和广大党员干部通过系统学习中央和中共云南省委一系列文件及领导同志讲话精神，对发展观念、发展思路和发展规律有了更为科学的认识，对科学发展观本质要求和精神内涵有了更为深刻理解，对楚雄州经济社会发展现状有了更为清醒的判断，进一步增强了推动彝州科学发展新跨越的责任感和紧迫感，全州上下不断增强忧患意识、开放意识、发展意识和创新意识，坚定信心、明确思路，积极探索，在全州形成了思发展、议发展、谋发展的浓厚氛围。

加快发展思路有了新完善。州委始终坚持以科学发展观统领经济社会发展全局，不断深化对州情的认识和把握，在深入调研的基础上，提出了实现彝州科学发展新跨越的总体要求。同时，各县（市）、各乡（镇）按照州委提出的推动彝州科学发展新跨越的总体要求、目标思路和战略举措，通过走访调研、发放征求意见表等形式，共征求到对领导班子的意见1.93万条，对领导班子成员的意见3.42万条，并结合县情实际进行认真梳理分析，进一步完善了推动科学发展的思路、目标和举措，全州经济社会迈上科学发展的轨道。

解决突出问题有了新成效。全州各参学单位针对在学习实践活动中查找出来的影响和制约科学发展以及群众反映强烈的突出问题，坚持边整边改，切实从解决“百姓企盼、群众急需、社会难点”的突出问题入手，集中力量解决了一批与群众生活密切相关的、事关全局、影响民生的突出问题。据统计，在第二批学习实践活动中，10县（市）各参学单位为群众办实事好事1.62万件。在第三批学习实践活动中，103个乡（镇）共查找出影响和制约经济社会发展和人民群众关心关注的突出问题4905个，编制整改落实方案或整改措施1540个，解决各类突出问题2485个，累计投资10.9亿元实施“五个一批”项目644个，为群众办实事好事1.49万件。

创新体制机制有了新突破。州委紧紧围绕在科学发展、改革创新、改善民生、维护稳定、转变作风上带头争先的目标，先后制定出台了加快重点工业骨干企业发展、深化投融资体制改革、加快发展现代烟草农业、加强信访工作等制度规定，研究制定了促进天然药业发展、鼓励外来投资、承接产业转移、加快人才引进等方面的政策措施，建立完善了城乡统筹发展、资源配置、产业导向、环保约束、科学民主决策、创新创业激励等长效机制。据统计，全州在“党员干部受教育”方面新出台政策制度646个，修改完善835个，废止72个；在“科学发展上水平”方面新出台政策制度808个，修改完善819个，废止110个；在“人民群众得实惠”方面新出台政策制度571个，修改完善566个，废止60个；在“党的建设”方面新出台政策制度602个，修改完善520个，废止43个，使楚雄州保障和促进科学发展的长效机制建设得到进一步健全和完善。

经济社会发展有了新跨越。各参学单位把学习实践活动激发出来的热情转化为推动工作的强大动力，深入贯彻落实中央和省应对国际金融危机的一系列政策措施，坚定不移地保“增长、保民生、保稳定”，着力解决发展中带全局性、根本性和基础性的问题，全州抗震救灾和恢复重建工作取得全面胜利，经济社会保持了平稳较快发展的良好势头。

全州党的建设有了新加强。认真开展县（市）委书记和州属党（工）委书记抓基层党建工作专项述职，进一步强化了各级党委（党组）书记“抓好党建是本职、不抓党建是失职、抓不好党建是不称职”的责任意识，在全州上下形成了“书记抓、抓书记”的基层党建工作格局。着力健全完善基层组织运转经费保障机制，探索建立“基础补贴+绩效补贴+村集体经济创收奖励”的村（社区）干部结构性岗位补贴办法，着力优化农村基层党组织设置，及时整顿软弱涣散的基层党组织，州级财政投入1000万元启动新一轮村级组织活动场所建设，农村“四议两公开”工作法全面推广，社区“三有一化”建设稳步推进；非公有制经济组织和新社会组织党建难题有了突破，师德医德建设有了新加强。

［黄　忠］

（责任编辑：者宗菊）

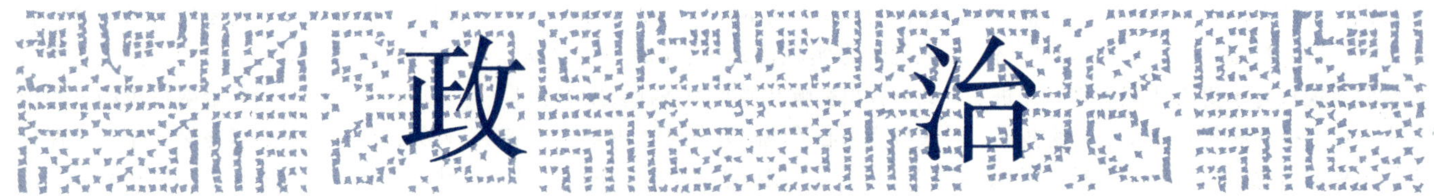

政治

中国共产党楚雄彝族自治州委员会

重要会议

【中共楚雄州委全体会议】 2010年1月7～8日，中共楚雄州委常委会主持召开州委七届七次全体会议，州委委员42人、州委候补委员8人出席会议，州纪委委员、州第七次党代会部分代表和有关方面负责人列席了会议。全会认真学习贯彻党的十七大和十七届三中、四中全会精神，中央经济工作会议精神，胡锦涛总书记视察楚雄时的重要指示和省委八届七次、八次全会精神，审议并一致通过州委常委会所作的《坚定信心，抢抓机遇，乘势而上，奋力推动彝州经济社会发展再上新台阶》的工作报告；州委副书记、州长在会议结束时作了讲话；州委常委、常务副州长董继理就上年经济社会发展工作作了总结，对2010年经济社会发展任务作了具体部署。

12月28～29日，州委常委会主持召开州委七届八次全体会议，州委委员39人、州委候补委员8人出席会议，州纪委委员、州第七次党代会部分代表和有关方面负责人列席了会议。全委会学习贯彻党的十七届五中全会、中央经济工作会议和省委八届九次、十次全会精神，审议并一致同意州委副书记、州长代表州委常委会所作的工作报告，审议通过了《中共楚雄州委关于制定楚雄州国民经济和社会发展第十二个五年规划的建议》；安排部署了2011年全州经济社会发展工作并作了会议总结；州委副书记李兴顺就州委《建议》（草案）向全会作了说明。

【中共楚雄州委常委会议】 2010年，中共楚雄州委共召开15次常委会议，对全州政治、经济、文化、社会、生态文明和党的建设等方面的重大问题和重大事项作出研究。

1月12日召开会议，审定楚雄州2010年春节走访慰问活动安排意见；研究干部人事问题；研究干部处分问题。

2月2日召开会议，审定《政府工作报告（送审稿）》、《楚雄州2009年国民经济和社会发展计划执行情况与2010年国民经济和社会发展计划草案报告（送审稿）》、《楚雄州2009年地方财政预算执行情况与2010年地方财政预算草案报告（送审稿）》；传达省纪委八届五次全会精神，研究楚雄州贯彻意见；传达省委农村工作会议、全国宣传部长会议和全省宣传思想文化工作会议、全省政法工作会议精神，研究州贯彻意见；传达全省组织部长会议、全省第三批学习实践科学发展观活动汇报会议、全省村“两委”换届选举工作部署会议、全省高校党建工作会议精神，研究州贯彻意见；研究修改完善《楚雄州基层党建工作责任制考核办法》事宜；审定楚雄州2009年度基层党建工作责任制考核结果；听取楚雄州第四批新农村建设指导员选派工作情况汇报；研究《楚雄州领导干部金融知识高级研修班工作方案》；研究干部人事问题。

3月15日召开会议，传达全省统战部长会议精神，全国、全省防范处理邪教工作会议精神，研究州贯彻意见；研究干部人事问题。

5月5日召开会议，审定州人民政府党组关于推进州级行政事业单位经营性国有资产管理体制改革工作有关问题的意见、关于加强农村公共文化服务体系建设有关问题的意见；听取州人民政府党组关于楚雄州2009年与省财政结算情况报告；听取州委政法委关于州国家安全工作情况汇报、州关工委工作汇报，研究有关事项；研究干部人事问题。

5月18日召开会议，传达全省在党的基层组织和党员中深入开展创先争优活动动员部署视频会议精神，全省社区、农村基层党建工作座谈会精神，全省水利工作会议和重点水利工程建设推进会议精神，研究州贯彻意见；审定《楚雄州深化医药卫生体制改革实施意见（送审稿）》、州人民政府党组关于武禄高速公路建设招商有关问题的意见、《赠送台湾恐龙化石暨“七彩云南·魅力楚雄台湾行”实施方案（送审稿）》。

6月19日召开会议，审定关于召开楚雄州第五次归侨侨眷代表大会有关问题的意见、关于召开楚雄州民族工作会议暨第六次民族团结进步表彰大会有关问题的意见、关于组织参观上海世博会及到周边地区考察学习有关事项的报告；听取全州工会、共青团、妇联工作情况汇报，听取庆祝建党89周年活动安排情况汇报，研究有关事项；研究选派干部到金融系统和省属国有企业挂职锻炼有关事项。

6月23日召开会议，专题对第76次州委常委会议作出的关于组织有关干部参观上海世博会及到周边地区考察学习的决定进行复议。

7月21日召开会议，审定州十一届

人民代表大会代表名额分配意见和州人大常委会组成人员名额意见；研究州委党校建校60周年庆祝大会相关事宜；传达全省州（市）党委组织部长和省直单位组织人事处长会议精神，研究州贯彻意见；审定《楚雄州各级党员领导干部在创先争优活动中结对联系创建基层党组织建设先进县（市）和基层党建工作示范点制度（送审稿）》；研究成立州职教园区党委事宜；研究干部人事问题。

8月14日召开会议，审定州属各相关单位文化体制改革实施方案、州文化活动中心调整部分建设项目的有关问题；研究干部处分问题。

10月8日召开会议，审定《楚雄州"十二五"规划基本思路（送审稿）》；研究召开全州扶贫开发现场会暨扶贫开发表彰会的意见；审定《楚雄州关于全面推进集体林权制度配套改革的意见（送审稿）》，研究召开全州集体林权制度主体改革总结表彰暨林业产业发展大会的意见；研究楚雄州光彩事业促进会换届及表彰首届"彝州光彩之星"的意见；传达全省社会治安综合治理工作会议精神、省委防范处理邪教问题领导小组会议和全省反邪教警示教育基地建设现场推进会议精神，研究州贯彻意见；听取建立北京大学楚雄研究生服务基地并开展服务工作有关情况汇报；审定《楚雄州各级基层党建工作示范点创建和管理暂行办法（送审稿）》和《楚雄州州级基层党建工作示范点考核办法（试行）（送审稿）》；研究干部人事问题。

11月24日召开会议，审定关于州计划生育协会换届有关问题的意见、市政项目建设债券募集资金安排计划、州级政法部门和楚雄军分区等军警机关迁建工作有关问题的意见、全州和谐社区建设有关问题的意见、《中国医药集团上海医工院与楚雄州人民政府共同开发彝族医药产业战略合作框架协议》、拟表彰的全州侨务工作和归侨侨眷先进个人中的处级干部名单、州人大常委会党组关于贯彻省委人大工作会议精神的意见、州人大常委会党组关于召开州十届人大六次会议有关问题的意见、州政协党组关于贯彻省委政协工作会议精神的意见、州政协党组关于召开州政协八届五次会议有关问题的意见；听取全国、全省宗教工作会议精神汇报，研究州贯彻意见；审定楚雄州推荐"省委联系专家"人选建议名单；讨论干部处分问题。

12月21日召开会议，审定《中共楚雄州委关于制定楚雄州国民经济和社会发展第十二个五年规划建议（送审稿）》，州委七届八次全会方案，表彰全州财税系统先进集体、先进工作者和会计工作先进集体、先进工作者方案，《楚雄州州本级2010年财政预算调整方案》和《楚雄州2010年州对县财政转移支付计算办法》；审定争取上级政府资金奖励暂行办法修改意见，拟表彰的妇女儿童工作先进集体、先进个人名单；听取2010年度推进惩治和预防腐败体系建设暨党风廉政建设责任制落实工作检查考核情况汇报；研究表彰楚雄市"12·09"抢劫案侦破先进集体、先进个人的意见；传达全省换届工作座谈会精神，研究州内贯彻意见；审定全州人才工作会议方案；听取全州保密工作汇报，研究有关事项；审定《楚雄州人民政府机构改革实施意见》和10县（市）人民政府机构改革方案；研究政府机构改革后部分州委直属党（工）委和州级部门单位党组织设置调整的意见；研究干部人事问题。

12月26日召开会议，传达省委八届十次全会精神，研究楚雄州贯彻意见；审定州委七届八次全会报告（送审稿）、《楚雄州国民经济和社会发展第十二个五年规划纲要（送审稿）》；传达全省党委系统秘书长、办公厅（室）主任座谈会精神，全省党史工作会议精神，全省文化建设工作会议精神，研究州贯彻意见；审定《关于在全州推进学习型党组织建设的实施意见（送审稿）》、《中共楚雄州委关于加强和改进新形势下人大工作的实施意见（送审稿）》、《中共楚雄州委关于切实支持新时期人民政协履行职能发挥作用的意见（送审稿）》；研究楚雄州贯彻落实《武警法》及加快推进武警执勤目标"四防一体化"建设的意见；研究开展楚雄州第七届（2008～2009年度）社会科学优秀成果评奖活动有关问题；审定2011年春节走访慰问活动安排方案。

12月28日召开会议，听取州委七届八次全会各组讨论情况汇报，研究相关问题；研究干部人事问题。

12月29日召开会议，专题听取全州县（市）委书记和州属党（工）委书记2010年度抓基层党建工作专项述职，并对述职对象履行抓基层党建工作责任制落实情况进行民主测评，研究部署基层党建相关工作。

【中共楚雄州委理论中心组学习会议】 2010年8月9～12日，中共楚雄州委理论中心组学习会议召开，会议的主要任务是：深入学习省委八届九次全会精神，传达贯彻中央、省委近期召开的有关重要会议精神，分析总结上半年工作，研究克服困难、确保完成当年改革发展任务、实现预期发展目标的措施；结合国家继续实施西部大开发和推进云南桥头堡建设的战略部署，研究楚雄州有关落实举措；深入研究编制"十二五"规划的重大问题，加快推进"十二五"规划的编制工作。同时深入学习干部选拔任用"四项监督制度"，增强贯彻落实的自觉性，进一步提高选人用人公信度。

12月3～7日召开，会议的主要任务是：学习贯彻党的十七届五中全会精神，全面回顾总结2010年全州推进科学发展工作和州"十一五"经济社会发展成就、经验，深入讨论州"十二五"规划建议，进一步统一思想，提高认识，增强贯彻落实党的十七届五中全会和省委有关决策部署的自觉性，为谋划好全州"十二五"发展工作献计出谋。同时，专题听取科技工作情况汇报，举行科技专题讲座，深入研究强化"十二五"科技支撑的问题。为实现全州"十二五"期间更好更快发展奠定基础，努力推动全州经济社会实现又好又快发展。期间，中央、省、州属有关企业负责人参加了12月5日召开的全州科技工作座谈会。

［仲显海］

重要活动

【经济活动】 楚雄州领导干部金融知识高级研修班。2010年3月25～28日，中共楚雄州委、州人民政府举办楚雄州领导干部金融知识高级研修班。邀请省发改委、省人民银行、省银监局、省证监局、省金融办领导作辅导。州党政领导，州级金融机构、部分州级单位主要领导，各县委书记、县（市）长，分管金融工作的副县（市）长，县（市）发改委主任、财政局局长、人民银行行长参加了培训。

滇中楚雄特色大城市建设推进会。5月25～26日，州委、州人民政府召开滇中楚雄特色大城市建设推进会议，与会人员查看了彝人古镇及太阳历文化园周边开发建设情况、青山嘴水库供水干渠工程东瓜段、元双公路楚雄市境内40米大街施工现场（吴太河）、青山嘴水库（水库管理所新址）及环库公路经九龙甸第二输水管线石门冲段施工现场、州职教中心、州医院新区、州文化活动中心、彝海公园建设项目、楚雄卷烟厂技改搬迁项目、楚风苑小区、楚雄市绕城公路东环线建设施工现场、楚雄市第二污水处理厂等项目建设情况，听取楚雄市及州发改委、州建设局等相关部门汇报，并研究相关问题。州党政领导、州级相关部门和楚雄市相关领导参加了会议。

12月8日，州委、州人民政府召开滇中楚雄特色大城市建设推进会议，研究相关问题。州党政军领导、州级相关部门和楚雄市相关领导参加了会议。

亚洲政党扶贫专题会议来宾到楚雄考察。7月14～15日，来昆出席亚洲政党扶贫专题会议的菲律宾、马来西亚、印度等36个国家和地区的100多名领导及来宾，分两组到楚雄州考察扶贫开发和基层党建工作。柬埔寨王国政府副首相索安及夫人、菲律宾前众议长何塞·德贝内西亚先生及夫人等一行，在中央对外联络部副部长艾平、中央对外联络部研究室主任李军、省政府外事办副主任甘雪春，州党政领导李兴顺、李红民等陪同下，到楚雄州参观考察。来宾们先后到南华县龙川镇岔河村委会、姚安县官屯乡官屯村委会、禄丰世界恐龙谷，考察了农村基层党建、彝族生态村连片开发少数民族民俗旅游、地震灾后恢复重建和文化旅游产业发展等相关工作。

【党建活动】 全州深入学习实践科学发展观活动总结大会。2010年3月24日，中共楚雄州委召开全州深入学习实践科学发展观活动总结大会。全面总结楚雄州深入学习实践科学发展观活动取得的成效和经验。州委副书记李兴顺出席会议并作讲话，州党政领导卢显林、延荣科、徐昕等出席会议。会议由徐昕主持。中共云南省委第三巡回检查组全体成员；州委深入学习实践科学发展观活动领导小组成员；各县委书记和县（市）委组织部部长；州委各部委办局、州级国家机关各委办局党组（党委）、各人民团体党组、各企事业单位党委（总支、支部）、中央和省属驻楚单位党组（党委、总支、支部）主要领导；第三批学习实践活动州委巡回检查组全体成员；州非公有制经济组织和新社会组织、乡（镇）中小学校、乡（镇）医疗卫生单位学习实践活动指导小组组长、副组长；州委学习实践活动领导小组办公室全体人员参加了会议。

深入开展创先争优活动动员大会。5月20日，州委召开楚雄州在党的基层组织和党员中深入开展创先争优活动动员大会。会议认真贯彻落实全省在党的基层组织和党员中深入开展创先争优活动动员部署会议精神，部署楚雄州深入开展创先争优活动工作。州委常委，州人大常委会主任，州政协主席；州委深入开展创先争优活动领导小组组长、副组长及成员；州委各部委办局、州级国家机关各委办局党组（党委）、各人民团体党组、州属各企事业单位党委（总支、支部）主要负责人，党组织关系在地方的中央、省属驻楚各单位党组织主要负责人；各县（市）委书记、组织部长、宣传部长，县（市）委组织部分管副部长参加了会议。

楚雄州2009年度“百名优秀村官”表彰大会暨“爱岗敬业、创先争优”演讲比赛颁奖晚会。6月29日，州委举行楚雄州2009年度“百名优秀村官”表彰大会暨“爱岗敬业、创先争优”演讲比赛颁奖晚会，纪念中国共产党成立89周年。州委副书记李兴顺出席晚会并讲话。州委常委，州人大常委会主任、副主任，州人民政府副州长，州政协主席、副主席；州委党建工作领导小组成员，州委深入开展创先争优活动领导小组成员，州属党（工）委书记，州级部门党组书记，州属各党（工）委所属机关党组织书记；各县（市）委组织部分管组织工作的副部长，2009年度“百名优秀村官”代表，“爱岗敬业、创先争优”演讲比赛的各参赛选手和领队参加了晚会。

【纪念活动】 楚雄州纪念“三八”国际劳动妇女节100周年暨表彰大会。2010年3月8日，中共楚雄州委召开楚雄州纪念“三八”国际劳动妇女节100周年暨表彰大会，省妇联主席胡有兰、州委副书记李兴顺出席会议并作讲话。会议纪念“三八”国际劳动妇女节100周年，表彰在全州各行各业做出突出成绩的先进集体和先进个人。

楚雄州纪念中国人民抗日战争胜利65周年座谈会。8月30日召开，州委副书记李兴顺出席会议并作讲话，州委、州人大常委会、州人民政府、州政协、楚雄军分区分管联系领导；州级有关单位党组织负责人；居住在楚雄城区的抗日老战士参加了座谈会。

【州委部门工作会议】 全州组织工作会议、第三批学习实践科学发展观活动汇报会和村“两委”换届选举工作部署会议。2010年2月4～5日由中共楚雄州委分别召开。会议认真贯彻落实全国、全省组织部长会议精神，总结回顾2009年全州组织工作，研究部署2010年工作任务；认真学习贯彻落实省委学习实践活动领导小组第十一次会议暨全省第三批学习实践活动汇报会精神，了解掌握全州第三批学习实践活动进展情况和长效机制建设情况，总结分析全州第三批学习实践活动前期工作，研究部署下步工作，进一步推动全州第三批学习实践活动深入开展；学习贯彻全省村“两委”换届选举工作部署会议精神，安排部署全州村级党组织和第四届村民委员会换届选举工作。

州委议军会议。2月27日召开。会议以邓小平理论和“三个代表”重要思想为指导，深入贯彻落实科学发展观和省委议军会议精神，总结工作，部署任务，解决制约楚雄州国防动员和后备力量建设发展的相关问题，进一步提升全州国防动员和后备力量建设水平。

全州下派新农村建设工作队总结表彰暨欢送指导员视频会议。2月27日召开。会议回顾总结第三批下派新农村建设工作队工作，安排部署第四批下派新农村建设工作队工作，表彰第三批优秀新农村建设指导员，欢送第四批新农村建设指导员。

全州农村工作会议。3月1日召开。会议认真贯彻落实党的十七届四中全会、中央及省委农村工作会议和州委七届七次全会精神，总结全州2009年“三农”工作，分析当前全州农业农村工作面临的形势，安排部署2010年农业农村工作任务。

全州宗教工作会议。3月10日由州委、州人民政府召开。会议传达贯彻全国、全省宗教工作会议精神，总结2009年全州宗教工作取得的成绩和经验，分析研究当前宗教工作面临的新情况、新问题，安排部署2010年的宗教工作，兑现2009年宗教工作目标考核奖，签订《2010年宗教工作目标责任书》。

全州党委系统办公室工作会议。3月22～23日在大姚召开。会议总结回顾2009年州委办公室工作，安排部署2010年全州党委系统办公室工作任务，全面加强党委系统办公室自身建设，不断提高党委系统办公室服务科学发展的能力和水平。

全州新农村建设工作队第一次总队长会议。3月16日召开。会议听取各县（市）新农村建设工作队总队长对前一阶段工作进展情况汇报；宣布对各县（市）新农村建设工作队总队长、副总队长、乡（镇）工作队队长等人事任命；安排部署近期新农村建设指导员工作。

全州农村劳动力转移就业工作视频会议。3月18日由州委、州人民政府召开。会议贯彻落实省委第76次常委会和全省农村劳务输出工作推进会议精神，动员部署2010年全州农村劳动力转移就业工作，进一步统一思想，加强领导，加大农村劳动力转移工作力度，实现农业损失劳务补，确保大灾之年农民持续增收。

2010年全州宣传思想文化工作会议。3月29日召开。会议深入学习贯彻党的十七届四中全会、全国宣传部长会议、全省宣传思想文化工作会议和州委七届七次全会精神，回顾总结2009年全州宣传思想文化工作，深入分析当前形势，研究部署2010年工作。

全州统战工作会议。4月7日召开。会议深入贯彻落实科学发展观，认真学习贯彻党的十七届四中全会精神，传达贯彻省委统战部长会议精神，认真落实州委七届七次全会精神，总结2009年全州统战工作，安排部署2010年统战工作。

楚雄州第八届劳动模范和先进工作者表彰大会。4月29日由州委、州人民政府召开。会议表彰2006年以来在彝州经济建设、政治建设、文化建设、社会建设以及生态文明建设等方面作出突出贡献、取得优异成绩的先进模范人物。

楚雄州民族工作会议暨第六次民族团结进步表彰大会。6月21日由州委、州人民政府召开。会议深入学习贯彻胡锦涛总书记在楚雄考察时的重要讲话精神和全省民族工作会议暨第六次民族团结进步表彰大会精神；分析全州民族工作面临的形势，总结成绩和经验，研究部署当前和今后一段时期的民族工作；表彰在民族团结进步事业中做出显著成绩的模范集体和个人。

县（市）委书记、县（市）长座谈会。8月13日召开。10县（市）委书记围绕“如何当好县（市）委书记”主题谈体会作交流发言；10县（市）长围绕“如何当好县（市）长”主题谈体会作交流发言。

2010版《中共楚雄州委年鉴》发行暨2011年征稿工作会议。10月27日召开。会议通报2010年州委年鉴工作情况，表彰2010年撰稿工作和2009年发行工作先进集体和个人，安排2011年州委年鉴组稿工作。

楚雄州民族理论政策专题培训班。11月30日至12月4日由州委、州人民政府分两期举办。培训班围绕马克思主义民族观和新时期党的民族政策，民族法律法规，如何做好新形势下的民族工作开展培训。

省委第二巡视组楚雄州县级巡视工作部署会。12月6日召开。省委第二巡视组组长、正厅级巡视专员张艾安排部署工作，州委领导李兴顺、徐昕等出席会议。会议对省委第二巡视组将对禄丰、南华、双柏、牟定、姚安、大姚、永仁、元谋8个县开展巡视工作进行安排部署。

全州和谐社区建设暨社区党建工作推进会议。12月8日由州委、州人民政府召开。会议全面贯彻落实省委、省人民政府关于构建社会主义和谐社会的部署和全省和谐社区建设工作推进会、全省社区党建工作座谈会精神，加强和改进社区管理工作，深入推进全州和谐社区建设和社区党的建设以及创先争优活动。

中共楚雄州委“十二五”规划建议征求意见座谈会。12月16～18日召开。座谈会分别征求曾经担任过实职副厅及以上离退休干部、各民主党派和非党派人士、专家学者对州委“十二五”规划建议的意见。

省委宣讲团党的十七届五中全会精神报告会。12月23日举行。省委宣讲团成员、省文明办专职副主任陈德金宣讲党的十七届五中全会精神，州级部门实职副处以上领导及相关部门干部等300多人参加了报告会。

州委人大、政协工作会议。12月27日召开。会议深入学习贯彻党的十七届五中全会和省委人大、政协工作会议精神，进一步加强和改进党对人大、政协工作的领导，更好地发挥人大、政协在推动科学发展、促进社会和谐、维护社会稳定、加快全面建设小康社会步伐、实现经济社会跨越式发展进程中的重要作用，努力开创楚雄州人大、政协工作新局面。

楚雄州2010年度县（市）委书记和州属党（工）委书记抓基层党建工作专项述职会议。12月29日召开。会议专题听取全州县（市）委书记和州属党（工）委书记2010年度抓基层党建工作专项述职，并对述职对象履行抓基层党建工作责任制落实情况进行民主测评，研究部署基层党建相关工作。

2010年全州党史工作会议。12月30日召开。会议深入学习贯彻《中共中央关于加强和改进新形势下党史工作的意见》以及党的十七届五中全会和全国、全省党史工作会议精神，总结近5年来全州党史工作取得的成绩和经验，研究部署当前和今后一个时期的全州党史工作，表彰2006～2010年全州党史工作先进集体和先进个人。

【年度表彰奖励】 2010年2月2日，按照《楚雄州社会科学优秀成果评奖办法（试行）》的规定，中共楚雄州委、州人民政府对楚雄州第六届（2006～2007年度）社会科学优秀成果《牢固树立侦查破案是公安机关主业思想，强力推动公安侦查工作再上新台阶》等60项论文、《让历史告知未来——〈云南日报〉上所见到的楚雄州》等10项著作进行表彰。2月5日，州委、州人民政府决定，对2009年度履行《综治维稳责任书》考核一等奖的永仁县，授予“平安杯”，兑现奖金6万元；对二等奖的武定县等3县（市），各兑现奖金3万元；对达标奖的牟定县等6县，各兑现奖金2万元；对先进单位州委办公室等15个州级部门，各兑现奖金1万元；对达标单位楚雄军分区等29个州级部门，各兑现奖金0.5万元。对履行《铁路护路责任书》考核一等奖的姚安县，兑现奖金2万元；二等奖的南华县等3县，各兑现奖金1万元；达标奖的楚雄市等3县（市），各兑现奖金0.5万元。对永仁县等3县（市）创建达标2009年度省级“先进平安县市”，各奖励奖金3万元；授予大姚县、牟定县、南华县2009年度“先进平安县市”，各奖励奖金6万元；授予姚安县、元谋县2009年度“平安铁路示范县市”达标县，各奖励奖金1万元。授予州综治维稳委等4个州级部门综治维稳铁路护路组织奖，各兑现对应奖金总额的10%。2月24日，州委、州人民政府决定，对一年来取得优异成绩的州纪委等27家新农村建设先进指导员派出单位、徐兆发等9名新农村建设优秀工作队长、叶伟等97名新农村建设优秀指导员予以表彰，分别授予“楚雄州第三批新农村建设先进指导员派出单位”、“楚雄州第三批新农村建设优秀工作队长”、“楚雄州第三批新农村建设优秀指导员”荣誉称号。3月26日，州委、州人民政府决定，命名楚雄市紫溪镇等18个乡（镇）“无邪教乡（镇）”，对楚雄市委610办公室等28个无邪教创建工作先进集体、王立民等45名无邪教创建工作先进个人予以表彰。6月21日，州委、州人民政府决定，授予中共楚雄市委、楚雄市人民政府等65个单位“楚雄州民族团结进步模范集体”荣誉称号，授予赵万祥等100人“楚雄州民族团结进步模范个人”荣誉称号。6月29日，根据中共楚雄州委《关于奖励优秀农村党支部书记（主任）的决定》精神，州委、州人民政府决定，对李文平等100名优秀村（社区）干部予以表彰奖励。10月15日，州委、州人民政府决定，授予招商银行等2个中央单位和省纪委监察厅等21个省级单位“2001～2010年定点扶贫工作先进单位”称号；授予沙军等51人“定点扶贫工作先进个人”称号；授予州委办公室等100个单位“2001～2010年扶贫开发工作先进单位”称号；授予熊卫民等156人“2001～2010年扶贫开发工作先进个人”称号。10月15日，州委、州人民政府决定，对集体林权制度主体改革目标考核为一等奖的楚雄市等5个县（市）、二等奖的双柏等5个县、楚雄市人民政府办公室等100个先进集体和袁鹏等200名先进个人予以表彰奖励。10月20日，州委、州人民政府决定，对楚雄市委610办公室等30个全州防范和处理邪教工作先进单位和李彦等50名先进个人予以表彰奖励。12月8日，州委、州人民政府决定，授予王正堂等19名非公经济代表人士楚雄州第一届“彝州光彩之星”荣誉称号。12月24日，州委、州人民政府决定，给予州公安局刑警支队等5个集体分别记三等功，给予周建忠等2名个人分别记二等功，给予夏勇等10名个人分别记三等功，对斐宏等18名个人给予嘉奖，奖励标准按照《人民警察奖励条令》标准执行。12月30日，州委决定，对州委党史研究室等10个党史工作先进集体、许嘉森等23名党史工作先进个人予以表彰奖励。

［仲显海］

重要决策

【经济建设】 2010年11月1日，中共楚雄州委、州人民政府制定下发《中共楚雄州委、楚雄州人民政府关于全面推进集体林权制度配套改革的意见》。内容包括：推进集体林权制度配套改革的指导思想、基本原则和目标任务；集体林权制度配套改革的主要内容；切实加强对集体林权制度配套改革的组织领导。

【政治建设】 2010年6月21日，中共楚雄州委、州人民政府制定下发《中共楚雄州委、楚雄州人民政府关于进一步加强民族工作 促进民族团结 加快少数民族和民族地区科学发展的决定》。内容包括：充分认识做好新时期民族工作的重要意义；以科学发展观为指导，明确新时期民族工作的指导思想、原则和目标；突出重点，促进少数民族和民族地区科学发展；坚持和完善民族区域自治制度，巩固和发展社会主义新型民族关系；强化政策措施，确保民族工作取得更大成效。

12月23日，州委、州人民政府制定下发《中共楚雄州委、楚雄州人民政府关于楚雄州人民政府机构改革的实施意见》。内容包括：指导思想和基本原则，主要任务，组织实施。

12月27日，州委制定下发《中共楚雄州委关于加强和改进新形势下人大工作的实施意见》。内容包括：进一步提高对坚持和完善人民代表大会制度重要性的认识；进一步坚持把党的领导贯穿于人大工作始终；进一步完善党委领导人大工作的机制；进一步发挥人大常委会党组的作用；进一步加大对人民代表大会制度的学习宣传力度；重视和支持地方民族立法工作；支持和保障人大及其常委会依法行使监督权；积极支持人大及其常委会依法行使重大事项决定权；支持和保障人大及其常委会依法行使选举任免权；充分保证人大代表的广泛性和代表性；进一步保障人大代表依法履职；切实提高人大代表议案和建议、批评、意见的办理质量；进一步加强人大及其常委会的思想作风建设；进一步优化人大常委会组织结构；进一步加强人大机构建设；进一步加大人大机关干部队伍建设；进一步健全人大及其常委会工作制度；进一步改善人大工作条件；进一步加强乡（镇）人大工作；加强人大常委会之间的联系和对外交往。

12月27日，州委制定下发《中共楚雄州委关于切实支持新时期人民政协履行职能发挥作用的意见》。内容包括：坚持把政治协商纳入决策程序；规范政治协商的内容和形式；严格政治协商的程序；自觉接受民主监督；完善民主监督的主要内容和形式；健全民主监督的工作机制；完善人民政协专题调研视察工作制度；完善人民政协提案办理工作制度；完善政协委员反映社情民意信息制度；完善人民政协履职成果反馈制度；发挥政协优势，扩大交流与影响；充分发挥各民主党派和无党派人士在人民政协中的重要作用；充分发挥政协界别的优势和作用；充分发挥政协委员的主体作用；充分发挥政协专门委员会的基础性作用；切实把政协工作放在党委全局工作的重要位置；坚持和完善党政领导参加政协会议、活动和政协领导列席党政有关会议制度；充分发挥政协党组的领导核心作用和共产党员的先锋模范作用；重视和加强政协领导班子和机关干部队伍建设；积极为人民政协履行职能创造条件；加强人民政协的理论研究；加强人民政协的宣传工作。

12月30日，州委制定下发《中共楚雄州委关于加强和改进新形势下党史工作的意见》。内容包括：充分认识做好新形势下党史工作的重要性；进一步明确新形势下党史工作的指导思想和基本要求；新形势下全州党史工作的主要任务；加强领导，提高楚雄州党史工作科学化水平。

【社会建设】 2010年7月15日，中共楚雄州委、州人民政府制定下发《中共楚雄州委、楚雄州人民政府关于深化医药卫生体制改革的意见》。内容包括：深化医药卫生体制改革的重要性和必要性；深化医药卫生体制改革的指导思想、基本原则和总体目标；深化医药卫生体制改革的具体措施；着力抓好5项重点改革，力争3年内取得明显成效；深化医药卫生体制改革的保障措施。

［仲显海］

组织工作

【党组织概况】 2010年底，全州共有基层党组织10423个。党委269个，其中基层党委189个：乡（镇）党委103个、乡（镇）社区党委8个、建制村党委11个、其他党委8个、企事业单位党委34个、机关单位党委25个，政府工作部门党委80个〈州级5个、县（市）级75个〉；党总支1239个，其中乡（镇）党总支1005个、企事业单位党总支93个、机关单位党总支126个；党支部8915个，其中乡（镇）党支部5400个、企事业党支部1656个、机关党支部1310个，其他党支部549个（含社区及其他）。在376个党组中有州级机关党组45个，县级机关党组308个，州级事业单位党组6个，县级事业单位党组16个，县级企业党组1个。在1037个建制村中有党委11个，党总支966个，党支部60个；在56个乡（镇）社区（居委会）中，有党委8个，党总支47个，党支部1个。

【党员队伍状况】 2010年底，全州有党员144997名，比上年增加3995名，增长2.8%，党员占全州总人口数的5.54%；有女性党员30908名，占党员总数的21.32%，占全州女性人口数的2.41%；有少数民族党员47016名，占党员总数的32.42%，占全州少数民族人口数的5.2%；全州女性党员和少数民族党员占党员总数的比例与全州女性人口数和少数民族人口数的比例相适应。年龄在35岁及以下的党员有33663名，占党员总数的23.22%；36~45岁的有39307名，占党员总数的27.11%；46~54岁的有26183名，占党员总数的18.06%；55~59岁的有12069名，占党员总数的8.32%；60岁及以上的有33775名，占党员总数的23.29%。从文化程度看，有研究生党员529名，占党员总数的0.36%，比上年增长0.03%；大学本科15836名，占党员总数的10.92%，比上年增长0.67%；大学专科20437名，占党员总数的14.09%，比上年增长0.01%；高中、中专11708名，占党员总数的8.07%，比上年减少7.14%；初中及以下85999名，占党员总数的59.31%，比上年增长0.82%。从职业情况看，有农牧渔民党员80043名，占党员总数的55.2%；公有经济单位党员37273名，占党员总数的25.71%；非公有经济单位党员2732名，占党员总数的1.88%；工人党员4682名，占党员总数的3.23%；企事业单位管理人员、专业技术人员党员18769名，占党员总数的12.94%；党政机关工作人员党员15833名，占党员总数的10.92%；学生党员1653名，占党员总数的1.14%；离退休党员16350名，占党员总数的11.28%；其他党员6946名，占党员总数的4.79%。

【发展党员情况】 2010年，全州共发展党员4677名，其中公有经济单位发展党员698名，占发展总数的14.92%；非公有经济单位发展党员210名，占发展总数的4.49%；发展农牧渔民党员2676名，占发展总数的57.22%；发展党政机关工作人员党员282名，占发展总数的6.03%；发展学生党员884名，占发展总数的18.9%；发展其他党员209名，占发展总数的4.47%。发展35岁及以下党员3510名，占发展总数的75.05%；发展高中以上文化的党员2407名，占发展总数的51.46%（其中发展大学本科以上文化的党员350名、发展大学专科文化的党员582名，分别占发展总数的7.48%、12.44%）；发展妇女党员1657名、少数民族党员1855名，分别占发展总数的35.43%、39.66%；发展生产、工作一线党员3725名，占发展总数的79.65%。

【干部队伍状况】 2010年末，楚雄州共有党政干部18424人，其中公务员17288人、参公管理群团机关工作人员422人、参公管理事业单位人员714人；有女性5352人，占总数的29.05%；少数民族6683人，占总数的36.3%；中共党员13668人，占总数的74.2%；大学本科及以上学历9709人（含研究生学历252人，其中博士3人、硕士48人），占总数的52.7%；大学专科学历6999人，占总数的37.98%；中专及以下学历1716人，占总数的0.93%；35岁及以下6353人，占总数的34.5%；36～40岁3530人，占总数的19.15%；41～45岁3402人，占总数的18.46%；46～50岁3378人，占总数的18.33%；51～54岁1143人，占总数的6.2%；55岁及以上618人，占总数的3.35%。从整体上看，全州干部总量持续稳定增长，干部队伍素质逐步提高，性别、民族结构趋于合理，学历、年龄进一步优化。

【干部教育培训】 2010年，全州组织部门更新培训观念，创新培训模式，改进干部教育培训工作管理体制和运行机制，合理开发利用各类教育培训资源，科学设置培训内容，使全州干部教育培训工作重点突出、组织规范、整体推进。认真组织制定州、县（市）党委贯彻落实《2010～2020年干部教育培训改革纲要》实施意见。扎实开展大规模培训干部工作，切实提高干部队伍整体素质，全年共举办19个州级主题培训班，培训各类干部2528人，其中厅级干部76人次、县处级干部1250人次、科级干部1052人次、企业干部150人次；认真开展干部调训工作，全年完成上级干部调训55期，调训干部382人次；认真组织开展领导干部在线学习，全年组织全州726名领导干部参加学习；全面开展晋升副县处级领导职务资格基本知识考试，2010年全州共有343名正科级干部参加考试。

【人才队伍建设】 2010年，楚雄州组织系统加强对人才工作的宏观指导和统筹协调，高规格组织召开了全州人才工作会议，研究草拟了《楚雄州中长期人才工作规划（2010～2020年）》。抓住群众反映强烈的问题和难以操作的环节，对《楚雄州引进人才办法》作进一步的完善和细化，明确相关配套措施和补充办法，以更加优惠的政策引进紧缺急需人才。密切关注中央国家机关和省级部门人才支援项目，争取紧缺急需的人才来楚雄州挂职，年内共争取了中央和省级机关的7名干部到楚雄州挂职帮助工作。积极寻求与国内、省内各人才机构的合作，与中智公司建立合作关系，依托中智公司巨大优势和影响力，推动双方在楚雄州人力资源、职业教育、劳务输出、人才引进和产业发展等领域进行战略合作。推动楚雄天然药物产业园区成为云南省首批高层次人才创新创业示范基地，积极实施"项目引才"和"产业聚才"工作。切实加强高层次专业技术人才的选拔培养力度，加强人才服务工作，完善领导干部联系专家学者制度，定期走访慰问各类高层次人才，定期组织开展调研考察。

【机关信息化建设】 2010年，全州组织部门加强机关信息化建设，高起点、高标准超前规划，圆满完成全州2010年"大组工网"网络建设工作任务。州委组织部和10县（市）委组织部"大组工网"网络建设于10月14日顺利通过了省委组织部的验收，被评定为优秀等次。做好"楚雄党建"网的管理维护，根据广大党员干部需求，及时调整"村两委换届选举"及"抗旱先锋"栏目，新增"彝州先锋，创先争优"总栏，下设"要闻速览、典型荟萃、先锋行动"子栏目，另新增"提高满意度"和"大学生村官"子栏目，并调整改革探索栏目。严格审核把关信息，加大信息更新发布频率，全年共计发布网站信息800条。认真抓好培训、审核、汇总三个环节，高质量完成了"两统"工作。全力抓好全州干部人事档案管理的达标升级工作，双柏、牟定、姚安、大姚、永仁、元谋、武定、禄丰8个县委组织部的干部人事档案目标管理达一级标准工作全部顺利通过省委组织部代中组部的检查验收。至此，楚雄州成为继昆明市、文山州委组织部之后第三家所辖县委组织部全部通过目标管理一级标准的州（市）委组织部。

【调研和对外宣传工作】 2010年，楚雄州组织部门注重调研和外宣工作，着眼于组织工作亟需解决的现实问题，扎实做好调研工作，积极为领导决策提供参考依据。完成了省委组织部下达的《深入整治用人上不正之风考核评价体系研究》、《健全竞争性选拔干部问题研究》两个调研课题，撰写了调研报告，代省委名义起草了相关法规性文件上报省委组织部。结合年度全州组织工作的重点任务，下达了2010年调研任务。全面完成了共约200万字，分州、县、乡三级党、政、军、统、群系统的《楚雄彝族自治州组织史资料》（续编三、2000.01～2006.12）的编纂、出版及发行工作。开办了《楚雄组工快讯》手机短信平台。通过手机短信适时向全州处级以上干部进行生日祝福慰问和发布重要组织工作信息。全年共发布组织工作重要信息9期12条，进行生日慰问300多人，进一步扩大了楚雄州组织工作的影响力。认真做好《楚雄组工》的编辑工作，按照"传达上级精神、指导基层工作、研讨党建问题、交流工作经验、服务领导决策、展现组工风采"的办刊宗旨，圆满完成了全年6期的编辑及发放工作，在全州各级党组织和党员中得到了广泛好评。

［黄 忠］

【新农村建设指导员工作】 2010年，按照中共云南省委、省人民政府的部署和要求，楚雄州共下派第四批新农村建设工作队103支、指导员1090名，于3月2日全部进驻1046个村委会开展驻村工作。驻村以来，工作队及指导员工作取得了显著成绩。突出“四个加强”。一是加强组织领导。认真落实省委向每个县（市）选派1名总队长兼县（市）委副书记的决定，及时讨论作出任命；各县（市）委及时安排总队长的食宿、办公室、公务用车等问题；各级进一步调整充实了新农村建设工作队领导小组及其办公室，加强对指导员工作的组织领导。建立了总队长联谊交流会议制度。州财政给每支工作队安排专项工作经费5000元，县（市）和乡（镇）共落实年度工作经费89.2万元。全州新农村建设工作队工作机构实现了省委提出的“五个一”要求，形成了党政主要领导负总责、总队长具体抓、分级管理、县乡为主的管理体系。二是加强协调管理。州、县（市）都调整充实了新农队办人员，共有专兼职人员60人，管理服务力量明显加强。州委组织部、州新农队办制定了《楚雄州社会主义新农村建设工作队及指导员管理办法》；各县（市）及各工作队都健全完善了学习、考勤、督查考核等制度，全州做到了指导员工作有职责、管理有办法、考核有依据。三是加强培训指导。建立了指导员驻村前分级培训制度，各级对指导员进行了培训。四是加强项目服务。在指导员驻村安排上，坚持与派出单位的扶贫联系点相结合，把职务相对较高、能力相对较强的领导干部，安排在扶贫整村推进、省级重点建设村、“彝州先锋走廊”建设示范点等重点项目实施村，保证了新农村建设各项重点工作的顺利推进。着力“三个突破”。一是强化“领头雁”意识，着力在发挥总队长作用上突破。各位总队长认真履行职责，注重研究完善指导员管理服务机制，加强对工作队长及指导员的业务指导，加强与州级有关部门和派出单位的沟通，积极争取项目资金。二是推行挂钩帮扶承诺制，着力在落实派出单位责任上突破。县处以上派出单位与指导员所驻村共签订挂钩帮扶承诺书826份，承诺事项2447项，承诺帮扶资金1.48亿元。各级派出单位领导到指导员驻村看望慰问指导员2192次，落实工作经费926万元，帮助指导员研究解决工作中的具体问题900余件，全州形成了“领导挂点、干部驻村、单位支持”的工作机制。三是强化“氛围”意识，着力在加强新农村建设指导员宣传工作上突破。州委宣传部、州新农队办制定了《楚雄州新农村建设指导员宣传工作方案》，州级及以上新闻媒体共宣传报道166次，营造了良好工作氛围。

［熊晓红］

老干部工作

【老干部构成概况】 2010年末，全州健在离休干部760人，其中机关单位345人，事业单位209人，企业单位206人；抗日战争时期参加革命工作的35人，解放战争时期参加革命工作的725人；享受正厅级待遇的3人，副厅级待遇的16人，副厅级单项待遇的18人，县处级待遇386人。全州有退休干部21357人，其中正厅级待遇11人，副厅级待遇13人，副厅三项待遇18人，县处级待遇819人。全州有省外易地安置离休干部19人，省内易地安置离休干部59人。有离休干部遗属519人，其中无固定收入遗属285人。

【全州老干部工作会议】 2010年3月9日，全州老干部工作会议在州会务中心召开。中共楚雄州委常委、州委组织部部长徐昕出席会议并作讲话，州级老领导普联和应邀出席会议，州人民政府副州长法玉宾主持会议。各县（市）委组织部部长、老干部局局长，州属各单位分管老干部工作领导及老干部工作人员270多人参加了会议。

【承办全国第三届老年合唱大赛】 2010年4月13～15日，由中国合唱协会、中国老年旅游委员会主办，省老干部活动中心、州委老干部局、省合唱学会承办的“共享幸福和谐、相聚彝州楚雄”2010第三届全国老年合唱大赛在楚雄举行。来自全国8个省、自治区的32支老年合唱队1560人齐聚楚雄参加比赛。14日上午，合唱大赛在州广播电视中心演播大厅隆重开幕。全国政协委员、中国农工民主党中央副主席、云南省政协副主席陈勋儒，省人大原副主任祁山，省委组织部部务委员、省委老干部局局长薛彪，楚雄州党政领导，中国合唱协会、中国交响乐团合唱团、云南合唱协会、云南省音乐家协会及有关艺术院校的专家教授，以及各参赛队参加了开幕式。期间，老同志们观看了彝族大型风情歌舞《太阳女》，游览了楚雄彝人古镇、紫溪山及禄丰世界恐龙谷等景区。

【看望慰问在易地安置的离休干部】 2010年，中共楚雄州委老干部局组成3个慰问组看望慰问楚雄在省外10省（市）安置的18名离休干部。看望慰问工作分3个时段进行，第一组5月5～13日，第二组8月2～16日，第三组8月21日～9月2日。由州委老干部局具体组织实施，抽调工作人员组成了3个慰问组，前往北京、石家庄、山东、黑龙江，四川、湖南，上海、江苏、浙江、安徽等省（市），分别看望慰问了居住在省外的离休干部，转达了州委、州人民政府对老干部的亲切问候，详细了解老干部的家庭、生活及学习情况，并为每位离休干部送上一份慰问金和一本宣传楚雄的画册、一套《楚雄好地方》VCD光盘，祝愿他们幸福安康，延年益寿，发挥余热，继续为当地经济社会发展贡献力量。

【全州老干部政治理论培训班】 2010年9月7～10日，全州老干部政治理论培训班在州老干部活动中心举办。在为期4天的培训中，中共云南省委党校教授李卫宁围绕中国特色社会主义理论体系进行了专题讲授，中共楚雄州纪委副书记、州监察局局长杨仕坤通报了楚雄州党风廉政建设情况，州委党校副校长、副教授李志昌，州委党校高级讲师张绍能就大力推进学习型党组织建设等内容进行了授课。此次培训班共有来自各县（市）、州级各单位（含中央、省属单位）的350名离休和副处级以上退休（退养）干部、离退休干部党支部负责人参加。

【省委老干部局到楚雄州调研】 2010年8月26～28日，中共云南省委老干部局综合处处长张泽普一行3人到楚雄州调研老干部“四就近”服务工作。调研组先后深入楚雄市鹿城镇学桥街社区和姚安县栋川镇西街社区召开离退休干部代表座谈会和工作汇报会，州、县（市）两级向调研组作了工作情况汇报。会上，离退休干部和各级各单位代表畅所欲言，积极探讨利用社区资源开展“四就近”服务工作的方式方法和存在的困难。座谈中，各单位表示将全力支持“四就近”试点工作，老干部们纷纷表示感谢各级的关心，坚决拥护“四就近”服务试点工作。

【“敬老节”系列文体活动】 2010年，中共楚雄州委老干部局围绕“关爱老人，构建和谐”的主题，牵头举办系列活动欢庆敬老节。举办敬老节文艺晚会。10月16日晚，在州广电中心举办楚雄城区老同志“夕阳红”文艺晚会，来自州、市的6只老年团体约180余名老年人奉献了一场精彩纷呈的文艺汇演。主办乒乓球、羽毛球邀请赛。来自楚雄城区13家单位的122名老年运动员参加比赛。举办全州老同志书画展和摄影展。通过各级组织初选，收到全州各县（市）各单位老同志书画摄影作品330余幅，最终评选出175件作品参展。组织召开敬老节座谈联欢会。10月15日，州委老干部局领导与40名企业离休干部欢聚一堂，向老干部们表达了节日的祝福，并一同观看了精彩的文艺演出。开展走访慰问活动。分别走访慰问了28名行动不便的企业离休干部和电话慰问了4名异地安置的企业离休干部并寄送慰问金，为他们送上节日的祝福。

【组织地厅级老干部参观考察】 2010年11月1～6日，楚雄州组织担任过地厅级实职，现居住在楚雄、昆明的离退休干部赴西双版纳傣族自治州、普洱市参观考察。此次考察共有21名地厅级老领导参加，其中正厅级老领导11名，副厅级10名，年龄最大的86岁，最小的61岁。考察团一行先后参观考察了景洪市市区建设情况，参观了中科院西双版纳热带植物园、橄榄坝傣族园、野象谷景区及普洱市容市貌、万亩茶园、新建的公务中心等。

【老干部活动中心和老年大学工作】 2010年，楚雄州及各县（市）举办老年大学11所，做到了机构健全，办学制度完善，专业设置合理，教学秩序良好。老年大学、老干部党校不断发展进步，办学规模不断扩大。年内，全州11所老年大学在校学员达4338人，实现了稳步发展。全州11个老干部活动中心功能不断完善。按照规定，州、县（市）落实老干部活动中心正式工作人员43名，保证了日常工作的正常开展。1～11月，州、县（市）老干部活动中心接待老同志70多万人（次），举办各类培训班、报告会、书画展120多场（次）；各级认真解决老干部活动无场地、难开展，老年大学无设备的实际问题，在争取省补助老年大学购置费的基础上，积极向州、县（市）财政争取配套补助资金294万元，整合资金140万元，解决5个县（市）老年大学、活动中心设施设备购置和教学用房的问题。为离退休干部党支部开展活动，加强老干部思想政治建设，全面落实老干部政治待遇提供了保障。

［习　刚］

【干休所工作】 2010年，楚雄州干休所健在老干部22人，另有离休身份的家属9名，住所老干部年龄最大的90周岁，最小的78岁，平均年龄83.3岁，已全面进入了“双高期”。干休所工作以“老干部满意、上级领导放心”为工作目标，深化、细化老干部服务管理工作。落实好老干部的政治待遇。组织好政治理论学习，宣传、贯彻党的各项方针政策，按规定组织老干部参加州委、州人民政府组织的形势报告会、情况通报会、党课教育、老干部读书班及党支部组织的集体学习。坚持老干部走访联系制度。对生病、住院、常年出不了门的老干部进行家访看望和慰问。年内有老干部36人次生病住院，全部进行了多次看望慰问。开展活动。组织老干部到云龙革命烈士纪念碑、西山爱国主义教育基地及子午、东华等附近乡（镇）参观考察，开阔视野，了解州内经济社会发展情况，共享改革发展成果；协助州委党史研究室组织纪念抗战胜利65周年活动，有10位抗日老战士现场参会，对因病未能参会的4位老战士会后到家进行了慰问。加强服务管理。年内争取财政资金20余万元，为全体住户进行了水电智能户表改造，改善了老干部修养生活环境。

［田怀忠］

宣传工作

【宣传工作概况】 2010年，全州宣传思想文化工作在中共楚雄州委、州人民政府的正确领导和各级各部门的大力支持配合下，深入贯彻落实科学发展观，按照高举旗帜、围绕大局、服务人民、改革创新的总要求，争做科学发展观的积极探索者、大力宣传者、忠诚实践者，努力实现理论说服力的新突破、舆论引导力的新加强、精神感召力的新凝聚、文化生产力的新释放、队伍战斗力的新提升，为建设“经济发展、文化繁荣、生态良好、活力涌现、和谐平安”的楚雄，提供了更为有力的理论武装、舆论引导、精神支柱和文化条件。

【理论武装工作】 2010年，全州宣传文化系统围绕学习贯彻党的十七届四中、五中全会精神，按照中央和省州党委的部署要求，贯彻落实好《关于推进学习型党组织建设的意见》，研究制定学习型党组织建设的实施意见，大力组织开展学习型党组织建设活动，并以此为抓手，推进中国特色社会主义理论体系的学习研究、宣传普及。

扎实抓好理论学习工作。以全州各级党委（党组）中心组为重点，县处级以上领导干部为龙头，组织广大党员干部深入学习、系统掌握中国特色社会主义理论体系，深入学习党的十七届四中、五中全会精神；继续巩固和应用学习实践科学发展观活动的成果，使科学发展观成为全州各级干部的自觉行动、价值追求和执政理念；继续举办好“彝州科学发展大讲坛”，年内邀请著名经济学家王福重教授、省交通运输厅总工程师吴华金博士、著名经济学家厉以宁教授分别为全州干部群众作了题为“2010年中国经济形势和政策取向分析”、“楚雄州交通思考”、“当前宏观经济形势”等专题讲座，达到借助外脑促进彝州科学发展的目的。

切实做好理论宣传和普及工作。继续组织有关领导、专家、学者及党务干部宣讲党的十七届四中、五中全会精神；开展了《七个为什么》、《划清“四个重大界限》读本等重大理论问题的宣讲，推动了党的最新理论成果在全州的普及；精心组织了民族团结教育宣讲活动，使“三个离不开”思想全面融入全州各族人民的心中。

加强理论研究。紧紧围绕中共楚雄州委、州人民政府中心工作和滇中经济圈、滇中特色大城市建设以及楚北、楚南开发等课题，深入开展应用性、对策性、前瞻性理论研究，编辑出版了《2010年楚雄州经济社会发展蓝皮书》；加强以彝族文化为代表的民族文化传承、保护和应用研究，成功举办了首届国际彝学高峰论坛和中华彝族文化学派创建30周年座谈会。完成了90卷《彝族毕摩经典译注》的终审验收工作，年内计划出版40卷，完成了5本《中华彝族文化研究文库》专著的校稿，完成了100集大型影视人类学电视系列片《中国彝族》拍摄大纲的撰写和100期《彝学大讲坛》拍摄大纲的撰写工作。

【舆论引导工作】 2010年，楚雄州宣传文化战线把握正确舆论导向，坚持团结稳定鼓劲、正面宣传为主，充分发挥新闻媒体宣传党的主张、弘扬社会正气、通达社情民意、引导社会热点、疏导群众情绪的重要作用，为实现全州经济平稳较快发展作出积极贡献。

加大经济工作宣传。深入宣传中央经济工作会议精神，宣传全州经济工作的总体要求、主要任务、工作重点和政策措施，加强对加快发展方式转变和经济结构调整等重点工作的宣传，及时报道五大重点产业的发展情况和重点工程的进展情况。组织好“和谐彝州、辉煌十一五”、“桥头堡建设大家谈”系列宣传活动，全面宣传展示“十一五”期间全州经济建设、政治建设、文化建设、社会建设、生态文明建设以及党的建设的重大成就，总结和宣传报道中共楚雄州委、州人民政府团结带领全州党员干部和各族群众五年实践的成功经验，为动员全州各级党组织和各族干部群众积极投身“十二五”建设营造良好舆论氛围提供强大精神动力。

加强主题宣传。高度重视和认真组织做好抗旱救灾的主题宣传活动，组织媒体开展了“彝州抗旱先锋”、“抗大旱、保民生、抓春耕、促发展”等系列宣传活动。各媒体开设专栏、专题，全方位、多角度、立体化地宣传报道全州各级各部门和广大干部群众攻坚克难，全力以赴抗旱保民生、保生产、保稳定，为夺取抗旱救灾全面胜利营造了良好的舆论氛围。深化对开展学习实践科学发展观活动和开展“创先争优”活动的宣传，及时报道各级各部门创先争优、科学发展的新思路、新成效、新经验，推出各级各部门在学习实践科学发展观、开展“创先争优”活动中涌现出的先进典型。认真组织开展了向“优秀村官普发兴”、“基层宣传干部郑晌靖”学习活动。抓好惠民生保稳定的宣传，及时宣传在完善社会保障体系、医疗卫生体制改革、改善群众生产生活条件、发展教育事业、加强就业再就业工作等方面的措施成效。组织好云南和平解放60周年、国家实施西部大开发10周年和上海世博会、广州亚运会、第六次全国人口普查的宣传。承办好“云之南”艺术团赴姚安地震灾区开展的“文化姚安、和谐彝州”慰问演出和全省花灯艺术周活动，把党和政府的温暖送到灾区千家万户。

重视党风廉政建设工作的宣传。各新闻媒体与纪检监察部门紧密配合，及时报道全州党风廉政建设相关新闻，开办党风廉政建设宣传栏目，做好全州党风廉政建设新闻宣传工作，在全州营造了风清气正的舆论环境，促进了全州的经济社会协调稳步发展。

注重热点问题的引导。加强社会主义核心价值体系教育、理想信念教育和民族团结进步教育，围绕“大局、大事、大势”，密切关注社会思潮新发展和意识形态领域新情况，关注社会热点、难点问题和社会各阶层的思想动态，积极收集分析各种舆情信息，通过分析研判并及时向各级党委报送，为各级领导决策提供参考。围绕人们普遍关心的热点难点问题，加强对政策的解读阐释，释疑解惑，引导人们正确认识现实困难，稳定社会心理预期。

加强新闻媒体的监督和管理。认真抓好新闻工作者队伍的“三项教育”，建立《楚雄州新闻媒体学习日制度》，不断提高新闻从业工作者的思想政治素质和业务素质；认真抓好媒体广告的监管和无线电管理，保证播出安全；着力抓好互联网、手机短信等新型媒体的管理，抢占舆论致高点，提高舆论引导水平。

【对外宣传工作】 2010年，楚雄州宣传文化战线围绕提高彝州的知名度和吸引力，扩大彝州的美誉度和影响力，进一步拓宽外宣渠道，创新外宣手段，努力构建全方位、宽领域、立体式的对外宣传格局，全力打造“世界恐龙之乡、东方人类故乡、中国彝族文化大观园——楚雄”品牌。

借势造势、借事造势开展外宣。认真组织承办好中国文联“送欢乐、下基层”活动。此次活动有全国著名艺术家吴雁泽、徐沛东、姜昆、宋祖英、郑咏、王丽达、庞龙、高保利、汪正正、刘全和、刘全利，中央电视台著名主持人朱迅、任鲁豫等参加，受到媒体的广泛关注。中央电视台在1月10日新闻联播中进行了宣传报道。活动吸引了人民日报、光明日报、云南日报、中国文艺报、中央人民广播电台、人民网、新华网、云南网等30多家各级各类媒体的120多名记者到楚雄进行宣传报道，播发、刊发和转载的稿件超过千条，覆盖了全国各个层面的观众、读者。这些媒体不仅报道了此次活动盛况，同时将楚雄彝州的美丽山川和丰富多彩的民族文化展示给了世人，大大提升了楚雄彝州的知名度、美誉度和影响力，进一步提升了楚雄彝州良好的形象，扩大了楚雄州在全国的影响力，增强了全国人民对楚雄彝州的认同感。中国文联、中国红十字总会、省委宣传部对这次活动给予充分肯定和高度评价，认为此次活动取得了圆满成功，做到了5个满意。

扩大对外文化交流，充分展示楚雄州民族文化、自然风光和经济社会发展的新变化、新成就。以上海世博局采购《太阳女》到世博会宝钢大舞台演出为契机，成功组织了“七彩云南·魅力楚雄上海行”系列宣传活动，展示了彝州多姿多彩的民族文化和丰富的恐龙化石资源，推介了楚雄丰富的文化旅游资源和景点景区，为楚雄的发展营造良好的外部环境。新华社、文化报、香港大公报、云南电视台、云南日报、人民网、新浪网、腾讯网、搜狐网、优酷网、云南网等中央、省级媒体及楚雄州级媒体对此次活动进行了全方位、大容量的报道，掀起了一阵魅力楚雄上海行的宣传高潮。在中国美术馆成功举办了“丹青云南·神韵楚雄——舒建新中国画作品展”，借全国著名画家的画作和名气，宣传彝州壮美的山水和彝州人民积极向上的精神面貌。配合做好中央电视台“金龟子训练营”——好娃娃嘉年华全国巡展楚雄站活动宣传工作，进一步加强了楚雄州与央视的交流与合作。成功促成大型彝剧《疯娘》在中央电视台十一频道全剧播出，这是彝剧第一次完整的在央视戏曲频道的地方戏剧栏目播放，在国内戏剧界产生了较大反响，是楚雄彝州文化品牌又一次成功的对外宣传。

加强与主流媒体的合作，依托高端媒体开展对外宣传。最大亮点是与央视全方位合作，打好彝州外宣“组合拳”：与央视一套合作拍摄播出春节特别节目《与虎为伍的人》，与央视四套合作开办“楚雄宣传周”活动，在《走遍中国》栏目连续播出7集楚雄系列专题节目，在央视掀起了宣传楚雄的热潮，为楚雄州“文化名州”、“文化强州”战略的实施起到了强有力的推动作用。年内，楚雄州经济社会发展得到各级媒体广泛关注，据不完全统计，中央电视台播出稿件170余条，其中《新闻联播》4条；中央人民广播电台播出稿件10条，播出一组10分钟的专题节目；《云南日报》刊发315条，其中头版74条，头条3条；云南电视台播出稿件712条；省广播电台播出稿件1127条；《春城晚报》发稿200余条。

化“危”为“机”，突发公共事件舆论引导工作及时有效。首先是在百年不遇的旱灾中，楚雄州及早地启动抗旱救灾新闻宣传预案，抓住敬一丹到楚的难得机遇，精心策划，在较短的时间内制作了一期抗旱救灾特别节目——《云南楚雄抗旱目击》在“焦点访谈”播出，使楚雄的旱情得到各级领导及全国人民的关心关注。随后，中央各主流媒体同时派出多路记者，深入楚雄州10个县（市）对抗旱救灾情况进行了全方位的报道。据不完全统计，楚雄州抗旱救灾新闻在国内外各类新闻媒体的转载播出达20余万条次。其中央视“新闻联播”播出的《党员干部成为抗旱一线的主心骨和带头人》、《苦水变甜水》、《空中看楚雄，黄土高坡送水难》全面展示了彝州各族干部群众在各级党委政府的领导下全力抗旱救灾，积极发展生产的生动场景，为楚雄州抗旱救灾工作争取了更多的支持与帮助。其次是及时、周密、有效地做好“12·28”双柏煤与瓦斯突出、“2·25”元谋与禄丰交界5.1级地震、“3·3”李建荣坠楼事件、“5·4”输油管道泄漏等突发公共事件的舆论引导工作。

［尹建荣］

文化体制改革与文化产业发展

【州级文化体制改革】 2010年，按照全州文化体制改革的“时间表”、“路线图”和“任务书”，州级各有关单位文化体制改革工作任务基本结束。3月1日，州广电局在州广电中心举行楚雄电视台、楚雄州广播电台新版节目推出，楚视传媒有限公司、楚雄广博传媒有限公司成立暨楚雄CMMB手持电视开通仪式，标志着全州广播电视文化体制改革迈出实质性步伐。州党政领导出席仪式，为楚视传媒有限公司和楚雄广博传媒有限公司揭牌、授牌。为推进楚雄日报社文化体制改革工作，做强报业、做优产业，打造一流业绩，为彝州经济社会又好又快发展提供强大的舆论支持。9月30日，楚雄日报社举行了《楚雄日报》彩色印刷开机暨楚雄日报传媒有限公司成立仪式。州党政领导出席庆典并为庆典剪彩。

【文化体制改革实施方案出台】 2010年9月14日，楚雄州机构编制委员会《关于组建楚雄州文化市场综合执法支队的通知》、《关于州民族艺术剧院升格为正处级事业机构的通知》、《关于成立楚雄州电影事业管理站的通知》、《关于成立楚雄州文化活动中心管理处的通知》发文。9月20日，州人民政府发文批复了楚雄日报社、楚雄电视台、州广播电台、州民族艺术剧院、州电影公司、州博物馆、州文化馆、州图书馆、楚雄彝族文化研究院的文化体制改革实施方案。

【文化产业对外宣传】 “十一五”以来，楚雄州依托独具特色的“一彝三古”文化资源，凭着“无中生有、有中生奇、创造奇迹”的精神，按照“两年打基础、三年成格局、五至六年形成气候”的步骤和目标，坚持以创意为先导、以资源为依托、以大项目为带动、以大品牌为战略，高起点、大手笔打造文化旅游品牌，建设文化旅游产业集群，努力把资源优势转变为产业优势和经济优势，彝州楚雄的文化旅游产业发展呈现出方兴未艾之势。《半月谈》2010年第19期发文刊登了《文化创意产业的楚雄之路》一文，对楚雄州文化产业的对外宣传起到了积极的推动作用。

［钟雪峰］

统战工作

【统战工作概况】　2010年，中共楚雄州委统战部始终坚持以邓小平理论和“三个代表”重要思想为指导，深入贯彻落实科学发展观，在州委的坚强领导下，紧紧围绕经济社会工作大局，把握新形势，谋求新发展，努力在促进政党关系和谐、民族关系和谐、宗教关系和谐、新的社会阶层关系和谐、海内外关系和谐方面着力，进一步搭建工作平台，打造工作品牌，创新机制体制，激发工作活力，完善工作考核目标体系，着力推动工作有序开展；加强民主党派工商联服务社会工作；加快推进“九校楚合作”项目取得实质性发展；全面深入开展党外代表人士队伍建设调研活动；切实加强党外干部教育培训工作；采取扎实措施促进民族团结稳定与繁荣发展；采取有效措施促进宗教和谐；非公经济组织开展创先争优活动指导工作扎实推进；创新方式整合资源突出转化做好统战理论研究及调研工作；发挥优势积极引进招商引资等重点工作领域取得了许多新成效，扩大了统战工作积极有为的社会影响，树立了统战工作科学发展新形象。信息工作量化考核名列全省统战系统亚军，被省委统战部表彰为全省信息工作一等奖，统战理论研究及调研工作连续8年获得优秀组织奖，是全省唯一获得此项殊荣的州（市）。

【2010商务考察彝州行活动暨招商引资项目推介会】　2010年1月30日，泰国清迈商务考察团及30多位侨商企业家赴楚雄州进行商务参观考察，并参加了楚雄州举行的招商引资项目推介会。省政协副主席、九三学社云南省委主委曾华，泰国清迈府府尹阿蒙潘·尼玛南，省委统战部副部长、省侨联党组书记童凤华，省侨联主席钟乔光，州委常委、州委统战部部长任锦云等领导出席推介会。会议推介了楚雄州重点招商项目，并就双边贸易、旅游投资等领域进行了初步协议；推介会后州人民政府与泰国清迈府还举行了双方会谈。

【民主党派工作座谈会】　2010年2月4日，全州民主党派工作座谈会召开。会议传达了全省民主党派工作座谈会精神，听取了州级各民主党派思想建设和组织发展工作情况汇报。会议要求，各民主党派要认真贯彻民主集中制，突出重点，积极探索有效途径，把加强思想建设、组织建设工作摆上重要议事日程，认真学习贯彻中国特色社会主义理论体系，践行中国特色社会主义核心价值体系，围绕中心工作，积极建言献策、参政议政，完善工作制度，进一步促进多党合作事业健康发展，共同促进全州经济社会又好又快发展。

【“九校楚合作”项目工作】　2010年3月12～15日、7月13～17日，中共楚雄州委常委、州委统战部部长任锦云率领州委统战部、州委政策研究室、州畜牧局等相关部门负责人赴北京就“九校楚合作”项目推进中的有关重要事宜向九三学社中央领导作了2次专题汇报，并取得3个方面的成果。使九三学社中央进一步了解“九校楚合作”以来合作项目推进情况，合作得到了九三学社中央领导的肯定和支持；促成了全国人大副委员长、九三学社中央主席韩启德赴楚调研“九校楚合作”；为楚雄成立九三学社州级地方组织奠定了基础。

8月20日，参加国家科技部2010年国际沼气技术研讨会的美国、英国等8个国家的30多位科学家、专家组成的专家团，到楚雄市明宏公司考察楚雄州绿色环保经济畜牧产业集群示范园区建设项目。专家团查看了楚雄州绿色环保经济畜牧产业集群示范园区建设情况后，与公司负责人和科技人员进行了交流和探讨，肯定和高度评价了该项目在大型沼气综合利用、节能减排、发展低碳现代农业循环经济领域取得的先进成果，对进一步优化技术组合、提高沼气利用率提出了许多意见，并表示今后将在人才、技术等领域进一步开展交流合作。

【承接第七届世界云南同乡联谊大会会旗】　2010年4月28～29日，楚雄州人民政府分管领导率州委统战部、州侨办、州侨联、州招商局等部门负责人一行组成接旗组，赴临沧市参加第六届世界云南同乡联谊大会，并以第七届世界云南同乡联谊大会承办方的名义承接大会会旗。大会决议第七届世界云南同乡联谊大会在楚雄州召开。接旗组代表中共楚雄州委、州人民政府接受世界云南同乡联谊大会会旗，并热情邀请出席大会的领导、同乡代表、海外嘉宾前来参加2012年楚雄第七届世界云南同乡联谊大会。

【承办云南省民主党派工商联社会服务工作研讨会】　2010年11月23～24日，由中共云南省委统战部主办，中共楚雄州委统战部承办的云南省民主党派、工商联社会服务工作研讨会在楚召开。省委常委、省委统战部部长黄毅出席会议并作讲话。省政协副主席、民盟省委主委倪慧芳，省政协副主席、民进省委主委罗黎辉，省政协副主席、农工党中央副主席、农工党省委主委陈勋儒，致公党省委主委刘富兴，省政协副主席、九三学社省委主委曾华等领导出席会议。会上，各民主党派省委、省工商联负责人就社会服务工作取得的成绩和经验作了交流发言，并提出意见建议。会议向全省各民主党派、工商联各级组织和广大成员提出了社会服务倡议书。与会人员参观了市明宏公司、农工诊所、太阳药业等。

【民主党派工商联工作】　举办“滇中城市群发展2010·楚雄论坛”。2010年11月9日，邀请民建中央和民建省委在楚雄举办了“滇中城市群发展2010·楚雄论坛”，民建专家对楚雄在滇中城市群中如何抢抓机遇、明确定位、科学发展以及加快楚雄滇中经济圈新的增长极和滇中楚雄特色大城市建设提出了许多宝贵的咨询意见。

对滇中楚雄特色大城市规划建设情况及征地拆迁安置问题进行调研。12月4～11日和28～29日，中共楚雄州委统战部组织各民主党派、工商联及楚雄市委统战部有关负责人组成调研组，先后2次深入楚雄市鹿城镇、东瓜镇的9个社区（村委会），对滇中楚雄特色大城市规划建设和征地拆迁安置问题进行调研。调研组历时10天，召开了1个情况通报会、13场调研座谈会，参加6个培训班（会）和1个调研情况反馈会，深入100多户群众家中走访，形成了具有针对性的调研报告，向州、市党委、政府提出肯定性意见4条和下步工作建议12条，指出存在的主要问题5个，调研工作及提出的意见建议得到了州、市党委、政府充分肯定，为滇中楚雄特色大城市建设工作的顺利推进提供了有效参谋咨询服务。

召开“十二五”规划建议征求意见座谈会。12月18日，楚雄州召开各民主党派、工商联和无党派人士座谈会，专题听取各民主党派、工商联及无党派人士对《中共楚雄州委关于制定楚雄州国民经济和社会发展第十二个五年规划的建议》的意见和建议。7家民主党派的14名主副委、8名州工商联会员以及14名无党派代表人士分别发言并提出了一些意见和建议。

【对台和海外交流交往工作】 2010年，中共楚雄州委统战部认真贯彻落实胡锦涛总书记在纪念《告台湾同胞书》发表30周年座谈会上重要讲话精神以及全省对台工作会议精神，抓住两岸关系发展的有利时机，发挥亲缘和地缘优势，努力做好对台招商引资和经贸文化交流；做好楚雄州教育参访团等2批次29人赴台交流的服务，共接待海外媒体及台湾各类来访人员100余人，加强楚台交流交往；走访慰问台胞、台商、台资企业；做好凝聚侨心、汇集侨智、发挥侨力、维护侨益的工作，加强与港澳台及海外社团、相关人士，以及省内外归国华侨代表人物及相关人士的交友联谊。发挥海外联谊会作用，密切同港澳社会各界的联系，推动楚雄同港澳地区的交流与合作；引进海外资金，捐资助学，全年共争取海联小学1所、明德小学指标9个5所；做好黄埔同学会中生活困难人员的统计上报和补助金发放工作。

［杨春华］

政策研究

【重要文稿起草】 2010年，中共楚雄州委政策研究室把中央和省委精神与当地实际紧密结合，把州委的工作意图贯穿到文稿起草的全过程，提高各类文稿的思想性、指导性，发挥好综合文稿为州委、州人民政府决策服务的作用。起草好《州委七届八次全会报告》。七届八次全会是“十一五”末“十二五”初召开的一次重要会议，全会报告认真总结“十一五”期间，特别是2010年的工作，认真分析面临的形势和存在的问题，提出了全州“十二五”的各项奋斗目标，部署2011年全州经济社会发展的各项工作。起草好《中共楚雄州委关于制定楚雄州国民经济和社会发展第十二个五年规划的建议》，为制定楚雄州“十二五”规划提供依据。起草好州委、州人民政府领导的讲话稿。认真做好州委主要领导在全州各种重要工作会议上讲话稿的起草工作，承担州委及州委领导在全州创先争优活动中向上级党组织和领导的有关汇报材料、在全省有关会议上的交流发言和全州有关会议上讲话稿的草拟；起草了全州农村工作会、下派新农村建设工作队总结表彰大会暨欢送新农村建设指导员电视电话大会、全州中低产田地改造工作会等涉农会议州委、州人民政府领导讲话材料。起草好各类汇报材料。起草了中央、省委、省人民政府领导到楚雄州视察、检查工作的汇报材料。认真起草好重要政策文件稿。起草了州人民政府《关于楚雄州“十二五”期间推进城乡统筹发展的实施意见》、《加快村级（社区）集体经济发展的实施意见》、《关于在新农村建设中加强现代特色民居建设的意见》等重要政策性文件（草案）。

【调查研究】 2010年，中共楚雄州委政策研究室认真履行“调查研究、参谋咨询”职能，积极组织人员对统筹城乡发展、楚雄州“十二五”发展系列问题、和谐社区建设、统一战线服务科学发展、生物质能源开发、发展壮大村级集体经济等问题进行了专题调研，形成了《楚雄州2009年外贸逆势增长的调查与分析》、《楚雄州和谐社会建设与管理情况的调研报告》、《楚雄州农村民居建设情况调查》、《楚雄州统一战线服务科学发展的调研报告》、《楚雄州生物质能源开发利用调研报告》、《省内发达地区推进统筹城乡发展调研报告》、《楚雄明宏公司发展低碳循环经济调查》、《楚雄州建立新型农村社会养老保险制度试点工作调研报告》、《抓住工业园区建设的机遇，把土官建设成为统筹城乡发展试验示范区》、《楚雄市征地拆迁安置情况的专题调研报告》等有一定质量的调研报告。聚合社会研究力量对事关全州改革发展大局的重大问题进行专题调研，形成了《楚雄州“十二五”规划基本思路初步设想及周边州市“十二五”规划基本思路比较研究》、《楚雄州“十二五”规划指标体系研究》和《楚雄州“十二五”经济社会发展阶段性特征初探》专题调研报告，为楚雄州“十二五”规划的制定提供了较好的参考。

【重点课题研究】 2010年，中共楚雄州委政策研究室紧贴州委工作思路，围绕州委中心工作，组织开展重点课题研究。

组织开展了《楚雄滇中特色大城市建设的调查与思考》重点课题研究。课题报告在认真总结楚雄滇中特色大城市建设的做法、成效和存在问题的基础上，提出了要加快楚雄滇中特色大城市建设。

组织开展了《楚雄州保障农民工工资支付工作》重点课题研究。年内，全州上下形成了“主要领导亲自抓、分管领导具体抓、责任部门认真抓”的农民工工资清欠工作新格局，各级政府均成立了农民工工资清欠工作领导小组，确定了部门清欠负责人和联络员，制定了工作实施方案，开展了专项执法，保障农民工工资支付的长效机制正逐步建立并不断完善，一大批拖欠农民工工资的问题得到了及时解决，既维护了农民工群体的合法权益，又增进了彝州的和谐稳定。但也还存在着农民工管理难、维权难、项目资金到位率低等问题。针对这些问题提出了要加强宣传，增强社会、企业和农民工的权益保障意识；要引导建立劳务企业，建立建筑劳务分包制度，农村富余劳动力有序、有效的转化途径，研究对农民工的多种管理方式；要强化监管，规范建筑市场秩序，强化建筑市场管理，建立维权绿色通道，拓展农民工维护自身权益的渠道；要加大清理拖欠工程款力度；要狠抓《工资支付管理办法》的宣传和贯彻落实。

完成了《楚雄州“十二五”期间推进城乡统筹发展研究》重点课题研究。在认真分析研究“十二五”期间推进城乡统筹发展的基础与面临的形势后，提出“十二五”期间推进城乡统筹发展的指导思想、基本思路、工作原则、基本途径和工作重点。

组织开展了《滇中城市经济圈协调发展之楚雄发展问题》重点课题研究。州委政策研究室对如何抓住《云南省城市经济圈区域协调发展规划》（2009年~2020年）实施给楚雄州带来的重大机遇，对接滇中城市经济圈、借势滇中城市经济圈、融入滇中城市经济圈，实现跨越发展，提出：一是发展思路对接。对接滇中城市经济圈的总体发展应坚持资源共享、优势互补、错位发展原则。对接的主要内容：发展规划方面的对接，基础设施建设方面的对接，产业发展方面的对接，旅游文化方面的对接，内外贸方面的对接。二是合作理论研究。三是合作机制建立。建立区域合作组织框架，“州市长联席会议”制度，部门间、行业间合作协调机制，各州（市）政府经济协作职能部门为区域合作日常联络办事机构，适时设立滇中四州（市）区域合作联络处。四是合作政策研制。重点要研究制定促进资源共享、政策定区域错位发展、产业跨区整合政策。五是合作领域选择。从农业、工业、商贸流通、旅游等方面展开全面合作，促进楚雄融入滇中城市经济圈，实现跨越式发展。

组织开展了《双柏县推进绿色经济示范县建设》重点课题研究。双柏县立足于得天独厚的资源禀赋，深入实施“生态强县”战略，积极培植绿色产业，发展绿色经济，力争建成绿色经济示范县，在全州乃至全省发挥绿色经济发展的示范带动作用。2010年，州委政策研究室调研组对双柏县建设绿色经济示范县工作进行了专题研究，研究表明：双柏县发展绿色经济成效明显，现代林业建设步伐加快，水电产业开发势头迅猛，生态农业发展提质增效，特色城镇建设有序推进，文化旅游产业起步良好。双柏县建设绿色经济示范县，既面临难得的机遇，又有得天独厚的资源禀赋，还有较好的产业基础，但也还有不少制约因素，主要是：基础设施建设薄弱，支撑绿色经济发展的大项目少，经济总量不大，自我发展能力弱，改革创新精神需要进一步增强。因此，要有一个好的目标思路来引领，一个好的规划来指导，一批好的项目来支撑，以改革创新的精神来推动双柏县绿色经济示范县建设工作。

【《楚雄政研》编辑】　《楚雄政研》自2009年创刊以来，始终坚持正确的办刊导向，在文章编发上严把关，在栏目设置上求特色，在版面设计上求新颖，提高刊物的思想性、前瞻性和可读性。2010年，刊发6期，总发行12期，刊出文章50余篇，累计50万余字，为楚雄州广大党员干部了解掌握中共楚雄州委、州人民政府重大决策部署、理论探讨、工作交流搭建了良好的平台。

［高琳燕］

保密工作

【保密工作概况】　2010年，楚雄州国家保密局认真贯彻落实胡锦涛等中央领导同志关于加强保密工作的指示精神，紧紧围绕中共楚雄州委、州人民政府的工作大局，紧密结合全州实际，加强教育培训，加强技术防范，严格管理制度，加大查处力度，强化领导责任，全面提升保密工作科学发展能力，确保了党和国家秘密在楚雄州的安全，为全州经济社会又好又快发展提供了积极的服务保障。

开展保密警示教育活动。年内，州国家保密局在全面组织全州“五五”保密法制宣传教育自检自查、深入开展学习宣传贯彻新《保密法》工作中，及时转发了《云南省政府信息公开门户网站泄密事件情况通报》、《云南省2009年泄密情况通报》，创办楚雄州《保密提醒》，动态转发上级有关泄密案情通报，及时向全州县以上机关干部进行传达学习。全年累计开展警示教育活动136场，参加活动教育1.36万次，其中厅级55人次，处级900人次，科级1200人次。

学习贯彻新《保密法》活动。州国家保密局在《保密法》修订草案公布后，迅速组织全州保密专职干部学习讨论，向全国人大常委邹萍提供了修改建议。8月26日，州委保密委发出了开展集中学习宣传活动的通知。9月1日，州委常委、州委秘书长、州委保密委主任到州国家保密局调研，要求全州保密组织迅速掀起学习贯彻《保密法》宣传活动的高潮。9月2日，州委常委、秘书长、州委保密委主任在《楚雄日报》上发表了《认真学习宣传贯彻〈保密法〉　推动全州保密工作创新发展》。同时，及时召开动员会，组织全州保密专职干部参加了省内的培训，在州内组织了两天16学时、124人参加的州级机关骨干培训班。州、县（市）各单位采取了召开专题会议、举办专题讲座培训、在网站登载学习文章、出黑板报等多种形式，广泛深入地开展了学习宣传活动。全州组织专题培训14场1505人，开展学习宣传活动900多场次，参加活动3.02万人，其中厅级领导38人，处级1100人，科级7100人。

【国家统一考试保密管理】　2010年，楚雄州国家保密局积极主动地参与各类国家统一考试的保密管理工作。抓考前培训。3月11日，在全州招生考试工作会议上就做好各类教育招生考试的保密工作进行了专题培训。多次深入基层检查，组织招考人员培训。高考前，州保密局领导率队对全州11个试卷保密室进行了检查；中考前，州保密局领导对参加中考出题入闱人员进行了严肃的保密谈话，派出工作人员帮助州教育局完成了入闱出题期间的保密监督工作；中考期间，配合州教育局先后对南华、姚安、大姚、永仁4县13所中学的中考保密工作进行了突击抽查，督促全州完全中学全部重点新配备标准保密柜。州、县（市）保密局派人直接参加了各类教育统一考试试卷的保密监督管理和服务工作，试卷存放期间组织了多次抽查，保障了全州各类教育统一考试工作的顺利进行。州、县（市）保密部门还认真做好其他各类统一考试的保密管理工作。全年保密系统派人参加统一考试工作103次，累计参加保密监督检查和保密服务650个工作日，其中州保密局参加20次，保密监督检查和服务120多个工作日。4次为州委组织部、州人事局、州财政局等单位提供试卷保管服务，全天候值班45天，确保了各次考试工作的顺利进行。

【加强保密技术防范】 2010年，楚雄州国家保密局认真组织保密技术工作。加强对计算机网络建设的检查指导服务。先后对州委组织部的“大组工网”建设，州人大、州纪委、州司法局等单位的系统网建设，从方案设计、评估，到施工做到提前介入，全程参与给予保密技术指导服务。突出加强对州属及驻楚重点涉密单位技术指导和检查工作。对州属及驻楚单位进行了保密技术指导，特别是对州委办、州政府办、州人大办、州委组织部等30多个重点涉密单位的指导检查，共检查562台计算机及相关存储介质，发现隐患50台，整改50台。同时帮助楚雄市、楚雄经济开发区管委会、姚安县、州委610办公室和州纪委监察局所属系统开展了保密技术检查，对发现问题，及时提出督促整改，杜绝了泄密事件的发生。各县（市）保密局也积极开展了保密技术检查和指导，全年共检查指导和业务咨询615个单位，检查上网计算机7284台，发现隐患102台，督促整改102台。继续开展保密技术专题教育。在多次保密教育培训中，重点开展了做好信息化条件下保密技术防范工作的培训。全州累计开展保密技术专题教育50场次，2100多人参训。

【加强保密管理】 2010年，楚雄州国家保密局积极主动开展了保密检查督促工作，加强了保密管理，对发现隐患，及时要求整改，有效堵塞了泄密漏洞。根据相关规定，制定了《突发泄密事件应急处置预案》，对保密突发事件应急处置工作作了统一规范。州、县（市）属单位还根据新《保密法》的要求对现有的保密规章制度进行了清理和完善。全州上下开展了定期或不定期的保密检查，共检查575个单位，发现隐患46件，督促整改46件。认真组织了涉密载体清理情况检查。根据中央保密委员会的统一安排，州国家保密局牵头组织全州公安、工商、信息产业等部门开展了涉密载体清理检查，并在规定时限内向省上作了专题报告。同时，还积极配合省保密局对楚雄州及楚雄市、姚安县涉密载体清理工作情况进行检查。及时进行保密提醒。在开展保密检查中，对发现的隐患，及时约见了州、县（市）60多个部门的负责人，对其进行了保密提醒，帮助其找准工作中存在的薄弱环节，指导他们采取必要措施加强了保密防范。

年内，州国家保密局和10县（市）国家保密局积极为相关部门送审的264部（册）1750.5万字的稿件进行保密审查。其中州国家保密局审稿21部（册）446万字，10县（市）国家保密局审稿243部（册）1304.5万字。同时，州国家保密局还对4个网络工程进行了保密审查，为相关单位提供了保密审查意见。

【涉密文件清退和废旧文件资料收集销毁工作】 2010年，全州保密部门继续加强对废旧文件资料的收集销毁和涉密文件清退工作，有效地防止了泄密事件的发生。州、县（市）国家保密局严格按照上级部门的通知要求，对中央、省委和州委下发的涉密文件进行了清退；积极配合省国家保密局完成对州国家保密局和楚雄市、姚安县的涉密载体检查工作。全州累计收集销毁了废旧文件资料55.1吨。其中州国家保密局收集销毁了13.05吨，10县（市）国家保密局收集销毁34.1吨。

［白宝珍］

机关党建

【州直机关党组织概况】 2010年，中共楚雄州委州直机关工委对所属7个党委、3个总支、38个支部进行了换届选举；按照发展党员“十六字”方针，共发展党员50人，办理预备党员转正62人。到12月31日统计，州委州直机关工委下辖基层党委21个、党总支17个、党支部238个（其中直属支部39个）。共有党员4321人，其中正式党员4244人，预备党员77人；男性党员3239人，女性党员1082人；少数民族党员923人。党员年龄结构：35岁及以下党员842人，36～45岁党员1070人，46～54岁党员1005人，55～59岁党员317人，60岁及以上党员1087人。党员学历结构：研究生118人，大学本科1874人，大学专科1087人，中专305人，高中、中技203人，初中及以下734人。2010年度转入党员144人，转出49人，出党3人，死亡34人。新发展党员50人中，少数民族11人，妇女20人，35岁及以下36人，大专以上文化程度42人。

【思想建设】 2010年，中共楚雄州委州直机关工委进一步加强思想建设，工作取得了明显成效。

开展党员政治理论学习。认真落实理论学习中心组制度、基层党组织“三会一课”制度、党员干部定期学习制度，积极探索更加务实管用、灵活多样的学习教育方法。通过开辟网上学习专栏、创办《楚雄机关党建》、开展党员电化教育等形式，建立机关党建学习教育体系，构筑机关党员学习、工作经验交流平台。州直机关各级党组织全年共组织上党课174场次，参加党员人数6600多人次，组织党员观看电教片167场次，参加党员5000多人次；为所属党组织党员订阅《党课》、《支部生活》、《党建文汇》等党报党刊及各类学习材料7000多册。

办好“彝州机关先锋讲堂”。制定《“彝州机关先锋讲堂”管理办法（试行）》，高规格、高标准办好“彝州机关先锋讲堂”，全年共举办4期。邀请省州领导、专家及知名教授就贯彻十七届四中全会精神、中国公共危机管理和媒体应对、楚雄滇中特色大城市建设和学习贯彻党的十七届五中全会精神等作专题讲座，州直机关和10县（市）近3000名机关党员聆听了讲座。

创办《楚雄机关党建》。以“传递党建信息、搭建交流平台、指导机关党建、服务彝州发展”为宗旨，升级改版《楚雄机关党建简讯》，创办了内部连续性报刊资料《楚雄机关党建》，全年编发7期。

组织开展网上学习和考试。以楚雄机关党建网站为平台进行升级改版，开辟“网上党校”和相关学习专栏，组织党员参加网上在线学习考试。下发《州直机关在职党员网上学习和考试制度（试行）》，对党员网上在线学习考试提出具体要求，以考促学，以考验学，促进学习型党组织、学习型机关建设。

【组织建设】 2010年，中共楚雄州委州直机关工委注重组织建设工作，并取得了一定成绩。

举办第15期入党积极分子培训班。于4月19～23日举办了第15期入党积极分子培训班，州属59个单位的280多名入党积极分子参加了培训。不断提高他们的思想政治素质和业务水平，从源头上提升机关党员素质。

优化调整机关党组织设置。坚持围绕中心、服务大局、拓宽领域、强化功能的方针，合理调整和探索改进机关党组织设置，积极整合和科学配置机关党的组织资源，使机关党组织更加有效地开展党的活动和发挥应有作用。年内，调整成立州财政局机关党总支和州工商联机关党总支，将会计师事务所党支部和各商会党支部归口管理，进一步理顺了党组织关系，优化了党组织设置，“两新”组织党建工作得到进一步加强。

党组织换届选举工作。全年工委所属7个机关党委、3个机关总支、38个支部进行了换届选举；帮助指导新成立党组织做好工作，选配补齐基层党组织班子，选好配强基层党组织书记，新成立10个机关党委、1个机关党总支、1个党支部，1个直属机关党委、1个直属机关党总支、4个支部班子成员进行了补选。

发展党员工作。严把发展党员入口关，坚持发展党员培训制、团组织推荐入党积极分子制度，实行发展党员公示制、预审制和票决制，坚持按规定程序和要求发展党员。全年共发展党员50人，办理预备党员转正62人。

流动党员管理。在做好信息采集的基础上，督促指导相关党组织建立流动党员台账，《流动党员活动证》办证率达到100%。所在党支部按要求加强对流动党员的联系、沟通和管理，及时掌握外出和外来流动党员基本情况，将外来流动党员编入基层党组织并组织参加党的组织生活。

党组织及党员信息化管理工作。做好党组织及党员信息库维护和管理工作的同时，于12月8日举办了州直机关党组织《中国共产党基本信息管理系统》应用操作培训班，对州直各机关党组织负责党内信息管理、维护及统计的70多名党务干部进行了培训，确保了2010年度党内统计工作顺利完成。

开展州直机关党组织领导班子成员“公推直选”试点工作。认真贯彻落实州委组织部《关于在全州部分基层党组织中开展领导班子成员公推直选试点工作的实施意见》，结合州直机关党组织实际，于10月初至11月初在州统计局党总支、州工商局机关党委、州民政局机关党委、州青山嘴水库工程建设管理局党支部、州计生委党支部等党组织中开展基层党组织领导班子成员公推直选试点工作。工委加强工作指导，试点工作取得实效。

学习贯彻新《条例》。以学习贯彻新颁布和实施的《中国共产党党和国家机关基层组织工作条例》为契机，通过组织学习考试、举办培训班等形式抓好学习宣传，召开联系会、座谈会等形式开展调查研究，广泛征求意见，结合机关党建工作实际，起草了楚雄州贯彻《条例》实施细则，对关系机关党建工作的重点和关键问题作出明确规定，为不断提升州直机关党建工作科学化水平奠定坚实基础。

举办第18期州直机关党组织书记培训班。于9月28～30日举办了第18期州直机关党组织书记培训班。培训班邀请了州委领导和有关专家就学习贯彻《中国共产党党和国家机关基层组织工作条例》、党务公开和公推直选有关业务、党组织换届选举和发展党员工作程序、如何搞好机关创先争优活动、如何搞好城乡基层党组织互帮互助活动等做专题辅导。州直各机关党委、总支、直属支部的200多名党务工作者参加了培训。

组织机关党务干部学习培训。于10月和12月分别组织了29名机关党务干部分别到清华大学和中国人民大学苏州国际学院进行领导力提升学习培训，促进其知识更新、思路拓展和眼界开阔，提升党务干部做好机关党建工作的能力。

【制度建设】 2010年，中共楚雄州委州直机关工委强化制度建设并取得了一定成效。

开展党员民主评议。坚持基层党组织民主评议党员制度，按照“云岭先锋”工程党员“五带头”要求，围绕巩固和发展保持共产党员先进性教育活动成果，以党员教育为重点对全体党员进行评议。及时妥善处置不合格党员，纯洁党员队伍。年内，州直机关4304名党员参加评议，4238名党员评议为合格，143名党员受到所在党组织表彰。

推行机关党务公开。贯彻落实中共中央办公厅《关于党的基层组织实行党务公开的意见》，在州直各机关党组织中推行党务公开。进一步拓宽党员反映情况、表达意愿的途径和方式，规范党务公开的内容、形式和程序，健全党内通报、情况反映、重大决策征求意见和参与党内事务的渠道，认真落实党员权利保障制度，发挥党员在党的事务中的参与、管理和监督作用，切实保障党员的知情权、参与权和监督权。州直各机关党组织年内公开事项550多项。

落实机关党建工作责任制。加强对落实机关党建目标责任制的督促检查，于9月下旬开展了机关党建工作责任制落实情况半年督查调研工作，工委领导及干部分成5个督查调研组，深入到所联系的基层党组织督促指导，确保党建工作目标责任制各项工作落到实处。受州委委托，于12月抽调人员组成15个组，对州级部门党组抓基层党建工作和州直机关党组织执行机关党建目标责任制情况进行检查考核，及时兑现考核奖励。

开展机关党建工作分组联系和分类指导。建立健全工委分类指导和分组联系机关党建工作制度、工委委员分组联系指导基层党建示范点工作制度，明确联系范围及方式，工委领导、干部职工及工委委员每年定期深入到联系点开展分类指导，加强业务指导和督促检查，充分发挥对全州机关党建工作的牵头协调作用，促进机关党建工作的开展。

【党建主题活动】 2010年，中共楚雄州委州直机关工委积极开展党的建设主题活动并收到成效。

召开州直机关纪念中国共产党成立89周年暨表彰大会。7月30日，州直机关纪念中国共产党成立89周年暨表彰大会在州公务中心举行。会上对州直机关47个先进基层党组织、98名优秀共产党员和45名优秀党务工作者进行表彰奖励。州党政有关领导出席大会，并为受表彰的先进集体和先进个人颁奖。州直各机关党组织书记（副书记）、党办主任、受表彰人员等280余人参加大会。

举办“爱岗敬业、创先争优”主题演讲比赛。结合创先争优活动的开展，组织开展州直机关“爱岗敬业、创先争优”主题演讲比赛。州直各机关党组织共推荐了28名选手参加州直机关工委举办的初赛。选手围绕“爱岗敬业、创先争优”这一主题，结合自己的工作性质、行业特点、岗位实际、亲身经历和身边的感人事迹，生动形象地诠释了爱岗敬业、创先争优的深刻内涵。经过角逐，13名选手分获一二三等奖，5名选手参加州级比赛并获佳绩。

开展“机关好党课”竞赛。从7月开始，州直机关工委在所属机关党组织中开展了“机关好党课”竞赛活动，并于11月18日，组织“机关好党课”竞赛决赛。州直机关各级党组织共选送25篇教案参赛，6名参赛选手分获一、二、三等奖，5篇参赛教案评为优秀教案。组织了近200名机关党员现场听讲，以此方式促进党课方式的创新，增强党课的吸引力，营造学习的良好氛围。

城乡党建统筹工作。按照“八个一”的要求，认真组织开展城乡基层党组织互帮互助活动。州直机关党组织全年开展调研并形成调研报告71个，帮助解难题办实事220多件，帮扶制定规划167个。帮助建设党员活动室59个，63%活动场所配备了党员学习教育设施。培养入党积极分子271名，发展新党员138名，培养党员致富先锋438户。争取发展项目199个，结成党员互帮互助对子1483对，开展城乡基层党组织互帮互助活动投入累计达到1500多万元，其中党员个人捐款60多万元。州直机关工委还完成了州委组织部安排的楚雄州统筹推进城乡基层党建工作区域化问题专题调研。

深入开展创先争优活动。围绕“推动科学发展，构建和谐机关，服务人民群众，提高机关效能，加强基层组织”总体目标，以“走前头、当先锋、作表率”主题实践活动为载体，充分履行好工委牵头、协调、指导和服务职责，加强组织领导、深入宣传发动、精心制定方案的基础上，突出抓好“党员亮身份、公开践承诺”主题实践活动、基层党建工作示范点创建工作和领导点评等工作，突出抓好对创先争优活动的督促检查考核和信息宣传工作，在提升服务水平、发挥带动作用、落实工作责任、扩大活动影响上创先争优，以更加贴切的活动主题、更加丰富的活动内容、更加有效的活动载体、更加多样的活动形式，把开展创先争优活动同服务中心工作和部门业务工作相结合，使之相互促进、协调推进，确保了州级各部门创先争优活动取得实实在在的成效，得到了州委和上级工委领导的肯定。中央直属机关工委主办的《中直党建》杂志2010年第12期刊发了楚雄州直机关创先争优活动的经验和做法。

深化“三提升”行动计划。结合开展工委创建学习型机关示范点活动，继续深入实施“三提升”行动计划。围绕干部提升素质，完善学习考勤制度，严肃学习纪律。围绕工作提升水平，开展“多读书、读好书、善读书”和“荐好书、荐好文、荐好句”活动，提升干部素质。开展党员干部“结对两找”评议活动，营造互相学习、取长补短、共同提高的和谐环境。开展“机关党建大家谈”和“我为工委献良策”活动和机关党建工作创新成果评比活动，形成善于贯彻落实、勇于开拓创新的良好氛围。围绕机关提升形象，开展工委科室年度综合考核，推动工作创新发展。

［郑曙霏］

企业党建

【企业党建工作会】 为认真学习贯彻党的十七届四中全会和全州组织工作会议精神，总结回顾2009年企业党建工作，部署2010年企业党建工作任务，2010年4月16日，全州企业党建工作会议在州会务中心举行。各县（市）委组织部部长、组织股长，县委企业工委书记，州属相关党（工）委书记，有关部门领导，第一、二批非公企业党建工作指导员，州属企业党组织书记等180多人参加了会议。州委常委、州委组织部部长徐昕出席会议并作了《开拓进取，务实创新，不断推动全州企业党建工作再上新台阶》的讲话。

4月16日，州委企业工委系统召开

党建工作会议。县委企业工委书记、州委企业工委直属党组织书记、第二批非公企业党建工作指导员共50多人参加了会议。会议总结回顾2009年的主要工作及取得的主要成效，对2010年的党建工作提出了“六个加强、六个新进展”的工作要求。同时，兑现了2009年党建目标责任制考核奖励，签订了2010年党建目标责任书。

【非公有制企业党建工作】　2010年，第一批非公有制企业党建工作指导员任期满后，中共楚雄州委企业工委进行了全面总结，对先进个人给予了表彰。同时，配合州委组织部选派了第二批13名非公有制企业党建工作指导员，并制定了管理规定，加强与指导员的联系，做好有关协调工作。党建指导员切实履行工作职责，经常深入所联系的企业调研指导党建工作，及时解决党建工作中存在的问题，帮助企业解决生产经营中的实际困难，为企业办实事好事，有力地促进了企业党建工作。

【州委企业工委系统创先争优活动】　2010年5月25日，中共楚雄州委企业工委召开全系统创新争优活动动员大会，对开展活动作部署安排。10月11日召开了全系统深入开展创先争优工作交流推进会，及时把会议精神贯彻落实到基层。会上，州委创先争优办公室有关领导到会作指导，云南德胜钢铁公司、汇东实业公司、吕合煤业公司、楚雄州汽车运输公司党委和禄丰黄土坡工人新村居民管理工作站党总支作了经验交流。

积极开展创先争优主题实践活动。州委企业工委结合企业实际，创新活动载体，按照基层党组织“五个好”、党员“五带头”的要求积极开展创先争优主题实践活动。企业党组织以“推动科学发展、构建和谐企业、维护企业稳定、服务职工群众、加强基层组织”为总体目标，按照“创建先进基层党组织”为主要内容开展创先争优活动。党员以“为企业作贡献、为党旗增光彩；争当岗位能手、争当员工标兵、争当守纪模范”的“两为三争当”和“党员亮身份，公开践承诺”主题实践活动为载体，通过设立党员先锋岗、党员责任区、党员承诺制、五星级党员评比、党员突击队等形式充分发挥党组织和党员的作用，使党的先进性得到充分体现。广大党员通过履行承诺，为企业、为党员、为职工办好事实事，体现了党员的先进性，有力地促进了企业的科学发展。据统计，直属基层党组织和党员公开承诺7573件事项，其中为职工群众办实事的承诺事项605件。

创先争优承诺为职工群众办好事实事。企业党组织紧贴职工和党员的实际，关心、爱护、帮助党员，维护职工和党员的合法权益，切实为职工办实事好事，充分调动职工和党员的工作积极性，促进了企业的和谐稳定。云南德胜钢铁公司投资200多万元建盖职工食堂，解决了职工吃饭难的问题；汇东实业公司投资150多万元建盖住房供困难职工无偿居住，吕合煤业公司不断改善职工住房条件，绝大多数职工住上了新房。大多数企业积极努力为职工增加工资，改善福利待遇，帮助困难职工改善生活，并在家属就业、子女上学等方面关心职工，让广大职工享受到创先争优带来的实惠。

创先争优先进典型不断涌现。认真总结宣传先进典型的先进事迹，对在创先争优活动中涌现的一批优秀党员进行了表彰。在涌现出的众多先进人物中，吕合煤业有限公司党委委员、常务副总经理普光荣被州委创先争优办公室列为重点宣传的先进人物，其先进事迹被州新闻媒体作了专题宣传报道。

【创建基层党建工作示范点】　2010年，中共楚雄州委企业工委确定了创建省级基层党建工作示范点云南德胜钢铁公司党委和创建州级基层党建工作示范点楚雄汇东实业公司党委、楚雄州吕合煤业公司党委，同时确定了7个企业为创建州委企业工委示范点。制定各级示范点的创建方案和考核办法，加强对各级示范点的指导。在创先争优活动中，云南德胜钢铁公司、楚雄汇东实业公司和楚雄州吕合煤业公司等一批先进企业党组织开展创先争优活动的经验得到上级的高度重视和充分肯定。

【企业党务干部培训班】　2010年5月25～26日，中共楚雄州委企业工委系统的基层党组织负责人、第二批非公有制企业党建工作指导员共110人参加了楚雄州企业党务干部培训班。州委常委、州委统战部部长任锦云，州委组织部常务副部长李志勇，州纪委副书记胡贵明等领导到培训班讲话和讲课。李志勇代表州干教委、州委组织部对党务干部提出了4点要求，培训取得良好效果。

【楚雄州第九期企业党建论坛】　2010年11月26日，由中共楚雄州委企业工委主办，楚雄交通运输集团公司承办的楚雄州第九期企业党建论坛在交通集团举办，州委企业工委系统党组织负责人和州委派出的第二批非公企业党建工作指导员共70多人参加。楚雄交通运输集团公司党委、楚雄州吕合煤业公司党委、奕标水泥集团公司党委紧密结合企业实际，就学习十七届五中全会精神，转变加快经济发展方式，促进企业科学发展进行了交流发言。州委党校副校长李志昌理论联系实际，结合全州经济发展现状，对学习领会五中全会精神，促进经济发展方式转变作了专题辅导。

【加强企业文化建设】　2010年，全州企业党组织加强企业文化建设，取得了一定实效。开展丰富多彩、健康向上的文体活动，营造良好的文化氛围。云南德胜钢铁公司把企业文化建设融入各种活动中，以大型文艺晚会和演讲比赛等形式宣传企业文化和企业精神，进一步增强企业的凝聚力。楚雄汇东实业有限责任公司党委开展健康向上的职工文艺体育活动和知识竞赛活动。吕合煤业公司把企业文化融入安全生产形成自己的安全文化，坚持每年开展丰富多彩的文化体育活动，培育企业精神，塑造企业良好形象。深化廉洁文化进企业活动。以廉洁文化进班子、进车间、进岗位、进家庭的“四进”和有示范点、有文化活动场所、有宣传栏等“七个有”为标准，紧密结合企业实际开展廉洁文化进企业活动。云南德胜钢铁公司、楚雄州吕合煤业公司设置高质量的企业廉洁文化宣传标牌50多块，为企业文化建设打下坚实基础。

［李星华］

党校教育

【干部教育与培训】 2010年，中共楚雄州委党校坚持“从严治校、从严施教、从严管理”的“三从严”办学方针，继续按照大规模培训轮训干部、大幅度提高干部素质的要求，紧紧围绕州委、州人民政府中心工作、发展战略和建设“经济发展、文化繁荣、生态良好、活力涌现、和谐平安”楚雄的战略目标，紧密结合楚雄州干部队伍的实际，加大教育培训力度，不断创新培训载体，完善教育培训形式，不断拓宽干部教育培训渠道，全方位、大规模开展干部教育培训。全年举办楚雄州领导干部金融知识高级研修班、中青年干部培训班、新农村建设指导员培训班、人民调解员培训班、财政干部培训班、正科实职党外干部培训班、民族理论政策培训班、共青团“青马工程”培训班、妇女干部培训班、农民专业合作组织建设骨干培训班等各类培训班52期，培训轮训各级各类干部1.1万人次。州廉政教育基地共教育培训全州各级各类干部21期，1300余人次。

州委党校严格按照中央党校和省委党校干部学历教育的有关要求，认真做好干部学历教育工作。年内，州委党校毕业离校各类函授班次16个，毕业学员1626人。年末共有在校函授班次4个，在校学员732人。

【政治理论研究】 2010年，中共楚雄州委党校继续按照建设“研究型”、“智囊型”党校要求，坚持“出名品”的科研工作思路，紧密结合彝州党的建设和干部教育培训及党校工作实际，以党建研究所、廉政研究所、州情研究所和科社学会、哲学学会、党史党建学会、市场经济学会为抓手，紧紧围绕州委、州人民政府的中心工作，进一步加强对重大政治理论和现实问题及广大党员干部关注的热点、难点问题的调查研究，提出了一些有针对性的意见建议，为各级领导和学员提供参考。年内，州委党校以党建研究所、廉政研究所、州情研究所和哲学学会、科社学会、党史党建学会、市场经济学会为载体，开展了“中共楚雄州委党校建校60周年理论研讨会”、课题调研等活动，取得了一批科研新成果。年内完成7个科研课题，全校教师撰写186篇理论文章分别在《中共中央党校学报》、《学习时报》、《云南日报》、《中共云南省委党校学报》、《楚雄日报》、《彝州论坛》等各类刊物上发表。《彝州论坛》共编发5期，发行4500册，刊登理论文章142篇，约67万多字。

【政治理论宣讲】 2010年，中共楚雄州委党校充分发挥政治理论宣讲“主阵地”作用，进一步加大政治理论宣讲力度，努力为彝州经济社会又好又快发展提供政治思想保证。州委党校领导带头宣讲，宣讲团成员积极深入全州各级各部门开展宣讲活动，重点宣讲党的十七届四中、五中全会精神、省委八届十次全会精神、州委七届八次全会精神和深入开展创先争优活动等。通过宣讲，帮助广大党员干部提高政治理论水平和实践能力。年内，州委党校领导和骨干教师32人深入机关、部门、企业、学校、农村进行政治理论宣讲辅导242场次，受众达1.79万人次。

【庆祝建校60周年】 2010年，中共楚雄州委党校以编纂《中共楚雄州委党校志》、征文活动、理论研讨会、庆祝大会等形式纪念建校60周年。9月17日，州委党校举行建校60周年庆祝大会。中共云南省委党校党委书记、常务副校长黄顺，省社会主义学院常务副院长彭济生到会祝贺。州委副书记、州委党校校长李兴顺主持庆祝大会。州党政领导任锦云、徐昕、江正荣、朱非、李振华及原州级老领导、州委党校原校长普联和等出席庆祝大会。黄顺、彭济生分别代表省委党校、省社会主义学院对中共楚雄州委党校建校60周年表示祝贺，在充分肯定州委党校60年来所取得成绩的同时，并就新形势下如何办好党校提出了希望。在庆祝大会上，普联和回顾了党校建设和发展历程，并勉励州委党校全体干部职工勤奋学习，努力工作，大胆创新，继续发扬艰苦奋斗的作风，努力提升党校办学水平，为推进彝州科学发展新跨越作出新的更大的贡献。中共曲靖市委党校党委书记、常务副校长张向前，州妇联主席何锡英分别代表州（市）委党校和学员在大会上发言。全省15个州（市）委党校的负责人，州级有关部门和企事业单位负责人，10县（市）委、政府领导，县（市）委党校负责人，州委党校全体干部职工和离退休老同志参加庆祝大会。

9月17日上午，全省州（市）、县委党校校长座谈会在中共楚雄州委党校召开，会议认真学习贯彻中共中央下发的《2010～2020年干部教育培训改革纲要》。全省14个州（市）、全州10县（市）委党校党委书记、常务副校长和州委党校部分中层干部参加了座谈会。座谈会上，与会校长们紧扣《纲要》精神，结合所在州（市）、县实际，就如何贯彻落实好《纲要》精神展开了讨论。

［起发明］

信访工作

【信访工作概况】 2010年，楚雄州各级信访部门办理群众来信来访19715件批次，与上年19332件批次相比上升1.9%。其中办理群众来信8251件（含网上信访2646件，占信访总量的13.4%），与上年7130件相比上升了13.6%；接待群众来访11464批38540人，与上年12202批32680人相比批次下降6.4%、人次上升15.2%。来访中，集体访1436批23459人，与上年1239批16546人相比批次和人次分别上升13.7%和29.5%；个体访10028批15081人，与上年10963批16134人相比批次和人次分别下降9.3%和7.0%。

全州到京非正常上访25批64人，分别为楚雄市3批6人，南华县1批1人，牟定县2批2人，姚安县5批7人，大姚县2批11人，元谋县5批9人，禄丰县7批28人（含省属企业1批22人）。其中重复访13批38人，分别为楚雄市1批4人，牟定县2批2人，姚安县2批3人，元谋县3批3人，禄丰县5批26人。

【矛盾纠纷排查化解】 2010年，全州各级党委、政府紧紧盯住重点领域、重点地区、重点群体、重点人员，有针对性地开展工作，排查化解了大量不和谐因素。全州共排查出矛盾纠纷669件，落实领导包案383件，落实责任单位及责任人453个，已化解328件。其中农村土地征用82件，化解40件；城镇房屋拆迁74件，化解27件；国有企业改制104件，化解19件；涉法涉诉133件，化解53件；企业军转干部2件，化解2件；复退军人9件，化解6件；劳动和社会保障问题124件，化解85件；水库移民问题4件，化解1件；环境保护问题23件，化解15件；干部作风问题11件，化解8件；其他问题144件，化解72件。州信访联席会议办公室共开展重大信访问题排查4次，排查出重大信访问题118件，交办重大信访问题118件。

【处理重大信访问题】 2010年，楚雄州协调处理重大信访案件24件，处理了涉及56批1233人6064.4万元的农民工工资信访案件，办理中央、省及中共楚雄州委、州人民政府领导交办的信访事项125件，复查、复核信访案件74件（复查64件，复核10件）。积极向中央和省争取解决信访问题专项资金200万元，化解特殊疑难信访问题25件。

【大接访大下访活动】 2010年，全州各级领导干部坚持领导干部接访下访活动，使一大批信访问题得到及时化解。全年州、县（市）领导干部共接访1629批4749人。通过开展县委书记大接访活动，使很多信访难案、积案得到有效化解，进一步密切了党群干群关系，使大接访活动收到了实实在在的效果，有力地促进了社会和谐稳定。

【督查督办】 2010年，楚雄州信访局对重点交办的信访事项、领导批办案件、到省进京上访案件加大了督促检查，对办理情况进行通报。全年，“两办”共印发办理情况通报4期，州信访联席会议办公室印发重大信访问题专报104期，州信访局印发督办专报93期，使每位州级主要领导、分管领导，县（市）领导掌握辖区信访动态，及时对重大信访事项作出批示，促进了信访问题的解决。

［李有清］

楚雄彝族自治州人民代表大会常务委员会

重要会议

【楚雄州第十届人民代表大会第五次会议】 2010年2月24～28日，楚雄州第十届人民代表大会第五次会议在楚雄召开，应出席会议代表336人，因事因病请假6人，实到会代表330人。大会主席团由49人组成，分别由州十届人大常委会组成人员29人、是州十届人大代表但不是政府组成人员的州委常委8人、州政协主席候选人1人、各代表团团长9人、州级老领导代表2人构成。邓先培、卢显林、江正荣、杨应旭、张启俊、何根源、杨静、陈长来为主席团常务主席，江正荣兼任秘书长。大会设经济审查委员会、财政审查委员会、议案审查委员会、《云南省楚雄彝族自治州公路条例》（草案）审查委员会和秘书处等工作机构。会议法定列席22人，决定列席93人，邀请列席5人；批准祝发友等15位公民旁听会议。大会听取和审查了州人民政府《工作报告》、《楚雄州2009年国民经济和社会发展计划执行情况的报告与2010年国民经济和社会发展计划（草案）的报告》、《楚雄州2009年地方财政预算执行情况和2010年地方财政预算（草案）的报告》、《楚雄州人大常委会工作报告》、《楚雄州中级人民法院工作报告》、《楚雄州人民检察院工作报告》和《云南省楚雄彝族自治州公路条例（草案）》的说明，并对政府、计划、财政、人大、法院、检察院6个报告作出了相应的决议。会议补选李佳为州十届人大常委会副主任，补选李志勇、郭孝益、刘文跃、鲁维生（彝族）、杨晓燕（女、傣族）为州十届人大常委会委员。会议上，代表10人以上联名提出的议案52件，经大会议案审查委员会审查报大会主席团审议，决定列为议案4件：《关于加快推进楚雄市建设滇中特色大城市步伐的议案》（第3号）、《关于加大城乡饮水安全工程建设力度的议案》（第5号）、《关于加强彝州特色民居建设的议案》（第6号）、《关于进一步加大对楚雄滇中特色大城市建设发展支持力度的议案》（第44号）（其中第3号、第44号议案合为一案），交由州人民政府办理。其余48件议案转为建议、批评和意见办理。此次会议还收到代表建议、批评和意见120件。

【楚雄州十届人大常委会会议】 2010年2月1～2日，楚雄州第十届人大常委会第21次会议举行，会议听取和审议了州人民政府《关于楚雄州体育事业发展情况的报告》、《关于楚雄州民族团结示范村建设情况的报告》，听取了杨应旭对《云南省楚雄彝族自治州公路条例》（草案）的说明、州人大常委会民族工作委员会对《楚雄彝族自治州人民代表大会及其常务委员会自治法规制定办法》（草案）的说明；听取了州人大常委会教科文卫工作委员会对州人民政府《关于楚雄州体育事业发展情况的报告》的初审意见、州人大常委会民族工作委员会对州人民政府《关于楚雄州民族团结示范村建设情况的报告》的初审意见；审议了《楚雄彝族自治州人民代表大会及其常务委员会自治法规制定办法》（草案）、《云南省楚雄彝族自治州公路条例》（草案）；听取和审议了州十届人大常委会代表资格审查委员会主任委员何根源关于补选州十届人大代表的资格审查和代表变动情况的报告。会议表决通过了有关决议和意见及李富才、王德云的职务任命，李正才的职务免除。

4月28～29日，州十届人大常委会第22次会议召开。会议听取和审议了州人民政府《关于楚雄州社区卫生服务体系建设情况的报告》、《关于楚雄州宗教工作情况的报告》、《关于楚雄州"7·09"姚安地震恢复重建工作情况的报告》；听取了州人大常委会教科文卫工作委员会对州人民政府《关于楚雄州社区卫生服务体系建设情况的报告》的初审意见、州人大常委会民族工作委员会对州人民政府《关于楚雄州宗教工作情况的报告》的初审意见、州人大常委会农业与环境资源工作委员会对州人民政府《关于楚雄州"7·09"姚安地震恢复重建工作情况的报告》的初审意见；书面审议了《关于组织部分全国和省、州人大代表对楚雄州三年来的公安工作情况进行视察的报告》、《关于组织部分全国、省、州人大代表对楚雄州抗旱救灾工作情况进行视察的报告》。会议表决通过了对政府3个报告的审议意见和王光荣、唐瀚湘、杨智勇、徐学林、王敏、殷庆红、李存新、杨忠祥的职务任命及李佳的职务免除。

5月20日下午，州十届人大常委会第23次会议召开。会议听取和审议了州人民政府关于德钢公司实施节能减排项目情况的报告，表决通过了对报告的审议意见；批准了法玉宾辞去州人民政府副州长职务；决定任命岑化虎为州人民政府副州长、州公安局局长；表决通过了杨仕坤任州监察局局长和法玉宾州公安局局长、李天云州监察局局长职务的免除。

6月28～29日，州十届人大常委会第24次会议召开。会议听取和审议了州中级人民法院、州人民检察院《关于楚雄州办理涉法涉诉信访工作情况的报告》，州人民政府《关于楚雄州节能减排工作情况的报告》和《关于楚雄州集体林权制度改革工作情况的报告》，表决通过了对3个工作报告的审议意见和对李志勇、白忠华、郭孝益、崔荣昆、杨勇职务的任命及杨仕坤、马谷梅职务的免除。会议决定接受杨仕坤辞去州人大常委会委员职务和确认许可对州十届人大代表王强采取强制措施并暂时停止其执行代表职务。

8月19～20日，州十届人大常委会第25次会议召开。会议听取和审议了州人民政府《关于楚雄彝族自治州2009年州本级财政决算的报告》、《关于楚雄州2010年上半年财政预算执行情况的报告》、《关于楚雄州2010年上半年国民经济和社会发展计划执行情况的报告》、《关于楚雄州2009年度州级预算执行和其他财政收支的审计工作报告》、《关于楚雄州域城镇体系规划（草案）的报告》，书面审议了关于对楚雄州贯彻实施《突发公共卫生事件应急条例》情况进行执法检查的报告和《云南省乡（镇）人大主席团工作条例》情况进行执法检查的报告。表决通过了《关于批准楚雄彝族自治州2009年州本级财政决算的决议》、《楚雄州域城镇体系规划（草案）》的决议和2010年上半年财政预算报告、国民经济和社会发展计划报告，2009年度州级预算执行和其他财政收支审计报告的意见；接受樊炳清辞去州人民政府副州长职务，表决通过了孙丹润、蒋华荣、张洪顺、李亚芬、郭曼莉职务的任命和孙丹润、金应富、杨侃职务的免除。

10月26～27日，州十届人大常委会第26次会议召开。会议传达学习了《中国共产党第十七届中央委员会第五次全体会议公报》，听取和审议了州人民政府《关于楚雄州现代烟草农业建设情况的报告》、《关于楚雄州就业工作情况的报告》；书面审议了州人大常委会《关于组织部分全国、省、州人大代表对楚雄州实施中小学校舍安全工程和中小学区域布局调整工作情况进行视察的报告》和关于对楚雄州贯彻执行《中华人民共和国商标法》、《中华人民共和国招标投标法》、《云南省楚雄彝族自治州民族教育条例》、《楚雄彝族自治州统计管理规定》4个法律法规情况进行执法检查的报告。表决通过了对州人民政府《关于楚雄州现代烟草农业建设情况的报告》、《关于楚雄州就业工作情况的报告》的意见和李晓黎、吴启贤职务的任命及毕成美、余斌职务的免除。

12月29～31日，州十届人大常委会第27次会议召开。会议听取和审议了州人民政府《关于楚雄彝族自治州国民经济和社会发展第十二个五年规划纲要（草案）》和说明、《关于楚雄彝族自治州人民政府机构改革方案》及说明、《关于楚雄州2010年州本级财政预算调整方案的报告》、《关于楚雄州2009年度州级预算执行和其他财政收支审计查出问题整改情况的报告》、《关于对州十届人大五次会议议案办理情况的报告》、《关于对州十届人大五次会议代表提出的建议、批评和意见办理情况的报告》；听取和审议了州人大常委会选举联络工作委员会《关于对州十届人大五次会议代表提出的建议、批评和意见办理情况的报告》，听取和审议了州人大常委会秘书长陈长来关于楚雄彝族自治州第十届人民代表大会第六次会议筹备工作有关事项的说明，关于《楚雄彝族自治州人民代表大会常务委员会工作报告》（讨论稿）的说明，《楚雄州人大常委会关于召开楚雄彝族自治州第十届人民代表大会第六次会议的决定（草案）》的说明，关于楚雄彝族自治州第十届人民代表大会第六次会议列席人员名单（草案）的说明；听取和审议了州人大常委会副主任江正荣关于楚雄彝族自治州第十届人民代表大会第六次会议主席团和秘书长建议名单（草案）的说明。会议表决通过了《关于批准州人民政府机构改革方案的决定》、《关于批准楚雄彝族自治州州本级2010年财政预算调整方案的决议》和第3号和44号议案、第5号、第6号议案办理的意见及楚雄州人大常委会2011年度工作要点、议题安排和代表视察、执法检查安排，关于召开州十届人大六次会议的决定，楚雄州十届人大六次会议主席团和秘书长建议名单、主席团常务主席建议名单、列席人员名单，经济审查委员会、财政审查委员会、议案审查委员会建议名单。表决通过了江正荣辞去州十届人大常委会副主任职务、舒建新辞去州人民政府副州长职务、闾柏辞去州中级人民法院院长职务、普建辉为州中级人民法院代理院长的决定和普建辉、何学明、卜德诚、商雁鸿、李富才、熊卫民、施克沛、夏良、夏军、罗文慧职务的任命及闾柏、何学明、卜德诚、商雁鸿、李富才、熊卫民、杨国良职务的免除。

【楚雄州十届人大常委会主任会议】
2010年5月20日，楚雄州十届人大常委会在州公务中心召开第61次主任会议，专题听取州人民政府关于楚雄州信用合作贷款使用情况的报告。州人民政府向会议作了《关于楚雄州信用合作贷款使用情况的报告》，州财政局局长作了具体说明。会议就进一步做好新形势下的政府信用合作贷款工作、增强楚雄州经济发展后劲提出了意见和建议。10月28日，州十届人大常委会第72次主任会议在双柏县召开，专题听取州人民政府关于元（谋）双（柏）二级公路建设情况的报告。在会议召开前，与会人员深入到元双二级公路部分施工段现场进行实地察看，了解施工进度和施工中存在的困难。在会上，听取了州政府秘书长关于元双二级公路建设情况的汇报和元双公路建设指挥部对工程建设进度的情况介绍。会议就加快元双二级公路建设进度，确保2011年6月1日建好通车提出3点意见和建议。11月17日，州十届人大常委会第73次主任会议在州宾馆召开，专题听取楚雄市滇中特色大城市建设情况汇报。会前，与会人员参观了楚雄市滇中特色大城市规划建设图表展版。会上，听取了中共楚雄市委、市人民政府有关领导关于楚雄市滇中特色大城市建设情况，城市建设征地拆迁安置政策风险评估分析和城市建设征地拆近安置相关政策措施等汇报。就如何加快推进楚雄市滇中特色大城市建设问题，会议提出了5点意见和建议。12月14日，州十届人大常委会第74次主任会议在州公安局召开，专题听取州人民政府关于全州公安情况的汇报。会上，州人民政府副州长、州公安局局长岑化虎作了2010年以来全州公安工作情况汇报。出席会议的州人大常委会主任、副主任、秘书长与公安局中层以上干部进行了交流座谈。会议就如何加强学习，搞好公安队伍建设，不辱使命，不断提高社会管控能力，维护彝州社会稳定提出了意见和建议。12月28日，州十届人大常委会第76次主任会议在州会务中心召开，专题听取州人民政府2010年州本级财政预算调整方案汇报。州人大常委会主任卢显林主持会议。州人民政府州长列席会议，并就2010年度州本级财政收支情况向会议作了说明。会议还听取了州财政局局长邓斯云受州人民政府委托作2010年州本级财政预算调整方案的报告。会议对预算调整方案进行了认真的审议，一致认为，在2010年度财政工作中，州人民政府克服各种困难，努力增加财政收入、圆满完成了州十届人大五次会议确定的目标任务，同意将人民政府关于2010年度州本级财政预算调整方案提交州人大常委会第27次会议审议。

［易学敬］

重要活动

【省人大常委会调研检查和视察】
2010年1月7～8日，云南省人大常委会教科文卫工作委员会副主任邱瑜带领立法调研组到楚雄州开展《云南省农村医疗卫生条例（修订草案）》立法调研。调研组一行深入楚雄市计生服务站、东瓜镇卫生院就《条例》内容向干部和医护人员征求意见，并与州人大常委会及相关部门的领导，就调研主题进行座谈。5月13～14日，省人大常委会环境与资源保护工作委员会主任冯志成一行到武定县对《云南省云龙水库保护条例（草案）》进行立法调研。调研组分别到了云龙水库和水库上游的水城河进行实地考察，并与武定县人大常委会和相关部门的干部就立法调研主题进行座谈，听取大家的意见和建议。8月3～4日，省人大常委会委员、省人大常委会农业工作委员会副主任张耀武一行深入永仁县莲池乡班别村委会、大姚县赵家店乡黄羊岭村委会项目区现场对中低产田改造工作进行调研。8月11日，省人大法制委员会副主任委员、省人大常委会法制工作委员会主任浦林德一行到楚雄州进行《云南省预防未成年人犯罪条例（草案）》立法调研。根据调研组的调研提纲，州人大常委会在州公务中心召开了有州人大常委会法工委、民工委和州人民法院、州人民检察院、州公安局、州司法局、州教育局、州政府法制局、团州委、州妇联等相关部门负责人参加的座谈会。会议围绕《条例》的执法主体各级人民政府、预防未成年人犯罪工作协调机构和共青团的职责是否明确，《条例》规定的预防未成年人犯罪的措施是否具有针对性、可行性，以及对严重不良行为的未成年人开展社区矫正、帮教的有关情况征求意见。8月11～13日，省人大常委会调研组一行，在选举联络工作委员会主任刘子扬带领下，到楚雄市、禄丰县、牟定县，就《中华人民共和国全国人民代表大会和地方人民代表大会选举法》修改以及县乡人大换届成本进行调研。10月30日至11月2日，以省人大常委会委员、农业工作委员会主任阿扎为组长的省人大常委会中低产田地改造视察组一行到楚雄州视察中低产田地改造工作。视察组一行先后深入到武定县猫街镇现代烟草农业项目区、永仁县永定镇云龙土地开发整理项目区、莲池乡班别土地开发整理项目区、大姚县赵家店乡黄羊岭项目区、楚雄市紫溪镇地方政府债券中低产田地改造项目区，实地察看中低产田地改造情况，听取基层干部的意见和建议，并与州县乡领导进行座谈交流。同时，听取了州人民政府和相关县（市）政府中低产田地改造工作情况汇报。12月15～16日，省人大常委会教科文卫工作委员会副主任邱瑜一行到楚雄州，就《云南省发展中医药条例（修订草案）》进行立法调研。调研组一行先后深入到州中医院、楚雄市中医院、楚雄市鹿城卫生院、富民社区卫生服务中心实地调研，并召开立法调研座谈会，听取了楚雄州中医药事业发展情况汇报和《条例》（修订草案）的修改意见。

【代表视察】 2010年4月7～9日，楚雄州人大常委会组织驻楚部分全国、省人大代表和部分州人大代表组成5个视察组，分别深入全州10个县（市），就全州抗旱救灾工作和公安工作进行视察。8月10～20日，州人大常委会副主任李佳率领部分省、州人大代表到州教育局、双柏县、南华县、姚安县就楚雄州开展“两基”迎国检工作情况进行视察。9月15～20日，州人大常委会组织部分驻楚全国、省人大代表和部分州人大代表组成5个视察组分别深入全州10县（市），对楚雄州实施中小学校舍安全工程和中小学区域布局调整工作进行视察。

【执法检查】 2010年6月20日至7月15日，楚雄州人大常委会副主任李佳带领部分省、州人大代表组成执法检查组，采取听汇报、召开座谈会、实地查看等形式，到州卫生监督所、州疾控中心、州医院、州传染病医院，楚雄市、牟定县、禄丰县的卫生监督所、疾控中心、县（市）医院和部分乡（镇）卫生院、村卫生所对楚雄州贯彻实施《突发公共卫生事件应急条例》情况进行执法检查。7月15～22日，州人大常委会副主任何根源带领部分州人大代表组成的执法检查组，在各县（市）自检自查的基础上，深入禄丰、大姚、双柏3县及其6个乡（镇），对贯彻实施《云南省乡（镇）人民代表大会主席团工作条例》情况进行了执法检查。8月31日至9月1日，州人大常委会组织部分州人大代表组成执法检查组，在常委会副主任张启俊的带领下，到楚雄市、楚雄经济开发区及部分企业，采取听汇报、看材料、召开座谈会的形式，对楚雄州贯彻实施《云南省外来投资促进条例》情况进行执法检查。8月31日至9月31日，州人大常委会组织执法检查组，在常委会副主任江正荣的带领下，先后到州工商局和楚雄市、双柏县、禄丰县对楚雄州贯彻执行《中华人民共和国商标法》情况进行执法检查。9月6～7日，州人大常委会组织两个执法检查组，由常委会副主任杨静和李佳带队，分别到楚雄市、双柏县、牟定县和武定县、元谋县、永仁县，就各县（市）贯彻落实《云南省楚雄彝族自治州民族教育条例》情况进行执法检查。9月7～9日，州人大常委会组织部分省、州人大代表组成执法检查组，在常委会副主任张启俊的带领下，首先听取了州统计局关于贯彻执行《楚雄彝族自治州统计管理规定》情况的汇报，然后深入牟定、双柏两县，对贯彻执行《统计管理规定》情况进行执法检查。10月14～15日，州人大常委会组织部分州人大代表，由常委会副主任何根源带队，对州交通局、州建设局、州水利局等14个单位办理州十届人大五次会议代表建议工作情况进行重点检查。

【州人大常委会各工委工作会议】 为全面总结2010年度工作，安排2011年度部分工作，楚雄州人大常委会各工作委员会经过认真筹备，于年底相继召开了年度工作总结交流会，总结交流州、县（市）人大常委会各工作委员会的工作，安排部署新一年的工作。10月21日，全州人大财经工作总结交流会在永仁县召开。州人大常委会财经工作委员会委员，10县（市）人大常委会分管财经工作的副主任及财经工委全体人员共60人参加会议。在会上，州人大常委会财经工委报告了全年财经工作情况，10县（市）人大常委会财经工委负责人作了工作交流发言。11月11日，州人大常委会教科文卫工作委员会工作座谈会在楚雄召开。州人大常委会副主任李佳出席会议并讲话；州人大常委会教科文卫工委、10县（市）人大常委会分管副主任和教科文卫工委有关人员共60多人参加会议；州人大常委会教科文卫工作委员会主任付永新主持座谈会并作会议小结，10县（市）人大常委会教科文卫工委负责人进行交流发言。11月22日，全州人大常委会法制工作座谈会在楚雄召开。州人大常委会副主任江正荣出席会议并讲话。州人大常委会法制工作委员会委员，10县（市）人大常委会分管法工委的副主任、法工委主任共34人参加会议。州人大常委会法工委主任杨文昌作了年度工作总结，各县（市）人大常委会主任在会上作了交流发言。12月23日，全州人大农业与环境资源工作座谈会在楚雄召开。州人大常委会农业与环境资源工作委员会委员、10县（市）人大常委会联系分管农业与环境资源工作的副主任和部分县（市）人大常委会农业与环境资源工作委员会主任参加会议。州人大常委会副主任杨应旭出席会议并讲话。会议总结回顾了2010年工作，提出了2011年工作建议。11月24日，全州人大选举联络工作座谈会在州会务中心召开。州人大常委会副主任何根源出席会议并讲话。会上，10县（市）人大常委会选联工委负责人分别就代表议案建议办理工作和开展人大代表“六个一”活动情况作了交流发言。11月29～30日，全州人大民族工作座谈会在永仁县召开。州人大常委会副主任杨静出席会议并讲话。州人大常委会民族工作委员会委员、10县（市）人大常委会分管民族工作的领导、民族工作委员会负责人出席会议，州民委、州宗教事务局、州扶贫办、州外事办和州侨办负责人应邀参加会议。会议对如何做好人大民族宗教工作和外事侨务工作进行了专题研究。

【全州县（市）人大常委会主任座谈会】 2010年10月28日，全州县（市）人大常委会主任座谈会在州会务中心紫溪厅举行。州人大常委会主任卢显林出席会议并讲话，州人大常委会副主任江正荣主持会议，副主任杨应旭、张启俊、何根源、李佳和各县（市）人大常委会负责人出席会议，并就此次座谈会的主题——“如何搞好创先争优活动”分别发言。会议还传达学习了省委人大工作会议精神。州人大常委会机关科以上干部参加了会议。

【专题活动】　政情通报会。2010年，楚雄州人大常委会召开政情通报会2次，州人民政府主要领导向部分驻楚的全国、省人大代表和部分州人大代表通报全州经济社会工作情况。1月14日，州人大常委会在州会务中心召开2009年下半年政情通报会。向部分驻楚全国、省人大代表和部分州人大代表通报了全州2009年经济社会发展情况和2010年政府工作的初步安排意见。7月23日，州人大常委会在州会务中心召开2010年上半年政情通报会。向驻楚雄城区的部分全国、省人大代表和州人大代表通报了2010年上半年全州工业经济运行和农业生产情况。

2010年楚雄环保世纪行活动。楚雄州人大常委会根据中华环保世纪行活动和云南环保世纪行活动的总体部署，牵头组织了大规模的环保世纪行活动。7月12日，2010楚雄环保世纪行活动在州公务中心正式启动。8月30日至9月2日，州人大常委会副主任杨静带领州环保世纪行采访组到楚雄市、南华县、禄丰县及部分乡（镇）进行专题采访。12月24日，楚雄环保世纪行组委会举行总结表彰会。

州人大常委会机关设立党委。2月2日，州人大常委会机关召开党员大会，按照《中国共产党章程》，通过无记名投票差额选举陈长来、白忠华、黄仁安、聂正荣、普桂和、张志军、孙玲芳7人为中共楚雄彝族自治州人大常委会机关第一届党委委员。陈长来为党委书记，白忠华、黄仁安为党委副书记。机关党委下设4个党支部。

纪念地方人大设立常委会30周年征文表彰活动。2009年6月，为纪念地方人大设立常务委员会30周年，州人大常委会举办了征文活动，2010年3月19日征文活动结束，共收到征文87篇，在报刊杂志发表51篇，评出荣誉奖4篇，一等奖3篇，二等奖4篇，三等奖14篇。4月29日，州人大常委会召开征文总结表彰大会，为获奖作者代表颁发了荣誉证书和奖金。

《云南省楚雄彝族自治州公路条例》正式公布施行。6月21日，楚雄州人大常委会在州公务中心召开《云南省楚雄彝族自治州公路条例》公布施行座谈会。该《条例》经2010年2月州十届人民代表大会第五次会议审议通过、并报经5月28日省第十一届人民代表大会常务委员会第17次会议批准正式公布施行。

“人大代表在基层”联合新闻采访活动。8月26日至9月9日，州人大常委会组织主题为“人大代表在基层”的联合新闻采访团，分别深入到州内5个县（市）10个乡（镇）13个村（居）委会进行采访。《楚雄日报》、《楚雄日报晚刊》、楚雄电视台、州广播电台、楚雄滇中调频的记者和《楚雄人大》编辑部的工作人员参加了此次联合新闻采访活动，采访活动共在报刊杂志、电台、电视台刊播采访稿件80余件。此次主题宣传联合新闻采访活动是继2004年“人大代表在基层”之后的第7次主题宣传采访活动。

［易学敬］

决议决定

【人事变动决定】　2010年5月20日，楚雄州人民政府副州长法玉宾因工作变动，向州人大常委会提出了辞职请求。州十届人大常委会第23次会议根据法玉宾副州长的辞职请求，决定接受其辞去州人民政府副州长职务，并报州十届人民代表大会第六次会议备案。

根据州人民检察院的报告，州十届人大代表王强涉嫌经济犯罪，州十届人大常委会第63次主任会议作出了同意许可州人民检察院对王强采取强制措施，并暂时停止其代表职务的决定。6月24日，经州十届人大常委会第24次会议审议，确认州十届人大常委会第63次主任会议作出的关于许可对州十届人大代表王强采取强制措施并暂时停止其执行代表职务的决定。

6月29日，杨仕坤委员因工作变动，向州人大常委会提出了辞职请求。州十届人大常委会第24次会议根据杨仕坤委员的辞职请求，决定接受其辞去州人大常委会委员职务，并报州第十届人民代表大会第六次会议备案。

8月20日，州人民政府副州长樊炳清因工作变动，向州人大常委会提出了辞职请求。州十届人大常委会第25次会议根据樊炳清副州长的辞职请求，决定接受其辞去州人民政府副州长职务，并报州第十届人民代表大会第六次会议备案。

12月31日，州十届人大常委会副主任江正荣因到退休年龄，向州人大常委会提出了辞职请求。州十届人大常委会第27次会议根据江正荣副主任的辞职请求，决定接受其辞去州十届人大常委会副主任职务并报州十届人民代表大会第六次会议备案。

12月31日，州人民政府副州长舒建新因工作变动，向州人大常委会提出了辞职请求。州十届人大常委会第27次会议根据舒建新副州长的辞职请求，决定接受其辞去州人民政府副州长职务，并报州第十届人民代表大会第六次会议备案。

12月31日，州人民法院院长闻柏因工作变动，向州人大常委会提出了辞职请求。州十届人大常委会第27次会议根据闻柏院长的辞职请求，决定接受其辞去州人民法院院长职务，并报州第十届人民代表大会第六次会议备案。

12月31日，州十届人大常委会第27次会议根据州人大常委会主任会议的提请，决定普建辉为州中级人民法院代理院长。

【人事任免决定】　楚雄州十届人大常委会第21次会议人事任免。2010年2月2日，根据州人民政府州长的提请，决定任命李富才为州交通局局长；根据州人民检察院检察长李宏的提请，批准任命王德云为南华县人民检察院检察长；根据州人大常委会主任会议的提请，决定免去李正才州人大常委会法制工作委员会副主任职务；经州十届人大常委会第21次会议确认，李兴顺、延荣科、李佳、杨晓燕、张卫民、苏小林当选为州十届人民代表大会代表，杨宁、普云、杨晓丽、刘彦华的代表资格依法终止。

州十届人大常委会第22次会议人事任免。4月29日，根据州人民政府州长的提请，决定任命王光荣为州民政局局长，决定免去李佳州民政局局长职务；根据州中级人民法院院长闾柏的提请，任命唐瀚湘为州中级人民法院立案庭副庭长，任命杨智勇、徐学林、王敏、殷庆红、李存新、杨忠祥为州中级人民法院审判员。

州十届人大常委会第23次会议人事任免。5月20日，根据州人民政府州长的提请，决定任命岑化虎为州人民政府副州长、州公安局局长，杨仕坤任州监察局局长，法玉宾免去州公安局局长职务，李天云免去州监察局局长职务。

州十届人大常委会第24次会议人事任免。6月29日，根据州人大常委会主任会议的提请，李志勇、白忠华、郭孝益任州人大常委会代表资格审查委员会委员，杨仕坤免去州人大常委会代表资格审查委员会委员职务；根据州人民检察院检察长李宏的提请，任命崔荣昆、杜勇为州人民检察院检察委员会委员，免去马谷梅州人民检察院检察委员会委员职务。

州十届人大常委会第25次会议人事任免。8月20日，根据州人大常委会主任会议的提请，任命孙丹润为州人大常委会法制工作委员会副主任，免去其州人大常委会办公室副主任职务，蒋华荣为州人大常委会办公室副主任；根据州人民检察院检察长李宏的提请，张洪顺任州人民检察院检查员、检察委员会委员，李亚芬、郭曼莉为州人民检察院检察员，金应富、杨侃免去州人民检察院检察员职务。

州十届人大常委会第26次会议人事任免。10月27日，根据州中级人民法院院长闾柏的提请，任命李晓黎、吴启贤为州中级人民法院审判员，免去毕承美、余斌州中级人民法院审判员职务。

州十届人大常委会第27次会议人事任免。12月31日，根据州人大常委会主任会议的提请，任命普建辉为州中级人民法院审判员、审判委员会委员、副院长，免去闾柏州中级人民法院审判员、审判委员会委员职务，黄仁安免去州人大常委会选举联络工作委员会副主任职务。根据州人民政府州长的提请，决定任命何学明为州工业和信息化委员会主任，免去其州经济委员会主任职务；卜德诚为州人民政府国有资产监督管理委员会主任，免去其州劳动和社会保障局局长职务；商雁鸿为州人力资源和社会保障局局长，免去其州人事局局长职务；李富才为州交通运输局局长，免去其州交通局局长职务；熊卫民为州水务局局长，免去其州水利局局长职务；施克沛为州文化体育局局长；夏良为州广播电视局局长；夏军为州人民政府外事侨务办公室主任；罗文慧为州人民政府扶贫开发办公室主任；杨国良免去州文化局局长职务；董智昆免去州体育局局长职务。

【国民经济决议】 2009年州本级财政决算的决议。2010年8月20日，楚雄州十届人大常委会第25次会议听取了州财政局局长邓斯云受州人民政府委托所作的《关于楚雄彝族自治州2009年财政决算的报告》，并结合州审计局局长张万礼受州人民政府委托所作的《关于2009年度州级预算执行和其他财政收支的审计工作报告》，对2009年度州本级财政决算情况进行了审查，根据州人大常委会财政经济工作委员会的审查报告，会议决定，批准楚雄州2009年州本级财政决算和《关于楚雄彝族自治州2009年财政决算的报告》。会议同意州人大常委会财政经济工作委员会的审查报告。

关于《楚雄州域城镇体系规划（草案)》的决议。8月20日，州十届人大常委会第25次会议听取和审议了州人民政府分管副州长代表州人民政府所作的《关于楚雄州域城镇体系规划（草案）的报告》，审查了《楚雄州域城镇体系规划（草案)》。会议同意《楚雄州域城镇体系规划（草案)》，州人民政府按程序上报省人民政府审批后，认真组织实施。

批准楚雄州州本级2010年财政预算调整方案的决议。12月31日，州十届人大常委会第27次会议听取了州财政局局长邓斯云受州人民政府委托所作的《关于楚雄彝族自治州州本级2010年财政预算调整方案的报告》，经审查，决定批准州人民政府提出的2010年州本级财政预算调整方案。

【关于批准《楚雄州人民政府机构改革方案》的决定】 2010年12月31日，楚雄州十届人大常委会第27次会议审议了《楚雄州人民政府关于提请审议〈楚雄彝族自治州人民政府机构改革方案〉的议案》，听取了州人民政府《关于楚雄彝族自治州人民政府机构改革方案的说明》，经审议，决定批准《楚雄彝族自治州人民政府机构改革方案》。

【关于召开楚雄州十届人民代表大会第六次会议的决定】 2010年12月31日，根据《中华人民共和国地方各级人民代表大会和地方各级人民政府组织法》的规定，楚雄州第十届人大常委会第27次会议决定，州第十届人民代表大会第六次会议于2011年2月22～26日在楚雄召开，会期5天。建议会议的议程是：一是听取和审查州人民政府工作报告；二是审查州国民经济和社会发展“十二五”规划纲要（草案)；审查和批准州国民经济和社会发展“十二五”规划纲要；三是审查州2010年国民经济和社会发展计划执行情况与2011年国民经济和社会发展计划（草案）的报告（书面)；审查和批准州2010年度国民经济和社会发展计划执行情况的报告与2011年国民经济和社会发展计划；四是审查州2010年地方财政预算执行情况和2011年地方财政预算（草案）的报告（书面)；审查和批准州2010年地方财政预算执行情况的报告和2011年州级财政预算；五是听取和审查州人大常委会工作报告；六是听取和审查州中级人民法院工作报告；七是听取和审查州人民检察院工作报告；八是补选事项。

［易学敏］

议案和建议办理

【楚雄州十届人大五次会议议案和建议】 2010年2月24~28日召开的楚雄州第十届人民代表大会第五次会议期间，代表10人以上联名提出的议案52件，建议、批评和意见120件。经大会议案审查委员会审查，报大会主席团审议，决定将楚雄代表团罗琼等11名代表提出的《关于楚雄市构建滇中特色大城市给予支持帮助的议案》（第3号）、楚雄代表团李丽君等13名代表联名提出的《关于进一步加大对楚雄滇中特色大城市建设发展支持力度的议案》（第44号）、大姚代表团何菊兰等13名代表联名提出的《关于加大城乡饮水安全工程建设力度的议案》（第5号）、大姚代表团黎明俊等14名代表联名提出的《关于加强彝州特色民居建设的议案》（第6号）4件议案列为本次大会议案，其中第3号和第44号议案合并为1件议案办理，其余48件转为建议、批评和意见办理。此次会议较2009年第四次会议，代表联名提出的议案有所减少，但所提议案反映出3个特点：一是调研准备充分。代表们为提出提好议案，在会前深入调查研究，认真分析问题，撰写的议案集中反映了民情、民意、民智。二是代表议案紧紧围绕州委、州人民政府中心工作和确定的重点工作任务，紧密结合楚雄州经济社会发展的实际，人民群众关心和关注的问题，针对性很强。三是代表议案内容反映的问题相对集中。52件议案中，涉及教育卫生12件、公路交通建设10件、统筹城乡发展和建设楚雄滇中特色大城市7件、水利和饮水安全工程5件、立法和政府行政管理3件、扶贫2件。120件建议，涉及30个方面的问题。

【楚雄州十届人大五次会议第3号和第44号议案办理】 2010年2月，在楚雄州十届人大五次会议上，楚雄市代表团罗琼等11位代表提出的《关于对楚雄市构建滇中特色大城市给予支持帮助的议案》（第3号）及楚雄市代表团李丽君等13位代表提出的《关于进一步加大对楚雄滇中特色大城市建设发展支持力度的议案》（第44号），议案提出，在楚雄市建设滇中特色大城市过程中，存在城市总体规划尚未审批、建设用地报批困难、建设资金缺口大、征地拆迁安置难度大、缺乏支柱产业、教育就业培训压力大等问题，建议州人民政府和州级各部门从思想上给予重视、从政策上给予支持、从资金上给予扶持。经大会主席团审议，上述两件议案合并为一件议案，交州人民政府办理。州人民政府高度重视，在4月2日州人民政府25次常务会议上对议案办理进行了专题研究，成立了以州人民政府州长为组长、分管联系的副州长为副组长的议案办理工作领导小组，明确了办理原则、办理时限及办理要求，并交由州建设局牵头，州发改委、州财政局、州国土资源局、州经委、州政府研究室、州招商局、州规划局、楚雄市人民政府协助办理。各部门按照州政府办公室关于议案办理工作任务分解通知和部门职责，及时召开会议研究议案办理的工作方案，明确承办的具体科室和人员，对议案提出的问题进行深入调研，完善了相关政策措施并认真加以落实，对需要向上协调汇报的事项，也加大力度，积极争取支持。为做好议案办理工作，州人民政府一是认真研究建设思路，确定了建设楚雄滇中特色大城市的目标和工作方向，成立了领导机构，明确了工作职责和任务。二是认真分析调研建设滇中特色大城市相关项目推进问题，进一步统一了思想，对抓好一批重点项目建设进行了安排部署。三是在楚雄市委、市政府调查研究的基础上，州人民政府批准了楚雄市新区开发建设及旧城提升改造工作实施方案，并要求州级有关部门全力支持抓好项目的组织实施，使楚雄市城市形象得到进一步提升。四是抓好各项重点工作的督促落实，定期或不定期以召开推进会、座谈会等方式抓好工作的督查和解决工作中存在的困难。五是调整完善城市规划，构建城市发展框架，将楚雄市主城区规模由原规划的49.8平方千米拓展为129平方千米，城市人口规模由45万人调整为85万人。六是加大项目资金的支持。在项目上，州人民政府不断加强楚雄市的基础设施建设，许多项目落户楚雄市，对楚雄市滇中特色大城市建设给予了大力支持，如州职教中心（投资10.54亿元）、州文化活动中心（投资3.17亿元）、州医院新区（投资3.8亿元）、州劳动力市场（总投资1亿元）、青山嘴水库（总投资12.7亿元）等，以及正在实施的州级已投入1亿元资金作为征地拆迁费的军警片区建设项目、2010年州级一次性投入3.6亿元进行建设的楚广高速公路建设项目等，这些项目均是州级全额投资并置于楚雄市滇中特色大城市之中。在资金支持上，2009年8月，中共楚雄州委、州人民政府召开的楚雄滇中特色大城市建设推进会决定，对楚雄市滇中特色大城市建设暂定3年每年补助5000万元（2010年6月下拨5000万元，11月又落实5000万元）；2010年12月9日，中共楚雄州委、州人民政府又在楚雄滇中特色大城市建设推进会上决定，在“十二五”期间对楚雄市滇中特色大城市建设每年不少于5000万元的资金支持；楚雄市东南片区基础设施建设2010年州级补助了3130万元；在楚雄市境内实施的各类社会性、基础性项目（如“两污”项目、廉租房建设项目、城市供水项目、教育卫生项目等）州级也给予了配套资金支持。据不完全统计，2009年度从州级以上财政投向楚雄市的各类资金（不包括政府信贷资金）为3.19亿元（其中州级财政928.41万元）。至2010年11月底，州级以上财政已投入楚雄市2.56亿元（其中州级财政1209万元）。2010年发行的15亿元城投债券，相当一部分也将用于楚雄特色大城市基础设施建设。州规划局自2009年以来在州财政安排的500万元规划资金中，拨给楚雄市规划资金166.5万元。通过一系列的工作，使楚雄市滇中特色大城市的构架基本形成，起步良好、城市面貌日新月异，城市管理水平有了很大程度的提高。

【楚雄州十届人大五次会议第5号议案办理】 2010年2月在楚雄州十届人民代表大会第五次会议上，大姚代表团何菊兰等13名代表联名提出了《关于加大城乡饮水安全工程建设力度的议案》（第5号），议案提出，全州部分乡（镇）、村组存在饮水困难和饮水不安全问题，特别是2009年降雨偏少，库塘蓄水锐减，入秋以来发生了百年不遇的特大干旱，部分塘坝干涸、河流断流、水源枯竭，城乡居民饮水十分困难。建议州人民政府进一步加强城乡饮水安全工程建设的组织领导，加大资金投入，加快城乡饮水安全工程建设，同时加强饮用水水源地保护和污染防治，定期开展水质监测，保障城乡供水安全。经大会主席团审查，决定列为议案，交州人民政府办理。州人民政府高度重视，4月2日，召开了第25次常务会议对该议案办理作了专题研究，并成立了由州人民政府州长任组长、分管副州长任副组长、相关部门领导为成员的州人大代表议案办理工作领导小组，明确了责任领导、责任单位及相关责任人，拟定了办理原则、完成时限等办理工作相关要求，决定交由州水利局牵头主办，州建设局、州财政局协助办理。承办牵头单位州水利局高度重视该议案的办理落实工作，将议案办理作为2010年工作重点，及时召开专题办公会研究议案办理工作方案。在协办单位州建设局、州财政局的积极支持配合下，经半年多的努力，对全州农村饮水安全现状进行了调查复核，对县（市）城市供水及乡（镇）供水等情况进行了广泛深入调研，找准了城乡饮水安全工程建设中存在的主要问题，结合国家、省城乡饮水安全工程建设投资渠向和全州经济社会发展的总体布局，明确了下步城乡饮水安全工程建设目标任务及建设重点，以及城乡饮水水源地保护、防污、水质监测等保障城乡饮水安全的具体措施，并认真加以落实。在抗击百年不遇的特大干旱中，采取蓄、引、抽、提、拉、开采地下水等多种措施，千方百计保障城乡生活饮水基本需求。2009年8月至2010年8月，全州共投入保障基本生活用水需求资金9394万元，用于建设应急水源工程和拉运送水补助，打机电井2543眼，建设应急水源工程1647件，临时解决了89.05万人、42.47万头大牲畜的饮水困难。按照国家、省关于开展《2010～2013年农村饮水安全工程规划》人口调查复核工作的通知精神，州人民政府成立了由分管副州长任组长，州水利、卫生、发改、财政等单位为成员的“楚雄州2010～2013年农村饮水安全工程规划工作领导小组”，各县（市）人民政府也成立了相应机构，抽调相关专业技术人员严格按照国家、省农村饮水安全规划及调查复核工作相关规定，认真做好规划人口调查复核工作，科学编制建设规划，积极争取中央投资计划，做好农村饮水安全现状基础工作。抓住2009年入秋以来西南五省区遭遇百年不遇特大干旱，党中央、国务院进一步加大以农村饮水安全工程建设等为重点的水利基础设施建设的机遇，在扎实做好农村饮水安全工程建设项目前期工作的同时，进一步加大农村饮水安全工程建设项目和资金争取力度。2010年争取到国家、省支持实施解决农村14万人和农村学校2.14万师生饮水安全工程建设两个项目，共批准概算总投资7700.81万元，是2006年以来楚雄州争取上级支持解决农村人口饮水安全问题投入力度最大、受益群众最多的一年。为提高城乡供水保障能力，州人民政府抢抓机遇，多渠道筹集建设资金，加快城乡供水水源、管网、水厂等供水设施建设。双柏新华、大姚大坡、禄丰西河等具有县城供水功能的骨干水源工程争取列入了云南省2010～2012年百件骨干水源工程建设规划。至2009年底，全州共建成日供水能力20～1000立方米集中式供水工程1751件，受益人口130.45万人，全州10县（市）共建成县城供水水厂11座，日供水能力20.3万立方米，实际日供水量12.23万立方米，供水人口58.28万人，供水普及率95.5%。全州5463个自然村组建成了自来水工程，受益人口87.51万人，农村自来水普及率达39.4%。

【楚雄州十届人大五次会议第6号议案办理】 2010年2月在楚雄州十届人民代表大会第五次会议上，大姚县代表团黎明俊等14位代表提出了《关于加强彝州特色民居建设的议案》（第6号），议案提出，加强彝州特色民居建设，是体现彝州特色，展示彝族文化，促进文化旅游业发展的客观要求；是改善城乡居住环境，提高城乡居民幸福指数的现实需要；是新农村建设的重要内容和重要载体，涉及到广大城乡居民的切身利益，事关长远，意义重大。建议州人民政府加快特色民居建设步伐，让城乡居民真正享受到改革发展的成果，实现少数民族地区经济社会持续发展。经大会主席团审查，决定列为议案，交州人民政府办理。州人民政府高度重视，4月2日，十届州人民政府第25次常务会议对议案进行了专题研究，成立了由州人民政府州长任组长、分管副州长任副组长、相关部门领导为成员的议案办理工作领导小组，明确了办理原则、办理时限及办理要求，并交由州农办牵头，州建设局、州规划局、州国土资源局、州扶贫办、州民委、州旅游局和州移民局等部门协助办理。州农办等部门十分重视议案的落实工作，及时召开专题办公会议研究议案办理工作，牵头和协办单位密切配合，在认真分析楚雄州近年来支持农民建房情况的基础上，深入开展专题调研，就如何推进彝州农村现代特色民居建设采取了“五抓五确保”措施，扎实推进特色民居建设工作。一是抓组织领导，确保有序推进。坚持把特色民居建设作为全面贯彻落实科学发展观、改善民生、推进新农村建设的重要工作，列入各级政府的议事日程进行专题研究和部署，成立了州人民政府分管领导为组长，州农办、建设、发改、财政、国土等相关部门主要领导为成员的领导小组和工作机构，明确了“坚持规划先行、农民主体、政府引导”的工作原则和“州统筹、县（市）负责、乡（镇）主抓、村实施、农民建设”的工作机制。先后制定出台了作为特色民居建设主要支撑项目的地震安居和危房改造工程的《实施意见》、《项目管理办法》、《资金管理办法》和《技术导则》，使工程建设做到了规范化、程序化和标准化管理。二是抓技术服务，确保房屋建设质量。扎实做好培训工作。州、县（市）建设部门对乡、村、组干部和农村工匠进行了建房技术培训，有的县还对培训合格的人员颁发了《农村建房工匠合格证》，为特色民居建设奠定了基础。成立技术专家组。州、县（市）都组建了由建设、规划等专家以及资质等级较高的建筑企业技术人员组成的专家组，适时开展实地巡回指导，研究、解决工程技术问题，无偿提供技术服务，解决农村建房缺技术的难题。设计房屋建设推荐样图。州人民政府专门安排了经费，由州建设局组织力量，结合楚雄州民族文化、建房习惯、民居特点，设计了29种户型的特色民居建筑样图，每种户型附有施工图和技术参数。三是抓项目整合和资金监管，确保发挥最优效益。州人民政府切实加强项目资金的整合力度，地震恢复重建、“彝州乡风文明示范带”建设、财政“一事一议”奖补、移民搬迁、地震安居（或危房改造）和新农村重点村建设等一些涉农项目和资金都得到了有效整合，使每户特色民居建设户的补助资金不低于2万元。四是抓宣传发动，确保发挥主体作用。农民群众是建设特色民居的主体，州人民政府在工作中始终坚持加强宣传，调动农民群众的积极性，在尊重农民意愿的基础上，加强指导，无偿提供服务，使已经建成的特色民居既增强了抗震防灾能力、又提高了舒适性和美观性。五是抓程序规范，确保阳光操作。为确保把特色民居建设工程实施为“惠民工程”、“阳光工程”，州人民政府以工作程序规范为重点，落实农民自愿、群众参与、社会监督的机制，在选点上充分听取基层干部群众的意见，优先选择群众积极性高、经济条件好、基层干部能力强的地方开展试点建设工作，并将项目农户情况、补助金额等事项张榜公示，有效避免了因工程实施引发新的群众矛盾问题。通过采取一系列积极有力的措施和将近一年的探索实践，全州特色民居建设取得了初步成效。农村新建房屋质量明显提高。由于特色民居从设计到建设都较为科学地采取了抗震防灾结构，新建房屋的抗震性、舒适性和美观性不断提升，树立了一批农村现代特色民居示范村、示范户，较好地发挥了辐射带动作用。农村基础设施、村容村貌得到改善。由于采取整合项目，统筹对项目村住房、水、电、路、沼气、田地等进行建设，项目村的生产生活条件发生了较大变化。促进农村和谐稳定。通过实施特色民居建设工程，惠及农民群众，密切了党群干群关系，对促进农村和谐稳定起到了积极作用。拉动农村需求。通过政府补助资金和提供相关服务，农民群众建设自用住房的积极性高涨，既刺激了农村对工业品的需求，推动了工业发展，又调动了农民发展经济的积极性，促进了农村经济发展。

【楚雄州十届人大五次会议代表建议、批评和意见办理】 2010年2月，在楚雄州十届人大五次会议期间，代表提出建议、批评和意见（以下简称建议）168件（包括议案转为建议办理的48件）。代表们以高度的政治责任感和历史使命感，紧紧围绕全州经济社会发展和人民群众普遍关注的热点、难点问题，认真履行职责，在深入基层调查研究，广泛了解民意，听取群众意见的基础上，从不同角度、不同层面提出的这些建议，涉及依法治州及公正司法的13件；财政金融16件；城建环保14件；工交商贸38件；教科文卫36件；农林水33件；劳动人事11件；民族宗教2件；其他5件。内容包括进一步加强基础设施建设，改善交通、通讯、水利条件；扩大开放，招商引资，拉动内需，促进消费；搞好产业结构调整，建设支柱产业，增加农民收入，组织劳务输出；加强扶贫开发、能源建设、环境保护；加强教育、文化、科技、卫生工作；加强民族、民政、宗教工作，村级组织建设；深化工商企业改革，鼓励支持非公有制经济发展；加强城建、旅游、就业和社会保障、社会治安等关系全州改革、发展、稳定大局的问题。按照《云南省县级以上地方各级人民代表大会代表建议、批评和意见办理的规定》，分别交由州人民政府承办153件，占总数的91%；党群部门承办10件，占总数的6%；州人大常委会办公室及工委承办5件，占总数的3%。截至2010年10月底，代表所提建议已经在规定时限内全部办理完毕并答复了代表。从办理结果看，所提建议已经得到解决和基本解决的（A类）有88件，占建议总数的52%，比上一年上升1个百分点；正在解决或者已经列入计划逐步解决落实的（B类）有56件，占建议总数的33%，比上一年上升13个百分点；因目前条件限制或其他原因暂时无法解决的（C类）有20件，占建议总数的12%，比上一年下降7个百分点；所提建议需要请示上级有关部门或应由县（市）办理的（D类）有4件，占建议总数的2%，比上一年下降8个百分点。州人大常委会选联工委收到代表反馈的办理情况征询意见表共有306份，100%表示满意和基本满意，在办理过程中承办单位均与代表进行了100%的面（电）商。

［易学敏］

楚雄彝族自治州人民政府

重要会议

【楚雄州人民政府十届四次全体（扩大）会议暨第四次廉政工作会议】 2010年2月28日下午，楚雄州人民政府召开十届四次全体（扩大）会议暨第四次廉政工作会议，贯彻落实中共楚雄州委七届七次全会、州十届人大五次会议精神，安排部署2010年全州经济社会发展和政府廉政建设工作。州人民政府常务副州长董继理主持会议，州人民政府组成人员出席了会议；各县（市）人民政府县（市）长（代理县长）和监察局局长、楚雄经济开发区管委会主任，州人民政府副秘书长、办公室调研员，州人民政府督查室主任，以及州人民政府直属机构、州属事业单位、驻楚中央和省属单位、武警楚雄支队、楚雄消防支队、行政区域内有关企业及其他相关单位主要负责人列席了会议；州人大常委会、州政协、州纪委、楚雄军分区、州法院、州检察院以及州委各部门和州属各人民团体、各民主党派的有关负责同志应邀参加了会议。会上，州长作了题为《巩固回升、加快发展，努力推动全州经济发展再上新台阶》的讲话。常务副州长董继理，副州长李红民等7人根据2010年《政府工作报告》的部署，结合分管联系工作，在会上对重点工作任务和要求作了安排，州人民政府秘书长受副州长杨元茂的委托，对相关工作作了安排；州政协副主席、州监察局局长李天云传达了中央纪委十七届五次全会、省纪委八届五次全会和州纪委七届五次全会精神，对2009年全州政府系统廉政建设和反腐败工作进行了总结，并安排部署了2010年政府系统廉政建设工作。

【楚雄州人民政府常务会议】 2010年，十届楚雄州人民政府共召开10次常务会议，会议就全州经济、社会、文化、生态建设等发展问题进行专题研究。

十届州人民政府第24次常务会议。2月2日召开，会议审议了2010年《政府工作报告（送审稿）》、《楚雄州2009年国民经济和社会发展计划执行情况与2010年国民经济和社会发展计划（草案）》和《楚雄州2009年地方财政预算执行情况和2010年地方财政预算（草案）》，研究了关于召开十届州人民政府第四次全体（扩大）会议暨第四次廉政工作会议、加快推进禄丰世界恐龙谷二期项目建设的问题。

十届州人民政府第25次常务会议。4月2日召开，会议研究了楚雄州2008年度科学技术奖励有关问题、推进州级行政事业单位经营性国有资产管理改革有关问题、州级人防指挥所扩建改造问题，审定了楚雄州第三批中青年学术技术带头人选、《楚雄州人民政府关于贯彻云南省人民政府扶持县域经济发展综合考核办法的实施意见（送审稿）》、《楚雄州关于加快农村公共文化服务体系建设的实施意见（送审稿）》、《楚雄彝族自治州土地交易管理办法（草案）》、《楚雄州州属行政事业单位公务用车统一招标定点维修管理暂行办法（送审稿）》、《楚雄彝族自治州建设领域农民工工资支付管理办法（草案）》，听取了2010年州人民政府及其办公室办理的议案建议及提案拟办意见汇报。

十届州人民政府第26次常务会议。4月28日召开，会议研究了提高城镇退役士兵自谋职业补助资金标准的问题、成立楚雄州应急救援中心的问题、购置抗旱消防车辆的问题、关于2009年与省财政结算情况的问题、州文化活动中心补增工程投资有关问题、贯彻落实全省水利建设工作会议精神意见、国有林区棚户区改造及国有林场危旧房改造项目州级配套资金有关问题，审定了楚雄州第八届劳动模范和先进工作者推荐人选、楚雄州第二批非物质文化遗产项目代表性传承人拟推荐人选、“2·25”地震恢复重建规划方案、对交通银行实施配售股的处理意见、《楚雄州人民政府贯彻〈云南省人民政府关于贯彻国家知识产权战略的实施意见〉的意见（送审稿）》、《关于加强整治违法排污企业行为保障环境安全的实施意见》。

十届州人民政府第27次常务会议。5月17日召开，会议研究了关于武禄高速公路建设招商的问题、关于中核集团楚雄项目选址的问题，审定了《楚雄州深化医药卫生体制改革实施意见（送审稿）》、《楚雄州医药卫生体制改革3年实施方案（2009~2011年）（送审稿）》、《楚雄州医药卫生体制5项重点改革2010年主要任务和工作目标计划（送审稿）》。

十届州人民政府第28次常务会议。6月13日召开，会议研究了元双二级公路征地拆迁费和部分路段加宽差额部分建设资金问题、楚广高速公路建设资金问题、启动楚雄州有线数字电视整体转换相关问题、召开楚雄州第五次归侨侨眷代表大会相关问题、召开楚雄州民族工作会议暨第六次民族团结进步表彰大会相关问题，审定了《楚雄州域城镇体系规划（草案）》、《中共楚雄州委、楚雄州人民政府关于进一步加强民族工作促进民族团结加快少数民族和民族地区科学发展的决定（送审稿）》、《楚雄州人民政府关于推行环境保护一岗双责制度的实施意见（送审稿）》。

十届州人民政府第29次常务会议。8月17日召开，会议研究了关于启用楚雄州公务活动中心地下停车场的问题、双柏县碍嘉窝拖地铁矿开采范围和碍嘉小江河一、二级水电站建设范围调出恐龙河州级自然保护区范围的有关问题、姚安县鸿海矿业开发有限公司选厂建设用地范围调出三峰山州级自然保护区的有关问题以及干部问责及处分问题，审定了《楚雄州2010年深化经济体制改革工作的意见（送审稿）》、《楚雄州公共卫生与基层医疗卫生事业单位绩效工资实施办法（送审稿）》、楚雄州2010年享受省人民政府特殊津贴和有突出贡献优秀专业技术人才推荐人选的问题。

十届州人民政府第30次常务会议。10月8日召开，会议研究了全州集体林权制度主体改革总结表彰暨林业产业发展大会、召开全州扶贫开发现场会暨十年扶贫纲要表彰会有关问题、召开表彰首届“彝州光彩之星”大会、双柏县和姚安县调整州级自然保护区有关问题、云南广电网络公司楚雄州分公司列入处级单位管理的有关问题、云南奕标水泥集团有限公司搬迁有关问题、2010年中央预算内供水项目州级配套资金有关问题，审定了《楚雄州国民经济和社会发展“十二五”规划基本思路（送审稿）》、《楚雄彝族自治州财政支出绩效评价管理规定（送审稿）》、《楚雄州农村小型水利工程管理体制改革实施方案（草案）》、《楚雄州关于全面推进集体林权制度配套改革的意见（送审稿）》和《楚雄州人民政府关于加快推进中低产林改造的实施意见（送审稿）》，听取了楚雄州“两基”迎国检工作情况汇报、2010年第一批政府信用贷款资金计划报告。

十届州人民政府第31次常务会议。11月21日召开，会议研究了关于使用2010年州财政专项资金补助部分州属单位购置公务用车的问题、云南楚雄残疾人创业示范园项目实施建设工作的问题、州人口和计划生育工作有关问题、中央民族大学为楚雄州定向培养舞蹈表演人才的问题、州级政法部门和楚雄军分区等军警机关迁建工作有关问题、贯彻第六次全国人防工作会议精神和加强楚雄州人防机动指挥所建设的问题，审定了《楚雄彝族自治州木材经营加工管理办法（送审稿）》、《楚雄彝族自治州电子政务协同办公系统管理办法（送审稿）》、《关于解决全州和谐社区建设中几个具体问题的意见（送审稿）》、《中国医药集团上海医工院与楚雄州人民政府共同开发彝族医药产业战略合作框架协议》、2010年楚雄州开发投资有限公司市政项目建设债券募集资金安排建议方案、2009年节能工作先进集体、先进个人表彰方案。

十届州人民政府第32次常务会议。12月9日下午召开，会议研究了州人民政府规范性文件清理工作有关问题、表彰2006～2010年人防先进集体和先进工作者有关问题以及全州财税系统先进集体、先进工作者和会计工作先进集体、先进工作者表彰方案，审定了《楚雄州村庄规划编制实施方案（送审稿）》、《楚雄州人民政府关于扶持和促进中医药事业发展的实施意见（送审稿）》、楚雄市城市供排水价格改革调整方案、州本级2010年财政预算调整方案，听取了楚雄州争取上级政府资金奖励暂行办法修改情况汇报。

十届州人民政府第33次常务会议。12月26日召开，会议研究了上海东方医院对口支援楚雄州人民医院有关事项、开展楚雄州第七届（2008～2009年度）社会科学优秀成果评奖活动有关问题、贯彻落实全省政务公开工作会议精神的意见，审定了《楚雄彝族自治州国民经济和社会发展第十二个五年规划纲要（草案）》、《楚雄彝族自治州基础测绘规划（2011～2020）》（送审稿）、《楚雄州基层医药卫生体制综合改革实施意见》、《楚雄州公立医院重点改革实施意见》（送审稿）、2011年以州人民政府名义召开的全州性会议安排计划、楚雄州2011年春节慰问活动安排方案、《楚雄州参加云南省第十三届运动会奖励办法》和《楚雄州参加云南省第十三届运动会做出突出贡献的先进集体和先进个人名单》，讨论干部处分问题。

【政府部门工作会议】 2009年度省对楚雄州集中检查考核动员暨综合汇报会。2010年1月5日召开。会议对开展好集中检查工作进行全面动员部署，并向省检查考核组综合汇报楚雄州的工作情况，同时组织开展相关测评评议工作。

全州发展改革暨固定资产投资工作会议。1月15日召开。会上，州人民政府与10县（市）人民政府、州级8个重点部门签订2010年固定资产投资任务责任书。

全州公安交通管理工作暨表彰会议。1月15日召开。会议就做好交通管理工作及2010年春运期间工作进行统一部署，并对2009年道路交通管理优秀交警大（中）队长、政工干部、先进个人等进行了表彰。

全州旅游投资企业负责人春节座谈会。1月15日召开。来自禄丰侏罗纪世界投资有限公司、云南元谋旅游经营有限公司等10多家旅游投资企业负责人就企业今后的发展、存在的困难和问题等踊跃发言。

全州抗旱及安全供水工作会议。1月16日召开。会议就2009下半年以来的百年一遇的持续旱情诱发供水危机进行分析和研究，就做好抗旱及供水工作提出了要求。

农民工工资工作电视电话会议。1月18日召开。州人民政府召开农民工工资工作电视电话会议。州人民政府与10县（市）人民政府、元双二级公路4个重点工程项目指挥部等签订了清理拖欠农民工工资目标责任状。

全州加快外贸发展领导小组工作会议。1月19日召开。会上，州商务局汇报了2009年全州外贸发展情况；与会外贸发展领导小组成员单位和外贸企业负责人，就如何加快2010年全州外贸发展提出了建设性的意见和建议。

全州消防安全委员会2010年第一次全体成员会议。1月19日召开。会议对《楚雄州有关部门和社会单位消防职责若干规定与建设工程消防咨询和事前告知制度的通知》进行了说明；对《楚雄州人民政府关于进一步贯彻实施〈中华人民共和国消防法〉的意见》（草案）、《楚雄州消防安全行政责任追究办法》（征求意见稿）、《楚雄州消防安全行政责任追究办法》（草案）进行了说明讨论；通报了2009年全州消防工作，对2010年重点工作进行了说明；通报了2009年消防安全责任考评情况；讨论了《云南省人民政府关于进一步加强消防工作的意见》（征求意见稿）以及2010年县（市）人民政府和州级部门消防安全责任状。

全州安全生产委员会2010年第一次全体会议。1月20日召开。会议在听取了州安监局、州公安局、州经委、州交通局、州建设局等5家单位的工作汇报，并对抓好“两会”和春节期间的安全生产工作，进一步保持经济稳定、安全生产有关工作作了要求。

全州道路交通安全工作会议。1月21日召开。会议表彰奖励了2009年道路交通安全目标管理先进集体，签订了2010年交通安全目标管理责任书；州公安局交警支队、州安监局等部门对2010年的道路交通安全工作提出了具体要求。

州企业文化建设座谈会。1月22日召开。座谈会上，州烟草公司、云南德胜钢铁公司、楚雄矿冶公司就企业文化建设进行了经验交流发言。

全州科技工作者代表座谈会。1月27日召开。40余位来自全州农业、水利、林业、教育、医药卫生和工业企业等行业和部门的科技工作者代表欢聚一堂，共商科技和科普事业发展大计。

全州安全生产工作会议。2月4日召开。会议要求，各级各部门、各单位要紧紧围绕“治大隐患、防大事故”的目标，深入开展“安全生产年”活动，以预防事故、加强监管、落实责任为重点，强化监管执法，认真落实各级政府和部门的安全监管责任、生产经营单位的安全生产主体责任，狠抓安全生产隐患排查治理，继续深化安全生产专项整治，加强基层安全队伍和安全生产应急能力建设，严防各类重特大事故的发生。

全州人口和计划生育工作座谈会。2月27日召开。州人民政府与10县（市）人民政府签订了2010年度《人口和计划生育目标管理责任书》，通报了2009年度州人民政府对10县（市）人民政府人口和计划生育目标管理考核结果。

楚雄州“2·25”禄丰与元谋交界5.1级地震抗震救灾工作会议。2月27日晚8点召开。会议通报了“2·25”地震发生以来全州抗震救灾工作情况；与会领导根据整个抗震救灾工作面临的形势和任务，结合灾情评估阶段的工作特点和民房恢复建设要求，就当前急需抓紧的工作提出要求。

全州教育工作会议。3月1日召开。会议要求，全州各级教育部门要坚持解放思想，推动改革创新，努力开创全州教育事业科学发展新局面。会上，州人民政府与10县（市）人民政府签订了2010年中小学校舍安全工程建设责任状。

全州财税工作会议。3月2日召开。会议回顾了2009年全州各级财税工作取得的成绩，要求全州各级各部门要突出重点，扎实工作，努力推动财税工作再上新台阶，为进一步有效应对国际金融危机、巩固经济回升基础、全面完成“十一五”财政发展目标、打好“十二五”财政发展基础。

全州广播电视工作会议。3月5日召开。会议要求，把握形势，开拓创新，努力开创广播电视事业科学发展新局面。会议还表彰了2009年度广播电视工作目标责任制考评先进单位，颁发了2008年度广播电视政府奖。

全州环境保护工作会议。3月9日召开。会议要求，要坚定信心，强化责任，攻坚克难，确保完成全州2010年及“十一五”主要污染物减排的各项目标任务，努力开创彝州环保工作新局面。

全州对外开放暨招商引资工作会议。3月10日召开。会议要求，要进一步解放思想、抓住机遇，开拓创新、狠抓落实，努力实现楚雄州招商引资的新跨越。

全州民政工作会议。3月10日召开。会议要求，各级民政部门要以科学发展观为统领，紧紧围绕“保增长、保民生、保稳定”的中心任务，着眼于促进社会公平、社会稳定和社会进步，着力提高困难群众的生活保障水平，维护特殊群体和优抚群体的基本权益，全面落实民政工作政策措施，推动民政事业科学发展。

全州交通运输工作会议。3月11日召开。会上，与会领导代省公路局颁发了全省2009年度公路养护管理工作进步奖和先进集体奖，并对全州2009年度交通工作先进单位、农村公路养护管理和交通运政管理先进集体等进行了表彰；州人民政府与元双二级公路指挥部签订安全生产责任书；州交通局与各县（市）交通局签订了农村公路养护管理目标责任书。

全州2010年现代烟草农业建设现场会。3月12日在姚安召开。州烟草专卖局（公司）局长（经理）段应泽就发展农民专业合作社推进现代烟草农业建设提出了要求，姚安县人民政府就整县推进现代烟草农业建设作经验交流。会议期间，与会人员参观了姚安县育苗工场、育苗大棚自动化装盘播种、苗盘输送机、合作社管理远程监控系统，参观了清河、包粮屯农民专业合作社，参观了郭家凹烘烤工场，沿机耕路参观了基本烟田建设和大田规划。

全州人民防空工作会议。3月19日召开。会议提出要按照全省人防工作会议的要求，进一步增强做好人防工作的紧迫感和责任感，充分认识人防工作将面临的复杂性和艰巨性，努力推动楚雄州人防事业再上新台阶。

全州移民工作会议。3月24日召开。会议对2009年全州移民工作进行了总结回顾，并对2010年的重点工作作了具体安排。

全州文化旅游产业工作会议。3月25日召开。会议回顾了一年来全州旅游工作取得的成绩，就做好2010年全州旅游线路统筹开发工作作了要求和部署。

全州残联工作会议。3月25～26日召开。会议总结了2009年的工作，明确了2010年残联工作的指导思想和重点工作。会上，传达了省残联五届二次会议精神；表彰了2009年残疾人工作先进县（市）残联；姚安、元谋、大姚、双柏等县残联分别作经验交流；签订了2010年度残疾人工作目标责任书。

全州文化工作会议。3月29日召开。会议认真贯彻落实省、州宣传思想文化工作会议要求，总结2009年全州文化工作，安排部署2010年工作。

全州体育工作会议。3月30日召开。会议分析总结了2009年全州体育工作，安排部署了2010年全州体育工作。会上还表彰了国家和省、州群众体育先进集体和个人。

全州标准化工作会议。4月2日召开。全州10县（市）人民政府、州级相关单位、质监系统及全州20多家优秀企业的领导、代表参加了会议。

全州科技工作暨知识产权工作会议。4月7日召开。州人民政府对获得楚雄州2009年度科学技术奖的单位与个人颁奖。会议传达了省科技厅科技工作会议和省知识产权工作会议精神，全面总结2009年楚雄州科技工作、知识产权工作取得的成绩并安排部署2010年工作。

全州2010年春耕生产动员暨烤烟预整地现场会。4月8日在姚安县召开。会议要求，认清形势，坚定信心，加强领导，狠抓落实，力争大旱之年农业增产农民增收。省委、省人民政府抗大旱保民生促春耕第六督办组组长、省人民政府办公厅副巡视员谢树发到会指导并讲话。会议期间，与会人员还到姚安县烤烟育苗工场和烤烟预整地现场进行了参观学习。

全州深化农村金融改革强化服务“三农”工作座谈会。4月19日召开。会议传达了全省深化农村金融改革强化服务“三农”工作座谈会精神，分析全州深化农村金融改革形势，总结全州深化改革、加快推进农村金融创新服务“三农”的经验和政策举措。

全州供销工作会议。4月23日召开。会议要求各级供销社要深入贯彻落实党中央、国务院和省、州党委、政府的决策部署，继续做好为农服务工作，进一步解放思想，把握发展机遇，提升服务水平，不断开创楚雄州供销合作社工作新局面。

“2·25”禄丰—元谋5.1级地震灾区恢复重建工作会议。5月4日召开。会议对前一阶段抗震救灾工作进行总结回顾，对下一阶段灾区恢复重建工作作全面安排部署。

元双公路建设推进协调会。5月5日召开。协调会上，听取公路建设进展情况汇报并就下步工作作了具体安排部署。期间，州人民政府秘书长带领州元双公路协调办、元双公路指挥部及州级相关部门负责人，到元双公路楚雄市一线指导征地拆迁工作。

全州抗大旱保民生抓春耕促发展工作汇报会。5月11日召开。会议传达了全省抗旱救灾督办工作情况汇报会的有关精神，听取了中共楚雄州委、州人民政府10个抗旱工作组的工作情况汇报，全面分析当前和今后一段时期面临的抗旱救灾形势，总结回顾前一阶段抗旱督办工作。

全州水利发展与改革动员大会。6月1日召开。会议对全州水利发展与改革工作作了安排部署。

全州统计工作暨第六次全国人口普查动员会议。6月4日召开。会议安排部署2010年全州统计工作，对第六次全国人口普查工作进行全面动员。州人民政府与10县（市）人民政府签订了《楚雄州第六次全国人口普查目标责任书》。

全州2010年教育卫生社会事业项目工作推进会。6月12日召开。会上，州发改委通报了扩大内需社会事业项目实施情况，安排布置了2010年教育卫生等社会事业项目实施工作。

全州抗大旱保民生抓春耕促发展督办工作座谈会。6月13日召开。省委、省人民政府抗大旱保民生促春耕第六督办组全体成员，州党政领导以及州级相关部门负责人出席会议。会议在对全州旱情进行认真分析后，指出下步工作中要认真总结抗旱救灾工作取得的经验和存在的不足，进一步完善机制，加大投入，加快发展，不断增强抵御各种自然灾害的能力和水平。

楚雄州2010年节能减排工作座谈会。6月17日召开。会上，州节能减排工作领导小组办公室汇报了“十一五”以来节能目标任务完成情况，州污染减排领导小组办公室汇报了“十一五”以来污染减排目标任务完成情况。

全州招商引资运行分析会。6月18日召开。会上，州招商局汇报了近3年招商引资工作情况、2010年上半年全州招商引资工作运行态势及下步工作打算，10县（市）人民政府和楚雄经济开发区管委会就进一步加大招商引资工作力度进行交流发言。

全州2010年禁毒工作会议。6月23日召开。会议对全州2009年禁毒工作进行总结，并对2010年禁毒工作进行安排部署。会上，中共楚雄州委、州人民政府对2009年禁毒工作先进县（市）、先进单位以及在全州创建无毒乡（镇）、巩固无毒乡（镇）中表现突出的乡（镇）、社区进行了表彰，并与各县（市）签订了2010年禁毒工作责任书。

全州打击涉烟违法犯罪工作会议。7月4日召开。会上，州人民政府与10县（市）人民政府签订了2010年打击涉烟违法犯罪工作目标责任书；省烟草专卖局副巡视员、楚雄州打击涉烟违法犯罪工作领导小组副组长、州烟草专卖局（公司）局长（经理）段应泽宣读了《楚雄州人民政府办公室关于兑现2009年“两烟”打假打私及办理涉烟案件专案组奖励的通知》。

2010年上半年全州财税运行分析会。7月19日召开。会上，各参会部门负责人分别汇报了上半年各部门收入任务完成情况及全年收入预测，对全州上半年的财税工作给予了充分肯定，并对下半年工作提出了要求。

全州2010年畜牧秋季动物防疫工作会议。7月22日召开。会议传达了国家和省秋季重大动物疫病防控工作会议精神，总结了2010年以来楚雄州动物防疫工作，并对秋冬季动物疫病防控工作进行安排部署。

北京大学楚雄研究生服务团欢迎会。7月22日召开。欢迎首批北京大学楚雄研究生服务团的6名成员到楚雄州开展为期一个半月的服务工作。

全州2010年新农合工作会议。7月22日召开。会议强调，全州各级各部门要克难奋进，巩固成果，深入研究发展运行中的困难和问题，结合创先争优活动，努力推进全州新农合工作持续健康发展，确保楚雄州2010年新农合工作目标实现，推动全州新农合工作再上新台阶。

全州晚秋作物种植工作会议。7月22日召开。会议指出要注意时令对种植业的影响，结合实际，因地制宜，采取有效措施，力保晚秋作物有好收成。

全州民政工作年中分析会。7月22日召开。会议要求，全州民政系统要根据2010年工作任务和半年进展情况，总结经验，寻找差距，认真抓好下半年的工作。

全州水利工作会议。8月24日召开。会议回顾总结上半年全州水利工作，对2010年全州水利建设发展、农村小型水利管理体制改革、防汛抗旱等各项工作作全面安排部署。

全州公共机构节能工作会议。8月26日召开。会议要求，全州各县（市）、州级各部门要坚定信心，狠抓落实，全面完成"十一五"公共机构节能目标任务。会上还对公共机构联络员进行了培训。

全州强农惠农资金专项清查工作电视电话会议。9月3日召开。会议传达学习全省强农惠农资金专项清理和检查转段部署电视电话会议精神，对楚雄州下一阶段的强农惠农资金专项清理和检查工作作安排部署。

全州第六次全国人口普查宣传工作会议。9月14日召开。会议要求，全州各级各有关部门要深入贯彻落实全省人口普查宣传工作会议精神，突出重点，创新形式，为全州人口普查圆满完成营造浓厚的宣传氛围。

全州社会主义新农村省级重点建设村工作会。9月16日召开。会议要求，要总结经验，完善措施，加强领导，把省级重点建设村工作提高到一个新水平。

全州家电下乡暨万村千乡市场工程工作座谈会。9月27日召开。会上，楚雄市商务局、南华县财政局、楚雄鹿城大厦、南华县华鑫购物中心有限公司、元谋县元马供销服务有限公司、州农资公司作了交流发言。

全州扶贫开发现场会暨十年扶贫纲要总结表彰大会。10月15日召开。会议表彰了在挂钩扶贫工作中涌现出来的先进集体和先进个人；传达了全国、全省扶贫开发工作会议精神；姚安、南华、永仁等县在会上作交流发言。

全州集体林权制度主体改革总结表彰暨林业产业发展大会。10月15日召开。会议表彰了集体林权制度主体改革先进集体和个人。楚雄市、大姚县、武定县作了集体林权制度主体改革经验交流发言。

楚雄州四川商会成立一周年纪念座谈会。10月16日召开。会上，任锦云、吴丽华等领导分别为"爱我商会"征文获奖者颁奖。浙江商会、永仁商会、广安商会的会员代表及嘉宾参加了会议。

全州冬春农田水利建设暨农村小型水利工程管理体制改革现场推进会。11月15日在大姚县召开。会议总结交流了去冬今春以来全州农田水利建设和农村小型水利工程管理体制改革工作取得的成效和经验，分析研究了当前工作面临的新情况、新问题，进一步探索了新形势下全州农田水利建设和农村小型水利工程管理体制改革的新思路和新机制。

州人才工作领导小组2010年第二次会议。11月16日召开。会议进一步明确了筹备召开全州人才工作会议的有关事项，对全州中长期人才发展战略专题研究任务作了安排部署。

全州政府系统办公室工作会议。11月26日在武定县召开。会议强调，全州政府系统办公室工作人员要增强使命意识、责任意识和奉献意识，切实履行办公室工作职责，恪尽职守，勤奋工作，服务好彝州经济社会发展大局。

全州中低产田地改造工作视频会议。12月1日召开。会上，宣读了州人民政府《关于表彰2009年中低产田地改造工作先进单位的决定》，姚安县和州国土资源局作交流发言。

全州科技工作座谈会。12月5日召开。会议总结了"十一五"期间科技发展工作，分析了存在的问题。会上，楚雄州农业科学研究推广所、楚雄明宏生态科技工贸有限公司、云南森源化工有限公司等单位负责人作了交流发言。

全州农村沼气国债项目建设总结表彰会。12月16日召开。会上，楚雄市、元谋县、永仁县分别作了交流发言，会议表彰了楚雄市农业环境保护监测站、双柏县农业局法脿农业技术推广服务中心等先进集体和张明、李美芝等先进个人。

全州旅游餐饮业工作会议暨旅游餐饮美食分会二次会员代表大会。12月23日召开。会议表彰了全州首届传统菜、创新菜大赛获奖单位，为荣获第三批旅游特色餐饮名店的单位授牌，举行了《食全食美彝州游》、《楚雄自驾游美食地图》出版首发式，听取了全州旅游协会餐饮美食分会2010年工作报告。

全州2011年烟叶工作会议。12月27日召开。会上，宣读了《楚雄州人民政府关于兑现2010年烟叶工作管理考核奖励的通知》和《楚雄州人民政府关于表彰奖励2010年烟叶生产抗大灾保增收突出贡献先进单位和先进个人的通知》；对2011年的烟叶工作作了安排部署。

【全省政府系统工作会议】 2010年1月6日，全省农民工工作联席会议办公室主任暨成员单位联络员会议在楚雄召开。会议期间，与会人员到州农民工服务中心参观考察，观看了专题片《农民工依法维权的必由之路》，并就农民工职业技能培训、农民工就近就地转移、农民工创业、农民工服务中心建设等问题进行了讨论。3月18日，全省社会保险工作会议在楚雄召开。会上，对楚雄州社会保险事业管理服务中心等6个先进单位进行了表彰。4月21～22日，云南省工业和信息化委员会在楚雄召开了全省中小和非公企业上市培育工作座谈会。座谈会后，与会人员实地参观考察了楚雄老拨云堂药业有限公司、云南开关厂、楚雄汇通古镇文化旅游开发有限公司等3家楚雄州拟上市企业，听取了公司领导关于企业改制上市的情况介绍。6月8日，由省建设厅举办的2010年度全省住房公积金管理工作会议在楚雄召开。省建设厅有关领导出席了会议，来自全省16个州（市）的200余名住房公积金管理界精英齐集楚雄，共同探讨如何提高住房公积金管理水平。7月25～26日，交通银行云南省分行2010年年中工作暨风险管理工作会议在楚雄召开。会议学习传达了总行年中工作会议精神，总结了分行上半年应对复杂局面、克难攻坚的主要成绩和经验教训，安排部署下半年全行经营发展工作。8月17日，全省2010年基地单元建设验收启动会在楚雄召开。会议期间，与会人员到姚安县育苗合作社、春茂农机合作社、包粮屯农民专业合作社、基本烟田建设以及规模化种植、郭家凹烟叶烘烤工场、栋川烟叶站进行了实地观摩。8月19日，省工业和信息化委员会在楚雄召开核桃初加工设备推广会。会上，昆明山德农业机械设备有限公司技术人员现场讲解演示了核桃青皮脱离机使用情况，昆明康立信电子机械有限公司推介了核桃烘烤设备。8月19日，全省2010年明德小学建设项目进度汇报会在楚雄召开。省教育厅民教处、省台办经济法规处及曲靖市、昭通市等5个州（市）、10多个县（市）教育部门的与会人员到大姚县金龙明德小学实地察看建设项目推进情况。8月24～25日，全省人口形势分析暨信息化推进会议在楚雄召开。会议期间，省人口计生委副主任李善荣作全省人口形势分析报告；昆明市、曲靖市、楚雄州、文山州、西双版纳州人口计生委汇报了上半年人口形势；对“十二五”规划编制等工作进行了培训，并组织与会人员到楚雄市紫溪镇参观了育龄妇女及其家庭成员数据库管理运用等工作。9月1日，全省中低产田地改造办公室主任会议在楚雄召开。会上，省发改委、省国土资源厅、省农业厅、省水利厅、省农发办、省烟草公司参会领导作了发言，楚雄、曲靖、文山、保山4州（市）中低改办进行了交流发言。9月28日，云南审计发展工程现场推进会在楚雄召开。楚雄州审计局、昭通市大关县审计局、大理州永平县审计局在会上作了交流发言。会议期间，与会人员实地参观了姚安县、南华县和楚雄市云审工程项目建设情况。10月12～13日，全省贯彻实施《云南省企业职工基本养老保险条例》座谈会在楚雄召开。州人民政府副州长朱非出席座谈会并致辞。李应科、王鹏飞、杨利邦、王志强分别在座谈会上讲话。座谈会上，全省16个州（市）分别就贯彻实施《条例》的工作情况作了交流发言。10月13日，由省住房和城乡建设厅与州规划局及中共武定县委、县人民政府联合主办的云南省城镇特色规划研讨会暨武定县城镇特色规划论证会在武定召开。会议对进一步修改和完善省住房和城乡建设厅拟定的《云南省城镇特色规划编制暂行办法（讨论稿）》奠定了基础。10月13～14日，全省乡村旅游工作会议在永仁县召开。会议对首批全省旅游特色村建设工作进行总结，并对推进第二、第三批旅游特色村建设工作进行安排部署。会上，对全省验收合格的50个首批旅游特色村进行授牌。楚雄州、丽江市、大理州、西双版纳州就乡村旅游发展在会上作经验交流。会议期间，与会人员前往永仁方山诸葛营民族文化生态旅游示范村进行了实地考察。10月21日，全省国际金融组织贷款项目前期工作业务培训会在楚雄召开。此次业务培训的目的是加强项目前期准备工作，积极利用国际金融组织融资平台为云南省经济建设筹集资金。

［王光林］

重要活动

【经贸活动】　楚雄至广通高速公路建设项目合作协议签字仪式。2010年3月15日上午在州会务中心举行，楚雄州人民政府州长、云南省公路开发投资有限责任公司领导在签字仪式上分别代表楚雄州人民政府和省公路开发投资有限责任公司在《合作协议》上签字。该项目是楚雄州一条重要的经济干线，也是省人民政府支持彝州经济社会提速发展的重要建设项目。

2010云南（楚雄）首届县（市）级城市汽车下乡巡展暨第四届楚雄州州庆汽车博览会。4月15日上午，由省商务厅、省汽车商会、州经济委员会、州商务局共同主办的2010云南（楚雄）首届县（市）级城市汽车下乡巡展暨第四届楚雄州州庆汽车博览会在彝人古镇开幕。

国家旅游局及省市区领导到楚雄州考察指导旅游工作。6月2日，参加在昆明举行的全国旅游业发展“十二五”规划编制工作会议的国家旅游局、31个省市区以及省内各州（市）旅游主管部门的有关领导120多人，专程到楚雄州考察指导旅游工作。与会领导先后对禄丰世界恐龙谷、州博物馆和彝人古镇进行了参观考察，实地体验了楚雄州特有的“一彝三古”旅游产品资源，对楚雄州秀丽的自然风光、厚重的历史文化和浓郁的民族风情留下了深刻的印象。

推介招商引资合作项目。在6月5日举行的第八届东盟华商投资西南项目推介会暨亚太华商论坛上，楚雄州招商部门、楚雄经济开发区领导就楚雄州医药制药项目与日本生物载体研究所、香港大光集团、印尼金城有限公司、香港龙昌行集团等亚太华商集团进行重点对接洽谈，各县招商部门也与荷兰园艺发展有限公司、国内东部中信泰富投资有限公司、中华电力有限公司等10余家企业进行了对接。

楚雄州首届农民专业合作社论坛。7月5日，由州委政研室、州政府研究室、州社科联、州烟草学会主办的楚雄州首届农民专业合作社论坛在州烟草公司举行。论坛就楚雄州农民专业合作社的创新与发展进行专题研讨。

楚雄州与昆钢控股有限公司发展座谈会。7月9日在州会务中心举行，双方就打造楚雄州禄丰县土官镇2万吨/年工业钛材生产技术开发项目推进情况及建设深加工基地等相关工作进行交流座谈，并就项目推进工作作了安排部署。座谈会上，双方分别就土地征用、生产工艺创新等工作进行了交流讨论；禄丰县相关领导汇报了项目推进及相关工作情况。

签署“央企入滇就业扶贫”战略合作协议。7月18日，中国国际技术智力合作公司与楚雄州人民政府在京签署“央企入滇就业扶贫”战略合作协议。州委常委、统战部部长任锦云主持签字仪式。中智公司党委副书记、纪委书记胡京，中共楚雄州委副书记、州长分别代表中智公司和楚雄州人民政府签署了《战略合作协议》。

广东省云南商会考察团到楚雄州考察。8月10～11日，云南省人民政府驻深圳办事处主任、广东省云南商会名誉会长张佩英率广东省云南商会考察团到楚雄州，对招商引资项目及相关资源情况进行考察。10日，考察团一行在参观了楚雄绿色食品加工园区、天然药物产业园区、苍岭工业园区、职教园区及园区内重点企业后，参加了州人民政府召开的座谈会。州人民政府分管副州长出席座谈会，并代表州人民政府介绍了楚雄州情况及投资环境。座谈会上，州招商局对招商引资项目进行推介。11日，考察团一行赴元谋，对元谋土林、蔬菜水果批发市场、物流中心、元谋东方人类祭祖坛等项目进行了考察，并进行了座谈交流。

牟定凤屯风电场开工仪式。9月30日，楚雄州第一个风电项目——云南省牟定县凤屯风电场在凤屯镇举行开工仪式。省委常委、常务副省长罗正富出席开工仪式，参加仪式的省州有关领导为凤屯风电场项目奠基培土。

武定至禄丰高速公路BOT项目特许经营权合同签字仪式。10月26日，州委副书记、州长等领导以及云南和富投资有限公司总裁吴学琳、董事长吴荣、总经理周仕真出席签字仪式。双方签订了《楚雄州武定至禄丰高速公路BOT项目特许经营权合同》。

滇中大商汇开工仪式。11月20日上午，楚雄西北片区最大的商业项目——“滇中大商汇”举行开工奠基仪式。该项目是楚雄州实施桥头堡战略和建设滇中特色大城市的重点项目之一，项目建成后，将对促进楚雄州汽车、物流、新型商业等产业的发展有着积极的推动作用。滇中大商汇一期的建设计划2年半完成，总项目预计5年左右全部完成。

上海云南经贸考察团到楚雄市考察。11月24日，由17名上海企业家组成的上海云南经贸考察团到楚雄市考察投资环境。考察团一行听取了楚雄市关于滇中楚雄特色大城市建设规划和东南新城规划建设情况的汇报后，对富民工业园区和赵家湾绿色食品园区广泰生物科技开发有限公司进行了实地考察。通过考察，考察团对楚雄市的投资环境有了进一步的了解，为下步到楚雄市投资开展合作项目打下良好的基础。

楚雄茶花谷项目动工。12月18日，由中共楚雄市委、市人民政府与楚雄茶花谷投资有限公司、楚雄百爵茶花谷房地产公司以BT模式合作开发建设的楚雄茶花谷项目正式破土动工。

【政务活动】 参加在日本举办的2010年国际茶花大会。2010年3月20～24日，2012年中国楚雄国际茶花大会筹备委员会和国际茶花协会部分会员组成代表团，应邀参加在日本九洲岛福冈县久留米市举办的2010年国际茶花大会。会上，楚雄州代表团对久留米市市长楢原利则先生的邀请表示感谢和对此届大会的召开表示热烈的祝贺，并向与会代表介绍了云南茶花故乡楚雄茶花资源的分布、种植茶花的悠久历史以及楚雄人文历史、彝族风情等。期间，楚雄州代表团分别参加了国际茶花大会学术报告会，出席了国际茶花协会理事会，并参观了久留米市石桥文化中心的茶花博览会、熊本城举办的肥厚茶花盆栽展览以及由日本茶花学会久留米分会、筑后川公园和石桥博物馆举办的茶花展、久留米市农业中心，现场考察了久留米市草野町古茶花资源和山茶花苗圃种植基地。3月24日晚，久留米市举行闭幕式和晚宴，中国区域副主席、楚雄茶花协会会长张方玉代表中国楚雄正式接受了国际茶花协会的会旗和木槌。

玉溪考察团到楚雄州考察职业教育。4月6日，玉溪市考察团在玉溪市副市长杨洋的率领下到楚雄州考察职业教育工作。在州委常委、副州长李红民及州级相关部门负责人的陪同下，考察团一行参观了州职教园区。

州应急救援中心成立暨揭牌仪式。6月24日下午在州消防支队举行，省公安消防总队副总队长杨文华，州委政法委主要领导，州人大常委会副主任江正荣，州政府副州长岑化虎，州政协副主席李天云等领导出席仪式。出席仪式的省、州领导为州及10县（市）应急救援支队（大队）授牌。

广西考察团到楚雄考察。7月8日，广西壮族自治区党委副书记陈际瓦、自治区副主席高雄率领广西城乡风貌改造工作考察团，在省委副书记李纪恒，省委副秘书长林金宏，省住房和城乡建设厅党组书记叶建成的陪同下，到楚雄州对城乡风貌改造工作进行考察。考察团一行在楚雄州党政有关领导陪同下，先后参观考察了禄丰世界恐龙谷和彝人古镇。

中央扩大内需检查团到楚雄。10月28～29日，中央检查组组长、辽宁省委原副书记、纪委书记王唯众带领中央扩大内需促进经济增长政策落实检查工作和治理工程建设领域突出问题第18检查组一行，在省监察厅副厅长杨慧琼等的陪同下，到楚雄州检查指导工作。州委常委、副州长李红民等领导陪同检查。检查组一行先后深入楚雄市吕合计生服务站、吕合卫生院、州精神病院、州博物馆、元谋县人民医院进行了现场察看，并详细了解了各项目的相关情况。

香港公务员考察团到楚雄考察。10月29～30日，由香港特区政府27个局、署等政府部门公务员组成的香港特区政府高级公务员考察团一行30余人，在中央政府驻港联络办副处长何汝伦和北京大学港澳研究中心副主任潘庆德率领下到楚雄州考察。期间，考察团先后到禄丰世界恐龙谷、州博物馆、彝人古镇、中国彝族十月太阳历文化园和南华咪依噜风情谷考察了彝族文化。

【文化活动】 “送欢乐、下基层”慰问演出活动。2010年1月8～9日，由中国文联、中国红十字会总会、中国音乐家协会、中共云南省委宣传部主办，云南省文联、云南省红十字会和中共楚雄州委、州人民政府承办的“送欢乐、下基层”慰问演出活动在楚雄州举行。1月8日晚，中国文联、中国红十字会总会“送欢乐、下基层”书画创作笔会在雄宝酒店举办。次日，中国文联、中国红十字会总会和100多位艺术家分别在楚雄市活力广场、楚雄市紫溪彝村、姚安县官屯村、大姚县石羊镇开展系列慰问演出活动。

2010年“三下乡”示范活动。1月15日下午，由州委宣传部、州文明办等40多个州级单位共同组织的2010年文化科技卫生“三下乡”集中示范活动在永仁县举行，标志着全州2010年“三下乡”活动正式启动。参与活动的州级各单位共捐赠现金13.3万元，捐赠物资折价17.5万元，总价值30.8万元。捐赠仪式后，州、县文艺演出团体为群众献上了精彩的文艺节目。

云南现代职业技术学院筹建开工暨奠基仪式。1月16日在州职教中心南侧工地举行。该学院是经省人民政府批准、教育部报备开办，由云南三鑫集团投资建设的民办高等学院。项目估算总投资13.56亿元，土建规划面积68.3万平方米，计划分5年建设，建成后全日制高职在校生规模将达1.5万人、成人教育和短期培训在校生3000人。

楚视传媒有限公司、楚雄广博传媒有限公司成立暨楚雄CMMB手持电视开通仪式。3月1日在州广电中心举行，州党政领导为公司揭牌、授牌。

中国国际文化交流基金会楚雄州捐赠仪式。3月4日上午在州教育局举行。中国国际文化交流基金会、云南国际文化交流中心和楚雄州教育局三方代表签订了捐赠协议。根据协议，中国国际文化交流基金会“英华助教金”、“崔德祺基金会”对楚雄州家庭贫困的优秀代课教师进行资助，被资助的代课教师，每月100元，每年按10个月发放，执行期2年，该助教金共计40万元。州教育局为中国国际文化交流基金会和捐助人赠送锦旗及荣誉证书。

2010中国双柏彝族虎文化节。3月12～13日，以“弘扬虎文化　展现新活力”为主题的2010中国双柏彝族虎文化节在双柏县城妥甸拉开帷幕。开幕式上举行了文艺演出。随后举办了中国彝族查姆文化丛书暨《查姆笙歌》首发式，节庆期间还举行原生态民族祭祀舞蹈表演、民族文化展演、虎乡长街宴、民间面具舞蹈狂欢会、民歌大赛、陀螺邀请赛、汤锅美食街和商品交易会等系列活动。

中国武定2010年牡丹文化旅游节开幕。3月15日，中国武定2010年牡丹文化旅游节开幕式·第二届罗婺国际民歌节民歌赛颁奖典礼暨“盛世牡丹·中外群星演唱会”在武定县城北片新区举行。来自各地的嘉宾、游客和当地市民几千人汇集在此，观看精彩演出。在开幕式开始前，还举行了抗旱救灾捐款仪式。参加开幕式的领导为中国武定第二届罗婺国际民歌节民歌赛获奖选手颁奖。

“迎世博、彩云南”巡展暨“全国百城世博旅游宣传推广周”活动。4月3日上午在楚雄市桃源湖畔月亮广场举行。上午10点，世博推广活动正式拉开帷幕，两位身穿彝族盛装的主持人热情洋溢地介绍起了推广活动的内容、彝州的民族文化及地域特色。随后，省、州2010年上海世博会联络协调小组相关领导作了讲话，并为上海世博会吉祥物“海宝”举行了揭幕并接收了赠送；州民族艺术剧院的演员们表演了“彝族敬酒歌”、“彝山妹子”等具有彝族特色的节目。最后，参加活动的领导及嘉宾一起来到州体育馆前参观了2010年上海世博会图片展。

“云南省彝族历史文化与社会发展研究基地”授牌仪式。4月9日在楚雄师范学院举行，并开展系列学术活动。省委宣传部副部长张瑞才为研究基地授牌并作了讲话；学院院长、基地负责人李明接受了牌匾；中共楚雄州委宣传部有关领导到会祝贺并作了讲话。来自省、州和学院40余名专家学者参加仪式。院长李明向首席专家代表、学术委员会代表、学术顾问代表、兼职研究院代表颁发了聘书。省彝学研究会、省古籍办向学院捐赠了图书资料。活动期间，莅院省内专家与学院科技处、民研所等研究人员进行了座谈。云南大学教授万永林，云南省原社科院院长何耀华研究员为学院师生作了专题讲座。

云南省暨楚雄州2010年科技活动周启动仪式。5月15日，以“携手建设创新型云南”为主题的云南省暨楚雄州2010年科技活动周启动仪式在楚雄市桃源湖广场举行。省人大常委会副主任李春林宣布“云南省暨楚雄州2010年科技活动周”正式启动；省政协副主席顾伯平在启动仪式上讲话；省科技厅厅长龙江主持启动仪式。省、州、市及新闻媒体等40多家单位参加了启动仪式和义务宣传咨询服务活动。启动仪式后，还举行了文艺演出和义务宣传咨询服务。

“两会一节”活动。8月3日晚，第五届中国彝族文化展演会、第六届云南民族民间文化博览会暨2010年中国楚雄彝族国际火把节迎宾文艺晚会在州广电中心举行。贵州省人大常委会原副主任、贵州省彝学学会会长禄文斌，泰中文化经济协会会长、泰国前副总理披尼·乍鲁颂博，国务院编制委员会委员刘培焰，中国传记学会会长万伯翱，全国政协和平委员会委员、香港延佛慈善基金会主席释延佛，云南公安边防总队总队长那顺巴雅尔，世界杰出华商协会主席卢俊卿等国内外来宾，楚雄州党政领导卢显林等，以及前来参加“两会一节”的嘉宾一起观看了晚会文艺演出。8月4日上午，“两会一节”开幕式在州体育馆举行。来自日本、澳大利亚、泰国等国家，国内部分省区、地（州、市）、县（市）领导、企业家、专家学者、知名人士和应邀参加中国彝族民间文化艺术节赛歌、赛舞、赛美、赛装、赛乐“五赛”及彝家汉子选拔赛活动的地（州、市）、县（市）领导及楚雄州党政领导和各部门领导出席开幕式。下午，2010年中国楚雄彝族国际火把节招商引资项目推介会在州会务中心举行。会上对楚雄州重点招商引资项目进行了推介。州长代表州人民政府与泰中文化经济协会、世界杰出华商协会、中华彝族企业家协会签订了战略合作协议。当天下午，由楚雄州委、州人民政府、中国社会科学院民族学与人类学研究所共同主办的首届国际彝学高峰论坛开幕式在楚雄举行。论坛开幕式上，授予楚雄彝族文化研究院“国际彝学研究中心”、“云南省民族文化发展基金会楚雄分会”、“云南省社科院楚雄分院”、“楚雄彝族文化研究院”牌匾。中国著名民族学家、博士研究生导师尤中向楚雄彝族文化研究院赠送《中华民族发展史》、《尤中诗文选集》。

第七届“中国·南华野生菌美食文化节”。8月9日在南华龙泉广场开幕。

省人大常委会原副主任梁公卿，省政协原副主席和占钧出席开幕式并为滇菜系列丛书《南华美食荟萃》首发式揭幕；州政协主席延荣科宣布第七届“中国·南华野生菌美食文化节”开幕；州委政法委主要领导，州政府有关领导，省商务厅等部门负责人出席开幕式。为期一周的文化节以“魅力菌王国、美食扬天下”为主题，以“美食、旅游、商贸”为载体，尽展菌乡风采，扩大对外开放，加强合作交流，培强特色产业，推动南华科学发展。

《寻梦》在彝人古镇开机。9月16日上午，《中华民族风情——彩云之南》系列数字电影首部影片《寻梦》在彝人古镇开机。影片《寻梦》讲述的是在彝族文化大背景下，彝族男女爱情婚姻、励志创业的故事。

全国民委系统民族文化和民族宣传工作现场会。9月17日在楚雄召开。在两天半的会期里，会议对各地贯彻落实全国少数民族文化工作会议和《国务院关于进一步繁荣发展少数民族文化事业的若干意见》、开展民族宣传活动的经验进行总结交流，研究部署下一阶段工作，考察楚雄州民族文化建设和民族宣传工作情况。来自全国各省区市、新疆生产建设兵团民族工作部门分管文化宣传工作的领导和有关同志等近150人出席了会议。

云南省花灯艺术周。11月1日晚在“千年知府、梅葛故地、花灯之乡”姚安县开幕，开幕式上还举行了“姚安星”命名授牌授证仪式。开幕式结束后，嘉宾和观众欣赏了大型花灯剧《梭椤寨》专场演出。

第七届“澜沧江——湄公河青年友好交流”活动。12月9～10日，来自缅甸、泰国、柬埔寨、老挝、越南的青年组织官员和社会各界杰出青年代表组成的各国青年代表团一行66人，同我国青年代表团一道欢聚彝州，参加第七届“澜沧江——湄公河青年友好交流”活动。代表团在楚雄期间，先后参观了州职教园区、州博物馆、彝人古镇、楚雄师院、太阳历文化园、广泰生物科技开发有限公司、盘龙云海药业有限公司，听取了题为《大湄公河次区域合作现状与展望》的专题讲座，并与楚雄州各界青年代表进行了深入的交流和联欢。

全省文化科技卫生“三下乡”集中示范活动。12月19日在禄丰县恐龙艺术广场拉开序幕。此次“三下乡”联合行动，标志着云南省2010～2011年“三下乡”活动正式启动。启动仪式结束后，省级文艺团体和知名艺术家为禄丰的广大干部群众献上了精彩的文艺演出。参加集中示范活动的省级16个部门文化科技卫生服务人员设立了服务点，开展赠送籽种、农药，免费体检、看病，发放宣传资料、现场解答群众咨询等服务。此次“三下乡”集中示范活动，省级16个部门向禄丰县捐赠资金、设备、物资等，共计价值258.58万元。

【社会活动】 全国新型农村合作医疗支付方式改革工作交流会。2010年1月22日，全国新型农村合作医疗支付方式改革工作交流会与会人员到禄丰县的土官卫生院、金山镇南雄村委会卫生所、金山镇社区卫生服务中心参观学习。近年来，禄丰县结合自身情况，认真学习实践科学发展观，坚持以人为本、惠民为先，在新型农村合作医疗制度建设中亮点频现，被国家卫生部指定为全国推广新农合试点示范县。“禄丰模式”的根本是建立医疗机构费用的自我约束机制。办法就是经过科学测算，给出一个费用总额和标准，超支不补，节余留用。在这一思路的指引下，禄丰的门诊总额付费和住院按床日付费模式分别于2006年、2007年应运而生。中国医学科学院专家认为，禄丰逐步完善的新农合多档筹资机制，满足了不同经济收入水平家庭就医治病的需要。

援建希望小学。3月13日下午，申银万国证券党委书记、总裁冯国荣一行来到武定县猫街中心小学，捐资100万元人民币援建“武定猫街申银万国证券希望小学”，并对该校30名贫困学生进行了资助。

全州旱区劳动力转移就业1+1特别行动计划启动仪式暨浙江企业楚雄专场招聘会。4月2日上午，中共楚雄州委、州人民政府，云南电视台、浙江电视台在牟定县举行全州旱区劳动力转移就业1+1特别行动计划启动仪式暨浙江企业楚雄专场招聘会。在当天的专场招聘会上，浙江德清美丽制衣有限责任公司等5家企业为牟定县提供了1600多个适合农民工就业的岗位。

中国红十字基金会“央企援助基金”抗旱救灾项目监督巡视组赴楚雄州。对“央企援助基金”的管理使用情况进行专项检查。7月8～9日，巡视组一行在州、县红十字会项目负责人的陪同下，先后前往姚安县大河口乡涟水村和尚庄以及楚雄市子午镇打苴村委会山尾巴村、紫溪镇云庆村委会，实地了解当地小型抗旱饮水工程实施情况和“春雨行动”礼包发放情况。

滇川三州（市）32县（市、区）流动人口计划生育服务管理区域协作会议。11月12日在永仁县召开，攀枝花市、凉山州、楚雄州人口计生委就各地开展流动人口计划生育服务管理工作情况进行了交流发言。滇川三州（市）32县（市、区）签订了流动人口计划生育服务管理工作合作协议，确立了滇川三州（市）32县（市、区）计划生育管理工作合作关系。

日本扶轮社到楚雄州访问考察。11月25日，日本扶轮社西冈喜良及相关成员一行在中国国际技术智力合作公司日本分公司牵头组织下到楚雄州就慈善和扶贫相关事业的交流合作进行访问考察。在州委常委、州委统战部部长任锦云及相关部门人员陪同下，日本扶轮社访问团一行先后到州职教园区及中智公司定点扶贫的姚安县和大姚县进行了访问考察，并听取了工作情况介绍，对楚雄州扶贫工作和职业教育技术发展情况进行了解。双方就职业教育培训设施扶持及高技能人才联合培养等相关事宜进行了初步探讨。

【年度表彰奖励】 2010年，楚雄州人民政府对在2010年烟叶生产抗大灾保增收工作中作出突出贡献的楚雄市人民政府等8个先进单位，牟定绿宇种养殖专业合作社等35个先进生产组织，胡平国等71名先进个人给予表彰奖励。州人民政府对在2009年度全州社会稳定工作中见义勇为的先进个人给予表彰奖励。州人民政府对在全州档案工作中做出突出成绩的先进集体和先进个人给予表彰奖励。年内，州人民政府依据《楚雄州科学技术奖励办法》，授予王跃金专家2008年度楚雄州科学技术突出贡献奖；授予“云南部分药用植物内生放线菌的研究”等2项成果自然科学奖三等奖；授予“一种提高茄尼醇粗品含量的方法”成果技术发明奖二等奖，“一种管道连续生产辅酶Q10的方法”等2项成果技术发明奖三等奖；授予“水稻新品种‘楚粳30号’的选育”等2项成果科学技术进步奖一等奖，授予“年产2万吨歧化松香工艺技术研究及产业化开发”等5项成果科学技术进步奖二等奖，授予“含铌抗震钢筋轧后余热淬火生产工艺开发应用”等27项成果科学技术进步奖三等奖；对获奖单位和人员颁发奖励证书，突出贡献奖奖金10万元，奖励成果按一等奖5万元、二等奖3万元、三等奖1万元分别给予奖励。年内，州人民政府对州第八届劳动模范和先进工作者给予表彰奖励，授予黄汝林等36人“楚雄州劳动模范”荣誉称号，授予华润等24人“楚雄州先进工作者”荣誉称号。年内，州人民政府对落实《楚雄州2009年度禁毒工作责任状》的先进县（市）和先进集体予以表彰奖励；对巩固两年以上的“无毒乡（镇）”和创建“无毒社区工作先进乡（镇）”给予表彰奖励。州人民政府对在2009年度中低产田地改造工作中做出突出成绩的先进单位给予表彰奖励。州人民政府对在2009年度节能工作中做出突出成绩的先进单位和先进个人给予表彰奖励。州人民政府对参加省第九届少数民族传统体育运动会组织和参赛工作中作出突出贡献和取得显著成绩的州民委等5个先进集体、陈雪红等4名先进个人、赫永斌等6名优秀教练员、罗丽红等29名优秀运动员给予表彰奖励。

［王光林］

重要决策和部署

【经济建设】　2010年1月6日，楚雄州人民政府印发《楚雄州工业园区考核暂行办法》。主要内容：考核依据；考核目的；考核范围；考核内容及评分标准；考核程序；附则。该办法自印发之日起执行。4月2日，州人民政府印发《关于实施标准化发展战略的意见》。主要内容：实施标准化发展战略的重要意义；实施标准化发展战略的工作思路、基本原则和工作目标；深入推进农业标准化工作；强力推进工业标准化工作；加快推进服务业标准化工作；抓紧完善节能环保标准体系；实施标准化发展战略的保障措施。5月21日，州人民政府印发《楚雄州人民政府关于贯彻省人民政府扶持县域经济发展综合考核办法的实施意见》。主要内容：充分认识加快县域经济发展的重大意义，高度重视县域经济发展工作；统筹规划，进一步优化县域生产力空间布局；大力培植县域特色产业，进一步增强县域经济发展活力；统筹城乡发展，加快推进城乡一体化进程；建立县域经济综合评价考核办法，健全完善县域经济发展激励机制。5月15日，州人民政府办公室印发《中国彝族文化大观园项目区建筑特色风貌管理办法》。主要内容：总则、管理范围、管理重点、审批管理、督查管理。该办法从印发之日起施行。9月25日，州人民政府印发《楚雄州人民政府关于实施质量兴州战略的意见》。主要内容：实施质量兴州战略的重要意义；实施质量兴州战略的指导思想和目标任务；实施质量兴州战略的工作重点；实施质量兴州战略的保障措施。10月11日，州人民政府印发《楚雄州人民政府关于加快推进中低产林改造的实施意见》。主要内容：充分认识开展中低产林改造的重要意义；中低产林改造的指导思想、基本原则和目标任务；实施范围和改造方式；保障措施。10月28日，州人民政府印发《关于楚雄州农村小型水利工程管理体制改革的通知》。主要内容：改革的意义、改革的总体要求、改革的主要范围、改革的主要内容、相关的配套政策、改革的方法和步骤、保障措施、时间计划安排。10月29日，州人民政府办公室印发《关于建立楚雄州依法查处取缔无照经营工作联席会议制度的通知》。主要内容：联席会议组成人员；联席会议职责；联席会议成员单位职责分工；工作要求；经费保障。12月6日，州人民政府印发《楚雄州财政支出绩效评价管理规定》。主要内容包括：总则、绩效评价的对象和内容、绩效目标、绩效评价指标和评价标准及方式方法、绩效评价的组织管理和工作程序、绩效评价结果及其应用、法律责任、附则等8章39条。该规定自发布之日起施行。12月10日，州人民政府印发《楚雄州政策性能繁母猪保险承保理赔管理办法》。主要内容：加强能繁母猪保险政策宣传，确保保险政策合法，业务管控合规；承保质量是确保能繁母猪保险规范经营的必备前提，必须规范承保管理，提高承保质量；理赔质量是确保能繁母猪保险稳健经营的重要保障，必须规范理赔管理，提高理赔质量；严格执行费用政策，是确保能繁母猪保险合规经营的重要保证，必须统一费用管理，强化成本管控；理顺工作职责，是确保能繁母猪保险持续发展的重要条件，相关业务部门必须加强统一领导，认真履行职责，强化协作配合，加强工作联动；附则。该办法自发文之日起执行。

【政治建设】　2010年3月9日，楚雄州人民政府印发《楚雄州推行效能政府四项制度实施方案》。主要内容：进一步提高对实施效能政府四项制度工作重要性的认识；准确把握效能政府四项制度的内涵和基本要求；实施四项制度的组织和领导；实施四项制度的基本要求。3月21日，州人民政府印发《楚雄州行政机关推行效能政府四项制度实施细则》。其中，《楚雄州行政机关行政绩效管理制度实施细则》共18条，自印发之日起施行；《楚雄州行政机关行政成本控制制度实施细则》共16条，自印发之日起施行；《楚雄州行政机关行政行为监督制度实施细则》共20条，自印发之日起施行；《楚雄州行政机关行政能力提升制度实施细则》共17条，自印发之日起施行。3月8日，州人民政府办公室印发《楚雄州处置重特大森林火灾应急预案》。主要内容：总则；森林火灾处置的等级划分；指挥机构与职责；预警、监测、报告；森林火灾扑救；重特大森林火灾的灾后处理；保障措施；附则。该预案自印发之日起施行。2006年印发的《楚雄州人民政府办公室关于印发楚雄州处置重特大森林火灾应急预案的通知》同时废止。6月3日，州人民政府印发《楚雄州人民政府关于加强综合性应急救援队伍建设的意见》。主要内容：指导思想、基本原则和建设目标；大力推进政府综合性应急救援专业力量建设；突出抓好综合性应急救援队伍能力建设；规范应急救援运行机制；进一步提高应急救援保障水平。12月10日，州人民政府印发《关于进一步加强气象防灾减灾能力建设的实施意见》。主要内容：加强气象防灾减灾能力建设的重要意义；加强气象防灾减灾能力建设的总体要求；以公共气象服务为核心，切实加强气象防灾减灾能力建设；加强领导，切实提高气象防灾减灾保障能力。

【社会建设】 2010年1月28日，楚雄州人民政府印发《关于全州城镇职工基本医疗保险实行州级统筹管理的通知》。该通知自2010年4月1日起执行。1月29日，州人民政府办公室印发《关于加快民办学前教育发展的实施意见》。主要内容：发展民办学前教育的指导思想和阶段目标；发展民办学前教育的政策和措施；加强对民办学前教育的管理。4月7日，州人民政府印发《楚雄州城镇职工基本医疗保险州级统筹实施办法》。主要内容：总则、参保缴费管理、“两定”机构管理及费用结算、就医管理、基金管理、管理工作职责、考核与奖励、附则等7章27条。办法自2010年4月1日起施行。5月20日，州人民政府印发《楚雄州新型农村社会养老保险补贴办法》。主要内容：新型农村社会养老保险补贴原则；新型农村社会养老保险补贴对象；新型农村社会养老保险补贴标准；新型农村社会养老保险资金来源；新型农村社会养老保险补贴时间。7月14日，州人民政府印发《楚雄州医药卫生体制改革3年实施方案（2009年～2011年）》。

【生态建设】 2010年6月29日，楚雄州人民政府印发《关于推行环境保护一岗双责制度的实施意见》。主要内容：提高认识，增强推行环境保护“一岗双责”的责任感；加强领导，认真落实各级政府的环境保护监管主体责任；各司其职，进一步明确各有关部门的环境保护管理责任；强化监管，全面落实生产经营单位的主体责任；落实责任，严格环境保护责任追究制度。7月30日，州人民政府印发《关于实施节能减排淘汰落后产能目标任务的决定》。主要内容：时限要求；提高认识，强化措施；强化督导，定时报送相关信息；强化行政问责；加强淘汰落后产能核查；做好职工安置工作。

［王光林］

政务督查和建议提案办理

【政务督查】 2010年，楚雄州政务督查工作坚持“围绕中心、把握大局，突出重点、注重实效”的工作方针，突出抓大事、抓难事、抓实事，不断创新督查方式，有力地推动了各级政府重大决策、重要工作部署和阶段性中心工作的贯彻落实，提高了政府的公信力和执行力。一是督查体系进一步完善。全州各级政府、各部门高度重视督查工作，切实把督查工作同本地、本部门的中心工作有机结合起来，形成了领导亲自抓，督查室具体抓，部门配合抓，齐抓共管，层层抓落实的“大督查、大落实”的工作格局。全州10县（市）均成立了副科以上的督查机构，配备了专门的人员，其中楚雄、姚安、大姚、元谋4县（市）人民政府督查室为正科级机构，其余6县为副科级机构。部分州级部门也设立了督查室，并配备了专职或兼职的督查人员，为有效开展督查工作提供了有力的组织和人力保障。二是督查力度进一步加大。紧紧围绕经济社会发展的主要目标和政府工作的主要任务，认真开展重大决策部署的督促落实。特别是在抓好省、州人民政府工作报告目标任务的落实上，以抓好省政府重点督查的20个重大建设项目、20项重要工作涉及楚雄州的目标任务和州人民政府重点督查的20个重大前期项目、20个重大建设项目、20项重要工作等91个223项任务的督促落实为抓手，确保了省、州重大项目和重要工作的落实和推进，取得了显著成效。同时，按照州人民政府领导的批示及相关会议要求认真及时开展专项督办，有力、有效地开展了“8·30”和“7·09”地震、抗大旱保民生抓春耕促发展、元双二级公路、武禄高速公路及楚雄连汪坝至南华县城等公路建设、安全生产、节能减排、中央扩大内需项目、重点项目融资等27个307项重要工作的专项督查，做到了交必督、督必果、果必报，在有效时间内所督办事项均收到了明显成效。三是督查手段进一步改进。按照统筹兼顾、突出重点、灵活机动、交叉运转、多点运行、明查暗访的工作方法，克服了人少事多的困难，避免了工作一线盲点、突出了工作实情的重点、注重了协调服务的亮点，团结协作、吃苦耐劳，大胆督查。2010年以来，凡属州人民政府督查室牵头督查的事项，做到了年有计划、月有方案、日有安排，对督查事项做到政策熟悉、界限清楚、把握领导意图要求、督查方案一事一议，督查手段根据督查任务及对象认真分析确定，为督查对象和政府领导当好参谋助手，真正成为领导工作的放心人、基层解决问题的知心人、推动工作落实的搭档人。在全年的91个223项决策督查和27个307项专项督查工作中，州人民政府督查室除按正常程序督查外，为解决好难点、热点和矛盾问题，还召开州级部门督查协调会28次，县（市）督查协调会16次，对督查事项的落实起到了积极的推进作用。

【人大代表建议办理】 2010年，楚雄州人民政府系统共承办人大代表建议

153 件，占建议总数的 91.1%。根据建议内容和政府部门（单位）的工作职责，州人民政府将建议分别交由 4 县（市）人民政府和州属 38 家单位承办。在代表建议办理工作中，州人民政府及各承办单位坚持“重效率、重质量、重实效”的原则，认真推行“五定一包”即：定责任领导、定责任科室、定责任人、定办理时限、定办理要求，包办理效果的工作机制，注重面商，跟踪问效，认真负责地办理好、解决好、落实好建议提出的问题，所有建议均在规定时限内办理完毕，办复率为 100%。年内，建议所提问题已经得到落实的有 86 件，占承办总数的 56.2%；所提建议已采纳，列入有关部门工作计划逐步实施的有 45 件，占承办总数的 29.4%；因目前条件限制暂时无法解决的有 19 件，占承办总数的 12.4%；建议所提问题目前无条件解决或不属于本级政府事权职责范围内事项的有 3 件，占承办总数的 2%。

【政协委员提案办理】　2010 年，楚雄州人民政府系统共承办政协委员提案 263 件。根据提案内容和政府职能部门（单位）的工作职责，州人民政府分别交由相关县（市）人民政府和州属部门（单位）承办。为做好提案办理工作，一是提高认识，加强组织领导。州“两会”后，州人民政府及时召开了提案交办会，开展了业务培训，对提案办理工作作了具体的安排部署。二是完善制度，规范办理程序。建立健全办理工作机制，定人员、定职责、定时限、定要求，分级负责、分工协作、归口办理，做到办前有部署、办中有督促、办后有检查、办完抓落实，促进了办理工作规范有序、协调运转。三是加强面商，增进沟通交流。坚持“先面商，后答复”的办理工作原则，把与委员沟通、协商作为办理工作的重要环节，并贯穿于办理工作的全过程。四是落实责任，注重办理实效。各承办单位都把办理实效作为衡量提案办理质量的根本标准，认真分析提案，准确领会意图，深入调查研究，制定并落实有效的办理措施，把办理工作与部门工作紧密结合，在推进部门工作发展中提高办理质量，通过办理提案的实效来检验部门工作的成效。通过各承办单位的共同努力，263 件提案均在规定时限内答复办理完毕。

［王光林］

联络交往

【楚雄州人民政府驻北京联络处】
2010 年，楚雄州人民政府驻北京联络处围绕职能职责，认真做好外联、宣传、接待、服务工作，各项工作取得了一定成效。一是宣传抓亮点。采取多种形式加大对外宣传、文化交流力度。在中共楚雄州委、州人民政府的统一部署下，与有关部门配合确立宣传主题，以中央及北京有关媒体为依托，力争每年在京开展一项宣传活动。年内，楚雄州阿乖佬彝歌队首次登上中央电视台，在“蓝色经典天之蓝”杯第十四届青歌赛原生态组决赛中楚雄阿乖佬彝歌队获得银奖，以彝族音乐为代表的彝族文化越来越活跃在主流媒体。在中国美术馆举办“丹青云南·神韵楚雄”——舒建新中国画作品展，作品展示彝州自然风光、风土人情、美好河山，宣传彝州民族团结和睦幸福景象。二是项目抓重点。按照州委、州人民政府对驻外工作的新要求，切实把工作重点转移到争取项目资金工作上来，发挥地处北京的区位优势、资源优势，努力搭建楚雄在北京招商引资的平台。年内，配合州委、州人民政府领导及州有关部门领导在国家部委积极争取项目资金。到民政部争取元谋地震救灾资金 4000 万元；到国家发改委争取国债发行资金 15 亿元及青山嘴移民补助项目；到财政部争取亚行贷款项目；向水利部汇报旱情争取大中型水库建设项目，楚雄州向水利部及省水利厅上报的 40 多个项目都已进入建设盘子，按规划正逐个推进；到国家林业局争取葡萄苗引进项目，葡萄种苗已落户葡萄园区。积极配合州领导与吉利集团商谈引进吉利汽车制造到楚雄落户项目等。三是工作抓重点。认真贯彻落实省委、省人民政府 2010 年央企入滇、滇菜进京的工作方针，积极做好央企入滇、滇菜进京、彝药注册工作。央企入滇，中国国际技术智力合作公司与楚雄州人民政府签定关于“央企入滇就业扶贫战略合作协议”。滇菜进京，楚雄野生菌“彩云朝”食府入住北京，美食佳肴受到欢迎和肯定。彝药注册，配合州中医院向国家药监局协调办理 3 个彝药药品的再注册工作。四是常规抓落实。年内，在努力抓好亮点、重点、新点工作的同时，联络处常规工作在工作质量、服务细节上下功夫。全年接待服务部级领导 50 余人（次），司局级领导 200 多人（次），接待在京公务、学习培训、挂职锻炼、商务、送子女就学、观光旅游各级干部职工 300 多人（次）。接待上访人员 35 人（次），劝返 3 人，协助劝返 32 人次。全年共派出车辆 987 车（次），行程 7.86 万千米。接待住宿 311 多人（次），接待就餐 302 桌（其中自办宴席 152 桌），共计 3000 多人（次）。累计创收 50 多万元。五是定位新职责。年内根据新形势发展及工作实际，按照国家机关事务管理局要求，州人民政府向省人民政府办公厅上报楚雄州驻京联络处保留报告，北京市发改委以“关于云南省保留和撤销驻京办事机构的函”批示，正式保留楚雄驻京联络处。单位按新的职能要求定位，提出了下步工作重点及意见。通过对驻外工作新职责的定位，单位加强学习教育，强化领导管理，驻京联络处工作规范有序的开展。

［李志荣］

【楚雄州人民政府驻昆明办事处】
2010 年，楚雄州人民政府驻昆明办事处始终把搞好州内领导机关服务工作、塑造办事处窗口形象，联络协调各部门、各县（市）和州内大型企业的关系，配合全州招商引资工作，做好内引外联和接待服务作为工作的主要内容。至年底，共向州内提供 1.8 万间公务用房，接待 3.6 万多人次，同时免费提供州内招商引资客商接待用房 500 多间，接待 1000 多人次。2010 年办事处向每位州内来昆公务人员提供优惠房价，节约了州财政支出，保障来昆公务活动的便利，取得了良好的社会效益。一年来，驻昆办认真圆满的完成了中央部委、省级领导和省级部门的相关接待任务，协助中共楚雄州委、州人大、州人民政府、州政协和州属各相关职能部门完成了“昆交会”、“旅交会”、“农博会”、“彝族火把节”、“彝族年”、中央国家机关客人和楚雄州重点招商引资活动的人员接送、食宿、接待服务等系列活动，做好州委、州人民政府2010年“楚雄籍和在楚雄工作过的在昆副厅以上领导新春座谈会”的筹备、会务工作及在昆老同志的春节团拜活动，做好州级领导和部分相关部门、县（市）领导到昆或经昆中转的接待服务工作，协助做好州委、州人民政府安排的与省级各相关部门的座谈会、楚雄州北部金沙江流域经济社会发展总体规划评审会、原楚雄卫校上海籍退休教工校友联谊会、云南彝学会专业委员会换届选举会员代表大会、《中国彝族通史》主编会议、全国民委系统民族文化和民族宣传工作现场会中转、楚雄州2010年市政项目建设债券上市新闻发布会、云南省年鉴研究会第三届会员代表大会等会务接待工作。协助好州内各县（市）在昆举办的迎新春座谈会。和省民委、省彝学会共同举办了2010年在昆彝族同胞火把节，3000多在昆彝族同胞共度了传统民族节日。进一步加强了与州内各部、委、办、局、学校、部队，特别是10县（市）和州内知名企业的交流，切实发挥了驻外机构的职能，为彝州的经济发展、社会进步作出自己的贡献。积极和各地客商交流往来，提高楚雄大厦和办事处的知名度，促进了招商引资工作的开展。

［王海宏　费淑娥］

接待工作

【接待工作概况】 2010年，楚雄州接待处紧紧围绕中共楚雄州委、州人民政府的发展思路和中心工作，牢固树立“围绕发展搞接待、搞好接待促发展”的服务理念，切实加强领导班子自身建设，不断增强干部队伍整体素质，着力提高接待质量和服务水平，高标准、严要求，精心组织，尽职尽责，不辞辛劳，热情服务，圆满完成了各项接待工作任务，为推动彝州经济社会发展作出了积极努力。全年共圆满完成接待任务341批次，接待来宾8271人次，其中国家领导人1人次，省部级领导108人次，厅级领导806人次；各级各类视察组、巡视组、检查组、督导组、调研组、考核组、指导组115个，考察团（组）、代表团27个，招商引资客商30批次；承办迎宾、礼仪、宴会、酒歌95场次，服务来宾参观考察112批次。各项接待服务工作得到了各级领导和来宾的一致好评。

年内，楚雄州“政务接待服务标准化”被列为2010年度云南省服务业标准化试点项目之一，楚雄州接待处被确定为政务接待服务标准化试点工作的主体单位。州接待处坚持以标准化建设为契机，严格按照“政府推动，部门联合，企业为主，有序实施”的原则，积极协同相关部门，认真制定工作方案，落实项目试点单位，不断健全和完善接待工作流程及相应的规章制度体系，确保了省级政务接待服务标准化试点工作有序推进。

【公务接待】 2010年，楚雄州接待处圆满完成了全国人大副委员长、九三学社中央主席韩启德，中央政治局委员、中央书记处书记、中组部部长李源潮以及省委、省人大、省政府、省政协领导和最高人民法院、中央农办、国家财政部、国家审计署、国家民委、国家地震局、国家烟草专卖局、全国文联、中国人民银行、中国青基会、总参作战部、成都军区等109位省部级以上领导莅临楚雄视察指导工作的重要接待任务。圆满完成了中央防范处理邪教工作督导组、中央扩大内需检查第十八组、全国综治工作督导检查组、中纪委检查组、中纪委调研组、中办国办联合督查组、国家赴云南“桥头堡”建设调研综合组、国土资源部应对南方干旱紧急行动云南工作组、国家防总抗旱救灾检查指导工作组、国家住房城乡建设领域节能减排专项督查组、国家林业局膏桐产业考察组、公安部学校消防安全联合检查组、教育部调研组、铁道部调研组、省委巡视组、省委学习实践科学发展观巡回检查组、省委干部考察组、省委省政府调研组、省委省政府工青妇科协工作督查组、省人大中低产田改造视察组、省政府艾滋病防治责任目标督查组、省政府打非工作督查组、省政府节能减排工作专项督查组、省政府在建二级公路安全生产考核组、省政府卫生工作责任目标考核组、省政府保障性住房建设督查组、省政府2009年度耕地保护目标履行情况检查组、省政府节能减排专项督查组、省政府第四督查组、省政协抗旱救灾工作视察组、省政协非公经济发展环境视察组、省政协提案委调研组、省纪委纪检监察干部队伍建设调研组、省纪委民主生活会指导组、省纪委检查贯彻落实中纪委9、10号文件情况第七检查组、省检查考核组第十五组、省抗旱救灾工作组、全省深入开展创先争优活动情况交叉检查组、全省抗旱督查组、全省抗大旱保民生促春耕专项督办活动第六督查组、全省抗旱救灾款物管理专项检查组、全省校园及周边治安综合治理工作检查督导组、全省社会管理创新综合试点县（市）调研指导组、省安全生产检查组、省中低产田地改造工作考核组、省城镇污水生活垃圾处理设施项目建设专项督查组、省强农惠民资金专项检查组、省“两基”国检督查组、省农村劳动力转移就业情况专题调研组、省中央扩大内需项目督查组、省“两基”迎国检交叉督查组、省检查考评工作调研组、省村级组织活动场所检查验收组、省“五五”保密普法检查组、省群众评议工作调研组、省委高校工委省教育厅调研组、省发改委调研组、州长任期经济责任审计审前调查组、楚雄州“两基”国检预检工作组、楚雄卫校人才培养工作评估组等各级各类视察组、巡视组、检查组、督导组、调研组、考核组、指导组115批次。圆满完成了省委省政府慰问团、亚洲政党代表考察团、世界杰出华商协会考察团、农业部科技抗旱服务团、全国老年人合唱团、香港特区高级公务员考察团、澳门科学馆考察团、“桥头堡建设大家谈·滇中经济区”采访团、上海经贸考察团、上海浦东新区中医药事业发展合作考察团、贵州省人民政府办公厅考察团、广西城乡风貌改造工作考察团、广西百色市政府考察团、内蒙古自治区工会考察团、江苏商会考察团、攀枝花市政协学习考察团、玉溪市政府职业教育考察团、红河州城镇建设考察团、曲靖市“两基”工作考察团、德宏州、迪庆州、临沧市关工委学习考察团等考察团（组）、代表团的接待任务27批次。

【会议接待】 2010年，楚雄州接待处承办各种大型活动和大型会议接待任务23场次。1月8~10日中国文联、中国红十字会“送欢乐、下基层”赴楚雄慰问活动在楚雄举行，1月29日省政协副主席曾华率九三学社中央和九三学社云南省委专家赴楚雄考察“九校楚合作”项目，3月15日楚雄至广通高速公路建设项目合作签字仪式在楚雄举行，4月1~2日中国第一大课堂——清华讲堂赴楚雄市抗旱救灾捐赠仪式在楚雄举行，4月2~3日“迎世博·彩云南”巡展活动在楚雄举办，4月8日全省政协外联工作座谈会来宾赴楚雄考察，4月10日省青联九届四次常委（扩大）会议代表赴楚雄考察，4月13~15日第三届“全国老年合唱节”在楚雄举办，6月2日全国旅游业发展“十二五”规划编制工作会议代表赴楚雄考察，7月12~17日“学经验·找差距”百名记者万里行采访组赴楚雄考察，8月3~6日首届国际彝学高峰论坛在楚雄举办，8月3~6日2010年中国楚雄彝族国际火把节招商引资大会在楚雄召开，8月10日第五期全国人大代表专题学习班成员赴楚雄考察，8月31日~9月1日刀会祥同志先进事迹报告会在楚雄举行，9月10日广大铁路扩建改造工程建设动员大会在楚雄召开，9月10~13日“金龟子训练营”好娃娃嘉年华全国巡展在楚雄举办，9月16~17日“云岭先锋创先争优”——优秀共产党员事迹报告会在楚雄举行，9月16~19日全国民委系统民族文化和民族宣传工作现场会在楚雄召开，10月22日省科技厅与楚雄州2010年科技工作会商会在楚雄召开，10月26日武禄公路签字仪式在楚雄举行，11月7~10日民建中央及省委专家赴楚雄专项调研暨滇中城市群发展2010·楚雄论坛在楚雄举办，11月22~24日省民主党派、工商联社会服务工作研讨会在楚雄召开等。

【商务接待】 2010年，在中共楚雄州委办公室、州人民政府办公室的统筹安排下，楚雄州接待处积极配合有关部门，精心组织，热情服务，圆满完成了2010侨商彝州商务考察团、世界华人工商促进会、申银万国证券股份有限公司、航空部航天集团、福建云南商会、富滇银行、招商银行、中智公司、省公路建设投资公司、云铜集团、云南茅粮酒业集团等招商引资客商赴楚雄考察、洽谈投资项目的接待任务30批次。

【外事接待】 2010年，在中共楚雄州委办公室、州人民政府办公室的统筹安排下，楚雄州接待处积极配合有关部门，精心组织，热情服务，圆满完成了泰国清迈府府尹阿蒙潘·尼玛南，澳大利亚南澳州教育部长特使埃里森女士，日本扶轮社考察团，日本加特可株式会社，澳大利亚岳峰投资银行等涉外来宾的接待任务5批次。

［鲁琦云］

机构编制管理

【政府机构改革】 2010年12月23日、25日，中共楚雄州委、州人民政府根据省委、省人民政府对楚雄州人民政府机构改革方案的批复和省编办对10县（市）人民政府机构改革方案的审核意见，印发了《中共楚雄州委 楚雄州人民政府关于楚雄州人民政府机构改革的实施意见》和10县（市）人民政府机构改革方案，并于12月31日召开了楚雄州州县（市）政府机构改革动员会，全面安排部署了州县（市）政府机构改革工作。这次政府机构改革的主要任务是：转变政府职能，理顺职责关系，明确和强化责任，优化政府组织结构，完善体制机制，严格控制机构编制，推进依法行政，提高行政效能，着力解决制约楚雄州经济社会发展的突出矛盾和问题，逐步建立权责一致、分工合理、决策科学、执行顺畅、监督有力的行政管理体制，为促进全州经济社会又好又快发展提供体制机制保障。改革后，州人民政府设置工作部门32个，设置部门管理机构2个。与改革前相比，州人民政府工作部门减少9个：经济委员会、交通局、建设局、文化局、体育局、人事局、劳动和社会保障局、水利局、州人民政府外事办公室。增加工作部门10个：州工业和信息化委员会、州交通运输局、州住房和城乡建设局、州人力资源和社会保障局、州文化体育局、州水务局、州人民政府外事侨务办公室、州人民政府国有资产监督管理委员会、州广播电视局、州人民政府扶贫开发办公室。减少部门管理机构4个：州人民政府信息产业办公室、州人民政府侨务办公室、州规划局、州生物资源开发创新办公室。减少直属机构2个：州畜牧兽医局、州广播电视局。减少议事协调机构的办事机构2个：州人民政府扶贫开发办公室、州人民防空办公室。保留工作部门22个：州人民政府办公室、州发展和改革委员会、州教育局、州科学技术局、州民族事务委员会、州公安局、州监察局（与州纪律检查委员会合署办公，不计入政府机构个数）、州民政局、州司法局、州财政局、州国土资源局、州环境保护局、州农业局、州林业局、州商务局、州卫生局、州人口和计划生育委员会、州审计局、州统计局、州旅游局、州安全生产监督管理局、州宗教局、州粮食局。县（市）人民政府设置工作部门23~25个，其中组建9~10个，保留14~15个。设置部门管理机构1~2个。

【做好机构改革部门“三定”工作】 2010年12月27日，楚雄州机构编制委员会印发《关于做好州人民政府部门

"三定"工作的通知》，对做好州人民政府部门"三定"（定主要职责、定内设机构、定人员编制）工作提出要求：明确"三定"工作的范围是《中共云南省委办公厅　云南省人民政府办公厅关于印发〈楚雄彝族自治州人民政府机构改革方案〉的通知》及《中共楚雄州委　楚雄州人民政府关于楚雄州人民政府机构改革的实施意见》批准设置的机构。强调"三定"工作必须坚持"政企分开、政资分开、政事分开、政府与社会中介组织分开"的原则，符合"经济调节、市场监管、社会管理、公共服务"的职责定位；必须坚持权责一致的原则，按照有权必有责的要求，通过定职责、定机构、定编制，在赋予部门职权的同时，明确其应承担的责任；必须坚持上下衔接的原则，州人民政府各部门的工作职责，原则上与省政府各部门职责相衔接，按照省政府部门职责分工，规范、界定和理顺州人民政府各部门及其内设机构的职责；坚持综合设置的原则，州人民政府各部门的内设机构必须综合设置，职责相近、任务相同的内设机构要合并设置，允许一个内设机构对应上级部门几个内设机构，不设置行政编制少于2名或实有人员3人以下的内设机构。离退休人员管理办公室和机关党委办事机构的设置，严格按照《云南省各级机关机构设置和管理暂行办法》有关规定办理；坚持规范管理的原则，严格按照《云南省各级机关领导职数管理暂行办法》核定部门及其内设机构领导职数，规范领导职数管理；坚持严格控编的原则，各部门的人员编制必须严格控制在州编委核定的行政编制和聘用工勤编制以内；坚持沟通协调的原则，在职责调整中，涉及部门之间职责交叉、分工不清、关系不顺的，有关部门要主动协商，取得一致意见。对涉及多个部门共同承担的职责，应通过协商沟通，明确主办、协办单位的职责及牵头部门。统一州人民政府部门"三定"规定文本格式和审核办法。上述要求为贯彻落实楚雄州人民政府机构改革方案及其实施意见，巩固机构改革成果，做好部门"三定"工作奠定了良好的基础。

【坚持编制使用审批制度】　2010年，楚雄州机构编制委员会办公室认真坚持编制使用审批制度，加强州级机关事业单位调入人员、任命科级领导前的编制、领导职数及聘用驾驶员编制使用审批，全年共批准25个党政机关使用科级领导职数22名，使用编制19名；审批28个事业单位使用科级领导职数37名，编制39名。同时，认真做好州县乡党政机关招考公务员、事业单位招考工作人员编制审核工作，审核104个党政机关上报招考公务员编制310名，其中审核同意使用行政编制招考262名；审核全州10县（市）和州属19个事业单位上报招考工作人员编制751名，审核同意使用事业编制招考750名，对超编单位、自收自支事业单位上报的招考计划一律不予审批，有效制止了超编招考、超编进人行为。

【政务和公益中文域名注册管理工作】　2010年12月27日，楚雄州机构编制委员会办公室根据中央机构编制委员会办公室的要求，印发《关于做好政务和公益中文域名注册工作的通知》，加强政务和公益中文域名注册工作的宣传，推进政务和公益中文域名注册的应用普及。同时，积极做好注册申请单位主体真实性的认定和相关审核工作，规范党政群机关和事业单位网上名称管理，提高党政群机关和事业单位网站的权威性、可信度和认知度，为社会公众准确识别网站主办者身份、获取准确信息和网络在线服务创造良好的互联网环境。至12月31日，全州已申请注册政务和公益中文域名40个。

［赵琼美］

人事管理

【公务员管理】　2010年，楚雄州人事局组织完成了全州2009年度行政机关科级及其以下公务员、机关工勤人员年度考核工作。共15623人参加考核，2968人评定为优秀，占考核总人数的18.96%；12158人评定为称职，占考核总人数的77.68%；2人评定为基本称职，占考核总人数的0.01%；6人评定为不称职，占考核总人数的0.04%；不确定等次489人，占考核总人数的3.12%。年内，全州面向社会公开招考258个公务员职位，共有6015名考生报考，411名考生进入资格复审，380名考生进入面试，212名考生被录用为国家公务员（其中省管单位10人）。

【专业技术人才培养管理】　2010年，楚雄州人事局推荐上报了1名享受国务院特殊津贴人选、4名享受省政府特殊津贴人员人选及5名省有突出贡献优秀专业技术人才人选；表彰奖励了100名第二批拔尖农村乡土人才；开展了第九批楚雄州有突出贡献优秀专业技术人才选拔工作；兑现了第一批、第二批中青年学术技术带头人2009年州级学科带头人津贴33600元；确定了"楚雄州第三批中青年学术技术带头人"25人；开展了37942人参加的以"低碳经济"为主题的公需科目培训。

【专业技术职务评聘】　2010年，楚雄州人事局完成了教育、卫生等17个系列申报高、中级专业技术职务的资格审查。全年共进行资格审查2089人，向中高级评委会推荐2031人，其中正高级26人、副高级464人、中级1541人。认定了正高级职务任职资格7人、副高级414人、中级1203人。开展专业技术人员评聘统计工作。截至2009底，全州有专业技术人员40169人，取得专业技术资格39052人，其中正高级资格55人、副高级资格2051人、中级资格15200人、初级资格21746人。

【引进智力】　2010年，楚雄州人事局引进国内外著名专家4人次为楚雄师院师生讲学，为全州林业科技人员开展为期2天的培训班；促成楚雄师院与10个国外同类高等院校建交，与6个国外中初等教育实习基地建立合作关系；组织申报国家级奖项"友谊奖"1个，完成国家级、省级引进人才项目6项。

【实施公共卫生与基层医疗卫生事业单位绩效工资】 2010年，楚雄州人事局开展了全州公共卫生与基层医疗卫生事业单位实施绩效工资工作。截至9月30日，全州共有5536名公共卫生与基层卫生事业单位在职职工和退休人员实施绩效工资，人均月增资678元，其中在职职工4159人，人均月增资732元；退休人员1377人，人均月增资513元，并于10月份全部兑现到位。

【事业单位管理】 2010年，楚雄州人事局加强州内事业单位的管理，开展了系列工作。

对全州事业单位公开招聘工作人员工作进行了创新。州属事业单位和10县（市）招聘岗位经审核后在《楚雄日报》和“楚雄人事人才网”上统一发布公告，加大了公开招聘工作的宣传力度；在州属事业单位统一组织《公共基础知识》考试的基础上，首次实行10县（市）统一组织《公共基础知识》考试和计算机统一阅卷，降低了招聘工作行政成本，增强了公开招聘工作的严肃性和公正性。全年全州10县（市）共申报招聘计划547人。经过公共基础知识考试，单位及主管部门专业知识技能考试考核、政审体检合格，共办理州属16家事业单位105人的聘用审批手续，办理审批10县（市）2010年招聘事业单位工作人员478人，审批补办武定县2002~2006年招聘人员376人。

事业单位岗位设置管理。州人事局经过认真调研，报经中共楚雄州委、州人民政府同意，于3月30日出台了《楚雄州事业单位岗位设置管理实施意见》，对全州事业单位岗位设置管理工作作出了全面、具体的安排部署。至6月30日，完成了全州10县（市）的事业单位岗位设置管理实施方案核准审批工作。至11月底，审核批复了楚雄师院附小等50家州属事业单位上报的实施方案，核准岗位5000多个，基本完成了州属事业单位的岗位设置实施工作。

机关事业单位人员计划管理。州人事局共审批州级机关事业单位增加职工计划90名，其中党政群机关34名、事业单位56名；办理事业单位调出州外6人；办理事业单位科级领导职务任职审核19人，其中正科级7人，副科级8人，非领导正科级职务4人。

【企事业单位工作人员履职考核】 2009年度，全州共有事业单位工作人员和企业单位专业技术人员45735人，实际参加考核45533人，其中事业单位工作人员44954人、企业单位专业技术人员579人。在参加考核的人员中，8417人确定为优秀，占参加考核人员总数的18.5%；36222人确定为称职，占79.6%；16人确定为基本称职，占0.04%；18人确定为不称职，占0.04%；不确定等次860人，占1.9%。未参加考核151人，占0.33%。

【人才交流】 2010年，楚雄州人事局人才市场共收集整理发布用人信息2711条，用人单位提供就业岗位3265个；接待进场择业以及来访人员约9800余人（次），其中有6000余人办理了求职登记手续，向用人单位推荐介绍人员达3816余人（次），推荐介绍成功576人。

【人事代理和人才派遣】 2010年，楚雄州人事局人才市场先后与21家单位签订了委托人事代理协议书，人员达224人，并为其管理人事档案224份，户口迁移190人次；毕业生人事代理从211人增加到471人，办理人事关系及档案托管2169人，办理五项社会保险1125人，职称评审申报4人，并为相关员工、社会流动人员办理准生证、独子证、出示各种证明材料369份；与31家单位签订了人才（劳务）派遣协议，为电力系统新增派遣了625名员工，为州交通银行、州邮政局等单位选拔、体检、培训、派遣了978名员工，接收管理31家单位978份人事档案。

【大中专毕业生就业】 2010年，楚雄州人事局人才市场举办了全州大中专毕业生供需见面洽谈会，进场单位达112家，提供就业岗位1784个，进场求职人员达3189人，经过双方洽谈，有623名毕业生与用人单位签订了用工协议，有1365名毕业生与用人单位签订了意向性协议；组织大中专毕业生和州内的剩余劳动力160人到江苏、上海、深圳、宁波、天津等地就业；为4100名2010年应届大中专毕业生办理报到登记手续，接待往年尚未办理报到登记手续的毕业生56名，接转各县（市）及零星人员转档98件，接待毕业生档案查询368人（次），为未就业大中专毕业生出具未就业证明123份；做好到农村基层服务期满高校毕业生定向招聘工作，完成40名符合招聘条件的拟聘人员体检、考察、聘用审批工作；完成2010年选聘高校毕业生到村任职工作，全州共有1143名毕业生参加大学生村官报名考试，聘用205名。

【成人教育培训】 2010年，楚雄州人事局军转学校共招收2010年度医学类入学本科新生181人，专科新生229人。年内有3个在校年级，21个班（其中昆医15个班级，云大6个班级），在校学生合计1007人（其中昆医900人，云大107人），创近5年在校人数的最高记录。

【人事考试】 2010年，楚雄州人事局组织完成了全州专业技术人员计算机应用能力考试，共有1850人报考，考试模块共计4071个，考试合格849人；完成了全州专业技术人员职称外语等级考试，共有1650人报考，考试合格908人，合格率为55%；完成了二级建造师、药学（非临床医疗）、全国经济专业技术资格考试，全州共有2147人参加；完成了投资建设项目管理师、注册咨询工程师、全国监理工程师、环境影响评价工程师、注册税务师、管理咨询师、招标师、注册安全工程师、资产评估师、设备监理师、价格鉴证师、一级建造师、国际商务、审计专业、二级地震安全评价工程师、执业药师、出版专业、企业法律顾问、造价工程师、注册城市规划师、社会工作者、土地登记代理人、质量专业和二级、三级翻译专业职业（执业）资格考试的组织报名、资格审核及考试合格人员办证资料的收集审核、上报办证等工作。

【军队转业干部安置】 2010年，楚雄州人事局详细了解转业干部的基本情况，拟定切实可行的安置方案，圆满完成了省下达楚雄州的军队转业干部、随调家属及自主择业军转干部的安置任务。年内，州人事局开展企业军队转业干部解困维稳工作，走访慰问企业军转干部630人次，发放价值30万元的慰问品和慰问金；加强企业军转干部的基本信息管理，将全州企业军转干部收入进行统计并录入数据库；及时兑现2010年企业军转干部生活补贴和特殊困难补助279.22万元；完成了企业军转干部门诊医疗补助兑现工作，州属共兑现门诊医疗补助12.48万元，县（市）企业军转干部门诊医疗补助也全部兑现到个人；进一步落实维稳工作责任制，确保了全州企业军转干部没有发生到省进京上访事件，维护了全州的社会稳定。

［李晓波］

行政监察

【纪检监察工作十大行动】 2010年，楚雄州纪检监察部门抽调1285人组成256个检查组，深入全州97个乡（镇）、916个村委会、834所学校和544个部门进行了督促检查。共制定下发具体工作实施方案25个，制作了5期“十大行动”专题节目在楚雄电视台“政风行风热线跟踪反馈”栏目上播放。认真开展了扩大内需促进经济增长政策、新农合政策、保民生工作、干部作风转变、加强信访排查维护社会和谐稳定工作情况、家电下乡政策落实和市场监管、18项惠农政策、企业减负政策和救灾救助资金管理使用督促检查10大行动，共发现问题127个，违规资金4753.62万元；提出整改意见建议173条，督促整改存在问题120个，清理和纠正违规资金4730万元，督促建章立制22项。对问题较严重的给予责任追究9人，其中党政纪处分3人。

【执法监察】 2010年，楚雄州纪检监察部门开展执法监察工作检查8项，参与工程招投标现场监督19项，委托监督28项，签定建设工程廉政合同20份；办理领导交办信访件5件；问责副处级干部2人；参与安全责任事故调查处理4起。牵头组织州发改委、州财政局、州审计局、州交通局、州水利局、州经委、州建设局等部门有关人员组成3个督查组，按照不少于30%的比例，对全州10个县（市）扩大内需中央新增投资项目进行重点抽查，全面检查各县（市）扩大内需项目的开工、资金配套、建设管理、资金安全等工作，有力地促进了整改工作落实。围绕楚雄州2010年20个重大建设项目、20项重要工作和20个重大前期项目，对双柏河口河水库、元双二级公路建设、州职教园区二期工程建设、“十二五”经济社会发展规划编制工作、安全生产工作、效能政府四项制度工作、重点水库建设项目以及金沙江提水项目和南华野生菌现代物流加工出口基地建设等9个重大项目重要工作开展重点监察，并将其余51项监督检查任务细化分解到10县（市）纪委监察局和州纪委监察局派出6个纪工委监察分局，以及设有纪委、纪检组的11个部门，明确任务，落实责任，督促相关责任单位切实履行职责、提高工作效率，针对存在问题提出工作建议，加强督促整改。

【治理商业贿赂】 2010年，楚雄州纪检监察部门继续落实《楚雄州建立“商业贿赂者名单”制度的实施意见（试行）》，建立和完善商业贿赂以及不正当交易行为的不良档案查询系统，健全失信惩戒和守信激励制度，营造公平竞争环境。重点开展了职业道德和诚信教育，积极运用典型案例开展法制宣传和警示教育，提高了广大群众对商业贿赂危害性的认识。认真开展教育、卫生和民政系统商业贿赂新情况、新特点专题调研，广泛征求广大群众对在工程建设、土地出让、医药购销、政府采购和矿产资源开发、经销等领域的商业贿赂行为的意见建议，在州治理商业贿赂领导小组办公室设立举报电话，将开展治理商业贿赂专项工作与落实惩防体系建设、整顿和规范市场经济秩序及工程建设领域突出问题专项活动等工作有机结合起来，建立健全相关制度。全州各相关单位共清理规章制度112件，修改完善规章制度276件，新建规章制度122件。共组织专项工作检查60次，组织专项工作督查70次，开展专题工作调研55次，确保了查处商业贿赂案件工作顺利进行。通过专项检查，共立案查处案件33件，查办案件挽回经济损失210.81万元。

【行政问责】 2010年，全州纪检监察部门进一步推进问责工作的规范化、制度化和科学化，加大对干部不履行或不正确履行职责行为的责任追究力度。对不作为、乱作为、有令不行、有禁不止，不履行或不正确履行职责的68名干部进行了严格问责。公开问责36人，问责公开率达52.9%，超额完成了年初确定的问责公开率达30%以上的目标任务。通过公开问责，达到了“问责一人、教育一片”的目的，取得了良好的政治、社会和法纪效果，在社会上引起了强烈反响，进一步增强了干部职工的责任意识、服务意识，提高了行政效率。

【救灾资金及物资监管】 2010年，楚雄州相关县（市）纪检监察部门在继续加强对姚安“7·09”地震存在问题督促整改的基础上，面对严峻的旱情，充分发挥职能作用，多措并举，成立3个督查组，深入灾区一线检查指导抗旱及“2·25”抗震救灾工作。通过检查，对救灾物资发放不及时、工作台账不规范等问题提出了整改要求，确保救灾资金管理使用规范、安全、透明、高效，党员干部转变作风抓落实。

【工程建设领域专项治理】 2010年，全州各级纪检监察部门深入推进工程建设领域突出问题专项治理“八大杀毒”行动。年内，共组织召开州专项治理领导小组专题会议5场次进行研究部署；建立规章制度等长效机制5项。开展50万元以上工程自查项目1831个，发现投资规模500万元以上项目的违规问题127个，已纠正123个，共收缴罚没和补交款项金额182.34万元。通过深入4个州级部门和2个县重点督查，发出限期整改通知书14份。通过畅通举报投诉渠道，全州共受理举报投诉40件，已立案查处38件，给予党纪政纪处分24人，其中涉及处级干部5人，科级干部9人，一般干部10人；移送司法机关处理18人，涉案人员中县处级1人、乡科级10人。通过查办案件挽回经济损失210.8万元。

【治理教育乱收费】 2010年，楚雄州纪检监察机关坚持和完善校务公开、收费公示、教育收费动态监测等制度，组织相关部门对教育收费情况进行专项督查，重点整治向学生推销或变相推销教辅材料的行为，全州共对4个县、12个乡（镇）的32所学校进行重点检查，纠正了永仁县宜就小学收取饭卡押金问题，纠正了元谋县部分学校教师代收学生保险费问题，共清退违规收费金额8.60万元。根据政风行风热线群众举报和到县（市）检查中发现的问题，重点督促南华、姚安两县查处了徐营小学、光禄小学违规订购教辅资料问题，督促大姚县纠风办查处大姚县教育局统一征订中小学教辅资料问题。

【巩固治理公路“三乱”成果】 2010年，楚雄州纪检监察部门组织相关部门对辖区内国、省道干线公路和部分县乡公路进行检查，通过明查暗访、参与联合检查、查阅罚款文档、召开协调会、“政风行风热线跟踪”督办等方式，督促责任单位完善了检测站、收费站的公示内容，严格依托省人民政府批准楚雄州设置的7个站点开展治超工作，进一步规范对超限车辆罚款、收取公路赔（补）偿费以及其他处罚行为。全州共组成检查组28个，检查二级以上公路702千米、其他公路3772千米，检查超载检测站7个、收费站7个、测速点10个、其他站点32个。

【医疗服务和医药购销督查】 2010年，楚雄州纪检监察部门重点对网上药品集中采购、医疗服务收费进行了检查，针对检查中发现的部分基层医疗卫生机构网外购进、使用非基本药物，部分医疗单位药品“低进高出”等问题，下发了通报，并限期进行了整改。全州183家医疗机构参加了以省为单位网上集中采购药品，集中采购药品总金额2.08亿元，占医院用药总金额2.31亿元的90.2%。

【惠农政策落实】 2010年，楚雄州纪检监察部门通过州县（市）各部门协作配合，认真开展强农惠农资金清理和专项检查，全面清理检查了2007～2009年中央、省、州、县（市）财政用于“三农”资金105.41亿元的安排、拨付、使用和结存等情况。在各县（市）认真开展自检自查的基础上，由财政、监察、审计、纠风等部门组成的10个州级检查组，采取听取汇报、查阅资料、核查财务、实地走访等形式，对10县（市）的12个乡（镇）26个县（市）部门和10个州级重点部门强农惠农资金专项清查工作开展情况进行了重点抽查。对抽查中发现的部分资金未及时下达、部分资金管理使用不规范等问题提出了整改意见。

【政风行风建设】 2010年，楚雄州纠风办调整完善了6个州级涉农收费监测点，各县（市）、乡（镇）也对涉农收费监测点进行了相应调整完善，全年全州共设立涉农收费监测点122个，聘请监测户1020户，其中州级设置监测点6个，聘请监测户48名，县（市）设置监测点63个，聘请监测户533名，乡（镇）设置监测点53个，聘请监测户439名。收集监测户反映问题20件，收集行风联络员反映问题25件。

【继续开展政风行风热线工作】 2010年，楚雄州纪检监察部门认真落实“六个一”制度，努力提高群众对政风行风热线反映问题的办理质量。通过群众问卷评议、节目组测评以及办理群众咨询投诉、“一把手”上线等情况的考核，评选表彰了10个优秀上线单位。下发了《2010年楚雄州“政风行风热线”工作方案》，筹备召开了“政风行风热线”工作会议，对上年的工作进行了总结，对上线先进单位进行了表彰，对2010年的工作进行了安排布置。在州广播电台播出“政风行风热线”33期，29个州级单位和4个县政府的137名领导走进广播电台直播间，与听众沟通交流，受理群众咨询投诉312件。播出“政风行风跟踪反馈”15期，重点跟踪报道了部分中小学违规收取教辅资料费，部分县（市）木材检查站收取育林基金，部分部门、行业向农民乱收费等群众反映突出问题的解决。同时，还对纪检监察机关推进行政问责、协调相关部门保障农民工合法权益、督促兑现扶贫工程款等问题进行了跟踪报道。组织办理了《彝州手机报》有关民生大事的群众意见建议。对彝州手机报互动话题“2010年你最希望政府解决哪些民生大事”收集到的74件意见建议进行了梳理、转办、督办及情况汇总上报等工作。组织协调办理州长上线“金色热线”受理的34件群众咨询投诉。

［刘伟 施怡磊］

政府法制

【政府法制工作概况】 2010年，全州政府法制工作以加强政府依法行政为重点，以保障公民、法人的合法权益为根本，着力提高制度建设质量，着力规范行政行为，着力增强预防和化解社会矛盾纠纷的能力和水平，着力加强政府法制监督各项工作，努力促进政府法制工作，推动法治政府建设取得新成效，为推动彝州经济社会又好又快发展提供良好的法制保障。

在抓好日常工作的同时，完成了三项重点工作：推进规范行政处罚自由裁量权工作。至年末，州级行政执法部门有35家建立了行政执法自由裁量权基准制度，各县（市）和其他19个州级行政执法部门正在研究制定行政处罚自由裁量权基准制度。认真做好全州现行有效规范性文件清理工作。楚雄州规范性文件清理工作从2010年7月开始至12月底结束。年末，州人民政府的规范性文件清理已经全面完成。此次共清理出州人民政府现行规范性文件135件，按照清理要求，拟决定废止32件，修改（包括打包修改）35件，继续有效68件。继续参与《云南省云龙水库保护条例》起草工作。先后5次到省政府及相关部门参与讨论和修改《条例》，1次随省调研组到武定县进行调研，3次对《条例》修改稿提出修改反馈意见，最大限度地维护了楚雄州的合法权益。

【规范性文件制定、登记、审查、备案】 2010年，列入制定计划的规范性文件共7件。其中《楚雄彝族自治州人民政府实施〈云南省楚雄彝族自治州自治条例〉办法》、《楚雄彝族自治州建设领域农民工工资支付管理办法》、《楚雄彝族自治州土地交易管理办法》已发布实施，《楚雄彝族自治州财政支出绩效评价管理规定》、《楚雄彝族自治州电子政务协同办公系统管理办法》、《楚雄彝族自治州木材经营加工管理办法》已经州政府常务会议通过，并报请省人民政府登记。《楚雄彝族自治州房屋建筑和市政基础设施工程施工招标投标管理规定》由于涉及内容广泛、需要继续调研。在制定规范性文件的过程中，每件规范性文件除以发文形式向县（市）政府、州级各部门征求意见外，还通过政府公众网站公开征求社会公众的意见，广泛听取各方面意见和建议，确保规范性文件制定质量。一年来，共组织了2次征求意见座谈会、2次规范性文件论证会、5次研讨会。年内，共向省政府法制办和州人大常委会报送备案的州人民政府已发布实施的规范性文件3件，经省政府法制办审查，没有一件规范性文件的内容与法律、法规、规章的规定相抵触；收到州级有关部门和县（市）政府报送登记的规范性文件19件，经审查，全部符合规范性文件制定的要求，没有与法律、法规、规章相抵触的内容。至12月底，共审查修改省发法规、规章17件，并按时反馈修改意见；审查非规范性文件24件，出具法律审查意见书14份，复函10份；审查州人大的非规范性文件4件，复函4份；按照省、州人民政府的要求，继续参加《云南省云龙水库保护条例》的修改工作，确保了《条例》制定工作的顺利进行。

【政府法制监督】 2010年，为使楚雄州行政执法责任制工作得到进一步推进，根据《楚雄彝族自治州行政执法责任制规定》要求，及时修改制定了《楚雄州2010年度县（市）政府行政执法责任书》和《楚雄州2010年度州级部门行政执法责任书》，并于3月10日在全州法制工作会议上，州人民政府分别与10县（市）人民政府、州级54个行政执法部门以及楚雄经济开发区管委会签订了《楚雄州2010年度行政执法责任书》。同时，州人民政府按照《楚雄州行政执法责任制考评奖惩办法》和2009年的考评结果，对考评为一、二、三等奖的单位兑现了奖惩，共兑现2009年度行政执法责任制考评奖金12.95万元。10县（市）人民政府也分别组织召开法制工作会议，兑现了行政执法责任制考核奖惩，进一步强化了行政执法责任制的推行。认真开展行政执法案卷评查。为提高全州各级行政执法部门的行政执法水平，规范行政执法行为，建设法治政府，各县（市）、各部门积极制定自查方案，认真组织自评自查。州政府法制局组织5个组采取查（查有关案件和文件文本）、看（看有关材料、登记簿）、问（询问有关情况）、评（按评查标准进行评议）的方式分别对10个县（市）、楚雄经济开发区管委会和54个州级部门2009年度的行政执法案卷进行了评查。全州共评查案卷135420件，其中行政处罚案卷26749件、行政许可案卷102370件、行政复议案卷58件，其他案卷6243件。通过评查，各级各部门不断强化了对实施行政执法和行政许可（审批）的监督检查工作，确保了行政执法和行政许可（审批）依法实施。扎实推进规范行政处罚自由裁量权工作。各行政执法单位在调研和认真学习有关文件的基础上按省级部门的要求认真制定了规范行政处罚自由裁量权工作方案和基准制度。按照“合法性、公开性、过罚相当、平等对待、教育为主”五项原则，确定了行政处罚自由裁量阶次和处罚基准，对涉及行政处罚幅度的条款进行了逐一细化。在单位门户网站和政务公开栏上以不同形式公开了行政处罚自由裁量标准，自觉接受社会公众监督。同时，还制定了与自由裁量权行使相适应的配套制度，建立了重大行政处罚备案制度、行政处罚监督检查等制度，并逐步形成“集体审理、监督制约、执法回避、案例参照、公开公示、责任追究、备案审查、评议考核”等八项制度体系，有效确保行政处罚案件的公平与公正。至12月底，州级54个行政执法部门有35家建立了行政执法自由裁量权基准制度，10个县（市）和其他19个州级行政执法部门正在研究制定行政处罚自由裁量权基准制度。认真抓好行政执法队伍培训。根据云南省人民政府法制办公室《关于云南省行政执法证件到期人员审验培训的通知》的要求，经州人民政府批准，对全州持有云南省行政执法证件到期人员1041人、在行政执法岗位但没有行政执法证件的266人进行了审验和新办证培训。确保了全州行政执法人员能够持证上岗、亮证执法。积极协助州农业系统、药监系统等行政执法部门开展行政执法培训，提高行政执法队伍素质。组织全州147人参加了省政府法制办公室举办的高级法制督察、法制督察培训，为促进行政执法监督工作，全面推进全州依法行政奠定了基础。

【行政复议】 2010年，楚雄州人民政府行政复议办公室共收到行政复议申请8件，经审查受理4件，转有权机关办理1件，不予受理1件，补正期间未补正视为未申请1件，补正审查中1件，已办结4件，其中维持2件，撤销1件，当事人撤回申请终止审理1件。为探索案件办理的新途径，落实便民、高效的行政复议原则，到案件争议地现场踏勘、调查后，就地组织争议双方调解3次，其中一件经过调解行政机关自行变更行政行为，当事人撤回了行政复议申请。

2010年，依法对县（市）和州级部门上报备案行政复议决定15件进行了审查，反馈意见3份，通过对上报备案复议决定的审查和意见反馈，进一步规范了全州行政复议案件的办理。

【政府法律服务】 2010年，楚雄州法制局共审查州人民政府重大经济合同《楚雄州州属部分单位旧址改造进行房地产开发意向性框架协议书》、《武禄高速公路建设项目合作协议》、《云南省楚雄监狱布局调整相关问题的协议》及附属协议、《楚雄彝族自治州人民政府与中国石油天然气股份有限公司云南销售分公司战略合作协议》等6件，6件法律审查件均在领导规定的时间内认真进行了审查，修改完善了合同名称、违约责任、争议的解决等相关要件条款、对约定不明或者有重大履约风险的条款提出了具体的法律意见，形成正式审查意见报州人民政府领导作为决策参考。充分发挥了政府领导的参谋助手和法律顾问作用。年内，受州人民政府委托，代理州人民政府复议和应诉案件3件。

［武少林］

经济决策与咨询

【调研和课题研究】 2010年，楚雄州人民政府研究室认真学习贯彻党的十七届四中、五中全会精神，坚持以科学发展观为统领，与时俱进、开拓进取、不断完善工作机制，以实实在在的行动，踏踏实实的作风，圆满完成了年初制定的各项工作目标和上级交办的各项工作任务，各项工作取得了明显实效。

开展课题研究，圆满完成年初课题计划任务。完成了《楚雄州深化教育体制改革与现代教育探索研究》、《楚雄州农村人口城镇化梯度转移研究》和《楚雄州少数民族和民族聚居区科学发展研究》3个课题研究。

做好各项专题调研工作。完成“楚雄州万家坝铜鼓文化开发研究”、“提升楚雄州文化软实力对策研究”、“楚雄州参与桥头堡建设思路”、“楚雄州深化卫生事业单位人事制度改革基本思路研究”和“楚（雄）沙（桥）绿色经济走廊规划建设研究”等专项课题。完成了楚雄州“十二五”规划的前期2个课题《楚雄州“十二五”经济社会发展环境和发展战略研究》、《楚雄州“十二五”经济结构战略性调整研究》的研究工作，年内已上报州委办和州“十二五”规划办。帮助南华县完成了《南华县参与构建滇中楚雄特色大城市思路研究》、《南华县在楚南区域发展中的战略定位及山区综合开发研究》和《南华县“十二五”规划工业发展方向研究》3个“十二五”规划课题研究。认真做好“国家赴云南桥头堡建设调研”楚雄州综合汇报材料的起草和相关协调工作。完成《楚雄州改革发展探索》的编辑发行工作；将2009年完成的“楚雄州事业单位改革与发展研究”、“楚雄州突破县级行政区划束缚与促进县域经济合作发展研究”、“楚雄州山区综合开发与可持续发展研究”和“新农合与医疗卫生改革‘禄丰模式’研究”4个课题汇编成《楚雄州改革发展探索》一书。

参与配合有关部门完成重点调研和学习培训工作。开展了《楚雄州领导干部金融知识读本》一书的编辑、出版工作，全书共34万字，于2010年2月出版。参加了“楚雄州领导干部金融知识高级研修班”的各项工作。3月25～28日，研究室与州委干教委办公室、州委党校共同做好由全州厅级、县处级领导干部和州级相关部门、州级金融部门领导、有关部门科级干部共180人参加的“楚雄州领导干部金融知识高级研修班”的培训工作。将全州领导干部金融知识高级研修班上的专家讲课的内容、部分学员的心得体会以及典型融资案例分析汇编成《楚雄州领导干部金融知识读本》（续）一书。积极做好《楚雄州领导干部金融知识读本》、《楚雄州领导干部金融知识读本》（续）、《威楚雄风》、《金融之道》4本书的发行工作。配合相关部门完成了“楚雄州重点支柱产业和特色经济领域人才队伍现状及中长期发展目标研究”、“楚雄州深化投融资体制改革与资源资本化研究”、“楚雄州深化文化体制改革与民族文化产业发展研究”和“关于农业产业化经营与农业发展方式转变研究”课题的调研和撰稿工作。做好行政审批权下放的调研工作，按州人民政府领导的批示，在2009年形成的《关于对楚雄市人民政府请求州属有关部门下放部分行政审批权的调研报告》的基础上，召开座谈会、走访州级部门、发放征求意见稿，并将修改完善后的报告上报州人民政府。

办理政协议案工作。认真按照议案办理程序和要求，办理政协委员的提案工作。主办了州政协八届四次会议182号提案。办理意见已按规定期限在6月30日前报州人民政府办议案科；根据州人民政府办《关于征求政协八届四次会议第205号提案办理意见的通知》要求，并结合州人民政府研究室的实际，对205号提案的办理意见提出了修改意见，供州人民政府办参考。办理答复了州政协八届四次会议第204号《关于加快发展县域经济，壮大县域经济实力》提案，年内提案已答复完毕，满意率100%。

【全州县域经济发展研究】 2010年，楚雄州人民政府研究室为切实履行好县域经济发展协调领导小组办公室职责职能，积极做好领导小组办公室的日常工作，根据《云南省人民政府关于印发云南省开展扩权强县试点实施意见等4个文件的通知》精神，继续做好《楚雄州人民政府关于贯彻云南省人民政府扶持县域经济发展完善县域经济综合考核办法的实施意见》的修改完善，年内文件已以州人民政府文件下发。定期对县域经济运行情况进行分析，及时把握经济运行动态，分析存在困难和问题，对禄丰土官、碧城进行调研，形成了“禄丰县土官镇统筹城乡示范区建设思路研究”和“突破村组界限集中规划建设，积极探索农村住房建设新模式”报告。

【编辑出版《彝州经济研究》、《楚雄政报》】 2010年，楚雄州人民政府研究室围绕“宣传党的路线、提供决策服务、探索改革之路、展示彝州风采”的办刊宗旨，认真抓好《彝州经济研究》期刊的编辑发行工作。充分发挥研究室全体人员的积极性、主动性和创造性，抓好效能建设和作风建设，改进工作作风，强化内部管理，规范工作程序，总结办刊规律，在选稿、用稿方面严把政治、政策关和文稿质量关，既注重文章的理论性，更注重实践性，充分发挥期刊指导彝州经济建设、服务彝州经济发展的作用，围绕“传达政令，宣传政策，指导工作，服务全州”的办刊宗旨，认真做好《楚雄政报》的编辑、发行工作。

【编印两个内参】 2010年，楚雄州人民政府研究室积极编印好《经济研究内参》和《经济信息内参》，为中共楚雄州委、州人民政府提供决策参考。对全州经济社会的突出问题和外部经济发展动态通过《经济研究内参》和《经济信息内参》两个内部参阅资料上报州委、州人民政府和州级各有关部门领导参考。全年共编发《经济研究内参》和《经济信息内参》资料24期，其中《经济研究内参》18期，《经济信息内参》6期，为州委、州人民政府及时了解全州经济运行动态和经济形势发展提供了重要参考资料。有的研究成果正在吸收转化为州委、州人民政府的决策部署。

【做好州人民政府专家咨询委和州人民政府顾问工作】 2010年，楚雄州人民政府研究室认真做好州人民政府专家咨询委和州人民政府顾问的工作。做好州人民政府顾问工作。按时发放顾问费；对聘期已满的3个政府顾问通过征求相关部门的意见后，向州人民政府请示后续聘。切实履行州专家咨询委办公室工作职能。先后组织专家咨询委的各位专家参与重点项目规划及楚雄州“十二五”规划、州人民政府工作报告等征求意见的座谈会，组织专家咨询委各专业组开展相关课题的研究工作。所研究的课题包括：《楚雄州金沙江提水和不管河调水成本效益对比分析研究》、《楚雄州应对突发公共卫生事件能力对策研究》、《楚雄州载能工业发展现状及对策研究》、《彝族文化资源与楚雄州房地产业开发研究》4个研究课题。

［刘　毅］

侨务工作

【侨务工作概况】 2010年，楚雄州侨务办公室、州归国华侨联合会紧紧围绕中共楚雄州委、州人民政府中心工作，开拓进取，扎实工作，充分发挥侨务部门的职能作用，为促进全州经济平稳较快发展、社会和谐稳定作出了积极贡献。一年来，按照“了解侨情，凝聚侨心，维护侨益，发挥侨力，为彝州经济社会发展服务”的侨务工作要求，认真做好各项工作，并取得了一定成绩。

12月23日，根据《楚雄州人民政府机构改革的实施意见》，组建州人民政府外事侨务办公室，为州人民政府工作部门。将州人民政府外事办公室、州人民政府侨务办公室的职责，整合划入州人民政府外事侨务办公室，不再保留州人民政府外事办公室、州人民政府侨务办公室。

【维护侨益工作】 2010年，楚雄州侨办继续做好“一法两办法”的学习宣传、贯彻落实工作，利用广播、电视等形式多渠道地加强涉侨法律法规的宣传教育，结合法制宣传日、侨法宣传周等开展形式多样的侨法宣传活动，让侨法进机关、进乡村、进企业、进社区，让侨法深入人心，使有关部门知晓侨法，执行侨法，切实维护好归侨侨眷、眷属的合法权益，从而进一步增强了归侨侨眷的法制意识，学会运用法律手段维护权益。同时，切实增强全州各级各部门知侨、爱侨、护侨意识，从而较好地维护海内外侨胞和归侨侨眷的合法权益，为全州侨务工作的健康发展营造良好的环境。一年来，充分利用各种渠道，发放侨法宣传资料1600余份，接受侨法咨询126人次，走访归侨侨眷172户，接待来访867人次。州侨联以为侨服务为宗旨，认真妥善做好来信来访工作，切实解决侨界群众的实际困难，深入推进“归侨侨眷关爱工程”的实施，切实帮助归侨侨眷排忧解难。协调劳动和社会保障、民政、扶贫、教育等相关部门做好散居归侨侨眷工作、推进社区侨务工作的开展，切实解决侨务工作中存在的突出问题，促进了侨务工作的有效开展。工作中认真倾听广大归侨侨眷和海外侨胞的呼声，至12月，共办理信访件2件，办结率100%，年内未发生过归侨侨眷群体上访事件，认真做好了维护侨界稳定的工作。

【侨务调研工作】 2010年，楚雄州侨联为切实解决全州侨务工作中存在的问题，为省侨办、省侨联和中共楚雄州委、州人民政府提供决策依据，探索新时期侨务工作的新思路，新方法，年内组织开展了不同形式的侨务工作调研，对“楚雄州散居贫困归侨侨眷情况”、“楚雄州海外侨胞投资情况”等专题进行了深入调研。通过调研，了解了全州侨务侨界民生、海外侨胞投资等现状，并形成调研报告。

【为侨排忧解困】 2010年，楚雄州侨联始终把如何帮助贫困归侨侨眷尽快脱贫致富作为为侨服务工作的一大难点，不断探索行之有效的办法，除继续做好一些常规的侨务扶贫工作外，通过转变观念，主动协调相关部门，积极尝试一些新的办法，在工作中始终坚持“以人为本、为侨服务”的宗旨，在依法行政的同时，常怀爱侨之心，力所能及地帮助归侨侨眷解决一些生产、生活中的实际困难，一年来，共为侨界群众办好事、解难事86件。在新春佳节及中秋节前夕，看望慰问了侨界群众176户。8月，为解决部分归侨侨眷侨属和全州侨务干部住房困难的问题，经与开发商协商建设“鹿鸣美郡·华侨城”，130多人参与了团购。

【为地方经济社会发展服务】 2010年，楚雄州侨联积极发挥职能作用，围绕中共楚雄州委、州人民政府中心工作，以凝聚侨心、汇聚侨智、发挥侨力为工作目标，充分运用海内、海外“两个平台”和财力、智力“两大资源”的优势，积极配合政府和有关部门，搭建招商引资、招商引智的平台，利用“第八届东盟华商投资西南项目洽谈会暨亚太华商论坛”的机会，与州招商局密切配合组织了州内部分企业CEO、招商部门参会，会上与海外华人社团、华侨华人专业人士、华人企业家等进行了广泛交流，进一步发展与海外侨胞、侨商的交往。2月配合有关部门成功举办了“华商彝州行”活动，邀请到40多位来自美国、香港的华商到楚雄开展项目推荐与对接。4月与相关部门密切配合，成功申报2012年“世界云南同乡大会”在楚雄举办。11月，在省侨办的支持下，来自香港、上海的15位上市企业公司CEO到楚雄进行投资考察。由州侨办、州侨联牵线的投资约20亿元的武禄高速公路项目在“第八届东盟华商投资西南项目洽谈会暨亚太华商论坛”上正式签约。香港积大制药集团拟投资2.5亿元人民币在楚雄新建药厂项目正稳步推进。年内，在省级侨务部门的支持下，共接收爱心捐赠款物122.86万元，资助侨心小学3所，资助学生159名；争取香港世贸集团捐资100万元，援建两所卫生院。

［周炜　高锦华］

外事工作

【外事工作概况】 2010年，楚雄州外事办公室紧紧围绕中共楚雄州委、州人民政府中心工作，认真履职，不断加强外事管理工作，全州共受理因公出国（境）报批件46件，实际办理和审批43件，出访人数83人，为彝州经济建设和社会发展服务。

【因公出国（境）管理】 2010年，楚雄州外事办公室认真贯彻落实中央、省、州有关因公出国（境）管理规定和文件精神，按照楚雄州效能政府实施细则要求，采取相关措施，严格把好审批关，既服务于全州经济建设，又确保全州因公出国（境）经费零增长。严格执行因公出国（境）团组计划报批制度。严格按照经审核批准的楚雄州2010年因公出国（境）计划执行出国（境）任务，凡未纳入年度计划的团组，原则上不予报批。严格控制和削减团组数、人数和经费。严格执行关于各级党政干部出国（境）次数的限制规定，对派出团组的出访任务、人员要求、团组人数、在外时间等报批材料的真实性和行程安排的合理性进行严格审核、把关。对一般性考察学习或没有实质性出国（境）考察学习内容和违反报批程序的因公出国（境）活动请示件，一律不予报批。坚决杜绝“轮流出国，照顾出国，待遇出国”的单位和人员发生。积极办理好有实质性内容的有益于楚雄州经贸、科技、农业、文化、教育等产业发展的因公出国（境）培训和考察学习任务审批各项手续。实行因公出国（境）经费审核联动机制。楚雄州财政局和楚雄州外事办联动审核因公出国（境）经费支出。全年全州共受理因公出国（境）报批件46件，实际办理和审批43件，出访人数83人。其中自己组团3个团组。按照州行政成本控制目标要求，加大全州因公出国（境）管理力度，全年全州公务出访团组、人数和财政经费支出都得到了有效控制，人数和经费零增长，促进了全州因公出访工作有序健康发展，推动了党政机关、事业单位党风廉政建设工作任务的进一步落实。

【外事接待和管理工作】 2010年，楚雄州外事办公室积极向外国友人推介楚雄州情和楚雄州对外投资环境，不断扩大楚雄州的知名度。1月30日，接待泰国清迈府府尹阿蒙潘·尼玛南等政府官员及商界代表一行来楚雄参观考察并与楚雄州主要领导就双方贸易、旅游投资和合作进行了亲切友好会谈；7月14～15日，接待亚洲政党扶贫专题会议的30个国家57个政党的120多名参会代表赴楚雄参观考察；11月2日，接待非洲国家非政府组织研修班访问团一行到楚雄州考察私营企业工会建设和农村情况；12月25日，接待巴勒斯坦人民党干部考察团到楚雄考察等一系列外事活动。

涉外事件调查工作。按云南省外事办公室领事处《关于楚雄太阳药业拖欠马来西亚公民陈馍卉薪金事》一文意见，对云南楚雄太阳药业有限公司有关情况开展调查，并将调查的有关情况以书面形式向云南省外事办公室进行报告。

外国人员管理工作。积极配合州公安局等有关部门（单位）和各县（市）做好在楚雄州从事经商、教学和开展其他活动的外籍人员的管理工作。

【外事信息工作】 2010年，楚雄州外事办公室定期向中共楚雄州委、州人民政府分管领导报送因公出国（境）团组、人员、经费支出情况等信息，为州委、州人民政府领导及时了解掌握全州因公出国（境）管理工作动态，研究解决相关问题提供决策依据。定期向州纪委等部门提供和报送因公出国（境）有关情况的资料和报表。

［何晓琼］

对台工作

【对台工作概况】 2010年，楚雄州对台工作在中共楚雄州委、州人民政府的领导和省台办的指导帮助下，坚持“和平统一、一国两制”的基本方针，认真贯彻落实党中央、国务院对台工作的各项决策和部署，围绕全州工作大局，较好的完成了各项工作任务。

一年来，根据中台办指示要求，州台办把胡锦涛总书记“12·31”重要讲话作为推进工作的行动指南，把学习贯彻讲话精神作为对台工作的主要任务，及时安排部署，积极组织学习，认真贯彻落实，以讲话精神统领对台工作。召开了全州台办主任会议，传达了全国全省统战部长会议和对台工作会议精神，并对全州2010年度的对台工作作了安排部署。各县（市）对会议精神也进行了认真的传达学习。

【台胞抗旱救灾献爱心】 2010年，楚雄州遭遇了百年不遇的特大旱灾，给人民群众的生产生活带来极大困难。灾情牵动着台湾同胞的心，台湾佛教慈济慈善基金会率先伸出援助之手，于1月21～22日向姚安官屯乡遭受地震和干旱灾害的群众捐赠了价值人民币711万元的生活物资；双柏台资企业松源化工有限公司总经理黄宣诚先生先后向爱尼山旧哨小学、妥甸镇九石小学、法脿镇六街小学赠送600箱矿泉水，为大庄镇柏子村捐赠了3000元的抽水电费；台湾中天电视台于4月2～4日派出两名记者到武定和元谋抗旱一线对两县的受灾情况进行了深入采访报道，把楚雄州的旱情和干部群众抗旱救灾的精神风貌向台湾民众作了客观真实的反映；楚雄州部分台胞还捐赠款物帮助家乡的亲属渡过旱灾；州县（市）两级台办干部也积极踊跃为抗旱救灾捐款捐物。

【楚台两地交流往来】 2010年，楚雄州台办认真贯彻中共云南省纪委、省台办等4部门联发的《关于加强因公赴台交流管理工作的通知》的有关规定，切实加强对全州对台交流的指导和管理，进一步规范报批程序和交流范围；加强与有关部门的协调合作，在对台交流中注重发挥集团优势，资源共享，优势互补，提高对台交流的层次和质量。年内楚雄州重点组织了教育参访团一行25人赴台参访交流，协助办理了上级组团参访的政协、工商联、侨办的人员赴台参访交流手续，为楚雄州扩大入岛宣传、学习先进理念、探索交流模式、广交岛内朋友作了有益的尝试。全年到楚雄州旅游的台胞共2471人次，另外全州还接待了台湾政界、商界、新闻界等各界人士100多人，通过做好接待工作，在让客人亲身体会彝州人民热情好客的同时，也宣传了楚雄。

【台湾佛教慈济慈善事业基金会向姚安地震灾区捐赠物资】 姚安县“7·09”地震发生后，严重的灾情，巨大的损失引起社会各界人士包括台湾同胞的强烈关注。经过对受灾情况全面的调研和评估，2009年12月17日，台湾佛教慈济慈善事业基金会与姚安县签订了《捐赠协议书》，表达了向灾区群众捐赠冬令物资的意愿。2010年1月21～22日，台湾慈济慈善基金会向官屯乡8个村委会4082户15808名群众提供了爱心援助，共捐赠了价值人民币711万元的冬令物资。捐赠标准为：每人大米15千克、卫生衣裤1套、棉袄1件；人口在2人以下（含2人）的每户发棉被1床、2.5升食用油1瓶；人口在3人及以上（含3人）的每户发棉被2床、5升食用油一瓶。这是该县“7·09”地震以来一次性接收到的最大一笔捐赠物资。

【为台胞台属台企服务】 2010年，楚雄州、县（市）台办高度重视为台胞台属台企服务工作，经常深入台胞台属所在地区主动与他们加强联系和交往，联络感情，交流思想。帮助台胞台属台商协调解决生产生活中遇到的困难和问题，接待好回乡探亲、旅游观光、来楚交流的台胞。向台胞台属宣传党中央、国务院制订的涉台方针政策，宣传楚雄州招商引资、服务台胞、服务社会的各项方针政策和经济文化建设中取得的巨大成就，帮助他们认识楚雄，了解楚雄。做好逢年过节走访慰问台胞台属工作，通过召开座谈会、茶话会、上门走访慰问等方式把温暖送给他们，使其安心在楚工作和生活。做好去世台胞的后事办理及家属的安抚慰问工作。做好涉台来信来访和矛盾纠纷调处工作。

【招商引资工作取得新进展】 2010年，在各方的努力下，台商投资5000多万元人民币收购楚雄经济开发区彝人古镇大酒店，这是楚雄州迄今为止最大规模的台资企业。该酒店在承袭原彝人古镇大酒店良好硬件设施的同时，引入云南楚雄联盛酒店管理有限公司对酒店进行管理，实现所有权和经营权的分离，具有与以往台资企业不同的经营模式。年内双柏县台办为台资企业松原化工有限公司协调贷款400万元人民币，为企业解决了流动资金不足的困难，同时也迈出了州台办为台资企业提供融资服务的第一步。

【台资企业和台胞台属基本情况调查】 2010年，针对近几年全州情况的变化，楚雄州台办下发了《关于对台资企业和台胞台属进行摸底调查的通知》，对全州台资企业和台胞台属基本情况进行全面调查，各县（市）统战部、台办在原来已掌握情况的基础上，深入调查了解，对各县（市）辖区内的台资企业、台胞台属、涉台婚姻情况进行了认真调研，掌握了第一手资料，同时还按要求重新确定了各县（市）的重点台胞。这次调查起到了摸清底数，整合资源的作用，各县（市）据此制订了相应的工作计划，调整了工作重点。据调查，全州共有台胞625人，台属3833人，涉台婚姻54对，台资企业（正常生产经营）8户。

【实施明德小学建设项目】 楚雄州从2005年开始建明德小学，至2010年，全州共获得捐赠指标70个，建设明德小学55所，总投资8233.64万元（其中台塑集团捐赠资金2840万元，地方配套5393.64万元），建筑面积8.31万平方米，近2万名小学生从中受益。2010年，楚雄州共获得9个捐赠指标，建设明德小学5所，总投资1333万元（其中台塑集团捐赠资金360万元，地方配套973万元），建筑面积9662平方米。至年末，全州5所明德小学中，有2所进入封修阶段，有1所封顶，有1所拟封顶，有1所基础施工。9月19日，全省明德小学项目推进会在楚雄召开，涉及2010年明德小学建设项目的6个州（市）18个县（区）教育局及明德项目办公室的有关人员共80多人参加了会议。

［李正昌］

妇女儿童工作

【妇女儿童工作概况】 2010年，楚雄州妇女儿童工作委员会认真履行议事协调职能，协调和推动政府有关部门执行《中华人民共和国妇女权益保障法》、《中华人民共和国未成年人保护法》，宣传贯彻《云南省实施〈妇女权益保障法〉办法》、《楚雄彝族自治州妇女发展规划（2001～2010年）》和《楚雄彝族自治州儿童发展规划（2001～2010年）》，全州妇女儿童事业有了新发展。全年全州有县（市）妇女儿童工作委员会10个，乡（镇）妇女儿童工作委员会103个。设州及10县（市）妇女儿童工作委员会办公室，已配备人员24人。全年召开各级妇女儿童工作委员会全会52次，1254人参加会议；召开妇女儿童工作会议94次，3874人参加会议；举办监测统计培训班25期，培训人员788人次；开展调研19次，形成调研报告48篇；建立州级实施“两个规划”示范点2个，县级示范点16个。

【督促落实重点难点指标】 2010年，楚雄州妇女儿童工作委员会围绕实现终期目标的要求，积极争取州人民政府的重视和支持，将妇女儿童发展规划目标纳入“国民经济和社会发展第十二个五年规划”、纳入精神文明建设重要内容、纳入政府工作重要议程、纳入各部门的职能工作、纳入同级政府财政预算，切实保证妇女儿童发展规划与经济和社会发展同步实施。召开了楚雄州妇女儿童工作委员会第11次会议，分析了“两个规划”指标达标的重点和难点；召开了妇女儿童发展规划监测统计数据评估会，对2009年度规划监测统计数据进行了认真评审；撰写了2009年度妇女儿童发展规划监测评估报告，针对“3～6岁儿童入园率”、“城市生活垃圾处理率”等重点难点指标，形成了《楚雄州3～6岁儿童入园率情况分析报告》、《楚雄州城市生活垃圾处理情况分析报告》上报省妇儿工委。全州54个重点难点指标中，43个达到了2010年州级规划终期目标，达标率为79.63%。

【编制妇女儿童发展新规划】 2010年，楚雄州妇女儿童工作委员会依据省妇儿工委关于制定2011～2020年妇女儿童发展规划的要求和部署，收集上报妇女儿童工作简报、方案、计划113篇，建言献策213条。及时制定了楚雄州新的妇女儿童发展规划编制工作方案，向州政协送交了《关于将妇女儿童发展规划纳入楚雄州“十二五”规划的建议》，积极与州发改委沟通联系，把事关妇女儿童生存、发展的相关问题纳入全州国民经济和社会发展“十二五”总体规划。成立了楚雄州编制新规划联席会议小组、专家组、起草组、联席会议制度办公室，并召开了第一次联席会议，启动了州级两个新规划的编制工作。

【“六一”儿童节庆祝活动】 2010年，全州各级妇女儿童工作委员会以关心关爱儿童健康成长为主题，开展了内容丰富的庆祝活动。“六一”节期间，州妇儿工委组成两个慰问团深入双柏县妥甸镇中山春蕾小学、禄丰县彩云镇南河春蕾小学、楚雄开发区实验小学慰问学校师生，向3所学校师生赠送了9000元现金和价值1万多元的生活、学习、体育用品；开展了《未成年人保护法》宣传教育活动，展出展板7块，发放《未成年人保护法》、《文明上网公约》等宣传资料500多份；召开了楚雄州2010年小公民道德建设领导小组暨“六一”节座谈会。全州各级妇儿工委共走访慰问学校259所，捐赠了价值30多万元的慰问金和慰问品，表彰优秀少年儿童7915人。营造了浓厚的节日氛围和全社会关心、支持儿童事业的良好环境。

【万名儿童爱眼行动】 2010年，为有效遏制低视力在儿童和青少年中的发展趋势，楚雄州妇儿工委争取省妇儿工委办、昆明眼科医院支持，在楚雄市、武定县、禄丰县开展了“云南万名儿童爱眼行动”健康活动，现场为5所小学、7所初高中学校的3688名学生作了免费眼科检查，为1279名学生配送了质量合格的眼镜。至活动结束，全州共有5000名贫困学生得到昆明眼科医院免费配送的眼镜。

【女性人才队伍建设】 2010年，楚雄州妇女儿童工作委员会切实加强女性人才库的建设，扩大优秀女性人才资源储备，积极主动向组织部门推荐优秀妇女后备干部，在全州10县（市）和州属单位开展了副高级以上职称女性专业技术人员情况调查，摸清了楚雄州30名在职正高级、723名在职副高级女性专业技术人员的行业分布、在职和享受津贴等情况。

【开展妇女社会地位调查】 2010年，根据全国妇联和省妇联对第三期中国妇女社会地位调查暨第二期云南妇女社会地位调查工作的要求和安排，楚雄州妇女联合会加强与州公安局、州统计局的沟通协调，筹集安排了调查所需的工作经费，进行了人员培训和宣传发动，并按时按质按量完成了对楚雄市、禄丰县的150户家庭进行抽样调查的工作任务。

［孟继祖］

机关事务管理

【加强制度建设】 2010年，楚雄州机关事务管理局为履行好党委政府赋予的职能职责，在全局推行行政绩效管理、行政成本控制、行政行为监督、行政能力提升为主要内容的效能政府四项制度。通过对现行制度进行梳理，清理、完善了《楚雄州机关事务管理局工作制度》、《楚雄州公务活动中心房产管理办法》、《楚雄州公务活动中心交通安全管理规定（试行）》等26项规章制度，制订了《楚雄州公务活动中心安全保卫处突和消防疏散预案》、《楚雄州会务中心会务服务工作规范与标准》等管理制度，对公务活动中心和“一公司两市场”办公区的管理进行了规范和要求，既大幅度提升服务水平和保障能力，又有效保障了公务活动中心办公、学习、政务活动的安全、有序、正常进行。

持续推进廉政风险防范管理工作，制定了《楚雄州机关事务管理局关键岗位和重点环节防范措施》，将《楚雄州机关事务管理局行政行为监督承诺》、《楚雄州机关事务管理局关键岗位承诺书》向社会公开，采取有力措施做好制度的贯彻落实，加强对制度执行情况的监督检查。

深入贯彻执行效能政府建设四项制度，制定并向社会公开了《楚雄州机关事务管理局实施行政行为监督制度工作计划》、《楚雄州机关事务管理局关键岗位和重点环节防范措施》、《楚雄州机关事务管理局行政行为监督承诺》、《政府采购中心服务公约》、《政府采购保密工作制度》、《政府采购工作人员行为准则》等防止暗箱违规操作、违规干预招投标活动的政府采购监管制度，切实加强对国有资产和政府采购工作的管理监督，对提高国有资产使用效率、确保国有资产安全从制度上予以保障。

【公共机构节能工作】 2010年，楚雄州机关事务管理局为抓好公共机构节能工作，贯彻执行好各级党委政府关于节能工作的重要精神及要求，使党政机关在全社会节能减排中充分发挥示范带头作用。加大宣传力度，提高节能意识。以6月12～17日全国节能宣传周为契机，以宣传《公共机构节能条例》为重点，拟定了《关于开展节能宣传周活动的通知》发到各县（市）、州级各部门。印发《公共机构节能条例》、《公共机构节能常识选编》等宣传资料，撰写了《重视公共机构节能工作，推动节能事业全面发展》等文章，刊登在《楚雄日报》上。利用政府采购优势，通过政府采购平台，落实了审核程序，规范清单管理，扎实推进了节能环保产品的采购。把握重点，统筹推进，拟定了《关于进一步加大工作力度确保实现“十一五”公共机构节能目标实现的通知》报请州人民政府以文件印发到各县（市）人民政府、州级各部门和开发区管委会。召开全州公共机构节能联络员大会，充分认识加强公共机构节能工作的重要性和紧迫性。强化措施，加快推进节能改造项目的实施。进一步抓好公务用车管理，采取强有力的措施，切实减少车损油耗。积极推行公务卡结算制度，严格控制公务开支。积极推进示范单位建设。在州级公共机构中选择州公务中心、州发改委、州经委、州财政局等43家有代表性的典型单位和关键用能设备，开展节能试点工作，全面推进机关节能工作深入开展。至年末，全州纳入统计的公共机构952家，与上年相比，全州公共机构用电总量降低5.1%，用水总量降低5.4%，用油总量降低5.2%。全州公共机构节能实现年度降耗5%的指标，完成“十一五”期间节能降耗20%的任务。

【政府采购工作】 2010年，楚雄州机关事务管理局按照法治政府、责任政府、阳光政府和效能政府四项制度的要求，在组织实施政府采购工作中，始终坚持依法行政、依法办事和“公开、公正、公平”的原则，严格抓好工作的每一个关键环节，严格遵守招标审批程序，严格执行保密纪律，全面实施“阳光采购”。严格执行服务承诺、限时办结、行政问责等制度；发布招标信息公开，并做到全面、准确、真实；在评标定标过程中，严格执行勤俭节约原则，做到采购货物质量好、价格合理、节能环保，努力为国家财政节约采购资金；在办理政府采购业务中，严格自律，虚心接受政府采购监督管理部门和纪检监察部门、采购单位及投标人的监督，主动邀请他们对整个采购过程进行全程监督，同时自觉接受投标人和社会对采购工作的监督，及时发现和纠正工作中发现的偏差，拒绝接受供应商和采购人请吃、送礼等。全年共组织了164次招标采购，其中公开招标34次，竞争性谈判33次，询价采购92次，邀请招标5次；完成政府采购控制金额2.66亿元，实际采购2.39亿元，节约财政资金2786万元，资金节约率为10.46%。所有采购均无举报投诉，得到了商家、采购单位和上级的好评。

【行政后勤保障工作】 2010年，楚雄州机关事业管理局行政后勤工作以保障公务活动中心和“一公司两市场”办公区安全、有序运转为重点，提供高效优质服务，推进后勤服务工作“管理科学化、保障法制化、服务规范化”。对公务活动中心、“一公司两市场”办公区房屋、设施和设备进行全面排查，及时查找存在的问题。投资35.03万元按质按量完成公务活动中心广场5盏高杆灯的制作安装；投入资金30万元完善了公务活动中心广场地下停车场设施设备，为地下停车场年内启用做好各项准备；水电维修1800余次；更换灯具1625盏；更换镇流器、电容等1000余只；更换水龙头、冲洗阀等50只；更换供水管35根140米，更换门锁70把，维修地砖60平方米、钢化镀膜玻璃6.69平方米、青石板50平方米，清洗屋面采光玻璃顶2000多平方米。培育各种花卉苗木5482株，更换草木270盆，移载广场茶花1320棵。供应桶装水1.18桶，废旧报纸收购处理5.6吨，公务活动中心、“一公司两市场”办公区的各项服务保障和环境的绿化、亮化和美化工作得到提升。承办了中国文联、中国音协“送欢乐、下基层”楚雄慰问活动演出及国家赴云南“桥头堡”建设调研会和亚洲政党扶贫专题会议代表团莅临楚雄参观考察活动等国家、省级、州级各类会议700余场次（不含州级“两会”）。安全有效地确保了州公务活动中心3000多个信息点、600余个语音点（电话）计算机网络的运行，积极指导各办公单位内网、专网建设，有效推进政府电子政务信息化平台建设。

做好各类会议安全保卫任务，配合州信访局处置各类群众上访事件712起，共计6878人。整治交通秩序6次，处置车辆肇事2起，通报、告知各有关单位及个人违规的车辆226台次，纠正各种违规车辆1680台次。对公务中心的公共安全、消防设施、水、电线、设备房、强电井、弱电井、地下停车场、职工食堂和百姓购物超市进行了地毯式的安全检查，检查出安全隐患43处，并对存在的安全隐患进行限期整改和复查。

［谭有亮］

中国人民政治协商会议楚雄彝族自治州委员会

重要会议

【政协楚雄州第八届委员会第四次会议】 2010年2月22～26日，政协楚雄州第八届委员会第四次会议在楚雄召开。会议听取、审议并通过了延荣科代表政协楚雄州第八届委员会常务委员会所作的工作报告和李振华代表政协楚雄州第八届委员会常务委员会所作的提案工作报告。与会人员列席了楚雄州第十届人民代表大会第五次会议，听取、协商并赞同《政府工作报告》以及州发改委、州财政局、州中级人民法院、州人民检察院所作的《楚雄彝族自治州2009年国民经济和社会发展计划执行情况与2010年国民经济和社会发展计划（草案）的报告》、《楚雄彝族自治州2009年地方财政预算执行情况和2010年地方财政预算（草案）的报告》、《楚雄彝族自治州中级人民法院工作报告》、《楚雄彝族自治州人民检察院工作报告》。会议补选延荣科为政协楚雄州第八届委员会主席，补选李天云为政协楚雄州第八届委员会副主席，补选李光彪为政协楚雄州第八届委员会秘书长。全州342名州政协委员出席会议，驻楚中央属、省属、州属部门相关负责人144人列席会议。会议期间，应邀参加会议的州级党政军领导分别深入讨论组听取意见建议。

【政协楚雄州第八届委员会常委会议】 2010年1月18～19日，政协楚雄州八届十二次常委会议在楚雄召开，会议的主要议题是学习贯彻省委八届八次全体会议、州委七届七次全体会议精神；协商讨论《政府工作报告》（征求意见稿）；协商讨论《政协楚雄州委员会常务委员会工作报告》（草案）；协商讨论《政协楚雄州第八届委员会常务委员会提案工作报告》（草案）；协商讨论《政协楚雄州第八届委员会常务委员会2010年工作要点》（草案）；协商讨论政协楚雄州各委室2009年工作总结和2010年工作要点（草案）；协商讨论政协楚雄州第八届委员会第四次会议有关事项；协商通过有关人事事项。州委常委、州委组织部部长徐昕到会宣读了省委、州委有关人事任免文件，并就提请政协楚雄州八届十二次常委会议协商通过的人事事项作说明；州人民政府副州长杨元茂作《政府工作报告》（征求意见稿）的说明。会议表决通过了关于接受张怀德辞去政协楚雄州第八届委员会主席职务的决定、关于接受王光荣辞去政协楚雄州第八届委员会秘书长职务的决定以及其他人事事项。驻楚省政协委员、州级相关部门领导、各县（市）政协主席，州政协机关全体干部职工列席会议。

7月8日，政协楚雄州八届十三次常委会议在楚雄召开，会议专题协商讨论全州水利基础设施建设问题。政协楚雄州委员会主席延荣科，副主席李振华、马旷源、王应学、吴丽华、王定梁、李天云，秘书长李光彪及常委43人出席会议，州人民政府副州长左荣贵到会通报了《关于楚雄州水利基础设施建设情况的通报》，政协楚雄州委员会经济委员会主任刘洪群作了《关于对楚雄州水利基础设施建设情况的调研报告》，出席和列席会议人员围绕通报和报告展开热烈讨论，对进一步加快全州水利发展提出了7个方面的意见和建议。驻楚省州政协委员、州级各有关部门负责人、各县（市）政协主席、政协楚雄州机关副科以上干部列席会议。

9月29～30日，政协楚雄州八届十四次常委会议在楚雄召开。会议就楚雄州“十二五”规划编制积极建言献策。各政协参加单位和部分政协委员在深入调研的基础上，从加速楚雄州“十二五”经济社会科学发展提出新的思考和观点，民主党派、工商联、以及思想意识形态部门、经济部门的政协常委纷纷从自己熟悉的领域、行业特点出发，为“十二五”经济社会发展踊跃建言献策。会议收到建言献策发言稿22篇，其中8篇作了会议交流发言。会议还协商通过了有关人事安排。政协楚雄州委员会常委会组成人员43人出席会议；驻楚省政协委员、州级有关部门负责人、10县（市）政协主席、政协楚雄州委员会机关副科以上干部列席会议。

12月23～24日，政协楚雄州八届十五次常委会议在楚雄召开，会议认真学习贯彻中共十七届五中全会和中央经济工作会议精神，分别听取了州人民政府分管副州长关于楚雄州工业园区建设情况的通报、政协楚雄州委员会调研组关于楚雄州工业园区建设情况的调研报告、州建设局关于政协楚雄州委员会民主监督意见建议整改落实情况的报告，专题协商讨论了楚雄州工业园区建设问题。政协楚雄州委员会主席延荣科、副主席李振华分别主持会议，副主席马旷源、王应学、吴丽华、王定梁、李天云，秘书长李光彪及其政协楚雄州委员会常委会组成人员45人出席会议。会议通过了王应学副主席因到退休年龄，请求辞去政协楚雄州委员会副主席的申请以及其他人事事项。驻楚省政协委员、州级相关部门领导、专委会兼职副主任、10县（市）政协主席、政协楚雄州委员会机关副科以上干部列席会议。

【全省政协外联工作座谈会】 2010年4月8～9日，全省政协外联工作座谈会在楚雄召开。会议的主题是总结交流港澳台侨和外事工作的经验，探讨新形势下进一步做好外事工作的新路子。省政协常务副主席管国忠，副主席曾华，省政协港澳台侨和外事委员会主任龙忠志，省政协副秘书长、办公厅主任张宁等领导，州委副书记李兴顺，政协楚雄州委员会主席延荣科，省政协常委、政协楚雄州委员会原主席张怀德，政协楚雄州委员会副主席王应学、秘书长李光彪，全省16个州（市）分管外事工作的副主席和从事外事工作的专委会主任以及政协楚雄州委员会副秘书长、办公室副主任出席会议。会上，管国忠发表重要讲话；曾华传达了全国“两会”精神，提出了贯彻会议精神的意见和要求；龙忠志介绍了2009年工作情况，通报了2010年省政协对外工作重点；16个州（市）政协的代表在会上作了交流发言。会议期间，与会人员还参观了彝人古镇、禄丰世界恐龙谷、福塔公园和州博物馆。

【全州政协工作座谈会】 2010年10月22日，政协楚雄州委员会在大姚县举行全州政协工作座谈会。会议传达学习了省委政协工作会议精神。10县（市）政协针对当前政协工作中存在的主要问题、机遇和挑战提出对策建议，对政协楚雄州委员会代州委起草的《中共楚雄州委关于切实支持新时期人民政协履行职能发挥作用的意见》（征求意见稿）提出了修改完善的意见建议。政协楚雄州委员会主席延荣科就深入贯彻落实省委政协工作会议精神，推动全政协楚雄州事业发展提出了要求。政协楚雄州委员会副主席、秘书长和各委（室）主任、副主任，各县（市）政协主席、副主席、办公室主任出席会议。

［白建文］

重要活动

【政务活动】 新春茶话会。2010年2月5日，政协楚雄州委员会和州委统战部在州会务中心举行新春茶话会，州党政领导李兴顺、卢显林、延荣科、张怀德、李红民、任锦云、徐昕、杨应旭、张启俊、何根源、杨静、杨元茂、樊炳清、朱非、马旷源、李振华、王应学、吴丽华、王定梁等出席会议。会上通报了全州2009年经济社会发展情况，提出2010年的工作思路和目标任务。参加会议的民主党派代表、经济界代表、少数民族代表、宗教界代表、台属代表先后发言，对全州经济社会发展提出意见、建议，踊跃建言献策。应邀出席茶话会的有：驻楚省政协委员，州级有关部门领导，各民主党派、工商联、人民团体负责人，各族各界代表，有突出贡献的优秀专业技术人才代表，归侨、侨眷代表，台属代表，外资外贸企业代表，外来投资企业代表以及政协楚雄州委员会、州委统战部全体干部职工。

政协楚雄州委员会成立机关党委。4月2日，经州直属机关工委批准，原政协楚雄州委员会机关党总支宣布撤销，政协楚雄州委员会机关党委正式成立，即日召开成立大会。会上，通过无记名投票选举，选出党委成员7名，选举产生了以李光彪为党委书记的领导班子。政协楚雄州委员会党组书记、主席延荣科，党组副书记、副主席李振华出席会议。政协楚雄州委员会副主席马旷源、王定梁应邀列席会议。

楚雄城区各族各界人士中秋茶话会。9月20日下午，政协楚雄州委员会办公室、州委统战部在州会务中心召开楚雄城区各族各界人士中秋茶话会。州人民政府有关领导应邀出席会议并通报了全州上半年经济社会发展情况，分析了当前面临的形势和任务，提出了当前和今后一段时间的工作重点。与会者在座谈发言中踊跃建言献策。

全省政协新闻宣传暨《云南政协报》发行工作会议。10月15日，全省政协新闻宣传暨《云南政协报》发行工作会议在楚雄召开。省政协常务副主席管国忠到会讲话，省政协秘书长车志敏对各级政协和新闻单位进一步提高政协新闻宣传水平、《云南政协报》进一步提高质量和扩大影响力提出要求。省委宣传部副部长伍皓就宣传部门如何支持政协做好新闻宣传工作、支持办好《云南政协报》讲了意见和要求。政协楚雄州委员会秘书长李光彪等在会上交流了做好新闻宣传工作和《云南政协报》发行工作的经验和做法。省政协副秘书长、研究室主任马孝初主持会议。省政协副秘书长、办公厅主任张宁以及孟庆红、刘琪琳，省级各民主党派，各州（市）政协秘书长出席会议。

民情恳谈活动。9月15日，政协楚雄州委员会机关党委第一党支部组织全体党员参观考察了马石铺村基层党建工作示范点建设情况，深入机关扶贫联系点——苍岭镇西云村委会开展民情恳谈活动，相继走访慰问了部分老党员和贫困户。政协楚雄州委员会秘书长、机关党委书记李光彪参加活动。

楚雄州政协系统第四届机关职工运动会。10月18～22日，楚雄州政协系统第四届机关职工运动会在大姚县城举行。来自10县（市）政协和政协楚雄州委员会机关职工组成的11支代表队进行了为期5天的篮球、乒乓球、拔河3个项目的比赛，于10月22日完成各项赛程圆满闭幕。

省、州政协“威楚杯”网球联谊赛。11月4～5日，由云南省政协主办，楚雄州政协承办的“省、州政协‘威楚杯’网球联谊赛”在楚雄成功举办。省政协主席、副主席，各委室负责人，部分州（市）政协领导莅临参赛，政协楚雄州委员会主席延荣科、副主席李振华、马旷源、王应学、吴丽华、王定梁、李天云，秘书长李光彪参加赛事活动。

举办“民生论坛”。12月23日下午，政协楚雄州委员会举办以教育改革和发展为主题的第二届“民生论坛”。州政协委员和教育部门的领导紧紧围绕推动楚雄州教育改革发展问题，从不同角度广泛建言献策。内容涉及农村中小学布局调整问题；深化用人机制改革问题；探索“集团化”教育运作方式、开展职业教育办学模式试点；鼓励民办幼儿园积极申报、创建省等级幼儿园；发挥医药专科学校优势，服务地方经济社会发展以及建立和完善教师职业道德评价、考核、奖惩机制等。政协楚雄州委员会主席延荣科，州委常委、副州长李红民，副主席李振华、马旷源、王应学、吴丽华、王定梁、李天云，秘书长李光彪出席会议，常委会组成人员、列席八届十五次常委会议的全体人员参加了论坛。

【提案活动】　2010年2月22日上午，政协楚雄州委员会八届四次会议举行八届三次会议优秀提案表彰会，会议对民建楚雄州委提出的《关于进一步完善楚雄州工业园区建设和发展的提案》和杨天贵委员提出的《关于尽快启动“禄丰世界恐龙谷”二期工程建设的提案》等30件优秀提案予以表彰。会上，州政协党组书记、副主席延荣科作了题为《深入贯彻落实科学发展观，努力推动提案工作不断迈上新台阶》的专题讲话，州政协副主席李振华主持会议并宣读表彰决定。3月26日下午，州委办、州人大办、州政府办、州政协办联合召开2010年州人大代表建议、州政协委员提案交办会，总结分析上年“两会”人大代表建议、政协委员提案办理工作，安排部署2010年“两会”人大代表建议、政协委员提案办理工作。州人大常委会副主任何根源、政协楚雄州委员会副主席李天云出席会议并讲话，州人大常委会、州人民政府、州政协秘书长出席会议。

【调研活动】　2010年6月21日，政协楚雄州委员会开展“委员活动日”活动，驻楚雄城区省、州政协委员、政协楚雄州委员会机关全体干部职工参加活动。委员们先后视察了州职业教育园区、州文化中心、州人民医院新区、彝海公园、楚雄市工业投资有限公司和青山嘴水库等滇中楚雄特色大城市建设的重点建设工程。在座谈会上，政协楚雄州委员会副主席李振华、王定梁，政协委员黄正山、陈斌、汤健等人就建设滇中楚雄特色大城市需要解决的相关问题作了重点交流发言。政协楚雄州委员会主席延荣科主持活动，副主席马旷源、王应学、吴丽华、李天云，秘书长李光彪参加活动。7月上旬至年末，政协楚雄州委员会对州建设局开展民主监督。民主监督在政协楚雄州委员会主席会议的领导下进行，由政协楚雄州委员会副主席任组长，政协楚雄州委员会提案委员会主任、州监察局领导任副组长，抽调部分州政协委员会委员为成员。州纪委、州委组织部领导对民主监督进行指导；请分管州建设局工作的州人民政府领导参加阶段性工作。民主监督工作实行以协商讨论和批评建议为主要形式，采用听、看、查、访、谈的方法进行，全程分4个阶段：即组织准备阶段、调查研究阶段、反馈意见阶段和整改落实阶段。12月23日，州建设局领导向政协楚雄州委员会八届十五次常委会议作了《楚雄州建设局关于贯彻落实政协楚雄州委员会对州建设局民主监督的意见和建议整改落实情况的报告》。民主监督工作结束后，政协楚雄州委员会主席会议研究审定民主监督总结报告并分别报送中共楚雄州委、州人大、州人民政府及有关部门。11月16日下午，政协楚雄州委员会召开“滇中楚雄特色大城市建设楚雄市调研座谈会”。会上，楚雄市委主要领导介绍了楚雄市在实施特色大城市建设中取得的主要成效以及征地拆迁过程中碰到的主要困难和问题。与会者针对上述问题提出积极的建议和办法。政协楚雄州委员会主席延荣科，副主席李振华、马旷源、王应学、吴丽华、李天云，秘书长李光彪等出席会议，政协楚雄州委员会常委、各专委、各民主党派及州级相关各职能部门主要负责人参加调研座谈。

［白建文］

视察调研

【省政协视察组到楚雄调研】　2010年4月13～14日，由省政协常务副主席管国忠、副主席倪慧芳率队，省政协副秘书长、办公厅主任张宁为组长的省政协视察组到楚雄视察抗旱救灾工作，州政协主席延荣科、副主席王定梁、秘书长李光彪陪同视察。4月19～23日，省政协提案委主任郭文龙带队到楚雄开展提案工作调研，州政协副主席李天云陪同调研。4月21～23日，省政协研究室副主任张树义带队到楚雄就进一步发挥政协专委会基础作用开展专题调研，州政协副主席马旷源陪同调研。8月9～11日，以省政协民族宗教委员会主任郭秀文为组长的省政协视察组到楚雄州视察宗教管理工作情况，州政协副主席王应学陪同视察。10月25～26日，省政协主席王学仁、省政协秘书长车志敏随省委、省政府调研组莅临楚雄对推进农业产业化、发展特色农业和扶持农业龙头企业发展情况进行调研，州政协主席延荣科、秘书长李光彪陪同。

【州政协视察调研工作】　2010年4月27日，政协楚雄州委员会社会法制委员会以“关注监狱执法，促进教育改革”为主题组织委员活动，视察楚雄监狱，实地察看了监区生产车间、图书室、文化娱乐室和监舍，了解在押服刑人员的情况，同时听取监狱工作人员情况汇报。政协楚雄州委员会副主席王定梁参加活动。6月7～24日，政协楚雄州委员会组织两个调研组，分别由政协楚雄州委员会领导带队，先后深入10县（市），对全州水利设施建设情况进行调研。调研采取听取汇报、实地察看、座谈走访等方式进行，分别召开县（市）政府汇报座谈会10个，乡（镇）干部、水管部门、村民代表座谈会12个，实地察看拟建、在建和已建水利建设项目60余件。与此同时，还分别召开了州属相关部门负责人汇报会和部分离退休老领导、老专家座谈会，广泛听取各方面的意见建议，形成《关于对楚雄州水利基础设施建设情况的调研报告》提交州政协八届十三次常委会议协商讨论，最后形成《关于进一步加快楚雄州水利发展与改革的意见和建议》的建议案提交中共楚雄州委、州人民政府。6月11～17日，政协楚雄州委员会副主席马旷源率政协楚雄州委员会考察组一行4人，先后抵达江西南昌、井冈山、瑞金等地考察学习，考察学习的主要内容是：学习江西省政协在履行政治协商职能方面的主要做法和经验。6月22～27日，由政协楚雄州委员会副主席、州工商联主席吴丽华带队，政协楚雄州委员会社会法制委员会牵头，组织部分州政协委员和相关部门的同志，以全面了解和掌握全州被征地农民就业培训安置和社会保障工作情况，切实维护被征地农民的合法权益，保持社会稳定为目的开展专题视察调研。调研组深入楚雄经济开发区、禄丰县、武定县、元谋县的县城镇和2个村(居)民委员会，采取听汇报、实地察看安置点、召开被征地农民代表座谈会等方式开展调研，先后召开汇报座谈会9场210人参加，召开被征地农民代表座谈会5场次共100余人参加，实地察看了4个被征地农民安置点，广泛听取了各方面意见和建议。同时在政协楚雄州委员会主席会议上提出创新安置方式，加大业务培训力度，扩大就业渠道，适当提高征地补偿标准，建立健全社会保障体系等意见建议。8月16～20日，政协楚雄州委员会民族宗教联络委员会牵头，组织部分州、县政协委员，采取联动调研方式，对全州宗教管理情况进行调研。调研组先后深入双柏、牟定和姚安3个县进行了专题调研，在听取县人民政府及有关职能部门情况介绍的基础上，实地察看了佛教、伊斯兰教和基督教的一些宗教活动场所。9月中旬，政协楚雄州委员会经济委员会组织部分委员、各县(市)政协相关领导及经济委员会主任一行21人，由政协楚雄州委员会副主席王定粱带队，赴内蒙古鄂尔多斯市对其经济社会发展情况进行学习考察。11月8～16日，政协楚雄州委员会教科文卫文史资料委员会由政协楚雄州委员会副主席李振华带队，组织部分省、州政协委员组成调研组，对全州农村中、小学布局调整情况开展专题调研。调研组先后抵达州教育局和永仁、元谋、牟定、楚雄4县(市)15个乡(镇)、27所中小学，听取了州教育局及所到县(市)人民政府关于农村中小学布局调整情况汇报，实地察看了校园校貌，走访了部分师生员工，与乡(镇)、村、社干部，学校领导、学生家长进行座谈，广泛听取各方面意见和建议。11月24日至12月2日，政协楚雄州委员会组织视察组，对楚雄州工业园区建设情况开展视察调研。调研组深入到楚雄、楚雄经济开发区、禄丰、武定等县、市、区，采取听汇报、座谈、实地查看等形式进行调研，共召开汇报座谈会5次，实地查看工业园区9个，视察入园企业15家。在广泛了解情况的基础上，向政协楚雄州委员会八届十五次常委会议提出："破解融资难题，夯实园地基础；突破土地瓶颈，降低投资成本；营造良好氛围，加大招商引资力度；突出产业特色，增强聚集能力；完善相关政策，优化服务环境"的意见建议。

[白建文]

提案工作

【提案提交】 2010年，政协楚雄州委员会八届四次会议期间，政协楚雄州委员会提案委员会共收到政协委员和各政协参加单位提交的提案297件，提案委员会召开全体委员会议审查决定立案282件，占95%。按类别分：农林水方面的46件，占立案总数的16.3%；教科文卫体方面的70件，占24.8%；城建环保方面的71件，占25.2%；工业交通方面的18件，占6.4%；财经商贸方面的29件，占10.3%；党群政法方面的10件，占3.5%；人事劳动和社会保障方面的32件，占11.3%；统战政协方面的3件，占1.1%；民族宗教方面的3件，占1.1%；委员个人提出和联名提案188件，占立案总数的66.7%；集体提案94件，占33.3%。不立案的15件，已按有关规定另作处理。

【提案办理】 2010年，政协楚雄州委员会所立案的282件提案分别交由中共楚雄州委、州人民政府、政协楚雄州委员会及其所属部门和县(市)政府共68个单位办理。政协楚雄州委员会创新提案办理方式，主席、副主席分别带队，部分常委和各专委会主任、副主任参加提案督查工作，形成提案工作合力。至11月底，交办的282件提案已全部办复完毕，所提问题已经解决或者基本解决的174件，占办复总数的61.7%；正在解决或者已被列入计划准备解决的74件，占26.3%；因受目前条件限制或者其他原因只能以后研究解决的30件，占10.6%；留作参考或者不可行的4件，占1.4%。从提案办理的总体情况看，提案办理的当年落实率为61.7%，比上年的57.5%有一定提高。

[白建文]

中国共产党楚雄彝族自治州纪律检查委员会

重要会议

【中共楚雄州纪委七届五次全体会议】 2010年2月5日，中共楚雄州纪委七届五次全体会议在州会务中心召开。出席会议的州纪委委员35人，列席109人。州纪委常务委员会主持了会议。全会传达贯彻十七届中央纪委五次全会、省纪委八届五次全会精神，认真落实州委七届七次全会精神，总结2009年工作，安排部署2010年党风廉政建设和反腐败工作任务。全会审议通过了李琳玻代表州纪委常委会所作的《深入贯彻落实十七届中央纪委五次全会精神，不断开创彝州党风廉政建设和反腐败工作新局面》的工作报告。州委常委及州人大常委会、州人民政府、州政协党员领导出席了会议。有关方面负责同志参加了会议。

【纪检监察工作会议】 楚雄州2010年"政风行风热线"工作会。2010年3月24日召开，州纪委、州委宣传部、州监察局、州广播电视局等主办单位及24家上线部门领导，各派出监察分局局长、州纪委、州监察局机关相关室主任、楚雄日报社、州广播电台、州电视台、州人民政府信息产业办、“政风行风热线”及“政风行风热线跟踪反馈”节目组工作人员共计76人参加了会议。会议对2009年度“政风行风热线”工作先进单位进行了表彰奖励。州委常委、州纪委书记李琳玻在会上讲话；州政协副主席、州纪委副书记、州监察局局长李天云作《认真总结，狠抓落实，巩固提升“政风行风热线”质量和水平》的工作报告；州监察局副局长李敏主持会议并宣读表彰决定。州广播电视局党组书记朱丽华在会上作了交流发言。2010年楚雄州纪检监察信息工作暨业务培训会。3月26日召开，会议全面总结了2009年的纪检监察信息工作，安排部署了2010年的信息工作，表彰了2009年信息工作先进集体和先进个人，并对全州各级纪检监察信息员进行了业务培训。全州纪检监察宣传教育暨党风建设工作会议。5月10日召开，10县（市）纪委分管宣传教育和党风建设工作的领导，宣教室、党风室主任，州属11个单位纪委、纪检组主要负责人及委局机关各室主任、派出纪工委书记参加会议。州纪委副书记胡贵明在会上作讲话。全州纪检监察系统1～7月工作运行分析会。8月10日召开，会议总结分析了上半年工作运行情况，听取了10县（市）纪委监察局半年来的纪检监察工作情况汇报和州纪委监察局各室和派出各纪工委、监察分局的书面汇报。全州纪检监察机关查办案件工作会。9月27日召开，州纪委监察局领导，各县（市）纪委分管案件副书记、纪检室主任，州纪委纪检室全体人员参加了会议。州纪委副书记王志梅传达了中央纪委监察部在重庆召开的西南西北地区纪检监察工作座谈会、办案安全工作座谈会和省纪委监察厅机关召开的2010年查办案件工作推进会精神。10县（市）纪委汇报了2010年度查办案件工作情况。州纪委常委、纪检室主任吴金辉对下半年查办案件工作提出要求。州纪委副书记王志梅作了讲话。全州农村基层党风廉政建设工作总结表彰会。9月28日在州宾馆召开，州纪委监察局领导和相关室负责人，各县（市）纪委书记、分管党风工作的副书记、党风室主任，州加强农村基层党风廉政建设工作联席会议成员单位领导，州纪委监察局派出纪工委书记共90多人参加。州纪委副书记、州监察局局长杨仕坤，州纪委副书记胡贵明作了讲话，对2009年以来全州的农村基层党风廉政建设工作进行了全面总结，安排部署了下步工作。会议认真总结分析了上年全州农村基层党风廉政建设工作情况，10个县（市）交流了加强农村基层党风廉政建设的做法和经验，参观了楚雄市栗子园社区、彝海社区、李家村委会农村基层党风廉政建设示范点和苍岭镇推进惩防体系建设工作联系点开展农村基层党风廉政建设工作情况。

【楚雄州纪检监察系统工作总结会】 2010年12月30日，楚雄州纪检监察系统工作总结会在州检察院召开。省纪委派驻永仁县、禄丰县新农村建设指导员，州纪委常委，州监察局副局长，州纪委调研员、正处级纪检员、副调研员，10县（市）纪委书记、副书记、监察局副局长，办公室主任，州属各单位纪委书记、纪检组长，州纪委监察局派出各纪工委、监察分局和委局机关全体干部职工共150多人参加了会议。州纪委副书记、州监察局局长杨仕坤，州纪委副书记胡贵明、王志梅和州监察局副局长速勇、李敏就下半年的纪检监察工作作了安排部署。会议总结分析了2010年工作运行情况，听取了10县（市）纪委监察局一年来的纪检监察工作情况汇报和州纪委监察局各室和派出各纪工委、监察分局的书面汇报。州委常委、州纪委书记李平认真总结分析2010年工作，研究部署2011年党风廉政建设和反腐败工作任务。

［刘伟　施怡磊］

党风党纪

【党的宗旨教育】 2010年，全州各级党组织充分利用中心学习组、形势报告、专题学习、廉政党课、民主生活会等各种形式，认真组织广大党员干部特别是领导干部广泛开展党的宗旨教育。全州以党委（党组）理论学习中心组学习1003场次，参学2.52万人次；开展《廉政准则》专题知识辅导培训351场次，参训1.65万人次；举行知识测试164场次，参测8311人次；以支部会、职工会等形式开展学习活动1231场次，参学3.29万人次。结合《廉政准则》的学习教育，党政主要领导讲廉政党课730场次，受教育2.70万人次；作反腐倡廉形势报告263场次，受教育2.70万人次；开展学习刀会祥同志先进事迹活动416场次，受教育2.17万人次；开展示范教育516场次，受教育1.35万人次；开展岗位廉政教育388场次，受教育1.28万人次；开展警示教育465场次，受教育2.51万人次；举办新任领导干部反腐倡廉培训36场次1877万人次；撰写心得体会2488篇。州纪委积极与省州广播电台、《云南经济日报》楚雄记者站、《楚雄日报》、楚雄电视台5家媒体联办宣传栏目，刊播反腐倡廉宣传报道文章464篇（条）。州纪委宣教室编辑上传楚雄纪检监察网站宣传稿件201篇，上传政风行风热线音频4期、政风行风热线反馈2期，点击浏览72.8万人次。州属单位党员干部到州廉政教育基地开展廉政教育21场次1310人次。编排制作州廉政教育基地楼梯过道宣传牌和警示厅、阳光厅展板91块，展出违法违纪典型案例39个。组织编印《清风和谐——楚雄州反腐倡廉书法美术摄影作品集》和《警钟长鸣——楚雄州典型案例警示教育读本》（续二），为开展反腐倡廉教育活动提供很好的教育材料。全州巩固提高廉政文化示范带2条、示范点224个，新建示范点111个；组织开展“崇廉敬廉、诚实守信”教育活动80场次，受教育1.19万人次；举办廉政文艺晚会132次，观众2.6万多人次；举办“三八”妇女节廉政知识竞赛等活动，有力推进廉政文化“七进”工作。州纪委宣教室在州公务中心电梯内展出《廉政准则》、《行政监察法》宣传展版2期12版，在电梯间播出反腐倡廉教育片6部。州纪委在楚雄市、禄丰县广通镇、牟定县共和镇天台村委会分别建立县、乡、村三级反腐倡廉宣传教育工作联系点。

【廉洁自律工作】 2010年，楚雄州各级党组织严格执行民主集中制，坚持重大决策、重大投资项目、重要人事任免和大额度资金使用等重大问题集体讨论决定，确保民主、科学决策。认真落实《党内监督条例》，重点抓好领导干部个人有关事项报告及述职述廉等制度的落实。全州156个处级单位，807个科级单位召开了民主生活会，37名厅级干部、823名县处级干部、2962名乡科级干部，共4603名领导干部进行了述职述廉。5名正厅级领导干部，32名副厅级领导干部，823名实职处级领导干部报告了个人有关事项。对117名新任县处级领导干部进行了任期廉政谈话，对8名县处级领导干部进行了诫勉谈话，对5名县处级领导干部进行了函询。更新132名领导干部廉政档案，强化了动态管理。63次为232个县处级单位和297名县处级干部评先推优提供廉政审查意见。43名县处级领导干部、517名科级干部报告个人有关事项并进行公示。

【创建学习型纪检监察机关示范点】 2010年，为深入贯彻落实十七届中央纪委五次全会提出的“加强学习型机关建设”的新要求，中共楚雄州纪委在全系统直接抓牟定县纪委、州纪委派出第四纪工委两个“学习型机关”建设示范点。牟定县纪委积极探索“运用式、研究式、体验式、拓展式”等多种学习方式，进一步创新学习载体，丰富学习形式，有力地提升了干部队伍素质，先后有17名纪检监察干部受到各级表彰，3名干部得到了县委的提拔使用，8名干部进行了任职交流，县纪委监察局也被省委、省政府评为“文明单位”。州纪委派出第四纪工委制定了创建学习型纪工委《实施方案》，组织“两委”委员就“廉政风险防范机制”等4个专题进行了理论探讨，刊发《学习动态》2期，“两委”委员积极撰写心得体会和调研文章，使纪工委工作能力和水平全面提升，得到了省、州纪委领导的肯定。

【领导干部报告个人有关事项公示工作试点】 2010年，全州纪委系统选择双柏县和州民政局认真开展领导干部报告个人有关事项公示试点工作，把住房、投资、配偶子女从业等情况列入报告内容，加强对配偶子女均已移居国（境）外的公职人员管理。在申报对象、申报事项范围、申报程序、公开形式、监督措施、结果运用上下功夫，切实加强领导干部廉洁自律工作。双柏县共有8个乡（镇）和78个县级部门、34名县处级领导、460名科级领导干部报告和公示了个人有关事项。州民政局9名副处级以上领导干部、15名科级干部在本单位专栏和局域网上公示了个人有关事项。

【巡视工作】 2010年，按照中共云南省委第二巡视组的安排部署，制定下发了中共楚雄州纪委《关于落实〈中共楚雄州委贯彻落实省委第二巡视组巡视反馈意见整改措施〉主办事项的通知》，将工作任务细化分解为47项，把责任明确到州属41个单位、州纪委11个室和州纪委监察局派出6个纪工委监察分局，进一步明确整改责任，督促相关单位按照主办事项通知明确的工作任务，认真进行整改，适时收集整改落实情况。

【派出纪工委建设】 2010年，楚雄州健全“两委”工作规则，使纪工委监察分局工作逐步走向制度化、规范化和科学化。巩固提升廉政文化进机关、规范行政权力运行、落实党风廉政建设责任制示范点；创建学习型机关、领导干部报告个人有关事项公示、反腐倡廉制度建设3个示范点工作，选定19个单位作为示范点高位推进，以点带面推进工作落实。

［刘伟　施怡磊］

案件查处

【信访举报】 2010年，全州纪检监察机关坚持信访线索集体排查制度，加大违纪线索初核和督办力度，以依案下访，廉政下访和信访办事公开为载体，不断提高信访工作质量和效能，充分发挥信访举报监督职能。全年全州纪检监察机关共收到群众来信来访、电话和网络举报1104件（次），初核违纪线索588件，初核率达75.96%，转立案107件、责成问题说明30件，批评教育92人，为307名受到失实举报的党员干部澄清了事实。

【案件查处】 2010年，全州纪检监察机关以“3210”工作要求为抓手，不断提高依纪依法办案的能力和水平，严肃查处违纪违法案件，始终保持惩治腐败的强劲势头。全年新立案查处违纪案件155件155人，其中涉及县处级干部4件4人，乡科级干部46件46人。已办结140件，处分137人，其中给予党纪处分108人，政纪处分43人，双重处分14人，移送司法机关11人，刑事处理33人，组织处理4人，挽回经济损失151.05万元。全州各级纪检监察机关自办案件94件94人，占办案总数的60.6%，其中州纪委监察局自办3件3人，10县（市）纪委监察局自办40件40人，州属派出机构1件1人，县派出机构5件5人，乡（镇）纪委自办45件45人。

【推行党政纪案件公开审理】 2010年，楚雄州纪委将党务公开要求和司法审判程序引入党政纪案件审理，邀请人大代表、政协委员、党员群众代表以及发案单位的干部职工全程监督审理过程。全年公开审理、审议违纪案件109件，占所审理案件总数的67.7%，通过党纪案件公开审理，增强了案件审理的透明度，保障了党员干部的合法权益，扩大了党内民主。

［刘伟　施怡磊］

纪检调研

【纪检监察调研】 2010年，充分发挥楚雄州纪检监察学会的作用，依托州廉政研究所的人才优势，围绕中心，服务大局，突出重点，加强理论研究和调研工作。全年共征集文章62篇，编辑

《调查研究》7期，上报调研信息215条，其中被中纪委研究室采用20条、省纪委政策法规研究室采用90条，居全省前列。《以创新的办法解决当前农村基层党风廉政建设存在的问题》等5篇文章入选全省50篇纪检监察优秀论文；全年完成课题研究4项，《建立党风廉政建设工作评价指标体系研究》一文获“第十二届少数民族省（区、市）反腐倡廉理论研讨会”二等奖；10月，率先在全省承办了滇西八州市纪检监察学术联谊会。

【纪检监察信息】 2010年，中共楚雄州纪委收到纪检监察信息4361条，编发普发信息31期，快报46期，简报22期，全年共发布信息需求67期，上报省纪委信息512条，被中纪委、省纪委采用381条，采用率74.4%，比上年的50.2%高出24.2个百分点；获中央，中纪委、监察部，省委、省政府和省纪委、省监察厅领导批示21条，比上年的4条多17条，总积分3180分，居全省第三。首次被中央纪委办公厅要情专报第33期、第100期单独采用2条。

［刘伟　施怡磊］

群　众　团　体

工　会

【工会工作概况】 2010年，全州共有基层工会2156个，比上年增加453个；有会员193021人，比上年新增会员12967人。州、县（市）两级工会都将会员信息录入了电脑，加强和完善了会员会籍管理，特别是农民工会员，做到“一表、一证、一册”，会员证发放率为100%，社团法人资格办证率达100%。继续做好职业化试点工作，及时研究试点工作出现的新情况、新问题。在楚雄经济开发区、鹿城镇社区和交通、建筑、餐饮行业进行“双措并举、二次覆盖”的试点。配合县（市）委调整充实县（市）总工会领导干部11人，审批和指导州属单位基层工会组织换届选举26次，参与推荐、考察工会班子领导186人（含委员）。至2010年5月，建成州级“先进职工之家”265个、省级“模范职工之家”21个、全国“模范职工之家”5个、“模范职工小家”3个。

【维权机制建设】 2010年，楚雄州、县（市）总工会都与同级政府健全完善了联席会议制度，召开联席会议12次，建立规范劳动关系三方协商机制，召开协商会议13次。对《工会法》、《劳动法》、《云南省集体合同条例》开展执法检查，全州有396户企业签订了集体合同，集体合同签订率97%；有241户企业开展工资集体协商，并签订工资协议。全州所有企事业工会都建立了劳动争议调解委员会和劳动法律监督检查委员会，共调解劳动争议345件（集体劳动争议29件），积极参与劳动争议仲裁，受理劳动保护举报案件25件，提请县（市）劳动安全卫生监督处理案件22件，全州共有区域性劳动争议调解组织21个。全面推进“安康杯”、“一法三卡”宣传竞赛活动，累计参赛企业达751家次，参赛职工7.7万人次。组织开展了禁止使用童工、农民工工资支付以及整治非法用工等专项执法监督活动。州、县（市）总工会开通职工维权服务热线“12351”，坚持主席接待日制度，职工信访接待站共接待来信来访92件，涉及职工2510人，基本上做到件件有答复、事事有交代，使职工反映的一些实际问题得到及时解决。积极开展“劳动关系和谐企业”创建活动，全州累计创建和表彰州级“劳动关系和谐企业”40个、省级“劳动关系和谐企业”12个。

【为职工办实事】 2010年，楚雄州、县（市）总工会认真开展困难职工摸底调查，建立困难职工动态档案，积极争取党委、政府支持，在元旦、春节期间，各级工会开展送温暖活动，筹集送温暖经费237.5万元，慰问困难职工4653人，其中慰问困难农民工885人，建设完善11个帮扶中心，做到“人员、地点、经费”三落实，建立健全帮扶救助长效机制，适时开展帮扶救助工作，州总工会发放帮扶救助金55万元。为140名申请创业人员发放贷款700万元。积极开展“金秋助学”活动，全州共资助177名困难职工（农民工41人）子女上大学，发放资助金25.4万元。认真做好第六期职工医疗互助活动的扫尾工作，最大限度地组织广大职工参加第七期职工医疗互助活动，切实解决职工因病致贫问题，通过全州各级工会的共同努力，参加第七期职工医疗互助活动的单位1914个，职工15.28万人，收取互助金1241.6万元，全州共有1.93万人次职工获得补助，发放补助金1159.7万元。其中州办事处直属代办点直接为3108名职工办理了补助，发放补助金228.94万元，审核县（市）报批3000～10000元补助346份。召开第八届劳模表彰大会，表彰劳动模范（先进工作者）60人，并对97名生活困难的州级劳动模范和先进工作者帮扶救助，发放救助金15万元，为新增省部级劳模、先进工作者报批落实相关待遇，组织全国劳模和“五一”劳动奖章获得者外出观光和疗养，为19名全国困难劳模及遗孀和44名省部级特困劳模申请“三金”和“两金”补助近26万元，发放劳模健康药箱59个，开展春节、国庆节对劳模的慰问活动。

【素质提升工程】 2010年，全州各级工会组织在职工群众中广泛开展“创建学习型组织、争做知识型职工”活动，全州共涌现出学习型组织761个，知识型职工2650人。举办各种形式的培训班234场次，培训、教育职工3.28万人，向3204名职工群众解答企事业单位改革改制中的热点、难点问题，举办各种形式的演讲比赛、报告会210场次，培训州属企业单位工会主席216人。扎实推进“当好主力军，建功‘十一五’，和谐奔小康”立功竞赛活动，广泛开展“节能降耗”、“安康杯”、“一法三卡”活动，举办楚雄州“同舟共济保增长、建功立业促发展”竞赛活动，全州有345个企事业单位参加，参赛职工7.6万多人；举办楚雄州电力职工“素质杯”变电检修与线路运行检修技术技能竞赛，参赛职工达2100人；举办楚雄州2010年职工技术技能大赛，来自全州55支队近700名职（员）工参加汽车修理、美容、美发、餐饮、客房、保健按摩等6个工种的技能比赛。指导楚雄交通集团、吕合煤业、林茂公司、卫生系统等9家企事业单位组织职工技能岗位比武。建立健全35岁以下技师、高级工、中级工、初级工档案。在全州企事业单位中开展职工经济技术创新活动，总结推广先进操作法96项，建立经济技术创新活动班组852个，建立QC小组356个，提合理化建议2956条，实施2245条，技术革新181项，技术发明23项，申请技术发明专利13项，创造经济价值2310万元。配合有关部门完成1起煤矿安全事故、1起矿山安全事故、4起交通安全事故的调查处理。全州已建成全国“职工书屋”2家、省级“职工书屋”3家、州级“职工书屋”26家、县级“职工书屋”89家。州农行被省总工会授予“工人先锋号”称号，并荣获云南省“五一劳动奖状”。

【职工文体活动】 2010年，全州各级工会组织利用“五一”、“三八”、“国庆”等节日，开展职工群众喜闻乐见、健康向上的文艺体育活动，活跃丰富职工群众的业余文化生活，陶冶情操，增强凝聚力、向心力。州总工会举办了“劳动赞歌”庆“五一”专场文艺晚会，有90位国家、省、州劳动模范、先进工作者，以及奋战在各条战线上的劳动者一起观看了演出，并在“五一”国际劳动节期间向全州实况转播，深受广大职工的欢迎。

【女职工工作】 2010年，楚雄州各级工会组织按照抓重点、攻难点、求发展的工作思路，大力实施女职工建功立业工程。全州女职工组织和女职工干部比上年有所增加，女职工组织2865个，比上年增加763个，增长率为26.6%，其中建立女职工委员会1553个，建立女工委员549个。全州企业单位共签订专项女职工集体合同385户，涵盖女职工1.26万人，把女职工的劳动保护、休息休假、安全卫生、劳保福利等保护措施写入合同，使女职工的特殊权益得到了有效维护。全州有571个企事业单位执行禁止女职工从事矿山井下及第四级体力劳动强度的劳动和在经期不得安排从事高处、低温、冷水作业及第三级体力劳动强度的劳动的有关规定，有623个企事业单位执行女职工在经期、孕期、产期、哺乳期禁忌从事劳动的有关规定。为了保护女职工的健康权益，开展“工会手拉手、健康心连心”关爱女职工健康活动，为8000多名女职工（女农民工）免费妇科体检，州总工会本级有近5000个女职工参加了妇科病免费体检。全州各级工会救助单亲特困女职工340人，发放求助金24.2万元。举办培训班30期，培训女职工4000人，有100多名女农民工和下岗失业女性参加了为期一个月的技能培训，通过培训使她们取得了由劳动部门颁发的技术证书，为她们再就业创造了条件。

【财务经审工作】 2010年，楚雄州总工会切实加强工会财务和经审工作。一是地税代收工会经费工作开展顺利、成效显著。全州共有1560个单位到地税部门申报缴纳工会经费和建会筹备金，比上年增加116个单位，代收工会经费和建会筹备金比上年增长48.28%。二是继续加强州总工会机关财务管理工作，突出“收好、管好、用好”工会经费各项制度的执行，特别是经费开支形成了“出纳—部长—领导—会计”依次各自把关的格局，严守财经纪律，使各项支出手续完备、内容完整、符合规定。三是全面开展新《工会会计制度》学习培训，全州培训工会主席、财务人员3500多人次。四是州、县（市）总工会经审工作在加强制度化、规范化建设的同时，依法对本级工会年度财务收支预（决）算进行审查，对10县（市）总工会和州属172个基层工会进行互审互查，对5个县总工会2009年度经费收支情况进行审计，全面完成了省下达的审计目标任务。2010年州总工会被省总工会表彰为地税代收工会经费工作先进单位。

［周建华］

共青团

【团组织概况】 2010年末，团州委下辖203个团委，1361个团总支，9510个团支部，30个团工委；全州有专职团干部132人，青年（14~28周岁）448072人，团员175668人，团青比例达40%；全年发展新团员17961人，“推优”3818人，团员入党1140人；少年儿童254726人，少先队员192249人，专、兼职辅导员1128人，辅导员配备率为100%。

一年来，电视新闻播发团州委活动新闻28条；《楚雄日报》刊载团的工作信息92篇（条）；楚雄州广播电台播发新闻36条；上报“云青网”并被采用的信息66条；全年共制作《团的工作》6期、《加强团的基层组织建设工作快报》19期、《彝州青年资讯》（周报）发布信息49期，楚雄共青团网站发布团州委工作信息89篇，审核发布县（市）团委、省州属单位团组织工作信息667篇。

【抓好理论武装】 2010年，团州委突出抓好青年骨干的教育培养，引导大学生骨干和各级团干部牢固树立跟党走中国特色社会主义道路的坚定信念；依托州委党校挂牌成立了“共青团楚雄州委青年马克思主义者培训教育基地”，举办了“青年马克思主义者培养工程”培训班，对全州350余名优秀村（社区）团组织书记进行了系统培训；积极争取和充分利用名校的优势智力资源，服务彝州经济社会发展，与北京大学校团委、同济大学校团委结对，并建立了北京大学楚雄研究生服务基地，年内有9名高校的博士生和研究生组成服务团和支教团到楚雄开展结对服务；认真贯彻落实胡锦涛总书记贺信精神，深入开展争当“四好少年”、手拉手等各类青少年喜闻乐见的主题教育活动，积极开展丰富有效的青少年民族团结教育和法制宣传教育活动，努力在各民族青少年中营造热爱祖国、互相帮助、共同进步的浓厚氛围。

【扩大网络覆盖】 2010年，团州委积极推进“共青团楚雄州委青帆网校”建设，倾力打造“两网一线”（宽带网、通讯网、电话线）工程建设，发挥网络信息平台（“楚雄州大学生村官E线”和“社区青年E线”、彝州青年资讯、QQ群等）优势，积极探索多维网络覆盖青年的建设、服务和管理工作，形成了网络服务建团的典型经验；整合电信114平台资源，开通12355青少年服务热线，进一步整合社会力量，建立社会化的维权网络和专、兼职相结合的工作队伍，努力提高维护青少年合法权益的能力和水平；组建成立“楚雄青年志愿者艺术团”并开展丰富多彩的志愿服务活动，传播先进文化，为建设文化繁荣的楚雄作出积极的贡献。

【加强基层基础工作】 2010年，团州委按照“使团的基层组织网络覆盖全体青年”和“使团的各项工作和活动影响全体青年”的要求，坚持把关注的目光、改进的措施、有限的资源向基层倾斜。在全州共青团系统领导干部中大力开展以“一家两队三组一基地”为主要内容的结对联系创建基层团建示范点建设活动，充分借助党组织的力量加强团的基层组织建设；配合开展村“两委”换届工作，进一步优化基层团干部结构，切实增强基层团干部的整体素质；重视青联组织自身建设发展，年初按期实现二届州青联换届，新一届州青联活力涌现，朝气蓬勃。以开展学习实践科学发展观活动为契机，深入开展“三个一”主题实践活动，对全州各级团干部明确提出了“一诚两情、敏谋快敢”的要求，进一步加强团干部作风建设。年内，团州委选派3名干部到县（市）团委开展驻点工作，选派了1名副书记担任新农村建设指导员，2名干部下派乡（镇）挂职任副镇长，大力加强团的基层工作。

【促进就业创业】 2010年，团州委把促进青年就业创业作为新形势下共青团服务党政工作大局、服务青年发展、支持基层工作的重要切入点和载体，扎实开展“贷免扶补”、“就业见习基地”建设、“农村小额信贷”试点等工作，积极为青年就业创业搭建平台，营造环境。年内扶持652人创业，配合农信社发放贷款3251万元；累计创建就业创业见习基地16个，提供见习岗位325个，培训农村青年6000余名。广泛采集全州各类优秀青年人才信息，构建优秀青年人才信息库，为推进全州经济社会发展提供坚强的人才保证和智力支持。注重选树各级各类的青年创业典型，积极鼓励更多的青年投入创业实践。

【重点工作成效】 2010年，团州委圆满完成了省青年联合会九届四次常委（扩大）会议在楚雄召开的各项有关工作，完成了在会议期间举行的民族文化工作研讨会、创业英雄论坛、青联委员走进楚雄议发展、青年企业家楚雄专场招商引资项目推介和“青春彩云南、抗旱齐行动”联谊晚会等一系列重大活动服务工作，为进一步推介楚雄、宣传楚雄发挥作用、贡献力量；协助州委宣传部等部门成功组织了中央电视台“金龟子训练营”——好娃娃嘉年华全国巡展云南赛区楚雄站活动，2000余名少年儿童参与活动并受到教育；成功承办第七届“澜沧江——湄公河青年友好交流”楚雄站活动，圆满完成了活动期间的参观、考察和论坛组织工作，有力推动了大湄公河次区域国家青年之间的友好交流与合作；配合党委、政府开展“2·25”元谋—禄丰交界5.1级地震和特大干旱应急抢险、灾后恢复重建和困难青少年群体关爱工作。年内，在团省委、省青基会的大力关心支持下，团州委共争取到各级捐赠支持690多万元（其中建设“希望水窖”999口、“希望水池”76个、“希望水井”9眼、饮水工程3个，发放润苗行动救助金44.75万元，救助灾区困难学生958名），为全面夺取抗旱救灾工作的胜利贡献了力量；注重把握青少年普遍的利益诉求，组织开展了“人大代表、政协委员与青少年面对面”活动；扎实抓好“两新”团建工作，全州年内“两新”组织新建团500家。

［方文娜］

妇女联合会

【妇女组织概况】 2010年末，楚雄州有县（市）妇女联合会10个，乡（镇）妇女联合会会103个，村民委员会妇女委员会1037个，社区妇女联合会20个，社区妇女委员会36个，州、县（市）机关事业单位妇女委员会876个，厂矿企业女职工委员会325个，个体劳动者协会妇女委员会33个，私营企业女职工委员会76个，专业市场妇女委员会9个，团体会员335个。年内，州妇联先后被评为“全国五好文明家庭创建活动基层先进协调组织”、“云南省共产党员抗旱先锋行动先进基层党组织”、“楚雄彝族自治州第六次民族团结进步模范集体”、“楚雄州新一轮禁毒人民战争先进集体”、“楚雄州2001~2010年扶贫开发工作先进单位”。

【基层妇女参选参政】 2010年，全州各级妇女联合会紧紧抓住第四届村“两委”换届选举的有利契机，认真研究从源头上保证基层妇女参选参政的工作措施。组织开展了村“两委”妇女参政议政情况调研，分析困难和问题、提出意见和建议，建立了妇女人才库，加强与县（市）、乡（镇）党委的汇报衔接，努力从源头上争取有利于农村妇女进村

"两委"的政策，并采取分片包干、督办落实、专职专选等行之有效的措施，确保了全国妇联和省州妇联关于农村妇女参政议政各项指标的落实。全州第四届村民委员会和村党组织换届选举结束后，共选出村民代表3.86万名，其中妇女代表1.32万名，占34.26%；全州列入换届的村党组织1043个，选举产生村党组织委员6790名，其中女委员1383名，占20.36%，实现了100%的村党组织有1名以上女委员的目标；全州列入换届的村委会1046个，选举产生村委会委员6517名，其中女委员1426名，占21.88%，实现了100%的村委会有1名以上女委员的目标；全州"村三职干部"中有女性的村450个，占43.06%；全州有女村党组织书记58名、女村委会主任56名，分别比上届增加21名和20名，困扰多年的农村妇女参政难题得到了有效破解。

【纪念"三八"妇女节100周年活动】 2010年，全州各级妇女联合会开展了丰富多彩的庆百年"三八"活动。中共楚雄州委、州人民政府召开了楚雄州纪念"三八"国际劳动妇女节100周年暨表彰大会，云南省妇女联合会主席胡有兰出席纪念大会。会议表彰了楚雄州优秀妇女工作者，万名妇女学科技、创佳绩、促和谐竞赛活动先进集体，学科技女能手，创佳绩女标兵，和谐家庭，平安家庭示范县、示范乡（镇）、示范社区（村）、示范户，首届彝州消防"十佳"好警嫂，并对10个巾帼文明岗进行了授牌。"三八"妇女节期间，开展了第二届"楚雄州十大杰出女性"评选活动，举办了第十四届庆"三八"女子健身运动会，组建了楚雄州优秀创业女性巡回演讲报告团，到全州10县（市）开展了10场巡回演讲报告会，聘请心理咨询专家到全州10县（市）开展了11场"和谐婚姻关系"知识讲座，授众达3068人次。

【实施妇女发展项目】 2010年，楚雄州妇女联合会实施鼓励妇女创业"贷免扶补"项目，发放贷款2500万元，扶持505名女性实现创业；实施"香港回归扶贫基金"35万元、"妇女发展循环金"50万元、"妇女创业基金"35万元，用于扶持农村妇女发展种植业和养殖业；实施"母亲沼气"项目，建沼气池180口，受益群众720人；大力扶持发展彝族刺绣产业，全州新成立彝绣协会3个，举办彝绣培训班72期，培训绣女4655人次，新建彝绣示范村14个，培养彝绣女能手459人，实现彝绣销售收入1351万元。

【"万名妇女学科技、创佳绩、促和谐"竞赛活动】 2010年，全州各级妇女联合会坚持议大事、干本行、抓载体，拓展思路、整合资源、创新工作，把"万名妇女学科技、创佳绩、促和谐"竞赛活动不断引向深入。在抓培训，提高妇女素质方面，围绕烤烟、林产业、葡萄、畜牧、蔬菜五大产业建设目标，积极组织全州广大农村妇女学科技、用科技，采取集中培训、现场培训等方式，举办农业科技培训505期、培训妇女4.79万人次，举办养殖女能手培训班2期、培训妇女100人次，举办核桃种植女能手培训班1期、培训妇女100人；围绕提高妇女就业创业和岗位适应能力，举办创业就业培训108期，培训妇女7505人次。在抓活动，解决妇女所需方面，坚持以人为本、关注民生、服务妇女，开展了"春风送岗位、送榜样、送健康、送技能、送项目"五送活动，与州劳动和社会保障局联合举办女性岗位专场招聘会，达成用工意向性协议1400余人；与楚雄玛俐亚妇科医院联合开展了"春风送健康"活动，为200名女农民工每人发放了优惠价值3800元的"女性健康医疗存折"和"爱心公益体检卡"，为3000余名女农民工和253名农村妇女进行了免费体检；与州妇幼保健院联合开展了为期2天的乳腺疾病检诊咨询活动，参检人数达213人。

【维护妇女合法权益】 2010年，全州各级妇女联合会树立"大维权"意识，把提升妇女维权意识与"平安家庭"创建相结合，加强对"平安家庭"创建活动的组织领导，组织10县（市）妇联主席、综治办主任赴保山市昌宁县学习考察，并在永仁县召开全州妇联维权暨综治工作现场推进会，探索出妇联与综治办联合创评"先进平安家庭"的工作模式，实现了妇女维权与综治维稳工作的有机结合。全州10县（市）妇联开通了"12338"妇女维权热线，形成快捷畅通的维权信息收集、综合分析与交流共享渠道。全州各级妇联共接待群众来信、来电、来访1447件，处理1396件，处理率达96%，维护了妇女合法权益。

【女领导干部联谊会联谊活动】 2010年12月16日，楚雄州女领导干部联谊会在元谋县召开年会。参加联谊活动的80余名女领导干部参观考察了元谋县小丙岭农业科技示范园、物茂土林、元谋人博物馆。州人大常委会副主任杨静等领导出席年会。

［孟继祖］

民主党派

【农工党楚雄州委组织建设】 2010年，农工党楚雄州委不断改进和加强基层组织建设，初步建立了一支素质较高、结构合理的党员队伍以及科学合理的基层组织体系，基层组织的覆盖面不断扩大，活动正常，凝聚力和活力普遍增强。一是支部建设。根据组织发展情况和基层组织建设的需要，撤销原州统计局支部和州卫生局支部，成立州级机关一支部委员会、州级机关二支部委员会、州民族艺术剧院支部、州医药高等专科学校支部。年末，有直属基层组织12个，其中支部委员会10个、支部2个。二是党员发展。2010年末在册党员220人，其中主体界别（医卫、科技、教育、环保界）党员191人，占党员总数的86.8%；大学文化程度以上党员92人，占党员总数的41.8%；具有中高级职称党员163人，占党员总数的74.1%；在册党员中，农工党省委常委1人、委员1人，各级政协委员17人，其中省政协委员1人，州政协委员8人（常委2人、副主席1人），市政协委员8人（常委2人），州纪委特约纪检监督员1人，州检察院特约检察员1人；有41人担任科级以上领导职务，占在职党员人数的18.6%，其中厅级1人、处级5人、科级36人。三是学习培训。农工党楚雄州委先后选派了3名骨干党员参加了农工党省委举办的参政议政骨干培训班学习，5名新党员参加了省委统战部、农工党省委、省社会主义学院共同举办的农工党云南省2010年新党员培训班学习；组织农工党楚雄州委委员赴海南省三亚等地，就如何开展好树立和践行社会主义核心价值体系活动，继续深化以坚持走中国特色社会主义政治发展道路为主题的学习教育活动，进一步加强和改善基层组织和党员队伍建设等进行了考察学习。

【农工党楚雄州委参政议政】 2010年，农工党楚雄州委结合自身特点，发挥自身优势，积极履行参政议政职能，为全州经济社会发展发挥积极作用。一是开展提案工作。在政协楚雄州八届四次全会和政协楚雄市七届三次全会期间，农工党楚雄州委提交的18件集体提案均已立案，其中《关于进一步加强农村文化建设的提案》被评为优秀提案，受到表彰奖励。在政协楚雄州八届四次会议和八届十四次常委会议上，农工党楚雄州委分别作了《深入贯彻〈防震减灾法〉切实加强楚雄州防震减灾工作》和《要把农村环境保护和治理作为楚雄州“十二五”环保工作的重点来抓》的大会发言。二是开展调查研究。按照农工党省委安排，完成了“农工党楚雄州委关于兼职领导班子成员有关待遇问题调研”，并协助农工党云南省委完成了“云南省基本农田保护情况调研”、“云南省矿产资源保护与开发利用情况调研”和“云南省生态环境保护行动方案实施情况调研”3个调研课题；按照州委统战部要求，完成了“农工党楚雄州委党员队伍建设情况调研”和“农工民主党楚雄州委社会服务工作情况调研”2个调研课题。三是加强民主监督。农工党楚雄州委将民主监督融入参政议政的全过程，加强对提案办理落实情况的跟踪督查，进一步促进了提案的办理和落实。

【农工党楚雄州委社会服务】 2010年，农工党楚雄州委结合自身特点，充分发挥自身优势，努力开展社会服务工作，为彝州的经济社会发展作出了积极贡献。常设社会服务机构——农工诊所（农工门诊部）和农工山庄继续得到巩固和发展。农工党楚雄基层组织和地方组织充分发挥界别优势，体现党派特色，积极参与社会办医，创办“农工门诊部”和“楚雄农工诊所”，长期为广大患者提供质优、价廉的医疗服务，为开展其他社会服务工作和党派自身建设提供了支持。农工党楚雄州委党员教育培训基地“农工山庄”充分利用农工诊所（农工门诊部）的积累，创建农工党员培训教育基地和活动阵地，不断拓宽社会服务领域。社会扶贫工作。农工党楚雄州委机关干部先后4次深入牟定县力石村委会调研和指导工作，帮助力石村委会解决综合楼拆除重建附属工程建设资金8万元；争取中央特大抗旱应急资金5万元，为力石村委会大平地村铺设了约4.5千米的人畜饮水管道，彻底解决了该村的人畜饮水困难；争取农工党中央及省委领导的支持，协调安排农工党省委筹集的抗旱救灾捐款12.1万元，支援力石村委会群众修建了每口储量20立方米的48口的小水窖，改善了近800亩旱地的灌溉条件；农工党楚雄州委机关带头，组织动员广大党员为力石村委会广大灾民抗旱救灾捐款2万元，解决了3个自然村120余户农户全年的吃粮问题。开展中国“国际科学与和平周”活动。11月14日，组织15名医疗卫生专家，在楚雄兆顺房地产公司“楚雄第一城“广场举行以“绿色，低碳，健康，和谐”为主题的“医疗专家组社会服务活动”，为400余人进行了义诊，为500余名群众进行了免费健康体检和咨询，并发放各种宣传单1000余份。

［田海江］

【民进楚雄州委组织建设】 2010年，民进楚雄州委在民进云南省委和中共楚雄州委的领导下，树立和践行社会主义核心价值体系，以全力开展“两个创建”活动为中心工作，牢记“以党为师、立会为公”的优良传统，加强自身建设，切实提高参政议政水平，积极开展社会服务，创新工作思路，狠抓工作落实，有条不紊地开展了一些工作与活动。通过全体会员共同努力，自身建设上台阶，参政议政成效显著，社会服务有新突破，凝聚力和社会影响力不断增强。一是思想建设成效显著。以开展“两个创建”活动、建设学习型参政党学习活动、政治交接学习教育活动、树立和践行社会主义核心价值体系学习活动等为重要内容，制定实施方案，下发相关文件开展学习活动。鼓励和选拔会员积极参加各种培训活动，切实提高履职水平和能力。抓支部主题学习活动和理论研究。结合自身实际，进行参政议政、思想建设理论探讨，并撰写出一批有质量的理论文章，分别在相关刊物发表。二是组织建设稳步推进。组织发展取得成绩。民进楚雄州委成立时，有会员169人，2010年发展会员24人，至年末共有会员189人。其中教育界会员148人，占会员总人数的78%，具有大学本科以上文化程度会员121人、高级职称会员59人，会员平均年龄50.6岁。有基层支部11个。会员中有处级干部7人，科级干部2人；有州政协委员6人、市政协委员6人。基层支部争先创优活动取得实效。结合“两个创建”，11个基层支部夯实基础，健全机制，争先创优，东兴中学支部被评选为全国优秀基层支部。重视机关建设，打造“学习型、文化型、健康型、服务型”机关。重视制度建设。建立和完善各项制度，并将制度编印成册发到各个支部。重视后备干部队伍建设。打造一支素质优良，数量充足，结构合理，能担重任的后备干部队伍。重视与会员所在单位中共党组织联系，打牢基层组织建设基础。借支部换届之际，开展走访基层支部党政领导活动，走访了楚雄师院、州民族艺术剧院、楚雄卷烟厂、州文化馆、楚雄一中等单位领导；在东兴中学开展支部与单位中共党组织联谊活动。

【民进楚雄州委参政议政】 2010年，民进楚雄州委围绕党委政府工作重点开展调查研究，积极建言献策，反映社情民意，努力做到“参政参在点子上，议政议到关键处”。一是成立参政议政工作领导小组，领导和推动民进参政议政工作。二是开展调研重成果。组织开展调研，形成《民进楚雄州委代表人士队伍建设调研报告》、《民主党派社会服务调研报告》、《民进楚雄州委建议采取四项措施推进楚雄州太阳能资源开发与利用》、《楚雄蔬菜供求矛盾亟待缓解》、《加强对农民工交通安全法律法规的警示教育与督查》、《楚雄城区交通压力亟待缓解》、《关于楚雄州十二五规划几点建议》。以上调研文章被相关网站和宣传媒体选用。积极向民进省委上报调研课题，完成《云南省“十二五”期间推进城乡统筹发展研究》、《云南建设桥头堡计划研究》调研课题供民进省委筛选。三是重视提案工作。在2010年楚雄州、市政协会提案评选中，民进州委《关于70岁以上老年人免费乘坐公交车的提案》、《关于加强安全小区建设的提案》、《关于建立政府辟谣机制的提案》、《关于控制楚雄市小学班级人数》等一批提案受到了州、市党政部门高度重视。在2010年州、市政协会上，共提交提案43件，大会发言3件。其中州政协州提案29件，市政协提案14件；集体提案21件，个人提案22件。州政协大会交流发言1件、书面交流发言材料1件。市政协大会发言1件。上报社情民意7条，参政议政信息8条。

【民进楚雄州委社会服务】 2010年，民进楚雄州委充分发挥自身优势，积极开展社会服务，努力为社会做好事、做实事。一是扶贫联系工作。3月17日到扶贫点进行调研，在全面了解姚安县马游村委会情况后，积极为其协调缺口资金，切实为他们解决实际困难。二是开展义务写春联活动。1月1日，在龙江公园和桃源湖开展“新春义务写春联”活动，共为群众义务撰写春联1600余副。三是为抗旱救灾捐款献爱心。2009年以来，向全体民进会员发出抗旱救灾倡议书，动员投入抗旱救灾捐款活动，共捐款2.07万元。四是开展抗旱救灾救援行动。配合民进省委寻找救援点，将4万元救灾款及时拨付到缺粮缺水的2个村委会。五是开展高考考前咨询辅导及高考志愿填报咨询辅导活动。依托支部优势，组织东兴中学、紫溪中学、楚雄一中、州民族中学等支部开展高考考前咨询辅导和高考志愿填报咨询辅导活动。六是开展环保知识宣传咨询服务活动。借助世界环保日宣传活动，组织部分会员与楚雄州环保局共同开展环保宣传。

[李云华]

【民建楚雄州委组织建设】 2010年，民建楚雄州委在民建云南省委和中共楚雄州委的领导下，在州委统战部的帮助指导下，认真学习贯彻中共中央十七届四中、五中全会和中共楚雄州委七届五次、六次全会精神，加强组织建设，认真履行参政议政、民主监督、社会服务等职能，围绕全州的经济发展、民主建设，在构建和谐彝州建设进程中发挥以经济界人士为代表的民建组织特色。在4月初，民建州委对所属创业、工贸、财经和老年4个基层支部完成了换届工作。由原来的支部各设1名主任、副主任和委员，改为换届后的4个支部，各设主任1名、副主任2名和委员2名，支部领导班子平均年龄48岁，其中具有大专以上学历11人，占支部委员总数的55%；担任各级人大代表和政协委员4人，占20%。加大了中层领导的骨干力量，初步形成了年龄梯次结构相对合理、综合性能力较强的基层支部组成格局。全年经考察新发展会员4人，全部新会员均为大专以上文化。先后组织了骨干会员参加民建省委学习培训班，民建州委机关干部、支部主任参加州委统战部举办的信息员培训班及电视电话会达21人次；主委、机关干部每季度参加楚雄市委统战部组织的专项调研学习活动，全年参加各类培训的会员达40多人次。民建楚雄州委采取“适当补助、自愿参与”的鼓励方式，首次组织4名非公经济会员参加了由民建中央举办，陕西省政府在西安主办的“2010年中国（陕西）非公经济发展论坛”。

【民建楚雄州委参政议政】 2010年，民建楚雄州委认真履行参政议政职能，在全州的经济发展、民主建设、和谐社会建设中发挥作用。在“两会”期间，民建楚雄州委共提交州、市集体提案14件。在政协楚雄州八届四次全会上，《关于进一步完善楚雄州工业园区建设和发展的建议》的集体提案被评为全省“最具影响力10件地方提案”，并被州政协表彰为优秀提案；在楚雄市政协七届三次会议上，民建楚雄州委（原民建楚雄市总支）所提交的《关于将楚雄城区公厕“优化布局、改造提升”、取消所有公厕收费作为市政府惠民工程实施的建议》和《关于尽快落实乡（镇）离退休干部职工住房补贴发放的建议》及《关于加强公交车管理和发放爱心卡的建议》3件提案，被楚雄市政府列入2010年为民10件实事。在反映社情民意方面，《关于规范暑假辅导班的建议》、《关于完善开发区丰胜路交通标志设施的建议》等多篇社情民意被刊登在《政协楚雄州社情民意》和《楚雄统战信息》上，引起了领导的重视，其中《关于完善开发区丰胜路交通标志设施的建议》受到了州人民政府的高度重视，交州交警部门落实。在全州“十二五”规划编制工作中，民建州委领导和部分骨干会员参加中共楚雄州委、州人民政府、政协楚雄州委员会组织的“滇中特色大城市建设规划”等有关课题调研，围绕彝州的经济发展大局，为全州制定“十二五”规划编制提出了建设性的意见和建议。

【民建楚雄州委社会服务】 2010 年，民建楚雄州委积极开展服务社会活动。一是支持全州抗旱救灾和新农村建设。在民建省委大力支持下，积极争取到由民建中央中华思源扶贫工程基金会和新浪网友捐资 45 万元，援建州内 170 口思源水窖工程。其中，援建南华县沙桥镇天申堂村委会 30 万元，120 口思源水窖工程于 6 月 4 日正式动工，解决了南华县沙桥镇天申堂村委会苴簸上下组、大潭子、天申堂 4 个村民小组 120 户 530 人的饮水问题，灌溉耕地达 120 亩；援建民建楚雄州委扶贫联系点楚雄市苍岭镇黄草村委会 15 万元，50 口思源水窖建设工程于 7 月 8 日正式启动，该扶贫工程的实施使苍岭镇黄草村委会 5 个村民小组 85 户农户的牲畜饮水和 553 亩耕地灌溉难的问题得到有效缓解。二是积极配合，完成民建昆明市委班子到楚雄调研“滇中四城市同城发展”的专题调研活动。充分用活民建的党派资源，争取民建中央及民建省委智力支持，为楚雄州经济社会发展献计出力。11 月，为期 6 天的民建中央及民建省委专家专项调研暨滇中城市群发展 2010 · 楚雄论坛举行，由民建楚雄州委具体承办，该项活动围绕“楚雄在滇中城市群发展中的定位和作用”这个课题，深入到昆明市、曲靖市、玉溪市和楚雄州的重大城建项目现场及楚雄市、南华县、牟定县及广通镇作了实地调研，了解、掌握第一手资料，李农、韩林飞、杨先明 3 位专家相继作了精彩的主体演讲，共有 300 人参加了论坛大会。

［刘应雄］

【民革楚雄市委】 2010 年，民革楚雄市委在中共楚雄州委统战部和市委统战部的指导下，按照民革中央和民革省委的安排部署，广泛开展学习践行社会主义核心价值体系活动，认真学习党的十七届五中全会精神，坚持走中国特色政治发展道路，努力提高参政议政的能力，切实搞好政治交接学习教育活动，积极履行参政党职能，做了大量的工作，发挥了参政党的作用，树立了良好的形象。一是加强理论学习。按照民革省委的通知要求，民革市委 3 月初组织召开市委委员会议，讨论成立了民革市委树立和学习、践行社会主义核心价值体系教育活动的领导机构，制定活动方案。4 月初民革市委召开全体党员大会，安排各支部开展学习践行活动；6～9 月，各支部相继开展活动，支部党员积极发言，畅谈学习体会。通过开展学习实践活动，解决本党派工作中的突出问题，切实做到通过学习推动实践，在推进实践中加强学习，确保学习实践活动取得实效。通过学习活动加强了自身建设、提高参政议政能力的动力，为全面建设小康社会、加快推进社会主义现代化提供强有力的思想保证和精神支持。二是加强组织建设工作。民革市委及时召开全委会议讨论支部换届工作，会议决定重新调整支部，每个支部老中青搭配，支部班子由市委会推荐后再经支部党员选举。换届后的支部委员最大年龄 48 岁，最小年龄 33 岁，平均年龄 40 岁。年内按照程序发展新党员 2 人，因病亡故 2 人，年末有党员 87 人，平均年龄 53 岁。市委下设 3 个支部，有高级职称 15 人、中级职称 50 人；党员中离退休的有 34 人，省属 10 人，州属 40 人；教育界有 31 人，国有事业有 10 人，文艺界有 15 人，政府部门 15 人；有州政协委员 4 人（常委 2 名），州人大代表 2 人，市政协委员 4 人（常委 1 名）。三是开展参政议政。在 2010 年州市“两会”召开之前，民革市委组织党员深入调研，认真筛选，共提交 18 件提案，其中集体提案 13 件，个人提案 5 件；提交政协楚雄州委员会八届四次会议的集体提案 8 件、个人提案 3 件。提交市政协七届三次会议的集体提案 5 件。党员们围绕当地的经济发展、社会的热点和难点，积极建言献策。所提交的集体提案和个人意见建议，都得到有关部门的答复和采纳。民革市委负责人参加了由州委统战部组织的对楚雄市滇中特色大城市建设中就征地、拆迁、安置等相关问题进行的调研，有效地开展了民主监督。四是积极为灾区群众解困献爱心。广大民革党员全年在单位、工会及民革市委捐款约 1.5 万余元；民革市委积极支持协助民革省委机关工会为抗旱救灾到楚雄吕合红武小学捐水 300 箱。

［杨增英］

【民盟楚雄市总支】 2010 年，民盟楚雄市总支在民盟云南省委和中共楚雄州、市委的正确领导下，带领各基层组织和全体盟员坚持以邓小平理论、“三个代表”重要思想为指导，以科学发展观为统领，以深化坚持走中国特色社会主义道路和践行社会主义核心价值体系活动为主线，以加强自身建设、提高参政议政能力为重点，关注楚雄市经济发展、社会稳定，突出特色，发挥优势，积极履行参政党职能，努力加强自身建设、充分发挥自身优势服务社会，做出了新的成绩和贡献。一是加强思想建设。一年来，民盟楚雄市总支多次召开会议，认真传达学习《民盟中央开展树立和践行社会主义核心价值体系活动的通知》，深入贯彻中共十七届四中、五中全会精神，全国、省、州“两会”精神、中共十七届四中全会精神、民盟十届三中全会精神和民盟省委第十二届委员会第五次全体会议精神。8 月 11 日，楚雄民盟总支主委、副主委和各支部主委、副主委在楚雄电信大楼分会场参加了“社会主义核心价值体系学与行”电视电话报告会。为切实落实报告会精神，民盟楚雄总支召开总支（扩大）会议，要求全体盟员认真开展学习践行社会主义核心价值体系活动。各个支部认真组织学习。先后开展了包括学习座谈、举行报告会、参与征文、撰写心得体会、参加“身边的榜样——树立和践行社会主义核心价值体系先进人物事迹报告会”等多种活动，组织盟员开展理论学习，加强形势教育和民盟优良传统教育，使广大盟员的政治素质和思想理论水平得到不断提高，为做好民盟的各项工作提供了思想保证。二是加强组织建设。年内民盟楚雄市总支有成员 101 人，分布在中央、省属和州、市属 40 家单位，平均年龄 59.37 岁；离退休成员 54 人。具有大学本科以上文化程度的成员 50 人、专科文化程度的成员 21 人、中专及其以下文化程度的成员 30 人；高级职称的成员 28 人，中级职称的成员 54 人。成员中，省政协委员 1 名，州政协委员 4 名、其中常委 1 名；市政协委员 4 名、其中常委 1 名；在高等院校担任处级领导干部 1 人，州级部门任正科级领导干部 1 名，市级部门任副科级实职干部 1 名。民盟楚雄市总支盟员段彦奚、郭胜平、赵璞被民盟省委评为年度先进个人，盟员卢繁被评为年度先进专职干部，并获民盟云南省委宣传部宣传工作二等奖，获得表彰。三是积极参政议政。民盟楚雄市总支围绕楚雄州、市经济发展和社会生活中的热点、难点和重点问题，广泛开展调查研究，切实做好参政议政工作。在 2010 年州、市政协全会上，共提交提案 17 件，大会发言 2 件。其中州政协提案 10 件，市政协提案 7 件；集体提案 11 件（州政协 6 件，市政协 5 件），个人提案 6 件（州政协 4 件，市政协 2 件）。州政协大会交流发言 2 件。州政协八届四次全会上，民盟楚雄市总支提交了《关于夯实楚雄州抗旱排涝工作的提案》、《关于楚雄州农村小学、中学集中办学的提案》、《关于扩大优质教育资源，推动区域教育、城乡教育和各级各类教育协调发展，促进教育公平发展的提案》等 6 件集体提案；提交了《关于把发展云南山茶花产业列入楚雄州"十二五"专项规划的提案》、《关于做好楚雄州非物质文化遗产传承保护工作的提案》、《关于元双公路过境楚雄市城区路段行道树种植云南山茶花的提案》等 4 件个人提案。四是做好社会服务。积极为灾区捐款献爱心，至 5 月 11 日，民盟楚雄市总支及盟员共捐款 4150 元；参加推进清华大学远程教育扶贫项目实施工作，选定中共武定县委党校和县教师进修学校为具体实施点。

［卢　繁］

【致公党楚雄市支部】　2010 年，致公党楚雄市支部全体党员立足本职，认真履行政治协商、民主监督、参政议政职能，紧紧围绕州、市党委、政府的中心工作，将树立和践行社会主义核心价值体系和支部组织建设结合在一起，以政协调研为途径，积极献言献策，反映社情民意，履行参政党职能，各项工作取得可喜成绩。一是加强政治理论学习。致公党楚雄市支部坚持继续按照致公党中央、致公党云南省委的要求，坚持组织学习，认真开展学习实践科学发展观活动和社会主义核心价值体系学习活动。按照致公党中央的部署和要求以及致公党云南省委的有关通知，致公党楚雄市支部从年初就制定活动计划，并根据计划结合本支部实际，将树立和践行社会主义核心价值体系和支部组织建设结合在一起。按照活动方案精心组织各项学习活动，通过学习和讨论，深化对中国特色社会主义理论体系的认识，坚定党员对中国共产党领导的多党合作制度、政治协商制度的信念，提高党员作为参政党党员的使命感、对党派的归属感，激发党员对参政议政的热情，努力把致公党建设成为高素质的参政党。二是加强组织建设。全年支部共发展党员 4 人，至 12 月底，支部共有党员 69 人，其中大学文化以上党员 52 人占 75.4%，有高、中级职称的 56 人占 81.2%；党员中州政协委员 5 人、其中常委 1 人，市政协委员 5 人、其中常委 2 人，州人大代表 1 人，市人大代表 1 人。三是积极参政议政。致公党楚雄市支部共向州、市政协全会提交提案 28 件，其中州级集体提案 13 件，市级集体提案 13 件，委员个人提案 2 件，以上这些提案都得到了州、市有关部门的重视，《科学配置全市教育资源，逐步实现教育资源的公平配置》和《关于拓展楚雄经济开发区发展空间，加快苍岭工业园区规划建设的建议》两件提案被市政府评为重点提案。四是服务社会。致公党楚雄市支部积极参与各类社会活动，在抗旱捐款献爱心活动中，支部党员踊跃捐款捐物，据不完全统计支部党员捐款捐物价值近万元；支部党员郭乔仪被聘为吕和镇干田优质梨协会顾问，长年在农村基层服务农民；支部党员王跃斌无偿捐献造血干细胞成功，被评为"彝州道德模范"。

［徐　彦］

【九三学社楚雄市委】　2010 年，九三学社楚雄市委在九三学社云南省委和中共楚雄州、市委的正确领导下，认真开展"树立和践行社会主义核心价值体系"学习教育活动，按照社市委年初制定的工作要点和综合目标，切实履行参政党职能，努力加强自身建设，充分发挥自身优势服务社会，各项工作取得新的成绩。一是强化思想建设。全年社市委多次召开会议，学习贯彻中共十七届四中、五中全会精神和《九三学社中央开展树立和践行社会主义核心价值体系活动的通知》，传达全国、省、州"两会"精神和社省委六届四次、五次全委会精神。3 月 23 日，社市委召开全委（扩大）会议，会议通过社市委 2009 年工作报告和 2010 年工作要点。7 月 29 日，社市委召开全委（扩大）会议，传达了九三学社云南省委《关于转发〈九三学社中央树立和践行社会主义核心价值体系实施方案〉的通知》，专题研究学习贯彻《通知》精神。9 月 13 日，社市委成立九三学社楚雄市委社会主义核心价值体系学习教育活动领导小组。制定并实行委员联系各支社的网络联系制度，印发了分工明细表，强调了职责、方法、要求；检查督导各支社开展活动情况、社员学习情况。向各基层组织下发《实施方案》，订购《社会主义核心价值体系学习读本》等书籍，发到各支社，要求各支社和全体社员认真组织学习，正确了解主要内容，深入理解基本主张和基本精神，准确把握九三学社的价值观——"爱国、民主与科学"。二是加强组织建设。5 月，九三学社云南省委批准了社市委上报的《关于成立九三学社楚雄州委员会筹备组的请示》，社市委在社省委和中共楚雄州委的领导下，认真做好成立九三学社楚雄州委员会的筹备工作，争取 2011 年上半年完成建立九三学社楚雄州委员会的工作。在组织发展中，年内新发展社员 7 人，其中中级职称3人、初级职称1人，副科级干部3人，具有大学文化6人。新发展成员的政治素质和业务素质都表现出高标准和高质量，尤其是新发展社员平均年龄仅37.3岁，比社员平均年龄低9.5岁，体现了年轻化，保证了社组织的健康发展。社市委共有社员105人，其中高级职称41人、占社员总数的39%，中级职称58人、占社员总数的55%，社员平均年龄为46.8岁；有1名省政协委员、1名州人大代表、4名州政协委员、5名市政协委员。三是做好参政议政。年内，社市委和委员个人向州、市政协提交了10余件提案，以社市委名义提交的集体提案《围绕滇中特色大城市的建设，高度重视并切实加强水资源建设和利用的建议》、《关于楚雄市60周岁以上老年人免费乘车优惠的建议》、《关于加强消防设施监管，消除消防安全隐患的建议》、《关于市区机动车及行人隔离栏设置的建议》等，提交的《关于迅速开展松脂采集整治工作，切实保护楚雄市森林资源和生态环境的建议》作为重点提案，受到了有关部门的高度重视。四是开展社会服务。九三学社楚雄市委号召广大社员积极向灾区捐款，社员们踊跃参加，共捐款8800元。开展“国际科学与和平周”活动。为响应九三学社中央关于开展第二十二届“国际科学与和平周”活动的通知精神，11月13日下午，社市委在楚雄市桃源湖举办绿色经济和低碳健康的宣传活动，发放了“低碳家庭、时尚生活”的宣传资料1000余份，此次活动受到了广大市民的欢迎和好评。

［李　辉］

工　商　联

【工商联组织概况】　2010年，全州各级工商联组织按照“积极引导，加快发展；坚持标准，确保质量；突出重点，优化结构；加快服务，动态管理”的原则，把发展会员的重点放在企业会员和行业协会、商会上，不断优化会员结构。全年共发展会员693名，其中企业会员113名，团体会员8名，个人会员675名。年末，全州共有县（市）工商联10个，乡（镇）工商联分会113个，工商联所属行业协会、商会79个；全州工商联共有会员8627名，其中企业会员1162名，团体会员92名，个人会员7373名。

【州工商业联合会（商会）三届四次执委（扩大）会议】　2010年3月15～16日，楚雄州工商业联合会三届四次执委（扩大）会议在姚安县召开。会议全面总结了2009年全州工商联工作，分析了2010年全州工商联工作所面临的形势，明确了工作目标和任务。会议审议并通过了《楚雄州工商业联合会三届四次执委会议关于工作报告的决议》，调整和增补了部分州工商联（商会）第三届执委、常委、副会长。会议期间，全体参会人员参观考察了姚安县草海工业园区、光禄古镇，州工商联与中共姚安县委、县人民政府共同举办了姚安县招商引资项目推介会。

【州工商联四川广安商会成立】　2010年5月9日，楚雄州工商联四川广安商会成立暨第一次会员大会在州公务中心举行。州党政领导任锦云、吴丽华等，以及广安市政协副主席、市委统战部部长吴才林，广安市政协副主席、市工商联主席刘儒贤，广安市委副秘书长杨顺平出席会议。大会审议通过了《楚雄州工商联四川广安商会章程》、《选举办法》，选举产生了楚雄州工商联四川广安商会会长、常务副会长、副会长、常务理事、理事。

【全州工商联工作会议】　2010年7月29日，楚雄州工商联2010年工作会议在大姚县召开。州工商联领导、各科室负责人，大姚县委、人大、政府、政协及各县（市）工商联主席、党组书记、专职副主席等70余人参加会议。会议听取了各县（市）工商联2010年上半年特色创新工作汇报，总结全州工商联系统2010年上半年工作，安排布置下半年工作。

【州光彩事业促进会换届及表彰第一届“彝州光彩之星”】　2010年12月8日，楚雄州光彩事业促进会第二届理事会第一次全体会议在州公务中心召开。州党政领导任锦云、张启俊、吴丽华等出席会议。州光彩事业促进会第二届理事、州级有关部门领导，州级异地商会、行业商会和州工商联直属会员企业负责人共400余人参加会议。会议听取了州政协副主席、州工商联主席、州光彩事业促进会第一届理事会常务副会长吴丽华代表第一届理事会作的题为《大力弘扬光彩事业精神，为彝州经济社会发展再立新功》的工作报告，审议通过了《楚雄州光彩事业促进会章程》（修正案）、《楚雄州光彩事业专项基金管理办法》（修正案）、《楚雄州光彩事业促进会会费收取和管理办法》（修正案），选举产生了楚雄州光彩事业促进会第二届理事会领导班子，任锦云当选为楚雄州光彩事业促进会第二届理事会会长。会上，州人民政府分管领导宣读《中共楚雄州委、楚雄州人民政府关于表彰楚雄州第一届“彝州光彩之星”的决定》，对王正堂等19名非公有制经济人士授予楚雄州第一届“彝州光彩之星”荣誉称号。会议期间，州光彩事业促进会向全州非公经济人士发出了“积极投身‘彝州光彩情，温暖进万家——民营企业感恩行动’，为构建和谐彝州再立新功”的倡议，与会的民营企业和非公经济人士向光彩事业现场捐款187万余元。

【非公经济人士思想政治工作】 2010年，全州各级工商联组织始终突出做好非公经济人士思想政治工作这一基本职能，针对新形势下非公有制经济人士思想动态，积极开展团结、服务、引导、教育工作，培养中国特色社会主义事业建设者。一是深入开展非公经济组织学习实践科学发展观和创先争优活动。在全州非公经济组织深入学习实践科学发展观活动和创先争优活动中，楚雄州工商联党组高度重视，抽调精兵强将，积极承担日常组织、领导、协调、检查验收的主要工作，通过强化分类指导，创新活动载体，促进了非公经济组织党的建设，全州非公经济党组织战斗堡垒作用进一步凸显，党员先锋模范作用得到发挥，员工入党积极性明显增强。全年全州非公经济组织举办入党积极分子培训班23期，参训人员768人，新建党组织127个，发展党员278人，非公经济组织党组织覆盖率在原有基础上提高了13个百分点。二是多渠道开展学习交流和专题培训，提高非公经济人士素质。分别举办了“迎新春、强信心、促发展”座谈会、“全力以赴、抗旱救灾”座谈会、“调结构、转方式、促发展”论坛、“孝经与国学——感恩回馈社会”专题讲座等学习交流活动，参训人员600余人次。同时还组织17名工商联干部和非公经济人士到国家行政学院学习培训。三是实施“素质提升工程”，打造学习型企业。与北京国际经理人俱乐部、昆明三理教育咨询公司合作，在全州非公有制企业中组织实施旨在提高非公经济人士素质的企业系统管理普及工程，在73家企业安装远程授课卫星接收设施，将清华大学的直播课堂引入了企业，推动学习型企业建设。

【会员服务】 2010年，楚雄州工商联开展融资服务，贷款担保再创新高。全年共办理担保业务84笔，担保金额1.09亿万元，首次突破了亿元大关。积极支持发展民营担保公司、小额贷款公司、典当行等融资担保机构，协调帮助5户会员企业申请成立了小额贷款公司，协助永兴集团做好成立典当行的相关筹备和报批工作，进一步拓展了民营企业融资渠道。开展维权协调服务，为会员排忧解难做实事。切实加强与有关职能部门的沟通协调，认真做好会员来信来访的受理工作，积极主动帮助会员企业做好开业庆典、项目招商、法律诉讼、土地使用、项目论证、协调关系、经营管理、调解纠纷、维权等涉及会员切身利益的工作，积极反映和调处项目用地、产权纠纷、社会矛盾等，维护会员企业合法权益。开展送温暖服务，关爱非公经济人士健康。通过实施生日送祝福、病痛送问候、困难送帮扶、组织健康体检等“暖心工程”，使会员和非公经济人士在重视自身健康的同时，也深切感受到工商联“家”的温暖。全年为78名担任州工商联常委的非公经济人士送去了生日祝福和生日蛋糕，看望慰问因病住院会员11人次，组织30余家会员企业150余人到州疾病预防控制中心进行健康体检，受到了会员和非公经济人士的一致好评。做好“贷免扶补”及农村劳动力转移工作。全年累计完成两批共计400名“贷免扶补”工作任务，发放创业贷款2000万元，带动就业854人。与有关部门合作举办了2010年“民营企业招聘周”及专场招聘会，组织43户会员进场招聘，提供招聘岗位1340个，达成意向性用工协议307人。全年425户工商联会员企业共吸纳就业7794人，其中农民工6591人，促进了农村劳动力转移。组织外出学习考察及经贸活动，促进招商引资。先后组织140余名工商联干部和民营企业家赴美国、欧洲、台湾、北京、上海、浙江、安徽、江西、四川等地学习考察。协助举办了姚安县招商引资项目推介会、清华大学房地产总裁班楚雄招商引资项目推介会及姚安花灯周招商引资项目推介会。

【光彩事业】 2010年，楚雄州工商联在全州非公经济人士中倡议开展了“彝州光彩情，温暖进万家——民营企业感恩行动”，计划用5年时间，组织全州1000户民营企业和非公经济人士结对帮扶1000户生活困难的“五老”人员，帮助他们发展生产、改善生活、解决困难。开展抗旱保民生工作。积极组织动员全州广大工商联会员和非公经济人士投身抗旱救灾第一线，协调云南省电动车商会、昆明市工商联安岳商会等到楚雄州进行抗旱救灾慰问，全州各级工商联累计组织动员抗旱救灾捐款捐物300余万元，其中州光彩事业促进会共接收抗旱捐款12万元、矿泉水64吨、水泥30吨，并在永仁县组织实施了3个人畜饮水应急工程。做好省光彩事业促进会理事推荐工作。向省光彩事业促进会推荐理事16名、常务理事5名；在省光彩事业促进会第二届理事大会期间，州光彩事业促进会被表彰为“光彩事业先进集体”，李贵国、庄小峰被表彰为云南省第二届“光彩之星”。配合做好“七彩云南”爱心助学活动。落实了2010年楚雄州文理科状元2名每年7000元和5名贫困学生每年5000元的资助。

［王吉永］

（责任编辑：白云鹏）

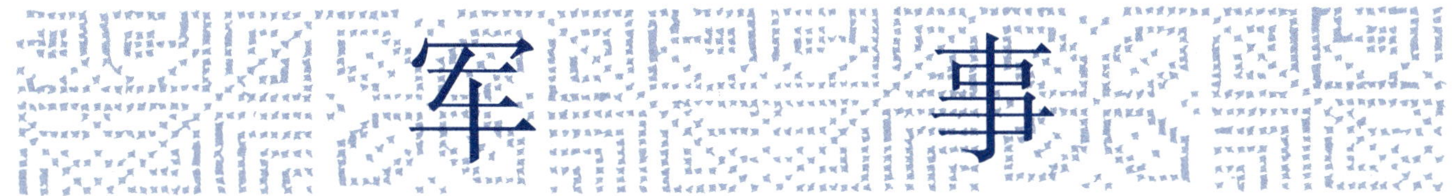

军　事

楚雄军分区

【楚雄军分区概况】 2010年以来，楚雄军分区党委坚持以邓小平理论和“三个代表”重要思想为指导，深入贯彻落实科学发展观，以国防后备力量建设为中心，以军事斗争准备为龙头，按照“围绕中心、打牢基础、科学发展、确保稳定”的基本思路，狠抓各项工作落实，部队和民兵预备役建设稳步推进。年内，楚雄军分区精减文电会议，加大深入基层调查研究力度，进一步规范了党委工作。落实干部讲评制度，从严加强人武部主官教育管理，下功夫锻造高素质主官队伍，强化主官表率意识，提高自控能力。狠抓党风廉政建设，从严处理了2名擅离工作岗位的人武部主官，查处1名人武部主官私驾公车的违纪问题，并追究了相关人员的责任。积极稳妥做好转业干部和老干部移交安置工作。积极协调经费，全面提高分区干休所服务质量，老干部的生活医疗条件进一步改善。全年，顺利完成新兵征集任务，基干民兵训练和学生军事训练任务，完成了森林火灾、地震、抗洪等抢险救援任务。年内，禄丰县人武部被省军区党委表彰为先进团级党委，永仁县人武部政委赵雪、分区政治部干事李威被省军区党委表彰为优秀党务工作者，元谋县人武部部长马光辉被评为优秀党员。

【战备训练】 2010年，楚雄军分区扎实开展基础训练，突出针对性训练，部队和民兵军事训练水平整体提升。年内，投入20万余元，对分区射击场靶挡和勤务队器械场、格斗场进行维修整治，对分区战备库室进行维修改造，并购置了用于紧急出动的战备物资器材。协助有关部门完成了基站设备值守及维护任务。认真开展首长机关训练，积极组织各类业务技能讲座，利用电视会议系统组织人武部网上联训，重点抓好首长机关室内战术作业训练和参谋业务培训暨比武竞赛活动，进一步提高首长机关组织指挥能力，圆满完成了年度军事训练考核，军分区参谋长何晓帆被省军区表彰为“爱军精武标兵”。

【安全管理工作】 2010年，楚雄军分区牢固树立安全发展理念，严格落实从严治军要求，抓集训、抓检查，突出隐患排查和问题整治，筑牢安全稳定基础。年内，广泛开展学条令、知条令、用条令活动，强化官兵、职工条令意识。修订完善防范预案体系，强化网络和信息安全管控，组织保密工作培训，坚持“三会一条线”规范部队“四个秩序”，严格落实营门哨兵警戒执勤制度，正规化建设水平不断提高。全年派出警备纠察人员268人次，纠察驻楚部队和过往军人327人次，较好地维护了军队的声誉和形象。加强督察检查，人、车、枪、弹得到有效管控。综治维稳成效明显，共接到来信7件，来访5人次，化解积案3件，查办信访案件1件，没有发生影响部队和社会稳定的问题。

【后勤装备保障】 2010年，楚雄军分区共投入500万元，完成了全区办公硬件设施的更新改造，人武部后勤综合保障能力明显增强。加强空余房地产管理，大幅度提高使用效益，投入260余万元开展灾损营房的恢复建设工作。举办后勤干部、职工业务培训，提高履职尽责能力。认真开展军用土地调查，对军事用地重新进行测绘。交缴职工各类保险，解决历史遗留问题。加强装备基础设施维护保养，保持武器装备战技性能，不断提高各类装备应急应战保障能力。年内，结合“三项清理”整治活动，对全区装备车辆进行了认真普查，补充完善了相关手续；对分区本级仓库防雷装置进行了技术检测及维修改造；回收和销毁废旧弹药和地爆器材16.4吨，消除了安全隐患。

【国防后备力量建设】 2010年，楚雄军分区坚持党管武装原则，落实议军会议制度，认真研究解决全州国防动员和后备力量建设中的重难点问题，积极探索军民融合式发展的路子。年内，为驻楚部队协调经费254万元，举办一期专武干部骨干培训，完成基干民兵的训练任务，完成33所学校近3万名学生的军事训练任务。在抗旱救灾期间，协调保障北京军区给水工程团找水打井31眼，有效缓解了灾区群众的人畜饮水困难。投入民兵6万余人次，扑灭森林火灾57起，地震救援1起，抗洪抢险1起，并向灾区捐款13.7万元。坚持依法征兵、廉洁征兵、阳光征兵，圆满完成年度新兵征接工作。分区参谋长何晓帆被成都军区表彰为参加和支援西部大开发先进个人，被云南省国防动员委员会评为“十一五”期间国防动员先进个人，被云南省人民政府表彰为“十一五”期间人民防空先进个人。大姚县六苴镇镇长、民兵营长曾斌被中共中央、国务院表彰为全国防汛抗旱先进个人。

【国防后备新闻宣传】 2010年，楚雄军分区紧紧围绕完成多样化军事任务这个中心，狠抓军分区新闻宣传报道工作，广泛宣传国防后备力量先进典型和经验做法，为军分区全面建设营造了良好的舆论导向，全区新闻报道在数量质量上有明显提高。年内，被中央电视台、《解放军报》和《战旗报》等新闻媒体用稿133篇，要讯19篇，被省军区政治部评为新闻报道工作先进单位，黄德湘被评为新闻报道工作先进个人。

【楚雄市人武部民兵应急队伍建设】 2010年，楚雄市人武部狠抓民兵应急队伍思想政治教育、军事训练等各项工作的落实，提高了民兵应急队伍完成多样化军事任务的能力。年内，开展民兵应急队伍思想政治教育12次。在77281部队和楚雄市民兵训练基地，9次对城区社会矛盾化解应急处突队伍进行了军事常识、抢险救灾、维稳处突、化解社会矛盾等内容的训练；12次对全市民兵应急队员进行了集结点验；7次对15个乡（镇）民兵应急队员进行了跨乡（镇）拉动集结。11月14日，组织民兵应急队员参加了楚雄市119消防救援及公共重大突发灾害应急救援综合实战演练，对搭建指挥部、搜救群众、疏散转移、设立临时安置点、治安维稳，抢运疏散被困群众等6个科目进行了演练。年内，先后组织民兵应急队伍5850余人（次），配合公安等相关部门，认真做好应急维稳、化解矛盾、处置突发性事件和抗旱救灾等工作。

【双柏县人武部民兵抢险救灾工作】 2010年，双柏县人武部共组织民兵300余人，扑救中、小型火灾28起，扑灭火场10余公顷，并派出120名民兵分布在全县各个林场执勤，为保护国家和人民生命财产安全作出了重大贡献。抗旱救灾工作中，人武部投入3万元新增抗灾救灾物资器材，在全县8个乡（镇）各组织了一支30人的民兵抗旱救灾小分队，为群众开挖水渠和送水，并抽调50名应急民兵到干旱比较严重的地方开展重点帮困，人武部全体干部职工捐款7200元支援群众抗旱救灾。组织25名民兵协助地方公安部门完成元双公路建设维护稳定工作。

【牟定县人武部投入抗旱救灾工作】 2010年，牟定县人武部组织民兵、预备役人员投入抗旱救灾工作，积极为灾区群众送水，解决用水困难。为到牟定县送水的部队提供准确信息，确保送水部队为灾情最严重的地区群众送水350余吨。北京军区给水工程团到达县境后，县人武部积极做好协调保障工作，协助部队在县境内打井15口，解决了2万余人的生活用水问题，为全县抗旱救灾取得全面胜利做出了应有的贡献。

【南华县人武部抢险救灾工作】 2010年，南华县人武部积极组织民兵参与抢险救灾工作，取得明显成效。在“2·12”、“3·03”两场森林火灾中，共组织民兵1300余人，扑打火线5.7千米，开辟防火隔离带3800余米，清理火场200余亩，为保护国家和人民生命财产安全作出了重大贡献。在抗旱救灾中，2次组织其干部职工捐款8850元、迷彩服50套送往灾区；积极协调3家爱心单位和人士捐款11万余元，购买灾区急需的物资，捐赠到旱情较为严重的沙桥镇新华、小河冲、石星3个村委会受灾群众和龙川镇二街明德小学的师生手中。年内，南华县人武部被成都军区表彰为抗旱救灾先进单位。

【姚安县人武部抗旱救灾工作】 2010年抗旱救灾期间，姚安县人武部先后2次快速集结应急民兵85人次与县人武部干部职工一起，将154吨矿泉水从县城装卸抢运到学校、幼儿园和受灾群众手中。出动大车1台，每周为光禄镇福光村罗西坪组运送生活用水，缓解了该村生活用水困难。协调北京军区给水工程团官兵在姚安打井13眼，解决了当地2000余名群众生活用水和4.5万亩烤烟育苗基地生产用水，为抗旱救灾作出了突出贡献，受到社会各界的高度赞扬。

【大姚县人武部国防后备力量建设】 2010年，大姚县人武部认真落实党管武装原则，抓好国防动员和后备力量建设。利用征兵、整组、民兵军事训练、学生军训和开议军会组织领导干部过军事日等时机进行国防教育，全民国防教育面达到90%以上。按照科学编组、合理布局的要求，对全县民兵组织进行了整顿。派出教员26人，对大姚一中、大姚实验中学、大姚职高、石羊镇中学的1800名中学生进行了军训。认真履行兵役机关职能，保质保量完成了新兵征集任务。

【永仁县人武部党委班子建设】 2010年，永仁县人武部把强化集体领导作为党委班子建设的核心内容来抓，自觉用“十六字”原则规范党委工作，增强了党委科学决策的能力。严格落实党委组织生活制度，充分发扬民主，提高办事决策的透明度。注重维护班子团结，把加强交流、协调、通气，共同把建好班子、带好队伍作为第一位的责任。认真落实民主生活制度，增强了党委班子党内生活的原则性，提高领导班子解决自身问题的能力。注重抓好廉政建设，注重班子成员间相互监督，坚持部务公开，坚持部长、政委定期向分区首长、县委、政府报告工作和汇报思想制度，自觉接受上级党委和地方领导的监督，管住了主官建好了班子。

【元谋县人武部抗洪救灾工作】 2010年8月1日，元谋县突降暴雨，致使贯穿县城的大箐河河水暴涨，张二村段附近3米高的堤坝溃坝近15米。县人武部接到县委抢险救灾指示后，立即组织干部职工及元马镇民兵应急分队45人火速赶赴受灾现场进行抗洪抢险，于次日凌晨3时40分排除险情。

【武定县人武部征兵工作】 2010年，武定县人武部坚持以兵员质量为核心，积极开展征兵工作，注重在“组织领导、宣传造势、体检政审、廉洁征兵”四个环节上狠下功夫，严把政审关、体检关，圆满完成了新兵征集任务。

【禄丰县人武部全面建设工作】 2010年，禄丰县人武部全面建设稳步推进。年内，完成了年度首长机关训练、普通民兵训练、民兵应急分队训练、学生军训等内容，成绩优良率81%，及格率

100%。对全县14个乡（镇），辖区内的中央、省、州、县属单位的民兵进行了整组。组织民兵预备役人员积极参加抢险救灾，完成了抗旱救灾和"2·14"、"3·12"、"5·05"森林火灾扑救，"2·25"地震抢险及灾后重建等各项工作任务。以确保兵员质量为核心，进一步深化征接兵办法，圆满完成上级赋予的新兵征集任务。深入开展培育当代革命军人核心价值观主题教育，新闻宣传工作不断加强，全年在新闻媒体上稿22篇，其中，中央7台新闻频道2篇，《战旗报》5篇，《西南民兵》1篇，省军区政治工作网和军事综合网9篇，楚雄电视台民情直通车2篇，禄丰县电视台新闻频道3篇。

［陈　荣］

驻楚部队

【78355部队】　2010年，78355部队以"创建安全单位、推进科学发展"为目标，以《军队基层建设纲要》为依据，注重抓基层、打基础，突出部队训练与管理，狠抓部队安全稳定工作，圆满完成了上级赋予的各项工作任务。年内，部队以"议党情、感党恩，忆传统、谋发展"为主题，隆重召开了建库35周年座谈会，楚雄市委主要领导，楚雄军分区司令员，禄丰县委主要领导参加了座谈会。部队业务建设创新发展，研究开发了《设备模拟教学系统》，并申报军队科技成果三等奖。积极支援驻地新农村建设，挤出3000元经费资助村民修建乡村公路。抗旱救灾期间，部队出动车辆20余台次，官兵80余人次，为驻地村铺设输水管线2千米，输水7000多立方米，有效解决了4个村民小组98户458名村民及家畜用水和1018亩农田灌溉用水，保证了全村大春的及时播种。积极参加青海玉树抗震救灾和州境抗旱救灾捐助活动，共计捐款7000余元、捐赠0号柴油6000公升。

［杨丰光］

【96221部队】　2010年，96221部队在抓好部队训练与管理的同时，积极参与楚雄州百年不遇严重旱灾的救灾工作，共出动车辆160余台次，行程8000余千米，运送矿泉水132吨、饮用水600余吨、抗旱救灾物资100余吨、大米40吨。抗旱救灾期间，部队官兵还开展了"抗大旱、献爱心"捐助活动，为灾区群众捐款3.01万元。11月8日，部队某营为双拥共建单位楚雄市西舍路乡中学送去价值5000元的学习用品，并给予该校12名贫困学生每学年1000元的助学资助，直至中学毕业。

［96221部队］

人民子弟兵支援抗旱救灾　　（马　骏/摄影）

【楚雄预备役高炮团】　2010年，楚雄预备役高炮团狠抓军事训练，积极参与抢险救灾和地方"两个文明"建设。以使命任务为牵引，按照"打基础、抓规范、保重点、求创新"的思路，狠抓军事训练落实，努力提升部队应对多种安全威胁、完成多样化军事任务的能力。年内，完成分队年度训练436人，预任预编骨干集训142人，参加上级军事比武取得全师两个单项第一和总分第三。组织团机关带一个分队参加全师为期一个月的实弹战术演习，取得首航首次首发命中目标。楚雄市委、市政府组织慰问团到驻训点慰问参演官兵，极大地调动了官兵的参训热情。年终，团被师评为军事训练先进单位。投入大量人力、物力参与抢险救灾工作。一年来，共动用兵力1200余人（次），动用车辆90余台（次），单车行程达2000余千米，先后3次参加森林扑火，组织3支打井突击队和9个建制连队官兵深入4个县9个乡（镇），帮助当地群众找水打井，为村民打井28口、出水13口，为驻地学校挖埋输水管道3500米，为8个重灾村累计送水200余吨，与上海预备役高炮师合资开挖饮水井一口，组织官兵为灾区捐款1.33万元，较好地缓解了454户2230人和1725头牲畜的饮水困难。积极组织官兵参加地方"两个文明"建设。先后组织官兵200人次为楚雄市"两会一节"进行治安执勤和会议安保，5次组织官兵清扫城市街道卫生，4次到敬老院开展慰问活动，2次与地方单位开展共建活动，为地方单位开展6次"军事日"活动，到2所学校开展"帮困助学"活动，结成11个助学对子。常年组织常驻分队到驻地城市文化广场进行军乐演奏达1000场次，以旱情为体裁拍摄的情景剧《旱天雷》荣获全军三等奖，被军区评为基层文化活动先进单位。

［陈宗明］

武警楚雄州支队

【思想政治教育】　2010年，武警楚雄州支队狠抓培育当代革命军人核心价值观主题教育，配合开展“2009年度先进事迹报告会”，组织官兵观看楚雄市改革开放成就展，增强教育实效性。结合担负抢险救灾、“两会”安保和中缅边境维稳备勤等任务，认真开展职能使命、执勤战备、形势任务和拥政爱民教育，增强官兵使命意识。在新兵入伍、第二适应期、考学学技术等时期，认真开展光荣传统、迈好军旅生活第一步、正确对待得失、密切内部关系等教育，增强教育针对性。认真开展“深知兵、真爱兵”活动，进一步拉近官兵距离。年内，扎实开展“五个过一遍”和法律巡讲、心理巡疏、身体巡检活动，坚持每月对官兵思想进行一次分析排查，有针对性地做好思想转化和心理疏导工作。

【警营文化建设】 2010年，武警楚雄州支队大力开展以读好书、练书法、学电脑、育骨干、搞宣传、办晚会为主要内容的警营文化活动。在元旦、春节、“五一”等节日举办读书演讲、文艺晚会和“卫士杯”体育竞赛，开展以“记录战士成长历程”为主题的DV制作比赛。投入21万元为各中队配发了数码相机、摄像机、笔记本电脑等设备，邀请昆明理工大学楚雄应用技术学院老师为168名官兵进行电脑、摄像、照相、新闻报道培训，邀请楚雄州体校教师为基层中队培训50名文体骨干。7月，组建支队足球队和篮球队参加全军“八一杯”足球通讯赛。8月，支队自编自演的两首MTV在总队“八一军旗红”歌咏比赛中获得三等奖。

【军事业务训练】 2010年，武警楚雄州支队针对严峻形势，抽调人员组成应急力量，3次组织紧急出动演练，锤炼部队应急快速反应能力，认真做好处突维稳和抢险救灾各项准备。组织机关干部参加总队组织的“卫士—10”网上演习，开展3期562名官兵参加的勤训轮换，集中训练基层难开展、危险系数高的课目，提高了部队军事训练水平和机关指挥协同能力。

【部队安全管理】 2010年，武警楚雄州支队广泛开展“学法规、用法规、守法规”教育活动，强化官兵条令条例意识和安全发展理念。建立完善组织、家庭、社会“三位联管”机制，加强干部士官“三圈”管理。坚持探亲休假、因公外出离队有交待、中途有跟踪、归队有汇报，确保外出人员安全思想不放松，个人行为不失控。按照“五位一体”要求，加强车辆动态管理，确保车辆安全。认真落实“哨兵直控、电视监控、干部互控、上下联控、领导查控”等措施，确保枪弹安全。严格落实“禁酒令”规定，防止酗酒滋事问题。认真开展“三互”、“双四一”活动，公开公平公正处理涉及官兵切身利益的重大敏感问题，营造团结和谐的内部关系，较好地凝聚军心士气。

【后勤综合保障】 2010年，武警楚雄州支队累计投入15万元，用于给养、被装、药品、油料、器材补充、更新、储备。先后3次组织后勤保障演练，不断提高综合保障能力。加强对后勤人员的管理教育和培训，坚持每月司务长集体办公，采取领导授课、业务股室辅导、凭证审核、经验交流等方法，努力提高司务长知法规、善协调、懂业务能力。选送23名官兵参加总队炊事员、卫生员、驾驶员以及军需、财务、军械等各类专业技术培训。以总队比武竞赛为牵引，组织开展“热食快速供应、车辆快速到位、帐篷快速搭建、战伤快速救治”专业训练，进一步提高后勤人员专业技术水平。后勤比武分队在总队比武竞赛中获得团体第六、卫生专业第二的好成绩。

【四项设施建设】 2010年，武警楚雄州支队积极协调中共楚雄州委、州人民政府投入资金200余万元，建设看守、看押目标AB门和蛇腹型刀刺网，改造姚安县、牟定县两个执勤目标以房代墙问题，协调省物资储备局676处投入资金25万元新建二排八班营房。主动争取地方建设经费260万元，支队投入120万元，共计投资380万元用于“四项设施”建设，调整规范各中队库室，新建武定县、牟定县2个中队厨房，完成总队规定的机关、楚雄市、姚安县、武定县、牟定县和一、二、三中队8家单位“四项设施”建设任务。

【抢险救灾】 2010年，武警楚雄州支队圆满完成各项抢险救灾任务。2月25日，禄丰与元谋两县交界处发生里氏5.1级地震，支队连夜出动官兵106人、车辆6台参加抗震救灾，转移安置灾民30人、搭建帐篷386顶、拆除危房12间、搬运物资36吨、排除险情200余处，挽回经济损失30余万元。4月1～5日，出动官兵3368人次，车辆232台次到楚雄市紫溪镇李大村参加抗旱救灾，运送饮用水700余吨、大米40余吨、矿泉水2000箱，义务巡诊1000余人次，为群众送药价值7000余元，防疫消杀1万余平方米，清理水渠2000余米，维修蓄水池6个，翻挖耕地50余亩，筹措抗旱资金11万元。2月12～13日，出动227名官兵、车辆9台，往返行程180余千米，扑救南华县龙川镇羊草河山林火灾，扑灭明火线5000余米，清理明火点97处、暗火点5500余个，挽回经济损失12万余元。2月14～16日，出动238名官兵、车辆12台，扑救禄丰县勤丰镇红土山村山林火灾，开辟防火隔离带2300余米，扑灭明火线1500余米，清理余火和暗火1900余处，运水18立方米，挽回经济损失8万余元。3月4日，出动200名官兵、车辆9台，扑救南华县龙川镇瓦窑村山林火灾，扑灭明火线9500余米、开辟隔离带2170余米，清理余火、暗火点4000余处，挽回经济损失9万余元。3月12日，出动100名官兵、车辆6台，扑救禄丰县勤丰镇鸡街村委会老光山山林火灾，扑灭明火线500余米，开辟隔离带200余米，清理余火、暗火、烟点3600余处，挽回经济损失6万余元。3月21日，出动100名官兵、车辆6台，扑救大姚县三岔河乡背阴地村火灾，扑灭明火线800余米、开辟隔离带1300余米，清理余火、暗火点1500余处，挽回经济损失7万余元。4月7～8日，出动100名兵力、车辆6台，完成姚安县适中乡山林火灾扑救任务。5月6~7日，出动100名兵力、车辆6台，完成禄丰县勤丰镇鸡街村山林火灾扑救任务。7月28日，元谋县元马镇持续降雨，城区多处被淹，支队出动20名官兵参加封堵决口、转移群众、搬运物资等任务，为国家和人民群众挽回重大经济损失。

【临时勤务】　2010年1月9日，武警楚雄州支队出动78名官兵圆满完成中国文联、中国音协“送温暖、下基层”在楚雄慰问演出活动现场安全保卫任务。2月5~20日，出动官兵1920人次，与公安机关联合担负春节期间城市武装巡逻勤务。2月20~28日，出动官兵198人次担负楚雄州“两会”安全保卫任务。3月23~25日，出动20名官兵担负“中国双柏彝族虎文化节”安全保卫任务。8月4日，支队出动150名官兵，担负“第五届中国彝族文化展演会、第六届云南民族民间文化博览会暨2010年楚雄彝族火把节”安全保卫勤务。9月28日，出动12名官兵担负大姚石羊祭孔大典活动安全保卫任务。11月1~6日，出动60名官兵担负在姚安县举行的云南省花灯艺术节安全保卫任务。

【拥政爱民】　2010年，武警楚雄支队为牟定县凤屯乡腊湾村委会争取扶贫资金11万元，修建6个蓄水池和10千米灌溉水渠，解决村民生活用水和农田灌溉，保证小春收成和大春备耕，挽回经济损失80余万元。为楚雄市大地基和新村两个偏远山区乡（镇）送去24吨爱民大米。向总队援建的牟定县安乐乡警乐小学赠送价值3000余元的学习用品和文体用品。出动官兵250人到楚雄市龙江公园、桃源湖市民广场打扫卫生，清理垃圾，为驻地清扫街道3千米，清除垃圾10余吨。150名官兵参加楚雄市的义务植树活动，义务植树5000余株。向云南旱区、玉树灾区捐款12.98万元，无偿献血2.33万毫升，以实际行动唱响拥政爱民主旋律。

［邹玉传］

楚雄州消防支队

【消防工作概况】　2010年，楚雄州消防支队进一步加强领导，完善各级全勤指挥部的基本构架建设和专职指挥长、指挥助理编配，重点突出实战、攻坚、合成训练等8个方面的练兵工作，有效提升了全州消防部队灭火救援实战能力，全面打造楚雄消防铁军。3月初，在全省消防部队首家举办了打造“消防铁军”冬训比武竞赛活动。8月26~30日，在全省消防部队滇西片区攻坚组比武活动中，楚雄支队两个攻坚组代表队分别获得滇西片区特勤组第一名和普通组第二名的好成绩。年内，全州消防部队共接警出动222次（其中扑救火灾113起，抢险救援109起），出动警力1883人，出动车辆371辆，抢救人员88人，疏散人员729人，抢救财产价值774万元，圆满完成了各项急、难、险、重的消防安全保卫工作任务。

【抗旱救灾】　2010年，楚雄州消防支队在云南省消防总队和州委、州人民政府的领导下，全警动员，全力以赴，积极投入“抗大旱、保民生、促和谐”的持久战中。抗旱救灾期间，全州消防部队共出动警力1.84万人次，车辆5280台次，行驶里程近26万千米，深入436个村寨，运送水4.97万吨，解决8.4万余名群众的生活用水困难，为抗击百年不遇的旱灾作出了卓越贡献。年末，支队被楚雄市委、市政府授予“抗旱救灾先进集体”荣誉称号，4名官兵被评为“抗旱救灾先进个人”。

【部队正规化管理】　2010年，楚雄州消防支队以精细化管理为主线，继续推行“安全管理流动红旗”评比、交纳安全管理风险抵押金、安全监督员报告制度等措施，每月在扎实开展“五个一”活动（一次动员部署、一项阶段专项整治、一次条令条例学习、一次安全形势分析、一次安全隐患查找和整改）的同时，不断改进督察方法，进一步完善视频监控和查铺查哨指纹电子验证系统管理工作，采取定期不定期巡查、突击检查、明查暗访等方式，切实根治部队管理盲点和死角，有力地促进了“安全日”活动的开展。认真抓好《公安机关领导干部五个严禁》、《云南省公安机关六条警规》和“五条禁令”的贯彻落实，狠抓一日生活制度，量化各项日常工作，强化官兵日常养成，机关上至支队领导，下至普通一兵，严格执行条令条例和部队各项规章制度，实现了零事故、案件的目标。

【思想政治建设】　2010年，楚雄州消防支队着力加强班子和干部队伍建设，深入贯彻落实《公安消防部队思想政治教育大纲》，开设“楚雄消防文化讲坛”，铺开思想政治教育大纲试点工作，圆满完成总队分配子课题任务。全面实施“文化育警”工程，建好文体骨干人才库和特色文艺节目库，加大文化设施建设力度，开展中队俱乐部“创星争优”达标活动，丰富官兵业余文化生活。全面实施分级分类培训和岗位练兵比武活动，依托州委党校、楚雄师院等地方院校师资力量及全州消防业务骨干，建立大教育大培训专家库。利用网络、视频和实地授课等形式，举办基层指挥员、政工干部“四会”教员、消防监督执法干部和后勤业务等培训班15期，受训官兵1000余人次。精心组织开展首届“彝州消防十佳好警嫂”表彰和“彝州消防大走访”爱民实践活动，进一步密切了警政警民关系。

【社会化消防】　2010年，楚雄州消防支队着力推动政府、部门、单位、公民落实消防安全责任，大力实施构筑“防火墙”工程，社会消防安全环境明显改善。年内，完善了《县市行政首长消防安全责任状》内容，将消防工作纳入政府任期责任目标。完善消防安全责任追究制度，制定《楚雄州消防安全责任追究实施办法》，督促各级领导依法履行消防安全职责。加强与相关执法部门的协调，建立健全了消防工作“一岗双责”制度，理顺了部门联动的消防工作程序，建立了消防安全联审联控制度和执法信息沟通机制，每月通报相关工作情况，对涉及多部门的案件，依法启动联合执法程序，共同落实办理。年内，全州共检查社会单位3477家，处罚77起，“三停”34起，罚款142.39万元，临时查封37起，行政拘留14人，挂牌整改完毕重大火灾隐患13家，有效地净化了全州消防安全环境。

【后勤保障建设】 2010年，楚雄州消防支队大力提升部队的后勤保障能力。年内，着力向基层倾斜经费918万元，比上年增加258万元，增幅达39%，切实帮助基层解决了大量实际困难，有效地推进了基层各项重点工作的落实，确保了各项工作的整体推进。南华、姚安、禄丰3个消防大队训练塔顺利投入使用，实现了执勤中队全部有训练塔的目标。全州基层大队共落实业务经费556万元，全部超标准落实《云南省县级消防部队消防业务费保障标准》的要求，全州消防事业经费增幅达到132.1%。在省、州、县党委和政府的关心支持下，支队所属4个二类大队中，永仁消防大队新营房主体工程已经竣工，牟定、双柏2个大队完成了营房改造任务，达到了兵员进驻条件，元谋大队新营房建设已完成征地任务，并铺开了前期“三通一平”工作，营房建设迈出新步伐。

【消防宣传教育】 2010年，楚雄州消防支队积极构建“政府主导、媒体联动、教育渗透、全民参与”的立体化社会消防宣传体系。年内，依托元旦、春节、《消防法》实施1周年、“安全月”、“119消防日”等时机，掀起了声势浩大的消防宣传热潮，消防宣传教育渗透各行各业。投入100余万元对消防宣传教育馆进行了改造，改装集报警、消防知识查询等功能为一体的消防宣传车。以政府带头单位参与的形式，先后开展各类宣传、培训活动100余起，培训各类人员5万余人，发放宣传材料20万余份。以深入推进《云南省消防条例》宣传贯彻为主线，以春节、州庆、火把节等重大节日宣传和日常教育培训为契机，先后开展了“村官进红门”、“企业家学消防”、“消防站对外开放”等活动，全州消防宣传“五进”工作呈现稳步推进态势。

［王　凯］

人民防空

【人防工作概况】 2010年，楚雄州人防系统全面贯彻中央军委新时期的战略方针，围绕人防建设适应未来打赢信息化战争的要求，加强人防机关“准军事化”建设，着力培养严谨细致的工作作风、令行禁止的纪律观念、团结协作的整体意识，实现人防工作制度化、规范化管理，有力推进全州人防工作全面协调发展，圆满完成了全年的各项工作任务。在10月召开的第六次全国人民防空会议上，州人防办被国家人防办授予“全国人民防空先进单位”称号；党组书记、主任李彩林被人力资源社会保障部和中国人民解放军总参谋部授予“全国人民防空先进工作者”称号。

【人防指挥体系建设】 2010年，楚雄州人防体系建设进一步加强。4月2日州人民政府第25次常务会议批准，同意投资州级指挥所进行提升改造；经11月21日州人民政府第31次常务会议批准，同意投入资金建设州级人防应急机动指挥所。

【人防工程建设】 2010年，楚雄州共审查审批防空地下室建设项目10项，已全部开工建设。年内竣工投入使用的地下防空工程7项。全年共依法审批防空地下室易地建设项目298件，收缴入国库易地建设费595.6万元。完成楚雄市人防建设专业规划的终审工作，并上报市政府审查审批。继续抓好对指挥所的维护管理工作，不断完善维护检查的记录、备案制度。年内，投入资金对州级指挥所进行了改造建设。

【人防信息化建设】 2010年，楚雄州扎实做好人防空情预警接收系统和信息化系统维护管理工作，对警报器进行了一次全面的检测和维护，按时完成电台联络工作，参加了省组织的全省野外通信训练，人防信息化建设进一步加强。年内，全州10县（市）城区防空警报音响覆盖率达95%以上，在11月14日楚雄市组织的应急救灾演练活动中，警报鸣响率达100%。

【人防宣传教育】 2010年，楚雄州继续抓好人防知识进校园活动，将人防知识纳入新学期国防教育之中，楚雄市属乡（镇）初级中学全部开展了人防知识宣传教育活动。充分利用广播、电视、报刊等新闻媒体及时宣传《人民防空法》和全州人防建设的新成就、新动态。全年信息文稿在省级刊物上发表15篇，在州级刊物上发表9篇，采用图片8张，编发《彝州人防信息》20期。与楚雄州广播电台联办《彝州人防》栏目，全年播出20期。与《云南经济日报》合办2期《彝州人防》专栏。投入资金22万元，积极开展中国人民防空创立60周年宣传活动。选派7名干部参加省人防办文艺编排，报送宣传展板，其中2幅图片参加了在中国军事博物馆举行的“纪念中国人民防空创立60周年”资料图片展。印发人防知识宣传册2.1万册，编辑出版《楚雄人防》一书。为州级领导班子及相关部门和各县（市）领导班子、人防办征订赠阅《中国人民防空》杂志150份。结合当地实际向广大群众开展了人防知识宣传教育。

［张凌梅］

（责任编辑：王艳萍）

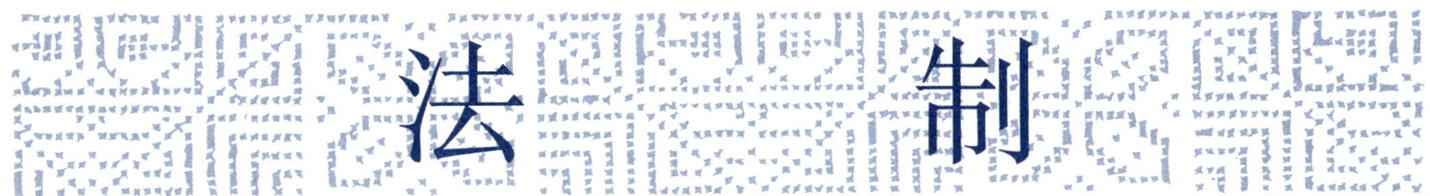

法制

政法委员会

【政法工作概况】 2010年，楚雄州政法、综治维稳工作紧紧围绕“推进社会矛盾化解、社会管理创新、公正廉洁执法”三项重点工作，以平安建设为载体，以构建“和谐彝州”为目标，不断巩固和强化社会治安防控体系，进一步完善综治维稳工作机制，全州呈现出发案少、秩序好、民族团结、社会稳定的良好态势，为实现全州经济社会平稳较快发展创造了和谐稳定的社会环境和公正、高效的法治环境，为巩固综治“长安杯”、勇夺综治“四连冠”奠定了坚实的基础。

【全州政法工作会议】 2010年2月5日，中共楚雄州委、州人民政府召开全州政法工作会议，贯彻落实全省政法工作会议精神，总结上年工作，部署2010年任务。州委副书记、州长出席会议并讲话，州委常委、州委政法委书记作题为《突出工作重点，坚持创新发展努力推动全州政法工作再上新台阶》的工作报告。州人大常委会副主任江正荣、政协楚雄州副主席吴丽华出席会议，州人民政府副州长法玉宾主持会议。州委政法委委员、州综治维稳委委员、州级政法各部门实职副处以上干部、州铁路护路联防领导小组成员，各县（市）委书记、政法委书记、分管政法工作的副县（市）长、政法委专职副书记、法院、检察院、司法局、610办、综治办、维稳办主要负责人，以及受表彰的“见义勇为”先进个人共200余人参加会议。会上，州委、州人民政府兑现了2009年度县（市）履行综治目标管理《责任书》达标奖励；对楚雄市、元谋县、禄丰县3个“先进平安县（市）”予以表彰；州人民政府对2009年度涌现出来的见义勇为先进个人进行了表彰奖励；州委政法委主要领导代表州委、州人民政府与10县（市）委、政府和州级综治维稳委成员单位签订2010年度《综治维稳责任书》。州人民政府兑现了涉路7县（市）2010年度铁路护路联防承包达标奖，对2009年度创建“平安铁路示范县（市）”达标的2个县给予表彰奖励，并兑现州护路领导小组、州护路办组织奖。州人民政府副州长、州铁路护路联防领导小组组长法玉宾与涉路7县（市）签订了2010年《楚雄州县（市）铁路护路联防承包责任书》。

【综治维稳、铁路护路“宣传月”启动】 2010年3月6日，中共楚雄州委政法委、州综治维稳委在州会务中心视频会议室举行以“抗大旱、保民生，调纠纷、保稳定”为主题的楚雄州2010年度“三月综治维稳、铁路护路宣传月”活动启动仪式。州委常委、州委政法委书记、州综治维稳委常务副主任作动员讲话，州人大常委会副主任、州委政法委副书记、州综治维稳委副主任江正荣主持启动仪式，政协楚雄州副主席吴丽华，楚雄军分区政治部主任张峻峰等领导出席启动仪式。州委政法委委员、州综治维稳委成员单位领导、州级政法部门领导和楚雄市委政法委委员、市综治维稳委成员单位领导共150余人参加主会场启动仪式，其余9县在分会场通过视频参加启动仪式。

【“三项重点工作”推进会议】 2010年4月15日，楚雄州社会矛盾化解、社会管理创新、公正廉洁执法“三项重点工作”推进会议在牟定县召开。州委常委、州委政法委主要领导，州人大常委会副主任江正荣出席会议。会议由州人民政府副州长法玉宾主持。州委政法委、州级政法部门、州信访局有关领导和10县（市）委政法委书记、分管政法综治维稳工作的副县（市）长、政法委专职副书记、综治办主任、维稳办主任、司法局局长、信访局局长以及牟定县各乡（镇）党委书记、县级政法部门中层以上领导干部、综治维稳委成员单位领导参加了会议。会上，牟定县委书记、县司法局局长、共和镇和江坡镇党委书记、凤屯镇飒马厂村委会和江坡镇高平村委会党总支书记、州司法局局长作了交流发言。会议就学习“牟定经验”、落实维稳责任、加强矛盾纠纷排查调解、推进“三项重点工作”作了安排部署。

【2009年度“见义勇为”先进个人颁奖会】 2010年4月28日，中共楚雄州委、州人民政府召开颁奖会议，对全州2009年度涌现出的18位“见义勇为”先进个人进行表彰奖励。州委常委、州委政法委主要领导出席会议并作讲话，原州人大常委会副主任、州“见义勇为”基金会理事长杨绍昌宣读《楚雄州人民政府关于命名表彰奖励2009年度“见义勇为”先进个人的决定》。州委政法委、州“见义勇为”基金会有关领导，受表彰的15位先进个人和杨正美、何虎林、戴平的亲属及相关5县（市）综治办主任，各新闻媒体记者等参加了会议。州人民政府决定：追授杨正美、何虎林、戴平为“见义勇为公民”荣誉称号，各奖励奖金2万元；授予罗斌、

余有强、姜丽梅“见义勇为公民”荣誉称号，各奖励奖金1万元；授予田明、吴保柱、杨国权、杨久芳、刘兴、蔡建林“见义勇为公民”荣誉称号，各奖励奖金5000元；授予杨崇仁、蔡春林、蔡建益、李茂祥、李德世、张春朝“见义勇为公民”荣誉称号，各奖励奖金1000元。

【校园安全保卫督促检查】 2010年5月5日，楚雄州综治维稳委召开主要成员单位协调会，对贯彻落实全国综治维稳工作电视电话会议精神进行安排部署，要求各县（市）党委、政府和各有关部门要充分认识加强校园安全保卫工作的重要性和现实紧迫性，切实肩负起维护校园安全的政治责任，着力抓好矛盾纠纷排查化解、人防物防技防措施的落实、校园周边道路交通安全和校园及周边治安环境整治四个方面工作。5月10～13日，州综治维稳委派出5个巡视督促组，对各县（市）贯彻落实5月3日中央、省、州综治维稳电视电话会议精神，加强学校、幼儿园安全保卫工作情况进行了督促检查。

【省督查组督查楚雄“三项重点工作”推进情况】 2010年6月7～10日，由云南省综治办专职副主任胡吉安任组长的省第五督查组到楚雄对楚雄州“三项重点工作”推进情况进行督查。7～9日，督查组一行深入牟定县新桥镇、共和镇及楚雄市东瓜镇、紫溪镇等地检查指导。6月10日上午，楚雄州召开“三项重点工作”推进情况汇报会。州委常委、州委政法委书记、州“三项重点工作”领导小组组长作工作汇报，州人民政府副州长、州委政法委副书记岑化虎主持汇报会，州委副秘书长潘学安、州人民政府副秘书长陈明贵出席会议，州“三项重点工作”领导小组成员，州级政法各部门主要领导、分管领导及三项办主任参加了会议。

【全州综治维稳基层组织建设工作会议】 2010年6月13日，楚雄州召开综治维稳基层组织建设工作会议。会议通报上半年综治维稳工作检查情况，并对落实省委政法委督导组提出的意见及下半年综治维稳工作进行安排部署。州委政法委、州委组织部有关领导，10县（市）委政法委书记、组织部部长或分管副部长、政法委专职副书记，州委政法委机关全体干部参加了会议。会上，各县（市）就贯彻落实省州相关文件精神，配备乡（镇）专抓综治维稳工作党政副职领导的情况进行了汇报。

【基层政法综治维稳干部培训】 2010年8月18～20日，中共楚雄州委组织部、州委政法委、州委党校共同举办了为期3天的全州基层政法综治维稳干部培训班。州级政法部门实职副处级以上领导干部，10县（市）委政法委书记、专职副书记、法院、检察院、公安局、司法局各1名副职领导，各乡（镇）专抓政法、综治、维稳工作的副书记或副乡（镇）长、综治专干等共计380余人参加了培训。州委常委、州委政法委书记、州综治维稳委常务副主任作开班动员。培训班邀请中国人民公安大学校长助理汪勇教授、省人民检察院副厅级专职检察委员陆云生、省综治办基层处处长刘超、州纪委副书记王志梅，分“社会管理创新、社会矛盾化解、公正廉洁执法”三项重点工作及案例警示教育4个专题为培训班学员授课。州综治维稳委副主任、州综治办主任周红华就做好基层综治维稳工作进行专题辅导。

【全省看守所安全管理大检查检查组到楚雄督查指导】 2010年8月23～24日，由云南省综治委牵头、省公安厅监所总队副总队长孙进东为组长的全省看守所安全管理大检查检查组莅临楚雄，对看守所安全管理大检查专项活动开展情况进行检查。8月23日，检查组一行深入禄丰县、南华县看守所监区、办公区、生活区进行了实地检查。24日，楚雄州综治维稳委召开看守所安全管理工作汇报会，州公安局对楚雄州看守所安全管理工作情况作了全面汇报，州人民检察院、州发改委、州卫生局、州财政局等部门分别就看守所监管信息平台联网建设、争取项目资金支持、经费保障、“绿色通道”建设等工作情况作了发言。

【综治暨政法机关社会管理创新工作推进会】 2010年10月16日，中共楚雄州委、州人民政府召开全州社会治安综合治理暨政法机关社会管理创新工作推进电视电话会议。州委副书记、州长出席会议并作讲话；州人民政府副州长岑化虎传达了全国、全省综治工作会议和楚雄市社会管理创新综合试点推进会议精神，对全州社会管理创新试点工作作了安排部署；会议由州委常委、州委政法委书记、州综治维稳委常务副主任主持。州委常委、楚雄市委书记，州人大常委会副主任江正荣，政协楚雄州委员会副主席吴丽华，楚雄军分区政治部主任张峻峰出席会议；州综治维稳成员单位领导、州级政法部门副处以上领导干部，楚雄市综治维稳成员单位领导、政法部门副科以上干部、乡（镇）专抓综治维稳工作的副书记或副乡（镇）长、派出所所长、教导员共320余人参加了会议。

【社会管理创新试点工作】 2010年，中共楚雄州委、州人民政府制发了《关于转发〈中共楚雄州委政法委 楚雄州综治维稳委关于社会管理创新试点工作的实施意见〉的通知》，全面启动社会管理创新试点工作并取得实效。行业性、区域性、专业性人民调解组织建设取得新突破。楚雄市率先建立了医患纠纷调解委员会和栗子园小区人民调解委员会，州司法局、州公安局联合制发了《楚雄州道路交通事故纠纷人民调解工作实施方案》，把人民调解组织的业务延伸到道路交通事故损害赔偿领域。武定县、双柏县成立了劳动争议人民调解委员会，元谋县成立了医疗纠纷人民调解委员会，进一步拓展了人民调解工作领域。重点人群管理措施进一步落实。加强社区矫正组织和队伍建设，完善接收、管理、考核、奖惩、解除矫正等工作流程，对全州社区矫正对象，做到了“六个规范”，矫正对象重新犯罪率0.08%（低于0.5%的控制标准）。对全州3827名刑满释放人员和235名解除劳教人员，认真落实安置帮教的相关措施，安置3653人，安置率达90%，最大限度地消除了社会消极因素。青少年违法犯罪预防工作进一步加强。成立楚雄州社会治安综合治理维护稳定委员会预防青少年违法犯罪工作领导小组，认真落实部门、单位责任，加强青少年违法犯罪预防工作，在学校定期组织上法制课，加强对在校学生的法制宣传教育。探索建立留守儿童帮护责任制，加强对农村留守儿童的教育管护，积极营造有利于少年儿童健康成长的良好社会环境。

【“抗大旱、保民生，调纠纷、保稳定”工作】 2010年，面对百年不遇的特大旱灾，中共楚雄州委政法委及时召开全州政法系统“抗大旱、保民生，调纠纷、保稳定”动员大会，对抗旱救灾工作作出安排部署，要求全州各级政法、综治、维稳部门统筹安排，积极投入抗旱工作。在抗旱救灾期间，全州政法系统共出动警力2.82万人（次），捐款90.25万元，捐献各种物资折价23.04万元，协调落实资金356.60万元，帮助受灾群众解决人畜饮水、生产用水等突出问题71个，调处化解各类矛盾纠纷8959起，有力地维护了社会稳定，为夺取全州抗旱救灾工作的胜利做出了重要贡献。

［永社明］

公　安

【公安工作概况】 2010年，楚雄州公安机关始终把维护社会稳定放在首位，强化情报信息工作，完善应急机制建设，加强反恐基础工作，落实各项维稳措施，全力维护全州社会政治大局稳定。年内，共采集各类情报信息1.5万条，整理报送中共楚雄州委、州人民政府和上级公安机关1910条，为服务领导决策和引导实战发挥了较好的参谋作用。共排查各类矛盾纠纷243起，涉及2.4万人。进一步修改完善了《楚雄州公安机关处置大规模群体性事件应急预案》等一批预案，明确了各部门、各警种在发生不同的重大社会安全事件后作出快速反应的行为规范和工作程序，提高了对重大社会安全事件的处置能力。以落实责任和完善制度为基础，以提高防范和处置能力为重点，以督导检查为手段，大力加强了反恐怖各项工作。

【打击刑事犯罪】 2010年，楚雄州公安机关共立各类刑事案件6173起，破获3761起，破案率60.93%，抓获各类犯罪嫌疑人1895名。与上年相比，破案绝对数提高7.67个百分点。全年共立“命案”67起，破66起，破案率98.5%，成功破获姚安县“3·03”杀人焚尸案、永仁县“6·02”入室抢劫杀人案等恶性案件。通过严打刑事犯罪，进一步增强了人民群众的安全感，提高了人民群众的满意度。

【打击经济犯罪】 2010年，楚雄州公安机关坚持严厉打击经济领域犯罪活动，全力维护市场经济秩序。年内，共立案110起，破案113起（含10起上年积案），抓获犯罪嫌疑人122名，挽回经济损失739.5万元。成功破获省公安厅督办的杨建兵、韩家贵利用空车套货流窜到楚雄、保山、瑞丽、昆明、广西等地合同诈骗案8起，挽回经济损失160万元。

【禁毒工作】 2010年，楚雄州公安机关利用“6·26”国际禁毒宣传日、禁毒宣传“六进”等活动，组织开展广泛深入的禁毒宣传活动，使全州毒品预防知晓率达95%以上，禁毒志愿者发展至1.6万余人，在校学生毒品预防知识知晓率达100%。共破获毒品案件126起，缴获毒品113.93千克，抓获犯罪嫌疑人135名。认真开展强制隔离戒毒职能移交和戒吸工作，收戒吸毒人员620人，并对全州吸毒人员全部进行信息录入。12月2日，圆满完成楚雄市公安局强制隔离戒毒所113名戒毒人员移送云南省第二强制隔离戒毒所工作。州、县（市）、乡（镇）层层签订责任书，认真落实禁种铲毒责任制。严厉打击易制毒化学品违法犯罪活动，共办理易制毒化学品购买备案证672份、运输备案证342份，从源头上加强对毒品的管控。

【治安整治专项行动】 2010年，楚雄州公安机关共受理各类治安案件8839起，查处8469起，查处率为95.81%；查处违法人员8370人，确保了全州社会治安秩序平稳。开展社会治安重点地区排查整治工作，共检查重点单位473个，整治治安乱点地区38处，整改治安隐患289起。加强重点人员和肇事肇祸精神病人的稳控工作。完成上海世博会背景审查57批356人，广州亚运会、亚残运会背景审查17批56人；排查治安管控重点人员323人，并落实管控措施掌握其动向；排查肇事肇祸精神病人288人，并逐一落实了管控措施。严厉打击赌博违法犯罪活动。共整治涉赌重点地区48个，查获赌博案件945起，抓获涉赌人员1236名，查获具有赌博功能的电子游戏机258台。开展“扫黄打非”专项行动。共检查出版市场270个、印刷复制企业69家，处罚违规典当摊点16个；收缴非法出版物688件，淫秽色情出版物46件。

【危险物品管理】 2010年，楚雄州公安机关进一步加强危险物品管理，深入开展涉枪涉爆整治行动，切实防止重大涉枪涉爆等案（事）件的发生。全年共收缴各类民用枪支67支、民用枪弹2135发、炸药201.5千克、雷管487枚、管制刀具297把，查处涉枪案件57起62人、涉爆案件29起33人。录入涉枪单位信息91家，审核通过申办持枪证件信息679条；录入涉爆有效单位345家、涉爆人员信息354条，开具爆炸物品购买证5528份、运输证5550份。完成全州1000余名涉爆从业人员的培训暨年审换证工作。召开全州民爆物品管理工作推进会，在全州推行民爆物品统一购买、统一运输、统一保管、统一使用、统一回收的“五统一”服务。

【人口管理】 2010年，楚雄州公安机关以推进社区警务工作为契机，以实现派出所工作重心向人口管理转移为主线，依托实有人口核查比对，落实常住人口、暂住人口、重点人口中重点年龄段人员的三种管理模式，进一步强化人口管理。开展第六次全国人口普查户口整顿工作。全州共入户核对78.14万户261.50万人，人户分离8.14万人，户口待定人员8269人，暂住人口2.96万人，境外人员121人，共发现破案线索180条，查破各类案件161起，抓获逃犯3人，发现三非人员13人。开展公民身份号码纠错工作。圆满完成了全州660人重号纠错工作，实现全州人口管理信息系统数据的完整、鲜活、准确。开展警综平台人口管理和社区警务系统建设工作。年内，全州10县（市）治安部门和114个派出所均正常开展人口信息管理和社区警务工作，为374个警务区配备了二代证阅读器，配备率100%。

【社会治安防控体系建设】 2010年，楚雄州公安机关积极整合警力资源，广泛借助社会力量，着力推进以民防为基础，以警防为骨干，以技防为支撑，以物防为依托，以保安为补充的全方位、全天候的社会治安防控网络建设，积极创新社会治安防控工作机制。全州共成立有农村治保会1092个8009人，城镇治保会104个538人，内部治保会480个2358人，治保小组1.08万个2.15万人。年内，农村治保调解会调处各类纠纷2853起，城镇治保调解组织调处各类纠纷992起，内部单位治保调解组织调处各类纠纷608起，治保小组调处各类纠纷1021起，派出所协勤人员调处各类纠纷1489起；各级治保组织提供各类线索563条，协破协查刑事治安案件1627件，抓获各类犯罪人员862人，开展“四防”安全检查6926次，为民排忧解难做好事3527起。

【监所管理】 2010年，楚雄州看守所共计新收押在押人员1788人，结转上年842人，实际关押总数2630人；全州各治安拘留所新收押910人，上年结转22人，实际关押932人。全州已投入执勤目标设施建设资金626.65万元，修缮、改造了监管场所管教室、监控室、收押室、会见室等设施。9～10月，分别将楚雄市、双柏县、武定县3个二级看守所向社会开放，进一步树立了公安监管场所文明执法的新形象。对全州11个看守所安全管理工作制定了分片联系指导、督促检查制度，同时加大季度考评、联合检查工作力度，堵塞管理漏洞。开展深挖犯罪工作，共获取各类犯罪线索796条，协助配合各侦查部门破获刑事案件341件，抓获各类犯罪嫌疑人67名，发现网上在逃人员15名，追缴赃款赃物折合人民币47.92万元，摧毁抢劫和盗窃团伙26个。

【出入境管理】 2010年，楚雄州公安机关出入境管理部门共受理审批公民出入国（境）申请1.2万人次。其中出国护照3329人次，赴港澳台8690人次，办理台湾居民签注11人次，居留签注10人次。楚雄州境内共有常住外国人口121人，常住台湾居民22人。查处违反出入境居留管理规定48起48人，罚款47人，警告1人，对22名违反《外国人入境出境管理法》的缅甸人责令其限期离境。更新国家特定岗位人员报备系统数据库数据2277条。建立了法定不准出境人员报备系统，完成了对不准出境人员数据库的清理，共计413人。

【安全保卫】 2010年，楚雄州公安机关圆满完成中共中央政治局委员、中央书记处书记、中组部部长李源朝等党和国家领导人到楚雄视察，亚洲政党扶贫专题会议等警卫勤务任务；完成中国文联、中国音协“送欢乐、下基层”楚雄演出活动，中央学习实践科学发展观检查组莅楚检查工作，香港特区政府高级公务员访问团赴楚雄考察，“两会”、“两节”和楚雄彝族“火把节”安保等63起安保任务。

【公安法制建设】 2010年，楚雄州公安机关以“执法能力和执法公信力明显提升，因执法不规范引发的涉警案（事）件和群体性事件明显减少”为总要求，大力推进公安机关执法规范化建设。年内，共组织民警培训67场次4872人次，并对全体民警开展了大规模的警综平台“网上执法办案”系统应用培训，有效提高民警的法律素质和执法水平。认真组织开展40多次执法办案卷宗考评，共审核各类案件5635件（人），审核治安（行政）案件2246件（人），审核刑事案件2431件（人），审核提请逮捕864件（人），切实提高了执法质量。全州公安机关共聘任专兼职法制员282名，覆盖了全州公安机关一线执法办案单位，为提高基层执法水平发挥了很好的作用。

【公安应急抢险救灾】 2010年，楚雄州公安机关进一步修改完善了《楚雄州公安机关处置大规模群体性事件应急预案》等一批预案，圆满完成各项应急抢险救灾工作任务。2月25日，禄丰县与元谋县交界处5.1级地震发生后，全州公安机关共出动公安民警1000余人次、武警消防官兵800余人次，全力投入抗震救灾。百年不遇的严重干旱发生后，全州公安机关共投入警力2.3万人次、警车8337辆次，送水1392次9145吨，帮助3.6万余名群众解决生活用水问题；帮助群众架设临时输水管道7万余米，协调解决架设饮用水自来水管道328条，指导帮助群众开挖水井358口。

【公安队伍建设】 2010年，楚雄州公安机关紧紧围绕推进“三项重点工作”和“三项建设”，以“创先争优”活动为载体，不断强化全州公安队伍建设。政治建警，努力推进公安党建工作。年内，召开党建工作会议，对8个先进基层党组织及84名优秀共产党员进行了表彰奖励。改革创新，切实加强领导班子和干部队伍建设。从严治警，切实加强公安队伍自身建设。制定下发了《关于进一步加强州公安局机关作风建设的通知》，召开加强机关作风建设专题会议，及时解决少数部门和民警在严格队伍管理和严守警纪警规方面出现的一些倾向性、苗头性的问题。年内，共查处民警违纪案件4件4人，对4名工作不负责任、不严格执行工作纪律的民警进行了问责。从优待警，认真落实关爱民警各项措施。有序开展公安机关执法勤务机构警员职务套改工作，切实做好共青团及妇女儿童工作，积极协助做好民警子女的入托、入学等联系协调工作，健全完善了局党委班子成员和部门领导联系老干部制度，落实了州公安局机关89名离退休干部的政治生活待遇，邀请老同志代表参加州公安局党建工作会，组织49名离退休老同志外出参观考察。积极做好民警困难救助及伤残优抚工作，建立了民警子女考入大学奖励制度、困难民警家庭救助制度和民警子女参加中（高）考休假陪护制度。共为2名因公牺牲民警办理了相关手续，为20名病故民警申报了特别抚恤金24万元。州公安局刑警支队民警李树荣被州委、州人民政府表彰为第八届先进工作者，并与楚雄市公安局刑警大队副大队长何晓强同时获得“云南省百姓最喜爱的十大人民警察”提名奖，州公安局分别被州委、州人民政府表彰为“第六次民族团结进步先进集体”和“2001～2010年扶贫开发先进集体”。

［赵有能］

检　察

【检察工作概况】　2010年，楚雄州检察机关以构建和谐社会为目标，以公正执法为核心，紧紧围绕“强化法律监督，维护公平正义”的检察工作主题，深入推进“社会矛盾化解，社会管理创新，公正廉洁执法”三项重点工作，依法履行法律监督职能，坚持法理并重，坚持查办和预防职务犯罪并举，坚持宽严相济的刑事政策，强化诉讼监督，积极参与治安综合治理，推进社会矛盾化解。以执法能力建设为核心，切实加强检察队伍建设，着力加强自身反腐倡廉和纪律作风建设，不断完善外部监督机制，进一步强化人民监督员工作，全面加强与人大代表和政协委员的联络工作，促进公正廉洁执法，各项检察工作取得了新的成绩，为全州经济平稳较快发展和社会和谐稳定提供了有力的司法保障。

【侦查监督工作】　2010年，楚雄州检察机关共受理各类批捕案件883件1433人，经审查后批准和决定逮捕733件1143人，不捕156件301人。办理复议复核案件8件20人，改变原决定1件2人，所批捕的1143人中，无捕后无罪、捕后撤案、捕后绝对不诉情况发生。受理立案监督案件130件，依法开展监督后成案125件141人。向侦查机关（或部门）发出《纠正违法通知书》90件次，其中侦查取证违法32件次，办案程序违法51件次，执行程序违法4件次。纠正漏捕39人，移送起诉16人，起诉13人，法院已经作出有罪判决10人，其中被判处3年以上不满10年的5人，被判处3年以下有期徒刑的5人。发出检察建议20件29人，介入侦查、参加现场勘察34件64人，参与重大案件讨论99件173人，发出《要求提法庭审判证据意见书》362件614人，批捕在逃28件62人，不捕已释放97件171人，不捕变更强制措施24件58人，办理批准延长侦查羁押期限51人。

【公诉工作】　2010年，楚雄州检察机关共受理各类刑事案件1269件2044人，与上年相比件数上升1.8％，人数下降2.1％。其中受理公安机关移送审查起诉1141件1910人，受理检察机关自侦部门移送审查起诉128件134人。经审查提起公诉1113件1803人，起诉率88％；不起诉29件57人，不诉率2.8％。全州检察机关公诉部门共出席法庭774件，其中出席一审法庭766件，抗诉庭8件。州检察院公诉处共受理重特大刑事案134件188人，经审查提起公诉92件120人，不起诉7人，不诉率3.7％（人），办理各县（市）检察院书面请示案件21件，抗诉案件5件5人。依法打击严重破坏市场经济秩序和贪污贿赂、渎职侵权等职务犯罪，共审结破坏社会主义市场经济案件102人，提起公诉93人；审结职务犯罪107件113人，不起诉2人。通过案件审查纠正漏罪45件、漏犯37人，向公安机关发出纠正违法通知书54份，向自侦部门发出纠正违法通知书8份。提出抗诉案件11件，法院审结改判或者发回重审的案件7件，抗诉理由得到了人民法院的支持。

【反贪污贿赂】　2010年，楚雄州检察机关共受理贪污贿赂线索98件，初查98件，决定立案侦查85件86人。其中大案53件54人，占立案数的62.4％。所立案件的性质为：贿赂案60件60人（行贿18件18人，受贿41件41人，介绍贿赂1件1人），占立案数的70.59％；贪污案14件15人，占立案数的16.47％；挪用公款案11件11人，占立案数的12.94％。所立案件涉案金额5万元以下21件，5万元至10万元31件，10万元至50万元30件，50万元100万元1件，100万元以上2件。全州检察机关立案情况为：州检察院12件12人，楚雄市检察院12件12人，元谋县检察院8件9人，禄丰县检察院8件8人，双柏县检察院10件10人，南华县检察院7件7人，武定县检察院7件7人，大姚县检察院8件8人，姚安县检察院5件5人，永仁县检察院4件4人，牟定县检察院4件4人。侦查终结案件92件，移送起诉率100％。在反贪工作中，查办重点领域职务犯罪案件取得明显成效，集中查办窝串案，查处商业贿赂案件60件，占所办案件总数的70％，其中工程建设领域的商业贿赂犯罪案件32件。立办涉农职务犯罪案件15件，消除引发群体性事件的隐患，为农村改革和发展服务。

【反渎职侵权】　2010年，楚雄州检察机关共受理渎职侵权案件线索28件，比上年下降6.67％，初查28件，初查率为100％。立案侦查21件21人，立案数比上年上升31.25％，其中州检察院3件3人，双柏县检察院2件2人，禄丰县检察院2件2人，牟定县检察院2件2人，南华县检察院2件2人，楚雄市检察院4件4人，大姚县检察院1件1人，永仁县检察院1件1人，武定县检察院1件1人，元谋县检察院2件2人，姚安县检察院1件1人。所立案件中，玩忽职守案件19件19人，占立案总数的90.5％；滥用职权案件2件2人，占立案总数的

9.5%。全州有9个办案单位办案数量同比上升，11个办案单位首次全面消除了办案空白，楚雄州反渎职侵权部门在全省率先实现了工作目标。所立办的21件案件中，已侦查终结21件，侦查终结率100%。其中，移送审查起诉21件21人，提起公诉20件20人，不起诉1件1人，起诉率95.24%，已作出有罪判决20件20人，有罪判决率100%。

【监所检察】 2010年，楚雄州检察机关共检察入所2169人，出所2310人，发现不符合收押条件违法收押3人。检察监管部门提请减刑1281人，审查法院裁定减刑1032人，审查提请假释26人，审查法院裁定假释7人，审查提请暂予监外执行97人，审查批准暂予监外执行63人，对监狱提请保外就医、减刑、假释案件不符合法定条件提出检察建议41件，监狱已采纳并作了纠正。向办案部门发出催办通知182次，其中州院检察监所处提请省检察院监所处向高级法院催办10件次，对换押证时限填写错误和不规范情况提出纠正6次，对监管改造场所提出书面纠正违法和检察建议189件。驻楚雄监狱检察室共检察楚雄监狱收押罪犯516人，检察释放436人，检察死亡4人，到各个监管区检察监管活动及安全防范情况71次，参加监狱犯情分析会18次，参加监狱相关部门联席会议2次。提出口头检察建议22条，书面检察建议20份。受理举报控告申诉案件11件，办结10件。参加监狱减刑假释保外就医评审会13次。检察监狱提请减刑1034人，提请假释6人，提请保外就医罪犯97人，审查法院减刑裁定1260份，审查假释裁定7份，审查主管机关批准保外就医71人，参加州中级法院减刑假释宣告会3次。对服刑罪犯进行集体法治教育5次，受教育人数2210人。加强监外执行罪犯执行检察和社区矫正监督工作。

【控告申诉检察】 2010年，楚雄州检察机关共处理信访件580件，与上年相比上升5.07%。其中来信234件，同比下降6.77%；来访341件，同比上升15.2%；电话和网络信访5件，同比持平。来信来访中，举报类信访124件，占21.38%；控告类信访186件，占32.06%；申诉类信访270件，占46.55%。首次信访550件，同比上升7.63%；重复信访30件，同比下降26.83%，无集体访和告急访。办理刑事申诉案件55件，比上年15件上升266.67%，其中不服检察机关处理决定19件，不服人民法院生效判决裁定36件。通过复查，维持原决定10件，改变原决定14件，提出抗诉或再审检察建议15件，不予抗诉13件。办理刑事赔偿案件2件，支付赔偿金3.7万元。对2004年以来检察机关办理的自侦案件、扣押冻结款物案件、不捕案件、不诉等涉检案件进行排查筛选，认真开展案件评查工作。在确定评查的220件案件中，自侦、不捕、不诉案件共计199件，占90.45%；民性、控申、生效刑事判决案件21件，占9.55%。通过认真评查，220件案件都得到公正评价。控告检察部门不断强化首办责任制，对受理的来信来访进行认真审查，依法处理，做到及时登记、转办、交办和督办，全州检察机关控申部门办理上级机关和领导交办、批办的信访案件230起，已全部办结上报，有效化解了信访疑难问题。全州检察机关检察长共接待群众来访333人次，受理案件251件，批办203件，已全部办结。

【民事行政检察】 2010年，楚雄州检察机关共受理各类民行申诉案件481件，比上年上升136.95%，立案433件，比上年上升129.1%。其中，县（市）检察院建议提请抗诉37件，提请抗诉9件，经讨论提请省检察院抗诉33件，比上年上升94.12%，已有21件获省检察院支持，还有7件正在审查中；向楚雄州中级人民法院提出抗诉10件，比上年上升42.86%，有12件（含2009年改判的6件）获中级法院改判，4件正在审查中；向人民法院发出再审检察建议9件，其中8件被法院采纳。向有关单位发出检察建议112份，其中109件被采纳。办理刑事附带民事诉讼案件36件，执行监督58件，调解监督7件，支持起诉120件，直接起诉11件，督促起诉55件，息诉服判148件，成功移送职务犯罪线索1件。召开片区案件讨论会17次，讨论案件104件，检察长列席审委会16次，讨论案件15件，其中改判7件。对2009~2010年办理的100件抗诉案件进行评查，找出了办案中存在的问题，并结合实际进行了整改。

【职务犯罪预防工作】 2010年，楚雄州检察机关进行预防立项（包括案件、事件）240件。其中，预防调查立项118件，案件预防立项76件，重点工程预防立项46件。开展预防调查645次，预防调研报告引起当地党委、人大、政府领导重视并作出批示82件，通过预防调查发现职务犯罪线索并被侦查部门立案侦查46件；进行职务犯罪案例剖析509件；向有关单位提出书面预防检察建议184件，被采纳184件，预防建议引起当地党委、人大、政府领导重视并作出批示183件；开展职务犯罪警示宣传教育365场（次），受教育人数达1.8万余人；开展预防咨询471次，开展行贿犯罪档案查询2060次，对有行贿犯罪记录的单位或个人作出处置20次；撰写预防信息简报130篇，开展具有特色亮点的预防工作15件。

【人民监督员制度试点工作】 2010年，楚雄州检察机关共受理“三类案件”2件2人，分别为受贿和玩忽职守拟不起诉案件。经启动人民监督员监督程序，人民监督员均同意检察机关拟处理决定，报经州检察院批准不起诉。对“三类案件”的监督，主要在规范程序、提高质量、防漏纠错、强化效果上下功夫，确保“三类案件”全部进入监督程序，杜绝“漏告知”、“漏案”情况和检察委员会先作决定后监督、先请示或先报批后监督等违规行为的发生，防止人民监督员的监督流于形式。全州检察机关人民监督员对“五种情形”案件的监督实现了零的突破，对该立案而未立案进行监督3件3人。

【检察技术信息工作】　2010年，楚雄州检察机关除大姚县检察院外，均已成立检察技术机构。州检察院技术处开展法医检验、文件检验、痕迹检验、司法会计、同步录音录像和信息技术工作业务；各县级检察院技术部门主要开展检察信息化、同步录音录像和技术协助业务。全州检察机关共有技术人员37人，其中专职技术人员27人，兼职技术人员10人。按照专业技术门类分，有信息网络技术人员25人，法医4人，文、痕检4人，司法会计4人。全州检察院共办理各类案件308件，其中州检察院办理179件，县检察院办理129件。按照技术类别分，司法鉴定8件，文证审查54件，同步录音录像85件，技术协助161件。完成全州检察机关视频会议室、中心机房等基础设施的规范化建设，新版OA系统、执法业绩档案系统、法律法规数据库查询系统的推广应用和行政执法与刑事司法信息共享平台等系统升级，计算机网络安全系统建设等工作。

［杨正波］

审　判

【审判工作概况】　2010年，楚雄州法院系统以公正与效率为主题，认真履行宪法和法律赋予的审判职责，推动法院工作整体协调发展，为建设平安和谐楚雄提供了有力的司法保障。年内，全州人民法院共受理诉讼案1.7万件，其中一审8858件，二审1209件，审判监督再审64件。全年共审结诉讼案1.53万件，其中一审8446件，二审976件，审判监督再审57件。

【刑事审判】　2010年，楚雄州法院系统受理一审刑事案件1398件，其中旧存41件，当年收案1357件。当年收案中，公诉收案1128件，自诉收案229件，检察机关重新起诉和上级人民法院发回重审5件；从涉案性质看，放火案9件，失火案14件，破坏广播电视设施、公用电信设施案5件，非法持有和私藏枪支、弹药案2件，交通肇事案139件，重大责任事故案3件，投放危险物质案2件，非法制造、买卖、运输、储存危险物质案1件，持有、使用假币案4件，出售、购买运输假币案2件，对公司、企业人员行贿案1件，信用卡诈骗案1件，合同诈骗案4件，非法经营案39件，强迫交易案2件，故意杀人案30件，过失致人死亡案5件，故意伤害案360件，强奸案18件，强制猥亵、侮辱妇女案2件，拐卖儿童案1件，绑架案2件，非法侵入住宅罪4件，虐待案1件，诽谤案1件，重婚案3件，盗窃案293件，诈骗案24件，抢夺案5件，侵占案1件，职务侵占案7件，抢劫案64件，敲诈勒索案5件，故意毁坏财物案11件，妨害公务案9件，招摇撞骗案1件，聚众斗殴案3件，寻衅滋事案8件，组织、利用会道门邪教组织、利用迷信破坏法律实施案4件，赌博案2件，开设赌场案2件，窝藏、转移、收购、销售赃物案5件，掩饰、隐瞒犯罪所得、犯罪所得收益案3件，非法收购、运输、出售珍贵、濒危野生动物及珍贵、濒危野生动物制品案3件，非法采矿案3件，盗伐林木案40件，滥伐林木案22件，非法收购、运输盗伐、滥伐林木案1件，走私、贩卖、运输、制造毒品案43件，非法持有毒品案1件，引诱、容留、介绍卖淫案3件，贪污案20件，挪用公款案11件，受贿案40件，行贿案17件，介绍贿赂案1件，单位行贿案2件，滥用职权案1件，玩忽职守案20件。全年审结一审刑事案件1344件，结案率96.14%，其中判决1219件，调解74件，检察机关撤诉4件，自诉人撤诉44件，驳回自诉1件，终止1件，移送1件。已结案中，适用普通程序审理的1029件，适用简易程序审理的315件。楚雄州中级人民法院受理二审刑事案件233件，当年收案223件（上诉案198件，抗诉案5件）；审结215件，结案率92.27%，其中维持原判169件，改判25件，调解5件，撤诉2件，发回重审14件。全州人民法院依审判监督程序立案受理刑事再审案17件（其中旧存2件，当年收案15件），审结15件，结案率88.24%；其中维持原判6件，改判7件，其他处理2件。再审案件中，本院发现决定再审的2件。年内，发生法律效力的刑事案1096件1753人，其中给予刑事处分1532人，免予刑事处分180人，因证据不足或其他原因宣告无罪41人。在给予刑事处分人员中，处无期徒刑以上并剥夺政治权利的4人，处15年至20年以下有期徒刑的1人，处10年以上不满15年有期徒刑的71人，处7年以上不满10年有期徒刑的41人，处5年以上不满7年有期徒刑的92人，处3年以上不满5年有期徒刑的141人，处3年以下有期徒刑的463人，处拘役的24人，处有期徒刑、拘役宣告缓刑的597人，管制1人，单处罚金97人。此外，处有期徒刑并处罚金的726人，处有期徒刑并处没收财产的5人。从身份上看，在业工人12人，下岗工人3人，农民工30人，其他（农民）1413人，国家机关工作人员44人，国有公司或企业人员20人，国家金融机构工作人员5人，国家事业单位工作人员12人，国家其他工作人员10人，学生23人，职员12人，离退休人员1人，个体劳动者或私营企业业主18人，无业人员82人，其他27人。

【民商事审判】　2010年，楚雄州法院系统受理一审民商事案件7406件，其中旧存243件，当年收案7163件。当年收案中，婚姻家庭继承案2692件，合同案2114件，权属、侵权及其他民事案2357件。全年审结一审民商事案7052件，结案率95.22%。其中调解2764件，判决3083件，裁定驳回起诉72件，裁定撤诉1054件，裁定其他处理55件，移送20件，终结4件。已结案中，适用普通程序的1139件，其中批准延长审限的16件；适用简易程序的5851件；适用特别程序的62件。截至12月20日，州法院受理二审民商事案943件（包括旧存137件），审结736件，结案率78.05%。其中判决维持原判357件，判决改判148件，裁定发回重审80件，裁定撤诉39件，其他处理64件，调解48件。全州法院依审判监督程序立案受理民商事再审案46件（其中旧存6件），审结41

件。其中判决维持原判 15 件，改判 13 件，发回重审 6 件，调解 3 件，裁定其他处理 4 件。再审案件中，本院决定再审的 13 件。

【行政审判和国家赔偿】 2010 年，楚雄州法院系统受理一审行政诉讼案 54 件，其中旧存 1 件，当年收案 53 件（公安行政案件 8 件，工商行政案 3 件，资源行政案 13 件，城市建设行政案 9 件，其他行政案 20 件），审结 50 件，结案率 92.59%。其中判决维持行政决定 6 件，判决全部或部分撤销行政决定 7 件，原告主动撤诉 10 件，驳回诉讼请求 6 件，其他处理 21 件。一审所结行政案件中，3 个月内审结的 50 件。年内，楚雄州中级人民法院受理二审行政案 33 件，审结 25 件，结案率 75.76%。其中判决维持原判 9 件，改判 1 件，其他处理 15 件。

【案件执行】 2010 年，楚雄州法院系统受理执行案 5448 件（包括旧存 1074 件）。当年收案中，申请执行案 4303 件，移交执行案 43 件，受委托执行案 27 件，当年收案的申请执行标的金额 2.75 亿元；从类别上看，民商事执行案 3949 件，行政执行案 3 件，刑事罚金执行案 2 件，刑事附带民事执行案 350 件，行政非诉讼执行案 65 件，其他执行案件 5 件。全年处理执行案 4392 件，其中自行履行 2466 件，和解 281 件，终结 711 件，强制执行 624 件，其他处理 310 件，执行标的金额 2.45 亿元，执结率 80.62%。

【信访与告诉申诉】 2010 年，楚雄州法院系统收到来信 314 件，接待公民来访 1.27 万人次。来信中，属于告诉的 183 件，申诉的 45 件，非诉的 40 件，执行的 27 件，其他来信 19 件。来访中，属于告诉的 1.22 万人次，申诉的 53 人次，非诉的 79 人次，执行的 164 人次，其他来访 133 人次。在来访人员中，属于上访老户上诉的 115 人次。

【审判业务培训】 2010 年，楚雄州法院系统采取“走出去”的路子，与州委干教委合作，组织全州法院正科级以上领导干部 120 人次到浙江大学接受了为期 5 天，以心理健康、博弈论、音乐与修养、礼仪等为主要内容的培训，在法官知识结构更新、开阔视野、拓展思维等方面迈出了新的步伐；分期分批选送两级法院干警参加续职培训、专项业务培训、处突培训、在线培训等各种业务培训，共培训干警 1531 人次。采取“请进来”的方式，邀请云师大心理学教授、省委机关巡视员、省高院领导、省法官学院法学专家等多名专家学者到州法院就心理和谐、法律思维、审判实务等专题开展培训。通过多种培训，全州广大法官把握全局的能力、心理调适能力、审判业务能力和做当事人思想工作的能力进一步提高。

［杨　洁］

司法行政

【司法工作概况】 2010 年，楚雄州司法行政系统以中央、省州政法工作会议和全国、全省司法行政工作会议精神为指导，紧紧围绕中共楚雄州委、州人民政府中心工作，充分发挥职能作用，把“抗大旱、保民生、调纠纷、保稳定”作为全年的中心任务，深入推进社会矛盾化解、社会管理创新、公正廉洁执法三项重点工作，推动了司法行政各项工作全面发展，楚雄州司法行政工作被云南省司法厅综合考核评为全省司法行政综合二等奖。州司法局第二次申报复审为省级文明单位。年内，全州司法行政系统受到各级表彰的先进集体 24 个、先进个人 57 名。

【普法和依法治理】 2010 年，楚雄州认真组织实施“三五”依法治州规划，普法和依法治理工作有序推进。年初，调整充实了州委依法治州和普法领导小组成员，制发了《中共楚雄州委依法治州和普法领导小组及办公室工作规则》。5 月 14 日，组织全州国家公务员（含参公管理人员）、州属及驻楚中央、省属企事业单位中层以上管理人员 5 万余人参加全省法律知识统一考试；6 月 23 日，组织全州公证、律师、法律服务工作者、司法鉴定人员 493 人参加全省组织的“五统一”法律知识考试；7 月 18 ~23 日，组织州级“专家乡村讲堂”法制宣传专家组成员深入全州 10 县（市）20 个乡（镇）和 20 个村（社）开展专题法律宣讲。充分利用广播、电视、报刊等新闻媒体以及普法简报、专栏、墙报、法律知识竞赛、法律咨询、“送法下乡”文艺演出等形式深入开展法制宣传教育，并在《楚雄日报》开设《普法宣传园地》专栏，在楚雄电视台开设《法制园地》栏目。全州各级共召开专题会议 205 场（次），电视录像广播宣传 352 场（次），开办普法专栏、墙报、黑板报 2960 期，开展法律咨询 920 场（次），组织法律知识竞赛 11 场，排演普法专题文艺节目 253 场（次）。5 月 24 ~28 日，抽调普法领导小组成员单位领导组成 11 个检查验收组，分别对 10 县（市）、州属及驻楚中央、省属企事业单位进行了检查验收，为迎接省级检查验收打下基础。年内，楚雄市和大姚县被评为“全国首批法治城市、法治县（市、区）创建工作先进单位”。

【人民调解】 2010 年，楚雄州加快发展行业性、区域性、专业性人民调解组织，与州卫生局探索建立了楚雄市医患纠纷调解委员会，与州公安局联合制发了《楚雄州道路交通事故纠纷人民调解工作实施方案》，武定、双柏两县成立了劳动争议人民调解委员会，楚雄市在青山嘴水库移民搬迁集中的栗子园小区成立小区人民调解委员会。全州共建立州、县、乡、村级人民调解委员会 1264 个，企事业单位调解委员会 50 个，区域性、行业性调委会 6 个，其他调委会 11 个，形成了州、县、乡（镇）、村、社区（居委会）五级联动调解网络，形成“大调解”格局。年内，切实加大人民调解员培训力度，对全州 103 个乡（镇）调委会主任、司法所所长进行了调解业务培训，各县（市）对村、居委会（社区）调委会主任和调解骨干进行了分期分批培训，共培训调解人员 2.12

万人次。选派州、县（市）司法局干部到北京和省司法厅参加《人民调解法》学习培训，征订《人民调解法释义》1147册，举办《人民调解法》培训班12期，参加学习培训人员达1200人次。全年全州各级人民调解组织共受理矛盾纠纷7.87万件，调解7.87万件，调解成功7.64万件，调解成功率为97%。34个调解先进集体和82名先进个人受到上级表彰，其中元谋县黄瓜园镇人民调解委员会被司法部表彰为“全国模范人民调解委员会”，楚雄市鹿城镇、武定县插甸乡、大姚县龙街乡调委会主任被司法部表彰为“全国模范人民调解员”。

【法律援助】　2010年，楚雄州法律援助机构参与信访接待152场次，解答法律咨询479人次，承办涉法涉诉信访案件179人。全州共办理法律援助案件1704件，其中刑事278件，民事1426件，受援人员达1704人，接待解答咨询7286人次，民事法律援助率达100%，法院指定的刑事案件援助率达100%。

【公证和司法鉴定】　2010年，楚雄州10个公证处25名公证人员，共办理各类公证案件1760件。其中民事公证870件，经济公证760件，涉外公证130件，并首次以法律援助的方式办理了人体器官捐赠公证，开创了楚雄州办理人体器官捐赠公证的先例。5个司法鉴定所74名执业人员，共办理司法鉴定5378件，其中法医类鉴定3379件，司法会计鉴定566件，工程造价纠纷鉴定129件，笔迹和指纹鉴定14件，司法评估鉴定10件，车辆技术鉴定866件。

【律师业务】　2010年，楚雄律师业务从传统诉讼领域拓展到了金融、房地产、企业改制、招商引资等领域，同时向乡村、社区和边远少数民族地区延伸。年内，组织37个律师事务所43名律师与全州54个司法所实行结对互助，组织7个律师事务所31名律师参与涉法涉诉信访工作，提供法律咨询和办理法律服务的信访案件780件。全州21个律师事务所130名律师担任法律顾问286家，办理各类诉讼案件3241件。其中行政案件27件，非诉讼法律事务126件，刑事辩护及代理827件，民事诉讼及代理1975件，法律咨询代写法律文书1.8万人次，提供法律援助231件，调解341件，调解纠纷1423件，解答法律咨询9824人次。

【社区矫正】　2010年，楚雄州按照“五个加强”和“六个规范”的要求，认真做好社区服刑人员的矫正和管理。全州累计接收社区矫正对象1441人，解除521人，现有管理对象918人。其中，缓刑769人，假释74人，暂予监外执行62人，剥夺政治权利12人，重新犯罪2人，重新犯罪率为0.08%，重新犯罪率控制在0.5%以下。

【刑释解教人员安置帮教】　2010年，楚雄州以提高“两率”（安置率、帮教率），控制“一率”（重新犯罪率）为重点，加强与监狱、劳教所、法院、检察院、公安、工商、劳动等部门的衔接，做到“多对一”、“一对一”接茬帮教，并实行州、县、乡三级信息化管理。年内，全州共有刑满释放人员3827人，其中农村籍3210人；解除劳教人员235人，其中农村籍159人。由原单位安置157人，落实责任田3139人，社会救济83人，从事个体经营172人，其他方式安置102人，安置率为93%。

【司法考试】　2010年，全州符合报考条件的304名考生参加了大理考点的国家司法考试，取得法律职业资格证书46人，其中A证10人，B证1人，C证35人。年内，开展法律职业资格证书年度备案工作，对符合备案要求的126名法律职业资格证书持有人进行了审核和备案登记。

【法学研究】　2010年，楚雄州法学学会工作进一步加强。年内，召开了楚雄州法学年会暨法学理论研讨会；对全州10县（市）365名省、州法学会会员，重新登记、核实信息换证，并发展新会员20人；推荐法学会会员撰写的5篇论文参加省法学会第六届“中国泛珠三角合作与发展法治论坛”征文活动，精选22篇法学论文推荐给省法学会，在《云南法学研究》2010增刊——“楚雄州法学研究论文专辑”公开发表。

［吴光能］

公安交通管理

【道路交通管理概况】　2010年，楚雄州共发生道路交通事故330次，造成101人死亡、448人受伤、直接财产损失110.72万元。道路交通事故4项统计数与上年相比，事故增加31次，上升10.37%；死亡减少4人，下降3.81%；受伤增加55人，上升13.99%；直接财产损失增加16.61万元，上升17.65%。其中，一次死亡3人以上的特大事故4次，造成16人死亡、5人受伤、直接财产损失9.5万元，同比，事故减少2次，下降33.33%；死亡减少9人，下降36%；受伤减少1人，下降16.67%；直接财产损失减少21.85万元，下降69.70%。道路交通事故万车死亡率为2.17，同比下降30.45%。实现了全年未发生一次死亡10人以上特大道路交通事故，道路交通事故死亡人数不突破州人民政府下达的控制数，交通事故万车死亡率低于全省平均水平的工作目标，为建设和谐平安楚雄创造了良好的道路交通环境。年内，在道路交通安全管理夺标竞赛活动中，元谋县公安局交警大队获一等奖，楚大高速公路交巡警大队、楚雄市公安局交警大队获二等奖，禄丰县、武定县、双柏县公安局交警大队获三等奖；楚雄新村、禄丰和平、南华兔街、永仁永兴、牟定安乐、元谋平田、武定猫街、双柏妥甸、大姚昙华、姚安官屯10个乡（镇）派出所，荣获“道路交通安全管理先进派出所”称号。

【春运交通安全保卫】　2010年，楚雄州公安局交警支队在春运期间，启动A+C+D道路交通管理勤务模式，在全州范围内设立了35个固定交通安全检查服务站，实行24小时勤务制度。在楚雄、禄丰、元谋、大姚4个检测站，对本州所辖的7座以上客运车辆、校车和危险化学品运输车辆实施免费上线安全检验。春运期间，全州共投入警力1.1万人次，出动警车3168辆次，检查客运车辆3.99万辆，查处客运车辆超员、超速，疲劳驾驶，酒后驾驶行驶等交通违法行为3785起，签订春运驾驶人安全责任书3607份，通报客运主管部门11次，深入运输企业196个，整治危险路段36处，有效预防了重特大道路交通事故的发生，圆满完成春运道路交通安全保卫任务。

【交通安全专项整治】 2010年，楚雄州公安交通管理部门先后组织开展了社会治安冬季行动、公路客运交通安全教育整治行动、酒后驾驶交通违法行为集中整治、农村地区道路交通安全整治、校园周边道路交通秩序整治、摩托车飙车交通违法行为专项整治、道路交通安全集中整治行动、机动车涉牌涉证等8项大的交通违法行为专项整治行动。适时组织开展了危险化学品运输、国庆安保、亚运安保、城市治堵保畅，以及警车和涉案车辆违规等交通安全专项整治行动，有效消除了一批道路交通安全隐患，查处了一批严重交通违法行为，净化了道路交通环境。联合交通、安监、运政、路政、教育、农机等部门，从加强源头管理入手，全面开展了道路交通安全隐患大排查大整治工作。共排查出公路危险路段182个，已整治58个，整治率为31.87%；检查客运站（点）95个，客运企业25个，危化品运输企业4个；排查出无证摩托车驾驶人2476人，无牌无证及脱检车辆2957辆；开展交通安全宣传217场次，发放交通安全宣传资料7万余份。

【预防道路交通事故】 2010年，楚雄州公安交通管理部门按照“降事故、保安全、保畅通”的总要求，积极开展预防道路交通事故工作。按照“五整顿”、“三加强”的工作要求，积极协调、配合各相关职能部门，强化对客运企业及客运车辆驾驶人的安全监管，督促客运企业认真履行安全生产主体责任，严格落实“三关一监督”制度，把交通安全责任落实到每一个员工、每一个岗位、每一个环节，确保客运交通安全。坚持综合治理方针，全面加强农村道路交通安全防控网络建设。州、县（市）、乡（镇）三级预防道路交通事故工作领导小组，定期召开联席会议，研究解决影响道路交通安全的突出问题，全面推进“城市畅通工程”建设、“平安畅通县（区）创建”活动，以及“交通安全文明村（校）”创建活动的深入开展，努力构建“政府主导，部门联动、社会参与、齐抓共管”的长效工作机制。以“丘北经验”推广工作为平台，积极推广楚雄市和武定县、禄丰县试点的成功经验，全面加强农村道路交通事故预防工作。充分发挥专、兼职交通协管员、义务交通协管员和交通安全志愿者“四支队伍”在预防道路交通事故工作中的骨干作用，进一步完善农村地区道路交通安全“一盯一”、“一帮一”的长效预防机制，全面加强农村地区道路交通安全防控网络建设。5月20日，楚雄市汽车客运公司代表楚雄州在全省“丘北经验”推广工作现场会上作了交流发言。

【交通安全宣传教育】 2010年，楚雄州公安交通管理部门，以“文明交通行动计划”为载体，充分发挥新闻媒体和公安信息平台的作用，不断创新交通安全宣传模式，全面加强交通安全宣传工作。协调宣传、教育、司法、安监等部门，在全州广泛开展创建文明交通示范单位及评选文明交通先进个人“十二个一百”活动，大力倡导文明交通，努力营造全社会关心、重视交通安全的浓厚氛围。组织开展以农村地区机动车驾驶人、城市农民工和客运车、城市公交车、出租车驾驶人为重点的集中宣传教育活动，进一步提高了广大交通参与者的交通安全意识、法制意识、文明意识和自我保护意识。积极协调驻楚和州、市新闻媒体，广泛开展交通事故隐患大排查、大整治和安全生产月集中宣传活动，大力营造良好的社会舆论氛围。制作《致全州广大交通参与者的一封信》、《致全州广大农民工朋友的一封信》、《致全州公交车、出租车驾驶人朋友的一封信》、《致全州农村地区机动车驾驶人朋友的一封信》等7套有针对性、人性化的交通安全宣传教育资料，以及《楚雄州农村地区机动车驾驶人交通安全教育》、《楚雄州公交（出租）车驾驶人交通安全教育》两套课件，下发至各县（市）交警大队，为各单位开展交通安全宣传提供了有力保障。全年在县级以上新闻媒体刊播宣传稿件3298篇条，举办展览1855次，召开现场会1903次，制作宣传牌750块，印发宣传材料40万份，出动宣传车2345辆次，放映电影专题片1.8万场次，出动宣传人员1.07万人次，交通安全宣传进村（社）682个，进学校1329个，进单位799个，挂图巡展5887场次，讲授交通安全课4835场次，受教育达150万人次。

【机动车及驾驶人管理】 2010年，楚雄州机动车保有量为36.77万辆，共有各类机动车驾驶人36.56万名。楚雄州公安交通管理部门与交通、农业、安监等相关职能部门密切配合，全面加强对机动车驾驶培训、销售、登记、报废等环节的监管工作。年内，办理新车注册登记6.58万辆，检验机动车12.42万辆，办理机动车转移、变更、注销、抵押登记1.31万辆，办理机动车临界报废通知和逾期报废公告2243辆。受理初次申领驾驶证5.40万人，受理增驾1.28万人，受理科目一考试5.85万人/次，科目二、三考试6.75万人/次，受理驾驶人年度体检5.80万人，深入山区为群众办理考试、核发摩托车驾驶证2.42万人。

【交警队伍建设】 2010年，楚雄州公安局交警支队党委按照“政治强、业务精、纪律严、作风硬、形象好”的要求，全面加强公安交警队伍建设。年内，共组织车管业务、事故处理、秩序管理、法制宣传、高速公路管理、计算机信息技术应用培训班6期320人次，组织参加省以上各项业务学习、培训16期120人次，队伍整体素质明显提高。严格执行公安部“五条禁令”、省公安厅“六条警规”等纪律规定，层层签订《党风廉政建设责任书》，认真组织开展警示教育，引导民警树立正确的世界观、人生观，价值观，确保了队伍的纯洁与稳定。一年来，支队机关民警拒礼拒贿43人次，拒收礼金7200元、香烟15条（折合人民币1.14万元），收到表扬信1封，锦旗2面。通过年终考核评比，共评出执法规范化建设示范大（中）队7个，执法规范化建设标兵15名，优秀公务员26名，优秀大（中）队长、政工干部14名，优秀交通民警46名，优秀共产党员支队机关10名。

［姚立富］

楚雄监狱

【监狱管理概况】　2010年，楚雄监狱管理规范有序，监狱安全稳定工作创历史最好水平，第四年实现“无脱逃，无非正常死亡，无重特大狱内案件，无重特大安全生产事故”工作目标。全年依法办理减刑1020人次，假释7人，保外就医40人。依法做好服刑人员的收押、释放工作，向服刑人员刑释地公安机关、司法所填发刑满释放帮教通知书368份，办理家属接见4265人次。强化对服刑人员的直接管理和日常考核，准确、客观反映服刑人员的改造表现，真正发挥考核结果的激励作用。严格把好关口，对服刑人员生活物资采购、加工和储存等重点环节加强预防和控制，保证服刑人员伙食实物量标准，为老、病、残服刑人员提供营养餐；加强防病治病和卫生防疫工作，坚持定期宣讲卫生知识，定期检查内务卫生，坚持食物食品留样待查制度。突出狱政数据、网络监控信息化，基础管理、刑罚执行规范化，狱内排查、防暴处突防控化，各项监狱管理措施得到有效落实。

【教育改造】　2010年，楚雄监狱坚持“首要标准”，建立和完善以提高教育改造质量为中心的长效机制，教育改造工作强势推进。落实责任警制度，扎实开展个别教育。在“十熟悉、十必谈”的基础上推行“约谈制”，个别教育工作成效明显。规范出、入监教育。认真开展和巩固“三课”教育。8月，105名服刑人员通过电工、焊工职业资格鉴定考试，职业技能教育实现新的突破。不断加强监区文化建设。在元旦、春节、“五一”、国庆等节日期间开展形式多样的文体活动，服刑人员“明天”艺术团有自编自导节目28个，并与楚雄共乐社的老同志们共同进行了“迎国庆”专场文艺演出；以“读一本好书”，“组织一次体育竞赛”为载体，在服刑人员中开展“争双优”竞赛活动，培养服刑人员“明礼、诚信、友善、勤思、善学”的优良品质；采取大课教育、专题讲座、图片展览、禁毒宣誓等形式开展禁毒防艾教育，激励服刑人员养成热爱生活、自强乐观的良好心态。年内，监狱5间图书阅览室藏书达到7694册，《楚雄监狱》小报共出版81期，各监区建有读报栏和宣传栏，广播站工作日每日开展播报，有效地促进了罪犯改造。拓宽帮教形式。以亲情电话、亲情合影、亲情会餐及离监探亲服刑人员亲属座谈会等形式，激励服刑人员悔过自新，积极改造。年内，对9名服刑人员家庭进行帮贫济困互助基金救助，解决了服刑人员的实际困难，稳定了服刑人员的思想。完善三级心理矫治网络，在服刑人员中开展心理健康科普宣传活动，传授心理健康知识，增强他们的自我调适能力。年内，网络服刑指导中心为376名服刑人员提供了心理、法律、婚姻家庭、现实改造、刑释就业等方面的咨询服务和指导，教育矫治工作水平不断提高。

【监狱布局调整】　2010年，楚雄监狱布局调整工作取得实质性进展。6月21日，云南省监狱管理局与楚雄州人民政府正式签订《云南省楚雄监狱布局调整相关协议》，由姚安县人民政府收回楚雄监狱姚安分监国有划拨土地使用权及地面附着物并支付搬迁安置补偿款，楚雄市人民政府向楚雄监狱有偿划拨监狱建设用地。12月17日，监狱在腰站监管区举行了楚雄监狱改扩建工程奠基仪式，标志着楚雄监狱在建设现代化文明监狱进程中迈出可喜的一步，进入跨越式发展的新阶段。

【队伍建设】　2010年，楚雄监狱队伍建设全面加强，为监狱工作全面发展提供了有力保障。加强民主管理，推进厂务公开，坚持职代会民主评议领导干部制度。采取集中学习、专题辅导、学习交流和个人自学等形式，扎实推进监狱警察执法大培训、岗位大练兵和深入开展创先争优活动，增强广大警察爱岗敬业、严格履职的自觉性和坚定性。同时，鼓励警察职工参加多种形式的学历教育，并对取得毕业证的警察职工给予奖励。抓党风廉政建设，开展警示教育，落实“三项谈话制度”，认真监督执行对服刑人员的文明管理及减刑、假释、保外就医评审工作，杜绝了违法案件的发生。建立健全警察职工休假、体检和疗养等制度，组织离退休、在职警察职工疗养及身体健康检查。建立和规范困难职工档案，对考入重点大学的警察职工子女给予奖励。定期开展警察职工思想动态分析和谈心交心制度，把从优待警的重点放在监区一线，评优评先、外出考察学习等优先考虑基层。年内，警察胡艳梅被中共云南省委、省人民政府表彰为云南省第三批新农村建设优秀指导员，警察周树荣被司法部表彰为全国监狱工作先进个人，警察吴光骞被云南省司法厅表彰为云南省司法系统“六十佳司法行政干警和法律服务工作者”。

［李何梅］

（责任编辑：王艳萍）

经济管理

发展与计划

【发展与计划工作概况】 2010年，楚雄州发展和改革委员会在中共楚雄州委、州人民政府领导下，充分发挥自身职能职责，共上报项目1037个，占全州争取项目总数4805个的21.6%，争取资金18.1亿元，比上年同期增加2.4亿元，增长15.3%，占全州争取资金总数54.5亿元的33.2%。全年全州完成固定资产投资280.62亿元，同比增长34.9%。年内，提出了楚雄州2010年深化经济体制改革工作意见，进一步明确了楚雄州经济体制改革的主要任务；成功发行了15亿元市政项目建设债券，投融资体制改革进一步深化；在百年不遇的旱灾中，共向国家和省争取抗旱救灾补助资金7147.31万元。同时，集体林权制度改革工作成效明显，全州集体林确权率达98.2%，集体林均山到户率和集体商品林均山到户率均在80%以上，水利制度改革、基础教育改革、文化体制改革和医疗卫生体制改革、农村综合改革等基本公共服务均等化改革取得新进展，医改五项重点工作取得初步成效，基本药物制度全面启动实施。此外，规划编制工作强势推进。

【计划编制】 楚雄州“十二五”规划编制工作自2009年12月初启动以来，保持了与全省同步推进的良好态势。2010年末，6个前期重大课题形成研究成果，“十二五”规划《纲要》（草案）通过楚雄州人大常委会初审；州级25个重点专项规划完成了征求意见工作，并与州“十二五”规划《纲要》（草案）进行衔接，10县（市）的规划编制工作与州级规划同步推进。《楚雄州北部金沙江流域经济社会发展规划》已由云南省人民政府审核发布实施。《楚雄州南部红河流域经济社会发展规划》已经形成征求意见稿并广泛征求意见。

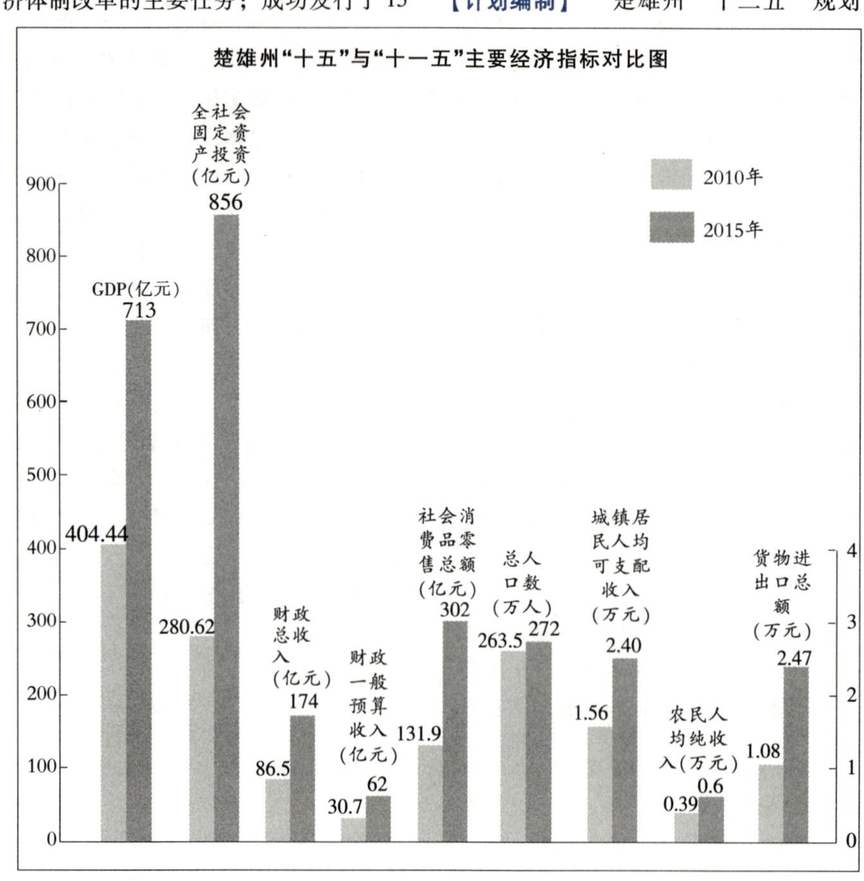

【计划执行】 2010年，楚雄州十届人大五次会议确定的经济社会发展目标均完成或超额完成。全年全州实现生产总值404.44亿元，同比（下同）增长11.3%，比计划目标高1.3个百分点；实现全社会固定资产投资280.62亿元，增长34.9%，比计划目标高9.9个百分点；地方财政总收入和地方财政一般预算收入分别实现86.5亿元和30.7亿元，分别增长18%和20%，比计划目标分别高10和12个百分点；实现社会消费品零售总额131.9亿元，增长20.2%，比计划目标高2.2个百分点；城镇居民人均可支配收入达15624元，增长9.1%；农民人均纯收入达3896元，增长11%；外贸进出口总额完成1.08亿美元，增长56.4%，比计划目标高56.4个百分点；城镇化率达32.2%，完成提高1.2个百分点的计划目标；人口自然增长率为4.31‰，比计划目标低1.69个千分点；城镇登记失业率3.25%，比计划目标低1.25个百分点；居民消费价格总水平上涨3.7%，比计划目标低1.3个百分点；单位生产总值能耗下降4.7%，完成省

下达的下降目标。

【项目投资】 2010年，楚雄州人民政府共安排项目前期工作经费4540万元，有力推进省州级重点项目前期工作。纳入省级“三个一百”的5个重点前期项目进展顺利。其中下口坝水库建设等项目已开工建设；禄丰西河水库建设项目已报有关部门审查；牟定县城供水管网改扩建二期建设工程项目初步设计已经通过审查；元谋县城基础设施建设项目已完成项目可行性研究报批工作。州重点督查的武禄高速公路、重点水库等20个重大前期项目，已实现开工或部分开工5个，工程可行性研究报告已批或待批6个、正在编制4个、正在编制或完成规划编制5个。中央扩大内需1～4批457个投资项目已全部开工建设，有443个项目完成年度投资计划，累计完成投资23.8亿元，占年度总投资计划的99.3%；2010年云南省下达楚雄州的341个中央投资项目已有275个项目开工建设，完成年度投资计划项目76个，完成投资8.4亿元；纳入省级“三个一百”的22个重点项目完成投资46.3亿元，占省下达投资计划的88%；州重点督查的重点水源工程建设项目、元双公路建设项目、农村公路建设项目等20个重大在建项目全年共完成投资79.8亿元，占投资总额的92.7%。全年全州共向国家和省上报项目4805个，争取资金54.5亿元，比上年48.7亿元增加5.9亿元，增长11.9%。

［张云徽］

物价监督管理

【物价监督管理工作概况】 2010年，楚雄州价格主管部门认真履行职责，充分发挥价格杠杆的调节作用，认真贯彻落实国家和省的各项价格政策措施，努力保持价格总水平的基本稳定，保障了人民群众正常的生产生活，全州价格总水平控制在3.7%。同时，切实加强价格监管工作，共计查处价格违法案件59件，查处违法金额461万元，实行经济制裁总额69.5万元。

【价格管理】 2010年，楚雄州继续加强价格管理工作。及时贯彻烤烟产量增加，价格不变政策，将收购价格保持在上年的水平上不变，全年实现收购总值14.9亿元，比上年增加1.3亿元，并按照州人民政府相关指示及时安排烤烟专用肥销售价格，每吨由烟草部门补贴666元，全州销售3.7万吨，为烟农节约支出2461.3万元。认真贯彻落实稻谷最低收购价政策、国家汽柴油价格调整精神、省级污水处理和垃圾处理收费改革、2153个基本药物规格药品省的集中采购价等相关政策。调研安排了楚雄州2010年蚕茧收购价格和电力服务收费、县城至山区食盐运杂费标准。按照相关要求及时审定了伤寒、肺炎等14个二类疫苗价格，纠正错价4个。审批了楚雄阳光橙小区、盘龙云海小区和楚雄商业城等9个小区物业收费标准。及时调研出台了电力服务收费政策。

【收费管理】 2010年，楚雄州继续加强收费管理工作。及时贯彻落实上级收费政策和转发国家和省制定的各类政策文件，并对原发放的收费许可证进行了及时变更。按照上级文件精神，收回安全生产监督管理局实施的安全生产培训收费许可证。进一步规范了中小学服务性收费、代收费政策和收费行为。对会计专业技术资格考试、条形码服务收费、核磁共振等医疗服务价格、国税系统发票价格调整等省相关政策进行了认真贯彻实施。继续推进收费改革。及时转发了国家和省关于提高铁路货物运输价格政策，铁路建设基金维持原来的标准不变，国家铁路货物统一运价由原来的平均每吨千米9.61分提高到10.31分。进一步明确和规范了电信资费政策。在认真对照现行客运票价政策规定的基础上，发文对个别车型的客运票价进行了微调，规范了客运票价政策并维护了运输企业的合法权益。根据永仁县发改委、旅游局的请示，发文废止了原来方山景区的门票价格政策，并对永仁方山诸葛营村风景旅游区门票试行价格等问题进行了批复。对《云南省定价目录》中授权州（市）定价的管理目录进行修订，自2010年5月1日起将楚雄市的城市出租车价格审批管理权限下放由楚雄市人民政府管理。认真对照客运票价费率、客运运输里程、客运车辆车型等政策，对楚雄始发跨省、跨区、跨县的97条非农村客运班线票价进行了重新调整。批复了元谋浪巴铺土林景区门票试行价格、《楚雄日报》彩报发行价格、大姚石羊孔庙门票价格、楚雄至石林客运价格、

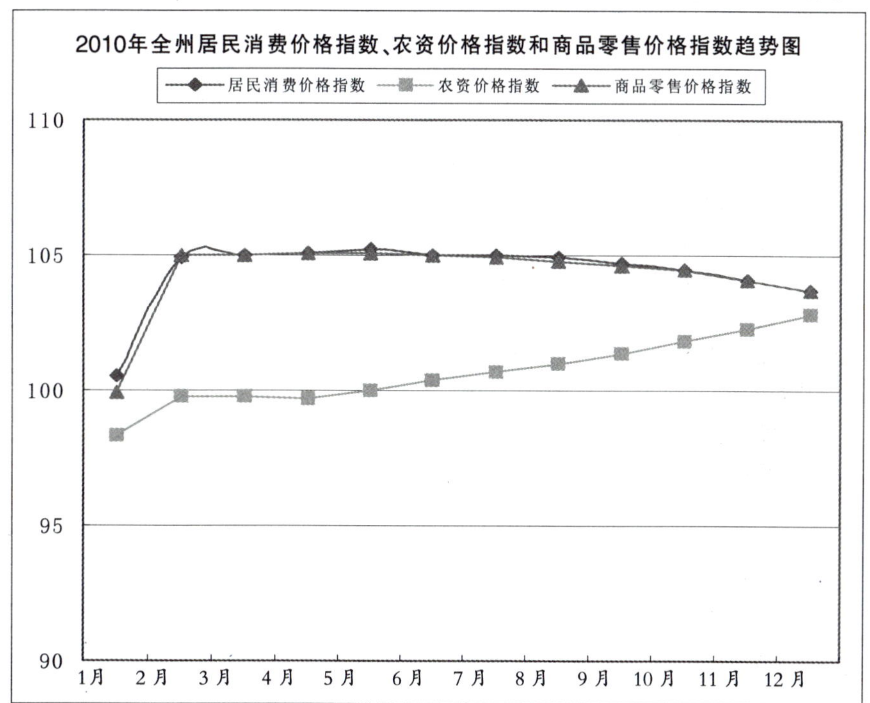

世界恐龙谷景区门票试行价格延期等价格收费问题。圆满完成收费许可证年审工作。根据《云南省行政事业性收费许可证年度审验办法》的要求，全州于2010年3～5月开展了收费许可证年度审验工作，共核发行政事业收费许可证2629本，其中正本1189本，副本1440本。2010年度新核发许可证10本，注销70本。涉及收费部门43个（不重复计算），涉及收费项目128项（不重复计算，不含医疗服务价格）。

【价格认证】 2010年,楚雄州价格认证中心受理各类案件60件(其中道路交通事故财产损失认证9件),标的金额913.4万余元,收取价格鉴证费9.16万元。至年末,全州有价格鉴证师18名,有价格鉴证员岗位证书的34名,在岗人员25人。

【价格监测】 2010年，楚雄州针对居民消费价格持续上涨，猪肉、粮油等主副食品价格高位运行这一问题，加大市场监管力度，加强价格监测预警，在当年价格水平逐月上涨的态势下，进一步加强对生活必需品的价格监测预警，坚持市场调查巡视和监测日报、周报、旬报、月报、季报制度，综合运用多种手段调控价格，保持价格总水平基本稳定。全年上报国家级《重要商品及服务价格监测报告制度》的价格监测报表36期，监测品种122个，监测数据360条。上报国家发改委应急监测周报表21期，监测品种12个，监测数据252条。上报省级《国家重要商品及服务价格监测报告制度》的价格监测报表12期，监测品种44个，监测数据528条。上报粮油副食品及燃料价格周报表54期，监测品种38个，监测数据2052条。先后下发了《楚雄州关于认真做好今年物价工作确保市场物价稳定的紧急通知》、《楚雄州发改委关于切实做好稳定物价工作保障群众基本生活的紧急通知》等文件对稳定物价保障市场供应相关工作进行了安排布置，研究制订了《楚雄州应对市场价格异常波动价格工作预案》，报经州人民政府同意后，于2010年11月18日发布执行，并及时出台了《楚雄州人民政府关于稳定价格总水平保障人民群众基本生活的二十二条意见》。

【价格监督检查】 2010年，楚雄州认真完成国家和云南省统一部署的涉农、涉企收费及行业协会收费、电力价格、教育收费等五大专项检查。受理价格举报（咨询）37件（其中组织检查25件，咨询12件），查处了1批典型案例。积极做好重大节日和重要时期市场价格的监管，认真做好市场价格巡查、检查和监管，共查处违法行为为59件，查处价格违法金额460.7万元，实施经济制裁总额69.5万元。

［张云徽］

开发投资

【间接融资】 2010年，楚雄州开发投资有限公司面对存款准备金率6次上调，贷款利率2次上调，相应政策法规出台等贷款准入门槛提高，贷后严格监管等困难，迎难而上，全力以赴，采取灵活多样的方式，实现年度新增融资23.31亿元，其中实现直接融资15亿元（公司债券），间接融资8.31亿元。开创了公司成立以来年度新增融资总额第一的新局面，与上年相比增长110.86%，是上年新增融资的2.11倍，占公司成立7年以来融资总额62.84亿元的37.08%。

【资金调度】 2010年，楚雄州开发投资有限公司共调度拨付项目资金18.87亿元，累计收回到期债权4.4亿元，占应回收到期债权6.3亿元的69.84%，履行到期债务5.24亿元，支付利息2.1亿元。保证了青山嘴水库及供水干渠、通乡油路、中小学校安工程、元双公路、职教中心、恐龙谷二期、滇中楚雄特色大城市建设等重点项目建设的资金需求，有效放大政府信用合作资金和债券募集资金的杠杆效应，推动了全州固定资产投资的快速增长。

【实施2010年政府信用建设合作项目】 2010年，楚雄州开发投资有限公司围绕云南省推进西南地区“桥头堡”建设和中共楚雄州委、州人民政府加快建设滇中经济圈新的增长极的重大战略目标，征求部门意见建议，提出2010年政府信用贷款项目计划安排方案和15亿元债券项目安排方案，分别经楚雄州人民政府常务会议和州委常委会议审议通过，安排使用政府信用贷款资金7.6亿元，市政项目建设债券募集资金15亿元，共计22.6亿元，涉及8个行业107个项目。

【成功发行市政项目建设债券】 楚雄州市政项目建设债券发行工作从2009年5月22日召开企业债券发行专题办公会后正式启动，历时518天，最终于2010年10月18日公告发行，10月21日15亿元资金筹集到位，11月8日正式在上海证券交易所上市，并于11月8日在昆明召开了债券上市新闻发布会。2010年楚雄州开发投资有限公司市政项目债券的成功发行和上市，对楚雄州经济社会发展具有里程碑意义，15亿元的募集资金“登陆”楚雄州资本市场，改写了彝州无市政债券的历史，打破了彝州资本市场只有间接融资的格局，改变了彝州融资渠道无法面向全国的现状，实现了楚雄州直接向全国资本市场融资的“零”突破。

［邹建红］

国土资源管理

【国土资源管理工作概况】 2010年，楚雄州国土资源管理工作以科学发展观为指导，以深入开展创先争优活动为契机，紧紧围绕全州工作中心，全面提高“保障发展、保护资源、维护权益、服务社会”的能力，坚持保障发展和保护资源相统筹，坚持保增长与节约集约相协调，坚持政府主导与市场配置相促进，着力突破当前国土资源工作中遇到的困难和问题，创新国土资源管理方式，全面提升管理水平，超额完成了全年的各项目标任务。

【抗旱救灾地下找水打井突击行动】2010年初，楚雄州遭遇百年不遇的大旱，人畜饮水严重短缺。楚雄州国土资源局视灾情如命令，攻坚克难，全力以赴投入“抗旱救灾地下找水打井突击行动”中，把井眼安排在旱情最严重、受灾人口相对集中、减灾效益最好的地区，重点解决缺水群众的饮水问题。3月10日，楚雄州打出了全省第一口井，全省抗旱打井送水仪式在楚雄市东华镇寺登村举行，中共云南省委常委、省委秘书长杨应楠出席送水仪式。3月24日，国土资源部副部长汪民、云南省副省长刘平到楚雄州调研抗旱救灾地下找水打井工作。中央、省、州各大媒体宣传报道了楚雄州抗旱打井的成果，中央电视台焦点访谈、云南电视台“都市条形码”专题访谈。抗旱打井经过53天艰苦的日夜奋战，在111个村打井529口，解决了26万人的饮水问题。抗旱救灾地下找水工作取得了显著成绩，受到了山区群众的称赞，也得到中共楚雄州委、州人民政府的充分肯定。州国土局被中共云南省委、省人民政府表彰为云南省抗旱救灾先进集体，8个县（市）国土资源局和全州国土资源系统15名干部职工被云南省国土资源厅表彰为抗旱救灾地下找水突击行动先进集体和先进个人。

【规范土地市场】 2010年，楚雄州进一步规范土地市场，对1999年以来批而未用土地进行了全面清理处置，制定了批而未用土地的供地措施、供应计划，采取开设绿色通道加快报批速度、调剂项目用地、完善基础设施供地手续等方式，加快已征转土地的供应速度。在州级区域内建立统一的土地交易市场，全州6亩及以上的经营性用地的招标拍卖挂牌出让工作全部进入统一市场，进一步规范了土地交易秩序。土地收益再创历史新高，全年全州共供应具体项目用地251宗382公顷，实现国有土地有偿使用收入8.82亿元，同比增长22.14%。盘活存量建设用地111公顷，占供地总量的29.08%。其中以有偿方式提供203宗293公顷，招拍挂出让175宗264公顷，协议出让28宗29公顷；划拨48宗89公顷，其中经济适用住房用地0.34公顷、廉租住房用地3.62公顷。

【重点工程用地服务】 2010年，楚雄州积极为重点工程提供用地服务。一是元双二级公路征地拆迁任务完成，正线范围内征地7842亩，及时提供施工单位使用工程用地162千米；拆迁建筑物8.06万平方米、构筑物3.73万立方米、各类管线400千米、拆迁坟墓2668冢。二是昆广铁路复线自2007年10月开工以来，向建设单位提供建设用地2554亩，其中永久征地1088亩、临时用地1466亩，占应征地总量的100%；拆迁房屋2.45万平方米、坟墓252冢，清除果木6.87万株、竹子2186平方米；同时，向施工单位提供临时用地23处，施工便道14条34.9千米，征地拆迁工作进入尾声。三是筹建楚广高速公路和武禄高速公路征地拆迁协调办，并认真开展前期工作。

【科学编制“三个规划”】 2010年，楚雄州科学编制了“三个规划”。一是全面完成州、县、乡三级土地利用总体规划修编工作任务，三级规划成果已按照审查权限通过州、省审查，按照审批权限经云南省、楚雄州人民政府审批后即可发布施行。二是完成第二轮矿产资源规划编制任务。《楚雄州矿产资源规划》（2008～2015年）已经楚雄州人民政府批准发布施行，各县（市）矿产资源规划已全部通过省级审查，经相关程序后即可发布施行。三是开展旅游产业土地利用专项规划编制工作，制定了具体工作方案，楚雄、元谋、武定和永仁第一批4个重点县（市）的规划送审稿已经完成。

【第二次全国土地调查】 2010年，楚雄州认真开展第二次全国土地调查。一是农村土地调查外业成果及基本农田上图核查工作已全部通过省级验收，数据库已通过省级检查并上报国土资源部备案，内业成果资料已经省级验收，正在开展数据汇总、报告编写等工作。二是楚雄市城区和9个县城的城镇土地调查（地籍调查）已全面完成，楚雄市鹿城镇的外业成果已通过省级验收，其余9个县城的外业成果已通过州级验收，内业成果及数据库已经上报云南省国土资源厅待检查验收。三是一般建制镇的土地调查外业工作已全部完成，外业成果通过州级验收。

【矿政管理】 2010年，楚雄州继续加强矿政管理。一是加大矿业权市场体系建设力度。探矿权采矿权出让转让交易规范有序，全年出让采矿权75个。其中挂牌出让56个、协议出让19个，收取矿业权价款344万元，实现出让纯收益309万元。二是对应检的620个采矿权和101个探矿权进行年检，注销许可证12个。三是强化矿产资源补偿费和有偿使用费的征收。全年对114个矿山征收矿产资源补偿费366万元，有偿使用费772万元。四是完成矿产资源利用现状调查和矿业权实地核查工作。矿产资源利用现状调查113个矿区，其中65个上表矿区和48个未上表矿区，已通过省级评审验收。完成744个矿业权实地核查工作并通过省级验收。

【矿产资源开发整合】 2010年，楚雄州继续加强矿产资源开发整合工作。一是将9个区域作为进一步推进矿产资源开发整合的省、州重点矿区，其中省级重点整合勘查区3个、省级重点整合矿区4个、州级重点整合矿区2个。二是牟定安益铁多金属矿整装勘查的5个子项目中已有3个全面开展了勘查工作，其余6个重点整合矿区已按整合实施方案全面完成了资源整合任务。三是“三年地质找矿行动计划”逐步推进，大湾山已探明贫铁矿6000万吨，二台坡已探明贫铁矿1000万吨、钪1000吨。

【地质灾害防治】 2010年，楚雄州狠抓地质灾害群测群防建设。一是对2010年全州列入监测范围的1243个地质灾害隐患点落实监测人员1317人，进行监测记录。二是州、县、乡三级层层组织开展了“五到位”宣传培训，并向受威胁农户和各责任单位发放“明白卡”。三是制定地质灾害防治方案和应急预案，并统一实行乡（镇）领导联系挂点地质灾害隐患点制度，进一步明确领导责任。四是严格实行汛期领导带班，工作人员24小时值班制度，与气象局联合做好地质灾害气象预警预报工作，除通过160块电子显示屏不间断向群众发布当日天气外，还通过手机短信、电视向相关人员发布地质灾害气象预警信息。五是州级财政安排地质灾害监测经费80万元，各县（市）财政落实地质灾害预防配套经费64.52万元，专项用于全州监测人员的误工补助；同时，州级财政安排20万元资金，专项用于各县（市）地质灾害应急演练。10个县（市）隐患点开展了应急演练。六是全面落实矿山地质环境恢复治理保证金制度，2010年交存矿山地质环境恢复治理保证金的采矿权人数为87个，2007年以来累计已交存444个，占采矿权人总数的73.27%，保证金累计交存额达2968.55万元。

【矿山地质环境恢复治理】 2010年，楚雄州大规模开展了地质灾害工程治理。实施了武定县己衣乡中学及人民政府驻地滑坡等8个重大地质灾害隐患点和矿山地质环境治理项目，共完成投资5899.93万元。工程投入使用后，有效消除了地质灾害隐患，确保了2.3万名人民群众和10亿余元的财产安全，受到了当地群众的好评。

【基础测绘工作】 2010年，楚雄州继续加强基础测绘工作。《楚雄州基础测绘规划》（2011～2020年）通过省级审查，已上报楚雄州人民政府审批施行。做好基础测绘成果应用，审核并出具国家秘密基础测绘成果使用证明函20份、开具云南省测绘项目施测核准通知书3份。对2家新申请、3家升级和11家复审换证的测绘单位申报材料经初审后上报云南省测绘局进行审批。

【执法监察工作】 2010年，楚雄州依法查处国土资源违法违规案件85件。其中土地违法案件64件，涉及土地面积97亩（占用耕地18件63亩）；拆除建（构）筑物8462平方米，没收建（构）筑物5470平方米，收回土地48亩（耕地44亩），收取罚没款17万元。查处矿产资源违法案件21件，收取罚没款552.2万元。

【打击私挖滥采】 2010年，楚雄州积极开展严厉打击矿产资源违法行为专项行动。以楚雄、南华等县（市）为清理重点，组织各县（市）开展了严厉打击矿产资源违法行为专项行动，对无证采矿、无证勘查、越界开采、私挖滥采、持过期证照探（采）矿等违法行为进行认真清理排查。全年全州共清理出无证开采55起，持过期采矿许可证采矿12起，开采矿种与采矿许可证不符1起，关闭矿山“死灰复燃”7起，超越批准矿区范围采矿4起。通过清查处理，矿产资源违法行为进一步得到有效遏制。

【土地卫片执法】 2010年，楚雄州共清理2009年度卫片图斑384个，涉及地块445宗2.89万亩，其中新增建设用地291宗2.47万亩，实地伪变化154宗0.43万亩。新增建设用地中，合法用地269宗2.43万亩（耕地1.02万亩），违法用地22宗342亩。违法用地宗数占新增建设用地宗数的7.56%，违法用地面积占新增建设用地总面积的1.39%。对卫片执法检查中发现的违法用地行为，均依法进行了处理。

［王秋青］

招商引资

【招商引资概况】 2010年，楚雄州实际引进州外到位资金110.97亿元，突破100亿元大关，完成州人民政府下达责任指标90亿元的123.3%，比上年增长47%。其中实际引进省外到位资金70.5亿元，完成省人民政府下达责任指标47亿元的150%，比上年增长50.6%；工业生产性项目到位资金80.7亿元，完成州人民政府全年考核责任目标任务56亿元的144.1%；实际引进国（境）外资金1331万美元，完成省人民政府下达引进外资任务800万美元的166.3%，完成州人民政府下达责任指标1300万美元的102.3%，形成了州外、省外、国（境）外三项指标齐头并进的强劲势头。“十一五”收官之年，实际到位资金是“十五”末16.6亿元的6.6倍，增长568%，引资总量和增长幅度均创楚雄州历史最好水平。

【节会招商实效】 2010年，楚雄州在“第八届东盟华商投资西南项目推介会”和“第十八届中国昆明进出口商品交易会”上，筛选了以生物资源、农业、绿色食品加工等为主的60余个项目与东盟华商及相关企业进行了“一对一”洽谈，累计实现国内经济技术合作项目134项，项目协议引资总额260亿元，同比增长88.7%。昆交会开幕当天，总投资56亿元建设姚安县太阳能（光伏）发电项目、总投资25亿元建设楚雄市滇中楚雄大商汇（紫溪新城）项目和总投资3.5亿元建设楚雄市通用航空基地项目等12个项目进入昆交会省级集体签约。由香港经纬公司与浙商（云南和富投资公司）合作投资40亿元的武禄高速公路建设项目在会上签约，该项目已于当年11月16日正式启动，为楚雄州高速公路首例采用BOT模式运作的招商项目。同时，成功推进了中广核集团投资的牟定县风电项目的实施以及楚雄州与中国国际技术智力合作公司、中国华电集团、中粮集团等央企的合作。

【园区建设和工业招商】 2010年，楚雄州通过实施《楚雄州工业园区考核暂行办法》，进一步规范工业园区平台建设和管理；通过实施新修订的《楚雄州招商引资工作考核办法》，强化对工业生产性招商项目指标的考核。1～10月，工业生产性项目到位资金就完成州人民政府责任目标任务56亿元的120.1%，年末实现到位资金80.7亿元。通过加强对各县（市）园区规划建设、特色产业、产业定位、产业配套能力和招商方式方法的协调指导，各园区建设取得初步成效。禄丰县土官、勤丰工业园区招商渐成规模，大姚南山坝、姚安草海、双柏工业园区建设招商也日见成效。

【项目开发和央企入滇项目提报工作】 2010年，全州共征集招商项目262个，其中当年新推项目170个、续报项目92个；重点项目20个、储备项目60个。涉及绿色食品加工、冶金矿产化工、商贸、基础设施建设、文化旅游、社会事业、天然药业等产业，园区建设、生物产业、旅游三产、社会事业及城市基础设施建设逐步成为楚雄州招商工作的重点。同时，为贯彻云南省“央企入滇”战略，下半年又开发了禄丰“国际绿谷”、“西部玫瑰谷”、“温泉彝镇”、“国际旅游商品城”等大项目；征集投资规模在1亿元以上的大项目18个，并筛选、包装了苍岭工业园区整体开发招商、牟定水桥稀土开发等6个项目作为面向央企、省企重点推介的项目，为有效开展全年招商推介和吸引投资打下了坚实的基础。

【重点产业专题招商】 2010年，楚雄州抓紧开展重点产业专题招商。积极开展天然药业专题招商，组织招商团先后赴上海、杭州、甘肃、陕西开展天然药业专题招商活动，与上海、杭州等发达地区大型医药企业和陕甘地区药材基地建立合作。与中国医药集团上海医药工业研究院初步达成共同开发彝族医药产业战略合作协议，即将签约。开展以园区为载体的承接产业转移专题招商，分别参加了由云南省人民政府主办的“云南省承接珠三角区域产业转移专题推介会”、云南省招商合作局在上海举办的云南省现代服务业专题招商暨投资洽谈推介会、全球温州商会会长大会暨昆明温州总商会15周年庆典、迪庆州第六届康巴艺术节经贸会、云南省招商合作局组织在重庆举办的云南物流产业招商推介会等活动，以工业园区、工业小区为主要载体的承接产业转移平台和以天然药业、生物产业、旅游轻工产业为代表的招商项目向与会嘉宾推介，与百胜餐饮集团成功签署了投资意向书。同时，积极为姚安草海工业园区开展招商活动，组织了江苏、厦门、云南省塑料行业协会等客商到姚安考察洽谈。其次是成功与吉利集团达成了初步投资意向。

【搭建招商引资平台】 2010年，楚雄州把“桥头堡”战略的实施与推进楚雄州对外开放和招商引资工作紧密而有机地结合起来，多方借力，不断拓展对外合作空间。成功促成楚雄州人民政府与云南省人民政府侨务办公室、云南省归国华侨联合会签订了《招商引资战略合作协议》。与云南省归国华侨联合会、楚雄州委统战部、州侨联等部门合作，共同策划举办了“侨商彝州行”招商引资推介会，搭建泰国、香港、美国等地侨商平台。借云南省青联九届四次常委（扩大）会议及云南青年统战工作会议在楚雄召开之机，举办青年企业家专场招商引资项目推介会，搭建面向全省各界年轻企业家的合作平台。通过参与云南省侨办牵头组织赴印度尼西亚、菲律宾和香港邀商小分队，举行了12场招商项目推介会，建立起对该地区华商的招商平台。参加了台湾邀商活动，邀请了1批台湾客商到楚雄州进行项目投资实地考察，搭建面向台商的招商平台。借上海赴云南经贸考察团、清华大学房地产总裁班考察团赴楚考察之机，开展招商推介活动，搭建招商平台。

【健全招商引资激励机制】 2010年，楚雄州通过制定出台《楚雄州州级部门招商引资奖励暂行办法》、《楚雄州驻外招商引资联络处管理暂行办法》，修订《楚雄州招商引资工作考核办法》，进一步完善了招商引资责任制和激励机制，有效调动了全州各级各部门主动参与招商、为招商引资牵线搭桥的积极性。制定完善《楚雄州对外来投资企业服务若干规定》等相关制度，积极筹备建设楚雄州外来投资服务中心，继续做好外来投资企业的调查、走访、跟踪服务和发放交通绿卡工作，共向30多户重点外来投资企业发放问卷调查，竭尽全力为投资商开创绿色通道，尤其是为禄丰世界恐龙谷的经营和二期项目上马、牟定化佛大酒店建设、楚雄茶花谷招商项目做了大量的跟踪服务工作。重新制定了驻外招商引资联络处管理办法和分科室负责挂钩驻外联系联络处制度。年内，专门拜访了重庆市浙江商会、温州商会，并积极与贵州省浙江商会、广西浙商联盟进行对接，为下一步挂牌成立联络处

楚雄州2010年招商引资到位资金任务完成情况表

单位：万元

责任单位	州外到位资金完成额	完成任务比例	省外到位资金完成额	完成任务比例	工业生产性项目到位资金	完成任务比例
开发区	156076	130.1%	75956	120.6%	78420	100.5%
姚安县	32414	129.7%	21164	111.4%	8464	105.8%
元谋县	40100	129.4%	27020	245.6%	30960	229.3%
禄丰县	443754	126.8%	332531	190.0%	405860	179.3%
牟定县	43625	124.6%	29425	154.9%	31025	137.3%
楚雄市	93401	122.9%	42386	106.0%	56715	100.2%
大姚县	106440	118.3%	69800	120.3%	61280	104.2%
南华县	41310	118.0%	32410	135.0%	26910	256.3%
武定县	67924	113.2%	11794	117.9%	44225	118.9%
永仁县	38022	108.6%	25390	101.6%	27542	110.2%
双柏县	46647	108.5%	37452	144.0%	35649	152.3%
合计	1109713	123.3%	705328	150.1%	807050	144.1%

注：本表按照各责任单位州外到位资金完成任务比例排序。

和建立战略合作伙伴关系做好前期工作。加强项目跟踪推进和服务机制，一方面及时掌握了解招商引资动态、项目推进、后续服务等情况，协调解决项目推进过程中的困难和问题；另一方面陪同客商实地考察项目，为客商寻找投资项目，帮助各县（市）牵线搭桥，出谋划策，不放过一切可能的合作商机。

［吕振敏］

工商行政管理

【工商行政管理工作概况】 2010年，楚雄州工商局认真贯彻落实云南省工商行政管理局的工作部署和工作要求，按照“四个只有”的要求，紧密结合楚雄工商工作实际，顺利完成了全年各项工作任务。围绕中共楚雄州委、州人民政府的发展中心，积极支持引导和促进各类市场主体的健康快速发展。积极服务新农村建设，进一步促进农民增收。全力推进商标战略实施，为提升企业核心竞争力服务。构建消费维权网络，努力维护消费者合法权益。进一步优化市场环境，营造和谐、稳定的市场秩序。坚持加强素质建设促进队伍建设，确保工作任务顺利完成。年末，全州共有个体工商户6.31万户，从业人员12.09万人，注册资金17.05亿元，分别比上年末增长13%、16%和18%；有私营企业6024户，从业人员11.74万人，注册资金93.94亿元，分别比上年增长14.5%、13.5%和25.1%，年内净增私营企业767户。内资企业户数减少，注册资金增加，实力增强，全年全州有内资企业3281户（国有企业655户，集体企业893户，股份合作企业202户，有限公司1502户，其他企业29户），其中企业法人796户，注册资金57亿元；企业户数比上年减少1%，注册资金比上年增加5.46%。全州共有外商投资企业192户，比上年增长2.13%，其中外资法人企业62户，占外商投资企业总户数的32.29%，注册资本2.15亿美元，外方认缴部分1.72亿美元，占全州外资企业注册资金的80%；外商投资企业分支机构130户，占外商投资企业总户数的67.71%。

2010年楚雄州个体工商户基本情况表

行业	户数（户）		从业人员（人）	注册资金（万元）
	新增	累计		
合计	16059	63135	120896	170501.02
农、林、牧、渔业	447	848	2304	10759.57
采矿业	37	171	1015	4321.2
制造业	678	4985	10573	14058.42
电力、燃气及水的生产和供应业		12	41	204
建筑业	25	62	237	434.8
交通运输、仓储和邮政业	466	554	666	3246.95
信息传输、计算机服务和软件业	56	239	456	610.74
批发和零售业	9995	39332	69483	71413.46
住宿和餐饮业	2645	8903	20015	43993.89
金融业				
房地产业	10	6	32	27.2
租赁和商务服务业	153	431	1041	2693.36
科学研究、技术服务和地质勘察业	1	1	3	3
水利、环境和公共设施管理业	1	2	7	7
居民服务和其他服务业	1411	6997	13465	15234.73
教育	14	16	61	70.7
卫生、社会保障和社会福利业	21	200	448	1126.4
文化、体育和娱乐业	87	340	998	2047.84
其他行业	12	36	51	247.76

【促进市场主体健康快速发展】 2010年，楚雄州工商局为进一步增加市场主体数量扩大市场主体规模，积极支持引导和促进各类市场主体健康快速发展。以彝人古镇、大姚石羊“孔子铜像”、彝州第一峰“百草岭”，禄丰世界恐龙谷、元谋东方人类祭祖坛等人文资源为龙头，引导个私企业大力发展民族旅游服务业，全州新注册登记服务业2537户。引导个私企业根据市场需求调整企业产品结构，突出核桃、蜂蜜、中药材、食用菌等名特优新产品，全力发展个体私营经济。配合有关部门做好“两高一剩”产业工作中九大行业的监管，认真落实国家节能减排和淘汰落后生产能力的宏观调控政策。对于楚雄州人民政府确定的重大项目，坚持做到专人跟踪服务。同时，积极推进股权出质出资融资平台建设，办理股权出质8件，帮助融资4.1亿元。年内共编发《市场主体发展统计分析报告》13期。

【营造宽松创业环境】 2010年，楚雄州工商局积极营造宽松的创业环境，进一步完善创业服务体系，在认真落实优惠政策的基础上，结合楚雄州实际制定《楚雄州鼓励创业“贷免扶补”工作实施方案》积极鼓励创业，重点对返乡务工人员、农民工、大学毕业生、下岗失业人员进行调查和筛选，把符合“贷免扶补”条件和2010年首次创业的经营者列为“贷免扶补”对象，积极帮助创业者做好创业计划书、创业项目考察、创业项目评审、创业计划书的审核等工作，对符合创业条件的推荐到信用社，参与对创业者的了解考查，确保帮扶对象符合要求。通过采取有效措施，落实优惠政策，全州扶持创业人员103户，贷款金额515万元，带动就业人员305人，创业导师149人。

【服务新农村建设促进农民增收】 2010年，楚雄州工商局积极服务新农村建设，促进农民增收。大力发展农村经纪人，活跃农村经济。充分发挥登记管理职能，加强农村经纪人队伍建设。建立农村经纪人市场主体准入的“绿色通道”，对符合法定形式的一律当场登记。实行登记注册“一站式”服务。分类指导，积极培育多种类型的农村经纪人。突出重点，加强对农村经纪人的引导，新发展农村经纪人137户。引导发展农民专业合作社，促进农民增收。州工商局依托工商职能，制定了培育支持农民专业合作社发展的12条实施意见，积极培育、大力支持、放手发展农民专业合作社，实现农民专业合作社数量扩张、质量提升，促进农业增效、农民增收。年末全州共有农民专业合作社768户，成员数7258名，出资总额4.53亿元，分别比上年末增长56%、55.9%、147.7%。认真组织开展“红盾护农保春耕、保夏播、保秋收”专项执法行动，确保农民使用农资安全。全州工商系统共出动执法人员6065人次，车辆1491台次，印发宣传资料4.01万份，检查整顿市场1372个次，检查农资经营户2.15万户次，查处各类农资违法违章案件260件，取缔无照经营户23户，受理投诉21件，为农民挽回经济损失10.24万元。全州4449户农资经营户全部建立进销货台账制度。

【商标战略】　2010年，楚雄州工商局全力推进商标战略实施，为提升企业核心竞争力服务。制定下发了《楚雄州工商局关于印发楚雄州工商行政管理局2010年五项指标六项重点工作分解实施方案的通知》，对云南省著名商标数和一所一标任务数进行分解。同时，在辖区范围开展“两摸清”，即开展对特色产业、产品的调查，摸清分布情况；开展商标注册情况调查，摸清商品注册情况。根据“两摸清”情况引导、动员、帮助商标注册申请，扶持有注册商标的企业成为当地特色产业，达到一村一品的工作目标。对已注册和商标局已受理的商标信息进行采集，建立“有效注册商标登记台账”和“拟培育、发展商标台账”。全年全州工商部门共向云南省工商局推荐23件（重新申请8件、新申请15件）商标参与省著名商标认定活动。

【维护消费者合法权益】　2010年，楚雄州工商局积极构建消费维权网络，努力维护消费者合法权益。加强“12315”维权网络建设，建立“一会（消协分会）”108个，新建两站（消费者投诉站、12315联络站）335个，其中在500平方米以上商场超市、社区、市场、国家级省级旅游景区建设“两站”149个，消费维权网络已覆盖全州所有乡（镇）、村委会、500平方米以上商场超市、社区、市场、国家级省级旅游景区、部分学校、酒店。提升“12315”服务工作效能，努力打造工商第一品牌形象，全年共接到全州各类消费者来电来访1.33万个（人）次，受理消费者申（投）诉、举报、咨询1757件，其中申（投）诉870件，举报177件，咨询828件，申（投）诉调解成功率100%，举报100%调查处理，咨询100%答复，为消费者挽回经济损失37.6万元。

【市场环境优化服务】　2010年，楚雄州工商局努力优化市场环境，营造和谐、稳定的市场秩序。优化商品交易市场环境，提升市场竞争力。积极在全州商品交易市场中开展“诚信市场”创建，切实加大对各类市场功能、规模提升改造的指导力度，加快市场企业化进程。完成了州、县（市）级“诚信市场”创建评定和公示工作，全州共公示了42个1A至4A级“诚信市场”，其中楚雄经济开发区永丰钢材水泥专业市场被省工商局公示为“5A级诚信市场”，成为全省14个“5A级诚信市场”之一，也是全州第一个“5A级诚信市场”。开展“星级食品安全示范店”创建，提升食品经营安全意识。积极开展“星级食品安全示范店”评定工作。全州42个工商所（分局）按要求应评定星级示范店53户，实际评定55户，完成率占任务的104%。

【市场监管】　2010年，楚雄州工商局积极加强市场监管，努力营造良好的市场秩序。严厉打击传销违法活动，进一步完善打击传销长效机制，实行“打、防、控”相结合的工作方法。全州共组织开展打击传销专项行动14次，出动执法人员1767人（次），车辆403台（次），检查出租房、集会场所3438个，查处传销案件5件。发放“打传”宣传画、《制止传销人人有责》手册、《打击传销知识问答》等宣传资料8000余份，接受师生咨询1869人（次），向传销人员及广大群众派发相关打击传销宣传资料3000余份。捣毁传销窝点15个，清理涉传人员83人，收缴用于传销的书籍资料180份，查获大量棉絮、被褥套及日常生活用品。移送公安机关5人。加大保护商标专用权和整治虚假违法广告力度。全年共查处各类商标案件69件，其中查处商标一般违法案件26件，案值0.08万元；查处商标侵权假冒案件54件。加大广告监测力度，规范广告发布行为。定期不定期对媒体进行检查，共监测广告条3988（次）。深入开展虚假违法广告专项整治行动，共出动执法人员429人（次），执法车辆115台（次），检查广告经营户1538户，经营单位76户，检查广告1581条，共收缴各种印刷品广告207份，收缴各种牌匾、布标13条；取缔各种广告858条；清洗乱粘贴广告785张；清除、覆盖乱喷涂办证文凭广告259条；查处各类违法违章广告案件23件，责令停止发布违法广告5条、限期整改11条。认真开展流通环节食品安全监管，共出动执法人员3268人次，检查食品经营户1.66万户次，市场224个次，取缔食品无照经营户14户，查处食品安全违法案件233件，查扣假冒伪劣食品199.13千克，解答消费者涉及食品问题咨询9件，受理调解食品申诉11件，举报10件，为食品消费者挽回经济损失2.02万元。组织开展节日猪肉市场监管、节日烟花爆竹市场监管、春节两会期间市场监管、中秋国庆假日市场监管、旅游市场监管、粮食市场专项检查、农村市场集中专项整治执法检查等行动。在农村市场专项整治中查处违法案件1014件。查处取缔无照经营户，规范市场经营秩序，共出动执法人员1874人次，出动执法车辆811台次，共检查个体工商户2.37万户次，发出市场检查告知书360份，检查企业1126户次，网吧400户次，发出市场检查告知书96份，查办无照经营案件887件。加大净化校园周边环境检查治理力度，为学校创造良好的育人环境，全州共出动执法人员1187人（次），车辆734台（次），检查门店、摊点2171户（次）。取缔无照经营10户，监督当事人当场销毁现场查获的超期变质食品24千克、“福满多”方便面11袋、饮料67瓶，对生产日期模糊不清的149.6千克小食品责令作退换货处理。深入开展“扫黄”、“打非”工作，出动执法人员2546人（次），检查市场785个（次），各类店、档、摊点4676户（个），检查印刷复制企业1894户，检查网吧、游戏室、歌舞娱乐场所1784个，发放防艾等宣传资料3500余份，检查各类书刊杂志5400册，音像制品4800盘。收缴少儿版人民币99张，恶搞卡片35张。

【机构队伍建设】 2010年，楚雄州工商局坚持加强素质建设促进队伍建设，确保工作任务顺利完成。实施机构改革，推进职能到位。按照云南省机构编制委员会批准的实施意见和云南省工商局下发的实施方案，顺利完成州工商局和各县（市、区）工商局新“三定”工作。开展计算机操作岗位练兵竞赛活动。落实执法责任制，加大执法监督检查力度。层层签订执法责任书，把执法责任落实到岗到人。全系统查处一般程序行政处罚案件1682件，全部经法制机构核审。全面推行说理式执法文书，行政处罚文书质量得到提高。全面落实党风廉政建设责任制。签订了2010年党风廉政建设责任书524份。对落实责任政府四项制度情况进行督促检查，开展督查97次；贯彻落实“阳光政府”四项制度监督检查，开展督查69次。认真办理群众来信来访。全系统纪检监察机构收到信访举报件14件，已办结14件；云南省工商局转办“金色热线”群众反映问题1件，已办理完毕。实施绩效考核，网上督查。运用“楚雄州工商行政管理系统绩效考核督查管理系统”，按照职责将年度工作、重点工作量化为12大项68小项指标进行考核。对各县（市、区）工商（分）局的工作完成情况按季度进行检查考核，定期通报检查考核情况。

［朱亚文］

统　计

【统计工作概况】 2010年，楚雄州统计系统凝心聚力、求真务实、改革创新，以深入开展创先争优活动为契机，以“抓基础、抓管理、抓队伍、抓协调”为重点，以“三个提高”为目标，认真贯彻落实科学发展观，深化统计改革，加强统计建设，全力提供优质统计服务，积极推进统计管理体制改革，力争取得新突破，进一步提高统计数据质量，加强对部门统计的管理、指导和服务，着力组织好第六次全国人口普查工作，着力推进依法统计，加大统计执法力度，进一步加强统计信息化建设，加强统计队伍建设，不断提高统计系统的执行力。通过全州统计系统干部职工的辛勤工作，综合核算、农村统计、工业能源、投资房地产、贸易服务业、交通运输、统计信息化建设等17项统计专业获得云南省统计局表彰奖励；城乡划分清查工作荣获国家统计局先进集体荣誉奖。

【统计方法改革】 2010年，楚雄州统计局紧紧围绕全国、全省统计工作会议精神，积极推进统计方法改革工作。对重点行业和热点问题及时跟踪监测，不断提高统计数据质量。认真做好工业、固定资产、节能减排、服务业的跟踪监测和统计；加强消费、价格及“三农”等事关民生的监测统计；着力提升以GDP核算为龙头的核算水平，及时、全面、真实、准确地搞好核算工作；继续组织实施好农村住户抽样调查样本轮换扩户工作，确保农村住户按要求时间记好收支账，切实做好抽样调查数据的衔接；进一步完善统计数据质量控制体系，认真组织实施数据质量控制评估办法。随着楚雄州经济社会的快速发展，第三产业的比重不断上升，为准确反映全州商贸发展的趋势提供准确、可靠的统计数据，全州统计系统及时把限额以上批发零售住宿餐饮业的上限达规工作作为一项十分重要的工作切实加强，州、县统计部门积极与各级商务局、旅游局等部门协调配合，突破统计瓶颈，转变统计方式，同时继续抓好商贸小型抽样调查工作。着力解决好全州能源统计的机构、编制问题，加强对企业的能源统计督查，认真细致地做好季度万元GDP能耗核算工作，重点关注第二、第三产业的能耗情况，进一步完善统计制度。认真做好县域经济综合评价考核工作，以县域经济综合评价考核工作为契机，充分发挥政府统计部门在综合评价考核中的重要作用，不断加快县域经济的发展，巩固基层政权、繁荣地方经济。

【统计法制建设】 2010年，楚雄州统计局认真加强统计法制建设工作。统计法制宣传取得实效。结合新修订的《统计法》和监察部等三部门出台的《统计违法违纪行为处分规定》认真抓好学习宣传活动。充分利用全国第六次人口普查、全国统计执法大检查和统计调查活动及各种会议以及借助新闻媒体、墙报专刊、标语、发放宣传材料、电子网络等形式深入广泛地开展宣传教育。切实抓好干部职工“五五”普法法律法规知识的学习。实行法律法规知识专题讲座制度；积极安排人员参加省、州的业务骨干培训，组织了干部职工普法考试。不断强化行政执法责任。领导与各科室（中心）负责人、各科室（中心）负责人与科室（中心）执法人员分别签订了行政执法目标责任书。在抓好行政执法目标责任书贯彻执行的基础上，组织开展了自检自查工作。切实加强统计法制业务培训工作。利用统计执法大检查之机对统计行政执法人员进行培训。认真做好统计人员从业资格培训工作，积极组织293名统计人员报名参加统计从业资格培训班。继续抓好统计制度建设。积极推行《楚雄州统计局行政执法责任制》等配套制度；继续抓好《楚雄州部门统计调查项目审批管理暂行办法》、

《统计报表报送双签制》、《楚雄州统计数据质量责任追究制度》、《楚雄州统计数据评估制度》等制度、规定、办法的贯彻实施工作。统计执法监督检查力度进一步加大。认真开展统计执法大检查。全州已开展自查单位2584个，自查率99%；州、县（市）两级共重点抽查单位（企业）276个，未查出问题的单位（企业）195个，查出存在一般问题的单位（企业）75个，查出存在统计违法违纪问题的单位（企业）6个，已立案进行了查处（全年共查处案件7件）。积极参与州人大常委会组织开展的《楚雄彝族自治州统计管理规定》执行情况检查工作。认真做好统计设计管理工作。准确、及时、全面完成《云南省统计上使用的县以下行政区划代码》的更新、维护、上报工作；切实做好《云南省统计上使用的单位临时代码》的发放、管理及上报备案工作；完成了全国城乡划分楚雄州部分的数据库维护工作。

【统计基础建设】 2010年，楚雄州统计局继续开展信息化等统计基础建设。加强统计信息化建设，为发挥统计能力搭建好基础平台。以满足大规模企业联网报送、各类大型普查、服务业统计改革、能源统计等统计工作网上处理的要求，完成了全州统计信息网络扩容延伸工作，实现统计信息网络向乡（镇）延伸。开展统计信息网络安全体系建设工作，不断加强统计信息安全保障机制，强化网络安全措施，确保信息化设备与网络的安全稳定高效运行。加快全州统计系统网站集群建设步伐。充分发挥统计信息化资源优势，通过第六次全国人口普查网站集群的建设，进一步完善全州统计系统网站集群，形成集中统一、信息共享的统计信息网站系统平台。在完成乡（镇）统计站规范化建设以后，着力加强楚雄州统计局硬件建设，更换购置了办公电脑。加强对部门统计的管理、指导和服务，不断提高政府统计公信力。规范部门统计调查项目审批和备案程序，严格执行统计法，努力完善统计制度，扎实做好各项统计调查，健全部门间的资料交换制度，及时提供部门统计资料，切实提高部门统计能力和统计数据质量。

【统计服务】 2010年，楚雄州统计局认真抓好统计服务，充分发挥统计在经济建设中的职能作用，进一步提高政府统计公信力。开展统计数据服务。及时发布《2009年楚雄州国民经济和社会发展统计公报》，按月编印《楚雄州国民经济主要指标快报》11期6000份。为庆祝“两会”胜利召开，组织撰写了48篇统计分析文章编印成《楚雄州国民经济和社会发展报告》(2010)，印制1500册提供给州人大代表、政协委员参政议政参阅。同时提供给州级部门和社会各界参阅，受到广泛好评。认真开展统计分析，及时撰写统计分析和调研报告51篇，提供统计资料8篇，撰写统计政务信息69篇（条），经济信息81篇（条），人口普查简报96篇（条），满足了各级党政领导决策的需要。及时开展旱灾快速调查，根据旱灾情况调查资料，全面分析农业、农村和物价受旱灾的影响，寻求抗旱救灾工作良策，形成了《持续干旱对楚雄州农业生产的影响》、《持续干旱对楚雄州居民消费价格影响情况分析》和《楚雄州旱情引起蔬菜价格持续上涨应引起高度重视》等统计分析材料供州委、州人民政府和各级各部门参考。

【重大国情国力调查】 2010年，楚雄州统计局积极组织开展重大国情国力调查工作。组织开展经济普查资料开发应用。2008年以来，楚雄州认真组织开展了全国第二次经济普查，顺利通过了省级和国家的抽查验收，获得全国先进集体和云南省人民政府责任目标考评一等奖。第六次全国人口普查稳步推进，人口普查宣传工作启动后，州、县、乡组建了普查机构，选调了普查办人员，落实了普查办公室办公地点和人口普查经费；配合云南省人口普查办公室完成了省级专项试点工作；建立了人口普查定期报告制度和出生、死亡人口台账；开展了普查区域划分和地图绘制工作，全州共划分1099个普查区，10576个普查小区，抽调普查指导员和普查员1.5万余名。对全州320多名人口普查业务骨干（教员）进行培训。在新闻媒体的大力支持下，开展了声势浩大的宣传动员。同时，认真抓好入户登记工作，获得了较高质量的人口普查数据，完成了摸底调查工作和人口普查入户登记、数据录入、汇总、上报工作。抓好乡村领导班子和领导干部群众满意度调查、贫困监测调查、烟草零售满意度调查、R&D调查、城乡划分清查等工作，因城乡划分清查被国家表彰为先进单位。

［高华伟］

统计调查

【国家统计局楚雄调查队工作概况】 国家统计局楚雄调查队是根据国务院和中央编办文件精神，由国家统计局云南调查总队批准，并经中共楚雄州委、州人民政府同意成立的国家统计局在楚雄州的正处级派出调查机构。编制21人，其中队长1人，副队长2人，纪检组长1人，正副科长职数9人。内设6个科室，2010年末在职人员14人。国家统计局楚雄调查队于2007年4月正式成立，由国家统计局云南调查总队管理，具有依法独立行使统计调查、统计报告、统计监督的职权，独立向国家统计局和云南调查总队上报调查结果，并对调查的真实性负责。2007年4月至2009年12月，由于是统计调查管理体制改革初期，国家统计局楚雄调查队和楚雄州统计局共同合署办公，共同开展工作。随着统计调查管理体制改革的深入，从2010年1月1日起，国家统计局楚雄调查队按照职能职责，独立开展工作。

【国家统计局楚雄调查队基础建设】 2010年，国家统计局楚雄调查队进一步加大基础建设力度。建立健全制度，切实加强管理。制定了《国家统计局楚雄调查队工作管理制度》，切实加强对学习、会议、财务、接待、差旅费报销、车辆派遣与维修等的管理。印发了《国家统计局楚雄调查队科室年度工作考核办法（试行）》、《国家统计局楚雄调查队统计调查分析、调查快讯和工作研究考核办法（试行）》、《国家统计局楚雄调查队行政执法评议考核办法（试行）》、《国家统计局楚雄调查队党风廉政建设考核办法（试行）》，进一步完善了奖惩激励机制，有效地调动了全队职工的工作积极性。结合全队调查工作实际，印发了行政绩效管理、行政成本控制、行政行为监督、行政能力提升等行政效能政府四项制度，切实加强效能管理，进一步促进了全队工作效能的提高。积极改善办公条件。按中央政府采购规定，购置了3台台式电脑和7台笔记本电脑，每个职工配置了1个移动硬盘，进一步提高了全队的调查工作效率。同时，在经费较为困难的情况下，积极筹集经费10余万元，下拨县级国家调查队和县（市）统计局，为改善基层工作条件，加强基层基础建设，推进各项调查工作的有效开展发挥了积极作用。

【国家统计局楚雄调查队业务建设】2010年，国家统计局楚雄调查队按照国家统计局云南调查总队的要求，积极开展调查业务建设。严格执行国家统计调查制度，圆满完成了国家统计局和总队布置的各项调查工作任务，多个专业受到总队的表彰奖励。完善基层调查台账，确保源头数据质量。认真组织实施好工业品价格调查工作。按照《国家统计局云南调查总队关于进一步规范和加强价格调查管理工作的通知》要求，认真做好居民消费价格调查网点抽选和价格采集工作。按照《国家统计局关于布置2010年统计年报和2011年定期统计报表制度的通知》规定，认真开展规模以下工业的调研准备工作。认真开展了“全国组织工作群众满意度调查”、“云南省县级领导班子和领导干部群众公信度调查”、“云南省群众评议省直机关作风活动情况抽样调查”、“全省公安机关与群众安全感调查”、“全省环境保护调查”、“旅游花费调查”等专项调查工作。

【国家统计局楚雄调查队调查服务】2010年，国家统计局楚雄调查队在高质量全面完成各项调查任务的前提下，把调研分析列入考核，制定了《国家统计局楚雄调查队统计调查分析、调查快讯和工作研究考核办法（试行）》，有力地推动了调研分析工作的深入开展，调查分析服务水平明显提高。全年共完成调研分析报告25篇，调查快讯及简报57篇（条）。大部分调查分析报告、调查信息和工作简报被报刊、杂志、电台和上级调查部门采用，采用率达90%左右，如《警惕下半年生猪价格大幅上扬的风险》被新华社云南分社撰写的《西南旱区用水用料短缺　生猪后续生产受到严重影响》选用，发表在4月16日的新华社专供刊物《农价监测分析报告》中，受到中央政治局委员的批示。

［肖世良］

审　计

【审计工作概况】2010年，楚雄州共完成审计和审计调查项目522项，其中审计项目494项，审计调查28项。审计项目中，预算执行审计28项，财政决算审计9项，专项资金审计152项，行政事业审计98项，固定资产投资审计233项，金融审计1项，企业审计1项。审计查出违规金额2.56亿元，损失浪费金额179万元，管理不规范金额14.72亿元，已上交财政4596万元，已减少财政拨款或补贴1888万元，已归还原资金渠道1.61亿元，已调账处理4308万元，审计核减工程投资3022万元。审计移送司法机关案件1件2人，纪检监察部门2件5人，有关部门2件1人。向社会公告审计结果365篇，提交审计专题、综合性报告和信息简报765篇，被批示采用411篇，审计提出被采纳的审计建议1272条，多篇审计专报、综合性报告和信息简报引起州委、州人民政府领导高度重视并作批示。

【专项审计情况】2010年，楚雄州在做“深”预算执行审计、做“优”经济责任审计、做“强”财政专项资金审计和做“大”固定资产投资审计方面取得新成效。财政审计不断深化。按照“一条线”审计模式，在云南省审计厅的统一部署下，采取“六统一”的形式，试行地税联网审计系统，组织实施税收政策执行和税收征收管理情况审计，揭示有税不征、漏征漏管、执法不严、征收“过头税”等问题，促进制度机制完善，堵塞管理漏洞，防止税款流失，维护税法的严肃性和建立公平的税收环境。经济责任审计在创新中发展。州委、州人民政府出台了《楚雄州县（市）长经济责任审计评价暂行办法》，开展了2个县（市）长经济责任审计评价试点工作，得到云南省统计局的肯定。通过评价办法的制定和试点，统一了经济责任审计评价标准，规范了评价内容，体现了有限评价原则，有效降低了审计风险，科学客观地评价领导干部任期经济责任实绩，为组织部门任用干部提供第一手材料。全年全州共完成经济责任审计项目89个，审计查出违规金额1.25亿元，其中涉及主管责任1.24亿元、直接责任106万元，查出管理不规范金额1.32亿元。投资审计覆盖面进一步扩大。认真开展了7个重点建设项目的跟踪审计调查，向州人民政府和省审计厅上报了3个跟踪审计综合报告。完成了全州利用中介力量不少于460人次1.56万个工作日的目标。全年共完成投资审计项目225个，审计调查项目8个，项目投资额37.69亿元，投资审计总额在上年基础上翻了一番，核减投资额3022万元，使固定资产投资资金得到有效节约，促进了投资管理科学化、规范化。关注民生，专项资金审计不断强化。组织全州审计干部120余人次迅速开展2010年第一阶段、第二阶段、第三阶段抗旱救灾款物跟踪审计和玉树地震抗震救灾资金和物资跟踪审计，向省统计局、州人民政府上报了全州抗旱救灾款物跟踪审计综合报告，并将审计结果及时在《楚雄日报》、《云南经济日报·楚雄版》和楚雄审计网站上公告。广泛征求民意，虚心听取州政协委员意见，在全州范围内首次对楚雄市2007～2008年度商品房物业维修基金进行专项审计，向关心商品房物业维修基金管理、使用情况的广大群众交了一本明白账。

【“云审工程”建设】 2010年，楚雄州统计局认真开展“云审工程”建设。以“素质提高年”活动为主线，审计干部队伍建设成效显著。全年全州审计干部参与各种培训人均3次，每人不少于30天，投入培训经费176.7万元。通过多途径、大规模的干部培训，全州审计干部刻苦学习、勤奋工作的积极性空前高涨，年内全州审计系统共有154人报名参加全国统一组织的各类职称资格考试，高级审计师考试过关25人，过关率66%；考取审计师43人，合格率为38.7%；楚雄州审计局4人报名参加审计署计算机中级考试全部顺利过关，全省共21人报名7人通过，占全省通过率的57.14%。以基层审计机关投资审计中心业务用房建设为主要内容，基础设施建设大步迈进。截至12月，全州新建8个县（市）审计局投资审计中心业务用房，其中2个县正式开工建设，6个县（市）竣工投入使用。“云审工程·楚雄行动”期间，国家审计署总审计师孙宝厚，省委常委、副省长李江到禄丰、楚雄、南华等县（市）视察“云审工程”情况。9月28日，全省“云审工程”现场推进会在楚雄召开。

［唐志华］

质量技术监督

【产品质量监督管理工作概况】 2010年，楚雄州质量技术监督局进一步加强产品质量监督管理。建立并完善了全州95家工业企业质量档案。完成了农资产品、建材产品、抗灾救灾物资、区域性产品质量问题及整顿和规范市场经济秩序等多次重点检查和专项整治。共受理31家企业的33个产品工业产品生产许可证申请，已有27家企业的29个产品通过国家和云南省组织的审查，取得了工业产品生产许可证。完成了全州获证企业工业产品生产许可证的年度审查工作，共28户企业30个产品。严格按照有关要求和程序完成6个企业产品标准备案工作。办理商品条码注册12家，商品条码续展57家，制作商品条码胶片207片。严格产品质量监督检查，加强了监督检查计划管理，统筹安排州、县两级监督检查计划，共抽查食品、化工、农资、建材、燃料动力、日用消费品类等55种产（商）品；抽查生产、流通企业995家，合格706家，企业抽查合格率71%；抽查1135个批次的产（商）品，合格854个批次，产品抽查合格率75.3%；抽检了全州10县（市）148户烧结砖生产企业生产的155个批次的烧结砖产品样品，经按产品标准进行严格检验和判定，合格139个批次，抽检合格率89.68%。

【标准化工作】 2010年，楚雄州质量技术监督局把楚雄州实施标准化发展战略作为一项重点工作来抓。一是成立了楚雄州实施标准化战略工作领导小组，召开了全州标准化工作会议，下发了《楚雄州标准化发展战略实施意见》，明确了各项目标任务，将标准化工作列入政府工作的重要议事日程，建立了由楚雄州发改委、农业局、科技局等12个部门参加的联席会议制度，形成了部门联动的工作机制。二是加快了产品采用国际标准和国外先进标准的步伐，帮助企业按期完成采标复审，对全州1300多家制造业进行执行标准登记工作，督促指导并参与完成南华县第六批全国农业标准化示范区考核验收工作，积极组织做好全州烤烟收购仿制样品的审定签封，共审定签封了37个等级160套6657把烤烟收购仿制样品。三是组织申报了楚雄州政务接待服务标准化试点项目并经批准立项，楚雄州人民政府多次组织召开部门协调会推进该项目实施，该项目与云南省标化院达成合作协议，力争2012年完成。

【计量管理】 2010年，楚雄州质量技术监督局积极开展“推行诚信计量，建设和谐城乡”行动，逐步实现城区集贸市场计量器具免费检定和卫生医疗机构计量器具强制检定。加强对加油站、液化石油气充装站、集贸市场、农产品收购站等场所的计量监管，加强对加油机、出租车计价器、医用计量器具等计量器具的强制检定，共检定各类计量器具约1.23万台（件），检定数量比上年同期增长20.5%。

【特种设备监管】 2010年，楚雄州质量技术监督局进一步加强特种设备监管。一是圆满完成了“11·28”楚雄滇中有色金属有限责任公司艾萨——余热锅炉金属软管爆裂事故、“12·26”云南国资水泥楚雄有限公司厂内机动车撞人事故的调查处理工作。二是全面推行特种设备“一岗双责”制度，形成齐抓共管的良好局面。三是深化专项整治，深入开展隐患排查，共检查特种设备使用单位1003家，检查特种设备2926台，检查特种设备存在问题和安全隐患950处，发出《特种设备安全监察指令书》444份，对124家特种设备使用单位进行行政处罚。四是开展气瓶充装站年审及“两站”整治工作，推行规范化管理。五是加强特种设备安全宣传、培训教育。认真开展好“安全生产月”活动，发放了宣传资料近1000余份；组织了特种设备管理及操作人员培训班8期，培训操作人员1756人次。六是加大执法力度，开展重点督察。七是加强对县（市）质监局监察人员的培训取证工作。

【食品监管】 2010年，楚雄州质量技术监督局继续加强食品监管。一是不断加强对食品安全监管工作的组织领导，不断强化工作责任的落实，实行食品安全监管工作目标责任制管理和质量安全联络员制度。二是严格行政许可，把好市场准入，完善企业档案，全州有208户食品生产加工企业获得256张食品生产许可证书。三是规范食品生产行为，落实企业主体责任。制定了《楚雄州食品生产加工企业落实质量安全主体责任监督检查实施办法（暂行）》。四是开展专项检查整顿行动，打击食品生产违法行为。五是严格监管，确保乳制品及涉乳食品安全。六是开展食品监督抽查，掌握全州食品质量状况。全州质量监督管理系统抽查了白酒、豆制品、蜜饯、桶装饮用水、蜂产品、淀粉制品等20个品种的食品，共抽查538个批次的产品，经检验，所检项目指标全部合格的有375个批次，产品抽查平均综合合格率为69.7%。七是成功处置了散装白酒甲醇含量超标、乳制品涉嫌口蹄疫病毒等事件。八是加强宣传报道，营造良好氛围。全年全州质监系统共开展食品安全法律法规培训9场次，培训企业人员172人次；开展食品安全知识宣传咨询活动12次，发放宣传资料1.2万份；开展“质监邀您看企业，食品安全大家行”活动10次，邀请州人大代表、政协委员、消费者代表151人次参加了现场观摩检查活动，在当地新闻媒体宣传报道9条；开展“质量提升服务进万企”活动11次，培训企业质量管理人员115人次。

【减轻企业负担】 2010年，楚雄州质量技术监督局把减轻企业负担作为服务企业、服务地方经济发展的重要举措。一是进一步规范行政处罚行为，按照“过罚相当”和“重整改、轻罚款”的原则，对情节较轻的违法行为，在法律规定的罚款幅度内减轻处罚或免于处罚。二是避免对同一生产企业、同一产品、同一违法情况进行多头检查、重复检查和交叉检查。三是涉企收费，能按照标准下限收取的一律按下限收取，对公益性事业单位（如学校、医院）和社会弱势群体（如残疾人）开办的小作坊、小工厂按收费标准的下限或半价收取检验检测费用。全年全州共免费检定集贸市场计量器具650（台）件，减免检定费用8950元；减免全州中小学在用锅炉检测费用共计1.32万元；减免全州电梯钢丝绳检测费用24.6万元。

【技术机构自身建设】 2010年，楚雄州质量技术监督局采取教育培训、制度、监督并举的措施，重点提升检测中心能力建设。为切实解决州检测中心特种设备检验资质问题，积极主动创造条件，加大人才培养力度，使特种设备检验师人数由零增加到了12人，特种设备检验资质已顺利通过国家质检总局现场评审。把中心建设发展的方向主要放在楚雄州具有资源优势的特色产品、名优产品和适应经济发展需要的新项目开发上，已拟定逐步投入项目资金1200余万元，完成41项检验项目设备的填平补齐；编制报送了《云南省野生菌产品质量检验中心》、《云南省酒类产品质量检验中心》、《云南省豆类产品质量检验中心》3个省级产品质量检验中心的可行性报告，州人民政府已批准同意项目的建设，并且给予建设资金的支持帮助。

【“质量兴州”战略】 2010年，楚雄州质量技术监督局将实施“质量兴州”战略列为2010年重点工作内容之一进行倒逼管理，予以强力推进。于10月16日召开楚雄州“质量兴州”工作大会。做好实施“质量兴州”战略的基础性工作，积极推动建立“质量兴州”战略的组织机构和工作机制，相继印发了楚雄州实施“质量兴州”相关文件。把实施“质量兴县（市）、质量兴企、质量兴业”活动与“质量兴州”战略有机衔接，全州10个县（市）100%开展“质量兴县（市）”活动，并已全面启动，其中除楚雄市外，其余各县已召开“质量兴县”工作会议，并印发了“质量兴县”相关文件，确定了3个县（市）为“质量兴县（市）”活动示范县，开展“质量兴企”活动企业数达21家。

【名牌战略】 2010年，楚雄州质量技术监督局收集汇总12家企业的19个产品作为云南名牌产品建议名录，召开了楚雄州名牌战略推进委员会全体委员会议，对申报参与云南名牌产品评价的3家企业的4个产品进行了评议推荐上报。云南开关厂的“云开”牌中高压六氟化硫断路器开关设备和户内金属铠装移开式中压开关设备、云南禄丰勤攀化工有限公司“勤丰”牌过磷酸钙荣获了2010年云南名牌产品称号。

【“质量月”活动】 2010年9月以来，楚雄州质量技术监督局结合“质量兴省”工作会议精神和楚雄州实际情况，开展了一系列“质量月”活动。9月13日，开展了宣传咨询活动，通过悬挂标语、设置宣传展板、发放宣传资料、接受咨询、受理投诉等方式，向老百姓宣传标准、计量、质量、食品安全、特种设备安全等相关法律法规知识及生活常识，现场共发放宣传资料1000余份，接受群众咨询20余人次。

楚雄州获“云南名牌”产品及企业一览表

产品商标及名称	生产企业名称
“仁恒”牌复混肥料	云南楚雄仁恒化肥有限公司
“国宾”牌系列卷烟	红塔烟草（集团）有限责任公司楚雄卷烟厂
“云开”牌LW8-40.5、LW36-126系列六氟化硫中高压断路器开关设备	云南开关厂
“云开”牌KYN28C-12金属铠装移开式开关设备	
“雁塔”牌陈香露白露片	云南龙发制药有限公司
“元绿”牌无公害蔬菜（洋葱、番茄、菜豆）	元谋县蔬菜有限责任公司
“德威”牌钢筋混凝土用热轧带肋钢筋	云南德胜钢铁有限公司
“双梅”牌酿造食醋（禄丰香醋）	云南禄丰鼎鑫醋业有限公司
“勤丰”牌过磷酸钙	云南禄丰勤攀磷化工有限公司
“大雄”牌核桃坚果	大姚亿利丰农产品有限公司
“东宝一捏脆”牌核桃坚果	云南楚雄东宝生物资源开发有限公司

【执法大比武活动】 2010年，楚雄州质量技术监督局组织所有在编在岗执法打假人员参加了岗位大练兵、大比武活动，全面推进质监执法打假规范化建设。州质监局代表队在全省质监系统执法打假大比武活动中取得第一名的好成绩，其中有2名参赛队员代表云南省质监局参加全国质检执法大比武活动，并且取得较好名次。

[樊建梅]

安全生产监督管理

【安全生产工作概况】 2010年，楚雄州安全生产总体形势平稳，全年全州共发生各类生产安全事故465起、死亡130人（扣除消防死亡3人，死亡人数与云南省人民政府下达楚雄州年度控制指标持平）、受伤454人、直接经济损失1156.73万元，同比分别上升5.92%、下降10.96%、上升15.82%、下降37.48%。境内发生一次死亡3人以上的较大事故7起、死亡28人、受伤20人，同比分别持平、下降39.13%、上升23.08%。其中考核内较大事故5起、死亡19人、受伤5人，同比分别上升25%、持平、持平；考核外较大事故2起，死亡9人、受伤15人，同比分别下降33.33%、77.78%、28.58%。年内未发生一次死亡10人以上的重大事故，同比事故起数减少1起、死亡减少11人。亿元GDP事故死亡率0.32，同比下降25.35%；工矿商贸10万从业人员事故死亡率4.67，同比下降54.08%；百万吨煤炭死亡率2.36，同比下降74.79%；机动车万车死亡率2.55，同比下降18.27%。其中煤矿外工矿商贸企业发生事故19起、死亡22人、受伤4人、直接经济损失633.36万元，与上年相比，分别下降17.39%、下降12%、下降60%和下降23.03%，死亡人数低于省人民政府下达楚雄州单项控制指标1人。煤矿发生事故4起、死亡4人、无受伤、直接经济损失140万元，与上年相比，分别下降42.86%、75%、100%、80.66%，死亡人数超过省人民政府下达楚雄州单项控制指标1人。道路交通发生事故330起、死亡101人、受伤448人、直接经济损失110.72万元，与上年相比，分别上升15.38%、下降2.88%、上升19.15%、上升21.6%，死亡人数与省人民政府下达楚雄州单项控制指标持平。发生火灾（森林火灾除外）112起、死亡3人、受伤2人、直接经济损失272.65万元，与上年相比，分别下降8.94%、上升200%、下降33.33%、上升28.53%，死亡人数比上年增加2人。学校、水上交通、农业机械、特种设备、气象、卫生、通讯、烟草等行业未发生生产安全责任死亡事故。年内，州安全生产监督管理局兑现安全生产举报案件2件、奖金2000元。

【安全生产检查】 2010年，楚雄州组织开展全州性的综合检查督查5次、专项检查督查9次。全州安全生产监管系统累计监督检查生产经营单位3355个5835次（非煤矿山570个1636次，危险化学品1310个1811次，烟花爆竹1293个1894次，冶金10个64次，有色8个26次，其他164个404次），制作现场

楚雄州2010年安全生产绝对指标统计表

项目	事故起数（起）	与上年比（±%）	死亡人数（人）	与上年比（±%）	与控制指标比（±人）	受伤人数（人）	与上年比（±%）	直接经济损失（万元）	与上年比（±%）
煤矿外工矿商贸企业	19	-17.39	22	-12.00	-1	4	-60.00	633.36	-23.03
煤矿	4	-42.86	4	-75.00	1	0	-100.00	140.00	-80.66
道路交通	330	15.38	101	-2.88	0	448	19.15	110.72	21.60
消防	112	-8.94	3	200.00	——	2	-33.33	272.65	28.53
合计	465	5.92	130	-10.96	0	454	15.82	1156.73	-37.48

楚雄州2010年安全生产相对指标统计表

指标	2010年	与上年比（±%）
亿元GDP事故死亡率	0.321	-25.35
工矿商贸10万从业人员事故死亡率	4.67	-54.08
百万吨煤炭死亡率	2.36	-74.79
机动车万车死亡率	2.55	-18.27

检查记录3489份，下达整改指令书411份、整改复查意见书81份、强制措施决定书63份，查处一般事故隐患4058项、完成整改3959项、按期整改率97.5%，查处重大事故隐患32项、完成整改27项、按期整改率84.3%，实施行政处罚56次、经济处罚79次、罚款310.9万元，责令停产整顿单位22个，查处事故25起（较大事故4起）。

【安全隐患排查治理】 2010年，楚雄州继续开展安全隐患排查治理活动，共排查治理隐患企业8028家，排查一般隐患1.55万项，投入整改资金2703.67万元，整改1.46万项，整改率94.27%。全年州人民政府挂牌督办较大以上隐患11项，整改9项，整改率81.82%。全州共排查工程建设领域重点项目900多件，开展安全生产"三同时"审查700多件，查出存在的突出问题22件，全部完成整改，罚没、补交款项90万元。

【安全生产行政许可】 2010年末，全州持有各类安全生产（经营）许可证件生产经营单位4468户，比上年减少6.1%。其中非煤矿山480户，尾矿库57座，危险化学品企业（含农药销售）2129户，烟花爆竹批发零售企业1613户，民爆企业13户，建筑施工企业123户，煤矿矿井37对井（坑），其他16户。238户高危企业职工4563人参加"安保互动"投保，年内理赔14件48.56万元。

【打击非法违法生产经营建设行为专项行动】 2010年8~10月，楚雄州全面开展严厉打击非法违法生产经营建设行为。州级组织检查督查组54个，县（市）级组织检查督查组261个，检查督查企业4070户（煤矿21户、非煤矿山570户、交通运输87户、建筑施工149户、危险化学品1209户、烟花爆竹1456户、民用爆炸物品19户、冶金31户、特种设备278户、其他250户），整治隐患3195项、挂牌督办企业8户、限期整改企业697户；查处无生产许可证企业12户、无经营许可证企业14户、无安全生产许可证企业28户，企业负责人、安全管理人员、特种作业人员无证上岗153人；关闭企业23户，停产整顿企业29户；实施经济处罚99.02万元，追究行政责任2人。

【安全生产应急管理】 2010年，楚雄州依托规模企业建立应急专（兼）职队伍6支，投资100万元购置了全省首辆安全生产应急指挥车。年内，开展事故应急救援行动7次，成功营救伤员47名。

全州最早建成的昆钢罗次铁矿井下视频监控系统　　（州安监局提供）

【全国安全生产大检查】 2010年4月8日至5月末，楚雄州组织开展了全国安全生产大检查，全州有6238户企业开展自检自查，排查出一般隐患4769项，整改4442项，整改率达93.14%；排查出较大以上隐患33项，整改27项，整改率达81.8%。各县（市）派出检查督查组69个，排查出一般隐患1787项，整改1662项，整改率93%；排查出较大隐患14项，整改11项，整改率78.6%；对暂时不能整改的3项较大以上隐患进行了监控。

【职业危害】 2010年，楚雄州完成职业危害登记备案企业318户，申报在职职工20251万人（女职工4433人，农民工9806人），接触职业危害人数9243人（女职工1502人，农民工3988人），岗前体检4994人、岗中体检7015人、离岗体检546人，培训8125人，累计职业病44人（新增6人，疑似37人）。

【安全生产"一岗双责"】 2010年，楚雄州人民政府把安全生产工作列为年内重点督查的20项重点工作之一，首次签订安全生产责任书。州、县（市）、乡（镇）共签订安全生产责任状3354份，比上年增加113份，上升3.49%。年末，经考核，武定、楚雄、禄丰等3县（市）和州农业局、州交通运输局、州安全生产监督管理局、州水务局、州质量技术监督局等5个州级部门为一等奖，元谋、永仁、牟定、南华、双柏等5县和州公安局、州文化体育局、州卫生局、州国土资源局、州气象局、州商务局、州教育局、州消防支队等8个州级部门为二等奖，姚安县和州工业和信息化委员会、州住房和城乡建设局、州交警支队等3个州级部门为三等奖，大姚县为不合格单位。

【安全生产月活动】 2010年6月4日，楚雄州"安全生产月"活动启动仪式在楚雄桃源湖畔举行。"安全生产月"期间，全州有889个单位4000余人次参加了宣传活动，发送宣传传单30余万份，悬挂大幅横标270幅，张贴安全标语

8800余条，展出安全知识宣传展板1520块，新闻报道156条，播放宣传影片600分钟，以邮发广告的形式向2.6万户《楚雄日报》读者寄发了安全生产法律法规宣传资料，全州近170万人次受到了安全生产知识教育。

【年度较大安全事故】 “2·11”较大火灾事故。2010年2月11日0时20分左右，姚安县太平镇陈家村民委员会陈一村民小组郭绍华户因用火不慎发生火灾，死亡3人、受伤1人，过火面积310平方米，烧毁郭绍华、郭应光、郭晓光3户民房7间，造成直接财产损失5.8万元。

“5·9”较大道路交通事故。5月9日7时40分许，大姚县龙街乡五福村委会金龙箐村村民起云忠无证驾驶云E82505解放牌双排座小货车，在元（谋）大（姚）公路K14+500M处翻下山坡300余米，死亡3人。

“5·22”较大道路交通事故。12月8日11时10分许，大理州弥渡县弥城镇红星村委会李上营村村民李从本，驾驶云P10964解放牌CA1026K11LP90型双排座轻型普通货车（核定载客6人，实载9人，含驾驶人）在大姚县湾碧傣族傈僳族乡小厂村村组道路路段翻下74.1米深箐，死亡6人、受伤3人，车辆严重受损，造成直接经济损失319.16万元。

［吴志贤］

乡镇企业

【乡镇企业发展概况】 2010年，楚雄州乡镇企业紧紧围绕当地农业生产过程、农民劳动生活、农村乡土人情，大力发展农产品加工业和乡村旅游业，有效促进了农村经济发展、农民增收和新农村建设。全年共有402户企业不同程度的开展了休闲农业和乡村旅游经营活动，其中企业164户，农家乐与民俗旅游接待户238户。全州乡镇企业实现增加值177.22亿元，比上年同期增长18.44%，完成省人民政府考核任务的100.5%；实现农产品加工产值达84亿元，比上年增长25%，完成考核计划的106.33%。工业增加值实现88.32亿元，比上年同期增长22.6%；实交税金16.32亿元，比上年同期增长29.3%；农产品加工业总产值85.59亿元，比上年同期增长27.35%。

【非公经济不断发展壮大】 2010年，楚雄州狠抓中小企业成长工程和创新工程的实施，深入开展“送管理、送咨询、送服务”活动，认真落实鼓励和支持非公经济发展的政策措施，切实抓好治乱减负及投诉案件调处工作，不断优化非公经济发展环境，有效地促进了非公经济和乡镇企业发展。全年非公经济实现增加值171亿元，比上年增长11.8%，占全州增加值的42%，完成云南省下达年度任务170.2亿元的100.47%；完成税金13.3亿元，比上年增长10.6%，完成云南省下达指标13.2亿元的100.76%；非公经济从业人员22.5万人，比上年增长9.3%，完成云南省下达指标22.2万人的101.35%。

［雷文生］

【积极争取上级扶持资金】 2010年，楚雄州乡镇企业积极争取上级项目扶持资金，重点支持农产品加工业、乡镇企业技改、劳动密集型产业。争取到省级贷款贴息扶持乡镇企业项目7个，扶持资金395万元，比上年增长71.74%，项目总投资3.74亿元，其中银行贷款1.34亿元，自筹资金2.39亿元。另外，还争取到乡镇企业职业技能培训鉴定补助13万元，强有力地增强了全州乡镇企业发展后劲。

［周　杰］

住房公积金管理

【住房公积金管理概况】 2010年，楚雄州住房公积金管理中心全面超额完成了州住房公积金管理委员会下达的各项目标任务，全州住房公积金健康稳步发展，为解决和改善全州城镇职工住房条件，促进全州经济社会又好又快发展作出了积极贡献。至年末，全州共有2295个单位11.3万名职工缴存住房公积金；住房公积金累计归集总额38.19亿元，同比增长27.43%；归集余额18.34亿元，同比增长13.77%；住房公积金累计提取总额19.85亿元，同比增长43.32%，其中当年提取6亿元，同比增长48.9%；累计向全州1.74万户职工家庭发放住房公积金个人住房贷款20.62亿元；个人住房贷款余额14.3亿元，同比增长24.67%；国债余额1364万元，同比减少70.25%；住房公积金使用总额14.44亿元，同比增长21.14%，资金使用率达79%。当年，州住房公积金管理中心被省住房和城乡建设厅、省财政厅评为“全省住房公积金管理优秀单位”。

【住房公积金归集使用】 2010年，楚雄州住房公积金管理中心进一步加强住房公积金归集使用，盘活用活住房公积金。全年计划归集住房公积金7.2亿元，实际归集8.22亿元，超额完成1.02亿元，完成计划的114.17%。全年计划发放住房公积金个人住房贷款4亿元，实际发放4.98亿元，超额完成0.98亿元，完成计划的124.5%。全年共调度住房公积金1.95亿元。其中从县级上划州本级1.55亿元，从州本级下划县级0.4亿元，保障了全州住房公积金归集和贷款业务健康发展。全年计划实现住房公积金增值收益2800万元，实际实现住房公积金增值收益3098.98万元，完成计划的110.68%，增值收益全额上缴州财政。

【住房公积金业务建设】 2010年，楚雄州住房公积金管理中心进一步加强住房公积金业务建设。全州10县（市）住房公积金缴存比例统一执行12%，达到了国家限高标准，走在了全省前列。全州行政事业单位的住房公积金由各级财政代扣代缴，保证已建立住房公积金的行政事业单位按时足额缴存住房公积金。加大推进非公企业建立住房公积金力度，扩大住房公积金覆盖面。加大行政执法力度，对应建未建住房公积金和不按时、足额为职工缴存住房公积金的单位，依法进行催建、催缴，切实维护职工住房公积金合法权益。全年新开户和提高住房公积金缴存比例的单位共计70家，涉及职工5000余人，全州住房公积金覆盖率达96%。以发展个人住房贷款业务为核心，支持职工改善住房条件。继续扩大住房公积金个人住房抵押加阶段性保证贷款合作项目的范围。全年共与109家房地产开发商签订了住房公积金个人住房抵押加阶段性保证贷款合作协议，比上年84家增加了25家。继续与交通银行合作办理住房公积金个人住房组合贷款业务，满足职工贷款购房的需求。继续引入竞争机制，委托部分条件相对成熟的县级信用社受理住房公积金个人住房贷款业务，进一步拓宽贷款渠道。开办住房公积金异地抵押贷款业务，最大限度的满足不同层次借款人的需求。强化风险防范，确保住房公积金安全。加强住房公积金个人住房贷款的贷前审查，坚持个人住房贷款三级审批制度和县级个人住房贷款报备制度，每周召开1次审贷会议，对全州住房公积金个人住房贷款实行集中审批，确保住房公积金贷款专款专用。加强贷后管理，制定实施了《楚雄州住房公积金管理中心住房公积金个人住房逾期贷款管理办法》。全年进行电话催收518人次，发出书面催收通知书20份，合同逾期贷款余额为152.33万元，个人住房贷款逾期率控制在0.11%以内，资产管理质量较高。规范住房公积金提取审批，严格执行提取档案管理制度，有效监督、控制住房公积金使用流向。严格执行住房公积金大额资金调度审批报备制度，全州住房公积金实行统一调度，确保住房公积金安全运作。

【住房公积金信息化管理】 2010年，楚雄州住房公积金管理中心进一步加大信息化管理力度。加强软硬件管理，更新住房公积金信息管理系统服务器1台，计算机8台，确保数据信息及时、准确传输。深化政务公开，在政府信息公开网站和政务信息查询平台上及时更新、补充相关内容和常见问题解答，方便职工通过网络信息平台了解、咨询相关政策。全年主动公开政务信息75条，公开率100%。进一步加强楚雄州住房公积金信息网站建设，完善信息网站住房公积金政策法规咨询、相关资料下载、个人住房公积金余额查询、个人住房贷款还款方式和还款金额查询等功能。全年回复住房公积金信息网站群众留言83条，回复率100%；楚雄州住房公积金信息网站自2006年7月建成投入使用至2010年末，总访问量达144万人次，职工利用信息网站成功查询个人住房公积金余额、贷款信息累计27.1万人次。通过邮政平台，坚持每年向全州住房公积金缴存职工发放2期住房公积金个人账单，累计发放至第9期100余万份。在全州范围内推广使用住房公积金信息管理软件（单位版），终止手工对账，全州住房公积金核算实现全信息化管理。

［杨　爽］

楚雄经济开发区

【楚雄经济开发区概况】 2010年末，楚雄经济开发区城市规划控制面积42平方千米，行政管辖面积229平方千米（含东瓜镇）。

年内，楚雄经济开发区城市路网、水、电、通讯等基础设施建设进一步完善。一是结合新建铁路线改线方案，完成开发区42平方千米的分区规划修编和41.5平方千米的苍岭工业园区1:500数字化测量及概念性规划；完成东瓜片区35平方千米概念性规划和城市设计招标方案。二是实施观音山铁路桥至东瓜货运站道路和三家塘12米联络线、工业园区主干路延长段和水泥厂北侧18米路延长段、绿色食品园康居路和长青路等市政路网建设。三是完成丰盛路路段亮化工程，完成龙川江4~5号桥之间河堤栏杆、绿篱隔离的加装；完成区内建成街道的修补和建成道路人行道铺设；完成龙川江沿岸绿化用水节水改造、垃圾桶购买、路灯、检查井等公共设施维修建设。进一步完善区内交通红绿灯、标线等设施建设，完成城网改造配套电缆沟、城市供水主管网、通信、电力线路迁改等配套工程。新建垃圾中转站（含公厕）1座（万裕药厂后），新建公厕1座、星级公厕改造1座。全年全区共实施基础项目22个，完成投资9533万元。

【国民经济】 2010年，楚雄经济开发区圆满完成了各项目标任务，实现了开发区经济平稳较快发展。全年实现生产总值23.85亿元，同比增长23.32%。其中第一产业增加值1.12亿元，同比增长3.21%；第二产业增加值16.06亿元，同比增长31.16%；第三产业增加值6.68亿元，同比增长19.11%。实现财政总收入7.67亿元，同比增长23%；完成地方财政总收入5.57亿元，同比增长21.87%，其中地方财政一般预算收入3.59亿元，同比增长21.84%。完成固定资产投资26.4亿元，同比增长27.29%。

【工业经济】 2010年末，楚雄经济开发区工业企业达60余户，规模以上工业企业达24户，楚雄滇中有色金属有限公司、云南开关厂等8户产销规模上亿元的企业实现快速增长，14户产销规模上千万元的企业实现良性发展，骨干企业对全区经济发展的支撑和带动作用显著增强。全区实现工业总产值50.09亿元，同比增长37.72%，产值总量比上年增加19.73亿元；实现工业增加值11.87亿元，同比增长36.82%，其中规模以上工业增加值11.65亿元，同比增长39.71%。24户规模以上工业企业分别是云南开关厂、云南国资水泥楚雄有限公司、云南岭东纸业有限公司、云南楚雄仁恒化肥有限公司、楚雄泰兴塑料制品有限公司、楚雄滇中有色金属有限责任公司、云南盘龙云海药业有限公司、楚雄源泰矿业有限公司、楚雄老拨云堂药业有限公司、云南依玛同佳食品有限公司、楚雄云星铜材有限公司、云南滇能楚雄水电开发有限公司、楚雄瑞特纸业、楚雄明强新型耐磨钢制造公司、楚雄活塞销有限公司、云南宏源农化股份有限公司龙江磷化工分公司、云南广泰生物科技开发有限公司、云南天腾化工有限公司、云南楚雄云中制药有限责任公司、云南楚雄思远投资有限公司、楚雄奕标混凝土拌合有限公司、云南楚雄天利药业有限公司、楚雄锐兴金属材料工贸有限公司、楚雄宝丰塑料制品有限公司，其中产值超过亿元的企业8户，5000万元以上1亿元以下企业6户。

【招商引资】 2010年，楚雄经济开发区共实施招商引资项目19项，其中续建项目7项，新建项目12项，省外投资项目11项，工业生产性项目11项，完成招商引资州外到位资金15.61亿元，排名由上年的全州第10名上升到全州第1名，同比增长44.65%，超额完成州人民政府下达12亿元任务数的30.06%，其中省外到位资金7.6亿元，完成州人民政府下达任务数6.3亿元的120.5%；工业生产性项目到位资金7.84亿元，完成州人民政府下达任务数7.8亿元的100.5%；外资到位资金147.43万美元。新签约招商引资项目12项，分别是开发区工业园区标准厂房建设项目、新型建材项目、楚雄经济开发区庄甸医药园区标准厂房建设项目、云南邦桥节能科技有限公司LED医用照明系统建设项目、楚雄天泰农业开发有限公司年产2000吨魔芋精粉深加工项目、云南草本堂药业有限公司接管经营万裕药业有限公司生产线项目、云南本草精素生物科技有限公司入住庄甸医药园区标准厂房项目、云南保元堂药业有限公司易地搬迁技改扩建入驻园区标准厂房项目、云南佑生药业有限公司技改扩建入住楚雄医药园区标准厂房项目、楚雄汇东实业有限责任公司乳制品生产加工厂搬迁技改扩建项目、楚雄云星铜材有限公司搬迁扩建铜型材及铜合金产品项目、楚雄经济开发区与楚雄云农生物科技有限公司天然药业项目。

【主导产业】 2010年，楚雄经济开发区五大主导产业实现产值52.18亿元，同比增长35.42%，实现增加值13.53亿元，同比增长31.89%。其中天然药业产值5.03亿元，同比增长19.18%；冶金建材化工业产值32.83亿元，同比增长40.59%；机电制造加工业产值10.13亿元，同比增长28.30%；绿色食品加工业产值1.37亿元，同比增长43.90%；商贸旅游服务业产值2.92亿元，同比增长21.39%。

【重点项目建设】 2010年，楚雄经济开发区极大地促进了重点项目的顺利建设，进一步增强了开发区的发展后劲。滇中楚雄汽车城项目。项目已于2010年12月全部完成，总投资1.46亿元。云南云开电气股份有限公司（云南开关厂）中低压成套开关技改项目。项目计划总投资4960万元，正在进行厂房和库房的建设。楚雄仁恒化肥20万吨/年生产线搬迁技改扩建项目。项目计划建成10万吨/年喷浆转鼓造粒生产线和10万吨/年压密法与喷浆转鼓造粒工艺混合生产线。年产10万吨复合肥生产线已建成投产，10万吨/年压密法与喷浆转鼓造粒工艺混合生产线试车生产结束。云南幸福农业蚕豆产业综合开发及出口加工基地建设项目。项目总占地面积35.91亩，计划总投资4500万元。项目已进行试生产。云南依玛同佳食品有限公司二期项目。项目占地面积10亩，总投资800万元。厂房建设及设备安装已完工，准备投入使用。楚雄云泉酱园有限责任公司4250吨/年出口调味品技改搬迁扩建项目。项目占地面积25亩，计划总投资3388.07万元，已完成总投资额1357.8万元。云南新世纪中药饮片有限公司新建GMP生产项目。项目占地面积66亩，计划总投资4980万元。项目已通过GMP认证，开始试生产。云南楚雄天利药业有限公司二期项目。项目占地面积15亩，计划总投资2000万元。年内，项目综合楼已投入使用。云南广泰生物科技开发有限公司年产3.2亿粒沙棘红花软胶囊产业化建设项目。项目占地面积20亩，计划总投资3900万元。项目已完成研发楼竣工现场验收及部分生产设备的选型和订购。楚雄昆钢奕标新型建材有限公司年产90万吨水泥粉磨站建设项目。项目占地面积85亩，计划总投资9465.27万元。至年末，已累计完成投资1.10亿元。楚雄鑫华化工有限公司年产30万吨过磷酸钙易地搬迁建设项目。项目占地面积30亩，计划总投资4696.56万元。厂区设备进入安装调试阶段。云南楚雄东宝生物资源开发有限公司核桃系列产品深加工项目。项目占地面积23亩，计划总投资3950万元，已完成投资2300万元。开发区管委会自建标准化厂房项目。项目位于楚雄工业园区医药产业片区，占地120.34亩，建设4.53万平方米标准化厂房，计划总投资4400万元，已完成投资5600万元。昆明市宇斯药业有限责任公司年产8400万瓶（袋）大输液生产线建设项目。项目占地面积80亩，计划总投资8000万元，已完成项目投资200万元。

【园区建设】 2010年，楚雄经济开发区园区建设取得了较好成效。天然药物产业园区。园区总体规划面积2平方千米，已引进制药企业11户，其中盘龙云海药业、万裕药业、楚雄老拨云堂药业、楚雄太阳药业、楚雄云中制药、云南天利药业已建成投入生产；新世纪药业、草本精素生物科技公司已投入试生产。冶金建材化工园区。至年末，以滇中有色公司为骨干，国资公司楚雄水泥厂、凯龙福斯特公司、明强耐磨钢公司、吉荣活塞销公司等一批企业已建成投产，并取得了较好的生产经营业绩。同时，一批技改扩建项目顺利推进，滇中有色金属公司10万吨铜、30万吨硫酸的技改扩建项目已顺利完工；仁恒公司年产20万吨复合肥技改搬迁项目已联动试车完毕准备试生产；天腾化工公司年产80万吨特种肥料生产项目正在加紧建设，15万吨/年转鼓造粒生产线、30万吨/年高塔造粒生产线已建成投产。随着产业项目的聚集成长，冶金化工建材产业园区呈现出较好的产业支撑带动效益，成为开发区经济发展的主要增长极。绿色食品加工园区。园区已完成征地、主干道路以及供水、排水等工程。引进并建成投产项目6个。楚雄云泉酱园有限责任公司年产3000吨出口调味品搬迁技改扩建项目和云南广泰生物科技开发有限公司的年产3.2亿粒沙棘红花软胶囊产业化项目预计2011年可投入试生产。

【非公有制经济】 2010年，楚雄经济开发区内非公有制经济实现增加值16.34亿元，同比增长26.80%，占全区GDP的比重达68.49%。在开发区工商部门登记的私营企业673户，比上年增加138户，增长25.79%；从业人员13124万人，增长18.79%；注册资金达14.75亿元，同比增长11.43%；实现税收1.8亿元，同比增长1.91%。在开发区工商部门登记的个体经营户3547户，比年初净增735户，增长16.60%；从业人员8253人，同比增长18.17%；注册资金达1.73亿元，同比增长31.96%；实现税收2662万元，同比增长14.54%。全区（含东瓜镇）乡镇企业累计实现营业收入41.41亿元，增长39.11%；实现总产值43.02亿元，增长32.01%；实现增加值9.48亿元，增长6.15%；实缴税金2.06亿元，增长23.95%。全年完成非公经济社会消费品零售额6.09亿元，同比增长26.17%。

【城乡一体化建设】 2010年，楚雄经济开发区按照统筹区镇经济社会协调发展的思路，把东瓜镇有机地融入开发区的建设发展之中，稳步推进“以区带镇”战略。落实支农惠农政策。全年完成东瓜镇中央油菜良种补贴、种粮农民农资综合直补、水稻等农作物良种补贴资金180.16万元，农业人口参加新型农村合作医疗补贴62.8万元。推进征地拆迁工作。全力推进楚雄市污水处理二期工程龙川江截污干管、和平大道、东环线道路建设等重点项目用地的征地工作。全年共征用东瓜、车坪、永兴、桃园等10个村委会36个村民小组土地4707.64亩，为开发区重点项目用地提供了有力的保障。安置小区建设。积极稳妥地推进西北片区、车坪片区拆迁安置工作，全年共建盖安置房656套，完成工程投资2.18亿元。移民后续工作。对青山嘴水库移民搬迁安置档案进行全面清理，继续做好实物认定及补偿卡发放工作，经过对青山嘴移民户的实物进行认真、详实的核实，共发放实物卡987户；配合做好移民户房款结算工作，完成对栗子园小区楼层安置943户移民户的房款结算。新农村建设。完成21个财政奖补一事一议试点村建设资金投入534万元；完成主干道1.62万米、支干道1.61万米，地震安居工程重建户30户。东瓜镇生产生活条件进一步改善。全年东瓜镇实现农村经济总收入8.68亿元，同比增长12.1%；农民人均纯收入5349元，同比增长11.44%。

【社会事业】 2010年，楚雄经济开发区科技、教育、文化、医疗、卫生、计划生育等各项社会事业不断向前推进。加强名优学校建设，区内学校办学条件显著改善，教学质量稳步提升，办学效益得到增强，教师队伍素质全面提高，年内天人中学高考应届生综合上线率99.5%，居楚雄城区高完中第一名；全力保障义务教育经费落实到位，积极实施贫困家庭学生救助，全年共拨付义务教育保障经费1677万元，划拨贫困生救助专项经费10万元；认真履行“两基”包保责任，分解责任、细化任务，确保包保工作落到实处，“两基”工作得到进一步加强。依托市民广场、活力广场、“三老”电影广场等平台，认真组织开展一系列寓教于乐的广场文化活动，极大地丰富了人民群众的业余文化生活，精神文明建设进一步加强。深入实施劳动就业再就业工程，为下岗失业人员、大中专毕业生及复转退役军人提供优质的就业服务，全年完成招用下岗失业人员28人，完成劳务派遣51人。加大宣传，扩大服务，覆盖全区的劳动和社会保障网络初步建立，全年共有312家单位1.89万人（次）参加了五项社会保险；不断扩大新型农村合作医疗和农村养老保险试点的覆盖面，农村养老保险累计参保9802人，参合率达100%。全力化解劳资矛盾，有效维护了进城务工人员的合法权益，全年共受理劳动争议案件207件，为进城务工人员解决拖欠工资1113.24万元；加强城市管理综合执法，实行科级领导市容环境包保责任制，采取日常监管与重点整治相结合，大城管的城市管理格局初步形成，城市总体形象逐年提升；大力实施社会治安综合治理，极力构建人防、物防、技防三防并举的打防管控一体化的治安防控新格局，实现治安防控基础建设、组织建设的跨越式发展，为开发区经济社会全面发展营造了良好的大环境。

[者崇福]

（责任编辑：者宗菊）

农 业

农村经济综述

【农村经济概况】 2010年，楚雄州克服了自然灾害多发重发、农产品市场复杂多变等多重挑战，全州农业、农村经济发展总体平稳，各项任务指标基本完成。实现粮食总产量96.03万吨，比上年下降6.0%，实现农业总产值152.50亿元，比上年增长3.6%，实现增加值90.49亿元，比上年增长3.0%，农民人均纯收入3896元，比上年增加385元，增长11.0%，扣除物价因素，实际增长7.0%。

【农业抗旱】 2010年，楚雄州农业生产经受了百年不遇特大旱灾的严峻考验，干旱持续时间和影响深度空前，全州农业系统全面贯彻“抗大旱、保民生、抓生产、促发展”的决策部署，做到加强领导力度空前，增加投入力度空前，科技推广力度空前，深入基层开展服务力度空前。农业部门在关键农时、关键环节及时部署，召开农业工作布置会、现场会10余次，建立领导挂点联系工作制度，广大干部和农科人员放弃节假日休息，取消了一切与农业生产和抗旱救灾无关的考察、学习和外出活动，抓好大春和晚秋粮食生产、优势农产品和蔬菜等特色经济作物生产、农民教育培训与农村劳动力转移就业等三个工作重点，深入持久做好农业抗大旱工作，千方百计减少和弥补灾害损失。

【农业科技推广】 2010年，楚雄州大力推广抗旱节水增产措施，农业科技服务及时到位。根据各县（市）库塘蓄水和降雨情况，育足秧苗，适当推迟大春粮食作物播种和移栽时间，全州水稻育秧期较正常年份推迟10～15天；玉米播种期较正常年份推迟20天左右；年内，组织实施水改旱31.5万亩。大力推广水稻旱育秧、塑盘育秧、湿润育秧、庭院育秧、异地集中育秧和玉米集中育苗移栽等抗旱节水栽培措施，开展跨区域集中育秧育苗和统一供苗。全州累计完成水稻旱育秧3.65万亩，完成水稻、玉米集中异地育苗2.35万亩。充分发挥农业机械在农业生产和抗灾救灾中的作用，配合受旱农作物的补种、改种，扩大农作物机耕和排灌面积，投入抗旱救灾农机具6.63万台，完成机耕面积227.59万亩，机械排灌面积120.05万亩。

【农业产业化经营】 2010年，楚雄州扎实推进农业产业化建设。积极培植特色产业，推进优势农产品基地建设。扩大蔬菜、蚕桑、优质稻、啤酒大麦、马铃薯等特色优势农产品种植规模，发展人工食用菌等特色产业。围绕主导产业壮大农业龙头企业。组织50余户农业龙头企业参加中国农交会、昆明国际农博会和上海优质农产品推介展，企业签约金额1000余万元；组织9户企业入驻上海“西郊国际”展示直销中心；开展第四批州级农业产业化重点企业认定，新认定州级农业龙头企业14户。全州年产值100万元以上的农业龙头企业达143户，较上年增加10户，实现销售收入37.6亿元。加强对农民专业合作经济组织的管理和指导，提高农民的组织化程度。至年末，全州共有各类农民专业合作经济组织2300个，带动农户28.46万户。

2010年楚雄州主要农产品产量

单位：吨

产品名称	产量	比上年增长（%）
粮食	960325	-6.0
烤烟	101274	14.4
蔬菜	1253885	4.7
油料	21405	-53.2
水果	184039	29.4
甘蔗	10987	-26.3
药材	2122	-33.0
茶叶	998	2.5
核桃	21340	10.3
板栗	7470	0.1
花椒	927	15.4
松脂	9700	68.8
野生菌	9151	3.5

【落实强农惠农政策】 2010年，楚雄州紧紧抓住国家政策支持机遇，加强支农惠农政策落实，加大粮食直补、农资、良种和农机购置等补贴力度。全年共争取到中央、省、州支农惠农资金3.17亿元（中央资金2.62亿元，省级资金4478万元，州级994万元），比上年增加2000余万元。其中，农资综合直补资金1.45亿元，农作物良种补贴资金2910.5万元，农机购置补贴2626万元，农业抗旱救灾补助资金2516万元。

【农产品质量安全】 2010年，楚雄州进一步加强农产品质量监管工作。加强农产品质量监测体系建设，开展样品抽检工作。年内，建成州、县两级农产品质量检测站3个，完成国家农业部4次蔬菜农药残留例行监测，共抽样131个；在9县（市）组织开展蔬菜农药残留快速检测，抽检样品1.16万个。开展绿色食品市场抽检，世博会、亚运会农产品质量安全专项整治和“三品”市场用标专项检查工作。全州全年未发生重大农产品质量安全事故。开展农产品“三品”认证和产地认证，从源头上提高农产品质量标准和安全水平。年内，全州共有12户企业的24个农产品通过了国家质量认证，其中，有机食品2个、绿色食品12个、无公害农产品10个；完成“三品”产地认定面积4.22万亩，产量0.89万吨，产值0.55亿元。全州110户企业的201个农产品通过了国家质量认证，认定农产品原料种植基地面积62.97万亩，产品产量40.3万吨，产值10.5亿元。

【推进新农村建设】 2010年，楚雄州加大工作力度，增加投入，扎实推进社会主义新农村建设。加强农村基础设施建设。年内，全州农业部门共实施中低产田地改造项目3个，完成投资2670.28万元，完成改造面积2.94万亩；完成农村户用沼气建设项目985个，完成投资613.84万元；实施中央财政农机购置补贴项目2626万元，比上年增加666万元，带动1.17万户农户自筹投入6114万元购买各类农机具1.22万台，建设微灌设备面积2232亩。做好村容村貌整治工作。年内，省农业厅下达楚雄州村容村貌整治项目30个，项目资金300万元，楚雄州对30个自然村实施了村容村貌整治。实施村级集体经济示范项目，扶持资金140万元，为14个村委会建立了集体经济发展基础。加大农业教育及农村剩余劳动力转移培训力度，提高农民素质。年内，全州农业部门共开展农村劳动力培训3.36万人，完成转移就业3.81万人，举办农村劳动力转移就业专场招聘会13场。开展职业技能鉴定456人，开展以农村实用技术为主的绿色证书培训1.06万人，培训农机技术人员737人、农机操作人员1.25万人。

【农业执法】 2010年，楚雄州加大农业行政执法力度，加强农资市场监管。全年开展农业行政综合执法检查235次，检查农资市场577次，检查农资经营户5188户，查获不合格农资产品数量27.1吨，货值25.23万元，立案查处农资违法案件296件，收缴罚没款23.75万元。

【农业信息化建设】 2010年，楚雄州启动了“三农”信息无缝覆盖工作，组织州级农业系统专家47名，通过手机短信及电话平台解答群众咨询。州农业信息网审核发布信息1.57万条，被上级采用5038条，总访问量达248.1万次。数字乡村网站正常运行。全年全州共举办数字乡村培训班64期，培训1066人次，完成926个行政村的报表更新和932个行政村的文本更新工作，完成1.04万个自然村的报表更新和1.03万个自然村的文本更新工作，完成了103个乡（镇）和922个行政村的视频制作工作，州数字乡村网审核发布信息758条。

【农村经营管理】 2010年，楚雄州坚持和完善农村基本经营制度，继续深化农村各项改革。做好减轻农民负担工作。发放《农民负担手册》54万册，占全州农户数的99%；建立了50个乡（镇）、100个村委会、200户农户的农民负担监测点，对农民负担情况进行全面监测；严格执行农民负担专项审计制度、农村财务公开制度、农村收费专用票据制度、农民负担信访举报制度和农民负担重大案件上报制度；严格执行“一事一议”筹资筹劳管理办法。10县（市）制定执行了村民“一事一议”筹资限额和工价标准。加快推进全州农村财务管理制度改革。年内，全州103个乡（镇）成立了会计委托代理机构，涉及969个村委会和8175个村民小组，分别占总数的89%和58%，代管集体资金9.06亿元。

［姚国强］

种植业

【种植业概况】 2010年，楚雄州小春农业生产因旱灾损失严重。年内，全州夏收粮食总产量10.52万吨，比上年同期减少13.95万吨，减少57.01%，油料产量1.80万吨，同比减少2.44万吨，减少57.41%，蔬菜产量69.54万吨，同比减少6.86万吨，减少8.98%。

【旱粮和晚秋作物生产】 2010年，楚雄州抓好旱粮和晚秋农作物生产，努力弥补旱灾损失。年内，全州推广玉米地膜覆盖栽培技术72.89万亩，占计划任务60万亩的121.45%，为玉米总播种面积80.97万亩的90%。全州种植晚秋农作物90.83万亩，其中粮食作物47.18万亩，晚秋粮食产量达11.8万吨。

【优势农产品基地建设】 2010年，楚雄州着力抓好农业重大项目实施，推动优势农产品基地建设。以实施元谋、永仁、禄丰、楚雄、南华中央财政支持现代农业发展蔬菜产业项目为重点，加快蔬菜产业发展。年内，全州完成蔬菜种植面积61.68万亩（其中冬农46.21万亩，大春15.47万亩）。建成了一批实力较强的果蔬加工龙头企业、批发市场、专业协会、农村经纪人队伍，蔬菜产业呈现出规模化种植、标准化生产、产业化经营格局。以实施粮食作物高产创建和间套种项目为重点，大力发展优质稻、啤酒大麦、马铃薯生产，提高复种指数，增加粮食产量。年内，全州完成优质稻种植面积62.72万亩，占水稻种植面积的80%；完成啤酒大麦种植面积5.97万亩，占大麦种植面积的19.9%；完成马铃薯（冬、春两季）种植面积14.1万亩，比上年增加5.04万亩，增长55.7%；完成水稻多样性混栽、烟套玉米、烟套蔬菜、玉米套大豆、经济林果间套种等112.3万亩。

【推广施肥新技术】 2010年，楚雄州以实施测土配方施肥项目为重点，全面推广科学施肥新技术，提高水、种、肥、药的利用率，改善耕地质量，促进农业集约化生产。年内，全州10县（市）推广测土配方施肥面积达286.29万亩，占计划280万亩的102.25%。推广应用各种作物专用复混肥105.21万亩，实施“沃土工程”面积140.91万亩，推广农作物秸秆还田76.27万亩，推广种植绿肥24.5万亩。

【农作物病虫害防治】 2010年，楚雄州加强植保科技队伍建设，加大农作物病虫害统防统治工作力度。根据全州各县（市）43个监测点的监测分析，及时发布病虫害预警信息。年内，共发布手机短信11.4万条，发布《植保简报》106期1.43万份，在各种媒体发布植保病虫害防治信息76条次。做好农作物病虫害统防统治工作。年内，全州完成主要农作物病虫害防治面积1106.84万亩，占主要农作物应防面积的95%以上。建立重大病虫害控制技术示范区20个，开展水稻、玉米、蔬菜等重大病虫害统防统治示范样板2.5万亩。

【茶桑生产】 2010年，楚雄州抓住中共云南省委、省人民政府加快发展蚕桑产业的机遇，争取省、州蚕桑发展专项资金，重点发展姚安、大姚、永仁的蚕桑产业。年内，全州新发展桑园面积0.61万亩，鲜茧总产量1679吨，产值5455万元，分别比上年增长6%和49%，农户养蚕户均收入4460元，比上年增加1360元，增长44%。抓好茶园管理，扩大无公害茶和绿色食品茶种植面积，提高茶叶质量，全州茶叶均价较上年增加7.02元/千克，增长23.8%。

【良种良法推广】 2010年，楚雄州加大农业良种良法试验、推广力度。做好楚粳和楚单水稻、玉米新品种的选育、示范推广工作，做好小麦、蚕豆、油菜、马铃薯、蔬菜等农作物新品种示范推广工作。年内，推广粮食作物良种面积161.5万亩，占粮食作物总播种面积的91.71%。组织实施水稻、玉米高产创建和“十百千”高产示范样板。年内，全州实施大春粮食作物高产创建46片49.46万亩，实施水稻“十百千”示范样板5个，玉米“十百千”示范样板3个。完成大春粮食作物间套种核心区12.56万亩，中心示范片69万亩。

［姚国强］

畜牧业

【畜牧业概况】 2010年，楚雄州畜牧业以推进畜牧业生产方式、增长方式和监管方式三个转变为突破口，以加快产业化、规模化、标准化进程为重点，全州畜牧业经济呈现出发展速度加快、发展总量增加、发展质量提高的可喜形势。年末，全州生猪累计出栏278.86万头，同比增长9.81%；肉牛出栏32.7万头，同比增长5.3%；山羊出栏91.8万只，同比增长5.09%；家禽出栏1542万只，同比增长7.8%；肉类总产量33.27万吨，同比增长8.7%。实现畜牧业产值56.17亿元，同比增长11.73%。

【标准化规模养殖】 2010年，全州以发展标准化规模饲养小区、培植规模养殖大户为重点，提高标准化规模养殖水平，壮大养殖规模，提高畜牧产业化开发能力。年内，全州出栏肉猪10头以上1.27万户，出栏55.13万头；出栏肉牛5头以上3344户，出栏3.74万头；出栏肉羊50只以上的1334户，出栏10.59万只；出栏肉禽100只以上的2122户，出栏510.68万只。

【畜禽品种改良】 2010年，全州大力开展牛、羊、驴、猪的杂交改良，全年完成生猪杂交改良42.99万胎，推广肉牛杂交改良7.01万胎，完成肉驴杂交改良1.02万胎，全州累计建成种羊扩繁场56户，其中努本扩繁场47户，努比种羊纯繁场9户，全年提供种公羊995只。

【畜牧项目争取】 2010年，楚雄州向省发改委、省农业厅等部门申报畜牧产业项目84个，向上争取到各类扶持资金4000余万元。通过财政资金投入拉动招商引资、金融资本和民间资本等方式投入畜牧产业发展资金近2亿元。

【落实惠农政策】 2010年，楚雄州做好2009年畜牧产业政策兑现工作，将生猪标准化规模养殖补贴、畜禽良种补贴、蛋禽规模养殖补贴、奶农挤奶机械补贴资金及时兑现到养殖户手中。大力宣传能繁母猪保险政策，做好母猪死亡鉴定和理赔工作。年内，引导养殖户投保能繁母猪24.41万头，奶牛保险400头，参保率86.89%。

【适用科技培训】 2010年，楚雄州开展乡村专家讲坛、全州养殖女能手、检疫比武等各种形式技术培训1300余期，发放技术资料11万余份，影碟200多套，养殖知识读本3000册，受训农民40余万人次。

【畜产品质量检测】 2010年，楚雄州认真做好畜产品质量检测工作。超额完成云南省向楚雄州下达饲料检测任务，检测饲料71批。统一定购盐酸克伦特罗、莱克多巴胺快速检测试纸条，对各县（市）检测人员进行培训，由各县（市）组织实施，完成监测克伦特罗320批、莱克多巴胺320批。年内，在汇东奶牛养殖基地和汇东乳业公司分别对生鲜乳收购站和运输环节抽样后送云南省兽药饲料检测所。在楚雄市和瑞祥、水闸口、东兴3个农贸市场开展了鲜猪肉抽样工作，在所抽查的30份鲜猪肉样品中没有检出硝基呋喃类违禁药物。

【饲草饲料推广】 2010年，全州开展

青贮氨化饲料培训2594期，培训人员15.48万人次，调入优质牧草9570千克，在103个乡（镇）开展种草养畜工作，种草养畜户达8万户，共计种草9.82万亩，其中，种植黑麦草4.59万亩，苜蓿2.78万亩，其它牧草7.44万亩，占年初计划的122.8%。年内，全州完成青贮饲料115.52万吨，氨化饲料25.29万吨。

【重大动物疫病防控】 2010年，楚雄州认真做好重大动物疫病防控工作。进一步明确政府（行政）的动物防疫责任主体，层层签订动物疫病防控责任状，实行双轨目标管理责任制。保障防疫经费，年内增加防疫经费100万元，保障防疫工作顺利开展。加强基层防疫基础设施建设。结合防疫基础设施项目建设，建设乡（镇）畜牧兽医站17个，购置办公、检测设施设备，满足动物防疫工作需要。加大防疫督办力度。在春秋两季，州、县（市）畜牧兽医局组成防疫督查组，深入各乡（镇）、村开展巡回督查，实行年终考核奖惩兑现。严格重大动物疫病报告制度，严密监视疫情，定期排查，及时处置。

【动物预防免疫】 2010年，楚雄州认真做好动物预防免疫工作。年内，免疫注射猪瘟疫苗370.3万头，免疫密度为97.6%。高致病猪蓝耳病集中免疫猪350.8万头，免疫密度为93.5%。累计注射高致病性禽流感疫苗1338.9万只，免疫密度为69.9%。其中，免疫鸡1282.6万只，鸭36.9万只，鹅19.4万只。其他病种免疫密度达90%以上。

【动物疫病监测】 2010年，楚雄州3次开展对猪瘟等免疫效果监测，监测面达74个乡（镇）次，180村次、578场（户）次。监测猪血样1248份，合格860份，合格率为68.91%，比上年同期上升9.84个百分点。监测家禽血样5486份，合格4405份，合格率为80.3%，比上年同期上升2.62个百分点。年内，完成新城疫、布鲁氏菌病、猪伪狂犬病、猪圆环病毒病、猪乙型脑炎、猪细小病毒病等12种病监测任务。

【溯源体系建设】 2010年，楚雄州根据国家农业部逐步在全国实施畜禽标识和养殖档案，建立可追溯体系的总体部署和省农业厅的有关要求，印制下发动物免疫户口册62万册、养殖档案1.5万本。年内，申请耳标总数281.5万个，完成生产使用耳标总数188.1万个，注册识读器418台，全州初步建立了动物标识及溯源管理数据库，州、县两级建立了信息平台，安排了固定的专职信息管理人员。

【产地检疫】 2010年，全州103个乡（镇）中，猪、牛、羊、禽类、其它动物的产地检疫开展面分别为100%、100%、100%、100%、60%；全州1089个行政村中，猪、牛、羊、禽类、其它动物的产地检疫开展面分别为94%、73%、72%、74%、50%；全州猪、牛、羊、禽规模养殖场产地检疫开展面均为100%。全州实施产地检疫生猪68.6万头、牛3.4万头、羊7.1万只、禽类70.1万只、其它0.7万头（只）。乡（镇）、行政村、规模养殖场的产地检疫开展面与上年同期相比都有大幅提升。猪、牛、羊、禽类、其它动物的运载工具消毒数分别为1.62万辆、758辆、1311辆、1968辆、210辆。

【屠宰检疫】 2010年，楚雄州有动物屠宰场（点）猪74个、牛羊32个、禽类36个、其它25个。其中，定点屠宰场点猪38个、牛羊4个。全年屠宰检疫猪41.7万头、牛羊4.1万头、禽类41.5万只、其它0.3万头只。全州全部屠宰场点按国家规定由动物卫生监督机构实施检疫，定点屠宰场的同步检疫率、出场肉品受检率、市场出售的动物产品持证率均达100%，病害动物、动物产品无害化处理率达100%，杜绝病害肉和未经检疫肉流入市场，确保肉食品质量安全。

【养殖监管】 2010年，全州对所有规模养禽场、规模养猪场及奶牛养殖场落实了专人监管制度，对强制免疫、养殖档案建立、免疫户口册、畜禽标识佩戴、兽药饲料来源与使用、消毒和无害化处理等进行指导与监管。做好外引种畜禽及乳用动物检疫报批、审批与监督。全年，共审批办理种畜禽引种检疫8件，其中，种猪引种5件、种羊引种2件、奶牛1件。

【畜牧执法】 2010年，楚雄州州级立案查处兽药饲料案件20件，合计收缴国库资金（罚没款）11.6万元。其中兽药案件5件，饲料质量不合格案件15件。申请法院执行1件。10县（市）出动执法人员2072人次，检查兽药、饲料经营户及动物门诊2068户次，立案查处兽药案件86件，货值金额1.4万元，收缴罚没款3.9万元，责令整改兽药经营企业50户，取缔无证经营企业3户；立案查处饲料案件38件，收缴罚没款26.8万元，查处违法饲料产品29.8吨。

【抗旱保畜】 2009年8月份以来，楚雄州持续干旱，全州养殖业受灾19.31万户，受灾大牲畜94.25万头，受灾人工牧草面积6万余亩，因灾直接造成畜牧业经济损失5371万元。全州畜牧兽医系统累计投入人员2万余人次，出动执法人员1000余人次，紧急开展大牲畜防疫380余万头（匹）。

【“滇中牛”正式纳入《中国畜禽遗传资源目录》】 2010年，经云南省农业厅、楚雄州畜牧兽医局和双柏县畜牧兽医局共同申报，国家畜禽遗传资源委员会牛马驼专业委员会畜禽遗传资源鉴定，报国家畜禽遗传资源委员会批准，国家农业部7月22日发布第1424号公告，正式将“滇中牛”纳入《中国畜禽遗传资源目录》，成为我国宝贵的畜禽遗传资源之一。

［李光祥］

农业机械化

【农机工作概况】 2010年末，楚雄州农业机械总动力为191.66万千瓦，比上年增长16%；拖拉机拥有量4.12万台，比上年增长11%，其中，大中型拖拉机1.48万台，增长11%，小型拖拉机2.65万台，增长12%；农用运输车辆2495辆，增长3%；联合收割机91台，增长13%；农用排灌动力机械5.54万台，增长1%；农副产品加工动力机械6.72万台，减少0.03%；畜牧机械12.09万台，增长11%；拖拉机配套农具1.56万台，增长18%；农业机械总值达9.96亿元，增长17%。

【农机服务】 2010年末，楚雄州共有农机化作业服务组织及农机户11.79万个，农业机械维修网点919个，农机经销点193个，各类农机从业人员11.77万人。年内，全州共完成机械作业面积423.64万亩，比上年增长54%。其中，机耕面积227.59万亩，增长45%；机播面积8.1万亩，下降0.9%；机械排灌面积120.05万亩，增长37%；机械植保面积60.32万亩，增长271%；机械收获面积7.57万亩，增长62%。机械脱粒粮食量40.50万吨，下降3%。机械加工农副产品121.15万吨，下降6%。农机运输量8.81亿吨，增长1%。年内，全州共组织农机人员5.66万人投入抗旱救灾，投入抗旱救灾农机具6.63万台，拉运人畜饮水30万立方米，解决了29.5万人的饮水困难。

【农机购置补贴】 2010年，楚雄州共争取到中央财政农机购置补贴项目资金2626万元，惠及全州农民1.17万户，购置补贴农业机械1.22万台，灌溉设施建设面积2232亩。在所购置的农业机械中，农用动力机械608台，畜牧水产养殖机械136台，耕整地机械8696台，田间管理机械657台，农田基本建设机械7台，收获机械21台，收获后处理机械134台，农产品初加工机械730台，排灌机械1248台。农机购置补贴项目的实施拉动农民投入购机资金6114万元，提高了全州农业机械装备水平，优化了农业机械装备结构。

【农机安全监管】 2010年，楚雄州强化安全监管，确保农业机械生产安全。加强安全宣传教育。全州共组织拖拉机驾驶员安全教育学习活动647场（次），参加人数10.96万人（次），召开农机安全座谈会206次，参加人数达1.89万人（次）。做好农机安全检查。全州出动安全检查车辆710车（次）、人员3120人（次）；发放整改通知书6132份，发放告知书1.61万份；查验拖拉机3128台（次）。共清理排查出无牌无证拖拉机968台，无证驾驶人员872人，就地办公核发拖拉机号牌328副，就近就地培训考试拖拉机驾驶人员765人。实行农机安全生产责任制。州、县、乡三级农业（农机）部门农机安全生产责任书签订面达100%，乡（镇）农推中心与机手签订农机安全生产责任书2.94万份，签订面达98%。年内，全州共发生拖拉机道路交通事故4起，死亡5人，受伤3人。

【农机登记管理与检验】 2010年，全州共办理拖拉机注册登记2265台，办理拖拉机转入47台，转出66台，报废111台，全州云23牌证拖拉机达到2.75万台，挂牌率98%。全州受理拖拉机驾驶员考试44期，考试合格核发驾驶证2409本，办理增驾考试合格核发驾驶证123人，全州各类拖拉机驾驶员达到2.99万人，驾驶人员持证率97.5%。全州共完成云23牌证拖拉机年度检验签证2.19万台，占应检数的92.42%，完成云NJ牌证拖拉机年度检验签证2356台，占应检数的80.82%。

【农机技术培训】 2010年，楚雄州农业机械化教育培训大行动共完成培训1.43万人，其中，完成农机管理人员培训414人，农机技术人员培训797人（其中，农机教学人员21人，农机推广人员306人，农机监理人员148人，农机维修人员322人），农机操作人员培训1.25万人（拖拉机驾驶员3245人，收割机驾驶员9人，农机操作人员9249人），其他培训565人。

【农机技术示范推广】 2010年，楚雄州积极开展水稻机械化插秧技术试验示范。举办农机技术培训班，邀请水稻专家、插秧机技术员面向农户讲授水稻机插秧技术要领。在全州10县（市）开展塑盘育秧示范工作。全州7个示范点举办机械插秧现场演示会，共完成机插秧面积79.2亩。

［姚国强］

生物资源开发

【生物资源开发概况】 2010年，楚雄州按照一园多区规划思路，积极推动生物资源开发创新工作，楚雄经济技术开发区、楚雄市鹿城镇、大姚、牟定、元谋等绿色食品加工园区不断发展，元谋、禄丰罗川特色蔬菜种植园区辐射示范带动作用不断显现。州生物资源开发创新办公室按照省政府发展生物产业办和省花卉产业办的要求，做好全州优势生物产业和花卉产业统计数据上报工作，抓好全州人工食用菌、优质水果、夏秋高山反季蔬菜、蔬菜制（繁）种等外向型特色生物产业发展情况统计。年内，共开展外向型特色生物产业实用技术培训8.1万人（次）。

【绿色食品加工】 2010年，楚雄开发区绿色食品加工园区引进了从事速冻野生菌及蔬菜加工出口的云南依玛同佳食品有限公司，以生产核桃乳、滇红花软胶囊和有机食用油等食品及保健品为主的广泰生物科技开发公司等企业入园发展。年内，广泰公司实现销售收入8798万元。依玛同佳公司实现销售收入2241万元，出口创汇404万美元。楚雄市鹿城园区的楚雄森桂食用菌开发有限公司金针菇和杏鲍菇工厂化标准栽培项目全面启动，生产金针菇和杏鲍菇519.8吨，实现销售收入562.2万元。牟定园区的金塔、天台、润丰园等11户乳腐生产企业共完成销售收入1900万元，上缴税金114万元。姚安园区的菖河公司实现销售收入1824万元，上缴税金20.3万元。大姚园区以核桃、蜂产品和小把粉丝为主的系列产品开发为主，入驻企业达10

户，共完成销售收入5.03亿元，上缴税金170万元，出口创汇706.3万美元。元谋园区入驻企业达27户，元谋闽中食品有限公司全年生产速冻、冻干和烘干蔬菜4115吨，向农户收购各类蔬菜原料2.1万余吨，实现产值1亿元，实现销售收入9156万元，上缴税金228.9万元。南华“野生菌王国”项目建设稳步推进，澜沧江啤酒企业（集团）楚雄有限公司生产各类啤酒13.03万吨，实现产值4.07亿元，上缴税金1509万元。

【特色蔬菜种植】 2010年，元谋生态蔬菜及制（繁）种示范园区被列为全国加工型农业示范基地，全面启动A级绿色蔬菜生产基地示范县建设，推动了全县外销特色蔬菜快速发展。2009～2010年菜季，全县种植蔬菜13.72万亩，外销蔬菜26.09万吨，实现销售收入5.78亿元。全县累计获得有机食品认证1个、绿色食品认证15个、无公害农产品认证27个，无公害农产品产地认定面积9.6万亩，绿色食品产地环境质量达标面积15.6万亩，出口蔬菜质量安全管理示范区7.4万亩。禄丰罗川特色蔬菜种植园区引入楚雄红土地开发有限公司、穗农农产品开发公司等企业发展特色蔬菜和优质瓜果，共种植特色蔬菜1.38万亩（其中大棚蔬菜1600亩），蔬菜产量达2.72万吨，完成产值4896万元；种植葡萄1500亩，发展优质西瓜和哈密瓜300亩。

【外向型特色生物产业】 2010年，楚雄州生物资源开发创新办公室着力培育和发展人工食用菌等外向型特色生物产业。种植人工食用菌。楚雄锦翔公司、森桂公司、林鑫公司、永仁仁兴公司、武定春江公司等企业带动全州1955户菇农发展以香菇、茶树菇、大球盖菇、木耳、金针菇为主的15个品种的人工食用菌种植248.36万平方米，实现产量3.17万吨，完成产值2.6亿元，实现农民收入1.43亿元。种植优质水果。楚雄楚康公司、民宝公司、民生公司、元谋金珠公司、果润公司、顶瓜瓜公司等一批企业和种植大户带动37848户农户发展云南红梨、鲜食葡萄、石榴、青枣等种植，全州优质水果累计种植面积达8.6万亩，完成产值3.67亿元，实现农民收入2.26亿元。种植夏秋高山反季蔬菜。武定农鑫公司、兴发公司、禄丰康源公司、鑫旺公司、南华高原公司、牟定兴华公司、姚安绿兴现代农业发展有限公司等一批蔬菜保鲜加工企业带动6.16万户农户种植夏秋高山反季蔬菜9万亩，实现产量18.91万吨，完成产值1.8亿元，实现农民收入1.17亿元。蔬菜制（繁）种。全州以元谋、永仁2县为重点，完成菜心、香葱、青笋、花椰菜等30余个品种的蔬菜制（繁）种面积2.7万亩，完成产值5930.45万元，实现农民收入3508.36万元。种植花卉。全州以禄丰、武定、元谋、永仁等县为重点，发展以玫瑰、康乃馨、百合等品种为主的鲜切花卉6868亩和花卉繁种514亩，共完成产值1.13亿元，实现农民收入6945.13万元；发展茶花种植900余亩31万株，实现产值3000万元。

【失地农民创业园建设】 2010年，楚雄州生物资源开发创新办公室支持楚雄市锦翔食用菌开发有限公司，在青山嘴水库工程栗子园移民安置点附近租地40亩，建立“失地农民创业园”。公司采用“农户零风险参与模式”，搭建大棚180个，生产菌包40万袋，带动移民32户参与种植香菇36万袋，采收鲜菇200多吨，实现种菇利润42万元，移民户均获得纯收入1.3万元。解决了60名移民就业，增加打工收入近30万元。

【项目申报和管理】 2010年，楚雄州生物资源开发创新办公室围绕产业发展重点和投资导向，指导县（市）组织筛选上报省级生物产业扶持项目19个，争取到扶持项目13个、资金220万元。拟定州级生物资源开发创新专项资金安排方案，加强资金监管，督促各县（市）和企业严格按照扶持环节和资金用途实施项目；组织对2009年省级财政生物产业专项资金扶持的15个项目进行了绩效评价考核，配合省检查组顺利完成了对楚雄、南华、姚安、永仁4县（市）的相关检查工作。

［李时云］

林　业

【林业工作概况】 2010年，楚雄州林业工作以邓小平理论和“三个代表”重要思想为指导，深入贯彻落实科学发展观，坚持走生态建设产业化、产业发展生态化的路子，以建设绿色经济强州为目标，以兴林富民为宗旨，以改革创新为动力，以科技进步为支撑，以依法治林为手段，认真组织实施天然林保护工程、退耕还林工程、农村能源建设工程、野生动植物保护及自然保护区建设工程和速生丰产林建设工程，加快发展以核桃为重点的特色经济林产业、以野生食用菌为重点的非木质林产业、以木材采运和加工为重点的木材林产业、以松香和桉叶油为重点的林产化工产业以及林木种苗花卉产业，扎实推进集体林权制度改革，切实加大林业项目资金争取工作力度，全年共争取林业发展建设资金4.76亿元，比上年增加0.38亿元。战胜了百年不遇的严重旱灾，全年完成营造林任务86.4万亩，为年初计划55万亩的128%，完成木本油料基地建设任务63.47万亩，为计划的100%，其中完成核桃种植62.63万亩，完成中低产林改造任务20万亩，全州林业总产值达到58.63亿元，比上年的44.81亿元增长30.84%。经省集体林权制度改革工作领导小组检查考核，楚雄州集体林权制度主体改革被省委、省人民政府考评为一等奖；年度森林防火工作被省人民政府考核为优秀等次；年度森林生态效益补偿工作被省级考评为二等奖。

【林业抗旱减灾】 从2009年秋冬开始至2010年6月，楚雄州出现了百年不遇的严重干旱。楚雄州林业系统集中精力、全策全力打好抗旱救灾攻坚战。州、县（市）林业局分别成立抗旱救灾及森林防火指挥机构，加强对抗旱救灾和森林防火工作的领导。狠抓落实。全州投入森林防火经费1556.35万元，组织森林防火巡山护林人员7367人，专业和半专业扑火队、义务扑火队共1266支、4.09万人；签订各种森林防火目标管理责任书91.7万份，发放户主通知书58.95万份。将科技措施融入抗旱救灾，投入抗旱车辆1302辆，水泵6454台，发动群众开展人工浇灌，积极推广使用旱地龙、保湿剂、遮荫网等节水、保水抗旱保苗科技措施，降低苗木损失。加强督促检查。州林业局及时成立工作督查组、技术指导组，多次深入各县（市）、乡（镇）和林区督查指导林业抗旱救灾和森林防火工作。全州共投入林业抗旱救灾资金1779.58万元，其中中央和省级投入473万元，州级投入365.89万元，县（市）级投入705.47万元。全州育苗2070.2亩，准备苗木4773.85万株，年内全州未发生重特大森林火灾和人员伤亡事故。

【集体林权制度改革】 楚雄州集体林权制度主体改革从2006年开始，截至2010年末，全州2901万亩集体林地确权2868万亩，确权率98.88%，发放林权证41.68万本，调处林权纠纷1.7万起、面积105.71万亩，林权纠纷调处率和面积调处率分别达98%和95.5%。全州涉及林改的103个乡（镇）、1084个村委会、14677个村民小组基本完成主体改革。至年末，全州10县（市）成立林权流转服务中心，开展林权流转服务工作。成立核桃生产、护林防火等林农专业协会、专业合作社1367个，加入合作社农户8.31万户，合作社经营林业面积370.27万亩。大姚、双柏、南华等3县成立了森林资源资产评估机构，开展森林资源资产评估256宗，办理集体林地流转1069宗、流转面积11.06万亩、流转金额1061.98万元。办理林权抵押贷款299宗，其中农户抵押256宗，抵押面积4.13万亩，贷款1.18亿元。

【中低产林改造】 2010年，楚雄州各县（市）完成中低产林改造总体规划编制上报审批，完成中低产林改造20万亩，为省、州下达计划任务的100%，投入改造资金6243万元，其中中央投入90万元，省级投入982万元，林农自筹1778万元，企业自筹3393万元，参与中低产林改造的企业18个（9个林场和9个公司）。

【楚雄州第四批茶花新品种通过鉴定】 2010年1月27日，楚雄州第四批茶花新品种鉴定会在楚雄召开，经与会专家认真讨论筛选，最后确认了10个云南山茶新品种，即“梅葛红”、“威楚”、“紫蔷”、“紫灵”、“紫云”、“紫薇”、“紫玉”、“紫蝶’、“紫鹃”、“紫玳”。与会专家一致认为，楚雄州是云南山茶花的变异中心之一，其花型、花色的多样性非常丰富，发展云南山茶潜力巨大。

【楚雄州茶花协会参加第26届国际茶花大会】 2010年3月12～25日，楚雄州茶花协会组织代表团，参加了在日本九州岛福冈县久留米市举办的第26届国际茶花大会。3月20日晚，久留米市举行了盛大的开幕式和欢迎晚宴。晚宴上，州人民政府领导介绍了楚雄州丰富的茶花资源及浓郁的民族风情，并诚邀四海嘉宾到楚雄旅游观光。大会期间，楚雄州代表团33名成员分别参加了国际茶花大会学术研讨会、国际茶花协会理事会，参观了久留米市石桥文化中心及相关的茶花展。3月24日的闭幕式及欢送晚宴上，新当选的国际茶花协会主席帕特丽夏·肖特夫人和久留米市市长楢原利则共同向中国楚雄国际茶花大会筹委会移交国际茶花大会的会旗和木槌。

【楚雄州集体林权制度主体改革总结表彰暨林业产业发展大会】 2010年10月15日，中共楚雄州委、州人民政府召开全州集体林权制度主体改革总结表彰暨林业产业发展大会。州集体林权制度改革工作领导小组成员单位的主要领导，州集体林权制度改革督查指导组组长，各县（市）县（市）委书记或县（市）长、分管副书记或副县长、林业局局长，州林业局及直属单位领导和相关人员以及各乡（镇）党委书记参加会议。会议由州委副书记李兴顺主持，全面总结了2006年以来全州集体林权制度改革工作，传达了全省集体林权制度主体改革总结表彰暨林业产业发展大会和全国百县（市）集体林权制度改革经验交流会等会议精神。会议对下一步的集体林权制度配套改革提出要求。会上，州委、州人民政府兑现了集体林权制度主体改革考核奖，并对在全州集体林权制度主体改革工作中做出优异成绩的100个先进集体和200名先进个人给予表彰奖励。

［杨发民　董存丽］

水 利

【水利工作概况】 2010年，楚雄州以提高供水保障能力为重点，加快推进水源工程、病险水库除险加固、灌区节水改造、水土保持生态环境治理、中小河流整治、小型农田水利、农村人畜饮水安全、水利改革等各项工作。年内，全州动工建设各类水利工程3.01万件，完成2.97万件，投入劳动工日0.26万个，完成土石方0.38亿立方米、砼209.5万立方米。全年争取到中央和省水利建设补助资金5.37亿元，比上年增加1.57亿元，增长41.8%。完成水利固定资产投资11.5亿元，超额完成了州人民政府下达年度水利固定资产投资10亿元的目标任务。新增有效灌溉面积2.04万亩、节水灌溉面积5.99万亩，改造中低产田地面积1.85万亩，解决了农村18万人口和学校2.14万名师生饮水安全问题，治理水土流失面积566.12平方千米。

【部省共建楚雄州山区水利发展与改革示范区】 2010年，楚雄州积极实施部省共建楚雄州山区水利发展与改革示范区项目。该项目实施期为2010～2014年，主要建设包括水源工程、灌区及农田水利建设、病险水库和水闸除险加固、农村饮水安全工程、防洪减灾、水土保持、水能开发和能力建设8个部分，批准规划投资35.08亿元。2010年开工建设姚安下口坝、大姚红豆树、南华羊成、牟定中峰、双柏新华5件中小型水源工程，19座小（一）型病险水库除险加固，13条灌溉干支渠防渗工程，2个大型灌区，小型农田水利重点县及专项工程，农村人口和农村学校饮水安全，楚雄青龙河富民段和蜻蛉河大姚赵家店段等一批重点水利工程。

【水源工程建设】 2010年，楚雄州新建、扩建大中小型水库共15座，其中大（二）型1座，中型5座，小（一）型9座。青山嘴大（二）型水库工程建设任务基本完成，进入扫尾阶段。截至12月30日完成蓄水0.52亿立方米。5座中型水库：牟定龙虎中型水库正抓紧实施大坝补强灌浆施工；禄丰沙龙中型水库基本建成；永仁尼白租中型扩建项目主体工程完工；姚安下口坝水库扩建工程完成了三通一平准备工作及坝基清基，正在进行征地及封堵原输水涵洞，开挖溢洪道、进行坝脚填筑；大姚县红豆树中型水库于12月22日举行了奠基仪式。南华龙山、双柏木老虎2座小（一）型水库已完工正在进行工程结算；双柏河口河、永仁他克、武定分洲、大姚大坡、南华县羊成、禄丰老鸦关、牟定中峰7座小（一）型水库开始施工。

【灌区建设】 2010年，楚雄州投资4996.8万元继续实施元谋和蜻蛉河2个大型灌区续建配套与节水改造，为两灌区2001～2009年17期工程建设投资1.56亿元的32.01%。在2009年禄丰县列入中央财政小型农田水利重点县建设的基础上，2010年楚雄市又争取列入了中央财政小型农田水利重点县建设，计划总投资6561.8万元，分3年完成，中央和省每年支持资金补助1600万元，2010年度补助资金落实到位。大姚县赵家店乡打苴基村委会争取中央安排补助资金300万元，实施以池窖、沟渠为重点的小型农田水利建设。武定狮山大沟等12条灌溉干支渠工程争取省补助资金1890万元，实施防渗加固与节水改造。

【农村饮水安全项目建设】 2010年，楚雄州抓住遭受百年一遇特大干旱国家、省进一步加大以农村饮水安全工程等为重点的水利基础设施建设投入的机遇，加大农村饮水安全工程建设和资金争取力度，争取国家、省支持实施农村14万人口和农村学校2.14万名师生的饮水安全工程建设。两个项目批准概算总投资7700.81万元。其中中央补助6160.64万元，省补助770.08万元，州、县（市）安排770.09万元。

【水利建设前期规划】 2010年，楚雄州水利部门认真做好水利规划和重点水利项目前期工作。经努力，45件骨干水源工程列入了国家西南五省区骨干水源工程近期建设规划，10座中、小（一）型水库列入了全省2010～2012年百件骨干水源工程建设规划，中石坝、大坡2座中、小（一）型水库列入了全省百件骨干水源工程建设规划的备选项目。其中8件小（一）型水库全面完成可研、初步设计报告。4座中型水库中红豆树、西静河项目完成建议书、初步设计工作。坛罐窑水库项目建议书通过审查，并着手可研阶段勘测设计工作。中石坝扩建工程年内完成项目建议书编制工作。新（扩）建的16件中小型骨干水源工程中，新建武定仁和、元谋龙街河2座中型水库设立了水文观测站，开展项目建议书编制工作，新建大姚大坡、双柏螃蟹冲和扩建禄丰老鸦关、梅域村4座小（一）型水库可研、初设得到批复，新建姚安大麦地小（一）型水库可研得到批复，并着手初步设计工作，新建元谋羊街河小（一）型水库开始可行性研究报告编制。列入国家新一轮小型病险水库除险加固规划和河道治理近期规划的39座小（一）型水库、7条河道治理初步设计报告编制完成。年内完成200座水库安全鉴定及除险加固初步设计工作。

【北部片区金沙江提水工程规划】 2010年7月，楚雄州水利部门完成了《金沙江提水工程规划初步方案》编制。规划解决永仁、元谋、武定3县金沙江干流沿岸92.44万亩（新增16.65万亩，改善75.79万亩）耕地的灌溉问题，估算总投资66.04亿元。近期规划（2010～2020年）解决金沙江干流附近新开垦集中连片的耕地16.65万亩，并兼顾现有0.56万亩耕地的灌溉缺水问题。规划新建大中型提水泵站4座，配套干渠18条总长335.41千米，新建200～500立方米的调节水池403个，新建小坝塘29个，架设35～220千伏输电线路137.5千米，新建220千伏变电站1座，35～110千伏变电站3座，工程估算总投资17.63亿元。远期规划（2020～2030年）主要改善金沙江沿岸现有75.23万亩耕地的灌溉缺水问题。规划新建提水泵站5座，增容扩建2座，安装水泵363台，配套干渠38条总长949.43千米，新建200～500立方米的调节水池1005个，新建小坝塘29个，架设35～220千伏输电线路35.8千米，新建35～110千伏变电站4座。工程估算总投资48.41亿元。

【滇中引水受水区配套工程规划】 2010年10月20日，楚雄州滇中引水受水区配套工程总体规划初步方案编制完成。按照规划，该工程在楚雄州内由姚安县入境，干渠全长141千米，布设万家、柳家村、凤屯、大荒地、龙川江、龙潭、观音山7个分水口，9条供水线路，规划总投资96.38亿元。配水量为4.51亿立方米。受水区总长度678.24千米，其中暗渠139.48千米，隧洞70条77.66千米渡槽33条7.7千米，主管道428.53千米，支管（渠）长24.86千米，提水泵站6座，新建水厂33座。

【北部片区水资源综合利用规划】 2010年5月，楚雄北部片区水资源综合利用规划经州人民政府批复。该规划项目涉及牟定、大姚、永仁、元谋、武定、姚安和禄丰县黑井、妥安等58个乡（镇），面积1.46万平方千米。规划建设蓄水工程156件，其中大（二）型水库2件，中型水库14件，小（一）型库27件，总投资90.27亿元。

【河口河等小（一）型水库大坝顺利截流】 2010年2月3日～日，双柏河口河和武定分洲2座小（一）型水库分别通过大坝基础开挖阶段验收，顺利截流，工程建设转入全面施工阶段。河口河水库于2009年11月2日开工建设，主体工程及渠系配套工程已全面开工，计划

2011 年底全面完工。分洲水库于 2009 年 12 月 14 日开工，目前输水隧洞已贯通，大坝正在准备封顶。

【大姚县“十一五”水电农村电气化建设通过省级验收】 2010 年 10 月 22～24 日，大姚县“十一五”水电农村电气化建设通过省级验收。“十一五”期间，大姚县被列为全国 460 个、全省 34 个水电农村电气化建设县之一，争取到中央和省补助电气化建设专项资金 515 万元。装机 4 万千瓦的多底河水电站电源项目，完成投资 1.62 亿元；三台、桂花、湾碧、石羊、铁锁 5 个乡（镇）的 10 千伏及以下配电网络建设工程，完成投资 1258.22 万元；调度通讯建设完成投资 260 万元。

【80 座中小型病险水库除险加固工程全面完工】 截至 2010 年 12 月 25 日，楚雄州 80 座中小型病险水库除险加固工程全面完工，其中 45 座通过竣工验收，35 座投入使用。通过除险加固的小（一）型水库，防洪标准由 30 年或 50 年一遇提高到 300 年或 500 年一遇。

【水土保持】 2010 年，楚雄州认真规划、组织开展水土保持治理与预防监督工作。全年共完成防治水土流失面积 566.12 平方千米，完成投资 6367.81 万元。做好水土保持国策宣传活动的同时，开展水土保持监督执法 501 次，检查开发建设项目 422 个，收取水土保持设施补偿费 207.1 万元。累计治理水土流失面积 209.54 平方千米，完成投资 1.23 亿元。

【抗旱救灾】 2010 年，楚雄州遭遇百年不遇特大干旱，全州小春作物受旱面积 168.25 万亩，大春农作物受旱面积 162.22 万亩，州府所在地楚雄市区以及双柏、南华、大姚、武定 4 个县城供水紧张，农村饮水困难人口达 70.79 万人。在中共楚雄州委、州人民政府的领导下，全州水利系统全力以赴投入抗旱救灾。年内，全州共投入抗旱救灾资金 2.32 亿元，投入抗旱救灾人数 165.62 万人次，打机电井 2566 眼，投入机动抗旱设备 4.22 万台（套），机动运水车辆 1.89 万辆次，抗旱用电 1038 万度、用油 1293 吨，抗旱浇灌面积 158.8 万亩，临时解决了 89.05 万人、42.47 万头大牲畜的饮水困难。2010 年楚雄州水利局被省委、省政府表彰为“抗旱救灾先进集体”，同时获国家防汛抗旱总指挥部、人力资源和社会保障部、解放军总政治部授予“全国防汛抗旱先进集体”荣誉称号。

【洪涝灾害】 2010 年入汛以来，楚雄州元谋等 5 县（市）遭受不同程度的洪涝灾害，造成 6.72 万人受灾，倒塌房屋 397 间，直接经济损失 4930.4 万元。其中冲毁小坝塘 2 座、损坏灌溉设施 45 处，直接经济损失 712.5 万元。全州共投入干部群众 1.33 万人次，进行洪涝灾害抢险救灾。共投入防汛抢险资金 390.5 万元；投入防汛抢险物资纺织袋 9.22 万条，砂石料 0.51 万立方米，抗灾用油 90.7 吨；减淹耕地 0.03 千公顷，避免粮食减收 0.01 万吨，减灾经济效益 0.18 亿元。

2010年 11 月，大姚县组织群众开展冬春农田水利建设　　（州水务局提供）

【库塘蓄水】 2010 年，楚雄州平均降雨量为 680 毫米，比上年同期 614 毫米增加 66 毫米，比历年平均 847 毫米少 167 毫米。全州库塘蓄水 7.52 亿立方米，比上年同期增加 1.25 亿立方米，占计划蓄水 9.29 亿立方米的 80.95%。特别是 7 月 18 日（蓄水最少时）至 12 月 28 日，蓄水从 1.52 亿立方米增加到 7.52 亿立方米，净增 6 亿立方米。

【水政执法】 2010 年，楚雄州全面实施取水许可和水资源费征收制度，加强水事违法案件巡查力度，大力宣传水政法规。共完成 5 件水资源论证报告审查批复，清理部门规范性文件 3 个；共调处水事纠纷 834 起，处理水事违法案件 34 起，其中现场处理 28 起，立案 6 起；完成水资源费征收 152 万元。

【水利改革】 2010 年，楚雄州继续深化水利管理体制改革。144 件小（一）型水库水利工程收归州县管理，州、县财政年拨付公益性经费共 745.34 万元，其中落实公益性人员及公用经费 506.53 万元，离退休人员经费 84.62 万元，公益性工程日常维修养护经费 154.19 万元。出台州、县（市）《农村小型水利工程管理体制改革实施方案》，南华、元谋、永仁、牟定、大姚 5 县农小水改革工作基本完成。推进水务机构改革。12 月 31 日州人民政府召开全州政府机构改革动员会议，决定成立州水务局，原州水利局撤销。原州城建局管理的城市供排水、节水及污水处理行政职能及州水利局除渔业行政职能外的所有职能划转州水务局。开展水费征收工作。全年共收取水费2035.35万元（其中县管工程1807.92万元，乡镇管理工程227.43万元）。县管工程农业水费征收率75.22%，非农业水费征收率91.18%。

［李雪花］

青山嘴水库工程建设

【库区工作概况】 2010年是楚雄州青山嘴水库工程完工之年。5年来，在中共楚雄州委、州人民政府的坚强领导和各级各部门的大力协作下，青山嘴水库工程建设从项目申报到实施，进展比较顺利。当年开工、当年截流，仅用两年半时间水库下闸蓄水，并发挥初期效益，在百年不遇的旱灾中发挥了重要作用。年内，青山嘴水库工程管理局积极投入抗旱救灾，充分发挥水库初期效益；着力抓好青山嘴水库扫尾工程；切实抓好工程质量、安全生产和防汛保安工作；认真抓好库区管理、交通和移民信访接待工作；做好概算调整上报审批工作。州水利局下达青山嘴水库蓄水任务5000万立方米，至11月25日，水库蓄水5541万立方米，提前超额完成蓄水任务。

【移民安置】 2010年，中共楚雄州委、州人民政府高度重视青山嘴移民动迁工作，多次进行专题研究，在深入调查研究、广泛听取移民群众意见建议的基础上，尊重移民意愿，以从农跨县安置为主变为城市楼房集中安置为主，打破移民搬迁安置工作被动僵持的局面，完成了栗子园移民小区93幢2568套共28.1万平方米移民住房的建设任务，青山嘴水库建设所涉的1829户7225人移民顺利搬迁，确保了水库工程按计划如期推进，水库如期下闸蓄水。

【质量安全】 2010年，青山嘴水库工程管理局按照项目法人制、招标投标制、工程监理制、合同管理制的要求，与施工及相关单位签订安全生产责任书，组织协调参建各方开展工作。组建了由管理局为主，参建各方参加的“工程质量管理委员会”、“安全生产与文明施工管理委员会”和“施工现场防汛指挥部”，并明确工作任务，落实工作责任，做到各负其责，共同对工程质量、安全生产、文明施工及防洪度汛加强管理。自工程开工以来，没有发生较大质量问题和人员伤亡事故。

【工程扫尾】 2010年，青山嘴水库工程建设全面完成。完成了主坝外坝坡铺筑；完成了副坝护坡的草坪种植及坝顶工程建设；完成了溢洪道的边坡治理及河道防冲护堤后续余留的扫尾工程；完成了管理所和永久配电房建工程；完成了宋家湾至管理所及管理所周边的供水工程；完成了枢纽区沥青混凝土路面工程建设；完成了坝后式电站机电设备的安装调试，机组并网发电的相关工作。

【生态养鱼】 2010年，青山嘴水库工程建设管理局在保护水库水质的前提下，研究新型的现代水库科学养殖技术，经州人民政府批准，州发改委、水务局、环保局、农业局、质监局等部门论证，昆明市水产研究所全程监控，在青山嘴水库实施科学养殖改善水体项目。以控制养殖鱼类产品的品种和数量的养殖技术方法、减轻养殖环境的压力，保护和改善水域水环境。

【坝后电站并网发电】 2010年11月25日，青山嘴水库坝后电站正式并网，26日开始试运行，29日完成72小时试运行工作。青山嘴水库坝后电站布置于龙川江右岸，位于青山嘴水库泄洪洞与溢洪道之间。枢纽包括引水系统、主厂房、副厂房、尾水渠、升压站等建筑物。电站安装两台机组，装机容量2×1500千瓦，最大发电水头21.87米，最小发电水头11米，多年平均发电量938.9千瓦时，电站保证出力1219千瓦，由青山嘴水库调节运行。

【局部工程验收】 2010年，青山嘴水库工程建设管理局组织了2次局部工程验收。其中，7月20日组织了坝后电站7个分部工程的验收；11月4日组织了主坝、副坝、溢洪道、导流泄洪隧洞、输水隧洞、河道及橡胶坝6个单位20个分部工程的验收。经审核，20个分部工程全部合格，其中优良分部工程17个，优良率85.0%。

【完善库区交通】 2010年，青山嘴水库工程建设管理局加强完善库区交通工作。修通了寨子水库至龙河村委会段全长4千米的水泥公路。争取省交通厅的支持，将库区从张宗坝至老云机四厂14.2千米及吕合镇斗阁村委会至金村段全长6.4千米的公路建设列为国防公路项目，建成柏油路面。

［周荣志］

（责任编辑：罗相海）

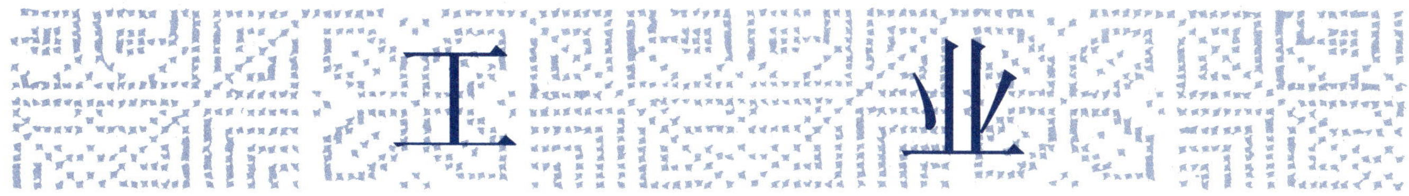

工业

工业经济综述

【工业经济发展概况】 2010年，楚雄州深入实施“工业强州”战略，加大工作力度，以发展为主题，结构调整为主线，改革开放为动力，项目建设为支撑，园区建设为平台，大力培育优势特色产业，推进技术创新，认真组织实施双“五百亿”工程，工业经济实现新跨越。工业总产值突破400亿元大关，达436亿元，为“十五”末的2.5倍，“十一五”期间年均增长20.3%。实现工业增加值140.5亿元，比上年增长14.7%，为“十五”末的2.2倍，年均增长17.3%，占全州GDP的34.7%，比“十五”末提高2个百分点。规模以上工业实现产值298.7亿元，比上年增长24.4%，是“十五”末的2.5倍，年均增长20.6%；规模以上工业增加值突破100亿元大关达106.3亿元，比上年增长14.4%，是“十五”末的2.1倍，年均增长15.6%。规模以上工业产销率96.7%，实现主营业务收入283.3亿元，比上年增长25.5%；实现销售产值288.85亿元，比上年增长23.5%；实现利税总额68.4亿元，比上年增长5.1%；实现利润总额19.3亿元，比上年下降8.7%。规模以上工业企业达187户，比2005年增加67户，其中产值亿元以上企业37户，比2005年增加24户。

【工业发展质量提高】 2010年，楚雄州重点监测的195户企业实现利润总额19.1亿元，比上年增长18.2%。其中，盈利100万元以上的企业88户，实现利润20.1亿元，与上年相比增加17户，利润增加3.2亿元。亏损49户，比上年减少2户，累计产值超5000万元的企业76户，比上年增加16户。其中亿元以上企业37户，比上年增加8户，比“十五”末增加24户。规模以上工业企业（原口径）187户，比2005年增加67户。企业生产经营趋于正常，停产、半停产现象基本消除，滇中有色金属公司、滇中铝业公司、弘邦林化公司、云南森源化工公司等重点企业的生产经营成倍增长，呈现良好发展势头。

【工业可持续发展能力增强】 2010年，楚雄州在做大工业经济总量的同时，坚持走可持续发展之路，把提高工业经济和社会效益放在重要位置，积极推进企业节能降耗和清洁生产，能源消费结构得到不断优化，节能降耗成效明显。规模以上工业单位增加值能耗下降11.86%，万元GDP能耗1.31吨标准煤，比2005年下降15%以上。2006年以来累计淘汰落后生铁产能19.1万吨，水泥产能48万吨，黄磷产能2500吨。工业污染治理，工业废水、废气排放总量均控制在国标允许范围内，全面完成

2010年楚雄州主要工业产品产量

产品名称	单 位	产 量	比上年增减（%）
原煤	万吨	169.61	-3.8
焦炭	万吨	69.04	-2.3
发电量	亿千瓦时	12.97	-9.3
其中：水电	亿千瓦时	8.05	-18.4
自来水生产量	万立方米	2448.9	-11.8
水泥	万吨	104.24	-13.7
卷烟	万箱	57.8	3.0
农用化肥（折纯）	万吨	6.27	-17.7
复合肥	万吨	22.93	19.1
硫酸（折100%）	万吨	34.29	81.5
中成药	吨	2237.77	85.1
生铁	万吨	145.13	-4.4
粗钢	万吨	147.34	-2.0
钢材	万吨	143.22	-2.3
铝	吨	8439	60.1
铜	万吨	5.33	68.5
锌	吨	3693	30.7
钛白粉	吨	2164	27.8
人造板	万立方米	9.39	81.1
纱	吨	668	-30.8
啤酒	千升	128744	28.7
白酒（折65度）	千升	12430	4.7
松香	万吨	4.89	-4.1

省下达的“十一五”节能降耗目标任务。重点监测的规模以上工业中的6个行业生产经营均好于上年，其中，烟草制品业实现增加值46.57亿元，比上年增长13.8%；黑色金属冶炼业实现增加值11.09亿元，比上年增长1.1%；有色金属冶炼业实现增加值8.03亿元，比上年增长67%；电力工业实现增加值7.65亿元，比上年增长15.2%；化学工业实现增加值4.23亿元，比上年增长41.5%；医药制造业实现增加值1.35亿元，比上年增长15.8%。

【工业投资快速增长】 2010年，楚雄州紧紧围绕省“212”工程，突出抓好“50项重点项目”实施，狠抓责任目标落实，强化跟踪服务，加大督查力度，促进工业固定资产投资快速增长。云南昆钢力信钢结构有限公司在禄丰实施年产20万吨钢结构产品项目、云南钛业股份有限公司年产2万吨钛材加工生产线一期建设项目建成并投入试运行。云南新立公司禄丰钛业分公司年产6万吨氯化法钛白粉、年产1万吨海绵钛项目，云南红塔集团楚雄卷烟厂易地搬迁技改项目，禄丰工投能源有限责任公司10万吨/年炭质还原剂生产线建设项目，禄丰天宝磷化工有限公司年产30万吨饲料磷酸盐建设项目，云南星焰公司牟定郝家河铜矿开发及选厂技改项目、云南岭东纸业有限公司年产35万大箱卷烟条盒商标彩印生产线搬迁技改扩建等项目稳步推进。云南德胜钢铁有限公司淘汰落后产能、技术改造、节能减排项目基础设施配套建设等各项工作紧张有序推进。工业投资完成84.5亿元（含乡镇小水电投资），比上年增长100.9%，完成州人民政府下达任务的177%，是2005年的5.6倍，年均增长40.9%。

【工业经济结构调整】 2010年，楚雄州规模以上烟草制品业、化学原料及化学制品业、医药制造业、有色金属冶炼及延压加工业、黑色冶炼及延压加工业，电力、热力的生产和供应业实现增加值78.9亿元，比“十五”末的40.9亿元增长1.93倍，占全部规模以上工业增加值比例74.2%。轻重工业同步增长，轻工业实现增加值56.8亿元，比上年增长15%，增幅比上年提高3.8个百分点；重工业实现增加值49.5亿元，比上年增长13%，增幅比上年提高4.4个百分点。轻重工业的比例由“十五”末的57.4∶42.6调整至53.4∶46.6。非公经济实现工业增加值168.42亿元，是“十五”末的2.19倍，占全州GDP的比重由“十五”末39.8%上升至42.1%。工业结构不合理的局面有所改变。县域工业快速增长，10县（市）及楚雄开发区规模以上工业增加值均实现增长，有4个县和楚雄开发区增幅超过20%；4个县（市）增幅在10%～20%之间；2个县增幅为个位数。工业总量居前3位的楚雄、禄丰、大姚增幅分别为17.7%、1.5%、5.5%。

【工业发展基础建设】 “十一五”期间，楚雄州工业投资快速增长，滇中有色金属公司年产10万吨粗铜项目、新立武定钛业分公司8万吨高钛渣项目、天腾化工公司年产30万吨高塔造粒复合肥项目、澜沧江啤酒集团公司年产20万吨啤酒项目顺利投产。德胜钢铁有限公司淘汰落后产能、技术改造、节能减排项目，楚雄卷烟厂易地搬迁技改项目、新立禄丰钛业分公司年产6万吨钛白粉和年产1万吨海绵钛项目加快推进。2006～2010年5年间，全州工业固定资产投资累计192.7亿元，是“十五”时期的3.6倍。其中，2010年完成工业固定资产投资84.5亿元，为“十一五”规划目标56.5亿元的149.6%，比“十五”末增长4.44倍，年均增长40.3%，比“十一五”期间年均增长30%左右的计

2010年楚雄州规模以上工业经济发展责任目标完成情况表

单位：万元

名称	工业增加值			主营业务收入			利税总额			利润总额		
	实际完成	完成计划	同比增长	实际完成	完成计划	同比增长	实际完成	完成计划	同比增长	实际完成	完成计划	同比增长
楚雄市	679221	104.3%	17.7%	1357935	106.2%	27.5%	487777	91.0%	0.6%	66546	70.0%	-39.9%
其中：开发区	116549	116.5%	39.7%	461244	115.3%	63.9%	26380	87.9%	7.8%	15300	95.6%	20.2%
双柏县	16310	138.2%	42.1%	77036	192.6%	130.5%	3859	83.9%	-3%	1016	50.8%	-39.5%
牟定县	18741	124.1%	10.3%	45006	117.8%	27.4%	4572	114.3%	33.3%	2014	100.7%	18.1%
南华县	27909	123.5%	26.2%	98969	142.2%	63.6%	9358	114.1%	37%	4591	131.2%	53.5%
姚安县	7542	153.9%	18.1%	20585	136.3%	46.2%	1349	84.3%	30.8%	438	54.8%	扭亏为盈
大姚县	60353	120.2%	5.5%	205509	126.9%	45.5%	21278	106.4%	37.9%	11402	128.1%	53.4%
永仁县	8875	125.0%	29.9%	23795	119.0%	33.2%	1387	115.6%	99%	134	33.5%	扭亏为盈
元谋县	13375	148.6%	13.0%	59502	114.4%	28.1%	4446	143.4%	56.1%	1372	124.7%	18.5%
武定县	22382	100.4%	29.9%	59591	119.2%	32.1%	6025	50.2%	-39.4%	3350	45.9%	-46.7%
禄丰县	206126	91.2%	1.5%	885025	100.0%	10.8%	144245	104.5%	18.4%	102242	111.5%	28%
全州	1063227	104.6%	14.4%	2832954	111.1%	25.5%	684295	95.0%	5.1%	193104	92.0%	-8.7%

划目标高7.6个百分点。全州规划工业园区面积141平方千米。2005年以来,全州10个工业园区投入资金9.1亿元,重点用于园区基础设施建设,水电路条件明显改善,新型工业化发展平台初步建立。

【工业发展方式转变】 2010年,楚雄州人民政府认真落实节能目标责任,制定下发《楚雄州2010年节能工作指导意见》、《楚雄州2010年资源综合利用工作指导意见》、《楚雄州2010年节能减排目标和确保实现“十一五”节能减排目标实施方案》、《楚雄州2010年节能监察工作方案》,与7个州级部门、10个县(市)政府、35户重点企业签订《2010年节能目标责任书》。州工业行业主管部门狠抓重点节能技改和示范项目实施,组织申报省级节能降耗专项资金项目11个、重点节能示范项目10个。组织实施澜沧江啤酒企业(集团)楚雄分公司、南华茂森综合利用公司能量优化,楚雄诚鑫高温新材料公司新型免烧节能建筑材料应用推广,禄丰中胜磷化工公司3.5万吨/年热法磷酸及热能利用,楚雄滇中有色金属公司富氧顶吹熔炼艾萨炉技改,楚雄明宏生态科技工贸公司资源节约等一批节能和资源综合利用项目。加强企业能源管理,组织列入“国家千家节能行动”、省“双百节能行动”企业、年综合能耗在3000吨标准煤以上企业及与州人民政府签订节能减排目标责任状的35户企业开展能源审计。奕标水泥公司等6户企业能源审计报告通过专家评审验收,一平浪煤矿等9户企业完成能源审计报告编制,有33户企业通过清洁生产审核验收。加强节能管理,对8户重点企业单位产品能耗限额标准执行情况进行抽查;推广国家财政补贴高效照明产品节能灯60多万支;开展多种形式节能宣传活动,提高全民节能意识;新型墙材和散装水泥推广工作取得新进展。

【工业经济运行协调】 2010年,楚雄州推进工业又好又快发展,州经济委员会着重加强工业经济运行分析和协调服务,坚持月度运行分析制度,按月分解落实目标进度,强化工业发展目标完成情况、重点工业行业和重点企业经济运行情况、重点技改项目实施进展情况跟踪监测。狠抓要素协调保障,强化电力需求预测管理,加强用电市场跟踪和负荷预测分析,严格执行计划用电政策,优化用电结构、精心调度,确保企业生产用电和电网安全稳定运行;加强与铁路运输部门合作,推进路企合作,积极挖掘铁路运输潜力,有效缓解铁路运输压力;加大企业上市培育工作力度,组织8户企业负责人参加全省企业上市知识培训,组织有上市意愿的2户企业参与省上市知识和规范运作相关会议并到省外考察学习;上报6户企业争取省工业信息化委员会列入第二批拟上市企业培育名单;向省工信委推荐上报6户中小企业争取纳入集合债券备选企业,经筛选初步确定2户企业发行集合票据,拟申请发行债券2.3亿元;鼓励和支持各类贷款担保机构发展,加强银政企合作,积极向金融机构推荐重点工业项目争取贷款资金支持;州级财政安排工业专项资金3330万元用于企业技改、重点产业建设、工业园区基础设施和标准厂房建设;积极争取上级项目资金支持工业发展,上报争取扶持项目100个,其中78个项目得到国家和省级扶持,争取到扶持资金6504.87万元,其中省级扶持资金3794.37万元,国家扶持资金2710.5万元。

云南省各州市规模以上工业增加值位次变动情况表

单位:万元

州市	2009年		2010年		州市	2009年		2010年	
	增加值	排序	增加值	排序		增加值	排序	增加值	排序
昆明	5347363	1	6082829	1	普洱	330894	9	419505	9
玉溪	3274553	3	3986304	2	保山	318191	10	381366	10
曲靖	3284096	2	3657486	3	德宏	198189	14	296190	11
红河	2181113	4	2656035	4	西双版纳	268984	12	295071	12
大理	910822	5	1199106	5	临沧	279980	11	292130	13
昭通	751060	7	1078465	6	丽江	226199	13	285736	14
楚雄	907675	6	1063227	7	迪庆	98564	16	102163	15
文山	608064	8	804349	8	怒江	129533	15	97897	16

【工业经济人才队伍建设】 2010年,楚雄州经济委员会加强人才队伍建设,认真抓好各种会议精神的贯彻学习,深入开展创先争优活动,干部队伍的战斗力、凝聚力进一步增强,党员的先锋模范带头作用得到充分发挥。与州委组织部联合,分两批组织县(市)政府分管领导、经委主任、招商局局长、州级有关部门领导及州经委科以上干部90余人到浙江大学参加工业经济知识高级研修班学习。举办工商企业高级管理人员培训班,培训184人;开展乡(镇)企业职称培训,培训200人。举办煤矿特种作业人员培训4期,培训364人。指导各县(市)经委开展煤矿职工上岗前培训及复训,培训3342人。配合省工信委在楚雄市举办全省上市企业工作座谈会,核桃青皮脱壳机械示范推广会和工业园区座谈会。加强对天然药业重点企业统计人员培训,完善统计制度,天然药业重点企业发展动态监测工作得到加强。

[雷文生]

工业园区建设

【工业园区建设概况】 2010年,楚雄州各工业园区(工业小区)从优化园区软环境入手,改进管理,强化服务,减少办事环节,创建园区服务中心,制定并完善相关配套优惠政策,为入园企业在工商、税务登记、征地、项目报批等方面提供全方位服务。加强与大企业大集团合作，推行以园招商、以商建园、以商兴园。组织省级重点工业园区和工业强县工业园区管委会主任及部分中小企业代表参加全省中小企业及非公企业入园发展座谈会；组织楚雄、禄丰两个省级重点园区参加第17届昆交会；组织园区干部参加省工业园区考察团赴浙江、江苏、上海等先进园区招商和考察学习；完成《云南省工业园区招商引资项目汇编》楚雄部分的编制工作。州工业园区领导小组办公室、州经委多次召开会议，认真研究工业园区建设的各项工作政策措施，深入开展各项工作，完成楚雄州“十二五”工业园区专项规划编制工作。工业园区完成工业总产值164.28亿元，完成销售收入158.14亿元，基础设施建设投入2.33亿元，园区企业工业投资20.69亿元，园区企业总数260户。

【工业园区基础设施建设】 2010年，楚雄州根据《云南省人民政府关于推进实施2010年全省重点督察20项重大建设项目和20个重要工作的通知》要求，于3月、7月、9月、12月，对楚雄、禄丰2个省级工业园区基础设施建设、设施投入、标准厂房建设和重大项目推进情况进行专项督查。3月，州人民政府出台工业园区标准厂房建设州级相关补充政策，激发各工业园区、企业建设标准厂房热情。年内，建成标准厂房34.4万平方米。其中，省级工业园区（工业强县）建设标准厂房25.63万平方米、州级工业园区建设标准厂房8.77万平方米。10个工业园区主要以“三通一平”来加快推进工业园区基础设施建设。各工业园区积极探索建立开发投资公司，充分借助园区开发投资公司的融资平台作用，切实解决园区建设资金短缺的瓶颈问题，采取BT、BOT等多种模式，多方筹措园区基础设施建设资金。永仁工业园区从原规划面积2.5平方千米修改调整到10.43平方千米，按“一园四片区”进行产业发展布局；3月，正式通过永仁工业园区《总体规划》和《可行性研究报告》州级专家评审。新增大姚工业园区南山坝片区规划2.94平方千米，于4月正式通过《大姚工业园区南山坝片区总体规划（2009～2025）》和《可行性研究报告》州级评审。11月、12月，分别通过禄丰工业园区《楚雄昆钢产业园区》、禄丰工业园区金山片区《棠海物流、建材、加工区总体规划》州级专家评审。

［王文斌］

节能减排

【节能减排概况】 2010年，楚雄州认真贯彻落实国家、省、州有关会议和文件精神，加强节能监测、监控、预警、督查和日常管理，统筹协调节能工作领导小组办公室各成员单位，积极开展行业节能工作，进一步推进全社会共同参与节能减排行动，全州上下坚定信心、攻坚克难、奋力拼搏，综合运用经济、法律和行政手段，实现重点突破，整体推进，确保年度节能目标与“十一五”总体目标完成。年内前三季度，全州单位GDP能耗比上年下降1.86%，完成年度目标的54.7%，累计完成“十一五”目标的90.88%。年内，规模以上工业单位增加值能耗下降11.86%。全面完成“十一五”淘汰落后产能目标任务，累计淘汰落后生铁产能19.1万吨，水泥产能48万吨，黄磷2500吨。

【工业固定资产投资节能评估审查】 2010年，楚雄州按照《关于转发云南省固定资产投资项目节能评估和审查管理办法的通知》要求，从4月1日起，对不属于核准、未实行行业准入政策或年综合能耗2000吨标准煤以下的实行审批的固定资产投资项目进行项目节能审查；属于核准、实行行业准入政策或年综合能耗2000吨标准煤以上实行审批的固定资产投资项目，项目单位应当在项目审批、核准或备案前报省工信委进行项目节能审查。

【节能宣传周活动】 2010年6月12～18日，楚雄州以“节能攻坚，全民行动”为主题，认真组织开展节能宣传周活动，营造良好社会氛围，节能宣传取得良好效果。州级有关单位、部门和州属重点企业积极主动开展丰富多彩、形式多样的节能宣传活动。在节能宣传周活动中，各相关部门及重点企业悬挂节约能源宣传布标106幅，发放节约能源宣传材料2.08万余份，书写宣传标语950多条，制作节约能源宣传展板80余块，广播宣传600次，出黑板报500余期。

【企业清洁生产】 2010年，云南楚雄矿冶有限公司等20户企业通过清洁生产审核验收工作。“十一五”期间，楚雄州有37户企业通过验收，其中，红塔集团楚雄卷烟厂通过云南省清洁生产合格企业验收工作。“十一五”以来，州委、州人民政府高度重视发展循环经济和推进清洁生产工作，逐步形成企业主动自愿推行清洁生产审核的良好社会氛围，清洁生产对促进完成节能减排目标发挥积极作用，做出重要贡献。

【能源审计工作】 2010年6月上旬，楚雄州组织省州有关专家对一平浪煤矿等9户企业能源审计报告进行评审。“十一五”期间，楚雄州有16户企业通过评审验收。能源审计是审计单位依据国家有关的节能法规和标准，对企业和其他用能单位能源利用的物理过程和财务过程进行检验、核查和分析评价，是保障节能减排效果的一个重要环节。通过能源审计，可以准确合理地分析评价本地区和企业的能源利用状况和水平，以实现对企业能源消耗情况的监督管理，保证国家能源的合理配置使用，提高能源利用效率，节约能源，保护环境，持续地发展经济。

【高效照明产品推广和财政补贴】 2010年9月17日，楚雄州人民政府在鹿城大厦前举行全州2010年推广财政补贴高效照明产品启动仪式。州人民政府分管副州长出席启动仪式并作讲话。承担楚雄州推广任务的6家企业代表在启动仪式上作服务承诺发言，并在启动仪式上向广大群众展示高效照明产品。州财政局、州教育局、州建设局、州卫生局、州商务局、州机关事务管理局、楚雄市相关部门领导参加启动仪式。年内，全州推广财政补贴高效照明产品62.62万只。

[樊峪甫]

煤炭工业

【煤矿工业发展概况】　2010年，楚雄州积极推进煤炭资源整合，调整优化结构，煤炭工业总体运行平稳，较好地完成年度目标任务。生产原煤169.61万吨，生产焦炭58.43万吨。11户规模以上煤炭企业完成工业产值7.33亿元，比上年增长13.1%；完成主营业务收入6.56亿元，比上年增长19.8%；实现利税总额1.79亿元，比上年增长2.7%。

【煤炭安全监管】　2010年，楚雄州煤炭行业深入贯彻落实国家、省关于煤矿安全生产指示精神，严格按照"国家监察、地方监管、企业负责"煤矿安全管理体制要求，狠抓煤矿安全基础管理，加强隐患排查整改和安全培训工作，加大行政处罚和事故查处力度。强化煤矿企业安全生产责任主体，落实企业法定代表人作为安全生产第一责任人。继续加大事故隐患排查治理力度，有效防止重特大事故的发生，煤矿安全生产形势稳定转好。发生煤矿事故4起、死亡4人，比上年减少2起12人，百万吨死亡率2.4，比上年的9.4下降7。督促4个产煤县（市）按照煤炭资源整合方案组织实施。领导小组及其办公室及时召开工作会议，研究帮助协调解决县（市）及煤矿企业在整合中碰到的困难和问题，确保煤资源整合工作的稳步推进。完成4对相邻矿井整合协议的签订和5对相邻资源整合型矿井资源勘探、储量核实工作任务；基本完成11对矿井的补做地质报告编制工作，完成27对矿井项目核准、初步设计和安全专篇上报工作；完成5对矿井关闭任务。

【煤炭资源整合】　2010年，楚雄州按照云南省人民政府煤炭资源整合工作领导小组对禄丰县、楚雄市、南华县、双柏县煤炭资源整合方案的批复，圆满完成资源整合和矿井关闭工作任务。关闭矿井6对，完成技术改造项目审查19项、完成生产地质报告编制2项。至年末，全州煤炭企业仍保持20户，矿井数量从43对（处）减少到37对（处），核定年生产能力188万吨。

【煤矿安全隐患治理】　2010年，楚雄州各级煤矿安全监管部门和各煤矿企业继续深入开展以防大事故、治大隐患为重点的隐患排查治理活动，全面深入地开展水害防治、顶板管理、机电设备、劳动组织等方面隐患排查治理工作，使隐患排查治理制度化、规范化和经常化，建立和完善煤矿三级隐患排查治理监管控制体系，真正实现全员、全方位、全过程的隐患排查治理工作机制。排查出较大隐患32条、整改31条、整改率97%，一般隐患1687条、整改1683条、整改率99%。投入隐患治理资金367.8万元，投入生产、安全、技改资金9000余万元，其中国债资金补助4336万元，省级配套1364万元，有效治理煤矿各类安全隐患。

【煤矿瓦斯治理】　2010年，楚雄州各级煤炭管理部门和各煤矿企业围绕建立"通风可靠、抽采达标、监控有效、管理到位"的瓦斯综合治理工作体系，强化监管检查，把瓦斯治理与隐患排查治理有机结合起来，加强对煤矿瓦斯监测监控系统的维护、使用和管理，加强监测监控系统作业人员培训，提高相关人员的操作技能，确保监测监控系统真正发挥作用。督促煤矿企业按标准提取瓦斯治理专项资金，集中管理，专款专用，确保瓦斯治理的资金保障，各煤矿瓦斯综合防治能力不断提高。

【煤炭从业人员培训教育】　2010年，楚雄州各级煤炭管理部门采取多种形式对从业人员进行安全规程、作业规程、操作规程、岗位标准、操作技能及自救互救等安全生产知识培训，全面提高从业人员的安全意识和安全防范、应急处置能力。培训特种操作员4期13班，培训发证364人；举办矿长培训班1期，培训人员144人；举办群众监督员培训班1期，培训人员124人；与昆明理工大合办采煤技术大专班1个，参加学习人员67人。加强对煤矿职工的培训力度，培训、复训上岗工人3342人，做到全员持证上岗。

[孙绍兴]

电力工业

【楚雄供电局概况】　2010年，云南电网公司楚雄供电局较好地完成各项工作任务，实现"把楚雄建设成为云电送粤的重要通道、云南电网的重要枢纽"的定位。完成输电量343.9亿千瓦时，比上年增长101.58%；售电量30.6亿千瓦时，比上年增长24.98%；实现销售收入10.53亿元（不含税不含基金），比上年增长25.65%；上缴税金4383.41万元；固定资产原值48.26亿元，比上年增长9.58%；全社会用电量33.74亿千瓦时，比上年增长4.52%；综合电压合格率99.37%，比上年提高0.09个百分点；综合供电可靠率99.82%，比上年下降0.05个百分点；城市供电可靠率99.85%，比上年下降0.04个百分点；农村供电可靠率99.75%，比上年下降0.1个百分点；全员劳动生产率57.21万元/年·人，比上年增长19.7%。楚雄电网取得中华全国总工会、南方电网公司、云南省委、云南省总工会、云南省国资委、云南电网公司等授予的地市级及以上集体荣誉88项，个人荣誉110项。

【楚雄供电局供电能力】　2010年，云南电网公司楚雄供电局管辖500千伏线路15段，合计长度1239.72千米；220千伏线路14段，合计长度489.28千米；110千伏线路56段1336.56千米；35千伏线路19段238.72千米；10千伏配网线路140.0千米，其中电缆62.15千米，架空线路77.85千米，输配电线路总长3444.27千米。管辖变电站29座，其中500千伏1座，220千伏5座，110千伏20座，35千伏3座，变电站容量4610.65兆伏安，用电客户2.1万户。最高日供电量1022.32万千万时，比上年增长8.76%。

【楚雄供电局安全生产】 2010年，云南电网公司楚雄供电局注重安全生产风险管理体系及生产管理规范化建设，安全生产风险得到有效控制。全面推进体系建设，实现作业规范化、工作表单化，安全生产风险管理体系通过外审达2钻。深入贯彻云南电网公司“责任落实年”相关要求，开展以“知责、尽责”为主题的“安全生产月”活动。在设备运行维护、检修、消缺工作中推行设备主人制并取得实效，紧急、重大缺陷消缺率100%，发现4起隐蔽性重大缺陷，防止云网输电主通道恶性事故发生。变电检修水平提高，取得状态检修资质，首次成功实现SF6气体回收。进一步深化管理，楚雄集控中心顺利挂牌，实现所辖26座变电站统一监控；首次开展直调电厂安全性评价；制定《进站施工作业管控流程图》，加强外包施工队伍安全管控。

【楚雄供电局电网规划】 2010年，云南电网公司楚雄供电局以楚雄州产业发展和“滇中特色大城市”建设供电需求为基准，编制完成楚雄电网“十二五”规划、楚雄州各县（市）《2010～2015年农网改造升级规划》、《楚雄城市电网修建性详细规划》，完成可研7项，核准9项，开工4项，投产5项。促成州人民政府出台《楚雄州电网建设考核办法（试行）》。围绕“工程投资管理年”活动，加强工程过程管理。做好技经技术文件的同步审查，有效控制投资偏差率；严把工程可研及初设关，坚决做到工程概算不批复不开工，工程预算不批复不验收投运。

【楚雄供电局经营管理】 2010年，云南电网公司楚雄供电局强化经营管理，提升依法运营水平。认真开展“财务内控提升年”活动，查找内控节点113项，修订完善预算管理办法和资金管理办法；开展“小金库”专项治理工作，发现问题全部整改完毕；加强县级公司财务“一体化”管理，实现对县级公司财务预算统一审核调控，推行季度预算管控分析机制，查找经营管理中的薄弱环节。开展经营审计22项、工程竣工决算审计89项、工程造价审核49项。审定财务决算金额6.47亿元，促进节支824.96万元。整改审计问题64条。

【楚雄供电局农电工作】 2010年，云南电网公司楚雄供电局深入推进农电一体化管理。楚雄州、大姚县、元谋县、双柏县供电有限公司先后办理资产整体划转，实现“一张网、全覆盖”目标。调整农电管理界面，以同标准、同安排、同检查、同考核为要求，实现对县级公司的专业化垂直管理，做到管理意识、责任、力度、机制“四到位”。启动县级公司14项基础管理达标工作，开展内审2次。开展楚雄电网农电作业危害辨识与风险评估，辨识出作业风险23类422项，并制定预控措施。10家县级公司档案规范化管理全部达到“三星”及以上标准，11项经营管理可比指标均得到提升。

【楚雄供电局应急抢险】 2010年，云南电网公司楚雄供电局，全面提升应急水平，形成实用化、系统化、规范化、网络化、属地化的应急管理系统。成功应对25起威胁电网的山火，有效应对“2·25”地震、快速完成第一口抗旱“南网井”，妥当应对“8·17”电网事故，抢险应急工作多次得到上级领导表扬。圆满完成亚运会、亚残运会保供电任务，认真落实保供电方案，投入1900余人到保供电工作，确保云电送粤主通道的安全稳定运行和中山大学场馆的安全、连续、可靠供电，中山大学体育场馆被亚组委认定为第一批绿色场馆。

［杨一希］

【楚雄州供电有限公司概况】 2010年4月，楚雄州电力工业公司国有产权无偿划转给云南电网公司。7月，公司挂牌更名为楚雄州供电有限公司，设置16个部门、单位。公司经营水电站6座，总装机容量1.99万千瓦；110千伏变电站2座，线路总长46.4千米；35千伏变电站22座，线路33条415千米；10千伏线路113条3064.8千米。用电人口48.4万人。完成售电量5.62亿千瓦时，主营业务收入2.65亿元（含税不含基金），上缴税金2318.29万元。10月，35千伏插邑线路工程、35千伏清水河输变电工程开工。11月，云南电网公司投资3368万元的110千伏东瓜变电站改造工程开工。年内，公司被楚雄市表彰为“十一五”以来纳税先进单位，获楚雄市重点企业发展目标考核奖励；荣获楚雄州“守合同重信用企业”、云南电网公司“文明单位”、云南省企业档案规范管理“五星级”标准单位等荣誉称号。

【楚雄州供电有限公司抗旱救灾抢险】 2010年初，楚雄地区遭受百年不遇旱灾，楚雄州供电有限公司迅速启动应急预案，开辟抗旱保电“绿色通道”，开展“抗旱保电送水传真情”和参加“万人下乡抗旱”系列优质服务活动。公司抗旱服务队在吕合镇抗旱现场接受中央电视台采访。2月，禄丰与元谋交界“2·25”地震发生1小时内，公司迅速启动应急预案，派出抢修人员198人、抢修车辆37辆，赶赴灾区开展抢险救灾。受灾点帐篷486顶在短期内实现全部通电。

【楚雄州供电有限公司安全生产】 2010年，楚雄州供电有限公司实现3个百日安全长周期。在安全生产中，开展全员“安规”考试，“三级安全网”和“三种人”培训认证，分专业开展技能、技术学习培训和技能竞赛活动，培训和参加活动人员900余人次；新制定、修订应急预案15个；开展“安全生产月”安全用电宣传活动，开展安全大检查及发、供电部门安全渡汛大检查工作；加强野外作业和施工现场安全督察，严格查处“四不到位”情况，实现安全生产无事故。至年末，累计安全运行3656天。

［施　洪］

冶金矿产业

【冶金矿产业概况】　2010年，楚雄州冶金矿产业保持平稳持续运行态势。规模以上冶金矿产业主营业务收入110.36亿元，比上年增长33%；实现利税13.84亿元，比上年增长15.2%；钢铁行业龙头企业云南德胜钢铁有限公司淘汰200立方米高炉后，充分挖掘现有生产潜力，保持生产经营平稳态势，实现粗钢产量147.34万吨，比上年下降2%；实现成品钢材产量143.22吨，比上年下降2.3%；实现主营业务收入55.84亿元，比上年增长7.3%；实现利税9.99亿元，比上年增长20.3%。

【有色金属】　2010年，楚雄州抓住有利时机，发展有色金属产业，铜、铝、锌等主要产品产量保持稳定增长，完成铜产量5.33万吨，比上年增长68.5%；完成铝产量8439吨，比上年增长60.1%；完成锌产量3693吨，比上年增长30.7%。其中龙头骨干企业楚雄滇中有色金属有限公司实现主营业务收入22.83亿元，比上年增长157.7%；楚雄矿业股份公司实现主营业务收入13.09亿元，比上年增长47.6%；实现利税1.9亿元，比上年增长47.2%。

【滇中有色金属公司艾萨炉达产】　2010年1月7日，云铜集团公司成立滇中艾萨炉项目整改工作领导小组和整改工作组，由云铜集团公司总经理杨超担任领导小组组长，云铜集团公司副总工程师、云铜股份公司副总经理史谊峰担任整改组组长。云铜集团公司组成整改组，由整改组组长史谊峰率队进驻滇中有色金属公司，开展了为期近4个月的技术攻关工作。5月19日，滇中有色艾萨炉点火复产，5月26日凌晨2点50分，从2号转炉里流出粗铜。10月，公司开始转炉渣进入艾萨炉生产试验，加入量从2吨/时开始，通过调整入炉物料成份及渣型，待工艺稳定且渣含铜没有上升趋势时，提高转炉渣加入量，每次增加1吨/时，转炉渣加入量达到6吨/时，平衡当天产出的转炉渣量，成功解决滇中有色电炉没有设置返转炉渣装置造成转炉渣、金属铜大量堆存，资金积压严重的问题，获得良好经济效益。

楚雄州“十一五”期间主要冶金化工产品产量对比表

指　标	单位	2005年	2010年	增加数	增长%
农用化肥（折纯）	万吨	4.19	6.27	2.08	49.6
复合肥	万吨	11.7	22.93	11.23	96.0
铜	万吨	1.7	5.33	3.63	213
铝	吨	4670	8439	3769	80.7
生铁	万吨	84.15	145.13	60.98	72.5
粗钢	万吨	91.11	147.34	56.23	61.7
钢材	万吨	71.52	143.22	71.7	100.3

【楚雄钛产业基地建设】　2010年，楚雄钛产业基地钛白粉项目5个标段、海绵钛项目4个标段全面开工；2万吨钛材一期建设项目建成投产，标志着钛产业基地建设获得重大实质性阶段性成果。钛产业基地建设是楚雄州委、州人民政府贯彻落实省委、省人民政府“依托大资源、引进大企业、建设大项目、培育大产业、促进大发展”的决策部署，充分发挥楚雄州钛矿资源优势，与云冶、昆钢两大集团联手，打破县域束缚，实现资源共享，逐步形成从钛矿开采、钛精矿、钛渣冶炼、钛白粉、海绵钛到钛锭、钛坯、钛卷、钛轧材一整条以钛为基础的产业链，大大提升钛资源的附加值，高起点、高品位实施的一个重大产业项目。高钛渣项目引进南非贝特曼公司具有世界先进水平的30兆瓦大功率密闭式直流电炉冶炼高钛渣工艺，是当今世界熔炼高钛渣最新技术；氯化法钛白粉技术是国内首次引进国际先进大型的无筛板上排渣沸腾氯化工艺、高压快速的氧化反应技术，采用了国际最先进的DCS控制系统和SIS安全保障系统及国际领先的无毒化、无害化三废处理技术，对生产安全、节约能源、保护环境起到了积极的作用，达到国际先进，国内一流水平。海绵钛项目引进乌克兰国立钛设计研究院全套工艺流程，利用8万吨/年的高钛渣项目不适合于氯化法钛白粉厂工艺的细粒度（粒度<0.106毫米）钛渣生产国际认可的高品质海绵钛。钛材利用昆钢在国内率先掌握的拥有7项国家技术专利、利用轧钢设备成卷轧制钛板卷的核心技术，年产2万吨钛材加工项目建成后，将形成国内最大，全球前三名的钛材深加工基地。

［李　斌］

机械工业

【机械工业发展概况】　2010年，楚雄州规模以上机械工业实现工业总产值9.30亿元，比上年增长12.9%；主营业务收入8.83亿元，比上年增长17.5%；实现利税9992万元，比上年增长150.4%。

【云开电气集团有限公司】　云开电气集团有限公司前身是云南开关厂，位于楚雄经济技术开发区，是一个有着38年历史，拥有2.6亿元资产的大型机电设备制造企业，是云南省高新技术和百强企业，全国高压开关行业协会、低压控配电行业协会常务理事单位。占地34万平方米，建筑面积10余万平方米；拥有国产和进口生产设备700余台（套）；

具备高低压电气产品研发、制造、检测能力。设有机械加工中心、热处理中心、表面处理中心、成套设备装配中心、环氧树脂浇注中心、试验检测中心，能完成机械加工、钣金加工、喷漆、喷塑、电镀表处理、热处理、环氧树脂浇注、电气装配等工艺作业和试验检测。是国家定点生产高低压成套开关设备和电器元件的大型专业厂家，全国高压开关产品生产重点企业，国家126千伏SF6开关产品定点生产单位。下设分厂8个，子公司7个，有星级宾馆2家。

【云南大姚机械配件厂】 2010年末，云南大姚机械配件厂实现产值5010.1万元，比上年增长13.8%；实现增加值930.4万元，比上年增长13.8%；主营业务收入4098.4万元，比上年减少5.9%。有从业人员108人，比上年增长13.7%。大姚机械配件厂成立于1989年，是楚雄州机械行业生产规模最大的民营企业，主要从事汽车、农用车零部件的生产。2003年，云南大姚机械配件厂一次性出资收购了原大姚县工程机械有限责任公司全部资产，并顺利通过国家ISO9001-2000质量体系认证。与一汽红塔云南汽车制造有限公司、云南力帆骏马车辆有限公司、云南美的客车制造有限公司、北京福田、东风集团湖南车桥厂、云南开关厂等单位进行配套协作，所生产的“祥华”牌汽车车桥及配件驰名省内外汽配市场。2009年，与昆明理工大学合作建设“EPS消失模铸造技改项目”，项目生产规模为铸件9000吨，采用上世纪90年代国内领先的“消失模铸造”、“冲天炉——中频炉双联熔炼技术”和“中频电炉废钢增碳技术”等先进铸造技术，生产效率高，可大量使用废钢、废铁制造合格铸件，产品价格具有竞争优势，技术水平为省内先进。

［朱　刚］

建材工业

【建材工业发展概况】 2010年，楚雄州墙材工业和水泥工业获得较好发展。新型墙材使用建筑面积近80万平方米，水泥产量104.24万吨（其中发售散装水泥24万吨），在建建筑使用预拌商品混凝土100万立方米，创历史新高。贯彻《云南省发展新型墙体材料条例》和《国务院关于进一步加强淘汰落后产能工作的通知》，发展新型墙体材料和水泥工业行业结构调整，淘汰部分水泥工业落后产能。

【昆钢奕标新型建材有限公司水泥粉磨项目建设】 2010年，昆钢奕标新型建材有限公司年产90万吨水泥粉磨生产线项目建设正式启动。该项目是云南昆钢水泥建材集团有限公司、云南奕标水泥集团有限公司合作建设的。公司在楚雄经济开发区工业园区用地85亩，投资1.29亿元，建设年产60万吨水泥、30万吨矿渣微粉、180万立方米商品混凝土项目，计划2011年投入生产。项目建设遵循绿色、清洁、高效、节能、低碳、环保原则，按照水泥粉磨、矿渣微粉和商品混凝土搅拌站“三站合一”的生产运行模式来实施，具有高效新型、资源节约、环境友好的特点，各项技术经济指标都能达到较高水平。

【昆钢奕标新型建材公司异地技改搬迁】 2010年，云南奕标水泥集团有限公司与云南昆钢水泥建材集团合作，决定实施云南奕标水泥集团整厂技改搬迁工作。合作建成的楚雄昆钢奕标新型建材有限公司与禄丰县人民政府签订《异地搬迁技改及补偿协议书》，按照国家产业政策拆除州内唯一1条直径3.5米×145米湿法回转窑，淘汰26万吨/年熟料生产能力。技改搬迁项目分为两个部分：一是在恐龙山镇小江口建设一条日产3000吨新型干法熟料生产线（带6兆瓦纯低温余热发电站）并配套建设供配电、供水、质量检验、办公及生活配套等辅助设施，配套60万吨水泥粉磨系统。10月28日全面展开前期工作，确定选址，完成地形测绘、可研报告、矿山初步整合等工作。12月23日，省工信委下发《关于同意楚雄昆钢奕标新型建材有限公司日产3000吨新型干法水泥熟料生产线技改项目开展前期工作的通知》。城市规划、土地预审、环评、节能审查、采矿许可等前期工作全面展开。二是在禄丰县棠海工业园区投资建设年产100万吨钢渣综合利用水泥、40万吨工业废渣粉体、30万立方米商品混凝土生产线，配套建设配电、质量检验、办公及生活配套设施。选址、可研报告编制及项目设计、工业园区内道路及供辅设施基本完成，具备开工条件。12月24日，主体设备定货合同和土建主体工程合同签订。

［蒋全杰］

轻纺工业

【轻纺工业概况】 2010年，楚雄州轻纺工业随着国民经济的稳步发展，纺织企业生产形势的回升，以农副产品为原料的轻纺工业生产和经营得到进一步发展。一些有一定规模的企业，建设和生产都有了新发展。岭东印刷包装有限公司进入富民工业园，楚雄卷烟厂易地搬迁技改项目顺利推进，云南嘉宏纺织集团有限公司经营平稳发展。

【云南岭东印刷包装有限公司】 2010年5月4日，云南岭东印刷包装有限公司注册地址变更为云南省楚雄市富民工业园内，成为最早入驻富民工业园的企业。云南岭东印刷包装有限公司是原“云南岭东纸业有限公司”与原“云南楚兴包装有限公司”合并组建而成，总投资635.12万美元，注册资本467.77万美元，其中中方占总投资的41.3%、外方占总投资的58.7%。主要产品为卷烟用外包装纸箱和食品、药品、饮料、茶叶等600余种产品的高档外包装纸箱及彩箱。该公司“年产35万大箱卷烟条盒商标彩印生产线搬迁技改项目”于2006年11月24日经楚雄市发展和改革委员会登记备案，2009年2月17日取得项目用地。

【云南嘉宏纺织集团有限公司】 2010年，云南嘉宏纺织集团有限公司实现产值2733.9万元，比上年减少21.9%；实现增加值603.1万元，比上年减少21.9%。该公司是大姚县首家参与国企改革的民营企业，公司始建于1999年，通过11年来不断深化企业改革，优化内部资源配置、加大技术改造力度和市场拓展等各项改革举措，公司实现又好又快发展。公司下设2个分厂，注册资金4600万元，现有生产规模5.5万锭，员工290人，现注册资金4600万元，生产规模5.5万纱锭，所生产的“滇兴牌”OEC6S— OEC21S、C21S— JC100S系列棉纱和棉布产品畅销缅甸等东南亚国家和地区，成为楚雄州优秀龙头企业和出口创汇企业。

［朱　刚］

化学工业

【化学工业概况】　2010年，楚雄州克服煤电紧张、原材料成本上涨，国家节能减排宏观调控力度加大对化工行业产生的短期不利影响，推进化工生产。州经委重点监测的21户化学工业重点企业实现主营业务收入41.16亿元，比上年增长34.9%；实现利税2.5亿元，比上年增长4.9%。主要化工产品产量：焦炭58.43万吨，比上年下降15.1%；农用化肥（折纯）6.27万吨，比上年下降17.7%；复合肥22.93万吨，比上年增长19.1%。重点骨干企业德钢煤化工公司实现主营业务收入14.5亿元，比上年增长6.4%；实现利税1.42亿元，比上年下降16.4%。

【化工骨干企业发展】　2010年，楚雄州重点培植的化学工业龙头骨干企业日趋发展壮大，在行业中的重要作用日益突出。楚雄德胜煤化工有限公司形成年产65万吨焦炭、45万吨球团矿、3万吨焦油、0.6万吨粗苯、0.6万吨硫铵、6000万立方米煤气的生产能力，生产焦炭68.17万吨，实现销售收入15.74亿元，利税总额1.43亿元，利润总额0.68亿元。云南燃二化工有限公司实现工业总产值3.7亿元、销售收入3.3亿元、利税5000万元。云南禄丰勤攀磷化工有限公司建成年产45万吨过磷酸钙（其中30万吨过磷酸钙生产线1条、5万吨重过磷酸钙1条、10万吨粒状过磷酸钙1条）、15万吨磷矿粉、12万吨铁精矿、1.5万吨磷酸、20万吨硫酸生产能力。云南天腾化工有限公司形成年产45万吨复合肥生产能力中有年产15万吨转鼓造粒复合肥生产线1条、年产30万吨高塔造粒复合肥生产线1条，装备先进。云南楚雄仁恒化肥有限公司建成年产20万吨复合肥生产能力。楚雄弘邦林化有限公司有年产2.5万吨氢化松香生产能力。南华松香厂有年产3万吨松香、6000吨松节油生产能力。云南森源化工有限公司有年产2万吨歧化松香生产能力。

【燃二化工公司生产能力不断发展】　2010年，云南燃二化工有限公司依靠科技进步，依托项目建设谋发展。拥有8条生产线，具有年产20万吨玻璃瓶的生产能力，能生产各种高档白料酒瓶和各种白料、有色料啤酒瓶，新增的6.5万吨高档玻璃包装生产能力技改项目竣工投产，摆脱不能生产高档玻璃包装容器的困扰。6月8日，燃二化工有限公司5000吨/年乳化剂项目顺利通过省国防科工局、省民爆集团有限责任公司验收组验收；9月7日，200吨/年起爆具生产线通过专家组验收。年产3万吨绿色啤酒瓶项目和在楚雄开发区绿色工业园区兴建年产8400万袋（瓶）软输液生产线建设进展顺利。公司全年实现工业产值3.7亿元、销售收入3.3亿元、利税5000万元。

［李　斌］

食品工业

【食品工业概况】　2010年，楚雄州通过推进资产重组、推广现代食品科技、引进先进技术发展食品工业，基本形成以蔬菜、核桃、饮料、调味品、食用菌为主体的农产品加工业体系，食品工业实现持续、快速、健康发展。食品业增加值63.60亿元，比上年增长20%。果蔬、野生菌、核桃、调味品等各类名优产品得到较快发展，产品质量稳定，市场覆盖面进一步扩大；随着产品质量水平的提高，在省内已形成一定知名度。农产品加工业骨干企业迅速壮大，产业集中度不断提高。随着元谋蔬菜、南华野生菌、楚雄、大姚核桃、姚安荞酒等一批食品加工企业迅速崛起，涌现出一批上规模、有一定带动能力的龙头企业。食品工业的发展，促进农业产业化经营

澜沧江啤酒生产线　　（曾奇武/摄影）

和农村经济发展。食品骨干企业以“公司加基地加农户”等组织形式，促进农产品加工转化增值，成为吸纳农村剩余劳动力的主体之一，对农村经济发展和农民脱贫致富发挥重要作用，带动关联产业发展。有规模以上食品工业企业58家，实现销售收入39.12亿元，比上年增长65.9%。有年销售收入亿元以上食品工业企业5户，2亿元以上食品工业企业3户。澜沧江啤酒楚雄公司、广泰生物开发公司、闽中食品公司，亿利丰农产品公司等骨干企业规模不断扩大，经济效益不断提高，产品市场竞争力不断增强。食品工业个体及民营企业上万户，主要从事农副食品加工业、食品制造业、饮料制造业三个大行业16个门类，产品100余种。主要产品有啤酒、白酒、调味品、果汁饮料、糕点、山珍食品、矿泉水、食用菌、方便食品。中小企业所占比重大，产业带动作用明显增强。

【食品工业主要产品产量】 2010年，楚雄州食品工业主要食品产量大幅度增加，产品结构趋于优化，其中增长较快的是食用菌5501吨，啤酒12万吨、蔬菜制品11万吨，鲜冷藏肉8万吨，分别比上年增长85%、50%、38%和14%。精深加工食品的比重均有上升，特别是核桃加工、食用菌加工、蔬菜制品、果品加工等农特产品的比重明显上升。食品工业品出口发展势头强劲，出口企业达14户，实现出口交货值2.5亿元。出口产品主要以牛肝菌、松茸、核桃、蔬菜、其他重点农特产品为主，主要销往日本、东南亚、欧盟等国家和地区。

［周　杰］

林产工业

【林产工业概况】 2010年，楚雄州实现林产工业产值21.73亿元，比上年增长57.46%。其中，核桃果加工9947吨，产值4.12亿元；核桃饮料加工6561吨，产值9113万元；食用木本油料加工152吨，产值1171万元；野生食用菌加工8674吨，产值4.13亿元；锯材加工4.06万立方米，产值3820万元；人造板加工3.94万立方米，产值4666万元；初级木制品加工69.67万件，产值6943万元；初级竹制品加工163.21万件，产值1814万元；生产松香6.32万吨，产值7.24亿元；生产松节油8883吨，产值1.53亿元；生产歧化松香1.18万吨，产值1.97亿元；加工精桉叶油893吨，产值5148万元；加工初桉叶油444吨，产值1583万元。

野生菌干片加工　　（州农业局提供）

【林化产业发展】 2010年5月6日，中共云南省委书记白恩培针对楚雄州林化工产业作出充分利用松脂资源，做大做强林化工产业的批示。6月3～5日，为贯彻落实省委书记批示精神，充分发挥云南山多林深的林业资源优势，开发与保护并重，科学合理利用松脂资源，培植壮大龙头企业，延伸松香、松节油产业链，提高产品科技含量，发展壮大林化工产业。省工信委对楚雄州林化工产业进行调研。调研组深入到云南森源化工公司、南华松香厂、楚雄弘邦林化工公司3家企业。调研组指出，楚雄州松香产业起点较高，技术创新能力强，应进一步加强产品科研与技术创新，以高新技术企业的标准来制定企业发展规划。把企业的发展战略建立在科技创新，延伸产业链，填补国内松香后续产品空缺的定位上。调研组鼓励楚雄州松香企业自加压力，抢抓松香产业发展的重大机遇，进一步强化管理，提升产业技术水平，完善企业发展规划和目标，借助央企入滇的有利时机，引进战略合作伙伴，争取进入全省扶持的龙头骨干企业的盘子，实现企业跨越式发展，带动全州乃至全省林化工产业的发展。楚雄州3户林化企业抢抓机遇谋发展，产值比上年翻一番。

［杨发民　董存丽］

（责任编辑：周能汉）

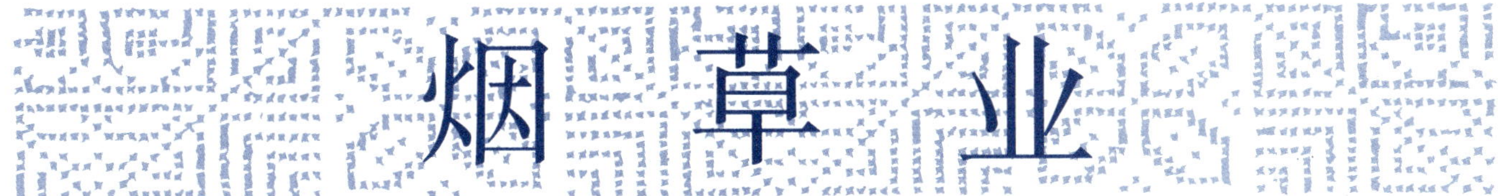

烟草业

烟草专卖

【烟草专卖经营】 2010年，楚雄州烟草专卖局（公司）紧紧围绕“卷烟上水平”的战略任务和全省“1722”发展战略，进一步解放思想、务实创新、团结一致、克难攻坚，较好地完成年初既定的生产经营目标。种植烤烟61万亩，收购烟叶198.3万担（含丰产烟叶5.8万担），烟叶收购等级质量综合合格率74%，上等烟比例50.17%，收购均价15.03元，烟农总收入14.9亿元，比上年增加1.35亿元，销售烟叶141.18万担，销售卷烟9.53万箱，比上年多销0.38万箱。“两烟”实现税利14.2亿元，比上年增加0.86亿元。

【烟草专卖管理】 2010年，楚雄州坚持“政府领导、主管部门牵头、相关部门负责、开展综合治理”的方针，配合政法部门协调，做好“两烟”打假打私工作，打击涉烟违法犯罪。“两烟”打假打私工作以“打源头、端窝点、破网络、抓主犯、清市场”为重点，出动“两烟”打假打私人员8674人次，查办“两烟”违法经营案件346起，其中涉案金额5万元以上的案件18起，查获假冒卷烟125.67万支，真品卷烟519.12万支，查获非法经营烟叶201.13吨，烟丝38.87吨，侦办达到国家烟草专卖局网络案件标准的非法经营网络案1起。公安机关刑拘涉烟违法犯罪分子39人，逮捕24人，法院判决涉烟案件32起，判刑58人。成功侦办0310利用EMS邮政快递和物流托运部跨地区销售假烟网络案件。

［阿惠媛］

烟草生产

【烤烟生产管理】 2010年，楚雄州遭遇百年不遇的特大干旱，面对持续10个月的大干旱，云南烟草楚雄州公司把组织好烤烟生产作为应对特大干旱影响、保持经济社会又好又快发展的重要保障，作为促进农业增收的重要举措，坚持把保总量、保质量、保增收作为烟叶生产的重中之重，加大力度，强化措施，积极应对，取得明显成效。认真落实计划、种植规模再上新高。省下达全州烟叶种植面积61万亩，收购计划192.5万担，是楚雄州种烟历史上的第二高峰年。楚雄州按照“严格计划、严肃合同、严控规模、严把质量”的要求，紧紧围绕“抗大旱、救大灾、保丰收”工作思路，层层签订责任状，明确目标任务。烟草部门科学规划，精心组织，把烟叶收购计划和种植面积认真分解落实到各种烟乡（镇）及村委会，落实种植计划192.5万担，种植面积61万亩，其中田烟36.39万亩，地烟24.61万亩，50亩以上规模化连片种植田块3427片，55.43万亩，涉及种烟乡（镇）95个，村委会772个，签订种植收购合同2.74万份，户均种植22.31亩。其中抗旱救灾专项计划50万担，面积15.5万亩，签订合同7176份。抗旱保增收实现预订目标。州、县、乡、村及烟草部门的各级干部职工奋力抗旱保苗、抗旱移栽。投入烟草抗旱专项资金3815万元，组织干部职工捐款20.8万元，投入抗旱人力38.7万余人次，出动机动运水车2.82万辆次，投入机电井650眼，泵站1756处，机动抗旱设备2.83万台套，抗旱用电495.2万度，用油1445.2吨，地膜2500吨，农药300吨，化肥3500吨。烤烟生产措施落实到位。按照“生态决定特色、品种彰显特色、栽培保障特色”的思路，着力打造百万担K326优质特色品牌，扶持和扩大K326品种种植面积，全州品种K326占68.85%，云烟85占3.66%，云烟87占22.8%，云烟97占4.42%，NC297占0.22%，云烟99占0.01%，津引品种KRK26占0.04%。布局育苗点195个，在上年基础上压缩105个，共育苗7.32亿株，配套大田移栽面积61万亩，通过科学管护，烟苗质量普遍较高。4月26日完成预整地，5月15日完成移栽，实施机械深耕面积50.6万亩，达83%；机械起垄面积40.2万亩，达65.9%；地膜覆盖栽培100%。

【推进现代烟草农业建设】 2010年，按照省委、省人民政府和上级烟草部门的安排部署，在继续完善提升禄丰整县推进现代烟草农业建设基础上，重点对楚雄、姚安、牟定、武定4个县（市）进行整县推进建设，其中姚安县为国家烟草专卖局联系点，楚雄市、牟定县、武定县为省烟草公司联系点，其余5个县各选择1个乡（镇）进行建设示范。现代烟草农业全面推进取得显著成效，为推动全州农业现代化起到促进作用。

【特色优质烟叶生产】 2010年，楚雄州坚持“生态决定特色、品种彰显特色、技术保障特色”的思路，开展特色优质烟叶生产。落实国家烟草专卖局特色优质烟叶开发点6个，种植面积10.87万亩，计划收购烟叶32万担，分别比上年增加4.07万亩、12万担。与省烟草进出口公司、英国普瑞铭烟草公司合作在双柏开展2700亩9000担国际型优质烟研究与开发项目。

【烟叶收购】 2010年，楚雄州烟草系统以“百县千站烟叶质量推进行动”为契机，切实加强烟叶质量管理工作，提高烟叶生产水平、烟农分级扎把和基层站点质量管理水平，突出抓好烟叶收购等级质量，维护烟农长远利益。在纯度把关上，推行集中预检，基本做到把等级纯度控制关口前移到采收、烘烤、分级扎把、预检等环节，全过程有效控制，切实解决“三混”问题。在规范管理上，确定29个收购点为烟叶收购质量管理示范点，进一步完善制度建设，深化约时定点交售工作，优化工作流程，实施精细化管理，通过质量管理示范带动全州收购管理水平全面提高。在收购现场管理和等级质量督促考核上，实行“一把手”负责制和质量检查督办问责制。州、县、烟站三级质量相关责任人321人交纳质量保证金227.3万元，州烟草公司对收购管理不细、质量把关不严，收购等级综合合格率、工商交接等级合格率达不到目标要求的县（市）分公司给予3次通报批评，并对责任人进行问责处理和经济处罚，促进收购等级质量稳定。在国家烟草专卖局组织工商交接检查中，楚雄州抽检32个批次，综合合格率62.78%，比上年提高1.9个百分点。

【专业化分级散烟收购试点】 2010年，楚雄州禄丰县为全国整县实施专业化分级散烟收购试点县，国家烟草专卖局现代烟草农业建设联系县姚安、牟定各搞1个试点，试点涉及收购总量33万担，实际收购散叶33.73万担。其中，禄丰县收购散叶33.33万担，占计划的102.6%，牟定县散花鑫鸿散叶收购点收购烟叶3224担，姚安县郭家凹散烟收购点收购烟叶766担。试点工作中，运行三种专业化分级组织模式（烘烤工场组建分级服务组织实施集中专业化分级，种植合作社或家庭农场组建自身专业化分级组织，种植专业户互助联合实施专业化分级），实行两种收购模式（烘烤工场收购线现场收购和站点约时收购）。散烟收购烟叶纯度高，质量好，允差小，合格率高，杜绝了工业采购原料加工过程中无使用价值的“扎把烟叶”，提升原料利用率，工业企业满意，试点工作得到认可。集中专业化分级和预检，烟站质管员面对面与烟农交流，让相对集中的烟农相互学习和比较监督，促进收购工作公开、公平、公正，促进干群关系和烟草公司与烟农的和谐关系。

【烟叶生产基础设施建设】 2010年，楚雄州整县推进现代烟草农业建设5个县（市）8个项目区烟水、烟路工程2101件，投入烟草补贴资金1.74亿元，受益面积16.53万亩。完成土地整理面积1.9万亩。新建自动控制育苗工场7个，育苗面积28万平方米，覆盖种植面积17万亩；建设密集烤房115群2200座；购置烟用农机具460台套；建成固定防雹作业点102个，流动防雹作业点9个。现代化基础设施和装备，在抗大旱、保民生中发挥重要作用，特别是烟水工程的作用更加突出，除抗旱保苗用水外，一些地方还解决人畜饮水问题。

【烟草农业生产合作社经营】 2010年，楚雄州在现代烟草农业建设中，以减工降本、提质增效为目标，因地制宜地引导发展集约化经营的合作组织。依据不同自然条件、经济状况，在山区重点发展种植专业户和家庭农场，在半山区重点发展种植管理合作社和生产经营合作社，在坝区重点发展土地、资金、技术、劳力集成整合，统一生产经营，统一核算，统一分配的综合性农民专业合作社。发展烟叶种植专业户1.15万户，面积18.42万亩，占种植面积的30.2%；家庭农场409个，面积3.52万亩，占种植面积的5.77%；烟叶种植管理合作社183个，入社农户4.16万户，面积12.49万亩，占种植面积的20.48%；烟叶生产经营合作社59个，入社农户3377户，面积2.1万亩，占种植面积的3.44%；综合性农民专业合作社21个，入社农户7174户，面积2.69万亩，占种植面积的4.4%。

【烟草生产专业化服务】 2010年，楚雄州按照“规范投入、产权清晰、责任明确、普惠共享、有效控制、烟农满意”的原则，稳步推进育苗、农机、植保、烘烤等专业化服务组织建设，全面提升专业化服务水平。现代烟草农业示范区成立育苗合作社34个，供苗面积占全州总量的67%；以县（市）为单位成立农机合作社10个，按照“市场化服务、专业化作业、自主化经营”的原则，有计划组织农机为烟叶生产开展专业化作业服务，完成机耕面积50.6万亩，占种植面积的83%；机械起垄面积40.2万亩，占种植面积的65.9%。建立植保服务社60个，为烟叶及其他作物开展病虫害统防统治专业化服务，减轻农民劳动强度，节约生产成本，提高烟草病虫害综合防治效果；建立烘烤合作社523个，为种烟主体提供有偿专业化烘烤服务，实现烟农种烤分离，降低烟农烘烤成本，提高烟叶烘烤质量。

【烟草生产基地单元规划建设】 2010年，楚雄州围绕“原料供应基地化、烟叶品质特色化、生产方式现代化”的工作目标和“卷烟上水平”的战略任务，坚持工业“主动参与、深度介入”的工作方针，深化资源配置方式改革，按照5万担1个基地单元，规划建设基地单元34个。以品牌需求为导向，进一步加强与省内外卷烟工业的合作，加快推进烟叶品牌基地建设，构建适应“532”品牌发展的新型工商合作模式，努力把楚雄州打造成为优质烟叶战略基地和骨干品牌核心原料基地。建立品牌导向型基地单元9个，面积14.1万亩，定向调拨供应红塔集团、上海烟草集团、江苏中烟、湖南中烟、湖北中烟、福建中烟和贵州中烟。

【烟草生产风险防范】 2010年，楚雄州在烟草生产经营中，完善风险防范互助机制。开设风险防范资金专户，对资金实施严格规范的管理；扩大互助范围，在原冰雹灾害互助基础上，增加特大洪灾和风灾互助；补偿标准不变、烟草补贴不变的前提下，适当降低烟农缴费标准，烟农每担缴费5元。全州收取烟农缴纳风险防范互助金1396.03万元，烟草公司补贴资金1042.42万元，补偿冰雹、洪灾、风灾受灾烤烟农户2.06万户，面积6.34万亩，补偿烟农灾害损失1341.47万元。

［阿惠媛］

卷烟销售

【卷烟销售概况】 2010年，楚雄州烟草系统抓住打造“七彩服务，情动云岭”服务品牌契机，提升销售网络建设运行水平和质量，开创楚雄卷烟销售新局面。提高规范经营水平，开展卷烟营销中心工作人员规范经营教育、法纪教育和警示教育，增强思想规范意识；健全规范经营制度，加强零售户基本信息及结算账户信息管理；坚持“平等互利、公平公正、公开透明”的货源供应原则，建立和加强货源供应过程的监督机制；严格控制卷烟零售大型客户和监管。打造服务品牌、建设满意终端。按照《云南省卷烟零售终端柜台推广实施意见》及《楚雄州烟草公司零售终端柜台推广实施方案》要求，推进卷烟零售终端建设；开展卷烟“示范一条街”活动；把卷烟零售户分类服务作为“卷烟上水平”的着力点，完善市场细分和分类服务指导，逐步修正货源供应策略，让卷烟零售户感受到分类服务实惠，参与品牌培育和提升结构；通过向零售户公布服务承诺、公开货源供应政策、客户分类建设标准及服务标准、省州县三级投诉咨询电话等，让卷烟营销服务节点全面接受零售客户的监督，客户服务承诺知晓率100%。持续推进农网服务延伸。按照《楚雄州卷烟销售农网服务延伸实施方案》要求，加强对州内布局不足的村寨进行合理布局，采取农网服务站考核与绩效挂钩的办法。各县（市）分公司在烟叶站的绩效考核上，设置一定比例作为农网服务延伸工作考核。卷烟零售户由上年的9140户增加到1万余户。开展工商协同营销，提升品牌培育水平。压缩五类烟、突破三类烟、稳步提升一二类烟比重，优化卷烟品牌布局，以培育重点骨干品牌为重点提升结构。开展各类促销活动。贯彻落实《工商协同营销业务操作规范》，与工业企业协同品牌发展目标和品牌管理。加强队伍建设，努力提升卷烟营销队伍素质。定期举办客户经理论坛，两次聘请国内著名营销专家开展全员参与的营销知识讲座。加强岗位培训、提高持证上岗率，卷烟营销人员持证上岗率66%。开展卷烟营销队伍岗位竞争和专业技术职称评聘，通过理论考试与演讲综合测评，营销人员获聘130人。坚持用卷烟销售成果来检验市场建设效果，通过市场建设促进卷烟销售，用卷烟销售网络运行质量检验和考核营销队伍工作绩效，执行《楚雄州卷烟销售绩效考核管理办法》，增加考评频次，保障和提高卷烟销售网络运行质量。优化物流服务流程，加强日常管理，提高卷烟配送服务质量和效率。

【烟草育苗大棚装置获两项专利】 2010年，由云南省烟草公司楚雄州公司段应泽、李庆平、唐斌、杨永平、冯柱安、鹿森和云南昆船设计研究院杨松、张云东、张云、卯彦、杨雄标、李长龙、李江乐、李俊辉发明的烟草育苗大棚的集中供给自动控制装置被国家知识产权局授予专利权。这项专利，实用新型结构简单，可实现全自动智能对烟草育苗大棚中的烟苗进行集中的供水、供肥、供药，提高育苗大棚中自动化水平，降低苗农劳动强度，提高效率，有利于控制和优化烟草温棚育苗过程，省时省力、人工成本低、效率高、自动化程度高。省烟草公司楚雄州公司段应泽、李庆平、唐斌、杨永平、冯柱安、鹿森和云南昆船设计研究院张勇、卯彦、张云东、张云、杨松、李江有、李俊松发明的烟草育苗大棚自动控制装置被国家知识产权局授予专利权。这项装置实用新型系统结构及原理简单，成本低，通用性和实用性强，可靠性好，可以大大提高烟草育苗生产过程的自动化程度，减轻操作人员的劳动强度，提升生产的管理水平。适用于对温室大棚自动控制的相关行业。

［阿惠媛］

卷烟生产

【卷烟生产概况】 2010年，红塔集团楚雄卷烟厂生产卷烟57.8万箱，比上年增长3.03%，其中红塔山系列卷烟41.79万箱，占生产总量的72.29%，比上年增长11.94%；红梅系列卷烟16.01万箱，占生产总量的27.71%，比上年下降14.69%。1月1日，“红塔山（硬经典100）”正式投产，楚雄卷烟厂生产“红塔山”系列卷烟5个型号。各牌号卷烟产品总体质量稳定，合格率100%。

【卷烟厂经济指标】 2010年，红塔集团楚雄卷烟厂完成工业总产值65.12亿元，比上年增长14.47%。实现税利44.16亿元，比上年增长2.41%，其中税费40.91亿元，比上年增长17.55%；利润3.25亿元，比上年降低60.92%。完成主营业务收入59.08亿元，比上年增长11.05%。完成工业增加值54.34亿元，比上年增长16.02%。实现单箱成本3253.91元，单箱耗叶31.18千克，单箱耗丝35.63千克，卷烟单箱综合能耗11.38千克，复烤吨烟综合能耗136.65千克。9月，楚雄卷烟厂获得“云南中烟工业公司节能减排二等奖”。

【优秀卷烟工厂创建】 2010年，楚雄卷烟厂认真落实国家烟草专卖局、云南中烟公司和红塔集团要求，成立创建优秀卷烟工厂组织机构，制定实施方案，分解落实创建优秀卷烟工厂指标，建立完善考核办法，立足班组建设，实施“头雁工程”、“建制工程”、“筑基工程”和“文化工程”，推进争创明星机台、样板车间和优秀科室工作。创建“优秀卷烟工厂”14项指标中，复烤吨片烟综合成本等4项复烤主要经济技术指标全部达标，单箱烟叶消耗、单箱嘴棒消耗、卷包设备有效作业率等7项指标达到优秀卷烟工厂评价标准，单箱制造费用、单箱管理费用和实物劳动生产率3项指标有改进。涌现出“六型班组”、“修理技术擂台争霸赛”、“达标创优标兵”、“节能先锋班组”、“交通安全文明之星”等一系列争先创优典型活动案例。

【卷烟设备管理】 2010年3月17日，楚雄卷烟厂15组新型卷接设备ZJ17卷接机组（国产普托70）安装就位并通过验收，投入正常生产。10月14日，卷包车间5号B1包装机大修后通过验收，投入正常生产。自2008年以来开展的11台B1包装机组的大修工作全部完成。年末，全厂制丝线、复烤线故障停机率下降，卷包设备有效作业率90.41%，比上年提高1.9个百分点，顺利实现设备有效作业率88%的设备管理目标。

【卷烟生产安全管理】 2010年，楚雄卷烟厂围绕“安全第一、预防为主、以人为本、综合治理”的安全工作方针，以“零起点、零缺陷、零违章、零事故”为目标，不断加强安全生产监督管理与考核，完善安全生产规章制度，严格落实“全员管理、风险共担”安全管理责任体系，强化安全生产过程控制，重点突出安全隐患治理，持续推进环境、职业健康安全管理体系建设，加大安全检查整改工作力度，综合治理，防患于未然。全厂无生产安全事故、无交通责任事故、无火灾事故，无重大刑事案件，顺利实现“四无”安全目标。

【卷烟厂易地搬迁技改项目建设】 2010年，楚雄卷烟厂易地技改建设项目全面推进。至年末，启动子项目建设30余个，完成合同投资付款总额3.16亿元，完成合同签订金额2.14亿元。累计完成合同投资付款总额9.07亿元。年内，人行道照明系统施工完工，动力中心区完成锅炉、电力等设备安装。综合办公楼、联合工房进行内外部装修。打叶复烤工房完成主体建设，场区绿化紧张施工。5月25日下午，中共楚雄州委、政协楚雄州领导到红塔集团楚雄卷烟厂易地搬迁技改项目现场进行调研。10月13日上午9时，云南省人民政府副省长曹建方在云南中烟工业公司副总经理李光林，云南省烟草公司副总经理童荣昆，红塔集团副总裁张国良等领导的陪同下，到红塔集团楚雄卷烟厂易地技改搬迁工程项目现场进行调研。

《红塔文化楚烟子系统》发布会 （李 猛/摄影）

【卷烟厂企业文化建设】 2010年8月11日，红塔集团楚雄卷烟厂召开《红塔文化楚烟子系统》发布会，红塔文化楚烟子系统正式形成。《红塔文化楚烟子系统》项目自上年10月启动以来，按照集团母子文化建设的指导意见和要求，楚雄卷烟厂秉承红塔集团“山高人为峰”的企业精神，经广泛深入的问卷调查和调研访谈活动，系统分析研究、归纳整理和总结提升，编制形成了以“同心攀登，力行致远”为核心的红塔文化楚烟子系统，编辑印发《红塔文化·楚烟子系统》一书。《红塔文化·楚烟子系统》分我们是谁、我们的母文化、红塔文化·楚烟子系统总论、楚烟之力、楚烟之行五个部分，系统阐述红塔文化楚烟子系统的文化传承、系统构成、楚烟目标、观念体系和楚烟员工的行为公约、行为准则。楚雄卷烟厂女工委员会紧紧围绕国家烟草专卖局“严格规范、富有效率、充满活力”的总体要求和红塔集团“打造世界领先品牌”的战略目标，按照党政所急、女工委所能、女职工所想的工作要求，根据女职工结构的差异性和特殊性，确定了女工工作具体思路，由于工作措施到位，工作成效突出。女工委员会被中华全国妇女联合会授予“全国三八红旗集体”荣誉称号。

［鲁 鸫］

（责任编辑：周能汉）

医药业

医药综述

【药品生产监管概况】 2010年，楚雄州认真实施《药品安全专项整治工作方案》，检查药品生产企业58户次，提出整改意见183条，发出责令改进通知书1份。推行《楚雄州药品生产企业非正常生产监管方案》，确定云南楚雄太阳药业公司等5家企业、云南金碧制药有限公司口服液体制剂车间等5个车间作为非正常生产企业（车间）监管，执法人员105人次。实施药品生产企业日常监管58户次，GMP认证初审检查6户次、配合省药监局GMP认证检查及飞行检查9户次，检查涉及特殊药品的药品生产、经营企业59户次，提出整改意见28条。核查药品委托生产企业8户次（批件30件）。开展药品生产企业清凉解毒类中药饮片、医用氧气生产专项检查11户次，提出整改意见8条。监督批发企业销毁过期不合格药品230个品种，货值金额9.82万元。实施基本药物生产企业专项检查22户次。推行质量授权人制度，督促10户原料药及制剂企业提交质量授权人备案材料，组织10户企业的法定代表人、质量授权人参加质量授权人培训。对麻醉药品和第一类精神药品定点经营企业、每季度至少检查1次，其他特殊药品企业实现日常监管全覆盖。实施麻醉药品、精神药品、药品类易制毒化学品、兴奋剂及含麻黄碱复方制剂等特殊药品生产、批发经营企业专项整治检查59户次，提出整改意见28条。实施医疗机构监督检查927户次，销毁过期不合格特殊药品28个品种，货值金额4511.42元。对未按规定使用专柜储存特殊药品的6家医疗机构下发责令改正通知书。完成《药品生产许可证》换证工作，现场生产专项检查药品生产企业及制剂室8家。报告药品不良反应监测报告113份，药物滥用监测报告52份，医疗器械不良事件监测报告3份。

【药品市场监督】 2010年，楚雄州确定楚雄市、禄丰县和交通发达沿线为药品市场重点监管地区。开展市场检查7250户次，查处案件161件，罚没收入23.45万元。新核发《药品经营许可证》（零售、零售连锁）137个，《医疗器械经营企业许可证》（零售）32个，受理药械经营变更131个，注销《药品经营许可证》（零售）70个、《医疗器械经营企业许可证》（零售）17个。开展医疗机构医用分子筛制氧设备供氧情况，医用氧购进、审核、验收、使用等环节监督检查，严把医用氧购进关，出动执法人员242人次，车辆32台次，抽查生产企业2家，医疗机构121家，检查中未发现州内生产企业和医疗机构存在工业氧冒充医用氧的违法行为。开展中药制剂违法添加化学药品专项整顿，检查涉药316家，其中药品经营198家，医疗机构118家，出动执法车辆96辆（次），执法人员486人（次），通过检查，未发现有违法添加化学成分的治疗癫痫病的不合格中药制剂品种。开展非药品冒充药品的专项检查，全面检查基层医疗机构中存在的以食品、保健食品、保健用品、化妆品、消毒产品、未标示文号产品冒充药品的违法行为，检查药品经营企业、医疗卫生机构1050户次，出动执法人员1378人次，对涉嫌非药品冒充药品性质的23个产品（其中食品12个、保健用品6个、消毒产品1个、保健食品3个、化妆品1个）给予责令整改、暂停销售的处理，查处案件4件。开展疫苗专项检查，检查疾病预防控制机构11个，疫苗预防接种机构279个。监查医疗卫生机构疫苗购进、验收、储存、运输和使用环节的质量管理保障和运输、储存、使用的规范落实。完成15家批发企业初审和343家药品零售企业换证，受理药品零售企业GSP认证申报319家，通过GSP认证检查247家，限期整改2家，通过认证的企业开展GSP跟踪检查，跟踪检查覆盖率96.3%。推进医疗机构规范化药房检查评定，有712家医疗机构通过“规范药房”验收。开展基本药物全品种覆盖抽验，完成省计划国家基本药物抽验品种200批次，检查药品生产、经营、使用单位187家。做好基本药物全品种电子监管。与工商、卫生、公安、广播电视局等部门联合加强药品广告日常监督检查，重点检查擅自篡改广告审批内容的虚假宣传，未经审批擅自发布的药品、保健品广告，以专家、学者、医师、患者的形象作证明夸大药品功能主治宣传，篡改或使用过期广告批准文号，以“讲座”等形式违规发布的广告。检查企业435家，出动执法人员1595人次。监测到药品违法广告58个，向工商部门移送违法广告案件3件。

【农村药品“两网”建设】 2010年，楚雄州坚持农村药品“两网”建设与“新农合”、“万村千乡市场工程”相结合，开展农村药品市场专项整治，医疗机构“规范化药房”建设，加强供应网承建企业和供应网点管理，完善药品监督网人员聘用、培训、考核管理，巩固“两网”建设成果。103个乡（镇）的1093个行政村农村药品供应网、监督网覆盖率 100%；设在村的药品专柜 163 个，聘各类人员 1903 人，其中县级社会监督员、乡（镇）药品协管员 257 人、村药品信息员 1646 人。

【药品抽验】 2010 年，楚雄州食品药品监督管理局完成监督性药品抽验 602 批、基本药物抽验 200 批，快速检验 600 批。完成药械抽样 831 批（其中医疗器械 2 批，医用氧专项抽验 21 批，国家基本药物专项抽验 213 批，监督抽验 595 批），出具检验报告书 665 批，不合格 47 批，其中，医用氧 1 批，国家基本药物 1 批，药品监督抽验 45 批，药品监督抽验不合格率 10.5%。

【食品药品应急监管】 2010 年，楚雄州食品药品监管系统在全力做好抗大旱、保民生、保稳定各项工作中，认真履职，做好抗旱救灾食品药品监管。完善食品药品安全应急预案，确保群众投诉通道和信息传送通道畅通。开展抗旱救灾食品药品和医疗器械专项检查，保障抗旱救灾期间灾区食品、药品和医疗器械安全。投入资金 2.2 万元帮助大姚县六苴镇者纳么村委会购置水泵 2 台，抽水管 3000 余米，篮球架 1 副。为元谋县物茂乡金沙坪村购买价值 4 万余元救灾物资，帮助金沙坪村解决生产自救及道路改造修复、小水坝加固加高，打水井、抽水保庄稼等急需物资。帮助双柏县食品药品监督管理局、姚安县食品药品监督管理局解决抗旱资金 2 万元。

【药品监管体制调整】 2010 年，楚雄州食品药品监督管理局根据《云南省人民政府办公厅关于做好省以下食品药品监督管理体制调整和机构移交工作的通知》要求，州（市）、县（市、区）食品药品监督管理局及其所属事业单位整体移交给州（市）、县（市、区）人民政府管理，机构仍独立设置，规格保持不变，作为同级卫生部门管理的工作机构，业务上接受上级主管部门和同级卫生部门的组织指导和监督。8 月 10 日，省政府工作组在楚雄举行州食品药品监督管理局机构移交仪式，楚雄州食品药品监督管理局正式移交楚雄州人民政府管理。9 月 20 日，州人民政府召开县（市）食品药品监管机构移交工作会议，10 县（市）食品药品监督管理局正式移交县（市）人民政府管理。

［沙朝仁］

天然药业

【医药工业概况】 2010 年，楚雄州天然药业重点企业有 17 户，万鹤鸣药业处于停产状态，云南新世纪中药饮片有限公司未正式投产，其余 15 户企业运行良好。盘龙云海药业、云白药集团武定种源公司、广泰生物科技、龙发制药、金碧制药、云中制药、万裕药业和州医用器具公司等 8 户企业产值、销售收入和应缴税金比上年全面增长；老拨云堂药业和三圣药业产值比上年略下降，销售收入和应缴税金比上年增长；百草岭药业的产值、销售收入比上年增长，应缴税金比上年下降；宝丰药包材公司易地搬迁建设，各项经济指标下降幅度较大；太阳药业根据市场情况组织阶段性少批量生产。新增加的天利药业和大姚恒元饮片公司运行良好。

【医药企业技术改造】 2010 年，楚雄州天然药业发展专项资金扶持技改项目 3 个，项目建设进展顺利。云南新世纪中药饮片公司 GMP 生产项目：饮片车间厂房、仓库、办公大楼建设完工，设备进入调试，竣工验收，通过 GMP 认证现场检查。天利药业公司药品制剂及配套中药提取生产线改扩建二期项目：综合楼建成投入使用，完成生产线厂房地勘、设计及建设图纸。广泰生物科技开发公司超临界流体萃取技术年产 3.2 亿粒沙棘红花软胶囊高技术产业化示范工程项目完成研发楼、综合办公楼、软胶囊生产线车间、超临界萃取生产线车间、成品库、原材料库及相关辅助设施建设，软胶囊生产线投产，超临界萃取生产线设备安装调试。

【天然药业发展配套政策】 2010 年，楚雄州认真落实《中共楚雄州委 楚雄州人民政府关于加快天然药业发展的意见》，努力实现“把彝药打造成知名品牌，把药业培育成支柱产业”的奋斗目标，州天然药业办公室与州财政局联合行文印发《楚雄州天然药业发展专项资金使用管理暂行办法》，州人民政府办公室印发《楚雄州天然药业目标责任考核奖励暂行办法》和《楚雄州医药企业发展业绩奖励暂行办法》。

【彝族医药体系建设】 2010 年，楚雄州食品药品监督管理局负责开展《云南省中药材标准（2005 年版第六册·彝族药）》编制工作，经过专家组多次评审，有 52 个品种通过审评，交出版社出版。云南省彝族医药研究所（州中医院）负责编著的《中国彝医方剂学》交付出版社出版发行，《中国彝医药临床学》完成初稿汇审。云南省彝族医药研究所、省彝医医院在彝族民间验方基础上，经过多年研究和试验观察并研制的系列院内制剂开发工作有序推进，完成彝药化毒灵胶囊、解毒灵胶囊、降脂灵胶囊的急性毒性试验和稳定性试验，彝药咽舒宝滴丸完成 100 例慢性咽炎患者临床观察。

【中药材种植基地建设】 2010 年，楚雄州以中药材种植基地建设为重点，开展中药材种植和生产。开展中药材种植技术培训 44 次，培训 2538 人次。通过培训，让参加学习者掌握药材组培育苗知识、药材常见病害防治、药材（茯苓、附子、草乌）初加工技术，了解“云药之乡”认定及管理办法，规范化种植中药材。实施楚雄州彝药特色产业基地建设和重要彝药资源收集研究及产业化开发，发挥药业重点科技项目的辐射带动作用。完成中药材种植 3.39 万亩，其中白扁豆 1.21 万亩，续断 3798 亩，茯苓 3297 亩，草乌 2686 亩，红花 2408 亩。双柏县、武定县作为“云药之乡”，以建设特色药材种植示范县为契机，大力发展中药生产，分别完成种植中药材 1.54 万亩和 8538 亩。

【医药行业协会常务理事会】 2010年7月27~28日，楚雄州医药行业协会在武定县召开以“药材种植，药业基石”为主题的一届二次常务理事会。参加会议人员参观考察了武定新源药业有限公司中药材种植基地（长冲）、云南白药集团中药材优质种源繁育有限公司基地（光坡），通过交流、参观，增进会员对发展中药材种植和产业发展的了解，增强了做大做强天然药业的信心。

［李智仙］

药品生产

【盘龙云海药业有限公司】 2010年，云南盘龙云海药业有限公司首次推出排毒养颜胶囊24粒装、30粒装和60粒装以及排毒养颜片30粒装、60粒装等系列产品。4月，经云南省食品药品监督管理局专家组检查，顺利通过第三次药品生产企业GMP再认证。新产品研究开发上，在含茶制品系列、水系列、日化用品系列等方面作了探索研究，取得阶段性成果。实现公司饮用纯净水、饮用天然泉水、苏打水等产品的自我加工生产。采取集中轮训、发言交流等形式，组织员工开展爱岗敬业暨感恩教育，形成团结、务实、协作、高效的工作作风。公司完成原药材精选、提取加工351.29吨，生产胶囊剂5.71亿粒，颗粒剂626.28万袋，片剂2696.34万片。实现产值3.71亿元，比上年增长22.6%；完成销售收入3.0亿元，比上年增长12.3%；实现应交税金2855万元，比上年增长9.7%。

【龙发制药有限公司】 2010年，云南龙发制药有限公司调整品种结构，扩大再生产，推出多种营销措施，创新管理机制。生产上实行量化、目标化、精细化管理，各项主要经济指标全面增长，企业逐步稳定发展。至年末，公司有国药准字批文167个，国家中药保护品种3个，年内单品种销售额在500万元以上的品种3个；全国独家产品彝心康胶囊、利胆解毒胶囊和秋泻灵合剂进入云南省自定比例范围的基本药物目录和医保目录；全国独家产品复方大红袍止血胶囊和乌金活血止痛胶囊进入新农合药物目录。实现产值5360.2万元，比上年增长19.1%；完成销售收入4550.1万元，比上年增长48.7%；缴税金253万元。

【老拨云堂药业有限公司】 2010年，楚雄老拨云堂药业有限公司通过完善销售网络，加大企业品牌宣传推广力度，扩大市场开发，促进企业产品销售，顺利通过高新技术企业认定。田七花叶颗粒（无糖型）获国药准字批准文号，注册批件号：2010R003834。有2个品种（拨云锭和普乐安片）单品销售额达到500万元以上，公司独家产品拨云锭进入云南省自定比例范围的基本药物目录和医保目录。实现工业产值3534万元，比上年下降14.2%；完成销售收入4543万元，比上年增长111%；实现应交税金565万元，比上年增长113.6%。

【云中制药有限公司】 2010年，楚雄云中制药有限公司在保就业、保生产、保稳定基础上，开展节能降耗工作。5月17日，公司顺利通过清洁生产审核小组审核验收。11月，通过中药饮片生产线GMP现场认证。实现产值1753万元，比上年增长10.5%；完成销售收入1215万元，比上年增长22.8%；缴税金26.4万元，比上年增长21.1%。

【百草岭药业有限公司】 2010年，楚雄州百草岭药业发展有限公司被列为州农业产业化经营龙头企业，企业中药材基地建设和项目申报顺利推进，生产资质及加工平台逐步完善，对外合作进一步扩大。公司收购余甘子鲜果104吨，生产余甘子精粉89.55吨，桃乐丝瓶装口含片7394件，原森快康SOD刺梨胶囊0.52万盒，特瑞宝SOD刺梨胶囊0.8万盒。外加工生产胶囊1030瓶、3430板，片剂644件，速溶粉、茶粉10.99万袋。实现工业产值2250万元，比上年增长17.5%；完成销售收入1648万元，比上年增长22.8%；上缴税金9.5万元，比上年下降13.6%；实现利润19万元，比上年增长26.7%。

【广泰生物科技有限公司】 2010年，云南广泰生物科技有限公司通过提升产品品牌、开发全国市场，立足本省市场将产品覆盖国内市场，力争建立全国高端市场销售渠道，努力开拓国外市场。至年末，在北京、上海、湖南、湖北、山东、广东、浙江、福建、陕西等省市建立销售网点167个，省内除迪庆州外，有零售网点3739个，初步建成有相应覆盖面的营销网络。通过媒体、广告等宣传，公司与云南电视台少儿频道及省青基会在全省各州市启动“摩尔农庄乐园”玩气模、秀才艺、上电视、献爱心的为期一年的大型活动，获得较好效果。公司实现产值8893万元，比上年增长70.1%；完成销售收入8798万元，比上年增长73%；实现应交税金236万元，比上年增长90.8%。

【天利药业有限公司】 2010年，云南楚雄天利药业有限公司加快易地搬迁技改扩建，绿化、美化生产经营环境，完善企业管理制度，重新取得消毒产品生产许可证，并正式投产，完成提取车间提取罐排水沟改造及炒药室通风改造、污水处理池处理水用于绿化喷灌改造等。公司独家品种红花逍遥胶囊和紫丹活血片年销售额500万元以上。10月，公司独家品种红花逍遥胶囊进入国家医保目录和云南省自定比例范围的基本药物目录及医保目录。公司实现工业产值6069万元，完成销售收入4167万元，缴纳税金37万元。

【新世纪中药饮片有限公司】 2010年9月，新世纪中药饮片有限公司通过国家食品药品监督管理局GMP认证，开始试生产，主要生产经营中药材、中药饮片以及小包装中药饮片，年加工生产销售各类中药材5000吨，加工中药饮片1000余种规格。该公司于2009年入驻楚雄天然药物产业园区发展，总投资8000余万元，占地76亩，是集科研、种植、生产、销售、物流仓储为一体的现代中药饮片生产企业。

【本草精素生物科技有限公司】 2010年3月，云南本草精素生物科技有限公司征地30亩，建设厂房1.4万平方米，进行GMP技改及产业化项目建设。公司与中国医学科学院药物研究所合作，向省药监局申报以人参提取物为主要原料的保健食品本草精素牌参精素胶囊。有两个保健食品品种报送国家检验机构检测。一类新药人参皂苷Rg1片剂，人参皂苷Rg1原料药，专供出口的人参皂苷R_b1原料，进入临床试用申报，获得国家科技部创新基金立项扶持。公司生产销售尚处于中试及试销阶段，实现产值360万元，销售收入250万元，利润50万元，税金20万元。

［李智仙］

药品经营

【药品经营企业概况】 2010年末，楚雄州有药品批发企业18家，零售企业892家，农村药品专柜1058个，医疗器械经营企业572个（其中批发企业22个，零售企业550个）。

【楚雄州医药有限公司】 2010年，楚雄州医药有限公司有职工117人，其中专业技术人员35人，专科以上学历30人，中专学历42人，高中学历35人，初中学历10人。经营范围：麻醉药品，一、二类精神药品制剂，中药材，抗生素，中药饮片，生物制品，中成药，生化药品。经营品种2000个，年销售额6363万元，设零售药店12个。是基本药物配送中标单位，配送基本药物2400万元，配送医疗机构56家。

【云南康瑞德医药有限公司】 2010年，云南康瑞德医药有限公司通过第二轮GSP认证并取得认证证书。公司有职工58人，其中专业技术人员35人，专科以上学历6人，中专学历16人，高中学历22人，初中学历14人。经营范围：中药材，中药饮片，中成药，生化药品，化学药制剂，抗生素，生物制品（不含血液制品，不含疫苗），蛋白同化制剂及肽类激素。经营品种2360个，年销售额1470万元，设零售药店14个。基本药物配送中标单位，配送基本药物360万元，配送医疗机构27家。

【楚雄州虹成药业有限公司】 2010年，楚雄州虹成药业有限公司通过第二轮GSP认证并取得认证证书。有职工37人，其中专科以上学历13人，中专学历13人，高中学历6人，初中学历5人。经营范围：中药材，中药饮片，中成药，生化药品，抗生素，生物制品（不含血液制品，不含疫苗）。经营品种3981个，年销售额2800万元，设零售药店1个。基本药物配送中标单位，配送基本药物2500万元，配送医疗机构82家。

【云南剑华药业有限公司】 2010年，云南剑华药业有限公司通过第二轮GSP认证并取得认证证书。有职工15人，其中专业技术人员5人。经营范围：中药材，中药饮片，中成药，生化药品，抗生素，生物制品（不含血液制品，不含疫苗），化学药制剂。

【楚雄嘉源医药有限公司】 2010年，楚雄嘉源医药有限公司通过第二轮GSP认证并取得认证证书。有职工10人。经营范围：中成药，生化药品，化学药制剂，抗生素，生物制品。经营品种70个，年销售额1200万元，设零售药店1个。基本药物配送中标单位，配送基本药物1200万元，配送医疗机构22家。

【楚雄州川北医药有限公司】 2010年，楚雄州川北医药有限公司通过第二轮GSP认证并取得认证证书。有职工10人，其中专科以上学历2人，中专学历8人。经营范围：中药材，中药饮片，中成药，生化药品，化学药制剂，抗生素，生物制品（不含血液制品，不含疫苗），蛋白同化制剂及肽类激素，第二类精神药品制剂。经营品种48个，年销售额1600万元。基本药物配送中标单位，配送基本药物1300万元，配送医疗机构32家。

【云南久泰药业有限公司楚雄分公司】 2010年，云南久泰药业有限公司楚雄分公司通过第二轮GSP认证并取得认证证书。有职工40人，其中专业技术人员2人，专科以上学历9人，中专学历24人，高中学历3人，初中学历4人。经营范围：中药材，中药饮片，中成药，生化药品，化学药制剂，抗生素，生物制品（不含血液制品，不含疫苗）。经营品种3000个，年销售额2400万元，设零售药店462个。基本药物配送中标单位，配送基本药物1054万元，配送医疗机构144家。

【云南太阳鸟药业有限公司楚雄分公司】 2010年，云南太阳鸟药业有限公司楚雄分公司有职工19人，其中专科以上学历4人，中专学历6人，高中学历3人，初中学历6人。实现销售额1470万元，设零售药店14个。基本药物配送中标单位，配送基本药物3000万元，配送医疗机构95家。

【云南东骏药业有限公司楚雄分公司】 2010年，云南东骏药业有限公司楚雄分公司通过第二轮GSP认证并取得认证证书。有职工42人，其中专业技术人员2人，专科以上学历10人，中专学历10人，高中学历13人，初中学历9人。经营范围：中药材，中药饮片，中成药，生化药品，化学药制剂，抗生素，生物制品（不含血液制品，不含疫苗）。经营品种2360个，年销售额1470万元，设零售药店14个。基本药物配送中标单位，配送基本药物360万元，配送医疗机构27家。

［沙朝仁］

（责任编辑：周能汉）

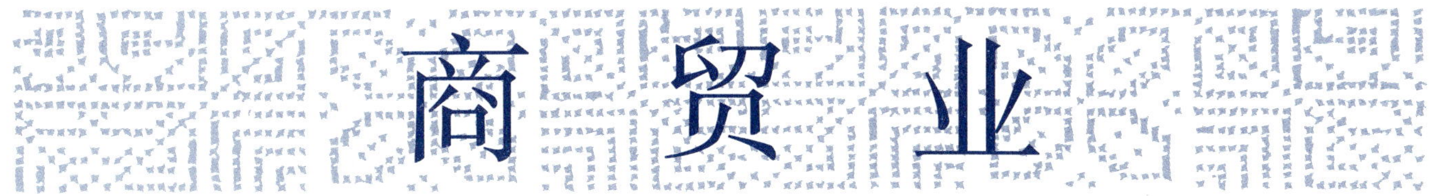

商贸业

商贸综述

【商贸流通概况】 2010年，楚雄州商务系统积极推进“流通活州”战略实施，加快流通基础设施建设，夯实发展基础，不断促进消费，实现内贸流通持续增长，克服金融危机带来的不利因素影响，千方百计扩大出口，通过抓重点、育增点、拓市场，实现对外贸易快速增长。全年全州累计完成社会消费品零售总额131.93亿元，比上年增长20.2%。完成外贸进出口1.08亿美元，比上年增长56.4%，其中出口1.04亿美元，比上年增长71.3%；进口492万美元，比上年下降44.8%。实际到位外资1331万美元，比上年增长2.94%。

【商务绩效管理】 2010年，楚雄州商务局党组认真推行绩效政府四项制度，提高机关行政效能。拟定《楚雄州商务局推行绩效政府四项制度实施细则》，成立领导小组，明确相关科室负责日常工作，保证各项制度具体实施。加强重点环节和重点岗位行政监督，把成品油零售经营许可、外商投资企业设立许可、生猪定点屠宰行政许可等3个重点岗位纳入行政监督，制定监督防范措施13项，加大行政审批改革力度。严格控制行政成本，制定《楚雄州商务局推行行政成本控制制度实施办法》，严格控制会议和发文。加强公务用车管理，加油实行对车不对人，并实行登记制度，笔墨纸张等办公用品和水票实行统一管理和登记领用。全年发文件149个，比上年减少52个，减少25%；召开系统性会议2次，比上年减少1次，会议经费支出比上年减少20%。推行公务卡结算制度，公务卡结算使用率100%。建立重点工作倒逼机制，强化行政绩效管理，将“万村千乡市场工程”、家电下乡工作列入重点督查项目，建立倒逼机制，加大督查力度，有效推进两项工作。加大对干部职工的业务培训，不断提升行政能力。积极推行电子政务协同办公，提高行政效率，切实转变作风，推行一线工作法，认真履行服务承诺，严格执行办理时限，做到限时办结，机关工作效率进一步提高。

【市场监测管理】 2010年，楚雄州商务局完善市场监测体系，加强城市生活必需品、重要生产资料、重点流通企业监测，及时掌握主要商品的供求信息和价格信息，开通楚雄商务预报网站，发布监测信息137条。投入资金改善样本企业报送设备条件，提高监测工作现代化水平。推进特色农产品电子商务专区建设。加强节假日和重大活动期间市场监管，保障市场供应，维护市场稳定，保障民生要求。加大市场执法力度，持之以恒地整顿和规范市场经济秩序，坚决打击欺行霸市，哄抬物价，囤积居奇等违法违规行为。积极探索重要商品储备和重点流通企业商业代储备制度，确保各种应急需要，宏观调控和应对突发事件的能力进一步增强。

［李成峰］

商贸流通

【内贸流通概况】 2010年，楚雄州认真贯彻中央扩大内需的方针政策，搞活流通，促进消费。推进“家电下乡”和“万村千乡市场工程”，完善农村流通网络体系。培育消费热点，促进消费。抓好商业节能减排，促进绿色消费。累计完成社会消费品零售总额131.93亿元，比上年增长20.2%。从地区看，城镇完成95.68亿元，比上年增长21.5%；农村完成36.25亿元，比上年增长17%。从行业看，批发业完成13.79亿元，比上年增长19.8%；零售业完成94.19亿元，比上年增长21.3%；住宿业完成3.61亿元，比上年增长13.8%；餐饮业完成10.89亿元，比上年增长32.6%；其他行业完成9.45亿元，比上年增长2.8%。

【万村千乡市场工程】 2010年，楚雄州选择在交通沿线、人口集中、消费旺盛、方便配送的地区建设农资农家店160个、百货农家店40个，新增营业面积9200平方米，拉动社会就业360人，实现年交易总额2000万元，带动农民增收150万元。配送中心项目完工2个，在建4个，完成总投资2581万元，配送中心新增仓库面积3437平方米。至年末，通过2005～2010年6年的工程实施，全州10个县（市）的103个乡（镇）817个村委会实施“万村千乡市场工程”，建成配送中心9个，农家店1919个（其中日用百货农家店1320个，农资农家店599个），获得中央和省级财政扶持资金2197.97万元，县（市）、乡（镇）、村委会覆盖率分别达到100%、100%、78%。

【家电下乡工作】 2010年，楚雄州商务局认真做好政策宣传，及时兑现财政补贴，推进家电下乡产品流通网络建设，努力活跃农村家电市场，扩大产品销售。九大类家电下乡产品备案销售网点647

个，比上年增加154个。及时兑付补贴，加快工作进程。至年末，全州销售家电下乡产品14.17万台（件），销售金额2.82亿元，兑付补贴资金3547.3万元，其中年内销售家电下乡产品10.39万台（件），销售金额2.17亿元，兑付补贴2745.7万元。

【民交会参展情况】 2010年6月6～10日，楚雄州精心筹备，认真组织企业参加第十八届昆明进出口交易会展出。昆交会期间，楚雄州“生态楚雄·绿色宝库”主题得到充分展示，楚雄州交易团招商引资达成经济技术合作项目12项，涵盖农业、化工、医疗卫生、基础设施等行业，项目累计协议投资额110.5亿元。其中，协议引进省外合作项目3项，总投资59亿元；协议引进省内合作项目9项，总投资51.5亿元。进出口贸易签约1.1亿美元，其中出口13家，出口额1.01亿美元；进口3家，进口额900万美元。出口产品主要是野生食用菌、松香、纺织、化工等产品，出口到日本、欧洲、东盟、美国等国家和地区。建立双方经贸部门（企业家）合作机制和衔接落实措施，以企业为主体，以项目为载体，通过政府推动与市场运作相结合的方法，联手推进市场开拓、产业对接，进一步实现资金、技术、品牌、信息、资源等要素的合理流动与优化组合。

【商业节能减排】 2010年，楚雄州认真抓好商业节能减排工作，促进绿色消费。把高效节能灯具的使用数量和应用率下达到10县（市）和开发区，重点放在全州规模以上营运的公共设施、宾馆、酒店、商厦、写字楼、商场、加油站等84户企业，把商业节能减排工作目标任务完成情况纳入全州流通业考核体系。至10月，全州84户一定规模的商业企业，总灯具使用量5.3万盏，推广高效节能灯具改造5.28万盏，使用率96.3%，超额完成州人民政府到“十一五”末全州公共设施、宾馆、酒店、商厦、写字楼高效节能灯具应用率达85%的目标。

［李成峰］

对外贸易与经济合作

【外贸进出口概况】 2010年，楚雄州按照“抓重点、育增点、拓市场”思路，引导和帮助外贸企业开拓国际市场，千方百计扩大出口，对外贸易保持快速增长。完成进出口总额1.08亿美元，比上年增长56.4%，创历史新高。外贸发展呈现出三大特点：一是外贸进出口承接上年高速增长势头，保持高位运行，实现平稳较快发展。二是重点产品和龙头企业培育效果显著，以牛肝菌、松茸为主的野生食用菌出口2569万美元，其他农副产品出口762万美元，松香产品实现出口4403万美元，三大类产品出口7635万美元，占全州出口总值的73.7%。进出口规模过百万美元的企业17户，其中500万美元以上的有7户，过1000万美元的企业4户。三是有进出口业绩的企业数增加，促进全州进出口规模大幅增长。有进出口业绩企业44户，比上年增加11户，贡献出口增量1961万美元。上年外贸空白县牟定县、武定县实现出口零的突破。

【国际劳务输出】 2010年，楚雄州商务局推进外派劳务基地建设，完善配套设施，加大劳务培训力度，以建设楚雄州对外劳务合作平台为契机，进一步促进国际劳务输出稳步发展，完成国际劳务输出1412人，比上年增长28%，获得国际劳务收入436.43万美元，比上年增长9.9%。

2010年楚雄州对外贸易统计表

单位：万美元

县（市）	进出口总额					出口总额			进口总额		
	2010年实绩	2009年同期	增减%	目标任务	完成情况	2010年实绩	2009年同期	增减%	2010年实绩	2009年同期	增减%
全州合计	10843	6933	56.4%	8320	130.3%	10351	6042	71.3%	492	891	-44.8%
楚雄经济开发区	5087	2518	102.0%	3024	168.2%	4797	2131		290	387	-25.1%
楚雄市	717	961	-25.4%	1153	62.2%	717	961	-25.4%	0	0	
牟定县	101	0				101					
武定县	27	0				27					
大姚县	1092	1661	-34.3%	1993.2	54.8%	1092	1661	-34.3%	0	0	
禄丰县	1234	742	66.3%	1000	123.4%	1035	238	334.9%	199	504	-60.5%
南华县	553	490		588	94.0%	553	490		0	0	
双柏县	1956	436	348.6%	523.2	373.9%	1956	436	348.6%	0	0	
元谋县	75	32	134.4%	38.4	195.3%	72	32	125.0%	3	0	

【外资利用】 2010年，楚雄州商务局推进对外开放战略，加强对外经济技术交流与合作，加强招商引资力度，认真做好外资企业联合年检工作，准确掌握外资企业发展情况，及时办理外商投资审批业务，为外商投资企业提供优质服务，提高资金到位率。实际利用外资1331万美元，比上年增长2.94%。

【对外经济合作】 2010年，楚雄州商务局积极做好境外投资企业服务工作，向上争取项目6个，获得资金支持193.4万元。支持云南龙川江生物开发有限公司到缅甸种植木薯、红薯1.5万亩，取得良好经济效益和社会效益。

［李成峰］

供销合作

【供销合作概况】 2010年，楚雄州供销社抓住机遇，全面实施“乡村流通工程”，狠抓各项措施的落实，大力发展农村合作经济组织，千方百计搞活农村商品流通，各项工作取得新成效。完成经营总额38.8亿元，比上年增长38.3%，完成农副产品经营总额16.3亿元，比上年增长13.4%，实现利润6279万元，比上年增长21%，上缴国家税费2161万元，比上年增长12.3%，完成“两社一会”建设357个，全面超额完成省供销社和州人民政府下达的各项任务。

【乡村流通网络体系建设】 2010年，楚雄州供销社抓住“乡村流通工程”建设机遇，努力做好乡村流通网络体系建设。完成新建和改造提升综合服务社及乡（镇）中心社148个，综合服务社实现商品经营总额10.1亿元，服务项目覆盖日用工业品零售、农资供应、药品零售、餐饮服务、食品加工、养殖、信息服务、文化娱乐服务等方面。推进农资、日用工业品、药品、食盐、烟花爆竹配送中心建设，改造发展农村现代流通网络，至年末，建成农资、工业品、烟花爆竹、药品、食盐等物流配送中心34个，全年配送商品总值6亿元，工业品、药品、农资商品连锁配送面、配送率比上年提高。

【供销合作经济组织建设】 2010年，楚雄州供销社认真贯彻落实《农民专业合作社法》和《农民专业合作社登记管理条例》，充分发挥供销社组织、指导、服务、带动等职能作用，利用供销社组织、人才、网络和服务优势，完善与农民的利益联结机制，创新发展和规范提升农民专业合作社，积极推进农民专业合作社规范化运行，全面推进农民专业合作经济组织的发展。发展农民专业合作社209个，全部实现注册登记。专业合作社带动农户46万户实现收入5.4亿元。

【供销组织助农增收】 2010年，楚雄州供销社系统高度重视农资供应，建立完善农资商品动态监测报告制度，切实加强对农资供应工作的指导，充分发挥农资配送中心和遍布乡（镇）、村的农资连锁经营网点和农村综合服务社的作用，保障农资供给。销售各种化肥35.2万吨，比上年下降1.7%；销售各种农药1030吨，比上年增长0.4%；销售农膜1467吨，比上年增长58.8%。发挥供销社组织体系遍布全国、沟通城乡、连接生产与市场的作用，帮助农民推销农副产品16.3亿元。

【“乡村流通工程”人才培训】 2010年，楚雄州供销社系统围绕创新发展“两社一会”和“乡村流通工程”建设，把村委会干部，农村运销、种植、养殖大户纳入培训对象，指导配送企业加强对配送网点培训，农民专业合作社对社员培训，开展各类人员培训138期，培训人员1.69万人次。

［刘海英］

粮食流通

【粮食流通工作概况】 2010年，楚雄州粮食局积极做好《粮食流通管理条例》、国家粮食发展纲要、粮食流通管理政策法规的宣传和落实。开展粮食行政执法，签订行政执法责任书，依法开展粮食流通监督检查。办理粮食收购许可证125户，其中非国有115户。开展粮食收购市场监督检查、收购资格专项核查，核定全州148户粮食经营者最低粮食库存和最高粮食库存限量，保障粮食宏观调控政策落实到位。开展社会粮食流通统计，调查统计342户农户和210户城镇居民粮食收支平衡，为粮食流通管理提供决策依据。开展全州年度粮食清仓查库工作，确保粮食数量真实、质量完好、账实相符。认真贯彻落实国家粮食最低收购价格政策和粮食宏观调控政策，促进粮食生产，稳定粮食价格，保障有效供给。做好市场粮情监测，实行价格周报、分析，粮价波动时期实行日报告等制度，对出现的苗头性、趋势性情况及时跟踪分析，为确保市场粮油价格基本稳定提供决策依据。

【落实粮食行政首长负责制】 2010年，楚雄州粮食系统按照各级政府对本地耕地保有量、粮食种植面积、粮食生产、市场供应、地方储备、商品粮库存保有量、价格稳定等负责的粮食行政首长负责制要求，认真履行部门职责，做好各项责任目标落实。认真总结上年粮食行政首长负责制经验，迎接省综合考核考评，被考评为“合格”等次。在面对百年一遇的特大旱灾中，认真分析总结完善各项工作，突出抓好稳定粮食生产，保障粮食供应等政策措施的贯彻落实，加强市场监管，积极筹措粮源，平抑粮食价格，保障有效供给。在粮食因旱灾减产的情况下，确保供需基本平衡，保障全州粮食安全，完成省对州、州对县（市）各项任务。

【粮食安全保障体系建设】 2010年，楚雄州粮食局认真履行构建粮食安全保障体系责任，保障粮食安全。针对全州特大干旱造成夏粮大幅减产实际，配合有关部门及早开展农业生产调研，落实措施实现粮食生产100万吨。提出保障粮食安全对策建议，为政府粮食宏观调控决策提供依据。做好粮食供应保障，实现商品粮上市大米6859.6吨，动用县（市）级储备粮5277.8吨（贸易粮）用于保障因旱受灾群众、农村缺粮农户的应急粮食供应。3月份，粮价大幅上涨，粮食局加强市场监测、加大粮油市场投放量、设立定点销售、加快调粮入楚、建立临时储备、抛售轮换出库储备粮等措施平抑粮价，销售贸易粮10.18吨，促使粮价快速回落趋于稳定，当地产大米从3月份最高时每千克5元下降到4.40元左右，并保持至年末基本平稳。组织3批32人次到粮食主产区采购粮食，建立产销合作机制，保障来年粮食供应。

【储备粮油管理】 2010年，楚雄州粮食局合理谋划粮油储备规模，争取增加粮油储备，建立基本适应保障全州粮食安全的储备粮油规模体系。增强粮食宏观调控能力，完成省级成品粮临时储备任务200万千克，建立楚雄州临时储备粮1200万千克。加强储备粮油管理，认真贯彻落实粮食储存和储备粮油管理规章制度，签订储备粮管理责任书，强化储备粮油的储存、质量、轮换、安全管理，开展科学储粮和“一符四无”粮仓活动，连续8年实现“一符四无”粮仓州。发挥储备粮油调节、吞吐作用，把握时机适时利用储备粮油轮换销售、抛售等调节粮价。做好军粮供应管理，切实保障部队粮食供应。千方百计筹集资金对仓储设施提升改造，不断提高仓储水平。

【国有粮食储备企业发展】 2010年，楚雄州粮食局按现代企业管理制度和公司法要求，加强国有粮食储备企业监管，强化董事会、监事会责任，完善经营管理机制，提高企业效益。指导督促企业认真贯彻执行国家粮食宏观调控政策，在抗大旱、稳粮价、保供应等粮食宏观调控任务中，认真履行责任，严格遵守规定，完成工作任务，确保国有粮食储备企业发挥粮食安全主渠道作用。加强企业管理，积极争取企业发展相关政策，充分调动广大员工经营积极性，努力扩大购销，增收节支，不断提高企业盈利水平，在因干旱造成小春粮食和大春稻谷减产情况下，及早动手，抓好本地粮食收购，千方百计寻求产销合作，努力向外采购粮源，采购粮食1935万千克，保障粮食供应。国有粮食储备企业实现利润117.6万元，比上年增长21%，实现连续4年盈利。

【粮油质量安全】 2010年，楚雄州粮食局认真落实州人民政府食品安全目标责任制，把食品安全工作目标考核任务落实到责任人，开展粮油食品安全、“粮食科技宣传周”、“3·15”粮油质量安全等宣传活动，通过广播、电视、网络信息、报刊等媒体向全社会广泛宣传。参加食品安全监督检查。建立粮油质量档案，开展粮油质量检测检验，检验粮油样品278份，代表数量14万吨。配合质监、工商等部门开展社会粮油产品监督检验，抓好“28类食品”生产许可证及市场准入审查复查，做好各级储备粮、商品粮出入库质量品质测报，履行粮油质量监督检验职能。

［夏大强］

石油购销

【中石油楚雄销售公司成品油销售】 2010年，中国石油云南销售公司楚雄销售公司在维护成品油市场稳定和保障供给等方面积极发挥作用。在州内建设加油站25座，建设油库2座（楚雄油库、南华油库）。围绕“网络、销售、安全”，开展成品油销售。公司市场份额提升，效益指标基本完成，销售收入实现新突破，非油销售收入大幅增长。被楚雄开发区管委会评为2010年度开发区500万元以上税收贡献奖，被楚雄市商务局评为安全生产先进单位。公司所属东南加油站、南永加油站被共青团楚雄州委评为州级青年文明号，东南加油站被云南公司评为青年安全生产示范岗，太阳女加油站被继续认定为“青年安全生产示范岗”，公司团总支被评为2010年度“青年安全生产示范岗”争创活动的“优秀组织单位”。9月9日，公司与楚雄州人民政府签订战略合作协议书；10月22日，公司与南华县人民政府签订战略合作协议书。

［施建恒 曹玉宏］

【中石化楚雄石油分公司油品购销稳定】 2010年，中国石油化工股份有限公司云南楚雄石油分公司采取有效措施，保障油品稳定供应。在管理上，始终坚持精细管理，坚持以人为本，重视人文关怀、团结务实，不断增强市场控制力，积极主导市场，灵活应对市场变化，努力扩大经营总量，大力推进节能降耗和降本压费工作，狠抓安全质量管理，不断加强党建思想工作和员工队伍建设，努力保持和谐稳定。通过全体干部员工的辛勤努力，各项费用控制较好，节能降耗和降本压费措施成效显著，各项工作稳步推进，公司呈现出持续、健康、和谐发展的良好态势。完成轻油经营总量23.9万吨，比上年增长3.82%；润滑油零售621吨，比上年增长47.3%。恢复经营加油站3座，新形象装修加油站6座，新形象整体改造加油站2座，完成楚雄油库样板库建设，完成ERP、IC卡、二次物流三大信息系统整合，二次物流信息系统、ERP、加油站液位仪上线运行，安装油库自动付油系统、油库自动计量系统、电子提单系统等现代化设备，增强信息化管理水平，形成了遍布城乡的营销网络和完善的优质服务体系。成品油资源紧缺期间，干部职工牢固树立大局观念和责任意识，坚决执行上级公司和楚雄州委、州人民政府的决策部署，将工作重心转到“市场保供”上来，加强资源统筹，千方百计保市场，提高调控保障能力，按保民生、保重点、保稳定的原则供应。各级管理人员深入各加油站现场指挥，疏导车辆，适时调整供应办法，确保安全、有序、平稳供油，为保障楚雄州社会需求作出贡献。

［邱 凌］

（责任编辑：周能汉）

交通运输业

公路建设

【公路建设概况】 2010年是“十一五”规划的收官之年，自“十一五”开局以来，楚雄州交通局按照“近期改善，中期适应，远期超前发展”的要求，紧紧围绕构筑“三纵四横”公路主骨架，建设彝州“黄金大三角”高等级公路网，实现通县公路高等级化，通乡公路油路化，通村公路通达化，20户以上适宜通公路的自然村通公路，农村客运网络化的发展目标，抓住国家扩大内需，加快基础设施建设步伐和实施西部大开发战略机遇，解放思想，扎实苦干，圆满完成了五年规划确定的各项目标任务，全州交通运输面貌发生巨变。“十一五”期间，全州共完成交通固定资产投资122.45亿元，比“十五”期间增加44.35亿元，增长56.8%，超额完成了“十一五”规划100亿元的任务目标。2010年末，全州公路总里程达16938千米，比“十五”末增加2807.4千米。其中，农村公路通车里程达14581.7千米；高速公路通车里程达304.5千米；一、二级以上公路达196千米，比“十五”末分别增加148.5千米和41.3千米；三、四级公路达9505.3千米，比“十五”末增加2446.8千米。公路密度为每百平方千米57.9千米，每万人拥有公路62.7千米，比“十五”末分别增加9.2千米和5.4千米。全州103个乡（镇）通等级公路、等级率达100%；93个乡（镇）通油路（水泥路）、油路率达90%，硬化率和通油路率分别比“十五”末增加21.9%和43.4%；全州1093个村（居）民委员会，有1073个村（居）民委员会的通村公路达到国家通达标准，通达率为98%，比“十五”末增加68.9%。“十一五”期间，全州共修通了1091个20户以上自然村公路4024千米。

【重点公路项目建设前期工作】 2010年，楚雄州抢抓机遇，积极组织实施一批重点公路建设，并扎实抓好重点公路建设项目的储备。楚雄至广通高速公路建设项目顺利推进。经过积极争取，省交通运输厅同意楚广高速公路作为省、州联合建设示范项目，由省公路开发投资公司和楚雄州人民政府联合建设，年内完成工程勘察设计工作。武定至禄丰高速公路建设项目前期工作稳步推进。该项目是楚雄州第一条以BOT模式融资建设的公路，10月26日州人民政府与云南武禄高速公路开发有限公司签订了《武定至禄丰高速公路BOT项目特许经营权合同》，12月14日省发改委对《楚雄州武定至禄丰高速公路项目核准报告》进行了批复，12月20日省交通运输厅进行了批复，12月13日云南武禄高速公路开发有限公司与云南省交通规划设计研究院签订了工程勘察设计合同，设计单位已进场开展工作。安丰营至禄丰县碧城镇东邑村和长田至禄丰县城高速公路、楚雄至南华一级公路、双柏至三江口、大姚至祥云二级公路《工程可行性研究报告》编制完成，并上报省政府评审中心等待评审，其余相关报件正在办理评审上报工作。

【重点公路建设】 2010年，楚雄州交通局积极推进重点公路项目建设。元（谋）双（柏）二级公路全长164.3千米，总投资40.4亿元，年末已累计完成投资27.51亿元，路基工程已全部完成，开始铺筑沥青路面，各项建设工作有序推进。武（定）昆（明）高速公路全长69千米，州境内为14.5千米，年末已累计完成投资22.9亿元。

元(谋)双(柏)二级公路 (州交通运输局提供)

【农村公路建设】 2010年，云南省交通运输厅下达楚雄州通畅工程计划12项，通达工程计划96项，站点建设计划17项，渡改桥项目11项，其他建设项目20项，所有项目已开工在建，年内部分已经完工，其余计划在2011年5月底全部完工。届时全州农村公路通畅率将达到90%，通达率达到98%。

【地方公路养护】 2010年，楚雄州农村公路的管理养护工作，以实现“通、平、美、绿、安”为公路养护管理目标，依靠科技，建养并重，强化管理，深化改革，提升了全州公路养护质量和管理水平。县道优良路率达38.9%，超过省公路局下达州考核指标的3.9个百分点，乡道、村道的优良路率分别达23.5%和15.5%，比上年分别上升了0.6和0.27个百分点，全州农村公路的优良路率逐年有所上升，保证了人民群众的出行便利。全州交通系统把贯彻落实《楚雄州农村公路管理养护体制改革实施细则》作为主要抓手，深化养护体制改革。州内所有乡（镇）都成立了乡（镇）农村公路管理所，配备管理人员261人，各县都建立起县、乡、村“三位一体”的管养模式，并逐步建立起农村公路“五主体”的管理养护新体制，呈现出农村公路养护管理主体明确、职责清晰、投入稳定、体系健全的良好局面。年内《云南省楚雄彝族自治州公路条例》颁布实施，以地方性法规明确农村公路养护管理补助资金，规定州、县（市）政府投入建设、养护和管理专项资金，为全州农村公路建设、养护、管理提供了法律保障，年内全州各县（市）累计配套农村公路养护资金2317万元。

【公路工程质量监管】 2010年，楚雄州交通运输局公路工程质量监督站本着质量是工程的生命、安全是生命的保障为宗旨，要求各参建单位始终把工程安全与工程质量放在同等重要位置，认真落实安全生产责任制，加大安全检查力度，对安全问题进行事前控制，过程中业主、监理随时监管，使工程安全始终处于受控状态，通过不断完善安全预控措施，全州农村公路建设未发生重大安全事故。年内州公路工程质量监督站监管重点为2009～2010年度14个通乡油路项目，在建的3座中型桥梁，四级以上公路路基、新建（改建）项目及弹石路面工程建设项目，其余通达工程项目以县级农村公路质量监督组为主，采取州站管理指导，县（市）监督组具体负责进行质量监督。上半年发出《公路工程质量抽查意见通知书》9份，《公路工程质量检查情况通报》12份，日常巡查13次，共巡查工程项目26个。农村公路建设项目共抽检数据约3.48万点（组）。其中，路基工程抽检约1.02万点（组），路面工程抽检约2.42点（组），桥梁工程抽检约293点（组），交通安全设施抽检约108点（组），主要材料约26点（组），总体合格率为94.55%。州公路工程质量监督站对达到质量检测的16个项目，3座中桥进行了现场检测，检测结果总体良好为合格工程。

［李　勇］

运输管理

【运输业概况】 2010年，楚雄州道路运输管理工作按照“保民生、保稳定、保安全”的工作要求依法管理，加大道路运输管理法规的宣传贯彻力度，规范行政许可审批，落实行政执法责任制，切实做到“管理精细化、执法规范化、服务优质化、监管科学化”，全州道路运输业实现了平稳较快发展。全州道路运输经营许可证在册总数达1.95万户，比上年末增长26.2%；拥有旅客运输业户872户，道路货物运输业户1.67万户，道路运输相关业务经营业户2140户，比上年末分别增长－20.2%、30.46%和16.94%；拥有营运载客汽车3215辆，比上年减少3.7%，拥有营运载货汽车2.14万辆，比上年末增长22.59%。年内客运量为2404万人，旅客周转量为16.49亿人千米，同比分别增长7.37%和12.31%；货运量为1317万吨，货物周转量为14.61亿吨千米，同比分别增长10.77%和14.48%；公路运输在全州综合运输中所占的比重达90%以上，实现道路运输产值13.4亿元，同比增长19.08%。

根据州委、州人民政府《关于楚雄州人民政府机构改革的实施意见》，12月31日撤销楚雄州交通局，组建成立楚雄州交通运输局，为州人民政府工作部门。将州交通局的职责、州建设局指导城市客运的职责，整合划入州交通运输局。

【路政管理】 2010年，楚雄州地方公路路政管理部门充分利用广播、电视、宣传单、公告、宣传车、标语等宣传形式，深入宣传《公路法》、《云南省公路路政管理条例》、《超限运输车辆行驶公路管理规定》等法律法规，使公路沿线群众的爱路护路意识、法律意识得到了明显增强。同时，加大路政巡查力度，针对在公路两侧建筑控制区内存在乱堆乱放、打场晒粮、违章建筑、占道经营等实际，采取宣传教育，抓源头管理，部门联动，重点治理县乡公路（县道）沿线侵占公路路产路权行为。年末，全州共发生路政案件160件，立案率为100%；破案160件，结案率为100%；造成经济损失16.5万元，索赔率为100%。立案率、结案率、索赔率均超过省交通厅下达的100%、95%、80%的指标，有效地保护了公路产权。年内州交通运输局组织有关县（市）交通局路政部门负责人，联合开展对全州10县（市）交通局路政执法检查，下发整改通知书2份，要求限期整改，根据反馈意见，按照整改要求对相关路段进行了强制清理，收回路产路权2241平方米，确保了公路路产路权完好。

年内为规范治理公路“三乱”工作，巩固治理公路基本无“三乱”成果，州交通运输局积极履行牵头部门的责任，加强与州纠风办的沟通协调，对治理公路“三乱”整治行动进行统筹、监督、协调、宣传和总结工作，制定并印发了《楚雄州交通局关于治理公路“三乱”监督检查实施方案》，加大治理力度，采取有力措施，对重点地区、重点路段和公路收费站、治超站点、木材检查站点、警务站点、动物防疫监督检查站点的监督检查，做好治理公路“三乱”工作，对全州10县（市）开展治理公路“三乱”情况进行专项检查，共抽查国道、省道、县乡道10条，共计760余千米，共检查治超站点3个，收费站2个，木材检查站2个，均没有发生公路“三乱”现象。

【运输审批管理】　2010年，楚雄州运输审批管理工作着重加强道路运输经营的行政许可审批，在许可中严格按照条件、程序依法处理，坚持集体审批制度，审批中注重对运力的调整和车型结构进行优化，并在规定时限内下达行政许可决定书。全年共受理行政许可事项75件，其中，县际客运班线经营许可事项38件，市际客运班线经营许可事项32件，省际道路运输1件，运力储备2件，道路危险货物运输许可事项2件；许可县际客运班线31件、市际客运班线28件，省际客运班线审批1件，许可道路危险货物运输事项1件，运力储备按规定由运政所审核后申报2件。年内换发市际班线许可证明251份、县际班线许可证明438份。

【旅客运输管理】　2010年，楚雄州道路运输管理部门始终坚持以人为本的思想，严格依法受理道路运输经营申请，进一步优化客运线路，调整优化运力结构，加快统筹城乡公共客运协调发展，促进农村客运网络和城市公交网络的综合发展，切实做好新增、变更营运客车类型等级的审核工作及加强对客运班线的管理、指导工作，认真清理整顿道路运输市场，使客运站外揽客，不进站发车、甩客、宰客等非法道路运输行为得到有效控制，道路客运秩序明显好转。认真做好春运和“十一”黄金周及节假日运输保障工作，春运期间运送旅客136.85万人次，比上年同期增长26.16%；“十一”黄金周期间完成客运量36.6万人，比上年同期增长0.83%，完成货运量335.85万吨，整个假日期间，没有发生道路旅客运输安全事故，实现了假日旅游“安全、秩序、质量、效益”四统一。加快客运站点规划和建设，至年末，全州103个乡（镇）有87个乡（镇）建设了农村客运站，农村客运班线309条，乡（镇）实现100%通班车，全州1093个村委会已有853个通班车，通班车率达78%，出省达县通乡（镇）及行政村的城乡客运服务网络初步形成，改善了农村群众出行需求。

【货物运输管理】　2010年，楚雄州进一步规范货运市场，加强对道路货物运输企业的管理和引导其发展。对全州主要货运源头进行了调查，加快甩挂运输试点工作，禄丰县广通联兴物流有限责任公司被确定为全省首批三家甩挂运输试点企业之一。加强绿色通行证发放工作，发放绿色通道“准运证”7895份，保障了全州鲜活农产品及绿色通道的顺畅。加强对道路危险货物运输的管理，至年末，全州具有道路危险货物运输经营资质的危险货物运输企业9户，拥有道路危险货物运输车辆329辆。

【机动车驾驶员培训管理】　2010年，楚雄州加强对驾驶员培训行业的监管，着力于系统推进培训机构的规范化、系统化建设，突出驾驶学校经营管理和培训教学质量的管理，完善IC卡管理体系和信息管理平台。全州进一步深入宣传贯彻《云南省实施中华人民共和国机动车驾驶员培训教学大纲细则》，完成了元谋腾飞驾驶学校的开业工作，在全州28个驾驶学校开展了机动车驾驶培训专项整治和集中教练员素质再教育活动。年末，全州有教练车468辆、教练员742人，共培训汽车驾驶员4.32万人，其中从业资格培训考试6000余人，基本满足人民群众就近学习驾驶汽车技术的需求。

【运政稽查】　2010年，楚雄州运政处不断加强日常稽查，深入开展打击“黑车”等非法营运专项治理，维护运输市场秩序，加大执法力度，规范和整顿运输市场秩序，把突击性治理转化为常规性治理。年内，全州出动宣传人员924人，发放宣传资料1.14万份，引导合法经营者和人民群众共同参与，形成联合整治的合力；出动稽查人员1.78万人次，出动稽查车辆4392辆次，检查车辆3.78万辆，查处违规违章案件1220件，处罚1220件，有效维护及整治了营运环境。

【车辆技术管理】　2010年，楚雄州道路运输管理部门进一步强化车辆的选型、购置、使用直至报废的全过程跟踪管理，在州内各县（市）就地开班举办机动车维修技术人员从业资格培训500人次，组织开展全州二级维护维修厂家的专项整治工作和道路运输车辆燃料消耗量检测和监督工作。年末，全州有机动车维修企业1951户，其中，一类汽车整车维修企业4户，二类汽车整车维修企业76户，三类汽车装箱维修业户1331户，摩托车维修535户；有机动车维修从业人员4022人。认真做好客运站客车安全例检和320国道及108国道上2个客运车辆途中例检站工作。

【汽车综合性能检测】　2010年，楚雄州认真贯彻落实《云南省汽车综合性能检测机构管理办法》，积极开展检测站质量信誉考核工作，科学规划检测站位发展，合理布局全州检测线，完成了建设武定汽车综合性能检测站的申报工作并通过省公路局批复，组织申报了建设南华汽车综合性能检测站，年末全州共有汽车综合性能检测站6个，共有检测人员56人，全年完成检测车辆3.56万辆/次。其中技术等级评定车辆1.41万辆，二级维护竣工检测车辆2.15万辆/次。

【运输安全管理】　2010年，楚雄州交通部门强化安全生产责任制的落实，在公路建设、养护施工、水上交通、营业性客货运输中全面履行安全监管职责，扎实开展“安全生产年”等项活动，层层落实安全生产责任，从源头上加强监督管理，严格履行“三关一监督”职责，把安全隐患排除在萌芽状态；加强“春运”、“两会”、“五一”“十一”黄金周和亚运会期间道路运输安全生产大检查，形成有效的监管机制；推行客运实行计算机管理，全州所有二级以上客运站、所有进入二级以上客运站的客运经营者实行电子化派车卡制度，对企业自行开发的电子派车卡实行并网兼容，用智能电子卡代替纸质派车卡及纸质台账管理模式，提高了道路客运车辆派班、发班效率，保障了道路运输安全。

【道路运输应急保障】 2010 年，楚雄州交通运输局强化道路运输应急保障工作，建立健全各项应急预案，切实维护道路运输的稳定，通过应急机制的完善和应急保障措施、责任的落实，全州道路运输应急保障工作做到了准备充分、统一联动、效果明显。在“2·25”禄丰与元谋交界 5.1 级地震抗震救灾工作中，采取各种措施，积极应对，及时启动楚雄州二级客运、货运储备运力应急预案，做好运力储备；在“抗大旱，保民生，交通人在行动”的实践中，全州运政系统干部职工共组织向灾区捐款 25 次，合计捐款 3.54 万元，组织无偿送水 801 吨，无偿提供运输工具 120 辆（次）。

【海事航运管理】 2010 年，楚雄州加快渡口、渡船的改造工作，整顿和规范水路运输市场经济秩序，水上运输安全管理步入法制化、规范化的轨道，鼓励发展水上服务业和旅游业，促进水运市场健康发展，水上运输能力进一步增强。全年共检验船舶 65 艘次，计 1512 总吨，3572.12 千瓦，884 客位（其中，初次检验 7 艘，11 总吨，308.7 千瓦；年度检验 50 艘，1057 总吨，2645.42 千瓦；中间检验 2 艘，259 总吨，119.2 千瓦；临时检验 6 艘，185 总吨，498.8 千瓦），营运船舶检验率达到 100%，共处理违章 6 起，罚款 700 元，销毁破旧农用船只 3 条，取缔“三无船舶”5 条。全年未发生水上交通安全事故。

［李　勇］

公路路政管理

【路政管理概况】 2010 年，楚雄公路路政管理支队紧紧围绕路政管理中心工作，以维护路产见效益，积极推动路政管理工作和谐持续发展。公路路产管理工作紧紧抓住“道路、桥涵、沟渠、隧道、行道树、护栏、挡墙、标志”8 个重点，进一步深化专项治理行动，认真组织清理国道 2 条共 383 千米、省道 5 条共 317.7 千米、县道 19 条共 576.47 千米的路产管理工作。受州交通运输局委托管理南永公路 144.27 千米。支队共计管理公路 1421.44 千米（其中二级公路 144.27 千米、三级公路 653.83 千米、四级公路 540.34 千米、四级以下公路 83 千米），有经营性道口 490 个、非经营性道口 741 个、桥梁 284 座、涵洞 3519 座、隧道 12 个，年内，路政管理支队查清了底数，熟悉了工作对象，为下步路产管理工作奠定了基础。

【公路基础设施管理】 2010 年，楚雄公路路政管理支队积极维护公路基础设施管理。在路面控制上做好“场所、加水站、建房、下穿、跨越、立物、开口”7 项治理，认真开展路政巡查，及时发现和制止违法行为，切实维护好路容路貌。公路两侧建筑红线得到有效控制，在公路路产范围内，无未经许可设置的路政许可事项，杜绝了占道经营、以路为市、打场晒粮的行为，确保辖区内公路基础设施处于良好状态。

【公路行政执法】 2010 年，楚雄公路路政管理支队认真开展文明执法，推进优质服务。在行政执法上着力于“超限、占用、损坏、盗窃、取缔、逃逸”6 个方面工作，加大《路政管理条例》及相关法律法规的宣传力度，提高广大群众的法律意识，依法查处各种违法路政案件，捍卫路政执法的严肃性。执法过程中做到持证上岗、亮证执法、文明执法，严格按标准收费或处罚，严格实施行政执法责任制，建立并落实举报投诉制度、监督检查制度和评议考核制度，认真做好行政复议工作。年内，依法及时查处各类路政案件 7675 件，其中，路政许可 64 件，路政赔补偿案件 251 件，路政处罚案件 7360 件，查处率为 100%，索赔率为 100%，路产恢复率为 100%，公路两侧红线控制率为 100%；收取公路赔补偿费 114.96 万元，完成省路政总队下达任务数的 104.51%；收取罚款 153.11 万元，完成省路政总队下达指标的 100.46%；共检测查处超限运输车辆 6078 辆次，处罚违法超限运输车辆 5064 辆次，办理超限运输车辆通行证 345 份。

【路政规范管理】 2010 年，楚雄公路路政管理支队坚持日常工作规范管理，保证交通安全，促进道路畅通。认真贯彻落实省交通运输厅、省路政总队安排的各项工作任务，建立路地、路警、路运、路检、公路管养联动机制和公路基础档案管理、路政案件管理与评查、路政巡查、值班备勤、路政信息报送等基础管理制度，各类业务管理工作进一步得到规范，确保了所管辖公路安全畅通。在路产管理行政许可工作中，严格按照《省法制局 43 号公告》、《省公路路政许可审批规范》等规定和要求，认真审查每一件路政许可案件，积极推行首问责任制、服务承诺制和限时办结制，积极推进阳光政府四项制度的贯彻落实，建立完善路政行政许可责任追究制度，为路政管理工作稳步发展奠定良好的基础。全年全支队共上路巡查 1.87 万天 / 人次，平均每月人均上路巡查 15.6 天，为地方经济发展和人民群众提供了安全便捷的交通运输保障服务。

［李海先］

公路管理与养护

【公路管养概况】 2010 年，楚雄公路管理总段管养着州境内国省干线公路 25 条 1419 千米，各型桥梁 6579.11 延米/226 座，同时还承担着楚（雄）大（理）、安（宁）楚（雄）高速公路的部分养护任务及南（华）永（仁）二级公路的通行费征收任务；有在职职工 1010 人，下设楚雄、禄丰、武定、永仁、大姚、南华、姚安、双柏、元谋、牟定 10 个公路管理段和楚雄路桥总公司及养护材料供应中心；拥有各类公路施工和养护机械设备228台（件），设备原值3829万元。全年，楚雄公路管理总段坚持以科学发展观为统领，以“养好管好公路，服务人民”为宗旨，认真贯彻“强化管理，深化改革，调整结构，依靠科技，提高质量，依法治路，保障畅通”的公路工作方针，加大了养护投入的力度，共完成公路养护工程项目计划预算执行资金1.21亿元，使用保养沥青1834吨。实行科学养护，以预防性养护及规范化养护为手段，并以开展预防性养护劳动竞赛为契机，组织国、省道150千米竞赛里程参加省公路局暨片区预防性养护劳动竞赛；总段所属8个公路管理段之间展开了总段范围内的竞赛活动。通过竞赛，完成了60.6千米39.33万平方米的沥青同步碎石封层；利用热沥青灌缝852.77千米、用贴缝胶带封贴裂缝4千米；喷、刮油封面3.79万平方米；层铺表处理5.07万平方米；炒拌罩面2.13万平方米；修整路肩、边坡10.22万平方米；新培筑路肩150千米；修筑拦沙坝1座、拦水埂523米、跌水坎37道；修复路沿石11.6千米；修复路基缺口45处；在路肩上种植了铁线草47千米，在边坡和路肩上种植剑麻5108株、桉树2.19万株，有效处治了病害，提升了路容路貌，延长了公路使用寿命，在片区竞赛评比中获得了第一名。加大了坏路段的整治力度，全年完成G320国道线24千米沥青坏路面的整治，完成工程量1880万元；完成了34座危桥改造项目施工图设计和技术评估报告等上报及50万元安保工程计划工作，做好灾害防治工程，提升了公路服务能力。成立了公路应急机动保障中队，配备了抢险救助装备，进一步完善了公路灾害应急保障体系。5～9月期间，管养的G320线（K3022＋500—K3049）26.5千米路段承担了楚大高速公路整修期间车辆分流任务，在车流量剧增、超限运输车辆增多、路况基础薄弱的强大压力下，总段投入保通资金60万元，耗用片块石5546立方米，利用手摆块石修补路面2.22万平方米，完成了保通任务。2010年，管养公路累计平均优良路率达到31.9％，干线公路累计平均优良路率达到33.22%，路况质量实现了历史最好水平。公路治超工作截至11月末，全总段查处超限超载车辆41.36万辆，卸载车辆1.02万辆，有效地维护了路产路权。通过努力，总段连续五年保持了州级“文明行业”、连续七年保持了省级“文明单位”称号，2010年被中国交通企业管理协会、中国交通行业优秀企业管理成果评审委员会表彰为“2010年度全国交通运输企业文化建设优秀单位”。

【公路管养改革】 2010年，楚雄公路管理总段在云南省公路局建立干线公路三级管理体制改革机制的统一部署和安排下，着手进行了县级公路管理机构的调整、充实和加强工作，撤销了高管段，新成立了姚安、牟定、元谋3个段，并完成了新成立单位的事业单位登记、资产划拨、机构设立、组织人事、段址选址及土地征用（牟定段征用土地10亩，元谋段征用土地17.62亩，姚安段征用土地10亩）等相关工作，并于6月30日前完成3个段的挂牌和启动运转，建立起了更加科学、合理、高效的管理新机制。

【等级公路建设】 2010年，楚雄公路管理总段把握机遇，积极争取，共承担云南省公路局安排的固定资产投资项目7个，分别是昆明绕城西南段高速公路9标项目、西北绕城高速公路8标项目、昭通镇（雄）威（信）3标、德宏州腾（冲）陇（川）8标、文山州文（山）天（保）4标、珠（街）西（畴）7标、G214线糯扎渡水淹工程；此外，还承担了元（谋）双（柏）二级公路工程项目。8个项目合同金额达7.36亿元，修建里程达81.72千米，桥梁达30座。

［郑永琴］

公路运输

【楚雄交通运输集团公司概况】 2010年，云南省楚雄交通运输集团有限公司按照调结构、抓重点、强管理、增活力、创效益的工作思路，着力抓好产业市场开发、企业管理、新项目建设、安全生产、企业文化建设等工作，全面完成职代会和股东代表大会预定的工作任务，使企业实现持续稳定发展。全年共实现经营总收入2.02亿元，实现税利合计791万元。年内，公司通过采取提高各客运站设施建设档次，大力推行公车经营，增加经营线路，增添旅游豪华客车包车业务，拓展县际及城乡公交客运，实施优良服务，在施救中心开设旅游超市等方法，抓好客运和施救服务两大产业，使之保持了良好的发展势头，取得了较大的经济效益。至年末，楚交集团共有营运客车952辆，客位1.70万个。其中，高级客车61辆，客位2250个；中级客车49辆，客位1597个；普通客车842辆，客位1.32万个；另有出租车144辆，客位576个；城乡公交客车136辆。客运经营省际班线4条，市际班线47条，县际班线50条，县内班线94条。年均日发班838班次，全年完成客运量846万人次。施救中心年均日检车799辆次，实现例检营业收入258万元。抓好汽车销售、维修及工业产业。针对汽车销售、维修、工业生产竞争十分激烈的情况，公司通过产业结构调整组建汽车工贸部，实施集约化经营，在滇中楚雄汽车城新建上档次的汽车销售项目和4S小汽车修理厂，积极争取烤烟炉生产项目，加强技术业务培训和提高服务质量管理等措施，使上述产业取得了良好的经营效果。至年末，公司共销售汽车61辆，仅汽车工贸部及汽车检测、配件厂等单位年分别完成汽车修理2.03万辆次，汽车综合性能检测车辆1.87万辆，烤烟炉生产3150台，上述产业实现营业收入3301万元。在大力发展客运、汽车维修、汽车检测，工业产业的同时，公司还着力抓好驾培和职业技能培训鉴定、出租车经营、物流中转、汽车油胎料销售、宾馆餐饮服务等多种经营业务，上述相关部门全年实现营业收入1742万元。公司把管理作为提升企业效益和品牌的重点工作来抓。全年在贯彻执行职代会民主管理的基础上加强了规章制度建设、劳动管理、安全管理、服务质量管理、技术业务培训、劳动人事管理等工作。全年旅客和顾客投诉率明显减少，满意率不断提高，并顺利通过了ISO9001质量认证复审，企业管理效应有了明显提升。

【楚雄交通运输集团公司基础设施和新项目建设】 2010年，云南省楚雄交通运输集团有限公司继续加大了基础设施和新项目建设力度，进一步增强了企业的客运服务功能和竞争实力。8月30日，新建的大姚县城1级客运站顺利竣工使用，同时还着力推进南华、双柏、永仁县城1～2级客运站建设，实现了各个县级客运站的更新改造，至12月末，公司已有乡（镇）客运站33个；双柏分公司正式开通了双柏县城的公交车。年内公司投资1800余万元，在滇中楚雄汽车城建设集汽车销售、4S小车修理厂、汽车检测为一体的综合项目于10月

楚雄市公交公司公交车运行线路

公交线路	公交站点
1路	开关厂、招呼站、铜材厂、云星园、火车站、市国税局生活区、都市名媛、锦星酒店、北客运站、市公交公司、州计生委、人民商场东、楚雄金鹿旅行社、市政府、州医院、市政协、州博物馆、自来水公司、师院附中、州农行干校、楚光电力实业公司、油漆厂、栗子园、白土塘、青龙社区、职教中心
2路	三家塘客运站、彝人古镇、招呼站、龙树屯、井家小区、方源小区、游泳馆、华丽包装公司、公路总段、州中医院、州水利局、州交通局、新华书店、市便民中心、楚雄烟厂、广电中心北、州建设局、平山村委会岔路口、招呼站、招呼站、招呼站、楚凤苑
3路	高快旅游客运站、招呼站、车坪屯、天人中学、州消防支队、永盛花园、黎家屯、州政务中心东、数码城、网球公园、玛瑙园、民族中学、州交通局、新华书店、人民商场东、楚雄金鹿旅行社、百货大楼、州电影公司、华力机械公司、灵秀小区、第二水文队、灵秀湖
4路	飞来寺、滇中明珠、医药园区、庄甸、程家坝、金水山居、州技工学校、小康村、东客运站、州广电中心南、市司法局、东兴影剧院、全球通俱乐部、师院附小、市国土局、凤鸣花园、光明电力公司、峨碌公园
5路	三家塘客运站、彝人古镇、万裕药业、州政务中心北、实验小学、州法院、电信宾馆、云华酒店、永兴家居广场、北客运站、玉波酒店、金甸园、州政协、滇中电业局、市交通局、州彩印厂、市医院、市政府、州医院、师院附小、警校、师院东校区、市公务员小区、复明眼科医院、州精神病院、招呼站、招呼站、招呼站、招呼站
6路	康居小区、招呼站、邓官岔口、永安小学岔路口、天河人家、天河农贸市场、刘家小区、火车站、北客运站、市公交公司、北路小学、北浦农贸市场、北浦小区、烟厂生活区、市便民中心、市交通局、州彩印厂、市医院、市政府、州医院、市国土局、西小山路口、漂白凹
7路	职教中心、青龙社区、白土塘、栗子园、富民路口、市委党校、宏芳花园、丽景花园、金康花园、大修厂、东兴小学、小姑英、州广电中心南、市司法局、市交通局、人民商场东、楚雄金鹿旅行社、百货大楼、龙凤酒楼、市糖业烟酒公司、西园路口、兴达农贸市场、西园小区、市城建处、州电力公司、西山水居、省路桥四公司、白龙新村
8路	州医院、市政府、市医院、彩印厂、市司法局、市便民中心、楚雄烟厂、广电中心北、广电中心南、市民政局、汇东胜景北门、汇东胜景南门、花园路农贸市场、精神病院、市委党校、富民路口、中所、州医院新区、董家队、荷花小学、许阳、新大街、黑泥坝、富民中学、粮所、富民派出所
9路	高快旅游客运站、招呼站、枫华盛景小区、阳光水城、阳光水城售楼中心、招呼站、彝人古镇、万裕药业、招呼站、州信息产业部、黎家屯、州政务中心东、数码城、盘龙云海、云华酒店、永丰建材市场、锦星酒店、北客运站、市公交公司、州计生委、市便民中心、楚雄烟厂、广电中心北、州建设局、平山村委会岔路口、招呼站、招呼站、福龙苑、福塔溪镇、福塔公园
10路	纸箱厂、州粮油机械厂、州电力公司、市城建处、西园小区、古山街、凤鸣花园、市国土局、州医院、市政府、市医院、州彩印厂、市交通局、滇中电业局、金甸园、天河园、州技术监督局、勘察院、州法院、实验小学、黎家屯、永盛花园、州消防支队、天人中学
11路	纸箱厂、公路总段、州中医院、州水利局、州交通局、新华书店、州计生委、北路小学、北浦农贸市场、北浦小区、州中心血站、州市国税局、天河园、岭东纸业、零七家园、程家坝、污水处理厂、旧车交易市场、活塞销厂、明强钢厂

顺利竣工并投入生产。公司投资500余万元，在元谋新建的"诚信汽车综合性能检测站"，已于年末竣工投入使用。公司投资建设的楚雄城西汽车综合性能检测站，富民工业园区建设项目顺利推进。公司全年共新增高级客车15辆，客位635个；新增和更新普通客车50辆，客位1061个。

【楚雄交通运输集团公司运输安全生产管理】 2010年，云南省楚雄交通运输集团有限公司把安全生产管理工作作为重中之重来抓，通过认真贯彻国家安全管理方针和法律法规，加强企业安全新机制建设，注重安全生产规章制度建设和落实，使企业安全生产向良好方向发展，全年未发生特重大安全事故。年初公司与25个生产经营单位签订了《安全生产责任制》，明确了安全生产责任主体、管理目标和奖惩办法，发挥公司安全管理委员会的领导作用，定期召开专题会议，对安全生产中存在的重点、难点问题进行研究分析，拟定和实施强有力的安全管理措施和办法，确保安全管理到位和到人。健全安全管理制度，针对新的安全生产形势，补充修订了《楚雄交通运输集团有限公司安全管理系统》，并经职代会审议通过执行，为公司安全管理提供了制度保障。运用科技手段加强安全管理，使用GPS全球卫星定位安全监控管理系统对公司所有营运车辆实行全天24小时监控外，9月份，在全公司建成和使用了安全在线管理平台三关一监督系统。加大安全检查力度，结合实际，采取分人划片负责、专人检查、检查组交叉检查的办法，开展经常性的安全检查工作，特别是对客运过程中的进站、例检、报班、售票、检票、发车、出站等每个环节进行认真检查，发现问题及时纠正和整改。加强安全宣传教育工作，通过举办"安全管理资格证培训班"、组织驾驶员和生产工人安全学习、编印安全简讯、发放安全宣传资料等，使安全宣传教育落到了实处。公司统筹分理处按照全省交通安全统筹中心的工作思路，加强了安全统筹工作，参统车辆比上年增加100辆，统筹资金稳步增加，利用安全统筹资金认真做好安全宣传、设施建设、事故理赔等工作，为防范和处理企业安全事故提供了资金保障。

【楚雄交通运输集团公司技术业务培训】 2010年，云南省楚雄交通运输集团有限公司重视抓好技术业务培训，进一步提高职工素质。公司成功承办了由州总工会主办的"2010年全州汽车维修技能竞赛"和州运政处主办的"全州客运安检员培训"，并积极安排职工参加竞赛和培训。结合生产的需要，公司举办了"廉政教育"、"财务管理"、"商务礼仪"、"客运三优三化"等培训班，全年培训干部职工1520人次。

［彭志明］

城市公交

【公交事业管理】 2010年，楚雄市认真抓好城市公共交通管理，对公交车、出租车进行了有效监管。在相关部门的支持配合下，完成了1083人的"楚雄市公共客运从业资格证"培训工作。城市新增出租车100辆，全市出租车达到500辆、公交车达到392辆。全市1.9万老年人办理了公交车爱心卡，发放公交车燃油补贴412.58万元，出租车燃油补贴149.99万元。年末，市公交公司共运行城市公交车11路，覆盖城区大部分路段，方便了群众的出行。

［陈 镛］

【千名出租车司机旅游知识培训】 2010年，楚雄州重视出租车司机在接待旅游者中的重要作用，把出租车司机作为城市客运服务主要力量和城市宣传重要窗口，有计划地开展出租车司机旅游知识培训。5月8日至6月11日，楚雄市建设局在楚雄民族中专举办城市出租车从业人员资格认证岗前培训班4期，培训出租车司机1081名，培训内容包括出租运营条例、职业道德、操作技能以及楚雄地方旅游资源等，通过楚雄历史沿革、旅游业概况、自然资源、人文景观、餐饮购物、风俗艺术、工艺品等楚雄地方旅游资源知识的培训，增强出租车司机的楚雄地方旅游知识素养，提高楚雄景区旅游客运服务水平。

［刘应东］

铁路运输

【广通工电段】 2010年1月1日，昆明铁路局在原广通工务段的基础上，将昆明供电段、昆明电务段和昆明通信段在成昆线的部分车间班组合并重组成立广通工电段。新成立的广通工电段地处西南路网末梢，属昆明铁路局局属单位，主要承担国家铁路成昆线南段K750+897至K1051+080计正线300.183千米，合资铁路广大线自K0+794至K206+320计正线205.526千米，大丽线自K0+000至K165+968计正线165.968千米的工务、电务、供电及电力设备维修养护。管辖正线里程合计692.604千米。管辖线路跨越四川省境内的攀枝花市、云南省境内的昆明市、楚雄州、大理州和丽江市。段内设1个党群工作办公室，9个行政职能科室，设车间12个；设置班组117个，其中生产型班组102个、辅助型生产班组15个；共有管理从业人员2764人，其中干部229人、在册工人1732人，滇西公司委托管理的人员559人，劳务工244人。2010年，广通工电段荣获全路"铁路军事交通运输工作先进单位"和"云南省五一劳动奖状"称号。广通工务段完成线路维修332.10千米，站线综合维修61.46千米，道岔综合维修260组；完成桥梁综合维修29座，隧道经常保养265座，涵渠经常保养1565座，更换桥枕214根，整修桥梁支座121个；完成路基维修20145米，增设检查道2956米，整修排水沟620处，清理危石97处。结合防洪等季节性重点工作对61个车站的341组道岔、506个轨道电路等设备进行专项检查整治；按年度维修计划更换7个车站107台转辙机。维修、保养、监测接触网设备731.939条千米，维修、保养变（配）电所21座、高低压电力线路848.21千米，新接管广大线广楚段接触网设备36.167条千米；成昆线棚洞二期施工、迤资站改接触网施工、“8·30”电力灾害复旧二期施工和广大线广楚段电气化施工。路局轨检车全年共对广通工电段正线检测43次，其中按V≤120千米/时检测标准检测30次共6319千米，优良5638千米，合格678千米，失格3千米，优良率91.5%，平均每千米不良扣分21.48分；按120千米/时<V≤160千米/时检测标准检测13次共2948千米，优良2615千米，合格332千米，无失格线，优良率90.06%，平均每千米不良扣分26.50分。至12月31日，全段实现无责任铁路交通一般C类及以上事故59天，无责任铁路交通一般D类事故105天，无责任轻伤及以上事故364天，安全形势总体保持平稳。2010年，广通工电段管内汛期成昆、广大、大丽线共计发生水害124件，汛期冒雨巡查设备1110次计5519人，封锁区间165个。实现了2010年度防洪目标。12月8日对广大线广楚段正线K1+045至K31+960接触网设备正式接管，确保首列昆楚城际列车安全、顺利运营。年内，开展“百日会战”取得明显成效，共完成人行通道建设238座196.32千米，道岔达标整治77组，更换重伤钢轨132根，疏通侧沟、天沟、吊沟417.85千米，道床整理353.44千米，清除危害安全的道旁树3331棵，清理危石93个，捣固正线144.07千米，管内设备质量总体呈上升趋势。

［杨学诤］

【广通车务段】 2010年，广通车务段有干部职工1181人，辖内64个车站和1个列尾作业组，管辖成昆线324.8千米36个车站，广大线206.5千米17个车站，大丽线166.4千米11个车站，其中有18个货运营业站、11个客运营业站；所辖区域跨及滇、川两省的昆明、楚雄、大理、丽江和攀枝花5州（市），合计营业里程697.7千米。有货物线21股、货物仓库15座，货物站台18座，仓储总面积2.61万平方米，单日最高货物发送量2.37万吨；有候车室、售票房合计23座，有旅客乘、候车面积4.24万平方米，单日最高旅客发送量1.7万人。货运主要办理整车发到、危险货物、超重超限、鲜活货物和国际联运等业务。货物发送量逐年递增。全段以“促进地方经济社会发展”为目标，不断强化运输组织、提高运输效率，确保了全州进出物资的安全畅通，实现了货物发送量的逐年递增，全年共完成装车9.07万车，完成货物发送558.32万吨，完成货物周转量18.58亿吨千米。坚持以“实现社会利益、满足民生需求”为己任，将主要运力放在关系国计民生的重要物资及抗灾救灾、“三农”物资的运输保障上；坚持运力倾斜，对元谋果蔬等涉农物资积极开放“绿色通道”，坚持实行“四优先”、“一不限制”，即“计划优先、配空优先、装车优先、挂运优先，不限制装车去向”的运输政策，对运输计划做到随报随批、随批随装；对矿石、钢材、白糖等重点运输实行“计划、配空、装车、挂运、卸车”优先政策；强化路地协作，主动与地方政府建立营销沟通机制，并建立完善了企业日常联系制度和大客户动态反应机制，形成了与广大厂矿企业协调发展的良好格局。围绕楚雄州加快旅游资源开发的发展战略，以沿线禄丰世界恐龙谷、楚雄彝人古镇、元谋土林等特色旅游景点为依托，以大丽铁路运营通车、昆楚城际列车开行为契机，积极配合政府部门做好旅游服务、旅游项目宣传，集中运力认真做好春暑运、黄金周、“州庆”、“火把节”等假日旅客运输工作，确保了旅客运输的逐年增长，2010年共完成旅客发送337.57万人，其中直通旅客231.41万人。成立以党政正职为组长的路风建设工作小组，与各车站签订路风风险责任书，并常年聘请厂矿企业、新闻单位等相关单位负责人为路外监督员；春运期间，与干部职工签订“春运路风承诺书”承诺绝不内外勾结倒卖车票，如发生此类行为立即按规定解除劳动合同；在制度约束上，以“热门车、热门票”为管理重点，强化对客运售票、货运计划等关键岗位的监控，坚持落实售票员“七不准”管理规定，健全车皮计划审批、日班计划、剩余票额实时公示制度，制定完善了客、货运路风关键点卡控办法，降低了站领导及“三易”即易发岗位、易发环节、易发人员在作业中产生不良个人行为的可能性，对社会反映的焦点、热点问题做到了透明处理、公开对待，赢得了广大货主及旅客的普遍赞誉。

［张伯莉］

（责任编辑：安孟勤）

旅游业

旅游业综述

【旅游业概况】 2010年，楚雄州旅游系统认真贯彻落实《国务院关于加快发展旅游业的意见》和《楚雄州人民政府关于统筹全州旅游线路与市场开发的实施意见》，牢固树立把旅游业培育成为国民经济战略性支柱产业和人民群众更加满意的现代服务业的观念，增强工作的责任感和使命感，全力以赴推进旅游线路统筹开发工作，文化旅游产业发展取得了新成绩。尽管受特大旱灾、楚大公路维修以及年初地震等不利因素的影响，但由于国内旅游消费需求增长日趋旺盛，以及宣传促销力度不断加大、节庆活动的开展和假日旅游的拉动，全州主要旅游经济指标较快增长。全年接待海外旅游者1.99万人次，同比增长19.4%；接待国内旅游者964万人次，同比增长18.7%；实现旅游总收入31.07亿元，同比增长43.9%，全州旅游总收入迈上30亿元台阶，比上年净增9.5亿元，各项经济指标全面超额完成2010年目标考核任务，超过“十一五”规划确定目标。年内，启用全国旅游项目信息管理系统，完成新建和在建类旅游项目第一季度数据录入，提交省旅游局审核。

【乡村旅游特色村建设】 2010年，楚雄州有楚雄市紫溪镇紫金村、武定县狮山镇狮山村、大姚县赵家店乡赵家店村3个行政村被确定为云南省第二批乡村旅游特色村，分别获得建设经费15万元。年末，省旅游局公布的第三批乡村旅游特色村，姚安县马游梅葛文化生态旅游村、双柏县法脿镇雨龙李芳村、元谋县黄瓜园镇龙山村委会雷丁村3个村名列其中，各获得建设经费15万元。年末，全州共有省级乡村旅游特色村9个。

【旅游业协会旅游餐饮美食分会成立】 2010年1月21日，楚雄州旅游业协会旅游餐饮美食分会在彝人古镇举行成立大会，成为楚雄州继星级饭店分会、旅行社分会、旅游景区分会、旅游商品分会成立之后的第五个分会。会议推选出理事单位25家，选举产生分会会长、副会长、秘书长；讨论通过了分会章程及相关文件。州旅游局领导在分会成立仪式上为旅游餐饮美食分会授牌、授印。分会聘请名誉会长11名。

【引团入楚旅行社受奖】 2010年，楚雄州为鼓励先进，进一步调动省州旅行社开发楚雄客源市场和继续引团入楚旅游的积极性，根据省州各旅行社组团入楚旅游人数统计，经州旅游局、州财政局研究审核，州人民政府批准，奖励引团入楚工作中成绩突出的各大旅行社，云南旅行社龙头企业昆明风光国际旅行社，以及楚雄金鹿国际旅行社、紫溪旅行社和四川攀枝花等地的16家旅行社荣获“杰出贡献奖”、“最佳贡献奖”、“突出贡献奖”、“优秀贡献奖”。

【导游年检培训】 2010年3月26日，楚雄州旅游局13家旅行社持有身份标识IC卡的89名导游接受《旅行社条例与实施细则》、《彝族礼仪与带团技巧》、《消防安全知识》等知识培训，同时年检合格，继续准予上岗。

【导游资格考试】 2010年11月6～7日，楚雄州2010年全国导游资格考试在楚雄师范学院举行，有148名考生参加考试，考试的科目是全国导游基础知识、云南导游基础知识、导游业务知识和旅游政策与法规。11月18～19日，考生参加现场导游考试。这次导游资格考试，楚雄州38人取得导游资格证。

【旅游安全组合保险】 2010年3月31日，楚雄州启动旅游安全组合保险统保工作，14家旅行社参加保险统保。旅游安全组合保险统保规定，若发生旅游安全事故时，有权享受云南省旅游安全组合保险系统下设的云南省旅游安全保障救援中心参与事故处理、善后、救援绿色通道等救援服务。避免因多家承保主体利益冲突而发生相互推诿、扯皮，导致事故难以及时、有效处理的尴尬局面。云南省旅游安全组合保险是“4·25”

2010年楚雄州旅游接待统计表

县（市）	接待海外旅游者（人次）	接待国内旅游者（万人次）	旅游总收入（万元）
楚雄市	10731	312.97	95875.14
双柏县	79	29.03	12804.61
牟定县	20	13.04	5413.37
南华县	43	75.03	26906.06
姚安县	25	14.1	6119.31
大姚县	20	25.24	10465.24
永仁县	48	33.16	11924.67
元谋县	8195	164	56192.92
武定县	180	90.42	31248.84
禄丰县	552	207.37	53754.70
合　计	19893	964.36	310705

特大旅游交通事故后，云南省旅游局与云南省保监局共同研究设计的保险产品，是原旅行社责任险的替代产品。

【紫溪山和大姚石羊古镇旅游区荣升AAA级旅游区】 2010年5月21日，云南省旅游局正式发文批准楚雄紫溪山旅游区、大姚石羊古镇旅游区为国家AAA级旅游区。年末，州内有国家A级旅游区12家，其中AAAA级4家、AAA级3家。

【旅游饭店服务技能大赛】 2010年6月21～23日，楚雄州旅游局组织的旅游饭店服务技能大赛代表队到昆明怡景园度假酒店参加云南省旅游饭店服务技能大赛，在与12个州市52名选手同台竞技中，楚雄州代表队夺得奖项3个，雄宝酒店选手张爱民荣获鸡尾酒调制三等奖，团体工装展示二等奖，楚雄州旅游局荣获优秀组织奖。

【风景名胜区建设规划】 2010年1月6日，《武定狮子山省级风景名胜区总体规划》通过省建设厅主持的评审。《武定狮子山省级风景名胜区总体规划》是云南省首个省级风景名胜区规划。其土地利用专项规划（2010～2015）于12月通过州级审查，规划可用地面积5000亩，主要是狮子山旅游区综合开发，己衣大裂谷旅游区开发，水城河旅游区开发，旅游温泉度假小镇开发等。2月3日，禄丰世界恐龙谷二期投资建设开发合作协议在禄丰县人民政府正式签订，禄丰县人民政府与金时代控股集团有限公司签订《世界恐龙谷二期项目投资开发协议》。该项目总投资不少于6亿元，以体验“死海”漂浮、“死海健康盐疗”和“水上游乐”为主，并配套会务、餐饮、娱乐、度假酒店等设施为一体的大型综合性旅游项目。5月19日，《元谋县凉山旅游区总体规划》在楚雄通过专家评审。评审组认为：《元谋县凉山旅游区总体规划》文本、图件齐全，符合《国家旅游规划通则》规定；指导思想明确，符合国家和省州发展旅游支柱产业、振兴地方民族经济的产业政策和发展方向；《规划》中旅游资源评价及旅游开发条件分析充分，旅游区性质定位准确，“一线四区”总体布局和彝族文化、山地生态、山地窑洞等旅游产品和专项规划科学合理，实施方案明确可行，符合元谋县凉山彝族生态文化旅游区的时间和开发旅游产业的需要。9月29日，省林业厅保护处在云南大学科技馆组织召开哀牢山生态旅游规划评审会，评审《哀牢山国家级自然保护区生态旅游规划》。规划组组长云南大学教授杨桂华介绍规划工作总体情况，张一群博士详细介绍规划工作过程及内容。专家评审组认真进行评审后，原则同意《规划》经修订后，报省人民政府批准实施。10月9日，由云南省旅游局规划发展处副处长杨许云一行组成的省A级旅游景区评定组，对楚雄州博物馆申报国家AAAA级旅游景区进行初评。通过审查景区创建资料，对景区游客抽样调查，提出景区游览、旅游安全、资源保护等8个方面的细节问题。

【民族旅游餐饮文化产业规划研究】 2010年12月8日，楚雄州旅游局委托昆明学院编制的《楚雄州民族旅游餐饮文化产业发展规划研究》初稿完成，在楚雄召开征询专家学者意见建议会议。《规划研究》是楚雄州发展民族旅游餐饮文化产业的框架概念性规划研究，内容包括现状分析、总体发展战略、规划以及保障性规划3大部分，共12个章节。系统描绘楚雄州民族餐饮文化产业的发展蓝图，提出以餐饮美食业发展带动生态农副产品生产、食品集散、加工业等相关产业发展的途径，从而丰富楚雄州文化旅游产业发展内涵，构建凸显楚雄特色的现代旅游餐饮服务业体系，加快楚雄州经济社会发展。与会专家在听取课题组汇报的基础上一致认为，这是云南省第一个民族旅游餐饮文化方面的规划，顺应云南省弘扬滇菜文化，打造文化旅游大省的大趋势，符合建设楚雄滇中特色大城市和发展楚雄州文化旅游产业的要求，文本内容丰富，主题脉络清晰，定位准确，体系健全，具有较强的前瞻性。

【乡村旅游培训】 2010年8月19～20日，楚雄州旅游局举办乡村旅游培训班1期，来自全州10县（市）旅游局和乡村旅游经营户的80余人参加培训，培训班邀请昆明学院长期从事乡村旅游研究的老师授课，组织学员到楚雄市林家乐、伊兰山庄等乡村旅游示范点参观。

【首届“彝州传统菜、创新菜”大赛】 2010年8月，楚雄州旅游局、州旅游业协会组织开展首届“彝州传统菜、创新菜”大赛。省州有关专家组成的考评组本着“公平、公开、公正、方便企业”的原则，送赛上门，亲赴企业，对全州10县（市）72家餐饮企业、450道菜肴进行评比，评选出金奖菜肴10道，银奖菜肴20道，铜奖菜肴30道，入围奖111道。12月23日在全州旅游餐饮业工作会议暨旅游餐饮美食分会第二届会员代表大会上，对获奖单位给予表彰。

【特色餐饮名店评选】 2010年12月23日，楚雄州旅游局在全州旅游餐饮业工作会议上为第三批特色旅游餐饮名店举行颁牌仪式，全州22家餐饮企业获得“特色旅游餐饮名店”称号。这是楚雄州按照《楚雄彝族自治州旅游局特色旅游餐饮名店管理规定》，促进文化旅游产业发展，构建食、住、行、游、购、娱旅游要素，从2008年开始逐年开展特色旅游餐饮名店评选的结果。年末，全州有特色旅游餐饮名店73家。

【《食全食美彝州游》和《楚雄自驾游美食地图》公开发行】 2010年12月23日，楚雄州旅游局举行图书发行仪式，作为《彝州美食丛书》之一的《食全食美彝州游》和《楚雄自驾游美食地图》公开发行。《食全食美彝州游》着重介绍楚雄州境内各地特色旅游餐饮美食，是州旅游局、州旅游业协会举办“彝州创新菜、传统菜评比活动”后，将评选鉴定结果汇编成的图文并茂的旅游图书，全书20万字。而《楚雄自驾游美食地图》则以便利游客游彝州美景和品彝州美食为目的，重在为自驾游和自行游者指点“到彝州吃什么，到什么地方吃”，把全州主要景点和特色美食及吃、住、行信息汇聚一体，并附有旅游地图，是为游览彝州者量身定做的“口袋书”。两本书都由李玉林主编，云南人民出版社于2010年12月出版发行。

［刘应东］

景区建设

【景区建设概况】 2010年，楚雄州景区建设力度进一步加大，列入省人民政府考核的11个重大旅游项目有序推进，并且首次创新性地开展了统筹全州旅游线路开发目标责任制考核评价工作。年内组织完成了A级景区3年一次的综合性评定复核工作，楚雄紫溪山和大姚石羊古镇最终评定为AAA级景区，禄丰世界恐龙谷创建国家AAAAA级旅游景区和州博物馆创建国家AAAA级旅游景区的工作已经启动。

【禄丰腊玛古猿化石产地遗址保护】 2010年，禄丰石灰坝腊玛古猿化石发现点保护开发正式启动，获得国家文物局专项资金40万，由云南省考古研究所承担“禄丰县腊玛古猿化石产地遗址保护规划”工作。楚雄州内位于禄丰县金山镇科甲村委会石灰坝村民小组西北庙山坡的禄丰腊玛古猿化石产地，距禄丰县城8千米。1975年发现化石至1985年期间，省、国家级文物考古人员及专家进行发掘10余次，在褐煤层中找到禄丰腊玛古猿、云南西瓦古猿和大量的哺乳动物化石，生存时代是800万年前的上新世中期。禄丰腊玛古猿头骨化石是世界上发现的第一具完整腊玛古猿化石，是从猿演化到人的中间代表，腊玛古猿被誉为人类猿型祖先。腊玛古猿化石的发现填补了距今1500万年前的开远腊玛古猿到距今170万年左右的元谋人之间的重要缺环，对研究人类起源具有重要现实意义和极高的学术价值。关于腊玛古猿的学术文章有百余篇在国内外发表，其声誉响彻国内外，腊玛古猿化石产地遗址也于1988年被国务院公布为第三批全国重点文物保护单位。

楚雄州旅游景区一览表

景区名称	投资企业	等级	地　址	主要景点
武定狮子山	国有	AAAA	武定县狮子山	正续禅寺、牡丹花园、寒泉瀑布、巉崖接日、曲水流觞、观音洞等
元谋土林	元谋旅游经营公司	AAAA	元谋县境内	虎跳滩土林、新华土林、班果土林等
彝人古镇	楚雄汇通房地产公司彝人古镇项目	AAAA	楚雄经济开发区	梅葛广场、桃花溪、望江楼、古戏台等
世界恐龙谷	禄丰侏罗纪世界投资有限责任公司	AAAA	禄丰县恐龙山镇	遗址馆、科考营地、重返侏罗纪、侏罗纪历险、阿纳湖休闲观光带、侏罗纪嘉年华
楚雄州博物馆	国有	AAA	楚雄市鹿城南路471号	序厅、古生物厅、历史文物厅、彝族厅、地方党史厅、动物标本厅、报告厅等
黑井古镇	禄丰黑井天源旅游开发公司	AAA	禄丰县黑井镇	古街巷、贞节牌坊、飞来寺、武家大院、文庙、庆安堤、晒盐棚、石榴园等
咪依噜风情谷	国有	AAA	南华县龙川镇岔河村	马鞍寨、新房子、三家村、起家大院、大岔河、七家杀猪饭、脚楼寨等
紫溪山	国有	AAA	楚雄市紫溪镇	紫顶寺、茶花园、樱桃园、大龙箐仙人谷、响水箐瀑布、望海楼、石桑城遗址、德运碑等
石羊古镇	楚雄汇通房地产公司彝人古镇项目	AAA	大姚县石羊镇	孔庙、晒盐棚、香水河、接官亭、树包塔、风雨桥等
永仁方山	国有	AA	永仁县	诸葛营遗址、静德寺、望江岭、珍珠滴水岩、七星桥、仙女潭、老鹰岩、孔明洞、寒泉瀑布、犀牛塘、乌龟碑、五老居等
中国彝族十月太阳历文化园	楚雄汇通房地产公司彝人古镇项目	AA	楚雄经济开发区	十月太阳历主雕塑、火把广场、迎宾广场、葫芦海、葫芦长廊、民族体育竞技场、世界历法展馆
牟定化佛山	国有	A	牟定县飒马场	白云窝、旃檀林、心佛林、宝莲寺、绕顶寺、极乐庵、望佛台、迦叶殿、蝙蝠洞、舍身崖、舍利宝塔、瀑布、栲树爷、栎树王等
三潭景区	楚雄咪依噜旅游开发有限公司		大姚县赵家店乡	三潭、小石板河瀑布、溶洞等
光禄古镇	云南融合旅游开发有限公司		姚安县光禄镇	龙华寺、姚安路军民总管府旧址、高雪君祠、坤型街、杨家大院等
武定罗婺彝寨	云南金成集团		武定县城	

【禄丰世界恐龙谷新建设】 2010年春节后，楚雄州禄丰世界恐龙谷启动一期提升改造工程，历时4个余月的建设后，于7月27日竣工，实现恐龙谷“大变样、更好玩”。新增形态各异、不同种类的恐龙仿真模型200余只；投入近300万元，改造恐龙灭绝体验厅，邀请国内顶级三维制作团队对影片构思、场景制作、三维效果、环幕厅、动感区等进行全新打造；从整体布置、参观围栏、展示柜、展示方式、灯光等多方面改造恐龙大遗址，充实动态解说，增加旋转展示、灯光强弱变化、光景追踪、视频展播等内容，让游客更能身临其境地感受侏罗纪世界的奇妙。4月16日，禄丰世界恐龙谷举行盛大的二期项目破土动工开工仪式。二期项目建设周期5年，总投资不少于6亿元。二期项目以体验“死海漂浮”、“死海健康盐疗”和“水上游乐”为主，配套会务、餐饮、娱乐、度假酒店等设施为一体的大型综合性旅游项目。项目建成后，可实现年接待游客100万人次以上、旅游收入2亿元以上、税收5000万元以上，新增就业岗位2000个左右。

【方山诸葛营民族文化生态旅游示范村开村迎客】 2010年5月1日，完成“8·30”地震恢复重建的楚雄州永仁县方山诸葛营民族文化生态旅游示范村，以崭新风貌开村迎客。诸葛营村位于永仁与攀枝花交界的省级风景名胜区方山景区内，占地1.04平方千米，是避暑胜地，历史悠久，民族风情浓郁，旅游资源丰富。诸葛营村原来就有旅游景点，通过修复和景点新增，包括望江岭、诸葛营遗址、比丘尼塔、响鼓箐、静德寺、小长城、烽火台等景点和民族文化广场，有农家乐18处，日可接待游客住宿500人，就餐2000余人。

【楚雄彝人古镇和太阳历文化园建设】 2010年8月3日，楚雄彝人古镇核心景区德江城开街运营。德江城于2008年7月6日开工奠基，历时两年多，有12万平方米，属古典建筑群，有1.7千米人工河道可泛舟划船游览观景，茶花溪畔感受水乡风韵，融入古城文化、古边地贵族文化、传统建筑文化、旅游文化和时尚生活文化。9月16日，楚雄彝族十月太阳历公园提升改造工程开工建设，将用两年时间全面提升改造原楚雄彝族十月太阳历文化园及周边区域，形成太阳历民族嘉年华情景商业步行街等板块。

【元谋新华浪巴铺土林景区建设】 2010年9月27日上午，元谋县新华浪巴铺土林景区隆重举行开业庆典，开始接待游客。这是元谋县继物茂虎跳滩土林景区之后的第二个旅游景区。新华浪巴铺土林景区位于元谋县新华乡境内，景区核心区总占地面积1.9平方千米，是元谋县13座土林群落中景点最集中、发育最典型、造型最奇特、色彩最丰富、最具震撼力的土林。2009年，云南元谋旅游经营有限公司按照国家AAAAA级旅游景区标准，启动新华浪巴铺土林景区开发建设，建成游客接待中心、停车场、环行游路等基础设施，初步具备旅游接待条件，投入营运。

【文化旅游重大项目推进情况】 2010年，楚雄州列入省人民政府考核的11个重大旅游项目有序推进。中国元谋东方人类祭祖坛项目完成项目总规评审、规划区1:500地形图测绘、县城连接项目区主干道的可行性研究报告评审等相关工作。中国彝族文化大观园北片区（中华彝寨和康体娱乐区）项目完成《中国彝族文化大观园北片区总体规划》编制评审，北片区南北向40米宽景观大道施工图纸绘制，道路建设征地。禄丰恐龙山镇项目进行项目规划设计等前期工作，完成镇政府搬迁征地，争取中央扩大内需资金对镇区内部道路、供水供电设施及与之相配套的基础建设。南华野生菌王国项目完成可研、环评、立项批复、土地证办理等，建设冷链房、商务中心。禄丰世界恐龙谷二期项目于4月16日开工，完成投资5000余万元。武定罗婺彝寨项目完成罗婺彝寨一期三号、四号地块开发建设，启动二期一、二号地块土方工程及土司府等旅游基础配套设施建设，累计完成投资3.55亿元，年度完成投资0.51亿元。武定罗婺家园项目累计完成投资1.04亿元，年度完成投资额0.8亿元。楚雄彝人古镇项目工程顺利推进，完成投资4.8亿元。建设项目有彝人古镇四期（德江城）、彝人古镇星宿家园住宅小区（二期）、彝人古镇人保财险小区。在建项目有彝人古镇报业苑、楚雄滇菌王大酒店、彝人古镇六期阳光闲庭5号院和彝人古镇星宿家园一期，总建设规模50.14万平方米，新开工35.95万平方米。投资5亿元的十月太阳历文化园二期改造提升项目于9月16日开工建设。至年末，彝人古镇累计完成投资12.34亿元。武定狮山大道综合开发项目于1月动工，完成投资1.29亿元。完成旅游文化广场、游客接待中心、停车场、旅游经济走廊、商业住宅等工程项目建设。

［刘应东］

旅游接待

【旅游接待概况】 2010年，楚雄州各个节日旅游接待都有大发展。元旦小长假期间，全州旅游市场形成短线旅游接待小高峰。1月1～3日，接待游客8万余人次，旅游接待收入1600余万元，其中过夜游游客3.6万余人次、一日游游客4.4万余人次。禄丰世界恐龙谷、元谋土林、楚雄彝人古镇、武定狮子山等景区接待人数以楚雄本地及周边游客为主。进出境自驾车辆2.2万余辆。春节旅游黄金周实现“安全、秩序、质量、效益”四统一目标，累计接待国内外旅游者31.86万人次，实现旅游总收入9748.66万元，同比增长15%和80%。其中过夜旅游者17.2万人次，一日游14.65万人次，比上年增长15.7%、14.2%。4月3～5日清明节小长假期间，全州接待游客9.08万人次，其中过夜游游客3.03万人次，一日游游客6.05万人次。旅游收入1241万元。进出楚雄州旅游车辆9332辆（次）。禄丰世界恐龙谷、武定狮子山、楚雄彝人古镇接待游客都超过1万人次。其中恐龙谷接待1.15万人次，门票收入80.70万元，武定狮子山接待游客1.03万人次，门票收入11.10万元。“五一”小长假期间，州3天时间接待游客22.28万人次，实现旅游综合收入2205万元。其中接待过夜游游客人数4.37万人次，接待一日游游客17.91万人次。进出楚雄州自驾车辆2.91万辆次。禄丰世界恐龙谷，接待游客3万余人次，日均超过1万人次，门票收入213万元，接待海外游客5794名。禄丰黑井古镇接待游客1.19万人次，实现门票收入17.8万元。楚雄紫溪山风景区樱桃节吸引了7800余人次前去品尝樱桃，实现门票收入10万余元。武定狮子山风景区接待游客9664人次，门票收入10.42万元。方山旅游区接待游客超过5万人次。8月4~8日，彝族火把节期间，各地接待的游客以散客和自驾车游客为主，共接待游客33.19万人次，实现旅游业收入5180万元。其中禄丰世界恐龙谷旅游景区接待游客1.74万人次，实现门票收入121.91万元；彝人古镇旅游景区接待游客11.48万人次，实现门票收入2.77万元；元谋土林旅游景区接待游客0.29万人次，实现门票收入16.2万元；武定狮子山旅游景区接待游客0.36万人次，实现门票收入3.94万元。自驾车旅游2.95万车次。“十一”黄金周期间，全州接待旅游者49.5万人次，其中过夜旅游者19.5万人次，一日游30万人次，旅游经济综合收入1.31亿元。自驾车进出楚雄州旅游区55.47万辆。平均床位出租率79.6%。受理一般性投诉8件，旅游秩序良好。禄丰世界恐龙谷接待游客6.1万人次，门票收入434万元。

楚雄州旅行社名录

旅行社名称	地　址
云南金鹿国际旅行社有限公司	楚雄市鹿城南路66号
楚雄紫溪旅行社有限公司	楚雄市府后街新天地广场A2－305
云南雄宝旅行社	楚雄市鹿城东路193号雄宝酒店
楚雄旅行社	楚雄市鹿城西路20号
楚雄市太阳女旅行社有限公司	楚雄市团结路91号金山花园
楚雄彝州旅行社有限公司	楚雄市鹿城西路三家巷1号
楚雄彝人古镇风光旅行社有限公司	楚雄市彝人古镇内
南华旅行社	南华县龙川镇龙泉西路61号
武定狮子山旅行社有限公司	武定县狮山镇中山路21号
元谋县旅游有限责任公司元谋旅行社	元谋县元马镇龙川街12号
禄丰龙城旅行社有限公司	禄丰县金山镇金山南路95号
云南元谋旅游经营有限公司元旅假日旅行社	元谋县物茂土林风景区内
楚雄丽楚假日旅行社有限公司	楚雄市东兴路88号阳光橙小区
双柏虎乡旅行社有限公司	双柏县永兴路6号

【著名影星李连杰到武定狮子山观光考察】 2010年4月7日，著名动作演艺明星、国际功夫巨星、武术家、慈善家，“壹基金”创始人李连杰到武定狮子山观光考察。李连杰在相关部门负责人陪同下，游览了狮子山正续禅寺、牡丹园等景点，察看了正在建设中的狮子山诸天楼阁万佛塔建设项目。

【全国人大代表视察楚雄州文化旅游业】 2010年8月10日，来自全国部分省区和解放军的103名全国人大代表，到楚雄州考察文化旅游业发展情况。这批参加全国人大在昆明举办的第五期全国人大代表专题学习班的代表们，兴致勃勃地参观视察了国家AAAA级旅游区禄丰世界恐龙谷和彝人古镇，亲身领略彝族特色浓郁的歌舞服饰展演。

【亚洲政党扶贫专题会议代表到咪依噜风情谷参观考察】 2010年7月14~15日，亚洲政党扶贫专题会议代表到南华县咪依噜风情谷参观考察。代表们参观考察了岔河村委会党员活动室、村卫生室、彝族文化生态村独具特色的姑娘房和夫妻树，领略风情谷秀美的自然风光。参观考察了岔河彝族妇女绣品和农耕文化展室，精美别致的彝族刺绣品和古朴的生活用品，吸引了参观考察者。

【台湾南山保险大盟旅行社到楚雄考察】 2010年7月31日至8月1日，台湾南山保险大盟旅行社一行8人到楚雄考察旅游线路。台湾贵宾参观了州博物馆、彝人古镇、世界恐龙谷。8月1日上午，来宾们与州旅游局及彝人古镇旅游公司部门负责人座谈，商讨年末安排千名南山保险精英团队到楚雄旅游事宜。

【广东旅游团接待】 2010年2月16日，由广东佛山羊城之旅国际旅行社组织的“楚雄环线游”首发团一行40人抵达楚雄旅游。州旅游局领导到团队下榻的彝人古镇大酒店迎接贵宾，并向每位贵宾赠送纪念品。12月2日下午，广州天马国际旅行社组织的“楚雄精品环线游”首发团一行20人到达楚雄旅游。州旅游局领导带队欢迎首发团全体贵宾，向全体贵宾赠送精美纪念品。12月2~5日，“楚雄精品环线游”首发团游览禄丰、楚雄、南华、姚安、大姚、永仁、元谋、武定各大景区，完成3晚4天的行程。这是楚雄州前往广东宣传促销后的成果。

［刘应东］

宣传促销

【宣传促销工作概况】 2010年，楚雄州围绕“七彩云南·风情楚雄”的旅游宣传促销形象主题，较好地开展了宣传促销工作。一是“请进来”效果明显，全年共接待省内外旅行商18批600余人到楚雄考察旅游线路。二是"走出去"积极开拓国内外旅游市场，组织州内各旅游企业5批100余人赴省内、国内旅游重点地区和日本、印度、马尔代夫、斯里兰卡等国开展宣传促销。三是加强与省州宣传媒体合作，在《假日旅游》等杂志上对楚雄旅游开展宣传，与"云南旅游网"、"云南旅游拍摄网"合作开展宣传促销，并办好楚雄旅游网。在州级媒体开办专版、专栏50余期，构造省内州内旅游宣传大平台，全方位、多角度、宽视野宣传展示彝州旅游产业发展状况。四是加强区域宣传促销与合作，参加在大理市举行的滇西北联合促销研讨会和攀枝花市组织的川滇黔10市地州旅游交流活动，扩大区域旅游推介、媒体宣传。五是旅游企业自身重视宣传促销。各大景区继续加大宣传促销力度，恐龙谷景区与石林、崇圣寺、玉龙雪山四大景区联盟强势营销力度不减，旅游企业自身开展的宣传促销，挖掘了更多具有浓郁彝族特色的旅游文化活动放到景区展示，受到州内外游客的一致好评。

【赴西双版纳等地促销】 2010年3月15～22日，世界恐龙谷、彝人古镇、黑井古镇、南华咪依噜风情谷四大重点景区和太阳女旅行社、彝州旅行社、丽楚假日旅行社20余人组成的楚雄州旅游促销团，前往西双版纳、普洱、文山、昭通开展楚雄旅游宣传促销，举行楚雄精品旅游环线推介会，重点推介精品旅游环线上的各大重点景区和《楚雄州旅游景区对省内各旅行社的优惠政策》。推介会后，多家旅行社和各大重点景区签订合作协议。

【滇西北旅游线联合赴日本促销】 2010年3月16～24日，借助《云南映像》在日本首演之机，云南省旅游局组织昆明、楚雄、大理、丽江、香格里拉旅游行政管理部门、旅游企业联合赴日本东京、大阪举行旅游促销活动。在9天的活动中，云南旅游促销团26名成员由省旅游局副局长文淑琼带队分别拜会了国家旅游局驻东京、大阪办事处，东航驻东京、大阪支店。参加杨丽萍《云南映像》在东京的首演式。在东京格兰王子饭店和大阪丽嘉皇家饭店举行云南旅游推介会，重点推介滇西北旅游线上的世界恐龙谷、彝人古镇、元谋土林、大理古城、丽江、香格里拉等景区，与日本旅行社协会、日本旅行等数百家旅行社业者开展广泛交流。决定从3月到年末，世界恐龙谷、三塔寺公园、玉龙雪山景区、普达措国家公园每月将分别派送500～1000张门票，赠送给搭乘东方航空公司到云南旅游的日本游客。日本各大旅行社积极开展行动，由日本旅行250家支店长组成的考察团到云南实地考察踏线。

【旅游促销团赴省内外促销】 2010年4月13～24日，由楚雄州旅游局、楚雄市旅游局、禄丰县旅游局、南华县旅游局、姚安县旅游局、武定县旅游局、元谋县旅游局、双柏县旅游局、金鹿国旅、狮山景区、彝人古镇、恐龙谷景区、紫溪山景区等10余家单位42名成员组成的宣传促销团赴湖南、湖北、重庆开展宣传促销和学习考察活动。在宣传促销中，参加北京源丰通国际旅行社举办的百家旅游产品采购会，向来自全国各省市的数十家品牌旅行社代表推介楚雄旅游。参加同程网举办的同程会员交流会，接受中国最大的旅游网站——同程网采访。参加在重庆举办的2010年国内旅游交易会，与国内众多旅游界人士广泛交流，与北京源丰通国际旅行社达成意向协议，共同打造环昆楚精品旅游线，合作营销北京市场。7月8～15日，楚雄州旅游局、世界恐龙谷、彝人古镇、元谋土林、武定狮山、咪依噜风情谷、彝州旅行社、丽楚假日旅行社、楚雄电视台组成30人的楚雄州旅游促销团，前往凉山州、丽江市、迪庆州开展旅游宣传促销活动。召开楚雄精品旅游环线推介会3次，直面3州市100余家旅行社、旅行社集团、新闻媒体、旅游行政管理部门推介楚雄精品旅游环线。

【韩国庆南固城郡与禄丰世界恐龙谷签署合作协议】 2010年9月7日，韩国庆南固城郡郡守李鹤烈一行在禄丰世界恐龙谷签署合作协议，探讨国际恐龙学术研究，共商恐龙文化产业发展。禄丰素有世界恐龙之乡的美誉，禄丰世界恐龙谷的"中国禄丰恐龙大遗址"打破基尼斯世界记录；韩国庆南固城郡化石专业博物馆科研实力雄厚、陈列展示新颖、馆舍环境独特，配套设施领先。禄丰恐龙项目启动以来，世界恐龙谷与韩国固城郡之间多次友好往来，互通信息，建立起深情厚谊。韩国庆南固城郡与禄丰世界恐龙谷合作，以"恐龙足迹化石和恐龙骨骼化石"传播地球故事，研究地球生命，解读奥秘神奇，共同研究，共做项目，取长补短，进一步激发国际恐龙学术交流研讨，在互惠互利前提下，交换展品办展，互相宣传推介，相互访问交流、学习和培训。

【"七彩云南风情楚雄广东行"系列宣传活动】 2010年9月24～28日，由云南省旅游局副局长何池康带队，楚雄州旅游局、州内各大景区、云南风情国旅、阿乖佬原生态组合、州电视台人员组成24人旅游促销团，与南方卫视合作举办"七彩云南—心灵之约旅游相约会"、参加2010广东国际旅游文化节暨世界旅游日全球主会场庆典活动、参与花车巡游、广东旅游展等系列活动，充分展示风情彝州—楚雄的独特魅力，推介楚雄环州精品旅游环线。

【参加上海2010中国国际旅游交易会】 2010年11月18～21日，楚雄州、楚雄市、姚安县、元谋县旅游局和世界恐龙谷景区18人，参加云南省参展团赴上海参加2010中国国际旅游交易会。参展团由16州市旅游局、50余家旅游企业、新闻媒体记者共500余人组成，购买展台90余个800平方米。在展会期间，楚雄州发放宣传资料2.8万份，走访旅行社180家。楚雄州世界恐龙谷景区、彝人古镇景区在昆楚大丽精品线路中，受到华东旅游客源市场热烈欢迎和积极响应。

［刘应东］

节庆活动

【节庆活动概况】 2010年，楚雄州各县（市）以彝族文化为主线，举办了一系列丰富多彩的节庆活动，以火把节、牡丹文化节、赛装节、虎文化节、樱桃节、插花节、三月会等为代表的传统节日吸引了省内外游客参与。与此同时，各县（市）还围绕清明节、端午节、中秋节等举办了精彩纷呈的活动，提高了游客参与的兴趣，进一步提升了楚雄旅游的知名度和美誉度。

【武定牡丹文化旅游节】 2010年3月15日上午，中国武定2010年牡丹文化旅游节开幕式·第二届罗婺国际民歌节民歌赛颁奖典礼暨“盛世牡丹·中外群星演唱会”在武定县城举行。武定县人民政府县长黄云雁主持开幕式，县委书记李怡致欢迎辞；省妇联主席胡有兰出席开幕式，州委宣传部有关领导出席开幕式并讲话，省旅游局副巡视员何家瑜宣布中国武定2010年牡丹文化旅游节暨第二届罗婺国际民歌节开幕。开幕式后举行“盛世牡丹·中外群星演唱会”，来自美国、英国、法国、意大利、澳大利亚等国的18名歌手与中央民族歌舞团、武警文工团，总政文工团的著名歌唱家蓝剑、唐棠、杜吉刚，云南民族大学艺术系、云南艺术学院的学生和武定原生态歌手同台献艺。中国武定2010年牡丹文化旅游节暨第二届罗婺国际民歌节紧紧围绕创建“中国优秀旅游城市、国家级生态县、民族团结示范县、彝州科学发展先进县”的目标，以“南国牡丹迎宾朋、罗婺民歌传四方、赏花观光游武定、商旅万象开新篇、山潮水潮人来潮”为主题，体现“打造文化品牌、扩大对外宣传、促进招商引资、推动文化旅游”的办会宗旨。

【禄丰土官桃花节】 2010年3月12～14日，禄丰县土官镇以“展示活力土官，彰显魅力乌龙”为主题，举办第五届桃花节。桃花节活动中，丰富多彩的开幕式文艺演出、民族体育（登山、射弩、磨秋、打秋千、篝火晚会）等节庆活动，乌龙潭村“千亩桃园—万朵桃花胜景”和浓郁的民族（苗族）风情吸引了八方游客，20余家农家乐宾客盈门。

副省长刘平视察罗婺彝寨　　（刘应东/摄影）

【南华野生菌美食文化节】 2010年8月9日，第七届中国·南华野生菌美食文化节在南华县城开幕。在龙泉广场举行开幕仪式，滇菜系列丛书《南华美食荟萃》首次发行，举行大型文艺演出、野生菌菌王选拔赛、招商引资项目推介及签约仪式等活动。至8月15日的野生菌美食文化节期间，举行啤酒狂欢周、“彝乡情、菌飘香”模特选拔赛、全省野生菌烹饪技术交流培训会、野生菌美食文化高峰论坛、CCTV“非常6+1”楚雄赛区非常明星演唱会、第三届全省野生菌美食烹饪邀请赛等活动。

【黑井古镇“盐龙女”文化旅游节】 2010年7月24日（农历六月十三日），第三届“盐龙女”文化旅游节开幕式及系列节庆活动在黑井镇黑牛盐井广场举行。主要活动有开幕式专题文艺演出（由禄丰县民族艺术团和牟定县民族艺术团联袂演出具有浓郁盐文化和彝族文化特色的文艺节目）、民族民间传统文化活动（由当地民间团体组织具有黑井地方特色的祭盐龙祖仪式，舞龙狮、洞经音乐演奏和彝族左脚舞篝火晚会等活动）、参观云南省科普教育基地盐文化科普展、免费畅游黑井各景点、旅游特色商品展销。黑井镇是中国历史文化名镇、中国旅游文化名镇，国家AAA级景区、云南十大名镇、云南省文明风景区。通过盐龙女文化旅游节的举办，进一步弘扬了盐都传统文化，提升了黑井古镇的知名度和影响力。2000余名来自昆明、攀枝花、楚雄市、牟定县的游客与古镇居民欢度佳节，畅游古镇，饱览中国历史文化名镇黑井沧桑的历史风貌，感受千年盐都厚重的文化底蕴。

【禄丰县恐龙文化旅游节】 2010年9月30日上午，禄丰县在县城恐龙艺术广场举行2010中国·禄丰第十二届恐龙文化旅游节开幕式，楚雄州民族艺术剧院彝剧团与禄丰县民族艺术团联袂演出具有浓郁民族文化特色的文艺节目。节日期间，大批省内外游客前来禄丰观光旅游，形成强大人流、物流、信息流，有力地拉动禄丰旅游经济增长。

［刘应东］

（责任编辑：周能汉）

信息产业

信息产业综述

【信息法规宣传】 2010年，楚雄州人民政府信息产业办公室向州属各单位发放无线电宣传挂历、96128宣传明信片、《无线电科普和管理知识问答》、《云南省电磁环境保护条例》、《云南省无线电管理条例》释义书籍近1万份。编写出版《楚雄州信息化工作实践与探索》。9月，《云南省无线电电磁环境保护条例》和《云南省信息化促进条例》颁布2周年，召开座谈会、利用报纸和网络媒体开展宣传，印发科普宣传单1.5万份。通过《楚雄日报》、《云南经济日报》和州广播电台刊播宣传文章，在各县（市）城区主要街道悬挂宣传布标等方式，广泛开展无线电科普宣传活动。起草《楚雄彝族自治州电子政务协同办公系统管理办法》，由州政府常务会议审议，以规范性文件印发执行。

【政府门户网站管理】 2010年，楚雄州政府信息产业办公室认真履行州人民政府门户网站的管理职责，加强了网站的信息审核、更新、发布和安全管理，及时更新和发布各类信息，使政府门户网站的作用进一步得到发挥。围绕中心工作，制作“2010年两会”、“抗旱救灾”、“彝州先锋”、“创先争优”和“人口普查”等专栏，采编、发布各类信息5100余条。开展新网站改版规划制订，提出网站改版方案，通过网站资源的整合，使政府门户网站、政府信息公开网站、政务信息查询等网站整合到一个统一的平台上，实现部门之间信息资源一次录入，多站共享。规划在政府门户网站上增加在线办事虚拟服务大厅，方便公众在线办事。加强楚雄州政府门户网站信息安全工作，严格信息发布审核机制，按照楚雄州政府门户网站网络与信息安全应急预案，加强节假日和重要时期的网上信息监测，杜绝信息安全事故发生。

【推进基础应用平台和协同办公系统应用】 2010年，楚雄州政府信息产业办公室认真履行职责，努力推进基础应用平台和协同办公系统应用。举办培训班21期，培训州级各部门的系统操作员530名。加强系统监测，对系统日常运行过程出现的问题及时与电信部门、开发商沟通协调，在最短时间内使问题尽快得到解决。做好服务指导，对各部门在系统应用中遇到的问题认真梳理，并上门指导。做好系统升级，及时跟踪调查，通过收集整理系统应用中遇到的问题和不足，与开发商沟通，针对使用中暴露的问题和不足，作进一步的修改和调测，使系统功能进一步完善。完成大的系统升级8次。楚雄州电子政务协同办公系统的推广应用实现了县（市）之间、各部门内部、部门与部门之间的业务流转和协同办公，解决了各部门分散建设电子政务系统造成的资金浪费问题。自2008年10月31日试运行后，通过楚雄州协同办公系统发文12.9万份，收文227.5万份。

【政府网站建设及信息公开】 2010年，楚雄州政府信息产业办公室利用报刊、政府门户网站宣传《信息公开条例》相关知识30余次，为《条例》实施营造良好氛围。加大信息公开网站建设力度，建成政府信息公开网站827个。信息公开目录和公开内容作了进一步规范，理顺了信息公开成员单位职责。对主动公开政府信息发布主体、内容、形式、范围，以及申请公开接收、答复、提供等环节，加以规范和标准化。对政府信息公开内容网上信息发布不规范的单位给予指导帮助。

【政府信息系统安全检查】 2010年，楚雄州政府信息产业办公室开展全州政府信息系统安全检查2次，及时了解州政府信息系统安全状况和面临的威胁，认真查找隐患，堵塞安全漏洞，落实和完善安全措施，建立健全信息安全保障机制，减少安全风险，提高应急处置能力，确保政府信息系统持续安全稳定运行。

【无线电频谱管理】 2010年，楚雄州政府信息产业办公室开展设台单位及业余无线电电台年度检审4206台站，换发执照1572本，新增办证662台站，设台单位报停申请2家，经现场检查、清点，按要求封存报停设备541台（站）。完成楚雄州无线电事业发展“十二五”规划的调研和起草编制，编制完成《楚雄州无线电事业发展“十二五”规划》。建立楚雄州无线电台站运行报告制度，12家设台数量较多的州级单位建立台站运行月报制度。开展无线电执法检查活动2次。8月10～18日，州信息办与州广电局成立专项检查组，深入全州开展广播电视无线台站行政执法专项检查，测试广播电视发射设备84台，29台设备补办电台执照。8月28日，开展“网络共享”卫星电视广播地面接收设备检查，按照《云南省工业和信息化委员会关于转发禁止在国内生产销售“网络共享”卫星电视广播地面接收设备的紧急通知》，全面检查楚雄市广播电视器材销售市场，检查广播电视器材销售商店28家，对销售商作了宣传教育。

【无线电监测管理】 2010年，楚雄州政府信息产业办公室开展无线电全频段扫描3次，监测6185小时。会期和节庆期间，全天候开机监测，重点时段对重点频段加强人工值守。在监测中发现非法信号8个，查处违法、违规频率、台站3次。做好国家级考试无线电监测保障工作，为“全国研究生考试”、“高考”、“成人高考”、“国家医师资格等级考试”和公务员考试提供无线电监测保障，对考点进行严密的无线电监测。5月26～27日，举行全州无线电技术培训暨安全应急演练，为各县（市）县级无线电管理单位配发简易无线电监测设备。全州10县（市）24名县级无线电兼职管理人员参加演练活动。建成楚雄紫溪山高山监测站和禄丰县、元谋县无线电小型监测站，为全州智能化无线电监测打下基础。

［刘利荣］

邮　政

2010年楚雄州邮政局业务主要指标

指　　标	单　位	2010年
邮路总条数	条	105
邮路总长度	千米（单程）	5375
自办汽车邮路	条	11
自办汽车邮路	千米	412
委办汽车邮路	条	71
委办汽车邮路	千米	4424
其他邮路	条	23
其他邮路	千米	539
城市投递段道	条	84
农村投递路线总长度	千米（单程）	16395
函件总数	万件	175.86
邮资明信片制作量	万件	30.66
包裹	万件	7.54
特快专递	万件	25.55
邮政礼仪业务	万件	0.03
汇票	万张	31.62
报纸累计份数	万份	2773.7
杂志累计份数	万份	115.84
集邮邮票	万枚	5.1
集邮品册数	万册	1.56
邮政其他业务量	万元	636.11

【邮政服务概况】 2010年末，楚雄州设州邮政局和9县1市邮政局，有132个邮政支局（所）。其中，农村支局（所）110个，电子化邮政营业网点65个，联网电子化支局65个，邮政储蓄网点58个。邮政网点平均服务面积221.7平方千米，平均服务人口2.04万人。有邮运车辆45辆，邮政报刊图书销售点73个，其中邮政报刊亭43个。资产总额6135.05万元，债务2466.03万元。邮政从业人员690人，其中在岗职工（含聘用工）495人，劳务工195人，离退休退养职工656人（离退休548人，退养108人），管理人员65人。年内。楚雄州邮政局和牟定县邮政局被命名为第二批云南省文明单位，州邮政局营业室在省邮政公司开展的“创新服务理念、创建示范窗口”活动中被评为省级“示范窗口”。州邮政局市场部倪学勇被云南省总工会授予云南省“和谐家庭”称号，双柏县碍嘉邮政所所长袁美珍被云南省总工会授予“云南省五一劳动奖章”并荣获“楚雄州十大杰出女性”提名奖；思加学被州委、州人民政府评为2001～2010年扶贫帮困工作先进个人。

【邮政经营】 2010年，楚雄州邮政系统围绕“坚持规模效益并重发展，坚持转变发展方式和业务结构调整，坚持深化体制改革创新发展机制，全面推进三大板块协调快速发展”的思路，认真抓落实，邮政经营业务增幅和预算进度都处于较好水平。完成业务收入5163.8万元，比上年增长18%。全员劳动生产率7.34万元。邮务类业务实现收入1641万元，增长17.31%，占总收入的31.78%；速递物流类业务实现收入756万元，增长0.14%，占总收入的14.64%；代理金融类业务实现收入2470万元，增长18.61%，占总收入的47.83%。代理金融、函件、集邮、包裹、异地特专、分销、电子商务类业务收入增幅高、进度快。

【速递物流经营调查】 2010年第二季度，楚雄州邮政局启动为期70天的“客户走访月”活动。各经营单位以问卷调查的形式，深入金融、保险、通信、医药、外贸、房地产、旅游、中介服务等行业的中小企业开展调查，通过搜集、汇总、分析，了解客户生产经营情况，掌握客户生产销售规模、产品流量、流向及发运方式等，并根据客户需求制订

邮递员深入军营收寄军包　　（州邮政局提供）

邮政速递物流业务服务中小企业可行性方案，准确定位邮政速递物流业务发展方向。

【党报党刊收订任务】 2010年，楚雄州邮政局全面超额完成2011年党报党刊收订任务，收订《人民日报》4534份，《求是》4677份，《云南日报》1.32万份，《楚雄日报》2.71万份，《经济日报》974份，《光明日报》297份，《新华每日电讯》2154份，《半月谈》1.05万份。

【邮集及邮品宣传】 2010年，楚雄州邮政局与州旅游局共同制作以彝人古镇、禄丰恐龙谷、元谋土林、石羊孔庙、三潭瀑布等为主要内容的《2010年楚雄州旅游形象宣传年册》1000册，通过发行开展楚雄州旅游景观宣传。12月10～13日，州集邮协会选送的专题邮集《电》（5框），在杭州举办的中华全国集邮展览上荣获大镀金奖，这是云南省参加全国性集邮展览荣获的最高奖项。

【邮政人力资源管理】 2010年，楚雄州邮政系统全面推进薪酬配套改革，完善薪酬分配管理。楚雄市城区5个营业网点推行“计量工资制”试点。制订员工奖励、星级员工评定、员工违规违纪处理和州邮政局机关员工管理办法，完善企业配套管理机制。制订专职营销人员评聘办法，建立以能力和业绩为导向的动态考核机制，推动营销和专业技术人才队伍建设。推行干部任免岗位约定目标考核制，使干部任免与岗位约定目标考核相结合。开展“双定”标准实施工作，促进作业组织、生产流程和服务标准、网点结构的优化，推进企业工时精细化管理，提高工时利用率和劳动生产率，完成邮政营业岗位“双定”和内部处理、投递、营销岗位的“双定”数据整理和实施方案制定。加强劳动用工管理，在岗职工和劳务工合同签订率100%，委代办协议签订率90%。完成机构编制调整，组建代理业务机构，代理金融业务实行专业化管理。培训员工574人次，组织职业技能鉴定39人。

【邮政服务流程及质量管理】 2010年，楚雄州邮政系统以优化网点结构和邮件内部处理流程为重点，提高生产效率，减低运营成本，提升企业管理水平。农村邮政所业务外包17家，邮件处理中心之间邮件封发无纸化，包裹分拣处理流程实施勾核扫描和分拣扫描合一的分拣作业模式，邮件进、出口分拣前置。邮件封装容器推广经济快递邮件散件外走，实施营业支局到邮件处理中心、处理中心到投递端的包状邮件散件外走。优化报刊进口后的分发流程，努力实现便捷快速。加强量收系统管理、邮资机管理系统的督促和指导，使量收系统差错率、邮资机联网率降低。强化投递信息系统运用，各项指标大幅提升。高质量地完成组织机构库名址维护，邮政电子化支局全名址录入合格率96.05%。

［李建敏］

电　信

【中国电信楚雄分公司】 2010年1月20日，中国电信楚雄分公司多媒体业务平台通过验收，为实现物流运输GPS定位、公交出租车行业实现视频抓拍、GPS定位和LED信息推送，以及金融保险、批发零售、宾馆酒店等广告信息发布的服务奠定基础。1月30日，本地IPTV平台更换工程完成调测并成功割接上线运行。2月23日，负责建设的楚雄州电子政务基础平台和协同办公系统移动办公平台开通。6月5日，利用自有房屋建设的电脑数码卖场开业。2010年，中国电信楚雄分公司本部及禄丰、武定、永仁、姚安、南华、牟定等6个县分公司被中共云南省委办公厅、省政府办公厅命名为第十二批省级文明单位。6月24日，急通信分队携带专业应急通信车及应急通信设备、器材参加州政府组织的全州应急指挥中心挂牌成立仪式，楚雄电信认真履行党政军重要通信保障、抢险救灾职责，积极参与各类应急指挥工作，为维护社会治安稳定做出贡献，多次受到州委、州政府表彰。10月26日，中国电信楚雄分公司因长途干线光缆维护质量好、成绩突出，在重庆召开的西南大区长途电信传输维护协作组织会议上，被西南大区长途传输维护协作组织表彰为“优秀单位”。11月末，中国电信楚雄分公司有6个县分公司、5个百万支局建成1个小食堂、1个小学习室、1个文体活动室和1个小淋浴室（含小卫生间）的“四个小”目标。

［姜　鹏］

【中国移动楚雄分公司】 2010年，中国移动通信集团云南有限公司楚雄分公司以加快楚雄州信息化建设为中心，深化农村移动信息基础建设，保障网络通信安全。新建基站300个，光缆线路1600皮长千米，固定资产投资突破2亿元，发展客户11万户，收入增长近13%。5月26日，中国移动楚雄分公司与楚雄州农业系统共同启动“三农”信息服务无缝覆盖项目，以服务“三农”为宗旨，以农业农村信息化为抓手，充分发挥双方资源优势，通过搭建“125822”三农信息服务平台，以语音、短信和互联网络方式建成覆盖全州的农业信息服务系统，实现农民群众与农业专家间的双向互动交流，实现农业农村信息服务无缝覆盖。投入250余万元，开展农村信息化知识培训和村通信基站建设，提高通讯信号覆盖面和网络质量，加大农村信息化产品推广普及力度，发展农村客户6万户，农村移动电话普及率37.28%。7月，启动百万青年创业计划，联合共青团楚雄州委在楚雄师范学院、楚雄医药高等专科学院开展创业计划巡讲，进一步促进青年特别是大学生就业创业，更好地探索利用新闻媒体开展思想引领工作，践行中国移动的社会责任。在楚雄州遭遇百年不遇旱灾中，组织员工参与抗旱救灾保通信工作，向灾区人民捐赠款物约3万余元。投入约28万元，在全州旱情严重的19个村委会和3个学校，以及公司挂钩扶贫点——姚安县红梅村修建饮水设施。通过“服务基层，惠农普及”、“科学防灾，惠农培训”、“情系灾区，关爱支援”三项活动，与灾区人民携手共度难关，用

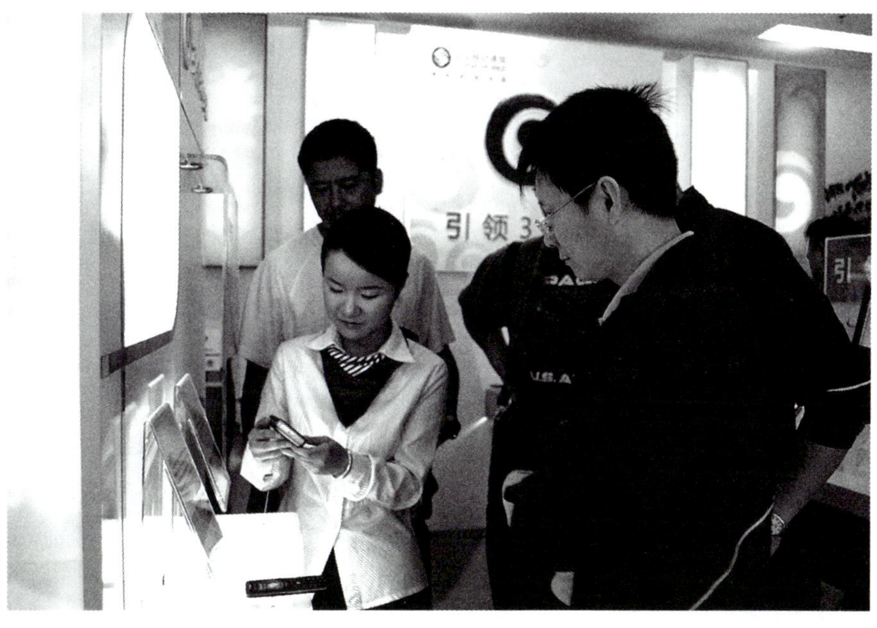

中国移动G3业务宣传　　（州移动公司提供）

实际行动践行中国移动的社会责任。7月，中国移动楚雄分公司投入资金30余万元，在全州大专院校招募270余名橙人，经过岗前培训、分组实践后将他们分配到营业厅前台、营销部门、片区、社区等各个岗位进行为期2个月的实践锻炼。在上岗期间，公司组织开展文艺汇演、营业厅挑刺和现场设点办理比赛等多项活动，通过设置优秀橙人奖、优秀团队奖、业务能手奖和特殊贡献奖等奖项，激发橙人的工作积极性，全方面培养橙人组织能力、观察能力与创新能力。

［黎嫵曦］

【中国联通楚雄分公司】 2010年，中国联合通信有限公司楚雄分公司以“抓机遇、保增长、调结构、上水平”为主线，努力提升联通网络服务质量和保障能力，实施精细化管理，增强市场营销能力，各项工作取得新成绩。1月15日，联通楚雄分公司组队参加在永仁县永定镇太阳广场举行的楚雄州2010年科技、文化、卫生“三下乡”活动，向活动组委会捐赠款物，并开展“家电下乡”、3G业务等宣传。6月21日，楚雄分公司举办以“爱岗敬业、创先争优”为主题的演讲比赛活动，通过活动激励职工不断超越自我、立足岗位，建功立业，实现素质提升。全体员工通过向挂点扶贫的大姚县碧么村小学捐资捐物，帮助学校改善办学条件。11月10日，捐赠电脑2台、图书160册及1批物资。

［张　娜］

（责任编辑：周能汉）

城建·环保

城乡规划

【云南省城镇特色规划研讨暨武定县特色规划论证会】 2010年10月13日，云南省建设厅、楚雄州规划局、武定县委、县人民政府联合主办的“云南省城镇特色规划研讨暨武定县特色规划论证会”在武定县城召开，国家住房与城乡建设部城乡规划司调研员赵永革，上海市城市规划设计院顾问、高级规划师赵万良等9位省内外城镇特色规划专家，省建设厅、州人民政府、州建设局、州规划局、10个县（市）人民政府领导以及规划建设管理部门主要负责人共82人参加会议。研讨会为《云南省城镇特色规划编制暂行办法（讨论稿）》修改和完善奠定基础，楚雄州各县（市）和各有关部门以武定县城镇特色规划编制为标本，研讨城镇特色规划编制工作。

【规划编制和管理】 2010年，楚雄州完成州域城镇体系规划修编，并上报省人民政府审批。完成“楚北金沙江流域城镇基础设施规划”、“滇中特色大城市——楚雄规划研究”。10县（市）完成第二轮总体规划修编或调整，2个县启动第三轮县城总体规划修改。积极推进专项规划、省级风景名胜区、历史文化名镇（村）规划编制，控制性详细规划覆盖率30%；禄丰、双柏、元谋3县全面消除无规划乡（镇），楚雄州开始启动村庄规划工作。6月，州人民政府成立州城乡规划建设领导小组，下设办公室（设在州规划局）和规划专家咨询组，10县（市）城乡规划建设领导小组相继成立。至年末，咨询组专家参与重大规划建设项目选址和规划编制方案论证149项。年内，“楚雄州域城镇体系规划修编”工作进展顺利，《楚雄州域城镇体系规划修编》经过法定程序审查、审议、公示后，由州人民政府报省人民政府待批。编制出《楚雄州域城镇体系规划修编简本》供参考使用。

【城乡总体规划和专业规划编制】 2010年，楚雄州大力推动县城总体规划修改和乡（镇）规划编制工作。完成禄丰县城4.98平方千米1:500数字化地形图测量成果内、外业检查验收，第三轮县城总体规划修改通过州级技术评审暨州城乡规划建设领导小组行政审查，待禄丰工业园区金山片区总体规划修改完善后，即可报州人民政府审批；永仁、大姚县完成县城总体规划评估，州人民政府批复同意永仁县城总体规划修改。姚安县马游坪村庄建设规划通过技术评审，报县人民政府审批，滇中特色大城市——楚雄市的《楚雄市发展战略规划》及楚雄市吕合镇等5个乡（镇）总体规划编制稳步推进。完成专业规划6项，并评审通过；编制控制性详细规划22.34平方千米，其中7.13平方千米通过州规划建设领导小组专家评审。

【州级政法部门和军事机关迁建工程规划】 2010年，楚雄州为实现项目统一规划、一步到位、满足需要、适度超前、整合功能、资源共享、三年建成的目标，完成了州级政法部门和楚雄军分区等军事机关迁建项目修建性详细规划编制，项目规划用地规模650亩，投资概算5.14亿元。6月29日，州人民政府召开会议，原则同意州规划局推荐的项目选址方案一，州规划局进一步优化选址方案并完成总平面规划。11月25日，州人民政府审定建设规模、投资规模。12月7日，修建性详细规划经州城乡规划建设领导小组专家咨询组评审通过，12月8日通过行政审查。

【“一书三证”核发管理】 2010年，楚雄州严格执行《中华人民共和国城乡规划法》“一书三证”制度。“十一五”期间，州规划局对州职教中心建设规划等152项城镇测绘、规划方案进行行政性审查，对“十一五”云电送粤交直流输电工程等134个规划选址项目核发选址意见书，10县（市）核发建设项目选址意见书768份，建设用地规划许可证1057份，建设工程规划许可证3734份，村镇规划选址意见书2551份，村镇建设许可证2332份，准建证7243份，项目总用地23.20平方千米，总投资132.32亿元。全面推行“阳光规划”，从规划事前、事中、事后进行全过程监管，州级公示或公告1000万元以上大型建设项目规划选址40项、风景名胜区建设许可2项、规划设计行政审查34项。

【城市规划编制管理以奖代补】 2010年，楚雄州在实施《楚雄州城市规划编制管理以奖代补管理办法（试行）》中，认真按照《办法》加强管理。10月18日开始，楚雄州规划局组织工作组，开展10县（市）年度城乡规划编制及管理工作任务检查考核，检查考核中查找出来的问题，及时督促各县（市）结合政协楚雄州民主监督提出的意见建议做好落实。通过考核检查，针对普遍存在的主要问题，提出整改措施，兑现以奖代补资金450万元，以奖励的形式拉动各县（市）投入规划资金1004.78万元。

［李学亮　文佳］

城镇建设管理

【城乡建设概况】 2010年，楚雄州建设系统以城乡规划为引领，以民生保障为重点，以加快城镇化进程为取向，坚持高起点规划、高质量建设和高效能管理，突出抓好城镇污水生活垃圾处理设施建设、城镇保障性住房建设、农村民居地震安全工程建设及农村危房改造和“7·09”、“2·25”地震恢复重建工作，城乡建设各项重点工作稳步推进，完成情况良好。城镇化率32.2%，比上年提高1.2个百分点。全面实施投资拉动措施，项目和资金争取工作更加主动，积极争取资金开展城乡建设。争取到中央、省城镇建设及扩大内需州级配套资金2.83亿元，其中中央1.6亿元，省8959万元，州级3330万元；争取到中央廉租住房保障专项补助资金4785.76万元，廉租住房建设项目中央补助资金2.01亿元、省级补助资金3920万元；争取农村民居地震安全工程补助资金1800万元以及农村危改工程拆除重建资金5050万元。总计争取资金6.40亿元，比上年增长59.49%。

【旅游小镇建设】 2010年末，楚雄州建设旅游小镇累计投入资金1.96亿元，其中，黑井镇完成投资5267万元，石羊镇完成投资5000余万元，光禄镇完成投资4405万元，罗婺彝寨完成投资4178.8万元。

【市政基础设施建设】 2010年，楚雄州续建和新建市政基础设施建设项目171项，项目概算总投资54亿元，完成投资12.8亿元。其中，楚雄市（含开发区）建设项目66项，完成投资3.94亿元；双柏县建设项目13项，完成投资1.02亿元；牟定县建设项目11项，完成投资2556万元；南华县建设项目9项，完成投资2359万元；姚安县建设项目10项，完成投资1.35亿元；大姚县建设项目22项，完成投资1.07亿元；永仁县建设项目7项，完成投资6437万元；元谋县建设项目12项，完成投资2737万元；武定县建设项目6项，完成投资2.95亿元；禄丰县建设项目15项，完成投资1.16亿元。

【治污项目建设】 2010年，楚雄州治污项目建设工作进展顺利。基本建成污水处理厂10个，其中双柏、南华、永仁3县污水处理厂及楚雄市污水处理厂二期通水试运行，永仁、南华2县生活垃圾处理厂投入试运行。牟定、姚安、大姚、元谋4县生活垃圾处理设施项目建成。在建的9个项目工程建设进展顺利。中央和省累计到位资金6.83亿元，占总投资的65.6%，累计完成投资4.74亿元，占总投资45.5%。

【城市管理】 2010年，楚雄州进一步加强城市管理组织机构建设，楚雄市和牟定县成立城市管理综合执法局，南华县、大姚县成立专业城市管理局机构；加强城市管理执法队伍建设，强化和创新城市管理体制，积极推行“城市管理相对集中行政处罚权”工作，提高城市综合管理水平；认真做好“12319”城建服务热线建设工作，建立健全州、市两级值班、出勤处置工作机构，实行全天候不间断值班；加大城市防洪设施建设力度，对街道下水口进行清掏，防止堵塞。成立城市防洪抢险队伍，实行汛期24小时值班制度；城市公共客运稳定发展，新增城市公共客运企业3个，新增城市公交车262辆、出租车256辆。

【市政公用行业市场化改革】 2010年，楚雄州推进市政公用行业市场化改革，做好城市供水、污水和垃圾处理、城镇道路清扫保洁、绿化管养等市政公用行业运行。在治污项目建设中，有6个项目与企业签订BOT合作协议。楚雄市以及部分县实行城市公用设施市场化，如灯杆广告灯箱使用权、公厕经营权、弱电管道使用权等拍卖或公开招租，使公共设施既有投入又有产出，市政公用设施得到了有效管护。积极探索BOT、BT投资方式，把城市基础项目建设作为招商引资项目公开向社会招标的方式进行建设。楚雄、禄丰、牟定、元谋等县（市）采取公开招标竞价承包经营权、管理权等方式，在环卫、绿化管理方面率先引入市场竞争机制，变“养人”为“养事”，稳步推进城管模式改革，营造了规范有序、干净整洁、健康和谐的城市环境。

［肖文剑］

建筑业

【建筑业管理概况】 2010年，楚雄州建筑业企业从年初的121家增加到125家，资质从年初的185项增加到213项。申报争取2009年度全省建筑业扶持奖励资金30万元，扶持奖励建筑施工、监理、设计、招标代理等优秀企业6家，奖励质量安全文明工地4个。推广使用商品混凝土，批准预拌商品混凝土资质企业4家，截至11月末，生产使用商品混凝土47.8万立方米。年末，有建筑业各类注册执业人员1874人。全年审核发放施工许可证871份，施工合同金额43.56亿元，建设规模405.8万平方米。

【农村危房改造】 2010年，楚雄州实施农村危房改造和农村民居地震安全工程。农村民居地震安全工程拆除重建开工600户，修缮加固开工5250户，拆除重建竣工534户，修缮加固竣工4840户，完成投资5503万元。农村危改开工4970户，竣工3586户，完成投资1.54亿元。

【“7·09”、“2·25”地震恢复重建】 2010年，楚雄州全面开展“2·25”地震恢复重建工作，继续做好“7·09”地震恢复重建收尾等相关工作。“7·09”地震民房恢复重建，春节前基本完成重建6220户，修复7.31万户。姚安县官屯统建点部分房屋因质量问题，进行整改。至年末，完成投资1.97亿元，占总投资的87%。截至2011年1月15日，“2·25”禄丰与元谋地震恢复重建民房建成入住1431户，占计划的

97.8%，完成修复6448户，占计划的100%。重建基础设施和公共建筑主体完工30项，占计划的91%，修复基础设施和公共建筑30项，占计划的88%。“7·09”地震民房恢复重建，至2011年1月20日，重建基础设施和公共建筑主体完工160项，占计划的90%，修复基础设施和公共建筑186项，占计划的98%。

【勘察和设计】 2010年，楚雄州做好勘察和设计管理工作。通过施工图送审的政策性审查，有效纠正建设单位违法违规行为。发放建设单位办理要件说明310份、消防审查告知书314份，开具需补齐补正材料通知书58份。审查勘察设计单位和注册执业人员的市场行为。加强审图机构监督管理，督促其提高审图质量和服务水平。完成工程项目勘察报告和施工图审查665个，审查建筑218万平方米，投资额21.7亿元，查出违反强制性条文21条，通过审查遏制重大质量安全隐患9处。做好勘察设计单位资质管理，设计企业办理资质升级、企业名称、法人等资质变更手续4家。在上年资质年检中查出楚雄欣兴岩土工程勘察有限公司存在违法违规行为，上报省建设厅对其进行吊销工程勘察资质的行政处罚。

【建筑节能】 2010年，楚雄州认真开展建筑节能工作。完成新建成竣工及节能备案建筑73.1万平方米，完成建筑施工图节能设计审查665项。“十一五”期间，楚雄州城镇住宅太阳能热水器普及率84%，农村地区太阳能热水器普及率30%，城镇居民高效节能灯具利用率50%，城镇居住和公共建筑节能改造完成率39%。5月，首个太阳能光电建筑应用示范项目——职教中心光伏建筑一体化项目申报成功，项目装机规模8.1兆瓦，总投资2.46亿元，申请国家补助资金1.05亿元，首批补助资金1680万元于9月下达至州财政局。

【工程质量监管】 2010年，楚雄州建筑工程质量监管工作切实有效。建筑施工企业有专职质检员500余名，按照《云南省建筑工程施工质量验收统一标准》、《云南省建筑工程质量优良等级评定标准》作了贯标培训。抓好工程质量监督巡查检查工作，发出工程质量监督整改通知书100份，行政执法告知书12份。受理工程投诉24起，都认真处理并及时把处理情况反馈给投诉人。

【建筑工程安全管理】 2010年，楚雄州深入开展建筑施工安全质量标准化达标工作，通过宣传提高从业人员安全生产意识。“安全生产月”活动中，在桃源湖边开展安全生产咨询活动，展出宣传展板12块；发放建筑施工安全生产宣传资料2万余份。7月，邀请杭州大学刘栋博士到楚雄开展“建设工程高大模板支撑系统施工安全管理”和“建筑施工安全质量标准化管理”两个专题讲座，培训建筑安全相关人员390余名。11月，举办建筑安全法律法规、标准规范培训班，培训施工、监理企业和建设系统有关人员。制作建筑施工人员安全知识宣传教育电视系列片400套，发放到施工企业及施工现场，让施工企业组织建筑施工从业人员观看。开展建筑施工安全生产专项督查检查3次，针对检查中发现的问题提出整改及处罚建议。

【招标投标管理】 2010年，楚雄州完成《楚雄州房屋建筑和市政基础设施工程施工招标投标管理规定》送审稿；推行使用《标准施工招标资格预审文件》、《标准施工招标文件》等行业标准文件。加强评标专家库管理，州县两级评标专家成员达176名，其中州级74名。9个县建立县级建设工程招投标交易点，由州建设工程交易中心管理。强化建设工程项目报建备案、招投标资格、招标方式、报名资质和招标公告发布、招标文件审查及开标、评标、定标和合同备案等监管。认真贯彻执行《云南省工程建设串通投标行为认定和处理办法》，建立州级招标投标违法行为记录公告平台，落实招标投标违法行为记录公告制度，全州统一使用具有自动识别串标行为的电子询评标系统软件。10月以来，通报投标人的违规行为23家，依据立案查处串通投标案件4起。

【重点项目建设】 2010年，楚雄州建设系统重点建设项目进展顺利，州文化中心建设累计完成投资2.84亿元，进入室外装修扫尾和室外绿化工程。楚风苑项目于8月开始陆续交付使用。启动州政法和军警机关迁建前期筹备工作。

【“十一五”建设成就】 “十一五”期间，楚雄州建设成就喜人。城乡规划取得进展。77个乡（镇）完成规划，双柏、元谋、禄丰消除无规划乡（镇）。城镇规划区面积526.5平方千米，其中县城370.9平方千米。城镇建设成效显著。年末城镇建成区面积134.18平方千米，其中县城79.75平方千米。城镇化水平32.2%，比“十五”末提高6.2个百分点。城市基础设施建设投资29.4亿元，是“十五”投资的3.4倍。2010年末，城市供水能力20.72万吨/日，供水普及率96.1%；城市污水集中处理率60%，城市生活垃圾无害化处理率83%，燃气普及率40.83%，城市公园绿地面积708公顷，城市人均公园绿地面积11.03平方米，建成区绿化覆盖率32.44%，绿地率27.47%。乡（镇）有自来水厂45个，乡（镇）道路长358.44千米，街道面积312.54万平方米，公厕236座。建筑市场监管力度加大。“十一五”期间，建筑业实现总产值194.83亿元，上缴利税5.16亿元，建筑业从业人员近3.4万人。安全生产保障体系健全，有力遏制重特大事故发生；工程质量监督覆盖率逐年上升，优质工程、精品工程不断涌现；建设工程招标投标及有形建筑市场管理成效显著，经过招投标实际节约投资2.87亿元，节约资金率为5.04%；强化标准定额实施监督，勘察设计行业健康发展，施工图审查制度从无到有，从根本上促进勘察设计质量好转。房地产投资快点增长。“十一五”期间，房地产业进入快速发展阶段，房地产宏观调控取得了明显成效，住房二级市场全面开放，房地产市场进一步规范，社会化的物业管理得到长足发展，住宅建设的质量和水平也有很大提高，城市居民的居住环境进一步得到改善。有房地产相关企业242家，其中房地产开发企业165家、物业服务企业52家、房地产经纪机构16家、房地产价格评估机构6家、房屋拆迁企业3家。“十一五”期间，房地产开发累计完成投资112.19亿元，年均增长43.9%。州县中心城镇市容市貌有了翻天覆地变化，城区地域空间不断拓展，人居环境不断改善，州县中心城市的品味和竞争力得到极大提升。住房条件逐年改善，农村居民人均住房使用面积由2005年的32.9平方米增至2010年的35.3平方米，尤其是农村居民住房结构发生了很大变化，楼房、砖混和砖木结构住房面积连年上升；城镇居民人均住房建筑面积达35.2平方米，比2005年增加3.8平方米。低收入群体的住房保障体系初步形成，从2006年开始实施经济适用住房建设，共建设经济适用住房3269套、27.33万平方米。从2006年开始启动建设廉租住房，共实施建设廉租住房1.35万套、67.69万平方米，总投资8.55亿元。其中，2006~2009年建设的廉租住房5654套、28.49万平方米全部完工并交付使用；2010年实施建设7840套、39.2万平方米，总投资4.9亿元。防震防灾成绩显著。“十一五”期间，完成2008年大姚“8·30”地震重建5176户，修复加固6.26万户和2009年姚安“7·09”地震重建5163户，修复加固7.31万户的地震恢复建设任务。2007年启动实施农村民居地震安全工程，到2010年实施农村民居地震安全工程4.88万户，其中拆除重建1.61万户，修复加固3.27万户。2009年新增农村危改工程，2009年和2010年实施拆除重建9250户，加固修复1450户。共争取到中央和省财政对“8·30”、“7·09”、“2·25”3次地震灾区恢复重建项目补助资金8.45亿元，农村民居地震安全工程和农村危改工程项目补助资金2.89亿元。风景名胜资源管理加强。打造一批村庄规划、建筑特色、基础设施等方面具有带动示范作用的工程，如永仁县新农村示范村乍石、方山诸葛营民族文化、生态、旅游示范村，姚安光禄、大姚石羊古镇特色民居震损修复等。有省级风景名胜区8个，国家级历史文化名镇1个（黑井），省级历史文化名村镇（村）4个（石羊、光禄、炼象关、琅井）。2009年末，风景名胜区总面积1483平方千米。

【滇中特色大城市建设】 2010年，楚雄州围绕“建设楚雄滇中特色大城市”要求，做好规划工作，组织好以道路、绿化、亮化、供排水、电力、电信为主的基础设施建设。年末，东南片区初具雏形，实施路网及配套设施建设项目24个，完成投资1.92亿元。东南片区、万家坝片区、花果山片区路网构架基本形成，开发区彝人古镇5~7期、太阳历文化园提升改造等建设项目快速推进，茶花谷、滇中楚雄大商汇项目建设将开工建设。苍岭工业园区规划初步编制完成。修订完善《滇中楚雄特色大城市发展战略规划》和《楚雄市城市总体规划（2004~2020）》。楚雄市建成区面积36平方千米，城镇人口28万人，城镇化率44.5%，失地农民保障措施不断完善，建设滇中楚雄特色大城市的基础进一步夯实。

［肖文剑］

房地产业

【房地产业概况】 2010年，楚雄州建立州级重大房地产项目由州建设局牵头对口跟踪服务机制，发挥重大房地产开发项目对房地产业发展的拉动作用，开展房地产开发企业和物业企业经营行为监督检查。全州房地产开发投资完成38.25亿元，比上年增长35%，占全州城镇固定资产投资的17.1%，占州政府下达房地产开发投资目标任务23亿元的166.31%。商品房施工427.09万平方米，增长21.85%；商品房竣工70.98万平方米，增长19.29%；商品房销售163.38万平方米，减少8.5%；商品房空置13.03万平方米，减少22.29%。审核办理商品预售许可证23个，预售房屋162.7万平方米。

【保障性住房建设】 2010年，楚雄州推进保障性住房建设，建设廉租房39.2万平方米。2009年开工项目已于2010年6月完成100%总投资。年末，新开工廉租住房完成投资2.43亿元，占总投资的49.52%。

【住房分配货币化】 2010年，楚雄州抓好住房分配货币化工作。审核州级机关事业单位以及驻楚中央属、省属单位职工住房补贴66个单位、1581人，受补贴面积7.44万平方米，补贴金额约3177.41万元。

【城市房屋拆迁】 2010年，楚雄州加强城市房屋拆迁工作的监督和指导。拆迁面积超过5万平方米以上的项目，实施单位需召开专题论证会，报省相关部门审批方可实施。省下达全州城镇房屋拆迁计划项目25个，需拆除房屋29.23万平方米，完成拆迁计划项目12个，拆除房屋11.06万平方米。

【住宅专项维修基金】 2010年，楚雄州切实加强对县（市）住宅共用部位共用设施设备维修基金的清理和归集管理。自2006年8月以来，全州共清理缴存住宅专项维修基金1.14亿元，其中2010年收缴3771.58万元。

【住房规划编制】 2010年，楚雄州认真做好《楚雄州2010~2012年住房建设规划》及《楚雄州2010~2012年保障性住房建设规划》、《楚雄州十二五”保障性住房建设规划》编制工作。

【农村房屋所有权证】 2010年，楚雄州开展农村房屋所有权证办理情况调查工作，办理产权证7.03万户，办理农村房屋所有权证的住户占农村总户数的13%。

［肖文剑］

2010 年楚雄州房地产经济运行基本情况统计表

单位：亿元、万平方米

	2010 年	2009 年	同比增长	净值
房地产开发投资	38.25	28.26	35.35%	9.99
商品房屋施工面积	427.09	350.49	21.85%	76.59
其中：住宅	367.37	312.64	17.51%	54.73
商品房屋竣工面积	70.98	59.50	19.29%	11.48
其中：住宅	58.72	53.39	9.98%	5.33
商品房销售建筑面积	163.38	178.57	-8.50%	-15.18
其中：住宅	151.12	162.02	-6.72%	-10.89
空置面积	13.03	16.77	-22.29%	-3.74
其中：住宅	10.77	13.66	-21.18%	-2.89
商品房销售额	35.73	32.58	9.69%	3.16
其中：住宅	29.66	25.81	14.92%	3.85
商品房销售平均价	2187	1824	19.90%	363
其中：住宅	1962	1593	23.16%	369

2010 年楚雄州二手房交易情况统计表

单位：万平方米、万元

县（市）	办证情况						交易情况					
	初始登记		转移登记		变更登记		二手房交易			新建商品房交易		
	户数	面积	户数	面积	户数	面积	起数	面积	金额	起数	面积	金额
楚雄市	595	115.4	7575	94.21	862	135.76	2325	23.79	44323.93	9903	126.84	393785.18
大姚县	62	4.77	430	5.06	97	2.89	161	2.25	2413	487	5.32	8904
南华县	381	5.97	259	6.43	70	4.38	53	0.41	412	338	4.67	14790
元谋县	240	10.61	370	5.5	126	4.6	218	3.5	2694.22	853	11.27	25103.97
禄丰县	268	13.6	960	10.6	75	2.2	445	4.97	5029	1187	20.5	42943
双柏县	50	5.2	287	3.32	1	0.52	60	0.64	360.2	252	3.5	1372
牟定县	87	13.67	148	6.31	71	0.57	77	0.6	637.63	468	6.31	11372.4
武定县	401	25.63	683	8.61	28	0.25	490	2.7	3100.14	153	4.12	8784.56
永仁县	57	3.79	290	3.44	12	0.93	39	0.3	272.03	65	0.6	945.13
姚安县	126	1.20	109	0.87	58	0.52	40	0.35	290.31	245	2.33	4410
合　计	2267	199.84	11111	144.35	1400	152.62	3908	39.51	59532.46	13951	185.46	512410.24

环境保护

【环境保护概况】　2010 年，楚雄州环保工作紧扣彝州加快发展、科学发展、和谐发展这个主题，坚持以经济建设为中心，以服务彝州经济社会发展为己任，认真履行环境执法、监管、服务的职能，突出污染减排、环评管理、环境执法监察、生态文明建设和农村环境综合整治等工作重点，主动服务经济社会发展大局，环境保护参与经济社会宏观调控水平进一步提高。建设项目环评、审批服务质量明显提升，污染防治工作取得新进展，生态环境保护、农村环保工作广泛开展，集中式饮用水源地环境管理继续加强，医疗废物处置中心建设项目强力推进，环境监测、执法监察、环境宣传教育、农村环境综合整治等工作取得了新成绩。年末，全州环保系统有人员编制 239 人，实有 213 人。环保部门对 713 个建设项目进行环境影响评价审批，对 73 个建设项目进行环保验收，办理各类信访 298 件，办理人大建议 13 件、政协提案 17 件，征收排污费 725 万元，累计争取上级环保专项资金 4838 万元。组织实施 11 个州级农村环境综合整治示范建设。出动执法人员 2454 人次，检查污染治理设施 1637 台套，年内未发生环境污染事故，保证了辖区环境安全。通过实施污染减排三大措施，圆满完成省政府下达全州 2010 年和“十一五”污染减排目标任务。楚雄州 3 家单位、5 名

2010年楚雄州各县（市）县城饮用水源地状况表

县（市）	水源地名称	类　型	水质类别	超标因子
楚雄市	团山水库	水库型	Ⅲ	
	西静河水库	水库型	Ⅲ	
	九龙甸水库	水库型	Ⅱ	
双柏县	双柏县新华水库	水库型	Ⅱ	
牟定县	中屯水库	水库型	Ⅱ	化学需氧量
	龙虎水库	水库型	Ⅲ	化学需氧量
南华县	兴隆坝水库	水库型	Ⅱ	
姚安县	洋派水库	水库型	Ⅲ	
	改水河水库	水库型	Ⅲ	
大姚县	大坝水库	水库型	Ⅲ	
	石洞水库	水库型	Ⅱ	
永仁县	莲池乡白拉口水库	水库型	Ⅲ	
	永仁县尼白租水库	水库型	Ⅲ	
元谋县	元马镇官能自流井	地下水	Ⅱ	
	丙间水库	水库型	Ⅲ	化学需氧量
武定县	石门坎水库（含恕德龙潭）	水库型	Ⅱ	
	麦良田	河流型	Ⅱ	
	石将军龙潭	河流型	Ⅱ	
禄丰县	大滴水	河流型	Ⅱ	氨氮，总氮，粪大肠菌

职工获“十一五”全省减排工作先进单位、先进个人荣誉称号。全年上报省环保厅环保信息645条，在全省16个州市排名第一位。以绿色创建为载体的环境宣传教育深入人心，多次受到环保部、省环保厅领导的好评。

【环保评价管理】 2010年，楚雄州环保部门以强化环评服务为重点，着力提高环境影响评价工作的质量和效率。严把产业政策、总量控制关，从源头控制和减少新的污染源产生。创新方法，提高效率，按照提前介入、依法审批、主动服务、简化程序、急事急办和难事巧办的原则，提高办理效率。转变作风，搞好服务，对事关全局的项目做好环保服务和管理工作，积极服务项目建设。对民生工程、基础设施、生态环境建设、灾后重建、扩大内需等投资项目开辟绿色通道，简化程序，加快审批。需要报国家、省审批、核准的项目，积极做好配合、协调以及衔接工作。加强环境影响评价进度和评价质量的监督管理，使一些项目少走弯路，得以顺利实施，全年没有一个项目因为环评工作不到位影响开工建设，没有一个项目因环评工作不到位影响生产。环保部门环境影响评价审批建设项目702个，建设单位向环保部门申报的建设项目环境影响评价制度执行率100%。加强建设项目“三同时”监管和竣工环保验收，下发《楚雄州环保局关于切实加强建设项目环境保护“三同时”监督检查和竣工环保验收管理工作的通知》，组织制定建设项目环保“三同时”监督管理计划，组织力量对各县（市）辖区内自2003年9月1日《环境影响评价法》实施以来，各级环保部门审批环评文件的建设项目环保“三同时”执行情况进行检查和清理。下发2003年9月以来国家、省、州环保部门审批环评文件但未通过竣工环保验收的企业名单，要求企业限期整改。

【污染防治】 2010年，楚雄州积极开展各种污染防治控制。10县（市）编制完成饮用水源地环境保护规划，待省政府审批；完成10个典型乡（镇）水源地基础状况调查工作；楚雄、南华、永仁、牟定、禄丰6县（市）开展农村饮用水源地环境保护示范建设。通过采取积极有效工作措施，19个在用县城集中饮用水源地水质状况良好。州环保局投资17万元改造会议室，建成云南省环境监控中心楚雄会商室，5家国控重点污染源自动监控设备建成投入运行，开展重点污染源自动监控数据有效性审核工作。开展危险废物污染企业专项检查，根据检查结果，危险废物主要来源于有色金属冶炼及加工行业、化工行业、医疗卫生行业。重金属危险废渣产生量3.10万吨，利用量1.32万吨，处置量467吨，贮存量4.73万吨。

【工程建设领域环保专项整治】 2010年，楚雄州环保局组织力量对2008年以来规模以上投资项目的环境保护有关情况进行全面排查。经排查，发现51个项目存在环保违规问题，其中工业项目2个，非工业项目49个，主要涉及农村电网、农村饮用水、农村公路及廉租房建设等项目。对发现的问题，及时下发《关于抓紧做好扩大内需中央投资项目环境影响评价手续的紧急通知》，各县（市）按照要求督促项目单位完善环保手续。对永仁宏鑫园生物科技有限公司果脯生产线未落实环保“三同时”的违法问题进行立案查处，罚款10万元。楚雄市环保局对2个乡（镇）卫生院建设项目环评审批把关不严，擅自降低评价等级，医疗废物和医疗废水的污染防治措施不够具体，作出限期整改要求，撤销环评许可，重新审批，并在楚雄州环保系统内通报。

【重点污染防治项目】 2010年，楚雄州加大医疗废物处置工程项目督查力度，确定由楚雄市城市开发投资公司实施。年末，项目到位资金1051万元，完成投资861万元。牟定县铬渣无害化处置和含铬废水治理项目计划总投资5710万元，其中铬渣项目总投资4662万元，现存9.41万吨铬渣进行无害化处置；含铬废水项目总投资1048万元，35万立方米含铬废水进行治理。通过州、县领导和相关部门的多次协调汇报，下达中央财政专项污染治理资金铬渣项目投资计划2800万元、含铬废水治理项目投资计划310万元。铬渣无害化处置和含铬废水治理项目完成投资1000余万元。

【农村环境综合整治】 2010年，楚雄州人民政府出台《楚雄州农村环境综合整治实施方案》和《关于对2010年农村环境综合整治目标任务进行考核奖惩的通知》等政策文件，州财政安排专项经费300万元用于农村环境综合整治工作，州环保局联合州财政局筛选确定重点村庄开展农村环境综合整治示范建设11个，完成项目实施方案编制、审查工作，项目资金下达到各县（市）；南华县凤头村农村环境综合整治工程通过环保部和财政部验收；楚雄市鹿城镇国家级生态乡（镇）再提高工程和永仁县乍石村农村环境综合整治示范村建设项目完成，分别通过省级验收；争取上级资金支持，南华县沙桥镇东街村获得中央农村环保专项资金100万元。

【环境执法监察】 2010年，楚雄州加大环境执法监察力度，建立环保执法联动机制。州人民政府出台《关于加强整治违法排污行为保障环境安全的实施意见》、《关于推行环境保护“一岗双责”制度的实施意见》，州环保局、州安监局建立健全环境保护和安全监督部门应急联动工作机制。开展重点行业企业环境风险及化学品检查、易燃易爆危险品建设项目的风险排查、沿江沿河化工石化企业环境污染隐患排查、畜禽养殖业等专项执法检查活动。检查中发现的问题，及时要求企业整改。开展环保专项行动，成立州、县（市）环保专项行动工作领导小组，明确办事机构，制定工作实施方案。对冶金、化工行业进行重点整治，对涉砷行业、涉铅冶炼企业，有色金属开采、冶炼、加工企业，饮用水源地、重点河流周边企业等进行重点督查，整治环境污染隐患，严肃查处环境违法违纪案件，对偷排和污染治理设施闲置等违法行为严厉打击；列入省级重点减排的云南德胜钢铁公司等11个项目加大环境监察力度；牟定渝滇化工公司含铬废渣处置等7个州级挂牌督办事项跟踪检查，督促问效。认真办理环境信访，及时化解矛盾。对禄丰、武定、永仁等县群众反映强烈的污染问题调查处理，及时化解矛盾，维护人民群众环保权益，确保州内社会稳定。年内，州环保部门办理各类信访298件，参与调查处理294件，结案282件，办结率95%。加大排污费征收力度，举办为期3天的排污费征收培训班，重申排污费征收、管理、使用、入库相关制度，避免征收管理工作中的随意性。完成排污费征收入库额717万元，超额完成省下达的征收任务。

【环境监测】 2010年，楚雄州各级环境监测站按照全省监测网络的布置和要求，按时、按质、按量地完成各项监测任务，为环境管理提供有力的技术支持。州环境监测站按期完成楚雄州境内龙川江、礼社江、绿汁江、星宿江、元江等5条重点地表河流14个监测断面的水质及底质的例行监测任务，获得监测数据2436个；完成楚雄市城区降水酸雨监测任务，获得监测数据912个，每月监测降尘和硫酸盐化速率1次，获监测数据12组；楚雄市环境空气自动监测站在2个监测点对3个项目进行连续监测，获监测数据2160个；滇川2省跨省流域同步监测，上报数据48个；完成重点流域的监测12次，获监测数据288个；面对特大干旱，对州内7个县（市）10个饮用水源地进行水质监测；完成南华、姚安2个县城的城区环境空气及噪声环境质量监测；完成牟定、元谋2县6次污染事故水质分析；完成12家国控、省控、州控企业污染源监督性监测工作；完成30余次对外服务性监测；完成燃二化工乳化剂项目、兆顺财富中心房地产项目、彝人古镇5～6期建设项目等10余个建设项目环评工作。

【强制性清洁生产审核】 2010年，楚雄州环保局对州内78家符合强制性清洁生产审核的重点企业进行筛选排查，建立楚雄州强制性清洁生产审核重点企业名单台账；符合《重点企业清洁生产行业分类管理名录》的27家企业，按照每五年完成一轮审核的要求，确定每年度的审核企业名单，制定楚雄州2011～2014年强制性清洁生产审核推行年度计划。重有色金属矿（含伴生矿）采选业、重有色金属冶炼业等7个产能过剩主要行业的13家企业全部作为2011年公布的名单，确定楚雄州2011年强制性清洁生产审核重点企业名单上报省环保厅审定公布。

【输油管道泄漏事故处置】 2010年5月4日，楚雄市车坪盛家村盛永金用挖掘机在盛家大桥附近的山地里挖土时，将楚大输油管道损坏，导致近50吨的柴油泄漏，渗透到地面的柴油约5～6吨，造成周围150平方米左右的土壤污染。事故发生后，州、市环保部门执法人员积极参与处理。在环保部门督促下，所有被污染的土壤全部被挖出，运到砖厂处置，经执法人员现场确认达到要求后，回填新土壤。由于反应迅速，此次柴油泄漏现场周围无饮用水源和河流，所污染的土壤得到妥善处置，未造成环境污染事故。

［董廷伟］

（责任编辑：周能汉）

财政·税务

财　政

【财政收支概况】　2010年，楚雄州完成地方财政总收入864946万元，为预算数791586万元的109.3%，比上年增收131932万元，增长18%，其中州级完成483438万元，为预算数441222万元的109.6%，比上年增收68639万元，增长16.5%；县（市）级完成381508万元，为预算数350364万元的108.9%，比上年增收63293万元，增长19.9%。完成地方财政一般预算收入306979万元，为预算数276330万元的111.1%，比上年增收51147万元，增长20%，其中州本级完成72588万元，为预算数62967万元的115.3%，比上年增收11564万元，增长18.9%；县（市）级完成234391万元，为预算数213363万元的109.9%，比上年增收39583万元，增长20.3%。完成地方财政基金收入147790万元，为预算数77221万元的191.4%，比上年增加47968万元，增长48.1%。完成地方财政一般预算支出1085786万元，为预算数983415万元的110.4%，比上年增支175217万元，增长19.2%，其中州本级完成166477万元，为预算数138975万元的119.8%，比上年增支37796万元，增长29.4%；县（市）级完成919309万元，为预算数844440万元的108.9%，比上年增支137421万元，增长17.6%。完成地方财政基金预算支出170957万元，为预算数99667万元的171.5%，比上年增支49596万元，增长40.9%。

【积极财政政策】　2010年，楚雄州各级财政部门抓住国家实施新一轮西部大开发、加大对民族地区扶持和建设中国面向西南开放“桥头堡”的战略机遇，加大向上汇报和争取资金力度。全年共争取上级财政转移支付补助68.9亿元，比上年增加7.2亿元，比2005年的15.6亿元增长了3.4倍，其中争取到一般性转移支付26亿元，比上年增加2.5亿元，比2005年的9亿元增长了1.9倍。修订完善了《楚雄州争取项目资金工作经费考核安排暂行办法》，进一步调动各级各部门向上争取的积极性。

【宏观调控】　2010年，楚雄州财政局充分发挥宏观调控职能，认真贯彻落实积极财政政策。抓好扩大内需政策落实。及早下达拨付项目前期工作经费和规划费4540万元，支持各部门做好项目前期工作，争取到中央预算内投资项目257个、上级财政资金107775万元，州县（市）财政配套资金25878万元。认真落实扩大消费政策。完成商业服务业等事务支出21302万元，增长77.7%。累计兑付家电下乡补贴2702万元，带动销售2.16亿元；兑付汽车摩托车下乡补贴6166万元，带动销售6.22亿元。审核发放汽车以旧换新补贴473.5万元。下达中央2009年度石油价格改革补贴2990万元。加大企业发展扶持力度。州财政完成工业发展支出28514.4万元，其中州级财政安排3637.4万元、争取上级资

2010年楚雄州地方财政总收入分级情况表

单位：万元

项目	2010年预算数	累计执行情况			
		2010年完成数	2009年完成数	同比±	
				绝对数	%
合　计	791586	864946	733014	131932	18.0
楚雄市	136920	144518	126182	18336	14.5
双柏县	12130	13366	11006	2360	21.4
牟定县	11239	13216	10116	3100	30.6
南华县	16295	18849	15069	3780	25.1
姚安县	8640	10165	7796	2369	30.4
大姚县	19632	23700	18018	5682	31.5
永仁县	10153	12699	9178	3521	38.4
元谋县	12486	12138	11509	629	5.5
武定县	27082	30606	23715	6891	29.1
禄丰县	95787	102251	85626	16625	19.4
县级小计	350364	381508	318215	63293	19.9
州　级	441222	483438	414799	68639	16.5

金24877万元，对符合国家产业政策、创新能力强、发展潜力好、对财政贡献大的企业给予重点扶持。全面落实增值税转型改革和各项税费减免政策，共减免企业、个体工商户等各种税收47791万元。

【金融协调】 2010年，楚雄州财政局继续加大金融协调服务力度。支持楚雄市成立兴彝村镇银行，吸收存款41527万元，发放贷款31524万元。上报省金融办批准成立7家小额贷款公司，年内挂牌成立4家，累计发放贷款355笔，贷款余额13308.47万元。做好州政府信用融资贷款工作，完成州政府信用合作贷款61469.5万元，成功发行企业城投债券15亿元，主要用于支持楚广高速公路、州职教中心、楚雄滇中特色大城市、元双二级公路、州文化活动中心和小（一）型病险水库除险加固等重点项目建设。

2010年楚雄州财政收支分项目情况表

单位：万元

预算科目	2010年完成数	2009年同期数	同比±%	预算科目	2010年完成数	2009年同期数	同比±%
一、地方财政一般预算收入	306979	255832	20.0	一、地方财政一般预算支出	1085786	910569	19.2
（一）税收收入	244783	209474	16.9	1. 一般公共服务	132053	117558	12.3
（二）非税收入	62196	46358	34.2	2. 国防	2339	2030	15.2
1. 专项收入	12229	10679	14.5	3. 公共安全	51693	47512	8.8
其中：教育费附加收入	10734	9423	13.9	4. 教育	175768	149570	17.5
2. 行政事业性收费收入	15989	8263	93.5	5. 科学技术	6446	3301	95.3
3. 罚没收入	10181	7669	32.8	6. 文化体育与传媒	12766	10896	17.2
4. 国有资本经营收入	1927	1956	-1.5	7. 社会保障和就业	149725	167473	-10.6
5. 国有资源（资产）有偿使用收入	9087	7181	26.5	8. 医疗卫生	109049	92391	18.0
6. 其他收入	12783	10610	20.5	9. 环境保护	44793	19159	133.8
二、政府性基金预算收入	147790	99822	48.1	10. 城乡社区事务	46475	39606	17.3
1. 散装水泥专项资金收入		3	-100.0	11. 农林水事务	162441	107981	50.4
2. 新型墙体材料专项基金收入	21	463	-95.5	12. 交通运输	53496	67829	-21.1
3. 新菜地开发建设基金收入	100	147	-32.0	13. 资源勘探电力信息等事务	28948	21013	37.8
4. 育林基金收入	919	694	32.4	14. 商业服务业等事务	21302	11989	77.7
5. 森林植被恢复费	229	106	116.0	15. 金融监管等事务	2021	581	247.8
6. 残疾人就业保障金收入	1009	943	7.0	16. 地震灾后恢复重建		520	-100.0
7. 政府住房基金收入	1430	1662	-14.0	17. 国土资源气象等事务	9066	12253	-26.0
8. 国有土地使用权出让金收入	142508	93525	52.4	18. 住房保障	75275	36106	108.5
9. 国有土地收益基金收入	1246	921	35.3	19. 粮油物资储备管理事务	2130	2297	-7.3
10. 农业土地开发资金收入	328	1262	-74.0	20. 其他各项		504	-100.0
11. 其他基金收入		96	-100.0	二、政府性基金预算支出	170957	121361	40.9
三、上划中央“两税”收入	467693	397284	17.7	其中：残疾人事业支出	1158	740	56.5
增值税（75%）	151874	134449	13.0	国有土地使用权出让金支出	140812	94570	48.9
消费税	315819	262835	20.2	新增建设用地土地有偿使用费支出	7839	11766	-33.4
四、上划中央和省级所得税	82517	72040	14.5	新菜地开发建设基金支出	100	147	-32.0
企业所得税	56517	51324	10.1	育林基金支出	871	775	12.4
个人所得税	26000	20716	25.5	森林植被恢复费	5430	1644	230.3
五、上划省耕地占用税和卷烟教育费附加	7757	7858	-1.3	旅游业管理与服务支出	360	410	-12.2
耕地占用税（30%）	1330	2143	-37.9				
卷烟教育费附加（60%）	6427	5715	12.5				

【支农投入】 2010年，楚雄州共完成涉农投入415975万元，比上年增长14.9%，促进了农业农村发展。通过向上级争取、调整支出预算、动用预备费等措施，下达抗旱救灾资金23554.68万元，确保抗大旱保民生促增长工作顺利开展。完成农林水事务支出162441万元，共建成“五小”水利工程4万件，治理水土流失面积560平方千米，解决了20.14万农村群众的饮水安全问题，实施扶贫整村推进项目624个、新农村重点村建设105个、村容村貌整治30个、农村地震民居安全工程6600户、易地扶贫搬迁604户，开展农村劳动力转移培训3.4万人。完成农业综合开发投资10086万元，改造中低产田4.64万亩，建设经济生态林7000亩，扶持农业产业化龙头企业10户。认真落实各项惠农政策，及时足额兑付各项惠农补贴91518万元。

【社会事业投入】 2010年，楚雄州采取政策支持、资金扶持等措施，加大社会事业投入力度。加大教育投入。全年完成教育支出175768万元，增长17.5%，健全完善义务教育经费保障机制，提高特殊教育学校和农村中小学公用经费补助标准，扎实做好“两基”迎国检工作，实施农村中小学D级危房改造21.3万平方米。完善公共卫生投入机制。完成医疗卫生支出109049万元，增长18%，实施了公共卫生与基层医疗卫生事业单位绩效工资改革，制定出台了《楚雄州基层医疗卫生机构实施基本药物制度运行补偿办法（试行）》，稳步推进基层卫生系统体制改革。支持社会保障体系建设。完成社会保障和就业支出149725万元，剔除“8·30”、“7·09”地震救灾资金等不可比因素，增长17.9%。安排资金24834万元，确保了13.91万农村低保对象和7.62万城市低保对象的基本生活。全面落实“贷免扶补”就业政策，发放创业小额贷款14000万元，实现自主创业2831人，带动就业5822人。筹集资金381.65万元，帮助33户困难企业稳定就业岗位9119个。稳步推进城乡医疗保障改革。参加新型农村合作医疗人数达到211.15万人，参合率为95.74%；筹集到位资金29675.2万元，其中财政补助25339.4万元，并在全省率先实施新农合大病补充保险，参保率达51%。全州城镇职工和城镇居民基本医疗参保人数39.96万人，参保率达99%，最高报销支付限额由3.8万元提高至5万元。制定实施了《楚雄州新型农村社会养老保险补贴办法》，安排下达财政补助资金3116万元，支持南华县和大姚县推进试点工作，参保人数达23.1万人。下达廉租住房及棚户区改造建设资金和配套补助3.03亿元，发放廉租房租赁补贴597.8万元，惠及4222户低保家庭，发放职工住房补贴400万元。完成文化体育与传媒支出12766万元，增长17.2%，支持文化体制改革，推进文化惠民工程实施，支持改造提升乡（镇）文化站28个，实施村级文化体育活动场所建设试点工程63个。安排下达彩票公益金4196.5万元，支持青少年校外活动场所等建设。完成科学技术支出6446万元，增长95.3%，大力支持自主创新和科技推广。

【财政改革】 2010年，楚雄州财政局继续深化财政改革。深化预算管理改革。建立实施预算编审委员会制度和州级财政追加预算支出审批制度，全州974个部门1579个预算单位全部纳入部门预算管理。推进国库管理制度改革。全州共有698个部门1222个预算单位实现财政国库集中支付，实施改革资金659564万元，占地方财政一般预算支出的60.7%。县（市）级以上机关全面实施了公务卡结算制度改革，累计发卡36726张，报销资金5300万元，并对预算单位实行现金限额管理。改革完善州对县（市）转移支付办法。将GDP增长、固定资产投资、编制控制、消化欠拨专款和暂付款、隐形“赤字”等因素，作为计算补助的依据。全年州以上对县（市）的一般性转移支付补助达25.4亿元，比上年增加2.4亿元，其中州对县（市）一般性转移支付补助8274万元。制定实施了《楚雄州县域经济合作税收利益分享实施细则》，对州内企业跨县域采购资源性原材料、跨县域合作经营产生的各种税收进行划分，促进县域经济健康发展。推进节约型机关建设。严格执行行政成本控制制度，推进效能政府建设。完成一般公共服务支出132053万元，增长12.3%，低于一般预算支出增幅6.9个百分点。推进政法经费保障体制改革。认真落实《云南省州（市）级和县级政法机关经费保障标准》，完成公共安全支出51693万元。

【农村综合改革】 2010年，楚雄州稳步推进农村综合改革。扎实开展村级公益事业建设“一事一议”财政奖补工作。全年完成857个项目，硬化村内户外道路6405条1059千米，完成投资18260万元，受益群众29.3万人。认真落实“两免一补”政策。全年共下达寄宿制经费12176.73万元，享受人数139399人；下拨公用经费13639.89万元，享受人数290935人；下达免除学杂费补助333.3万元，受益23981人。推进县乡财政管理体制改革。进一步完善缓解县乡财政困难的激励约束机制，支持建立县乡最低财政支出保障机制，增强基层政府保障能力和公共服务能力。做好化解乡村债务工作。按照“全面清理核实、锁定债务数额、突出化解重点、明确偿还责任、严格执行政策、坚决制止新债”的原则，健全偿债激励机制和新增债务责任追究制度。

【财政监管】 2010年，楚雄州继续强化财政监管工作。严格执行《预算法》，规范预算约束，依法接受人大、政协、纪委和审计监督。加大财政检查和督导力度，组成5个督查组对各县（市）财政部门和24个州级预算单位实施强农惠农资金专项检查，对州级23个预算单位实施财政督导。制定了《楚雄州财政支出绩效评价管理规定》，完成了2009年度城市和农村低保2个项目绩效评价。实施了《楚雄州财政监督工作目标考核评比实施办法》，完善了预算编制、执行、监督三位一体的预算执行运行机制，楚雄州财政局被财政部表彰为全国会计监督工作先进集体。加强政府采购监管，年内州级完成政府采购金额24833.89万元，比预算节约资金2585.69万元。加大财政专项资金拨付力度，全年各县（市）共拨付财政专款483470万元，拨付率为98%；消化2009年及以前年度历史欠账14244万元，占年初欠拨总数的85%。加强财政票据、国有土地出让金、彩票公益金、住房公积金等资金的监管。规范债务审批与日常监管，建立完善偿债付息预警计划机制，筹集安排偿债准备金38850.03万元，及时安排拨付19252.92万元用于还本付息，维护政府信用。

【国有资产管理】 2010年，楚雄州继续加大国有资产监管力度。完成楚雄州2009年度国有企业季报及年终决算统计、企业《产权证》年检、国有及国有控股企业“小金库”清查和行政事业单位资产管理信息系统的资产清查和数据收集及审核上报工作。做好重大国有资产处置审批制度推进工作，制定实施了《楚雄州州属企业国有资产处置审批制度》和《楚雄州州属企业国有资产处置审批制度实施细则》，审批处置州属3家国有和国有控股企业重大资产9宗。启动行政事业单位经营性国有资产管理改革，对楚雄州国投公司新建办公楼底层商铺由中介机构公开拍卖，创下了楚雄市商铺出让价格新高。加大国资监管力度。完成了楚雄民族中专北校区资产和楚雄州工业学校资产使用权划转移交工作，共移交建筑物、购筑物77项，账面价值4802.72万元，土地资产3宗、面积95985.44平方米。收回州级行政事业单位公务用车26辆，其中，办理划拨5辆、报废13辆、委托中介公开出售1辆、待处理7辆。

［王 宁］

国家税务

【国税收入概况】 2010年，楚雄州国税系统全面实现“十一五”税收工作目标，税收收入平稳较快增长，跃上50亿元新台阶。全年共组织国税收入576429万元，同比增收79642万元，增长16.03%，完成省国税局下达目标532128万元的108.33%；按照州政府的考核口径，扣除车辆购置税，完成州政府下达收入任务519222万元的107.88%。其中，增值税203501万元，同比增21865万元，增长12.04%；消费税315819万元，同比增52984万元，增长20.16%；企业所得税40476万元，同比增980万元，增长2.48%；个人所得税356万元，同比减收622万元，下降63.60%；车辆购置税16277万元，同比增4435万元，增长37.45%。

【税收执法】 2010年，楚雄州依法治税。运用税收执法管理信息系统加强干部执法监控。层层落实税收行政执法责任制，规范行政审批、行政处罚、行政复议等行为，开展税收政策调研和税收风险调查、税收政策效应分析。整顿和规范税收秩序成效明显。全年查补收入突破6000万元，达到6123.74万元，比上年增收1542万元，增长33.66%。认真落实结构性减税政策，依法依规办理税收减免，惠及企业和纳税人，支持地方经济发展。2010年共抵扣固定资产进项税5707.94万元；全年减免税款31550万元，其中，减免增值税26459万元，减免企业所得税1553万元，减免减征车辆购置税5450万元，办理出口货物免抵退税1279万元。

2010年楚雄州国税收入完成情况表

单位：万元

项目	合计	比上年同期增减%	增值税		消费税		企业所得税		储蓄存款利息个人所得税		车辆购置税		出口退税
			累计收入	比上年同期增减%	累计收入	比上年同期增减%	累计收入	比上年同期增减%	累计收入	比上年同期增减%	累计收入	比上年同期增减%	
全州	576429	16.03	203501	12.04	315819	20.16	40476	2.48	356	-63.60	16277	37.45	1100
楚雄市	32191	4.21	18174	-11.04	41	2.50	2148	2.82	109	-70.22	11719	47.17	238
双柏县	3664	10.53	3269	10.03	4	33.33	125	228.95	14	-57.58	252	-7.01	9
牟定县	3568	39.43	2815	27.45	34	54.55	404	935.90	20	-62.26	295	24.47	—
南华县	5492	9.86	4271	19.47	501	-44.15	202	380.95	26	-51.85	492	13.89	163
姚安县	2043	15.36	1601	9.14	18	0.00	155	280.00	27	-55.74	242	15.24	—
大姚县	9162	41.06	7944	38.01	4	-33.33	616	155.60	24	-64.71	574	35.70	388
永仁县	3891	67.28	3500	71.65	5	0.00	91	313.64	10	-58.33	285	21.70	—
元谋县	3794	7.91	2568	5.90	101	1.00	312	160.00	21	-62.50	792	-2.82	18
武定县	12341	13.54	11489	13.48	2	0.00	232	4.98	25	-58.33	593	28.08	—
禄丰县	51022	11.58	48547	9.91	34	161.54	1328	141.02	80	-60.59	1033	30.14	97
开发区	449261	16.90	99323	14.86	315075	20.38	34863	-3.47	—	—	—	—	187

2010年楚雄州国税纳税重点企业一览表

单位：万元

纳税企业名称	国民经济行业类别	纳税额
红塔烟草（集团）有限责任公司楚雄卷烟厂	卷烟制造	390587
云南省烟草公司楚雄州公司	烟草制品批发	43048
云南德胜钢铁有限公司	炼钢	21718
楚雄德胜煤化工有限公司	炼焦	6788
一平浪煤矿	烟煤和无烟煤开采洗选	4038
云南楚雄矿冶有限公司六苴经营部	铜矿采选	3983
云南电网公司楚雄供电局	电力供应	3080
云南烟叶复烤有限责任公司楚雄复烤厂	烟叶复烤	2896
云南盘龙云海药业有限公司	中成药制造	2707
武定县华翔经贸有限公司	其他常用有色金属矿采选	2302
昆明钢铁集团有限责任公司罗次分公司	铁矿采选	2006
云南白药集团中药材优质种源繁育有限责任公司	中药材的种植	1887
云南楚雄思远投资有限公司	铜矿采选	1701
云南开关厂	配电开关控制设备制造	1614
云南岭东印刷包装有限公司	其他纸制品制造	1570
中国石油化工股份有限公司云南楚雄石油分公司	石油及制品批发	1468
楚雄州吕合煤业有限责任公司	褐煤的开采洗选	1284
云南国资水泥楚雄有限公司	水泥制造	1150
楚雄汇通古镇文化旅游开发有限公司	房地产开发经营	1139
大姚县伊泰物资工贸有限公司	其他未列明的零售	1021
楚雄市鹿城彩印有限责任公司	包装装潢及其他印刷	1005
楚雄滇中有色金属有限责任公司	铜冶炼	996
楚雄恒云经贸股份有限公司	化肥批发	956
云南禄丰勤攀磷化工有限公司	磷肥制造	885
楚雄瑞特纸业有限公司	其他纸制品制造	880
禄丰供电有限公司	电力供应	843
云南楚雄矿冶有限公司	铜矿采选	832
云南燃二化工有限公司	炸药及火工产品制造	818
楚雄佳泰房地产开发有限公司	房地产开发经营	818
云南澜沧江啤酒企业（集团）楚雄有限公司	啤酒制造	756
楚雄吉兴彩印有限责任公司	包装装潢及其他印刷	712
云南盐化股份有限公司一平浪盐矿	采盐	710
楚雄州供电有限公司武定分公司	电力供应	693
楚雄正兴再生资源利用有限公司	再生物资回收与批发	617
禄丰恒源煤业有限责任公司	烟煤和无烟煤开采洗选	595
国营云南安宁化工厂武定分厂	炸药及火工产品制造	579
永仁县源泰工贸有限公司	其他未列明的零售	571
楚雄弘邦林化有限公司	林产化学产品制造	568
云南森源化工有限公司	林产化学产品制造	567
双柏正阳矿业有限公司	铜矿采选	544
楚雄市树苴煤炭开发经营公司	烟煤和无烟煤开采洗选	538
中国石油化工股份有限公司云南楚雄禄丰石油支公司	石油及制品批发	508
云南德胜物流有限公司	道路货物运输	502

州国税局领导深入经营户辅导纳税人换发新版普通发票 （李　军/摄影）

【税收征管】 2010年，楚雄州以信息化为支撑，加强信息管税工作，对“楚雄州国税局税收辅助管理系统”进行拓展、完善。通过综合征管软件、数据监控系统、数据分发系统、发票监管系统等运用平台，加强税收征管。落实税收管理员和领导干部管户制，实行税源与征管状况监控分析一体化工作制度，夯实税源管理基础。推广应用“税务与组织机构代码信息共享”系统，如期完成了利用基本单位名录库信息开展户籍清理试点、税收管理员辅助信息系统试点工作。换发云南省国税系统新版普通发票，2011年1月1日全面启用。

【税种管理】 2010年，楚雄州把增值税作为货物和劳务税管理的重点，加强税种管理。大力推行增值税一般纳税人网络申报，全州共推行增值税网络抄报税1165户，占增值税一般纳税人户数的82.74%。强化出口退税管理，严把出口退税审核审批关，实行出口退税预警和出口退税网络申报，提高了出口退税工作质量和效率。抓好消费税管理和税收政策的执行。加大企业所得税执法、监管、分析、预缴执行、风险预警管理力度，规范行政审批事项。继续扩大所得税介质申报和网络申报。按时完成了2009年度企业所得税汇算清缴。年内对134户企业进行了纳税评估，共调增应纳税所得额6087万元，减少税款流失1522万元，补缴企业所得税740万元。开展车辆购置税征收管理情况调查，探索乡（镇）摩托车、农用车委托代征。实行车辆购置税征管档案电子化管理，车辆购置税收入再次跃入亿元行列。加强大企业税收管理，将年纳税额在1000万元以上的企业，纳入大企业税收管理。开展非居民企业税收专项检查，推进非居民企业所得税源扣缴工作，全年征收非居民企业所得税108万元，比上年的23万元增加85万元，增长369%。

［田江华　文清］

地方税务

【地方税费收入概况】 2010年，楚雄州地税系统共组织入库税费收入375075万元，同比增收55512万元，增长17.4%。其中，地方税收入入库262015万元，同比增收41715万元，增长18.9%。组织地方一般预算收入254332万元，完成州政府下达年度计划234463万元的108.5%。全州组织征收社会保险费收入101475万元，同比增收11471万元，增长12.7%；组织其他收入11585万元，同比增收2326万元，增长25.1%。

【税务稽查】 2010年，全州地税稽查机构共计稽查查补和约谈企业自查收入3700.85万元，选案准确率100%，结案率100%，处罚率10.96%，入库率100%。重点对房地产行业及建筑安装业、保险机构、药品经销及医疗机构、行政事业单位进行检查，稽查查补和自查合计2330.28万元。

【打击发票违法犯罪】 2010年，楚雄州地税局与州财政局、州审计局联合行动，加大发票违法犯罪打击力度。州地税机关稽查部门共对377户纳税户进行发票检查，查处发票违法企业377户，查处非法发票18287份，查补税款合计104.59万元。全州公安、地税、国税共出动人员776人，车辆586辆，认真开展打击假发票的专项“端点”行动，检查普通发票用票户776户，发现有问题503户，抓获犯罪嫌疑人3人，查获非法出售发票194份，非法取得发票30272份，未按规定开具发票63727份，查补入库税款合计359.93万元。

【严格执行税收政策】 2010年，全州地税系统严格执行各项税收政策，推进各税种精细化管理，认真开展房产税、城镇土地使用税困难减免税自检自查和耕地占用税欠税追缴工作。年内，完成“两税”异常信息15424条比对任务，补征各项税费合计391万元。认真开展企业所得税汇算清缴工作，全州参加2009年度汇算企业1129户，同比增加49户，增长4.5%，汇算面达100%，应纳所得税额20432万元。加强个人所得税管理，全州2009年度所得12万元以上个人自行申报人数达621人，应纳税额2293.98万元全额入库。

【税收优惠政策】 2010年，楚雄州地税系统认真落实国家和省政府出台的营业税起征点调整、下岗再就业延期、残

2010年楚雄州地方税费收入情况表

单位：万元

项　　目	楚雄市	双柏县	牟定县	南华县	姚安县	大姚县	永仁县	元谋县	武定县	禄丰县	开发区	烟　厂	总　计
一、地方税收收入合计	50820	7610	8425	13117	7300	14080	6851	7402	15081	49000	32501	49828	262015
其中：中央级	6360	655	787	1792	786	2084	782	796	1562	12892	3423	2483	34402
省级	5861	503	573	1411	578	1349	549	693	1205	6662	2331	7484	29199
州级												25930	25930
县（市）级	38599	6452	7065	9914	5936	10647	5520	5913	12314	29446	26747	13931	172484
1. 营业税	20265	2210	2479	3408	1735	4324	2513	3149	5367	11951	15956	6062	79419
2. 资源税	88	36	324	189	106	788	143	83	554	1180	1		3492
3. 土地使用税	1044	51	105	671	73	95	59	216	155	526	852	598	4445
4. 企业所得税	4373	273	632	926	702	1347	371	398	708	13913	2315	850	26808
5. 个人所得税	6225	819	680	2060	609	2127	932	929	1895	7573	3390	3289	30528
6. 城市维护建设税	2448	197	236	528	153	507	198	259	926	2347	1841	26847	36487
7. 印花税	508	61	58	100	32	100	70	104	155	555	453	85	2281
8. 房产税	1811	113	186	294	117	195	113	268	163	499	889	515	5163
9. 车船使用税	477	80	112	163	74	169	95	211	174	399	662	5	2621
10. 土地增值税	1184	81	67	150	25	697	51	114	166	525	1369		4429
11. 烟叶税	5768	3086	3052	3736	3388	2878	1750	882	3504	5811	153	21	34029
12. 教育费附加	1081	166	161	333	96	339	181	171	564	1732	780	11556	17160
13. 耕地占用税	1577	313	141	279	110	102	230	302	283	1012	79		4428
14. 契税	3971	124	192	280	80	412	145	316	467	977	3761		10725
二、社会保险基金收入合计	32732	4265	4362	6257	4133	6596	3127	4482	5320	15174	4865	10162	101475
1. 生育保险费	260	35	24	63	26	47	28	27	37	102	53	150	852
2. 失业保险费	1157	99	71	174	66	210	83	84	124	420	184	484	3156
3. 工伤保险费	571	66	81	152	58	256	39	36	152	405	130	124	2070
4. 基本医疗保险费	17438	2493	2725	3060	2429	3222	1982	2834	3072	6530	2098	2437	50320
5. 基本养老保险费	13306	1572	1461	2808	1554	2861	995	1501	1935	7717	2400	6967	45077
三、其他收入	2159	273	281	253	188	340	145	224	441	1578	818	4913	11613
1. 文化事业建设费	72	3	6	2	3	3	3	10	7	18	81	4	212
2. 地方教育费附加	341	50	47	99	25	130	54	50	180	558	262	3920	5716
3. 旅游宣传促销费	10						1			4	2	15	32
4. 工会经费和建会筹备金	1715	220	228	152	160	207	87	162	253	995	472	974	5625
5. 税务部门罚没收入	21							2	1	3	1		28
总　计	85711	12148	13068	19627	11621	21016	10123	12108	20842	65752	38184	64903	375103
上年同期	82607	9714	10905	15513	9534	16543	7477	10647	16266	51932	34840	53612	319590
比上年同期增长（%）	3.8	25.1	19.8	26.5	21.9	27	35.4	13.7	28.1	26.6	9.6	21.1	17.4

2010 年楚雄州地方税收纳税重点企业一览表

纳税企业名称	国民经济行业类别	纳税额（万元）
云南德胜钢铁有限公司	炼钢	10302.71
楚雄汇通古镇文化旅游开发有限公司	房地产开发经营	2085.76
云南楚雄矿冶股份有限公司	铜矿采选	1976.61
楚雄德胜煤化工有限公司	炼焦	1876.97
中国移动通信集团云南有限公司楚雄分公司	移动电信服务	1736.46
云南德胜物流有限公司	道路货物运输	1351.38
中国电信股份有限公司楚雄分公司	固定电信服务	701.19
中国工商银行股份有限公司楚雄分行	商业银行	668.41
中国农业银行股份有限公司楚雄分行	商业银行	662.89
楚雄开发区永兴房地产开发有限责任公司	房地产开发经营	620.63
交通银行股份有限公司楚雄分行	商业银行	606.09
楚雄市农村信用合作联社	商业银行	482.83
云南盘龙云海药业有限公司	中成药制造	445.65
中国建设银行股份有限公司楚雄州分行	商业银行	411.52
中国农业银行股份有限公司南华分公司	商业银行	288.65
中国联合网络通信有限公司楚雄州分公司	移动电信服务	189.07
中国银行股份有限公司楚雄州分行	商业银行	154.91

疾人税收优惠政策、大学生创业、农民工就业、地方商品粮储备和农村农户小额贷款利息收入营业税减免等地方税收优惠政策。年内，全州地税系统落实各项税收优惠政策共计依法减免地方税收16241 万元。

【社会保险费征管】 2010 年，楚雄州地税系统进一步加强部门协调，完善清理欠费企业的跟踪制度，完善 100 万元、50 万元区间欠费省、州、县监控体系。实施领导班子负责清理欠费制度，健全社会保险费“三个台账”和“两个报表”制度。加大宣传力度，提高缴费意识。2010 年全州新增社会保险 4390 人。认真做好代收工会经费、建会筹备金及省属企事业单位离休干部统筹费征收工作。

【夯实征管基础】 2010 年，楚雄州地税系统深入贯彻落实税收管理员制度，加强税源管理。年内，全州 1237 户纳税人通过网络申报，11719 户纳税人通过简易申报，所有纳税人都通过储蓄扣税、电子下账缴纳税款。进一步规范发票管理工作，做好发票换版工作，全州除保留 34 户跨州市重点工程项目单位和未设地税机构的乡（镇）财政所为委托代开单位外，一律取消委托代开发票业务。认真做好纳税信用等级评定和纳税评估工作，与州国税局联合开展对 2008 ~ 2009 年度纳税信用等级评定，评出以缴纳营业税为主的 A 级纳税人 15 户。加强涉外和国际税收管理和委托代征税款监管，防止代征税款流失。

【优化纳税服务】 2010 年，楚雄州地税系统积极优化纳税服务。推进“优秀办税服务厅”创建工作。进一步修订纳税服务工作规范、纳税服务承诺、纳税信用等级评定管理办法、办税服务厅考核评价办法，创新纳税服务手段，提高纳税服务的科技含量，年内，双柏县地税一分局、南华县地税一分局办税厅被评为全省第二批优秀办税服务厅。坚持阳光办税，认真落实阳光政府四项制度，不断完善“96128”专线咨询服务工作，切实提高质量和效率。税收宣传工作常抓不懈。围绕“税收·发展·民生”的宣传主题，扎实开展了第 19 个税收宣传月活动。

【税收信息化建设】 2010 年，楚雄州地税系统加强网络安全管理，维护信息系统的正常运行，对安全防护系统和安全审计系统实施规范维护，信息化工作取得突破性进展，ISM 测试任务在楚雄顺利完成，楚雄地税门户网站建设进一步完善。认真做好企业所得税、个人所得税、发票等系统软件的维护工作，信息保密进一步加强，ODPS、视频会议系统得有序正常运行。

［王家奇］

（责任编辑：罗相海）

金融·保险

金　　融

【中国银行业监督管理委员会楚雄监管分局】 2010年，中国银行业监督管理委员会楚雄监管分局全面贯彻落实中央经济工作会议、银监会云南省银监局工作会议精神，以“调结构、控风险、抓改革、促发展、强管理、上台阶”为主线，以“有效监管强化年、内部管理强化年、学习培训强化年”为抓手，坚持改革创新、坚守风险底线，更加注重监管政策引领，着力提升监管的科学性和有效性，着力引导银行业优化信贷结构，增强全面风险管理能力和持续发展能力，为维护银行业安全稳健运行和经济平稳较快发展做出积极贡献。年末，全辖各银行业金融机构人民币各项存款余额437.98亿元，比年初增加64.85亿元，增长17.38%；各项贷款余额265.22亿元，比年初增加48.85亿元，增长22.58%。全年共开展各类调研15次，上报信息31期；编发《楚雄银行监管》27期，《参阅信息》11期，《简报》9期；上挂云南银监局网站分局动态信息142条。贷款集中投向农林牧渔业（贷款余额44.53亿元，占比16.79%）、交通运输、仓储和邮政业（贷款余额32.89亿元，占比12.40%）、制造业（贷款余额20.79亿元，占比7.84%）、建筑业（贷款余额11.97亿元，占比4.51%）、水力环境和公共设施管理业（贷款余额15.27亿元，占比5.76%）等行业。积极引导银行业加大省、州、县重点建设项目的信贷支持力度，重点支持水、电、路等基础设施和文化教育、医疗卫生等民生工程建设。针对楚雄州百年不遇的旱灾，安排部署辖内各金融机构认真做好抗旱救灾金融服务工作，全年辖内银行业金融机构共投放抗旱救灾贷款16.64亿元。积极支持林权抵押贷款业务发展，推进农村金融服务，全州银行业金融机构共办理林权抵押贷款业务235笔，贷款余额1.14亿元，占全州贷款余额的0.44%。继续大幅增加“三农”和中小企业的信贷投入。研究制定《楚雄州银行业金融机构支持县域经济发展的意见》、《楚雄州银行业金融机构支持中小企业发展指导意见》及《楚雄州银行业金融机构支持“三农”发展指导意见》，强化了“支农支小”工作，确保农业、小企业信贷投放的增速高于全部贷款增速，信贷投放量高于上年增速，有力支持了全州经济的发展。截至12月末，全州涉农贷款余额171.14亿元，比年初增加29.84亿元，增长21.11%。全州中小企业贷款余额97亿元，比年初增加8亿元，增长9%。

加强银行业监督管理。全年共受理银行业金融机构申请许可事项152项，许可151项，不予许可1项，核准149项；共开展现场检查16次，派出检查组51个，检查发现存在问题218个，重点对房地产信贷风险、大型银行贷款偏离度、信贷资金流入股市、信用卡风险、贷款新规执行情况、地方政府融资平台、金融理财业务、监管指标真实性等18个项目进行现场检查，提出整改意见建议182条；完善持续监管和审慎监管要求的数据库，建立主要金融数据快报制度，制定辖区银行机构概览模板；进一步提升非现场监管信息系统、客户风险监测预警系统、大中小企业贷款快报和涉农贷款快报的数据汇总和分析的科学性、时效性。按季实行分析通报例会，让党委、政府、各银行业金融机构及时掌握了解全州的金融运行状况。明确非现场监管人员、综合分析人员的岗位职责，使非现场监管工作更加专业化，明确监管办事处主任职责，使县域银行机构的监管得到强化。进一步完善了“贴近式”监管方式。

银行业风险管控。采取走访会谈、组织培训、专题调研、专项现场检查等方式，全面推进了辖内各金融机构贷款新规的同步落实。按照“逐包打开、逐笔核对、重新评估、整改保全”的要求，开展了地方融资平台贷款清理规范工作，针对融资平台贷款存在风险开展现场检查，严控贷款风险。按照国务院规范整顿房地产市场秩序等调控政策，有针对性地开展调研、组织现场检查，严控房地产行业信贷风险。按照《楚雄州2010年农村中小金融机构监管工作要点》，严密监控法人机构的核心监管指标，督促理（董）事会提高拨备覆盖率，增强抵御风险能力和市场竞争力，确保农村合作金融机构稳步发展。切实抓好案件风险防控工作，严控案件风险发生。严控贷款集中度风险，严防不良贷款集中反弹。

银行业改革工作。乡（镇）农村金融机构缺失问题得到根本性改变，全州各县乡（镇）服务站相继挂牌开业，使楚雄州成为全省首家全部解决金融服务空白的地州，实现了乡（镇）金融服务全覆盖，解决了边远山区人民群众生产生活的需求。新型农村金融机构的设立有新突破，先后成立了禄丰龙城富滇村镇银行及楚雄兴彝村镇银行2家新型农村金融机构。深入推进以股份制为主导的联社产权制度改革，积极引导和支持符合条件的联社改制为农村商业银行，实现以改革化解风险、以改革促发展的目标。继续推进农业银行“三农”金融事业部改革，将县支行逐步改造建设成为面向三农的经营平台，进一步明确了农业银行的市场定位，成为县域经济发展和“三农”的骨干力量。理顺管理体制，优化网点布局，明确归属关系，使邮储银行基层网点建设满足邮储银行长远发展和基层空白金融服务的需要。

［李　梅］

【中国人民银行楚雄州中心支行】 2010年，中国人民银行楚雄州中心支行在深入分析当前经济金融形势、参与州内重大项目考察的基础上，疏通货币政策传导机制，加强“窗口指导”，促进信贷结构优化调整。制定印发《2010年楚雄州信贷指导意见》，提出了信贷支持重点和全年信贷投放预期目标，利用与金融机构领导面谈、联席会、项目推介会，鼓励和引导金融机构加大对符合国家产业政策、扩大内需规划的重点项目、重点企业的信贷投入，促进信贷结构的调整，配合财政、税收政策的贯彻落实，做好资金支持；主动承担社会责任，引导金融机构加大对民生工程的信贷投放，切实做好就业、助学、扶贫、救灾等金融服务。至年末，全州金融机构人民币各项存款余额437.98亿元，比年初增加64.85亿元，增长17.38%；人民币各项贷款余额265.22亿元，比年初增加48.85亿元，增长22.58%。发放下岗失业人员小额担保贷款3995万元，创业贷款（贷免扶补）1.74亿元；全州国家助学贷款余额3139万元，累计支持3781名贫困大学生就读；面对2009年第四季度以来的特大旱灾以及“2·25”禄丰与元谋交界地震灾害，中心支行及时召开金融机构联席会议，安排部署抗旱、抗震救灾金融支持工作，要求辖内金融机构树立大局意识，为全州抗旱、抗震救灾工作的顺利开展提供优质金融服务。

维护地方金融稳定。不断拓宽金融稳定监测、评估的领域，加快监测频率，新建“主要经济指标、证券保险发展、中小金融机构风险、专项信贷”等15个监测平台，完善金融运行监测数据库，重点对农村信用社、村镇银行、小额贷款公司、担保机构、典当行、地方投融资平台等进行风险监测和调研分析，掌握辖内法人金融机构的经营状况，流动性状况和风险控制情况，对全州农村信用社的经营情况、资本充足水平、盈利能力、风险状况等各类指标及其变化趋势进行监测分析，及时做出合理预测，加强“道义劝告”，消除不稳定因素，积极维护辖区金融稳定。对流动性趋紧、相关监测指标符合要求的农村信用社，积极给予支农再贷款支持，鼓励其加大涉农信贷投入。年内，辖内永仁支行、大姚支行灵活应用货币政策工具，共发放支农再贷款600万元，支持农村信用社加大涉农信贷投入。

2010年楚雄州金融机构人民币信贷收支表

单位：万元

项　目	年末余额	比年初增额	比年初增幅（%）
一、各项存款	4379830	648529	17.38
1. 企业存款	1139980	25679	2.30
（1）活期存款	979164	95898	10.86
（2）定期存款	160817	-70219	-30.39
2. 财政存款	177618	93296	110.64
3. 机关团体存款	392246	49509	14.45
4. 储蓄存款	2285118	385173	20.27
（1）活期存款	1187111	219552	22.69
（2）定期存款	1098007	165620	17.76
5. 农业存款	313968	65009	26.11
6. 信托存款			
7. 委托存款	2723	1163	74.56
8. 其他存款	68175	28700	72.72
二、各项贷款	2652176	488515	22.58
1. 短期贷款	727456	59957	8.98
（1）个人贷款及透支	276829	46612	20.25
其中：个人消费贷款	21439	8300	63.17
（2）单位贷款及透支	447262	10480	2.4
其中：经营贷款	442762	7780	1.79
固定资产贷款	4500	2700	150
（3）贸易融资	3365	2865	573.06
2. 中长期贷款	1895768	413600	27.91
（1）个人贷款	823369	212431	34.77
其中：个人消费贷款	444412	121589	37.66
（2）单位贷款	1072399	201169	23.09
其中：经营贷款	457813	140390	44.23
固定资产贷款	614586	60779	10.97
3. 票据融资	28953	14957	106.87
其中：贴现	28953	14957	106.87

现金管理。科学预测现金需求，优化券别结构，确保现金供应。加强人民币流通管理，做好普通纪念币的发行及残损币销毁工作，构建反假币宣传网络，有针对性地开展人民币收付业务检查，督促商业银行履行法定职责，提高现金服务水平。

国库监督管理。认真履行经理国库职责，按时办理各级预算收支业务，提高国库资金清算效率，及时拨付抗旱、抗震救灾资金，做好国债发行兑付工作，确保各级政府预算顺利执行。年末，全州各级国库共办理预算收入254.57亿元，其中中央预算收入54.23亿元，省级预算收入5.49亿元，州级预算收入90.97亿元，县级预算收入103.87亿元；办理地方预算支出187.01亿元，其中州级预算支出84.38亿元，县级预算支出102.62亿元；办理各级预算收入退库4360万元，其中中央2540万元，地方1820万元。各金融机构共发行销售三期凭证式国债2894万元。

外汇管理。进一步提升外汇管理服务水平，促进对外贸易投资便利化，加强跨境资金流入真实性核查，做好异常跨境资金流动跟踪，积极承办经常项目、资本外汇业务，努力推动跨境人民币结算试点工作取得突破性进展。配合政府做好招商引资工作，为涉外企业提供优质服务。年末，全州外贸进出口完成1.08亿美元，增长56.4%。其中，出口1.04亿美元，增长71.3%；进口492万美元，下降44.8%。跨境人民币结算702万元人民币；外商投资企业登记注册外资606万美元，实际到位外资589万美元，外资到位率达97%，同比增长10倍。

支付结算。在姚安县适中乡、南华县龙川镇二街村委会、五顶山乡鼠街村委会和兔街镇普洒村委会开展“惠农支付服务”试点工作，推广利用POS机具及银行卡等现代化支付工具，使农户持卡在农行或信用社选定的惠农商户中就能实现支取现金、汇款、消费、缴电话费、查询余额等业务，帮助农户摆脱长期享受不到金融服务的困境，有力改善农村金融服务环境。

金融统计。在建立经济金融统计快报制度的基础上，归集、整理了楚雄州近20年间的36个重要经济金融统计指标数据，分别创建时序数据表和动态对比图，为经济金融分析和地方特色金融研究提供了宝贵的历史数据资料。继续深入开展好各项制度性调查、抓好经济金融运行调研分析，有效发挥决策服务作用。

征信管理。加大征信知识宣传，做好企业和个人征信系统维护及数据更新工作。扩大非银行信用信息的采集范围，将全州企业公积金缴存信息、个人住房公积金信息、企业拖欠工资信息、环保执法信息等纳入企业信用信息基础数据库，不断提升征信数据参考决策价值。年末，人民银行征信系统共收录全州2700余户借款企业及50余万自然人的信用信息，月均信息查询量已上万次。

银行卡管理。培养民众的安全用卡意识，严厉打击银行卡犯罪，针对7～10月楚雄州陆续出现的数起利用ATM机盗取银行卡用户资金案件，联合银行、公安等部门建立预防和打击银行卡违法犯罪工作机构，召开了“预防和打击银行卡违法犯罪工作联席会议”，分析总结了案件的影响及案件发生的原因，并组织各金融机构对全州范围内的ATM机和自助银行机具进行全面排查，完善风险预警和内部控制制度。从11月开始，在全州范围内开展了以“安全使用银行卡打击违法犯罪”为主题的大型宣传活动。

金融生态建设。加强与地方党政部门和金融机构协商沟通，认真部署信用环境创建工作，积极探索借款企业信用评级模式，开展农户信用评价试点，推进城乡信用体系建设，健全信用监督和失信惩戒机制，着力打造“诚信楚雄”，构建良好金融生态环境；促进金融服务体系的不断健全完善，积极协助地方政府引入新的金融服务主体，对2009年以来成立的富滇银行楚雄分行、楚雄州兴彝村镇银行和小额贷款公司等金融机构加强业务监管与指导，推进金融服务多元化发展；多方协调，通过恢复金融机构网点及设立流动服务站的方式，有效解决乡（镇）金融服务缺失问题，使楚雄州成为全省第一家全部解决乡（镇）金融服务空白的地州，实现了103个乡（镇）金融服务全覆盖。

［刘云辉］

【中国工商银行股份有限公司楚雄分行】 2010年，中国工商银行楚雄分行强化存款组织工作，实行层层负责的对公存款联系制，成功与州开发投资公司签订《公司债券账户及资金监管协议》，成为发行债券募集资金15亿元的唯一合作银行。从服务、营销、竞争力等方面狠抓储蓄存款，加强营销渠道和队伍建设，在进行标准化装修改造后的营业网点设立中高端客户服务窗口和理财室。8月，15个营业网点配备了32名大堂经理和理财经理，强化储蓄存款的竞争能力。新增44家工资代发单位，累计代发工资6.1亿元；新增7户中小企业贷款，新增贷款3075万元，实现了中小企业贷款零的突破；新增国内贸易融资2800万元；增加票据贴现4977万元。全年共审查审批各类信贷业务5763笔，金额19.02亿元；完成法人客户评级44户，同比增加10户，增长29.4%。年末各项存款余额43.34亿元，比年初增加1.96亿元，增长4.73%。其中，公司存款增加0.34亿元，增长3.73%；储蓄存款增加3.03亿元，增长15.67%。年末各项贷款余额29.64亿元，比年初增加4.84亿元，增长19.52%。其中，公司贷款增加0.48亿元，增长3.25%；票据贴现增加0.49亿元，增长430.68%；个人贷款增加3.87亿元，增长38.62%。全年实现各项收入2.85亿元，同比增加3001万元，增长11.75%；各项支出2.08亿元，同比增加1364万元，增长7.01%。实现拨备前利润8022万元，同比增加1934万元，增长31.78%；实现拨备后利润7988万元，同比增加1909万元，增长31.41%；实现净利润5969万元，同比增加1332万元，增长28.73%。人均净利润17.25万元，同比增加3.77万元，增长27.97%。

电子银行。全年企业网上银行净增281户，完成年度计划93.70%，其中证书版净增83户，普及版净增198户；个人网上银行净增1.19万户，完成任务66%；个人电话银行净增8974户，完成任务149.50%；WAP手机银行净增6878户。全年共实现电子银行交易额207亿元；实现电子银行业务收入（影子价格）246万元，完成任务106.96%；电子银行业务占比达到35%。

信用卡业务。借助工行信用卡分期付款的优势，成功营销云南电网公司楚雄供电局和州国税局的信用卡分期付款项目，项目发卡500张，分期付款1000万元。完成行内1.4万户星级客户的分级维护和13个网点的快速营销系统培训，率先在全省使用快速营销系统网上办卡121张，成为全省快速营销系统点击率和出卡率最高的行。同时，把公务用卡及信用卡分期付款作为营销重点，全年新开信用卡1336张，信用卡消费交易额2.79亿元，同比增加1.05亿元，增长60.65%，完成全年任务129.30%。信用卡透支规模3876万元，同比增加1356万元，增长53.81%，完成全年任务的398.82%。新增特约商户97户，新增POS机79台。营销公务用卡并新签订协议77户，发卡3110张。

新兴业务。积极与楚雄汇通彝人古镇旅游文化开发有限公司合作，在楚雄地区成功发行第一张区域性联名借记卡—彝人古镇·牡丹灵通联名卡，满足了客户消费支付、投资理财、旅行服务等各类需求。加强柜面营销能力，让客户了解工行的理财产品，销售基金3140万元、保险2813万元、个人理财产品13.52亿元、销售法人理财产品15.46亿元。全年新开对公结算账户632户，签订现金管理协议217户。全年销售纸黄金7918克，账户银23.44千克，品牌金3688克，代理个人实物黄金2千克，黄金积存5408克，如意银15.35千克，个人黄金递延2千克，个人白银递延293千克。

中间业务。全年完成中间业务收入1647万元，同比增加202万元，增长13.98%。其中个人金融业务完成561万元，银行卡完成421万元，结算与现金管理完成285万元，小企业金融业务完成21万元，机构业务完成24万元，公司业务完成163万元，投行业务完成128万元，国际业务完成17万元。

风险管理。加大不良贷款清收处置力度，全年累计清收转化不良贷款715万元，完成省分行下达计划的715%，其中现金清收154万元，完成计划154%，不良额和不良率持续实现“双控”。强化风险管理信息系统的应用，前移不良贷款管理关口，严防不良贷款“前清后溢”，对新发生不良贷款及时清收，防止不良贷款反弹。同时，以提高运行效率和运行质量为关键环节，完成了监督模式转型、对公转账业务集中处理和远程授权改革，加强运行风险提示和分析制度。年内召开风险分析会6次，下发风险提示6期。现金与一般存款的比率0.44%；现金综合运用率57.71%；全年联机交易761万笔；累计完成面对面对账240户，面对面对账率100%，邮寄对账率82.29%；网银对账1569户，点击率为99.81%；完成余额对账6865户，余额对账率94%；查清未达账52笔、金额42.94万元；业务综合离柜率58.73%。

渠道建设。把渠道建设摆到重要位置，进一步优化营业网点布局，做好2009年迁址及原址改造的西城支行等6个营业网点的变更营业场所、安防达标等事项的审批，3月底前投入使用。开发区彝人古镇新设1个离行式自助银行。

内控管理。全年累计完成自主培训12期、106课时、655人次，组织员工参加上级行举办的脱产培训、远程培训和视频培训累计23期、480.6课时、403人次；组织资格考试276人次。对楚雄城区12个行处的副行长（副主任）岗位进行公开选拔，聘任了13名副行长、副主任。完成大堂经理和个人客户经理公开竞聘工作，进一步优化了个人客户经理队伍。累计投入558人，开展专项审计、非现场审计、离任审计、其他检查及调查项目共52个。在“夯实基础，强化管理”主题教育活动中，提出问题和整改建议1189条，已整改1153条，整改率为96.97%。加强资产负债管理，掌握资金调度节奏，加大资金运用信息的预测工作力度，灵活调度资金，降低资金占用成本，提高资金营运效益，全年共调出调入资金225笔48.51亿元，实现资金营运净收入2641万元，占营业净收入的20.18%。加强票据融资业务营销，全年累计办理票据业务105笔，金额1.15亿元，同比增加7572万元，增长193.36%；实现贴现利息收入173万元，同比增加153万元，增长765%。

科技运行。进行70余次重点科技项目投产和业务推广，NOVA系统升至NOVA+1.2.6版本，实施业务变更27次，完成了会计凭证档案影像管理系统、业务集中处理平台系统，新终端CTB版本安装及二维码打印机、扫描仪等外设安装，“95588”语音接入“一码通”改造推广，电子文件安全控制系统，网点MSTP线路改造，行政印章管理系统等的投产；完成南方电网楚雄公司电费新系统投产推广。全年新装、更换、调整ATM自助设备共20余台次，年末有自助设备39台，自助设备运行开机率97.31%、ATM的正常运行率93.63%、ATM的硬件正常率95.93%，达到省的考核指标要求。

［李国文　罗红兰］

【中国农业银行股份有限公司楚雄分行】 2010年，中国农业银行股份有限公司楚雄分行加强服务渠道建设，全方位拓展资金来源渠道，巩固和扩大公司、机构和个人账户的经营成果，提高资金留存率，准确把握宏观调控节奏，优化信贷资源配置，适时调整信贷结构和支持重点，有效做好信贷投放工作。年末，各项存款余额达119.37亿元，比年初增加10.04亿元，增长9.18%，其中个人存款余额61.65亿元，比年初增加8.39亿元，增长15.75%。全年累计发放涉农贷款27.22亿元，年末余额50.41亿元，比年初增加5.26亿元，涉农贷款余额占各项贷款余额的75.82%，比年初增长10.44%。截至年末，各项贷款余额66.47亿元，比年初增加7.77亿元，增长13.23%。其中，单位贷款净增4.47亿元，增长10.37%；个人贷款净增3.29亿元，增长21.16%。年末实现拨备前利润同比增盈8363万元。

中间业务。开办了信用卡、银行卡、电子银行、投资银行、担保承诺、企业年金托管、代理保险、代收代付、国际业务结算、结售汇、外汇等中间业务，实现中间业务收入5130万元，同比增加1135万元，增长28.41%。

城市业务转型。着力于理念、客户、业务、网点和机制转型，推进城市业务经营转型。年末，AA级以上法人客户比年初提高4个百分点，贷款同比提高2.36个百分点，贷款余额比年初增加3.34亿元。拥有金卡以上的个人黄金客户比年初增加1.38万户。

风险管理。加强信贷风险防范，从受理客户申请直至贷款本息收回实行全过程严格管理；防控操作风险，严格冲抹账、授权业务、银企对账、柜员自办业务、临柜业务、自助服务设施、银行卡和电子银行等方面的管理；提高安全保卫科技水平，加强刑事案件防范、金库改造达标验收、视频监控报警联网系统改造等安防基础设施建设工作；对各县支行派驻风险经理，增强对各县支行内控管理、信贷管理、会计基础管理等重要风险环节的监督和控制能力。

内控管理。进行内控合规组织机构体系调整工作，在州分行本部增设内控合规部，县支行按照部门分工分解落实内控合规管理相关职能。上线财务管理系统二期，构建“三农”县域核算体系和报告体系；推广运用全额资金管理系统，发挥内部资金转移定价体系在资源配置、产品定价、风险管理等方面的引导作用，加强资金成本控制，促进业务经营结构转型；统筹兼顾各个层面干部员工的工资收入，增强绩效工资分配与当期实际经营成果的挂钩分配力度。

科技支撑。年末，有42个联网对外营业机构，有55台ATM取款机、11台存、取款一体机，每日投入生产系统的在线柜台终端320余台。

［鲁家善］

【中国农业发展银行楚雄州分行】 2010年，中国农业发展银行楚雄州分行坚持以业务发展为中心，以支持彝州新农村建设为重点，突出支持农村基础设施和县域城镇建设，择优支持农业产业化龙头企业和农业小企业，业务经营在巩固中得到稳步有效的拓展。年末，各项贷款余额20.82亿元，比年初增加2.49亿元，增长13.58%；各项存款余额6.73亿元，比年初减少0.45亿元，减幅6.3%；实现账面赢利0.56亿元，比上年增加937万元，增长20.02%；不良贷款继续保持为零。

粮油信贷业务。积极支持粮油购销企业做好粮油收购、调销、轮换等工作，保障信贷资金供应。全年认定收购贷款资格企业20户，累计发放粮油贷款2.65亿元，年末粮油类贷款余额5.48亿元，占全部贷款的28.09%，粮油信贷业务继续得到巩固。

非粮油信贷业务。从支持“三农”需求的基点出发，紧紧围绕发展现代农业、提高农业综合生产能力的目标，以支持农村基础设施建设和县域城镇建设为重点，非粮油信贷业务继续得到有效拓展。全年累计发放非粮油贷款4.27亿元，年末非粮油类贷款余额14.97亿元，占全部贷款的71.91%，同比增加2.55亿元，增长20.53%。

中间业务。继续抓好代理保险，大力推进国际结算、非信贷资产业务，实现中间业务收入来源多元化。积极推进保险代理业务“双单”作业，企业抵押资产应保尽保，实现保险代理手续费17.3万元；制定中间业务考核奖励办法，将任务层层分解落实，奖惩到人，全年职工个人营销保险代理手续费11万元；办理了元双公路6个标段人员意外保险，实现保险手续费收入9.8万元；继续加强国际结算业务，累计实现外汇手续费收入7011元；积极推广非信贷资产业务，银行承兑汇票实现“零”突破，全年累计办理银行承兑汇票4笔，金额700万元。全年实现中间业务收入51.49万元。

风险管理与风险防控。认真开展贷前项目审查，全年共审查贷款项目79笔，金额4.09亿元，召开贷审会25次，审议贷款项目55个，金额10.95亿元；认真进行客户评级授信，全年共对62户客户进行评级授信，评定AAA级客户1户，AA+级客户1户，AA级客户3户，AA-级客户4户，A+级客户12户，A级客户22户，A-级客户19户。最高综合授信客户57户，总授信额度27.03亿元；认真开展地方储备粮油及准政策粮油库存与贷款核查工作，对11户地方储备粮油贷款企业、18户准政策性粮油贷款企业进行了核查；加强专项贷款资金监管，全年共向全州10县（市）拨付水利建设专项资金5.09亿元，拨付元双公路资金9.41亿元；做好政府融资平台公司贷款清理和贷款“解包还原”工作，对6个项目25笔共12.9亿元政府融资平台贷款逐笔进行了认真检查。

资金管理。认真编制信贷计划，积极争取信贷规模，全年向上级行申请信贷计划77笔，争取信贷规模7.8亿元；加强日常计划管理，及时调度资金，全年共请调资金230笔，金额13.94亿元；归还总行借款62笔，金额5.7亿元，跨系统大额支付资金2902笔，金额29.79亿元；加强现金利率管理，全年累计现金收入8788万元，累计现金支出3.30亿元，现金净投放2.42亿元；加强与财政部门的沟通协调，确保各项补贴及时足额到位。全年州县财政补贴到位1852万元，拨补率100%。

财务管理。加强收息工作，全年应收贷款利息1.15亿元，实际收息1.15亿元，综合贷款利息收回率100.92%，同比提高1.45个百分点；加强财务费用管理，坚持和完善费用报账制，加强大额费用审核把关，做好财务资源配置，控制成本，全年共召开财审会16次，审议财务费用180笔，金额332万元。全年财务收入1.28亿元，财务支出0.72亿元，实现账面利润5617万元，同比增加937万元，增长20%。

人力资源改革。年内，选拔了1名州分行副行长，公开选聘了3个县支行行长助理和州分行办公室副主任、客户部高级副主管2个空缺岗位，进一步加大对年轻干部的培养力度，优化干部队伍素质；按照上级行要求做好员工聘用合同签订工作，全行91名员工全部按时签定了聘用合同；落实重要岗位和敏感环节工作人员轮岗和强制休假制度，全年安排47人强制休假，对17名客户经理进行了换户管理，4名会计坐班主任进行了短期异地交流；开展了二级分行经营管理基础平台建设，进一步整合人、财、物资源，实现二级分行职能逐步由纯管理向经营管理的转变。

信息化建设。完成了经费开支报账制管理系统、贷款收息月报系统、信贷信息核查系统、综合报表平台系统等模块的推广运用；对全辖路由器、交换机和防火墙等网络设备的配置文档进行梳理，建立标准化、规范化的配置模板，保障设备及系统的安全；圆满完成了“两地三中心”灾备系统切换演练。

［熊春海］

【云南省农村信用社联合社楚雄办事处】 2010年，云南省农村信用社联合社楚雄办事处积极落实存款“一把手”负责制，靠宣传、服务、协调赢得客户的信赖和支持，进一步加大信贷结构调整，加大信贷资金投入，确保信贷增量，不断拓宽支农服务的深度和广度，积极支持城乡经济发展。年末，全州农村信用社各项人民币存款余额131.1亿元，比上年末增加24.3亿元，增长22.8%，其中储蓄存款余额93.33亿元，增长23.2%；对公存款37.7亿元，增长21.9%。各项贷款余额86.6亿元，比上年末增加17.2亿元，增长24.9%。其中涉农贷款余额78.3亿元，比上年末增加17.3亿元，占各项贷款的90.4%，农户贷款面达77.4%。年内，累计发放“贷免扶补”小额创业贷款3452户1.69亿元；发放抗旱救灾贷款资金7.09万户8.79亿元；实现中间业务收入1269万元，增长36.7%。新增ATM机7台，POS机270台，6县（市）联社获得“金碧公务卡”、“金碧贷记公务卡”发行资格，共发行金碧公务贷记卡3804张；新拓展特约商户225户，获人行楚雄中心支行“最佳商户拓展奖”；完成楚雄师院校园“一卡通”一期工程建设，在楚雄师院校园发行校园卡1.22万张；10县（市）农村信用社全部取得国库集中支付代理资格；组织、指导全州10县（市）联社召开第二届社员代表大会，圆满完成10县（市）联社领导班子换届工作，首次在全州公开选聘县级联社副主任到禄丰县、元谋县、武定县任职；风险管理持续加强，资产质量进一步提高，不良贷款持续实现“双降”；提前完成全州元谋县凉山乡和姚安县太平乡、左门乡、适中乡2县4个乡缺失金融网点恢复开业工作，农村信用社乡（镇）金融网点覆盖面达到百分之百。

［张天翔］

【中国建设银行股份有限公司楚雄州分行】 2010年，中国建设银行楚雄州分行认真落实各项工作措施，加强个人富裕客户和对公重点客户、项目营销及客户维系，扭转了对公存款大幅下滑，大力发展个人类贷款和小企业客户，抓好信贷项目的储备申报，做好优质客户的授信，对公客户信用评级覆盖率保持100%。年末，本外币一般性存款余额44.60亿元，比年初增加5.25亿元，增长13.33%。其中对公存款余额27.95亿元，比年初增加2.41亿元，增长9.42%；个人存款余额16.64亿元，比年初增加2.84亿元，增长20.58%。一般性存款余额金融机构市场占比10.18%。各项贷款余额22.75亿元，比年初增加2.90亿元，增长14.61%。其中公司类贷款余额15.97亿元，比年初增加1.11亿元，增长7.45%；个人类贷款余额6.78亿元，比年初增加1.79亿元，增长35.95%。实现拨备前利润6878万元，实现税前利润4854万元；实现中间业务收入1614万元，同比增加393万元。

信用卡业务。抓住政府预算单位公务卡结算制度改革契机，签约协议单位183家，累计发行公务卡9372张，当年新增发卡8319张。年末，累计发行借记卡12.02万张，年内新增发卡3.11万张，消费交易额2.97亿元。信用卡客户数1.51万户，净新增折算1.18万户，账户活动率54.22%，消费交易额1.11亿元；净新增特约商户86户。

电子银行。年内开展了电子银行夺标训练营和“增分子、减分母”提升电子银行交易量比专项营销竞赛活动，积极抓好批量代发工资单位的网上银行营销和推广，有效促进了电子银行渠道的发展。年末，新增个人电子银行活动客户数6554户，新增对公网银高级版客户93户。电子银行账务性交易量比23.55%，比年初提升16.89个百分点。

资产质量。全年新增小企业贷款客户8户，新发放小企业贷款4000万元，小企业贷款比上年增长264.16%；个人类贷款余额突破6亿元，新增1.79亿元，增长35.95%；公积金贷款余额6.67亿元，新增1.17亿元，增长26.41%，市场占比46.47%，市场排名第一；公积金归集7.73亿元，市场占比42.13%；住房维修基金存款余额1.04亿元，比年初增加4273万元，市场占比74.42%。至年末，五级分类口径不良贷款额1432.81万元，比年初下降424.34万元；不良贷款率0.63%，比年初下降0.31个百分点。处置不良资产485.73万元，现金回收各类不良资产525.18万元；核销呆账贷款16.84万元。

［殷绍华］

【中国银行股份有限公司楚雄州分行】 2010年，中国银行楚雄州分行积极应对经营管理工作中的困难和挑战，加快转变经营机制和增长方式，着力强化业务创新和营销服务，建设内控长效机制，强化企业文化建设。至年末，人民币各项存款余额23.40亿元（不含金融机构存款），比上年末增长7.05%，其中公司存款余额14.80亿元，比上年末增长3.42%；储蓄存款余额8.60亿元，比上年末增长13.94%。人民币各项贷款余额10.78亿元，比上年末增长109.31%，其中公司贷款余额（不含票据融资）7.83亿元，比上年末增长184.84%；零售贷款余额1.93亿元，比上年末增长58.61%。累计实现营业利润4903.42万元，比上年同期增长2.42%；实现净利润3623.64万元，比上年同期下降6.15%。实现各项中间业务净收入473.97万元，比上年同期增长37.64%。不良贷款余额为零，比上年末下降0.01个百分点。年内，在积极做好新客户的营销及贷款投放工作的同时，以中小企业业务中心成立为契机，成功发放第一笔中小企业贷款900万元，并积极做好项目储备工作；各营业网点努力加大理财产品、代销基金、代理保险的业务量，不断提高国际结算业务的结算量，积极增加中间业务收益，稳步提升市场份额。

内控管理。5月3日成功实现了IT蓝图投产上线，圆满实现“成功切换、正常营业、风险可控”的投产上线目标。流程整合和网点转型扎实推进，顺利完成了国内结算与现金管理岗位、中小企业业务中心的组建与整合，有效梳理和调整了部分业务职能，进一步提升了内部控制和管理效能。根据业务发展需要，选聘了8名大堂经理，调整充实了个人业务营销队伍，提高了网点的服务效率、营销能力和综合效能。南路分理处、东门街分理处、东路分理处于12月16日成功升格挂牌，圆满完成楚雄州中行分理处全部升格为支行的工作。进一步完善了绩效考核办法和费用资源配置方案，调整规范了部分财务客户维度指标，将业务指标完成情况列入绩效考核主要内容，加大了存款、贷款和中间业务指标特别是增量指标的考核力度，引导全行认真落实发展战略和经营重点，全面提升了绩效管理水平。全年共编辑和发布《金融信息》100期。

［马庆华　苏家军］

【交通银行股份有限公司楚雄分行】 2010年，交通银行股份有限公司楚雄分行积极推进各项工作的开展并取得较好的成绩。全年实现税前利润5731万元，比上年增加3.2万元，人均利润达到57.31万元，比上年增加4.01万元；实现中间业务收入460.4万元。年内，交行楚雄分行以抓重点企业、重大工程、重要民生工程为重点，积极寻找新的资产业务增长点，全年累计发放对公贷款6.75亿元。年末，各项贷款余额19.23亿元，比上年末减少3562万元，降幅1.82%；各项贷款平均余额19.59亿元，比上年末增加3.10亿元，增幅18.81%。紧抓个人贷款业务，累计发放个人消费贷款1.23亿元。由于贷款稳步增长，使得楚雄分行资产业务比上年有了较大增长，年末本外币资产总额达到29.89亿元，比上年增加1.97亿元，增幅达到7.07%。至年末，人民币各项存款余额28.05亿元，比上年末增加1.95亿元，增幅7.46%。其中对公存款余额19.54亿元，增加0.72亿元，增幅3.83%；储蓄存款余额8.51亿元，同比增加1.23亿元，增幅16.84%。日均存款余额23.39亿元，比上年增加1.27亿元，增幅5.76%；外币各项存款余额15万美元，比上年末增加2万美元，增幅15.38%。

针对楚雄州外贸企业的特点，通过争抢市场、挤进主流、抓住客户、创新服务等多种营销措施，大力拓展国际业务，对全州具有自营进出口权的企业和外贸公司进行筛选、一户一策、组建营销团队逐一营销，起到了较好效果。截至12月31日，新开外汇账户动户6户，累计外币结算量1254.91万美元，比上年增加1173.31万美元，增幅1437%，全年国际业务结算量约占全州国际业务结算总量的17.9%。

［刘　安］

【中国邮政储蓄银行有限责任公司楚雄州分行】 2010年，中国邮政储蓄银行有限责任公司楚雄州分行充分发挥邮政网络资源优势，在两个一级行建立了理财中心，以大理财为切入点，通过开展理财沙龙等活动，深度挖掘客户深层次需求，有效改善客户结构等方式，主要业务快速增长，市场份额得到提高，经营规模持续扩大。年末，全州各项存款比上年增长26.22%；小额信贷贷款额比上年末增长30.42%；不良贷款余额71.15万元，不良率0.76%，比上年下降0.12%。截至年末，累计发放个人贷款1150笔1.21亿元，累计新增3672.58万元。年末，全行存款余额16.37亿元，比年初新增3.4亿元，增长26.22%。

服务三农。依托邮政储蓄绿卡为农村提供金融业务，代为发放农村养老金、计划生育扶助奖励金、退耕还林款等715.2万元。与相关单位合作，开办了移动、联通营业款代收，电信话费代收等业务，帮助各级单位加快农村资金归属，方便了农村地区客户的资金结算，努力为“三农”及中小企业发展提供有力的金融支持。完成大姚县、姚安县的代付烟草款服务，累计代付烟草款3.87亿元，取得了良好的营销效果。

服务渠道建设。新建了禄丰县金山支行营业网点，自助渠道服务能力不断充实，全年新建自助银行1个，新安装ATM机3台，更新ATM机3台；为前台业务发展做好支撑服务工作，完成ATM机和POS机的升级改造工作；开展规范化服务工作的推进，通过服务双星评选工作，服务水平不断提高。

风险管理。组织开展了“全州邮政金融安全生产大检查及行业内控和案防制度执行年”活动。通过各种审计检查、风险排查、“业务行为规范年”、资产保全等一系列工作的全面开展和风险管控激励约束机制的建立，促进了各级单位风险管理“三道防线”各项职责的落实，全行风险意识、风险管理能力显著增强。加强会计内控管理，会计差错率逐步降低，会计核算质量明显提升，比上年提高19%。个人金融营销队伍建设得到加强，考核激励机制逐步健全，个人业务主管、大堂经理、理财经理逐步配置到位，相关职责进一步得到明确，银行从业人员资格持证员工不断增加。

［李淑芹］

【富滇银行股份有限公司楚雄分行】 2010年，富滇银行股份有限公司楚雄分行以提升市场竞争力为主线，坚持开拓与管理并重的原则，紧紧围绕全年的工作思路和目标任务，开拓进取，发展创新，积极服务地方经济，不断强化风险管控，努力提高经营效益，提升资产质量，各项业务安全稳健发展。富滇银行楚雄分行现设营业部、市场营销部等2个业务部门和办公室、风险管理部、财务会计部等3个支持部门。至年末，各项存款余额5.06亿元，全口径存款4.38亿元，人均增存1824万元；各项贷款余额3.92亿元，贷款日均余额3.44亿元。其中公司类贷款3.51亿元，占贷款总额的89.33%，比上年增加3.51亿元，公司类贷款日均余额3.23亿元；个人类贷款0.41亿元，占贷款总额的11.95%，比上年增加0.41亿元。全年实现税前利润749万元。

服务地方经济。严格对客户进行审查，对一些好的项目、企业、事业单位、个体工商户和自然人按照总行相关规定进行筛选，不断优化客户资源。积极与房地产开发商签订办理住房按揭贷款合作协议。至年末，与9家房地产公司签订了合作协议，已为6个楼盘办理了住房按揭贷款。加大小企业贷款投放力度，提倡抵押贷款优先。成功发放教育业贷款3.38亿元。

中间业务。积极探索，主动营销，大力发展中间业务，实现了中间业务收入稳定增长。扩大发卡规模，增加消费交易额，提高新卡启用率，以扩大POS机的覆盖面为重点，努力改善用卡环境，实现了发卡量、消费交易额和收益的较快增长，促进了公务卡业务的发展。

［杨　樊］

保　险

【楚雄州保险行业协会】　2010年，楚雄州保险业快速、健康发展，至年末，楚雄州共有保险市场主体20家，其中产险公司12家、寿险公司8家，另有1家专业保险经纪代理公司分支机构。全州共有中心支公司（含分公司）16家，支公司37家，营业部2家，营销服务部141家，保险从业人员4000余人。全年全州累计实现保险费收入10.57亿元，同比增长21.39%；累计赔款2.6亿元，同比下降11.56个百分点。其中，寿险保费收入6.51亿元，同比增长19.3%，赔款1.09亿元，同比下降了21.58个百分点；产险保费收入4.05亿元，同比增长30.69%，赔款1.51亿元，同比下降了3.58%。年内，州保险行业协会组织车险自律专项检查3次，车险市场得到进一步规范；正式接受办理并上报了41家保险兼业代理机构的申报、换证、遗失补办，其中新申报21家、已核准9家；共接到保户来信来访及投诉23起，收到违规举报3起，通过调查核实，绝大多数来信来访者对处理结果都较为满意。重点做好保险代理人资格考试工作，积极推广实施符合条件的农村保险营销员资格证申报优惠政策，为各公司寄送考试资料、为到期“合格证”换证等。至年末，共组织保险代理人资格考试259场次，参考人数达到3742人，合格率44.58%。为171名符合农村保险营销员资格人员申请办理了农村保险营销员资格。《楚雄州保险信息》的投稿数量和质量与上年同期相比有所增加和提高，还新增加了特刊（保险论文或调查报告）。至年末，刊出《楚雄保险信息》11期、特刊8期；为扩展宣传渠道，协会秘书处积极筹建楚雄州保险行业协会网站，网站已基本成型进行试运行。

［楚雄州保险行业协会］

2010年楚雄州保险业务统计表

单位：万元

保险分类	险种	保费收入				赔款金额			
		2010年	2009年	同比%	份额%	2010年	2009年	同比%	赔付率%
财产保险	财产险	5054.70	5332.73	-5.21%	100.00%	2897.40	2573.14	12.60%	57.32%
	车险（商业险）	19560.43	12982.08	50.67%	100.00%	6958.08	6815.67	2.09%	35.57%
	车险（交强险）	12404.40	9694.78	27.95%	100.00%	5281.81	4226.82	24.96%	42.58%
	责任险	956.05	935.05	2.25%	100.00%	353.26	396.18	-10.83%	36.95%
	人身意外伤害险	1406.43	2052.96	-31.49%	100.00%	494.44	1465.00	-66.25%	35.16%
	健康险	1147.07	13.88	8164.19%	100.00%	624.05	7.30	8448.63%	54.40%
	合　计	40529.08	31011.48	30.69%	100.00%	16609.04	15484.11	7.27%	40.98%
人寿保险	意外伤害险	3550.19	2235.00	58.85%	100.00%	432.00	480.26	-10.05%	12.17%
	健康险（短期）	7972.58	2075.06	284.21%	100.00%	3155.11	533.87	490.99%	39.57%
	寿险	53597.43	50273.45	6.61%	100.00%	7307.65	12889.04	-43.30%	13.63%
	合计	65120.20	54583.51	19.30%	100.00%	10894.76	13903.17	-21.64%	16.73%
意外险、健康险	意外伤害险	4956.62	4287.96	15.59%	100.00%	926.44	1945.26	-52.37%	18.69%
	健康险	9119.65	2088.94	336.57%	100.00%	3779.16	541.17	598.33%	41.44%
	合　计	14076.27	6376.90	120.74%	100.00%	4705.60	2486.43	89.25%	33.43%

【中国人民财产保险股份有限公司楚雄州分公司】 2010年，中国人民财产保险股份有限公司楚雄州分公司全力推进实施“效益、速度、服务”领先的市场战略，开创了公司又好又快发展的新局面。4月16日，正式开展电销业务，实现电销保费1720.97万元，完成全年计划的286.83%。全年共承保能繁母猪24.21万头，为养殖户提供了2.42亿元的风险保障，收取保费1450万元，共支付赔款988.5万元；承保烤烟50万亩，为种植户提供了8.75亿元的风险保障，收取保费699万元，全年支付赔款1396万元；全州农房统保覆盖面达到90%以上，全年赔款139.2万元。为建立健全农村社会保障体系，提高农村居民的保险意识及抵御各种风险的能力，公司在禄丰、南华2县推广了农村小额人身保险，并取得了积极成效。至12月31日，公司实现保费收入2.66亿元，比上年同期净增保费6065万元，增长率29.6%，完成年计划保费收入的118.74%，公司在调整业务结构，提高业务质量，优化烤烟保险保费1000万元的基础上，仍然保持了29.6%的高速增长，并提前76天完成云南省公司下达的计划任务。公司全年共处理各项赔案3.67万件，支付赔款1.21亿元，缴纳地方税收1267.16万元。

[麻文东]

【中国人寿保险股份有限公司楚雄分公司】 2010年，中国人寿保险股份有限公司楚雄分公司在5月10日丽江举行的董事荣誉宴会上，荣获“特别贡献奖”荣誉证书；在10月8日全省系统“9·30”总结表彰大会上荣获“先进单位”荣誉称号，并作为先进单位进行交流发言。在开门红业务竞赛中，率先完成了全年的企业年金销售任务。建成保险先进乡1个、保险先进村76个，挂牌创建点246个。大旱期间，积极开展“抗旱救灾”、“抗旱保教”、“捐资助学”等社会公益活动，全年共捐资、捐物达151.93万元，其中“抗旱保教”投入16.93万元。至年末，实现总保费收入3.09亿元，比上年同期净增保费0.17亿元，同比增长5.82%，缴纳地方税收313.96万元，市场份额62.07%，在云南省六大州市公司中综合排名第一，绩效工资提取量第一。年内，已结赔案1.19万件，全年给赔付支出共计0.61亿元。

[姜　勇]

【中国太平洋财产保险股份有限公司楚雄中心支公司】 2010年，中国太平洋财产保险股份有限公司楚雄中心支公司始终坚持“一流的服务质量，一流的工作效率，一流的公司信誉”的宗旨和“改革、发展、管理、效益”的经营方针，在“以效益为中心，以市场为导向，以客户为基础”的经营思想指导下，弘扬“诚信、敬业、创新、奋进”的企业精神，坚持立足于内部管理，不断提升服务质量，拓展经营路子，信守“保户至上，主动迅速，准确合理”的经营理念，努力造就一支具有良好精神风貌和较强业务素质的员工队伍。实现保费收入3243.36万元，同比增长31.30%，赔款支出1205.62万元，上缴地方税费181万元，已结赔案5643件，结案率91.73%。

[明　茜]

【泰康人寿保险股份有限公司楚雄中心支公司】 2010年，泰康人寿保险股份有限公司楚雄中心支公司实现保费收入6667.84万元，支付各类赔款1165.37万元，支付满期给付金额776万元。成功升级牟定营销服务部、大姚营销服务部为支公司。

[阿莹曼]

【中国大地财产保险股份有限公司楚雄支公司】 2010年，中国大地财产保险股份有限公司楚雄支公司紧紧围绕“更新观念，调整结构，强化管控，提高效益”的总体工作思路及要求，依法合规经营，实现了跨越式发展。至年末，楚雄支公司实现保费收入1711万元，其中电销保费52万元，同比增长14.6%，下半年与上半年相比，环比增长62%。实现利润171万元，利润率10.31%，处理赔案2625件，支付已决赔款684.05万元，未决赔款204.67万元。年内，公司开展了登山、棋牌比赛、趣味游戏等工会活动。

[纳绍菊]

【中国人民健康保险股份有限公司楚雄中心支公司】 2010年，人保健康楚雄中心支公司业务质量持续改善，建立了“病前健康管理、病中诊疗监控、病后赔付检查”三位一体的医疗风险控制机制；健康管理服务能力不断提升；服务国家医疗保障体系建设取得新进展，承保与国家医疗保障政策配套、受政府委托的社保医疗补充业务3项，实现保费收入5676.24万元，同比增长2527.89%，实现了社保补充业务的稳健、快速增长。全年实现规模保费收入7087万元，比上年增长了588.1%。年内，公司向双柏县马龙河完小捐赠了7.9万元救灾款项和物资；组建了“楚雄州新农合大病补充保险医疗审核队伍”，分赴全州10县（市）开始进行理赔服务工作；获得了“开门红业务竞赛”优秀地市级机构和“上半年业务竞赛”优秀地市级机构表彰，其中团险业务在全国80家地市级机构中排名第二。8月4日，人保健康总公司李玉泉总裁一行到公司进行调研，总裁对公司建设、社保业务发展给予了充分的肯定并作了重要指示。12月23日，《楚雄州城镇职工大病补充保险协议》成功续签。

[陈熙熙]

（责任编辑：者宗菊）

科学技术

科技综述

【科技工作概况】 2010年，楚雄州科技部门向国家科技部和省科技厅申报科技计划项目71项，项目总投资5.85亿元，申请资助资金4251万元，已批准实施43项，到位资金1752万元。省州科技工作会商会议商定的4个重点支持项目计1850万元经费分批下达。全年楚雄州获省科学技术奖3项，评审出2009年度州科学技术奖41项（人），其中突出贡献奖1人，自然科学奖2项，科技进步奖38项（一等奖2项，二等奖6项，三等奖32项）。建设创新型云南行动计划年度目标任务超额完成。高新技术企业新增认定3家，完成率100%。云冶集团和昆钢集团总投资为60余亿元的钛产业开发项目，已向科技部申请钛材料高新技术产业化基地认定。新增认定省级创新型试点企业1家，完成率100%。申请专利163件，其中发明专利申请51件，发明专利授权14件。州本级财政科技投入4782.09万元，比上年增长237.1%，高于经常性收入增长比例130个百分点，完成责任目标任务的298.88%。此外，年内全州行政区域内有3位专家还被列为第十批省技术创新人才培养对象，1个产品获得省自主创新产品认定。以2个省级“云药之乡”建设为重点，新发展种植中药材3.39万亩。在科技抗旱工作中，州、县（市）科技部门共安排经费27.70万元，捐款3.56万元，组建了23个科技抗旱（专家）工作队，编发科技抗旱技术手册3.3万册，发放科技抗旱技术资料2万余份，组织专家开展实用技术培训345场，培训1.55万人次，并争取到科技部抗旱小汽车3台。圆满筹备开展了“云南省暨楚雄州2010年科技活动周”等科技宣传活动，完成“十二五”科技规划编制工作。

【科技项目申报】 2010年，楚雄州科技项目申报工作稳步推进。农村与社会发展科技项目申报取得实效。根据《云南省科技厅关于印发2010年省科技计划项目申报指南的通知》要求，通过宣传动员，深入企业和基层调查研究，认真策划和预申报，筛选出一批前期基础工作扎实、技术开发内容明确、承担单位开发能力强、对“四大科技创新工程”有重要示范带动作用的项目。全年全州共向国家科技部和省科技厅推荐、申报农村与社会发展科技项目41项，有17个项目被上级列项，争取到项目经费1027万元。工业及高新技术科技项目申报进一步加强。全年全州共组织20个项目分别上报国家科技部和省科技厅。其中申报国家科技型中小企业技术创新基金4项，申报科技创新强省及重点新产品开发计划8项，申报非公有制经济暨中小企业发展专项扶持资金（技术创新）7项，申请后补助1项。推荐上报的20个项目计划总投资2.58亿元，申请扶持资金1855万元。由云南新立集团武定钛业有限公司申请的“大型密闭直流炉冶炼酸溶钛渣生产工艺开发与应用”项目，作为2010年度楚雄州重大项目提交厅、州科技会商，已完成相关申报工作程序。协调争取对楚雄州科普项目列项扶持。申报科普项目7项，获得省级科普项目支持4项，到位资金22万元；实施州级科普项目1个，支持项目资金5万元。

【科技项目管理】 2010年，楚雄州科技部门强化了科技项目管理。4月，楚雄州科技部门对8县（市）9个单位承担的“地方科技条件平台建设”项目进行了专项集中检查。通过对省科技厅安排的168万元地方条件平台建设专项资金，州、县自筹143万元配套经费项目实施的检查验收，总体评价是项目实施符合要求，项目资金发挥了应有的效益。6~8月，先后对云南燃二化工有限公司承担的“耐高温导爆索产业化”项目、云南武定生命源化工有限责任公司承担的“利用工业废酸生产农用磷肥技术开发及产业化”等项目进行了监督检查，并依据项目实施进展情况，分别对各项目承担单位提出了下步工作要求及整改意见。依据项目进展情况，组织了对云南澜沧江啤酒企业（集团）楚雄有限公司承担的“澜沧江纯生啤酒开发”项目和云南盘龙云海药业有限公司承担的“灵丹草喷雾剂新药研发”项目的专家验收。加强对楚雄州禄丰县、武定县和楚雄市承担省科技厅科技抗旱粮食作物高产创建项目的监管。3个县（市）百亩核心区、千亩展示区、万亩示范区的种植任务和产量经省州专家组实收测产，已完成项目合同任务。通过加强科技项目的监管，2010年高新技术企业认定新增3家，分别为楚雄老拨云堂药业有限公司、云南金碧制药有限公司和云南思农蔬菜种业发展有限公司。云冶集团和昆钢集团总投资为60余亿元的钛产业开发项目，已向科技部申请钛材料高新技术产业化基地认定。新增认定省级创新型试点企业1家，为云南广泰生物科技开发有限公司。

【知识产权管理】 2010年，楚雄州加

强知识产权管理，积极做好知识产权保护工作。举行了“楚雄州2010年保护知识产权宣传周”启动仪式，开展了专项执法检查，举办了“2010年楚雄州企业知识产权培训班”。全年共上报政务信息66条，超额完成任务。年内按照《楚雄州专利申请费用资助暂行办法》，州级共资助专利申请项目129项，资助总金额为4.94万元。全年共获得省级专利申请资助项目69项，资助总金额为2.39万元。

［李奎连］

科研活动

【钛材加工研发及项目建设】 2010年，楚雄州加大钛材加工研发和一期项目建设。由云南钛业股份有限公司承担（云冶集团控股的中外合资企业）年产2万吨钛材加工项目，借鉴了日本将钛和钢铁冶金生产相结合以降低投资成本的经验，利用昆钢现有的热轧、冷轧、退火等设备的能力，走“钢-钛”结合的模式，配套建设熔炼、表面抛丸、酸洗、脱脂、拉矫、成品修磨和纵切等生产设备，形成完整的钛及钛合金生产系统。该项目主要研发：（1）熔炼，即四台电子束冷床炉（EB炉）、两台真空自耗炉（VAR炉）、总降压站、水处理、回炉料处理系统等设施；（2）加工处理，即抛丸生产线、酸洗生产线、冷轧机组、脱脂生产线、退火炉、拉矫生产线、成品修磨生产线和纵切生产线；（3）配套公辅设施，包括变配电室、循环水处理、锅炉、空压站、脱盐水站、废酸处理、废水处理、钛研究院、办公、倒班房、食堂和浴室等。建成后规模将达到热轧钛卷4000吨/年、冷轧钛卷1.5万吨/年、钛合金1000吨/年、不锈钢复合板5000吨/年的产能规模。产品主要有钛合金、钛焊管、钛板换热器、钛金属制品及设备、钛精密铸造、钛粉末冶金产品等。年中，项目按照总体规划、分步实施的方式推进，一期选址在楚雄州禄丰县土官镇指挥营村，一期项目用地324.9亩，总投资2.95亿元，其中固定资产投资1.86亿元，于2009年9月23日正式开工建设，2010年6月上旬完成了主体设备安装，转入试生产。

【高钛碴系列项目开发】 2010年，楚雄州高度重视高钛碴系列项目的研究与开发，成效显著。通过协商，由云南新立有色金属有限公司（云冶集团控股的中外合资企业）承担年产8万吨高钛碴系列项目的研究与开发。该项目引进了南非贝特曼公司具有当今世界先进水平的30兆瓦大功率密闭式直流电炉冶炼高钛渣工艺。此技术为当今世界熔炼高钛渣最新技术。6万吨钛白粉项目采用氯化法钛白粉工艺，该技术是国内首次引进国际先进大型的无筛板上排渣沸腾氯化工艺、高压快速的氧化反应技术，具有流程短、技术先进、易实现控制自动化、“三废”污染少、产品质量高、能耗低等特点，技术先进可靠。1万吨海绵钛项目本着整合钛资源、注重环保的原则，引进乌克兰国立钛设计研究院全套工艺流程，工艺具有技术含量高、产能大、对原料适应性强、自动化程度高、运行成本低、“三废”少、产品品质优等特点，符合国家产业政策和行业发展方向。项目建成投产达标后，将达到国际先进，国内一流水平，对于引导钛白行业在发展中更多地选择氯化法钛白工艺技术以调整工艺路线，改变原单一的以硫酸法生产工艺为主导的钛白粉生产现状，缓解国内市场高档氯化法钛白供应的紧张状况，并逐步实现替代进口产品具有重要的作用，在引导企业向绿色环保型生产发展，更好地贯彻国家节能减排、环保型运营的政策法规，改善自然生活环境，最终实现经济效益、社会效益与环保效益的有效融合上探索出新的经验。总项目拟投资40余亿元。年内8万吨高钛碴项目已建成并投入试生产，截至5月31日，整个产业累计完成投资18.09亿元，产业开发建设正在积极有效地推进之中。

【牟定风电场项目研发】 2010年，楚雄州牟定风屯风电场项目有序推进。8月24日完成了牟定风屯风电项目线路送出工程的核准；9月9日省能源局正式出具路条，同意牟定风屯风电项目开展前期工作；9月24日完成了建设用地预审意见、环境影响评价报告表、水土保持方案可研报告、林地勘查报告、地质灾害评估报告、无压覆矿产报告、地勘报告、项目选址意见、项目选址规划许可证、并网等支持性文件的报批工作；9月26日省发改委以《云南省发改委关于核准牟定风屯风电场的批复》核准牟定风屯风电场项目。该项目拟投资10亿元新建装机容量为10万千瓦的风力发电站一座，安装66台单机容量为1500千瓦的风电机组，新建线路送出110千伏升压站一座，年上网电量达2亿多千瓦时，配套建设办公用房等设施。整个项目分两期实施，一期工程于2010年9月30日开工建设，工程总投资4.83亿元，装机容量为4.95万千瓦，安装33台单机容量为1500千瓦的风电机组，新建线路送出110千伏升压站一座，年上网电量1.07亿千瓦时，于2011年10月底前完工并网发电。二期工程预计2011年12月启动实施至2013年12月完工。项目建成投产后，按年满发电小时数2000小时计算，预计年发电量约2亿余千瓦时，年销售收入约1.22亿元，实现年缴税约1000万元。

【纯雌性系温室专用型迷你黄瓜新品种选育】 该项由云南思农蔬菜种业发展有限责任公司承担。2010年已完成项目的申报与组织管理，新引进黄瓜种质资源整理，现有优势组合的区域试验与抗性评价、品质分析，对新引进资源评价与筛选，定向育种F1生产与鉴定评价；拟计划在2011年12月前，进行区域试验与生产试验，同时进行品种登记申请与审定。在2012年12月前，进新品种保护申请与审定。2013年9月前，完成生产试验与示范，进行成果转化。项目总预算275万元。

【油茶采穗圃及苗木培育基地建设及开发】 该项目由牟定油茶科技开发有限公司承担，主要进行采穗圃、油茶优良种苗、基地建设、产品加工等建设。

2010年，该公司投入资金400余万元，办理了工商注册、税务登记等手续，承包了凤屯镇牌坊村委会董官山村民小组、河口村民小组800亩林地，计划在承包的林地范围内建设200亩油茶采穗圃、100亩油茶种苗繁育基地、300亩油茶高产示范基地；完成500亩林地清理、预整地等工作，建成油茶芽砧苗温棚6亩，平整围砌嫁接苗苗床70亩，修建蓄水池1个70立方米，收购并播种油茶籽10吨，培育油茶芽砧苗260万株、200亩采穗圃基地翻挖整地工作，搭建塑料保温棚，做好嫁接苗温棚建设，修建专供嫁接用的活动板房，油茶采穗圃的施工作业规划设计通过评审。2010年由公司投资近21万元，购买省级认定油茶良种滇油3号、4号穗条近3500千克，完成嫁接油茶苗244.18万株。

［李奎连］

科技运用

【粮食高产示范区创建】 2010年，楚雄州禄丰县、武定县和楚雄市承担省科技厅粮食作物高产创建项目。通过宣传和培训，统一品种、统一技术培训、统一病虫害防治、统一栽培技术、统一作业“五统一”，抗旱保苗，以及科技人员的技术服务，年内，3个县（市）百亩核心区、千亩展示区、万亩示范区的种植任务和产量均已完成项目合同要求。共计完成示范面积6.26万亩，其中百亩核心区900亩，千亩展示区8000亩。产量方面，经省州专家组实收测产，按照“百亩核心、千亩展示、万亩示范”的测产结果：禄丰县水稻分别为895.29千克/亩、751.34千克/亩、714.86千克/亩，示范片平均产量达754.8千克/亩，在大旱之年为禄丰共增产稻谷213.4万千克，新增产值597.5万元；武定县玉米，产量分别为883.90千克/亩、743.86千克/亩、681.48千克/亩，项目区总增产玉米850.3万千克，增加产值1700.5万元；楚雄市玉米，产量分别为839.76千克/亩、743.18千克/亩、581.04千克/亩。

【科技抗旱】 2010年，楚雄州遭受了百年不遇的特大干旱。楚雄州科技系统采取各种有效措施开展科技抗旱救灾。成立楚雄州科技减灾防灾领导小组。组织成立科技抗旱服务队，全州共组织23个科技抗旱（专家）工作队深入受灾严重的一线指导服务抗旱工作。合理安排抗旱经费，组织干部职工捐款捐物，为抗旱救灾出钱出力，全州科技部门共安排科技抗旱经费27.73亿元，捐款3.56万元，捐赠农作物种子1564千克、送水600立方米，积极为灾区群众解决生活生产的困难。州科技减灾防灾领导小组协调相关部门，大力推广应用节约用水、水改旱、抗旱栽培等科技措施，编写、发放科技抗旱技术手册3.3万册，发放科技抗旱技术资料2万余份，宣传、推广抗旱节水措施、抗旱品种、抗旱栽培模式，组织技术专家开展实用技术培训345场，培训1.55万人次。积极争取上级业务部门的支持，开展旱区找水、打井抗旱、抽水送水等服务工作，解决了部分播种、保苗应急用水。

【中药材种植技术推广】 2010年，楚雄州规划种植中药材3.3万亩，在2009年种植面积的基础上增加12%以上。其中建立药材种苗基地400亩，建设规范化种植示范样板1000亩。获得发展经费20万元，抓好“楚雄州彝药特色产业基地建设”和“重要彝药资源收集研究及产业化开发项目”的实施，发挥项目辐射带动作用。推动双柏县、武定县2个“云药之乡”建设，增强楚雄州彝药产业建设的品牌效应和综合实力，建设特色药材种植示范县，增加农民收入。新发展种植中药材3.39万亩，有白扁豆1.21万亩、续断3798亩、茯苓3297亩、草乌2686亩、红花2408亩。2个“云药之乡”建设成效显著，双柏县种植中药材1.54万亩、武定县种植中药材8538亩。

【农业产业化示范基地建设】 2010年，楚雄州加速农业产业化示范基地建设。加强优质米基地建设。组织实施“楚粳水稻新品种选育”、“超级稻新品种楚粳27号产业化示范”项目，加强楚粳良种繁育技术研究和开发，建设滇中优质稻种植基地和繁种基地，全年种植优质稻70万亩，成为我国重要的高原粳稻育种、繁种基地。其中“楚粳28号”创造了百亩示范平均亩产1002千克的世界纪录，“楚粳31号”、“楚粳32号”也分别达到了平均亩产870千克、906千克的较高产量，上述品种在示范种植过程中长势均衡、秆清叶秀、抗病性强，米质达国家优质米1级标准。加强蔬菜产业基地建设。以推动省州科技项目实施，建立了一批蔬菜种植科技示范基地，主要有1.53万亩香葱产业基地、1.5万亩无公害萝卜基地、6000亩高山反季蔬菜基地、3000亩荷兰豆种植基地，元谋县成为重要的冬早蔬菜及出口加工基地，南华、禄丰成为萝卜种植加工基地，姚安、牟定、武定成为高山反季蔬菜基地。所有蔬菜产业基地建设成效明显，发挥出科技支撑引领作用。加快推进核桃产业基地建设。以组织实施“楚雄州核桃产业综合技术开发及产业化”、“云南核桃成熟采收、烘烤、综合加工利用技术研究与产业化”等系列科技项目，集成示范先进技术，推进核桃产业基地建设为目标。项目实施以来，建立种苗基地（含苗圃和采穗圃）1023亩；新建核桃小烤炉185座（其中大型热风烘干机5套）；开展技术培训8874人次；新建、改建核桃产品生产线4条；《楚雄州核桃集约化经营技术规程》、《核桃良种采穗圃营建技术规程》、《核桃的成熟采摘及科学烘烤技术规程》已编制完成，进入技术监督部门审核、论证、批准程序；“东宝一捏脆”产品、“大雄”牌核桃产品被评定为“云南名牌产品”，产品的品牌效益不断显现，龙头企业带动作用增强，项目实施后技术、经济、生态效益明显。加快畜产品基地建设。通过科技项目的引领和支撑，楚雄州围绕3个生猪优良品种建成养殖加工基地。托佩克品牌猪基地。年内出栏10万头，建成标准猪舍4.59万平方米，现存栏父母代种猪3808头，扩建年产10万吨级饲料加工厂1座。新建成了一个年供气450万立方米沼气发电综合利用工程项目，仅沼气一项可年发电300万千瓦时，可供1200户农户做饭照明，并可减少二氧化碳排放11万吨。国家发改委批准该项目作为清洁能源发展机制项目（CDM）。斯格品牌猪基地。在南华新建零排放猪舍2500余平方米和改造原猪舍3幢2000平方米，新建生态环保猪舍1万平方米并已投入使用，以南华为中心建成10万头斯格商品猪养殖基地，建成一个年加工生产能力8万吨的饲料加工厂，20万头规模的生猪屠宰生产线正在建设中。无公害猪肉食品技术开发及产业化项目。年内，楚雄州新建了滇撒猪配套系有机猪养殖基地和饲料基地，建成了年产3.2万吨无公害猪肉食品加工生产线，1~10月新增无公害猪肉产量4803吨，已建成省级冻猪肉储备基地。

【培育创新型农业龙头企业】 2010年，楚雄州通过科技项目资金扶持，培育了一批创新型农业龙头企业。农业龙头企业围绕特色蔬菜、经济林果、畜产品、食用菌、生物能源等优势产业，自觉引进、消化、吸收农业高新技术，采取工艺提升、二次开发、研发新产品等途径，进行农产品深加工开发。通过科技项目的支撑和引导作用，相关农业龙头企业普遍通过了QS认证、ISO22000和HACCP食品安全管理体系认证，大多企业建立了稳定的原料基地，部分基地获得了绿色食品、有机食品认证；企业增强了知识产权意识，宏桂公司、亿利丰公司、彝山公司、安友公司等企业，开发并申请了多项专利技术；“十一五”以来，科技项目支持的农业龙头企业，销售收入大幅增加，市场竞争力显著增强，一些品牌被评定为“云南名牌产品”，有7家企业被认定为“云南省农业（林业）龙头企业”，元谋思农公司被认定为“高新技术企业”，楚雄广泰公司被认定为“技术创新型试点企业”。

【工业高新技术开发运用】 2010年，楚雄州加速工业高新技术的开发运用，并取得了较好的效果。利用荒山资源培育雨生红球藻产业化示范与产品开发。该项目由云南爱尔发生物技术有限公司承担实施，年内建立2万平方米的梯度养殖车间，筛选出适合云南气候养殖的藻种，完善生产与科研设施正常运行以及维护保养，开展雨生红球藻产品质量标准研究，完成红球藻产品质量标准制定，荒山资源养殖雨生红球藻的生产工艺优化与研究，相关技术的攻关与解决和将利用荒山资源养殖雨生红球藻的生产工艺或技术上的知识产权进行申请专利加以保护。从锌铅冶炼废渣中再次回收锗、铟、铅锌镉的生产技术开发。该项目由南华茂森综合利用有限责任公司承担实施，总体目标是建设回收车间、锌回收技术改造、完善污水处理系统、改进完善工艺技术路线、实现产业化、完成总投资826万元，实现项目执行期内销售收入644万元，累计缴税35.5万元，新增就业60人。新型锰矿复合造渣剂产业化关键技术应用。该项目由永仁县隆丰工贸有限责任公司承担实施，目标要求采用新配方制造锰矿造渣剂，制定质量和控制标准，建成年产10万吨生产线，实现销售收入6400万元、利润1248万元、税收354万元。林板生产技术创新及节能减排科技示范。该项目由双柏华兴人造板有限公司承担实施，总体目标是创新除尘系统工艺，对回收粉尘进行综合利用，提高资源利用率，降低污染排放及改善环境，进行热磨、热压机设备技术改造，实现年产6万立方米能力，减少烟尘排放20吨/年、锅炉废渣1700吨/年，新增销售收入1644万元、利润46.6万元，税收109.7万元，促进林农增收2000万元目标。

［李奎连］

科普宣传

【科技活动周及“三下乡”活动】 2010年，楚雄州科技局承办了“云南省暨楚雄州2010年科技活动周启动仪式”活动，把“携手建设创新型云南”这一主题，贯穿“科技支撑发展，科技惠及民生”两条主线，突出“节约能源资源、保护生态环境、保障安全健康”三个重点，坚持贴近实际、贴近生活、贴近群众原则，精心组织开展了“科技抗旱与节能减排”、“青少年心理健康”、“科技强警促进社会和谐发展”、“创新型试点企业技术创新成果”专题展及医疗卫生义诊科普宣传咨询服务一条街活动，展出各类展板、挂图、标本、模型200多块，发放各类科普宣传资料2万多份（册），大力宣传楚雄州科技工作特色和亮点，展示了楚雄州科技实力，科技活动周活动获得省科技厅的表彰奖励。年内，楚雄州开展科技文化卫生“三下乡”集中示范活动。1月15日，协调和参与配合各相关部门在永仁县永定镇举行的2010年科技文化卫生“三下乡”集中示范活动启动仪式。启动仪式上，48个州级单位300余名工作人员参加活动，向永仁县共捐赠总价值30.8万元的资金和物品，为普及当地群众的科普知识起到了积极地促进作用。

【知识产权保护宣传】 2010年，楚雄州加强知识产权保护宣传。4月19日，楚雄州科技系统在楚雄市桃源湖广场举行了保护知识产权宣传活动，开展现场宣传咨询，直接面向社会公众宣传知识产权法律法规，为群众和企业解决涉及知识产权方面的困难和问题。共发放专利、商标、著作权、植物新品种权、林木种子、药品管理、外贸出口、质量标准等方面的宣传材料2.5万余份，制作展板12块，接受群众咨询500余人次。开展联合执法专项行动，在楚雄市区开展以保护著作权为重点的专项执法检查，出动检查车辆7辆，出动执法人员30人，检查经营户36家，收缴盗版音像制品5900余盘。开展侵权盗版制品及非法出版物集中销毁，全年共销毁盗版制品及非法出版物3.06万盘，其中盗版音像制品2.73万盘，盗版书刊3013册，盗版电脑软件300套。组织县、市联动，扩大宣传影响。根据全州统一部署，9县1市结合实际开展了形式多样的宣传活动。元谋县知识产权局以手机短信形式向全县移动手机用户发送知识产权宣传短信，联合成员单位开展宣传咨询活动，张贴标语20条，发放资料3500份，接受群众咨询95人次。双柏县在“两会”期间编制知识产权宣传手册向两会代表发放620份，召开了15户企业负责人参加的座谈会，知识产权进10家企业活动，开展了宣传咨询和联合执法行动，共发放宣传资料1000余份，收缴盗版音像制品304盘。永仁县结合农耕大忙季节和抗旱情况，宣传普及抗旱专利技术，县知识产权局组织7个乡（镇）的82名技术人员开展知识产权宣传活动，共发放抗旱专利技术、宣传资料7646份（册），咨询服务964人次。南华县知识产权局联合县级10个部门开展“4·26”世界知识产权日宣传活动，发放宣传资料1.5万余份。禄丰县出动宣传车2辆，发放宣传资料1万余份，咨询服务400人次。姚安、大姚等县结合实际深入企业开展宣传咨询活动。通过活动的开展，在全州营造“尊重知识、崇尚创新、诚信守法”的良好氛围。

【知识产权培训】 2010年，楚雄州知识产权局分别支持楚雄市、元谋县、大姚县、牟定县等4个县（市）开展知识产权培训，共举办培训班5期，培训380人次。7月1～2日，州知识产权局在州宾馆举办“2010年楚雄州企业知识产权培训班”。来自中央、省、州、县属企业以及10县（市）知识产权管理人员共110人参加了此次培训。培训邀请省知识产权局、昆船集团知识产权办公室专家授课，以国家鼓励企业获取自主知识产权的相关政策，企业如何开展知识产权工作，如何运用知识产权制度促进企业发展等为培训主要内容。培训会上企业代表进行了交流发言，昆明大百科专利事务所与培训学员进行互动交流。

【科技信息征集报送】 2010年，《楚雄科技》出版4期3200册，刊用稿件150余篇，组织刊出宣传专栏4期，编辑出版《楚雄科技信息》8期1600份。上报科技管理工作信息省级82条，州级162条，电台电视台、报社151条。上报知识产权工作政务信息66条，被国家《知识产权报》采用3条，人民网采用1条，《云南知识产权》内刊采用4条，《云南科技报》采用22条，省知识产权局采用40条。

［李奎连］

科技成果

【科技成果管理】 2010年，楚雄州预报科技成果112项，共受理2009年度突出贡献奖候选人1名，其他请奖科技成果40项。按请奖类别分，突出贡献类1人，自然科学类2项，科技进步类38项。科技成果奖有新的特点：一是请奖科技成果领域结构分布合理。在请奖科技成果40项中，有工业类14项，大农业类16项，医药卫生类10项。从成果的行业分布看，工业农业医疗项目结构合理，奖励激励面比例协调。二是解决民生问题的请奖成果增多。社会发展领域的科技成果达13项，占32%。体现了科技在改善民生中发挥了重要的支撑和引领作用。民生问题越来越为人们所关注，科技以人为本，更应关注民生。三是提升了科技成果的市场价值。请奖成果共出版专著2部，制定发布标准2个，发表论文51篇，申请国家专利17件。申请专利数为历年最多。科技成果的法律内涵和市场价值得到了显著提升。四是科技查新成为受理的重要条件。有16项成果提交了科技查新机构出具的《科技查新报告》。五是请奖成果的经济社会效益显著。所有成果都在生产中得到实际应用，产生了经济社会效益。如楚雄州农科所完成的“水稻新品种楚粳29号的选育”，通过了省农作物品种审定委员会的审定，获得了国家品种权保护。2007～2009年全省累计推广137万亩，实现产值1.89亿元，增产粮食9.98万吨，2010年可突破推广100万亩。

【州级科技成果奖励项目】 2010年，楚雄州共评出2009年度州级科技成果奖41项（人），其中突出贡献奖1名，一等奖2项，二等奖6项，三等奖32项。按奖励类别分突出贡献奖1名，自然科学奖2项，科技进步奖38项。突出贡献奖：刘绍兴。自然科学奖三等奖：（1）云贵高原中小城市发展对城市气候特征及居住环境的影响研究（楚雄师范学院，何萍、李宏波、杨云源、席武俊、陈颖、彭燕梅、杨永胜、王金萍）；（2）双柏哀牢山地区森林及植物资源研究（哀牢山国家级自然保护区双柏管理局，方建玲、邓松波、鲁智华、鲁朝安、曾觉民、刘锦荣、杨超本、高培武、张仁功）。科学技术进步一等奖：（1）水稻新品种“楚粳29号”的选育（楚雄州农业科学研究推广所，李开斌、黄光和、阮文忠、张天春、徐加平、黄文兴、王正伟、缪会英、孙国亮）；（2）ZF32－126/T2000－40气体绝缘金属封闭开关设备的研发（云南开关厂，赵炘、赵永福、蔡家碧、徐毅、任世云、史燕波）。科学技术进步二等奖：（1）多税种不同税收软硬件集成应用研究（云南省楚雄彝族自治州国家税务局，张炳华、邹宗文、李洪祥、苏智勇、李永宏、席开佺、张洪平）；（2）GW22C－126D（G）/J1250－31.5垂直伸缩式、GW23C－126D（G）/J1600－4水平伸缩式户外高压交流隔离开关的研发（云南开关厂，完成人员：资永新、刘大宏、赵菊芬、罗汉军、李思源、王祖辉、陈新胜）；（3）楚雄州旱情及抗旱动态管理系统研究与应用（楚雄州水利局，熊卫民、冯伟玲、吴志宏、谢林仙、戴华敏、王晓梅、李武忠、罗松、普燕宇）；（4）楚雄烤烟综合标准（云南省烟草公司楚雄分公司，冯柱安、段应泽、王跃金、方亮、李庆平、朱家林、耿少武、布云虹、丁以纾）；（5）心脏瓣膜病外科治疗的临床应用研究（楚雄州人民医院，丁伟峰、任中华、王文法、雷海、卢体芳、程磊、欧亚林、袁宏祥、李俊）；（6）造血干细胞移植治疗恶性血液病的临床研究（楚雄州人民医院，李起伟、周朝阳、刘志刚、习丽、周菊芝、何阳泽、张梅、谭玮玮、梁贵宏）。科学技术进步三等奖：（1）松香废渣液回收综合开发利用（南华松香厂，李发中、刘燕、石剑锋、鲁世友、何永林）；（2）提高制丝生产加工精度应用技术研究（红塔烟草集团有限责任公司楚雄卷烟厂，彭黎明、孙强、戴永生、顾光华、毛勇、杨世学、彭刚、丁玉平、李兆平）；（3）楚雄卷烟厂基地县烟叶两糖差值偏高的研究与应用（红塔烟草集团有限责任公司楚雄卷烟厂，段兴元、张国良、张钦、彭黎明、李军、戴永生、林云红、熊茜、刘彦中)；(4)黄磷尾气综合利用技术开发(禄丰县三源岭化工有限公司，陈锦山、李建鸿、方平龙、陈耀福、温竞)；(5)极薄矿体高分段多分层采矿技术创新及运用(大姚桂花铜选冶有限公司永仁直苴分公司，郭子东、周恩祥、苏欧、武红兵)；(6)中纤板生产工艺创新及节能减排技术研究(双柏华兴人造板有限公司，高斌、周青、张应荣、吴文钦、李成波)；(7)塑料填料塔在复混肥尾气处理中的应用(云南楚雄仁恒化肥有限公司，鲁宏、张宗武、王家春、唐应明、徐芝龙、许成章、谭国荣、马谷剑、夏丽)；(8)活塞销渗碳新工艺研究与应用(楚雄活塞销有限公司，施兆苍、马旭、何绍春、黄沿、周卫群)；(9)一种合成辅酶Q10的方法(云南楚雄太阳药业有限公司，王国平、申醒)；(10)DW-900-A型直冷式锻造铜瓦开发(楚雄云星铜材有限公司，段建功、钱向辉、宝开福、李仕荣、杨家喜、佘应明、刘光洪、马东萍)；(11)乐尼白牌乐尼白饮料(保健食品)开发(云南广泰生物科技开发有限公司，张跃进、胡庆发、杨文、王晓良、汪兰、黄翔、段学荣、杨丽、刁英)；(12)云大麦一号选育及示范推广(楚雄州农业科学研究推广所，邹萍、于亚雄、陈朝良、武勇、高自文、杨茂昌、赵中祥、杨金华、李忠明)；(13)楚雄市水稻抛摆秧栽培技术推广(楚雄市农业技术推广中心，李建华、何小昆、钱育华、马春旺、秦德林、丁桂学、陈永芳、夏林、罗金旺)；(14)云南松伐桩种植茯苓技术研究与示范(双柏县科学技术局，王清宏、杨大平、施开彦、吴庆康、张正清、杨晓春、施天祥、柏世林、施自禄)；(15)松茸速冻产品的加工技术研究与应用(南华县云华绿色食品开发有限公司，陆坚、张华峰、杨丽、谷起飞)；(16)玉米灰斑病综合防治技术研究(楚雄州植保植检站，施文武、王贵斌、张旺、黎思育、余仕金、夏翠花、苏剑涛、张永平、罗兴华)；(17)云南硬蜜含片专利技术产品研发(姚安县地檀香中蜂科技开发有限公司，谭德杏、许会芬、杨学明、何林)；(18)高抗TY病毒番茄品种“拉比”引进与生产示范(云南省农业科学院热区生态农业研究所，杨长楷、木万福、杨向东、康如松、杨长凤、李昌文、麻继仙、赵俊、杨龙)；(19)楚雄州烟草主要病虫害预测预报及综合防治信息系统研究(云南省烟草公司楚雄分公司，布云虹、王跃金、鲁永新、段宏伟、吴子云、汪华国、耿少武、方亮、夏勇)；(20)云南山茶扦插繁殖技术研究(楚雄农业学校，杨跃仙、段安安、王仲朗、李绍宝、董丽、高元华、李宴海、陈子东、夏跃明)；(21)楚雄州气候变化与气象灾害影响研究(楚雄州气象局，鲁永新、杨永生、卢惠芝、盛永昆、周玉兴、杨风琼、起树华、王庆珍、尹文章)；(22)烟叶收购自动化技术引进应用(楚雄科兴农业开发有限公司，毕诚、高有寿、方亮、胡伟、高宗富、李建明、张智慧、李文标、夏立洪)；(23)捆绑式胰肠吻合在胰十二指肠切除术中的应用(楚雄州人民医院，张晖、高勇、周炳昆、袁玉华、樊少华、赵辉、杨帆、李懿、杨艳)；(24)胰岛素、尼膜同对大鼠脑缺血再灌注损伤神经细胞凋亡影响的研究(楚雄州人民医院，吴卫华、刘志刚、陆地、刘晓明、李德辉、杨杰东、建华、李彬)；(25)PPH联合外剥内扎术治疗环状混合痔145例疗效观察(楚雄州中医院，李洪燕、杨本雷、刘春贵、何成华、张惠珍、刘珍、王雨媛)；(26)血液灌流加长托宁治疗中重度有机磷中毒的疗效观察(楚雄州中医院，杨本雷、张雄鹰、邓志平、徐凌涛、段国金、温燕、周鑫鑫、何福武、周继磊)；(27)改良带蒂网膜套在严重外伤性肝破裂手术中的应用研究(楚雄州中医院，苏联春、何应芹、周国灿、苏朝勇、张雄鹰、高祥、赵祥、刘佳宏、李晓倩)；(28)楚雄州5岁以下儿童死亡监测与分析(楚雄州妇幼保健院，虞继文、张虹、杜娟、盛抗美、庞玲、闫跃龙、李刚、王之聪、李光仕)；(29)哥德牌轻通茶保健食品研究与开发(云南楚雄瑞福康生物科技开发有限公司，廖文粱、林佳玉、李聪、章忠实)；(30)从植物中提取SOD酶技术及SOD制剂开发(楚雄州百草岭药业发展有限公司，曹志坚、李忠华、朱勇睿、李光杰、杨群)。

[李奎连]

科技协会

【科协工作概况】 2010年，楚雄州科学技术协会所属学(协)会37个，会员1.01万人；县(市)科协10个；乡(镇)科普协会103个。全州各类农民专业合作组织2417个，成员达28.78万人(户)，其中农民专业协会1649个，会员28.05万户；农民专业合作社768个，社员7259人。年内，在姚安县召开了2010年度全州县(市)科协工作经验交流会；禄丰县科技馆建成开馆；楚雄州科技馆完成土建工程，开始筹划馆内布展规划设计等工作；创办了《楚雄科普》专刊。

【楚雄州科协五届委员会第四次全体(扩大)会议】 2010年2月3日，楚雄州科协五届委员会第四次全体(扩大)会议在楚雄召开。全州10县(市)委分管科协工作的领导，州纪委第二纪工委领导，各县(市)科协领导，州科协五届委员，州属各学(协)会秘书长，州属农民专业协会会长共120余人参加会议。州委常委、州委统战部部长任锦云出席会议并作讲话。州科协主席夭建国代表常委会作了工作报告。会议审议通过了州科协五届四次全体会议决议；会议同意接受段福君、符群辞去州科学技术协会第五届委员会副主席职务的请求，选举陈春富、张洪云、刘志杰为州科协第五届委员会副主席；总结2009年工作，安排部署2010年的工作要点，表彰了在2009年度科协工作目标管理考核中荣获一、二等奖的10个县(市)科协和12个州级学(协)会。

【科技社团管理】 2010年，楚雄州科学技术学会召开了全州学会工作会议，对近两年的学会工作进行了总结，对下一步工作作了安排部署。组织编印了《楚雄州科协学会、协会、研究会工作手册》，对州级37个自然科学类学会进行了考核，完成了中国科协全国科技工作者状况调查楚雄调查站点“全国科技工作者价值观人生观状况调查”任务。推荐楚雄州农科所李开斌研究员参加全国优秀科技工作者评选活动，获得了中国科协“全国优秀科技工作者”称号，成为楚雄州第一个获此殊荣的科技人员。

【学术活动】 2010年，楚雄州举办了首届以“科技服务三农”为主题的“楚雄州2010年科学技术学术年会”，年会共征集到论文211篇，经过专家评审，共评审出优秀学术论文一等奖19篇、二等奖57篇、三等奖114篇，编辑出版了《楚雄州2010年度科学技术学术年会论文集》，云南省科协领导及楚雄州人民政府领导出席年会开幕式并作了讲话，4名省级专家作了大会特邀报告，10名论文作者代表在大会上作了交流发言，年会共计200余人参加了会议。全年州级各学会共开展各种学术交流活动80余场次，参加人数2200余人次，收到论文300余篇，有27个州级学会召开了学术年会。

【全民科学素质建设】 2010年，楚雄州科协认真履行职责，编发《工作简报》8期，完成了全国第八次和云南省第三次公民科学素质调查牟定县和元谋县调查点的200个样本的抽样调查工作任务，组织完成了县（市）科普工作能力、科普工作绩效和科普工作条件测评工作，组织了对州级各成员单位和各县（市）实施《纲要》的情况进行全面的督查调研，完成了省委、省政府对楚雄州实施《纲要》情况进行督查的各项准备工作，启动了“彝州科学素质讲堂”，邀请省太阳能研究专家以“低碳技术与能源可持续发展”为题作了第一讲，州级各行政机关干部职工160余人参加听讲。

【农民专业合作组织工作】 2010年，楚雄州科学技术协会认真履行农民专业合作组织工作协调领导小组办公室职责，编发工作简报10期；州农民专业合作组织工作协调领导小组办公室与州委督查办联发文件组织了督查调研；成立了州蓖麻产业协会、州优质特色蔬菜产销协会和州核桃产业协会；与州农业局、州民政局、州工商局联合组织开展农民专业合作组织示范单位创建活动，创建州级示范单位31个，大姚县委、县政府发文组织创建县级示范单位26个，全州组织创建示范单位57个，落实了2009年首批示范单位创建达标单位补助资金14万元。举办全州农民专业合作组织建设骨干培训班1期，10县（市）农民专业合作组织领导、骨干、联络员共200余人参加了为期3天的培训；大姚县举办农民专业合作组织建设暨土地林地流转培训班；楚雄市、永仁县举办农协会会长、合作社长培训班；牟定县举办农民专业合作组织讲坛；全州1420余名农民专业合作组织建设骨干受训。

【农函大科技培训】 2010年，楚雄州103个乡（镇）218个村委会组织开展了农函大培训，共招生培训1.6万人，开设26个专业，其中烤烟专业3648人，核桃4882人，果蔬3540人，养殖2273人，电脑360人，刺绣215人，农机维修300人，市场营销150人。州农函大和28名先进个人受到中国农函大表彰，8个先进集体和30个先进个人受到省农函大表彰。年内，全州10县（市）召开了10场次教师培训和教学研讨会，501名教师和办学管理人员参加。全年全州农函大培训共投入资金90.4万元，其中州级60万元，县（市）级30.4万元。认真组织实施农村党员、基层干部素质能力提升计划，全州共培训3天以上农村党员、基层干部1111期4.24万人次。认真组织开展“专家乡村讲堂”工作，落实并完成了培训任务。

【农民专业技术职称评定】 2010年，楚雄州共评定农民专业技术职称2727人，其中评定高级技师11人、技师58人、初级职称（助理技师、技术员）2648人。全州累计评定农民技术职称3.45万人，其中高级技师27人、中级技师838人、初级职称（助理技师、技术员）3.36万人。

【实施科普惠农兴村计划项目】 2010年，楚雄州组织申报全国科普惠农兴村计划项目13个，批准实施12个，争取到项目经费225万元。组织申报省级科普惠农兴村计划项目10个，批准实施6个，争取到项目经费30万元。组织申报省级科普项目14个，批准实施10个，争取到项目经费79万元。组织实施州级科普惠农兴村“五个一”示范工程项目40个，下达项目经费40万元。认真完成了2006年以来全国科普惠农兴村计划项目实施情况回访调查任务，完成了2007~2010年省级、州级科普惠农兴村计划项目和省级科普经费项目实施情况的检查评估工作。全州已建设科普惠农兴村计划示范点180个，其中国家级25个，省级23个，州级130个，县（市）级2个，共投入项目经费702万元。

【青少年科技教育】 2010年，楚雄州组织青少年参加云南省和全国第25届青少年科技创新大赛，荣获省级奖107项，获全国奖8项，其中二等奖2项、三等奖6项；组织代表队参加第24届云南省青少年机器人竞赛，共获一等奖3项，二等奖1项；组织参加第九届中国青少年机器人竞赛中，楚雄一中代表队获得FLL工程挑战赛银牌；组织参加中国科技馆举行的“我与科学家共话未来”征文活动，获省级奖28名，全国奖3名，其中楚雄州张哲诗同学是云南省唯一荣获全国一等奖的学生，被邀请赴京参加了中国科技馆新馆开馆仪式。

［倪　勇］

防震减灾

【防震减灾工作概况】 2010年，楚雄州地震系统在州委、州政府和省地震局的领导下，牢固树立“震情第一”观念，以最大限度地减轻地震灾害损失为宗旨，认真贯彻《防震减灾法》和全省及楚雄州第八次防震减灾工作会议精神，围绕云南省政府加强预防和处置地震灾害能力建设10项重大措施的目标和任务，求真务实、克难奋进，一手抓震情跟踪与抗震救灾，一手抓“十一五”防震减灾规划的落实，在防震减灾法制建设、地震监测预报、地震灾害预防、地震应急救援、社会动员、基础设施改善等方面取得了显著成绩。特别是做好了“2·25”禄丰与元谋交界5.1级地震的跟踪监视预报和应急处置，开展了深入广泛地防震减灾社会动员，完成了“十二五”防震减灾规划的编制，为促进防震减灾事业可持续发展做出了新的贡献。年内，楚雄州地震系统工作成绩显著，多次获奖。2月，州地震局被省人力资源和社会保障厅、省地震局表彰为云南省地震系统先进单位，被云南省地震局评为州（市）防震减灾综合评比二等奖；8月，在全国市（县）防震减灾工作评比中荣获综合评比优秀奖、防震减灾法制工作单项奖；10月，被评为云南省2010年度监测预报先进单位第一名；震情跟踪工作责任制经省地震局考核排名第一；在全省年度地震预报效能评比中获预报效能单位组第三名。

【禄丰与元谋交界发生5.1级地震】 2010年2月25日12时56分51秒，楚雄州禄丰县与元谋县交界（北纬25.4度、东经101.9度）发生里氏5.1级地震，宏观震中位于禄丰县高峰乡—元谋县羊街镇一带，震源深度16千米。地震造成州内禄丰、元谋、牟定、武定4县部分房屋破坏，生命线工程及水利等基础设施损坏。此次地震造成3人重伤，32人轻伤。

【地震应急】 禄丰与元谋交界5.1级地震发生不到10分钟，楚雄州地震局迅即向州委、州人民政府及州政府总值班室报告了地震参数，并立即启动楚雄州地震局地震应急工作程序开展应急处置工作。州地震局主要领导带领应急队员赶赴震区开展现场应急工作。后方工作组统一调配后方应急工作。中国地震局启动了地震应急预案Ⅳ级应急响应，云南省地震局立即派出地震现场应急工作队携带卫星通讯车2辆，应急车5辆，数字化地震仪器5套，强震仪5套及相关应急设备，奔赴震区。2月25日15时20分，现场工作队第一批人员到达元谋县羊街镇。省、州地震局及灾区相关县级地震局领导、专家共计49人组成“2·25”禄丰—元谋5.1级地震前方指挥部，统一领导指挥地震现场震情跟踪监视、地震灾害损失调查评估等应急工作。地震系统现场工作队灾评组由10名专家组成，分成8个调查小组开展震害调查工作。2月25~28日4天之内，灾评组对禄丰县、元谋县、牟定县、武定县及永仁县的部分乡（镇）进行灾情调查，共调查53个居民点，其中，确定了19个抽样点，调查了48件生命线工程及水利工程结构。此外，还调查核实了评估区外有关县（市）部分乡（镇）的灾情，调查行程约1万千米，在规定的时间内完成了地震灾害直接损失评估报告。

【地震应急工作及安全工程检查】 2010年2月中旬和7月15~23日，楚雄州地震局检查组到全州各县（市）对震情跟踪、地震监测预报、地震应急准备等工作进行专项检查。通过检查，全州地震系统牢固树立了“震情第一”的观念，加强了震情跟踪监视，积极做好地震应急准备工作。年内，州地震局继续配合农办、教育等部门做好农村民居地震安全工程和中小学校舍安全工程的实施。2月末，由州地震局牵头，州建设局、州财政局等部门相关人员组成抽查验收组对部分县（市）2009年农居安全工程进行抽查验收，促进了农居地震安全工程的顺利实施。7月，州地震局配合相关部门对部分县（市）中小学校舍安全工程的实施情况进行了专项督查，并提出了中小学校舍安全工程的检查要求，努力配合相关部门做好了中小学校舍安全工程实施。

【抗震设防要求管理】 2010年，楚雄州地震局继续做好《建设工程地震安全性评价分类》地方标准的贯彻实施，依法做好重大建设工程的地震安全性评价。在加强对各县（市）地震局业务指导的同时，对40余项新建、改扩建工程项目进行了场地地震动参数复核工作。重大工程建设项目抗震设防要求和地震安全性评价管理工作逐步规范，走入了依法管理轨道。

【震情会商】 2010年，楚雄州地震部门组织召开年中、年末会商各1次，月会商12次，周会商4次，紧急会商4次。会商会后及时将会商意见以《震情分析》形式报送州委、州人民政府相关领导和省地震局及相邻州（市）地震部门。每次震情会商，都要求各县（市）地震局上报分析意见，共收到各县（市）地震局周、月会商报告近300份，通过强化震情会商跟踪监视和管理，促进了对震情跟踪工作的制度化。

【异常监测】 2010年初，姚安、南华、禄丰等县出现水库发浑现象，楚雄州地震局迅速安排各县（市）地震局对重点水库进行排查。在前期对姚安县洋派、胡家山、马游，南华县毛板桥、向阳冲，禄丰县石门等水库跟踪监视的基础上，州地震局领导带2个现场调查核实工作组，分别对南华县毛板桥、向阳冲水库和禄丰县石门水库再次进行现场调查核实和跟踪观测。至2月下旬，共采浊度观测水样近400份，做浊度测试800组，使发浑库水浊度量化连续跟踪。8月中旬，永仁县上报其西部与大姚县相邻地区有间断性地声出现，持续近2个月；8月31日，牟定县共和镇天台村委会周山村周培生家院内民用井出现翻花异常。州地震局安排2县地震局对异常现象进行了现场调查核实。

【防震减灾知识宣传】 2010年1月15日，楚雄州地震系统在永仁县永定镇太阳广场举办防震减灾宣传活动，共展出展板6块，向过往群众发放《防震减灾知识》彩色画册、《地震知识100问》等书籍2000余册，以及防震减灾知识小折页、《防震避震常识》挂图3000余张，捐款3000元。5月12日，在楚雄市举办“防震减灾日”宣传活动，发放宣传资料2000余份，接受群众有关防震避震知识咨询近百人次，分别向楚雄市北路小学和李家庵小学赠送了《防震避震常识》400册。5月15日，在楚雄市桃源湖畔开展了宣传活动，展出展板10块，向过往群众发放防震减灾科普宣传资料3000余份。云南省地震局防灾所专家应邀为楚雄民族中专400余名师生作了《楚雄地震环境与防震减灾》的专题讲座。9月18日，在楚雄市桃源湖畔举办宣传活动，摆放展板18块，发放《防震避震常识》、《地震应急自救互救手册》近2000册。年内，全州地震系统在“楚雄州防震减灾网”上及时编审发布楚雄防震减灾工作动态宣传信息164篇，上传云南省防震减灾网153篇，均被省网采用发布。全年10县（市）共计发放各类防震减灾宣传材料宣传图书21.5万册，宣传挂图2.4万套，光盘3360套。年内，州地震局派出专人进机关、进社区、进学校、进军营、进企业、进乡村等“六进”，开展防震减灾知识专题讲座5场次，直接向机关、企业、学校等赠送防震减灾宣传材料1万余册。

［胡智文　陈猛］

气象监测与预报

【基本气候概况】　2010年，楚雄州平均温度17.4℃，雨量682毫米，年日照时数2360小时。春温、初夏温度均偏高，干旱明显。5月气温偏高，雨量偏少，主汛期气温偏高，降雨过程少，5月下旬雨季开始，春雨偏少，年日照时数楚雄、双柏、牟定、南华、禄丰、大姚比历年同期偏多外，其余县（市）比历年同期偏少，偏少最突出的是姚安县，全年日照时数只有1885小时。总体来说，2009年秋到2010年初夏，全州降雨偏少、温度偏高，森林火险等级高，出现特大干旱极端天气。2010年雨季于5月下旬开始，雨季开始后大雨、暴雨过程偏少，地域及时间分布不均匀，主汛期（6～8月）降水偏少、温度偏高、热量条件较好。三秋（9～10月）降雨偏多，温度偏低。秋冬季（11～12月）降雨偏少，温度略偏高。

【极端天气气候】　干旱。自2009年夏末至2010年夏，楚雄州出现了打破有资料记录以来的严重干旱，干旱等级为特旱，其中2009年10月12日至2010年3月26日，全州165天持续无有效降水。干旱对小春作物造成了严重影响，据州防汛抗旱指挥部通报：自2009年入冬以来，全州小春粮食作物受旱面积达168.82万亩，占实际播种面积的75.1%。对大春作物也造成了一定影响，截至6月28日全州大春作物受旱面积达41.98万亩，其中轻旱30.5万亩，重旱11.26万亩，干枯0.22万亩，水田缺水10.24万亩，旱地缺墒9.86万亩，有46.1万人、19.71万头大牲畜因干旱发

2010年楚雄州各县（市）全年平均气温

单位：℃

	楚雄	双柏	牟定	南华	姚安	大姚	永仁	元谋	武定	禄丰	全州平均
2010年平均气温	17.5	16.2	17.1	16.0	16.5	16.6	18.3	22.3	16.2	17.3	17.4
与上年比	0.2	0.2	0.2	0.9	0.2	0.2	0.4	0.3	0.5	0.5	0.4
与历年比	1.5	1.1	1.3	1.2	1.3	0.9	0.8	0.8	1.0	1.3	1.1

2010年楚雄州各县（市）全年降雨量

单位：毫米

	楚雄	双柏	牟定	南华	姚安	大姚	永仁	元谋	武定	禄丰	全州平均
2010年年雨量	700	744	635	790	596	684	655	541	712	759	682
与上年比	78	146	-27	270	-21	207	18	-54	-2	68	68
与历年比	-164	-200	-249	-37	-180	-129	-214	-101	-270	-156	-170

2010年楚雄州各县（市）全年日照时数

单位：小时

	楚雄	双柏	牟定	南华	姚安	大姚	永仁	元谋	武定	禄丰	全州平均
2010年年日照	2255	2396	2454	2567	1885	2669	2388	2556	2139	2293	2360
与上年比	-37	179	-157	0	-259	-131	-273	-93	-317	-209	-130
与历年比	78	36	128	173	-515	224	-310	-37	-86	86	-22

生饮水困难，楚雄、双柏、南华、大姚4个县（市）中心城市供水紧张；有219座水库、6952个小坝塘干涸，54条河流断流。

暴雨、洪涝。2010年大雨、暴雨次数偏少，但单点性暴雨仍然造成了一定的洪灾。7月28日，楚雄州出现全州大雨、局部暴雨天气过程，其中元谋日雨量达到81.8毫米，大姚日雨量达到74.6毫米。此次洪涝造成元谋、大姚、永仁等县受灾，其中元谋因灾死亡1人，重伤2人，轻伤4人；民房倒塌45户185间，损坏54户239间，需临时转移安置314人；农作物受灾面积达4887.8亩，其中成灾522亩，绝收121亩；学校受损17所，倒塌校舍4间，受损28间，围墙、挡墙受损1494米；损坏灌溉设施10处；60座桥涵受损。大姚县石羊镇部分农田受涝，水利设施受损。永仁县宜就镇9个村民小组遭受暴雨灾害，玉米受灾面积620亩，成灾320亩，绝收220亩；水稻受灾80亩，成灾60亩，绝收40亩。大雾。2010年11～12月，降雨次数较为频繁，空气湿度大，楚雄州频繁出现大雾天气，对交通造成一定影响。

【抗旱工作】 2010年，楚雄州气象局面对百年不遇的特大干旱，向州委、州人民政府以及防汛抗旱等部门发布干旱专题天气预报239期，气象情况反映252期，其他服务资料175期。发布干旱预警信号75次，气象服务手机短信65万次，发布森林火险等级气象预报及资料300余期，并通过电视天气预报和气象信息综合显示系统及时滚动播出干旱气象服务信息9万余条，干旱红色预警信号6次。及时下发《关于做好2010年人工增雨抗旱工作的通知》对全州开展增雨抗旱工作提出具体要求。1～6月，全州共组建流动增雨作业点10个，固定作业点15个，开展作业335点次，上阵作业人员、指挥员76人。增雨火箭弹就位900发，增雨高炮弹5000发。抓住有利天气，及时开展作业，作业区内普降中到大雨局部暴雨，全州平均累计增雨量64.5毫米，增雨作业为缓解旱象做出了积极贡献，受到全州广大干部群众的好评。7月被省委、省政府表彰为抗旱救灾先进集体。

【防雹工作】 2010年6～8月，全州共投入人工防雹指挥和作业人员450人，车辆10余辆，规范化作业点97个，共出现15次全州性的冰雹天气过程，52个作业日，历时171天，及时开展人工防雹作业627点次。据统计，防区内的48万余亩烤烟，受到冰雹的只有2650亩，受灾率0.55%，与上年相比降低0.37%，比历年平均降低0.75%；而防区外烤烟受灾1.73万亩，受灾率14.45%，2010年防区内外烤烟受灾率相差25倍。人工防雹工作取得了巨大的经济效益和社会效益，为全州大灾之年粮烟丰收、财政增长、农民增收作出了积极的贡献。

【防雷减灾】 2010年，楚雄州防雷减灾工作有序推进。州气象局加强与安监、建设、法制、消防、烟草等部门的沟通与协调，将防雷减灾工作纳入当地安全生产工作的总体部署。同时，元谋、双柏、楚雄等县（市）人民政府及教育部门认真贯彻落实《楚雄州人民政府办公室关于进一步加强学校防雷安全生产的实施意见》文件精神，积极支持配合气象主管部门开展学校防雷安全检查工作，各县（市）气象主管部门切实加强学校防雷安全生产知识宣传工作，为认真组织开展学校防雷安全检测及隐患整改，切实保障广大师生的生命财产安全。全年全州易燃易爆场所防雷设施检测覆盖率达100%，其他场所检测面达70%，防雷安全隐患整改率达30%。及时查处违法行为，有效减少了雷击事故的发生。

【气象科技服务】 2010年,楚雄州积极推进气象科技服务,探索气象手机短信推广思路,州气象局示范性实施手机短信农村营销思路,推进了全州气象手机短信定制工作。搭建了显示屏广告信息发布平台,通过电子显示屏发布中共楚雄州委宣传部、州旅游局、州移动公司等单位部门信息,在全省率先实现了气象电子显示屏的市场化运作,成为科技服务增收新亮点。全新改版电视天气预报节目,在楚雄电视台公共频道《民情直通车》栏目顺利开播电视天气预报。楚雄电视台开办的新闻信息频道、公共频道都有了气象服务节目,丰富了以"关注民生、传达民意、沟通社会、服务百姓"为宗旨的栏目内容。改版后的电视天气预报收视率有大的提高。面对2010年百年一遇的严重干旱,全州气象部门充分发挥手机短信、气象电子显示屏等灾害监测预警体系作用,收到良好效果。

【气象现代化建设】 2010年，楚雄州气象部门大力推进气象现代化建设。在州人民政府的支持下，新建成126个覆盖全州所有乡（镇）的中小尺度天气加密观测网络自动站，该网11月初全面建成投入使用。建成州到县（市）可视天气会商系统。州气象局防灾减灾天气预警可视会商系统于7月28日完成，该系统率先在云南省采用可视化拼接技术，可同时显示8种不同的天气图表，并成为州到县（市）可视化天气会商的控制中心。8月25日，州气象局3D人工影响天气指挥显示系统正式投入使用。该系统具备显示、预警、管理指挥三大功能，可实现对全州气象部门人工增雨防雹情况的三维显示。

【气象基础设施建设】 2010年，楚雄州气象防灾减灾业务楼正式建成并于6月投入使用；元谋、永仁2县气象防灾减灾预警中心建设已基本完工。武定县气象防灾减灾预警中心建设项目已列入全县行政公务中心统一规划建设，计划2010年末开工建设；大姚、禄丰、南华等3县的气象防灾减灾预警中心项目建设已完成土地征用工作，牟定县气象局完成了观测场围墙及观测平台建设；楚雄市、大姚县、武定县气象局完成小雷达建设项目。

［谢希萍］

水文水资源勘测研究

【水文水资源概况】 2010年，云南省水文水资源局楚雄分局加大水文水资源基础设施建设。年内，楚雄州小龙潭、董户村、高桥水文站改造工程竣工。完成中央扩大内需资金中小河流洪水易发区水文监测一期24个降水、1个水位遥测站。12月，楚雄分局基地破土动工。年内，楚雄分局获云南省水文水资源局2008～2009年度水情水资源工作优秀单位受到表彰，获省水文水资源局2009年度考核目标管理责任三等奖。王志勇被省委、省政府授予“云南省抗旱救灾先进个人”。姚光强撰写的《楚雄州历年干旱调查分析》获省水利学会优秀论文一等奖，郭立伟撰写的《浅析楚雄龙川江泥沙演变》获省水利学会优秀论文三等奖。

【水文测验】 2010年，云南省水文水资源局楚雄分局按照国标《水文资料测验整编规范》、《云南省水文资料整编补充规定》组织完成9个基本水文站（水位11站年、流量11站年、泥沙6站年、降水78站年、蒸发4站年）和8个专用水文站（水位8站年、流量8站年、泥沙8站年、降水8站年、蒸发8站年）年度水文资料测验整编审查验收工作。完成楚雄州24件中型水库资料整理汇编技术监督指导工作。

【水情报汛】 2010年，楚雄州来水量总体偏少。雨水情呈现旱涝交替、旱涝并发、大部分地区旱情严重、局部山洪突出的总体格局。面对百年未遇的严重旱灾，云南省水文水资源局楚雄分局迅速启动Ⅱ级抗旱应急响应，密切监视旱情发展，加强分析会商，做好信息报送和发布，共发布《抗旱简报》13期，收、发水情报文5000份，30分钟内送达国家防总的报汛时效合格率达99%以上，提供各类预报成果13期，编发各类水情分析材料43份，为防汛抗旱、汛末蓄水、应急补水调度等提供了有力的技术支撑。

【水质监测】 2010年，云南省水文水资源局楚雄分局共完成日常检测160余站次，根据逐月检测成果共完成了楚雄市重要城市主要供水水源地九龙甸水库、西静河水库水质状况月报12期以及江边渡口、九龙甸水库、楚雄、黑井、黄瓜园、董户村6个断面主要江河湖库水质通报编制6期；编制长江流域省界水体江边渡口站测试报告12期；西静河旱情水质信息上报表12期；向部中心上报九龙甸、西静河水源地水质监测评价12期；西静河水库、江边渡口2个监测站点地表水资源质量状况月报12期；九龙甸水库水生生物监测简报12期；马一村桥、普厂大桥两个州（市）界河流水资源质量监测评价成果12期；《楚雄州突发性水污染事件月报》编制12期。加强水资源保护的监测与分析，初步形成了包括全州主要江河、省界水体、水功能区、重要城市集中供水水源地以及州（市）界河水资源质量状况的水质监测网络，共计17个水质监测断面，包含8条河流、4座水库、1个省界监测断面、2个供水水源地、3个水功能区、2个州（市）界河站，监测断面较上年增加2个。4月上旬完成了全州10县（市）县城以上集中供水水源、备用水源共20个断面的水质取样、检测评价任务，各水源检测全部按《地表水环境质量标准》（GB3838—2002）基本项目和集中式生活饮用水地表水源地补充项目（共计28项）进行检测、评价。结果显示，除洋派水库水质为Ⅴ类、丙间水库水质为Ⅳ类外，其他18个水源地均符合Ⅱ～Ⅲ类水质标准，全州县级以上集中供水水源、备用水源水质合格率达90%，补充项目有4个水源地锰、铁超标，超标率达20%。9月，完成近17个地下水功能区水质断面的补测、评价任务。完成21世纪前10年云南省地表水功能区水资源质量调查评价和云南省重点水功能区纳污能力核定污染物限制排污总量意见等相关报表的填制、上报，“十二五”楚雄水质分中心建设项目论证报告的编制，历年水质监测站点成果数据录入和水资源保护定额报表的填报等工作任务。

【水文服务】 2010年，云南省水文水资源局楚雄分局编制完成《禄丰县污水处理厂水文分析报告》、《大姚县大坡水库工程水资源论证报告》、《楚雄市龙川江大天城水文测验报告》的编制，完成了中国三峡总公司金沙江水电开发有限公司委托楚雄州境内金沙江流域26个遥测站的管护。

【水土保持监测工作】 2010年，云南省水文水资源局楚雄分局完成大姚鲁村国家级监测点、姚安洋派河流域龙门口省级监测点的监测工作，及时编制监测工作报告报送省监测站和部监测中心，为《云南省水土保持监测公报》提供了可靠、准确的数据。按时完成元谋小黄瓜园水土保持监测的资料整理工作。

【水资源状况】 2010年，楚雄州平均降水量748.7毫米，折合水量219.06亿立方米。比上年偏多22.0%，较常年偏少17.3%，为枯水年份。全州地表水资源量40.91亿立方米，地下水资源量13.23亿立方米，扣除地表水与地下水重复计算量后全州水资源总量为41.01亿立方米，比上年偏多13.6%，比常年偏少40.3%。全州蓄水工程年末蓄水量7.53亿立方米，比上年增加30.9%。全州供、用水总量20.25亿立方米，其中河道外供用水9.20亿立方米；河道内供用水10.88亿立方米。全州主要江河的水质状况按《地表水环境质量标准》（GB3838—2002）采用单项水质参数进行评价。金沙江水系，全年综合评价河道425.9千米，Ⅱ～Ⅲ类河道占评价河道31.9%，Ⅳ类河道占评价河道58.4%，Ⅴ类及劣Ⅴ类河道占评价河道9.7%。主要污染物：氨氮、总磷、5日生化需氧量、粪大肠菌群等。西南诸河，全年综合评价河道212.4千米，Ⅱ类河道占评价河63.5%，Ⅴ类、劣Ⅴ类河道占评价河道36.5%。主要污染物：铅、氨氮、5日生化需氧量、粪大肠菌群。

［李　蔚］

（责任编辑：彭利侯）

加强招商引资　扩大对外开放

①州招商局赴印尼邀商

②2006年9月22日，州委、州政府举行"活力楚雄　魅力彝州"高端论坛暨项目推介会

③昆交会楚雄州展位前

④东盟华商会上与华商进行项目对接

⑤上海经贸考察团楚雄招商推介会

2010年，楚雄州实际引进州外到位资金110.97亿元，突破100亿元大关，完成州人民政府下达责任指标90亿元的123.3%，比上年增长47%。其中，实际引进省外到位资金70.5亿元，完成省人民政府下达责任指标47亿元的150%，比上年增长50.6%；工业生产性项目到位资金80.7亿元，完成州人民政府全年考核责任目标任务56亿元的144.1%；实际引进国（境）外资金1331万美元，完成省人民政府下达引进外资任务800万美元的166.3%，完成州人民政府下达责任指标1300万美元的102.3%，形成了州外、省外、国（境）外三项指标齐头并进的强劲势头。"十一五"收官之年，实际到位资金是"十五"末16.6亿元的6.6倍，增长568%，引资总量和增长幅度均创楚雄州历史最好水平。

提供财政保障

①

⑤

⑥

“十一五”期间，楚雄州财政部门在州委、州人民政府的正确领导下，全面贯彻落实科学发展观，积极抢抓国家实施积极财政政策等各种有利条件和机遇，有效应对国际金融危机等一系列重大困难和挑战，全州财政工作在复杂多变和困难重重的经济形势下，取得了较好成绩，为全州经济社会又好又快发展提供了保障、增添了动力。

按现行统计口径计算，全州地方财政总收入由2005年的36.4亿元增加到2010年的86.5亿元，增长1.4倍；地方财政一般预算收入由2005年的12.3亿元增加到2010年的30.7亿元，增长1.5倍；地方财政一般预算支出由2005年的35.6亿元增加到2010年的108.6亿元，增长2.1倍。“十一五”期间，州财政累计下达经济建设资金98.9亿元，大力夯实基础设施建设，支持重点产业发展。2010年，全州各项民生支出达73.6亿元，占全州地方财政一般预算支出的67.8%。其中农林水事务、教育、医疗卫生、社会保障和就业、公共安全支出分别比2005年增长了2.4倍、1.6倍、3倍、2倍和1.6倍。5年

增添发展活力

累计完成农业综合开发中低产田改造 28.5 万亩；自 2008 年开展试点以来，3 年累计完成“一事一议”财政奖补项目 2416 个自然村，硬化村内户外道路 2834 千米。截至 2010 年末，全州所有预算单位全部纳入部门预算管理，实现国库集中支付的部门和单位分别达到 698 个和 1222 个，实施改革资金占地方财政一般预算支出的比重达 61%；县级以上机关全面实行了公务卡结算制度，已累计发卡 3.67 万张；全州 103 个乡（镇）全部成立了村级会计代理服务机构，1095 个村（居）委会全部纳入了委托代理。

①重视财政廉政建设
②财政文化建设
③实施保障性住房建设
④支持州医院新区建设
⑤提高财政干部队伍素质
⑥深化财政管理制度改革
⑦支持交通设施建设
⑧支持青山嘴水库建设
⑨实施财政农业综合开发
⑩巩固提升“两烟”财源
⑪加强基层财政所建设
⑫向受灾群众献爱心
⑬组织会计职称报名考试
⑭支持教育事业发展

水利发展与改

"十一五"期间是楚雄州水利建设力度最大、投入最多、规模最大、发展最快、成效最显著、群众受益最多的时期。特别是2010年，面对百年不遇的特大干旱，在抗旱救灾中，全州累计投入资金9394万元用于应急水源工程建设和拉运送水补助，临时解决了89.05万人、42.47万头大牲畜的饮水困难，确保了全州人畜饮水的需要，取得了抗旱救灾工作的胜利。全年完成水利固定资产投资11.51亿元，水利工作在大旱之年实现了大发展，为"十一五"划上了圆满的句号。

水利投资创历史新高。全州共争取到中央和省水利建设补助资金22.65亿元，是"十五"期间争取中央和省补助资金的3.45倍，州财政和信用贷款安排10.05亿元，烟草企业烟田建设投入水利资金6.35亿元。"十一五"期间州以上及烟草企业合计投入水利资金39.05亿元，累计完成水利固定资产投资48.46亿元。

重点水利工程建设取得重大突破。"十一五"前开工建设的元谋丙巷河、牟定龙虎、禄丰韭菜地等6件中小（一）型水库全面完工。"十一五"新开工的16件大中小型水源工程中，青山嘴水库建成蓄水，沙龙、尼白租、龙山、木老虎、小石桥、大龙潭等6座中小型水库基本完工，专项规划内86座中小（一）型病险水库除险加固工程全面完成，列入新一轮小型病险水库除险加固规划的39件工程已开工建设19件。

民生水利工程建设成效显著。全州共争取到中央支持实施总投资2.8亿元的10期农村饮水安全工程，解决了4117个村民小组60.22万农村人口和40所农村中小学校2.14万师生饮水不安全的问题，连同小型水利建设补助资金以及新农村建设等项目解决的8.41万人，累计解决了农村67.99万人饮水不安全的问题。投资1.43亿元实施了元谋和蜻蛉河两个大型灌区续建配套与节水改造11期工程。在楚雄、南华等6县（市）10个乡（镇）开展中央财政"民办公助"小型农田水利工程建设；禄丰、楚雄两县（市）被国家列入小型农田水利重点县建设。实施23条总长112千米的小（一）型以上水库灌溉渠道防渗工程建设。累计新增节水灌溉面积39.19万亩。在继续抓好"长治"水土保持治理项目的同时，启动实施了水土保持世行贷款/欧盟赠款项目，完成了217.15平方千米的治理任务。5年间共治理水土流失面积2385.7平方千米。

前期工作取得新成效。通过州财政和信用贷款安排重点水

革再上新台阶

利规划和项目前期费5204万元，先后组织完成了《西南五省区骨干水源工程近期建设规划》、《病险水库除险加固规划》、《楚雄北部片区水资源综合规划》等18个规划，规划储备项目1030项，规划投资170亿元，763件工程争取列入了国家、省规划，占全省水利规划项目的10%以上。同时先后组织完成了200余件重点水利项目前期工作，其中总投资39.53亿元的175件工程争取国家和省批准或补助开工建设，并争取到补助资金20.34亿元。

水利改革进一步深化。全面完成了193件小（一）型以上水库管理单位的管理体制改革任务。103个乡（镇）水管站统一上划县（市）水行政部门直接管理。国管水利工程供水价格改革全面完成，水费收缴率明显提高。小型水利工程、民营水利和农民用水户协会管理工程也逐步实行了供用水价格管理，初步建立了国管水利工程政府定价、民营水利政府指导价、农民用水户协会管理自行定价的水价机制。全面启动了农村小型水利工程管理体制改革，基本完成了南华等5县改革任务。为加强水资源的统一管理，实现城乡涉水事务一体化，全面启动全州水务改革，州水务局和8县水务局已成立。

防汛抗旱减灾成效显著。“十一五”期间，面对地震、洪涝灾害和特大干旱等重大自然灾害，各级党委政府积极组织动员各方力量奋力抗灾救灾，水利部门加强对县（市）防汛抗旱部门的指导，采取有效措施，先后战胜了2008~2010年5次地震及2008年“11·02”特大洪涝灾害、2009~2010年百年不遇特大干旱，避免了次生灾害发生，确保了灾区水利工程安全和群众生活生产用水。

①2011年4月8日，国家水利部部长陈雷等领导为楚雄州水务局揭牌
②省、州领导为青山嘴水库奠基培土
③2009年5月17日，水利部副部长周英视察楚雄州青山嘴水库
④完善的元谋县灌区灌溉系统
⑤楚雄市苍岭镇高稳产农田建设现场
⑥基本烟田建设
⑦青山嘴水库
⑧龙川江治理后楚雄城区新貌
⑨除险加固后的九龙甸中型水库
⑩除险加固后的丙间中型水库
⑪除险加固后的大海波水库
⑫除险加固后的庆丰水库

发展林业

"十一五"期间，全州林业系统认真贯彻落实科学发展观，坚定不移地走生态建设产业化、产业发展生态化的路子，积极应对地震、特大泥石流滑坡、低温冷害和百年不遇的特大干旱等自然灾害；认真组织实施天然林保护工程、退耕还林工程、农村能源建设工程、野生动植物保护及自然保护区建设工程和速生丰产林建设工程；加快发展以核桃为重点的特色经济林产业、以野生食用菌为重点的非木质林产业、以木材采运和加工为重点的木材林产业、以松香和桉叶油为重点的林产化工产业以及林木种苗花卉产业；扎实推进集体林权制度主体改革，成功承办了第五届世界菌根食用菌大会、中国首届核桃大会、全省深化集体林权制度改革楚雄现场会；切实加大林业项目资金争取工作力度，全州林业生态体系和产业体系建设取得显著成就。"十一五"末，全州森林覆盖率达到 62.48%，比"十五"末增长 1.79 个百分

生态立州

点；活立木蓄积量达到 9235.47 万立方米，比“十五”末增长 1226.84 万立方米；林业总产值达到 58.63 亿元，比“十五”末增长 3.67 倍。林业事业的快速发展，为全州经济社会发展和农村社会稳定作出突出贡献。

①2008 年 6 月，全省深化集体林权制度改革现场会在楚雄召开
②2007 年 8 月，第五届世界菌根食用菌大会在楚雄召开
③2008 年 9 月，首届中国核桃大会在大姚召开
④州委书记张太原参加义务植树活动
⑤2009 年 5 月，法国开发署官员到楚雄州考察生物质能源建设
⑥林业科技培训
⑦森林资源规划调查
⑧方兴未艾的楚雄州茶花产业
⑨核桃产品
⑩野生菌加工
⑪中密度纤维板生产

方兴未艾的彝

①

②

③

④

楚雄州持续4年推进“彝州乡风示范带”建设，共投入财政专项补助资金2325万元、整合资金3158万元，共建成260个村容村貌提升村、234个示范村和10个示范区，有2.48万户农户、6.78万名群众从中受益；共争取上级专项补助资金3045万元，州级财政投入专项资金6960万元，在全州实施新农村试点村708个，省级重点建设村203个，村容村貌整治126个；在全州10县（市）组织实施了农村民居地震安全工程，共争取上级补助资金2.37亿元，州级财政投入专项补助资金621万元，共拆除重建1.6万户、加固改造2.65万户。通过新农村试点示范工程建设，在全州树立起了一批有较强示范带动作用的典型，有力地带动了全州社会主义新农村建设。

州新农村建设

①回良玉副总理到乍石省级重点村视察新农村建设工作，并看望慰问贫困群众
②全州乡风文明示范带建设推进会
③大姚县南永线新农村及乡风文明示范带建设工作会
④紫溪镇民族文化传承研习暨青少年书法绘画班开班
⑤宽敞明亮的入村道路
⑥2008年新农村建设示范村——苍岭镇李家坝村小组
⑦2009年省级重点建设示范村——小旧庄
⑧山川秀丽、环境优美、村容整洁的新农村
⑨大姚县湾碧乡谢家村配套的文化室、篮球场
⑩2006年楚雄市新农村建设示范村——苍岭镇马石铺村小组
⑪彝乡新貌
⑫崛起的西和回乡
⑬现代烟草新农村——芙蓉新村
⑭安楚高速楚雄东大门
⑮彝家新农村集市——玛咕彝寨
⑯彝族同胞载歌载舞
⑰方山诸葛营省级重点村群众文艺表演

农业产业化重点

蔬菜产业 2010 年全州蔬菜种植面积 61.68 万亩，产量达 125.36 万吨，元谋县蔬菜外销量约占全省的 1/4 以上。州内具备蔬菜保鲜、冻干、烘干、速冻等精深加工技术，全州有蔬菜产业龙头企业 27 户，加工总量 16.7 万吨。

核桃产业 2008 年首届中国核桃大会在大姚县成功举办，大姚、楚雄、南华被评为“中国核桃之乡”。2010 年全州核桃种植面积 356 万亩，核桃产量达 2.37 万吨。州内有核桃精深加工龙头企业 8 户，加工总量 2.21 万吨，实现产值 5.33 亿元。主要产品有有机核桃油、核桃乳、核桃干果、核桃炒果等。

食用菌产业 2007 年楚雄州成功举办了第五届世界菌根（野生）食用菌大会，南华县被授予“野生菌王国”称

产业蓬勃发展

号。2010年，全州采集野生食用菌1.22万吨，产值（含加工）9.13亿元；人工食用菌种植面积248.36万平方米，产量达3.16万吨，产值2.6亿元。全州有菌类加工企业40户，加工总量约3.33万吨。

2010年，全州野生食用菌、蔬菜、松香等农副产品出口创汇达7360万美元，占全州出口总值的76%，产品行销日本、韩国、美国、德国等国家。

①香葱种植基地
②核桃
③脱壳加工后的核桃
④小桐子
⑤人工菌栽培
⑥脱毒红薯
⑦马铃薯
⑧蔬菜种植
⑨天申堂马铃薯基地
⑩南瓜制种标准化栽培
⑪野生菌加工
⑫蔬菜加工

加快交通建设

①

②

③

④

"十一五"时期，楚雄州交通系统积极应对国际金融危机和地震、特大泥石流、百年不遇干旱等自然灾害带来的不利影响，千方百计加快交通基础设施建设，努力提高交通运输保障服务水平，提前超额完成"十一五"交通运输发展任务，为全州经济社会发展提供了重要保障。

公路网建设有序推进。"十一五"时期，全州"三纵四横"主骨架公路网基本形成，"黄金大三角"高等级公路网已经建成，初步形成了以彝州首府鹿城为中心，国道、省道为骨架，干支相连、纵横交错，四通八达的公路交通网络，极大地改善了全州的交通运输条件。2010年末，全州公路总里程达16938千米。其中，农村公路通车里程达14581.7千米；高速公路通车里程达304.5千米，一、二级公路达196千米；三、四级公路达9505.3千米。

重点公路建设项目取得新突破。由楚雄州组织贷款建设的首条高等级公路——南华至永仁二级公路，通过历时6年的艰苦努力，于2006年9月26日全线建成通车。永仁至武定高速公路2008年11月28日全线建成通车。至此，州内"十一五"期间规划的"黄金大三角"高等级公路网提前两年全面构筑完成。元谋至双柏二级公路建设快速推进。武定至昆明高速公路按计划将于2012年建成通车。楚雄至广通高速公路建设项目顺利推进。武定至禄丰高速公路建设项目前期工作稳步推进。其他重点公路建设项目前期工作推进迅速。2011年，安丰营至禄丰县碧城镇东邑村和长田至禄丰县城高速公路、楚雄至南华一级公路、双柏至三江口、大姚至祥云二级公路《工程项目可行性研究》已编制完成，并上报省人民政府评审中心等待评审，其余相关报件正在办理评审上报。

农村公路建设步伐不断加快。上级下达楚雄州农村公

提高保障水平

路建设项目998项，总投资完成32亿元，主要项目是通畅工程、通达工程、客运站点建设以及其他抢险救灾工程、码头、战备公路等。

交通运输固定资产投资再创历史新高。全州累计完成交通固定资产投资122.5亿元，比"十五"期间增加44.4亿元，增长56.8%。其中省管重点项目完成投资81.9亿元，地方项目完成投资40.6亿元。5年来，农村公路投入达到37.9亿元，与"十五"期间的11.6亿元相比，增长了3.3倍。

交通运输保障能力不断增强。2010年末，全州拥有等级客运站89个、道路客运线431条、客货营运车辆2.5万辆。"十一五"时期，全州共培训机动车驾驶员7.6万人，培训机构增加到28所（含残疾人驾校1所），机动车综合性能检测站增加到8户，维修业户增加到1951户，机动车维修、检测初步形成了种类齐全、服务快捷的综合体系。道路运输安全监管明显加强。加强和规范道路运输市场安全监管，推广应用GPS监管系统。"十一五"期间共完成渡口改造14道，新增机动渡船6艘，水路运输完成客运量277.3万人次、旅客周转量2338.3万人次，货运量190.1万吨、货物周转量698.2万吨千米。

①全州交通运输工作会议
②楚雄州交通运输局挂牌仪式
③廉政教育
④2011年春运安全检查
⑤南永二级公路二期工程试通车庆典
⑥楚大高速公路
⑦元双二级公路
⑧南永二级公路马鞍山隧道
⑨南永二级公路江底河特大桥
⑩南永二级公路

推进工业和信息化工作

①

②

③

④

2010年，楚雄州工业和信息化建设取得明显成效。全州工业总产值突破400亿元大关达436亿元，为“十五”末的2.5倍，年均增长20.3%；实现工业增加值140.5亿元，比上年增长14.7%，为“十五”末的2.2倍，年均增长17.3%，占全州GDP的34.7%，比“十五”末提高了2个百分点。规模以上工业企业187户，比2005年增加67户，其中产值亿元以上企业37户，比2005年增加24户；实现产值298.7亿元，比上年增长24.4%，是“十五”末的2.5倍，年均增长20.6%；增加值突破100亿元大关达106.3亿元，比上年增长14.4%，是“十五”末的2.1倍，年均增长15.6%；工业品产销率96.7%，实现主营业务收入283.3亿元，比上年增长25.5%；实现销售产值288.85亿元，比上年增长23.5%；实现利税总额68.4亿元，比上年增长5.1%；实现利润总额19.3亿元，比上年下降8.7%。重点监测的195户企业实现利润总额19.1亿元，比上年增长18.2%。其中盈利100万元以上的企业88户，实现利润20.1亿元，比上年增加17户，利润增加3.2亿元；亏损49户，同比减少2户。累计产值超5000万元的企业达到76户，比上年增加16户。其中亿元以上企业37户，比上年增加8户，比“十五”末增加24户。万元GDP能耗为1.312吨标准煤，比2005年下降15%以上。工业投资完成84.5亿元（含乡镇小水电投资），同比增长100.9%，完成州政府下达任务47.8亿元的177%，是2005年的5.6倍，年均增长40.9%。企业生产经营趋于正常，停产、半停产现象基本消除。

全年全州州级财政安排工业专项资金3330万元，重点用于企业技改、重点产业建设、工业园区基础设施和标准厂房建设；上报争取扶持项目100个，其中78个项目得到国家和省级扶

实施工业强州战略

持，争取到扶持资金 6504.87 万元，其中省级扶持资金 3794.37 万元，国家扶持资金 2710.5 万元。

2010 年，全州现有涉及电台及业余无线电台共 4206 台，84 部广播电视发射设备，29 部转播电台。年末，全州通信光缆总长度达 24 万皮长千米，电话交换机容量 213 万余门，移动电话基站达 2300 个，拥有固定电话 31 万余部，移动电话用户 114 万余户；互联网用户将近 22 万户，城域主干网带宽达 13.5 兆；全州短波、超短波、微波、广播、电视、通信基站等各类无线电台（站）达 4200 个。

全年全州建有 1 座固定中心站、1 座高山监测测向站、6 座小型监测站，拥有 1 台移动监测站、1 套搬移站、2 套便携监测站、若干便携监测和检测设备，形成了一个覆盖楚雄州土地面积近 40%的信息化、网络化、智能化的无线电监测网，能实时、自动地对频谱资源、电磁环境展开监测和统计分析，切实保障无线电通信安全。

①云南省工信委副主任许云到禄丰钛产业基地调研
②云南省工信委纪检组长周睦邻到南华松香厂调研
③原州委书记邓先培到企业调研
④州人大领导到元谋县调研节能减排工作
⑤楚雄州 2011 年工业园区(禄丰土官片区)现场会
⑥楚雄第八期企业党建论坛
⑦全州重点工业项目推进暨投资工作座谈会
⑧楚雄州淘汰落后产能、调整产品结构、实施产业振兴项目论证会
⑨与云冶集团座谈交流
⑩楚雄州 2011 年非公经济座谈会
⑪楚雄州昆钢发展座谈会
⑫楚雄州工业和信息化委员会成立大会

加快商贸流通

“十一五”期间，楚雄州着力加快商贸流通业发展，州委、州人民政府先后出台了《楚雄州人民政府关于加快流通服务业发展的决定》、《中共楚雄州委、州人民政府关于加快对外贸易发展若干意见》（试行）等一系列政策文件，加大对商贸流通业的支持力度，全州流通基础设施不断改善，内外贸发展克服了金融危机的影响，保持了快速增长。2010 年全州实现社会消费品零售总额 131.9 亿元，比 2005 年翻了一番多，“十一五”期间年平均增长 18.95%；对外贸易走出低谷，实现大幅增长，2009 年、2010 年连续创历史新高，2010 年全州实现外贸进出口总额 1.08 亿美元，是 2005 年的 3 倍多；利用外资和对外经济合作稳步发展，“十一五”期间，完成外资项目 12 个，累计利用外资

搞活城乡经济

4445.09 万美元，发展外经企业 5 户，累计完成境外劳务输出 5248 人，获得国际劳务收入 1949.85 万美元。

①2007 年 6 月，省委常委、常务副省长罗正富，省委常委、楚雄州委书记曹建方到昆交会楚雄交易团检查指导工作
②南华县被省商务厅授予首家外派劳务基地县称号
③省商务厅厅长孙小虹到楚雄调研"万村千乡"市场工程
④昆交会楚雄展台
⑤"十一五"建成的新龙江商场
⑥南华野生菌交易市场一角
⑦元谋蔬菜批发市场一角
⑧楚雄州家电以旧换新工作启动仪式
⑨首届彝州美食文化节颁奖现场
⑩全州家电下乡工作推进会议

发展文化旅游业

2010年，楚雄州旅游系统认真贯彻落实《国务院关于加快发展旅游业的意见》和《楚雄州人民政府关于统筹全州旅游线路与市场开发的实施意见》，牢固树立把旅游业培育成为国民经济战略性支柱产业和人民群众更加满意的现代服务业的观念，增强工作的责任感和使命感，全力以赴推进旅游线路统筹开发工作，文化旅游产业发展取得了新成绩。尽管受特大旱灾、楚大公路维修以及年初地震等不利因素的影响，但由于国内旅游消费需求增长日趋旺盛，以及宣传促销力度不断加大、节庆活动的开展和假日旅游的拉动，全州主要旅游经济指标较快增长。全年接待海外旅游者1.99万人次，同比增长19.4%；接待国内旅游者964万人次，同比增长18.7%；实现旅游总收入31.07亿元，同比增长

培育现代服务业

43.9%；全州旅游总收入迈上 30 亿元台阶，比上年净增 9.5 亿元，各项经济指标全面超额完成 2010 年目标考核任务，超过"十一五"规划确定目标。

①全国政协主席贾庆林在南华咪依噜景区视察
②省委书记白恩培、国家旅游局局长邵琪伟视察国际旅交会楚雄馆
③牟定万人左脚舞
④紫溪山马樱花节祭祀马樱花神仪式
⑤彝族迁徙舞
⑥海外嘉宾参观禄丰世界恐龙谷
⑦禄丰世界恐龙谷开园迎宾
⑧游客游览彝人古镇
⑨老虎笙
⑩大姚传统少数民族节日——插花节
⑪省级非物质文化遗产——赛装节

科教兴州

“十一五”期间，楚雄州立足州情，全面贯彻党的教育方针，坚定不移地实施科教兴州和人才强州战略，加大教育投入，推进改革创新，各级各类教育协调健康发展。义务教育质量和水平明显提高，“两基”国检如期通过，城乡中小学生全面享有了真正的免费义务教育，义务教育实现了由“人民办”到“政府办”的重大转变；普通高中瓶颈有效突破，职教攻坚强力推进，州职教园区建成投入使用，高中阶段教育毛入学率达 70.58%，普通高中与中等职教在校生之比达到 1:1.04，中职在校生规模首次超过了普通高中在校生规模，实现了由低谷徘徊到快速发展的重大转变；高等教育取得突破性进展，楚雄师院管理体制进一步理顺，招生拓展到 23 个省（市、区），楚雄卫校成功升格为楚雄医药高等专科学校并顺利通过教育部合格专科学校评估；民办教育加快发展，各级各类民办学校 160 所，办学主体实现了由单一政府办学到多元化办学的重大转变；政府教育经费支出不断增长，“十一五”期间年均增长 21.79%，排除中小学危房 56.65 万平方米，学校办学条件大为改善，教师待遇逐步提高；教育改革向纵深推进，教育公平迈出重大步伐，教育对

人才强州

⑤

⑥

⑦

⑧

⑨

⑩

⑪

外开放不断扩大。在推进教育改革与发展中，楚雄州农村义务教育管理体制改革、创办农村综合初中、大力开展勤工俭学、实施农村现代远程教育、校安工程实施和中小学布局调整有机结合、中等职业教育创新发展、以"聚焦课堂"促进教师队伍专业素质提高、探索教育区域集团化发展、创新校长（书记）选拔任用机制等工作取得突破性进展，受到了教育部和省委、省政府的充分肯定。

①2010年4月9日，国家教育部副部长陈小娅到楚雄州检查指导抗旱保教工作

②楚雄州政府与澳大利亚南澳州教育合作签字仪式

③2009年教师节庆祝文艺晚会

④社会各界捐资助学

⑤投资10.6亿元的州职教园区基本建成投入使用，5所州属中等职业学校全部迁入园区办学

⑥2009年9月7日，楚雄高级技工学校首期3000余名学生入驻州职教园区

⑦全面推进素质教育积极创办特色教育

⑧农村初中学校积极开展信息技术教育

⑨中小学布局结构调整后建设中的南华县民族中学

⑩建设中的武定县香水中学

⑪"十一五"期间，全州中小学教育基建投入16.93亿元，改造、新建校舍85万多平方米，全州中小学办学条件全面得到改善。图为禄丰县仁兴初级中学

群众文化、文化遗产

2010 年，楚雄州拥有公共图书馆 11 个，其中国家一级馆 1 个、二级馆 1 个、三级馆 9 个，全州图书总藏书量 109.8 万册；文化馆 11 个，其中国家一级馆 2 个、二级馆 2 个、三级馆 3 个；乡（镇）综合文化站 103 个，州级示范文化站 17 个，省级达标文化站 71 个，其中一级站 12 个、二级站 30 个、三级站 29 个。有图书馆从业人员 95 人，其中高级职称 5 人，中级职称 29 人；文化馆从业人员 89 人，其中高级职称 4 人，中级职称 28 人；文化站工作人员 206 人，其中中级职称 32 人、初级职称及以下 174 人。有经常性开展活动的村文化室 1184 个，有业余演出队 766 个。

全州有国家级文化先进县 1 个（楚雄市），省级文化先进县 5 个（禄丰县、武定县、双柏县、大姚县、永仁县）。

全州有非物质文化遗产保护中心 11 个，共建立非物质文化遗产名录 730 项，其中县级名录 522 项，州级名录 167 项，省级名录 31 项，国家级名录 10 项。公布命名了非物质文化遗产代表性传承人州级传承人 172 人，省级传承人 45 人，国家级传

保护工作成效显著

⑥

⑦

⑧

⑨

⑩

⑪

⑫

⑬

承人2人；公布了民族传统文化保护区17个，中国民间文化艺术之乡5个，云南省历史文化名镇名村5个。全州非物质文化遗产主要类型是：服装文化、建筑文化、传统手工艺文化、图腾祭祀宗教文化、饮食文化、节日文化、民族民间文学、文献古籍、婚嫁习俗、民族体育、民族戏剧、民族歌舞、民族曲艺、民间绘画、民间雕塑、民族医药。

①第五个中国文化遗产日主题晚会
②双柏县文化活动中心
③永仁县文化馆
④元谋人博物馆
⑤禄丰县恐龙文化中心
⑥傈僳族群众街头表演
⑦姚安马游坪彝族芦笙舞
⑧新农村文艺汇演
⑨老虎笙大锣笙表演
⑩庆祝新中国成立六十周年书画摄影展
⑪洒利黑农家书屋
⑫桃源湖广场电影
⑬文化信息资源共享工程基层服务点

发展医疗卫生事业

卫生基础设施建设实现历史性突破。"十一五"期间，州、县、乡、村共投入资金8.87亿元（含州医院新区），建设医疗卫生机构项目877个，建设业务用房37.3万平方米，完成农村卫生厕所改造39.2万座。建设项目总投资是"十五"期间的3.2倍，涵盖了州、县、乡、村各级各类医疗卫生机构的房屋和设备。

医疗服务水平显著提高。"十一五"期间，全州医疗卫生综合保障能力和水平跃升到一个新层次。到2010年末，全州每千人拥有卫生技术人员3.35人，比"十五"末上升了17.5%；全州实际开放病床9812张，平均每千人拥有病床3.66张，比"十五"末增加34%。各级医疗机构开展新诊疗技术216项。病人治愈率51.15%，好转率43.4%，急诊病人抢救成功率99.55%，危重住院病人抢救成功率94.6%，与"十五"期末相比，治愈率提高12.47%，好转率提高1.1%，抢救成功率提高6.18%。

基本医疗保障体系日趋完善。2003年楚雄州启动了新农合试点工作，2007年实现全州覆盖。2010年，共有211.15万人参加新农合，参合率95.74%，人均筹资从30元提高到140元。新农合制度实施以来，全州累计对2036.82万人次的参合农民实施减免，减免金额7.5亿元；新农合政策范围内住院费用报销比例达到60%，最高支付限额达3万元；为有效解决农民患大病后医药费用负担过重问题，楚雄州于2009年11月起，在全国率先实施以州为统筹单位的新农合大病补充医疗保险，当年有105.8万农民参保，参保率达50.11%，2010年筹资，参保率达68.32%。大病补充保险实施以来，共受理赔付9006件，赔付资金1877.4万元，其中最高赔付达5万元。

公共卫生服务体系更加巩固。大力推进公共卫生服务均等化，实施疾控机构的资源整合，完成了州疾病预防控制中心和州克山病防治研究所改革重组，组建了新的疾病预防控制中心，重大疾病的预防控制和地方病防治综合能力得到提升。爱国卫生运动深入开展，全州10县（市）都获得了省级卫生城市（县城）称号，农村卫生厕所普及率达68.9%。全州孕产妇死亡率由"十五"末的47.68/10万下降到2010年的37.73/10万，婴儿死亡率由15.46‰下降到10.86‰，传染病发病率由232.5/10万下降到126.07/10万。

突发公共卫生事件应急处置能力得到加强。"十一五"期

提供公共健康保障

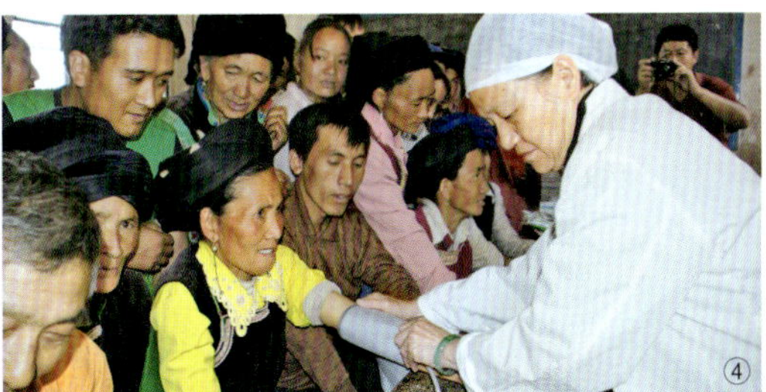

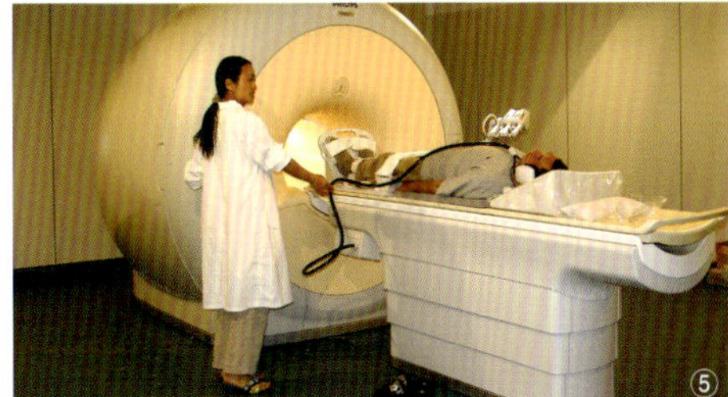

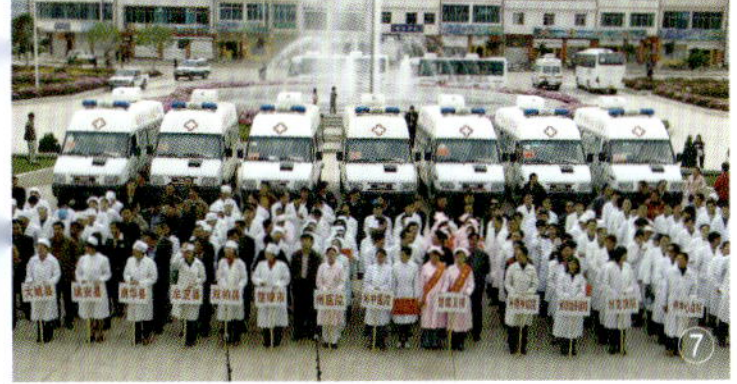

间，制定了《楚雄州卫生救灾防病应急处置预案》等31个专业应急预案，建立了涵盖州、县、乡三级的卫生救援、应急指挥、综合调度体系，组建了应急队伍，在抗击非典、禽流感、狂犬病、甲型H_1N_1流感疫情、云南不明原因猝死等重大传染病防控和应对历次地震、泥石流、特大干旱、重特大交通事故等应急处突中发挥了重要作用。

中医药事业长足发展。"十一五"期间，全州有中医、中西医结合诊所86家；有中医病床1247张，中医药人员983人。建立了"彝族药物标本库"，具有法定标准的彝族药材达165个，152个品种的彝族药材标准出版发行；完成了《中国彝医方剂学》和《中国彝医临床学》的撰写。

医药卫生体制改革深入推进。实施乡（镇）卫生院会计委派制和农村公共卫生服务券付费制的农村卫生综合试点；实施以州为单位的州、县、乡、村定点医疗机构新型农村合作医疗和城镇居民医保用药统一竞（限）价采购、统一配送制度；全面实施新型农村合作医疗及大病补充保险制度，全面实施门诊费用总额预付包干制、住院床日费用分类分段包干制，有效控制医药费用的增长；实施重大公共卫生项目和三类9项基本公共卫生服务项目；公共卫生与基层医疗卫生事业单位绩效工资改革和公立医院改革试点工作积极稳妥推进。

医德医风建设不断加强。围绕"办人民满意卫生"，深入开展"医院管理年"、"三基三严"岗位技能大练兵和"三好三合理三不让一满意"教育活动，全州卫生系统行业作风和医德医风明显改善。涌现出了一大批像丁伟峰、王建平、杨丽芬、张兴辉等德技双馨的先进模范。州卫生局、州人民医院等单位被命名为省级文明单位。

①2010年9月14日，全州卫生系统第三届"健康杯"篮球运动会在州体育馆隆重开幕
②"十一五"期间新建的州人民医院外科大楼
③云南省彝医医院（楚雄州中医医院）建筑群
④医疗义诊
⑤楚雄州目前最先进的影像设备——核磁共振
⑥温馨的家园——社区卫生服务中心
⑦千名医生送医进村活动启动仪式
⑧卫生监督执法人员军训
⑨"11·02"特大自然灾害中医护人员的身影
⑩医疗卫生专家深入基层开展咨询义诊宣传活动

劳动和社会保障

“十一五”期间，楚雄州社会保障工作主要规划目标任务全部完成，为劳动和社会保障工作划上了圆满的句号。

城镇就业再就业。全州共收集和开发就业岗位 15.6 万个，完成规划确定 13.3 万个指标的 117.3%；城镇新增就业人员 9.83 万人，完成规划确定 8.52 万人指标的 115.4%。其中，促进和帮助 6.43 万名下岗失业人员实现再就业，完成规划确定 6.43 万名指标的 100%；重点帮助“40、50”人员和特殊就业困难群体 2.5 万人实现了就业和再就业，完成规划确定 2.5 万名指标的 100%；城镇登记失业率保持在 3.2%以内，低于规划 4.5%的控制指标。

就业再就业培训。全州共培训城镇新增劳动力和下岗失业人员 10.11 万人次，完成规划确定 6.5 万人指标的 155.53%。其中，培训合格率达 93.2%，完成规划确定 90%指标的 103.6%；培训后就业再就业率达 71.4%，完成规划确定 60%以上指标的 119%。开展创业培训 0.9 万人，完成规划确定 0.2 万人指标的 450%。其中，创业培训合格率达 100%，完成规划确定 80%以上指标的 125%；创业成功率达 63.4%，完成规划确定 50%以上指标的 126.8%。

农业富余劳动力转移就业。全州共组织农业富余劳动力转移就业 63.56 万人，完成规划确定 56.6 万人指标的 112.3%。其中，劳务输出 23.95 万人次，完成规划 19.81 万人次指标的 120.9%；外出打工 39.61 万人次，完成规划 36.77 万人次指标的 107.7%；实现劳务收入 41.05 亿元，完成规划 22 亿元指标的 186.6%。开展劳务输出前培训 43.01 万人次，完成规划确定 37.9 万人次指标的 113.5%。

社会保障体系建设。“十一五”期间社会保险政策不断完善，统筹层次不断提高，保民生功能增强，社会保障覆盖面不断扩大。城镇基本养老保险参保人数达 11.67 万人，净增 2.14

工作全面发展

万人，完成规划确定10.8万人目标的108%；城镇职工基本医疗保险参保人数达21.5万人，净增0.66万人，完成规划确定19.5万人目标的110%；失业保险参保人数达13.5万人，净增0.66万人，完成规划确定13.5万人的100%；工伤保险参保人数达7.82万人，净增3.71万人，完成规划确定5万人目标的156%；生育保险参保人数达5.36万人，净增1.65万人，完成规划确定5万人的107%；农村养老保险累计参保51万人，新增参保21.6万人，完成规划确定新增5万人的432%；城镇居民基本医疗保险参保人数达18万人，完成2010年省政府下达18万人的100%。参保人员享受到了社会保险制度改革带来的实惠，维护了社会公平、稳定，促进了彝州社会和谐。

企业退休人员社区社会化管理服务率不断提高，2006年达到75%，2007年达到83%，2008年达到94%，2009年达到97%，2010年达到99%。

①2007年8月9日，省长秦光荣到楚雄州劳动和社会保障局调研城镇居民基本医疗保险工作

②劳动保障部纪检组长崔会烈到楚雄州检查优质服务窗口建设，加强社保基金监督工作

③2010年9月6日，省委常委、副省长李江视察楚雄州新型农村养老保险试点工作，与享受新农保政策的农民进行座谈

④省人力资源和社会保障厅副厅长杨焰平到楚雄州调研县乡基层人力资源和社会保障公共服务体系建设工作

⑤国务院城镇居民基本医疗保险试点评估座谈会在楚雄州举行

⑥楚雄州医疗保险全省异地持卡就医购药联网结算试点工作启动会议

⑦楚雄州2010年调整失业保险金标准发放仪式

⑧2010年1月4日，召开楚雄州2010年春节农民工座谈会

⑨2010年9月4日，召开全州鼓励创业促进就业小额担保贷款工作推进会议

⑩2010年2月21日，楚雄州召开2010年赴毛里求斯就业人员欢送暨期满回国人员欢迎会

⑪为2010年首批取得"贷免扶补"创业贷款的创业者发放创业贷款

⑫2009年2月10日，举行返乡农民工供需见面会

⑬南华县为60周岁以上农村老年人发放每月55元的新农保基础养老金

⑭对州内医疗保险两企机构经办人员进行计算机信息系统培训

⑮提供就业指导服务

社会治安综治维稳

“十一五”期间，全州政法、综治维稳部门认真贯彻落实中央、省、州关于加强社会治安综合治理维护稳定工作的部署和要求，紧紧围绕经济建设这一中心，认真履行维护社会稳定职能。5 年来，不断健全完善矛盾纠纷大排查大调解网络体系，认真排查化解各类矛盾纠纷，落实社会风险评估制度，有效维护了社会政治稳定；不断坚持严打方针，适时整治突出治安问题和治安问题突出地区，构建“打、防、控”一体化防控网络，社会防范功能进一步增强；不断加强综治维稳基层基础建设，综治维稳基础进一步得到夯实；不断创新社会服务管理，重点人群的服务管理工作进一步加强；不断深化平安创建活动，进一步促进和谐彝州建设；不断健全完善综治维稳各项工作制度，建立健全保障机制。全州综治维稳工作始终走在全省的前列，先后多次得到省委、省政府和中央、省综治维稳委的充分肯定，并多次在全省乃至全国交流推广楚雄州的做法和成功经验，全州呈现出社会治安持续稳定、群众满意度不断提高、经济社会协调发展的良好局面；全州综治维稳工作连续 13 年荣获全省一等奖，连续三届荣获“全国社会治安综合治理工作优秀地市”，荣获全国社会治安综合治理工作最高奖“长安杯”。

工作开创新局面

①省委常委、省委政法委书记孟苏铁在楚雄市鹿城镇司法所调研

②省政协副主席和占钧挂点联系永仁县综治维稳平安建设工作期间，在州委常委、州委政法委书记卢显林，州政协副主席吴丽华陪同下到永仁县莲池派出所调研

③2008 年 3 月，在全州政法工作会议上，州委书记、州综治维稳委第一主任邓先培为"平安县市"创建达标县（市）颁奖

④楚雄州综治、平安建设工作汇报会

⑤楚雄州综治维稳工作专项考评汇报会

⑥州委、州政府及时通报平安建设相关情况，加大平安州宣传力度

⑦2006 年 8 月 2 日，楚雄城区打击传销活动专项整治工作总结表彰会议召开

⑧2009 年 3 月 20 日，由州委政法委、州委宣传部、州综治维稳委主办，州民族艺术剧院承办的大型民族歌舞剧《放歌平安》在南华首演

⑨2010 年 3 月 7 日，州、市政法各部门及综治维稳成员单位开展三月综治维稳护路宣传月活动

⑩巡逻防范

⑪交通安全常识宣传

⑫志愿者走上街头向群众宣传禁毒防艾知识

⑬永仁县"青少年法制宣传月"启动仪式

抓好党风廉政建设

多年来，楚雄州纪检监察机关认真贯彻中央提出的一系列反腐倡廉重大决策和省、州党委政府工作部署，紧密结合全州实际，切实履行职责，狠抓各项工作任务落实，党风廉政建设和反腐败斗争继续取得新的明显成效，为促进彝州经济社会持续快速协调健康发展、构建和谐彝州提供了政治纪律保障。2011年以来，楚雄州纪委监察局切实把“以人为本、执政为民”落实到反腐倡廉建设中，扎实做好“十二五”开局之年的反腐倡廉各项工作，以党风廉政建设和反腐败斗争的新成效，迎接中国共产党成立90周年！

①中共楚雄州纪委七届六次全体会议

②十届州人民政府第五次全体（扩大）会议暨第五次廉政工作会议

③省纪委常委、省惩防腐败体系建设暨党风廉政建设责任制检查考核组组长黄雁玲带队在楚雄州检查考核

④省纪委副书记杨玉清、省监察厅副厅长和正兴深入姚安“7·09”地震官屯统建点检查指导恢复重建整改工作

⑤省纪委常委、省监察厅副厅长赵志彬在州委常委、州纪委书记夏新建陪同下到南华县政务服务中心和公共资源交易中心建设现场实地检查

⑥楚雄州纪检监察系统组织开展“以人为本，执政为民”学习实践活动

⑦州纪委监察局机关干部在州廉政教育基地接受廉政教育

营造和谐稳定环境

②

③

④

⑤

⑥

⑦

依法修志　科学发展

为深入贯彻国务院《地方志工作条例》和《云南省地方志工作规定》精神，加强和规范楚雄州地方志工作，推动彝州地方志事业依法修志、科学管理、和谐发展。从2010年底开始，楚雄州地方志立法工作全面启动，2011年5月13日，州人民政府主持召开十届第38次政府常务会议，审议并通过了《楚雄彝族自治州地方志工作规定》；6月17日，州人民政府发布第28号公告，公布《楚雄彝族自治州地方志工作规定》，自2011年7月1日施行。《规定》的颁布实施，标志着楚雄州地方志工作已经走上法制化、规范化、科学化发展的道路，对于弘扬中华民族和彝州的优秀文化传统，实现依法修志，保障彝州地方志事业持续、健康、稳步发展，具有重要的现实意义和深远的历史意义。

①召开地方志学会年会
②召开宣传贯彻《规定》座谈会
③《楚雄彝族自治州旧方志全书》获云南省地方志系统首届十佳成果奖
④修志成果累累
⑤《楚雄州年鉴》创刊23年，多次获大奖
⑥《楚州今古》坚持办刊27年，出刊110期

社会科学

社科综述

【社会科学工作概况】 2010年，楚雄州社会科学界联合会根据全州新社会组织深入学习实践科学发展观活动指导小组的整体部署和要求，组织全州49个社科社团结合本单位《学习实践科学发展观活动实施方案》，制定针对社团工作的学习实践实施方案，完成学习实践活动规定的三个阶段，解决学会存在的突出问题，做好活动总结和满意度测评工作，建立健全保障和促进社团科学发展体制机制，顺利地完成新社会组织学习实践科学发展观活动工作任务。办好《楚雄社科论坛》月刊，发挥全州社会科学期刊龙头作用，对外宣传彝州，对内培育理论研究和科研人才，在繁荣发展彝州哲学社会科学工作方面取得实效。

【学会发展与管理】 2010年，楚雄州社科联加强学会、协会、研究会管理，组织协调学会积极参加省内外重要社科学术交流活动，鼓励支持一大批骨干学会日常活动取得显著成绩。社团工作做到严格管理不出乱、指导帮助到现场、活动开展常出新。楚雄州地方税务研究会等学会做到定期开展税务工作研讨活动，年初安排布置研究课题，年中开展学术交流、论文评奖工作，年末编辑出版调研文集等工作。州烟草学会积极筹办组织“楚雄州农民专业合作社论坛”，全州专家学者和烟草专业合作代表80余人参加论坛，有50余位专家学者和代表提交论文。年内，楚雄州苗学会成立，全州社会科学社团达到49家。

【县级社科联组织建设】 2010年，楚雄州积极推动县级社科联组织建设，形成县级社科联组织机构建设推进工作新方案，州委宣传部正式发文，要求没有成立县级社科联组织的8个县在年内必须成立，并列入宣传工作实绩考核。宣传部分管副部长和州社科联党组书记、主席带队到永仁、姚安、武定、元谋等县与县委书记商议县级社科联建设工作方案，姚安县、武定县、永仁县任命了社科联主席，元谋县社科联挂牌成立。

【社会科学研究】 2010年，楚雄州社会科学联合会社会科学研究所组织全州社科精英30余人，通过课题研究，编辑《2010年楚雄州经济社会发展蓝皮书》，由云南人民出版社2010年2月出版发行，全书38万字。州社会科学研究所专业技术人员深入到州内4县5乡（镇）围绕楚雄州“十二五”重点课题做前期调研。部分专业人员承担楚雄州专家咨询委员会课题“楚雄州民族建筑文化与房地产开发研究”。

［艾　梅］

彝族文化研究

【刘尧汉教授90华诞暨中华彝族文化学派创建30年座谈会】 2010年8月5日，刘尧汉教授90华诞暨中华彝族文化学派创建30年座谈会在楚雄州宾馆举行。《求是》杂志社原总编、中国少数民族哲学研究会会长王天玺，云南省人大常委会原主任李桂英，贵州省人大常委会原副主任、贵州省彝学会会长禄文斌，云南省民委原主任、云南省彝学会会长马立三，中国社科院民族研究所教授、楚雄彝族文化研究院名誉院长刘尧汉，云南省司法厅原厅长、云南省彝学会副会长阿苏大岭，云南大学教授、著名民族学家尤中，云南民族大学副校长、教授王四代，中国社科院民族研究所教授严汝娴，云南大学教授、博士生导师张鑫昌以及来自国内外的知名彝学专家，云南、四川、贵州等省彝区的领导和嘉宾应邀出席座谈会。州党政领导及州市有关部门负责人出席座谈会。座谈会上，与会专家、学者和领导分别从不同的角度充分肯定了刘尧汉先生为中华彝族文化学派的创建所作的贡献，并围绕中华彝族文化学派研究方向、研究成果以及刘尧汉对彝学研究作出的贡献进行了座谈。

【楚雄彝族文化“五个一百”工程】 2010年，楚雄州以彝族文化研究院为主体，按照州人民政府“总体规划、分步实施、打造精品”的原则，持续组织实施楚雄彝族文化建设“五个一百”工程。100卷《彝族毕摩经典译注》至年末完成92卷的终审验收，年内出版60卷。100本《中华彝族文化研究文库》完成5本专著校稿，年内出版《彝族文化研究—论文、专著、译文目录索引》（1984～2009），与大理州巍山县委、县人民政府达成联合编辑出版《中华彝族研究文库·南诏卷》（10本）的协议。聘请100名在国内外彝学界有影响的专家学者为楚雄州彝族文化特约研究员，“楚雄彝族文化名州论坛”和首届“彝学高峰论坛”之际完成特约研究员聘任34名。100集大型影视人类学电视系列丛片《中国彝族》，完成拍摄大纲撰写，处于寻求合作伙伴阶段。完成100期《彝学大讲坛》拍摄大纲撰写。

【彝族文化应用研究】 2010年，楚雄州以彝族文化研究院为主体的彝学研究团队，开展多方面的适用性研究。州彝族文化研究院与武定县委、县人民政府积极开展研究与合作，把猫街镇作为罗婺历史文化研究、传承和保护基地及罗婺文化生态传承保护区建设。形成近20万字的项目立项论证报告，引进山东万亩金银花和日本百亩薰衣草、马蹄莲两家种植及相应加工企业入驻猫街镇发展花卉产业。与楚雄一中达成协议，结合彝族历史文化的特色，编著高职高专、普通高中历史实验教科书《彝族历史文化读本》，完成大纲编写，全书计划30万字。与州中医院合作，开展“彝族医药文化”课题研究，完成《彝族医药文化》一书的大纲。与州旅游局合作，编著《环游楚雄》旅游文化丛书，计划每县（市）编著一本旅游文化书，完成大纲编写。与州纪委第三纪工委合作，将《廉政准则》8禁52不准顺口溜翻译成彝文，并配插图成册，广泛宣传。与楚雄市鹿城小学合作，在鹿城小学开办彝族文化普及班。

【参加首届大理巍山·南诏文化节系列活动】 2010年3月22～24日，楚雄州以彝族文化研究院为主组成的彝族文化代表团参加首届大理巍山·南诏文化节系列活动。在3月21～22日举行的首届“金虎杯”全国彝族原生态歌舞乐精英邀请赛中，楚雄州双柏县选送的原生态舞蹈《老虎笙》获大赛原生态舞蹈“传承奖”，阿乖佬组合《阿噻调》获原生态歌曲“金虎杯”，彝族小三弦齐奏《火塘边的对话》、阿乌齐奏《赛衣姑娘》、彝族小闷笛独奏《彝山恋》分获器乐演奏“金虎杯”、“银虎杯”、“铜虎杯”，武定县选送的《八脚穿花》获优秀奖。3月23日下午，楚雄州彝族文化代表团参加巍宝山南诏土主庙中国彝族祭祖仪式。3月24日下午，在巍山县拱辰楼会议室举行了“首届南诏文化高峰论坛”，有关领导、专家学者80余人参加。州彝族文化研究院研究员普珍作了主题发言。

【彝族文化科学研究】 2010年，楚雄州彝族文化研究院获得一批研究成果。研究员普珍主持的国家社科基金西部项目“氏族传统的现代变迁”课题在2009年4月顺利通过国家社科规划办组织的专家评审结项后，成果于年内受到云南省哲学社会科学规划办资助由云南人民出版社出版（课题成果论著20万字，附照片插图50幅，鉴定等级为良好）。专业技术人员在国内学术期刊发表论文50篇，创历史新高。5月，楚雄州申报的清乾隆年间《贿赂经》抄本、清嘉庆七年《指路经》抄本、清道光十年《指路经》抄本、清道光十八年《签书》抄本、清同治二年《彝族六祖源流》抄本、清光绪十六年《献水经》抄本、清光绪二十八年《献牲·合灵·本命方经》抄本、清光绪二十九年《献酒献茶经》抄本等8部彝文古籍入选第三批国家珍贵古籍名录名单。8月，具有重要历史价值的清同治二年《彝族六祖源流》（为彝族历史经，讲述了六祖迁移的历史和万物的诞生，反映了彝族宇宙观和唯物史观）、《献牲·合灵·本命方经》（有献牲、合灵、本命方三个部分，体现了当地文化传承的延续性，书的封面用土布做成，这对研究清代的物质文化很有帮助）和《签书》（为道光十八年撰写，本色绵纸，线装，有朱底色句读，一页两卦，每卦一彩图，具有重要的历史背景及美术资料价值）3部彝文古籍作为入选第三批国家珍贵古籍名录名单的彝文古籍在北京国家图书馆举办的“国家珍贵古籍特展”上展出。影视人类学学科建立，获得一批成果，摄制了《春的记忆——红河州弥勒县陶瓦村彝族阿哲人祭龙习俗纪实》、《红河州弥勒县巡检司镇乌绸村委会核桃寨阿哲人祭龙习俗纪实》、《弥勒县第八届“爱佐与爱莎”歌舞艺术节》、《都市里的罗婺彝族婚礼》等影视人类学专题片4部，《春的记忆》喜获第七届中国影视人类学学术研讨会优秀影片一等奖。编辑印发《彝族文化》季刊4期64万字。编辑出版《彝族历史文献译丛》1期20万字。

【《春的记忆》获奖】 2010年8月18日，在中国影视人类学学会和西北民族大学联合举办的兰州·2010中国影视人类学学术研讨会上，楚雄彝族文化研究院选送的影视人类学专题片《春的记忆——红河州弥勒县陶瓦村彝族阿哲人祭龙习俗纪实》，获第七届中国影视人类学学术研讨会优秀影片一等奖。这是省内作品在第七届中国影视人类学学术研讨会上唯一获奖影视作品。《春的记忆》用影视人类学的独特视角，对红河州弥勒县陶瓦村彝族支系阿哲人保留着的古老传统祭龙习俗进行艺术纪录，展现了祭祀仪式中的告祭、打鸡卦、化妆、人类重生舞、集体狩猎、取火种、请龙、建龙宫、拜祭龙山、摆长龙宴、撒种接种、送福、驱邪送祸祟、迎接龙女、跳葫芦舞等画面，凸现彝族万物有灵观、火崇拜、生殖崇拜等文化信息和原始社会的遗风。完整的原生态习俗、独特的文化视觉切入、如临其境的声画，将彝族支系阿哲人祭龙的丰富文化内涵展现得淋漓尽致，受到与会专家学者的广泛好评。

［普澄宇　李杰］

党史研究

【党史工作概况】 2010年，中共楚雄州委党史研究室编辑出版《抗灾救灾——楚雄州重大自然灾害应急抢险和恢复重建课题研究及资料汇编》，全书设课题研究、领导批示及指示、领导讲话、通知、大事记、报告、报刊资料共7个部分，于2010年1月出版发行。编撰出版《楚雄州抗战时期人口伤亡和财产损失》，反映了1931～1945年抗战时期楚雄州人口伤亡和财产损失情况，由调研报告、档案资料、文史资料、大事记等4个部分组成。在纪念中国人民抗日战争胜利65周年之际出版发行。编辑出版《楚雄州党史工作资料汇编》（第二辑），全面记述楚雄州党史系统从1999年1月到2009年12月间发生的重要事件，与党史工作有关的重要通知、决定和事项，记述历年来各级领导对党史工作的安排部署情况，收录在此期间州、县分管党史工作的领导和党史工作人员名录，于2010年1月出版发行。开展楚雄州革命遗址普查，楚雄州有64个革命遗址和7个其他遗址符合中央和省级规定的申报条件，71个遗址形成单形材料并附上遗址照片上报省委党史研究室，形成楚雄州革命遗址综合材料，为楚雄州革命遗址和其他遗址的保护和开发利用提供详实依据。继续推进“大跃进”和人民公社化运动专题资料征集，征集到稿件50余篇20万余字。征集《中共楚雄州党史大事记》（2001～2010）一书稿件25万余字，建立《楚雄州社会主义时期党史资料专题库》，收录58个研究课题供全州党史干部和广大史学爱好者研究，开拓了“开门办党史”新渠道。

【《中共楚雄州委年鉴》（2010）出版发行】 2010年10月，《中共楚雄州委年鉴》（2010）由德宏民族出版社出版发行。全书设有概况、胡总书记到楚雄、特载、大事记、学习实践科学发展观、重要决策、重要会议、调查研究、领导视察、组织机构及领导人名录、州级党政军群部门工作、县（市）工作、党建论坛等25个栏目，收录州委重要决策、重要工作、重要活动及全州127家州属和中央、省驻楚单位部门党组织，10个县（市）党群部门、103个乡（镇）2009年内的主要工作。

【《楚雄党史党建》编辑出版】 2010年，《楚雄党史党建》始终坚持“贴近实际、贴近生活、贴近群众”的宣传方针，围绕彝州党的建设和党史研究工作，遵循“研究党史、服务党建、传递信息、资政育人”的办刊宗旨，认真选题，科学策划；细心组稿，精心编辑，在年内所编辑发行的6期共270余篇稿件中，没有出现政治方向问题，符合党的宣传方针政策，受到领导及广大基层读者的好评。刊发一批党史资料稿件，为开展专题研究积累了资料。

【中共楚雄党史网站更新和维护管理】 2010年，中共楚雄党史网更新信息160条，更新图片50余张，增设“贯彻落实全国党史工作会议精神”、“贯彻落实党的十七届五中全会精神”2个专栏。维护网站数据库升级2次。

【中共党史学会学术研讨活动】 2010年11月26日，楚雄州中共党史学会在楚雄师范学院教学实习基地组织召开常务理事会年会，全体理事共同学习讨论《中共中央关于加强和改进新形势下党史工作的意见》，学习中央政治局常委、国家副主席习近平在全国党史工作会议上的讲话，在学习座谈中有多位理事结合学习体会畅谈党史教育的重要意义和作用。

【县（市）党史工作业务指导】 2010年，中共楚雄州委党史研究室领导多次到县（市）党史部门进行调研，了解各县（市）学习贯彻《中共中央关于加强和改进新形势下党史工作的意见》及全国、全省党史工作会议精神情况，了解党史工作在研究和宣传、资政和育人方面存在困难，积极为县（市）党史部门协调解决困难和问题。年内，姚安县编辑出版《中国共产党姚安县历史大事记》（2001～2008）；大姚县编辑出版《王子近回忆录》；武定县编辑出版《中国共产党武定县历史大事记》（1950～2000）和《中共武定县委年鉴》（2010）；禄丰县编辑出版《热土罗川》、《中共禄丰县委年鉴》（2010）和《中国共产党禄丰县历史（第一卷）》；元谋县编辑出版《中共元谋县委年鉴》（2010）；南华县编辑出版《知青在南华》。

［何瑞生］

地方志编纂

【地方志工作概况】 2010年，楚雄州地方志办公室通过扎实开展以“掌握科学理论、熟悉业务知识、弘扬方志文化、激发创新活力、提高队伍素质、促进事业发展”为总要求的学习型机关创建活动和以争创“五好”先进党支部和“五带头”优秀党员为主要内容的“创先争优”活动，并积极支持和鼓励干部职工参加学习培训，使全体干部职工学习观念更新，知识面拓展，业务能力和综合素质进一步提升，爱岗敬业、创先争优的工作作风更加扎实，干部队伍建设得到全面加强。年内，楚雄州地方志办公室被云南省地方志编纂委员会表彰为2008～2009年度先进集体，2名干部被表彰为2008～2009年度全省地方志系统先进工作者。杜晋宏被中国地方志指导小组表彰为“全国方志系统先进工作者”、被云南省地方志编纂委员会表彰为全省地方志系统首届“十佳个人”，《楚雄彝族自治州旧方志全书》获云南省首届“十佳方志成果”奖。

【《楚雄州志》续修工作】 2010年，按照云南省地方志编纂委员会的要求，召开《楚雄州志》续修篇目、资料修订会议，修订完善了续修《楚雄州志》篇目设计方案，续志断限变更为1978年～2008年，在原篇目的基础上上溯10年，下延3年。结合工作需要抽调年鉴室1名干部、外聘3名编纂人员充实和加强修志力量，并根据年度工作目标将续修编纂班子分为4个编纂小组开展工作。每月召开专题业务会分析、点评各组陆续完成的分纂稿，及时分析解决编纂工作进程中遇到的困难和问题，制定下月工作措施，续志工作进展加快。年内，对已上报资料进行重新分类，在进一步查缺补漏的基础上，按照纲目体志书条目的撰写要求进行分纂，初纂完成地理环境、基础设施、经济发展、政治建设、文化事业、社会生活六卷中相关部类稿件90余万字；补充完善大事年表1978～1987年、2006～2008年资料，形成大事年表初稿近5.6万字，完成人物传6篇；指导督促州文联、州科协、州民政局、州机关事务管理局、楚雄监狱等单位完成资料上报任务；召开《楚雄彝族自治州志》（1978～2008）图片资料征集工作会议，安排部署相关工作，并收集图片资料800余张。

【《楚雄州年鉴》编纂出版工作】 2010

楚雄州地方志学会2010年理事会暨方志事业创新与发展学术研讨会

（唐建业/摄影）

年，年鉴编纂围绕“控制全书版面字数和彩页；突出特色和重点，全面、系统、准确反映楚雄州全貌；综合质量达全国年鉴行业优良以上水平，力争9月底前出版发行”的目标，科学统筹年鉴编纂工作，狠抓细节管理，着力打造年鉴品牌。加强对供稿部门及其撰稿人的业务联系和指导，积极组稿、催稿，并严把组稿质量审核关，有效提高稿件质量。认真制定年鉴编纂工作实施方案，以目标倒逼进度，将编辑工作前移，组稿和编辑工作同时进行，大大提高了工作效率。严格坚持责任编辑制度和“三审”、“三校”制度，并在常规三校的基础上用专业校对软件对全稿进行了两次校核。同时在付印前反复对重要内容和关键环节进行专项审查，保证了年鉴质量的全面提高。2010版《楚雄州年鉴》不仅在围绕中心工作、准确反映州情、大力彰显彝州地方特色和产业发展特色方面取得明显成效，而且文字压缩到95万字，出版时间比上年提前了1个半月，使州人民政府提出的“常编常新、常编常精、常编常快”的要求得到了落实。

【《楚州今古》办刊工作】 2010年，《楚州今古》刊物始终坚持“指导修志，服务社会，弘扬彝州历史民族文化，反映彝州改革开放成就”的办刊宗旨，紧跟时代发展的要求，不断创新和丰富栏目设置，主动与各级各部门领导、地方志工作者和致力于地方史志、历史民族文化研究的有关专家学者约稿，稿源不断扩大，题材不断丰富，刊物质量在巩固中得到提升，在全国和省内的交换量不断增大，影响力进一步增强。全年共编辑发行《楚州今古》4期，刊登文章114篇、信息37条、图片61幅，共计53万字。

【楚雄州方志地情网】 2010年，继续加强对楚雄州方志地情网的运行维护，更新栏目设置，及时上传各种地情资料，方便公众查询；定期更新方志信息，反映全州地方志工作动态，充分发挥了方志地情网开展地情服务、宣传地方志工作的平台作用。

【地方志编修指导工作】 2010年，楚雄州地方志办公室依法履行职责，不断加强地方志编修指导工作。年内，指定专人帮助州人事局修订《楚雄州人事志》编纂方案，全面指导志书稿件归类和志稿编写，参与编辑和修改志稿；对续修《牟定县志》和《大姚县志》的后续编纂进行指导，深入州卫生局、州司法局和云南省第二劳教所等单位开展修志业务培训；完成《楚雄州烟草志》（续修）、《中共楚雄州委党校志》、《吕合煤矿志》和《楚雄州人事志》共250万字志稿的审查验收工作，促进全州各级修志工作提升发展。

【楚雄州地方志学会】 2010年，楚雄州地方志学会以学习宣传和贯彻落实《地方志工作条例》和《云南省地方志工作规定》为重点，围绕依法修志，促进全州地方志事业科学发展。加强学术研究，健全完善激励机制，积极开展方志理论研究、地情资源调查和民族历史文化研究，带动全州方志系统形成了立足岗位促成才，钻研业务出成果的良好风气。1月29日，召开2009年度楚雄州地方志学会理事会年会暨方志事业科学发展研讨会，总结2009年度学会工作，安排部署2010年学会工作，开展学术交流研讨活动。杜晋宏、李在营、张祖武、段绍东、张祚彬、罗相海等6人撰写的论文分获一、二、三等奖，并在研讨会上交流发言。

［王艳萍］

（责任编辑：周能汉）

教　育

教育综述

【教育工作概况】　2010年，楚雄州以“义务教育促均衡、普通高中提质量、职业教育上水平、学前教育促扩张”为重点，推进办学条件标准化、学校管理规范化、校园文化特色化、课堂教学精细化、后勤服务优质化的“五化”建设，实现教育事业持续快速协调发展的良好态势。2010学年，有全日制各类学校1221所，毕业学生90708人，招生128882人，在校学生439860人。其中，女学生216822人，占总在校学生的49.29%；少数民族学生150973人，占在校学生的32.60%。有教职工29137人，专任教师25649人，代课教师395人。有各级各类校舍364.5万平方米，危房111.29万平方米，中小学103.39万平方米，其中，D级危房360857平方米，中小学危房率35.33%。有幼儿园200所，其中学前班721个，入园幼儿32010人，在园幼儿46533人。普通小学852所，招生31306人，在校学生205942人，农民工随迁子女9440人，农村留守儿童26592人，寄宿制学生89448人。有普通中学141所，其中完全中学10所，高级中学11所，初级中学114所，九年一贯制学校6所，高中招生13249人，在校学生37453人；初中招生34931人，在校学生104628人；农民工随迁子女2137人，农村留守儿童12147人；寄宿制学生81795人。有中等职业学校26所，其中，中等职业技术学校6所，成人中等专业学校（教师进修学校）9所，职业高级中学11所，招生9980人。普通中专招生3696人，职高招生6284人，在校学生20761人。技工学校1所，招生3258人，在校学生10913人。普通高校2所，在校学生12296人。学前3年儿童入园率54.04%，学前1年儿童入园率99.82%；小学学龄儿童入学率99.85%，辍学率0.41%，巩固率99.62%，毕业生升学率99.57%；初中毛入学率113.14%，辍学率1.19%，巩固率98.87%，毕业生升学率79.56%；残疾儿童入学率98.84%；高中阶段教育毛入学率达70.58%。全州学前教育规模不断扩大，义务教育水平明显提高，高中教育质量稳中有升，职业教育发展加快，高等教育稳步推进，各类教育协调健康发展。

［邵永春　张存芬］

【抗旱保教和抗震救灾】　2010年，楚雄州教育系统面对2010年百年未遇的严重旱情，依托当地人民政府，采取措施全力抗旱保教。努力确保受灾学校不因饮水困难致使学生辍学，不因饮水困难而影响“普九”的巩固和提高，不因饮水困难而影响学校的安全稳定和正常教育教学秩序。全州教职工参与抗旱献爱心捐款25876人次，捐款275.709万元。“2·25”地震发生后，州教育局迅速成立“2·25”抗震救灾领导小组，组成3个工作组赶赴禄丰、元谋等灾区，全面组织抗震救灾工作，确保受灾学校及时开学。争取到恢复重建资金783万元，恢复重建工作及时展开。

【中小学校舍安全工程】　2010年，楚雄州全力做好中小学校舍安全工程的推进工作。至年末，全州累计开工56.55万平方米，涉及单体845个，其中新建开工52.55万平方米，项目813个；加固开工4万平方米，项目32个。累计竣工面积47.8万平方米，竣工项目763个，其中新建项目竣工44.8万平方米，项目724个，加固项目竣工3万平方米，项目29个。两年来，累计投入中小学校

楚雄州教育工作会　（州教育局提供）

安全工程建设资金5.51亿元，其中中央给专项资金2.0亿元，省给专项资金1.41亿元，州级专项资金9498万元，县级专项资金9957.5万元，其他资金1529.6万元。自2009年实施中小学校舍安全工程以来，全州于2008年3月GIS锁定的56.65万平方米D级危房，在2010年9月20日全部拆除并同时从危房库中消除。

【中小学区域布局调整】 2010年，楚雄州抓住国家和省实施中小学校舍安全工程的机遇，围绕“做大城区，巩固坝区，优化山区”的布局思路，全面推进新一轮中小学布局结构调整。至年末，全州有教学点169个（其中一师一校校点20个），小学850所（其中完全小学659所），九年一贯制学校6所，普通初中114所，普通高中21所。与上年相比，小学撤并110所，撤并比例11.5%；教学点撤并144个，撤并比例46%；一师一校撤并160个，撤并比例89%；初级中学撤并12所，撤并比例9.7%。与2000年相比，小学撤并425所（含一师一校点），撤并比例33.3%；教学点撤并1943个，撤并比例92%；初级中学撤并61所，撤并比例35.2%。

【农村初中校舍建设】 2010年，楚雄州认真落实国家列入扩大内需的农村初中校舍改造工程项目实施。年内，第二批扩大内需项目64个全部完工，完成建筑面积4.06万平方米，完成投资3876万元；第三批扩大内需项目32个，其中有20个交付使用，完成建筑面积3.99万平方米，完成投资5083万元，占总投资额的99.5%。总投资1333万元的2010年明德小学建设稳步推进，5所明德小学中已竣工2所，正在进行主体封修2所。2005年来累计建设明德小学55所，总投资8900余万元；2009年“7·09”地震37个恢复重建项目已交付使用30个，完成投资2618.4万元。

【学校安全管理】 2010年，楚雄州认真贯彻落实《中共楚雄州委办公室 楚雄州人民政府办公室关于加强学校及周边治安环境综合治理工作的实施意见》，扎实开展学校及周边突出治安问题排查整治和矛盾纠纷化解工作。按照“预防为主、打防并举、标本兼治、重在治本”的综合治理方针，创建“平安校园”，加强各类学校人防、物防、技防建设。州县（市）教育行政部门都成立学校安全管理科（股），累计投入专项资金800余万元，配备校园安全保卫人员2126人（其中，安全保卫专职人员1322人，保安804人），配备校园安全保卫技术防范设施380套，配备校园安保装备1236件，并逐步在校园、宿舍楼楼梯口、围墙周边和重点部位安装监控和报警系统。广泛开展以防震、防火、防溺水、防毒知识及学生常见传染病知识的宣传教育，不断提高全体师生的自我防范意识，确保了广大师生员工的人身和财产安全。广泛开展《突发事件应对法》的宣传教育，抓好应急演练，教育系统应急管理水平和处置突发事件的能力全面提升。

［邵永春］

课堂实验 （州教育局提供）

【农村义务教育经费保障机制改革】 2010年，楚雄州继续推进农村义务教育经费保障机制改革。5月20日下达2010年春季学期寄宿制生活费补助资金4062.02万元（中央资金2031.06万元、省级资金1218.62万元、州级资金812.34万元），享受人数131436人（小学69349人、初中61802人、特殊学校285人）；9月30日下达2010年秋季学期寄宿制生活费补助资金4346.18万元（中央资金2173.14万元、省级资金1303.87万元、州级资金869.17万元），享受人数131436人（小学70506人、初中68591人、特殊学校302人）。追加春季学期经费226.86万元，（其中中央141.79万元、省级85.07万元、州市56.67万元），追加人数7946人（小学1157人，初中6789人）。3月16日下达春季公用经费5325.27万元（中央4254.15万元，省级1071.12万元），享受人数290935人（小学194817人，初中95816人，特教302人）；9月25日下达秋季公用经费5179.79万元（中央4254.15万元，省级925.64万元），享受人数290935人（小学194817人，初中95816人，特教302人）。下达春季学期免费教科书资金1593.19万元（小学210484人，初中104130人，特教302人）；下达秋季学期免费教科书资金1596.05万元（小学210484人，初中104130人，特教302人）。下达春季学期城市学校免杂费资金165.15万元，受益人数23981人（小学15667人，初中8314人）。下达秋季学期城市学校免杂费资金153.16万元。

［张存芬］

【“三生教育”】　2010年，楚雄州按照《楚雄州教育局关于生命教育、生存教育、生活教育的实施方案》认真组织开展“三生教育”工作，全面推进“三生教育”的实施。组织全州教师、学生开展第二届“三生教育”书画创作活动，选送书法作品3574幅，绘画作品5234幅，其他类作品215幅，参加全省评选表彰。在全州开展“三生教育”百项体验行动项目征集活动，并推荐9项活动报省教育厅。组织4名教师参加全省“三生教育”说课大赛，组织31名教师参加全省中职学校德育课教师培训，组织27名教师参加云南省“三生教育”骨干教师研修班。组织教师参加云南省“三生教育”歌曲创作大赛，有4名教师分获一、二、三等奖，7名教师获优秀奖，楚雄州教育局还获得优秀组织奖。组织全州师生开展云南省“三生教育”“九个一”（优秀论文、教案、课件、活动方案、社会实践报告、动漫、童谣与儿歌、故事、名人名言）征集评选活动。有128篇论文等分别获得一、二、三等奖和优秀奖。在全州教育系统组织开展“三生教育”志愿者推荐工作，并推荐43名志愿者报省教育厅。

【校园文化建设】　2010年，楚雄州以各种方式开展校园文化建设。在各类学校中深入开展“延安精神”进校园活动。把《中华精魂》、《窑洞春秋》、《革命故事》3本书作为中、小学生德育教材，排入课时，安排专人讲授，并结合学校实际，通过国旗下的讲话、节庆日、纪念日组织开展专题演讲、文艺演出、朗诵比赛等进行爱国主义、延安精神教育。强化校园文化氛围，突出校园文化在育人工作中的重要作用。申报省级文明学校14所，省级文明学校复查认定21所，审查认定州级文明学校58所。开展“社会主义核心价值体系”学习宣讲活动。把法制教育、公民道德教育、心理健康教育、环保教育、科技教育、国情乡情教育渗透于校园文化中，努力培养学生高尚的道德情操、健康向上的审美情趣和健全的个性心理。

［普俊骞］

【教育乱收费治理】　2010年，楚雄州教育系统在相关部门的配合下，认真做好教育乱收费治理工作。抓巩固，巩固已有成果，认真落实现有的各项收费政策，防止反弹；抓宣传，及时转发上级有关部门教育收费文件，制定下发《教育收费提醒告诫书》、召开会议等形式，宣传教育收费政策，把收费政策交给群众，让学生明白交费，学校按规定收费，自觉接受社会监督；抓督查，春秋两个学期开学后，及时下发教育收费检查通知，要求各县（市）、学校认真开展自检自查。在县（市）、学校广泛开展自检自查的基础上，派出专项检查组，对牟定、永仁、元谋、武定、禄丰5县贯彻落实义务教育经费保障机制，特别是“两免一补”和执行教育收费政策，规范教育收费情况进行重点抽查。查出并及时清退教育违规收费4.58万元，对相关责任人给予严肃批评教育。通过不懈的努力，教育收费行为逐步趋于规范。

【教育行业行风建设】　2010年，楚雄州教育系统认真抓好党风廉政建设责任制、“四大纪律、八项要求”、《廉政准则》等领导干部廉洁自律各项规定和《云南省公务员八条禁令》、《楚雄州教职工七条禁令》的执行，落实农村义务教育经费保障机制、春季教育收费和使用的规范，抓好师德师风建设、工程建设项目招投标、各类招生考试和教师招考、公推直选、政务校务公开、行政问责等“四项制度”，以及校舍安全工程、省州中小学“减负”等贯彻执行情况的监督检查。通过抓监督，使党和政府的各项政策规定落到实处，确保各项工作的全面开展。在政风行风建设上，召开领导小组会议，专题研究部署“政风行风热线”直播相关工作。开通政风行风热线，认真分析研究教育系统当前群众普遍关注的热点、难点问题，分析可能出现的投诉和咨询，准备答复预案和直播提纲；主动与州电台节目组沟通协调，认真听取他们的意见建议，及时修改完善节目直播提纲，确保直播节目的顺利进行。

［曾晓霞］

【教育目标管理】　2010年，楚雄州结合教育工作实际，将《云南省教育厅对楚雄州教育局2010年度工作目标管理责任书》的具体指标任务分解到各县（市）教育局，拟定了《楚雄州教育局对10县（市）教育局2010年度目标管理责任书》，并在2010年度教育工作会议上由州与10县（市）教育局长签订责任书。成立了楚雄州教育局教育目标管理工作领导小组，落实承办科室，安排专人具体负责日常管理工作，将目标任务分解到各科室、各县（市）教育局，对各科室、各县（市）教育局实行教育目标管理，层层抓好落实，充分发挥目标管理的激励和导向作用。经省教育厅组织考评，楚雄州连续第10年荣获省教育厅教育工作目标管理一等奖。

［施自荣］

【教师专业技术职务评审】　2010年5月10～15日，楚雄州教育局召开教师专业技术职务评审中级评审委员会会议，开展教师专业技术职务评审。这次评审，收到评审材料1263份，经教师中级职务评审委员会评审后通过1216人，未通过47人，通过率96%。其中，评审小学高级教师职务530人，未通过26人，通过率95.1%；评审中学一级教师职务426人，未通过14人，通过率96.7%；评审中专讲师职务11人，通过率100%；评审推荐中专高级讲师、中学高级教师职务296人，评审后向上级评委推荐上报281人。

4～6月，国家教育部和云南省教育厅在楚雄州教育局、楚雄市教育局、武定县教育局首次实施教师资格认定网上试点工作。经网上申报、审核后认定符合条件并颁发教师资格证书的人员1535人。其中，应届毕业生1359人，在职教师111人，社会人员65人。

［赵宗丽］

2010～2011学年初各级各类学校情况表

单位：人

学校类别	学校数（所）	教学点（个）	班数（个）	毕业生数	招生数	在校学生数			毕业班学生数	教职工数		代课教师
						总计	其中			总计	其中：专任教师	
							女学生	民族生				
合　计	1221	169	11555	90708	128882	439860	216822	150973	108485	29137	25649	395
1. 楚雄师范学院	1			1544	2417	8294	4432	3717	1686	694	465	
2. 楚雄州医药高等专科学校	1			918	1485	4002	3100	1408	1149	232	165	
3. 中等职业教育学校	26			4757	9980	20761	10176	6195	5201	1375	1000	142
普通中等专业学校	6			1789	3696	6959	3733	2122	1616	607	411	
成人中等专业学校	9									134	107	14
职业高中	11			2968	6284	13802	6443	4073	3585	634	482	128
4. 普通中学	141		2939	44876	48180	142081	71746	32725	46320	10935	9696	8
其中：初中	120		2145	33287	34931	104628	51521	19703	34925	6930	3433	
高（完）中	21		794	11589	13249	37453	20225	13022	11395	4009	6259	
5. 小学	850	169	6915	35083	31306	205942	100382	83244	35054	13535	12816	199
6. 特殊教育学校	1		19	147	246	1334	525	448	328	61	47	
7. 幼儿园（含学前班）	200		1682		32010	46533	22246	22246	14827	2120	1321	46
8. 技工学校	1			3383	3258	10913	4215	990	3920	185	139	
附：（1）成人文化技术培训学校	634			342099						96	27	
（2）农民初等学校	7			3627						27	27	
其中：扫盲班	4			54						14	14	

注：特殊教育学校学生数含随班就读残疾儿童学生数。

2010～2011学年初各级各类学校办学条件基本情况（总数）

学校类别	学校占地（平方米）	校舍建筑面积（平方米）	校舍建筑情况（平方米）						图书（册）	计算机（台）		固定资产总值（万元）
			框架结构	砖混结构	砖木结构	土木结构	危房	当年新增		合计	教学用	
合　计	11474438	3645592	852470	1970369	246818	35010	1112921	438406	6414217	25471	21544	289949.97
1. 楚雄师范学院	415454	214622							736800	3119	1810	33113.4
2. 楚雄州医药高等专科学校	159613	53285							158000	452	192	6017.86
3. 中等职业教育学校	921500	242186					49721	2181	538472	3091	2675	21573.28
普通中等专业学校	337534	137937							341128	1555	1263	12827.54
成人中等专业学校	31295	18351					6265		48657	490	456	1519.52
职业高中	552671	85898					43456	2181	148687	1046	956	7226.22
4. 普通中学	4607995	1460988	534826	861917	57457	6788	458418	129588	2108388	10366	9321	114076.55
其中：初中	2902349	854774	187248	619092	41936	6498	320993	103747	1444180	6247	5532	57268.03
高(完)中	1705646	606214	347578	242825	15521	290	137425	25841	664208	4092	3789	56808.52
5. 小学	5047033	1465559	255284	1007687	175965	26623	575502	293546	2687705	7486	6589	110800.28
6. 特殊教育学校	10748	8013	5432	2581			1182		5169			
7. 幼儿园(含学前班)	281263	170107	56928	98184	13396	1599	28098	13091	130690			
8. 技工学校	30832	30832							48993	957	957	4368.6
附：成人文化技术培训学校	108156	17106							47630	731		609.31

【教育技术装备管理】　2010年，楚雄州按照“两基”国检的相关要求和标准，由州人民政府决定用现行国家和省补助公用经费的15%计1729万元，县（市）再按1:1配套计1729万元，合计3458万元，连同整合上级补助农村寄宿制学校教学仪器设备设施补助款150万元、特殊教育教学和康复设备设施建设补助款80万元的装备资金，重点解决全州义务教育阶段教学仪器设备、音体美卫生器材、信息技术教育设备（计算机）、图书资料不足的问题。年内，投入资金4186万元，采购中小学物理、化学、生物、音乐、体育、美术、图书、计算机、课桌椅、床架等教学仪器设备一批。其中，物理、化学、生物仪器采购1201.6万元，音乐仪器设备采购393.6万元，体育设施设备采购499.7万元，美术设备采购114.9万元，图书采购359.5万元，计算机采购1369.4万元，课桌椅、床架采购247.3万元，比公用经费15%和县（市）配套1:1的3458万元多投入728万元。

［张学福］

【教育工会三届七次全委（扩大）会议】2010年1月14～15日，楚雄州教育工会三届七次全委（扩大）会议在楚雄召开。会议认真总结2009年的工作，安排部署2010年工作任务；表彰2009年度全州荣获云南省教卫科系统工会的先进集体、优秀工会工作者和优秀工会积极分子；对获得2009年工会工作目标管理考核一、二等奖的24家单位颁发奖牌和奖金；开展县（市）教育工会和州直学校（学院）工会评议州教育工会活动，州教育工会主席曹荣国分别与各县（市）教育工会、州直各学校（学院）工会主席签订2010年教育工会工作目标责任书。

【第二批教工书屋评估验收】　2010年5月26～27日，楚雄州总工会、楚雄州教育工会组织州直教育系统“教工书屋”检查验收领导小组对昆明理工大学楚雄应用技术学院、楚雄州民族中学、楚雄师院附中、州特殊教育学校“教工书屋”检查验收。检查组在4校自检自查基础上，通过现场察看和听取汇报，认为4所学校（院）在创建“教工书屋”中各项指标达到州直教育系统“教工书屋”检查验收标准，并分别向4所学校（院）颁发“职工书屋”牌子。年末，楚雄州直属16所学校（学院）中，有9所学校（学院）通过州级“职工书屋”挂牌验收，楚雄师院工会“职工书屋”通过验收，被中华全国总工会授牌为“职工书屋”，楚雄一中于10月通过省级“职工书屋”验收并予授牌。

［朱跃民］

基础教育

【基础教育概况】　2010年，楚雄州基础教育按照“突破重点、整体兼顾”的工作思路，以“两基”迎国检为契机，扎实抓好“两基”巩固提高工作；优化资源配置，推动义务教育均衡发展；着力推进实施现代教育示范学校建设工程，切实加强学校现代管理；推进普通高中课堂教学改革，稳步提升普通高中教育质量；抓政策引导和贯彻落实，不断扩张学前教育规模。通过一年的努力，全州“两基”迎国检如期通过，义务教育朝着均衡化方向发展，普通高中教育质量稳中有升，学前教育毛入园率有效提高，学校现代管理明显加强，基础教育水平有了较大提升。

【“两基”迎国检工作】　2010年，伴随全省“两基”迎国检工作的正式启动，楚雄州开展“两基”迎国检工作。4月7日，成立楚雄州“两基”迎国检工作领导小组，制定了《楚雄州“两基”迎国检工作实施方案》，下发了《楚雄州人民政府办公室关于做好“两基”迎接国家教育督导团检查工作的通知》，建立“两基”迎国检工作目标责任制、政府主要领导约谈制度、成员单位联系县（市）和学校制度、月报告制度、督查通报制度和整改落实制度。年内，召开电视电话会2次、领导小组会3次、业务培训会3次、工作推进会3次、州长约谈县（市）长会议1次，组织相关领导到贵州、湖南学习迎国检工作经验2次，州政府常务会议研究“两基”迎国检工作2次；州人大组织驻楚国家和省州人大代表视察“两基”迎国检工作2次，省政府组织督查组对楚雄州的工作进行督查3次、预检1次。在自查督查和整改完善工作中，全面自查3次、督查3次、专项指导4次；邀请重庆市教育专家作指导，开展全州“两基”迎国检精细化管理检查。认真查找自身存在的问题和薄弱环节，特别是对“七个一票否决指标”进行了认真的核查和分析，进一步摸清家底，找准突出问题和薄弱环节，制定切实可行的整改措施，群策群力解决问题。积极调动各种宣传力量，广泛宣传、深入发动，让各部门、全社会都积极了解、关心、参与“两基”迎国检工作，做到从领导到干部、从广大师生到人民群众都懂得“两基”，知晓国检，形成工作合力。开展以“两基”迎国检为主题的创先争优活动，广大中小学教职员工放弃节假日休息时间，主动承担“两基”基础表册整理、校园文化建设、校园绿化美化工作，深入村村寨寨、家家户户开展适龄儿童的调查摸底、宣传动员和组织入学等工作。通过加强组织领导，健全工作机构，科学制定工作方案，周密安排部署，精心组织实施，积极整改完善，全州“两基”迎国检工作稳步推进并取得了显著成效。中小学校基础设施建设更加完善，校园文化建设全面加强，学校文化氛围、师生精神风貌有了明显变化。州、县两级财政共投入迎国检教育经费6124万元。普及程度、教师队伍、办学条件、教育经费、教育质量、扫盲等主要指标均达到或超过了国检指标要求，“两基”水平进一步提高。

【学前教育规模扩张】　2010年，楚雄州按照政府主导、社会参与、公办民办并举的办园体制，加强政策引导，不断扩张学前教育规模。抓住省实施新建和改扩建乡村幼儿园1000所、建设示范幼儿园200所的机遇，完成全州建设有一定规模的100所幼儿园的规划。实施州人民政府发展民办学前教育的实施意见，鼓励支持社会资本，以独资、合资、合作等多种形式发展民办学前教育。贯彻落实《国务院关于当前发展学前教育的若干意见》和全国学前教育工作会议精神，研究制定学前教育“十二五”规划和学前教育三年行动计划。利用中小学布局调整后闲置的校产，鼓励发展民办学前教育，学前教育入园率有效提高。年末，全州有幼儿园200所，比上年增加25所。学前3年儿童入园率54.04%，比上年提高3.55个百分点。

［邵永春］

【楚雄一中】 2010年，楚雄一中践行科学发展观，坚持实施“德育立校、科研兴校、特色强校”发展战略，加强现代管理，以实践高中新课程为主线，积极开展校本培训，推动新课程改革。学校制定出《楚雄一中高中新课程实施配套方案》，稳步推进新课程改革。邀请全国著名教育家上海东方世纪学校校长冯恩洪到校指导工作，开展“教师专业化成长”培训，对课改、教学管理和教研等问题作全面指导。探索教育评价方法，制订《楚雄一中学分认定管理办法》，从结果评价逐步向过程和结果双维评价过渡，以评价导向促进教育教学工作稳步发展。探索差异教学的新途径，借鉴上海建平中学、内蒙古包头二中“一本教材三种进度”的方法，以高三文科数学和高二理科物理两门学科为突破口，在两个年级实施“分层教学”。尊重规律，创新备考策略，携手昆明三中和玉溪一中，组织三校联考，以联考分析总结推动复习备考。通过采取专家引领、改革评价方法、校际牵手联动等措施，实现优异的高考成绩，600分以上优秀学生32人，占全州600分以上人数的82.35%。重点分数线上线率、本科上线率、整体上线率分别达到45.13%、86.63%和98.89%，再创历史新高。学校深入贯彻《公民道德建设实施纲要》，坚持分层次、抓基础、重建设、严管理、创特色的德育工作思路和方法。以“做一个有道德的人”主题教育实践活动为载体，组织开展“教师节”、“母亲节”、“毕业典礼”、第五届“主题班会课竞赛”、第十六届“金色年华艺术节”等活动，提高班级文化建设水平。抓好学生社团工作，坚持让学生有自己心仪的舞台，德育工作的开放性和自主性得到加强。重点抓好2010届高三毕业学生入党工作，304人参加了第十三期青年业余党校培训班学习，结业270人，有39人向党组织递交入党申请书，被列为入党积极分子培养考察，经过年级支部1年的培养教育，确定6名优秀学生作为发展对象，最终有5位同学光荣加入党组织。年内，学校荣获省教育厅授予云南省首批“三生教育”优秀学校、云南省示范家长学校称号；被云南省绿化委员会评为“云南省绿化先进单位”。教师在国家级、省级、州级论文、课堂教学、课件比赛和指导学生竞赛中获奖70人次。吴爱武、陶颖被省教育厅授予云南省学科带头人称号；李惠英、孙瑛被省教育厅授予云南省骨干教师称号；张贵云获得2010年全国高中化学优质课观摩说课评比一等奖。

［金　凌］

【楚雄州民族中学】 2010年，楚雄州民族中学多渠道融资开展学校硬件设施建设。8月，投资620万元建盖的男生公寓楼竣工并投入使用，公寓楼建筑面积4784平方米，能容纳900余名学生。男生公寓楼每间宿舍水、电、卫生间及其他配套设施齐全，建成后全校男生全部入住新公寓。在楚雄州人事局组织的事业单位工作人员公开招考中，通过公共基础知识和专业知识考试，招聘教师7名。认真贯彻党的教育方针和民族政策，坚持“以人为本，关爱学生”教育理念，教育教学质量明显提高，高考再传捷报，488名应届毕业生中，达到重点（一本）录取分数线上线67人，上线率13.73%，总上线率95.9%，招生上线率100%。

［张瑞青］

【楚雄师范学院附属中学】 2010年，楚雄师范学院附属中学实施“创先争优”活动，加强教师队伍建设，改善办学条件，教育教学质量进一步提高，各项工作再上新台阶。371名应届毕业生参加高考，上重点线16人，高考总上线率80.43%。徐榕同学以优异成绩考入中国美术学院。参加中考的初三学生上600分的26人。举行10个学科的课堂讲赛活动，促进教师业务水平提高。组织优秀骨干教师、管理人员10余人参加上海教育方略教研组长工作室培训。组织70余名教师到省内外参加教学研讨会，获取教研教改及考试信息。成立以校长为组长的课改工作领导小组和专家推广小组，积极推进新课改工作，有效促进教学质量提高。参加国家“十二五”重点课题“班主任综合素质培养研究”。教师论文有40余篇在省级或以上论文评选中获奖。有2位教师在全省中学音乐教师课堂讲赛中获一等奖，3名教师参加全省“三生教育”书画作品大赛获一等奖，1名教师获省中学体育课堂讲赛一等奖。学生参加各学科竞赛有20余名获省级奖励。全面推进素质教育，实行全育人导师制，加强学生思想政治管理工作。组织学生开展防震、防火自救演练，提高学生自救自护能力。制定了《加强校园维稳和安全保卫工作方案》，认真开展安全隐患排查和整治工作。开展好主题班会，举办“交通安全”、“拒毒防艾”等丰富多彩的专题讲座，开展好“三生教育”活动。1月，建筑面积4046平方米的女生宿舍楼开工，由国家、省、州财政共同投资500万元，8月底竣工并投入使用。认真组织楚雄州2010年高中、中专艺术专业招生考试，圆满完成任务。高质量完成2010年高中、中专招生考试评卷工作。认真开展“两基”迎国检工作，整理相关迎检材料，搞好校园文化建设及美化和亮化工作。学校再次被教育部表彰为“全国学校艺术教育先进单位”称号，被省教育厅认定为“云南省中学现代教育示范学校”，获楚雄州“中华颂”2010年经典诵读比赛优秀奖，获州招生考试组织奖等。校党总支书记、校长杨永华获首届云南省教育功勋奖。3名教师分别获得州“优秀教师”、“先进教育工作者”、“师德模范”称号，受到表彰。

［董廷锋］

【楚雄天人中学】 2010年，楚雄天人中学（楚雄开发区实验中学）发展迅速，取得优异成绩。8月，在中国教育家联合会、中国民办教育家协会、中国校长协会、中国民办教育报刊社联合举办的“中国民办十大知名品牌学校”、“中国十大杰出民办教育家”评选活动中，楚雄天人中学被评为“中国民办十大知名品牌学校”，校长李平锋被评为“中国十大杰出民办教育家”。11月，在教育部中国教师发展基金会举办的“全国民办教育先进集体、先进工作者”评选活动中，楚雄天人中学被评为“全国民办教育先进集体”；校长李平锋和老师张天发被评为“全国民办教育先进工作者”。

［赵 剑］

【楚雄师范学院附属小学】 2010年，楚雄师范学院附属小学有在职教工89名，教学班29个，在校学生、幼儿1732名。全校教职工辛勤耕耘，再创佳绩。6月，学校首次面向全州公办中小学校招聘在职教师，并在全校教职工中公推直选李晓红为学校副校长，组织学校第三届中层干部竞聘上岗。3月，学校被确定为“云南省现代教育示范学校”建设项目学校；4月，学校被教育部、国家语言文字工作委员会评定为国家级语言文字规范化示范校。5月，教师杨海斌参加在北京召开的中国少年先锋队第六次全国代表大会；11月，教师李正荣参加在德宏芒市举行的“2010年云南省第九届深化小学数学教学改革观摩交流会”课堂教学竞赛，获一等奖。2月，四年级学生孙嘉遥在沈仁华老师指导下，到北京参加由外交部办公厅、英国驻华使馆文化教育处，英语沙龙杂志社主办的2010首届“国际英语大赛——文化交流大使选拔赛”，荣获一等奖。

［杨春云］

【楚雄开发区实验小学】 2010年，楚雄开发区实验小学按照“巩固成果，深化改革，典型引路，整体推进，提升质量，和谐发展”的思路，做好各项工作。被评为“全国艺术教育先进集体”、国家级“语言文字示范学校”、全国外语教研示范学校、云南省首批心理健康教育实验与示范学校。学校铜管乐队赴北京参加第五届中国少年先锋队鼓管乐展示交流活动，获“一级分团”称号。校长王静荣获云南省“五一”劳动奖章。在全省率先开展班主任技能比赛，并定期邀请专家学者作专题报告。以教学为中心，以教学常规和年轻教师帮带为主要抓手，坚持对备课组、教研组和教师个人进行每月教学常规的日常检查指导工作。学校建立师徒培养制度，采取一对一培养，定期检查培养情况；定期对新教师进行考核。青年教师参加全省语文、心理健康、音乐、美术、体育课堂教学竞赛获得一等奖。

［张正波］

【楚雄开发区永安小学】 2010年，楚雄开发区永安小学各项工作全面推进，取得骄人业绩，学校多次受到表彰。在全国青少年足球比赛小学楚雄赛区比赛中，获小组第一名；学校舞蹈队参加楚雄市小学生运动会开幕式表演获得好评；在少儿英语口语大赛、楚雄州经典诵读比赛、书画比赛、书信竞赛、电脑绘画比赛、作文竞赛中获奖。外派教师参加省、州、市课堂教学竞赛、论文竞赛、班主任工作竞赛、说课比赛、演讲比赛、朗诵比赛等，取得一二三等奖；校园文化精神文明建设、制度建设、文化建设、教育教学管理、教育科研等工作蒸蒸日上，获得“楚雄州文明学校”称号。

【楚雄州幼儿园】 2010年，楚雄州幼儿园再次被云南省委、省政府评为第十二批省级“文明单位”，被省教育厅授予“云南省现代教育技术示范学校”、“心理健康教育实验与示范学校”、“三生教育优秀学校”、“云南省示范家长学校”，被州体育局表彰为“体育工作先进单位”，被州妇联表彰为“家庭教育先进学校”，被鹿城镇党委、政府表彰为“综治工作先进单位”、卫生工作“先进单位”。幼儿在各种大赛中获奖345人次，教职工在不同层次、不同项目竞赛中获表彰、奖励149人次。教职工到省内外参观学习106人次，接待昆明、德宏、保山、大姚、永仁等地幼儿园教师到园参观学习，承担楚雄师院学前教育专业实习生指导，充分发挥“一级一等示范幼儿园”的示范作用。

［金凤琼］

【楚雄州特殊教育学校】 2010年5～6月，楚雄州特殊教育学校选派9名教师参加云南省第二届特殊教育课堂教学技能竞赛和全省特殊教育学校“中国手语”技能竞赛获奖，3名青年教师包揽2项竞赛的一等奖。8月，在教育部和中国残联共同举办的全国首届“交通银行特教园丁奖”上海颁奖大会上，教师丁莉萍喜获殊荣。在楚雄州人民政府举办的“楚雄州第四届残疾人运动会”比赛中，学校荣获团体总分第一名，奖牌总数第二名，体育道德风尚奖，男子篮球第一名，女子篮球第三名。9月17日上午，学校在新校址举行整体搬迁重建工程的开工奠基仪式。

［谢 红］

职业教育

【职业教育概况】 2010年，楚雄州以职教园区为重点，发展职业教育。楚雄州职教园区建设完成计划投资的85%，达到9亿元；完成规划建筑的93%，达到43万平方米。成立州职教园区管委会，5所州属中等职业学校全部迁入园区办学，在校师生1.8万人，教育教学和各项工作有序推进。实现分期迁入、集中办学、资源共享、理顺关系的第一步发展目标，正在推进专业优化、招生统筹、资源整合、深化管理的第二步发展目标。全州认真实施中等职业教育招生“十统筹”的措施和“送教下乡”试点办学模式，层层落实招生工作责任制，加大招生宣传力度和动员入学工作，较好地完成招生任务。年末，中等职业教育招生13643人，比上年增加2280人；在校生人数32702人，比上年增加2618人；普通高中与中等职教在校学生之比1∶1.04，中等职教在校生首次超过普通高中在校生规模；高中阶段教育毛入学率比上年提高0.22%，达到70.58%。楚雄州职教园区与澳大利亚南澳州TAFE学院、楚雄医专与澳大利亚南澳州和善那国际学院分别签订合作办学意向书，楚雄州76名职业学校骨干教师接受楚澳职教合作TAA教师培训。与中国国际技术智力合作公司签订《中智职业发展有限公司与楚雄职业教育中心联合办学合作协议》，全面促进中等职业教育培养水平就业质量的提高。民办职业教育有了突破。楚雄机械电子职业技术学校（民办中专）作为全州首家民办职业教育机构成立，实现民办中等职业教育零的突破。云南现代职业技术学院（民办高职）处于建设阶段。

［李应荣］

【楚雄农业学校】 2010年5月8～9日，楚雄农业学校整体搬迁入住州职教园区。搬迁工作在公交公司和解放军部队帮助下，先搬学生、再搬教学设备及其他物资的顺序，开展从果园路6号老校区向职教园区紧张有序的搬迁工作。5月9日晚，除图书馆、实验室及其他部门少量物资外，总体搬迁工作顺利完成。5月10日，各教学班在新校区顺利开课，搬迁扫尾工作也在年内结束。在新校区，学校采取新的学生管理措施，学校领导轮流带班，值周组全天住校值班，协同政教处负责学生管理，平安校园创建成效显著，入住新校区后未出现重大安全事件。年内，学校招生工作成绩喜人，招收中专生2379人，比上年增长69%，是学校办学史上招生人数最多的一年。在教学发展中，拓展发展外延和空间，继续与楚雄医药高等专科学校、红河卫生学校联合开办护理专业，招收学生677人；与元谋县职中、永仁县职中、双柏县职中、姚安县职中联合办学，招收果蔬花卉生产技术、制药技术、农业机械使用与维护3个专业，招收学生78名。与地方部门合作，开展送教下乡，在楚雄市鹿城镇龙江社区、双柏县妥甸镇农技服务中心、双柏县妥甸镇新会村委会、武定县畜牧局、楚雄市鹿城镇栗子园社区、楚雄市鹿城镇彝海社区、楚雄市苍岭镇蔬菜种植协会、楚雄市三街镇中学开办农村经济管理、果蔬花卉生产技术、畜牧兽医专业中专班，招收成人中专生1375人。

［李灿辉］

【楚雄民族中等专业学校】 2010年7月16日，楚雄民族中等专业学校整体迁入楚雄州职业教育园区。7月22日，学校青龙路原北校区国有土地以及附着物等国有资产全部划转移交楚雄市北浦中学使用。楚雄民族中等专业学校揭开了办学历史上的新篇章。年内，楚雄民族中等专业学校申报国家级中等职业教育示范学校和民族示范性学校，服务第三产业，推进学校管理改革，设立文化艺术、信息技术、商贸旅游、服装工艺和综合办学5个专业部，着力打造服装、艺术、学前教育、计算机应用、会计等品牌专业。通过实施责、权、利相统一的专业部管理体制，调动了教职工积极性，强化了专业建设和技能教学，提高了教育质量。学前教育专业的普通话和表演、服装专业的服装制作和裁剪、计算机专业的汉字录入和平面设计、烹饪专业的刀工、酒店服务专业的铺床、会计专业的点钞等专业通过开展技能竞赛，带动学生专业学习积极性。服装专业一二年级在校生，可以为自己、家人做服装，承担全校学生校服制作，承接部分服装来料加工，学习兴趣浓，教学质量得到大幅度提高。艺术专业教学成果显现，一大批毕业生在省、州、县各类表演中获奖，普艳喜在第十四届CCTV青歌赛中荣获银奖、在全国乡村歌手大赛中荣获一等奖。学校在向毛里求斯、日本输送毕业生的基础上，增加对阿拉伯联合酋长国、新加坡、约旦等国的毕业生输送，境外就业仍然在全省前列。

［樊文杰］

【楚雄高级技工学校】 2010年，楚雄高级技工学校招收新生3258人，在校生规模连续3年保持在1万人以上，成为云南省办学规模最大的技工学校。8月，学校搬入州职教园区办学，建成数控加工、机械加工、焊接加工、机械维修、钳工等8个实训中心；建成电力拖动、交直流调速、光机电一体化、电子技术、可编程控制器，单片机、传感器、数控机床维修、数控编程、CAD制图、液压传动、机电类骨干学科示教、化学化工、餐厅、客房、中烹、计算机等72个实验实训室，年末，学校有教学设备86837台（套），总价值3000多万元。组织相关教师编写校本教材《语文》、《数学》、《应用文写作》，由劳动和社会保障出版社出版发行。已编写出版的《心理健康教育》、《普通话与口语交际》、《计算机应用基础》、《人际交往艺术》、《数控加工技能训练》、《就业与创业》、《制药原理与设备》等被列为“十一五”规划教材和中等职业学校教材。6月，10名学生代表云南省参加在天津举行的2010年全国职业院校技能大赛，获得中职组钳工二等奖1人，获得数控车工、普通车工三等奖各1人，取得云南省参加全国职业院校技能比赛的最好成绩。10月，学校组队参加云南省数控技能大赛，包揽数控车中级工组、数控车高级工组、数控车教师组、加工中心中级工组4个第一名。

［张洪忠］

【楚雄州体育运动学校】 2010年，楚雄州体育运动学校围绕“优化育人环境，扩大办学规模，增强竞技实力，提升办学效益”的办学目标，深化管理改革，完善聘用制和岗位责任制，健全人才培养机制和运动员成才奖励制度，着力打造皮划艇、射击、田径、游泳、网球、射箭、自行车、体操、拳击、举重、柔道、散打、摔跤等优势竞技项目，开办印刷技术、康复护理、幼儿教育等特色职教专业，竞技体育训练和专业建设取得长足发展。学校整体迁入州职业教育园区，办学条件得到极大改善。探索特色专业办学、校校联合办学模式，形成中专、大专、函授专（本）科的职业教育体系。建成国家青少年体育俱乐部和云南省“三星工程”人才培训基地，体操、拳击、射击、皮划艇竞技项目被命名为云南省重点项目训练网点学校。在第十三届省运会比赛中，田径4×400

米接力项目和游泳男子蝶泳全能项目打破云南省青少年组记录。田径运动员许龙飞在全国亚运会选拔赛上获得全国800米比赛第二名，学校成为云南省滇西8州（市）实用型体育人才培养和运动员输送重要基地。学校13个运动队代表楚雄州组团参加云南省第十三届运动会，获得金牌27枚、银牌27枚、铜牌30枚，共获奖牌84枚，取得团体总分1094分，排名全省第六名，荣获体育道德风尚奖代表团。

［余建兴］

【楚雄州公安局人民警察培训学校】 2010年，楚雄州公安局人民警察培训学校认真做好培训工作，完成初任民警培训、警衔晋升培训、警务技能训练、公安民警心理行为训练、函授学历教育和协助完成其他培训班共41期3718人次。协助州公安局完成全州公安机关“三项建设”和“三项重点工作”培训班4期，培训476人。完成学校计划的教育训练任务。在初任民警培训班和治安、刑侦类警衔晋升培训班中，实行封闭式警务化管理，培训班值班管理干部跟班管理。第32期、第33期初任民警培训班的333名学员在培训结束前参加省公安厅政治部教育处统一组织的五大科目考试、考核，成绩全部合格，合格率100%。认真落实《公安机关人民警察纪律条令》、公安部“五条禁令”、省公安厅“六条警规”。开展社会主义法治理念教育、执法规范化教育、人民警察职业道德教育、师德师风教育、反腐倡廉教育。2月，学校开展中层干部轮岗和教职工双向选择聘任工作。安排15名教师参加公安部组织的长沙、大连警务实战教官培训、香港执法规范化师资培训、省委组织部组织的“县处级领导干部社会管理创新研修班”、省公安厅组织的“上海公安教育训练管理研修班”、心理咨询师培训、吸毒检测程序规定培训、信息化应用技能培训、军队转业干部培训等；安排8名教师到楚雄市公安机关进行相关业务技能学习锻炼。

［李华荣］

高等教育

【楚雄师范学院概况】 2010年，楚雄师范学院花果山校区7号学生公寓建成，投资1132.4万元，有6918平方米；完成花果山校区东南角原建设规划调整，雁塔校区女生一院维修改造，中央资金向地州高校倾斜项目的三年规划及“十二五”校园基本建设规划。完成学院与楚雄市农村信用社合作投资278万元研发校园“一卡通”信息系统升级改造，正式投入使用。完成学生公寓区域计算机校园网无线接入测试工作。购置图书近4000册，实现学院馆藏文献总量110余万册，其中纸质文献74万册，电子图书36.7万册。获准新开办葡萄与葡萄酒、工商管理、应用物理3个本科专业，学院本科专业达到31个。汉语言文学专业被遴选为省级“特色专业建设点”，物理学专业经国家批准成为第六批“高等学校特色专业建设点”。年内，引进博士2人，招考硕士18人，在职取得硕士学位21人，晋升教授5人，晋升副教授16人。年末，学院有教职工692人，其中专任教师464人，具有博士学位的教师11人，硕士学位的教师250人，硕士、博士学位教师占教师比例56%；有正高职称教师36人，副高职称教师164人，具有副高级以上职称教师比例43%。

【楚雄师范学院接受教育部本科教学工作合格评估调研】 2010年5月16～20日，教育部根据新修订的第二轮本科教学工作合格评估方案派出专家组到楚雄师范学院开展升本科9年来的教学工作进行全面评估调研。经过认真评估调研，教育部专家组对学校建校以来取得的成绩给予高度评价，对学校本科教学工作给予充分肯定，对发现的问题提出中肯的意见和建议。

【楚雄师范学院教学科研和重点学科建设】 2010年，楚雄师范学院“自然地理与资源环境系列课程教学团队”入选省级教学团队，学院省级教学团队达到2个；课程获得省级精品课程立项1门，学院省级精品课程达到5门。获得“高校教学改革研究项目”立项3项；被评为省级优秀教材1部；学院“应用型学前教育专业人才培养模式创新实验区”项目获得省级“人才培养模式创新实验区”立项，首次获得省级项目。在科学研究与学术发展方面，组织申报各类科研项目20余类100余项课题，获得地厅以上政府立项22项，获得校外资助经费570余万元。其中获批国家自然科学基金项目1项，国家社会科学基金项目1项，首次获批教育部人文社会科学项目2项，首次获得省院、省校教育合作人文社会科学项目1项，省哲学社会科学规划重点课题1项。被SCI、EI、ISTP检索论文28篇，各类核心期刊上公开发表论文95篇，获得国家专利2项，省部级奖励2项。与双柏县人民政府合作共建“中国查姆文化研究基地”，与姚安县人民政府合作共建“中国梅葛文化研究基地”，首次与中国人民大学合作申报人文社科研究重点项目取得成功。启动校级科研创新团队和校级重点实验室建设工作，2个省级重点建设学科顺利通过验收，其中被正式确定为省级重点学科1个；教师中，成为云南省中青年学术技术带头人2人，被列入云南省中青年学术技术带头人后备人才培养对象1人；启动第二批校级重点学科建设工作，确定重点学科5个，培育学科4个，学校以优势二级学科为主，形成省级重点学科、校级重点学科、校级培育学科分层次建设的格局。

【楚雄师范学院招生就业工作】 2010年，楚雄师范学院面向23个省（市、区）招收普通本专科生2417人，在校学生规模达到8294人；成人本专科生招生1150人，在籍学生规模达4171人。普通本专科毕业学生1545名，其中考取硕士研究生86人，年终就业率97.2%。

【楚雄师范学院学生管理及帮困助学】 2010年，楚雄师范学院全面推进“理想信念塑造工程”建设，创新“三生教育”方法，开展各类主题教育实践活动40余项，组织开展“五四青年文化月”、大学生学术科技节、社团文化节、女生文化节、社区文化节等校园文化活动，与楚雄城区中小学校开展结对帮扶，组织学生参加暑期“三下乡”等社会实践活动，推动学生基本信息管理、学生综合素质测评管理、家庭经济困难学生管理、宿舍（公寓）管理等“学生综合信息管理系统”的开发和应用，健全和完善学生宿舍（公寓）教育管理服务，整合系（院）、宿管人员、辅导员、学生党团组织、学生社团等力量，加强协调、检查和监督，学生社区管理秩序好转。年内，有1718人获得学校所在地助学贷款，贷款总金额758.2万元；有1700人获得生源地信用助学贷款，贷款金额1000万元，获得助学贷款的学生数占贫困生的90%；有3200人分别获得各级政府和社会奖助学金资助，总金额760.8万元，贫困学生受助面100%；设立校内固定勤工助学岗位6类，用工360人，发放勤工助学工资30万元；发放贫困生定期困难补助金30万元，发放寒衣补助4.4万元，发放贫困生临时性困难补助金2万元。依托“福特基金项目”开办以提高贫困生就业能力为重点的现代教育技术班、高新技术高级班、装饰美工高级班、计算机操作高级班，培训家庭经济困难学生550名。

【楚雄师范学院成人教育与国际合作交流】 2010年，楚雄师范学院成人高等教育本专科录取学员1500人，新增州外函授办学点5个，州外办学点学员突破1500人。承办国家培训计划、省培训计划以及履职晋级等各种非学历培训近4000人次，国培计划完成第一阶段培训590人，省培计划完成培训120人。学校有在校长短期外国留学生25人，其中短期留学生1人，长期留学生24人。首次招收成建制留学生班，来自泰国清莱皇家大学的20名留学生顺利完成学业，泰国清莱皇家大学与楚雄师范学院达成长期合作办学协议。学校各层次公派留学2人，其中云南省地方公派出国留学项目1人，小语种教师出国留学1人。接待泰国远东大学、清莱皇家大学，美国波音特洛玛大学、创价大学、克莱姆森大学，越南福特基金项目教育考察团，新西兰奥克兰区考察团的交流访问。

［徐　波］

【楚雄医药高等专科学校概况】 2010年末，楚雄医药高等专科学校占地452.6亩，有校舍64277平方米，教学仪器设备总值1840余万元，图书馆藏书21万册。有教职工235人，其中，硕士21人，专任教师162人。教师中有教授5人，副教授及副高级专业技术人员53人，双师型教师61人。学校设有医学系、药学系、检验系、基础医学系和公共部5个系（部），开办有医学检验、药学、护理、临床医学、中药学、卫生检验与检疫、医学生物技术、公共卫生与管理、药物分析技术、药品经营与管理、医学检验技术（病理检验和输血方向）等14个专业（或专业方向），有全日制在校学生5030人，成人本、专科学历教育在校生1306人。有标准教室60个，标准实验室55个，多媒体教室5个，有中央财政支持的实训基地1个，省级示范实习实训基地3个（其中校内2个，校外1个），校外实习实训基地79个。4月23日，州人民政府在学校召开“楚雄医专建设总体规划咨询会议”，为学校长远发展确定蓝图。确定楚雄医专的长远发展目标为：占地面积1000亩，校舍建筑面积27万平方米，在校学生规模达8000～10000人，逐步发展为本科高等院校。年内，楚雄医专坚持“争取一点、贷款一点、自筹一点”的筹资原则，投入建设资金4000余万元，落实学校发展用地188.94亩，完成运动场、校史馆建设，建设装备标准实验室14个，增加检验系实验室台柜。

【楚雄医药高等专科学校教育科研与人才培养】 2010年，楚雄医药高等专科学校以“调整结构，突出特色，重点发展”的思路，开展专业建设，优化专业结构，注重特色发展，制订了《楚雄医专专业建设方案》，申报新开办专业3个，获省教育厅批准2个。推进特色专业建设，医学检验技术专业被评为省级特色专业，医学检验技术、药学、护理等3个专业被确定为学校特色专业。学校成立学术委员会、专业建设委员会、教学督导委员会等7个专业机构，制订了《楚雄医专人才培养工作方案》，建立说课、课堂教学、精品课程建设等评价制度。坚持“以评促改，以评促建、以评促管、评建结合、重在建设”的方针，培养人才，建设队伍。10月17～22日，人才评估专家组进入学校考核，基本评价：艰苦办学，硬件条件明显改善；目标明确，办学思路清晰；夯实基础，优势专业特色凸现；注重实践，学生应用能力得到提高；就业稳定，赢得了良好社会声誉。广泛利用社会资源，拓宽学生社会实践空间，把79个医疗卫生和药品生产经营单位作为稳定的实习基地。通过考核、招考、竞争上岗，聘任学校中层管理干部18名。共招考、引进和选拔聘用教职工10人。组织教师到国内外著名大学进修、培训130人次，首次评选出学术带头人9名，专业带头人11名，骨干教师20名，20名年轻教师参加研究生学历教育。学校教师和科研人员在公开刊物上发表论文25篇，主持和参加编写教材10部，各种层次研究课题立项8项，确定校级精品课程13门。

【楚雄医药高等专科学校招生就业与社会服务】 2010年，楚雄医药高等专科学校积极扩大招生规模，申报批准招生1305人。在招生工作中，注重宣传，努力提高生源质量，招生覆盖8个省区，实际招生1684人，实际报到1488人，报到率88.36%，最低录取分数线分别为文科411分、理科367分。与用人单位协调，拓宽就业渠道，应届毕业生初次就业率75.5%，年终就业率97%。发挥资源优势，拓宽社会服务功能。在云南省第202职业技能鉴定所的基础上，建立“医药卫生人员在职培训中心”、“职业医师资格考试中心”、“卫生人员专业技术资格考试中心”、涉外护理培训中心等人才培训机构，开展医药类工种职业技能鉴定工作。培训社区医生、护士400人，组织职业医师资格考试3000人。积极做好与联邦学院等国外高校发展合作，又与英国、澳大利亚、澳门等国家和地区建立合作关系，与玉溪沃森生物技术有限公司、丽江民族中专、临沧市卫生学校、楚雄州农业学校、建水县人民医院等单位签订合作协议。

【楚雄医药高等专科学校举行建校60周年庆祝活动】 2010年12月下旬，楚雄医药高等专科学校（原上海市卫校，楚雄卫校）举行建校60周年庆祝活动。12月17日上午，庆典活动在楚雄医药高等专科学校运动场举行。省政协常委、原政协楚雄州主席张怀德，省教育厅副巡视员张国华，州委、州政府领导及州级老领导普联和等省、州、县（市）各相关部门领导、部分企事业单位的领导、省内外友好学校的领导、校友代表、学校历届老领导代表、离退休教师代表，以及长期以来关心、支持楚雄医专发展的社会各界人士和广大师生5000余人出席庆典大会，参加庆典活动。中共云南省委常委、常务副省长罗正富，昆明市人民政府市长张祖林，云南省政府副秘书长李琳玻，云南省教育厅副厅长罗嘉福，云南省国资委副主任耿克明，中共楚雄州委书记邓先培等领导及云南师范大学等高校发来贺信，云南省教育厅厅长罗崇敏、省卫生厅厅长陈觉民、省教育厅副厅长罗嘉福、楚雄州副州长李红民、著名书法家高山为祝贺楚雄医专建校60周年题词。楚雄医专校长王晓明向来宾报告楚雄医专办学历程。在校庆期间，楚雄医专成立“楚雄医药高等专科学校发展研究会”，建立“龙润奖学金”。

［段玉林］

【昆明理工大学楚雄应用技术学院概况】 2010年，昆明理工大学楚雄应用技术学院通过完善学院德育管理系统，加强校园环境建设，规范教师师德及职业道德，坚持不懈地抓学生行为习惯养成教育，实施德育工作创新，唱响德育主旋律，加强班主任队伍建设，建立班主任选拔任用制度，对中专学生实行严管宽教，对大专学生实行宽教严管等方式，做好德育工作。并根据市场调研和区域经济发展需求，在原有计算机网络技术、电气自动化技术、图形图像制作等六个专业基础上，新办机电一体化技术、数控技术专业，高职专业达到9个，中专汽车运用与维修专业、建筑工程技术专业和水利水电建筑工程专业申报为省级骨干专业。坚持“人才立校”原则，72名专任教师中有14名教师取得硕士学位，22名教师在职攻读研究生学历，教师学历合格率100%；56名教师具有中级职业资格证书，双师型教师占78%；评选出各专业校级学科带头人9名，有州级学科带头人8名。8月25日，昆明理工大学楚雄应用技术学院迁入州职教园区办学。

【昆明理工大学楚雄应用技术学院联合办学】 2010年6月13日，昆明理工大学楚雄应用技术学院与云南机电职业技术学院签订联合开办五年制高职的协议书。双方协定，云南机电职业技术学院负责制定招生计划、教学计划、学籍管理、教材选定、实验实习等教学组织和指导工作，进行教学检查、期末考巡考及评卷情况抽查，审查毕业生资格，颁发毕业证书。楚雄应用技术学院按照云南机电职业技术学院要求，开展招生宣传，组织招生、教学、安全教育、日常管理等。9月，按照省教育厅划定的录取分数线，面向全省招收176名中考应届初中毕业生就读五年制高职。11月4日，楚雄应用技术学院与楚雄市职业中学、禄丰县职业中学、牟定县职业中学、南华县职业中学、武定县职业中学、元谋县职业中学、双柏县职业中学、大姚县职业中学等州内8所县属职业中学签订汽车运用与维修、建筑工程施工、建筑装饰、水利水电工程等4个专业的2+1、2.5+0.5模式的中职联合办学协议书。11月13日，楚雄应用技术学院与重庆渝北职业教育中心签订汽车制造与检修专业2+1模式的中职联合办学协议书。

【昆明理工大学楚雄应用技术学院学生技能培养】 2010年，昆明理工大学楚雄应用技术学院组织专业课教师及学生到楚雄州建设工程质量检测中心、红塔证券公司、大海波水库、毛板桥水库、东河水库等参观学习和实践；组织可编程控制器应用、珠算、办公软件应用、工程测量、涂鸦等5个项目的技能竞赛，历时30天，有578名学生参加比赛，181名同学在竞赛中取得优异成绩，受到学院表彰奖励；组织会计专业161名同学参加珠算过级鉴定，79名同学获得珠算四级、五级技能证书，过级率49.07%。

［杨忠明］

教研与师训

【普通高中教学管理和指导】 2010年，楚雄州以州教科所为中心，积极开展普通高中新课程实施的相关研究，重点对各个学科的新教材进行系统分析，提出各学科教学实施指导性意见，汇编成《楚雄州普通高中新课程教学实施指导意见》，引导高中教学工作健康发展。州教科所和县（市）中学教研人员，深入全州21所高（完）中进行以新课程改革、高三复习备考、教育教学管理为主要内容的督察和指导，组织全州高三学生参加全省统一检测工作，并通过网络平台和《教学研究》（内部资料）将统测情况向县（市）学校作及时反馈，帮助各学校调整高考备考策略，提高复习效率；组织州、县（市）教研室（教科所）中学教研员和各高完中学科骨干教师参加省教科院等单位组织的高考复习研讨活动，及时获取高考改革信息，增强高三复习备考的针对性和实效性；组织全州高（完）中学校领导和骨干教师观摩南华一中、元谋一中和姚安大成中学的教育教学工作展示交流活动；认真总结分析全州2010年高考质量，及早研究部署2011年备考工作；实施“州教科所教研员挂点联系学校教育教学工作制度”，中学教研员全部安排挂点联系普通高中学校。

【基础教育课程改革】 2010年，楚雄州以推进中小学现代管理为目标，以加强校长队伍和骨干教师队伍建设为抓手，委托上海方略教育培训中心，组织实施“上海方略/云南楚雄师资培训项目”。组织实施全州普通高中语文、数学、英语、政治、物理、化学、生物7个学科的教研组长工作室“职场培训”和“远程研修”项目的培训，通过《楚雄州普通高中教改通讯》对7个学科学员的学习体会进行编录和交流学习；以课堂教学改革为突破口，在全州范围内实施“分层教学”。以《教改通讯》形式，对各县（市）、学校的新课程实施情况进行通报，跟踪问效检查；配合全州初中学生综合素质评价、学业水平考试和高中招生“三项制度”改革的相关工作，完成初中毕业生学业水平考试命题；以提高课堂教学效率，提升课堂教学质量为目的，制定中小学、幼儿园教学工作制度，建立聚焦课堂“五项制度”（领导干部进课堂、教研组长工作室、教学工作展示交流、集体备课和教学工作专项督查），稳步推进基础教育课程改革。

【课题研究及管理工作】 2010年，楚雄州教育系统申报省级课题30项，有7项获准立项，其中重点课题2项，一般课题5项。完成6项省级课题和32项州级课题的结题鉴定工作。科研课题组到禄丰县、姚安县、楚雄市、开发区实验小学等县（市）和学校指导教育科研课题的选题、开题论证、中期总结以及优秀教育科研成果的推广应用工作。组织“三生教育”专项课题研究，指导各县（市）和学校认真总结“三生教育”实施的经验及推广工作。

【学科教学竞赛及研讨活动】 2010年，楚雄州举办多项学科教学竞赛和数次教学研讨活动。承办云南省小学语文阅读教学第一、第二课时课堂教学模式研讨交流活动；承办云南省2010年中小学音乐课堂教学竞赛；举办楚雄州第三届初中数学课堂教学竞赛及教学研讨活动；组织全州中小学音体美教师100余人参加“云南省2010年中小学音乐、体育、美术学科课堂教学竞赛；组织全州各县（市）幼儿教师代表参加云南省幼儿教师教学技能竞赛；组织全州中小学体育教师参加云南省中小学体育科学论文征集比赛；组织全州各县（市）教育行政部门相关领导、教育科研人员、中小学领导及骨干教师参加中小学校本课程与教材研究研讨会；组织全州专兼职心理健康教研员、中小学、幼儿园、中等职业学校心理健康专兼职教师、班主任、团总支书记、大队辅导员参加云南省中小学心理健康课堂教学竞赛及观摩；组织全州小学数学教研员、省小学数学青年教师研究中心成员和数学骨干教师180余人参加云南省第九届深化小学数学教学改革观摩交流会；组织全州小学英语教研员和英语骨干教师代表参加云南省第四届小学英语教学示范课展示活动；组织全州英语教研员和初中英语骨干教师166人参加人教版初中英语教材回访工作暨初中英语教学方法与策略研讨会；组织各县（市）教研室主任及州属学校领导参加省教科院举办的云南省首届教育科研论坛；组织各县（市）高等职业学校和中等职业学校领导参加省教科院举办的国际视野云南职业教育发展研讨会。

【教育科研及信息工作】 2010年6～7月，楚雄州组织高二年级骨干教师13个学科的74人，参加云南省教育厅“2010年云南省普通高中新课程高二骨干教师培训”；组织中等职业学校德育教师28人参加全省统一培训；组织中小学（幼儿园）心理健康教育专、兼职教师480人参加云南省心理健康教育培训。7～8月，组织高一年级14个学科的938人参加云南省教育厅“2010年云南省普通高中新课程教材培训”；组织小学品德教师210人进行《品德与生活》（浙教版）课标教材教法培训；组织初中历史教师220人进行《历史》（中华书局版）课标教材教法培训。9月，组织全州初中生物教师250人进行《生物》（人教版）课标教材教法培训。教育科学研究所编印《楚雄教育》6期，编发《教学研究》5期。认真做好第十三届全国推广普通话宣传周活动；举办“楚雄州中华颂·2010经典诵读”比赛，近200名选手参加比赛；推进学校普及普通话工作和创建语言文字规范化示范学校工作，姚安、武定2县的42所乡（镇）和乡（镇）以下学校申请普及普通话达标验收；楚雄开发区永安小学、楚雄市环城小学被评为云南省语言文字规范化示范学校；楚雄师院附小、楚雄市环城小学、南华县沙桥中心学校被省教育厅定为“云南省加强学校师生语言文字基本功训练工作试点校”；选派10县（市）90名少数民族双语教师参加“云南省第七期少数民族双语教师普通话培训班”，经省普通话培训测试中心组织测试，通过二级甲等7人，二级乙等53人，三级甲等26人；组织各类人员3000余人参加普通话水平测试。

［杨玉花］

【国培计划和履职晋级培训】 2010年，楚雄州10县（市）及州属学校有112名教师参加农村中小学教师置换脱产研修；330名中小学教师参加短期集中培训；1178名中小学教师参加全国中小学教师继续教育网、北京大学远程教育网、新思考网、中国教师研修网的远程培训。共有1.6万余名中小学幼儿园教师参加《青少年心理问题研究——当代青少年心理问题反思与回应对策》课程2010年春季和秋季全省中小学教师履职晋级培训、考试。培训以理论加案例分析研讨的形式，受到教师好评。

［李植才］

电化教育

【电化教育概况】 2010年，楚雄州电化教育以实施“班班通”工程、组织远程培训、实施课题实验研究、开展多媒体课件和优秀教育技术论文评审等为抓手，积极组织开展各项工作并取得了较好成绩，组织5490名中小学教师参加各类远程培训，组织各类参赛作品765件，获奖478个，州电教馆四次获云南省教育厅表彰，全州电化教育又迈上一个新的台阶。

【南华县“班班通”建设试点】 2010年，楚雄州南华县按照云南省教育厅制定的设施方案操作，顺利完成“班班通”建设工作。南华县班班通工程实施项目学校71所，数据直通信息点630个，固定多媒体教室64套，移动多媒体设备108套，交换机50台，无线路由器15台，总投资300万元。5月中旬，州教育局组织对南华县中小学远程教育“班班通”建设试点工程工作进行州级验收。班班通是将学校的每个教学班的装备基于网络环境下的以投影机或者电视机为终端显示的设备，每个班级都能同时上网，网络和教学资源共享，演示课件、现场直播、收看电影电视节目等。

【教师远程培训和现代教育技术发展】 2010年，楚雄州加大中小学教师远程教育力度，切实提高中小学教师自身素质，促进中小学教师培训。5490余名中小学教师和校长参加教育部和省教育厅组织开展的各种远程教育培训。楚雄州电教馆认真组织，精心准备，报送教育部和省教育厅多媒体课件、学生电脑作品、现代教育论文各类作品765件，获奖478个。其中，获国家级一等奖1个，二等奖1个，三等奖1个；获省级一等奖12个，二等奖45个，三等奖146个，优秀奖272个。州电教馆3次获省教育厅组织奖。

［康健一］

招生考试

【招生工作概况】 2010年，楚雄州深化招生改革，综合整治招生考试环境，认真实施普通高校招生“阳光工程”。推进高考平行志愿投档和录取模式改革、中考招生制度改革，圆满完成各项招生考试工作。全州报考普通高校考生13883人，比上年减少917人，其中报考文史类5950人，理工类7641人，三校生292人。报考高中（含中专）考生24060人，比上年减少1716人。报考各类成人高等学校、成人中等专业学校考生3194人，比上年减少292人，其中报考专科起点本科1577人，高中起点本、专科1617人。组织全省普通高中一年级会考报名1次，报名新生13138人；组织普通高中会考报考2次，参加普通高中会考考生92538科次；组织信息技术会考2次，参加考试考生10010人。2010届学生通过普通高中会考，11403人取得毕业证书。组织全国高等教育自学考试和教师资格考试3次，1月份报考634科次，及格241科次，及格率38.01%；上半年第60次高等教育自学考试报考1775科次，及格698科次，及格率39.32%；下半年第61次高等教育自学考试报考1887科次。上半年自学考试毕业考生97人。组织教师资格认定课程考试2次，1月份报考1171科次，10月份报考1637科次。组织全国计算机等级考试、全国英语等级考试、全国剑桥少儿英语、全国少儿计算机考试以及全国中小学教师教育技术水平考试。组织2010年普通高中英语口语考试1次，有4095人参加考试。首次组织2011年全国普通高等学校招生第一次英语听力考试和口语测试，6921人参加考试。

【高校招生考试】 2010年，楚雄州报名参加高等院校招生考试1.34万人，比上年减少922人。考试结果，专科以上上线人数1.32万人，上线率98.4%，比上年增加770人，增幅6.20%，比全省上线率高出3.94个百分点。其中，本科以上人数7335人，上线率54.69%，比上年的6051增1284人，增幅21.22%，比全省上线率49.81%高出4.88个百分点。

【高中（中专）招生考试】 2010年，楚雄州高中（中专）招生考试于6月15~17日举行。在一年一度高中（中专）招生考试前，积极推进以初中学业水平考试制度、初中学生综合素质评价制度、高中阶段招生考试制度为主要内容的初中教育评价制度改革，首次实行部分高中招生计划分配到州内初级中学，并按此进行普通高中录取。统筹管理高中阶段教育招生信息。从报名、计划、填报志愿、投档、录取、电子注册等各招生录取阶段工作，都通过《云南省高中阶段教育招生信息管理系统》进行，实现“一生一号”，确保电子档案信息真实、准确、唯一。做好中考体育考试工作。执行规范高中阶段教育升学率计算方法，把升入普通高中、中专、职业高中、职业中专学校学习的所有学生一并纳入，以此计算生源地高中阶段教育升学率。高中阶段招生管理统一规定中考考生参考率，各县（市）应届初中毕业生参考率要达100%，必须100%进入省教育厅高中阶段教育招生管理系统，必须100%进行网上录取。州教育局把3个百分之百和考生数据准确率作为招生考试目标管理的重要指标纳入年终考核。

【考试服务】 2010年，云南省首次进行普通高等学校招生英语科目听力考试和口语测试的改革，考试采用全国英语等级考试二级考试试题，听力考试放音方式沿用磁带或校园广播进行，口语测试采用计算机辅助考试。各县（市）积极配合，顺利完成2010年高考考生的英语科目听力考试和口语测试。云南省投入资金建设国家教育考试考务视频监控平台后，楚雄州实现与教育部和省教育厅考务工作视频会议正常连接，达到教育部、省招生考试院对楚雄州各县（市）的试卷保密室、考场视频信息实时监控。

［康健一］

（责任编辑：周能汉）

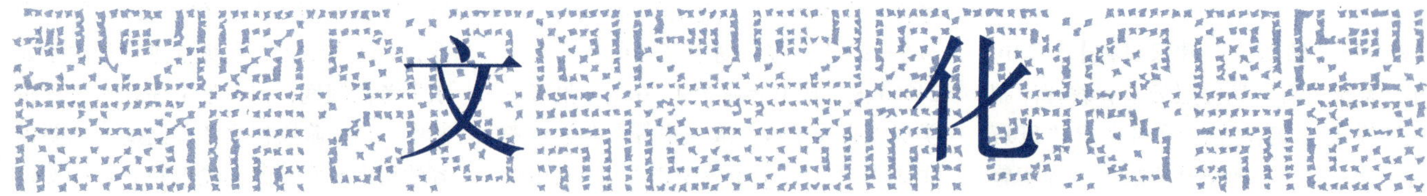

文化

文化综述

【文化工作概况】 2010年末，楚雄州文化系统共有在职人员1077人，其中女性492人，少数民族342人，党员388人，党政干部185人。专业技术人员771人，占人员比例的71.6%，其中，正高级专业技术职务4人，副高级专业技术职务34人，中级职务259人，初级职务453人，未评级人员21人。其他人员共140人。年内，全州文化系统单位获县以上党委、政府表彰19项，其中，省（部）级表彰1项，州（厅）级表彰13项，县（处）级表彰5项；个人获县以上党委、政府表彰54人（次），其中，省（部）级表彰1人（次），州（厅）级表彰36人（次），县（处）级表彰17人（次）。建成乡（镇）综合文化站28个，另有21个乡（镇）文化站在建，总占地面积346.64亩、建筑面积4.6万平方米、总投资3.17亿元的州文化活动中心即将投入使用。全年实施村级文化体育活动场所建设试点工程63个，争取到省级补助资金680.4万元。

［杨会芳］

【文化体制改革】 2010年，楚雄州人民政府批准了州属各文化单位体制改革实施方案，成立州文化市场综合执法支队、州文化活动中心管理处和州电影事业管理站，州民族艺术剧院升格为正处级，挂牌组建楚雄太阳女演艺有限责任公司。其余各项改革工作按照州委、州人民政府确定的思路、目标任务和时间要求全面推进。州博物馆、州图书馆、州文化馆等公益性文化事业单位的人事、收入分配和社会保障制度改革有序推进。州民族艺术剧院在全面推进内部“三项制度”改革的基础上，建立新的财政拨款制度，推行公益性演出政府采购制度和获奖剧目以奖代补制度。州电影公司即将完成清产核资、财务审计、资产评估、产权界定、非经营性资产剥离和不良资产核销等工作，准备进行公开拍卖，整体改制为民营企业。

［徐丽琴］

文化市场

【文化市场监督管理】 2010年，楚雄州坚持“一手抓繁荣，一手抓管理”的方针，以促进文化市场健康发展为目标，全面开展音像、演出、娱乐、网吧等行业的专项整治和行政审批改革、校园周边环境整治、消防安全、禁毒防艾、行政执法规范化建设、“平安文化市场”创建等工作。

【网吧市场专项整治】 2010年，楚雄州共检查市场出动1.37万人（次），检查经营单位4182家（次），立案查处97件，受理举报85件，警告41次，罚款15.39万元。关注热点难点，强化日常监管，开展互联网上网服务营业场所专项整治行动，重点对“黑网吧”和网吧接纳未成年人行为的查处。在专项整治中，全州共出动执法人员4100人（次），联合执法47次，检查网吧2257家（次），立案查处网吧违规案件73件。

【建立自由裁量基准制度】 2010年，楚雄州文化行政机关建立起文化市场行政处罚自由裁量基准制度，即在法律、法规、规章规定的处罚幅度内，做出行政处罚的权限。该制度根据当事人不同违法行为的事实、性质、情节以及社会危害程度划分若干行为阶次，并将法律、法规、规章规定的处罚种类、幅度细化为若干裁量标准，将不同的违法行为与裁量标准对应，形成文化市场行政处罚自由裁量权基准。通过自由裁量基准制度的建立，明确了执法人员自由裁量权，压缩执法尺度的自由空间，是实现法律法规的终极价值，促进执法的公平、公正。

【卡拉OK版权收费工作】 2010年，楚雄州文化局安排部署了全州卡拉OK版权收费工作。至年末，全州工作进展缓慢，仅牟定县、永仁县的歌舞厅业主与卡拉OK版权代理机构云南天河公司签订了收费协议；元谋县、大姚县完成大部分工作；其他县（市）工作没有进展。年末，楚雄市、南华县的部分业主受到版权代理机构的投诉，楚雄市、南华县文体局已受理投诉。

【绿色上网专区建设】 2010年，楚雄州文化局根据云南省文化厅的安排，开展了网络文化市场绿色上网专区试点建设工作，楚雄市3家网吧、大姚县1家网吧被确定为绿色上网专区试点建设单位。

［黄家勇］

文艺创作

【文艺创作概况】 2010年，楚雄州文学艺术界联合会，认真贯彻党和国家关于发展繁荣文艺事业的政策措施，充分发挥党和政府联络沟通全州广大文艺工作者的桥梁和纽带作用，坚持贴近实际、贴近生活、贴近群众的原则，在理论武装、党建工作、文学创作、人才培养、文艺活动、制度建设等方面都取得了较好的成绩，迈出了新的步伐。年末，州文联有在职干部职工15人，有州作家协会、州美术家协会、州书法家协会、州摄影家协会、州音乐舞蹈家协会、州戏剧家协会、州民间文艺家协会、州电视艺术家协会、州洞经音乐研究会、州彝族文化对外交流协会10个所属艺术家协会。州文联各文艺家协会共有国家级会员32名，省级协会会员263名，州级各文艺家协会会员3780人。

【健全文艺发展机制】 2010年，楚雄州文学艺术界联合会建立健全、补充完善了文联机关、《金沙江文艺》编辑部各项规章制度，编印了《楚雄州文联制度汇编》。在广泛听取文艺界人士意见建议的基础上，制定了《楚雄州文联关于对获全国性全省性文艺奖项作品及入选全国性展览展演作品给予奖励的具体办法》，并报州委宣传部批准实施。制定出台《促进文学创作培养文学人才的意见》，推出“六项措施”鼓励文学创作。一是扶持作家创作，凡是在《人民文学》等18家全国知名文学刊物、报纸和文艺副刊上发表的作品，给予同等稿酬200%的奖励；在《边疆文学》等5家省级文学刊物、报纸和文艺副刊上发表的作品，给予同等稿酬100%的奖励；二是扶持重点作品，以小说创作为主，每年由州文联扶持创作出版1~2部长篇小说；三是扶持县（市）文联创作出版有价值的地方文化丛书，以支持出版书号管理费的形式，每年支持县（市）文联出版1~2套地方文化丛书；四是扶持出版《金沙江文艺丛书》，对于积极创作和参与出版丛书的作者，州文联负责书号管理费、审读费、出版发行座谈会、研讨会等相关费用；五是加强文学创作培训，支持采风创作活动，定期举办培训班，激发创作热情，提高创作水平；六是设立“楚雄州文学新苗奖”，重点奖励30岁以下青年作者，激励有文学天赋的青年作者的创作热情。“六项措施”内容具体、操作性强，有利于调动文学作者的积极性，对促进彝州文学创作将发挥很好作用。

【承办“送欢乐、下基层”大型慰问演出活动】 2010年，在中共楚雄州委、州人民政府、云南省文联的高度重视和有关部门的鼎力支持下，楚雄州文联抢抓机遇，多方协调、精心策划，全力以赴，圆满完成中国文联、中国红十字总会和160余名艺术家带着党中央、国务院对彝州人民的深切关怀和新春问候，到楚雄州开展“送欢乐、下基层”大型慰问演出活动。1月9日起，分别在楚雄市活力广场、楚雄市紫溪彝村、姚安县官屯村、大姚县石羊镇开展“送欢乐、下基层”系列慰问演出活动，全国、全省顶尖级的艺术名家与州艺术界联袂献艺，载歌载舞喜迎新春佳节，为楚雄州地震灾区父老乡亲奉献了一台高品位的艺术盛宴。

【国家级协会会员培养】 2010年，楚雄州文学艺术界联合会文艺人才培养工程再创佳绩。州内3位青年作家加入中国作家协会，2位青年书法家加入中国书法家协会，3位器乐演奏家加入中国音乐家协会，是全州历史上一次性审批加入国家级协会会员最多的年份。至年末，全州共有老中青8名中国作家协会会员，4名中国书法家协会会员，4名中国音乐家协会会员。

【参加“全国乡村歌手大赛”】 2010年，楚雄州文学艺术界联合会精心组织，代表楚雄州组队参加由省委宣传部、省文化厅、省文联、省广播电视局共同主办的云南省优秀乡村歌手选拔赛。在11月2~4日的竞赛中，楚雄州选手牟定县的普艳喜、大姚县的杞章芬力挫群雄，分别荣获云南省选拔赛1金1银的好成绩。11月16日，普艳喜又被省文联选送代表云南省参加由国家文化部、中国文联、省政府主办的“全国乡村歌手大赛”，通过半决赛和决赛，一曲《挑水调》以所有参赛歌手中最高得分98.98分的成绩，荣获全国原生态组演唱一等奖，为云南省和楚雄州争得荣誉。

【文学创作与成果获奖】 2010年，楚雄州文学艺术界联合会创作出版成果显著。编辑出版“金沙江文艺丛书·文学辑”7部：《永不褪色的青春》（郑洪云著）、《第一万零一次握手》（瓦渣约且著）、《毕摩往事》（饶云华著）、《等爱的月光》（李新春著）、《彩笺》（李绍兰著）、《山情》（杨璋著）、《神秘的直苴》（殷必聪、肖朝发著）；彝族作家毕增堂的长篇小说《撵山狗》列入“云南作家文库”出版发行；《中国直苴彝族文化研究》、《周智作品集》、《方山诸葛营民族文化生态旅游传说》、《楚雄州红河州书法联展作品选》等文学艺术作品集也公开出版发行；反映中国文联、中国红十字会“送欢乐、下基层”大型慰问演出活动的摄影集《欢乐在彝州》出版面世，深受读者好评。部分文学创作成果与期刊编辑获奖，在第九届“云南日报文学奖”评选中，楚雄州作家米切若张《沉默的大西山》、余继聪《收藏阳光》两篇散文获奖，在州（市）获奖者中引人注目；在滇西文学创作评奖中，孙庆明的小说《归来云》荣获优秀奖；《金沙江文艺》荣获第二届云南省优秀文学期刊奖；孙庆明、饶云华荣获第二届云南省文学期刊优秀编辑奖。

【艺术展览】 2010年，在楚雄州文学艺术界联合会的精心组织和有力支持下，艺术展览活动异彩纷呈。州摄影家协会创作以“千里彝山”为题材的30幅作品和12名摄影家前往大理参加以“和谐的家园——人与自然”为主题的国际影会展览；武定县苗族画家王建才、王建华、蚌有万创作的3幅农民画入选由中国文联、中国美术家协会、浙江省委宣传部主办的“农民画时代、时代画农民——全国农民绘画展”，是楚雄州入选全国农民画展作品最多的一次，展示了楚雄苗族农民崭新的精神面貌和新农村建设成就；州文联、州书法家协会与州博物馆联合举办的“庆祝中华人民共和国成立61周年楚雄州首届书法篆刻临作展”，荟萃了全州书法爱好者精心临摹的作品104件；州摄影家协会与汇东实业有限公司联合，承办“汇东杯”摄影艺术大赛，征集摄影作品300余幅，从中评选出24位作者的47幅作品参展，并评出专题奖1名，一等奖1名，二等奖2名，三等奖3名。

［张永祥］

艺术表演

【艺术表演概况】 2010年，楚雄州10个专业艺术院团公益性演出916场，观众近90万人次。各专业艺术院团还积极参加各类大型文艺活动演出，完成“全国民委系统民族文化和民族宣传工作现场会”迎宾晚会演出，完成楚雄州第四届残运会开幕式文艺演出，完成第三届全国老年合唱大赛开幕式演出，完成云南省青年联合会第九届四次常委会议接待演出，策划组织楚雄医专建校60周年庆典演出，策划组织吕合煤业建矿50周年庆典演出，配合州审计局、州广电局、州国土局、州税务局、州老干局等部门开展各类行业演出活动。

【对外宣传演出】 2010年，楚雄州加强对外宣传力度，扩大对外宣传演出。2月，州民族艺术剧院受国家文化部委派、应澳门特区政府邀请，春节期间赴澳门特区进行了为期7天的文化交流演出；5月，州民族艺术剧院歌舞团代表云南省赴上海世博园云南馆演出；10月，楚雄州大型风情歌舞《太阳女》作为世博局采购的优秀剧目，在世博园公演2场，同时还应邀到同济大学演出；此外，《太阳女》应昭通市委、市政府邀请，赴昭通为“两会”做专场演出，应迪庆州邀请，赴香格里拉参加迪庆州第六届民族团结节暨川、滇、青、藏第六届康巴艺术节演出，应邀参加第二届中国（福保）乡村文化艺术节开幕式演出；大型彝剧《疯娘》在CCTV11频道全剧播出。

【一批优秀剧（节）目获奖】 2010年，在第十四届CCTV青年歌手大奖赛“原生态”组别单项决赛中，楚雄阿乖佬彝歌队获原生态组银奖；在全国首届农民歌手大赛上，楚雄州选手获原生态组个人金奖；在全省花灯艺术周暨青年演员花灯演唱比赛中，楚雄州参赛的剧目《良种蛋》、《小县爷观灯》分获二、三等奖，思永忠获青年花灯演员演唱优秀奖；在北京举行的首届中国农民艺术节上，楚雄市代表团参赛展品获“一村一品”优秀项目奖、最佳组织奖，参赛文艺节目《彝族左脚舞》和《沸腾的彝山》分别荣获“农风、农情、农乐”精粹奖、优秀节目奖；在首届全国“金虎杯”彝族原生态歌舞乐大赛上，小三弦齐奏《火塘边的对话》获“金虎奖”、阿乌齐奏《赛衣姑娘》获“银虎奖”、小闷笛独奏《彝山恋》获“铜虎奖”；在第二届全国少数民族戏剧会演中，小彝剧《摩托声声》获综合金奖、《慕勒祭爹》获综合银奖，6人获单项奖；大型滇剧《跑官记》、彝族音乐会《中国记忆——云中火把》获第十三届滇中南民族艺术节综合金奖，获单项奖33个，其中一等奖6个、二等奖11个、三等奖16个。

［杨泽桂］

群众文化

【农村基层文化阵地建设】 2010年，楚雄州出台《加强农村公共文化服务体系建设》的文件，明确了全州农村文化建设发展优惠政策。年内，全州共实施村级文化体育活动场所建设试点工程63个，争取到省级补助资金600万元，州级财政投入配套资金61万元，为61个文化站各发放了14类16件演出乐器；争取省级向楚雄州91个文化站配备91万元的演出音响、乐器、摄像、摄影、电脑等专用设备；争取省级向楚雄州80支农村优秀业余文艺演出队配置48万元的音响设备。在注重硬件建设的同时加强文化馆（站）业务人员培训，全州分别举办了100人参加的10县（市）图书馆业务人员培训班，举办了90人参加的文化站业务人员培训班，举办了60人参加的农村数字电影放映业务技术培训班；有11人参加了全省非物质文化遗产项目申报管理和业务档案建设培训，11人参加全省大家乐舞蹈培训。

【文化先进县（市）复评】 2010年，楚雄州文化局认真开展文化先进县（市）复评工作。经过审报评议，双柏县、大姚县、永仁县、禄丰县、武定县通过复评，继续保留“云南省文化先进县”荣誉称号；楚雄市通过复评，继续保留“全国文化先进市”称号。

【非物质文化遗产保护工作】 2010年，楚雄州人民政府公布非物质文化遗产传承人137人，经省级评审通过25人。年

文化共享工程农民素质教育网络培训学校 （夏丽霞/摄影）

内编制申报《武定酒歌》、《彝族梅葛》、《大姚彝剧》、《姚安坝子腔》、《彝族老虎笙》5 个国家级非物质文化遗产保护项目，国家投入保护经费 180 万元，并制定出台《楚雄州非物质文化遗产项目代表性传承人认定与管理暂行办法》，编撰出版《楚雄州非物质文化遗产传承人名录》。

【乡村文化产业发展】 2010 年，楚雄州工艺美术行业协会成立，并在永仁县举办彝族刺绣培训班，70 余名农村刺绣能手参加了培训。姚安县彝仁刺绣工艺品公司与楚雄师范学院艺术系开展校企合作。非物质文化遗产传承人进驻彝人古镇经营民族传统手工作坊。

［罗 彦］

文物博物

【文博发展概况】 2010 年，楚雄州博物馆、州文物管理所按照“保护为主，抢救第一，合理利用，加强管理”的文物工作方针，着力统一思想，全州文博事业取得较好成绩。州博物馆始终把社会效益放在首位，着力体现“公益性、教育性、服务性”的要求，不断完善服务功能，全馆设 7 个展厅 12 个展室，立足“一彝三古”资源，向国内外观众充分展示了“世界恐龙之乡、东方人类故乡、中国彝族文化大观园”的魅力，特别是在实行免费开放后，参观人数激增，很好地发挥了公共文化服务功能，是楚雄州重要的文化窗口，为传播彝州先进文化和推动“三个文明”建设起到了积极作用。年末，州博物馆在职职工 46 人，其中专业技术人员 37 人，技术工人 6 人，管理人员 3 人。年内，圆满完成文物普查前期工作，多项文物维修工程顺利验收。全年共审批、监理、指导、验收了姚安光禄军民总管府、高雪君祠、李贽桥、文峰塔、南华灵官桥、禄丰观音寺、大姚锁水塔等文物保护维修工程，并配合国家文物局做好姚安龙华寺、德丰寺等全国和全省重点文物保护单位的保护维修相关工作；圆满完成全州馆藏珍贵文物调查与数据库建设。至 10 月底，完成全州 280 余件三级以上国家馆藏珍贵文物文字和影像信息的采集、图文合成、录入、审核、上报，建立了科学、规范、完备的藏品档案体系；配合基建，对楚雄州境内楚雄市城区三环公路修建区域、中缅输油管道沿线、禄丰仁兴镇变电站修建区域进行考古调查和勘探工作；完成对国家、省级文物保护经费需求“十二五”规划的编修工作，全州共上报“十二五”规划文物保护项目 185 项，合计经费 3 亿余元；全年共举办 6 个临时展览，接待观众 60 余万人次。6 月，楚雄州文物普查队被国务院第三次全国文物普查领导小组办公室表彰为第三次全国文物普查实地文物调查阶段突出贡献集体奖，另有 9 人获省、州各级表彰。

【重点文物保护单位维修工程验收】 2010 年，楚雄州文化局、州文物管理所对州、县级重点文物保护单位维修工程进行了验收。1 月 14 日，大姚县锁水塔维修工程通过验收。4 月 21 日，姚安军民总管府一期维修工程、姚安高雪君祠维修工程通过验收。6 月，南华县灵官桥维修工程通过验收。7 月 27 日，禄丰县黑井镇观音寺大殿维修工程通过验收。

【全国文物普查第二阶段通过省级验收】 2010 年 5 月，楚雄州第三次全国文物普查实地文物调查阶段工作通过云南省文物普查验收组验收。全州第三次全国文物普查共投入普查经费 230.06 万元，调查 103 个乡（镇）1069 个村委会（社区），合计调查 1427 个普查对象，复查登录不可移动文物 321 个，新发现登录 548 个，合计登录 869 个；确认已消失不可移动文物 186 个；全州县域单元调查完成率达到 100%，调查覆盖率达到 98%，新发现数量占登录总量的 63.5%。

【文博展览】 2010 年，楚雄州博物馆分别举办了《五彩霓裳——温浩东原生态彝族服饰个人收藏展》、《楚雄州第三次全国文物普查图片展》、《云南实力派书法家——张云华书法作品展》、《楚雄州交通集团运输有限公司 50 年华诞成就展》、《庆祝中华人民共和国成立 61 周年楚雄州首届书法篆刻临作展》、《楚雄市教育系统“两基”成果展》等展览。在全州巡回展出《魅力彝州文化楚雄巡回展》。还编辑出版了《探寻文明的踪迹——楚雄彝族自治州第三次全国文物普查纪实》一书。

【文物征集】 2010 年，楚雄州共征集各类文物 175 件，接受社会捐赠品 1 件；其中以彝族服饰为主的民族服饰 34 套，单件 62 件；银饰 8 件，纺织工具 3 套；生活竹木器 7 件；民族工艺品 1 件，青铜器 9 件。元末至明初中期禄丰窑生产的罐、瓶、盘、碗等青花、青釉瓷器 40 件，古陶器 11 件。其中尤为禄丰窑青花罐、玉壶春瓶、鱼纹盘、折腰碗、深浮雕龙凤牡丹纹三彩罐、宋大理国时期的彩绘罗汉陶俑等一批精美文物较为珍贵。

【藏品清理管理保护】 2010 年，楚雄州完成对博物馆 180 件藏品（一级品 16 件、二级品 27 件、三级品 137 件）进行文字和影像信息的采集、图文合成、录入、订正、补充、申报清理工作，共拍摄各类原始照片 1.1 万张，建立藏品系列档案体系。对 2010 年度征集的 128 件藏品进行分类、鉴定、定名、断代、编目、填卡、摄影、器形文字描述、登账，作妥善管理保护。

【全州文物保护培训】 2010 年 10 月 25 日，楚雄州在禄丰县广通镇举办为期一周的文物保护培训班，对全州 70 名基层文物工作者进行了古建筑基础知识、测绘知识、科技保护、相关法律法规等知识的培训。

［李云波 杨丽美］

新闻出版

【新闻出版业概况】 2010 年，楚雄州新闻出版业实现销售收入 7.26 亿元（不含报刊出版业），上缴税金 6563 万元。

有出版物发行零售经营户368家，其中图书报刊零售315户，电子出版物零售经营户53户，从业人员1372人，年销售额2.02亿元，上交国家税金627万元。有印刷、复制企业426家，其中印刷企业61家，打字复印365家，从业人员2773人，注册资本1.39亿元，实现销售收入5.24亿元，上交国家税金5936万元。

【贯彻全国“扫黄打非”工作电视电话会议精神】 2010年1月17日，第二十三次全国暨云南省“扫黄打非”工作电视电话会议在北京和昆明分会场召开，楚雄州认真组织州、市“扫黄打非”成员单位领导共68人参加了楚雄州分会场会议。会后，州“扫黄”办及时将中央和省的会议精神传达贯彻到全州10县（市），对全州第一阶段“扫黄打非”工作提出了要求，同时以州委办、州政府办名誉形成了“楚雄州2010年‘扫黄打非’行动方案”的文件下发各单位、各县（市）。

【出版物市场安全专项行动】 2010年1月，为了确保“春节”、“两会”期间楚雄州出版物市场安全，州“扫黄办”节前发出通知，要求全州各县（市）按照属地管理原则，对辖区出版物市场、印刷复制业进行认真检查，重点是图书零售店、非经营的流动书地摊、音像制品地摊和非法游商及无证经营摊点进行反复清查，坚决取缔；加强印刷复制企业监管，对无证照从事印刷复制业务的企业、个人要坚决取缔，对问题较多的印刷复制企业，加强监管和检查；并对安全生产工作进行督促检查，特别是印刷企业、图书零售点等重点地区的消防安全要认真排查，清除不安全隐患，确保出版物市场安全。据统计，在1～3月的专项行动中，全州共出动检查816人次，检查经营户1439家（次），收缴非法书刊412册；收缴非法音像制品4216碟，处罚违法经营户6户，取缔无证经营摊点5个。

【联合执法检查】 2010年，楚雄州新闻出版（版权）局为推动“反盗版天天行动”，迎接“4·26”世界知识产权日，根据州知识产权工作组办公室的统一部署和安排，组织执法人员参加了4月19日楚雄州“4·26世界知识产权宣传周”启动仪式，向过往群众发放《中华人民共和国著作权法》、《著作权法实施条例》、《出版管理条例》、《出版物市场管理规定》等法律法规宣传单2000余份，同时由州新闻出版局牵头，联合州工商局、州公安局、州质监局、州知识产权局及楚雄市新闻出版局、开发区综合执法局组成执法检查组，分别对楚雄城区和开发区音像市场、图书市场进行突击检查。此次联合执法检查共出动车辆5台，执法人员16人，检查图书、音像制品经营户36家，收缴涉嫌盗版音像制品2100碟，音像店业主自觉下架上交盗版音像制品3800碟。

【集中销毁侵权盗版制品及非法出版物】 2010年4月22日，楚雄州、市“扫黄打非”领导小组在楚雄市苍岭垃圾处理场联合举办侵权盗版制品及非法出版物集中销毁活动，州、市“扫黄打非”领导小组成员单位领导和执法人员共计62人参加了集中销毁活动。此次楚雄州集中销毁侵权盗版制品及非法出版物活动是全国、全省统一时间、同步大规模集中销毁活动的一个重要组成部分，销毁的盗版制品、非法出版物共计3.06万件。其中，侵权盗版音像制品2.73万件，侵权盗版书刊3013件，侵权盗版电脑软件300套。

【规范印刷企业经营行为】 2010年，楚雄州新闻出版局加强对印刷业的监督管理，构建完善以“四大准入”为基础的新闻出版行业管理体系，认真组织了全州印刷业年检工作。年初下发文件进行安排部署；3月30日召开楚雄城区印刷企业年检工作会议；强化“属地管理”原则，改变年检传统管理模式，增强了县（市）管理的积极性和主动性；加强出版物印刷业的监督管理，11月州新闻出版局对楚雄市7家出版物印刷企业进行了认真检查规范，对部分印刷企业存在的问题提出了限期整改意见。

【打击手机网站制作传播淫秽色情专项行动】 2010年，楚雄州认真开展打击手机网站制作、传播淫秽色情专项行动。州信息产业办、州公安局网监支队、中国电信、中国移动、中国联通楚雄分公司等单位认真履职，截至10月末，全州共有互联网站1098家，公安部门完成ISP（互联网接入服务）单位备案1家，IDC（公共商业化的互联网服务）单位备案1家，ICP（互联网信息服务）单位备案39家。1～10月上报并封堵有害信息3000余条，删除当地有害信息30余条，主侦涉网犯罪案件1起，抓获犯罪嫌疑人16人，主侦涉网违法案件6起，抓获犯罪嫌疑人12人，配侦案件12起，抓获犯罪嫌疑人16人，办理异地交办涉案线索214条，核实涉案信息964条。

【“扫黄打非”专项行动】 2010年，楚雄州“扫黄打非”领导小组办公室贯彻落实年度“扫黄打非”行动方案，认真组织第一、第二、第三阶段专项行动。全州各县（市）在“扫黄打非”三个阶段专项行动中，共出动检查出版物市场1040个（次）、店档摊点450个（次），检查印刷复制企业263家（次），出动检查人员2100人（次），收缴各类非法出版物4.25万件，查办侵权盗版出版物案件6件，淫秽色情出版物案件2件，处罚违规印刷企业6家。通过三个阶段的集中整治，有力地打击了出版物市场、印刷业市场中的违法违规行为，净化了全州的出版物市场。

［陈祝国］

电　影

【电影事业概况】 2010年，楚雄州有电影业务管理机构11个，其中，州级电影公司1个，县（市）级电影公司3个，电影事业管理站7个。有专兼职电影放映从业人员233人，其中专业82人，兼职151人。有城市经营性专业电影院

"龙泰电影城"1座，共有9个放映厅，数字电影厅2个，数字电影放映设备2台/套，全年放映数字电影0.12万场，服务观众4.3万人次，放映收入81万元。有城市广场数字电影放映设备8台/套，全年放映城市广场公益电影0.16万场，服务观众125万人次。有农村电影放映队212支，放映设备212台/套。其中胶片电影队157支，设备157台/套，数字电影队46支，设备46台/套。全年放映农村公益电影1.8万场，服务观众395万人次。其中放映胶片电影1.1万场，服务观众239万人次，放映数字电影0.76万场，服务观众156万人次。5月，中共楚雄州委办公室出台了《关于加强农村公共文化服务体系建设的实施意见》，从组织领导、体制机制、经费投入等方面制定了切实可行的办法和措施，为文化惠民工程和农村电影放映工程实施提供了有力的政策支持和经费保障，全州农村电影放映普及率、达标率均实现了100%的计划目标，楚雄州电影全面进入数字化放映时代。

【城市广场数字电影】 2010年，楚雄州10县（市）城市广场公益电影放映活动，由于供片方北京世纪东方数字电影院线公司受国际金融危机的影响，单方面终止合同，停供全国城市广场数字电影节目。上半年，全州10县（市）被迫使用胶片机放映电影。下半年，农村数字电影院线公司组建后，为各县（市）广场电影队订购数字节目，又重新恢复了全州城市广场数字电影放映。

【农村数字电影放映】 2010年，各级政府投入楚雄州的农村电影补助资金共计289万元。其中中央和省级资金251万元，州级配套资金38万元。6月7日，楚雄州农村数字电影培训会暨启动仪式在楚举行，云南省广电局农村电影管理办公室领导应邀专程到楚参加启动仪式，并为威楚农村数字电影院线有限公司授牌，正式启动楚雄州农村数字电影放映工作。州文化局领导代表各级政府为新组建的46支农村数字电影放映队发放了国家资助的46套农村数字电影放映设备。培训会邀请了设备厂家2名技术人员现场授课及实际操作讲解，全州10县（市）基层管理人员及62名新招聘的农村数字电影放映员参加了培训。所有参训人员初步掌握了数字电影放映的基础知识和操作技能，为全州农村电影"胶转数"奠定了良好的基础。

【州级电影单位体制改革】 2010年初，中共楚雄州委、州人民政府决定进一步深化文化体制改革，属经营性事业单位的州电影公司被列入重点改革单位，在州文化体制改革委员会的领导下，成立了州电影公司文化体制改革工作领导小组，牵头相关单位，经过前期深入调查和反复研究，由楚雄州文化局形成《楚雄州电影公司文化体制改革方案》报州委审批。8月26日，州委召开第79次常委扩大会议，讨论通过州属各单位的文化体制改革实施方案。9月14日，州编委同意成立楚雄州电影事业管理站，为楚雄州广播电视局下属的正科级事业单位，并明确其工作职能，核定人员编制，经费列入州级财政全额预算。10月10日，州人民政府对州电影公司文化体制改革实施方案作出批复。12月23日，州人民政府机构改革的实施意见出台，将州文化局电影发行和放映管理的职责划入州广播电视局，楚雄州电影发行放映管理职责及机构人员从2011年起，整体划归州广电部门管理。

［思加富］

广播电视

【广播电视事业概况】 2010年，楚雄州广播电视媒体以邓小平理论和"三个代表"重要思想为指导，深入贯彻落实科学发展观，坚持党性原则，坚持正确的政治导向，紧紧围绕州委、州政府工作大局，不断创新宣传手段和方式，拓展宣传领域，提高舆论引导能力，以高度的政治责任感和历史使命感做好宣传报道，为全州经济社会平稳较快发展提供了有力的舆论支持。楚雄电视台、楚雄州广播电台在省台播出节目继续保持领先位置，楚雄电视台在云南台播出新闻653条，9840分钟，保持州（市）省播出排名第二，州广播电台在云南广播电台播出稿件1118组，夺得"广播新闻宣传通联工作先进集体（一等奖）"。与中央级媒体的宣传合作力度加大，楚雄电视台选送新闻被中央台播出170余条，与《走遍中国》栏目合作完成了"楚雄宣传周"7集电视片的摄制宣传任务。楚雄州广播电台在中央人民广播电台播出新闻20余件，新闻专题节目一组。优秀作品不断涌现，有8件作品获得国家级表彰奖励，有55件州级广播电视作品获得云南省广播电视政府奖和云南新闻奖，其中一等奖15件，二等奖15件。完成11.71万户直播卫星设施安装任务，使48万多农村山区群众收看到48套高清晰、高质量的电视节目，收听到4套广播节目。州广播电台第二套节目扩大覆盖工程建设完成，第二套本地节目覆盖率超过80%，本地广播节目覆盖有了较大提高。安全播出管理工作成效明显，在国家重大活动等各个重要时期，确保了重要节目、重大活动、重点时段中央和省州广播电视节目播出和传输的绝对安全。行政管理和行政执法工作进一步加强。文化体制改革工作顺利完成，楚雄电视台、州广播电台实现可经营性广告、栏目节目、频道频率等资源剥离，公益性业务和经营性业务彻底分离，组建广播电视传媒公司，建立起楚雄州广播电视媒体市场经营主体。楚雄州广播电视局在全省州（市）广播电视年度目标责任制综合考评中被评为优秀，获得一等奖。

【州广播电视传媒公司成立】 2010年3月1日，经楚雄州人民政府批准，楚雄电视台、州广播电台分别按照现代企业制度，注册成立面向市场的"台属、台管、台控"的国有控股文化企业——楚视传媒有限责任公司、楚雄广博传媒有限责任公司。"两台"台长分别兼任公司董事长，楚雄州广播电视局对公司经营方向、资产配置、国有资产保值增值、重大决策、重要干部配备进行管理和监督。广播电视完成文化体制改革

"两分开"任务，广播电视产业发展破冰起航。

【手持电视开通】 2010年3月1日，CMMB手持电视在楚雄开通，楚雄电视台楚视传媒有限责任公司负责手持电视业务经营。楚雄城区用户可以通过手机收看到中央电视台综合频道、体育频道、新闻频道、精彩电影、精彩天下、云南电视台都市频道、楚雄电视台新闻频道7套电视节目，收听到中国之声、中国国际频率、云南广播电台新闻频率3套广播节目。

【特大旱灾报道】 2010年，楚雄州遭遇特大干旱灾害，楚雄州广播电台、楚雄电视台组织全台力量，全力以赴开展抗旱减灾宣传报道。州广播电台在《全州新闻联播》、《滇中播报》等栏目中开设了《万名干部下基层，十万党员在行动，百万群众齐奋战》、《抗大旱，保民生，促春耕》等专题新闻，滚动播出专题新闻1400余期，滚动播出相关新闻1.5万余条（次），播出了"众志成城，抗旱救灾"、"节约用水用电，抗旱保民生"等公益广告6000余次，向云南广播电台报送播出抗旱救灾新闻200余条，与江苏省无锡"江南之声"广播频率异地联袂进行了《西南有旱 江南有爱》的直播报道，在无锡电台播出抗旱救灾系列报道，促成当地抗旱爱心援助活动。楚雄电视台启动"抗旱救灾，服务民生"电视行动，在《楚雄新闻联播》等栏目中开设《全力以赴抗旱救灾》、《抗旱保民生》等专栏，组织新闻报道500余条次，组织摄制播出专题节目和公益广告10余部，配合中央电视台、云南广播电视台对全州抗旱救灾工作进行全方位报道。与州总工会、州文联、州红十字会以及部分企业联合，举行捐款、义诊、义卖等爱心公益活动，组织发动私家车主开展周末送水活动，支援灾区抗旱救灾。

【广播网开通】 2010年6月1日，楚雄州广播电台开通楚雄广播网，广播网下设"品牌栏目"、"彝州一览"、"楚雄广播"、"生活百事"等栏目，州广播电台两个频率的自办节目实现了网络传播，并实现了与听众的互动，听众可以通过网络在线实时收听楚雄州广播电台节目，也可以进行点播，广播节目变得可听、可看、可存。本地广播的影响力进一步扩大，广播传播方式和领域得到了拓展。

【有线电视数字化整体转换启动】 2010年7月1日，楚雄州有线电视数字化整体转换工作启动，计划2011年末完成全州县城以上有线电视用户的数字化整体转换工作，2013年末完成有线电视联网乡（镇）的有线电视用户数字化整体转换工作。截至2010年末，全州开通数字电视用户2.38万户，其中数字互动电视用户1.22万户。电视用户可以收看到60套电视节目、10套立体声广播、点播浏览本地化信息、文化信息共享工程内容和阳光政务信息，可以在线点播大量个性化、专业化、多样化的节目内容，享受在线游戏、短信互动等娱乐服务以及电子商务、电子政务和电子社区服务。有线电视数字化的实施，提高了广播电视节目质量，广播电视节目内容更加丰富，网络服务内容更加多样化，楚雄州成为全省全部采用互动进行转换的最早的地区。

【广播电视"村村通"】 2010年7月28日，楚雄州完成第二批"村村通"直播卫星覆盖工程11.71万户的设施安装任务，提前完成3302个自然村广播电视直播卫星"村村通"建设任务，48万多农村山区群众收看到48套高清晰、高质量的电视节目，收听到4套广播节目。全州圆满完成广播电视"村村通"的"十一五"规划建设任务。"十一五"期间，州政府投入配套资金981.46万元，在全州10县（市）20户以上人口相对集中的4296个自然村，以整片推进的方式，组织实施了14.21万户广播电视直播卫星"村村通"工程建设。"村村通"直播卫星工程建设项目的实施让58.5万余名农村山区群众收听收看到了高质量、多套数的广播电视节目，切实解决了农村山区群众收听收看广播电视难的问题。

【省级无线覆盖工程建设】 2010年8月5日，楚雄州完成云南省级农村广播电视节目无线覆盖工程建设任务，该工程于上年7月开始实施，先后完成了9座广播电视发射台（站）的附属设施改造、基础设施建设和设备安装调试工作，进入试播阶段。该项工程的实施，使全州人口相对集中的坝区、半山区近120万人口能够通过无线接收方式，无偿收听、收看到云南第一套广播节目和云南第一套电视节目，实现广播电视覆盖盲区有线、无线信号交叉传输，促进覆盖率的有效巩固和提升。

【州广播电台第二套节目扩大覆盖工程建设】 2010年8月13日，楚雄州广播电台第二套调频节目扩大覆盖工程建设通过省州专家组验收，州广播电台第二套节目扩大覆盖工程建成。州广播电台第二套节目人口覆盖率由40%提高到80%以上，全州210万人口收听到高质量的第二套广播节目，至此，楚雄州广播电台两套节目的覆盖率超过了80%，楚雄州本地广播节目有效覆盖率较大提高，广大群众能收听到本地广播节目。

【广播电视体制改革】 2010年9月，楚雄州人民政府正式批复州广播电台、楚雄电视台文化体制改革实施方案，由州文化体制改革委员会牵头，广电、财政、人事、机构编制、劳动保障、税务、国土、工商等部门共同组织实施，完成了国有文化资产剥离、收入分配、社会保障、人员分流安置等相关工作。楚雄电视台、州广播电台宣传业务和经营业务实现了分离，建立独立法人市场经营主体，公益性宣传事业部分成为全额拨款事业单位，核定了事业编制，调整设置公益性岗位，实施了内部"三项"制度改革，建立起激励机制，明确了相关政策，圆满完成文化体制改革工作，解决了制约广播电视发展的体制机制问题。12月23日，楚雄州广播电视局由州政府直属单位调整为州政府工作部门，州文化局电影发行和放映管理的职责划入州广播电视局，进一步理顺了广播电视部门管理体制，强化了广播电视行政管理职能，广播电视工作实现了政事分开。

［余海晏］

报 纸

【楚雄日报社工作概况】 2010年，楚雄日报社坚持以邓小平理论和“三个代表”重要思想为指导，深入贯彻落实科学发展观，紧紧围绕州委、政府的中心工作，以建设“团结报社、和谐报社、活力报社、发展报社、形象报社”为目标，认真落实“以办好党报为龙头，以经营媒体为主业，以壮大实业为依托，以市场运作为手段，以改革创新为动力，以做强做大报业为目标，实行宣传与经营分离，多措并举，全面提升报纸宣传水平，推进报社全面、协调、可持续发展”的工作思路，加强宣传策划，着力拓展重大主题宣传的“深度”和提升重大自然灾害报道能力，宣传舆论引导力不断增强；注重改革改版，有效整合媒体资源，宣传阵地不断巩固；组建楚雄日报传媒有限公司，实现宣传业务和经营业务分开，文化体制改革迈出实质性步伐；实施《楚雄日报》彩色印刷设备和新闻采编系统项目建设，报社编辑出版技术实现了历史性跨越。一年来，报社扶贫开发、安全生产、禁毒防艾等工作被州委、州政府评为先进集体，5名采编人员受到上级党委、政府的表彰奖励，有22件新闻作品分获省级一、二、三等奖荣誉。

［高仕龙］

【贯彻落实州委七届七次全会精神宣传】 2010年，楚雄日报社党委把贯彻落实中共楚雄州委七届七次全会精神作为引领全州各项工作的重要宣传任务来抓。认真制定宣传方案，精心设置宣传专栏。在《楚雄日报》开设“州委七届七次全会报道”、“保增长、保民生、保稳定，深入学习实践科学发展观”、“转变观念、创新思路、谋求发展，深入学习实践科学发展观”等重点专栏，力求系统、深入地宣传报道好会议精神。在一版显著位置以“写在州委七届七次全会召开之际”为专栏题，连续刊出《保民生，彝州人民沐浴党的温暖》、《保稳定，让百姓更具安全幸福感》、《强组织，千里彝山党旗红》等系列通讯。突出报道州委推进彝州各项工作的指导思想、目标任务和政策措施；及时报道全州各县（市）和州级各部门贯彻落实州委全会的新思路、新举措。紧紧围绕州委、州人民政府中心工作和确定的重点工作任务，组织骨干编辑记者撰写系列评论文章。通过精心组织宣传报道，使贯彻落实州委七届七次全会精神的宣传重点突出，引导有力，深入人心。

【“两会”宣传报道】 2010年，楚雄日报社党委抓好“两会”宣传报道，提前策划，抽调业务骨干组成工作班子，从党报特点出发，提出了“依法、依章、及时、准确、到位、创新”的工作目标，按照“定栏目、定主题、定版面、定时间、定记者”的要求，切实做好会前、会中、会后的宣传报道工作。开设了“回眸2009 喜迎彝州‘两会’”、“‘两会’聚焦”、“代表委员风采”、“议案提案追踪”、“图说‘两会’”、“代表委员发言摘登”等栏目，全方位、多角度宣传报道“两会”。并组织记者深入采访报道人民群众普遍关注的“三农”工作、工业经济发展、重点项目建设、就业再就业、社会保障、反腐倡廉、社会稳定等重点、热点、难点问题。充分运用消息、评论、专题、访谈等形式，使新闻报道进一步贴近实际、贴近生活、贴近群众，引导彝州各族群众围绕州委、州政府的各项工作任务和工作目标，团结奋进，建设美好彝州。

【创先争优活动宣传】 2010年，楚雄日报社党委高度重视楚雄州各级党组织和广大党员深入开展创先争优活动的宣传，按照州委的部署和要求，及时研究，认真策划，开辟宣传专栏，集中版面、集中采编力量，为全州深入开展创先争优活动提供强有力的舆论引导。在《楚雄日报》一、二版开设“彝州先锋——扎实开展创先争优活动，促进彝州经济社会发展”专栏；在三版开设“组织创先进 党员当先锋”、“创建‘五个好’争做‘五带头’”、“创先争优活动论坛”、“彝州大地党旗红”等6个专栏。《彝州手机报》开设“创先争优在行动”专栏，全方位、多角度、多层次报道全州各条战线开展创先争优活动的情况及涌现出来的先进典型。据统计，《楚雄日报》、《楚雄晚刊》、《彝州手机报》共刊发稿件图片1000余篇（幅），其中系列报道15组76篇，为全州各级党组织和广大党员深入开展创先争优活动提供了强有力的舆论支持。

【抗旱救灾宣传】 2010年，楚雄州经历了百年不遇的严重干旱。旱情发生后，州委、州政府积极组织广大干部群众开展抗旱救灾工作。报社党委紧扣州委、州政府的工作重点，及时成立宣传报道领导小组，对全州抗旱减灾工作的宣传多次作了研究部署。在旱情发生初期，楚雄日报社率先在州内媒体中开办了抗旱救灾宣传专栏，及时报道了全州各地抗旱救灾情况。随着旱情的加重，报社党委先后3次对抗旱救灾宣传工作进行了整体策划，第一时间刊发了大量通讯员和本报记者专稿，并组织编辑人员撰写评论员文章配发，较好地引导了全州的宣传舆论。精心组织报社采编人员深入基层进行系列深度报道，全方位报道各级党委政府积极组织抗旱救灾的情况。对水利、农业、林业、烟草、民政、教育、卫生等职能部门组织抗旱救灾，找水打井、城镇供水调度等17个方面进行了深度报道。据不完全统计，《楚雄日报》共刊发各类抗旱救灾稿件730余件，专题宣传（专版）21次；《彝州手机报》刊发各类抗旱救灾稿件560余条；《楚雄晚刊》刊发各类抗旱救灾稿件520余件，充分发挥了新闻媒体在抗旱救灾工作中的积极引导作用。

【党风廉政建设宣传】 2010年，楚雄日报社党委充分发挥党报宣传的优势，旗帜鲜明地开展全州党风廉政建设和反腐败斗争宣传。及时转载宣传中央和省、州关于党风廉政建设工作的重要会议精神和重要部署，及时宣传报道州纪委全会精神；全方位报道全州各级各部门党风廉政建设工作的好经验和好做法；大力宣传报道全州正在积极探索的“中国特色、云南特点、楚雄做法”的彝州反腐倡廉建设新路子。与州纪委和各级纪检部门积极配合，开设反腐倡廉建设宣传专栏，在《楚雄日报》第三版长期开设“彝州党风廉政建设”宣传专栏，刊登了一大批具有教育引导意义的宣传报道及理论文章；在《楚雄日报》第四版长期开设“政风行风热线回音”专栏，集中版面定期刊发“政风行风热线群众投诉反馈意见摘登”，及时反映广大人民群众关心关注的热点、难点问题；在《楚雄日报》第三、第四版定期刊登以“拒腐防变、廉洁勤政”为主题的党风廉政建设公益广告，为加大全州反腐倡廉建设工作力度创造良好的舆论氛围。

【“十一五”辉煌成就宣传】 2010年是楚雄州“十一五”规划的掩卷之年，楚雄日报社党委高度重视，精心策划制定宣传方案。10月初，集中推出全州各县（市）5年来经济社会发展的成就系列报道，12月初，开设“感受十一五”栏目，分“综合篇”、“启示篇”2个系列重点报道，以新闻述评的方式，图文并茂地推出反映全州经济及社会各项事业取得辉煌成就的系列报道34篇（幅），报道力求在展示彝州“十一五”取得辉煌成就的同时，注重在深层次的思考和启示上着力，为彝州“十二五”发展提供宝贵的经验和有益的启示。

【“县（市）新闻”宣传专页】 2010年，《楚雄日报》通过版面创新和专栏设置改革，推出“县（市）新闻”宣传专页，给全州10个县（市）每月一个宣传专版，由各县（市）委宣传部负责组织宣传稿件，由报社统一计划各县（市）新闻专版的刊发时间，突出报道10县（市）各个阶段的重点工作和特色亮点，产生了良好的宣传效果。

【《楚雄晚刊》全新改版】 2010年，《楚雄晚刊》在秉承“党报品质，都市风格”的基础上，为更好地满足广大群众多元化的信息需求，增强服务性功能和市场竞争力，楚雄日报社以“有用的资讯，好看的新闻”为目标，以“关注民生、贴近群众”为着力点，进行全面改版创新。在不减少版面的前提下，将《楚雄晚刊》改为每周3期，星期一、星期三、星期五出刊，每期8个版面，力求办一张老百姓喜欢看的报纸。

【《彝州手机报》改版创新】 2010年4月19日，《彝州手机报》在运行1年后作了全新改版，按照“做好看的新闻、传有用的资讯”的总体思路，由过去的每天1期改为2期。早报着重以新闻资讯为主，突出时效性，以满足用户的资讯需求；晚报在报道国内外重大新闻事件的基础上，主要以特色栏目为主，突出知识性和趣味性，以满足读者的休闲娱乐需求。《彝州手机报》的改版，进一步扩大了信息容量，增强了可读性，具有时尚性，更好地适应了不同层次读者的需求。

【《楚雄日报》实现彩色印刷】 2010年6月，中共楚雄州委、州人民政府同意报社实施《楚雄日报》彩色印刷设备和新闻采编系统项目建设，项目以政府贴息贷款、州财政逐步安排资金偿还的方式进行，总投资450万元。楚雄日报社党委及时成立了项目建设领导组和项目实施工作组。在不到3个月的时间里，报社上下团结一心，克服困难，真抓实干，讲规程、求实效，按州委、州政府要求，两个项目于9月下旬完工并投入使用，10月1日，彝州党报53年发展史上的第一张彩色报纸与彝州广大干部群众见面，实现了报社编辑出版技术的历史性跨越，为党报事业迈向更高发展平台奠定了坚实基础。

【楚雄日报传媒有限公司成立】 2010年，根据中共楚雄州委、州人民政府的部署和要求，楚雄日报社党委积极推进以新闻宣传业务与经营创收业务彻底分离的文化体制改革工作。9月20日，州政府对《楚雄日报社文化体制改革实施方案》正式作了批复，重点对报社公益性宣传部分的改革、经营性部分的改革及公益性事业经费投入保障问题等方面作出了明确规定。9月30日楚雄日报传媒有限公司成立，楚雄日报社公益性岗位新闻宣传人员与经营创收人员彻底分离。

【《楚雄日报》宣传发行工作】 2010年，中共楚雄州委、州人民政府重视《楚雄日报》宣传发行工作，下发了关于认真做好2011年度党报党刊发行工作的通知，明确了《楚雄日报》和《楚雄晚刊》的征订发行任务和政策措施。在各级党委政府的积极努力和州委宣传部的大力支持下，《楚雄日报》2011年度征订发行数达2.70万份，完成任务数达108.1%，《楚雄晚刊》征订发行数达1.25万份，完成任务数达113.5%。

［贺德祥］

【《云南经济日报·楚雄经济》】 2010年，《云南经济日报·楚雄经济》编辑部有员工12人，办公室设在楚雄市新市街70号。在中共楚雄州委、州人民政府及全州各有关部门的关心支持下，记者站、编辑部全体员工紧紧围绕突出中心、团结、稳定、鼓劲、以正面宣传为主的方针，始终为彝州经济建设鸣锣开道、摇旗呐喊，做到帮忙不添乱，集焦不散光，全力宣传彝州近年来社会、经济发展取得的巨大变化，向外界展示了一个神奇美丽的彝州。所办报纸质量不断提高，成为了对外宣传彝州、展示彝州的一个重要载体。每期报纸不仅在全州范围内拥有了上万人的读者群，宣传效应还扩大到了全国甚至国外，得到了省州有关领导的充分肯定和人民群众的好评。

［李应春］

图　书

【图书馆工作概况】 2010年，楚雄州有图书馆11个，从业人员90人，有高级职称4人，中级职称32人。图书总藏量93.69万册，全年新购图书2410册，外借书刊72.05万册40.18万人（次），为读者举办各类讲座 41 场 5829 人次，举办展览 13 场 5520 人次，举办培训班 25 个 1139 人次。

［余　涛］

【农家书屋建设】 2010 年，根据云南省新闻出版局的安排部署，楚雄州新闻出版（版权）局成立了“我的书屋，我的家”阅读讲演活动协调领导小组和办公室，4 月 13 日在州图书馆二楼报告厅举行“我的书屋，我的家”楚雄州农家书屋阅读讲演比赛活动，并推荐 3 名选手参加全省的复赛，取得了好成绩，楚雄州荣获省新闻出版局颁发的优秀组织奖。9 月 27 ~ 30 日省新闻出版局对全州上年 346 个农家书屋建设点情况进行了检查验收，实地检查 8 个县（市），38 个农家书屋工程建设点，检查组对楚雄州的工作给予充分肯定。

［陈祝国］

【新华书店图书销售】 2010 年，楚雄新华书店有限公司不断完善内部管理体制，牢固树立“以读者为中心，视读者为亲人”的服务理念，努力提高服务质量，增强企业核心竞争力，精心打造新华品牌，取得了“双效益”的优异成绩。全年共发行图书和音像制品 848 万册，比上年增长 4.34%；实现销售总额 7756 万元，比上年增长 20.17%；上缴税金 441 万元，比上年增长 22.59%。

【新华书店多元化经营】 2010 年，楚雄新华书店有限公司积极参与市场竞争，以云南新华集团发展目标为指针，适时调整经营思路，把开拓新市场，走向多元化经营作为重要的经济增长点，并取得了良好的成绩。年内，实现彩票销售 79 万元，电子产品销售 176.69 万元，文化用品销售 42.09 万元。

【楚雄新华书店成立 60 周年活动】 2010 年，楚雄新华书店有限公司组织系列纪念活动，庆祝楚雄新华书店建店 60 周年。公司加大对外宣传力度，建立了楚雄新华网站，制作宣传册、记录片，全面展示了楚雄新华书店 60 年来以宣传党的方针政策、传播科学文化为己任，服务彝州人民，支持楚雄教育的光辉历程。在员工中开展新华书店发展历史的教育，鼓励员工继承新华人的优良传统，弘扬无私奉献的新华精神，与时俱进，勇于创新，把图书发行事业推向新高潮。

【农家书屋发行配送】 2010 年，楚雄新华书店有限公司在秋季教材发行高峰期，同时接到“农家书屋”图书配送任务，公司克服重重困难，成立专门领导机构，抽调精干队伍，以高度的使命感和责任心全力以赴，加班加点，从图书管理人员培训、货物验收、配送村图书室、到分类上架陈列，圆满完成了全州 346 个村图书室、73.7 万册、码洋 762 万元的“农家书屋”图书配送任务。

［董　雷］

禄丰县一平浪镇文化站　　　　（夏丽霞/摄影）

【昆明新知（楚雄）图书城】 2010 年，昆明新知（楚雄）图书城在各级政府及社会各界的关心支持下，销售业绩节节攀升、社会效应大幅提高。全年实现零售销量与利润双项大丰收。积极参与各单位的图书采购招标和订购工作，参加楚雄师院 2010 年秋季 ~ 2012 年春季教材供应的招标活动，并再次取得新知楚雄书城独家中标，以自身优势赢得了部分大中专院校教材、绝大多数的院校图书馆、公众图书馆及部分行政单位培训用书的发行机会。2010 年被中国方正出版社、国防工业出版社、高等教育出版社、外研社、中国劳动出版社、人民卫生出版社、人民邮电出版社、北京大学出版社、清华大学出版社等 43 家大型出版社授予年度“最佳合作伙伴”、“图书发行先进单位”、“全国销售 100 强”等荣誉称号。举办“方文山讲座及读者见面签售活动”、“中国经济学家王福重大型讲座”、“全州中等职业学校公共课教师培训活动”等多场推介宣传活动，并结合社会各项宣传活动多次开展主题图书展销。为回报楚雄社会各界对新知图书城的厚爱，楚雄书城向社会捐赠图书 2266 册，总价值 4.72 万元。年内，楚雄书城与共青团楚雄州委、州关工委共同创建了“新知读书节之红领巾书屋”14 家，捐赠图书 2578 册，价值 4.1 万元；北城小学易滨杨同学推荐的“新知读书节征文”获得了优秀征文奖，共青团楚雄州委推荐的武警支队战士包坤元、北浦中学学生马圆分别获得云南省“十佳读书青年”、“十佳读书少年”荣誉；共青团楚雄州委和楚雄书城也获得了云南省“首届新知读书节优秀组织奖”荣誉。

［张　伟］

档　案

【档案工作概况】　2010年，楚雄州档案部门坚持以邓小平理论和“三个代表”重要思想为指导，紧紧围绕州委、州政府的中心工作，全面贯彻落实科学发展观，认真贯彻落实楚雄州档案工作暨“双先”表彰会议精神，按照大视野、大管理、大档案、大开放、大服务的建设思路，加强国家档案资源建设，全年共接收档案1.32万卷、5.7万件，全州馆藏档案达39.25万卷；加强档案服务利用体系建设，投资11万元建成了档案便民服务中心；加强档案安全保管体系建设，启动了全国中西部地区档案馆建设项目，楚雄市档案馆于11月29日开工建设。积极构建学习型机关和敬业创新型机关党建模式，建设档案职业化团队，全州档案部门有工作人员112人，大专以上学历人员107人。深入开展创先争优活动，各项工作取得明显成绩。州档案局被评为林改工作先进集体受到省委、省人民政府表彰，被评为楚雄州档案工作先进集体受到州人民政府表彰奖励。

【全州档案工作暨“双先”表彰会议】2010年3月1日，楚雄州人民政府召开全州档案工作暨双先表彰大会，总结“十一五”期间全州档案工作，表彰先进集体和个人。省档案局局长黄凤平、州委常委、州政府副州长李红民，州人大常委会副主任江正荣，政协楚雄州副主席李振华出席会议。会议强调了档案工作的重要性，要求各级政府要加强对档案工作的领导，把档案工作纳入当地的国民经济和社会发展计划，各部门要把档案工作列入职责范围，形成档案工作齐抓共管的良好局面，档案部门要加强档案馆舍建设、加强档案资源建设、提高档案服务能力，进一步加强干部队伍建设，努力开创彝州档案工作新局面。

【国家档案资源体系建设】　2010年，楚雄州11个综合性档案馆克服馆库不足等困难，积极接收、征集档案，全年共接收档案1.32万卷5.70万件，全州馆藏档案达39.25万卷（其中，建国前档案2.60万卷，建国后档案36.64万卷，照片档案6.12万张，电子档案156盘）。年内，州档案馆接收州交通局等单位重点建设项目档案近万卷、保管州民委彝族毕摩经典译注4万余卷册。在加强接收工作的同时，全州各档案馆注重接收电子档案、民生档案等新门类、新载体档案，努力优化馆藏结构，各档案馆还对馆藏档案进行了规范化整理，对重点档案进行抢救，全年共抢救重点档案847卷。全州机关、事业单位规范化建档，共完成星级档案室67家，家庭建档3223户。南永公路、红梅水库等一批重点工程档案通过验收。全州林改档案工作圆满完成，州档案局被评为全省先进集体，受到省人民政府表彰。

【档案利用体系建设】　2010年，楚雄州档案馆在档案查阅利用岗位设立了党员示范窗口为群众提供优质服务，着力做好统一佩带胸牌、统一礼貌用语、统一电话问候语和对服务对象一张笑脸相迎、一把椅子让座、一杯热水暖心、一份诚心相助、一声“走好”相送的“三统一”、“五个一”服务。年内，投资11万元的档案查阅大厅改造完工，购置了便民雨伞、擦鞋机、电视机等设施，开展了电子图书查阅工作，新购置电子图书光盘，内存6000余本图书；为方便群众利用档案和现行公开文件、政府公开信息，还不断完善“96128”服务专线的内容，保证接通，档案馆的服务功能和服务意识进一步增强，推进了公共档案馆建设。州内各个县级档案馆立足自身实际，改进服务方式，为人民群众提供优质服务，全年向社会提供利用档案1.19万卷次3318人次。

【县级档案馆库房建设项目正式启动】2010年10月，楚雄州10个县（市）综合档案馆建设规划项目通过国家发改委、国家档案局评审，纳入国家建设规划，规划建筑面积4.40万平方米，总投资1.3亿元，全州10县（市）综合档案馆已落实建设用地，办理了土地证、环境评估报告、地质勘测等项目前期基础性工作。11月30日，楚雄市档案馆库建设项目开工建设，已争取国家和省到位资金1073万元，大姚等5个县正组织可行性研究报告的编制，计划于2011年上半年开工建设。

【档案制度建设】　2010年，楚雄州档案局紧紧围绕反腐倡廉制度体系建设工作，对原有制度进行认真清理归类、完善、修订，逐步建立内容科学、程序严密、配套完备、有效管用的反腐倡廉制度体系。修订完成了《楚雄州档案局党风廉政建设制度汇编》、《楚雄州档案局行政执法制度汇编》、《楚雄州档案局政府自身建设“四项制度”汇编》、《楚雄州档案局业务工作制度汇编》、《楚雄州档案局行政管理工作制度汇编》、《楚雄州档案局党建工作制度汇编》等7大类100余个制度。这些制度涵括了档案工作的各个方面，既便于单位指导、规范、监督各项工作，又方便全州各级档案部门学习、参考、利用。

［李洪波］

书法·美术·摄影

【举办“送欢乐、下基层”书画创作笔会】　2010年1月8日，中国文联、中国红十字总会“送欢乐、下基层”书画创作笔会在楚雄雄宝酒店举办。中国文联党组书记、副主席胡振民在云南省文联党组书记、主席郑明的陪同下，亲切接见书画家并合影留念。创作笔会上，来自中国美术家、书法家协会和云南省的10余位著名书画家一同挥毫泼墨。一边是书法家们笔墨含情，一副副饱含吉祥福的大红春联和书法长卷展现眼前，书法家们精湛的书法技艺，博得现场观众阵阵称赞；一边是众名画家共同创作长达4米多的大幅人物山水画，秀美的山川、宁静的湖水、安然生活的人们，浓墨淡彩间无不体现出人与自然的和谐。创作笔会后，艺术家们分别将“玉龙梦湖图”美术作品和长达16米的书法长卷作品赠给楚雄州。

参加“送欢乐、下基层”活动的书法家为基层群众书写春联 (陈维寿/摄影)

【舒建新中国画作品展在京开幕】

2010年7月18日，由中国美术家协会、中国国家画院、中共云南省委宣传部、省政府办公厅、中共楚雄州委、州政府联合举办的“丹青云南·神韵楚雄”——舒建新中国画作品展在中国美术馆隆重开幕。此次展出的70余幅画作是中国国家画院美术馆馆长舒建新受中组部、文化部派遣到云南省楚雄彝族自治州挂职期间，深入基层、走近群众、用心体验大自然的鬼斧神工和彝族文化的博大精深，将传统的笔墨和他的人生感悟、笔墨经验、生活体验相结合，并注重吸收民族文化的精华，注入彝族元素，形成了具有鲜明彝族风情的中国画作品，作者将积蓄于胸中的感情，酝酿于笔端的思绪，生动地呈现在画面上，山随笔走，云由墨生，在笔墨的旋律变幻中，山显水现人立，情深意厚境高，由此创作出了不同于别人，也不同于以往的彝族风情画卷，使人眼前一亮、耳目一新，在更高的审美境界上实现了艺术与社会的和谐，体现了一个挂职画家对于云南山水风情不一般的了解与热爱，呈现出了作者三年间虔诚探索山水人物画的心路历程。

【张云华书法作品展在楚雄举办】

2010年9月10～25日，云南省著名中年实力派书法家张云华个人书法作品展在楚雄州博物馆举办。张云华数十年躬耕不辍，潜心书艺，先后拜著名书法家冯国语先生为师，得到过著名画家袁晓岑、王晋元、姚钟华先生的指导和点拨。在坚持传统书法的基础上，作品兼名家之长自成一体，深受广大书法爱好者喜爱。此次展出的作品包括《前赤壁赋》、《后赤壁赋》、《毛泽东诗词》等共120余幅，字体集楷书行书行草不同风格。

【首届书法篆刻临作展开展】 2010年9月30日至10月15日，由楚雄州文联、州博物馆、州书法家协会联合举办的“庆祝中华人民共和国成立61周年楚雄州首届书法篆刻临作展”在州博物馆开展。此次展览共展出作品103件，真、草、隶、篆、篆刻俱全，很多作品均臻上乘之作，展示了州内书法作者的创作水平，为彝州的书法艺术发展增添了动力，为国庆和节日期间的楚雄人民献上了一道文化大餐。

［安孟勤］

【参加省政协系统书画摄影作品展览】

2010年，楚雄州文学艺术界联合会积极发动书画摄影创作人员，精心创作，参与政协楚雄州组织的云南省政协系统书画、摄影作品展览，楚雄州内艺术家的作品引人注目。在评奖中荣获书法类一等奖4个，二等奖3个，三等奖3个；摄影作品类一等奖1个，二等奖1个，三等奖3个；绘画类二等奖1个，三等奖2个的骄人成绩，所获奖项名列全省前茅。

［张永祥］

【昆明大理楚雄三地老年书画联展】

2010年5月7～10日，由昆明市、大理州、楚雄州老干部书画协会共同举办轮流展出的三地老年书画联展，在楚雄州老年活动中心开展。此次参展书画作品共计120幅，全部来源于三地老年人业余书画爱好者之手，作品水平高超，风格迥异，品位高雅，积极向上。书法作品中遒劲有力的大字行书、线条优美的草书、或文或诗或对联的内容，以及绘画作品中惟妙惟肖的人物、争奇斗艳的花草、灵动可爱的鱼鸟深深地吸引了人们的目光，受到前来参观群众的赞誉。从展出的作品中不仅能看到老年人练习书画的丰硕成果，更能感受到他们对生活的热爱和对祖国的赞美。

［习 刚］

（责任编辑：安孟勤）

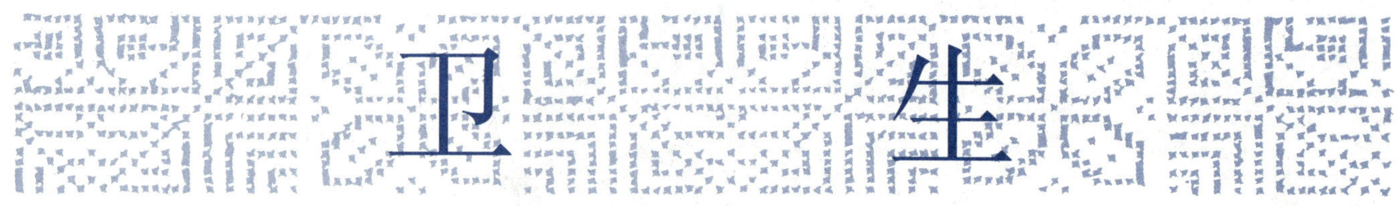

卫生

卫生综述

【卫生工作概况】 2010年是楚雄州深化医药卫生体制改革3年重点工作承上启下的关键之年，全州卫生工作以提高人民健康水平为目标，以深化医药卫生体制改革为主题，以保基本、强基层、建机制为中心，以公共卫生和基本医疗服务为重点，突出基本医疗保障制度建设、国家基本药物制度实施、基层医疗卫生服务体系建设、基本公共卫生服务项目开展和公立医院改革试点五项重点工作，扎实做好卫生应急救治、传染病防治和妇幼保健工作，狠抓医护质量提高，加强卫生系统党的建设和行业作风建设，卫生服务网络进一步完善，卫生队伍素质进一步提高，卫生服务和保障能力进一步增强，全州卫生事业实现了又好又快发展。年末，楚雄州有各级各类卫生机构1650个（含村卫生室）。其中，医院52个，疾病预防控制中心11个，妇幼保健院11个，卫生监督所11个，中心血站1个，乡（镇）卫生院117个，村卫生所1081个，个体诊所、医务室、门诊部349个，其他卫生机构17个。有卫生专业技术人员8974人（含个体从业人员，不含乡村医生），其中，执业医师3254人，助理执业医师578人，注册护士3077人，药师485人，检验师354人，其他卫生技术人员1226人；有乡村医生1949人。卫生专业技术人员中有高级职称306人（正高级39人、副高级267人），硕士研究生29人。卫生系统培养州级学科带头人13人，实施继续医学教育项目49项，培训乡（镇）卫生院管理人员125人、公共卫生人员131人、技术人员230人，培训村卫生室卫生人员2045人次，培训社区卫生全科医学人员102人，卫生人员业务技能进一步提高。医疗机构实际开放病床9812张。卫生机构房屋建筑面积94.39万平方米；万元以上设备4611台，价值4.83亿元；总资产21.31亿元。每千人拥有卫生技术人员3.35人，平均每

2010年楚雄州医疗卫生机构、床位、人员数

地区	机构个数（个）	床位数（张）	人员数（人）												
			合计	卫生技术人员									其他技术人员	管理人员	工勤技能人员
				小计	执业（助理）医师	执业医师	注册护士	药师（士）	技师（士）	检验师	其他	见习医师			
总计	569	9812	10805	8974	3832	3254	3077	485	504	354	1076	282	396	407	1028
楚雄市	247	3745	4849	4011	1519	1360	1505	181	232	159	574	187	230	183	425
双柏县	24	400	351	286	150	114	90	20	20	15	6	0	12	9	44
牟定县	33	693	574	483	222	185	122	34	28	17	77	24	18	12	61
南华县	21	484	560	420	208	176	128	30	24	15	30	2	21	18	101
姚安县	23	625	670	555	219	185	211	33	35	26	57	18	13	30	72
大姚县	48	701	768	648	319	246	175	33	29	24	92	10	14	37	69
永仁县	13	301	344	274	113	90	77	16	18	14	50	12	9	19	42
元谋县	61	879	642	572	272	204	178	28	38	28	56	2	16	0	54
武定县	25	732	720	583	272	237	174	43	35	18	59	11	20	55	62
禄丰县	74	1252	1327	1142	538	457	417	67	45	38	75	16	43	44	98

千人拥有病床3.66张；病人治愈率51.15%，好转率43.4%，急诊病人抢救成功率99.55%，危重住院病人抢救成功率94.6%；新型农村合作医疗保障水平进一步提高，新农合大病补充保险制度顺利实施；全州餐饮服务环节、医疗服务市场、公共场所等卫生执法监督工作进一步加强；中医药事业、无偿献血工作常足发展；爱国卫生运动广泛深入，新创建了一批卫生城市、卫生乡（镇）、卫生村，城乡环境卫生面貌进一步改善；传染病发病率、孕产妇死亡率、婴儿死亡率均控制在全省较好水平，全年无重大传染病疫情和重大突发公共卫生事件发生；全州公共卫生与基层医疗卫生事业单位全面实施绩效工资改革，政府举办的基层医疗卫生机构实施了国家基本药物制度，基本药物实行零差率销售；紧紧围绕“办人民满意卫生”，深入开展“医院管理年”、“三基三严”岗位技能大练兵和以“服务质量好、服务态度好、服务环境好，合理检查、合理用药、合理收费，不让工程建设领域的腐败在我单位发生、不让医药购销领域的商业贿赂在我身上出现、不让患者的‘红包’进入我的腰包”为主要内容的“三好三合理三不让一满意”教育活动，举办了全州卫生系统健康杯篮球运动会，开展了文明科室、文明单位创建等一系列精神文明活动，大力弘扬救死扶伤、无私奉献精神。年内，全州有9个卫生事业单位被省卫生厅评为单项工作先进集体，有13人被省卫生厅和省级有关部门评为单项工作先进个人，有6人被有关部门评为综合工作先进个人，其中，州卫生局钟继红被国家卫生部评为“全国医药卫生系统先进个人”，被云南省委、省人民政府评为“抗旱救灾先进个人”，被楚雄州委、州人民政府评为“楚雄州第六次民族团结进步先进个人”；楚雄市吕合镇卫生院康美玲、杨定珍获卫生部“从事护理工作三十年荣誉奖”；武定县高桥镇湾桥村卫生室潘卫国被卫生部评为“全国优秀乡村医生”，禄丰县碧城镇下村卫生室施跃安、南华县马街镇缴板村卫生室李建兰被云南省卫生厅评为“全省优秀乡村医生”。

【卫生专业技术资格考评】　2010年，楚雄州卫生系统共有2013人报名参加卫生专业技术资格考试，经审查有1953人参加考试，其中296人参加人机对话考试，1657人参加笔试，结果有998人考试合格，其中，中级306人、初级师171人、初级士525人，合格率51.10%。有97人申报高级技术职务资格评审，有90人通过州级评审报省级终审，有57人取得卫生专业高级技术职务任职资格，其中6人获得正高级技术职务任职资格。有2176人报考执业医师，经审核2115人参加实践技能考试，1457人合格并参加综合笔试。

【卫生建设项目】　2010年，楚雄州共实施各类卫生基础设施建设项目61个。其中，县级医院建设项目4个，乡（镇）中心卫生院建设项目6个，村卫生所建设项目50个，州精神病院建设项目1个。总投资1.98亿元，其中中央投资1.06亿元。61个项目均于10月开工建设，至12月31日，完工28个（村卫生所26个，中心卫生院2个），在建33个。

【医学会工作】　2010年，楚雄州医学会广泛开展学术交流和培训活动。年内，举办全州中毒急救新进展学习班、医疗安全培训班、儿科新技术学习班各1期，培训学员680人；组织全州各级医疗卫生机构美容医师参加省级培训；举办州级继续医学教育项目15项，培训学员3500名；全州17个会员单位派出600名医务人员为群众开展免费义诊、健康咨询活动，向群众发放“保健常识”、“大众保健知识”、“妇女保健知识”、“儿童保健知识”等科普宣传资料3.5万份，6万名群众接受免费义诊。

【医患纠纷人民调解机制建立】　2010年，楚雄州建立了党委政府推动、第三方介入专业调解、医疗责任保险统保理赔、多部门协作联动“四位一体”的医患纠纷处理新模式。楚雄市作为全州医患纠纷人民调解机制试点县（市）。11月30日，楚雄州医患纠纷人民调解委员会在州卫生局正式挂牌成立，属全省首家成立的专业化医患纠纷调处机构。新的“医调会”由法律专业、医学专业、调解业务人员组成，“医调会”不隶属卫生行政部门和医疗卫生单位，与医患双方无利害关系，以第三方的角色免费调处医患纠纷，工作经费由财政保障，通过“第三方”介入的方式参与医患纠纷处理，为医患双方提供公平、公正、透明的解决平台，发挥人民调解“不对抗、防激化、成本低、效率高”的优势，解决传统医患纠纷处理模式存在的困难和问题。

【医疗责任保险制度建立】　2010年，楚雄州大胆创新，在全省率先建立统一参保、统一保险方案、统一工作步骤、统一保险责任范围、统一保险费率、统一理赔的“六统一”医疗责任保险制度，解决以往医疗责任保险不统一、医患纠纷协商调解后仍然由医疗机构各自赔偿的问题。通过公开招标后由中国平安财产保险股份有限公司楚雄中心支公司作为承保机构，由中标公司在楚雄市医患纠纷人民调解委员会办公室内设立理赔中心，负责理赔工作，医患纠纷在医调会调解结束，保险公司随即进行理赔，不再由患者和医方协商理赔。年内，在州政府所在地的楚雄市内37家州、市属医疗机构和民营医院开展试点。

【医药卫生体制改革】　2010年，楚雄州出台一系列医药卫生体制改革政策。7月15日，州委、州政府出台了《楚雄州深化医药卫生体制改革的意见》，阐述了深化医药卫生体制改革的重要性、必要性，明确了医药卫生体制改革的指导思想、基本原则和总体目标以及具体工作措施。7月15日，州政府印发了《楚雄州医药卫生体制改革3年实施方案(2009年～2011年)》，明确了重点推进的五项工作。10月21日，楚雄州深化医药卫生体制改革领导小组办公室转发了《云南省医改办关于启动实施国家基本药物制度的紧急通知》，要求11月1日起，政府举办的基层医疗卫生机构（乡镇卫生院、村卫生所、社区卫生服务机构）全部配备和使用基本药物，基本药物实行“零差率”销售。12月29日，州政府出台了《公立医院重点改革实施意见（试行）》，明确了公立医院重点改革的指导思想、基本原则、总体目标和主要内容。12月30日，州政府出台了《关于扶持和促进中医药事业发展的实施意见》，阐述了发展中（彝）医药事业的重要性、必要性，明确了发展中（彝）医药事业的指导思想、基本原则和主要目标。州政府出台了《基层医药卫生体制综合改革实施意见（试行）》，附有《楚雄州乡（镇）卫生院机构编制标准暂行办法》、《楚雄州基层医疗卫生机构绩效考核办法（试行）》、《楚雄州乡（镇）卫生院改革实施方案（试行）》、《楚雄州城市社区卫生服务机构改革实施方案（试行）》、《楚雄州行政村卫生室改革方案（I试行）》、《楚雄州基层卫生机构实施基本药物制度运行补偿办法（试行）》6个配套文件。

【医药卫生重点改革】 2010年7月15日，楚雄州人民政府印发了《楚雄州医药卫生体制改革3年实施方案（2009年～2011年）》，重点推进5项工作，至年末五项重点改革成效明显。

加快推进基本医疗保障制度建设。新农合参合人数211.15万人，比上年增加5.64万人，参合率95.74%。基层医疗机构门诊费用报销比例达到40%，政策范围内住院费用报销比例达60%，新农合最高支付限额3万元，达到楚雄州农民人均纯收入的8.5倍、全国农民人均纯收入的6倍；楚雄州大胆尝试“政府组织引导、商业保险参与”的新农合大病补充保险制度，一步到位实行州级统筹，有105.8万农民参保，参保率50.11%，并于1月1日正式启动理赔服务，至年末，受理赔付8396件，赔付资金1771万元，其中最高赔付达5万元，理赔受益面达到参保人住院总数的10%，有效防止了参保农民因病返贫、因病致贫。从运行情况看，实施方案合理，“收支平衡、略有结余”、“保大病、兼顾受益面”目标已经实现。

国家基本药物制度稳步推进。1月1日起，全州各级各类公立医疗单位按规定配备和使用基本药物，统一招标，统一配送，100%上网采购，州级医疗机构基本药物采购和使用的品种、金额比例均达到20%以上，县级医疗机构高于35%，基层医疗卫生机构100%，至年末，已上网采购药品5308种，采购金额3.2亿元，其中基本药物1.3亿元，占用药总量的40%；11月1日起，政府举办的基层医疗卫生机构（乡镇卫生院、社区卫生服务机构、村卫生室）全部配备和使用基本药物，基本药物及省补充药物实行“零差率销售”。开展基本药物应用知识培训，9436人受训，培训率100%。以健康教育宣传为载体，广泛开展基本药物制度宣传，普及合理用药常识，改变不良用药习惯。

基层医疗卫生服务体系不断完善。全年共实施上年以来下达的卫生基础设施项目106个，建设规模15.94万平方米，总投资3.62亿元，至年末，投入使用44个，主体工程完工16个，在建46个。全州以州、县医院和州、县公共卫生机构为龙头，乡（镇）卫生院为枢纽，社区卫生服务机构和村卫生所为网底，民营和个体医疗机构为补充的基本医疗卫生服务体系已经建立健全，实现了州级和每个县（市）都有一家综合医院、中医医院、疾控中心、妇幼保健院，每个乡（镇）都有一个卫生院、每个行政村都有一个卫生所、每个城市社区都有一个社区卫生服务中心（站）的规划目标，群众“看病难”问题明显改善。

基本公共卫生服务均等化逐步实现。楚雄州9项基本公共卫生服务项目年度任务圆满完成。居民健康档案建档130.41万人，建档率48.28%，其中城市居民建档40.02万人、建档率47.8%，农村居民建档90.39万人、建档率48.5%，超额完成省下达指标；全州基层医疗卫生单位设置宣传栏1597个，开展健康知识讲座6716次，健康咨询活动3451次，发放宣传材料82.32万份；计划免疫接种率99%，超过90%的任务指标；3岁以下儿童健康管理6.38万人、管理率89.61%；新生儿访视2.30万人、访视率96.51%；孕产妇系统管理2.22万人、管理率93.27%；产前检查2.36万人、检查率98.94%；产后访视2.32万人、访视率97.4%，均超过85%的任务指标；65岁以上老年人健康管理10.55万人、管理率50.08%；35岁以上高血压病人管理8.12万人、管理率46.21%；35岁以上糖尿病病人管理1.23万人、管理率67.89%，均超过30%的任务指标；重性精神病患者管理4788人、管理率177.27%，超过60%的任务指标。年内，五项重大公共卫生服务项目任务圆满完成。15岁以下儿童乙肝疫苗补种率98.04%；楚雄市被省卫生厅确定为云南省农村妇女乳腺癌检查项目试点县，完成检查2000例，完成率100%；实施农村孕产妇住院分娩补助，共补助农村孕产妇1.84万例，补助资金725.9万元；实施“百万贫困白内障患者复明工程”，完成手术2000例，提前完成省下达任务；完成1.91万个农村卫生厕所建设，完成任务的100.32%；对全州10县（市）103个乡（镇）已建农村饮水安全集中供水点采样396份进行检测。

公立医院改革试点稳步推进。楚雄州确定州人民医院和禄丰县人民医院为改革试点单位，从15个方面开展工作，两个试点单位积极探索，大胆创新，推进工作，带动了全州公立医院改革试点工作的深入开展；与昆明医学院合作编制了《楚雄州区域卫生规划》，对公立医院布局、设置准入条件进行了明确；实施了电子病历、常见病临床路径管理试点、单病种限价收费等改革；实施门诊预约诊疗服务，开展同级医院检查结果互认、下级医院认可上级医院检查结果；实施了门诊病历“一本通”方便医生和患者查询门诊病历，为患者节约不必要的费用支出；实施城市对口支援农村卫生工作，提高基层医疗机构服务水平。年内有4家省级以上医院对口支援楚雄州5家县级医院，州内2家三级医院对口支援4家县级医院，州级3家医疗机构援建州内10县（市）医院10个重点学科建设，有10家二级医疗机构对口支援32个乡（镇）卫生院；在全州二级以上医疗机构开展“优质护理示范工程”活动。

【健康教育与健康促进】 2010年，楚雄州卫生部门结合各种卫生宣传日，在流动人口和农民工、外出务工人员集中的地方开展艾滋病、结核病、麻风病、碘缺乏病等疾病以及计划免疫、抗旱救灾等科普知识宣传活动29次，出动卫生专业技术人员160人次，发放宣传材料6.02万余份，展出宣传展板195块；制作下发抗旱卫生防疫宣传资料1.98万份。通过电视、报刊等途径向群众开展健康知识宣传，州电视台《新闻频道》连续7天播出甲型H_1N_1流感专家访谈短片；并在《楚雄日报》上发表《抗旱救灾防病饮用水知识问答》、《抗旱防病基本知识》等宣传稿件。设计制作健康教育科普知识3期9个版块在中大街社区、学桥街社区和中大街社区卫生服务中心3个宣传栏进行宣传，对提高社区居民传染病预防知识和健康保健知识起到了积极的促进作用。充分利用云南疾控资讯网、楚雄州疾控中心网站、楚雄州电子政务网和政府信息公开网站，向群众提供健康教育知识。州内中小学健康教育开课率100%，健康教育进机关、进学校、进企业、进农村、进社区“五进”覆盖率100%。扎实推进禁烟履约工作，召开了全州卫生系统创建无烟单位宣传、培训动员会，创建工作得到省级专家评估组的高度评价。

［自卫平］

【无偿献血】 2010年，楚雄州中心血站采取多形式、多角度宣传、普及无偿献血知识。重大节日期间，向无偿献血者发送慰问短信13.65万条；52次深入州内县（市）、乡（镇），开展宣传活动；举办“我与无偿献血”大型有奖征文活动，评选出一等奖1名，二等奖3名，三等奖5名和鼓励奖10名给予奖励。印发无偿献血知识宣传册3.5万余册、宣传海报2500张，不断提高公众对无偿献血知识知晓率和参与度。1.61万人次参加无偿捐献全血，献血2.1666单位，机采血小板283人次，机采成分血839单位。为临床提供红细胞20584.25单位、新鲜冰冻血浆12473.25单位、普通冰冻血浆6787.75单位。全州自愿无偿献血率100%，成份分离率99.97%。

［赵琼仙］

卫生监督执法

【食品卫生监督】 2010年，楚雄州卫生局卫生监督所监督检查餐饮经营单位969户次，从业人员9383人次，对不符合卫生要求的餐饮经营单位下达卫生监督意见书127份，责令限期整改，对违法生产经营的15家单位实施行政处罚，罚款人民币5.87万元。卫生监督机构开展打击餐饮环节使用“地沟油”等6项专项监督检查，完成37次大型活动和重要贵宾莅临楚雄的食品卫生安全保障。

【学校卫生监督】 2010年，楚雄州学校卫生监督检查覆盖率100%，对不符合卫生要求的学校下达卫生监督意见22份，责令限期整改。卫生监督部门对存在卫生违法行为的8家学校食堂给予行政处罚，罚款人民币1.2万元；对23所学校生活饮用水及二次供水进行监督检查，下达卫生监督意见书9份，责令限期整改。

【公共场所卫生监督】 2010年，楚雄州继续推进公共场所卫生监督量化分级管理。卫生监督机构检查公共场所69户次，下达卫生监督意见书47份，责令限期整改，对存在卫生违法行为的7家住宿场所和1家游泳场所进行了行政处罚。开展公共场所艾滋病防治卫生监督检查，对公共场所从业人员持有健康证持有HIV检测卡上岗情况、安全套摆放情况、防治艾滋病知识宣传培训等情况进行现场监督检查，检查63户次，从业人员543人次。

【生活饮用水卫生监督】 2010年，楚雄州卫生局卫生监督所对楚雄市辖区内2家集中式供水单位、4个水源点进行检查，检查中小学、幼儿园、大中专院校23所，采样20份，合格16份；对2家涉水产品、2家二氧化氯发生器进行抽检，样品全部合格。

【职业卫生监督】 2010年，楚雄州卫生局卫生监督所对州属直管的16户职业危害企业进行卫生监督检查，下达监督意见书13份，立案查处8户；对12个建设项目进行卫生审核，其中放射7个、职业卫生5个。

【放射卫生监督】 2010年，楚雄州卫生局卫生监督所对州人民医院、州中医医院等8家医疗卫生单位的放射卫生情况进行监督检查，下达监督意见书7份，要求限期整改，给予警告行政处罚1家。对州人民医院（放疗）和楚雄经开医院（核医学）进行现场卫生监督检查。对禄丰县人民医院、罗次中心卫生院、一平浪煤矿职工医院等5家单位X射线机房改建、CT机房改建、DR机房改建及放射防护工程进行检查。参与州公安局对全州10县（市）射线装置和放射性同位素进行清查。

【医疗机构卫生监督和传染病防治卫生监督】 2010年，楚雄州卫生局卫生监督所对州属直管的医疗卫生机构、民营医院、社区卫生服务中心、厂矿医院开展以医疗服务市场整治、传染病防治、消毒卫生、感染管理、医疗废物、采供血、母婴保健为主要内容的卫生监督检查，共检查县级医疗机构38家、乡（镇）卫生院17家、民营医院和个体诊所26家，下达卫生监督意见书23份，责令限期整改，对1家县级医院迟报传染病疫情的违法行为给予行政处罚。年内，州卫生监督部门还深入州内10县（市）开展打击非法行医和非法采供血专项检查，督促牟定、姚安2县对7家个体诊所无证行医的违法行为实施卫生行政处罚，对75家医疗机构的自然灾害疫情报告、传染病报告登记、防控和计划免疫、消毒灭菌、感染管理、医疗用品消毒等情况进行监督检查，对各级各类医疗卫生机构的医疗废物管理、登记、分类、收集、运送、贮存、处置等情况进行监督检查，对血站采供血、医疗机构用血情况进行监督。

【卫生行政许可】 2010年，楚雄州卫生局卫生监督所审批发放许可证237份，其中食品类170家、公共场所类46家、生活饮用水类1家、职业卫生18家、消毒产品类2家；医疗机构校验42家、执业变更登记2家、注销登记3家；办理医师资格证书229个，首次护士注册302名，医师执业变更136人次，护士执业变更70人次，办理母婴保健技术考核合格证182个。

【卫生行政处罚】 2010年，楚雄州卫生局卫生监督所实施行政处罚52件，其中食品卫生23件、公共场所卫生8件、职业卫生8件、放射卫生1件、非法行医案件4件、消毒产品销售违法案件1件、医院感染4件、医疗废物1件、医疗广告2件。

【卫生知识法规培训】 2010年，楚雄州卫生局卫生监督所开展了餐饮服务、母婴保健、公共场所、饮用水、消毒产品从业人员卫生知识、卫生法规培训，举办各种培训班51期，受训人员1979人次。其中，举办食品从业人员培训班34期，受训人员1326人次，公共场所从业人员培训班12期，受训人员300人次，母婴保健技术服务人员培训班2期，受训人员184人次，放射工作人员培训班2期，受训人员124人次，职业卫生管理人员培训班1期，受训45人。

［李建伟］

卫生应急

【突发公共卫生事件】 2010年，楚雄州卫生部门网络报告突发公共卫生事件9起，其中Ⅲ级6起、Ⅳ级3起，累计发病91例，死亡11例。9起突发公共卫生事件中，6起发生在家庭，均为食用剧毒野生菌“白罗伞”中毒。州卫生局在野生菌上市之前，组织专家编写了《楚雄州急性“白罗伞”中毒防治指导意见（试行）》，下发了《关于进一步加强菌子中毒防控工作的紧急通知》，各级医疗机构对毒菌中毒患者的急诊急救更为及时、规范，进一步提高了危重患者的抢救成功率。

【职业中毒卫生应急】 2010年4月14日，禄丰德胜钢铁有限公司发生“职业性急性一氧化碳（煤气）”中毒，接到报告后，州卫生局领导率医务人员亲临一线协调指挥，省、州、县医疗卫生专家组成联合调查组开展职业卫生学调查，及时有效控制了事态发展。49名职工有14人中毒，中毒者中死亡1人，其余13人在禄丰住院治疗10人，有3人转至昆明医学院第一附属医院治疗。13名中毒人员均在5月3日前，治愈出院。

【抗震救灾卫生应急】 2010年2月25日，禄丰与元谋交界发生里氏5.1级地震，州卫生局启动“楚雄州救灾防病应急处置预案”，组建2支州级医疗队6个工作组在第一时间赶到现场，指挥开展伤员抢救、水质监测、环境消杀、食品卫生监督等工作，31名伤员得到及时有效救治。免费投入8.52万元的消杀药品，发放宣传材料7.7万份，检测水源122份，检查餐饮单位678户次，灾区未发生食物中毒事件和传染病疫情。

【抗旱救灾卫生应急】 2010年，楚雄州遭受百年不遇特大干旱，为做好抗旱救灾卫生防病工作，州卫生局成立了“楚雄州卫生局抗旱救灾应急工作领导小组”，组建了医疗救治、疾病控制、卫生监督等相关工作组，编写下发了《楚雄州抗旱救灾卫生应急预案（试行）》，指导开展抗旱救灾卫生应急工作。3月12日，在全州组织开展了“楚雄州抗灾救灾卫生在行动”活动，州、县、乡、村四级医疗卫生单位3000余名干部职工采取州包县（市）、县（市）包乡（镇）、乡（镇）包村的办法，深入基层、深入农户、深入田间地头，开展健康宣传、疫情监测、水源消毒、食品卫生监督、义诊等活动。至6月末旱情解除，共组织了3批9575人次的医疗队深入一线开展抗旱救灾防病工作，全州未发生传染病疫情暴发流行。

［自卫平］

医疗事业

【医疗事业概况】 2010年，楚雄州各级各类医疗机构总诊疗864.97万人次，其中，门急诊841.48万人次，家庭卫生服务3568人次，入院25.63万人次，出院25.48万人次。出院者中，治愈率51.15%，好转率45.37%，死亡率0.46%。门急诊抢救成功率99%，住院危重病人抢救成功率91.84%。医院病床使用率90.88%，出院者平均住院日11.4天。全州医疗卫生机构业务总收入13.51亿元。

【楚雄州人民医院】 2010年，楚雄州人民医院诊治门诊病人54.75万人次，其中专家门诊8.23万人次、专科门诊5.49万人次。出院3.30万人次，住院手术1.05万例。病床使用率116.4%，出院者平均住院日13.5天。120急救中心出诊4564次，抢救危重症患者5015人。药品收入占业务总收入的43.25%。开展新技术和新项目15项：Picco监测技术在外科危重病监测中的应用；腹腔镜下胆总管探查、取石术（胆总管切开取石）；关节镜下韧带重建术治疗膝关节交叉韧带断裂；闭合复位交锁髓内钉内固定术在胫骨干骨折中的应用；经皮肾镜技术（PCNL）；脉冲Nd：YAG激光治疗白内障术后后囊混浊；甲状腺结节细针穿刺液薄层液基细胞病理检查；细胞因子诱导的杀伤细胞（CIK）治疗肿瘤；急性脑梗塞介入溶栓术；换能器Dom密式中心静脉测压应用技术；腹内压监测在腹腔间隙综合征的护理干预；抗核抗体谱（IgG）检测；巨核细胞免疫组化检测；联合脏器切除治疗腹腔恶性肿瘤；玻璃体切割术中视网膜光凝。在省级以上医学刊物发表论文64篇，其中国家级刊物6篇。申报楚雄州科学技术奖4项，申报科技项目2项，在研项目6项。年内，医院派出2批15人的医疗队到双柏、大姚、永仁开展临床诊疗和技术指导，下乡工作日2800日，接诊门诊病人1356人次，抢救危重症患者78例，开展外科手术20余例，授课24次。到楚雄、牟定、南华、大姚、禄丰等5县（市）医院开展对口帮扶，支持县（市）医院开展重点学科建设。接收大理学院、云南中医学院、楚雄高等医药专科学校9个专业实习生205名。外派进修26人次。举办省级继续医学教育项目1项、州级继续医学教育项目3项，291人参加。与昆明医学院合作开办研究生班。

［李晓萍］

【楚雄州中医医院】　2010年，楚雄州中医医院门诊诊疗26.68万人次，出院1.14万人次，病床使用率121.6%，手术4684台次，抢救危重病人315人次，抢救成功率78.1%。药品收入占业务收入的49.26%。7月8～9日，医院代表云南省接受国家中医医院质量管理工作检查考核，受到高度评价。年内，医院实施州级继续医学教育项目3项，申报州级科学技术奖7项：PPH术联合传统手术治疗环状混合痔145例、改良带蒂有机网膜套在严重外伤性肝破裂手术中的应用研究、血液灌流加长效托宁治疗中重度有机磷中毒的疗效观察、一次切开根治术治疗肛旁脓肿186例、彝药化毒灵胶囊治疗HIV/AIDS患者临床研究、彝医方剂学、自体血液回输机在手术中的应用研究，其中PPH术联合传统手术治疗环状混合痔145例、改良带蒂有机网膜套在严重外伤性肝破裂手术中的应用研究、血液灌流加长效托宁治疗中重度有机磷中毒的疗效观察三项课题通过成果评定。

［卢自春］

【楚雄州第二人民医院】　2010年，楚雄州第二人民医院门诊诊疗1.46万人次，入院1289人次，出院1341人次。出院者中，器质性精神障碍49例、精神活性物质或非成瘾所致精神障碍88例、精神分裂症853例、心境障碍（情感性精神障碍）258例、癔症54例、心理因素相关生理障碍13例、习惯与冲动控制障碍6例、精神发育迟滞与童年和少年期心理发育障碍15例、童年和少年期多动障碍5例。年内，医院实施州级继续医学教育项目2项，在省级以上医学刊物发表医学论文8篇，到上级医院3个月以上进修5人，短期学习36人。

［王文学］

【楚雄州疾病预防控制中心】　2010年，楚雄州疾病预防控制中心下派专业技术人员指导和参与基层业务工作626人次2375天次，外派153人次参加省级以上业务技术培训81个班次735天次。年内，州疾控中心有在职研究生学历教育1人，1人在职脱产读研究生，选派1名专业技术人员到昆明医学院第一附属医院进行一年的全科医生培训。州疾控中心举办各类培训班11期，培训基层医务人员1100人次，有科研课题“楚雄州汉坦病毒分子流行病学研究”荣获楚雄州科技进步二等奖，4篇论文获楚雄州自然科学优秀学术论文奖。

［李中平］

【楚雄州妇幼保健院】　2010年，楚雄州妇幼保健院门诊诊疗17.13万人次，出院2837人，病床周转率49.77次，平均住院日8天，病床使用率121.3%。药品收入占业务总收入的33.23%。开展妇女病查治和健康体检1110人次，产后42天免费母婴健康体检993人次。发放门诊、住院患者服务质量评价调查表1261份，满意度99.18%。举办培训班5期，培训基层人员304人。免费接收基层妇产科人员进修学习29人。举办州级继续医学教育项目3项。完成了“楚雄州5岁以下儿童死亡监测分析”课题研究，“无痛分娩技术在全州产科临床中的推广应用”课题正在实施中。引进新业务、新技术6项，有12篇论文在各级刊物上发表。

［李泽武］

【楚雄州广通医院】　2010年，楚雄州广通医院门诊诊疗1.93万人次，入院病人1814人，出院1823人，手术356台次；业务总收入521.96万元，药品收入占业务总收入的44%。3月26日，医院挂牌组建了“红枫林之家”，专门为艾滋病病毒感染者及艾滋病患者提供24小时咨询服务，每月举行1次艾滋病知识培训或讨论。送上级医院6个月以上进修学习9人次，短期（3个月以内）进修学习6人次，参加各种短期培训班31人次，有26篇医学论文被州、市级以上刊物采用，开展新技术、新项目6项。

［王丽琼］

疾病预防与控制

【疫情报告】　2010年，楚雄州无甲类传染病报告。报告乙类传染病14种3434例，死亡39例，发病率126.07/10万，死亡率1.43/10万，病死率1.14%。与上年相比，病种增加出血热1种，减少新生儿破伤风1种。报告丙类传染病8种2559例，死亡1例。传染病漏报率9.05%。

【重点疾病预防控制】　2010年，楚雄州继续加强重点疾病预防控制工作。全面落实以“宣传教育、发现疫情、阻断传播、关怀救治”为主要内容的艾滋病综合防治措施，工作取得明显成效。艾滋病防治宣传教育工作力度不断加大，全州各级各部门共开展领导干部及公务员培训537场次，受训4.33万人次，培训外出务工人员6.24万人，培训企业员工3.87万人，培训校外青少年1700人，对15～49岁妇女专题培训3.2万人，培训各级各类医务人员8000余人次；电视宣传132条，张贴宣传标语3147条，印刷发放宣传折页、宣传画、宣传单120万份、宣传纸杯10万只、宣传扑克3000付、宣传手册5万册，制作发放出租车防艾知识宣传座套800余个，全民艾滋病知识知晓率进一步提高。全州县级以上医疗机构均设置了自愿咨询检测点，103个乡（镇）具备艾滋病检测能力，检测各类人群17.61万例，检出艾滋病感染者282例。艾滋病防治干预覆盖面进一步扩大，全州星级宾馆安全套摆放率100%，非星级旅馆酒店摆放率99.9%，娱乐服务场所、美容美发场所摆放率96.8%；楚雄市、禄丰县、大姚县、南华县、牟定县建立了娱乐服务场所女性工作人员干预平台（健康亭、妇女健康中心），积极开展干预活动，全州高危行为场所干预覆盖率100%，高危人群艾滋病知识知晓率98.8%。美沙酮维持治疗361人，完成任务的100.2%，同伴教育等活动扎实开展；加强病例报告和随访管理工作，随访新发感染者279例，随访率98.94%。扎实推进艾滋病抗病毒治疗和预防艾滋病母婴传播工作，艾滋病抗病毒治疗517人，在治417人，完成任务的114.8%，中（彝）医药共治疗艾滋病125人，完成任务的109%；年内检测孕产妇3.56万人，检出阳性41例，100%进行服药阻断，为感染艾滋病的孕妇及所生婴儿提供预防用药、保健、人工喂养指导、免费奶粉及随访服务。认真落实“四免一关怀”政策，对858名艾滋病感染者及其家属提供民政救助，发放救助金70.01万元，发放临时生活救助金8.25万元，为感染者代缴新农合筹资款1710元，对39名困难艾滋病病人进行免费抗病毒治疗，减免资金9.67万元，艾滋病感染者及其家庭关怀救助覆盖率87.6%。

结核病防治。全州累计发现新涂阳病人860例，2月、3月末痰菌阴转率新涂阳病人达92.5%和95.6%，复治涂阳新病人达89.5%和94.7%，新涂阳病人治愈率93.7%，复治涂阳病人治愈率88.9%。综合医疗机构转诊到位率71.2%，肺结核病人追踪率77.6%，镜检符合率100%。在元谋县开展全国第五次结核病流行病学调查工作，调查1654人，确诊肺结核病人16人。

麻风病防治。全州新增麻风病人29例（新发27例，复发2例），发现率0.11/万。年内接受规则联合化疗治疗97例。

疟疾防治。全州共报告疟疾病例23例（间日疟18例，恶性疟3例，未分型2例），其中当地病例6例，输入性病例17例。完成发热病人血检5896人，血检阳性10人。开展休止期根治27人、预防性服药570人、现症病人治疗6人。杀虫剂滞留喷洒1510户。

血吸虫病监测防控。年内，楚雄市、禄丰县完成查病1064人，未发现新感染病人；完成查螺1105万平方米，反复灭螺114万平方米；学生血防知识知晓率97.8%，村民达95.8%，行为形成率达90%以上。

鼠疫监测防控。楚雄州严格执行自死鼠、病鼠“零”报告及鼠疫疫情“三报”制度，上报率100%。开展鼠疫监测，布放鼠笼7.98万笼次，捕获家栖鼠2416只，布放鼠夹2600夹次，捕获野栖鼠（褐家鼠）24只，完成细菌学动物培养2440份、细菌学昆虫培养848组、血清学血凝实验976份，在永仁县开展云南滇西边界地区鼠疫疫源地调查，采集指示动物（犬）血清200份，均未检出鼠疫菌及鼠疫特异性抗体。

霍乱监测。全州报告腹泻病例1229例，开展粪便培养937份，开展外环境采样监测267份，均未检出霍乱弧菌。

流感监测。年内采集流感样病例标本699份，经检测，阳性38份，阳性率为5.51%。其中，甲型H_1N_1流感病毒4份，占12.50%；季节性甲型流感病毒5份，占13.16%；季节性乙型流感病毒26份，占68.40%。全州未发生流感暴发疫情。

［白卫平　李中平］

【疫苗接种】 2010年，楚雄州计划免疫疫苗接种率：卡介苗99.34%、麻腮风疫苗99.24%、脊灰疫苗99.47%、百白破疫苗99.38%，乙脑第1针98.85%、第2针98.16%，A群流脑第1针98.81%、第2针98.61%、甲肝疫苗98.85%。计划免疫常规免疫加强接种率：脊灰4岁儿童常规免疫接种率98.91%、无细胞百白破常规免疫接种率98.31%、麻腮常规免疫1.5~2岁儿童接种率98.69%，6岁组儿童百白破接种率98.43%。新生儿乙肝疫苗三针次合格接种率99.41%，首针及时接种率87.03%。开展麻腮风疫苗预防接种，控制腮腺炎疫情发生，接种疫苗9万份。对1994~1995年龄段儿童进行乙肝疫苗接种，全州1994年出生儿童应种2.99万人，实种2.90万人，接种率97.32%；1995年出生儿童应种3.32万人，实种3.25万人，接种率98.04%。完成1996~1998年龄组乙肝疫苗第一轮接种工作，应种8.95万人，实种8.81万人，接种率98.40%；11月份完成1996~1998年龄组乙肝疫苗第二轮接种工作，应种8.74万人，实种8.58万人，接种率98.09%。完成麻疹疫苗强化免疫工作，应种16.92万人，实种16.67万人，接种率98.56%。完成脊灰强化工作，应种12.37万人，实种12.20万人，接种率98.60%。开展甲流感疫苗预防接种，共接种疫苗9.40万人份，有效控制了甲流感疫情的蔓延。

【地方病防治】 2010年，楚雄州新发慢性克山病病人468例，慢性克山病人死亡44例，年末全州共管理慢性克山病人519人，慢性克山病年均发病率1.758/10万，潜伏克山病年均发病率0.764/10万。在全州随机抽取78个乡（镇）、312个村委会采集居民食用盐2916份进行碘盐监测，碘盐覆盖率99.41%，碘盐合格率98.93%，合格碘盐食用率98.35%；元谋县代表楚雄州和云南省接受国家消除碘缺乏病专家考核，通过达标验收。在元谋县开展饮水型地方性氟中毒病情监测，监测高氟病区村3个，监测覆盖率100%。

【慢性非传染性疾病防治】 2010年，楚雄州完成高血压病人登记管理9.55万人，任务完成率288.47%；糖尿病病人登记管理1.33万人，任务完成率374.66%；重性精神病病人登记管理5329人，任务完成率290.41%。全面推进慢性非传染性疾病转介制度，各级各类医疗机构正常开展慢性病转介工作。年内州疾控中心指导楚雄市、禄丰县、武定县、大姚县开展中西部地区儿童口腔疾病综合干预试点项目工作；在楚雄市实施国家科技部重点项目“人体生理常数数据库扩大人群调查”项目工作，参与完成1万人的体检任务，其中彝族3000人。

【卫生监测】 2010年，楚雄州疾病预防控制中心对红塔（集团）有限责任公司楚雄卷烟厂、云南天腾化工有限公司和云南燃二化工有限公司民爆分厂等生产作业场所进行了粉尘、噪声、放射源和微小气候、气压、照度现场卫生学监测，完成职业健康检查6305人。对楚雄州、市中医医院等28家医疗机构使用的医用X射线机、CT机进行放射防护监测，对改建X光机房、DR机机房进行（放射防护）控制效果评价或预评价。对州属16所学校的卫生组织管理机构及人员进行培训，开展学校常见传染病防治知识培训，规范体检学生1.53万人并建立健康档案。完成各类水质分析252份4419项次的检验；完成食品、卫生用品、保健品等68分样品168项次的检验；开展公共场所卫生监测，检测样品37份259项次，总合格率81%；每月定期对楚雄一中4个食堂进行餐具监测，对职教中心2个食堂进行餐具卫生抽检，共检样品312项次，合格率90.7%；对州级13家医疗机构进行一年2次的医院感染管理消毒监测，采集364份样品，进行细菌总数、沙门氏菌、志贺氏菌、金葡菌、链球菌、绿脓杆菌6个指标2184项次检验，合格率98.3%。完成103份尿碘实验室检测。完成滇中冶炼厂135名职工职业健康体检的尿铅、尿砷测定。完成从业人员体检6201人。完成118份流感病例标本的甲型H_1N_1和季节性流感核酸检测。对姚安、大姚两县100人职业暴露人群高致病性禽流感进行H_5H_1抗体检测。开展高致病性禽流感抗体测定、手足口病EV71及COX-A16核酸检测、水质耐热大肠菌检测和大肠艾希氏菌计数4个新项目工作；12月28日通过实验室资质认定的现场复评审，取得了实验室资质认定证书，批准认证的检测项目共18类248项。

［李中平］

爱国卫生

【卫生城市创建】 2010年，楚雄市、南华县、姚安县、大姚县、永仁县、元谋县、禄丰县和双柏县通过省第九次城市（县城）卫生大检查，再次保留省甲级卫生城市（县城）荣誉，武定县新创建为省甲级卫生县城。新村镇等6个省级卫生乡（镇）、马石铺村等3个省级卫生村全部通过省的复查验收，禄丰县黑井镇新创建为省级卫生乡（镇），楚雄市紫溪彝村、元谋县大水井村、永仁县诸葛营村和乍石村新创建为省级卫生村，新创建州级卫生乡（镇）7个、卫生村16个，全州有7个省级卫生乡（镇）、7个省级卫生村，有18个州级卫生乡（镇）、35个州级卫生村。

【改水改厕】 2010年，楚雄州累计改水受益人口196.57万人，改水受益率87.09%，农村自来水普及率61.17%。投入改厕经费140万元，完成1.91万座无害化卫生户厕建设，经省对牟定、禄丰和武定3个县实地抽查，得到高度评价。至年末，全州累计使用卫生厕所38.93万户，卫生厕所普及率68.50%，无害化户厕普及率34.06%。

【爱国卫生月活动】 2010年3月，在全国爱国卫生月期间，楚雄州各县（市）爱国卫生运动委员会办公室组织群众清理卫生死角3737处，清除小广告14.43万张，清理污水沟239.17千米，清除垃圾2.35万吨，共有111.59万人次参加活动，为楚雄州历史之最。

［自卫平］

妇幼保健

【孕产妇与儿童保健】 2010年，楚雄州活产婴儿2.39万人，孕产妇死亡率37.73/10万，新生儿死亡率7.17‰，婴儿死亡率10.86‰，5岁以下儿童死亡率13.58‰，孕产妇系统管理率93.27%，住院分娩率96.24%，新法接生率99.72%，7岁以下儿童保健管理率89.42%，3岁以下儿童系统管理率89.61%。给予农村孕产妇住院分娩补助，全州农村户籍活产婴儿2.05万人，补助1.84万人，补助率89.46%，补助经费725.9万元。

【产科建设】 2010年，楚雄州按照《楚雄州乡（镇）卫生院产科建设基本标准》新验收乡卫生院8家，复查7家，至此州内有91家乡（镇）卫生院达到产科建设基本标准，有853个村卫生室通过三级基层保健网络规范建设验收。

【预防艾滋病母婴传播】 2010年，楚雄州筛查孕产妇HIV抗体检测3.77万例，检出HIV感染孕产妇42例。妊娠HIV阳性孕产妇51例，终止妊娠18例，分娩33例，分娩产妇服药阻断33例，出生的33例婴儿全部实施服药阻断，规律服用抗病毒药物率100%，人工喂养率100%。

［李泽武］

（责任编辑：安孟勤）

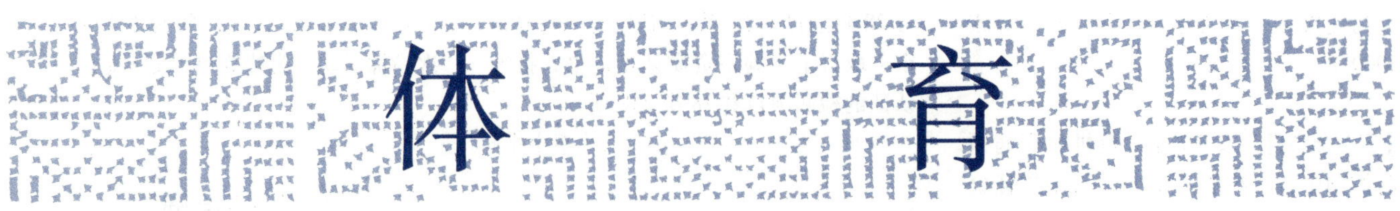

体育

体育综述

【体育工作概况】 2010年，楚雄州认真宣传贯彻落实《全民健身条例》，解放思想，与时俱进，开拓进取，齐心协力，团结拼搏，群众性体育活动广泛开展，竞技运动水平不断提高，体育产业发展势头强劲，体育基础设施进一步夯实。群众体育做到月月有活动，阶段有高潮，常年不断线。11月组队参加在普洱举行的云南省第九届少数民族运动会取得金牌9枚，银牌8枚，铜牌12枚的好成绩，名列全省第六名。参加云南省第十三届运动会取得金牌27枚、银牌27枚、铜牌30枚，以团体总分1097分名列全省第六名，代表团荣获体育道德风尚奖。武定县、姚安县体育馆建成投入使用，牟定县体育馆奠基，建成农村综合文化体育广场33个，乡（镇）标准灯光篮球场8个。完成体育彩票销售额1.26亿元，全州呈现出群众体育与竞技体育、体育事业与体育产业协调发展的良好局面。

【州人大常委会调研审议体育工作】 2010年1月6～20日，楚雄州人大常委会副主任江正荣率领州人大常委会教工委主任付永新、副主任张开阳，在州体育局局长董智昆、副局长李飞云陪同下，深入楚雄市、南华县、元谋县、州教育局、州民委、州残联、州老年人体育协会、楚雄一中等开展体育工作调研。通过调研，认为“十一五”以来，全州围绕宣传贯彻落实《中华人民共和国体育法》和《全民健身条例》，群众体育活动蓬勃开展，竞技体育水平不断提高，体育基础设施建设不断改善，体育产业开发稳步推进，体育事业得到长足发展。存在的不足，主要是对体育事业重要性的认识还有待提高、体育经费投入与人民群众日益增长的体育健身需求还有差距、体育竞技人才培养的模式单一、体育产业发展不平衡。在2月1～2日召开的州第十届人大常委会第21次会议，听取了州体育局局长董智昆受州人民政府委托所作的《关于楚雄州体育事业发展情况的报告》，经州第十届人大常委会第21次会议审议，提出深化认识，切实加强对体育工作的领导、加大投入，加快体育基础设施建设、统筹兼顾，促进体育事业的全面协调发展、发展体育产业，增强体育事业发展动力、加强队伍建设，提高体育事业的管理水平等方面的意见。

【楚雄州拳击协会换届选举大会】 2010年10月22日，楚雄州拳击协会第七次代表大会暨换届选举工作会议在楚雄召开。会议对州拳击协会第六届委员会的工作进行了认真总结，选举产生州拳击协会第七届委员会常委、主席、副主席。州体育局局长董智昆在讲话中指出，州拳击协会成立14年来，认真贯彻落实《体育法》和《全民健身计划纲要》，广泛组织开展拳击健身活动，推广和普及拳击健身知识，积极发掘和培养拳击运动员，为彝州体育事业发展作出了积极贡献。

［杨文义］

体育比赛

【“体彩杯”楚雄城区迎新年元旦穿城赛跑】 2010年1月1日上午8时，由楚雄州体育局、楚雄州教育局、楚雄市文体局、楚雄市教育局共同主办的2010年“体彩杯”楚雄城区迎新年元旦穿城赛跑活动在州体育场举行。来自楚雄城区

空中飞人——秋千比赛　（州民委提供）

各大中小学校、有关单位的各界体育爱好者约1.8万余人参加了穿城赛跑活动。活动分为小学组、中学组、中专组、大学组、成年组、老年组6个组举行。举行楚雄城区元旦穿城赛跑活动，是在全州掀起体育锻炼高潮，倡导“每天锻炼一小时，健康工作五十年，幸福生活一辈子”的健康生活习惯，使广大人民群众投身到体育锻炼中来，增强体质，以饱满的精神状态和健康的体魄迎接新年的到来。

【全国龙狮大联动系列活动在禄丰县举行】 2010年2月28日，楚雄州体育局、禄丰县人民政府、禄丰县文化体育局共同举办的2010年全国龙狮大联动系列活动在禄丰县体育馆举行，在元宵佳节期间围绕龙狮文化开展了舞龙舞狮表演、焰火晚会、民族歌舞表演等一系列活动。这是国家体育总局批准，国家体育总局社会体育指导中心、中国龙狮运动协会主办，在全国各地开展的“全民健身”龙腾狮跃闹元宵活动的一部分，楚雄州禄丰县是云南省参加全国大联动的三个点之一。

【楚雄州第十四届庆“三八”女子健身运动会举行】 2010年3月6日，时值国际“三八”劳动妇女节诞辰100周年前夕，由楚雄州体育局和州妇联共同主办的楚雄州第十四届庆“三八”女子健身运动会在州民族体育活动中心举行。来自楚雄城区各单位的1600余名女职工参加拔河、同心协力、迎面接力和家庭背运球比赛。

【州直学校（学院）第八届教职工运动会】 2010年3月21日至4月25日，楚雄州州直学校（学院）第八届教职工运动会在州民族中学、州教育局举行。此届运动会由州教育工会主办，州民族中学承办，运动会比赛项目设男女排球、50米迎面接力和双抠3个项目，州直学校和州教育局机关共17个代表队821名运动员、裁判员参加运动会各项比赛，经过28天紧张而激烈的角逐，排球比赛男女冠军分别被楚雄医药高等专科学校、楚雄师院附小代表队获得，亚军分别被楚雄一中代表队和州幼儿园代表队分享，50米迎面接力比赛1～3名分别被州体育运动学校代表队、楚雄开发区实验小学代表队和州民族中学代表队夺得。

【楚雄州第四届残疾人运动会】 2010年8月10～13日，由楚雄州人民政府主办，州残疾人联合会、州体育局承办的楚雄州第四届残疾人运动会在楚雄举办，来自全州10县（市）和州特殊教育学校的11个代表团338名残疾人运动员参加聋人男女篮球、游泳、田径、自行车、乒乓球和举重6个项目的比赛，产生金牌160枚、银牌100枚和铜牌103枚。

【组团参加省第十三届运动会】 2010年8月18～26日，楚雄州体育代表团238名运动员参加在文山州举行的云南省第十三届运动会。楚雄州运动员参加了田径、游泳、射击、射箭、拳击、柔道、摔跤、自行车、体操、足球、篮球、皮划艇、举重、网球、散打等15个大项的决赛。获得金牌27枚、银牌27枚、铜牌30枚，以团体总分1097分名列全省第六名，代表团荣获体育道德风尚奖。楚雄州体育代表团在这届运动会上取得的成绩与上届运动会相比，金牌增加5枚，银牌增加5枚，金牌排名上升1位，有田径4×400米接力和游泳男子蝶泳全能两个项目的比赛成绩打破了云南省青少年纪录。

陀螺比赛　（李建华/摄影）

【滇川友邻州市第六届男子篮球联赛在楚雄举行】 2010年10月11～15日，由楚雄州体育局、州篮球协会承办的川滇友邻州市第六届男子篮球联赛在楚雄州体育馆举行。来自四川省攀枝花市、宜宾市、乐山市、凉山彝族自治州和云南省昭通市、大理白族自治州、迪庆藏族自治州、楚雄彝族自治州的120多名运动员、教练员和裁判员参加运动会，通过比赛，队与队之间、球员与球员之间互相交流，互相切磋，提高了竞技水平，达到加强沟通、增进友谊的目的。

【中国楚雄彝族国际火把节体育活动】 2010年7月，第五届中国彝族文化展演会、第六届云南民族民间文化博览会暨2010年中国楚雄彝族国际火把节期间，楚雄州组织开展了“斯柏特杯”第三届全国中老年柔力球邀请赛、全国业余网球公开赛、“茶花杯”七人制足球赛、篮球精英邀请赛、羽毛球赛、乒乓球赛、无级别彝族式摔跤比赛和太极拳剑、自行车技、滑板、直排轮滑、缅甸藤球等项目为主的群众性体育赛事。

【太极拳走进西部活动在楚雄举行】 2010年10月14日，太极拳走进西部·楚雄——纪念杨式太极拳一代宗师田兆麟先生诞辰120周年活动在楚雄市桃源湖畔举行。一大批太极拳爱好者参加活动，州体育局领导发表讲话，鼓励太极拳爱好者努力在楚雄推广太极拳运动，提高运动水平。太极拳是中华民族的瑰宝，它博大精深，健身价值被世界人民所公认。近几年来，太极拳在楚雄得到广泛推广，楚雄州老年人体育协会认真组织开展太极拳培训、普及等工作，发动和组织太极拳爱好者参加太极拳比赛。在建州50周年和全民健身日太极拳表演等活动中都取得较好成绩，得到社会各界的认可。

【云南省足球业余联赛楚雄赛区比赛】 2010年，由云南省足球协会、云南省足球运动管理中心主办，楚雄州体育局、楚雄州足球协会承办了2010年云南省足球业余联赛楚雄赛区比赛。联赛楚雄赛区比赛于10月16日开赛，11月7日在楚雄州民族体育活动中心落幕。来自楚雄城区和部分县的14支代表队近300名运动员参加比赛，经过47场激烈角逐，楚雄佳泰房地产代表队荣获冠军，牟定明阳房地产代表队获第二名，元谋石云骨科医院获第三名。荣获冠军的佳泰房地产代表队代表楚雄州参加了11月24~27日在红河州弥勒县举行的2010年云南省足球业余联赛总决赛。

【“体育彩票杯”全州体育系统职工运动会】 2010年11月25~29日，楚雄州体育系统职工运动会在元谋县举行。有来自全州体育系统12个单位的近300名运动员、教练员、裁判员、工作人员参加运动会，运动会设男子篮球、女子三人篮球和拔河3个项目的比赛，通过男子篮球和女子三人篮球2个项目76场、拔河项目4轮15场的比赛决出各项名次，男子篮球项目第一名州体育运动学校、第二名州体育局、第三名元谋县，女子三人篮球第一名州体育运动学校、第二名南华县、第三名牟定县，拔河项目第一名元谋县、第二名禄丰县、第三名南华县。

【云南省第八届五人制足球赛楚雄赛区比赛】 2010年12月11~12日，由云南省足球协会、省足球运动管理中心主办，楚雄州体育局承办的“云铜地产·都市时报杯”云南省第八届五人制足球赛楚雄赛区比赛在州民族体育活动中心举行。来自楚雄城区的8支代表队120余名运动员参加比赛，通过2天16场的激烈角逐，牟定明阳地产代表队荣获冠军，楚雄三尖山代表队获亚军，楚雄浩宇摩托代表队获第三名，荣获前二名的明阳地产代表队、三尖山代表队代表楚雄州参加12月下旬在昆明举行的全省总决赛。

【校园足球活动和阳光青少年体育活动】 2010年，楚雄州组织34所校园足球活动定点学校开展青少年校园足球联赛162场，1800余名中小学生参与比赛及活动。举办校园足球业务骨干培训班4期，培训业务骨干122人。

［杨文义］

场馆建设

【体育场馆建设】 2010年，楚雄州投入建设资金40万元改造体育场足球场，投资70余万元改造州体育馆电子显示屏。积极争取国家、省、州的体育场馆建设项目和资金支持，州级财政安排建设资金100万元给牟定和南华两县建设体育场馆。6月，牟定县举行体育馆奠基仪式。年内，南华县体育馆进行了土地报批、规划和设计论证，姚安县体育馆、武定县体育馆建成投入使用。年末，全州有县级体育馆7个。省体育局下达楚雄州乡（镇）体育基础设施建设项目8个，每个投资10万元，总投资80万元，在乡镇人民政府所在地建设公共体育场地，建设一个带看台的标准灯光篮球场。

【村级文化体育活动广场建设】 2010年，楚雄州根据《云南省实施村级农村文化体育活动广场建设试点工程方案》的要求，由州财政局牵头，州体育局和州文化局积极配合，按照实事求是的原则，认真组织各县（市）编报建设方案，对各试点村建设方案中的建设规模、建设内容、投资规模、选址及自筹资金落实情况进行审核，编制了楚雄州2010年度农村文化体育活动广场建设试点村建设方案。至年末，省一次性下达楚雄州2010年度村级文化体育活动广场建设试点项目33个，每个试点村建设多功能文化活动室1个，标准篮球场1块，室外乒乓球桌2张，省财政给每个试点村补助建设资金10万元，省体育局每个试点村补助体育器材购建经费0.8万元，总投资356.4万元。

［杨文义］

体育产业

【体育彩票销售】 2010年，楚雄州体育彩票销售作为全州体育产业开发的支柱，受到各级体育部门高度重视。全州努力做好体育彩票的销售和宣传工作，切实做好电脑体育彩票和即开型体育彩票的销售及管理。电脑体育彩票销售额6748万元、即开型体育彩票销售额5845万元，总销售额1.26亿元。

【体育场馆开放成效显著】 2010年，楚雄州认真做好体育场馆对社会有偿开放工作，完善了科学管理体制。州游泳馆面向社会开放游泳项目、州体育馆开放羽毛球、篮球等项目，州体育场开放足球项目，完成体育场馆开放和铺面经营收入120余万元，体育场馆开放取得较好经济和社会效益。

［杨文义］

（责任编辑：周能汉）

民族

民族综述

【民族代表人士迎新春座谈会】　2010年2月6日，楚雄州民委举行迎新春座谈会，各民族代表人士及民族工作者欢聚一堂，喜迎新春，共谋发展。州政协原主席张怀德，州委常委、州委统战部部长、州民族工作领导小组组长任锦云，州人大常委会副主任杨静，州政协副主席马旷源、王应学及州级老领导普联和出席座谈会。任锦云在座谈会上要求，全州各级要紧紧抓住胡锦涛总书记视察楚雄州民族工作、关注民族团结的机遇，顺势而谋，乘势而上，牢牢把握各民族共同团结奋斗、共同繁荣发展的主题，结合彝州实际，发挥优势，全力打造民族团结示范工程品牌，不辜负总书记的重托，赢得社会各界的支持和各级各部门的帮助，切实加快少数民族和民族地区科学发展。

【民族理论政策培训班】　2010年，楚雄州在州委党校举办民族理论政策专题培训班2期，培训班邀请省民委副主任木桢，省社会主义学院常务副院长彭济生，州委常委、州委统战部部长任锦云分别讲授马克思主义民族观和新时期党的民族理论政策，如何做好新形势下的民族工作等专题。第一期以培训州级各部门的主要领导、中央、省驻楚单位、企业、驻楚部队负责人和各县（市）长、乡（镇）党委书记为主；第二期以培训州级领导、各县（市）委书记、县（市）分管民族工作的领导、民宗局局长、乡（镇）长为主。2期培训班有460余人参加培训。通过培训，让学员进一步了解各民族基本情况，学习有关民族问题的基本知识，领会党的民族理论政策、国家民族法律法规，把握当前民族工作的形势和任务，掌握做好民族工作的基本方法，深刻认识新形势下做好民族工作的重要性，增强做好彝州民族工作的责任感，切实提高党的民族理论政策水平，促进全州民族团结进步事业，努力实现全州经济社会发展新跨越奠定坚实基础。

【民族团结示范乡村建设】　2010年，楚雄州民委投资420万元，在全州少数民族聚居区建立民族团结示范村12个，通过每村投入30万元左右，把民族团结示范村建设成为带动少数民族和民族地区经济社会发展、民族和睦团结、文化生活丰富的示范村，使民族团结示范村成为全州民族地区新农村建设的典型。7月15日，楚雄州民委在武定县发窝乡授予“武定县发窝乡楚雄州民族团结示范乡”。武定县发窝乡是少数民族聚居乡，多年来，积极开展民族团结示范乡创建活动，特色鲜明，成效明显。通过开展民族团结进步创建活动，真正把发窝乡建设成为经济发展、社会进步、民族团结、宗教和顺、乡风文明、生态良好的民族团结乡，成为全州民族团结进步创建活动的示范基地，发挥示范带动辐射作用。在民族团结示范村建设中，把马石铺村作为全州民族团结进步示范村的标杆。10月6日，州长到楚雄市苍岭镇李家村委会马石铺村民小组调研，要求在下步工作中，州、市相关部门要进一步统一思想、提高认识，认真落实胡锦涛总书记在马石铺村视察时的重要指示精神，紧扣民族团结进步这一核心，创新发展思路，立足长远，打破常规，整合资源，高标准、高起点谋划马石铺村的未来发展方向。

【民族团结报告会】　2010年3月25日，楚雄州举行民族团结报告会，邀请云南大学民族研究院院长何明教授作《坚持“两个共同”，推进民族团结》专题讲座。报告会由州委常委、州委统战部部长任锦云主持，州人大常委会副主任杨静，州级各部门副处以上实职领导干部，州委宣传部、州民委、州委党校全体干部职工，楚雄市副科以上领导干部参加报告会。

【民族团结创建活动】　2010年6月21日，中共楚雄州委、州人民政府召开表彰大会，表彰奖励2005年以来在全州各行各业涌现出来的为民族团结进步事业作出突出贡献的模范集体和模范个人。授予中共楚雄市委、市人民政府等65个单位“楚雄州民族团结进步模范集体”荣誉称号，授予赵万祥等100名同志“楚雄州民族团结进步模范个人”荣誉称号。这次表彰的模范代表来自全州党政机关、企事业单位、人民团体、大中专院校和部队等各条战线涌现出来的先进典型，充分体现先进性、广泛性和典型性。模范个人中，既有少数民族又有汉族，其中少数民族占60%，妇女占23%，州内7个世居少数民族都有代表入选。9月，州委宣传部、州委统战部、州民族事务委员会印发《关于进一步开展民族团结进步创建活动的意见》，把民族团结进步创建活动作为构建和谐社会建设的重要组成部分，提出创建活动的指导思想、总体目标，在全社会广泛开展创建民族团结进步示范县（市）、示范乡（镇）、示范村（社区）、示范单位的活动，力争用5年的时间，在楚雄州建设5个州级民族团结进步示范县，50个民族团结进步示范乡（镇）和一批民族团结进步示范单位、社区、村。12月24日，楚雄州首个民族团结进步示范社区在鹿城镇栗子园小区挂牌。这个示范社区由州民族事务委员会和楚雄市人民政府共同创建。楚雄州通过示范社区创建，促进社区各民族共同团结奋斗，共同繁荣发展。

【少数民族代表人士调查统计】 2010年，楚雄州民委组织开展少数民族代表人士调查统计。调查统计结果，全州有少数民族劳动模范16人，少数民族代表人士152人，社会各界少数民族人士（包括社会科学、文化艺术、体育、企业、民族民间艺人）53人。

【省委督查组一行到楚雄州检查指导民族工作】 2010年10月18～20日，由省委统战部副部长苏红军带队的省委督查组一行到楚雄州检查指导民族工作。督查组深入楚雄市苍岭镇马石铺村民族团结工作和元谋、武定县民族团结示范村督查指导后，于10月18日下午在州公务中心听取楚雄州民族工作情况汇报会。州委常委、州委统战部部长任锦云主持汇报会，州政府副州长杨元茂作工作情况汇报。省委督查组听取汇报后，对楚雄州的民族工作给予充分肯定。认为楚雄州各级党委、政府以科学发展观为统领，高度重视民族工作，切实加强领导，形成了党委统一领导，主要领导亲自抓，分管领导全力抓，职能部门具体抓，有关部门各司其职的民族工作格局；制定了一系列特殊政策措施，加快民族地区又好又快发展；在干部人才建设方面，重视对少数民族干部的培养、选拔和使用；在宣传教育方面，重视民族理论、民族知识、民族政策、民族法律法规的宣传。积极做好矛盾纠纷排查工作，为建立平等团结互助和谐的社会主义民族关系打下了坚实的基础。省委督查组要求，要进一步认真抓好党的十七届五中全会精神的学习，编制好“十二五”规划争取让更多项目挤进全省盘子、进入国家层面。要进一步抓好《关于进一步加强民族工作促进民族团结加快少数民族和民族地区科学发展的决定》的落实和民族团结进步创建活动等各项工作，确保楚雄州民族工作得到进一步发展。

【武定县民族团结宣传专题报告会】 2010年4月6日，武定县召开民族团结宣传专题报告会，邀请省民族团结宣讲团成员、省民族研究所赵学先教授作《坚持民族平等，加强民族大团结，为民族团结进步事业作出新贡献》的专题报告。赵学先教授通过介绍中外民族史和分析当前国内外形势，尤其是通过对前苏联、俄罗斯联邦、印度等世界各国各地区在施行民族政策方面的偏差导致国家解体、民族分裂，以及由此给人民带来的灾难和痛苦等做深入剖析，回顾新中国建立前后的民族关系、民族政策和民族工作取得的巨大成就，进一步阐明“民族团结是福、分裂是祸”的观点，突出做好新形势下民族团结工作的重要性。

［陈世聪］

民族经济

【民族机动金管理】 2010年，楚雄州单列民族机动金1287.68万元，比上年增加117万元，安排项目103个。民族机动金坚持由民族事务部门安排，向州人代会报告和接受财政、审计部门监督，统筹兼顾、分类指导、突出效益和体现民族工作部门职能的原则，管理使用好民族专项资金，在改善民族地区基本设施建设、培育特色经济、增加农民收入、促进民族教育、弘扬民族文化、确保民族团结稳定方面发挥了良好的经济效益和社会效益。根据云南省民委确定的资金投向和原则，积极开展项目前期论证和申报工作，共争取省级少数民族发展资金550万元，省级民族机动金650万元，少数民族传统文化保护专项经费90万元，改善基层民族工作部门办公条件经费143万元，加上电脑农业推广经费、民贸财政贴息经费等113个项目，计1446万元，比上年增加240余万元。

【散杂居少数民族发展】 2010年，楚雄州认真落实散杂居少数民族发展5年规划，扶持散杂居少数民族经济社会发展。投入资金515万元，扶持自然村35个，通过每村投入15万元的建设，使散杂居民族聚居村基础设施得到明显改善，各族群众生产生活中存在的主要问题得到有效解决，基本实现“四通五有三达到”的目标。

【少数民族农民致富带头人和优秀民营企业家受表彰】 2010年，楚雄州遴选推荐的少数民族和民族地区农民群众学习科技、利用科技勤劳致富创业的代表和模范致富带头人熊贵珍等16人，被省民委、省科技厅作为“云南省首届少数民族农民科技致富带头人”受到表彰奖励。遴选推荐的杨松荣等3人被省民委、省工信委作为“云南省首届少数民族优秀民营企业家”，受到表彰奖励。

［陈世聪］

民族文化

【楚雄阿乖佬彝歌队获奖】 2010年5月7日，代表云南省参加第十四届CCTV青年歌手电视大奖赛的楚雄阿乖佬彝歌队载誉归来。在第十四届CCTV青年歌手电视大奖赛上，楚雄阿乖佬彝歌队以昂扬的斗志和团结拼搏的精神风貌给观众和评委留下深刻印象，为云南代表队荣获青歌赛团体铜奖作出努力。楚雄阿乖佬彝歌队在单项赛预赛中获得第四名。州委宣传部有关领导代表州委、州人民政府看望慰问了载誉归来的楚雄阿乖佬彝歌队。

【楚雄城区彝族年】 2010年12月4日，是彝家人一年一度的彝族十月年。在楚雄彝人古镇，千余名彝族同胞身着盛装，弹奏着三弦、二胡，载歌载舞地和来自各地的八方宾客一同欢度彝族年。省民委副主任李国林应邀出席活动。州委副书记李兴顺宣布2010年彝人古镇彝乡宴开席。州党政领导李红民、任锦云、何根源、杨静、杨元茂、李振华、王应学等出席活动。州级老领导普联和、杨成彪、白显云、李嘉贵、普桂和、杨家聪和彝族同胞一起欢度新年。千人万人同举杯，彝歌彝舞伴盛宴。暮色降临，装扮一新的彝人古镇张灯结彩、灯笼高挂，在绿色松针如毯，长500米、宽30米的威楚大道上摆开300多桌长街宴，大碗的酒，大碗的坨坨肉，彝家人敞开火热的情怀，唱起酒歌，邀请八方宾客与彝人举杯同庆彝族新年。彝人古镇旅游开发公司为彝族年举行彝族毕摩祭祀仪式，组织演出队演出《长街宴》、《酒歌联唱》、《歌唱丰收年》、《服饰展》、《留客调》等节目。

【楚雄城区傈僳族阔时节】　2010年1月18日，楚雄城区近百名傈僳族同胞欢聚在州宗教局会议室，以座谈会等形式共同欢度傈僳人的节日——阔时节。在座谈会上，州民委主任李德胜向参加欢庆的傈僳族同胞致以节日的祝贺，并传达了国务院和云南省民族团结进步表彰大会精神。州宗教局局长杨发荣、原州扶贫办主任张自强分别传达了云南民族学会傈僳族研究委员会三届二次、三次会议精神暨傈僳族原生态歌舞乐展演情况。州政协副主席王应学、马旷源，州委统战部、州人大民工委、州政协民宗委、州民委、州宗教局等部门的领导出席节庆活动。

【非物质文化遗产传承人】　2010年，楚雄州确定第二批非物质文化遗产代表性传承人，公布第二批州级非物质文化遗产项目。何应贵、杨成、李华文、童林、金凤德、杨本雷等137人被确定为第二批非物质文化遗产代表性传承人，彝族火把节、彝族老虎笙、彝族毕摩典籍、武定县银器制作工艺、彝剧、彝医药等50个项目被确定为第二批州级非物质文化遗产项目。第二批州级非物质文化遗产项目及其代表性传承人的公布，对促进非物质文化遗产保护，弘扬彝州优秀传统文化，具有重要意义。

【首家民间彝族文化博物馆】　2010年10月2日，楚雄州第一家民间彝族文化博物馆——南华英武罗鲁文博园在南华县五街镇开园。中国文联副主席、中国作家协会副主席丹增，云南省广电局副局长和向东和楚雄州委宣传部有关领导参加开园仪式。英武罗鲁文博园位于南华县五街镇人民政府所在地，占地约15亩。建立“英武罗鲁文博园”，抢救、保护、传承、弘扬和发展优秀的民族文化，让彝族人民悠久的历史文化能够让世人认知、接受和欣赏。罗鲁文博园所收藏、整理并展示于众的核心文化有千年历史的彝族传统火草麻线纺织术，彝族传统的毕摩文化，传统手工刺绣及服饰文化，传统的姑娘房及歌舞文化，传统的彝族火塘文化。彝族传统建筑及特色饮食、酿酒等民风民俗在这里都得到充分展示。丹增亲笔为文博园题名“罗鲁村”，并为“罗鲁村”揭牌。

【民族文化宣传工作现场会】　2010年9月17～19日，由国家民委组织的全国民委系统民族文化和民族宣传工作现场会在楚雄召开。在两天半的会期里，会议对各地贯彻落实全国少数民族文化工作会议和《国务院关于进一步繁荣发展少数民族文化事业的若干意见》、开展民族宣传活动的经验进行总结交流，研究部署下一阶段工作，考察楚雄州民族文化建设和民族宣传工作情况。国家民委文宣司司长武翠英出席会议并就民族文化工作和民族宣传工作作讲话，国家民委文宣司副司长马继祖主持会议，省政府副秘书长王俊强致辞，省民委副主任木桢、李国林出席会议。州党政领导，来自全国各省区市、新疆生产建设兵团民族工作部门分管文化宣传工作的领导和有关同志等近150人出席会议。

【元谋县发现清代彝汉文古墓碑】
2010年1月，元谋县文物普查人员在凉山乡发现清朝嘉庆年间彝族古墓群。墓群处在灌木杂草丛中，有20座之多，并已确定2座墓葬有彝汉碑文。这一古墓群位于海拔2100米的元谋县凉山乡把世者村东南方200米，北纬25°43′43.7″、东经101°57′23.2″，是当地彝族朱氏家族墓地。古墓群均为石结构，其中一座墓碑是清故显考朱氏老孺人之墓，立碑年代为嘉庆元年（1796）；一座墓碑是清故深恩显考杨氏老孺人墓，立碑年代为嘉庆13年（1809），其余古墓均为清后期墓葬，保存基本完好。彝汉文墓葬碑的发现，对研究小凉山彝族社会、经济的发展，丧葬风俗和家族文化等有着重要参考价值。

［陈世聪］

民族教育

【民族教育概况】　2010年，楚雄州有全日制各类学校1317所，其中有少数民族在校学生15.44万人，占在校生总数43.68万人的35.03%，其中小学、初中、高中、中专（技校、职高）、大学少数民族在校学生比例分别达39.56%、38.69%、34.27%、31.58%、40.95%，有独立设置的民族小学25所、民族中学4所、民族中专1所。

【少数民族中青年干部培训】　2010年7月19日，由中共楚雄州委组织部、州民委主办的为期1个月的楚雄州第七期科级少数民族中青年干部培训班在州军队转业干部培训学校举行开学典礼。至8月19日，培训班邀请省、州有关领导和专家学者授课，来自州、县、乡党政机关和事业单位的实职正副科级少数民族干部50人接受培训。培训期间，通过基础课程、专题讲座、交流发言、撰写论文、外出考察学习等方式，学员们系统学习了中国特色社会主义理论体系和科学发展观，马克思主义民族观和新时期党的民族政策以及民族区域自治法规，党风廉政教育，当代中国与世界经济发展趋势，民族文化和民族经济发展，推动城镇化建设，加强综治维稳工作，党在农村工作的方针政策，领导方法与领导艺术，领导干部心理调适，基层工作方法、公文写作与运用等内容。

【少数民族公务员招录】　2010年，楚雄州计划从大专以上的少数民族青年中公开招考、录用国家公务员50名，补充到县（市）、乡（镇）机关工作。招考录用的少数民族公务员，经历了报名、笔试、面试、考核体检等环节的严格筛选，有42名少数民族青年被录用为国家公务员。

【《楚雄彝族自治州民族教育条例》执法检查】 2010年10月上旬，楚雄州人大常委会开展贯彻《楚雄彝族自治州民族教育条例》执法检查。通过检查认为，全州含民族教育在内的各级各类教育呈现了健康协调发展的良好态势。《条例》自1993年颁布实施以来，受到各级人民政府和各族群众的重视，产生了广泛的影响；各级人民政府为保证《条例》的贯彻实施，采取了一系列行之有效的措施和方法，使《条例》的规定落到实处，体现了执法主体贯彻《条例》的积极性和高度责任感；在党的民族政策、国家法律法规以及《条例》的保障下，全州民族教育得到较快发展，“两基”任务顺利完成，学校基础设施和标准化建设迈上新台阶；少数民族贫困地区享受到党的民族政策的优惠，民族师生的精神面貌发生显著变化，教与学的积极性明显提高。对于存在的薄弱环节和下步工作，执法检查组提出，全州各级人民政府要统一思想，进一步加强对《条例》的学习宣传和贯彻落实；要继续加大力度，多渠道筹措资金，加快民族地区教育的基础设施建设，进一步改善办学条件，保障民族教育的健康发展；要进一步强化措施，充分保障少数民族学生完成义务教育和吸引优秀教师到民族地区从事民族教育工作；要按照“政策对路、措施得力、办法有效”的要求，进一步提高民族地区的办学水平；要深入调研，为进一步修订完善条例做好准备工作。

［陈世聪］

民族体育

2010年6月21~25日，楚雄州第八届少数民族传统体育运动会隆重举行

（州民委提供）

【楚雄州第八届民族传统体育运动会】 2010年6月21～25日，由楚雄州人民政府主办，州民委、州体育局承办的楚雄州第八届少数民族传统体育运动会在楚雄市举行。在为期6天的比赛中，来自全州10县（市）和楚雄民族中专的11个代表团750余名运动员进行了紧张激烈的角逐，在9个大项48个小项的竞赛项目中，决出金牌、银牌和铜牌各48枚；在35个表演项目中，产生金奖12个、银奖13个、铜奖10个；11个代表团全部荣获体育道德风尚奖；楚雄、南华、禄丰、姚安、双柏、武定、大姚、永仁等8个代表团获团体总分前8名。此届民族运动会是州历届民运会中参与人数最多、参赛项目最多、参赛规模最大的一届民族体育盛会。

【楚雄州在省第九届民族传统体育运动会获佳绩】 2010年11月16～23日，云南省第九届少数民族传统体育运动会在普洱市举行。楚雄州代表团参加了马术、秋千、陀螺、射弩、板鞋竞速、龙舟、摔跤、吹枪、高脚竞速、抢花炮、蹴球等11个竞技项目和跳闪板、跳脚场上、抢收乐、织、穿花5个表演项目的比赛。楚雄州运动员在竞赛中发扬“团结、拼搏、向上”的体育精神，勇夺金牌9枚、银牌8枚、铜牌12枚，创历史最好成绩，竞赛项目获金牌总数7枚，是上届的3倍多，在18个参赛代表团中金牌总数排名第六。楚雄州代表团还获得大会组委会授予的“优秀组织奖”。吹枪等2个运动队，陈保芬等27名运动员荣获“体育道德风尚奖”；楚雄州民委、楚雄州体育局和楚雄民族中等专业学校被评为“全省民族体育先进集体”，李德胜、鲁卿、罗光尧等被评为“全省民族体育先进个人”，受到表彰奖励。

【民族健身操教练员培训】 2010年4月27～29日，楚雄州第八届民族传统体育运动会筹委会在楚雄市举办了为期3天的健身操教练员培训班。来自全州10县（市）和民族中专的教练员参加培训。举办民族健身操教练员培训班是为州第八届民运会表演项目民族健身操类比赛作准备的，培训内容为民族健身操类比赛的规定套路，是云南省推广的10套民族健身操中的彝族健身操。

［陈世聪］

（责任编辑：周能汉）

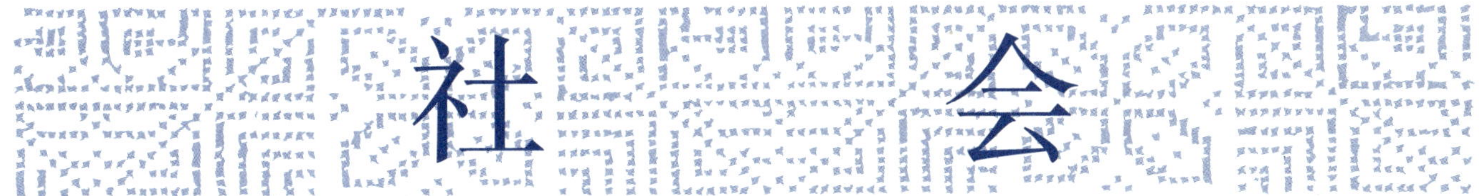

人民生活

【城镇居民收入】　2010年，楚雄州城镇居民人均可支配收入15623.64元，比上年同期增长9.1%。从总收入构成上看，四项收入全面增长。工资性收入仍是推动居民收入增长的主要动力。人均工资性收入13088.52元，增长8.4%，占家庭总收入的比重为74.3%，主体地位依旧，工资性收入增加主要来自于教育、卫生及烟草系统增资。财产性收入明显增长，人均财产性收入346.17元，增长11.6%，主要得益于投资渠道的拓宽和居民投资理念的更新，各种投资活动日趋活跃，来自利息、股息与红利的收入增加。转移性收入增势强劲，人均转移性收入3252.86元，增长20.1%，其中企业离退休职工政策性增资带动养老金或离退休金增长12.8%，居民购房热拉动提取住房公积金增长2.1倍。在宏观经济逐步向好的形势下，经营性收入小幅上涨，人均经营性收入936.13元，微涨0.5%。

【城镇居民支出】　2010年，楚雄州城镇居民家庭人均总支出15268.19元，增长12.5%，居民生活质量明显提高。消费支出继续保持增长势头。人均消费支出9907.73元，增长10.2%。从消费结构来看呈现“五升三降”态势。个人消费持续高涨。人均其他商品和服务支出220.28元，增长44.8%，其中人均购买金银珠宝饰品支出增长39.4%，购买化妆品支出增长49.6%，美容费支出增长82.0%。交通和通讯消费成为又一热点。信息产业与汽车行业相关消费的快速发展极大地刺激了居民的消费需求，人均交通和通讯支出1644.8元，增长41.6%。年末，每百户居民家庭拥有移动电话225部，增长7.2%；家用电脑62台，增长18.1%；家用汽车13.5辆，增长69.6%。教育文化娱乐服务消费快速增长。居民在物质消费基本满足后，日益重视精神文化方面的消费，更加讲究生活品质。人均教育文化娱乐服务支出991.52元，增长33.0%。家庭设备用品需求不减。消费品市场商品丰富，新产品层出不穷，居民购买热情不减，人均家庭设备用品及服务支出506.14元，增长28.6%。居民家庭每百户拥有洗衣机90台、电冰箱85.25台、摄像机4.75架、微波炉39台、消毒碗柜12.5台、健身器材4.25套。居住消费持续增长。随着居民生活水平的提高和住房的改善，对居住的舒适要求也不断提高，人均居住支出895.3元，增长25.4%。人均住房建筑面积35.16平方米，增长2.2%。食品消费小幅下降。人均食品支出4027.54元，下降1.6%，恩格尔系数（食品支出占消费支出的比重）为40.7%，比上年下降4.8个百分点。医疗保健支出有所下降。医改的深化和平抑药价政策的实施使居民医疗保健支出有所下降，人均医疗保健支出675.59元，下降3.2%，占家庭消费比重比上年降低1个百分点，居民负担有所减轻。衣着消费降幅最大。人均衣着支出946.57元，下降8.5%。其中人均服装消费683.44元，下降8.2%；鞋类消费224.61元，下降10.9%。非消费性支出比重扩大。人均非消费性支出5360.45元，增长17.0%，占家庭总支出的比重为35.1%，比上年扩大1.3个百分点。居民社保意识日益增强，个人交纳的社会保障支出不断攀升。年内家庭人均个人交纳住房公积金1249.33元，增长15.9%；交纳养老基金262.09元，增长12.2%；交纳医疗基金248.68元，增长10.8%。房地产市场持续火爆，极大刺激居民的投资心理。全州城镇居民购房与建房支出人均1135.87元，增长24.4%，居民住房条件也相应得到改善，除了现住房，每百户居民家庭拥有其它住房23套，其中用于出租的占47.8%。

【城镇居民生活质量提高】　2010年，楚雄州城镇居民生活质量得到提高，呈现以下新特点：生活水平不断提高。城镇居民收入稳步增长，收入构成更加多元化，消费水平显著提高，食品支出占消费性支出的比重（恩格尔系数）为40.7%，比上年下降4.8个百分点，住房、家用汽车、旅游、文化娱乐、交通通讯等消费热点持续升温。居住条件明显改善。城镇居民家庭人均现住房建筑面积35.16平方米，比上年增长2.2%。居民拥有单栋住宅的占12.5%，比上年上升0.53个百分点；拥有四居室的占6.5%，比上年上升0.76个百分点；拥有三居室的占56%，比上年上升1.39个百分点。近五成的居民选择使用罐装液化石油气，使用煤炭的占2.25%，比上年下降0.24个百分点。社会保障支出快速增长。城镇居民人均社会保障支出1785.7元，比上年增长13.5%，社会保障支出增幅高于同期可支配收入增幅4.4个百分点。构成社会保障的各项支出大幅提高，其中人均交纳养老基金增长12.2%，住房公积金增长15.9%，医疗基金增长10.8%。

［苏　洁］

【农村居民人均纯收入】 2010年，据2500户农村住户抽样调查资料显示，楚雄州农民人均总收入6067元，比上年增长12%；扣除家庭经营费用、税费、调查补贴、赠送农村外部亲友等相关支出后，农村居民人均纯收入3896.4元，比上年人均增加385.1元，增长11%，扣出价格上涨因素实际增长7%。农民现金收入稳步增长，年内人均现金纯收入2657.2元，比上年增加87.4元，增长3.4%，实物纯收入1239.2元，比上年增加297.7元，增长31.6%。

【农村居民家庭经营收入】 2010年，据2500户农村住户抽样调查资料显示，楚雄州农村居民家庭经营收入4775.2元，比上年增加362.2元，增长8.2%。分产业看，第一产业收入4443.5元，增加360.6元，增长8.8%；第二产业收入75.1元，减少5.1元，下降6.3%；第三产业收入256.7元，增加6.7元，增长2.7%。牧业收入在农村家庭经营中仍处主要位置，2010年达1184.5元，比上年人均增加78.4元，增长7.1%，占家庭经营收入的24.8%，所占份额比上年减少0.3个百分点。

【劳动者报酬收入继续增长】 2010年，据2500户农村住户抽样调查资料显示，由于受持续干旱影响以及农村外出务工人员增多，农民工日均工资提高，楚雄州农民工资性收入快速增长，人均990.4元，同比增加252.7元，增长34.3%，对农民人均纯收入的贡献率已达25.4%，成为拉动农民人均纯收入增长的主力。从收入来源看，在非企业组织（比如乡村干部收入、乡村教师收入、行政事业单位职工等收入）中得到的收入95.1元，增加19.7元，增长26.1%；在本乡地域内得到的收入583.1元，增加141.1元，增长31.9%；外出从业得到的收入312.2元，增加91.9元，增长41.7%。

【农村劳动力文化水平程度继续提高】 2010年，据2500户农村住户抽样调查资料显示，楚雄州大中专毕业生返乡待业继续增加，农村居民文化水平继续提高，特别值得关注的是农村劳动力受教育程度明显变化，不识字或很少识字的比上年减少12.9%，小学程度的增加15.9%，初中程度的增加19.9%，高中程度的增加18.2%，中专程度的增加61.1%，大专及以上的增加31%。劳动力两极分化突出，高中中专外出务工所占的比重较大，农村青年立足本地就业创业较少，大中专毕业生就业困难十分突出。

【农村居民生活住房条件改善】 2010年，据2500户农村住户调查资料显示，随着新农村建设的不断推进，楚雄州农村居民生活住房条件进一步提高。人均住房面积35.3平方米，比上年提高0.2平方米，增长0.7%。住房质量有较大提高，人均钢筋混泥土结构住房面积5.8平方米，增加1.4平方米，增长31.8%，砖木结构住房逐年下降。年内人均新建购住房面积0.5平方米，建房用款302.2元，其中自筹184元，银行、信用社贷款68.2元，其他50元，农民自身支付能力不断增强。

【农村居民生活水平提高】 2010年，据2500户农村居民抽样调查资料显示，楚雄州农村居民人均生活消费支出快速增长，全年人均生活消费3710.1元，增加599.4元，增长19.3%，服务性支出865.2元，增加133.8元，增长18.3%。从生活消费的分类看，食品消费人均1807.1元，比上年增加275.9元，增长18%；衣着消费支出131.6元，增加26.5元，增长25.2%；人均购买家庭设备和用品消费158.7元，增加44.3元，增长38.7%；交通、通信消费高速增长，人均支出352.8元，增加71元，增长25.2%；文教、娱乐用品及服务支出240.9元，增加39.1元，增长19.4%；农村合作医疗全面覆盖农村基层和千家万户，农村医疗保健消费快速增长，年内人均医疗保健消费290.8元，增加19.5元，增长7.2%。

［王　荣］

人口和计划生育

【人口和计划生育工作概况】 2010年，中共楚雄州委、州人民政府高度重视人口和计划生育管理，继续实行人口和计划生育工作“三线”考核制度。州“两会”期间，州委、州人民政府召开全州人口和计划生育工作座谈会，兑现了2009年度人口和计划生育责任目标奖惩，分别签订了《2010年人口和计划生育目标管理责任书》。全年州级财政共预算安排计划生育专项经费819万元，比上年增加32万元。积极编制“十二五”人口发展规划。按照国家和省人口计生委的部署，按时完成了全国2000～2009年10年出生人口基本信息的核查录入工作和云南省育龄妇女及家庭成员基本信息采集录入工作。全州共录入10年出生人口25.84万人，育龄妇女及家庭成员69.56万户258.89万人的基本信息。

年内，全州实有计划生育行政管理人员403人，从事计划生育技术服务的人员510人，其中专业技术人员361人，平均每个站所有专业技术人员3.44人；在专业技术人员中，副高级技术职称2人，中级72人，初级234人；取得执业医师资格83人，助理执业医师资格58人，执业护士资格105人，其他116人；持有《计划生育技术服务人员合格证》人员334人，占专业技术人员的94.4%。基层队伍建设全州1094个村（居）委会配备了1186名计划生育宣传员，在45个流动人口重点社区配备了50名流动人口专职管理员。

【人口控制】 2010年，楚雄州总人口262.77万人（户籍人口），出生人口23519人，人口出生率8.95‰，同比下降0.3个千分点；人口自然增长率3.08‰，与上年同期持平。在出生人口中，符合现行生育政策出生23246人，计划生育率98.84%，同比下降0.53个百分点。综合节育率略有下降，全州已婚育龄妇女人数55.92万人，占总人口的21.28%；已采取避孕措施49.98万人，综合节育率89.38%，同比下降

0.09个百分点。全年全州累计有11.32万人领取了《独生子女父母光荣证》，累计领证率20.25%，同比上升0.62个百分点。全州人口控制工作取得明显成效，圆满完成了“十一五”人口发展规划确定的工作目标。

【人口和计划生育宣传教育】 2010年，楚雄州共开展集中性宣传活动1161场次，43.7万人次接受了宣传教育；共发放宣传资料、宣传品50.6万份，宣传品入户率94.8%，群众计划生育知识知晓率96%；共开办电视栏目6个，播出时间62小时；广播栏目10个，播出时间274小时。完成了《云南省志·人口志》（1990～2009年）楚雄篇续修工作；州政协主编的《楚雄州文史资料选辑》首次以人口和计划生育工作为专题于年内出版。

【人口和计划生育依法行政】 2010年，楚雄州人口和计划生育系统坚持行政执法责任制，严格依法行政。年内制定出台了《楚雄州人口和计划生育行政处罚、自由裁量权细化指导标准》，10月12日召开了听证会，通过州法制局审查备案并以州人口计生委规范性文件公布施行。全年共办理《独生子女父母光荣证》4981本，《生育证》2.26万本，年内查验《流动人口婚育证明》2.20万本，累计办理《流动人口婚育证明》5.58万本。严肃查处违法行为，全年全州共查处计划生育违法案件263件，其中行政处罚案件258件，征收社会抚养费案件5件。认真做好信访工作，全年全州人口和计划生育系统共接待群众来信来访6128件，依法依规处理5975件，办结率达97.5%。扎实开展基层文明执法专项活动，按照“六查一清理”的工作要求，认真开展了相关工作，基层文明执法专项活动取得阶段性成效。认真开展请农民兄弟姐妹评“计生”和请流动人口评“计生”活动，参评群众对人口和计划生育工作的综合满意率达97%以上。

【人口和计划生育优质服务】 2010年，楚雄州人口和计划生育优质服务稳步推进。基层计划生育服务体系建设得到加强。2008年新增的37个计划生育服务体系建设项目全部完工并相继投入使用；2009年的9个建设项目除双柏县服务站外，其他8个乡所均已竣工；2010年新增的3个建设项目6月30日前全部开工建设。计划生育优质服务先进单位创建活动成效明显。全州共有8个计划生育优质服务先进（达标）单位（3个国优、4个省优、1个省标）。2010年禄丰县创国优、永仁县创省标工作通过省人口计生委的评估验收。计划生育优生促进工程进展良好。中央和省州财政共投入专项经费154.17万元，全州各县（市）继续扎实抓好“宣传倡导，健康促进，优生咨询，高围人群指导，孕前实验室筛查和营养素补充”六项工作。省级试点县（牟定县、姚安县、元谋县）孕前检查率达88.74%，非试点县孕前检查率达25.33%。主动承担重大公共医疗卫生改革项目农村妇女增补叶酸预防神经管缺陷项目。截至年末，目标人群增补叶酸知识知晓率89.18%，叶酸服用率76.88%，叶酸服用依从率92.02%。元谋县被列为全国首批国家免费孕前优生健康检查项目试点县。

【人口和计划生育奖励扶助】 2010年，楚雄州共审批确认奖励扶助对象5840人，兑现奖励扶助金455.25万元，特别扶助对象1698名，兑现扶助金196.68万元。全州累计有4.37万户农业人口家庭自愿办理了《独生子女父母光荣证》。全年全州发放一次性奖励金1330人127.35万元，兑现教育奖学金2.14万人549.34万元，免除计划生育群众新型农村合作医疗参合费22.24万人667.15万元。积极向实行计划生育的育龄夫妻免费提供避孕、节育技术服务，全年预计免除费用550万元。严格执行独生子女父母退休加发5%计划生育奖励金的政策，足额兑现独生子女保健费。全年预计兑现独生子女保健费350万元，发放企业退休独生子女父母计划生育奖励金160万元。

【流动人口计生服务管理】 2010年，楚雄州在省内共建流动人口计生服务双向协作管理单位30余个，与四川、河北、黑龙江、北京、广东及沿海地区共建双向协作单位150余个，绝大多数乡（镇）也与流出人员较为集中的地区建立了双向协作关系。11月12日，楚雄州首次牵头召开楚雄州、攀枝花市、凉山州32县、市、区服务管理区域协作会议，取得了良好的效果。截至9月30日，全州有流动人口20.22万人，其中流入人口6.57万人，流出人口13.65万人，流入人口婚育证明查验率89.99%，流出人口婚育证明办证率89.75%。

【计生药具管理】 2010年，楚雄州人口和计划生育系统共为育龄群众免费发放了价值60余万元的计划生育药具。至年末，全州共有星级宾馆46家，安全套摆放率100%；普通旅馆酒店1130家，安全套摆放率100%；桑拿洗浴行业74家，安全套摆放率100%；歌舞厅144家，安全套摆放率100%；美容及发廊731家，安全套摆放率97.80%。

【计生协会工作】 2010年，楚雄州人口和计划生育系统认真学习宣传贯彻《中国计划生育协会科学发展规划纲要》。继续实施生育关怀行动，深入开展“5·29”会员活动日和中国计生协会成立30周年纪念活动。扎实开展计划生育基层群众自治村（居）民示范活动。各县（市）根据工作情况，已按照标准建成20个计划生育基层群众自治村（居）民示范活动试点。认真开展基层计划生育协会评估认定工作。启动计划生育家庭意外伤害保险工作。全年预计完成110万元的计划生育家庭意外伤害保险。至年末，全州共有计划生育协会组织1263个，协会小组1.52万个，会员33.92万人，会员联系户19.46万户，会员之家1576个，有宣传服务阵地2285个。

［起　荣］

劳动就业和社会保障

【劳动和社会保障概况】 2010年，楚雄州劳动和社会保障局在州委、州人民政府的正确领导下，全局干部职工以邓小平理论和“三个代表”重要思想为指导，全面贯彻落实科学发展观，围绕中心，服务大局，克难奋进，各项工作平稳顺利推进并取得显著成效。就业再就业工作取得新成效。城乡各项社会保险工作取得新进展。人力资源和社会保障平台建设作用显现。劳动关系更加和谐稳定，维护劳动者合法权益工作取得新成果。年末，内设7个行政科室、9个事业单位（其中1个为副处级），干部职工总人数101名。8月20日，州劳动和社会保障局劳动监察支队在开展清理整顿人力资源市场秩序专项行动中被国家人力资源和社会保障部、公安部、工商总局联合通报表彰。

【就业再就业工作】 2010年，楚雄州各级劳动保障系统加强就业再就业工作，取得了一定成效。

就业再就业资金。全州共支出就业专项资金5989.05万元，其中社会保险补贴2536.42万元，公益性岗位补贴2835万元，就业培训补贴577.22万元，职业介绍补贴21.13万元，其他支出19.28万元。再就业资金支出比上年同期增加649.05万元，增幅为12.15%，帮助和促进了失业人员实现就业。

开发就业岗位。全州城镇新增就业2.55万人，完成全年任务的137%，其中下岗失业人员再就业2.54万人，完成任务的298%；就业困难人员就业1.09万人，完成任务的258%；城镇登记失业率为3.2%。

下岗失业人员培训。州内共开展下岗失业人员培训0.5万人，完成计划任务的100%；组织创业培训0.19万人，完成计划任务的100%，培训后实现创业1239人，带动就业2844人。

农业富余劳动力转移与技能培训。楚雄州共组织农业富余劳动力转移就业14.2万人，完成州下达目标任务14万人的101.4%，取得经济收入10.08亿元，其中组织劳务输出5.35万人，完成年度计划的100.9%，取得经济收入4.3亿元，外出务工8.7万人，完成年度计划的101.6%，取得经济收入4.9亿元，国际劳务输出1522人，完成年度计划的108.7%，取得经济收入0.88亿元。全年全州共举办农民工职业技能培训396班次，培训农民工2.5万人，完成目标任务的100%。年内，楚雄州农民工服务中心共接待省内外农民工政策咨询7410人次，处理农民工信访案件337人次，开展农民工就业服务3.36万人次，组织农业富余劳动力参加职业技能培训2.5万人次，建立农民工档案2500余份。

开展小额担保贷款及“贷免扶补”。楚雄州鼓励创业促进就业小额担保贷款新增发放贷款2.02亿元，突破2亿元，其中发放“贷免扶补”创业贷款2831人，贷款金额1.40亿元，带动就业5802人；发放失业人员小额担保贷款502人，贷款金额2059万元，带动就业1385人；发放劳动密集型小企业贴息贷款25户，贷款金额4150万元，促进城镇失业人员再就业830人。

2005～2010年农村劳动力外出务工寄回或带回的现金

年份	寄回或带回现金（万元）	外出务工人数（人）	年人均寄回或带回现金（元/人）
2005年	26816.71	190607	1406.91
2006年	30801.3	211795	1454.43
2007年	35694.17	236373	1510.01
2008年	45568.87	251469	1812.11
2009年	49565.36	259029	1913.51
2010年	55868.85	289164	1932.08
年均增长（%）	15.81	8.69	6.54

职业介绍。全州通过“春风行动”、召开“供需见面会”等形式，切实为失业人员搭建平台、提供就业和再就业服务。全州各级就业服务机构组织专场供需见面会54场次，为3.6万名农业富余劳动力提供就业服务，发放《春风卡》、《农民工进城务工指南》、《劳务输出宣传问答》等宣传资料1.43万份，免费提供就业岗位7.12万个，组织农业富余劳动力参加创业培训677人，参加就业技能培训5870人，提供劳动维权和法律咨询援助4697人。

再就业援助。全州劳动就业和社会保障系统对困难群体积极开展送岗位、送政策、送技能、送服务等就业援助活动，共走访就业困难家庭622户，确定了就业援助对象2494人，确定零就业家庭122户，发放政策宣传材料2.2万份；共组织供需见面会15场次，发布用工信息4752条，期间3556名就业困难人员入场求职，1720人实现就业。

【提高失业保险金标准】 2010年8月1日，楚雄州提高失业保险金标准。调整后的失业保险金标准具体为：楚雄市辖区内的参保人员缴费工资低于（等于）当地在岗职工平均工资60%的，失业保险金从430元提高到470元，缴费工资高于当地在岗职工平均工资60%低于（等于）100%的，失业保险金从480元提高到530元，缴费工资高于当地在岗职工平均工资100%的，失业保险金从530元提高到580元；其他9县辖区内的参保人员缴费工资低于（等于）当地在岗职工平均工资60%的，失业保险金从360元提高到400元，缴费工资高于当地在岗职工平均工资60%低于（等于）100%的，失业保险金从410元提高到450元，缴费工资高于当地在岗职工平均工资100%的，失业保险金从460元提高到500元。

【高技能人才培养与就业】 2010年，楚雄州组织楚雄高级技工学校春、秋两季共招生3258人，在校学生规模达10913人，再创历史新高。年内，楚雄州组织职业学校学生、下岗失业职工、农业劳动力及企业职工培训10.11万人

2010年楚雄州就业和失业基本情况

单位：人

<table>
<tr><td rowspan="3">项目</td><td rowspan="3">年末从业人员总数</td><td colspan="4">失业人员总数</td><td colspan="2">失业人员就业人数</td><td rowspan="3">就业率（%）</td><td rowspan="3">除就业外其他原因减少的失业人员数</td><td colspan="2">年末尚有失业人员数</td><td rowspan="3">失业率（%）</td></tr>
<tr><td rowspan="2">合计</td><td rowspan="2">上年末结转的失业人员</td><td colspan="2">本年增加的失业人员</td><td rowspan="2">合计</td><td rowspan="2">#女性</td><td rowspan="2">合计</td><td rowspan="2">#女性</td></tr>
<tr><td>合计</td><td>#由就业转失业</td></tr>
<tr><td>总计</td><td>329000</td><td>29415</td><td>10265</td><td>19150</td><td>6048</td><td>18354</td><td>7710</td><td>5.6</td><td>0</td><td>11061</td><td>4056</td><td>3.25</td></tr>
<tr><td>比上年增长（%）</td><td>6.13</td><td>41</td><td>17</td><td>59</td><td>92</td><td>75</td><td>71</td><td>2.22</td><td>0</td><td>7.75</td><td>-7</td><td>0.05</td></tr>
</table>

次，鉴定合格发证2.88万人，其中初级工9023人，中级工1.77万人，高级工1852人，技师职业资格证书97本，高级技师职业资格证书56本。年内，全州开展了全国高校毕业生网络招聘周活动。楚雄州劳动和社会保障网就业信息页面作为分平台页面点击量达7.02万次，访问量2.01万人次，发布空缺岗位7876个，提供咨询服务8216人次。通过开展民营企业招聘周活动，全年全州共有403户企业参与招聘活动，共提供用工岗位5840个，参加求职应聘的各类人员9120名，签订就业意向2556人，其中大中专毕业生699人，城镇登记失业人员494人，进城农民工1363人。

【社会保险工作】 2010年，全州各级劳动和社会保障部门强化社会保障工作，并取得了明显成效。楚雄州共征缴城镇企业职工基本养老保险4.05亿元，征缴率95.8%，全州基本养老保险历年欠费回收841万元，完成省下达目标任务800万元的105%；征缴城镇基本医疗保险3.69亿元，收缴率达99%，其中统筹基金收入1.69亿元，个人账户基金收入2亿元，回收历年欠费520万元，完成州下达清欠计划520万元的100%；征缴失业保险2920.89万元，征缴率104.6%，收回历年欠费51.3万元，完成州下达清欠计划65万元的78.92%；征缴工伤保险1898万元，征缴率95.3%，收回历年欠费50.1万元，完成州下达清欠计划50万元的100%；征缴生育保险816万元，征缴率96%，收回历年欠费25万元，完成州下达清欠计划25万元的100%。

企业职工养老保险。全州城镇企业职工基本养老保险参保人数达11.67万人，完成省下达目标任务11.66万人的100.1%，其中在职职工参保人数达8.26万人，完成省下达目标任务8.22万人的100.5%。实际缴费人数达7.51万人，完成省下达目标任务7.48万人的100.4%。为34078名纳入统筹发放的离退休人员发放养老金4.78亿元，支付丧葬抚恤费884万元。

工伤保险。全州企业职工工伤保险参保人数7.82万人，完成省下达目标任务7.65万人的102%。899人享受工伤保险待遇1447万元。及时为1～4级51名职工调整伤残津贴，月增加148元，护理费调整月增加95元，经调整后月人均达1783元。为219名供养亲属调整月增加供养亲属抚恤金60元，调整后，月人均达526元。年内制订出台了《楚雄州劳动和社会保障局关于印发贯彻云南省企业老工伤人员工伤保险统筹试行办法的实施意见》，将全州190户企业的老工伤526人（其中1～4级94人，5～10级43人）以及工亡人员供养亲属122人全部纳入统筹。

生育保险。楚雄州企业职工生育保险参保人数5.36万人，完成省下达目标任务5.31万人的101%。为全州629名女职工支付生育保险待遇570万元。

失业保险。楚雄州失业保险参保人数达13.5万人，完成省下达目标任务12.85万人的105.06%，发放失业保险金2.10万人次982.04万元。降低了失业保险缴费费率，由原执行的2%调整为1%，个人缴费费率由原1%调整为0.5%，费率调整后全年共计为企业及个人合计减轻负担1264万元。

城镇职工医疗保险。楚雄州城镇基本医疗保险参保人数达39.51万人，完成省政府下达的任务指标39.5万人的100%，其中城镇职工基本医疗保险参保21.5万人，城镇居民基本医疗保险参保18.45万人。全州应收缴基本医疗保险费3.73亿元，实际收缴3.69亿元，收缴率达99%，比上年增收434万元，其中统筹基金收入1.69亿元，完成全年计划的99%，个人账户基金收入2亿元。回收历年欠费520万元，完成全年回收计划的100%。基本医疗保险基金支出4.16亿元，比上年增长6946万元，其中统筹基金支出2.21亿元，完成全年计划支出的99%，个人账户基金支出1.95亿元。基本医疗保险基金当期收不抵支，赤字4660万元，累计结余为4.66亿元，其中统筹基金累计结余3.33亿元。

城镇居民医疗保险。楚雄州应筹集城镇居民基本医疗保险基金3364万元，实际筹集2862万元，其中个人缴费67万元；中央财政补助1239万元，到位率为99%；省级财政补助820万元，到位率为100%；州级财政补助484万元，到位率为100%；县（市）财政补助252万元，到位率为55%，低于100%的考核指标。全州城镇居民基本医疗保险基金支出3390万元，当期赤字528万元，累计结余1891万元。

楚雄州首批赴日研修人员技能培训班开班 （州人力资源和社会保障局提供）

【补充医疗保险】 大病补充医疗保险。2010年，楚雄州收缴大病补充医疗保险费3461万元，完成大病医疗费用审核2393人次3879万元，其中政策范围内费用3605万元，大病补充医疗保险费支出将达3876万元，当期赤字478万元。

居民补充医疗保险。楚雄州共有16.13万人参加城镇居民补充医疗保险，参保率为90%。实际收缴补充医疗保险费440万元，完成大病医疗费用审核416人次576万元，其中政策范围内费用447万元，大病补充保险费支出将达430万元，当期结余10万元。

【公务员医疗补助】 2010年，楚雄州各县（市）均启动实施公务员医疗补助工作。全州享受公务员医疗补助的人数达8.79万人，全州公务员医疗补助金收入7868万元，支出6000万元，当期结余1868万元，累计结余1.57亿元，其中统筹基金累计结余5794万元。年内，楚雄州共计收缴离休干部医疗统筹金1761万元，审核支付离休干部医疗费1691万元，离休干部医疗统筹金累计结余74万元。未出现拖欠离休干部医疗费用的情况，确保了离休干部医疗待遇的落实。州本级、武定县、永仁县、姚安县共兑现了2009年离休干部医疗费节约奖励294人39万元，其中州本级兑现166人24万元。

【省内异地就医联网结算】 2010年，楚雄州组织召开了医疗保险全省异地持卡就医联网结算试点工作启动会议，对全州各级医疗保险经办机构和首批上线的68家“两定”机构进行了相关业务培训，顺利启动实施了医疗保险全省异地持卡就医联网结算试点工作。全年全州参保人员共计发生异地住院联网结算808人次，医疗费用1491万元；发生异地持卡门诊、购药联网结算1.43万人次，费用158万元，人均个人账户支出110元。其他州（市）参保人员在楚雄州发生异地住院联网结算4人次，医疗费用1.49万元；发生异地持卡门诊、购药联网结算5259人次，费用63万元，人均个人账户支出120元。

【农村社会养老保险】 2010年，楚雄州累计参加农村社会养老保险51万人，新增21.6万人，其中参加新型农村社会养老保险21.1万人。新增领保5.94万人，其中新农保领取5.63万人，新增养老保险金4500万元。全州被征地农民参加农村社会养老保险1093人，新增保金2604万元，有828人按月领取养老金。年内大姚县全面启动了被征地农民基本养老保险工作，这是继南华县之后第二个列入全国新型农村社会养老保险工作的试点县。

【劳动合同签订】 2010年，楚雄州签订劳动合同8.58万人，其中城镇职工签订劳动合同3.75万人，劳动合同签订率100%；农民工签订劳动合同4.83万人，劳动合同签订率85%。全州共审核职工集体合同55户，涉及职工人数3750人；累计签订集体合同936户，涉及职工8.89万人；当期有效集体合同335户，涉及职工4.63万人。年内，全州共受理劳动争议案件75件，结案75件，结案率100%。

【劳动能力鉴定】 2010年，楚雄州各级劳动和社会保障部门开展劳动能力鉴定工作，取得了一定成效。全州共组织专家召开劳动鉴定会5次，鉴定伤病残人员771人，其中鉴定企业参保人员因病劳动能力丧失程度339人，鉴定行政、事业单位人员因病劳动能力丧失程度224人，鉴定属于因工伤残等级评定208人，达到评残标准194人，其中伤残1～4级13人，5～6级9人，7～10级172人。

退休审批。全州共办理企业参保人员正常退休927人；上报省劳动和社会保障厅审批特殊工种退休328人，通过212人；上报省劳动和社会保障厅审批因病完全丧失劳动能力提前退休301人，通过188人。

工伤认定。楚雄州共受理工伤认定申请1275人，其中认定为工伤1254人（死亡38人），视同工伤19人（死亡19人），不同意认定工伤2人（死亡1人）；不予受理工伤认定申请1人。全年未发生由工伤认定引起的行政复议或行政诉讼。

【劳动保障工作】 2010年，全州各级劳动和社会保障部门积极开展劳动保障工作，并取得了明显成效。

劳动保障监察执法。楚雄州劳动保障监察部门主动检查用人单位3801户，涉及劳动者3.89万人；接受举报投诉582件，立案358件，结案358件，查处率100%，结案率100%；责令用人单位补签劳动合同4778人，追发劳动者工资等待遇2158.3万元，涉及劳动者7193人，其中追发农民工工资1834.5万元，涉及农民工6113人；督促202家用人单位补缴各项社会保险费100.58万元，督促190家用人单位新增各项社会保险费91.05万元；共办理违反劳动保障法律法规行政案件82件，其中行政处罚50件，行政处理23件，当场处理处罚9件，罚款金额共计11.87万元，与上年同期相比办理行政案件增加44件，罚款金额增加9万元，全州10县（市）均突破“零处罚”，所有案件都在规定时限内结案，并按要求上报省厅劳动保障监察局备案；妥善处置因劳动保障纠纷引发的集体上访等群体性事件5件，涉及582人。

劳动保障执法年审。全州共年审用人单位1.65万户，涉及劳动者16.72万人，年审户数比上年增加427户，增幅2.6%。其中年审国家机关、事业、民办非企业和社会团体、党群组织2859户，涉及劳动者6.70万人；私营企业、个体经济组织1.36万户，涉及劳动者10.02万人。全州共督促用人单位与劳动者补签劳动合同4445人，审查用人单位规章制度3216件，纠正规章制度292件，督促补缴养老保险56户67.15万元，失业保险45户9.31万元，工伤、生育、医疗保险101户24.13万元；新增养老保险40户36.86万元，失业保险41户5.49万元，工伤、生育、医疗保险109户48.71万元；清退抵押金3人0.12万元；追发劳动者工资1189人405.29万元；下达限期改正指令96份；处罚用人单位6户，罚款金额0.65万元；普法培训1976人。

劳动保障专项检查。农民工工资支付情况专项检查。通过用人单位自检自查和实地检查，共检查用人单位1043户，涉及劳动者4.22万人，其中涉及农民工2.63万人。检查出拖欠劳动者工资412.2万元，涉及劳动者2513人，其中拖欠农民工工资287.5万元，涉及农民工1034人。通过检查行动共补签农民工劳动合同1581人，责令支付劳动者工资412.2万元，其中农民工工资287.5万元。开展清理整顿人力资源市场秩序专项行动。全年共检查各类用人单位388户，其中职业中介机构9户、其他用人单位379户，查处违法案件2件，行政罚款0.6万元。开展了整治非法用工打击违法犯罪专项行动。共检查各类小砖瓦窑、小煤矿用人单位498户，其中证照齐全494户、证照不全4户，涉及劳动者1.70万人。查出违反劳动保障行政违法案件85件，其中未依法签订劳动合同34件，未依法办理社会保险16件，未依法支付工资23件，其他12件。责令改正85件，责令85户用工单位对存在问题进行了整改，督促补签劳动合同347人，补发劳动者工资138人11万元，督促办理社会保险51人1.29万元，警告4件。

【社会化管理服务】　2010年，全州劳动和社会保障系统开展社会化管理服务工作，并取得了一定成绩。

企业退休人员接收。楚雄州累计接收448户企业的1.87万人进入各级退管中心（工作站）管理，其中退休人员1.69万人，退养人员354人，落实政策及遗属供养人员1476人。全州企业退休人员移交社区（乡镇）管理4.57万人（含省属企业1.54万人），社区（乡镇）社会化管理率达99%，提前完成了省下达97.7%的目标任务。累计接收省属企业退休人员1.54万人，其中省上参保1.22万人，州内参保3268人。当年新增接收30户1221人，完成了省下达141人目标任务。

社会化管理资金。全州累计缴入社会化专项资金3.31亿元，累计支出1.56亿元，累计结余社会化专项资金1.75亿元。当期支出1410.58万元，其中缴纳各种社会保险费750.81万元，发放退养人员生活费244.52万元，支付遗属及落实政策人员生活补助费212.47万元。

社会化管理服务。全州退管中心共筹集资金66.3万元，对3732名特殊困难企业退休人员进行走访慰问，每户送上100～500元不等的慰问金。积极与州总工会协调争取资金10.2万元，其中争取金秋助学金3.95万元，对16户企业退休人员18名子女读书进行帮助；争取困难帮扶资金6.01万元，对59户困难企业退休人员进行重点帮扶；争取劳模补贴资金2400元，对1名劳动模范进行帮扶。全州各级退管机构看望生病住院退休人员2069人。州退管中心开展了针对65周岁以上、近1年未住院的管理服务对象进行健康体检，为符合条件的管理服务对象323人安排了体检，实际参加体检143人，开支资金2.15万元，参加体检人员全部建立了健康档案。

机关事业单位退休金社会化发放。全州发放机关事业单位退休人员退休金1.24万人2.24亿元。其中州本级发放1996人5697.33万元。为98家单位1579人增发退休金和补贴，涉及金额111.24万元，为91家单位1260人次代扣缴水、电等合理费用25.79万元，每月为122名异地居住退休人员异地发放退休金344.45万元，为111名新增退休人员发放了退休金工资卡并建立了退休金资料档案，为137家单位3010人次提供了退休金查询服务。

［陈长格］

民　政

【民政工作概况】　2010年，全州各级民政部门在州委、州人民政府的正确领导下，以科学发展观为统领，围绕中心、服务大局，认真做好“十一五”规划收官工作，各项民政工作取得明显成效。抗灾救灾高效有序，城乡社会救助成效明显，基层民主政治及和谐社区建设扎实推进，社会福利事业健康发展，双拥优抚安置工作扎实开展，专项社会事务管理进一步规范。年末，州民政局内设科室（中心）13个，共有编制47名（含州老龄办），其中行政编制26名，机关使用事业编制21名。实有干部职工44人。机关直属事业单位5个，分别是州殡葬管理所（州殡葬执法队）、州救助管理站、州军队离退休干部休养所、州广通军供站、州福利厂（其中州福利厂为自收自支事业单位）。

【救灾工作】 2010年，楚雄州干旱、地震、洪涝等自然灾害交替发生，尤其是百年不遇的旱灾及“2·25”地震给楚雄州造成重大损失。面对灾情，民政部门迅速反应、全力以赴，取得了抗旱救灾的胜利，圆满完成了“2·25”地震救灾任务和“7·09”地震民房恢复重建任务。

完善救灾工作机制，进一步提高自然灾害的救助水平。按照“纵向到底、横向到边”的要求进一步完善了救灾应急预案，救灾应急预案体系覆盖全州10县（市）103个乡（镇）1094个村（居）委会。成立了州县（市）两级“应急救援中心”，明确了部门职责，形成了部门联动机制，全面提升楚雄州灾害紧急救援能力。加大防灾减灾宣传力度，以“5·12”防灾减灾日、全国防灾减灾知识大赛、“三下乡”活动为契机，组织形式多样的宣传和演练，增强了防灾减灾意识，进一步提高了突发性灾害的救助能力。高度重视灾害信息员队伍建设，建立了一支相对稳定的拥有1155人的灾害信息员队伍，其中州级2人，县级21人，乡（镇）164人，村（居）委会968人。12月6~8日，组织128名县乡信息员参加了省厅在昆明举办的灾害信息员培训班，提高了灾害信息员的理论和操作水平。

加快救灾物资储备库建设，改善救灾装备、充实物资储备。年内开工新建2个、修复2个救灾物资储备库，其中大姚县、牟定县救灾物资储备库修复项目已全部完成并投入使用，新建的州级救灾物资储备中心已全部完工，禄丰县救灾储备中心主体工程已完工，于年内投入使用。加大救灾物资储备和救灾装备配备力度，层层签订了救灾物资储备责任书，重点落实了10个边远乡（镇）储备物资，落实了双柏、南华、姚安、大姚4个县39个乡（镇）的救灾专用车配套资金195万元，极大地提高了乡（镇）救灾应急能力。

建立健全救灾资金保障机制，确保救灾工作顺利开展。按照救灾工作分级负责、救灾资金分级负担的原则，进一步健全了救灾资金保障机制，督促县（市）及时足额配套救灾资金，全年中央和省级下达楚雄州救灾资金1.37亿元，州级投入897.09万元，县级投入1227.4万元，确保了救灾工作的及时有效开展。精心组织捐赠接收工作，最大限度募集社会资金，接收旱灾和青海省玉树地震爱心捐款2281.42万元，接收共产党员特别捐款416.22万元，丰富了救灾资金的来源。

建立火灾保险机制，充分发挥保险对灾害损失的补偿作用。加强救灾资金的管理，联合监察、财政部门组成检查组，先后3次对各县（市）救灾粮的采购、发放及资金的管理使用情况进行重点督促检查，督促各县（市）在救灾款物的发放过程中坚持群众评议，县、乡、村三级把关，乡（镇）民政办严格造册登记、张榜公布，做到账、款、物相符，确保救灾资金及时足额拨付。

深入开展“抗旱救灾民政救助特别行动”，确保灾区群众基本生活。全年全州共向灾区运送粮食9696吨、帐篷2260顶、棉被4100床、衣服2956套、矿泉水2968吨、上海捐赠衣物650吨，累计救济灾民126.48万人。同时，结合严重干旱给困难群众生活造成极大影响的实际，增发了21.1万低保人员及五保对象2个月的旱灾生活补助资金706万元，下发了《楚雄州民政局关于认真做好灾民和特困群众安全过冬工作的紧急通知》，采购一批烤火炉、电热毯、热水袋等取暖设备发放到灾民和特困群众手中，组织力量在原搭建的帐篷和临时棚外加盖草席等覆盖物以增加保温效果，确保受灾群众安全过冬。

加强督促指导，按期完成民房恢复重建任务。统筹2次灾害的民房恢复重建，一方面是认真做好“7·09”地震恢复重建扫尾工作，在完成6220户重建任务和7.31万户修复任务的基础上，继续推进统规统建点、统规自建点的公共基础设施建设，组织做好验收和档案资料的收集、整理和归档工作，重建的33所民政福利设施已完工32所，计划重建的77个村委会、纳入修复计划的9所民政福利设施及76个村委会已全部完工；另一方面是认真落实“2·25”地震恢复重建责任，组织人员到乡、到村、到户开展民房及民政福利设施恢复重建，纳入重建计划的16个民政福利设施和纳入修复计划的5个民政福利设施已全部完工。纳入重建计划的1463户民房已完成1196户，纳入修复计划的6448户民房已完成5697户。

【城乡低保】 2010年，楚雄州城乡低保在进一步规范管理的基础上巩固了动态管理下的应保尽保。认真落实配套资金，使1426万元的城市低保资金和2314万元的农村低保资金按时足额拨付到位。扩大低保覆盖面，城镇低保对象由7.15万人增加到7.60万人，农村低保对象由12.59万人增加到13.84万人，城乡困难群众的生活基本实现了应保尽保；加大动态管理力度，重点对楚雄市不符合低保标准的2481人进行了清退，把因失地、下岗、失业等符合条件的3194名城市困难群众纳入了低保范围，做到了动态管理下的应保才保、该退则退。结合旱灾及物价上涨给群众生活带来困难的实际，为城乡低保对象提高了10个月的补助水平，发放了50元的春节慰问金和2个月的旱灾生活补助，为城市低保对象发放了3个月的临时价格补贴，有效缓解了因物价上涨给困难群众带来的生活压力。

【城乡社会救助】 2010年，楚雄州城乡社会救助政策得到有效落实。积极开展“一站式”即时结算服务，扎实推进城乡医疗救助。全年全州共支出农村医疗救助金2674.3万元，救助农村医疗困难群众17.26万人；支出城市医疗救助资金1159.41万元，救助城市医疗困难群众8.50万人，有效缓解了部分群众看病难的问题。认真落实五保供养政策，切实提高集中供养率。全年全州集中供养五保对象的人均供养标准达183元每月，分散供养五保对象的人均供养标准达142元每月，五保供养人数达到1.21万人，其中集中供养人数达3101人，比上年增加525人，集中供养率比上年提高了5个百分点。完善制度，规范手续，积极开展特殊群体救助和低保边缘群体的临时救助。全年全州支出资金231.8万元，落实20世纪60年代精简下放职工待遇1377人；支出资金1304万元，对2.51万名困难群众进行了临时救助；支出资金199.57万元，救助水利伤残民工1754人；支出资金47万元，救助涉诉特困案件44件。

【社会福利事业】 2010年，楚雄州加快推进养老服务业发展，认真做好项目前期工作，积极向省厅争取了楚雄、双柏、大姚、永仁、武定5个县级养老服务项目，年内武定县社会福利中心已建成投入使用，其余项目已落实了土地并已开工建设。加强儿童福利工作，认真贯彻落实孤儿养育标准，将州内孤儿全部纳入城乡社会救助范围。积极推进"蓝天计划"的实施，"楚雄州儿童福利院"项目已完成投资360万元，主体工程已完成80%；"楚雄州流浪未成年人救助保护中心"项目已完成投资150万元，项目主体工程过半。积极组织实施"重生行动"和"贫困儿童疝气手术"项目，做好"明天计划"长效机制相关工作，完成8名唇腭裂患儿的手术矫治，上报审批"贫困儿童疝气手术"210例。认真开展福利企业的认定和年检工作，州内现有的福利企业全部年检合格。开展慈善宣传，支持抗旱救灾，将省慈善总会下达楚雄州的650.7万元抗旱救灾捐款及时足额下拨县（市）。深入贯彻《彩票管理条例》，加强销售管理和技术服务，加大培训和宣传力度，狠抓市场监管和巡查，开办专场培训2期，新增时时彩站点20个，重开了"中福在线"销售厅，完成福彩销售任务1亿元，销售额同比增长14%，筹集公益金2902万元。

【殡葬改革】 2010年，楚雄州加大殡葬基础设施建设力度，稳步推进农村公益性公墓建设，大姚县殡仪馆建成投入使用，牟定县殡仪馆建设进入内部装修阶段，双柏县殡仪馆正在进行火化炉安装，南华县殡仪馆已完成立项工作。加强殡葬改革宣传，加大殡葬执法力度，全年共火化遗体2327具，比上年增加382具，增幅达19.6%，殡葬改革进一步推进。

【基层民主政治建设】 2010年，楚雄州积极推进和谐社区建设。加强指导，组织开展了第四届村"两委"换届选举工作，安排换届选举经费669万元，组织村民委员会换届选举1037个，选举产生村民委员会主任1037人、副主任1044人、委员5021人。在全州村级组织中广泛推广"四议两公开"的民主决策形式，加强村务公开和民主管理工作，筹集资金108万元，建设永久性村务公开栏5222块、意见箱1051个，公开村务财务4.68万期（次）。建立激励机制，每年对优秀村（居）委会干部进行表彰奖励，发放优秀村干部津贴，坚持从优秀村（居）委会干部中定向考录公务员和选拔乡（镇）副科级干部。投入6120.97万元资金加强村（居）委会办公用房和服务设施建设，努力改善村、社区基础设施。制定村（居）委会干部补贴新机制，实行"基础补贴+绩效补贴+集体经济创收"奖励制度。认真落实村委会干部绩效补贴4404人、落实社区居委会干部绩效补贴96人。落实"三类人员"待遇，补助90万元落实老乡干部待遇1082人，补助87万元落实老大队干部待遇3244人。扎实推进和谐社区建设工作，年内出台了《关于解决全州和谐社区建设中几个具体问题的意见》，为每个社区落实培训经费0.5万元，将每个社区的办公经费从2万元提高到5万元，社区居委会专职干部的岗位补贴从700元提高到1500元，并为其办理了五大保险。指导各县（市）完善社区"两委一站"工作格局，在楚雄市探索实践"两委一站加公司"的模式，在社区"两委一站"之外引入了物业管理公司，创新了社区的管理服务模式。建立社区志愿者队伍注册制度，共注册社区志愿者4144人。

【优抚安置及拥军优属】 2010年，楚雄州以提高自谋职业补助金为突破口，继续推进退役士兵安置改革。将城镇退役士兵自谋职业补助基数由2万元提高到4万元，在2年服役期的基础上每超期服役一年增发资金由3000元提高到6000元。落实2010年度退役士兵安置任务，其中，城镇安置256人，就业安置93人，自谋职业163人，发放自谋职业补助资金896.2万元。扎实开展双拥活动，定期召开军政座谈会、议军会、双拥工作领导小组会，开展形式多样的走访慰问活动，开展国防教育和爱国主义教育。年内，楚雄市、南华县获得"全省双拥模范城（县）"荣誉称号，楚雄州民政局、禄丰县勤丰镇人民政府获得"爱国拥军先进单位"荣誉称号，楚雄市民政局获得"爱国拥军模范单位"荣誉称号。完善1～6级残疾军人医疗保障办法，在武定、禄丰两县开展了优抚对象住院医疗费结算"一站式"试点工作。认真落实部分优抚对象抚恤和生活补助提标工作，完成优抚对象补助经费自然增长机制的统计核算和上报工作，下拨抚恤补助经费6598.8万元，比上年的5056.4万元增加了1542.4万元，增长30.5%。落实重点优抚对象住房难资金6.6万元，完成56名伤残人员体检，办理州级国家机关工作人员病故一次性抚恤96人，办理评残、调残手续84份，接待各类优抚对象110人次，处理来信来访55件。为1.85万名重点优抚对象发放了3个月的临时价格补贴，共计支出资金111.07万元。认真做好军休和军供工作，组织开展"云岭老战士爱心水车"捐赠活动，成功举办滇西8州（市）老干部门球邀请赛，完成了1～4批军队离退休干部住房制度改革，加强军供保障建设，完成了过往部队接待任务。

【专项社会事务管理】 2010年，楚雄州区划地名工作全面推进，开展了以楚雄市为主的城市街道、门、楼号牌更名、命名工作，完成地名数据库资料录入，调处边界纠纷4起，创建平安边界睦邻友好公约6条，完成州市边界联检2条、县界联检10条，《楚雄彝族自治州区划图》完成编审及印制工作。婚姻登记服务进一步规范，在婚姻登记管理机构开展行风建设，提高婚姻登记部门的服务和管理水平，办理结婚登记2.36万对、离婚登记3321对、涉外婚姻2对。民间组织管理工作不断加强，开展了社团组织“小金库”清理工作。新登记各类民间组织78个，其中社会团体59个、民办非企业19个，新登记的社会组织比上年增长56%。

［李兴鹏］

红十字会工作

【红十字会工作概况】 2010年，楚雄州红十字会新发展州级团体会员单位2个，会员436人。招募红十字志愿者1211人，其中造血干细胞捐献志愿者1103人，宣传、募捐工作志愿者108人。组织开展志愿者培训4期，共1100人参训，较大提高了志愿者的服务能力。全州已建立基层红十字组织48个，团体会员单位212个，招募志愿者6039人，共有红十字会员1.36万人，其中成人会员8051人，青少年会员5573人。州红十字会采集捐献造血干细胞血样1103人，累计采集血样达3469人，1名造血干细胞捐献志愿者成功实现捐献。县（市）红十字会独立设置，为参公管理的正科级事业单位，核定编制3~4人，会长由分管社会事业的副县（市）长兼任。全州10县（市）下发了理顺管理体制的文件，双柏、牟定、南华、姚安、大姚、永仁、元谋、武定、禄丰9县红十字会独立设置，人员基本到位。全州红十字会工作人员编制人数48人，专职工作人员32人，兼职工作人员17人。为武定、姚安2县红十字会争取到红十字会能力建设经费各20万元。

【赈灾工作】 2010年，楚雄州红十字会募集、争取和接收捐赠物资、捐赠资金和项目建设资金共计1255.18万元，其中募集救灾物资价值273.19万元，募集救灾资金783.57万元，为青海玉树地震募集捐款25.96万元，募集建设项目援建资金172.46万元，实施学校建设项目2个、卫生院（室）建设项目2个。启动“2010红十字甘露行动”，争取到中国红十字会基金会央企援助基金“春雨行动”资金共400万元，实施“春雨行动”，建设小型人畜饮水工程项目共26个，采购发放大米632.80吨，食用油14.8吨，发放饮料、矿泉水3万余箱，使楚雄州的36个乡（镇）43个村委会1.18万余户5万余人、7489余头大牲畜受益；完成香港红十字会援助的抗旱项目，采购抗旱救灾抽水设备124台（套）。

【社会救助】 2010年，楚雄州红十字会积极组织和参与人道救灾救助工作。开展2010年“红十字博爱送万家”活动，累计发放款物价值125.98万元，全州10县（市）、42个乡（镇）、3218户8.2万人受益。对遭受火灾的困难人群75人实施救助，救助金额及物资0.74万元，为永兴乡立溪冬完小学生送去价值0.48万元的棉被60床。为1名白血病患者募集救助金16.2万元。对患白血病、唇腭裂、先心病、下肢畸形重症等疾病的儿童，共向中国红十字基金会申请“小天使基金”5人（0~14周岁患有白血病且家庭经济贫困的儿童少年），已获资助3人，金额9万元；申请“天使阳光基金”74人（0~14岁的先心病贫困儿童），处于审批过程中；申请红十字会嫣然天使基金手术救助唇腭裂儿童1人，已获免费手术治疗资助，为患儿免费实施了手术；向省红十字会银联博爱基金申报先心病重症患儿11人，获资助4人，资助金额2.2万元。呼吁全州各级党政机关、企事业单位和社会各界积极向40周岁以上农村贫困妇女伸援手、献爱心，帮助她们筹集每人20元的新农合大病补充保险金，以带动其所在家庭参加新农合大病补充保险，共募集到爱心捐款3万余元。

【红十字青少年工作】 2010年，楚雄州红十字会继续抓好学校红十字工作。在州内大中专学校组织开展为学校困难学生筹款仪式2场，组织开展艾滋病防治知识宣传、红十字知识传播讲座4场次，捐献造血干细胞志愿者培训3场，卫生救护常识培训1场。在楚雄医药高等专科学校、楚雄师范学院等学校组织红十字青少年积极参加暑期社会实践活动，共68名红十字青少年参加，开展各种活动5场次，发放红十字工作相关宣传品6800余份。

【宣传工作】 2010年，楚雄州红十字会继续加强宣传工作，开展形式多样的宣传活动。举办《中华人民共和国红十字会法》、红十字知识传播、捐献造血干细胞知识、卫生救护常识讲座培训共8场次，3720余人参与；悬挂标语19条，展出宣传展板30块，发放宣传资料6.32万余份；为416人义诊和免费健康体检，接受健康相关咨询1700余人次；在楚雄市区公交车移动媒体和新龙江广场楼宇视频上集中播发红十字知识音像资料。

［陈光荣］

扶贫开发

【扶贫工作概况】 2010年，楚雄州共争取扶贫项目资金7.14亿元，其中争取实施整村推进项目1.04亿元，到户贷款多争取2亿元，其他在上年的基础上多争取项目资金1.25亿元，创历史最高，争取到户扶贫贷款3.5亿元，争取扶贫安居工程项目资金1100万元，争取产业互助资金460万元，争取产业扶贫贷款5100万元，争取贫困地区劳动力转移培训资金836万元，争取扶贫系统抗旱及救灾资金2470万元，争取到户贷款贴息和扶持龙头企业贷款贴息1903万元，争取产业扶贫资金1000万元，争取扶贫开发项目与低保两项制度衔接试点项目资金300万元；投入社会扶贫资金1.13亿元，争取革命老区建设项目资金90万元，争取易地扶贫资金1050万元，争取扶贫救灾资金100万元；争取绩效考核资金120万元。全面实施扶贫整村推进、信贷扶贫、劳务输出、移民搬迁等项目工程。通过项目的实施，使12.4万人直接受益，使20万人间接受益。新增灌溉面积5416亩，改善灌溉面积1.13万亩，项目村的农田水利基础条件得到加强，水利化程度有了明显提高，群众靠天吃饭的状况明显改变。解决了54个村民小组3058户1.22万人8827头大牲畜的饮水困难问题，有力的改善了贫困村生产生活条件，解决了481个村民小组1.92万户7.70万人的行路难的问题，481个项目村村容村貌得到较大改善，解决了9.8万人口的温饱问题，其中解决了2.6万绝对贫困人口温饱问题，提高了7.2万低收入群体的收入水平，农民人均收入由上年的3085元提高到3517元，净增长了432元，为贫困群众持续发展经济、建设社会主义新农村打下坚实的基础。

年内，楚雄州开展了“一三十五”劳务输出特别行动计划（争取1000万元扶持资金，完成3万人培训转移，开展10项特别行动，实现5.5亿元劳务收入）。完成贫困地区劳动力转移3.06万人，完成省级下达任务的153%，州级下达任务的102%，并且单批次输出外出务工人员775人。

年内，楚雄州争取省级安居工程项目资金1100万元，实施了1100户4630人危房、茅草房改造，重点抓20个安居工程示范样板。争取中央和省级财政易地扶贫资金1050万元，实施了604户2405人的财政易地扶贫搬迁，争取中央国债资金2964万元，实施了1495户5928人国债易地扶贫搬迁。

【扶贫整县整乡整村推进】 2010年，全州各级扶贫部门积极开展扶贫工作，在扶贫整村、整乡、整县推进工作上加大力度，取得了一定成绩。

扶贫整村推进。楚雄州组织实施扶贫整村推进项目624个，其中，中央和省级资金7020万元实施推进399个村（省发改委下达以工代赈实施92个村，省民委下达少数民族整村推进实施21个村），投入州级财政扶贫资金3375万元下达实施225个村。完成新修公路118条308.32千米，扩建村组公路171条416.1千米；新建村间道路硬化579条381.5千米58.36万平方米；架设低压线路7条7.49千米；新建修复坝塘71座，新增蓄水1.42万立方米，增加蓄水39.86万立方米；新建三面光引水沟渠132条195.77千米，维修64条17.4千米；架设人畜饮水管道116条298.73千米；新建安居房（整合抗震安居房建设及扶贫安居工程）880套；完成房屋亮化1592户29.33万平方米；举办实用科技种养殖培训班142期3万余人次；建沼气池958口，节能灶1760眼，改厕567户，太阳能123户；建党员文化活动室58个3549平方米，活动场地55块1.56万平方米；建公厕13个，建垃圾池2个；建项目简介碑263块。

扶贫整乡推进。认真抓好南华县五街镇“整乡推进”试点。确定以“988”为扶贫整乡推进目标，共规划整合了7个大类，43个子项目，整合资金达1.36亿元。实施一事一议财政奖补项目28个，五小水利水窖800个、沟渠20条、抽提水工程2件、农村安全饮水14件，农村卫生厕所建设1500座，建农村卫生室2个，新型农村合作医疗1.5万人，实施扶贫整村推进项目7个、CDD项目2个、实施封山育菌2万亩、核桃种植1.5万亩、铺设弹石路1条14千米、实施安居工程216户、建村级活动场所5个、发放农村低保887人，农村电网改造750户，开展农村养老保险100人，建沼气池1000口，建三面光沟渠1条4千米，人畜饮水工程3件，架管22.87万米。

扶贫整县推进。认真抓好姚安县“县为单位、整合资金，连片开发、整村推进”的“整县推进”试点，投入资金2.28亿元，其中中央财政扶贫试点补助资金1000万元，整合部门项目资金1.42亿元，群众自筹7535.5万元。开展了“三建四改一培训”工程，即建基础设施、建安居房、建产业，改厕、改厩、改厨、改灶、农民实用技能培训和村容村貌整治。

【信贷扶贫】 2010年，楚雄州回收到期扶贫贷款1.5亿元，回收率达100%。发放2009年度扶贫到户贷款1.05亿元，争取2010年到户贷款2.45亿元，共发放到户贷款3.5亿元，共有96个乡（镇）973个村委会3.29万户农户受益，扶持种植业1.88万户资金1.73亿元；扶持养殖业1.37万户资金1.58亿元，扶持其它产业428户资金1920.3万元。扶持龙头企业项目12个，投资8500万元，争取财政贷款贴息资金153万元，贴息额度5100万元。

【产业扶贫】 2010年，楚雄州编制了13个产业扶贫项目，争取省级财政产业扶持资金1000万元，发动企业及群众投劳折资3509.87万元，种植核桃、冬桃、蚕桑等6.19万亩；养殖业扶持1058户农户，发展种植业示范区20个，养殖业示范区5个，投资460万元启动实施40个贫困村产业互助资金试点项目，扶持扶贫龙头企业17个，集中扶持了515个产业扶贫示范村，其中产业扶贫资金扶持建设100个，到户贷款扶持建设415个。

【社会帮扶】 2010年，招商银行、中智公司投入帮扶资金916万元，对姚安、大姚、永仁、武定4个重扶县继续实施帮扶，招商银行继续派4名干部在武定、永仁2县挂职帮扶；省级21家，州县903家机关企事业单位和3.7万名党员干部与2.6万户贫困户结成帮扶对子，1.75万名党员干部深入贫困地区开展调查研究指导工作，为扶贫联系点协调资金1.68亿元，单位投入及干部职工捐款捐物（折合人民币）达843.22万元；中国扶贫基金会、香港乐施会等社会各界情牵彝州帮民难、解民困，援助楚雄州资金1750万元，发放现金988万元，受益5850户农户，捐物折币312.79万元，受益6508户农户，学校师生1.11万人。积极参与抗旱救灾，投入资金247万元，实施了10个村20项人畜饮水项目，79个村民小组3489户1.40万人受益，解决7150头大牲畜和773名学校师生饮水困难，新增农田灌溉面积3000余亩。

【革命老区建设】 2010年，楚雄州争取革命老区建设资金90万元，整合部门项目资金70余万元，群众投劳折资30余万元，分别在革命老区楚雄市周家村、兴隆村，南华县小瓦村，姚安县子腊地村民小组实施道路硬化、房屋亮化、人畜饮水、村组公路、高稳产农田地建设等项目，共有753户3101人得到扶持发展。

［吴云光］

移民工作

【移民工作概况】 2010年，楚雄州大力做好大中型水库移民后期扶持工作。核定上报全州24座大中型水库移民涉及全州10县（市）57个乡（镇），377个村委会，1236个村民小组的后期扶持移民3.44万人，并兑付了1～3季度后期扶持资金1406.56万元，有效改善了民生。积极向省移民局上报移民后期扶持基础设施项目，不断改善库区和移民安置区群众生产生活条件。全年共争取到移民后期扶持项目资金2570万元，其中青山嘴水库基础设施建设和经济发展资金700万元，大中型水库库区基金920万元，大中型水库移民后期扶持应急补助资金450万元，大中型水库移民重点项目资金450万元，抗旱救灾资金50万元。完成小型水库移民基本情况调查，全州各县（市）调查统计上报全州小（一）型、小（二）型水库共1041件，原迁移民1.73万人，现状移民3.77万人。

【青山嘴水库移民搬迁安置扫尾工作】 2010年，楚雄州青山嘴水库移民搬迁安置工作进入到扫尾阶段。配合省水利设计院完成了《楚雄州青山嘴水库工程调整概算报告》的编制工作，《调整概算报告》由省发改委、水利厅上报国家发改委和水利部，请求调概增加投资3.74亿元，同时由州级领导带队，相关部门参加，2次到国家发改委和水利部汇报，争取给予资金支持。抓好栗子园小区管理和移民培训就业工作。全年共开展移民就业培训11期1025人次，同时开展户长培训11轮73场次，移民劳动力就业率达96%，消除了“零”就业家庭，有效地维护了小区的和谐稳定。抓好移民工程竣工审计和移民房屋款清算等扫尾工作。

【观音岩水电站建设移民前期工作】 2010年，楚雄州累计完成观音岩水电站移民项目投资8450.41万元。大姚县湾碧乡集镇咖啡场安置点场地平整、市政道路、给排水、防灾减灾工程项目全面开展，完成投资2886.9万元，占合同总价的56.7%；完成大姚县湾碧乡咖啡场和赵家店乡小双沟移民安置点供水工程建设，完成投资359.9万元；大姚段库区四级公路工程至年末开挖路基11.5千米，开挖土石方9.68万立方米，完成投资431.7万元，占合同总价的18.1%；完成四级公路改复建中桥梁施工图设计及审查；启动乡政府、各站所、学校等单位的施工图设计；开展了丙海、陆家湾、小双沟安置点土地调整工作及安置点的施工图设计工作。永仁县完成了小汉坝、猛虎、下拉姑、秧田箐4个安置点的土地调整工作，共调整建设用地和生产用地1110.15亩，同时完成了4个安置点施工图设计和安置点外的水、电、路设计和施工图设计工作，进入工程招标阶段；永仁县5.33千米库区四级公路改（复）建工程到12月末开挖路基3.5千米，开挖土石方2.95万立方米，完成投资440.5万元，占合同总价的28.67%；完成永仁县万马河大桥的施工图设计和审查工作，准备进行施工招标。

【乌东德水电站建设前期工作】 2010年，楚雄州根据预可研阶段的成果，为了下步设计单位在编制移民规划大纲时能吸纳地方政府的意见和建议，使移民规划大纲尽可能体现民意，符合实际，切实维护群众利益，在认真做好调查研究，广泛听取群众意见的基础上，委托楚雄欣源水利电力勘察设计有限公司配合元谋、武定2县编制了《移民安置方案》，并配合项目业主——三峡集团公司和设计单位完成了预可研报告、正常蓄水位专题报告、施工总布置专题报告、实物指标调查实施细则和工作实施方案的审查，具备下达“封库令”条件。

【其他移民工作】 2010年，楚雄州积极做好相关移民工作。积极做好嘎洒江水电站、大湾水电站移民工作，配合业主做好嘎洒江水电站可研阶段《移民规划大纲》和《移民规划报告》的审查、确认等工作，配合业主完成了大湾水电站实物指标调查和可研审查工作。按照州政府的要求，按时完成了楚雄北部金沙江流域重点工程移民开发专项规划和“十二五”移民规划的编制工作。为了推进城市化进程，努力探索统筹城乡发展，推进楚雄州农村人口向城镇化转移的有效途径和模式，组织开展了“楚雄州农村人口梯度转移与城镇化”问题专题调研，提出了实施“梯度移民”的设想，使“梯度移民”成为“十二五”移民规划的新亮点，并与州政府研究室合作完成了《楚雄州农村人口梯度转移与城镇化模式研究》课题；在深入调研的基础上，提出了《用宅基地换住房，耕地换保障办法，推进“城增村减”工作意见》上报州政府。

［张瑞元］

残疾人工作

【残疾人事业概况】 残疾人基层组织建设。2010年，楚雄州加大了残疾人基层组织建设力度，投入资金200余万元，在全州58个社区、1037个村委会全部配备了残疾人专职委员、联络员，并进行了上岗前的培训工作，健全了基层组织网络。

基础设施建设。楚雄州残联完成总投资81万元，集残联机关办公、残疾人劳动就业服务中心、便民服务大厅、残疾人用品用具展示、盲人按摩指导中心为一体的州残疾人综合服务设施改造项目，5月投入使用。完成了楚雄市102万元的残疾人综合服务实施项目和双柏县220万元的残疾人综合服务实施项目，于上半年投入使用，基础设施得到加强，办公环境明显改善。年末投资10万元对假肢装配站进行了装修改造，改善了为残疾人服务的环境。完成了州、县（市）“十二五”残疾人事业投资项目集群规划项目库的建立工作，并积极开展了州残疾人康复托养项目建设土地的落实、资金的争取、项目的规划上报等工作。

3月23日，州残疾人运动员梁芬当选为第二届“楚雄州十大杰出女性”。7月6日，在武汉召开的全国志愿助残工作会议上，楚雄师范学院团委干部马文军被中央文明办、民政部、中残疾人联合会命名为“全国志愿助残阳光使者”荣誉称号，受到了表彰奖励。

【残疾人劳动就业】 “十一五”期间，楚雄州共收取残疾人就业保障金3667万元。根据就业需要，开展州、县、乡残疾人实用技术和职业技能培训677期，参加培训人员达2.96万人（次）；开展盲人按摩培训7期，培训56人；开展盲人电脑培训4期，培训110人；全州有盲人按摩院所32家；开展6次残疾人供需见面会，推荐安置残疾人就业373人。全州残疾人劳动就业实现跨越式发展。

【特殊教育】 2010年，楚雄州残疾人教育转变办学形式，加快残疾儿童少年义务教育的发展步伐。全年全州特殊教育普通小学聋哑13个班、初中聋哑6个班，在校学生316人；占地80亩、投资6040万元的特殊教育新校园正在加快建设。“十一五”期间，全州开展了扶残助学“春雨行动”、轮助制、彩票公益金助学等各种扶残助学，为532名残疾学生实施了47.83万元救助；为323名被大中专学校录取的残疾学生和残疾人子女提供资助58.5万元，圆了其求学梦。

【残疾人职业技能竞赛】 2010年8月4～6日，云南省第四届残疾人职业技能竞赛在云南蒙自举行，楚雄州选派了22名参赛队员参加计算机、服装、工艺美术类等5个大类、13个竞赛项目。杨菊萍、周笑影、马丽芬分获钩针编织、室内摄影、男服制作第一名，杨宇峰获盲人电脑第二名，杨建春获计算机速录员第三名，楚雄州团体总分居全省第六名，被组委会授予优秀组织奖。年内，楚雄州举办了为期2天的第二届楚雄州残疾人职业技能竞赛，完成5个大类8个项目的竞赛活动，对获得团体总分前三名的禄丰县残联、武定县残联和南华县残联，获得优秀组织奖的大姚县残联，获得各项竞赛名次的刘萍等14位残疾人给予表彰和奖励。

【残疾人体育】 2010年8月9～14日，楚雄州举办州第四届残疾人运动会。运动会共设聋人篮球、游泳、田径、自行车、乒乓球、举重等6个大项160个小项，共产生160枚金牌、100枚银牌和103枚铜牌。由各县（市）代表队和州特殊教育学校代表队组成的11个代表团338名残疾人运动员参加了比赛，包括裁判员、工作人员、志愿者在内，本届残运会参会人数接近600人，是楚雄州残疾人运动会历史上规模最大、人数最多的一届。8月15～21日，2010IPC世界残疾人游泳锦标赛在荷兰埃因霍温举行，南华县残疾人运动员晋晓琴入选中国残疾人代表团出征参加竞赛，共夺得女子S8级100米蝶泳第二名，100米仰泳第三名，200名混合泳第四名和34分级4×100米自由泳接力第三名、4×100混合泳接力第四名，荣获银牌1枚、铜牌2枚和2个第四名的优异成绩，为中国残疾人体育代表团争得了荣誉。

【专项助残活动】 “彭年光明行动”。2010年5月4日，由香港著名慈善家余彭年先生资助，免费为楚雄州800例贫困白内障患者实施复明手术的“彭年光明行动”启动仪式在元谋县博爱医院举行。“彭年光明行动”医疗队在牟定县、姚安县、大姚县、元谋县开展了贫困白内障患者复明手术。

“阳光家园计划”。2009～2010年，楚雄州为贯彻落实残疾人“阳光家园计划”居家托养项目工作，改善智力、精神和重度残疾人状况，2年内为850名资助对象补助发放资助金76万元，使其生活得到必要的经济支持和保障，切实解决残疾人最关心、最直接、最现实的利益问题。

［董杨春］

宗教事务

【宗教工作概况】 2010年，楚雄州宗教事务管理系统着力抓好宗教领域的民族团结进步工作。州内有佛教、伊斯兰教、基督教三种宗教，依法登记的爱国宗教团体12个，批准开放的宗教活动场所400个，已登记确认的教职人员654人，有信教群众22.90万人，约占总人口的8.8%，是全省宗教工作任务比较重的地州之一。年内，宗教领域的民族团结进步工作成效明显。6月，州宗教事务局、州伊斯兰教协会分别被州委、州政府命名表彰为“楚雄州第六次民族团结进步模范集体”，州宗教事务局党组书记、局长杨发荣被授予“楚雄州第六次民族团结进步模范个人”。

年内，为进一步加强信息工作，楚雄州研究下发了《楚雄州宗教事务局关于加强宗教信息工作考核管理的通知》，信息工作创新力度不断加大。全年共编发《宗教工作简报》13期66条，《宗教信息》10期11条，《宗教动态》10期，《创先争优工作简报》5期，被州级部门采用16条，被省宗教局及省级部门采用25条。在全省宗教工作信息考核评比中，州宗教事务局和武定县等5个县民宗局被省宗教事务局评为2010年度全省宗教信息工作先进集体。

【参加全省宗教工作专题研讨班】 2010年2月26日至3月2日，中共楚雄州委、州人民政府分管宗教工作领导，州委统战部联系宗教工作领导，州委组织部分管基层组织建设领导，州宗教事务局局长，武定县、禄丰县县委书记、组织部长、政府分管副县长，其余8县（市）党委、政府分管领导、组织部分管基层组织建设领导共33人参加了云南省做好新形势下宗教工作专题研讨班。省委常委、省委副书记李纪恒，国家宗教事务局局长王作安及中国科学院、中央党校等领导和专家出席研讨班并作讲话。通过培训，提高了新形势下各级领导干部抓党的基层组织建设和做好宗教工作的能力和水平。

【创新宗教工作】 2010年，楚雄州推行五项措施，致力于创新宗教事务工作。建立健全各项规章制度，为依法管理宗教事务提供坚实保障。在率先研究出台《楚雄彝族自治州宗教事务管理规定》的基础上，支持全州性宗教团体制定了《楚雄州基督教教会管理办法》、《楚雄州基督教教牧人员管理办法》、《楚雄州清真寺民主管理办法》和《楚雄州伊斯兰教经文学校（班）管理办法》等规章。抓住依法管理宗教事务的关键环节。对宗教活动场所依法登记，大型宗教活动严格审批把关，在宗教活动场所中深入开展爱国主义和法制观念宣传教育和“和谐寺观教堂”创建活动，开展《宗教活动场所财务监督管理办法（试行）》宣传培训。加强宗教教职人员管理与教育引导，对认定的654名教职人员进行专题培训后颁发证书。每年安排资金支持4个全州性宗教团体举办教职人员培训班，从2002年以来共举办培训班24期，培训宗教教职人员2735人（次）。不断转变依法管理宗教事务的理念。不断向州委、州政府及有关部门争取政策和资金，为宗教团体、宗教活动场所及宗教教职人员解决实际困难和问题。帮助和指导各宗教团体建立和完善规章制度，按期换届和按《章程》开展工作。率先贯彻落实了省委“6·15”专题会议精神，解决了州、县符合条件的宗教教职人员和宗教界人士的生活补贴、社会保险和医疗保险问题。积极向省、州、县党委、政府和有关部门争取和协调资金帮助宗教活动场所进行危房改造，解决少数民族信教地区生产生活方面的困难。增强贯彻党的宗教工作基本方针的执行力，勇于破解宗教工作难题。注重考虑工作方法上的灵活性原则，积极理顺宗教领域内的各种关系，稳妥处理了多起宗教领域的热点、难点问题和因山林、土地、水源、坟地、房产、婚姻、饮食等引发的纠纷和事端，从根本上保持了宗教领域的稳定。重视宗教工作干部队伍能力的提升，在谋事创业中锻炼干部职工的能力。年内，州宗教事务局开展了《宗教团体班子自身建设研讨论文选编》、《党政干部宗教知识读本》编纂工作。州委、州政府把宗教政策法规和宗教理论列入州、县、乡党校、行政学校各类领导干部培训班的培训内容。2002年以来，州级共举办培训班10期，分别培训了州、县统战、宗教工作干部，乡（镇）分管领导及宗教专兼职干部，州、县人大民工委、政协民族委干部等共1500余人（次）。先后选派71名州、县宗教干部参加国家和省组织的宗教政策法规及业务培训。

［吴晓剑］

【参加全省首届宗教界体育运动会】 2010年6月19～22日，楚雄州组织了佛教、伊斯兰教、基督教的50名宗教界人士参加了在大理召开的全省首届宗教界体育运动会暨文艺汇演。楚雄州参加全部16个项目比赛，共获得团体奖1个，个人奖7个，同时还荣获代表团和羽毛球、乒乓球、拔河项目道德风尚奖4个。

【元谋县举办首届基督教运动会】 2010年9月16～17日，元谋县基督教“三自”爱国会在县城举办首届基督教运动会。州委统战部，州宗教事务局，元谋县政协，县委统战部，县人大民工委，县民宗局等相关部门干部职工参加开幕式。省政协常委、省基督教协会主席李从明，州基督教“三自”爱国会副主席张世永、州基督教协会副会长杨先国等领导应邀参加。此次运动会以乡（镇）辖区为组织单位，全部由基督教界人士和信教群众组成，共有8支代表队近200名选手参赛。进行了篮球、乒乓球、羽毛球、拔河等4个团体和个人项目比赛。通过健康有益、丰富多彩的体育竞技活动，促进了全县宗教领域的团结和谐，对民族团结和社会稳定具有重要意义。

［马国庆　李文忠］

【命名表彰首批“和谐宗教活动场所”】 2010年，楚雄州根据国家和省宗教事务局有关文件精神，结合实际，举办各种培训，深入宗教活动场所调研、座谈、视察，广泛宣传发动，全州400所经批准登记的宗教活动场所，按照“爱国爱教、知法守法、团结稳定、活动有序、教风端正、管理规范、安全整洁、服务社会”的八条标准，积极参与创建“和谐宗教活动场所”活动。经过各宗教活动场所申报，各县（市）民宗局初审，全州性宗教团体审核复查，按20%的比例上报。11月3日，经研究和审定，决定把楚雄市马石铺清真寺等16所清真寺命名为“和谐清真寺”，楚雄市兴隆寺等10所寺院命名为“和谐寺院”，元谋县基督教中心教堂等25所基督教堂（点）命名为“和谐教堂”。并对命名为“和谐宗教活动场所”的每个场所给予1000元的奖励。州佛教协会、州基督教“两会”已在教职人员和场所负责人培训班上进行了授牌仪式，州伊斯兰教协会也在后续举办的培训班上举行命名表彰仪式。首批“和谐宗教活动场所”的命名表彰，将会对创建“平安楚雄”起到积极作用。

［吴晓剑］

（责任编辑：彭利侯）

县（市）概况

楚 雄 市

【地理位置】 楚雄市位于楚雄州中西部，地处北纬24°30′～25°15′、东经100°35′～101°48′之间。东邻禄丰县，南连双柏县，西接南华县，北同牟定县毗邻。楚雄州、市人民政府驻地鹿城镇，海拔1773米，距离省会昆明市城区152千米。

【行政区划】 2010年末，楚雄市辖鹿城、东瓜、吕合、紫溪、东华、子午、苍岭、三街、八角、中山、新村11个镇和大过口、大地基、树苴、西舍路4个乡，152个村（居）民委员会，2829个村（居）民小组。行政区域面积4433平方千米。

【人口民族】 2010年末，全市总人口51.05万人，人口自然增长率为4.1‰。其中，女性人口24.98万人，占总人口的48.93%；非农业人口15.63万人，占总人口的30.62%；少数民族人口12.04万人。少数民族人口中，彝族10.27万人。城镇化率达45.5%。

【自然概貌】 楚雄市地势西北高，东南低，从西北向东南倾斜，呈倾斜葫芦形，市境山脉皆属哀牢山系东麓支平余脉，多呈西北、东南走向。境内最高点是西舍路乡哀牢山脉的小越坟山，海拔2916米；最低点为礼社江与彝家拉河、石羊江交汇处，海拔691米。市境河流分属元江、金沙江两大水系。元江上游的礼社江，从南华县入境，穿越市境西南部，支流有马龙河、三街河、白衣河、五街河、邑舍河、碧鸡河、自雄河；金沙江水系有其支流龙川江，从吕合镇入境，自西向东流经东瓜、鹿城、苍岭，再由西向北出境，是楚雄市坝区的主要河流，主要支流有紫甸河、西静河、河前河、寨子小河、青龙河、苍岭小河。市境属北亚热带季风气候区，冬干夏湿，雨季集中，日照充足，霜期较短，冬季降水量偏少。西部山区，山高谷深，地形复杂多样，有立体气候特点。全市土壤多为水稻土和红壤土，适宜水稻、烤烟、包谷等农作物种植。“十一五”期间，投入8140万元，实施13.7万亩公益林建设及408万亩森林管护，启动国家公益林补偿面积21万亩、省级公益林补偿面积162万亩。森林覆盖率达76.9%，空气质量达到国家一级标准，饮用水质量达国家二级标准。2010年降雨量698.4毫米，平均气温17.4℃。年末，全市有耕地35.73万亩，其中水田18.44万亩，旱地17.29万亩。

【资源特产】 楚雄历史上曾开采过银矿，其他主要矿藏资源有煤、油页岩、金、铜、铁、铅锌、石灰石。石灰石分布较广，楚石（大理石）也有一定储量。楚雄市生物资源十分丰富，且有丰富的茶花资源，是云南山茶花的重要原生地之一，也是山茶科植物物种基因库，被誉为“茶花古树之乡”。紫溪山云南山茶物种园、黑牛山野生山茶保护区、楚雄茶花精品园、彝海国际茶花文化园等均为观赏和考察楚雄山茶花的理想之地。常见的木本植物有40余种，草本植物20余种，食用菌30余种。有野生中药640余种，名贵药材有三七、天麻、五味子、茯苓、小棕包等56种。发现野生动物519种，其中，两栖类29种，爬行类56种，鸟类329种，兽类105种；属国家保护的野生动物有蜂猴、白鹇等64种。位于市境西南部的哀牢山国家级自然保护区，森林茂密，有名贵植物1480余种，鸟兽460种，两栖爬行动物46种，国家重点保护珍稀动物26种，已被列为联合国“人与生物圈”森林生态系统的定位观测站。楚雄市最具代表的经济作物有烤烟、蚕桑、茶叶、核桃。主要旅游资源有以森林为主要景观的国家AAA级旅游风景区紫溪山，集中展示中国彝族文化风情的主题公园国家AA级景区中国彝族十月太阳历文化园，国家AAAA级景区彝人古镇是在宋代“德江城”遗址附近新建的一个集彝族民居展示、商贸旅游为一体的文化小镇，福塔文化园景区是楚雄城标志性建筑，塔为八角九层楼阁外廊式建筑，集中华福文化之大成，汇聚展示博大精深的福文化。特产有楚雄云泉豆瓣酱、野生食用菌、核桃、茶叶，做工精细的民族珍贵装饰品银器、手工刺绣的彝族服饰、益友骨角保健梳及工艺品。楚雄薄荷含油量高，可制薄荷油和薄荷脑，在中药材中有“楚薄”之称。滇岭牌“桃乐丝”滇含片糖、“滇彝”牌核桃、“彝非卓”核桃3个产品分别荣获中国绿色食品发展中心A级绿色食品认证。楚雄市气候土壤等自然条件适宜烤烟生长，在发展烤烟生产的基础上，发展了卷烟生产，并已成为楚雄市产业发展的优势之一。楚雄市栽桑历史较为悠久，并以东瓜的刘家村等为蚕桑种植基地进行栽桑养蚕，其蚕茧蚕丝率高（13%），蚕丝长（1300米），可缫6A级高品位生丝。

【经济状况】 2010年，全市实现生产总值164.27亿元，按可比价计算，比上年增长13.3%。其中，第一产业增加值16.38亿元，增长2.4%；第二产业增加值93.72亿元，增长14.9%；第三产业增加值54.18亿元，增长13.6%。一、二、三产业对国民经济增长的贡献率分别为6.3%、59.5%和34.2%。非烟产业实现增加值117.71亿元，增长17.5%，占全市生产总值的比重为71.7%。全社会固定资产投资80.22亿元，增长29.6%。社会消费品零售总额53.68亿元，增长20.7%。全年居民消费价格总指数103.7%，比上年增长3.7个百分点。非公经济增加值占生产总值的比重达41.8%。一、二、三产业增加值占生产总值的比重由12.2:56.2:31.6调整为10:57.1:32.9。

农业基础设施进一步夯实。青山嘴大（二）型水库落成，新增库容1.06亿立方米；“十一五”累计实施3.7万件五小水利工程，完成中石坝等8件小（一）型水库除险加固工程，新增蓄水能力216.23万立方米，有效灌溉面积达32万亩，解决12万人饮水安全问题，荣获“全国农田水利基本建设先进县”称号。改造中低产田地16万亩，荣获“云南省2010年中低产田地改造工作先进单位”称号。2010年全市实现粮食总产量17.33万吨，农林牧渔业总产值25.6亿元，增长4%，曾两次荣获“全国粮食生产先进县”称号。

2010年，围绕建设滇中经济圈新的增长极目标，实施东南片区、西北片区等新区78条（段）道路、3座桥梁建设和老城区12条主要道路改造，实施了6个城区公园和广场改造项目及143个城市供排水管网改造工程等一批市政基础设施建设，累计完成投资26.5亿元。全年全市完成工业总产值174.79亿元，比上年增长23.7%；规模以上工业产值145.28亿元，增长30.3%，实现工业增加值79.09亿元，增长15.3%。工业增加值占全市生产总值比重达48.1%，比上年提高0.7个百分点；规模以上工业增加值67.92亿元，增长17.1%。“十一五”落实扶贫资金3.7亿元，规模以上工业企业达54户，投入园区基础建设资金6.4亿元，建成标准厂房9.69万平方米，被列为云南省30个重点工业园区之一。

加强与国内外城市的交流与合作，与美国塞班市、四川省西昌市结为兄弟友好城市；与国务院发展研究中心建立城市发展研究合作关系。制定出台一系列促进招商引资的优惠政策和办法措施，成功引进天腾化工、广泰生物、昆钢奕标、云南白药集团等一批项目。2010年辖区共实施州外国内招商引资项目54项，协议总投资82.5亿元，实际到位资金24.95亿元；“十一五”累计引进实施州外招商引资项目215项，实际引进资金71.3亿元，完成进出口总额1.51亿美元。

至2010年末，全市公路里程达9244.3千米。其中，省道公路5条173千米；国道高速公路2条59.3千米；市乡公路16条581千米；乡村道路102条1372.4千米；专用道路40.9千米；村组道路7017.7千米。市乡公路等级率达92.5%，硬化率达62.5%。乡村公路通达率达68.5%。建成农村客运站点13个，开通农村客运班线54条，乡（镇）通班车率达100%；村委会通班车率达74%。公路建设完成总投资4.26亿元。全年完成货运周转量5.90亿吨千米，比上年增长3.6%；旅客周转量6.07亿人千米，增长1.9%。全年完成邮电业务总收入3.82亿元，比上年增长22.1%。年末拥有固定电话11.26万部，下降1.5%，移动电话用户普及率达84.96部/百人。不管河电站、泥堵拉河三级电站建成并投入使用。全面完成农村电网改造工程，实现村村通电、城乡同网通价目标。

2010年全市财政总收入22.69亿元，增长27.1%；地方财政总收入14.45亿元，增长17.1%；地方财政一般预算收入9.73亿元，增长24.2%。累计完成地方财政一般预算支出18.71亿元，增长27.8%。年末金融机构各项存款余额199.80亿元，比上年末增长14.2%；各项贷款余额143.22亿元，增长18.9%。发展了4户小额贷款公司和兴彝村镇银行，投融资渠道进一步拓宽。

2010年，中国优秀旅游城市创建通过省级验收，实现旅游业总收入9.59亿元，比上年增长33.9%，其中旅游外汇收入1327万元，增长8.6%。

【教科文卫】 2010年，楚雄市进一步推进教育综合改革，有效突破高中阶段教育瓶颈；实行中小学分离办学，以县为主的农村义务教育管理体制不断完善。辖区拥有高等院校2所，专任教师630人，在校学生1.23万人；有各类中等职业学校10所，专任教师813人，在校学生2.18万人；有普通中学27所，专任教师2295人，在校学生3.43万人；有幼儿园68所。小学适龄儿童入学率达99.99%，初中学龄人口入学率达99.98%；初中毕业学生高中录取率为63.9%，比上年下降0.7个百分点。全年市级财政教育事业经费支出2.95亿元，增长22%。

全市共有25项科技项目列入省、州、市科技专项，实施市级以上科技项目169项，6项科技成果获得州级科学技术三等奖，共向国家知识产权局申报专利70件，授权专利29件，全市专利拥有量达297件，名列楚雄州第一。科技进步对国民经济增长的贡献率为48.7%。

彝族“火把节”成功申报为首批国家级非物质文化遗产保护项目，收集整理楚雄市彝族聚居地区广为流传的民族民间葫芦笙音乐90曲，有12人列入了楚雄州第二批非物质文化遗产项目传承人。建成45个农家书屋、31个农村农民体育健身场地、7个乡（镇）综合文化站，信息资源共享工程覆盖10个乡（镇）。有3个选送节目和5项彝族民间工艺在2010年全国农民艺术节上获得国家级表彰。年内，楚雄市籍残疾人运动员蔡红梅，先后参加全国残疾人游泳、羽毛球锦标赛，获得游泳个人单项金牌1枚，银牌1枚，铜牌3枚，并代表中国参加在广州举行的第十届亚洲残疾人运动会，获得个人游泳项目金牌2枚，并打破了S10级50米自由泳的亚洲记录，实现了楚雄市残疾人体育在国际重大体育赛事上金牌零的突破。年末全市辖区有公共图书馆2个，文化馆2个，博物馆1个，电视台2个，广播电台2个。有19件广播电视作品在全国、省、州优秀广播电视节目评比中获奖，其中国家级奖2件，省级奖5件，州级奖12件。全市的广播电视人口覆盖率分别为98%和99%。

2010年新建西苑、万家坝、彝人名居、和谐小区4个社区卫生服务站。年内，楚雄市人民医院新区项目开工建设，项目投入资金8000万元，建筑面积为3.2万平方米，首期规划建设400个床位。楚雄市连续5年保持省甲级卫生城市称号。年末全市有医疗卫生机构388个，拥有床位3745张，比上年增长5.6%；有卫生技术人员4303人，增长3.6%；全市年末每千人拥有医生2.93名。

【社会生活】 2010年，全市城镇居民人均可支配收入17006元，增长9.7%；农民人均纯收入4434元，增长10.1%。城镇居民共有1.68万人领取最低生活保障金3207万元，分别增长1.8%和8.1%；农村居民有2.04万人享受低保，共发放低保金1669万元，分别增长7.2%和31.4%。参加城镇职工基本养老保险人数达5.06万人，征缴养老保证基金2.22亿元，分别增长0.2%和17.5%；参加农村养老保险人数达6.91万人，下降0.3%，征缴保险基金2636万元，增长7.5%；参加城镇职工基本医疗保险人数达9.34万人，征缴保险基金1.72亿元，分别增长3.8%和2.5%；城镇居民基本医疗保险参保人数达7.13万人，筹集保费1277万元，分别增长2.4%和11.4%。2010年新型农村合作医疗资金人均筹资水平达140元/人，全市共有33.65万农民参加了新型农村合作医疗保险，参合率达95.3%。全市累计对59.87万人次的参合农民实施减免，减免金额4006.18万元。年内，楚雄市人民政府落实了60岁以上老年人免费乘坐城市公交车惠民政策，对城区内所有公园实行全免费开放。

【楚雄市进京参加首届中国农民艺术节】 2010年6月16～21日，楚雄市作为全国唯一县（市）级组团，也是云南省唯一组团参加了首届中国农民艺术节，首次代表云南省和楚雄州在北京参加展演。楚雄市代表团参展的彝族刺绣、彝族乐器制作、骨角工艺等被列为“一村一品”优秀项目。市政府和市文化体育局分别获得中国农民艺术节“农风·农情·农乐”——端午大型广场乡土艺术文艺汇演最佳组织奖；市文体局获得首届中国农民艺术节“一村一品”展最佳设计奖和首届中国农民艺术节最佳组织奖；彝族左脚舞和彝族歌舞《沸腾的彝山》分别荣获“农风·农情·农乐”——端午大型广场乡土艺术文艺汇演精粹奖和优秀节目奖。

【紫溪山茶花规模化种植基地考察】 2010年10月27日，来自德国、肯尼亚、印度尼西亚等8个国家和中国的植物学家组成植物学家考察团，到紫溪山自然保护区进行参观考察。考察团一行参观了紫溪山古茶花树以及茶花规模化种植基地。

乡（镇）领导名录

鹿城镇
　党委书记：向　勇（傣族，副处）
　镇　　长：习　雁（～2010.10）
　代理镇长：李贵泽（2010.10～）
东瓜镇
　党委书记：孙春荣（～2010.06）
　　　　　　李成相（2010.06～）
　镇　　长：曹云慧（～2010.12）
　代理镇长：杨志敏（2010.12～）
吕合镇
　党委书记：陆　海（壮族）
　镇　　长：马兴旺（回族）
紫溪镇
　党委书记：魏元宏（彝族，～2010.03）
　　　　　　钱　颖（女，哈尼族，2010.03～）
　镇　　长：钱　颖（女，哈尼族，～2010.03）
　　　　　　李明海（彝族，2010.03～）
东华镇
　党委书记：陆洪朝
　镇　　长：罗华银（彝族，～2010.06）
　代理镇长：何春红（2010.06～）
子午镇
　党委书记：刘　敏（女，～2010.06）
　　　　　　宋振华（2010.06～）
　镇　　长：李加友（彝族）
苍岭镇
　党委书记：李仕阳
　镇　　长：陈德君
三街镇
　党委书记：李树鉴
　镇　　长：李　勇（～2010.03）
　　　　　　邹顺伟（2010.03～）

八角镇

党委书记：徐林宗（～2010.03）

鲁　潜（2010.03～）

镇　　长：鲁　潜（～2010.03）

张炳荣（2010.03～）

中山镇

党委书记：邹顺伟（彝族，～2010.03）

郭宜宏（2010.03～）

镇　　长：刘芝源（～2010.03）

刘应龙（2010.03～）

新村镇

党委书记：王崇福

镇　　长：韦宗勇

树苴乡

党委书记：鲁光福（彝族，～2010.06）

董宏光（2010.06～）

乡　　长：陈富荣

大过口乡

党委书记：普有华（彝族，～2010.03）

何金富（彝族，2010.03～）

乡　　长：何金富（彝族，～2010.03）

王建华（彝族，2010.03～）

大地基乡

党委书记：李贵泽（～2010.06）

罗华银（2010.06～）

乡　　长：李先福

西舍路乡

党委书记：王庆贵（彝族）

乡　　长：王玉璋（～2010.03）

何绍才（2010.03～）

［周永琮］

乡（镇）情况一览表

乡(镇)	面积(平方千米)	村(居)委会(个)	年末总人口(人)	年末耕地面积(亩)	农业总产值(万元)	粮食总产量(吨)	烤烟总产量(吨)	年末大牲畜存栏(头)	农民人均纯收入(元)
鹿城镇	372	21	156561	28006	28105	17801	394	9255	5537
东瓜镇	229	12	65503	18177	16269	12251	505	6820	5394
吕合镇	186	9	28780	21482	21762	12534	661	9637	4617
紫溪镇	243	8	14791	15217	10231	8308	425	6141	4179
东华镇	448	11	30328	36825	27879	20143	2860	11075	4600
子午镇	362	13	35209	45664	25243	19236	3240	13049	4615
苍岭镇	344	8	32689	42736	29835	22511	992	14187	4816
三街镇	206	11	24334	20912	11533	9193	1157	9626	3989
八角镇	145	7	16861	16221	10759	7586	1505	6867	3798
中山镇	301	11	24631	26515	13462	10593	1604	8170	3888
新村镇	355	8	14914	16241	14362	8114	1045	9356	3870
树苴乡	134	7	18493	17813	10441	9478	1391	7727	3806
大过口乡	340	9	16343	17130	11973	5654	613	6890	3882
大地基乡	387	6	11270	14661	13189	5776	1125	5699	3485
西舍路乡	381	11	19751	19702	10968	8130	562	7830	3102

［楚雄州统计局供稿］

双　柏　县

【地理位置】　双柏县位于楚雄州南部，地处北纬24°13′～24°55′、东经101°03′～102°02′之间。东邻玉溪市易门县、峨山县，南连玉溪市新平县，西与普洱市镇沅县、景东县接壤，北同楚雄市、禄丰县毗邻。县人民政府驻地妥甸镇，海拔1964米，距州府楚雄市城区60千米。

【行政区划】　2010年末，双柏县辖妥甸、大庄、碍嘉、法脿、大麦地5个镇和安龙堡、爱尼山、独田3个乡，84个村(居)民委员会，1545个村(居)民小组。行政区域面积4045平方千米。

【人口民族】　2010年末，全县常住人口15.97万人，人口出生率12.4‰，死亡率7.9‰，自然增长率4.5‰，城镇化率25%。据公安部门统计，年末全县户籍人口15.50万人，比上年末减少0.8%，其中女性人口7.40万人；非农业人口1.72万人；少数民族人口7.64万人。主要少数民族有(千人以上)彝族7.09万人，哈尼族3863人。

【自然概貌】　双柏县地处滇中，具有地表畸形，群山连绵，山川峡谷纵横，高差悬殊，垂直明显的特点。因受绿汁江、马龙河水系的深切，断面呈“V”型发育，构成西北高、东南低，地形由西北部向东南部倾斜，白竹山以北地区高原特征比较明显；南部呈中山深切割地貌，谷深坡陡，地表破碎，多数山地脉络难寻。绿汁江多沿县境边缘环流。全县最高点为西部与景东县交界的大梁山，海拔2946米；最低点是县境南端与新平县交界处的三江口，海拔556米。全境皆山，无一平川，坡度大于8度的国土面积占98.5%。其地貌大致分为强烈切割高、中山峡谷区，强烈切割高、中山区和中山丘陵地区3个单元区。

【资源特产】　2010年末，全县年均降水总量为35.74亿立方米，县境河川径流总量为748亿立方米，全县主要江河水能理论蕴藏量为36.37万千瓦，其中马龙河4.16万千瓦，沙甸河、绿汁江8.86万千瓦，碍嘉境内23.35万千瓦。全县共有林业生产用地493.39万亩，活立木蓄积量为820万立方米，境内有树种207科，344属，5095种，其中列为珍贵树种明令保护的有11科，16个品种。主要特产有妥甸酱油、白竹山茶、邦三红糖、野生菌、黑山羊等。

【经济状况】　2010年，全县实现生产总值13.39亿元，按可比价格计算，比上年增长11.7%。其中，第一产业实现增加值5.65亿元，增长3.3%；第二产业实现增加值3.13亿元，增长26.7%，其中工业实现增加值2.35亿元，增长27.7%；第三产业实现增加值4.61亿元，增长12.6%。三次产业结构由上年的44.8∶20.7∶34.5调整为42.2∶23.4∶34.4。人均生产总值8384元，比上年增长11.7%。

非公有制经济实现增加值5.52亿元，增长14.2%，占生产总值比重41.3%，比上年提高0.2个百分点。实施招商引资项目38个，项目协议总投资54.62亿元，累计到位资金9.32亿元，年内到位资金4.66亿元。

重点产业实现产值13.63亿元，比上年增长36.2%，实现增加值5.79亿元，增长21.5%。其中，烟烤产业实现产值1.35亿元，增长1%，增加值7742万元，增长1.5%；矿电产业实现产值1.52亿元，增长15.3%，增加值6025万元，增长10.8%；林产品加工业实现产值5.89亿元，增长91.3%，增加值1.73亿元，增长58.2%；绿色食品加工业实现产值4.86亿元，增长13.9%，增加值2.69亿元，增长13.5%。重点产业增加值占GDP比重的43.3%，比上年提高0.5个百分点。

居民消费价格总水平比上年上涨3.5%。其中，食品类上涨8.3%；烟酒及用品类上涨0.1%；衣着类下降1%；家庭设备用品及维修服务类下降0.3%；医疗保健和个人用品类上涨4.7%；交通和通信类下降1.5%；娱乐教育文化用品及服务类上涨3.3%；居住类上涨2.2%。全年商品零售价格上涨2.9%，农业生产资料价格上涨1.4%。

全年实现农林牧渔业产值9.83亿元，按可比价格计算比上年增长3.9%。其中，农业产值3.88亿元，下降9.5%；林业产值1.54亿元，增长41.5%；畜牧业产值4.36亿元，增长9.9%；渔业产值418万元，下降36.1%。全年农作物总播种面积36.05万亩，比上年增长1.8%。其中，粮食播种面积22.04万亩，下降1.8%；经济作物播种面积14.0万亩，增长7.9%，其中烤烟5.87万亩，增长12.5%。全年粮食总产量4.21万吨，比上年减少26.3%。年内生猪出栏21.72万头，比上年增长12.3%；大牲畜出栏3.92万头，增长6.1%；羊出栏11.69万只，增长7.3%。全年肉类总产量2.70万吨，增长10.3%。年末生猪存栏18.94万头，增长2.5%；大牲畜存栏9.25万头，下降0.1%；羊存栏17.29万只，增长0.9%。

全年实现工业总产值8.96亿元，比上年增长46%。11户规模以上工业企业实现产值6.21亿元，比上年增长70.2%，实现主营业务收入7.70亿元，增长1.2倍；完成出口交货值1.03亿元，增长2.8倍；实现利润4723万元，增长1.3倍，亏损企业亏损额1218万元。建筑企业完成施工产值1.21亿元，比上年增长32.9%。全年完成固定资产投资15.24亿元，比上年增长38%。其中，城镇固定资产投资8.66亿元，下降2.3%；农村私人投资1.27亿元，增长52.8%；房地产开发投资0.66亿元，增长66.5%；农村非农户固定资产投资4.65亿元，增长3.9倍。

全县84个村（居）委会，全部通电、通自来水、通公路、通电话。全年完成货物周转量9077万吨千米，旅客周转量5338万人千米。年末，全县拥有营运载客汽车123辆，客位1785个；农村客运车辆95辆，客位1279个；营运载货汽车1155辆，吨位3637吨。全年完成邮政业务总量334万元，比上年增长21.5%，收发函件4.1万件，累计发行报纸16.24万份、杂志6.46万份。信息传输服务业实现营业收入4026万元，比上年增长13.8%，年末固定电话、移动电话用户6.20万部，比上年增长12.5%，电话普及率39部/百人。

全年完成财政总收入1.34亿元，比上年增长21.4%，其中上划收入3585万元，增长16.5%；地方一般预算收入9781万元，增长23.3%，其中税收收入7124万元，增长21.7%。地方财政总支出7.14亿元，比上年增长26.3%，其中一般预算支出6.77亿元，增长24.9%。年末金融机构各项存款余额16.93亿元，比上年末增长37.5%；贷款余额6.0亿元，增长29.9%。保险企业实现保费收入3447万元，比上年增长6%，已决赔款及红利给付1265万元，增长65.6%。

【教科文卫】 2010年，双柏县学校布局调整扎实推进，教学质量明显提高，高考上线率达96.9%，创历史最好成绩。年内，安排28.1万元为部分学校（园）配备了安全监控设备和29名专职保安，校园安全防范得到有效落实。全县有普通高中1所、职业中学1所、初中9所、小学65所。年内，普通高中招生550人，在校学生1481人，毕业学生484人；职业中学招生142人，在校学生288人，毕业学生61人；初中招生1813人，在校学生5388人，毕业学生1821人；小学招生1727人，在校学生1.18万人，毕业学生1901人。学龄儿童入学率、初中阶段毛入学率分别为99.7%、114.59%。学年末全县有小学专任教师771人，初中专任教师446人，高中专任教师112人，职业中学专任教师29人。

年末全县有卫生机构25个，卫生机构住院病床440张，执业医师和执业助理医师181人，注册护士101人。年内传染病发病率125.65/10万，新型农村合作医疗保险参保率93.3%。

年内成功举办第四届“双柏彝族虎文化节”，继续实施“2131”工程，放映电影1819场。年末全县有艺术表演团体1个，公共图书馆1个，图书馆藏书3.4万册；广播、电视人口覆盖率分别达98.7%和97.1%。

【社会生活】 2010年，面对百年不遇的特大旱灾，全县上下团结一心、不畏艰难，突出人畜饮水、抗旱保苗、森林防火、社会稳定等重点，认真落实抗旱保民生各项措施，累计投入抗旱资金1424.21万元，架设管道172.8千米，打井102口，解决了3万人缺水和4.3万人、4万头大牲畜临时饮水困难。城镇居民人均可支配收入13732元，比上年增长7.1%，年末人均住房建筑面积29平方米。全年农村居民人均纯收入3083元，增长9.9%，人均可支配收入2925元，增长7.9%，人均住房面积44.6平方米。年内发放城乡居民最低生活保障金1478万元，其中城镇694万元、农村784万元；发放农村“五保”老人供养费103万元；对656人进行医疗救助，救助资金92.3万元。

年末单位从业人员7785人，比上年下降0.8%，其中在岗职工6863人，增长2.8%。在岗职工年平均工资2.76万元，增长7.4%。

年末城镇参加职工基本养老保险5300人，失业保险5256人，医疗保险9426人，工伤保险2918人，生育保险2516人，参加城镇居民医疗保险7105人。城镇登记失业人员167人，登记失业率3.2%。共招考录用公务员、事业人员、大学生村官56名，开发公益性岗位178个，新增城镇就业人员1010人；农业劳动力转移就业8016人，城镇登记失业率控制在3.2%以内。

【项目工作提速推进】 2010年，双柏县围绕30个重点项目，累计争取投入项目前期工作经费441万元，共实施项目132个，其中投资在1亿元以上的大项目4个，投资在5000万元以上的项目6个，投资在1000万元以上的项目60个，重大项目支撑作用进一步显现，有效拉动了全县经济增长。截至年末，查姆湖保护开发项目概念性规划、施工图设计及审图工作通过州级评审，查姆广场开工建设，查姆大道建成投入使用，建盖回迁房、商品住房及办公楼3.1万平方米；县城西北片区东和大道建设加快；杞龙片区开发暨查姆大酒店、商住小区建设项目全面开工；县城截污管网及污水处理厂、城市生活垃圾处理厂、县城供水管网改造工程全面完工；东兴湖小区、东和苑小区、粮贸小区建设加快推进。县城建成区面积达2.5平方千米，大麦地镇集镇街道建设全面实施，法脿镇新区开发稳步推进。

【产业培育进一步加快】 2010年，双柏县山区现代烟草农业建设稳步推进，烟叶生产基础不断夯实，年内共建成烟水、烟路工程19件，全自动大型育苗工场1个，密集型烤房5群126座。安排财政经费100余万元用于烤烟抗旱保苗、中耕管理和目标任务完成奖励，圆满完成了925万千克烟叶生产收购任务，均价达每千克14.46元，实现烟叶总产值1.35亿元，“两烟”税收0.35亿元。麻栗树煤矿一碗水矿井顺利复产，岩子头矿井依法关闭；正阳矿业、窝托地铁矿等企业发展步伐加快。大湾、龙门等7座电站建设加快推进，雨果电站顺利开工，全县已建成电站12座，实现总装机容量达9.26万千瓦。同时，集体林权制度主体改革工作全面完成，配套改革加快推进。完成核桃种植10万亩、膏桐种植5万亩、中低产林改造6.5万亩。林产品加工业发展势头强劲，华兴人造板有限公司年产10万立方高密度纤维板生产线、宏光胶合板厂年产3万立方胶合板生产线建设项目顺利投产。森源化工有限公司、松源化工有限公司正常生产。

乡（镇）领导名录

妥甸镇
党委书记：杨　铭
镇　　长：周继涛
大庄镇
党委书记：殷履东
镇　　长：金彦平
碍嘉镇
党委书记：付林华（～2010.04）
杨光晟（2010.04～）
镇　　长：李家明
法脿镇
党委书记：吴　忠（2010.01～）
镇　　长：王　权
安龙堡乡
党委书记：李家荣
乡　　长：孙绍华
大麦地镇
党委书记：王景书
镇　　长：尹久斌（～2010.11）
镇长候选人：戈德琦（2011.11～）
爱尼山乡
党委书记：张春平（～2010.04）
黄海雁（2010.04～）
乡　　长：黄海雁（～2010.04）
代理乡长：李　喆（女，2010.04～）
独田乡
党委书记：罗兴贵（～2010.11）
李德全（2010.11～）
乡　　长：张　梅（女）

［张存浥］

乡（镇）情况一览表

乡(镇)	面积（平方千米）	村(居)委会（个）	年末总人口（人）	年末耕地面积（亩）	农业总产值（万元）	粮食总产量（吨）	烤烟总产量（吨）	年末大牲畜存栏（头）	农民人均纯收入（元）
妥甸镇	737	18	41190	35238	20568	7377	2511	16980	3166
大庄镇	557	13	26490	28818	14632	8301	1668	13712	3005
碍嘉镇	619	14	26969	29033	15496	9196	678	12528	3136
法脿镇	429	13	24433	24114	15033	5888	1465	12282	3092
安龙堡乡	270	8	9263	21515	8059	2967	1069	8420	2809
大麦地镇	504	9	9681	13814	6783	3151	448	11538	3051
爱尼山乡	675	7	12763	23686	13281	4238	1188	12478	3283
独田乡	254	2	4233	6892	4410	1010	407	4610	3194

［楚雄州统计局供稿］

牟　定　县

【地理位置】　牟定县地处楚雄州中部，位于北纬25°09′～25°40′、东经101°19′～101°51′之间。东邻元谋县、禄丰县，南连楚雄市，西与南华县、姚安县接壤，北同大姚县毗邻。县人民政府驻地共和镇，海拔1758米，距州府楚雄市城区56千米。

【行政区划】　2010年末，牟定县辖共和、新桥、江坡、凤屯4个镇和安乐、戌街、蟠猫3个乡，89个村（居）民委员会，1206个村（居）民小组。行政区域面积1464平方千米。

【人口民族】　2010年末，全县总人口20.47万人，人口出生率8.2‰，死亡率6.2‰，自然增长率2‰；城镇化率28.1%，比上年提高2.5个百分点。据公安部门统计，年末户籍人口20.47万人，比上年末增长0.05%。其中，女性人口10万人；非农业人口1.88万人；少数民族人口4.53万人，占总人口的22.1%。主要少数民族（千人以上）有彝族4.39万人。

【自然概貌】 牟定县地处滇中红土高原中部，高原地貌保持较完整。地势自西北向东南倾斜，西北高、东南低；境内群山连绵，山区面积91%，有面积87.8平方千米的牟定坝子，属全州第四大盆地，其余坝子不足1平方千米。河流属金沙江水系，主要有勐岗河、龙川河、紫甸河等。境内褶皱宽缓，断层发育，大部分地区海拔在1570～1985米之间，最高点为西部寨子山，海拔2550米；最低点为东北部的海子哨村勐岗河底大箐口，海拔1140米。县境属北亚热带季风气候区，由于海拔自东南、东北向西逐渐升高，平均气温则逐渐下降，自然降水量却依次递增，具有一定的“立体气候”特点。2010年，县境年平均气温17.1℃，县境降水量634.6毫米，年日照时数为2454.1小时。

【资源特产】 牟定县境内已发现矿产40余种，已探明的有金、银、铂、钯、铜、铁、钛、钒、铌、铅、镍、硅石、钾长石、蛇纹石、蛭石、方解石、花岗岩、石墨、石膏、蓝石棉、稀土、高岭土、煤炭等20余种，稀土矿、铂钯矿、高岭土矿、硅矿基本资料比较完备。境内植物资源有种子植物149种、464属、874种。其中，裸子植物8科、13属、22种；被子植物141科、451属、852种，被子植物中有双子叶植物124科、371属、743种，单子叶植物17科、80属、109种。动物资源有兽类36种、鸟类98种、两栖类5种、爬行类7种；兽类中的皮毛革兽12种，医药、实验用兽13种，狩猎兽3种，鼠类7种，其它兽类1种；鸟类中有留鸟85种、冬候鸟6种、夏候鸟7种。特产主要有力石酒、喜鹊窝酒、化佛茶、油腐乳、铜炊锅、腌菜罐、砂土锅等。

【经济状况】 2010年，全县实现生产总值21.3亿元，按可比价格计算，比上年增长12.1%。其中，第一产业实现增加值6.06亿元，增长3%；第二产业实现增加值6.88亿元，增长18.4%，其中工业实现增加值3.98亿元,增长13.1%；第三产业实现增加值8.36亿元,增长14.8%。三次产业结构调整为28.5:32.3:39.2。人均生产总值1.56万元。非公经济增加值占生产总值比重47.7%，增长0.9%，对经济增长的贡献率达51.2%，拉动经济增长6.2个百分点。实施招商引资项目29项，项目协议总投资59.68亿元，年内到位资金4.36亿元。居民消费价格上涨3.8%。

实现农林牧渔业总产值10.03亿元，比上年增长3.9%。全年农作物总播种面积47.2万亩，比上年增长12.9%，其中粮食播种面积31.1万亩，增长11.5%；经济作物播种面积16.1万亩，增长15.8%。全年粮食总产量7.72万吨，比上年下降9.5%。全县村（居）委会通电89个，通自来水83个，通公路83个，通电话83个。年末，农田有效灌溉面积18.06万亩，与上年持平；农村用电量3903万千瓦时，增长5%。

全年实现工业增加值10.04亿元，比上年增长6.6%，其中规模以上工业企业实现增加值1.87亿元，增长10.3%。建筑企业完成产值5.7亿元，比上年增长35.1%；房屋竣工面积19.56万平方米，下降33.9%。全年完成固定资产投资19.02亿元，比上年增长40.2%。

全年实现社会零售品总额5.2亿元，比上年增长20.9%。批发零售业实现商品销售总额4.57亿元，比上年增长22.5%。全年完成货物周转量12527万吨千米，增长1%；旅客周转量7218万人千米，增长2.5%。全年完成邮电业务总量6640万元，比上年增长26%。年末电话用户达13.45万部，比上年增加2.24万部，增长19.9%，电话普及率达65.3%。

全年完成财政总收入1.32亿元，比上年增长30.6%，其中地方一般预算收入9569万元，增长29.8%；地方财政支出7.18亿元，比上年增长14.9%。年末金融机构各项存款余额18.83亿元，比上年末增长17.7%，其中居民储蓄存款余额12.1亿元，增长14.6%。各项贷款余额8.58亿元，增长23.8%。保险企业实现保费收入2883万元，增长23.8%；已决赔款1395万元，增长20.9%。

【教科文卫】 2010年末，全县有各类学校93所，其中小学82所，普通中学10所，职业高级中学1所；专任教师1687人，其中小学932人，普通中学702人，职业高级中学53人；在校学生2.46万人，其中小学1.43万人，普通中学9412人，职业高级中学919人。全县共有幼儿园10所（含民办幼儿园2所），在园幼儿3252人。小学学龄儿童毛入学率达108%，初中学龄人口毛入学率达111.1%，高中阶段人口毛入学率达86%，高考率99.9%，上线率85%。全县有卫生医疗机构15个（不含综合门诊部、所和个人诊所），其中医院11个（含乡镇卫生院）；有卫生专业技术人员369人，其中医生169人。平均每千人拥有卫生技术人员1.8人；有病床385张，其中医院363张，平均每千人拥有医院床位数1.9张。年末全县有艺术表演团体1个，图书馆1个，文化馆1个，乡（镇）文化站7个，电影放映单位1个，广播人口覆盖率达95%，电视人口覆盖率达97%。

【社会生活】 2010年，牟定县城镇居民人均可支配收入15317元，比上年增加1377元，增长9.9%，扣除物价因素实际增长5.9%。农民人均纯收入3356元，比上年增加340元，增长11.3%，扣除物价上涨因素实际增长7.2%。全县居民人均消费水平4600元，比上年增加467元。城镇居民人均住房建筑面积35.7平方米，农村居民人均住房建筑面积37.6平方米。全年有3857人（次）领取城镇居民最低生活保障金817.35万元；1.13万人（次）领取农村低保金474.81万元、低保粮901.61吨。供养农村“五保”对象886人，对1042人进行医疗救助，发放救助金166.86万元。年末单位从业人员8299人，比上年减少3.87%；在岗职工7280人，减少4.1%。在岗职工年平均工资2.7万元，增长14.7%。年末全县参加企业职工养老保险3695人,失业保险4601人,医疗保险1.07万人,工伤保险2714人,生育保险1561人。城镇登记失业人员1465人,登记失业率3.4%。年内,发生各类安全生产事故13起、死亡8人、受伤3人、直接经济损失115.1万元,同比事故起数上升15%、死亡人数上升10%、直接经济损失上升10%。

【牟定凤屯风电场开工仪式】 2010年9月30日,楚雄州第一个风电项目——牟定县凤屯风电场在凤屯镇举行开工仪式,中共云南省委常委、省人民政府常务副省长罗正富出席开工仪式并宣布云南省牟定县凤屯风电场项目开工。云南省牟定县凤屯风电场项目是中广核集团在云南省第一个开工建设的风电项目,也是中共云南省委、省人民政府实施“央企入滇”战略后开工的又一个项目。该项目建成达产后,预计年发电量约2亿千瓦时,年销售收入约1.22亿元,实现年缴税1000万元。风力发电项目的建成将与牟定县境旅游有机地融为一体,成为化佛山风景旅游区一道亮丽的风景线,对于推动牟定县旅游开发将起到积极的带动作用。既可以缓解电力紧张局面,又有效的推动全县资源节约型、环境友好型社会建设。

【牟定县人民医院建院70周年暨住院大楼落成庆典】 2010年12月23日,牟定县人民医院成功举办了建院70周年暨住院大楼落成庆典活动。庆典活动由牟定县人民政府副县长常青主持,楚雄州政协副主席江正荣、云南省第一人民医院副院长王昆华、楚雄州卫生局局长钟继红、中共牟定县委书记姜扬、县人大常委会主任周雷、县人民政府县长彭宪琪等领导参加了庆典活动。参加庆典活动的还有云南省第一人民医院,云南省创伤中心,楚雄州及所辖县(市)各友邻医院,全县各委办局、企事业单位,共133个单位的主要领导,以及省内外27个著名企业(公司)的领导。

乡(镇)领导名录

共和镇
党委书记:宋开洋(副处)
镇　　长:易连栋
新桥镇
党委书记:夏天星
镇　　长:杨家寿
凤屯镇
党委书记:王　炜
镇　　长:严金海
江坡镇
党委书记:李晓宏(彝族)
镇　　长:李翠萍(女)
戌街乡
党委书记:朱晓丹(女)
乡　　长:张晓龙
安乐乡
党委书记:侯　飚
乡　　长:刘家龙
蟠猫乡
党委书记:唐建平
乡　　长:李春俊(2010.01~)

[刘祖文]

乡(镇)情况一览表

乡(镇)	面积(平方千米)	村(居)委会(个)	年末总人口(人)	年末耕地面积(亩)	农业总产值(万元)	粮食总产量(吨)	烤烟总产量(吨)	年末大牲畜存栏(头)	农民人均纯收入(元)
共和镇	244.05	24	75573	58024	34177	27219	2200	9315	3952
新桥镇	159.08	15	29066	30075	14521	10123	1705	12360	3417
蟠猫乡	170.98	7	17994	12457	6847	5066	445	4290	3388
戌街乡	201.51	8	17434	18831	8425	6572	530	7006	3048
安乐乡	269.38	13	24270	26953	8563	8077	690	10423	3061
江坡镇	209.4	13	27842	30821	14870	12110	1910	13023	3198
凤屯镇	206.23	9	18570	22178	12899	8007	1170	9469	3299

[楚雄州统计局供稿]

南华县

【地理位置】 南华县位于楚雄彝族自治州西南部，地处北纬24°44′～25°21′、东经100°44′～101°20′之间；东接牟定县、楚雄市；南连楚雄市和普洱市景东彝族自治县；西与大理白族自治州弥渡县、祥云县毗邻；北连姚安县和大理州祥云县。县人民政府驻地龙川镇，海拔1857米，距州府楚雄市城区37千米。

【行政区划】 2010年末，南华县辖龙川、沙桥、五街、红土坡、马街、兔街6镇和雨露（白族乡）、一街、罗武庄、五顶山4乡，128个村（居）民委员会，1488个村民小组。行政区域面积2343平方千米。

【人口民族】 2010年末，全县常住人口23.61万人，人口出生率12.03‰，死亡率8.76‰，自然增长率3.27‰；城镇化率32%。据公安部门统计，年末户籍人口23.79万人，比上年末增长0.43%。其中，女性人口11.69万人；非农业人口2.55万人；少数民族人口10.07万人。千人以上少数民族有彝族8.87万人、白族9093人、回族2081人。

【自然概貌】 南华县地处滇中高原西部和云南“山”字构造的脊柱部分，地形东北促狭，西南辽远，中部和东部起伏和缓。地势西北高，东南低；西南群山纵横，东北丘陵起伏，山河相间陈列，呈北西至北北西向，境内地层发育不全，以中生界为主，元古界、古生界和新生界极少。县境山多平坝少，山区占全县面积的96%。主要山峰有烧香寺梁子，主要山脉有大中山、龙潭山、脑头山、马鞍山。县境地面河流纵横，主要河流有金沙江水系的龙川江，元江水系的马龙河、礼社江以及在水文上称之为李仙江水系的兔街河。山河相间排列，地下水储量不丰富，以裂隙水、孔隙水为主要类型；泉水以单泉和群泉出露，间歇泉居优。土壤种类繁多，分棕壤、黄棕壤、紫色壤、红壤、冲积土和水稻土6大类，11个亚类、49个耕地土种。境内最高点为红土坡镇龙潭山脉烧香寺梁子，海拔2861米；最低点为马街镇威车村倒坐窑的礼社江边，海拔963米。境内地形复杂，海拔高差大，立体气候明显，南亚热带至中温带气候齐备，气温年较差小，日较差大；雨热同季、干雨二季分明。2010年，年平均气温15.7℃、降雨量787.8毫米，年日照2566.9小时。

【资源特产】 南华县山多坝少，光照充足，森林茂盛，树种繁多，森林覆盖率达65.86%。在全县248万亩森林中，都有野生菌分布，资源年蕴藏量约1万吨，已知的野生菌有540余种，主产松茸、块菌、牛肝菌、干巴菌、鸡油菌、虎掌菌等，尤其是松茸，面广质优量大，在境内分布面积达170万亩，且具有生产周期长、产量高、质量好等特点，2010年野生菌产值达2.58亿元。中草药资源丰富，动植物药材多达660种，境内约有植物3000余种，有记录的主要种子植物有805种，隶属于145科435属。野生动物种类较多，国家一级保护动物有云豹1种；国家二级保护动物11种；省级保护动物有1种。境内鸟类有278种，打雀山是南飞候鸟迁徙途中的“宿营站”。全县有中小型水库78座，总库容8812万立方米。境内矿产丰富，矿种繁多，其中龙潭砷矿和五顶山力苴石膏矿储藏大，主要矿产有铅、锌、铜、金、铊、镉、银、铂、砷、石膏、石灰石、石棉、泥煤、褐煤、烟煤等20种。主要旅游资源有以彝族文化、福文化和菌文化支撑的被授予国家AAA旅游景区称号的南华咪依噜风情谷、福园、菌园、彝人天堂五街太阳女人文风情园、英武罗鲁文博园、野生菌王国、毛板桥风景区(包括锦星山庄、星亿山庄、南泉寺)、鹦鹉山生态园、大中山林区、宝珠寺和30个民族文化生态旅游村,100个特色生态休闲农庄和正在筹备建设的雨露白族风情乡村旅游。特产有白芸豆、核桃、萝卜、洋芋、烟草、野生食用菌、沙桥豆制品、天堂牌火腿、五顶山腊鹅、兔街茶、澜沧江啤酒、兔街小戈酒、五顶山花石头酒、腌鱼、刺头菜、甜笋、香椿。

【经济状况】 2010年，全县实现地区生产总值22.21亿元，按可比价格计算，比上年增长12%。其中，第一产业实现增加值7.75亿元，增长2.3%，拉动经济增长0.84个百分点；第二产业实现增加值6.48亿元，比上年增长20.9%，拉动经济增长5.96个百分点；第三产业实现增加值7.97亿元，比上年增长14.9%，拉动经济增长5.2个百分点。一、二、三产业对生产总值增长的贡献率分别为7.0%、49.7%和43.3%，一、二、三产业增加值占地区生产总值的比重为34.9:29.2:35.9。按常住人口计算的人均地区生产总值（GDP）为9405元，比上年增长27.35%。全社会劳动生产率（即按全社会从业人员计算的人均GDP）14359元/人，比上年增长24.6%。全年签约合作项目14个，协议投资116亿元，招商引资实际到位资金4.13亿元，其中省外到位资金3.24亿元。重点产业实现产值9.99亿元。全年居民消费价格上涨3.5%，其中食品类上涨9.3%，居住类上涨1.2%。全年商品零售价格上涨1.2%，农业生产资料价格上涨1.1%。全年实现农林牧渔业产值13.56亿元，比上年增长1.48亿元，增长3.4%。全年粮食播种面积37.57万亩，增长19.7%；经济作物播种面积13.53万亩，增长14.8%。粮食作物与经济作物种植比为73.5∶26.5。全年粮食产量9.74万吨，比上年减少5.1%。全年肉类总产量（含家禽）2.95万吨，比上年增长8.88%。全县有128个村（居）委会通电、通公路、通电话，1489个村民小组中已通公路1095个，全县公路通车里程2703.85千米。全县完成供电量9254.88万千瓦时，增长10.46%；完成售电量8430.76万千瓦时，增长11.38%。全年实现工业总产值18.49亿元，比上年增长25.5%，其中规模以上工业企业实现产值10.96亿元，增长40.4%；实现增加值2.79亿元，增长26.2%；实现利税9357.5万元，增长36.9%；实现利润4591.4万元，增长53.6%；上缴增值税3194.9万元，比上年增长29.1%。非公有制经济工业总产值17.59亿元，增长24.8%。建筑企业完成产值4.61亿元，比上年增长25.86%；房屋竣工面积18.22万平方米，比上年减少25.79%。全年完成固定资产投资15.1亿元，比上年增长57.8%。全年新开工建设项目125项，续建项目20项。实际建成投产113项，全年新增固定资产8.36亿元。全年实现社会消费品零售总额8.27亿元，比上年增长22.6%。批发零售业实现商品销售总额1.65亿元，比上年增长22.1%。全年完成货物周转量1.12亿吨千米，比上年增长138.8%；旅客周转量5758万人千米，比上年增长9.37%。全年完成邮电业务总量6191.2万元（含邮政、电信、移动、联通、铁通信息网络等公司），比上年增长1.97%。年末固定电话1.89万部、移动电话用户8.84万部，电话普及率45.1部/百人。全年实现地方财政总收入1.89亿元，增长25.1%，其中地方一般预算收入1.24亿元，增长26.4%。地方一般预算支出8.07亿元，增长25.3%。年末金融机构各项存款余额22.68亿元，增长25.23%；各项贷款余额16.24亿元，增长20.1%。保险企业实现保费收入6257.7万元，比上年增长8.2%，赔款及给付支出2386.1万元，比上年减少32.2%。

【教科文卫】 2010年，全县有普通高中1所，职业中学1所，初中13所，小学136所，幼儿园9所，教师进修学校1所。年内普通高中招生907人，在校学生2462人，毕业学生830人；职业中学招生458人，在校学生1102人，毕业学生507人；初中招生3553人，在校学生1.02万人，毕业学生2874人；小学招生3169人，在校学生2.12万人，毕业学生3617人；幼儿园招生3179人，在园幼儿4199人。学龄儿童入学率、初中学生毛入学率、高中学生毛入学率分别为102.71%和103.24%、75.15%。学年末全县有专任教师1982人。年末全县有卫生机构149个，卫生机构床位484张，有卫生技术人员420人。传染病发病率132.1/10万。有20.52万人参加新型农村合作医疗保险，参合率96.97%。年末全县有艺术表演团体1个，公共图书馆1个，图书馆藏书4.55万册；青少年校外活动中心1个，乡（镇）文化站所（室）130个。广播综合人口覆盖率98.2%，电视综合人口覆盖率97.7%。年末有线电视用户1.87万户，数字电视用户1900户。

【社会生活】 2010年，全县农民人均纯收入3601.6元，增长12.3%；城镇居民人均可支配收入14908元，比上年增长8%；年末城镇居民人均居住面积35.8平方米，比上年增长3.3%；农村居民人均居住面积32.7平方米，比上年下降9.8%。全年有5948人（次）领取城镇居民最低生活保障救济，发放保障金1098万元；1.38万人（次）领取农村低保，发放低保金1068万元、低保粮885.81吨。供养农村“五保”老人1034人，对950人进行医疗救助，救助资金192万元。年末全县参加基本养老保险7780人，失业保险4240人，基本医疗保险1.23万人，社会养老保险11.1万人。城镇登记失业人员260人，登记失业率2.49%。年内共发生安全生产事故52起，死亡13人，受伤48人，经济损失148.1万元；交通事故38起，死亡10人，损失额70.9万元。全年亿元GDP生产安全事故死亡人数0.59人，与上年持平。

【廉租房建设】 2010年6月，南华县第二期和第三期廉租房滨河园小区项目开工建设，项目规划占地42.35亩，总投资4876万元，共建有廉租房912套，可以解决78%的城镇低收入家庭的住房难题。年内主体工程已经完工进入房屋主体和室内装饰，共有767户住户2457人受益。

【南华县民族中学建设】 2010年，南华县民族中学选址在县城北楚雄勘查院原304地质队旧址，规划占地面积215亩，项目总投资1.26亿元，资金来源主要靠地方自筹解决，南华县教育局组织实施。项目前期投资5500万元，建筑面积3.97万平方米。其中，新建教学楼9200平方米、学生宿舍1.23万平方米、学生食堂2000平方米、综合楼（含实验室、科技室、阶梯教室）7000平方米。工程于5月开工，建设期限为20个月。建设资金由楚雄瑞特实业有限责任公司垫资兴建，政府分期还本付息。民族中学计划招收县内边远地区的大部分初中学生，办学规模60个班，在校学生3000人，寄宿学生3000人，需配备200多名教职工，每年向高一级学校输送新生近1000人。民族中学主体工程于11月29日封顶，进入装饰阶段。

【龙山水库工程】 2010年，龙山水库全面完成大坝、溢洪道、导流输水隧洞、输水管道19.3千米、水处理厂及相关配套设施建设任务，共完成工程量54.8万立方米，完成投资2886万元的龙山小（一）型水库新建工程。龙山水库二期供水管道工程（隧洞出口至部队营区取水坝7.3千米）于4月动工，9月30日完工，建设项目完成工程量2.5万立方米，完成投资368万元。建成后的龙山水库位于龙川江一级支流双甸河上游，属金沙江水系，距县城17千米，水库径流面积15.1平方千米，坝高45.69米，总库容181.8万立方米，兴利库容117.55万立方米，防洪库容38.29万立方米。水库大坝设计洪水标准30年一遇，校核洪水标准300年一遇，最大下泄流量84.04立方米/秒，正常水域面积

9.93 万平方米，可灌溉下游 2102 亩农田，每年可向县城及周边地区供水 219 万立方米。截至 12 月 8 日，水库水位 37.14 米，蓄水 137.67 万立方米。

【南华县中医院建设项目】 南华县中医院建设项目 2008 年度立项，2009 年 4 月底动工兴建，主体工程于 2010 年 8 月 20 日进行初验，10 月 25 日竣工验收。12 月 30 日，中医院整体从龙川镇古城路 34 号搬迁至南永公路旁新院区。该项目建设用地 19.71 亩，总投资 2571 万元，其中国家专项资金补助 1700 万元、地方配套 250 万元，中医院自筹 621 万元。该项目实施，将改善门诊、住院患者的就医环境和条件，以及充分发挥全县中医药医疗、教学、科研等指导中心作用。

乡（镇）领导名录

龙川镇
党委书记：张群嘉（彝族，副处）
镇　　长：李绍龙（～2010.01）
　　　　　欧正敏（2010.01～）

沙桥镇
党委书记：王亚飞
镇　　长：王　强（彝族，～2010.06）

雨露白族乡
党委书记：李志娟（女，彝族）
乡　　长：李　俊（白）

五街镇
党委书记：朱华芳（女）
镇　　长：李德枝

一街乡
党委书记：高应刚
乡　　长：吕剑锋（2010.01～）

罗武庄乡
党委书记：张问高
乡　　长：张万瑜（彝族，～2010.01）
　　　　　张文辉（2010.01～）

红土坡镇
党委书记：罗富生（彝族）
镇　　长：李育辉

五顶山乡
党委书记：陈小龙
乡　　长：耿钦智（傈僳族，2010.01～）

马街镇
党委书记：王　军（彝族）
镇　　长：王　军（彝族，～2010.01）
　　　　　张万云（2010.01～）

兔街镇
党委书记：张绍喜（白族）
镇　　长：梁启昌

［窦正旺］

乡（镇）情况一览表

乡(镇)	面积（平方千米）	村(居)委会（个）	年末总人口（人）	年末耕地面积（亩）	农业总产值（万元）	粮食总产量（吨）	烤烟总产量（吨）	年末大牲畜存栏（头）	农民人均纯收入（元）
龙川镇	511.7	29	81275	61908	36323	32577	1895	14091	3264
沙桥镇	363.2	19	35413	30069	23452	14744	1379	9062	3871
雨露乡	243	7	14369	17624	8648	5420	1075	6771	3750
五街镇	266.7	14	17820	19008	11247	7483	621	8399	3483
一街乡	168.1	12	19673	17099	9850	5383	1867	10052	3407
罗武庄乡	123.4	7	12480	12214	8331	5443	1298	7010	3017
红土坡镇	181	10	13689	14789	8343	6144	1140	7744	3839
五顶山乡	90.8	6	10476	11853	8562	5390	1049	5776	3521
马街镇	175.17	13	18482	15514	12170	7396	517	8299	4341
兔街镇	143	11	14289	14091	8629	7371	185	6489	3620

［楚雄州统计局供稿］

姚安县

【地理位置】 姚安县位于楚雄州西北部，地处北纬25°13′~25°45′、东经100°56′~101°34′之间。东邻牟定县，南连南华县，西与大理州祥云县接壤，北同大姚县毗邻。县人民政府驻地栋川镇，海拔1870米，距州府楚雄市城区78千米。

【行政区划】 2010年末，姚安县辖栋川、光禄、前场、弥兴、太平5个镇和适中、左门、官屯、大河口4个乡，77个村（居）民委员会，1205个村（居）民小组。行政区域面积1803平方千米。

【人口民族】 2010年，据公安部门统计，年末户籍人口20.72万人，比上年末减少1089人，下降0.5%。其中女性人口10.22万人；非农业人口1.62万人，占总人口的7.8%；少数民族人口5.61万人，占总人口的27.1%。人口出生率9.55‰，死亡率6.95‰，自然增长率2.6‰。城镇化率25.3%，比上年提高1.3个百分点。主要少数民族（千人以上）有彝族5.4万人，回族1029人。

【自然概貌】 姚安县境四周群山环抱，中间平川广畴，东南部山势上升强烈，三峰山、燕子窝山、风咀梁子、贺基角山构成东部屏障，西部山势上升缓慢，山顶浑圆，与西南向西北的山势组成西北屏障。全县地势呈南北走向，南高北低。县东南三峰山海拔2897米，为全县最高点。西北角一泡江出境处拉雾堵海拔1515米，为全县最低点。地貌大致可分为三类：坝区位于县境中部，地势微向北倾斜，平均海拔1870米；半山区位于县境西部，山间形成官屯、马游、弥兴3个山区小坝子，平均海拔1870~1950米；山区分布于县境南部的太平镇，东部的前场镇、适中乡，西部的左门乡、大河口乡，平均海拔1920米。姚安属中亚热带冬干夏湿季风气候区，气候受孟加拉湾气流影响甚大。四季温和，自然条件优越，适宜各种农作物生长。2010年全县完成造林面积5.26万亩，封山育林5.5万亩，天保工程管护面积189万亩。有自然保护区3个，保护区面积102万亩，其中州级保护区面积102万亩。全县森林覆盖率68.2%。治理水土流失面积187.6千公顷。全年降雨量593.6毫米，年平均气温15.5℃，年日照1885小时，无霜期272天。

【资源特产】 姚安县农业资源丰富，生产水平较高，经济作物单产高、质量优，被誉为“滇中粮仓”、“鱼米之乡”，曾先后被评为全省商品粮基地县、国家级商品猪基地县、国家级种子加工中心、省级优质蚕桑基地县、烤烟科技转化示范县、国家级农业综合开发建设项目县和国家级水稻示范县。县境内水资源丰富，农业水利化程度达78.1%。农特产主要有莲藕、山药、百合、魔芋、菖河蜂蜜、优质粳米、三角糯米等。矿产资源主要有金、银、铜、铁、铅、锌、钾、硫和国内稀有紫蓝长绒石棉矿等。

【经济状况】 2010年全县实现生产总值2.04亿元，按可比价格计算（下同），比上年增长11.2%。其中，第一产业增加值7.23亿元，增长2.9%，拉动经济增长3.4个百分点；第二产业增加值6.28亿元，增长18.1%，拉动经济增长4.1个百分点，其中工业增加值5.55亿元，增长17.1%；第三产业增加值6.94亿元，增长13.3%，拉动经济增长3.7个百分点。一、二、三产业对经济增长的贡献率分别为30.4%、36.9%和32.7%。三次产业增加值占GDP的比重为35.4:30.7:33.9。按常住人口计算的人均GDP为9840元，比上年增加1555元，增长18.8%。非公有制经济实现增加值9.24亿元，占GDP的比重为45.2%，比上年提高1个百分点。全年完成全社会固定资产投资13.58亿元，比上年增长30.9%。其中，城镇固定资产投资完成8.14亿元，增长21.0%；农村固定资产投资5.43亿元，增长49.2%。全年新增固定资产6.58亿元，比上年增长49.0%。全年施工项目152个，其中本年新开工项目119个。招商引资全县新签约项目16项，协议总投资59.69亿元，实际到位县外资金3.29亿元，比上年同期增加1.23亿元，增长59.6%。全县居民消费价格总水平比上年增长3.7%，其中食品价格增长8.8%；服务项目价格增长2.0%；商品零售价格总水平增长3.6%；农业生产资料价格总水平增长4.2%。全年实现农林牧渔业产值13.25亿元，按价格指数缩减法计算，比上年增长3.8%，其中，农业产值79.34万元，比上年增长5.8%；林业产值7070万元，比上年下降24.4%；畜牧业产值4.25亿元，比上年增长8.6%；渔业产值3928万元，比上年下降17.8%。全年农作物总播种面积37.57万亩，比上年增长4.2%，其中，粮食播种面积22.49万亩，增长0.2%；经济作物播种面积15.08万亩，增长9.8%，其中烤烟种植5.42万亩，比上年增长12.8%，油料种植面积3.74万亩，比上年增长0.3%，蔬菜种植面积4.85万亩，比上年增长2.0%。全县粮食作物和经济作物种植比为59.5:40.1。全年粮食总产量8.19万吨，比上年下降3.1%。油料产量2280吨，比上年下降59.9%。大牲畜年末存栏5.66万头，增长3.0%。生猪年末存栏10.96万头，增长3.6%。羊年末存栏5.97万只，增长10.4%。全县完成工业总产值

20.47亿元，按现价计算，比上年增长30.1%。其中，规模以上（年主营业务收入500万元以上法人工业）工业企业实现产值2.24亿元，同比增长38.5%；规模以下工业完成产值18.23亿元，同比增长29.1%。全县实现工业增加值5.55亿元，增长17.1%。其中，规模以上工业实现增加值7542万元，按可比价格计算增长18.1%。公有制与非公有制工业增加值的比重为19.9:80.1，分别比上年上升和下降1.8个百分点。规模以上工业与规模以下工业产值构成比为10.9:89.1；轻重工业产值比为61.8:38.2。建筑企业完成增加值7290万元，比上年增长25.0%。2010年全县77个村（居）委会全部通公路、通电、通电话、通自来水。年末全县耕地面积17.63万亩，其中水田12.99万亩，旱地4.64万亩。全年实现社会消费品零售总额6.13亿元，比上年增长20.6%。全县公路通车里程1172千米，其中二级公路38千米。年末全县拥有各类机动车1.10万辆，其中汽车1047辆。全年完成客运量58.39万人，旅客周转量6575.4万人/千米；货运量24.07万吨，货运周转量2769.93万吨/千米。全年完成邮电业务总量522万元。订售报纸190.18万份，订售杂志7.54万份，信函收发总量3.76万件。年末全县拥有固定电话1.50万部，移动电话用户8.06万户，互联网上网用户1.07万户。全年完成地方财政总收入1.02亿元，比上年增长30.4%，其中地方一般预算收入7654万元，比上年增长23.5%。全年财政支出62.66万元，比上年下降20.7%，其中一般预算支出6.08亿元，比上年下降20.8%。金融机构年末人民币存款余额19.97亿元，比年初增长6.6%，其中城乡居民储蓄存款12.70亿元，增长16.2%。金融机构年末人民币贷款余额8.33亿元，比年初增长21.8%。全年各种保险累计保费收入3673万元，比上年增长14.6%；赔款1625万元，比上年下降8.5%。其中，财产保险收入1258万元，增长9.6%，赔款679万元，下降8.5%；人寿保险收入2415万元，增长17.5%，赔款946万元，下降1.8%。

【教科文卫】 2010年末，全县有国民教育系列学校74所。其中，完全中学1所，高级中学1所，初中11所，普通小学61所。高中招生781人，在校学生2306人，专任教师185人；初中招生2748人，在校学生8899人，初中阶段学龄人口毛入学率99.57%，专任教师592人；小学招生2102人，在校学生14594人，适龄儿童入学率99.97%，专任教师937人。幼儿园10所，在园幼儿3091人，专任教师72人。全年列入各级科技计划项目3项；有农民专业合作组织257个，会员2.22万人。全年组织科技培训640期6.12万人次，发放科普材料1.47万份。科技对国民经济增长的贡献率为43.2%，比上年提高1.1个百分点。有文化事业机构14个，有电视台1座，广播电台1座，广播、电视覆盖率分别为100%和98.5%。年末全县共有各类卫生机构18个，有卫生技术人员542人，其中执业医师231人，执业助理医师55人，注册护士222人。有病床626张，其中医院床位360张。

【社会生活】 2010年，全县农民人均纯收入3722元，比上年增加378元，增长11.3%；城镇居民人均可支配收入15146元，比上年增加1259元，增长9.1%。年末全县城镇居民人均住房面积42平方米，农村人均住房面积33平方米。全县有6951户1.7万人领到了最低生活保障金，全年发放低保金1328万元。社会救济对象2.73万人，发放救济金442万元。全年民政优抚对象1031人，发放优抚金336万元。全县有敬老院11所，收养243人；有福利院1所，收养9人。全县社会从业人员12.8万人，比上年减少1707人，下降1.3%。其中单位从业人员7894人，比上年下降3.3%；农村从业人员12.01万人，比上年增长0.6%。年末城镇登记失业率为3.1%。年内，全县城镇职工医疗保险参保9185人，城镇居民医疗保险参保5981人，城镇职工基本养老保险参保3.17万人，农村社会养老保险参保2.83万人，18.3万人参加农村合作医疗。年内发生安全生产事故2起，造成2人死亡；交通事故28起，造成5人死亡，45人受伤；火灾事故51起，造成3人死亡，2人受伤。

【姚安县启动教育园区建设】 2010年3月7日，总投资3.29亿元的姚安县教育园区建设项目在县城西北片区举行开工仪式。县教育园区建设项目规划建设面积440亩，主要规划建设县民族中学、县大成中学新校区、县教师培训中心、县党员干部培训中心和公共设施。一期工程民族中学建设采取BT建设模式，规划建设姚安县民族中学，规划建设占地175亩，计划投资1.08亿元。建成后的民族中学总占地面积175亩，撤适中、前场、左门、太平、弥兴、官屯、大河口7所乡级中学并入县民族中学，使学校服务半径达到35千米，办学规模达75个教学班，在校学生3443人。

【县城东片区一期开发建设全面启动】 2010年1月5日，姚安县举行县城东片区合作开发协议签订暨开发启动奠基仪式。在启动仪式上，与楚雄源泰房地产开发公司、四川邻水县亿龙房地产开发有限公司签订了投资开发协议，计划概算总投资14.1亿元对东片区进行开发建设。一期开发建设包括古城门、古街、古楼、房地产开发、市政基础设施等建设。县城东片区的开发建设将进一步改善城镇居民生活环境，拉大城市框架，拓展城市空间。

【姚安县第二批县级非物质文化遗产保护项目】 根据《云南省民族民间传统文化保护条例》和《国务院关于加强文化遗产保护的通知》精神，经姚安县民族民间文化保护工程专家委员会讨论、评审，确定了姚安县第二批非物质文化遗产保护项目名录76项，包括民族民间传统文化之乡1项，民族民间传统文化保护区3项，民族民间传统文化濒危项目3项，民族民间传统文化传承人69项。

乡（镇）领导名录

栎川镇
党委书记：李　勇（副处）
镇　　长：刘宝定

太平镇
党委书记：徐　勇（～2010.08）
镇　　长：孙光勇

前场镇
党委书记：周立金
镇　　长：彭海荣（彝族）

适中乡
党委书记：李文武
乡　　长：毕耀光

光禄镇
党委书记：陈海斌
镇　　长：吴　东（彝族）

左门乡
党委书记：张家云
乡　　长：乔仁潭（女）

官屯乡
党委书记：李　俊（彝族，～2010.08）
徐　勇（2010.08～）
乡　　长：贾绍鹏（彝族）

弥兴镇
党委书记：夏　鸿
镇　　长：李雁鸿

大河口乡
党委书记：马　桑
乡　　长：胡　进

［张晓俊］

乡（镇）情况一览表

乡(镇)	面积（平方千米）	村(居)委会（个）	年末总人口（人）	年末耕地面积（亩）	农业总产值（万元）	粮食总产量（吨）	烤烟总产量（吨）	年末大牲畜存栏（头）	农民人均纯收入（元）
栎川镇	127.00	21	90580	66950	53413	32781	4002	8393	4665
太平镇	154.25	5	9684	10101	8246	5833	455	7635	3324
前场镇	305.16	9	17707	17670	14309	7009	464	11420	3631
适中乡	114.81	4	5631	4951	4496	2176	264	2694	3129
光禄镇	105.46	11	34536	28312	21060	15173	1105	3981	3340
左门乡	210	5	4505	6139	3340	2204	217	3287	2225
官屯乡	289.16	8	16142	19962	9622	8172	987	7427	3363
弥兴镇	181.34	8	20860	16923	12999	6500	1055	5684	2970
大河口乡	171.66	6	7574	5337	5006	2053	860	6043	3331

［楚雄州统计局供稿］

大　姚　县

【地理位置】　大姚县位于楚雄州西北部，地处北纬 25°33′～26°24′、东经 100°53′～101°42′之间。东邻永仁县，南连牟定县，西与大理州祥云县、宾川县接壤，北同丽江市永胜县、华坪县毗邻。县人民政府驻地金碧镇，海拔 1860 米，距州府楚雄市城区 107 千米。

【行政区划】　2010 年末，大姚县辖金碧、石羊、六苴3个镇和龙街、赵家店、新街、昙华、桂花、湾碧、铁锁、三台、三岔河9个乡，129个村（居）民委员会，1539个村（居）民小组。行政区域总面积4146平方千米。

【人口民族】 2010年末，全县共有户籍人口28.17万人。其中男性14.39万人，非农业人口2.59万人，少数民族人口9.88万人，占总人口的35.07%。全县人口自然增长率3.2‰。县城建成区面积达6.34平方千米，城镇人口达5.2万人，城镇化率达29%。

【自然概貌】 大姚县境内多山，峰峦起伏，高差悬殊较大，中部高，四周渐低，境内最高点（也是楚雄州最高点）是百草岭主峰帽台山，海拔3657米；最低点是湾碧乡灰拉表村，海拔1024米。县境河流属金沙江水系，主要河流16条，总长510千米，年均径流量13亿立方米。2010年，全县年平均气温16.7℃，年降雨量682.7毫米，全年日照时数2667.7小时。

【资源特产】 大姚县资源丰富，森林覆盖率78%。境内矿产资源比较丰富，其中铜矿石储量5134万吨，金属铜总储量67万吨，有伴生金、银、钼等贵重金属；食盐总储量6亿吨；铁矿总储量74万吨，白云岩矿、高岭土矿分布广，价值高。有种子植物136科1148种，其中植物药有185科600多种，野生药材资源总蕴藏量1080万吨。仙鹤胶囊、咽舒欣等彝药产品具有“新、奇、特、灵”的优势，市场开发潜力巨大；大姚三台薄壳核桃，享誉海内外；百草岭牌野坝子蜂蜜蜜质好、浓度高，2002年被指定为昆明第三届世界旅游节指定饮品的蜂蜜核桃汁饮料；个大肉厚的红板栗，麻中带香的红花椒，还有荣获首届中国大西南名牌产品博览会金奖的优质小把粉丝等一批名、特、优产品。

【经济状况】 2010年，全县实现生产总值28.89亿元，增长11.6%。一、二、三产业由上年的32.9∶33.7∶33.4调整为31∶36∶33，其中第一产业增加值8.85亿元，增长3.3%；第二产业增加值10.55亿元，增长14.1%；第三产业增加值9.50亿元，增长15.4%。大灾之年，全县农业总产值16.03亿元，增长3.4%，粮食因灾减产9.6%，总产量达9.91万吨。地方财政总收入完成2.37亿元，增长31.5%；地方一般预算收入完成1.45亿元，增长34%；全社会固定资产投资达到20.26亿元，增长42.7%；社会消费品零售总额达8.25亿元，增长23.9%；城镇居民人均可支配收入达15364元，增长8%；农村居民人均总收入5241.5元，比上年增长8.1%；农民人均纯收入达3491元，增长6.9%。全县实现工业总产值24.93亿元，比上年增长11.9%；全县乡（镇）企业实现增加值9.6亿元，增长23.9%，农产品出口额达1050万美元。全县完成烟叶生产收购任务850万千克，产值达1.24亿元，税收达2732.88万元。全年新植核桃20万亩，全县核桃种植面积达96.3万亩，产量达1.01万吨，产值达3.5亿元，农民人均核桃收入达1361元。荣获“全国生态建设种苗管理先进县”。全年新植桑园3000亩，全县桑园面积达4.42万亩，养种2.09万张，产鲜茧779吨，产值2654.25万元。全县有营运车辆422辆，货运车辆1620辆2254.7吨。全年完成公路运输客运量120.5万人，客运周转量12291万人千米；完成货运量及货运周转量为49.5万吨及4029.77万吨千米。2010年，农村金融贷款达11.44亿元，比上年增加69.85%。全县发放“贷免扶补”小额创业贷款1888万元，新增城镇就业2678人，实现农村劳动力转移就业1.70万人。全年新建廉租房1722套8.61万平方米，实施农村民居地震安全及农村危旧房改造工程项目2450户，群众住房问题得到有序解决。全县成功引进招商项目57个，签约资金73.4亿元，实际到位州外资金10.64亿元，增长40.9%。全县非公企业达6153户，增长12.4%，实现增加值12.9亿元，增长12%。

【教科文卫】 2010年，通过学校区域布局调整，全县各类学校共119所，有教职工2978名，在校学生3.91万人；全县1693名考生参加高考，本专科上线1680人，上线率达99.23%，其中重点上线223人，“教育名县”品牌进一步提升。有民族艺术表演团体1个，文化馆（站）13个，公共图书馆1个。广播人口覆盖率95%，电视人口覆盖率96%。有卫生机构（不含诊所等）160个，病床626张，每千人有病床2.2张；公立医疗机构有医务人员611人，每千人有卫生专业技术人员1.86人。全县有23.87万农业人口参加新型农村合作医疗，参合率93.8%。

【“7·09”地震恢复重建】 2009年姚安“7·09”地震造成大姚县12个乡（镇）129个村（居）委会5.16万人受灾，共造成直接经济损失4.97亿元。灾后重建中，大姚县围绕2010年春节前让受灾群众搬入新居的目标要求，采取有力措施，全县共抽调近千名县乡村党员干部挂点包户，积极推进灾后恢复重建工作。全县“7·09”地震民政民房恢复重建项目198个，单项工程1.16万个，民政民房共投资8290万元；面上自建民房1.12万户，补助资金3833.2万元，于2010年春节前全部完工并搬入新居。金碧镇白鹤和赵家店乡黄羊岭2个统规自建点157户于2010年2月9日完工搬入新居。

【全国新型农村社会养老保险试点县】 2010年10月1日，大姚县被国务院列为第二批全国新型农村社会养老保险试点县。大姚县人民政府于10月28日下发了《大姚县新型农村社会养老保险试点实施方案》，从2010年10月1日起在全县范围内全面启动试点工作。截至12月31日，全县新型农村社会养老保险参保登记16.58万人，参保缴费1803.75万元，参保率达90.1%，3.21万名60周岁以上农村居民已按月领取养老金55元。

【7.6万吨优质山泉水生产线正式投产】 2010年12月30日，云南彝山源绿色食

品有限公司7.6万吨优质山泉水生产线正式投产。该项目投资1200余万元，新厂区建设占地18.9亩，依托大姚县昙华山优质的山泉水资源，引进安装了国内外较为先进的饮用水生产技术和流水线，可实现年产瓶装饮用山泉水8000万瓶和桶装饮用山泉水3000万桶的生产规模。

【大姚一中70周年校庆活动】 2010年9月27日，大姚一中隆重举行建校70周年庆祝活动。云南省教育厅副厅长罗嘉福，中共楚雄州委常委、州人民政府副州长李红民，中共大姚县委书记盛高举为晚会发表致辞。来自省内各地的嘉宾、校友、大姚一中师生及干部群众1万余人兴致勃勃地观看了由“母校情”、“同学情”、“故土情”三个部分组成的《大姚之恋》大型文艺演出，著名歌手老狼、任真等演员倾情出演。

【《大姚县志》(1978~2005)公开出版】 大姚县是全省第二轮修志16个试点县(市)之一，也是楚雄州唯一一个试点县。续修《大姚县志》(1978~2005)于2005年4月启动，在县委领导、政府主持、各级各部门以及社会各界人士的鼎力支持下，经过编纂人员6年多辛勤耕耘，数易其稿，终纂成书。2010年12月，由云南人民出版社公开出版。《大姚县志》(1978~2005)上限为1978年，下限至2005年。该志设16编、61章、297节，版面字数140万字，插389幅图片，体例完备，装帧精美、结构严谨，资料翔实，图文并茂，对需完整记述的部分事类适当上溯或下延，具有浓郁的地方特色、鲜明的时代特点和民族风情。书本规格为国际图书标准版大16开，每部书后配有1张与纸质志书内容一致的多媒体光碟，可用电脑阅读和下载相关内容。每套定价580元。该志以大量翔实的史料、准确的数据，全面、系统地介绍了大姚县1978~2005年间经济发展、社会进步、文化繁荣和各方面日新月异的变化，突出反映了改革开放28年来，城乡各领域发生的变化情况，全面客观真实地展示了大姚改革开放28年来取得的成就和积累的经验，是一部集思想性、资料性、科学性、权威性于一体的文献专著。

乡(镇)领导名录

金碧镇
- 党委书记：王荣文(副处)
- 镇　　长：曹　波(非党)

石羊镇
- 党委书记：罗世全
- 镇　　长：李志祥(彝族)

六苴镇
- 党委书记：吴光艳(女，苗族，~2010.04)
  王俊伟(2010.04~)
- 镇　　长：曾　斌

龙街乡
- 党委书记：彭剑波(彝族)
- 乡　　长：李永龙

赵家店乡
- 党委书记：罗有理(彝族，~2010.01)
  赵信宏(2010.01~)
- 乡　　长：华成敬(彝族)

新街乡
- 党委书记：张永华
- 乡　　长：郑红星(彝族)

昙华乡
- 党委书记：周建民
- 乡　　长：连华才

桂花乡
- 党委书记：王荣书(2010.01~)
- 乡　　长：刘颜华(彝族，~2010.01)
  谢毕昆(2010.01~)

湾碧乡
- 党委书记：李贵昌
- 乡　　长：李金寿(傣族)

三岔河乡
- 党委书记：余忠诚(彝族)
- 乡　　长：苗少华(彝族)

三台乡
- 党委书记：张玉林(彝族)
- 乡　　长：张海燕(女，彝族，非党)

铁锁乡
- 党委书记：李建平
- 乡　　长：马淑吉(女，彝族)

[葛晓燕]

乡（镇）情况一览表

乡(镇)	面积（平方千米）	村(居)委会（个）	年末总人口（人）	年末耕地面积（亩）	农业总产值（万元）	粮食总产量（吨）	烤烟总产量（吨）	年末大牲畜存栏（头）	农民人均纯收入（元）
金碧镇	454.5	27	98185	56359	36970	35633	1270	12860	4257
石羊镇	407	14	27685	26984	17236	12376	1060	13202	4414
六苴镇	280	8	13579	10014	7084	3640	678	6623	3449
龙街乡	360	8	24797	26834	13119	10849	1300	11158	3485
赵家店乡	403	12	16284	18825	11142	7575	777	12033	3339
新街乡	218	9	27413	26967	14433	10005	1089	6951	3874
昙华乡	197.26	7	7723	11175	6628	2845	388	6526	2420
桂花乡	352	9	12017	14087	10573	3984	0	8389	3684
湾碧乡	557.5	12	18016	17402	9787	6782	413	12572	2255
铁锁乡	230	6	10556	10311	10436	4807	325	5228	2998
三台乡	455	8	11895	12685	12019	4441	0	6089	2429
三岔河乡	306	9	13500	15026	10847	4763	1200	7389	3497

[楚雄州统计局供稿]

永 仁 县

【地理位置】 永仁县地处滇中北部，北纬25°51′～26°30′、东经101°14′～101°49′之间。东与四川省会理县隔金沙江相望，东南同元谋县毗邻，西南和大姚县接壤，北连四川省攀枝花市，西北界丽江市华坪县。县人民政府驻地永定镇，海拔1536米。距州府楚雄市城区180千米。

【行政区划】 2010年末，永仁县辖永定、宜就、中和3镇和莲池、猛虎、维的、永兴（傣族乡）4乡，63个村（居）委会、652个村民小组。行政区域面积2189平方千米。

【人口民族】 2010年末，永仁县常住人口10.61万人，人口出生率10.49‰，死亡率9.13‰，自然增长率1.36‰。按公安户籍人口统计，年末全县总人口10.61万人，比上年减少661人。其中农业人口9.11万人。总人口中，少数民族6.63万人，其中彝族5.65万人。

【自然概貌】 永仁县属内陆高原区，位于滇中红色高原北缘，地质地貌由一系列压扭弧形断裂与不对称的斜褶地组成，皱坡丘陵和山间坝子相间。地势西北及南部高，西部和东南低，中部地势开阔平缓，河流切割不深，但地形破碎。山脉属云岭余脉百草岭山系，主要有方山、大雪山、大村梁子等。河流属金沙江水系，主要有永定河、羊蹄江、江底河、万马河等。全县最高点是宜就镇的大雪山主峰，海拔2884.7米；最低点是永定镇东端的金沙江边石坎子下，海拔926米。全年气候冬无严寒，夏无酷暑，冬春干旱，夏秋多雨，干湿分明，雨量偏少，光照充足；年平均气温17.5℃；年降雨量868.4毫米，蒸发量2516.8毫米；年日照时数2836小时。

【资源特产】 永仁县自然资源丰富，现已探出的矿产资源有金、银、铜、铂、钯、石英砂、大理石、石膏、煤等20余种。水利资源量蕴藏达10.21万千瓦，活立木蓄积量达850.2万立方米，草山资源267万亩，森林覆盖率70.1%。白马河林场是全国最大的云南松母树林基地，素有“彝州林海”之称。旅游资源有方山省级风景名胜区、方山诸葛营民族文化生态旅游村、虎跳峡（虎龙峡）、落水洞、仙人洞、龙潭营等。1995年，永仁县被云南省确定为板栗基地县，维的板栗远销省内外及台湾市场。优质米、草莓、樱桃、蚕桑、仔猪繁殖、黑山羊养殖等产业正发展壮大，在攀枝花、昆明等地市场前景良好。

【经济状况】 2010年，永仁县实现生产总值（GDP）11.57亿元，按可比价计算，比上年增长12.1%。其中，第一产业增加值4.18亿元，增长4.6%，拉动经济增长2.5个百分点；第二产业增加值2.76亿元，增长22.9%，其中工业增加值1.97亿元，增长19%，拉动经济增长3.4个百分点；第三产业增加值4.61亿元，增长14.9%，拉动经济增长6.2个百分点。一、二、三产业对生产总值增长的贡献率分别为21%、28%和51%。一、二、三产业增加值占生产总值的比重为36∶24∶40。全县居民消费价格总水平上涨3.5%。年末全县从业人员7万人，比上年增加1342人。年末城镇登记失业率为3%。全年实现农林牧渔业总产值6.96亿元，按可比价计算，比上年增长4.95%。全年粮食作物种植面积17.76万亩，比上年增加1.09万亩，增长6.6%。经济作物种植面积9.56万亩，比上年增加0.99万亩，增长11.5%。粮食作物与经济作物种植比为65∶35，经济作物种植比重比上年提高1个百分点。全年粮食产量4万吨，比上年减少2607吨，下降6%。大牲畜年末存栏6.52万头，增长0.6%。全县有效灌溉面积9.15万亩，节水灌溉面积10.12万亩。全年规模以上工业企业实现产值3.02亿元，增长44.9%（现价增长）；规模以上工业企业实现增加值0.89亿元，增长29.9%（可比价增长）。全年完成全社会固定资产投资13亿元，比上年增长40.9%。全年房地产开发投资1.13亿元，比上年增长89.1%。全年社会消费品零售总额2.01亿元，比上年增长21.5%。县内公路通车里程1262.92千米（含村道）。全年完成客运量99.62万人，增长17.6%；客运周转量4024万人千米；货运量35.1万吨，下降6.2%；货运周转量3624万吨千米，下降2.1%。全年完成邮电业务总量1004万元，比上年下降9.1%。电信业务总量836万元，下降12.9%。年末有固定电话和移动电话7.54万部。全年共接待游客33.16万人次，增长134%。实现旅游总收入1.19亿元，增长144.8%。全年完成财政总收入1.27亿元，比上年增收0.35亿元，增长38.4%；完成地方财政一般预算收入8818万元，增收2060万元，增长30.5%。金融机构年末人民币存款余额15.01亿元，比年初增长25.26%；贷款余额4.65亿元，比年初增长28.25%。全年县内保险公司保费收入2002.5万元，比上年增长18.7%。

【教科文卫】 2010年末，永仁县有普通中学4所，其中完全中学1所、初级中学3所、职业中学1所。专任教师345人，在校学生5215人；小学33所，专任教师611人，在校学生7723人；幼儿园3所，在园幼儿1560人，专任教师38人。全县学龄儿童入学率99.69%，初中学龄人口毛入学率116.61%。全县年末有图书馆1个，文化馆1个，乡（镇）文化站7个。电视覆盖率92%，广播覆盖率96.5%。卫生机构92个。其中，县级4个，乡（镇）卫生院8个，村卫生室72个，学校厂矿医务室4个，个体诊所3个，民营医院1个。卫生机构床位数298张，专业技术人员254人。

【社会生活】 2010年，永仁县农村居民人均纯收入3240元，比上年增加305元，增长6.6%；城镇居民人均可支配收入14406元，比上年增加897元，增长6.6%。全年单位从业人员劳动报酬1.52万元，同比增加1826元，增长13.7%。年末全县城镇居民人均住房使用面积38.57平方米，农村人均住房使用面积24.5平方米。全县63个村（居）委会通电话，63个村（居）委会通公路，62个村（居）委会通自来水。全县参加基本养老保险3.82万人，比上年增加337人，参加基本医疗保险1.42万人，比上年增加0.71万人，参加农村社会养老保险0.68万人，参加新型农村合作医疗8.49万人。全县领到最低生活保障金6754户9713人。全县有敬老院8个，收养老人196人。

【楚雄州首个农村环境综合整治村建成】 2010年6月，永仁县永定镇乍石村建成楚雄州第一个农村环境综合整治村，在村中建有1个污水净化池，池中栽满睡莲、荷花、慈姑等水生植物净化水质；修建550米污水收集沟、8个垃圾池和128个沤粪池。在净化池中间安装太阳能板，通过太阳能转换为电能来杀死水池中的细菌。这个工程通过污水沟收集（村里）所有的污水到这个池子里面，通过净化后排放到下游。该项目投入中央农村环境保护专项资金98万元，有效解决了垃圾和农家肥乱堆乱放的问题。

【打造永仁太阳城】 2010年，永仁县结合自身优势，加大城市基础设施建设力度，实施扩城战略，倾力打造太阳城，投资5571.89万元对永定河进行一期工程改造完工，使昔日狭窄、防洪能力低的永定河成为县城一道亮丽的风景。年内，永仁县机关单位地震恢复重建项目、污水处理厂管网配套工程、县医院搬迁新建一期工程等城市重点建设开工，形成城市建设发展的产业链，吸引企业、个人及外来商家参与城建综合开发，采取土地和城市基础设施建设捆绑招商的方式引进重庆成盛、攀枝花驰宇等房地产开发商对菜园子片区、撒家湾片区、南山片区、桥头寺片区进行房产开发。同时不断完善城镇道路、供排水、绿化、亮化等基础设施建设和城镇功能。太阳城的打造，使县城规划控制区面积由原来的4.14平方千米增到15平方千米。县城区人口从1997年的0.5万余人增加到1.7万人。12月30日，投资3449万元的永仁民族文化大街通车将永仁县的新城区和老城区融为一体。同日，永仁古城、苴却新都、苴却·阳光苑、一品水岸4个楼盘奠基，永定河城区段综合治理二期项目开工，将在永仁县新城区建设标准化农贸市场、七层商住楼、美食城、酒吧茶室、民族文化广场、旅游精品小镇、城市公园、高档别墅区、旅游度假酒店、月亮湾沙滩、太阳岛、高档住宅带、游船码头、公建住宅区、滨河商业步行街等，形成点、线、面相结合的游憩观光新景观。

乡（镇）领导名录

永定镇
　党委书记：熊新平（副处）
　镇　　长：杨仕清（~2010.02）
　　　　　　李培龙（2010.02~）
宜就镇
　党委书记：起自敏（女）
　镇　　长：起正权（~2010.02）
　　　　　　徐红章（2010.02~）
中和镇
　党委书记：起加宏
　镇　　长：殷庆洪
莲池乡
　党委书记：李培龙（~2010.02）
　　　　　　李兆平（2010.02~）
　乡　　长：李厚禹（~2010.02）
猛虎乡
　党委书记：熊兴武
　乡　　长：尹云莲（女）
维的乡
　党委书记：王绍武（~2010.02）
　　　　　　杨　旭（2010.02~）
　乡　　长：杨　旭（~2010.02）
　　　　　　阿开福（2010.02~）
永兴乡
　党委书记：李兆平（~2010.02）
　　　　　　朱　宝（2010.02~）
　乡　　长：善自刚

［王秀芝］

乡（镇）情况一览表

乡(镇)	面积（平方千米）	村(居)委会（个）	年末总人口（人）	年末耕地面积（亩）	农业总产值（万元）	粮食总产量（吨）	烤烟总产量（吨）	年末大牲畜存栏（头）	农民人均纯收入（元）
永定镇	327	12	29907	24822	11341	6747	1106	6205	3642
宜就镇	330	12	16991	20032	11698	6814	1066	15651	3191
莲池乡	175	6	11386	21729	10662	7476	507	5622	3456
猛虎乡	204	5	13721	17028	6956	4304	847	7336	3179
中和镇	430	9	11489	15429	9869	5420	564	11230	2943
维的乡	196	7	9364	17832	9328	5190	1381	6355	3269
永兴乡	527	12	13212	17176	9755	4934	279	12778	2886

［楚雄州统计局供稿］

元　谋　县

【地理位置】　元谋县位于楚雄州北部，地处东经101°35′~102°06′、北纬25°23′~26°06′之间，东倚武定，南接禄丰、牟定，西邻大姚、永仁，北越金沙江与四川省会理县交界。县人民政府驻元马镇龙川街，海拔1078米。

【行政区划】　2010年末，元谋县辖元马、黄瓜园、羊街3镇和老城、凉山、平田、新华、物茂、江边、姜驿7乡，78个行政村（社区），其中5个社区。行政区域面积2021.69平方千米。

【人口民族】　2010年末，元谋县常住人口21.52万人，人口出生率9.92‰，死亡率6.67‰，人口自然增长率3.25‰。城镇化率32.4%，比上年提高1.4个百分点。据公安部门统计，年末全县户籍人口21.56万人（6.47万户），比上年末下降0.11%。其中，女性人口10.57万人；非农业人口2.47万人；少数民族人口8.37万人。主要少数民族（千人以上）有彝族6.11万人、傈僳族1.85万人、回族1577人、苗族1470人。

【自然概貌】　元谋县东山雄峻，西岗低迤，南嶂叠耸，北屏挺拔；四周皆山，镶嵌着小盆地。地势东南高，西北低。境内最高点是江边乡大营盘山，海拔2835.9米，最低点是姜驿乡黑者村东北的金沙江出境处，海拔898米。河流属金沙江水系，长流河19条，季节河43条。金沙江、永定河北来入境，龙川江南来穿境，蜻蛉河、班果河、勐冈河西来过境，江河聚会江边龙街，纳入金沙江，东北向出境。高山低谷，海拔高差大，呈立体气候，河谷、平坝干燥少雨，光热足，罕霜雪；半山区温热；山区冷寒。极端最高温度39.8℃，极端最低温度2.5℃，年平均气温22.3℃，全年日照时数2561.4小时，全年降雨量544.1毫米，年蒸发量为降雨量的3.1倍。

【资源特产】 元谋县资源特产丰富，植物种类有170科、724属、1297种。河谷、平坝多草本，半山区疏灌木，山区生乔木。有番茄、洋葱、豇豆、青豌豆、四季豆、牛蒡等各类冬早蔬菜；有西瓜、葡萄、龙眼、香蕉、台湾大青枣、小枣、橙子、柑桔等亚热带水果。矿藏资源有铂钯、铂铜镍、磁铁、褐铁、菱铁、镜铁、石膏、金、银、铅、钴等。主要工业产品有铁矿石、铅锌矿石、沙石料、石膏矿、硅矿石、食糖、酸角糖、酒精、白酒、水泥、水泥预制件、红砖等。还有元谋凉鸡、烤小猪等名特小吃。有土林、金沙江风光、凉山彝族风情园等旅游资源。

【经济状况】 2010年，元谋县实现地区生产总值（GDP）22.09亿元，比上年增加4.3亿元，按可比价格计算，增长10.3%。其中，第一产业实现增加值8.72亿元，比上年增长3%，拉动经济增长1.1个百分点；第二产业实现增加值5.33亿元，比上年增长18%，拉动经济增长3.9个百分点；第三产业实现增加值8.04亿元，比上年增长12.9%，拉动经济增长5.3个百分点。一、二、三产业对GDP增长的贡献率分别为10.8%、37.8%和51.4%。三次产业结构逐步优化，由上年的44.2∶19.8∶36.0调整为39.5∶24.1∶36.4。按常住人口计算的全县人均地区生产总值为10294元，比上年增长23.47%。全县社会劳动生产率为16055元/人。非公有制经济实现增加值9.95亿元，比上年增长6.7%。非公经济增加值占全县地区生产总值的45%，比上年提高0.6个百分点。

全县居民消费价格总水平比上年上涨3.5%。其中，食品类价格上涨7.7%，衣着类价格下降1%，交通和通讯类价格上涨1.6%，居住类价格上涨1.6%，服务项目价格上涨0.9%。商品零售价格总水平比上年上涨4.3%。农业生产资料价格总水平比上年上涨5.9%。零售物价指数为104.3%。

全年实现农业总产值14.8亿元，比上年增加1.68亿元，增长3.44%。其中，农业产值10.99亿元，增长1.64%；林业产值0.21亿元，下降22.68%；畜牧业产值3.33亿元，增长10.61%；渔业产值0.27亿元，增长22.42%。年末，全县实有耕地面积19.84万亩，常用耕地面积19.77万亩，其中水田9.53万亩、旱地10.24万亩。全县农作物总播种面积39.15万亩，比上年增长2.4%。粮食作物与经济作物种植结构比为51.8∶48.2，经济作物种植比重比上年下降0.45个百分点。全年粮食总产量6.76万吨，比上年下降7.8%。大牲畜年末存栏8.31万头，生猪年末存栏14.11万头，羊年末存栏11.77万只。

全年实现工业总产值21.92亿元，比上年增加4.99亿元，增长29.5%。其中规模以上工业实现产值5.96亿元，比上年增加1.35亿元，增长29.3%，规模以上工业企业实现增加值1.34亿元，增长13%，实现利税4446万元，增长56.1%。全县9个资质建筑企业完成总产值1.96亿元，比上年下降20.33%，实现利润480万元，比上年下降66.99%。全县房屋竣工面积48.38万平方米，比上年下降15%。全年完成固定资产投资19.82亿元，比上年增加4.67亿元，增长30.9%。全年新增固定资产14.39亿元。全年新开工项目211个，比上年增长1.9%。县城区建成面积达5.6平方千米。

全年实施招商引资项目26个，项目协议总投资6.5亿元，年内实际到位资金4.67亿元，比上年增长66.37%。全年实现社会消费品零售总额5.17亿元，比上年增长20.1%。批发零售业全年实现商品销售总额5.87亿元，比上年增长42.48%。

全年完成地方财政总收入1.22亿元，比上年增长5.5%。其中地方一般预算收入8623万元，比上年增长1.7%；上划收入3515万元，比上年增长15.9%。全县财政一般预算支出7.24亿元，比上年增加1.54亿元，增长27%。年末金融机构人民币存款余额20.46亿元，比上年末增长15.5%；人民币贷款余额8.3亿元，比上年末增长27.5%。金融机构全年净回笼现金1.64亿元。县内保险公司全年实现保费收入3649万元，比上年下降5.8%；全年已决赔款585万元，比上年下降21.48%。

年末，县内公路通车里程1014千米，通航里程56千米，有8道金沙江渡口。水陆运输全年完成客运量478万人次，比上年下降3.82%，客运周转量9235万人千米，比上年下降3.9%；全年货运量173万吨，比上年增长80.21%，货运周转量9715万吨千米，比上年下降13.42%。全年完成邮电业务总量7184万元，比上年增长48.1%，其中邮政业务总量697万元、电信业务总量6487万元。年末全县有固定电话和移动电话用户9.67万户，其中固定电话1.89万部、移动电话7.78万户，电话普及率44.93部/百人。年末全县互联网用户1.79万户，比上年增加5176户，增长40.7%。全县77个县级部门和10个乡（镇）全部开通电子政务网。全年接待中外游客164.82万人次，比上年增长15.26%，其中接待海外游客8195人次。实现旅游总收入5.62亿元，比上年增长63.85%。

【教科文卫】 2010年末，元谋县有各级各类学校180所，其中教师进修学校1所、普通高中1所、职业高中1所、普通初中12所、小学56所、幼儿园20所、成人文化技术学校89所。年内普通高中招生552人，在校学生1846人，毕业学生599人，专任教师174人；职业高中招生164人，在校学生251人，毕业学生97人，专任教师45人，高中学生毛入学率71.5%；初中招生3205人，在校学生9472人，毕业学生2664人，专任教师579人，初中学生毛入学率118.46%；小学招生2424人，在校学生1.65万人，毕业学生3206人，专任教师1047人，学龄儿童入学率99.93%；在园幼儿3960人，教职工201人，入园率61.27%。年末，全县有教职工2303人，其中专任教师1886人、代课教师42人、临时工122人。全年实施校舍建设项目56个，总投资4448.52万元，总建筑面积3.49万平方米。全县教师荣获省、州、县级以上表彰奖励925人次，其中荣获省级教学科研论文奖励414人次。

2010年，全县申报国家和省级重点科技项目6项，批准立项1项，获得云南省科技厅补助项目资金8万元。全年组织申报专利12件，其中发明专利7件、实用新型专利5件。2010年全县获得授权专利23件，其中发明专利9件、实用新型专利12件、外观设计专利2件。全年举办种植、养殖实用技术培训班36期60场次，培训农村劳动力骨干1.99万人。年末，全县有各类农民专业协会194个、协会会员3.28万人，有农民专业合作社51个、合作社社员5160人，带动3万户农民按照无公害生产技术规程规范种植蔬菜。全年科技事业共投入301万元，比上年增加145万元，增长92.9%。科技进步对经济增长贡献率46.5%。

全县有花灯剧团1个、县级文化馆1个、乡（镇）文化站10个，公共图书馆、文物陈列馆、电影放映管理站和档案馆各1个，有业余文艺宣传队123个；10个乡（镇）有村委会文化室73个、农村文化活动室103个。公共图书馆藏书4.3万册。2010年12月，元谋县文化馆被中宣部、文化部、国家广电总局、新闻出版总署表彰为“全国服务农民、服务基层先进单位”。全县有线电视用户2.06万户，有线电视覆盖率34%，其中数字电视用户716户。电视覆盖率97%，广播覆盖率97%。全年举办体育运动会54次，参加人数2万人。

全县有各级各类卫生医疗机构139个，其中医院5个、卫生院13个、妇幼保健院1个、个体诊所39个、云南医学科学院元谋门诊部1个、防疫机构1个、卫生监督所1个、农村卫生室78个。全县医院和卫生院有医疗床位864张，平均每千人拥有病床4张；全县有医疗卫生专业技术人员767人，其中执业医师及执业助理医师355人，平均每千人拥有卫生专业技术人员4人。全县有乡村医生176人。全县医疗卫生单位拥有固定资产7337.98万元，全年业务总收入7606.13万元。2010年6月中旬，楚雄州全国第五次结核病流行病学调查工作在元谋县新华乡举行，省、州、县、乡四级疾病防控部门深入现场调查点，对1500名调查对象进行诊断、放射、痰检、资料录入、问卷调查等。2010年9月，经卫生部专家考核，元谋县实现了全县居民合格碘盐食用率达99%以上、儿童甲状腺肿患病率为“零”的目标，各项指标均达到了国家实现消除碘缺乏病的目标。

【社会生活】 2010年，元谋县城镇居民人均可支配收入16238元，比上年增长9.7%，扣除物价因素影响，实际增长6%。城镇居民人均消费性支出9404元，年末人均住房建筑面积38.16平方米。农村居民人均总收入7596元，比上年增长14.38%；农民人均纯收入4783元，比上年增长10.38%，扣除物价影响因素，实际增长6.65%。农民人均生活消费支出3781元，年末人均住房使用面积29.27平方米。年末全县实有从业人员13.76万人，比上年末增加0.09万人，年末在岗职工8403人，比上年末下降0.8%。在岗职工年平均工资2.48万元，比上年增长10.12%。全县78个村委会（社区）通电，76个通公路，73个通自来水，78个通程控电话。全年有8.33万人（次）领取城镇居民最低生活保障金1286.32万元，年末全县享受城镇居民最低生活保障7125人。全年有13.13万人（次）领取农村贫困居民最低生活保障金552.14万元、最低生活保障粮645.12吨，年末全县享受农村贫困居民最低生活保障1.15万人。全县供养农村“五保”老人794人，对2.21万人进行城乡医疗救助，安排救助资金355.1万元。全县有养老院12个，集中供养孤寡老人130人。

就业服务中心全年安置就业2638人，其中安置下岗失业人员再就业791人。全年举办就业及再就业培训35次，累计参训2293人；举办失业人员技能培训7期，累计参训470人。城镇登记失业人员431人，年末城镇登记失业率3.5%。农村富余劳动力转移就业1.21万人。年末全县参加城镇职工基本养老保险3792人、城镇职工基本医疗保险1.06万人、失业保险5400人、工伤保险2493人、生育保险2074人，城镇居民基本医疗保险1.53万人，农村社会养老保险1.26万人。年末全县有17.82万人参加新型农村合作医疗保险，参保率93.85%，参保患者全年就诊45.98万人次，共发生医疗费用4997.15万元，实现医疗费减免2136.89万元。全年发生安全生产事故59起，死亡8人。其中，发生交通事故56起，交通事故死亡7人；发生火灾事故2起，火灾损失3.89万元。亿元GDP安全生产事故死亡0.36人。

【“元谋人”博物馆暨元谋体育馆建成开馆】 2010年1月15日上午9时，中共元谋县委、县人民政府在元谋人文化广场举行“元谋人”博物馆暨元谋体育馆开馆仪式。“元谋人”博物馆建设项目占地18.3亩，计划总投资1200万元，主体工程于2006年7月6日开工建设，建筑为2层框架结构，设5个展厅，总建筑面积5390平方米，合同中标价为764.38万元。主体工程于2008年5月30日竣工验收。2009年末完成文物布展工程。至2010年1月，“元谋人”博物馆建设项目实际完成总投资1184.73万元。元谋体育馆建设项目占地18.3亩，计划总投资1500万元。主体工程于2006年12月21日开工建设，建筑为3层框架结构，总建筑面积6360平方米，设1800人的座席。主体工程于2009年1月15日竣工验收，实际完成投资1086.74万元。体育馆装修工程于2009年10月13日开工建设，2010年9月8日竣工验收，实际完成投资251万元。“元谋人”博物馆和元谋体育馆的建成，将对促进元谋文化对外交流、宣传，挖掘、保护、研究“元谋人”文化，促进元谋文化旅游产业和元谋体育事业的健康发展，建设文化元谋起到积极的推动作用。

【元谋县“7·28”、“8·01”特大洪涝灾害】 2010年7月28日和8月1日，元谋县2次遭受严重洪涝灾害，其中以元马镇和黄瓜园镇受灾尤为严重。“7·28”、“8·01”洪涝灾害造成全县10个乡（镇）61个行政村（社区）252个村民小组1.16万户4.92万人不同程度受灾，因灾死亡2人、重伤2人、轻伤4人，民房倒塌61户306间、损坏274户954间，农作物受灾面积达1266.54公顷，成灾831.64公顷，绝收215.54公顷，部分机关事业单位及民政福利设施受损，直接经济损失5523.64万元。灾情发生后，为确保人民群众生命安全，县级各部门积极响应，及时开展应急抢险工作，对遇难人员家属发放慰问金3000元。全县受灾群众得到及时转移安置，确保社会稳定。县委、县政府认真组织实施恢复重建工作。民房倒塌自建户每户补助资金2万元。民房恢复重建于2010年9月中旬开工建设，2011年春节前完成倒塌民房的恢复重建。

乡（镇）领导名录

元马镇
　党委书记：彭金富（彝族）
　镇　　长：祖　凌
黄瓜园镇
　党委书记：尹　健
　代理镇长：刘铭波（~2010.02）
　镇　　长：刘铭波（2010.02~）
羊街镇
　党委书记：杨芳亮（傈僳族）
　镇　　长：倪建平（彝族）
老城乡
　党委书记：张海丽（女，~2010.04）
　　　　　　文建辉（彝族，2010.07~）
　代理乡长：黄亚明（~2010.02）
　乡　　长：黄亚明（2010.02~）
平田乡
　党委书记：颜　辉（傣族，~2010.04）
　　　　　　李　飞（2010.05~）
　乡　　长：李　飞（~2010.06）
　　　　　　吴　俣（2010.06~）
新华乡
　党委书记：李　勇（傈僳族）
　乡　　长：吴春华（彝族）
凉山乡
　党委书记：雷振宇
　乡　　长：文显富
物茂乡
　党委书记：赵光贤
　乡　　长：李江华（彝族）
江边乡
　党委书记：杨志豪（~2010.04）
　　　　　　李盈梅（女，2010.04~）
　乡　　长：郑建华
姜驿乡
　党委书记：张　荣（彝族）
　乡　　长：李建勋（彝族）

[张　错]

乡（镇）情况一览表

乡(镇)	面积（平方千米）	村(居)委会（个）	年末总人口（人）	年末耕地面积（亩）	农业总产值（万元）	粮食总产量（吨）	烤烟总产量（吨）	年末大牲畜存栏（头）	农民人均纯收入（元）
元马镇	101	13	58312	39024	38682	15112	0	10595	5819
黄瓜园镇	152	11	37338	36733	35284	12305	15	9992	5400
老城乡	240	10	27889	26850	17883	8053	580	12222	5319
物茂乡	231	5	16473	15972	13203	6358	19	5704	5226
平田乡	151	5	14508	16333	12222	5976	0	7025	4217
江边乡	227	8	16508	15984	10160	6852	0	9716	3710
姜驿乡	225	8	14074	17714	5852	3889	520	9881	3372
新华乡	162	4	8213	8926	3906	3026	355	5400	4133
羊街镇	235	10	18094	16320	8694	4867	871	8843	4267
凉山乡	79	4	4156	4561	2106	1182	240	3703	3428

[楚雄州统计局供稿]

武 定 县

【地理位置】 武定县位于云南省中部，楚雄彝族自治州东北部，地跨东经101°55′~102°29′、北纬25°20′~26°11′之间。东邻昆明市禄劝县，南接禄丰和昆明市富民县，西与元谋县接壤，北隔金沙江与四川省会理县相望。县人民政府驻狮山镇，海拔1740米，距州府楚雄市城区160千米。

【行政区划】 2010年，武定县辖狮山、高桥、猫街3镇，插甸、田心、发窝、万德、己衣、白路、环州7乡和东坡傣族乡，130个村(居)委会，1570个村(居)民小组。行政区域面积3322平方千米。

【人口民族】 2010年末，全县总人口27.33万人，比上年净增588人，增长0.2%。人口出生率为11.76‰，死亡率7.33‰，自然增长率4.43‰。总人口中，女性13.42万人；农业人口24.83万人，增长2.13%；少数民族14.89万人，其中彝族8.53万人，傈僳族3.12万人，苗族2.28万人，傣族0.75万人。

【自然概貌】 武定县地处三台（习称乌蒙）山区，境内多山，山势走向北高南低；河流走向与山势相反，南高北低。全县山地面积占96%。地势东西两侧及西南部高，北部低，东南部较开阔，中北部受勐果河深切割，地形破碎，形成峡谷。县域属低纬高原季风气候区，气候垂直变化明显，类型多样。境内长于10千米的河流有22条，除猫街镇河底河向南流入星宿江外，其余均为金沙江水系，分别由东、西、北三个方向出境。最大的河流勐果河全长97千米。全县最低点为己衣乡新民大沙地，海拔862米；最高点为己衣乡白龙会峰，海拔2956米。年平均气温16.2℃，年均降雨量710.8毫米。

【资源特产】 武定县境内有钛、铜、铁、铅锌、木纹石等10余种矿体。其中，已探明储量的有铁矿2.46亿吨，钛矿1800万吨，铜矿6.68万吨。全县有东坡、田心、己衣、万德4个乡的大部分地区处于干热河谷地带，天然温室孕育着香蕉、甘蔗、小粒咖啡、印楝等经济作物；有插甸、发窝、猫街、白路、环州5个乡（镇）的大部分地区处于高寒冷凉地带，适宜种植中草药、高山反季无公害蔬菜；处于中海拔地区的狮山、高桥2个镇种植优质米、烤烟等粮食经济作物。中草药资源有800余种，鸡㙡、干巴菌、松茸等野生食用菌和板栗、核桃、野坝子蜂蜜等特产备受国内外市场青睐。武定壮鸡以其体大、肉嫩、骨酥、味美而著名。旅游资源得天独厚，位于县城西南的狮子山，集雄、古、奇、秀4大特点为一体，是国家AAAA级风景名胜区和理想的旅游、避暑、科考基地。

【经济状况】 2010年，全县实现地区生产总值（GDP）24.09亿元，按可比价格计算（现价），比上年增长12.2%。其中，第一产业实现增加值8.76亿元，增长3.0%；第二产业实现增加值7.37亿元，增长19.1%；第三产业实现增加值7.96亿元，增长14.8%。三次产业结构由上年的33.7∶32.8∶33.5调整为36.4∶30.6∶33.0。非公有制经济实现增加值10.22亿元。非公经济增加值占生产总值比重42.4%，比上年提高1.3个百分点。实施招商引资项目35个，年内到位资金6.79亿元。居民消费价格上涨3.8%，其中食品类上涨9.7%，居住类上涨2.4%，烟酒及用品价格上涨0.1%，医疗保健和个人用品价格上涨0.1%，交通和通讯价格上涨2.1%。全年商品零售价格上涨3.3%，农业生产资料价格上涨4%。

全年实现农业产值15.82亿元，按可比价计算比上年增长3.84%，其中，农业产值5.67亿元，增长3.84%；林业产值4860万元，减少27.92%；畜牧业产值8.67亿元，增长5.29%；渔业产值766万元，增长2.46%。农林牧渔服务业实现总产值9118万元，增长18.21%。全年农作物总播种面积54.92万亩，比上年增长9.67%，其中，粮食播种面积36.45万亩，增长6.95%；经济作物播种面积18.47万亩，增长15.49%，其中烤烟种植6.23万亩，增长24.72%。全年粮食总产量8.95万吨，比上年减少5.02%。全县有130个村（居）委会通电。

全年实现工业总产值20.16亿元，比上年增长20.12%，其中，国民经济8856万元，增长0.56%；私营经济14.31亿元，增长36.38%；个体经济4.96亿元，减少6.6%。全县25个资质建筑企业完成总产值4.0亿元，比上年增长27.48%，实现利润1424.8万元，增长66.86%。

全年完成固定资产投资14.70亿元，比上年增长33.87%。其中城镇投资8.25亿元，增长42.28%；农村投资3.11亿元，增长40.41%。全年实现社会消费品零售总额5.98亿元，比上年增长20.09%。全年完成货物周转量6461万吨千米，比上年增长4.6%；旅客周转量9105万人千米，增长9.5%。全年完成邮电业务总量7807万元，其中邮政业务总量529万元，比上年增长25.36%。年末拥有固定电话和移动电话用户12.38万部，户均1.6部，其中移动电话用户达10.30万户，互联网用户达8290户。

全年完成财政总收入3.06亿元，比上年增长29.06%，其中地方一般预算收入1.95亿元，增长37.04%。地方财政一般预算支出8.23亿元，增长8.09%。年末金融机构各项存款余额

27.85亿元，比上年末增长16.42%，其中城乡居民储蓄存款17.17亿元，增长28.24%。金融机构各项贷款余额17.36亿元，增长22.2%。保险企业实现保费收入4758万元，已决赔款1614万元。

【教科文卫】 2010年末，全县有在校学生4.06万人，专任教师2510人。其中普通高中在校学生3483人，专任教师172人；初中在校学生1.08万人，专任教师971人；小学在校学生2.18万人，专任教师1303人；幼儿园在园幼儿3879人，专任教师103人。全县学龄儿童入学率99.5%、初中学龄人口入学率99.32%。年末全县有卫生机构16个，卫生机构住院病床数729张，有卫生技术人员564人。

年末，全县有艺术表演团体1个，公共图书馆1个，图书馆藏书11万册；广播、电视人口覆盖率分别达97.7%和98.8%。全年城镇居民人均可支配收入15018元，比上年增长9.31%；年末人均住房建筑面积44.27平方米。农民人均纯收入3223元，人均住房面积34平方米。全年有8990户2.49万人（次）领取最低生活保障金，其中城镇3971户7705人，农村5019户1.72万人。有养老院11个收养515人。年末在岗职工人数1.02万人，工资总额2.76亿元，职工年平均工资2.69万元，比上年增长9.7%。全县参加养老保险职工3724人，参加失业保险职工6627人，参加医疗保险职工1.21万人，参加新型农村合作医疗保险的农村居民23.43万人，参保率93.76%。

【武定县被列为联合国千年发展目标基金项目试点县】 2010年5月，武定县联合国千年发展目标基金“中国妇幼营养和食品安全联合项目”正式启动，执行期为3年。该项目为多部门合作执行的项目，合作伙伴包括中国和联合国的有关部委、机构共28家。其中，农业部与联合国粮农组织共同执行“改善农户微量营养素食物摄入”农业子项目，涉及云南省的武定县、会泽县和贵州省的盘县，受援总金额为98万美元，计划从2010年起用3年的时间，在3个项目县筛选有妇女或儿童的家庭为单元进行综合试点。年内，武定县人民政府及时成立了农业子项目工作领导小组及办公室，开展了示范村及示范户筛选、前期调研、基线调查、项目培训等工作。

【鑫发托佩克养猪场成为楚雄州畜禽规模养殖基地】 2010年，鑫发托佩克养猪场被楚雄州畜牧兽医局授予楚雄州畜禽规模养殖基地。鑫发托佩克养猪场占地31.5亩，总投资385万元，建有标准化猪舍7栋2740平方米，化验室、消毒室、办公室、仓库、宿舍等齐全，是县内规模最大、设施最全、猪舍最标准、管理最规范的一家私营养猪场，自2009年投产以来已出栏肉猪3000头、仔猪2万头，年收入达400余万元，带动周边500余户农户发展养猪生产，2009年被授予云南省第二届农村创业之星奖。

乡（镇）领导名录

狮山镇
　党委书记：龙德武
　镇　　长：龚世雄
高桥镇
　党委书记：杜春宏
　镇　　长：张俊富
猫街镇
　党委书记：郑　钧
　镇　　长：王会萍（女，~2010.04）
　代理镇长：张顺猷（彝族，副镇长，2010.04~）
插甸乡
　党委书记：邵显舒（女，彝族，~2010.04）
　　　　　　刘　彪（彝族，2010.04~）
　乡　　长：刘　彪（彝族）
白路乡
　党委书记：张加亮（傣族）
　乡　　长：郎泳舟（傈僳族）
环州乡
　党委书记：苏兴禄（彝族）
　乡　　长：李自银（彝族）
东坡傣族乡
　党委书记：刘东宇
　乡　　长：李绍荣（傣族）
田心乡
　党委书记：刘纯明
　乡　　长：左　刚（彝族）
发窝乡
　党委书记：杨云彬（彝族）
　乡　　长：郑立华（女）
万德乡
　党委书记：陶光建
　乡　　长：罗绍江（傈僳族）
己衣乡
　党委书记：余海洋
　乡　　长：彭　会（女）

［唐建梅］

乡（镇）情况一览表

乡(镇)	面积（平方千米）	村(居)委会（个）	年末总人口（人）	年末耕地面积（亩）	农业总产值（万元）	粮食总产量（吨）	烤烟总产量（吨）	年末大牲畜存栏（头）	农民人均纯收入（元）
狮山镇	399	25	79987	55364	28782	24134	1475	15509	3339
高桥镇	398	17	36674	35625	23745	12734	1417	14176	3225
白路乡	221	10	14696	16374	13577	2833	1933	10881	3218
插甸乡	307	12	23689	23931	13668	7592	710	8401	3247
田心乡	134	7	18859	17715	11425	5712	850	9833	3140
发窝乡	271	11	14603	14749	10049	5164	39	9924	3288
环州乡	205	8	11572	12620	8712	2854	1248	8458	3064
东坡乡	171	8	14625	14845	10210	6339	0	9096	3385
猫街镇	434	15	26771	29287	16093	9585	1210	13386	3256
万德乡	204	8	16085	20657	11922	6662	965	7732	2761
己衣乡	218	9	15779	20619	10033	5912	1277	8882	3422

［楚雄州统计局供稿］

禄　丰　县

【地理位置】 禄丰县位于云南省中部，楚雄彝族自治州东部。地处北纬24°51′~25°30′、东经101°38′~102°25′之间。东邻昆明市富民、安宁和昆明市西山区，南接双柏县、玉溪市易门县，西依牟定县、楚雄市，北连武定县、元谋县。县人民政府驻地金山镇，海拔1565米。距州府楚雄市城区83千米。

【行政区划】 2010年末，禄丰县辖金山、仁兴、碧城、勤丰、一平浪、广通、黑井、彩云、土官、恐龙山、和平11个镇和中村、妥安、高峰3个乡，有6个社区居委会，158个村民委员会，2122个（不含社区居委会村民小组）村民小组。行政区域面积3536平方千米。

【人口民族】 2010年末，全县总户籍人口42.31万人，比上年减少2730人，下降0.64%。其中，农业人口35.36万人，下降0.54%；少数民族人口10.62万人。千人以上少数民族有彝族7.72万人、苗族1.76万人、回族6128人、傈僳族2658人和白族1088人。男女性别比（以女性为100计算）为103.46。

【自然概貌】 禄丰县地处滇中高原东南部，金沙江水系与元江水系分水岭地带，主要河流有星宿江、龙川江。境内地形复杂，地貌千姿百态，有山地、丘陵、山间盆地等。山区（包括山地、丘陵）面积占全县总面积的91.9%，坝区占8.1%。境内地势东高西低，山脉多为南北走向，海拔2000米以上的山峰94座，县境最高点是碧城镇老青山顶，海拔2754米；最低点为川街乡小江口，海拔1309米。

【资源特产】 全县境内矿产资源丰富，已查明的金属、非金属矿产有铜、铁、盐、钛、煤、芒硝、石英砂等29种，已初步形成采矿、冶金、铸造、化工、机械、建材等多种产业发展的格局。禄丰属金沙江、元江两大水系上游分水领地带，主干流龙川江、星宿江境内流程分别为51千米和44千米，全县集水面积3536平方千米。境内有著名的一平浪煤矿、盐矿，昆明、滇中两大电网覆盖全境。全县人文胜览，自然景观众多，是著名的恐龙之乡、化石之仓。恐龙化石、腊玛古猿化石及近年发掘的川街老长箐（恐）龙（蛇颈）龟共存化石奇景名播天下，被称为世界顶级资源；黑井古镇、炼象关、琅井魁阁楼等古屋名瓯及星宿桥、五马桥、向天坟、文笔塔等文物瑰宝极具观赏价值；五台山、石门水库、东河水库等自然风景区峰峦叠翠，景致清新，湖光山色令人流连忘返。缸套、剪刀、香醋等产品在省内外具有较高的知名度。

【经济状况】 2010年，全县实现生产总值（GDP）85.34亿元，按可比价格计算，比上年增长12%。其中，第一产业增加值16.87亿元，增长3.2%；第二产业增加值32.01亿元，增长13.1%；第三产业增加值36.46亿元，增长15%。一、二、三产业对生产总值增长的贡献率分别为5%、44.2%和50.8%。一、二、三产业增加值占生产总值的比重为19.8:37.5:42.7，呈现出“三二一”的产业结构类型。

全社会劳动生产率（按从业人员计算的人均GDP）为32704元/人，按常住人口计算的人均GDP为19395元，按公安户籍人口计算的人均GDP为20171元。非公有制经济增加值48.89亿元，占全县GDP的比重为57.3%，比上年提高0.5个百分点。年末全县从业人员26.09万人，比上年增加427人。年末城镇登记失业率2%。城镇化水平（城镇化率)为36.5%。

全县居民消费价格总水平比上年上涨3.8%。居民消费价格中,食品价格上涨8.1%(其中粮食价格上涨19.2%);烟酒及用品价格下降1.1%;衣着价格下降1.9%;家庭设备用品及维修服务价格上涨3.2%;医疗保健和个人用品价格上涨0.2%;交通和通讯价格上涨1.9%;娱乐教育文化用品及服务价格上涨2.3%;居住价格上涨3.9%;服务项目价格上涨0.5%。商品零售价格总水平上涨3.3%;农业生产资料价格总水平上涨0.6%。全年实现社会消费品零售总额22.81亿元,比上年增长20.3%。

烟草业、冶金矿产业、能源化工业、建筑建材业、绿色食品业、旅游业六大重点产业全年实现增加值39.14亿元,比上年增长12.5%。六大产业增加值占GDP的比重为45.9%。

工业园区建设进展顺利,发展迅速。2010年末,入园企业达到了30户,其中本年新增12户,实现工业总产值78.39亿元,销售收入76.25亿元,利税13.37亿元。

全年粮食种植面积61.09万亩,比上年增加7.30万亩,增长13.6%。经济作物播种面积40.41万亩,比上年增加3.91万亩,增长10.7%。全年粮食产量17.87万吨,下降2.7%。其中,秋粮15.05万吨,增长10%;夏粮2.82万吨,下降39.7%。粮食作物与经济作物种植比为60.2:39.8,经济作物种植比重比上年提高0.6个百分点。大牲畜年末存栏15.52万头(匹),增长3.7%;生猪年末存栏40万头,增长4.6%;羊年末存栏16.07万只,增长2.2%。全年实现农业总产值26.63亿元,按可比价格计算,比上年增长3.9%。全年完成造林面积7.22万亩,全县森林综合覆盖率64.6%。

全年完成工业总产值122.99亿元,按现行价格计算,比上年增长17.3%。其中,规模以上工业企业实现产值92.55亿元,增长8.9%;规模以下工业企业实现产值30.44亿元,增长37.8%。全县规模以上工业企业实现利税14.51亿元,比上年增长18.8%,其中实现利润10.28亿元,比上年增长28.4%。全县能源消耗总量为213.84万吨标准煤,单位GDP能耗同比下降4.91%。在县内施工的27个建筑企业,完成总产值13.39亿元,比上年增长86.5%,实现利润2956万元。

全年全社会固定资产投资65.89亿元,比上年增长31.7%。其中,城镇投资54.55亿元,比上年增长24.7%;农村投资2.65亿元,增长112.5%;房地产投资3.38亿元,比上年增长132.9%。在投资中,公有制经济单位投资29.66亿元,比上年下降25.6%;非公有制经济投资30.92亿元,比上年增长3.7倍。

据统计,县内公路通车里程4135千米。其中,国道57千米,省道143千米,省管县道96千米,县及县以下管公路3839千米。货运量792万吨,货物周转量7.05亿吨千米,客运量237万人次,客运周转量1.71亿人千米。年末全县拥有固定电话4.51万部,移动电话16.27万部,国际互联网用户3.68万户。全年共接待国内游客207.37万人次,比上年增长15.6%。实现旅游总收入5.38亿元,比上年增长31.8%。

全年完成地方财政总收入10.23亿元,比上年增收1.66亿元,增长19.4%。其中地方财政一般预算收入4.63亿元,增长15.2%。完成地方一般预算支出15.65亿元,比上年增加4.04亿元,增长34.8%;完成地方政府性基金预算支出2.65亿元,比上年增加1.57亿元,增长144.3%。

金融机构年末各项存款余额67.76亿元,比上年增长26.96%,其中城乡居民储蓄存款余额40.23亿元,比上年增长22.37%。金融机构年末各项贷款余额31.98亿元,比上年增长25.36%。年末存贷差35.79亿元。全年保险机构保费收入8793万元,赔款支出4038万元,收支差4755万元。

【教科文卫】 2010年,全县国民教育系列学校有233所。其中,高中3所,在校学生5000人,专任教师384人;初中17所,在校学生1.68万人,专任教师1054人;小学167所,在校学生3.60万人,专任教师2312人;幼儿园44所,在园人数9338人。全县学龄儿童入学率99.95%,小学毕业学生升学率98.32%,巩固率99.43%,初中阶段入学率98.43%,初中毕业学生升学率63.18%;高中升学率87.1%。小学、初中、高中专任教师学历达标率分别为99.91%、99.62%和96.61%。

全年申报省州级科技计划项目6项,获准立项3项。专利申报24件,累计授权118件。科技对国民经济增长的贡献率为50.87%,比上年提高1.08个百分点。组织科技培训1749期,培训10.84万人次,县科技馆于2010年建成。

全县共有专业艺术表演团体1个,演出74场次,观众3.3万余人次。公共图书馆1个,藏书9.1万册。县文化馆1个,乡(镇)文化站14个。博物、文物管理机构1个,接待国内外观众1万余人次。全县电视覆盖率97%,广播覆盖率100%。

全县共有各类卫生机构234个。其中,医院9个,卫生院14个,诊所、卫生所、医务室48个,村卫生室160个,妇幼保健院1个,疾病预防控制中心1个,卫生监督所1个。有卫生技术人员1158人,其中执业(助理以上)医师550人。实有床位1252张,其中医院床位805张。

全年禄丰县体育健儿参加楚雄州残运会竞技比赛获得奖牌38枚,其中金牌19枚、银牌8枚、铜牌11枚。

【社会生活】 2010年末,全县城镇建成区面积30.65平方千米,其中县城建成区面积7.65平方千米,全县建成区绿地面积210公顷。工业企业废水排放达标率98.13%,工业固体废物综合利用率80.43%,城区大气降尘量每平方千米93.02吨。

全年全县农民人均纯收入4584元,比上年增加513元,增长12.6%,扣除物价上涨因素,实际增长8.5%;城镇居民人均可支配收入16726元,比上年增加1313元,增长8.5%,扣除物价上涨因素实际增长4.5%。年末全县城镇居民人均住房使用面积21.33平方米,农村人均住房使用面积36.82平方米。全县164个村(居)委会全部开通程控电话,通公路、通电;163个村(居)

委会通自来水。

年末全县参加基本养老保险人数2.21万人，比上年增加345人，其中在职职工1.53万人，离退休人员6762人。参加失业保险人数1.45万人，比上年增加170人，领取失业保险金人数583人。参加城镇职工基本医疗保险人数3.66万人，比上年增加1201人，参加城镇居民医疗保险人数3.79万人。农村居民7.11万人参加了社会养老保险。企业离退休人员养老金和下岗职工的基本生活费按时足额发放。

2010年纳入城镇居民最低生活保障8254户1.49万人，纳入农村最低生活保障9255户1.94万人，民政部门优抚的伤残人员156人，在乡复员军人948人。全县共有敬老院14所，现有五保老人1614人，其中在敬老院集中供养的407人，分散供养的1207人。有福利院1个，收养2名孤残儿童和10名鳏寡老人。

全年各类自然灾害造成直接经济损失7.20亿元。农作物受灾面积2.84万公顷，其中绝收2.29万公顷，受灾人口42.58万人次。

【中央电视台《智慧树》栏目走进禄丰】 2010年1月30～31日，中央电视台著名少儿节目主持人金龟子带领《智慧树》周末版栏目的全体成员到禄丰县世界恐龙谷景区举行《智慧树上的恐龙》——约见金龟子·增长大智慧主题活动。

【“2·25”地震】 2010年2月25日12时56分，禄丰县高峰乡与元谋县交界处（北纬25°24′、东经101°54′）发生5.1级地震。这次地震造成了禄丰县高峰、黑井、一平浪等9个乡（镇）109个村委会不同程度受灾，受灾4.58万户，受灾人口达16.02万人（其中受轻伤17人），直接经济损失达5.27亿元。灾情发生后，省、州、县领导迅速赶赴地震灾区指挥抗震救灾工作，并迅速调集成都军区驻滇集团军某高炮团官兵、州公安消防支队官兵及1000余名社会救援人员、医疗卫生工作队赶赴灾区紧急转移受灾群众，及时抢救受伤人员及重要财产。

【世界恐龙谷二期项目动工典礼】 2010年4月16日，世界恐龙谷二期项目动工奠基仪式在恐龙谷景区“龙柱擎天”景观前举行。中共云南省委常委、省委秘书长杨应楠，省人民政府副秘书长白庚胜，央视著名节目主持人刘纯燕，省旅游局、省文产办、省文化厅，中共楚雄州委、禄丰县委等省州县领导和侏罗纪世界投资有限责任公司董事长王徕根出席仪式。

【首届“云南美德少年”颁奖仪式在恐龙谷举行】 2010年7月15日，首届“云南美德少年”颁奖仪式暨云南省“做一个有道德的人”主题夏令营开营仪式在世界恐龙谷举行，活动对评选出的50名首届“云南美德少年”进行了表彰。

【全省“三下乡”集中示范工作】 2010年12月19日，全省文化科技卫生“三下乡”集中示范工作在禄丰县展开，通过开展文艺演出，赠送籽种、农药，免费体检、看病，发放宣传资料，现场提供群众科技、卫生等方面的咨询，进一步满足了人民群众日益增长的文化科技卫生需求，也让群众在活动中实实在在地得到了实惠，真正把党和人民政府的温暖送到了农民群众的心坎上。省委宣传部、省防范处理邪教办、省教育、科技、司法、农业、文化、卫生、计生、广电、科协等15个部门还向禄丰县捐赠了价值258.58万元的资金、设备、物资。

乡（镇）领导名录

金山镇
　党委书记：毛世宾（彝族，副处）
　镇　　长：石　刚（彝族）
中村乡
　党委书记：严琼华（2010.01～）
　乡　　长：李朝生（2010.02～）
和平镇
　党委书记：周晓红（女）（2010.01～）
　镇　　长：邬子龙（2010.02～）
仁兴镇
　党委书记：张万生（2010.01～）
　镇　　长：王　瑞（2010.02～）
碧城镇
　党委书记：宋耘田
　镇　　长：林帮荣
勤丰镇
　党委书记：尹守用（2010.01～）
　镇　　长：李发云（彝族）
土官镇
　党委书记：黄玉梅（女、彝族）
　镇　　长：李振铭（～2010.04）
　　　　　　金厚荣（2010.06～）
恐龙山镇
　党委书记：王　焘
　镇　　长：杨　武
彩云镇
　党委书记：杨　泽
　镇　　长：岳　栋

一平浪镇
　党委书记：罗建渊（2010.01～）
　镇　　长：王绍斌（彝族）
广通镇
　党委书记：赵　良（彝族）
　镇　　长：包　伟
妥安乡
　党委书记：刘春麟（2010.01～）
　乡　　长：王天龙（～2010.04）
　　　　　　高丽鸣（2010.06～）
黑井镇
　党委书记：李玉明（2010.01～）
　镇　　长：戴　荣
高峰乡
　党委书记：李建明（彝族，～2010.04）
　　　　　　李振铭（2010.04～）
　乡　　长：寇定中

［曹永萍］

乡（镇）情况一览表

乡(镇)	面积(平方千米)	村(居)委会(个)	年末总人口(人)	年末耕地面积(亩)	农业总产值(万元)	粮食总产量(吨)	烤烟总产量(吨)	年末大牲畜存栏(头)	农民人均纯收入(元)
金山镇	419.1	22	79502	45320	29885	27007	1107	15097	5919
仁兴镇	231.1	12	34187	34463	30118	14073	2978	13948	5329
碧城镇	187.1	15	47430	34321	38977	16462	2418	8320	5432
勤丰镇	253.4	11	27472	21995	21701	12119	1300	7736	4809
一平浪镇	441.3	14	45003	31651	23402	17126	1549	17690	5000
广通镇	352.2	16	42519	43264	23119	16865	1860	12899	5222
黑井镇	133.5	9	18329	15286	9106	8597	109	12328	3163
中村乡	95.6	9	17180	18568	12421	7708	1030	9859	3563
和平镇	302.8	13	23682	29875	18252	9973	2067	14568	4101
土官镇	284.7	5	12561	13537	9026	7911	650	2662	4922
恐龙山镇	301.7	9	18443	17685	12822	8166	392	9525	3386
彩云镇	242	9	20212	23960	13615	11449	0	10780	5083
高峰乡	155.5	8	10519	14650	5144	5198	527	6067	2792
妥安乡	136.3	12	26028	28552	18717	16083	715	13672	3057

［楚雄州统计局供稿］

（责任编辑：者宗菊）

人 物

新闻人物

【李开斌】 男，汉族，1958年2月出生，中专学历，牟定县人。1977年12月进入楚雄州农业科学研究推广所，从事“楚粳”水稻新品种选育研究及示范推广工作至今。李开斌自参加工作以来，先后主持和参加省、州水稻育种重点科研项目，共育成经云南省审定合格的“楚粳系列”品种21个。2007年，李开斌主持育成云南省唯一的一个超级稻品种“楚粳27号”，实现了云南省超级稻品种零的突破，“楚粳27号”百亩示范方验收亩产均连续超过900千克，居国内高原粳稻领先水平，该品种连年刷新云南省单个水稻品种年推广最大面积110万亩的历史纪录，当年获云南省科技进步一等奖。2008年，李开斌育成国标优质一级米品种“楚粳28号”，2010年在云南省弥渡县百亩示范方验收平均亩产1002.11千克，创水稻百亩平均亩产世界纪录，成功克服了水稻育种中高产与优质难于结合的重大技术难题。在选育技术和育种效率方面，大胆创新，充分利用温室，采用“集团混合法”连续加代与株选鉴定相结合的育种技术，使单个品种的育成时间缩短了2~3年，达到一年多育成1个品种，选育技术独特，成效显著，领先省内同行。李开斌从事“楚粳系列”水稻新品种选育研究30余年来，“楚粳”新品种不断问世，品种选育成果达到省内领先、国内高原粳稻先进水平，选育成果应用面积达4257.91万亩，为农民增收58.76亿元，取得了巨大的社会经济效益，为确保粮食安全和促进农民增收作出了重大贡献，本人也先后获科技成果奖28项，并获“全国先进工作者”等多种荣誉称号，面对成果和荣誉，他没有把它看成是终点，一直全身心投入科研第一线，整天忙碌在温室和田间地头，彰显着他对人生的追求。2010年李开斌被中国科协授予“全国优秀科技工作者”称号。

［州农科所］

【李彩林】 男，48岁，彝族，现任楚雄州人民防空办公室党组书记、主任。在部队服役27年，先后荣立个人“二等功”一次，“三等功”五次，2000年被省委、省政府评为抗震救灾先进个人，2004年被云南省军区评为践行“三个代表”先进个人。2000~2004年在楚雄市人武部任部长期间，所在人武部连续五年被省军区表彰为“全面建设先进单位”。成都军区《战旗报》、《滇池》、《青年时代》等多家报刊都曾以长篇通讯报道过他的先进事迹。2005年8月转业地方工作任州人事局副局长，2007年5月，州委、州人民政府任命李彩林同志为州人防办党组书记、主任。到任后，他刻苦钻研人防政策、法律法规和业务知识，很快适应了新的工作岗位。他带领州人防办全体人员努力工作，开拓创新，科学决策，使楚雄州人防工作在短短的几年内得到了跨越式发展，人防工作一年一个飞跃。2007年楚雄州人防办被评为全国人防机关“准军事化”建设先进单位、成都军区人防工程建设先进单位，2008年分别被评为州、市级文明单位，2009年被评为省级文明单位，连续四年被评为全省人防宣传工作先进单位。2009年，李彩林同志被云南省委、省人民政府授予模范军队转业干部荣誉称号。在2010年10月召开的第六次全国人民防空会议上，李彩林同志被国家人力资源和社会保障部、中国人民解放军总参谋部授予“全国人民防空先进工作者”称号。

［张凌梅］

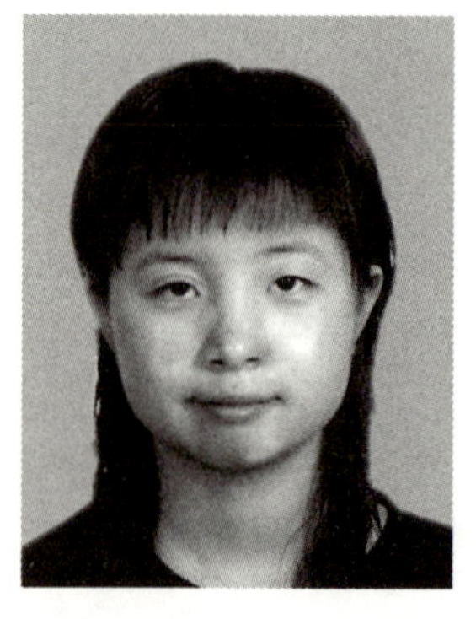

【晋晓琴】 女，1991年10月生，南华县龙川镇下四季村人，幼儿时，一次不幸的意外失去了左上肢。2002年，她被县残联推荐输送到昆明海埂体育训练基地参加省残疾人体育协会游泳队集训后，多次入选省和国家残疾人体育代表队。从2003年起，晋晓琴先后参加了第六届、第七届全国残疾人运动会、第一届远东及太平洋地区青少年残疾人运动会、世界肢残人运动会、邀请赛、世锦赛和北京

2008残奥会等国内外重大残疾人体育盛会，曾夺得多枚奖牌，创多项纪录。2010年2月首届亚洲残疾人运动会在广州举行，楚雄州残疾人运动员晋晓琴在游泳项目比赛中，夺得女子S8级100米蝶泳、100米仰泳两项第一名和SM9级200米个人混合泳第三名，荣获金牌两枚、铜牌一枚，100米蝶泳打破了亚洲纪录，是本届亚残运会中国残疾人体育代表团云南省运动员首枚金牌得主；她多次为云南省和国家残疾人体育代表团赢得了荣誉，为彝州、为云南和祖国争了光，先后受到了各级党委、政府和有关部门表彰奖励，多次被评为“优秀残疾人运动员”，荣获“体育道德风尚奖”等荣誉，被共青团云南省委、省青年联合会授予“云南青年五四贡献奖章”荣誉，被云南省人民政府记一等功。

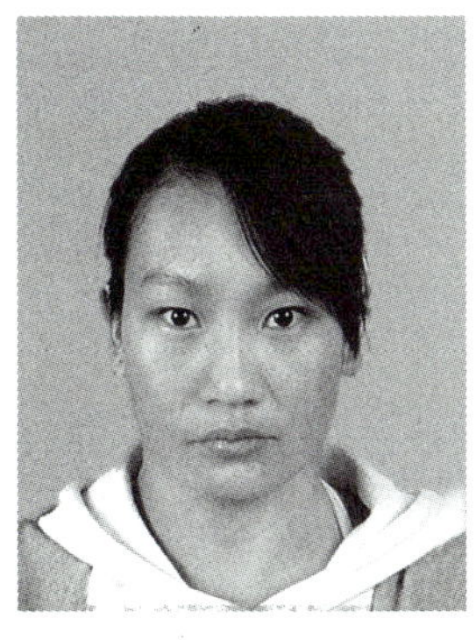

【蔡红梅】　女，1990年1月生，楚雄市东瓜镇庄甸村委会蔡家冲人，左腿先天残疾。2005年3月被选拔到中国残疾人体育运动队，2005年以来曾参加过全省、全国残疾人运动会、北京残奥会、日本东京第二届亚洲残疾人青年运动会。在云南省第八届残运会中，夺得金牌1枚；全国残疾人游泳锦标赛中又夺得金牌1枚、铜牌2枚；全国第七届残运会，夺得了金牌1枚、银牌1枚、铜牌2枚；在日本东京举行的第二届亚洲残疾人青年运动会上，夺得游泳个人单项金牌2枚，游泳集体接力赛金牌2枚。全国残疾人游泳、羽毛球锦标赛上，夺得游泳个人单项金牌1枚，银牌1枚，铜牌3枚。2010年2月在广州举行首届亚洲残疾人运动会上又取得了优异成绩，在游泳项目比赛中，夺得女子S10级50米自由泳和100米自由泳两项第一名，荣获金牌两枚，S10级50米自由泳打破了亚洲纪录；为国家增添了光彩，为全省、全州各族人民争得了荣誉。云南省人民政府给予记三等功、云南省妇联授予“三八”红旗手称号、共青团云南省委、云南省青年联合会授予“云南省青年五四贡献奖章”、中共楚雄州委、楚雄州人民政府授予“荣誉称号”并给予嘉奖。

［董杨春］

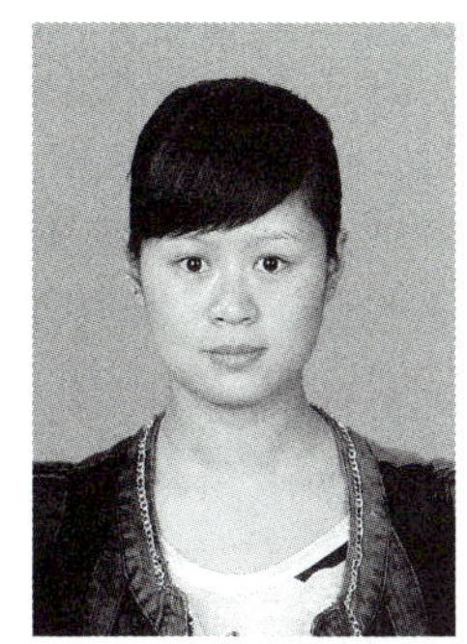

【普艳喜】　女，彝族，1988年生于武定环州，中专毕业。2008年9月招考进牟定县民族艺术团工作至今，2004年7月，普艳喜就读于楚雄民族中等专业学校声乐专业；2007年11月，参加云南省“大雁同心杯”民歌大赛，以原生态歌曲演唱获得铜奖。同年，荣获“全国三好学生”称号；2008年9月，普艳喜考进牟定县民族艺术团后，艺术上得到了更多的锻炼，也取得了更加骄人的成绩；2009年4月，在牟定第二届彝族左脚舞文化节民歌大奖赛中荣获个人演唱一等奖；2009年7月，参加“天鹏杯”第三届楚雄州青年歌手电视大奖赛，以牟定民间歌曲《高山头上等》获得原生态唱法三等奖；2009年8月，参加“城投杯”云南省青年歌手电视大奖赛，在“哀牢组合”中，以领唱楚雄《双柏桂花香十里》等民歌获原生态唱法银奖；2009年9月，参加云南省第六届民族民间歌、舞、乐展演，以一首感人至深的《伤心调》获“彩云奖”金奖；2010年3月，她所在的“楚雄阿乖佬彝歌队”参加全国彝族原生态精英邀请赛，参赛歌曲《阿色调》、《离别调》分别获得原生态唱法金虎奖、银虎奖，普艳喜均在比赛中担任领唱；2010年4～6月，她所在的“楚雄阿乖佬彝歌队”参加“天之蓝”杯第十四届CCTV全国青年歌手电视大奖赛，普艳喜领唱的《离别调》、《挑水调》进入决赛，获得原生态唱法单项银奖，并为云南省获得团体铜奖做出了突出的贡献；同年8月，参加楚雄州“两会一节”赛装、赛美、赛歌、赛舞、赛乐活动，获得赛歌个人演唱金奖。2010年11月2～4日，普艳喜代表楚雄州参加云南省优秀乡村歌手选拔赛，与来自全省16个州（市）的44名选手分别参加了民族、通俗、原生态三种唱法的选拔赛，普艳喜以98.75分的优秀成绩，荣获原生态一等奖。11月16日，普艳喜被省文联选定为云南原生态选手，代表云南省参加11月22日在昆明福保文化城举行的“全国乡村歌手大赛”总决赛，以其独具风格、高难度的原生态演唱《挑水调》，征服了所有的观众和评委，最终以98.98分一举夺得了原生态组桂冠，彝州百灵鸟唱响全国为云南争光。

［欧阳光复］

【何　金】　男，1962年12月出生，汉族，技校学历，1982年7月参加工作，现为楚雄交通运输集团有限公司客运分公司驾驶员。何金参加工作28年来，凭着良好的职业道德和过硬的驾驶技能搞好客运工作，从未出现过安全事故和违规违章情况，累计安全行车旅程达320万千米，每年为公司节约汽车维修、保养费用1.3万余元，节省燃油2.3吨。他热爱本职工作，遵章守纪、举止文明，始终按照客运“三优三化”标准做好客运服务，驾驶的客车正班率、正点率、正运率均达100%，累计运送旅客达60万人次，无一起旅客投诉。他曾先后被楚雄交通运输集团公司评为“新长征突击手”2次，“安全生产者”6次，“综治创安先进工作者”5次，2005年5月被云南省人民政府授予“劳动模范”称号，2010年4月被国务院授予“全国劳动模范”称号。

［楚雄交通运输集团有限公司］

【袁美珍】　女，汉族，1963年2月生，初中学历。1980年9月参加工作，曾任双柏县碍嘉邮电所话务员、邮政营业员，

1999年1月至今任双柏县邮政局碍嘉邮政所所长。古语有云“忠孝难两全”，袁美珍同志以她爱岗敬业、孝老爱亲、无私奉献的实际行动真正做到了“忠孝两全”。作为双柏县碍嘉邮政所的所长，她忠于工作、忠于职责，碍嘉邮政所在她的带领下，业务收入逐年增长，从1999年的9.88万元，增长到2009年的41.02万元，邮政储蓄更是从1999年的129万元，增长到2009年底的1432万元。作为家庭一员，她孝敬父母、关爱家庭，十年如一日照料瘫痪在床的养父，在丈夫因病去世后一个人承担起了整个家庭的重担，十多年来不弃不离，没有一句怨言。袁美珍同志因工作表现突出，曾多次被省邮政公司、州邮政局、县邮政局授予“优秀员工”、“先进工作者”和“先进个人”等荣誉称号；因她的孝举令社会公众感动又多次被双柏县妇联、县文明委、县委，楚雄州文明委评为“五好文明家庭”、“尊老爱幼好媳妇”、“孝老爱亲”道德模范和“十大促和谐家庭”等多项荣誉称号。2010年4月，袁美珍因其突出的事迹被云南省总工会授予“云南省五一劳动奖章”荣誉称号。

[邓永杰]

【徐永芬】 女，武定县人。1988年，徐永芬在其夫（畜牧兽医科技干部）帮教指导下，在武定田心乡建立起第一个生猪人工授精改良点，自学种猪饲养、采精、人工授精等生猪养殖改良技术，充分运用到实际养殖中，并积极推广到同乡生猪养殖户中，同时还推广到发窝、东坡、插甸等乡（镇）。此后，她继续摸索仔猪培育技术和酿酒养猪技术，从市场上把农户多余待售的优良仔猪收购回来，进行短期培育和育肥饲养，从而通过生猪改良、仔猪培育、肥猪育肥等一条龙养殖技术，提高农户的养殖效益，并壮大自己的养殖规模。2000年，她同其夫成立武定县永银养殖加工厂，大胆尝试肉牛饲养，租借田心乡敬老院闲置的土地和圈舍，引进优良种牛，收购本地能繁母牛，配种怀胎后分散到周边农户饲养，通过寄养受孕母牛，分送新产牛犊的办法，带动周边农户开展肉牛养殖，带动周边农户脱贫致富。年末，徐永芬又创办“武狮牌”火腿加工厂，生产加工火腿及猪肉包装产品50余吨，为解决山区乡生鲜猪肉销售淡、旺季矛盾，带动东坡、田心、发窝、己衣、万德等乡的生猪养殖发挥了积极地促进作用，填补了武定县无畜产品加工企业的空白。2007年2月，成立武定县武狮农特产品营销专业合作社，主要从事生猪养殖、屠宰、火腿加工，冬早蔬菜，水果种植销售为一体的自主经营、自负盈亏、自我服务、自我发展、民主管理、入股入社、实行产供销一条龙，工农贸一体化，自行生产、统一加工和销售的农特产品专业合作经济组织。2010年4月，徐永芬被国务院授予“全国劳动模范”称号。

[唐建梅]

楚雄州第二届道德模范

助人为乐模范

【王跃斌】 男，35岁，中国致公党党员，红塔集团楚雄卷烟厂的一名普通职工。他在工作上勤奋积极，爱岗敬业，是楚雄烟草企业先进生产者；他在生活中始终怀着一颗爱心，乐于帮助别人。参加工作以来，他先后参加无偿献血5次，献血量达到1500毫升。目睹患白血病的年轻女孩因得不到骨髓移植救助而逝去，2007年11月17日，王跃斌悄悄报名加入了中华骨髓库，成为一名随时准备捐献骨髓的志愿者，当时，中华骨髓库楚雄分库还尚未建立。2010年1月，王跃斌有幸跟一名白血病患者配型成功；5月13日，在4个多小时的采集过程中，王跃斌自己默默忍受着因注射抗凝血剂而全身暂时性缺钙的麻痒疼痛，顺利完成造血干细胞的采集。他成为楚雄州第一例捐献造血干细胞的人，也是全国民主党派人士捐献干细胞第一人。

【倪宏先】 男，73岁，中共党员，牟定县延安精神研究会戌街乡分会会长。倪宏先已从县农行退休20余年，主动承担起了戌街乡老年协会、延安精神研究会和关心下一代工作。几年来，他四处奔走，筹资80多万元，建盖了戌街乡老年人协会活动中心，老年协会也由几十人发展到2400余人。老年协会还对68例不养老或养不好老的情况进行了成功调解，为全乡70岁以上会员挂寿匾186块，会员生病住院回家，他都带着慰问品前往看望；会员逝世后，协会还为之送花圈进行悼念。他还带领群众对占地15亩的戌街海子进行了清淤、加固和修复，修缮了占地1.4亩的戌街老协利民院，倡议设立“关爱基金”，结对帮扶了63个未成年人，2006年倪宏先被州委、州人民政府评为“全州关心下一代”先进工作者。

【李俊芬】 女，48岁，中共党员，禄丰天泰民用爆破器材专营有限责任公司董事长、楚雄天泰科贸公司董事长。1988年5月，还是禄丰县食品公司职工的李俊芬在上班路上捡到一个带病的弃婴，当时她的儿子刚刚9个月，单位效益又很差，生活极困难，家人不同意她领养弃婴。但她不忍再抛弃这个无辜的生命，不仅留下她而且还带她到处求医，好人有好报，小女孩恢复了健康并在她关爱中快乐长大，最后还到澳大利亚留学。2004年，她成立了禄丰天泰民用爆破器材专营有限责任公司，先后吸纳下岗再就业人员18人。她还积极投身社会公益活动，先后捐款10万元用于公益事业；她多年来还无私资助贫困学生，使他们顺利完成学业，成为国家有用人才，她的公司被州委、州人民政府评为“楚雄州再就业先进企业”，她先后被评为楚雄州优秀共产党员、保先教育先进个人。

【刘大才】 男，45岁，元谋县姜驿乡姜中村村民。“8·30”地震发生后，面对一片废墟，他顾不上问候70多岁的老母亲，就带领工人和群众及时开展抢险救灾工作，并主动承担起后勤保障工作，灾后的一个月，平均每天负责1000~3000人的吃饭问题，身为建筑老板的他平生第一次成了厨师。为抢通救灾生命线，他组织20多个工人，联系4辆卡车运送架桥物资，会同部队官兵一起奋战8小时打通姜驿救灾“咽喉要塞”，用4天时间搭建校舍、厨房800平方米，主动承担了姜中和根树等村共80多户农户的重建任务，本来按市场工价每平米180~190元，他承包的却不到160元，辛辛苦苦4个多月，自己贴进了8万多元，还把14套施工模板无偿提供给其他施工队，同时积极帮助农户购买钢筋30吨、水泥320吨、红砖100多万块，为灾区群众重建家园提供了无私的帮助，2009年刘大才荣获元谋县委、县人民政府“8·30”地震恢复重建工作先进个人。

【王荣生】 男，54岁，中共党员，永仁县法院主任科员。在30多年的工作生活中，他时刻把别人的困难放在心上，无私地关心着身边的每一个人。2003年冬，王荣生在永仁大哨路段见一外地车冲出路面歪倒在沟里，驾驶员正无奈地等待救助。他见状立即报警，并找人拖车、修车；当施救工作结束时，东方已发白。被救助者非常感动，拿出3000元钱表示感谢，被他婉言谢绝。2007年，王荣生在安楚路禄丰段看见有车翻下路边，立即报警并下车进行施救。2007年一辆满载瓷砖的四川攀枝花籍大货车在南永公路翻滚下路基100余米，车上驾驶员和1名乘客被甩出车外，王荣生驾车路过，立即停车与一旁的群众共同展开了对车祸伤者的紧急救援，伤者得到及时抢救脱离了生命危险，他多次被评为优秀共产党员、公务员、先进工作者。

［州文明办］

见义勇为模范

【周德明】 男，53岁，禄丰县和平镇沙朗村委会大村村民。2010年1月24日下午5点许，周德明所在的沙朗大村紧邻着房屋的草堆突然起大火，而且风势很大，如不马上扑救，将烧到周围的民房，严重威胁村民的生命和财产安全。周德明得知这一情况后，放下手中的碗筷，迅速赶到了起火现场，带领组织群众进行扑救，一直到晚上11点左右，火势才控制住。就在大家因为大火熄灭以为可以喘一口气时，一棵底部被烧断的棕树突然倒下，不偏不倚砸中了周德明的头、颈部，经过医院的抢救，虽然保住了生命，但因颈椎重伤，造成全身瘫痪，肌肉萎缩，生活不能自理。他用铮铮铁骨挽救了村民的生命财产损失，却瘫卧在床，2010年周德明被禄丰县人民政府表彰为见义勇为先进个人。

【杨正美】 女，23岁，楚雄市紫溪镇母掌村委会杨家村民小组村民。2009年7月30日下午，杨正美正在山上种植桉树，突然听到附近有小孩的呼叫声，她丢下手上的锄头，迅速沿着陡峭的山坡跑到坝塘边，看到一孩子正在水中挣扎。她不顾一切跳进坝塘，试图把溺水的孩子救起，不料刚碰到孩子的手，孩子由于惊慌，拼命挣扎，将她死死抱住，由于她不识水性，加之坝塘淤泥又深又滑，她也被拉到深水处，终因筋疲力尽，与孩子一同沉入水底。晚上20点50分，村民将两人尸体打捞上岸后，大家发现她被小孩紧紧抱住，衣服被溺水孩子全部抓烂，手臂和大腿被溺水孩子抓得遍身血肉模糊……对这位因抢救溺水儿童而献出了年仅23岁宝贵生命的英勇女子，乡邻无不深感痛惜。2010年她被省委、省人民政府追授“见义勇为先进个人”、被州人民政府追授为“楚雄州见义勇为公民”。

【符正云】 男，60岁，楚雄师范学院退休干部。2009年10月10日上午，符正云在北城小学旁，看到一个头发斑白的老人紧紧抓住一个中年妇女的手，中年妇女神色慌张极力挣脱。这时，从围观人群中闪出一名年中年男子，用力拨开老人的手，使中年妇女逃脱。老人只好死死抓住中年男子，中年男子凶相毕露，狠命地推搡着老人，急欲脱身。这时，符正云挺身而出，猛喝道：“你干什么？”，老人伤心地说：“他们骗我！骗了我的钱！”。符正云感到事态不对，立即紧紧抓住中年男子，并和老人一起将中年男子扭送楚雄市公安局。经公安局侦破，这是一个诈骗团伙，一共4人，抓获的男子和逃脱的妇女是夫妻，他们共骗了这位80余岁老人2.3万元现金。在警方出击下老人的钱得以追回。2010年，符正云被市委、市人民政府授予“楚雄市见义勇为公民”称号。

【罗　斌】 男，44岁，中共党员，州委党校文化基础教研室主任。2009年5月9日下午4时，他正在灵秀湖游泳，起身时听到一对游玩的夫妇说有人喊救命。他举目一看，距离坝埂大约15米处有一名小男孩在水面上若隐若现，生命危在旦夕。在这紧要时刻，他奋不顾身地跳入水中将这个小男孩救起，即将到岸时，听到脸色铁青、嘴唇发黑的溺水男孩断断续续地在他耳边细声说：“叔叔，请再下水救救我的同学！”，他立刻把小男孩交给岸上的夫妇，转身连续多次潜水下去尽力施救，终因不具备专业施救手段未将另一名溺水者救起，只好作罢。岸上的夫妇向公安局110报案，见溺水男孩已有民警看护，罗斌悄然离开了现场。2010年4月罗斌被州委、州人民政府表彰为见义勇为先进个人。

【吴保柱】 男，21岁，姚安县光禄镇吴海七组村民。2009年4月4日，吴保柱听到“抓小偷、抓小偷”的喊声，路上的行人看到凶恶的持刀嫌疑人后迅速“让道”，观望的群众很多但没人帮忙追小偷，吴保柱见此情形，勇敢地站在了正义的一面，迅速地配合民警徐建龙紧追上去。追出去大约20米后，两人将嫌疑人按倒在地上，当时穷凶极恶嫌疑人还想持刀反抗，控制嫌疑人之后，他们将嫌疑人交给了栋川派出所。2010年，吴保柱被州委、州政府表彰为见义勇为先进个人；同年，被姚安县委、县人民政府表彰为见义勇为先进个人。

［州文明办］

诚实守信模范

【周平忠】 男，43岁，楚雄宏桂绿色食品有限公司董事长。十几年的商海生涯，始终认为诚实守信是中国人的传统美德，做企业同样也需要诚信，他成功地在欧美及东南亚地区建立了自己的营销网络，与欧美10余个国家和地区的客商保持了长期稳定的合作关系。牛肝菌干片原料市场一度紧缺，国外客商都想以最低的合同价争取到所需的更多订单。由于出口部某业务人员的粗心，将甲客户合同订单编号填制成乙客户合同编号，直接亏损金额30～40万元。最后，周平忠交待采购部、市场部人员说：“采购部备货，市场部执行合同”。他说：“经营之道在于诚，赢利之道在于信”，诚实守信既是做人的基本道德，也是企业搏击市场赖以生存的前提。他带领企业积极参加社会公益光彩事业，2001年以来，先后捐款达65万元。公司先后被授予“农业部全国农产品加工出口示范企业”、“云南省农产品出口先进企业”等荣誉称号；公司2007年以来连年被评为省级“中国AAA级诚信食品企业”。他先后荣获“楚雄十大杰出青年”、“楚雄州优秀中国特色社会主义建设者”。

【冯志华】 男，41岁，武定县华翔经贸有限公司董事长兼总经理。他坚持“秉承诚实守信、守法经营”的宗旨，正确处理盈利与诚信守法经营二者之间的关系，在企业经济交往中信守合同，守法经营，严格按照合同规定的条款办事，说到做到，长期以来使企业在浩瀚的商海中赢得了众多的合作伙伴，企业的发展得到了相互支持，在众多的非公企业中树立了依法照章纳税的榜样。依靠“诚信守法经营”，企业也取得了辉煌的业绩。公司近4年来累计创造产值6.07亿元，上缴税金3892.75万元。在公司获得发展的同时，他不忘社会责任，积极开展扶贫济困、捐资助学、抗旱救灾等献爱心活动，共捐款229.07万元，向武定县旅游发展基金会捐款150万元。2008年冯志华被州委、州人民政府表彰为“建设中国特色社会主义建设者”。

【杨　涌】 男，48岁，中共党员，牟定供电有限公司董事长、总经理。他自2007年调任牟定供电公司担任总经理以来，团结和带领全体干部员工，立足岗位、勤勉工作，为牟定县经济社会发展做出了积极贡献。他先后争取上级电网建设投资3942.96万元，完成新桥35千伏特山顶变电站等工程，新建各种线路252千米，改造户表3084户，其中无电人口通电21户，牟定县户户通电率达到100%，户表改造率达到99.67%，供电能力和电能质量得到全面提高。公司近3年来售电量年均增长20%以上，上缴利税年均增幅达40%以上，有力地支持了当地社会经济的发展。

【陆　萍】 女，48岁，楚雄州南华县云华绿色食品开发有限责任公司山菌美食苑董事长。从1993年创办云华绿色食品开发有限责任公司开始，她将职业道德摆在第一位，以公平诚信为理念，经过近20年的顽强拼搏，公司从无到有，从小到大，员工队伍不断扩大，拥有固定资产5068万元，流动资产742万元，从业人员642人，其中高级管理人员141人，高级工程师3名、工程师10名、高级饮食技师15名，研究生2名、本科生12名、专科生21名。总公司下设中甸分公司、芒康分公司、云华酒店山菌美食苑1分店、楚雄山菌美食苑2分店、昆明山菌美食苑3分店5个分支机构，美食苑以野生食用菌、原生态野菜为主食菜品。诚信经营使她走出了自己的路。

【期信才】 男，41岁，云南双柏妥甸酱油有限公司总经理。他始终坚持公平竞争、诚信经营，赢得广大同行和客户的尊重，公司也得到快速发展。为发挥名牌优势，树立企业诚实守信的社会形象，他始终高度重视法律知识的学习，重视商业信用，组织员工认真学习各种有关法律法规知识，使员工知法、懂法、提高法律意识，在生产过程中，严格按照各项制度执行，坚持诚实守信的经营理念，培养职工诚信精神，树立守合同、重信用的社会形象。

［州文明办］

敬业奉献模范

【张之道】 男，76岁，中共党员，楚雄州中医院离休干部。他几十年如一日，潜心于彝医学研究，研制了丸药、散剂、针剂、片剂等多种中药和彝药品种，为当地众多群众解除了病痛，没让国家和政府投资过一分钱。1987年离休后，他离休不离志，受聘从事彝族药戒毒研究，并研制出“香藤戒毒胶囊”供临床应用。同时，还研究出了“彝心康胶囊”、“绿叶咳喘颗粒”、“茯蚁神酿”等先后被批准为国家准字号的新药。几十年来，他积极组织编写我国第一部《彝药志》，参与云南省彝族医药研究所的筹建，参加了《中国彝族药学》、《彝族药材标准》的编写工作，并无私提供了大量的彝药标本，为彝族医药走出彝州、走向世界做出了巨大贡献。2009年被中央组织部授予全国“老有所为先进个人”荣誉称号。

【朱光荣】　男，46岁，中共党员，楚雄州人民政府督查室副主任。参加工作32年来，他始终把工作当作为人民服务的宝贵机会及实现人生价值的重要舞台，干一行、爱一行。无论是作为学校教师，还是机关公务人员，他都认真履行职责，锐意进取，不断改进工作方式方法，并在制度管理上积极创新，极大地提高工作效能，其工作也得到了领导和同事的广泛认可和好评。功夫不负有心人，在他任科长的15年期间，曾四次被组织列为副县处级后备干部培养，多次被评为州级优秀公务员及州政府办机关党委的优秀党务工作者、优秀共产党员以及州政府系统督查工作先进个人。

【杨明玉】　女，43岁，中共党员，楚雄州人事局专业技术人员管理科科长。参加工作后，她先后在楚雄市统计局、州人事局、州编委办公室的多个岗位上工作。在工作中，她舍小家顾大家，急群众之所急，帮群众之所帮，谋群众之所利，用自己的实际行动和工作能力赢得了单位领导的信任和同事们的赞许、人民群众的好评。在工作中，她善于分析，刻苦钻研，勤于总结，做到执行政策不走样，理解政策不偏差，实现了楚雄州专业技术人员管理工作的创新发展，专业技术人员管理工作取得了丰硕成果。截至2009年末，全州共有317人获国务院政府特殊津贴等，4619人通过中高级评委会评审，获高中级职称资格。由于她在工作中勤奋敬业，2000年以来，先后8次被评为优秀公务员，1次被评为优秀共产党员，2010年被州妇联评为楚雄州“创佳绩女标兵”。

【李赞阳】　男，42岁，中共党员，永仁县中和镇文化站站长。1999年，他从永仁县胶合板厂调到中和文化站工作，对中和的文化体育设施、传统节日、民风民俗、文物景点进行全面的摸底调查。他先后争取资金74万元，对州级文物保护单位夏家大院、夏氏故居进行维修和保护。他跑遍了全镇各村寨，甚至到昆明、楚雄、大理等地寻找收藏散落在民间的生产生活用具等各类展品1100余件。他还走访了数百名民间艺人，撰写上万字的申报材料，2006年成功注册了“中国直苴彝族赛装节”，2007年赛装节和彝族刺绣被评为“云南省非物质文化遗产保护”，直苴被命名为“云南省民族文化保护区”。2010年李赞阳荣获“创先争优优秀共产党员”称号。

【李建华】　男，46岁，楚雄市农业技术推广中心主任。他把本职工作视作生命，每天起早贪黑奋战在农业生产第一线，“渴了就喝一杯泉水、饿了就吃一袋方便面”，在他的带领下，楚雄市农业科技推广自2005年以来有了较大进步，为民服务增收效果极为明显。组织实施水稻品种多样性优质、高产、控病混栽技术应用推广，共为农民增收3000万元；组织实施了电视可视化预测预报农作物病虫害，为全市农民挽回经济损失2600万元；组织实施楚雄市无公害稻米标准化生产技术研究与示范推广，每年可为农民增收1300万元；实施电脑农业专家系统、测土配方施肥项目，每年为农户增收5000万元。辛勤的工作促进了群众增收，成绩显著，他多次被省州市农业系统评为科技进步三等奖、先进个人和优秀人才。

［州文明办］

孝老爱亲模范

【白家文】　男，46岁，大姚县赵家店乡团塘村委会大龙汪箐村民。从1990年1月16日起，20年如一日，义不容辞地承担了本村吴志荣、白启秀两位孤寡老人的赡养责任，视两位老人为父母，贴工4000余个，贴粮6000余千克，贴医药费2万余元，用爱心和奉献精神弘扬了中华民族尊老、敬老、养老、助老的传统美德，以实际行动赢得了亲朋好友和群众的称道，同时也塑造了一个“现代孝子”的典范形象。2009年白家文被评为“云岭十大孝星”提名奖。

【黎家荣】　男，59岁，中共党员，楚雄医药高等专科学校副教授。在学校，他是一位德高望重的好老师；在家里，他是一位恪守孝道、夫妻恩爱、关爱女儿的好儿子、好丈夫、好父亲。其祖父、岳母、父亲先后于1979、1988、1998年患上肺性心衰和膀胱癌，在缺医少药和交通不便的偏僻山村，几乎都是不治之症。那些岁月里，他一趟趟往返于楚雄和大姚之间，步行数十里山路在亲人的病榻前端汤送药、针灸按摩，竭尽了他所有的医术和积蓄，硬是让亲人们的病痛和生命得到了不同程度地缓解和延续。现在，已年届90高龄的母亲一直跟他们夫妻生活在一起，精神矍铄，其乐融融。他先后被评为“五好文明家庭”和“云岭优秀职工”。

【朱福翠】　女，31岁，永仁县宜就镇老怀哨村委会小村村民小组计生宣传员。2004年，朱福翠结婚时，丈夫在大姚县六苴铜矿上班，家里有60余岁的老父亲和80余岁的舅奶，家里的重担全落在她一个人的身上，可她从无怨言。无儿无女的舅奶生病时，她四处请医买药，端屎端尿，从不嫌脏嫌累。早年丧偶的父亲脾气时好时坏，还有嗜酒现象，身体也一年不如一年，可对待父亲，她更多的是理解和包容。2006年，她发现同村一个50余岁的独身阿姨和自己的父亲很谈得来，她亲自上门说媒，解除两个老人的后顾之忧，诠释了“孝亲敬老”的真正内涵。

【张翠秀】　女，44岁，禄丰县仁兴镇马鞍村委会倮树村村民。与前夫结婚后，前夫常年在外打工，她独自在家抚养儿女、照顾公婆，而且婆婆患了重病，卧床长达7年，她7年如一日，为婆婆端水送饭、梳头理发、捶背、剪指甲，精心伺候，从不厌烦，直到婆婆百年归终，期间公公也因被砍刀砍伤膝盖，经治疗后仍然不能行走，瘫痪在床，她又每天坚持把公公扶到屋外一个自己特制的凳子上享受阳光，并帮他舒缓被病痛折磨的情绪，日复一日照顾了公公4年。然而她的任劳任怨在受到他人敬佩之时，却没有得到前夫的爱，反而被狠心地抛弃。2001 年，她重新组成了新家庭，然而时隔不久，新的婆婆又不慎摔倒，瘫痪在床，而此时的张翠秀也因过度操劳患上了严重的风湿病，但她忍住自身的病痛，再次承担了照顾老人的重任，每天给婆婆端水喂饭、敷药按摩、洗漱更衣、倒屎倒尿，直到2005 年老人去世。她被禄丰县仁兴镇党委、人民政府表彰为新风文明“尊老爱幼”先进个人。

【郑永芬】 女，48 岁，楚雄公路管理总段武定公路管理段退休工人。公婆年近8 旬，病魔缠身，丈夫工作地离家又远，10 年来，她担负起了照顾老人，抚养孩子的重担。尽管白天上班从事的是重体力劳动，早晚要照顾老人，照料孩子，她却从不喊苦喊累，而且为了让公婆过上快乐幸福的生活，安享晚年，为了供养孩子读书，她自己舍不得吃，舍不得穿，省下好吃好穿的孝敬公婆，攒下每分每厘寄给在外地读书的儿子。退休后，收入减少，为让老人过得舒心，让儿子读书安心，她又在自家庭院养鸡、猪，向周边的村民租地来耕种，到附近的宾馆饭店里找活计做，不管是端盘子洗碗，只要有活计有报酬她就做，用她勤劳的双手创造着一家人新的幸福生活。2008 年她被楚雄公路管理总段表彰为“五好文明家庭”、2009 年被武定县妇联表彰为“优秀母亲”。

［州文明办］

楚雄州第二届十大杰出女性

【王建平】 52 岁，汉族，中共党员，大学文化，楚雄州第二人民医院党支部书记、院长。她从一名普通的医生成长为精神科副主任医师，从事彝州精神卫生事业整整30 年，在国家级、省级医药刊物发表学术论文数十篇。她担任医院院长10 年来，争取项目建设门诊综合楼和住院大楼，狠抓诊疗、护理技能的提升，规范管理、强化服务，使医院经济收入从1999 年的221 万元上升到了2009 年的2247 万元，同比增长了10.7 倍，创造了建院以来最好的经济效益。10 年来，医院有20 多名医护人员先后被评为省州先进个人或优秀共产党员，医院被评为“楚雄州党风廉政建设先进集体”、“楚雄州卫生系统行业作风建设先进集体”和“无偿献血先进单位”、“优秀党支部”。她本人荣获省卫生厅“为云南省精神卫生事业作出积极贡献”先进个人、省红十字会汶川地震抗震救灾先进个人、楚雄州有突出贡献的优秀专业技术人才等荣誉称号。

【李秀芳】 42 岁，汉族，硕士研究生，南华县天使智业有限公司董事长。为让自己身患残疾的孩子也能进幼儿园接受正常教育的念想，李秀芳在历经心灵的痛楚之后，毅然下定决心，放弃了国家教师工作岗位，多方筹资，于2000 年7 月，独资创办了南华县第一所私立幼儿园——天使幼儿园，之后，她又在南华县龙川、徐营、雨露等乡（镇）创办6 个分园和姚安天使幼儿园、楚雄开发区实验幼儿园、楚雄彝人古镇阳光丽景幼儿园等共11 所幼儿园共1500 余名在园幼儿，总投资累计1350 余万元。建园以来，共为社会提供了200 余个就业岗位，先后资助了6 名贫困大学生、8 名中专生和5 位孤寡老人，并多次为地震灾区捐款捐物，用爱心真诚回报社会。她先后被授予第二届“楚雄州十大杰出青年”和“楚雄州十大爱心人士”提名奖等荣誉。

【杨　彩】 62 岁，彝族，中共党员，初中文化，元谋县新华乡新平村委会党支部书记、主任。她只是一位普通的农村妇女，却有着很不平凡的事迹在传颂。她只是一名有着26 年农村基层工作经历的村支书，却把工作过的地方旧貌换新颜。她为大河边村委会架通11 千米高压线，架起一座66 米长的大桥，修通乡村公路11 千米；为华丰村委会开发了新华土林街，现已列入国家级五A 级的旅游景区；为新平村委会重修办公楼，危房变安全房，为7 个村争取到整村推进、新农村建设项目和农产品种植基地项目，村容村貌大变样，农民经济快发展，人均收入从590 元增加到2125 元。虽然是位62 岁的老人，却用26 年的青春践行了一名共产党人全心全意为人民服务的信念。2007 年她被评为州级百名优秀村官。

【杨艳梅】 42 岁，汉族，大学文化，红塔集团楚雄卷烟厂复烤车间设备员。她是一位拥有工程师和技师“双师”资格的维修电工，身穿工装，肩背盛满压钳、斜口钳、万用表的工具包，穿梭在打叶复烤线、配电室等各个角落，那些让组里“七尺男儿”都抓破头皮的电器故障，在她面前却迎刃而解。她针对打叶复烤线部分工艺段电控设备控制元件落后、保护不齐全、故障率高、直接影响生产这一系列难题，进行PLC编程控制，通过改造有效降低了电控设备故障率，为企业和车间提高生产效率做出了杰出的贡献，体现了“巾帼不让须眉”的豪情。她编写的《12000KG/H全叶打叶复烤生产线常见故障维修手册》荣获红塔集团青工创新创效一等奖，“成品包装设备的改进和完善”项目获得红塔集团2007年度科技进步三等奖。

【杨爱萍】　53岁，汉族，中共党员，研究生文化，云南禄丰鼎鑫醋业有限公司董事长、总经理。为保护挖掘地方名特优产品，她艰辛走访调查恢复了失传350多年的朝廷贡品——禄丰醋的生产工艺，使“禄丰香醋”重放异彩。她倡导“诚实为重，质量为本”的企业发展战略，宁可公司亏损仍严格执行收购合同确保农民利益不受损；对产品质量苛刻要求，毅然将有瑕疵但符合国家食品安全、即将出口日本价值25万元的30吨香醋全部销毁；金融危机影响下，她抵押住房贷款按时足额发放工人工资。公司现有固定资产300万元，年综合生产能力1000吨，其中香醋500吨，每年销往日本的禄丰香醋达100余吨。公司先后荣获HACCP国际质量认证、中国绿色食品发展中心A级绿色食品证书，云南省著名商标、名牌农产品，楚雄州农业龙头企业、州诚信企业等36项荣誉称号。20年来她扶贫济困资助善款达10多万元。2009年她被评为“云南省第二届道德模范”。

【杨雪斌】　42岁，汉族、中共党员、大学文化，中共姚安县委常委、县纪委书记。在“7·09”姚安6.0级地震中，她主动请缨，冒着余震危险，深入重灾区走村入户查看灾情，及时救援受灾人员和妥善安置受灾群众，连续三天三夜奋战在灾区第一线。在地震发生的10多天里，她跑遍了全县3个乡（镇）20个村委会70多个受灾村的300多户农户。她的英勇事迹被《中国纪检监察报》报道，被中纪委领导批示，省纪委、州委发出向她学习的号召，被省州妇联授予“三八红旗手”称号。担任纪委书记两年来，她秉公执纪、无私无畏，带领全县纪检监察干部立案查处各类违纪违法案件23件，为国家挽回经济损失近50万元，并多次向灾区、困难群众捐款达6000余元。

【沙翠梅】　33岁，汉族，大学文化，楚雄汇通古镇文化旅游开发有限公司副总经理。她曾在多家企业胜任过多种工作岗位。2003年，凭着优异的工作业绩成为楚雄汇通地产的高层管理人员之一——楚雄彝人古镇旅游开发有限公司董事长。她参

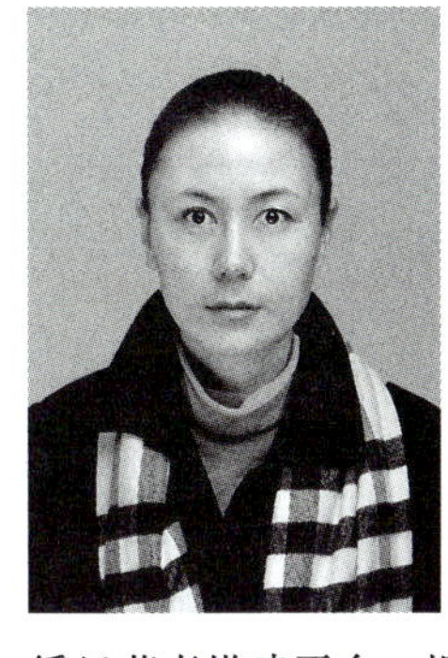

与策划了楚雄州十大文化产业项目之一的彝人古镇项目，并凭借独特的营销理念和推广策略，在较短时间内把彝人古镇打造成为了AAAA级旅游景区，为楚雄州文化旅游产业的发展做出了突出贡献。她注重吸收和传承彝族文化的精髓，组建成立了楚雄州妇女彝绣协会，积极组织带动当地彝族妇女发展刺绣产业，在彝人古镇为彝绣经营者搭建平台、提供优惠条件，目前入驻古镇的7家彝绣经营户，年均创收150多万元，为当地有刺绣专长的妇女增加了经济收入。她还积极支持参与社会公益事业，她带领的团队先后向灾区捐款28万元、捐赠棉被150床。

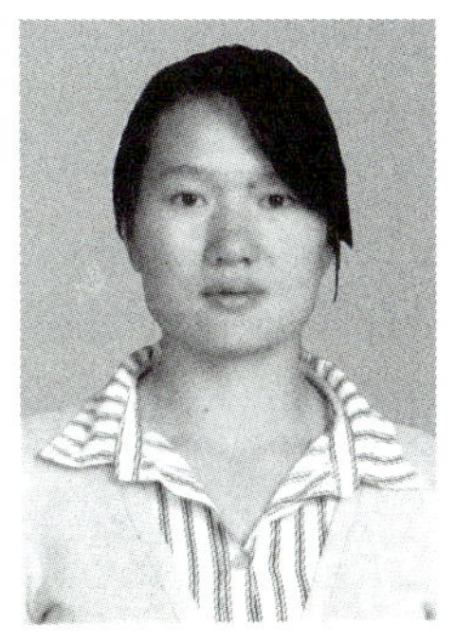

【梁　芬】　30岁，汉族，初中文化，牟定县残疾人联合会聘用制工人。她从小患小儿麻痹症，造成肢体残疾，但她身残志坚、自强不息，在国内外残疾人体育比赛中，先后赢得许多荣誉。2002年4～5月曾获得游泳项目比赛州级第二名2个，第三名1个；省级第五名1个、第六名3个，获“体育道德风尚奖”。2003年改练坐式排球，获国家级比赛第三名1个、第五名3个、第七名1个，被省人民政府记三等功一次；2006年6月获世界女子坐式排球锦标赛第二名；2007年7月获亚洲、大洋洲坐式排球锦标赛第一名；2008年9月，获第13届残奥会坐式排球冠军，实现了楚雄州残疾人运动员在残奥会上金牌零的突破。被省总工会授予“五一”劳动奖章，省妇联授予“三八红旗手”称号，团省委授予“五四”青年贡献奖章；2009年获“楚雄州十大杰出青年”称号。

【普　珍】　49岁，彝族，大学文化，楚雄彝族文化研究院社会历史调研室主任、研究员。她是国内彝学界有知名度和影响力的本土专家，从事彝学研究29年，为挖掘、研究、开发、弘扬彝族优秀文化作出了突出贡献：主持和参与完成国家课题2项；参加国际学术研讨会7次；出版专著7部，发表论文90篇，科研成果170万字；先后为中国彝族十月太阳历文化园、彝人古镇、楚雄城建特色化、中国彝族文化大观园提供专家咨询和方案论证。荣获全国、省、州各类奖励表彰17项，2006年获云南省有突出贡献的哲学社会科学专家称号，2009年12月享受云南省人民政府特殊津贴。其彝学成果获得全国优秀成果奖1项、省优秀成果奖3项、州优秀成果奖5项。

【樊志勇】 26岁，汉族，大学文化，大姚纳苏民族手工艺品发展有限公司执行董事、大姚县彝族刺绣协会会长。2007年7月大学毕业的她毅然放弃留学、做公务员等诸多优异条件，于11月偕同两位员工踏上火车，历时3个月先后辗转省外13个重点城市进行刺绣市场调查。2008年10月，她成立了大姚纳苏民族手工艺品发展有限公司，注册了“纳苏”品牌，开始对彝族刺绣进行统一研究、开发、营销。她坚持传承和保留传统彝族刺绣工艺的同时大胆创新彝绣产品，把彝族刺绣设计广泛运用于生活物品，走以销定产、订单生产商业化运作之路。2008年带动全州86名刺绣妇女直接参与生产，辐射刺绣妇女200余名间接参与生产，公司实现年产值57.28万元，实现刺绣妇女人均年收入增加2800～14400元。2009年，直接参与刺绣妇女增加到196名，辐射参与生产妇女420名以上，实现销售额94.92万元，发展了北京、上海、天津、贵阳、昆明、台湾6个经销商，部分产品出口南美、西班牙、澳大利亚和日本。

［州妇联］

组织机构及领导名录

中国共产党楚雄彝族自治州第七届委员会

常务委员

邓先培
杨红卫（彝族）
李兴顺
李琳玻（～2010.04）
董继理（白族）
李红民（女，彝族）
张之政（彝族）
李　平（2010.12～）
王兴明
任锦云
杨正权（彝族）
吴　华
徐　昕
汪占毅

书　　记　邓先培
副 书 记　杨红卫（彝族）
　　　　　李兴顺
秘 书 长　汪占毅
副秘书长　李绍文（彝族）
　　　　　潘学安
　　　　　苏贤发
　　　　　李明峰
　　　　　李林波（2010.03～）

中共楚雄州委机构

办公室
主　　任　李绍文（彝族）
副 主 任　何晓荣

督查室（副处）
主　　任　王春兴

关工委办公室（副处）
主　　任　黄　河（彝族）

组织部
部　　长　徐　昕
常务副部长　李志勇（正处）
副 部 长　李云升（正处）
　　　　　商雁鸿（兼）
　　　　　施剑波（兼，2010.03～）

宣传部
部　　长　杨正权（彝族）
常务副部长　施克沛
副 部 长　段福君（正处）
　　　　　刘　凯
　　　　　黄　玲（女）
　　　　　宁德锦（挂职，～2010.02）

精神文明办
主　　任　施克沛
副 主 任　（缺）

文化产业办
主　　任　（缺）
副 主 任　李松禄（彝族）

州委对外宣传办公室和州政府新闻办公室
主　　任　段福君
副 主 任　孟　孚（女）

统战部
部　　长　任锦云
常务副部长　刘予敏（女，正处，兼州台办主任、州社会主义学院副院长）
副 部 长　邓瑞云（兼）
　　　　　余海潮
　　　　　杨发荣（傈僳族，兼）
　　　　　李德胜（彝族，兼）

政法委员会
书　　记　王兴明
副 书 记　法玉宾（彝族，～2010.05）
岑化虎（2010.05～）
倪志文
秦国雄
李鹏程
毛兴福（兼）
李忠文
综治办
主　　任　周红华（彝族，正处）
办公室主任　李　靖
政治处主任　李辛学（彝族）
维稳办
副 主 任　周红华（彝族，正处，兼）
政策研究室
主　　任　苏贤发
副 主 任　孙长友
田映昌（彝族）
李继云
州农办
副 主 任　毛发金
州直机关工委
书　　记　王若舟（傣族）
副 书 记　起向聪（彝族）
岑云英（女）
企业工委
书　　记　王耀秋
副 书 记　祝春燕（女，回族）
老干部局
局　　长　施剑波（2010.03～）
副 局 长　陈淑琴（女）
张晓玲（女）
州干休所（副处）
所　　长　周正芬（女，彝族）
机要局、密码管理局
局　　长　李丕俊（彝族）
副 局 长　张瑞萍（女）
李　伟
保密局（副处）
局　　长　杨永昌
州委、州政府信访局（正处）
局　　长　潘学安
副 局 长　李　燕（女，彝族）
曾子灿（彝族）
董继辉

党史研究室
主　　任　罗永林
副 主 任　田中洪
州委党校
校　　长　李兴顺（兼，2010.02～）
行政学校校长　董继理（兼）
党委书记、常务副校长　马爱芳（女，回族，州行政学校副校长，州社会主义学院常务副院长）
副 校 长　邬光明
张学龙（州社会主义学院副院长）
李志昌
纪委书记　曾新华
楚雄日报社
党委书记、社长　何　勇
总编辑、副社长　陈　涛
副总编辑　杨　凡
窦小军
纪委书记　王　蔚（女，～2010.07）

中国共产党楚雄彝族自治州纪律检查委员会

书　　记　李琳玻（～2010.04）
李　平（2010.12～）
副 书 记　李天云（～2010.02）
胡贵明（彝族）
杨仕坤（彝族）
王志梅（女，2010.03～）
秘书长、办公室主任　张俊国（彝族）
干部室主任　普德功（彝族）
信访室主任　高正友
案审室主任　陈民军
执法室主任　赵宗喜
党风室主任　刘建伟（白族）
纪检室主任　吴金辉
宣教室主任　吕高顺
综合室主任　周云生（回族）
政策法规研究室主任　周　海
州纪委第一纪工委、监察分局（正处）
书　　记　骆安昆
副书记、监察分局局长　刘爱明（彝族）
副 书 记　经云珍（女）
州纪委第二纪工委、监察分局（正处）
书　　记　李茂尊
副 书 记　韩明哲（保留正处）
副书记、监察分局局长　李文云（傣族）
州纪委第三纪工委、监察分局（正处）
书　　记　杨爱学（彝族）

副书记、监察分局局长　李必旺
副 书 记　周　健（彝族）
州纪委第四纪工委、监察分局（正处）
书　　记　王　建（彝族）
副书记、监察分局局长　贺　祥
副 书 记　王云峰
州纪委第五纪工委、监察分局（正处）
书　　记　何正兴
副书记、监察分局局长　毕作东
副 书 记　杨　燕（女）
州纪委第六纪工委、监察分局（正处）
书　　记　鲁　伟
副书记、监察分局局长　毕承太（彝族）
副 书 记　自朝顺

楚雄彝族自治州人大常委会

党组书记、主任　卢显林
副书记、副 主 任　江正荣（2010. 12 ~ ）
副 主 任　杨应旭
张启俊
何根源（白族）
杨　静（女，彝族）
李　佳（2010. 02 ~ ）
秘 书 长　陈长来
副秘书长　白忠华

州人大常委会内设机构

办公室
主　　任　白忠华
副 主 任　华明友
晁建伟
汪家有
蒋华荣（2010. 08 ~ ）
孙丹润（ ~ 2010. 08）
法工委
主　　任　杨文昌
副 主 任　李正才（傈僳族， ~ 2010. 02）
孙丹润（2010. 08 ~ ）
教科文卫体工委
主　　任　付永新
副 主 任　张开阳
民工委
主　　任　白　云（女，白族）
副 主 任　张明华（苗族）
财经工委
主　　任　聂正荣（回族）
副 主 任　陈徐宗
选联工委
主　　任　郭孝益
副 主 任　黄仁安（土家族， ~ 2010. 12）
农业与环境资源工委
主　　任　李学安
副 主 任　张志军（苗族）

楚雄彝族自治州人民政府

党组书记、州长　杨红卫（彝族）
党组副书记、常务副州长　董继理（白族）
副 州 长　李红民（女，彝族）
杨元茂（彝族）
法玉宾（彝族， ~ 2010. 05）
岑化虎（2010. 05 ~ ）
左荣贵（彝族）
吕琳麟
李家龙
朱　非
舒建新（满族，挂职，2010. 12 ~ ）
樊炳清（挂职， ~ 2010. 07）
秘 书 长　马国雄（回族）
副秘书长　李　平
陈明贵（正处）
蒲　涌（正处）
钟建辉
张　健
阮建文

州人民政府机构

办公室
党组书记　马国雄（回族）
主　　任　李　平
副 主 任　王之福（彝族，2010. 03 ~ ）
段福华（2010. 03 ~ ）
督查室主任　杨秀成
发展和改革委员会
党组书记、主任　周兴国
党组副书记、副主任　侯家学（正处，兼州能源局局长）
副 主 任　普学芬（女，彝族）
生国强
尹　毅
王　旭（兼，正处）
罗志清（彝族）
总经济师　彭寿才（副处）
经济委员会
党组书记、主任　何学明
副 主 任　洪　志

　　　　李联平
　　　　罗怀云
商务局
　党组书记、局长　李兆友（傣族）
　副 局 长　周晃晔
　　　　孔玉华
财政局（国资委）
　党组书记、局长、主任　　邓斯云
　副 局 长　崔学政（国资委副主任）
　　　　李永祥
　　　　周有奇（彝族）
　　　　周建琼（女，彝族）
　　　　陈绍能（兼非税局长）
　总会计师　杨新林（副处）
人事局（编办）
　党组书记、局长、主任　商雁鸿
　副 局 长　张竣珲
　　　　高锡鹏
劳动和社会保障局
　党组书记、局长　卜德诚
　副 局 长　苏铸红（白族）
　　　　李琼会（女）
　　　　杞王友（彝族）
　　　　冯应宏（兼退管中心主任，~2010.05）
州医疗保险基金管理中心（副处）
　主　　任　金利东
科学技术局（知识产权局）
　党组书记、局长　张瑞鹏
　副 局 长　罗秀娟（女）
　　　　张洪云
文化局（新闻出版局）
　党组书记、局长　杨国良（回族）
　副 局 长　张殿洪（彝族）
　　　　吴玉华（瑶族）
教育局（督导室）
　党委书记、局长　李　能
　副 书 记　何正昌
　副 局 长　刘志杰（保留正处，兼教科所所长）
　　　　周志海（回族）
　纪委书记　杨文忠（彝族）
　督导室主任　琚华良
　督导室副主任　王思有（副处）
　教育工会主席　曹荣国
体育局
　党组书记、局长　董智昆
　副 局 长　李飞云
　　　　杨宝生
卫生局
　党委书记、局长　钟继红（女，傈僳族）
　党委副书记、纪委书记　白惠能（彝族）
　副 局 长　董应宽
　　　　普联珊（彝族）
　爱卫办主任　白玉平（彝族）
人口和计划生育委员会
　党组书记、主任　孟树仙（女）
　副 主 任　申建林（彝族）
　　　　周保全
统计局
　党组书记　杨金智
　局　　长　戴凤玲（女，白族）
　副 局 长　张　勇
　　　　严涛聪
公安局
　党委书记、局长　法玉宾（彝族，~2010.05）
　　　　　　岑化虎（2010.05~）
　副书记、常务副局长　赵树礼
　副 局 长　施怀祥
　　　　李发富（彝族）
　　　　周建忠
　　　　戚玉刚
　　　　许　洋（回族，兼，~2010.07）
　政治部主任　尹丽华（女，彝族）
　政治部副主任　谢云芳（女）
　纪委书记　柳思平（正处）
　纪委副书记　饶　兵（回族）
　督察支队支队长　杨庆民（彝族）
　警令部主任　董　兵
　警卫处处长　邱晓东
　刑侦支队支队长　盛显江
　刑侦支队政委　杨汉霄
　禁毒支队支队长　吴应辉
　禁毒支队政委　陆荣贵
　治安支队支队长　李忠华（彝族）
　治安支队政委　杨智慧（女）
　国家安全保卫支队支队长　张会云
　国家安全保卫支队政委　（缺）
　经济案件侦察支队支队长　马　勇
　经济案件侦察支队政委　（缺）
　行动技术侦察支队支队长　梁　文
　行动技术侦察支队政委　施　云
　公共信息网络安全监察支队支队长　王小军
　公共信息网络安全监察支队政委　李亚杰（女，彝族）
　法制处处长　冯　杰（兼直属分局局长）
　直属分局政委　陈　英（女）

监所工作管理支队支队长　李　珉
监所工作管理支队政委　李存美（女）
装备财务处处长　王　江（~2010.05）
机要通信处处长　赵　云
看守所所长　杨宏春
出入境管理处处长　何云平
反恐处处长（缺）
反恐处政委　张育生

州公安局交警支队
支 队 长　靳　昌
政　　委　任　源
副支队长　闫　文
　　　　　陆　跃（纳西族）
政治处主任　杜春云（女，彝族）
纪委书记（缺）

州公安局警察培训学校
校　　长　刘　政（~2010.10）
政　　委　王　丽（女）
副 校 长　杨光明（~2010.05）
　　　　　邱文华（彝族）
政治处主任　尹世勇
纪委书记　陈云海

司法局
党委书记、局长　苏光祖
副 局 长　段兴邦（保留正处）
　　　　　杨玉泉（女，纳西族，正处）
　　　　　蔡琼华（女）
纪委书记　李　鲲（彝族）
政治处主任　高明新

监察局
局　　长　李天云（~2010.02）
　　　　　杨仕坤（彝族，2010.05~）
副 局 长　速　勇（回族）
　　　　　李　敏（女）

审计局
党组书记、局长　张万礼
副 局 长　王之忠（彝族）
　　　　　徐永金
　　　　　陶光明
总审计师　胡晓雯（女，副处）

民政局（老龄办）
党组书记、局长、老龄办主任　李　佳（~2010.02）
　　　　　王光荣（2010.03~）
副局长、老龄办副主任　夏能祥（彝族，保留正处，~2010.10）
副 局 长　祁云鹏（保留正处）
　　　　　罗乔仙（女）

民族事务委员会
党组书记、主任　李德胜（彝族）
副 主 任　王　琼（女）
　　　　　马炳尧（回族）

宗教事务局
党组书记、局长　杨发荣（傈僳族）
副 局 长　龙光明（苗族）

建设局
党组书记、局长　王　斌
党组副书记、副局长　杨　杰（白族，兼规划局局长，正处）
副 局 长　章　琦
　　　　　张跃生
　　　　　李维光
　　　　　张咏梅（女）

交通局
党组书记、局长　李富才
副 局 长　张晓波（女，~2010.07）
　　　　　陈　斌
　　　　　卢晓林
　　　　　王　祥（2010.08~）
运政管理处处长　沈新荣（副处）

农业局
党组书记、局长　杨树荣
副 局 长　赵光文
　　　　　起云忠（彝族）
　　　　　杨永生（兼州生创办主任）
　　　　　何　平
农产品检测中心主任（副处）　曾友华（女）

畜牧兽医局
党组书记、局长　杨　龙
副 局 长　汪光献
　　　　　陈文芳

葡萄产业开发办公室
党组书记、主任　张瑞鹏（兼）
副 主 任　王苑文
　　　　　管　玲（女）

粮食局
党组书记、局长　刘　祥（彝族）
副 局 长　肖荣祥
　　　　　叶忠海

林业局
党委书记、局长　卢显亮
副书记、纪委书记　普凤昌（彝族）
副 局 长　李　健（傈僳族）
　　　　　罗世文
　　　　　柏雨风（彝族）

森林公安局局长　李映山
森林公安局政委　唐清云（保留正处）
环境保护局
党组书记、局长　蔡永林
副 局 长　张绍文（彝族）
黄丕刚
旅游局
党组书记、局长　李玉林
副 局 长　包继文（女）
王兴林
水利局
党组书记、局长　熊卫民（彝族）
副 局 长　姜进荣（女，彝族）
田裕民
汤　健
冯伟玲
安全生产监督管理局
党组书记、局长　李明祥
副 局 长　罗觉敏（保留正处）
符洪彩（保留正处）
宋兴洪
招商局（经合办）
党组书记、局长、主任　朱梅品
副局长、副主任　张鹤雁
李素萍（女）
扶贫办
党组书记、主任　罗文慧（彝族）
副 主 任　张战友（保留正处）
吴永祥
李学才
610 办公室
党组书记、主任　毛兴福
副 主 任　王景兵
人民防空办
党组书记、主任　李彩林（彝族）
副 主 任　刘建华（保留正处，布依族）
李继新（彝族）
侨务办（侨联）
党组书记、主任　侯志荣
副 主 任　何兆发（兼侨联主席）
外事办公室
主　　任（缺）
副 主 任　夏　军
州政府研究室、发展研究中心
主　　任　黄正山
副 主 任　符　群
李如宗（彝族）

接待处
处　　长　唐聆燕（女）
副 处 长　思显龙
张春平
法制局
局　　长　陆绍林
副 局 长　徐　鹏
信息产业办（无线电管理处）
主　　任　程宗文（兼处长）
副 主 任　何正祥
康　喜
机关事务管理局
局　　长　冉江明（土家族）
副 局 长　杨家明（保留正处）
鲁　军
高　耀
移民开发局
党组书记　刘祥武
局　　长　李　文
副 局 长　余加略（彝族，保留正处）
何明智
青山嘴水库工程建设管理局
党组书记　许华荣
局　　长　陈朗新
副 局 长　刘文忠
杨光林
蜻蛉河灌区管理局（副处）
局　　长　史　翎
地震局
党组书记、局长　胡智文
副 局 长　宋志峰
地方志办公室
党组书记、主任　郭孟贤
副 主 任　杜晋宏（彝族，正处）
白云鹏（彝族）
档案局（馆）（副处）
局（馆）长　高建祥
广播电视局
党组书记　朱丽华（女）
局　　长　夏　良
副 局 长　柳　明
陈　涛
州广播电台台长　李建华（彝族）
楚雄电视台台长　张翔华
供销社
党组书记、主任　施剑波（～2010.03）
副 主 任　朱国良（彝族，2010.03～）

马国良（彝族）
李枝权（彝族）
农科所
党总支书记、所长　黄光和
副书记　赵廷龙（彝族）
副所长　张发祥
博物馆
馆　长、州古生物化石研究中心主任　钟仕民（彝族）
副馆长、州古生物化石研究中心副主任　杨开林
彝文化研究院
名誉所长　刘尧汉（彝族）
院　　长　肖惠华（彝族）
民族艺术剧院（副处）
总支书记　马开仁（回族）
院　　长　邱卫东
住房公积金管理中心（副处）
主　　任　罗金林（彝族）
州政府驻昆办（正处）
主　　任　王爱萍（女）
副主任　王海宏
州政府驻京联络处
主　　任　李　璇（女）
副主任　李志荣
国有资本投资经营有限责任公司
董事长、总经理　姜永康（~2010.10）
副董事长、副总经理　杨玉华
开发投资有限公司
董事长　董继理（兼）
总经理　王　旭
副总经理　马　麟（女，回族）
由　珂

政协楚雄彝族自治州委员会

党组书记、主席　延荣科（2010.02~）
副书记、副主席　李振华
副主席　马旷源（回族）
王应学（苗族，~2010.12）
吴丽华（女）
王定梁
李天云（2010.02~）
秘书长　王光荣（~2010.01）
李光彪（2010.02~）
副秘书长　苏玉昆（~2010.10）

州政协内设机构

办公室
主　　任　苏玉昆（~2010.10）
副主任　彭光云
鲁文兴（彝族）
张　梅（女）
邹志琼（女）
周家荣（2010.08~）
经济委员会
主　　任　刘洪群
副主任　吴荣华（女，回族）
民族宗教联络委员会
主　　任　毕从秀（女，彝族）
副主任　张永智
教科文卫文史资料委员会
主　　任　周国兴（彝族）
副主任　周家荣（~2010.08）
王　蔚（女，2010.08~）
提案委员会
主　　任　张金华
副主任　吴启荣
社会法制委员会
主　　任　李秀华（2010.08~）
副主任　李秀华（~2010.08）
研究室
主　　任　周文义（彝族）
副主任　余开顺

楚雄彝族自治州中级人民法院

党组书记、院长　闾　柏（纳西族，2010.12~）
普建辉（~2010.12）
副书记、副院长　杨　鹏（白族）
副院长　高明云（女）
起绍洪（彝族）
杨　虹（女）
纪检组组长　起有生（彝族，正处）
政治部主任　朱崇芳（正处）
政治部副主任　李家清（副处，~2010.01）
执行局局长　邵光庆（正处）
执行局副局长　何立明（副处）
行政装备管理处处长　陈建华（副处）
审判监督庭庭长　李文先（副处）
立案庭庭长　张志强（副处）
研究室主任　李静平（彝族，副处）
民事审判一庭庭长　杨鸿旭（副处）
民事审判二庭庭长　刘亚玲（副处）
民事审判三庭庭长　景　华（2010.10副处）
行政审判庭庭长　刘　芳（副处）
监察室主任　姬云桥（副处）
司法警察支队支队长　白华敏（副处）

刑事审判一庭庭长　董　波
刑事审判二庭庭长　黄怒雄
办公室主任　余文乾
新闻信息中心主任　刘　琼（2010.10副处）
专职审判委员会委员　张建民

楚雄彝族自治州人民检察院

党组书记、检察长　李　宏
副书记、副检察长　周道洪
副检察长　蔡永明
　　姚燕平（女）
　　李光俊（彝族）
　　马晓斗
纪检组组长　李继光（彝族，正处）
政治部主任　罗云波（正处）
政治部副主任　王玉仙（女，彝族，副处）
反贪局局长　刘存云（正处）
反贪局副局长　赵云生
职务犯罪预防处处长　马云华（副处）
反渎职侵权局局长　崔荣昆（副处）
检察技术处处长　罗大兴（彝族，副处）
人民监督员办公室主任　杜　程（副处）
专职检察委员会委员　张宝奎（副处）
控告申诉处处长　杨永文（彝族，副处）
监所检察处处长　刘继红（副处）
法警处处长　何　敏（副处）
法律政策研究室主任　杨正波（回族，副处）
侦查监督处处长　刘　萍（女，副处）
行政装备处处长　邓永平
公诉处处长　杜　勇（副处）
监察处处长　陈为忠（副处）
派驻楚雄监狱检察室主任　敖庆忠（彝族，副处）

中国人民解放军楚雄军分区

司令员　张武育
政　委　吴　华（～2010.12）
　　曹　军（2010.12～）
参谋长　何晓帆
政治部主任　张峻峰
后勤部部长　罗建华

民主党派、人民团体

农工民主党楚雄州委
　主　委　王定梁（兼）
　副主委　聂天荣
　　刘宝生（兼）
　　李起伟（兼）
中国民主促进会楚雄州委
　主　委　蒲　涌（兼）
　副主委　任瑾瑞（女）
　　高建平（兼）
中国民主建国会楚雄州委
　主　委　杨玉泉（女，纳西族，兼）
　副主委　商　珊（女）
　　李　援（彝族，兼）
总工会
　主　席　杨　静（女，彝族，兼）
　党组书记、常务副主席　王　虎
　副主席　李兴国（傣族）
　　丁似莲（女）
团州委
　党组书记、书记　刘文跃
　副书记　宋文浩
　　杨梦婷（女，回族）
妇女联合会
　党组书记、主席　何锡英（女）
　副主席　邓永莲（女）
　　李　梅（女）
　　李　坚（女，苗族）
州工商联（州商会）
　主　席　吴丽华（女，兼）
　党组书记　邓瑞云
　副主席　叶松福
　　周云峰
科学技术协会
　党组书记　歹家林（彝族，～2010.08）
　主　席　夭建国（彝族）
　副主席　金　桦（女，彝族）
　　陈春富
文学艺术界联合会
　党组书记　冯梅青（女，彝族）
　主　席　张林敏
　副主席　朱明云
社会科学界联合会
　党组书记、主席　李忠吉（～2010.10）
　副主席　张利伟（回族）
残疾人联合会
　党组书记、理事长　吴双华（女）
　副理事长　赵云波
　　叶　敏
　　周永洪
州红十字会（正处）
　会　长　李红民（女，彝族，兼）
　党组书记　滕　洪

常务副会长　代丽菊（女，正处）
副 会 长　杨彩珍（女，彝族）

双管单位及中央、省驻楚单位

工商行政管理局
党组书记、局长　苏国胜
副 局 长　罗永高
唐思虎（~2010.05）
饶宝军（2010.09~）
纪检组长　余琼芬（女）

邮政局
党委书记、局长　王建云（~2010.02）
副 局 长　思加学（主持工作）
杨在伟

国家税务局
党组书记、局长　张炳华（傈僳族）
副 局 长　佘昌值（彝族）
邹宗文（水族）
杨祖成（彝族）
纪检组长　张学明
总经济师　（缺）
稽查局局长　虎　坤（傈僳族）

地方税务局
党组书记、局长　金利民（~2010.07）
贺　伟（2010.07~）
副 局 长　王海虹
自开友
副局长、纪检组长　刘庆生（彝族）
总经济师　杨建芬（女）

国土资源局
党组书记、局长　岩光学
副 局 长　杜　鹏
胡有刚
雷　鸣
赵　江（2010.09~）

气象局
党组书记、局长　杨永胜
副 局 长　杨海抒（白族）
张永平
纪检组长　和春星（女，纳西族）

质量技术监督局
党组书记、局长　张　勇
副 局 长　潘国今
宋景全
翟开富
纪检组长　张咏梅（女）

食品药品监督管理局
党组书记、局长　方海云（彝族，~2010.11）
副 局 长　李仕江
谭学超
副局长、纪检组长　沈彩兰（女）

国家统计局楚雄调查队
队　　长　王　森
副 队 长　余云波（2010.03~）
窦才科
牟泉升
纪检组组长　叶　伟（女）

红塔集团楚雄卷烟厂
党委书记　王敏慧（女）
副书记、厂长　李泽良
副 厂 长　高中华
邓光新
纪委书记兼工会主席　朱明言

烟草专卖局（公司）
党委书记、局长、经理　段应泽（副巡视员，2010.04~）
党委副书记、副经理　李　俊
副局长、副经理　曾德强（~2010.11）
杨利民（正处，2010.07~）
副 经 理　冯柱安
杨永平（~2010.11）
董建国

省电网公司楚雄供电局
党委书记　张熙瑶
副书记、局长　杨昌武
副 局 长　周　丹
李绍荣
周剑斌
工会主席、纪委书记　庞世良

中国银行业监督管理委员会楚雄监管分局
党委书记、局长　杨　民
副 局 长　张　宏
段有明（兼工会主席）
纪委书记　尹学华（彝族）

中国人民银行楚雄州中心支行
党委书记、行长　徐　滔
党委书记、副行长　郭全厚
副 行 长　杨　军
郭金厚
纪委书记　田迎春（女）
工会主任　王远昆

中国工商银行楚雄州分行
党委书记、行长　喻明忠（~2010.12）
李德胜（2010.12~，彝族）

副 行 长　徐　沧（兼工委主任）
蒋　云（白族）
副行长、纪委书记　罗　勋
中国建设银行楚雄州分行
党委书记、行长　吴秉勤（纳西族）
副书记、副行长　杨福勇（彝族）
副 行 长　姚　丽（女，回族，兼纪委书记、工会主席）
风险主管　许灿辉
中国农业银行楚雄州分行
党委书记、行长　张利生
副 行 长　尹建华
张　斌（兼纪委书记）
李兰林
李炳光（彝族，～2010.03）
方国庆（2010.04～）
中国农业发展银行楚雄分行
党委书记、行长　韩仕新
副 行 长　李顺高
何锦洪（女）
陈宗文（2010.07～）
中国银行楚雄州分行
党委书记、行长　马永华
副 行 长　罗山沧
张法富（黎族）
纳　然（回族）
中国交通银行楚雄支行
党委书记、行长　李忠顺（彝族，2010.09～）
副书记、副行长　郭亚红（女，～2010.09）
副 行 长　陈永红（女，～2010.07）
李　俊
行长助理　何春明（兼纪委书记）
罗健华
中国人民财产保险公司楚雄分公司
党委书记、总经理　李永富
副总经理　李振东（兼纪委书记）
张丕思
张　明
中国人寿保险公司楚雄分公司
党委书记、总经理　周万铭
副总经理　高家生（兼纪委书记）
刘如鸿（女）
刘伟章（2010.08～）
太平洋财产保险股份有限公司楚雄中心支公司
党委书记、总经理　曲建忠（2010.04～）
副总经理　刘武江
太平洋人寿保险楚雄中心支公司
党组书记、总经理　（缺）

副书记、副总经理　罗正海（彝族，主持工作）
总经理助理　刘永明
中国电信楚雄州分公司
党组书记、总经理　赵利刚
副总经理　管玉荣（兼工委主任）
李鸿道（彝族）
李能功（兼纪检组长）
熊　彦（女）
楚雄移动通信楚雄州分公司
党委书记、总经理　王绍才
副总经理　张华生（～2010.09）
李庆明
中国联通楚雄分公司
党委书记、总经理　延晋昆
副总经理　陈晓松
杨　健（白族）
李加平（白族）
楚雄公路管理总段
党委书记　张红民（～2010.01）
王新华（2010.01～）
总 段 长　朱春生
副总段长　张文林
蔡忠祥
林　昆
罗　杨（2010.01～，兼总工程师）
纪委书记　李兴泰（彝族）
工会主席　陈进启（～2010.09）
冯建平（2010.10～）
中央储备粮楚雄直属库
主　　任　魏　钢（2010.06～）
楚雄监狱
党委书记、监狱长　耿军华
党委委员、副监狱长　周林强
李正平
杨洪昌
程亚雄
党委委员、副政委　仵　廷
党委委员、纪委书记　宋盛刚
党委委员、政治处主任　杨曙营

教育系统

楚雄师范学院
党委书记　史　政（白族）
副 书 记　李　明
李云峰
李德勇
纪委书记　李正武

院　　长　李　明
副 院 长　陆　华
谢志林
李　勇（回族）
陈　颖（女）

楚雄第一中学
校　　长　王宇伟
党总支副书记　尹宏贤
副 校 长　师崇良

楚雄师院附中
党总支书记、校长　杨永华

楚雄农业学校
党总支书记　陈　阳（女）
校　　长　李绍宝（彝族）
副 校 长　张　翔（兼工会主席）
王　静

楚雄医药高等专科学校（副厅级）
党委书记　杨宏仁
副书记、校长　王晓明
副书记（正处）　姚天春（兼纪委书记，2010.03～）
副 校 长　叶茂绿（兼工会主席，2010.03～）
昝雪峰（2010.03～）
党委办（纪委办）主任　陆润奎（2010.03～）
行政办主任　段玉林（2010.03～）
组织人事处处长　杨光团（2010.08～）
团委书记　邓永平（2010.10～）
工会专职副主席　杨自祥（2010.08～）
女工委主任　杨和平（2010.08～）
学生工作处处长　方　雷（2010.08～）
后勤管理处处长　王炳林（2010.08～）
教务处处长　熊全成（2010.08～）
招生就业处处长　贺　彪（2010.08～）
药学系主任　杨先振（2010.08～）
检验系主任　林逢春（2010.08～）
医学系主任　易敏春（2010.08～）
基础医学系主任　钱兴勇（2010.08～）
公共部主任　张全斌（2010.08～）
计划财务处处长　陆鸿奎（2010.08～）
科技处处长　李立富（2010.08～）
继续教育处处长　张必成（2010.08～）

楚雄州技工学校
党总支书记　张孟培
校　　长　刁晋光
副 校 长　席家永
闵　珏（女）

昆明理工大学楚雄应用技术学院（州工业学校）
党委书记　王　良
院　　长　彭金辉（彝族）
党委副书记、常务副院长，州工业学校校长　刁晋光
副院长、副校长　鲁延森
昝雪峰（～2010.03）
张绍喜（白族，2010.10～）
副书记、纪委书记　陈建华

楚雄州民族中学
党总支书记、校长　张廷昆（彝族）
副 校 长　张　宁（白族，兼工会主席）
郭志刚（白族）

楚雄民族中等专业学校
党总支书记　普怀亭（彝族）
校　　长　钱文卿（彝族）
副 校 长　杨建明（回族）
文有德
段联嵩

楚雄州体育运动学校
校　　长　杨文津（兼工会主席，保留副处）
副 校 长　朱　斌（副处）

楚雄州职业教育园区管委会
党委书记　李　能（兼，2010.07～）
党委副书记、管委会主任　刁晋光（2010.07～）
党委副书记、纪委书记　杨建明（2010.07～）
管委会副主任　席家永（2010.07～）
张　翔（2010.07～）
周　刚（2010.07～）

卫生系统

州人民医院
党委书记　柳思强
院　　长　刘志刚
副 院 长　王育昌
刘晓明
丁伟峰
工会主席　范建英（女）

州中医医院（云南省彝医医院、云南省彝医药研究所）
党委书记、院长　杨本雷（兼云南省彝医医院院长、云南省彝医药研究所所长）
副 书 记　倪志坚（兼云南省彝医医院副院长）
副 院 长　张其武（兼云南省彝医医院副院长）
许嘉鹏（彝族）

疾病预防控制中心
党委书记　汪楚平
主　　任　宋先毅

精神病医院（第二人民医院）
党总支书记、院长　王建平（女）

妇幼保健院（副处）

党支部书记　盛抗美（~2010.09）

党总支书记　秦永明（2010.09~）

院　　　长　张　虹（女）

中心血站（副处）

党支部书记　段国华

站　　　长　张　梅（女）

卫生监督所（副处）

所　　　长　缪洪芳（女）

县（市）委

楚雄市

书　　记　张之政（彝族）

副 书 记　袁　鹏（正处）

赵万祥（2010.01~）

双柏县

书　　记　任学全

副 书 记　高　翔

王志达

牟定县

书　　记　姜　扬

副 书 记　彭宪琪（白族）

起国华（彝族）

南华县

书　　记　陆积峰（彝族）

副 书 记　冯　毅

朱国良（彝族，~2010.03）

姚安县

书　　记　李自云（彝族）

副 书 记　李建波（彝族）

李长平

大姚县

书　　记　盛高举

副 书 记　张晓鸣（彝族）

刘建云

永仁县

书　　记　赵克义（白族）

副 书 记　严云净（白族）

杨中华（彝族，正处）

元谋县

书　　记　袁丽娟（女）

副 书 记　李洪亮（彝族）

杨　柳（傈僳族，~2010.12）

武定县

书　　记　李　怡（女）

副 书 记　黄云雁

周云志（彝族）

禄丰县

书　　记　王玉玺

副 书 记　赵晓明（彝族）

梁文林（2010.01~）

县（市）纪委书记

楚雄市　王志梅（女，~2010.03）

杨雪斌（女，2010.03~）

双柏县　李林波（~2010.03）

王丽平（2010.03~）

牟定县　金德能

南华县　彭长达

姚安县　杨雪斌（女，~2010.03）

毛兴明（2010.03~）

大姚县　李郁光

永仁县　姚天春（~2010.03）

周有方（2010.03~）

元谋县　杨洪雨（彝族）

武定县　李克平（正处）

禄丰县　罗绍辉

县（市）委政法委书记

楚雄市　李　彦

双柏县　李雪峰（彝族）

牟定县　徐惠兴

南华县　秦玉兰（女，~2010.09）

张志洪（2010.09~）

姚安县　李长平

大姚县　罗有理（彝族）

永仁县　马庭文（傣族）

元谋县　文萧翰

武定县　周云志（彝族）

禄丰县　梁文林（2010.02~）

县（市）委常委、办公室主任

楚雄市　刘仕举

双柏县　李兴文（彝族）

牟定县　席　云

南华县　张志洪

姚安县　甘　勇

大姚县　马跃云

永仁县　杨开寿（彝族）

元谋县　祖　俊

武定县　阳庆富

禄丰县　张　东

县（市）委常委、组织部长

楚雄市　吴亚峰

双柏县　普正祥（彝族）
牟定县　樊志栋
南华县　杨　芳（女）
姚安县　肖应明（彝族）
大姚县　周　霏
永仁县　李春全（傈僳族）
元谋县　周良才
武定县　金　鸿
禄丰县　梁文林（～2010.01）
　　　　李志岗（2010.01～）

县（市）委常委、宣传部长

楚雄市　李丽君（女）
双柏县　尹　睿
牟定县　李和枝（女）
南华县　张子荣
姚安县　李　勇
大姚县　肖　燕（女）
永仁县　李永军
元谋县　范云峰（彝族）
武定县　善承卫
禄丰县　田　霞（女）

县（市）委常委、妇联主席

南华县　秦玉兰（女，2010.09～）
姚安县　由燕君（女）
禄丰县　李红芸（女，彝族）

县委常委

南华县　李德荣

县（市）人大常委会主任、副主任

楚雄市
　主　　任　李丕良（彝族）
　副 主 任　刘发明
　　　　　　鲁　平（女）
　　　　　　杨廷凯
　　　　　　马子才（回族）
双柏县
　主　　任　郎天云（2010.03～）
　副 主 任　苏纪生
　　　　　　苏秀华（女）
　　　　　　赖海荣（哈尼族）
　　　　　　段有光
牟定县
　主　　任　周　雷
　副 主 任　董成松
　　　　　　夏桂琳（女）
　　　　　　李自德（2010.03～）
南华县
　主　　任　叶忠华
　副 主 任　罗智强（彝族）
　　　　　　黄淑珍（女）
　　　　　　钟世富（傈僳族）
姚安县
　主　　任　胡　雄
　副 主 任　杞开和（彝族）
　　　　　　贾春和（女）
　　　　　　昝丕政
　　　　　　李　勇（2010.03～）
大姚县
　主　　任　杨继周（彝族）
　副 主 任　杨　芸（女）
　　　　　　刘春德
　　　　　　沙朝安
永仁县
　主　　任　吴玉斌
　副 主 任　郑周伟
　　　　　　李本元
　　　　　　刘洪全
　　　　　　郑丽萍（女，兼）
元谋县
　主　　任　鲁维生（彝族）
　副 主 任　杨茂喜
　　　　　　罗　春（彝族）
　　　　　　刘丛有
　　　　　　马江芝（女，2010.01～）
武定县
　主　　任　宋文权
　副 主 任　张兴菊（女）
　　　　　　鲁志廉（彝族）
　　　　　　杨春城（苗族）
　　　　　　李建云
禄丰县
　主　　任　杨　军
　副 主 任　刘素芬（女）
　　　　　　李　伟
　　　　　　普　平（2010.03～）
　　　　　　李春平（2010.03～）

县（市）人民政府

楚雄市
　市　　长　袁　鹏
　常务副市长　刘　华（彝族）

市委常委、副市长　王厚军（挂职，2010.04～）
副 市 长　李万翔
李　援（彝族）
徐俊梅（女）
顾永华（2010.02～）

双柏县
县　　长　高　翔
常务副县长　杨建萍（女，彝族）
县委常委、副县长　毕剑华（彝族）
副 县 长　陆润奎（彝族，～2010.03）
陈　林
方永红（彝族）
李秋洪

牟定县
县　　长　彭宪琪
常务副县长　李晓云
县委常委、副县长　李维峰
副 县 长　常　青（女）
高学龙（彝族）
张世武
刘文禹

南华县
县　　长　冯　毅
常务副县长　刘昌富（彝族）
县委常委、副县长　肖　志
副 县 长　杨泽平
陈启武
毛焕聪
吴海芬（女）

姚安县
县　　长　李建波（彝族）
常务副县长　杨柏繁（白族）
县委常委、副县长　王家俊
副 县 长　夏会良
周黎红（彝族）
李静媛（女，彝族）
钟吉聪

大姚县
县　　长　张晓鸣（彝族）
常务副县长　何文明
县委常委、副县长　王文清（彝族）
副 县 长　李　滨
李红梅（女）
郭家权（～2010.10）
吴家凯
冀亚军（挂职3年）
祖文明（挂职2年，2010.08～）

永仁县
县　　长　严云净
常务副县长　张永华（彝族）
县委常委、副县长　夜成芳（女，彝族，～2010.12）
副 县 长　李祝宁（彝族）
周　宏（2009.05～）
龙俊波（苗族）
赖朝元（彝族）
霍　星（挂职1年、2010.08～）

元谋县
县　　长　李洪亮（彝族）
常务副县长　赖有常（彝族）
县委常委、副县长　雷　波
副 县 长　尹亚全
王　玮
张明海
杨建斌（彝族）

武定县
县　　长　黄云雁
常务副县长　胡友邦
县委常委、副县长　李茂学（彝族）
副 县 长　张爱东
周廷质（彝族）
李永志（彝族）
郑洪云
王晓东（挂职1年，～2010.08）
王　光（挂职1年，2010.08～）

禄丰县
县　　长　赵晓明（彝族）
常务副县长　杨俐昆
县委常委、副县长　杨建伟（彝族）
副 县 长　胡晓东（回族）
陈玉洁（兼职）
邬家华
解正伟（2009.05～）
李静云（女，彝族）
杨俊松（挂职2年，2010.08～）

楚雄经济开发区管委会

主　　任　袁　鹏
党委书记　马　军（回族）
副 书 记　周　明
副 主 任　王浩忠
孙春荣
荆庆华（白族）
杨　晋（2010.01～）

禄丰工业园区管委会

主　　任　陈玉洁（副处）

县（市）政协委员会

楚雄市

主　　席　段　云

副 主 席　马文辉（回族）

杞　昀（女，彝族）

赵天武（壮族）

胡乃林

双柏县

主　　席　杞光明（彝族）

副 主 席　郑汝华

王　斌

唐裕川（女）

汤永平（哈尼族）

牟定县

主　　席　李光彪（～2010.02）

普学煌（彝族，2010.03～）

副 主 席　果成凤（女，彝族）

杨　丽（女）

郑　荣

李源先

南华县

主　　席　阿明仙（女，彝族）

副 主 席　张　涛（彝族）

鲁明贵（彝族）

张　燕（女）

陈金禹

姚安县

主　　席　华　成

副 主 席　李景元（彝族）

刘金华（女）

刘嵩涛

潘建勋（彝族）

大姚县

主　　席　温连勇

副 主 席　金显和

张忠德（彝族）

任从明（彝族）

张　玲（女）

永仁县

主　　席　殷加林（彝族）

副 主 席　杨淑坤（彝族）

冯会珍（女，彝族）

李天荣

薛志芸（女）

元谋县

主　　席　兰　松

副 主 席　高发银（彝族）

甘金蓉（女）

张自忠

吕　忠

武定县

主　　席　李思恒

副 主 席　罗守恭

杨　德

李正芝（女）

杨红蔚（白族）

禄丰县

主　　席

副 主 席　乐德云

山学兵

白　桦（女）

县（市）人民法院、检察院、公安局

楚雄市

法院院长　刘汉勇（彝族）

检察院检察长　陈　剑

公安局局长　（缺）

公安局政委　杨　云

双柏县

法院院长　罗志宏（彝族）

检察院检察长　施应遵（彝族）

公安局局长　陈　林

公安局政委　马爱军（回族）

牟定县

法院院长　甘兆林

检察院检察长　刘建武

公安局局长　刘文禹

公安局政委　谭锡顺

南华县

法院院长　李红云

检察院检察长　王德云（苗族）

公安局局长　杨泽平

公安局政委　张文安

姚安县

法院院长　王景飚

检察院检察长　李昌荣

公安局局长　夏会良

公安局政委　杜继勇

大姚县

法院院长　李家清（2010.01～）

检察院检察长　徐　艳（女）

公安局局长　李　滨
公安局政委　普永进
永仁县
法院院长　何加荣
检察院检察长　李全华（彝族）
公安局局长　周　宏
公安局政委　毛德勇（彝族）
元谋县
法院院长　肖光亮（彝族）
检察院检察长　段正明
公安局局长　王　玮
公安局政委　陆春华
武定县
法院院长　温自华（彝族）
检察院检察长　周　康（彝族）
公安局局长　张爱东
公安局政委　闫开华
禄丰县
法院院长　常　云
检察院检察长　李　云
公安局局长　胡晓东（回族）
公安局政委　徐志华（彝族）

县（市）人民武装部

楚雄市
部　　长　唐光华
政治委员　崔振海
双柏县
部　　长　杨　烨
政治委员　夏乾中
牟定县
部　　长　李林波
政治委员　张为府（～2010.07）
　　　　　矣世雄（2010.07～）
南华县
部　　长　张跃明
政治委员　张剑峰
姚安县
部　　长　李云虎（～2010.09）
　　　　　王海东（2010.09～）
政治委员　聂云涛（～2010.07）
　　　　　高　军（2010.07～）
大姚县
部　　长　吴坤茂（～2010.07）
　　　　　郭子华（2010.07～）
政治委员　刘朝金
永仁县
部　　长　杨天明
政治委员　赵　雪
元谋县
部　　长　马光辉
政治委员　万　里
武定县
部　　长　郭子华（～2010.09）
　　　　　巩佑华（2010.09～）
政治委员　谢玉山（彝族，～2010.07）
　　　　　李云虎（2010.07～）
禄丰县
部　　长　黄连生
政治委员　王家胜

县（市）中心镇党委书记

楚雄市鹿城镇　向　勇（傣族）
双柏县妥甸镇　杨　铭
牟定县共和镇　宋开洋
南华县龙川镇　张群嘉（彝族）
姚安县栋川镇　李　勇
大姚县金碧镇　王荣文
永仁县永定镇　熊新平
元谋县元马镇　彭金富（彝族）
武定县狮山镇　龙德武
禄丰县金山镇　毛世宾（彝族）

［中共楚雄州委组织部供稿］

2010年度楚雄州享受国务院政府特殊津贴人员名录

王　敏　楚雄州中医医院主任医师
张彦青　楚雄州中医医院高级技师

2010 年度楚雄州享受云南省政府特殊津贴人员名录

白永顺　楚雄州林业科学研究所高级工程师
张　虹　楚雄州妇幼保健院副主任医师
乔坤洪　楚雄州广播电台主任编辑

2010 年度楚雄州获云南省有突出贡献的优秀专业技术人才称号人员名录

寇兴荣　楚雄州农产品质量检测中心高级农艺师
赵中保　楚雄州种猪种鸡场高级畜牧师
杨锐森　楚雄州文化馆副研究馆员
王　静　楚雄开发区实验小学小学高级教师

楚雄州 2010 年度高级专业技术职务任职资格人员名录

一级编导（认定时间：2010. 6. 22）

马云祥　楚雄州民族艺术剧院

副研究员（认定时间：2010. 9. 18）

罗国蕊　楚雄州社科所

副研究员（认定时间：2010. 8. 20）

钱丽云　楚雄州彝文研究所

副研究馆员（认定时间：2010. 7. 30）

周　媛　楚雄州博物馆

二级演员（认定时间：2010. 6. 22）

雷曼芸　楚雄州民族艺术剧院
杨怀敏　楚雄州民族艺术剧院

高级编辑（认定时间：2010. 12. 26）

李建华　楚雄电视台

副研究馆员（认定时间：2010. 11. 29）

范兆云　永仁县文化馆
李春美　姚安县图书馆
张欲辉　楚雄州图书馆

高级会计师（认定时间：2010. 12. 19）

刘国辉　南华县财政局
罗丽娜　楚雄州医疗保险基金管理中心

高级经济师（认定时间：2010. 9. 20）

杨旭金　武定县经管站

高级审计师（认定时间：2010. 9. 1）

王晋美　楚雄市审计局
钟育彩　大姚县审计局
陈荣华　双柏县审计局

高级农艺师（认定时间：2010. 9. 27）

马金彩　武定县植保植检站
段美仙　武定县农技推广中心
矣国荣　双柏县茶桑站
王福亮　楚雄市紫溪农技推广中心
李成助　楚雄市农业环境监测站
刘少龙　禄丰县农技推广中心
李　伟　禄丰县经济作物工作站
白兆星　姚安县农技推广中心
李如庆　姚安县农广校
陈朝良　楚雄州农科所
张绍武　楚雄州农科所
武　勇　楚雄州农科所
傅兴荣　楚雄州农科所
黄卫东　南华县龙川农技推广中心
卢惠芝　楚雄州植保植检站
陶　华　楚雄州植保植检站
李光正　大姚县农环工作站

高级畜牧师（认定时间：2010. 10. 13）

段天才　楚雄市动物疫病预防控制中心
白爱辉　南华县动物疫病预防控制中心
施运禄　大姚县动物疫病控制中心
李文刚　大姚县动物疫病控制中心

高级兽医师（认定时间：2010. 10. 13）

王旭华　楚雄市东瓜镇畜牧兽医站
纳育良　双柏县妥甸畜牧兽医站
袁家祥　姚安县动物疫病预防控制中心
张思保　南华县龙川畜牧兽医站

高级工程师（认定时间：2010. 8. 23）

尹昌贤　禄丰县勘测规划设计室
赵映雄　元谋县环境监测站
穆　峰　禄丰县环境监测站

高级工程师（认定时间：2010. 8. 24）

杨建东　楚雄市水土办

高级工程师（认定时间：2010. 8. 31）

李国昌　楚雄市紫溪山管理区
陈忠明　大姚县林营工作站

王国强　禄丰县林营工作站
张明友　元谋县林业局营林站

主任医师（认定时间：2010. 8. 4）

刘孝柏　楚雄州疾病控制中心
董迁荣　楚雄州疾病控制中心
欧亚林　楚雄州人民医院
黄　璇　禄丰县人民医院
任　斌　南华县中医院

副主任医师（认定时间：2010. 8. 4）

李华萍　楚雄州人民医院
许嘉鹏　楚雄州中医院
施宏伟　楚雄州中医院
毕洪德　武定县人民医院
李代琼　元谋县中医院
李世孔　牟定县人民医院
苏美兰　永仁县人民医院
李兰珍　南华县人民医院
杨崇惠　楚雄市人民医院
马春华　楚雄州广通医院
毛和祥　楚雄州广通医院
尹登贵　禄丰县人民医院
梁东源　元谋县人民医院
普文科　双柏县妇幼保健院
姚仁福　楚雄州人民医院
李德辉　楚雄州人民医院
李　树　楚雄市人民医院
肖应山　元谋县人民医院
周晓松　楚雄州中医院
李秀仙　武定县妇幼保健院
王琼芬　武定县东坡中心卫生院
金　鑫　楚雄市疾病控制中心
马自聪　武定县疾病预防控制中心
董培松　姚安县疾病控制中心
张晓冰　大姚县疾病预防控制中心
王晓红　武定县人民医院
杨丽芬　姚安县人民医院
陈泽萍　姚安县中医院
普兰华　双柏县人民医院
杨美芬　楚雄州人民医院
王怀平　大姚县人民医院
杨平忠　永仁县计划生育服务站
董建勋　楚雄州人民医院
李爱党　楚雄州人民医院
李忠祥　禄丰县人民医院
苏建宏　楚雄州人民医院

朵　春　楚雄市人民医院
罗国燕　大姚县人民医院

副主任护师（认定时间：2010. 8. 4）

周宝珍　楚雄州第二人民医院
周菊芝　楚雄州人民医院
何翠仙　楚雄广通医院
杨莲琼　禄丰县妇幼保健院
杜昌美　牟定县人民医院
董成惠　牟定县中医院
罗秀芬　南华县人民医院
李景翠　元谋县人民医院
马天兰　大姚县人民医院

副主任药师（认定时间：2010. 8. 4）

徐琼芬　姚安县人民医院

副主任技师（认定时间：2010. 8. 4）

杨思俊　楚雄州人民医院
李自副　楚雄州中医院
王　栋　楚雄州广通医院
王红梅　禄丰县人民医院

教授（认定时间：2010. 10. 22）

李维斌　楚雄医药高等专科学校
林逢春　楚雄医药高等专科学校
熊金成　楚雄医药高等专科学校
戴德荣　楚雄医药高等专科学校

副教授（认定时间：2010. 10. 22）

郭向群　楚雄医药高等专科学校

高级实验师（认定时间：2010. 10. 22）

李云红　楚雄医药高等专科学校

高级讲师（认定时间：2010. 6. 24）

张文学　楚雄民族中专
曾桂华　楚雄农业学校
张良彪　楚雄农业学校
张天祥　楚雄农业学校
张月东　楚雄农业学校
赵家英　楚雄农业学校
沙毅强　楚雄民族中专
段家科　楚雄州体育运动学校

高级讲师（认定时间：2010. 10. 26）

张丽英　楚雄高级技校

高级讲师（认定时间：2010. 10. 29）

何　燕　楚雄州委党校
陈惠萍　楚雄市委党校
何显海　牟定县委党校
白文泰　元谋县委党校

中学高级教师（认定时间：2010. 7. 19）

肖建文　大姚县七街中学
刘凤良　大姚县职业教育中心
夜忠普　大姚县职业教育中心
罗爱梅　大姚一中
王家武　大姚一中
马自常　大姚一中
依廷寿　大姚一中
张海燕　大姚县金碧中心学校
起云燕　大姚县金碧中心学校
闻丽萍　楚雄师院附中
段　玲　楚雄师院附中
刘　燕　楚雄师院附中
闵　锐　楚雄师院附中
欧　琳　楚雄师院附中
余蓉晖　楚雄师院附中
朱丕荣　楚雄师院附中
李　明　楚雄师院附中
段山昆　楚雄师院附中
杨汝代　楚雄师院附中
刘秀文　楚雄师院附中
夏磊明　楚雄师院附中
肖应权　楚雄市教师培训中心
者从根　楚雄市树苴中心学校
陈永梅　楚雄天人中学
罗菊艳　楚雄天人中学
杨蔚荫　楚雄一中
陈淑华　楚雄一中
李红梅　楚雄一中
郭年彩　楚雄一中
张志福　楚雄一中
朱有武　楚雄一中
李发海　楚雄市八角中学
张学军　楚雄市八角中学
杜安琼　楚雄市北浦中学
朱　红　楚雄市北浦中学
倪学坚　楚雄市北浦中学
张炳成　楚雄市苍岭中学
杨茂勇　楚雄市苍岭中学
马绍云　楚雄市苍岭中学

叶发俊　楚雄大地基中学
罗海星　楚雄市东兴中学
王永芬　楚雄市东兴中学
李　虹　楚雄市东兴中学
陈继林　楚雄市东兴中学
陈明红　楚雄市东兴中学
李　德　楚雄市东兴中学
徐向荣　楚雄市东兴中学
张　平　楚雄市东兴中学
李文忠　楚雄市东兴中学
马　明　楚雄市东兴中学
唐明英　楚雄市教师培训中心
谢从军　楚雄市金鹿中学
李兴隆　楚雄市金鹿中学
邬云雨　楚雄市金鹿中学
曹维春　楚雄市龙江中学
吴启元　楚雄市龙江中学
景富生　楚雄市龙江中学
文　坤　楚雄市龙江中学
王惠玲　楚雄市鹿城中学
李克虎　楚雄市鹿城中学
尹久国　楚雄市吕合中学
段家能　楚雄市吕合中学
杨　勇　楚雄市前进中学
杞正习　楚雄市三街中学
王国荣　楚雄市树苴中学
董芬美　楚雄市西舍路中学
王思辉　楚雄市新村中学
李兴发　楚雄市新村中学
王　磊　楚雄市职业中学
李宗灿　楚雄市职业中学
夏古明　楚雄市中山中学
李满园　楚雄市子午中学
何春祥　楚雄市紫溪中学
刘德慧　楚雄市紫溪中学
范兴丽　楚雄市紫溪中学
张秀英　楚雄市紫溪中学
徐兆星　楚雄市紫溪中学
蔡学标　楚雄市紫溪中学
杨家能　楚雄市紫溪中学
刘云宏　楚雄市紫溪中学
董显贵　楚雄市紫溪中学
王彩萍　楚雄市紫溪中学
刘丕银　大姚县仓街中学
普重菊　大姚县仓街中学
刘晓波　大姚县教育局
夭志东　大姚县三岔河中学
王　勇　大姚县三岔河中学
温建斌　大姚县实验中学
刘陈华　大姚县实验中学
李静安　大姚县实验中学
华进昌　大姚一中
田春年　大姚一中
赵　龙　大姚一中
郑继刚　禄丰县川街中学
张　映　禄丰县三中
何思进　禄丰县三中
徐天安　禄丰县三中
王建明　禄丰县三中
刘兆伟　禄丰县三中
刘永进　禄丰县四中
戴建光　禄丰县一中
李春华　禄丰县一中
李海彦　禄丰县一中
刘明知　禄丰县一中
钟宝云　禄丰县一中
邬兆红　禄丰县一中
胡美明　禄丰县一中
李永富　禄丰县一中
李志华　禄丰县一中
杨绍延　禄丰县一中
鲁正兴　禄丰县高峰中学
赵有莉　禄丰县广通中学
寇国应　禄丰县广通中学
卢秀花　禄丰县广通中学
张思剑　禄丰县和平中学
李玲琴　禄丰县龙城中学
武德贵　禄丰县猫街中学
王著云　禄丰县猫街中学
张绍学　禄丰县民族中学
杨庆明　禄丰县勤丰中学
王翠兰　禄丰县仁兴中学
刘永华　禄丰县舍资中学
赵建春　禄丰县舍资中学
李学莲　禄丰县松园中学
王云华　禄丰县松园中学
袁应才　禄丰县土官中学
杨佳琴　禄丰县妥安中学
赵云山　禄丰县文星中学
张　静　禄丰县腰站中学
王照华　禄丰县职业高级中学
鲍天武　禄丰县职业高级中学
李翠萍　禄丰县中村中学
普　晋　楚雄民族中学
黄　宜　楚雄民族中学
史洪兵　楚雄民族中学
孔秀兰　楚雄民族中学
文红云　牟定县天台初级中学
李光东　牟定县第一高级中学
段存富　牟定县第一高级中学
王维华　牟定县第一高级中学
夏天能　牟定县高平中学
周丽华　牟定县高平中学
李翠旗　牟定县教研师训中心
罗廷荣　牟定县马厂中学
宋海英　牟定县茅阳初级中学
艾光标　牟定县茅阳初级中学
徐学平　牟定县青龙初级中学
罗应平　牟定县青龙初级中学
罗忠全　牟定县安乐初级中学
金保善　牟定县戌街中学
邓光雷　牟定县职业高级中学
陈朝富　南华县第二中学
周建德　南华县海子山中学
何开俊　南华县教师进修学校
张仲昌　南华县罗武庄中学
罗支明　南华县兔街中学
普正明　南华县五街中学
王金虎　南华县一街中学
李凤仙　南华县职业高级中学
周　雄　南华县一中
李开存　双柏县爱尼山中学
普学荣　双柏县爱尼山中学
王家国　双柏县安龙堡中学
苏洪波　双柏县安龙堡中学
李云峰　双柏县大庄中学
周世平　双柏县大庄中学
徐菊华　双柏县一中
王翠华　双柏县一中
王永泉　双柏县碍嘉中学
肖志强　双柏县碍嘉中学
李翠芳　双柏县教师进修学校
郭华秀　双柏县妥甸中学
李　勇　双柏县妥甸中学
王跃权　双柏县妥甸中学
李　艳　双柏县妥甸中学
尹成平　双柏县雨龙中学
陈红章　双柏县职业高级中学
周琼华　楚雄州体育运动学校
徐应华　武定一中
魏永章　武定一中

王光明　武定一中
蒋先明　武定一中
赵正宏　武定一中
廖耀明　武定一中
汪宝荣　武定一中
龚　平　武定一中
杨文才　武定一中
李　春　武定民族中学
张开泽　武定民族中学
杨学光　武定民族中学
贺冰海　武定民族中学
张晓春　武定民族中学
闫　飞　武定民族中学
段学平　武定民族中学
陆加文　武定民族中学
毕建明　武定民族中学
雍翠华　武定民族中学
丹　琳　武定民族中学
凤献中　武定民族中学
胡益权　武定民族中学
熊自瑞　武定民族中学
朱润德　武定民族中学
那文静　武定民族中学
贺绍华　武定县白路中学
胡春学　武定县白路中学
刘建英　武定县插甸中学
樊子丽　武定县插甸中学
沙亮秦　武定县插甸中学
李继明　武定县插甸中学
张加军　武定县东坡中学
李德斌　武定县东坡中学
善加华　武定县高桥中学
高忠荣　武定县环州中学
朱润祥　武定县己衣中学
张远军　武定县九厂中学
田丽芬　武定县九厂中学
李锦铭　武定县九厂中学
李　成　武定县九厂中学
杨云慧　武定县九厂中学
胡显辉　武定县猫街中学
凤清纯　武定县猫街中学
李　权　武定县猫街中学
杨明武　武定县石腊它中学
张志云　武定县万德中学
杨世和　武定县万德中学
阳庆文　武定县香水中学
贺　光　武定县香水中学
王　琅　武定县职业中学
罗星海　武定县职业中学
陈学军　姚安县草海中学
钟　红　姚安县大成中学
王　丽　姚安县大成中学
胡应涛　姚安县大成中学
甘兴民　姚安县大成中学
蒋国雄　姚安县大成中学
戈以成　姚安县大成中学
鲁晓贵　姚安县大成中学
张同轩　姚安县大成中学
高福鸿　姚安县大成中学
於其鸿　姚安县大成中学
任亚林　姚安县大河口中学
杨正辉　姚安县大河口中学
李德祥　姚安县大龙口中学
关翠英　姚安县大龙口中学
杨俊荣　姚安县栋川中学
李永江　姚安县栋川中学
贺有鸿　姚安县适中中学
刘　青　姚安县二中
刘丽华　姚安县二中
高　静　姚安县二中
席　军　姚安县左门中学
王云祥　永仁县城关中学
李茂枝　永仁县城关中学
曹彩山　永仁县莲池中学
杨　忠　永仁县猛虎中学
许　斌　永仁县猛虎中学
李丽红　永仁县万马中学
李艾红　永仁县宜就中学
罗永忠　永仁县宜就中学
吴　刚　永仁县维的中学
李　翠　永仁县一中
李莲芬　永仁县一中
黎金生　永仁县职业高级中学
曹玉华　元谋县一中
孟加华　元谋县一中
杨学忠　元谋县一中
普习聪　元谋县黄瓜园中学
王金荣　元谋县江边中学
杞孝芬　元谋县苴林中学
胡正聪　元谋县培英中学
赵　雩　元谋县清和中学
杨　友　元谋县物茂中学
张文荣　元谋县羊街中学
管红宗　元谋县元马中学
杨　猛　元谋县元马中学

［楚雄州人事局供稿］

（责任编辑：安孟勤）

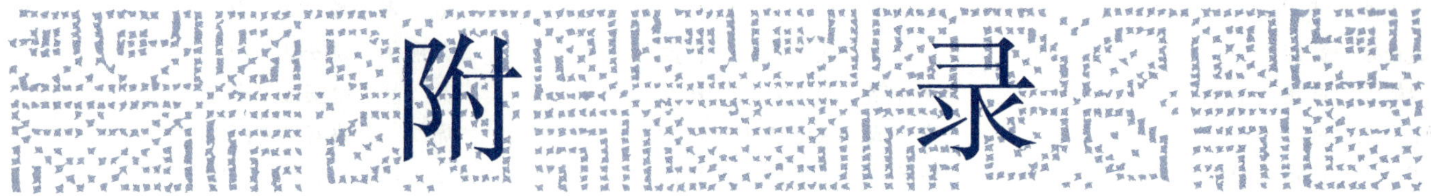

附录

楚雄彝族自治州国民经济和社会发展第十二个五年规划纲要

序　言

楚雄彝族自治州是全国30个少数民族自治州中的两个彝族自治州之一，是中国建设面向西南开放重要桥头堡的重要组成部分，是滇中经济区的主要成员，在全省经济社会发展总体格局中，资源和区位优势明显，地位和作用日趋重要。“十一五”以来，在中共云南省委、省人民政府的正确领导下，州委、州人民政府团结和带领全州各族人民抓机遇、打基础、调结构、培产业、推改革、扩开放、促和谐，实现了经济社会又好又快发展，奠定了实现科学发展的坚实基础。“十二五”时期，楚雄州正处于加快经济结构调整，转变发展方式，做大经济总量，提高发展质量，与全国全省同步实现全面建设小康社会目标的关键时期，既面临着比“十一五”更加难得的发展机遇，又面临着来自国内外发展环境的严峻挑战。为牢牢抓住重大发展机遇，积极应对各种困难和挑战，围绕将楚雄州建设成为滇中经济区新的增长极和全省乃至全国最具发展活力和竞争优势的少数民族自治州之一的战略目标，根据《中共楚雄州委关于制定国民经济和社会发展第十二个五年规划的建议》和州第八次党代会精神编制本《纲要》。本《纲要》凝聚了全州各族人民智慧，是政府履行经济调节、市场监管、社会管理和公共服务职能的重要依据，是指导全州未来5年乃至更长时期经济社会发展的行动纲领。

第一章　“十二五”时期发展基础与环境

第一节　“十一五”规划实施情况

“十一五”规划实施5年来，在州委、州人民政府的正确领导下，全州上下坚持以邓小平理论和“三个代表”重要思想为指导，深入贯彻落实科学发展观，紧紧围绕“十一五”规划提出的各项目标，着力推进各项重点工作，积极应对自然灾害频发和国际金融危机等挑战，“十一五”规划提出的主要指标除产业结构调整外，其他指标均已完成或超额完成，为实现楚雄州科学发展奠定了坚实的基础。

一、“十一五”规划顺利完成，为加快发展奠定坚实基础

（一）综合经济实力跃上新台阶。“十一五”期间，全州上下坚持以经济建设为中心，坚持发展第一要务，坚持好字当头、好中求快、能快则快，全州经济发展实现新的跨越，取得了生产总值、地方财政总收入、地方财政一般预算收入、固定资产投资、社会消费品零售总额等主要经济指标在“十五”基础上翻一番的显著成效。2010年全州生产总值达404.4亿元，年均增长11.6%，比“十五”时期年均增速高1.18个百分点，比规划目标高1.6个百分点，人均生产总值突破2000美元大关，提前两年完成比2000年翻一番的规划目标。地方财政总收入达86.5亿元，年均增长18.9%；地方财政一般预算收入达30.7亿元，年均增长20.1%；社会消费品零售总额达132亿元，年均增长19.1%。重点产业建设取得新进展，五大产业累计实现增加值192.8亿元，占GDP的比重达47.7%。产业结构进一步调整优化，一、二、三产业的比重从2005年的26.3∶40.6∶33.1调整为22.4∶42.5∶35.1。第一产业稳步发展，实现增加值90.5亿元，年均增长5.5%；第二产业加快发展，实现增加值171.8亿元，年均增长13.9%；第三产业快速发展，实现增加值142.1亿元，年均增长13.1%。总体上看，“十一五”时期是楚雄州综合实力提升最快、城乡面貌发展变化最大、人民群众得到实惠最多的时期之一。

（二）发展基础不断夯实。坚持不懈地实施项目带动战略，建成了一批事关全局的大项目、好项目，加快发展、跨越发展的基础进一步夯实。固定资产投资连续跨过100亿元、200亿元大关，5年累计完成固定资产投资842.4亿元，年均增长31.1%。农业发展基础更加坚实。重点水源工程、大型灌区、病险水库除险加固、山区“五小水利”工程建设进一步加强，5年累计开工建设175件重点水利项目，全州库塘蓄水总库容达12.44亿立方米，新增有效灌溉面积8.88万亩，新增节水灌溉面积39.19万亩，中低产田地改造顺利推进，基本农田保护稳定在361.8万亩以上。交通基础设施持续改善。全州公路总里程达16938千米，通乡公路硬化率达100%，通乡油路率达90%，村（居）委会通达率为98%。城镇化进程逐年加快。全州城镇化率达32.2%，“十一五”期间年均提高1.2个百分点。着力在引进和合作上下功夫，各类重点产业项目落户楚雄实施，重点产业发展基础得到进一步夯实。教、科、文、卫、体等基础建设全面推进，社会事业发展基础全面改善。

（三）生态环境持续改善。坚持绿色发展，走生态建设产业化、产业发展生态化之路，生态环境持续改善，生态文明建设取得显著成效。全面实施天然林保护、退耕还林、小流域治理、农村能源、水土保持等重点生态工程，5年累计完成人工造林250.8万亩，治理水土流失面积2391平方千米，森林覆盖率达62.48%。切实加强环境保护工作，加大矿产资源整合力度，实施城市环境综合整治，强化工业污染源防治，自然生态、农村环境保护和治理工作取得新进展。推进节能减排，坚决淘汰落后产能，大力扶持循环经济发展，5年万元生产总值能耗累计下降16.23%；2010年，工业固体废物综合利用率为76%。

（四）发展环境进一步优化。切实推进重点领域和关键环节的改革，有利于科学发展的体制机制进一步建立和完善。区域合作进一步加强，发展的软硬环境不断优化，楚雄州被评为浙商投资最佳潜力城市。借助外力加快发展的能力进一步提高，5年累计引进州外到位资金296亿元。出口增长方式进一步转变，出口商品结构不断优化，出口规模继续扩大，经济发展的外向度进一步提高，外贸进出口总额年均增长26.7%。

（五）和谐社会建设稳步推进。教育、科技、文化、卫生、体育、广播电视等社会事业全面发展，人口计划生育工作保持了持续稳定健康发展的良好态势。城乡社会保障体系初步建立，社会保障的覆盖面进一步扩大，保障水平进一步提高，就业保持稳步增长。2006年～2010年城镇登记失业率均在规划目标以内，2010年城镇基本养老保险参保人数达11.7万人，农村社会养老保险参保人数达53.3万人，城乡三项医疗保险参保率达95.5%。城乡居民收入明显提高，城镇居民人均可支配收入年均增长11.2%，农民人均纯收入年均增长7.5%。5年累计投入各类扶贫资金36.3亿元。解决了67.99万农村人口饮水安全问题。通过各项工作，民生问题进一步得到解决，和谐彝州建设稳步推进。

二、存在的主要问题

（一）经济结构不合理。从产业结构看，一产不优、二产不强、三产不快；从城乡结构看，山区面积大，农村人口多，城镇化水平低，城乡差距大；从拉动经济增长的投资、消费、出口结构看，楚雄州仍然是典型的投资拉动型经济，消费水平不高及其拓展空间有限，外贸进出口总额太小，消费、出口对经济增长的拉动力不强；从所有制结构看，非公有制经济比重低，发展活力不强。

（二）发展环境不够宽松。政府职能转变还不够，政府经济调节、市场监管、社会管理和公共服务的职能发挥不足，投融资体制机制不顺，市场对资源配置的基础性作用没有得到充分发挥；社会保障机制不够完善，养老、医疗、失业等保障覆盖面和保障水平都不够。

（三）发展内生动力不足。从市场主体来看，全州大部分企业缺少自主知识产权品牌，缺乏具有竞争力的核心技术，产品竞争能力弱；引入大企业、大集团较少，还没有形成有较强竞争优势的产业集群，企业自我发展能力不强。从投资结构看，全州非国有投资比重仅占50%左右，比发达地区低20多个百分点，政府引导社会投资的能力不足。

（四）发展基础还较为薄弱。水利基础的“瓶颈”突出，楚雄州处于滇中干旱区，水利设施建设投入不足，蓄水工程少，供水保障能力低，严重制约农业、工业和城镇发展；交通“黄金大三角”虽然已经基本建成，但高等级公路网还不够完善，特别是州际之间的路网建设滞后，滇中经济区纵轴武定至禄丰高速公路、滇中南下大通道还未打通，农村公路通达任务还十分艰巨；城镇化水平低，功能不完善，辐射带动能力较弱；产业园区建设滞后，存在着园区的水、电、路等基础设施配套不够完善，建设和运营管理体制创新不够，企业集聚发展程度低、入园成本高等问题；教育、科技、文化、卫生等社会事业基础设施还不能满足人民群众日益增长的多元需要，与经济发展不相协调。

第二节　“十二五”时期面临的形势

一、面临的发展环境

从国际环境看，全球经济发展趋势正发生新变化，国际金融危机深层次影响仍将持续，世界经济复苏的基础比较脆弱，发展环境极其复杂。一是世界经济格局面临深度调整。金融危机导致发达国家经济陷入衰退，新兴市场国家经济逐步放缓，全球经济短期内难以再现上一轮高速增长的景象，实现复苏的不确定性增大。二是国际力量的对比出现深刻变化。发达国家和发展中国家的力量出现此消彼长新态势，发达国家占据竞争优势的格局没有根本变化，但新兴市场和发展中国家话语权进一步增强。三是科技创新竞争更趋激烈。金融危机导致世界各国围绕市场、资源、技术的争夺加剧，尤其是发达国家都将对可能引领全球经济的新能源、新材料、生物技术、信息技术、低碳经济等高技术产业和战略性新兴产业作为新的增长点和经济复苏的引擎加以培育，抢占未来经济发展制高点的竞争更趋激烈。四是国际金融体系和气候变化的制约问题更加凸显。金融危机暴露出发达国家在金融创新过度、金融监管不力等方面存在严重缺陷，各国对维护金融市场稳定、改革金融体系提出了新的要求；气候变化以及能源资源安全、粮食安全等全球性问题更加突出，围绕承担温室气体减排责任和博弈的斗争日趋激烈，各种形式的保护主义抬头，我国发展的外部环境更趋复杂。

从国内环境看，“十二五”时期，国际环境的新变化与国内周期性结构调整相叠加，我国仍然处于发展的重要战略机遇期，是加快结构调整、转变发展方式的攻坚期，是经济回升向好、向稳定增长转变的关键时期，同时将进入以转型促发展的新阶段。综合各方面的环境条件看，经济社会发展的基本面长期向好的趋势不会发生根本的改变。通过实施一揽子经济刺激计划和相关政策措施，我国有效应对了金融危机的严重冲击，经济回升向好的基础进一步巩固，市场信心增强，扩大内需和改善民生的政策效应继续显现，企业适应市场变化的能力和参与市场竞争的能力不断提高，体制机制和科技创新积极推进，经济发展活力继续增强。但调整经济结构、转变发展方式、保持经济社会平稳较快发展的任务十分艰巨，经济社会发展中不平衡、不协调、不可持续问题仍然突出。表现在：一是经济增长的内生动力不足，投资和消费关系失衡，科技创新能力不强，部分行业产能过剩的问题突出，结构调整难度加大。二是外部需求恢复艰难，贸易保护主义限制措施增多，将制约我国出口快速增长，出口形势严峻。三是转变发展方式步伐缓慢，经济结构不合理、增长方式粗放依然突出，推进节能减排任务艰巨。四是农业、农村经济稳定发展的基础不稳固，农业基础仍然薄弱，农民持续增收难度增加。五是城乡区域发展不协调，就业压力持续加大，医疗、卫生、教育、住房、收入分配、社会管理等方面的突出问题亟待解决。从全省看，云南省和全国一样，面临着重大的发展机遇，同时也面临着严峻挑战。中国——东盟自由贸易区的建成、建设中国面向西南开放重要桥头堡，为全省加快发展开辟了广阔的空间；国家实施新一轮西部大开发等一系列政策措施，为云南加快结构调整、推进农业产业化、新型工业化和城镇化提供了难得机遇。特别是国家将进一步加大对民族、边疆、贫困地区发展的支持力度，为全省少数民族和民族地区加快发展提供了难得机遇。但同时面临着基础设施滞后、产业发展不快不强、发展方式不优、结构调整不快、创新能力不强、资源环境约束突出、扩大就业和农民持续增收压力增大等困难和问题。从州内来看，楚雄州进入了工业化、城镇化加速发展的推进时期，经过多年的发展，特别是“十一五”时期，楚雄州的发展基础不断巩固，产业基础不断夯实，发展后劲逐步增强，各族人民群众加快发展、奋力崛起的内在要求不断增强。“十二五”时期，楚雄州完全有条件在新的历史起点上实现又好又快发展。但同时也面临着区域发展差距拉大，县域经济发展不平衡，农业产业化、新型工业化、城镇化难于适应加快转变发展方式的要求，人才、资本、技术等要素保障能力较低等问题。

二、面临的发展机遇

（一）国家加大了对西部地区发展的支持力度。国家实施新一轮西部大开发，进一步完善了加快西部发展的财政、税收、产业等10个方面的扶持政策，对加快基础设施建设、推进农业农村建设、强化科技创新、加强生态建设和环境保护、发展特色优势产业、保障和改善民生等多个方面，将进一步采取资金和项目扶持的新举措，为楚雄州推动经济社会又好又快发展提供了良好的宏观政策环境。

（二）面临参与桥头堡建设千载难逢的发展机遇。中国——东盟自由贸易区的建成，国务院支持云南省加快建设面向西南开放重要桥头堡，省委省政府实施“两强一堡”战略，着力推进滇中经济区建设，为楚雄州的发展创造了良好的外部环境，提供了有利条件，带来了千载难逢的重大历史机遇。滇中经济区是桥头堡建设的核心，楚雄州又是滇中经济区的重要成员，省委、省人民政府提出把楚雄州建设成为滇中经济区新的增长极，为楚雄州充分发挥环境容量大、区位交通条件好和特色资源丰富等方面的优势，主动承接发达地区产业转移，大力吸引“央企入楚”、“省企入楚”、“昆企入楚”、“攀企入楚”、“民企入楚”，实现又好又快发展提供了难得的机遇。

（三）面临加强社会建设的新机遇。“十二五”时期，国家将着力保障和改善民生，逐步完善符合国情、比较完整、覆盖城乡、可持续的基本公共服务体系，加快覆盖城乡居民的社会保障体系建设，加快医疗卫生事业改革发展，着力推进城镇化、促进就业、促进社会公平正义、更加关心民族地区的发展、加大民生领域的投入等，为楚雄州补齐社会建设“短板”，统筹城乡、经济社会协调发展提供了难得的机遇。

（四）面临发挥后发优势的新机遇。国家加快推行资源节约、环境友好的生产方式和消费模式，增强可持续发展能力，更加注重环境保护和生态建设，加快向绿色增长、低碳增长转变，将制定实施支持森林碳汇的政策措施，使楚雄州面临着充分发挥后发优势，变生态资源优势为经济优势，加快发展的难得机遇。

三、面临的挑战

（一）调整结构和转变发展方式压力较大。“十二五”时期，国家将把扩大消费需求作为扩大内需的战略重点。楚雄州经济总量小，经济增长主要依靠投资拉动，消费偏低，出口较小，面临着既要保持经济平稳较快发展，又要加快转变发展方式、调整经济结构的挑战，加快解决创新能力不强、发展方式滞后、产业经济粗放、生态环境脆弱等问题的压力增大，实现又好又快发展任务紧迫而艰巨。

（二）缩小城乡差距压力较大。“十二五”时期，国家将更加重视城乡和区域的协调发展，加快社会主义新农村建设，楚雄州城乡和区域的协调发展水平较低，基础设施、基础产业、社会事业和农村发展滞后，面临着既要加快推进工业化、城镇化，完善城镇基础设施和提高公共服务能力，又要统筹城乡发展，加大“三农”投入，同步推进现代农业，加快新农村建设，提高农村社会事业发展水平，缩小城乡差距的双重挑战。

（三）产业发展面临较大的竞争和压力。“十二五”时期，我国将逐步从工业化中前期向工业化后期迈进，将重点发展结构优化、技术先进、清洁安全、附加值高的现代产业。楚雄州产业层次低、支柱产业少、技术装备落后、竞争能力弱、资源原料不足，面临着既要巩固扩大传统产业，增加经济总量，又要加快产业结构调整，转变发展方式的挑战；面临着既要加快工业化进程，又要加强节能减排和环境保护的挑战；同时也面临着来自国内外其他企业竞争压力增大，在适应国家提高产业门槛政策的过程中处于不利地位，有可能被边缘化的挑战。

（四）面临社会转型期各类深层次的问题。楚雄州重点领域和关键环节的改革进入攻坚阶段，随着工业化、城镇化的加速推进，社会矛盾进入凸显期，面临着既要加快推进各项改革、突破体制机制障碍，又要慎重处理社会转型所带来的各种矛盾，既要解决好短期问题又要应对长期矛盾等挑战。

从总体上看，“十二五”时期楚雄州持续向好发展的趋势不会改变，发展的有利因素多于不利因素，同全省一样，是把握机遇、进一步加快发展的重要战略机遇期，是推进全面建设小康社会的关键期，是深化改革、扩大开放、加快结构调整、转变发展方式、促进科学发展的攻坚期，是进一步推进农业产业化、新型工业化、城镇化的加速期，是基础设施建设和生态文明的提升期，是民生改善、民族团结、社会和谐稳定的促进期。必须抢抓发展机遇，积极应对各种挑战，着力解决制约经济社会发展的突出问题，以创新的思路、创新的理念、创新的举措，推动全州经济社会又好又快发展。

第二章 指导思想、基本原则、发展思路和目标

第一节 指导思想

高举中国特色社会主义伟大旗帜，以邓小平理论和“三个代表”重要思想为指导，深入贯彻落实科学发展观，认真学习贯彻党的十七届五中全会精神、胡锦涛总书记视察楚雄时的重要指示精神和省委八届九次、十次、十一次全会，州第八次党代会精神，紧紧抓住国家深入实施西部大开发战略、支持云南省加快建设中国面向西南开放重要桥头堡和云南省加快构建滇中经济区的历史机遇，坚持以科学发展为主题，以加快转变经济发展方式为主线，以农业产业化、新型工业化和城镇化为抓手，在全力促进经济又好又快发展的同时，牢固树立执政为民、富民优先的理念，更加注重发展的质量和效益，更加注重保障和改善民生，更加注重节约资源和环境保护，坚持走生产发展、生活富裕、生态良好的文明发展之路。

第二节 基本原则

——坚持统筹兼顾，实现加快发展。牢牢把握科学发展这一主题，把加快发展作为解决彝州一切问题的根本途径，抓住经济建设这个中心不动摇，着力在发展中促转变，在转变中谋发展，努力推动全州经济社会又好又快发展。

——调整经济结构，促进科学发展。积极争取国家和省的项目资金支持，始终保持投资对经济增长的强劲拉动，加强农业基础地位，加快新型工业化步伐，推进城镇化进程，加快服务业发展，促进经济增长向依靠三次产业协同带动转变。

——注重科教人才，推动创新发展。深入实施科教人才战略，提高教育现代化水平，增强自主创新能力，壮大创新人才队伍，推动经济发展向主要依靠科技进步、劳动者素质提高、管理创新转变，加快创新型楚雄建设步伐。

——着力改善民生，实现和谐发展。加大保障和改善民生工作力度，切实把促进就业放在经济社会发展的优先位置，加快发展各项社会事业，推进基本公共服务均等化，千方百计增加城乡居民收入，使发展成果更好地惠及全州各族人民，加快推进和谐彝州建设进程。

——加强生态建设，推进持续发展。深入贯彻节约资源和保护环境基本国策，大力发展低碳、循环、绿色经济，加快资源节约、环境友好型社会建设，不断提高可持续发展水平。

——深化改革开放，促进协调发展。全面推进各项改革，提高对内对外开放水平，构建有利于科学发展的体制机制，努力实现经济发展与社会发展相协调，经济发展与人口、资源、环境相协调，内需与外需发展相协调。

第三节 发展思路

牢牢把握国家深入实施西部大开发战略和支持云南省加快建设面向西南开放重要桥头堡的重大历史机遇，按照省委、省人民政府“两强一堡”战略部署，紧紧围绕富民强州这一宏伟目标，强化基础设施、重点产业两大支撑，突出农业、工业和城镇化三大重点，实施工业强州、开放活州、科教兴州、生态立州四大战略，集中力量建设烟草、冶金化工、生物医药、绿色食品、文化旅游、新能源新材料六大重点产业，努力把楚雄州建设成为滇中经济区新的增长极、桥头堡战略大通道的重要枢纽、外向型优势特色产业基地、金沙江流域经济合作区的重要节点和全国民族团结进步示范区。

第四节 发展目标

围绕实现富民强州的战略目标，经济实力显著增强，文化持续繁荣，生态建设和环境保护取得重大进展，发展的活力和动力进一步增强，和谐社会建设迈出新步伐。主要目标是：

——经济快速发展。经济结构战略性调整取得重大进展，重点产业支撑能力明显增强，农业产业化、新型工业化、城镇化水平明显提高，第三产业发展明显加快，发展的协调性明显改善。经济增长质量和效益明显提高，经济总量大幅增加，全州生产总值年均增长12%以上，力争全州生产总值和人均生产总值分别比2010年翻一番；全社会固定资产投资年均增长

20%以上，5年累计突破2506亿元；社会消费品零售总额年均增长18%；外贸进出口总额年均增长18%；地方财政总收入年均增长15%以上，2015年达174亿元；地方财政一般预算收入年均增长15%以上，2015年达62亿元；地方财政一般预算支出年均增长15%，2015年达218亿元。价格总水平保持基本稳定。产业结构进一步优化，二产增加值占GDP比重提高2个百分点以上，三产增加值占GDP比重提高2个百分点；重点产业增加值占生产总值的比重逐步提高；城镇化率达40%。

——民生全面改善。社会建设明显加强，社会管理水平明显提高，城乡居民收入普遍较快增加，贫困人口进一步减少，覆盖城乡的基本公共服务体系进一步完善，全民受教育程度和医疗、社会保障水平稳步提升。加强和谐社会建设，促进民族团结和睦，提高人民生活水平，城镇居民人均可支配收入和农民人均纯收入年均分别增长10%以上。积极扩大就业，城镇登记失业率控制在4.5%以内，累计城镇新增就业10.72万人，新增劳动力平均受教育年限达12.5年，九年义务教育巩固率达95%，高中阶段教育毛入学率达85%。城镇基本养老保险参保人数达12.5万人，农村社会养老保险参保人数达100万人以上，农村最低生活保障基本达到应保尽保，城乡三项医疗保险参保率达98%。人口自然增长率控制在6.35‰以内。

——生态更加良好。生态环境明显改善，低碳经济发展取得明显突破。耕地保有量保持在29.01万公顷以上；农业灌溉用水有效利用系数提高到52%。提高资源利用效益，确保全面完成省下达的单位生产总值二氧化碳排放量降低14%、单位生产总值能耗降低14%，以及单位工业增加值用水量降低、主要污染物排放减少等约束性指标。森林覆盖率达63.5%，活立木蓄积量达1亿立方米。

——文化繁荣进步。人民群众思想道德素质和科学文化素质不断提高，城乡公共文化服务体系基本建立，文化事业和文化产业加快发展，文化软实力明显提升，建设社会主义先进文化，增强社会主义意识形态的吸引力和凝聚力。繁荣文化事业，进一步完善文化、广播电视、网络等基础设施建设，进一步加强民族文化保护；地方媒体综合实力明显增强，文化发展政策进一步完善，文化体制改革初见成效；加快发展文化旅游业，提高文化旅游业增加值占GDP的比重。

——发展活力涌现。改革开放不断深化，经济、文化、社会等重要领域和关键环节改革取得明显进展，对内对外开放格局进一步形成，创新型楚雄建设步伐明显加快。社会主义民主政治建设取得新进展，依法治州深入实施，公民政治参与范围有序扩大，公民合法权利得到保障。有利于科学发展的体制机制进一步建立健全，全社会创造源泉充分涌流、活力竞相迸发。科技创新能力明显提高，科技对国民经济发展的贡献率达53%，研究与试验发展投入占生产总值比重达1.5%；5年累计新增专利数授权350件；实际引进州外国内到位资金累计达800亿元。

——社会和谐稳定。民主政治建设扎实推进，依法治州进程进一步加快，社会管理格局不断完善，各类矛盾纠纷得到有效预防和化解，人民权益和社会公平正义得到更好保障，民族团结和睦，社会和谐稳定。

第三章　重大生产力空间布局

第一节　空间布局原则

根据国家和省主体功能区规划对楚雄州国土空间的战略定位，结合楚雄州区域发展现状，以及未来发展的需要与资源、环境相匹配能力，“十二五”期间楚雄州优化生产力空间布局要坚持的基本原则是：

——市场导向，政府主导原则。遵循市场经济规律，充分发挥市场对资源配置的基础性作用，同时发挥政府对重点产业布局的主导性职能，使全州生产力布局在资源、环境、区位最优，辐射带动力最强的区域。

——突破界限，跨区域整合资源的原则。按照形成若干带动力强、联系紧密的经济区和经济带的发展要求，着力突破县级行政区划界限，实行跨区域资源整合，形成优势资源向最佳区位集中、优势企业向优势园区集中的发展格局。

——集中布局，非均衡推进的原则。根据不同区域的特色资源禀赋和区位优势，对重点产业进行集中布局，形成互相配套的产业群、产业链、产业带，发挥产业的集聚发展和规模效应，以非均衡发展的方式推动区域经济走向均衡发展。

——互补互动，互为借势的原则。本着跨县域、跨州域开放合作的战略取向，构建县（市）与县（市）之间、州域与周边州市区域之间全方位、多层次、宽领域开放合作的平台，形成不同区域之间互补互动，互相借势发展的紧密关系。

——点线面结合，梯次发展的原则。通过连点成轴，以轴扩面的扩展，构建率先发展、加快发展、跨越式发展的梯次推进的区域发展态势，创造楚雄州竞争的新优势。

第二节　着力打造两个增长极

按照省委、省人民政府关于“努力把楚雄州建设成为滇中经济区新的增长极，全省乃至全国最具发展活力和竞争优势的少数民族自治州之一”的战略发展定位和《滇中经济区一体化发展总体规划》中，将楚雄、武定（禄劝）规划为滇中经济区西部和北部两个增长极的战略布局，按照区域增长极发展模式，楚雄州要建成滇中经济区新的增长极，必须通过加快打造滇中经济区西部和北部这两个次增长极来支撑。

一、打造滇中经济区西部增长极

滇中经济区西部增长极，主要由楚雄、禄丰组成。按照“一极双核”、“一主一次”的总体定位，构建形成全州区域发展主增长极和滇中经济区的西部增长极。楚雄市围绕建设成为滇中城市群中特色鲜明、竞争力较强的区域中心城市，按照“一主、两轴、四辅”的总体构架，合理布局城市发展的方向和重点，以打造“半小时经济圈”为重点，明确“一主四辅”之间的产业分工，培强做大现代烟草及配套、能源及冶金化工、建筑建材、机电制造、生物、现代服务业，力争到2015年，滇中城市群楚雄区域中心城市主骨架基本形成，城市功能配套日趋完善，成为全州区域发展的主增长极。禄丰按照“现代新钢城、中国新钛谷、世界恐龙乡、绿色经济县、和谐新禄丰”的发展定位，充分发挥毗邻昆明、全省重要交通枢纽和现有工业基础的优势，大力发展冶金矿产、现代烟草、能源化工、绿色食品、建筑建材、文化旅游产业，力争到2015年城镇人口达20万人，2020年达到中等城市规模的州域次级中心城市。通过打造楚雄、禄丰两个州域核心区，使其成为支撑全州区域发展的强大引擎和滇中经济区的西部增长极。

二、打造滇中经济区北部增长极

主要包括《楚雄州北部金沙江流域经济社会发展总体规划》区内的牟定、姚安、大姚、永仁、元谋、武定6县和禄丰的黑井、妥安2乡（镇）。围绕建设桥头堡云南北大门的战略目标，按照楚北规划“一极、双核、四带、四区、五产”的总体布局，借助昆明、攀枝花两大经济体的发展优势，加快楚北开发，力争区域内GDP近期年均增长13%左右，到2015年GDP达到229亿元；远期年均经济增长14%左右，2019年GDP达到387亿元，超过2009年全州GDP 342.2亿元的规模，基本实现相当于再创造一个楚雄州规划基准年经济总量的目标，到2020年，区域经济发展整体水平位于云南省先进行列，GDP达到441亿元，占到全州总量的40%左右。

第三节 推进三个区域协调发展

楚雄州的国土空间开发，由于资源禀赋和环境、区位的差异以及开发强度和时序不同，目前已形成楚中、楚北、楚南3个既相互紧密联系，又各具特色的经济区域。楚中包括滇中城市群楚雄区域中心城市规划“一主、两轴、四辅”所覆盖的区域和禄丰县（除黑井、妥安两乡镇外），是支撑全州未来发展的核心区。楚北包括楚北规划所确定的“六县两乡镇”，是楚雄州继楚中之后，发展潜力最大，能形成对全州经济较大支撑力的区域。楚南包括双柏县、南华县全部和楚雄市南部在内的红河流域，该区域生物、能源、矿产、文化旅游资源丰富，既是楚雄州南部生态屏障区，同时也是经济发展较为滞后的区域。在3个区域规划中，南华、牟定、双柏3座县城及周围辐射区，是楚中、楚北、楚南规划的复合区，即以上3座县城及周边既是楚雄区域中心城市的辅城，同时又是带动楚北、楚南发展的龙头之一。要按照楚中率先发展、楚北加快发展、楚南跨越发展的要求，加快推进以楚雄区域中心城市、禄丰山水园林新钢城为主体的楚中区域和以“大交通、大生态、大旅游”为战略取向的楚南规划，并在“十二五”启动实施。通过制定差别性的区域产业发展政策，建立区域发展评价体系，使三大区域形成既相互推动又各自独立集聚发展的经济板块。

第四节 加快建设五条经济带

“十二五”期间，要遵循自然经济规律，以打破县域行政区划界限为突破口，加快推进昆楚、南永、永武、元双、武禄5条经济带建设。在继续加强各经济带农业、交通、城镇等基础设施建设的同时，按照各经济带的区位优势和资源禀赋，加大烟草、冶金化工、生物医药、绿色食品、文化旅游、新能源新材料六大重点产业建设力度，制定引导产业发展的配套政策，建立跨县域产业互补发展的利益分享机制，加快形成优势资源、优势产业、优势生产要素、优势企业向经济带集聚发展的新格局。

一、昆楚经济带

昆楚经济带是东接昆明市、西连大理州，以横贯东西的交通大动脉为主轴，以沿途重要节点城镇为支撑，两翼展开的龙型经济区。范围主要包括禄丰、楚雄、南华3个县域。要依托昆楚—楚大高速公路、成昆铁路、在建的昆广—广大铁路复线和未来新建的成昆高铁和楚广、武禄高速公路所形成的交通枢纽和网络，以建设滇中城市群楚雄区域中心城市、禄丰中等城市作“双轮”驱动，以勤丰、土官、碧城、广通、沙桥等重要节点城镇为支点，以推进楚雄、禄丰两个省级工业园区、南华州级工业园区为载体，在禄丰、南华搭建两个东承昆明、西连滇西的合作平台，加大沿线以烟草、冶金化工、生物、能源、建材、机电制造、现代物流、文化旅游等为重点的产业布局力度，加快要素流动和集聚，总体上形成突破区域行政区划界限，“东承、西连、中聚”的发展格局，成为楚雄州参与建设中国面向西南开放重要桥头堡和滇中经济区的核心组成部分。

二、南永经济带

南永经济带包括南华、姚安、大姚、永仁4个县域，其中南华县部分与昆楚经济带相叠加，永仁部分与永武经济带相叠加。该区域由于海拔、气候、土壤、生物资源差异性小，具有均质区的性质，同时有铜、煤、铅锌、铂钯等矿产资源和风能、太阳能等新能源资源。该经济带依托楚雄州“四纵四横”公路骨架网永仁至景东的一纵和“四横”分别与之相交，加之成昆、广大铁路在南北两端过境所形成的交通网络，以县城和重要节点城镇为支撑，北部永仁面向四川攀枝花市，主动融入攀西经济区借势发展；中部大姚、姚安以产业园区共建共享为平台，构建“两姚”融合发展模式；南部南华东融滇中城市群楚雄区域中心城市、西接滇西大理、南下普洱景东的两个外向窗口。该经济带按照山区、半山区、坝区的均质带布局的理念，在适宜区大面积布局和建设以核桃、啤酒大麦、蚕桑、优质稻、蔬菜、野生食用菌等为重点的特色生物产业基地；按照4个县工业园区的发展定位，形成以绿色食品加工业、轻纺工业为主的特色产业带和以铜、煤等优势矿产采掘业和冶金化工业为主的点状产业区；依托能源资源优势，大力发展以风能、太阳能、水能为主的新型能源产业；积极提升各县（市）文化旅游资源品位，大力发展文化旅游业。

三、永武经济带

永武经济带包括永仁、元谋、武定3个县域。依托永武高速公路，辅之以交通支线网络，发挥铁路、水运等优势交通资源，充分发挥永仁北接攀枝花、武定东靠昆明的区位优势，把武定（含省规划中的禄劝）培育成为滇中经济区的北部增长极，把元谋建设成为楚雄州北部区域中心城市和产业集聚发展区，把永仁培育成为永武经济带上一个重要的增长点，形成“以点带面、以线串珠”的发展格局。抓住云南省加快推进现代新昆明和攀枝花市城市发展正从西南地区最大钢铁工业基地向综合性城市转变的机遇，积极承接昆明、攀枝花产业转移，重点发展以风能、太阳能、水电为主的清洁能源产业、机械制造加工业和绿色食品加工业，适度发展冶金化工业、石材建材加工业，打造楚北地区最重要的工业产业带；利用带内金沙江干热河谷面积广阔、光热资源丰富的优势，大力发展生物产业，继续做强区域内的烟草、蔬菜、药材种植业、特色畜产品养殖业，建设一批优质烟叶基地、蔬菜基地、畜禽养殖基地、中药材种植基地，形成农业产业基地群；以构建旅游链为目标，重点开发武定狮子山、元谋土林、元谋人遗址、永仁方山等特色文化旅游资源，打造精品旅游链；扶持发展现代物流业，形成工业产品和农产品物流与服务中心。

四、元双经济带

元双经济带包括元谋、牟定、楚雄、双柏4个县域，其中楚雄部分与昆楚经济带相叠加。根据该经济带资源禀赋、发展水平、区位优势差异较大的特点，总体布局发展思路是：依托元双高等级公路，向北南两端延伸，辅之楚雄州“四纵四横”公路骨架中“四横”及成昆、广大铁路与之相交所形成的交通网络，构建以未来滇中城市群楚雄区域中心城市和元谋次级中心城市为支撑，以牟定、双柏两座县域中心城镇为连接，北跨金沙江与攀西经济区相接，南过礼社江与玉溪相汇，中部隆起、两头延伸的经济带。楚雄通过建设滇中城市群区域中心城市，发挥向南北两头辐射带动的辐射效应；元谋依托拟规划建设的跨金沙江大桥经姜驿北接会理的二级路，向北延伸，形成以元谋为核心、牟定为增长点，并辐射带动禄丰县的黑井镇、妥安乡共同发展的格局，大力发展以蔬菜、腐乳、仔猪等产品加工为主的绿色食品加工业，适度发展以铜、铁、铅锌等矿产为主的冶金矿产业；在巩固传统烟草种植产业的基础上，围绕特色农业资源优势，以蔬菜、水果和以仔猪、黑山羊为主的特色农产品种植基地和畜产品养殖基地；双柏依托元双高等级公路并延伸至三江口和辅之与楚雄南部、禄丰南部、玉溪的峨山和易门的支线，立足境内资源优势，提升烟草产业、大力发展矿电能源、特色林产、绿色食品业。同时，4县（市）要各显其特、各展其优，大力发展文化旅游业。

五、武禄经济带

武禄经济带包括武定和禄丰两个县域，分别与昆楚、永武经济带相接。该经济带是滇中经济区“一核、两轴、三圈、四极、五通道”生产力空间布局中南北纵轴的一段，是“三圈”中带动圈的扇面，是“四极”中西部和北部两个增长极之间的走廊，是“五通道”中滇西北和滇西南两大通道的交叉覆盖区，区位优势非常明显。加之煤、铁、钛、风能、太阳能、生物质能等资源优势，发展潜力巨大。该经济带以“十二五”建成的武禄高速公路（滇中经济区南北纵轴中段）为主轴，依托昆楚高速公路、永武高速公路和正在修建的昆广铁路复线、处于正在开展前期工作的成昆高铁（燕岗到昆明）的交通干线，辅之以联络支线，以武定（禄劝）和禄丰两个次级中心城市为支撑，建成楚雄州东部承接昆明产业转移，以冶金重化工业为主的最大集聚发展带。在战略取向上，武定东南承接昆明，西北经元谋、永仁连通攀枝花两大经济体，西南与禄丰融合发展；禄丰东承昆明、西连楚雄，北与武定融合发展，总体上形成昆、禄、武三角经济区。在推进步骤上，构建武定按照“两轴三区”的战略布局与昆明禄劝组团发展的同时向南部扩容发展，禄丰以“一核三带”战略布局中的东部经济带为引擎向北延伸，形成以碧城为节点相向推进的“北上、南下、中汇”的发展态势。在产业布局上，形成两县以冶金、建材、能源、化工、生物、文化旅游融合发展的格局。在区域协调发展方面，两县要以合作延伸钛产业链为起点，探索建立多层次产业融合发展的利益协调机制，为全州突破行政区划实现融合发展、集聚发展做出示范。

第四章　产业发展重点

第一节　巩固提升烟草产业

积极发展现代烟草农业，转变烟叶发展方式，打造楚雄烟叶品牌，全面提高烟草产业发展水平。以加快推进现代烟草农业建设、提升烟叶复烤加工产能、提升红塔集团楚雄卷烟厂产能、整合培强卷烟配套产业4个战略重点，以科技创新、品牌打造、市场拓展为战略措施，以同红塔集团建立更加紧密的合作关系为战略保障，形成以烟叶种植和加工、卷烟生产和销售、有关生产服务配套产业为一体的产业集群，力争经过“十二五”的突破性推进，使楚雄州成为云南乃至全国“两烟”行业中具有核心竞争实力的重要基地之一。稳定烟叶种植面积，保持烟叶产值稳步增长，质量逐步提高，同时提高烟农收入在烟叶产值中的比重。完成楚雄卷烟厂技改搬迁。“十二五”期间，通过推进现代烟草农业建设和卷烟厂技改达产、楚雄烟叶复烤厂技改扩建，争取烟叶价区调整，形成楚烟发展的新优势。到2015年，力争烟草产业增加值占全州生产总值的比重达16%左右。

第二节 培强壮大冶金化工业

围绕把楚雄州建设成为全省重要的冶金化工基地的目标，抓住新一轮产业转移、国家支持西部地区资源就近加工转化的机遇和楚雄州处于西南地区电力输变枢纽的有利条件，用足用好产业政策，加快工业园区建设，以工业园区为载体，主动承接发达地区的产业转移，充分发挥水电、煤炭等能源优势，依靠科技创新，推动和支持冶金化工企业实施提升改造，不断发展壮大以有色金属、钢铁和石油化工等为主的冶金化工产业，努力争取中缅石油炼化衍生产品在楚雄州布局。同时，重点做好矿电结合、能化结合、传统工业转型升级和新型载能工业规划布局。建设与电力能源发展相匹配的冶金化工产业体系，着力壮大产业集群，培育一批以钛合金、铁合金、有色金属、非金属、化工等为主的冶金化工企业。推动结构调整和产业升级，淘汰落后产能，置换新型产业发展空间，延长产业链，提升传统载能产业的科技含量，实施技术改造，加快设备转型升级，促进传统产业向新型产业转变。继续加强与各类企业集团的合作，重点培育一批产值上百亿元的骨干企业，集中力量建设好楚雄、禄丰、武定、永仁4个工业发展重点规划区，全力打造昆楚、南永、元双、武禄、永武5条工业走廊。到2015年，力争冶金化工业增加值占全州生产总值的比重达16%左右。

第三节 发展壮大生物医药业

紧紧围绕“把药业建设成为全州支柱产业，把彝药打造成全国知名品牌”的总体要求，建立研发、生产、营销联动机制，以“强招商、调结构、重整合、树品牌”为主线，注重招商引资，加快楚雄医药园区建设，做大经济总量；以中药、民族药为重点，延伸产业链，构筑包括植物原料药、保健品、医疗器械及医用材料、生物医药等药业加工，以及中药材种植、研发、医药营销等在内的大医药产业体系；注重科技创新和中药材基地建设，加强彝族医药体系建设，打牢产业基础；注重打造彝药品牌，支持州内制药企业发展壮大。继续扩大排毒养颜胶囊等品牌产品的市场占有率，支持企业开发和引进附加值高、市场潜力大的产品，全面推进彝药新产品开发。加大市场开拓力度，做大做强优势企业，努力把楚雄建成省内重要的药物和保健品生产基地。加强统筹，尽快形成彝药研发、药材种植、药材市场、中药饮片、各类药品制剂、药用包材、输液器相互配套的产业链，提高药品市场占有率和竞争实力。发挥楚雄州地道药材的品牌效应，在最适宜药材种植区，按GAP规范建设中药材及其配套的种苗繁殖技术示范基地。加快彝药体系建设，开发药材资源，深度挖掘具有明显疗效的复方中药及彝药名方，提升彝医药的知名度，着力打造楚雄“彝药之乡、滇中药谷”，推动生物医药产业稳步发展。“十二五”期间，力争生物医药业增加值年均增长30%以上，占全州生产总值的比重明显提高。

第四节 做特做优绿色食品业

围绕把楚雄州建设成全省乃至全国重要的绿色产业基地的目标，依托优势资源、优势企业，巩固和加强产业基地建设，努力提高绿色食品资源的开发和综合利用水平。充分发挥不同区域的比较优势，发展以无公害蔬菜、粮食、油料、食用菌、核桃、畜产品、薯类精深加工和饮料制造、调味品制造为主的绿色食品加工企业；以建设农产品加工园区为抓手，重点抓好元谋无公害特色农产品加工园区、楚雄绿色食品加工园区建设，形成特色食品加工产业区，推进产业集群发展；积极引进国内外高新技术企业进驻楚雄，支持有实力的企业通过联合做大做强；坚持以效益为中心，走工农联动、点面结合、重点突破、特色取胜的发展之路，加快建设以国内外市场需求为导向，以绿色食品加工企业为龙头的“市场营销——食品加工——农产品生产”的产供销一条龙体系；依托气候资源优势，引进外来蔬菜种业，发展蔬菜良种冬繁基地。大力实施品牌战略，培育名优品牌，努力打造绿色食品知名商标，全面提升绿色食品加工业产品的市场竞争能力。提升精深加工产品比例和资源综合利用水平。培植龙头骨干企业，推进农副产品加工向食品制造延伸，带动农业产业化发展。到2015年，力争绿色食品产业增加值占全州生产总值的比重达12%左右。

第五节 做特做强文化旅游业

围绕把楚雄州建设成全省新的民族文化旅游产业基地的目标，打造彝族文化、恐龙文化、元谋人文化、铜鼓文化、古镇文化、名人文化、生态文化和美食文化八大品牌，积极发展新闻出版、广播影视服务、文化会展、演艺、民族民间工艺品、文体休闲娱乐等主导产业，增强文化创新能力和传播能力，形成有竞争力的文化品牌，努力使文化产业成为楚雄州的新兴产业。深入打造文化旅游精品，不断完善旅游产品体系，拓展旅游客源市场，夯实旅游文体公共服务设施，加快文化旅游业发展。争取到“十二五”末，把风情彝州之旅——环州旅游线打造成为云南精品旅游线路、有机融入滇西和滇西北黄金旅游线，把楚雄建设成为具有较高知名度和影响力、能够吸引中远程目标客源的市场，产业体系健全、经济效益显著的云南新兴旅游目的地。到2015年，力争文化旅游业增加值占全州生产总值的比重达10%左右。

第六节 加快培育新能源新材料产业

按照“市场主导、创新驱动、引领发展、重点突破”的要求，把加快培育和发展新能源新材料放在推进产业结构升级和经济发展方式转变的突出位置。加快风能、太阳能和生物质能等新能源的开发利用，推动新能源产业化发展。着力打造云南重要的钛产业基地，加大钛材等新材料的开发力度，加快推进新能源材料和化工新材料的研发利用，积极融入战略性新兴产业发展大潮，把新能源新材料产业培育成为新的经济增长点。

第五章 推进结构战略性调整

第一节 推进产业结构调整

按照一产调优、二产调强、三产调快的总体方向，坚持规模扩张与质量提升并重，培育战略性新兴产业与改造提升传统产业并重，从主要依靠资源消耗向主要依靠科技进步、劳动者素质提高和管理创新转变，着力实施标准化发展战略，推进三次产业结构调整，到2015年，三次产业结构调整为18:45:37。

一、优化提升第一产业

加快发展现代农业，调优一产。以加快转变农业发展方式、提高农业质效和提升农产品竞争力为重点，加强农田水利等基础设施建设，巩固农业基础地位，推进农业结构战略性调整。加快调整优化种植、养殖业结构。加大对农业龙头企业、农民专业合作组织的培育和扶持力度，引导和推进农产品精深加工，延长农业产业链，培强特色农业产业，全面提高农业生产规模化、组织化、品牌化、生态化和产业化水平，努力形成种植、养殖、加工、贸易一体化发展的新格局。

二、培强壮大第二产业

加快推进新型工业化进程，调强二产。以结构调整为主线，园区建设为依托，转变发展方式为重点，加快用先进适用技术改造提升传统产业，推进工业由资源型、原料型、低附加值型向精深加工、延伸产业链、高附加值方向发展和转型。加强与大企业、大集团的合作，支持中小企业加快发展，加快烟草加工及配套产业、冶金化工产业、生物制药产业、绿色食品加工业、装备制造业、能源及新材料工业等工业重点产业建设。充分发挥楚雄州的资源、环境、区位优势，大力发展以新能源、新材料、生物产业等为重点的战略性新兴产业，培育新的经济增长点。着力推进传统产业新型化，新型产业规模化，加快形成几个具有带动效应的产业集群格局，全面提升工业经济发展水平。以推进工业化、城镇化为契机，加快发展建筑业，提升建筑业在第二产业中的比重。

三、加快发展第三产业

推动服务业健康发展，调快三产。以改革开放为动力，项目为支撑，市场为导向，发挥优势，突出特色，整合优势资源，优化服务业结构，加快第三产业发展。消除限制服务业发展的体制机制障碍，鼓励和引导社会资本更多地投向服务领域。鼓励服务创新，加快发展以现代物流业和文化旅游业为重点的服务业，促进现代物流、金融保险、科技研发、文化创意、工业设计等生产性服务业发展，推进现代服务业与现代制造业互动发展，积极推进社区服务、信息咨询、旅游文化等生活性服务业转型升级，加快服务业向市场化、产业化、社会化转变，提升第三产业发展水平。

第二节 推进需求结构调整

立足楚雄州经济在“十二五”时期仍是投资拉动型经济的特点，正确处理好投资与消费和出口的关系，加快需求结构调整步伐，努力形成投资、消费、出口“三驾马车”协同拉动新格局。

一、继续保持投资对经济增长的强劲拉动

发挥投资对扩大消费需求的重要作用，保持投资较快增长，优化投资结构，改革完善投资体制，提高投资质量和效益，有效拉动经济增长。牢固树立“项目主导发展，投资决定增长”的理念，进一步建立和完善项目上报争取的联动工作机制，围绕国家、省的投资重点和导向，每年谋划和争取实施一批带动力强、事关全州发展的大项目、好项目。切实加大对项目建设的监管力度，充分发挥项目的经济和社会效益。调整优化投资结构，在加强对基础设施、基础产业、改善民生、生态环保等经济社会发展薄弱环节投入的同时，更加注重多渠道增加产业投资的比重。促进投资与消费良性互动，把扩大投资规模和增加就业、改善民生有机结合起来，创造最终需求。充分利用财税政策，推动投资结构调整，优化政府投资结构，引导社会资本，创新融资方式，着力拓宽投融资渠道，在继续积极争取国家和省扶持的同时，最大限度放开投资领域，降低准入门槛，激活社会投资。积极鼓励和引导民间投资更多地投向基础设施、社会事业、市政公用和社会服务等领域。

二、着力扩大消费需求

建立扩大消费需求的长效机制，在保持投资持续较快增长的同时，努力扩大消费，大力发展对外贸易，努力实现内需主导、消费驱动、外需助推的经济增长格局。按照国家和省的统一部署，改革完善收入分配制度，合理调整城乡居民收入分配格局，保持城乡居民收入稳步增长，增强居民消费能力。健全社会保障体系，提高社会保障的覆盖面和保障水平。合理引导消费行为，促进消费潜力释放。引导和培育新的消费热点，落实好国家引导和促进消费的各项政策，促进家电、汽车等耐用消费品和教育、休闲娱乐、康体等消费，拓展社区服务业、物业、家政、信息咨询等消费领域，促进消费结构升级。深入挖掘农村消费潜力，加快农村水、电、路等基础设施建设，破解制约农村消费的“瓶颈”。改善消费环境，建立健全市场流通体系，整顿和规范市场秩序，加强食品药品安全监管，完善信用体系，发展消费信贷，切实增强消费对经济增长的驱动力。

三、千方百计扩大进出口规模

紧紧抓住中国——东盟自由贸易区的建成和国家支持云南省加快建设中国面向西南开放重要桥头堡的重大机遇，增强出口对经济发展的拉动作用，主动适应经济全球化、区域一体化趋势，依托滇中经济区辐射国际大通道，面向东南亚和南亚，构筑全方位扩大对外开放新格局，加快把楚雄州建设成为发达地区产业转移及出口加工基地和连接东南亚、滇川合作的桥梁。大力拓展对外经贸合作，坚持把对外开放与经济结构调整相结合，推动出口产品向高技术含量、高附加值转化。在加大野生食用菌、农副产品开发，巩固日本、韩国、欧美等现有出口市场的同时，围绕东南亚和南亚国家的生产生活市场，加大纺织品、药品、机电产品和其他生产生活用品等出口产品的生产开发力度，积极开拓新的出口市场。加大紧缺原料、先进技术和设备进口，促进贸易结构调整和升级，提高外贸净出口对经济增长的贡献率。

第三节　推进所有制结构调整

毫不动摇地鼓励、支持和引导非公有制经济发展，提升非公有制经济的发展水平。创造公平竞争、平等准入的市场环境，改善融资条件，消除影响非公有制经济发展的体制机制障碍，大胆探索适合彝州特色和产业特点的非公有制经济发展模式，努力形成各种所有制经济平等竞争、互补发展的新格局。明确界定政府投资领域，充分发挥政府投资对非公有制经济的引导作用，实现投资效益最大化。进一步拓宽民间投资的领域和范围，按照“非禁即入”的原则，鼓励和引导民间资本进入法律法规未明确禁止准入的行业和领域。加大对非公有制经济的政策和资金扶持力度，各项优惠扶持政策要对包括民间投资在内的各类投资主体同等对待。切实帮助非公有制企业解决融资、担保、土地批租等方面的困难，营造有利于非公有制经济健康发展的政策环境和舆论氛围。全面清理涉及民间投资管理的行政审批事项和涉企收费，狠抓“三乱”治理，提高行政服务效率，减轻民营企业负担，促进非公有制经济快速发展。突出抓好放开、引导、扶持、保护等环节，引导非公有制企业集群发展，激发县域经济发展活力，全面提升楚雄州非公有制经济发展的速度、规模、质量和效益。到“十二五”末，力争非公有制经济占生产总值的比重明显提高。

第四节　推进城乡结构调整

坚持统筹城乡发展的基本方略，以人口城镇化为导向，推进基本公共服务均等化，突破城乡二元体制，加快城乡一体化进程，缩小城乡经济社会发展差距，统筹城乡协调发展。

一、增强城镇承载能力

加快推进滇中城市群楚雄区域中心城市、县域中心城镇和重点小城镇的建设，在加快城镇路网、供排水、电网、治污等城镇基础设施建设的同时，更加重视教育特别是义务教育和学前教育，医疗特别是基层社区医疗，以及文化、体育和公共活动场所建设，不断满足日益增长的城镇公共服务需求。加快产业园区建设，加大重点产业培育力度，引导农产品加工企业向城镇集聚发展，壮大县域经济实力，增强城镇辐射带动和就业吸纳能力，促进人口向城镇集中。

二、大胆探索推进城乡一体化的新模式

针对楚雄州城市规模小，农业人口比重大的实际，按照建立“以工促农，以城带乡”长效机制的要求，积极借鉴成都、重庆统筹城乡发展试点经验，大胆探索推进符合彝州州情的城乡一体化进程新模式。加强农村基础设施建设，加大山区综合开发力度，推进易地扶贫、产业移民、工程移民、梯度移民等工程，改变生产要素极度分散、农村传统生产生活方式占主导地位、城乡差距继续拉大的现状。加快农村社会事业建设，切实改善农村生产生活条件，提高农村教育、科技、文化、卫生、体育等社会事业发展水平；逐步完善农村医疗、养老、最低生活保障等社会保障制度，推进城乡基本公共服务均等化，加快“减村增城”、“农民变市民”的进程。

三、建立统筹城乡一体化发展的体制机制

逐步突破行政区划界限，积极鼓励发展城市群，促进土地向适度规模集中、人口向城镇集中、企业向园区集中，统筹城乡规划、产业发展、公共服务、社会保障、户籍管理、劳动就业、基础建设、金融发展、建设用地和生态建设，发挥城市对农村的辐射带动作用，促进城镇化和新农村建设良性互动，缩小城乡差距。努力破除阻碍城乡一体化发展的体制机制障碍。有效解决进城农民工及其子女的就学、就医、落户等社会保障问题，促进农业人口有序转变为城市居民。

第六章　经济社会发展的主要任务

第一节　全面推进社会主义新农村建设

巩固和强化农业的基础性地位，着力转变农业发展方式，拓展发展领域，探索发展途径，不断增强农业的竞争力。围绕社会主义新农村建设的方针和总体要求，加快推进农业结构调整，推进现代农业建设，促进农业稳定发展，农民持续增收，农村繁荣稳定。坚持改善民生，强化农村公共服务，有效解决农民生产生活最迫切的实际问题，推进农村和谐建设。加大农村扶贫开发力度，推进农村改革发展，进一步夯实农业农村发展基础。到2015年，全州第一产业增加值年均增长6%以上；农民人均纯收入达6275元以上，年均增长10%以上；全年粮食作物总播种面积不低于320万亩、年粮食总产量保持在100

万吨以上，人均占有粮食达400千克；科技在农业生产中的贡献率由2010年的50%提高到55%；建成社会主义新农村示范村100个以上。

一、加快发展现代农业

把建设现代农业作为转变农业发展方式、提高农业质效和提升农产品竞争力的首要任务。改善农业设施装备，推进农业科技创新体系建设，健全农业产业体系，培育现代农业经营主体。用发展工业的理念推进农业产业优化升级。打破行政区划，优化农业区域布局。加快推进山区农业综合开发，推动绿色经济示范县建设。加快发展高效生态农业、循环农业和外向型农业等现代农业，打好“气候、生态、特色、绿色、加工”5张牌，充分发挥区位、品种资源、反季节种植、冬季良种扩繁等优势，优化农业生产力空间布局，积极发展特色型、加工型、品牌型农产品，引导优势品种推广种养向优势生产区域集中，形成优势特色产业示范园、区（带）、基地。增加农产品生产和供应，重点发展烟草、粮油、畜牧、蔬菜、干果、水果、食用菌、茶桑和花卉等主导产业。大力发展各种类型的农民专业合作经济组织。着力搞好现代烟草、特色畜禽、特色蔬菜、木本油料、优质茶桑、中药材种植、优质粮油、食用菌和经济林果等基地建设。扶持发展农业龙头企业，推进农产品精深加工。狠抓农产品质量安全。认真做好农业防灾减灾工作。不断提高农业生产专业化、标准化、规模化和集约化水平，提升农业产业对全州经济的支撑力。

二、夯实农业发展基础

紧紧抓住国家突出加强农田水利等薄弱环节建设、大力发展民生水利和全省投资1000亿元开工建设100件以上骨干水源工程、200万件以上“五小水利”工程的机遇，抢占楚雄州作为水利部与省人民政府共建山区水利发展与改革示范区、烟草企业加大对楚雄州水源工程建设支持力度的先机，加快推进中小型骨干水源工程、烟田水源工程、灌区节水改造、“五小水利”、中小河流治理、病险水库和水闸除险加固等工程建设，尽快建成一批骨干水源工程，提高防汛抗旱应急能力。继续推进农村饮水安全工程建设。加强以小流域治理为重点的水土保持生态环境建设和重点水源地保护，有效减少库塘淤积、河床抬高，提高抵御自然灾害的能力，提高供水安全、防洪安全、生态安全，力争通过5年到10年的努力，从根本上扭转水利建设明显滞后的局面。加强动物防疫基础设施建设，完善疫病预警监测体系，提高应对重大动物疫病和人畜共患传染病的防控和处置能力，保障畜牧业健康发展和公共卫生安全。加强土地开发整理，重点支持中低产田地改造，加大高标准农田建设力度，保障粮食安全。继续搞好退耕还林还草、天然林保护等重点生态工程建设。进一步加强森林防火基础设施建设，提高森林火灾扑救能力。加快推进中低产林改造和草场建设。搞好农村能源建设，加快推进农网改造升级，进一步加强农村路网建设。通过以奖代补等方式全面推进农村小型基础设施建设，全力推进农村中小学校舍改造，加强公共文化设施建设，推进广播电视村村通、农业信息化建设工程。加强宅基地规划与管理，节约村庄建设用地，加强农村污水、垃圾治理，改善农村环境卫生，加强农村消防设施建设，推进乡村、地方和民族特色突出的抗震民居建设。

三、促进农民持续增收

按照形成农民增收多元化的要求，着力拓宽增收渠道。充分挖掘农业内部增收潜力，以市场为导向，积极引导发展特色农产品、林产品及畜产品，实现增值增效，优势互补。扶持发展符合产业政策的乡镇企业，重点发展劳动密集型产业，延长产业链，实现农产品转化升值，增加农民收入。积极争取上级财政对农业的支持，提高金融对农业的服务水平，引导民间资本对农业的投入，大力发展民营经济，引导企业和要素集聚，加快农村非农产业发展，壮大县域经济。加强新型农民培训，增强农民务农技能，促进科学种养。增强农民转产转岗就业能力，有效引导农民工合理流动，健全城乡就业公共服务网络，加快转移农村富余劳动力，促进农民转移就业，增加工资性收入。加大对侵害农民工合法权益行为的打击查处力度，为农民工提供有力的法律保护。认真贯彻落实中央对农业的直接补贴等各项强农惠农政策，增加农民生产经营收入。认真落实各类移民尤其是水利水电等工程移民后期扶持政策，不断改善移民的生产生活条件，增强移民的增收能力。

四、加快扶贫开发进程

加强组织领导，提高扶贫标准，加大扶贫投入，以稳定解决扶贫对象温饱、尽快实现脱贫致富为首要任务，以增加贫困人口收入、改善贫困地区民生、加快贫困地区发展为主线，以专项扶贫、行业扶贫、社会扶贫为支撑，把楚中高寒冷凉地区、楚北金沙江干热河谷地区和楚南哀牢山边远少数民族地区作为扶贫开发的主战场，不断转变经济发展方式，增强扶贫对象自我发展能力，推进基本公共服务均等化，努力解决制约贫困地区发展的突出问题。按照“政府主导、统筹规划、社会参与、多元投入”的思路和“统一规划、渠道不乱、任务不变、各尽其力、各记其功”的要求，优化配置扶贫资源，整合部门力量，强化部门协作，引导资金、技术、人才、管理等要素向贫困地区聚集。深入扎实推进整村推进、产业扶贫、易地扶贫搬迁、社会帮扶等各项扶贫开发措施的落实，进一步巩固温饱成果，提高发展能力，加快脱贫致富，缩小发展差距。力争到“十二五”末，解决40万贫困人口的温饱问题，实现贫困地区农民人均纯收入增长幅度高于全州平均水平，全面加快全州扶贫开发工作进程。

五、推进农村制度建设

贯彻落实党在农村的基本政策，坚持和完善农村基本经营制度，规范农村土地管理制度，完善农业支持保护制度，加快健全农业社会化服务体系，提高农业经营组织化程度。积极探索促进城乡经济社会发展一体化制度，健全和完善农村民主管理制度。进一步加快推进农村金融改革，建立现代农村金融体制，健全农业保险制度，完善农村工作体制机制。进一步推进农村全面改革，巩固集体林权制度改革成果，完善农产品流通体制。加快征地制度改革步伐，规范征地程序，完善被征地农民的合理补偿机制。建立和完善承包土地依法自愿、有偿流转的体制机制。完善农村集体经营性建设用地流转和宅基地管理制度，确保在农村体制改革关键环节上取得突破，优化农村发展内外环境，强化发展的制度保障。建立村委会干部工资福利待遇与经济发展同步提高的机制，有效调动他们的工作积极性和主动性。

第二节 加快推进新型工业化进程

坚定不移地实施工业强州战略，走科技含量高、经济效益好、资源消耗低、环境污染少、人力资源优势得到充分发挥的新型工业化道路。本着立足资源、依靠科技、深度开发、综合利用的原则，紧紧围绕加快烟草加工及配套、冶金化工、生物制药、绿色食品加工、装备制造、能源及新材料等工业重点产业建设，坚持以大项目为支撑，以产业园区为载体，着力培育一批骨干企业。依托特色资源，积极培育新能源、新材料等战略性新兴产业，推动优质生产要素向优势区域、各类园区和企业集中，努力构建现代工业体系，提高楚雄州工业经济效益和企业核心竞争力。到2015年，全州各项工业经济指标在2010年基础上实现翻一番以上。工业增加值（当年价）达281亿元，力争突破300亿元，年均增长15%以上；工业总产值达900亿元，力争突破1000亿元，年均增长16%以上；规模以上工业增加值达218亿元，年均增长16%以上。工业在国民经济中的主体地位得到进一步加强。

一、做大做强工业重点产业

烟草加工及配套产业：加快推进楚雄卷烟厂整体搬迁技改项目的实施，争取尽快形成年产60万箱卷烟产品生产能力，优化卷烟产品结构，提升产品等级。发展包装印刷等卷烟配套产业。

冶金化工产业：依托禄丰、大姚、牟定、武定等县（市）矿产资源优势，引进国内先进技术，加快有色金属采选冶炼及深加工、铂钯及其稀贵金属原料和产品精深加工、钛铁矿深加工系列产品开发。在楚雄、禄丰、武定、元谋等县（市）大力发展氯化法钛白粉、食品级钛白粉、燃料乙醇、氯碱、硫酸、甲醇、甲苯、二甲醚、合成氨、磷复肥、柠檬酸、酶制剂等产品生产，促进化学工业快速发展。

生物制药业：以楚雄医药工业园区为依托，引进现代生物制药技术，改造提升传统制药工业，开发疗效显著的彝药新产品，培强做大制药工业，努力提高楚雄州药品的市场占有率和竞争实力，着力打造楚雄“彝药之都、滇中药谷”。

绿色食品加工业：以楚雄、南华、元谋、姚安、大姚、牟定、禄丰绿色食品工业园区为重点，加快发展绿色食品加工业。加快推进楚雄州啤酒、白酒、功能饮料、精制米、油料、冷鲜肉、野生菌、核桃、蜂蜜、腐乳、蔬菜、香醋、酱菜、茶叶等绿色（有机）食品和功能保健食品产业化加工基地建设。

装备制造业：以楚雄、禄丰、大姚、永仁装备制造工业园区为重点，促进产业集聚，加快发展高低压开关电气、电力变压器、电线电缆、数控铣床、矿山机械、汽车零配件及乘用车装配制造业。

能源及新材料工业：合理开发水电项目，积极引导中小水电资源整合，鼓励矿电结合，提高中小水电资源利用率。大力开发利用风能、太阳能和生物质能等新能源。加快煤矿改扩建、技术创新和技术引进，积极发展洁净煤技术，推广使用水煤浆产品，延伸煤炭产业链。全面加快电网建设，把楚雄建设成为云南西电东送的枢纽和电能输送中心。配合完成国家特高压、高压输变电工程，确保能源安全。大力发展民生能源工程，优化民生用能结构。认真做好中缅油气管道过境天然气的开发利用规划，加快推进楚雄盆地石油天然气勘探开发前期工作。着力打造云南重要的钛产业基地，加大钛等新材料的开发力度，建设云南重要的新材料产业基地。

二、加快工业区带建设

优化工业发展空间布局，把工业园区建设与城镇建设规划、产业调整和振兴规划、产业发展规划、区域发展规划有机结合起来，以突破行政区划界限、共建共享提高产业集中度为取向，按照两个工业增长极、两个产业承接基地、五个工业组团、五条工业经济带的工业发展布局，着力打造滇中经济区西部和北部两大新型工业经济增长极。改善投资环境，进一步创新园区投融资体制，努力为项目的引进、建设提供最好的条件，加快配套基础设施及园区标准厂房建设，创新承接平台，逐步实现标准厂房招商，推动工业园区快速发展，增强园区的产业吸纳和承载能力，吸引大企业入驻园区发展。立足楚雄州区位优势、产业基础、发展条件，本着突出特色、集聚发展、打造核心竞争力以及可持续发展的原则，促进工业集聚发展。

三、加快产业集群化发展

坚持好中求快，实施“大企业、大集团、大项目带动大发展”战略，积极引进央企、省企、昆企、攀企、民企入楚发展，进一步加强与德钢、云冶、云铜、云天化、云南工投等大企业集团和国内知名企业的合作，培育产业关联度高、辐射面广、带动性强的龙头企业。充分发挥现有和潜在优势，选准产业转移的主动承接点，承接资源开发和精深加工及关联配套产业，加强合资合作，兼并重组，促进传统产业升级转型，提升工业综合竞争力。着力推进云冶集团和昆钢钛材深加工等一批重点工业项目，加快建设楚雄州钛工业基地，形成辐射东南亚的钢铁生产基地。通过实施品牌、资源、市场战略，形成拥有知名品牌和自主知识产权、主业突出、核心竞争力强、带动作用大的大企业集团。重视扶持发展中小企业，引导中小企业从加工制造环节向研究开发设计以及市场开拓和售后服务环节延伸，形成大中小企业齐头并进，产业综合竞争实力显著提高的产业发展格局。

四、积极培育战略性新兴产业

以科技为支撑，提高自主创新能力和行业竞争力。加强技术创新服务体系建设，引导资金、人才、技术等创新资源向企业集聚，鼓励企业增加新产品研发投入，建立技术研发中心，走“产、学、研”相结合的路子。积极支持科技成果持有人用科技成果作价入股的创业活动，允许科技成果参与股权收益分配。把握新兴科技和产业发展方向，争取在生物产业、新能源、新材料、节能环保等产业发展上取得重要突破，把战略性新兴产业培育成为工业经济发展新的增长点。推动产业结构的战略性调整、转变经济发展方式，实现可持续发展。立足州情和现有产业基础，把壮大特色主导产业与培育战略性新兴产业有机结合起来，按照市场主导、创新驱动、重点突破的原则，统筹规划战略性新兴产业发展全局。积极发展风能、太阳能，加快培育生物质能等新能源。着力打造钛产业基地，实施昆钢年产2万吨钛材深加工项目。加大钛材、钛基合金、银基合金、稀土、铂钯、钪、镍、钒钛合金、硅酸盐等复合材料及新材料产品开发力度。加快发展生物医药和柠檬酸、酒精、发酵制品、酶制剂、甲醇等生物制造。努力提升楚雄州农业育种的创新能力，构建以高原型优质专用良种为特色的生物育种产业。大力发展核桃、油茶、油橄榄、膏桐等木本油料及经济林产业。推广洁净化生产、推进节能技术改造、建设节能技术服务体系。加强信息基础设施建设，提升信息技术改造传统产业的力度，促进信息化与工业化深度融合。

第三节　加快推进城镇化进程

围绕国家和省在建设面向西南开放重要桥头堡中加快滇中城市群发展，把包括楚雄在内的滇中经济区建设成为桥头堡重要门户和陆路交通枢纽的战略布局，以加快融入滇中经济区发展为取向，以城乡统筹和区域统筹为立足点，坚持可持续发展和区域合作与竞争发展战略，坚持做优州域中心城市、做强县城、做特集镇、做美乡村的原则，优化布局，科学规划城市功能定位，着力构建等级分明、分工合理、特色显著、协调推进的州域城镇体系。到2015年全州城镇人口达109万人，全州城镇化率达40%。

一、构建科学合理的州域城镇体系

实施新一轮楚雄州域城镇体系规划，强化中心、次中心城市，发展卫星城市和交通沿线城市、重点小城镇、历史文化名镇和旅游小镇，促进大中小城市和小城镇协调发展。努力构建“一核两支点，两轴两圈层”的区域城镇空间结构，形成“网络化、全方位、多向联系”的空间布局形态，形成“一核、二次、多心”的多层次等级结构。加快构建以滇中城市群楚雄区域中心城市为核心，以东部禄丰县城、北部元谋和永仁县城为两支点，以依托320国道和安楚高速公路形成的东西向发展主轴、依托元双公路形成的南北向发展主轴为两轴，以楚雄市外围半小时的内圈层、南永和昆攀及武禄经济带串联形成的外圈层为两圈层的州域城镇体系。

州域中心城市。突出楚雄市的功能和定位，按照“一主、两轴、四辅”的空间构架，着力把楚雄市建设成为滇中城市群中特色鲜明、竞争力较强的区域中心城市，重点支持楚雄市中心城市建设，着力增强城市产业聚集能力、人口吸纳能力和辐射带动能力，加大基础设施建设力度，优化城镇片区产业布局。依托快捷的交通条件，构建以楚雄市为核心，以南华、牟定、双柏县城和禄丰广通镇为辅城的具备半小时交通圈辐射带动功能的滇中城市群区域中心城市。

州域次中心城市。重点支持禄丰次级中心城市建设，按照“一极三带”的生产力布局，把禄丰建设成为以恐龙文化为背景，山水园林为特点的现代化工业城，力争使禄丰达到中等城市发展水平。武定按照“两轴三区”的生产力布局，加快发展武定城市建设，主动融入昆明经济圈，使武定成为民族特色浓郁的昆明都市圈西北的旅游、休闲宜居城市。逐步与昆明禄劝县城进行一体化发展，把武定（禄劝）培育成为滇中经济区的北部增长极，成为承接昆明产业转移的辐射圈层。培育发展州域北部元谋、永仁二级中心城市。通过推进蔬菜物流集散地、绿色食品加工基地、特色文化旅游区的主要集散地和服务基地、承接昆攀产业转移基地和新能源开发建设，努力把元谋打造成为楚雄州北部地区经济社会发展的中心城市。以打造“中国太阳城”品牌为重点，积极承接攀枝花市产业转移，努力把永仁打造成以特色农产品加工贸易、乡土文化娱乐、民族民间体育运动和休闲度假旅游为主要特色的花园型工贸城市。

县域中心城镇。大姚、姚安依托两座县城空间距离近、经济文化形态互补性强的优势，构建“两姚”城镇融合发展模式。着力扩大县城规模，不断完善基础设施，构建以姚安草海工业园区为重点的融合发展平台，积极发展绿色食品加工、轻纺、制药、机械制造、有色金属采选、冶炼、文化旅游业，壮大经济实力，形成楚雄州功能完备、特色鲜明、环境优美、生态良好的西部产业集聚发展区。

重点集镇。按照“突出重点、整体推进、和谐发展”的战略，重点发展黑井、中山、凤屯、沙桥、前场、石羊、宜就、黄瓜园、猫街、碍嘉等30个靠近中心城市周边、交通干线沿线和基础条件较好、发展潜力大的中心集镇。加强公路、电力、通信、污水和垃圾处理等基础设施及公共设施配套建设，提高综合服务水平，夯实发展基础。根据不同区位和资源禀赋，大力发展以农副产品加工、冶金矿产、商贸物流、文化旅游为重点的特色产业，加强环境治理，扩大集镇规模，完善集镇功能，积极引导企业、人口向集镇集中，形成各具特色、职能明确、优势互补的发展格局。

一般集镇。重点集镇以外的其他小城镇，不断加强基础设施建设，提升面向“三农”的公共服务和市场服务能力，成为周边区域集贸中转站，促进集镇发展。

二、加快滇中城市群区域中心城市建设

强化楚雄市作为滇中城市群中特色鲜明、竞争力较强的区域中心城市功能定位，立足良好的人居环境、丰富的特色资源和日趋完善的产业基础，通过与周边城镇的联动发展，增强竞争力，加快工业化、城镇化进程。实施新区开发建设和旧城提升改造相结合的市政基础设施和公共服务设施项目，加快东南新城、西北片区、苍岭片区、西南片区开发建设步伐，不断扩大城市建设规模，拓展城市空间，突出民族文化内涵，进一步提升楚雄市城市形象。加快各类生产要素集聚，扩大城市经济规模，提高产业转移承接力，强化生态环境保护，合理利用土地资源，完善教育文化、医疗卫生、旅游休闲、商贸物流等现代化服务功能，着力提高中心城市对全州的辐射带动能力。加快南华县城、牟定县城、双柏县城和禄丰广通镇辅城建设，推动3县1镇与楚雄市融合发展。把滇中城市群楚雄区域中心城市建设成为山水园林的组团城市、城乡和谐的彝州名城、环境优良的宜居家园。到2015年，城镇人口达到50万人以上。

三、提升城镇综合服务能力

全面加强基础设施、产业发展、公共服务、劳动就业、社会保障、生态建设与环境保护，增强城市整体要素集聚力、综合竞争力和辐射带动力。按照“守住红线、统筹城乡、城镇上山、农民进城”的总体要求，科学制定州域、县域城镇发展规划，加快各县城区、重点集镇和特色小镇建设，加强城市管理，重视集约节约用地，遵循“在建设中保护，在保护中建设”的原则，按照城市规模和布局与水土资源、环境容量相适应，与以人为本、城乡统筹、区域统筹、互利共赢相结合的发展要求，协同推进城镇建设。提高城镇土地、市容市貌、风景区、道路交通、社区管理等方面的管理服务水平，着力改善城市人居环境，积极创建优秀旅游城镇、生态园林城镇和文明卫生城镇。合理开发利用文化资源，着力推进城市建设与民族特色文化相融合，打造一批特色文化城镇、特色民居。推动土地向规模经营集中、工业向园区集中、农民向城镇集中，促进二、三产业逐步向城镇聚集，带动农民向中心城镇聚集，实现农村人口的有序梯度转移。

四、加快发展建筑业

抓住楚雄州城镇加速发展的机遇，加快发展建筑业。坚持以市场为导向，以质量、安全和效益为核心，以增强企业活力和市场核心竞争力为重点，进一步规范建筑市场秩序，加大工程建设强制性标准的实施力度，完善建筑业管理信息平台，完善服务组织，积极开展建筑业从业人员培训工作。加强建筑业的管理和协调，加大对建筑市场监管。加快建立建筑市场社会信用体系，完善建筑业资质资格管理。进一步深化建筑业改革，增强建筑业市场竞争力，推动全州建筑业由单一生产经营向多元资本经营转变。大力发展节能、节地、节水和节材建筑。加大建筑安全监督管理力度，强化责任制落实，促进安全生产与建筑业协调发展。进一步做好招投标和有形建筑市场监管工作。力争2015年全州建筑施工企业总产值达446亿元。

第四节　着力加快现代服务业发展

以改革开放为动力，项目为支撑，市场为导向，发挥优势，突出特色，整合优势资源，优化服务业结构，大力发展以文化旅游、商贸流通、信息服务、金融保险、房地产为主的现代服务业，促进服务业与工农业生产互动发展，提高产业附加值和知识、技术、人力资本含量。抓住国家实施新一轮西部大开发战略、建设中国面向西南开放重要桥头堡等发展机遇和楚雄州良好的区位优势，调整产业结构，拓展服务新领域，发展新业态，培育新热点，推进规模化、品牌化、网络化经营，使服务产业实力不断壮大。努力形成彝州特色突出，辐射区域广阔，市场繁荣发达，人流物流两旺，服务功能强大的现代服务产业体系。

一、加快发展文化旅游业

抓住国家加快发展旅游业和云南旅游“二次创业”的战略发展机遇，依托“一彝三古”的独特资源，加快文化旅游产业由单一的观光旅游向休闲度假转变，全面提升文化旅游业的市场竞争力。以楚雄市为中心，集中打造昆楚、昆攀、南永三大文化旅游经济带，加大旅游线路统筹开发力度，把风情彝州之旅——环州旅游线打造成为云南精品旅游线路，有机融入滇西、滇西北黄金旅游线。加快中国禄丰世界恐龙谷、彝人古镇、元谋土林、武定狮子山、中国马游彝族梅葛文化生态旅游区、姚安天文科普园等重点项目开发建设。加快哀牢山国家公园的申报审批和招商建设。加大市场开发力度，加快资源整合，规范行业管理，壮大产业规模，全面提升产业素质和市场竞争力。加强民族文化资源的保护和开发，打造彝族文化、恐龙文化、元谋人文化、铜鼓文化、古镇文化等精品，推进民族文化与旅游紧密结合，形成旅游产业与文化产业资源共享、市场共享、互为支撑、互为促进、共同提升的发展格局。努力把楚雄州建设成为全省新的民族文化旅游产业基地，力争到2015年全州接待国内外游客达1556万人次，实现旅游业总收入63亿元。

二、加快发展商贸流通业

抓住省“十二五”规划《纲要》中把楚雄州规划为商贸枢纽重要组成部分的机遇，结合楚雄市广大铁路将北移改建、火车货运站（点）建设和昆广、广大铁路复线建设，大力发展现代物流、批发、零售、餐饮等商贸物流业。着力推进楚雄和广通综合物流园区、南华野生菌现代物流加工出口基地、元谋农产品物流中心、大姚核桃批发交易市场、滇中楚雄大商汇和楚雄农产品中心批发市场等重点项目建设，努力把楚雄州建成面向滇西、东南亚的物流中心和滇川大通道上的物流基地。进一步推广现代物流管理，努力扩大物流市场需求，实施采购、生产、销售和物品回收一体化运作，大力推进物流服务的社会化和专业化，支持和规范快递服务业发展。鼓励和引导企业开拓国际市场，以重点区域和优势产业为依托，积极培育发展一批驰名商标、著名商标，提高楚雄州外贸产品的国际市场竞争

力。继续推进“万村千乡市场工程”、“双百市场工程”、“新网工程”、“乡村流通工程”和60个乡（镇）集贸市场建设项目实施，不断夯实城乡消费基础，拓展消费空间。深入开展家电下乡、汽车摩托车下乡和家电、汽车以旧换新活动，不断扩大消费热点。到2015年，流通业增加值突破125亿元，社会消费品零售总额达302亿元。

三、加快发展信息服务业

建立和完善州级公用信息平台，促进各种公用、专用网络与公用信息平台的互联互通，实现信息资源共享，确保基础信息网络和重要信息系统的安全。拓展互联网在政务、商务和新兴媒体中的宣传教育功能，推进电子政务网络建设，整合提升政府公共服务和管理能力，积极推进电子商务。加快全州有线电视网的改造与整合，继续实施广播电视村村通工程，积极推广运用现代数字传输技术，逐步普及高清数字电视。大力推进信息技术在经济社会发展各个领域中的广泛应用，全面提高社会各行业信息化水平，努力在通信设备、信息服务、信息技术应用等领域培育新的增长点。到2015年，基本建成体系完整、结构合理、宽带传输、互联互通的电子信息网络系统。

四、积极发展金融保险等服务业

深化金融体制改革，发展资本市场，优化信贷结构，促进金融创新，扩大融资渠道，不断拓宽金融服务领域，提高资本配置效率和金融服务质量。加快推进社会信用体系建设，优化金融生态环境。积极引进各类金融机构，构建多元化、多功能的金融服务体系，提高金融业竞争能力和服务水平，加快直接融资步伐，促进金融业健康发展。探索完善担保、补偿、扶持、奖励机制，引导金融机构加大支持地方经济和县域经济发展的力度，强化对“三农”和中小企业的金融服务，加强对重点产业的支持。到2015年末，全州金融机构人民币各项存款余额达830亿元，各项贷款余额达515亿元。加快保险业发展，巩固提高保险行业的服务水平，推广适销对路的新险种，支持发展地方政策性农业保险业务，大力发展农村新型保险，不断满足广大人民群众对保险的需求。

以增加居民住宅有效供给为重点，加大保障性住房建设力度，优化房地产结构，建立合理的房地产供给保障体系。培育和规范房地产市场，健全房地产市场信用体系，促进房地产产业健康发展。到2015年，全州城镇居民人均住房面积达36平方米。鼓励各种经济主体投资兴办社区服务业，完善社区服务设施，拓宽服务领域，形成广覆盖、多层次、社会化的社区服务体系。规范提升会计、审计、税务、评估、咨询、检测、各类代理等服务业。支持发展建筑设计、工艺美术、项目和广告策划等创意服务业；积极培育科技研发中心、设计中心和科创中心，推动科技成果转化。

第五节　进一步夯实科学发展基础

按照统筹规划，合理布局，适度超前，安全可靠的原则，抓住国家建立扩大内需长效机制、国家实施新一轮西部大开发、国家和省加大对水利保障扶持力度等机遇，以项目为推动，加快推进水利、交通、城镇、能源、信息和重点社会事业等基础设施建设，为实现科学发展新跨越提供更加有力的支撑。

一、加快推进水利基础设施建设

针对楚雄州资源性缺水和工程性缺水并存的问题，按照合理开发、高效利用、综合治理、优化配置、全面节约、有效保护和科学管理水资源的要求，全面贯彻落实国家关于加快水利改革发展的决定精神，坚持防洪抗旱除涝并重，开源节流保护并举，山区坝区同步，大中小型水利工程结合，建设、管理、改革齐抓，以增加蓄水、改善民生、促进发展、保护生态为目标，加快水利基础设施建设。扎实推进水利部省合作项目实施，配合省做好滇中引水楚雄州受水区配套工程规划和水资源配置等工作，推进金沙江提水前期工作。力争“十二五”期间完成水利固定资产投资100亿元以上，新增蓄水总库容2.86亿立方米，新增供水能力2.32亿立方米，新增、恢复和改善灌溉面积171万亩，新增节水灌溉面积30万亩，解决农村67.13万人口饮水安全问题，治理水土流失面积2100平方千米。

二、加快推进交通基础设施建设

努力构建布局合理、功能完善、安全畅通的现代综合交通运输体系，把楚雄建设成为连接滇川、东南亚、南亚快速便捷的陆路大通道及滇西的交通主枢纽，把楚雄市建设成为区域性次级交通枢纽，其余9县建设成为辅助性交通枢纽，努力实现从“经济通道”向“通道经济”的跨越。干线公路网布局：着力推进“构建中心、南下北上、西联东进、四通八达”的“四纵四横”主干公路网建设，建设以楚雄市为中心，东连昆明、北上四川、西出大理、南接玉溪、普洱的公路主干道；加快推进楚广、武禄、双新等高等级公路建设，提早启动国道108、320提升改造工作，建成覆盖全州的高等级干线公路网，州域内实现相邻县（市）之间高等级公路便捷连通、县县通高等级公路。积极开展南永二级公路提升改造前期研究工作。农村公路网布局：全方位推进农村公路网和客运站建设，有效提高农村公路通达深度、技术状况和服务水平，实现村村通公路、建制村公路路面硬化的目标，农民出行难的问题得到有效解决，综合运输枢纽、站场建设全面推进，城乡交通建设和交通服务均衡发展。铁路：加强楚雄与周边地区的陆路通道建设，通过成昆、广大铁路的扩能改造，完善同周边地区的铁路干线通道能力建设，增强铁路路网的整体运输能力，降低物流成本，提升铁路运输服务质量和水平。力争提前推进永仁—大姚—姚安—南华—楚雄—双柏—新平—元江Ⅰ级单线铁路建设的前期工作，争取在“十二五”期间开工建设，打通滇中南下的铁路大通道。轨道交通：积极配合昆明市加快推进昆明至楚雄轨道交通建设项目。机场：积极推进楚雄机场建设项目的前期工作，力争尽快开工建设。力争到2015年，全州公路总里程达18000多千米；州境内高速公路通车里程达402千米，新增高速公路98千米；一、二级公路里程达474千米，新增278千米；实施通乡油路1000千米，通达工程500千米，实现所有乡（镇）通沥青（水泥）路；所有建制村通公路，其中70%的建制村实现路面硬化；20户以上自然村通公路；争取实施县乡公路改造、乡际、村际间联网公路1000千米。全州综合交通建设取得重大进展，基本形成公路、铁路、水运、航空、管道5种交通运输方式协调发展的滇中交通枢纽。

三、加快推进城镇基础设施建设

按照政府引导、多元化投资、市场化运作的要求，努力搭建融资平台，多方筹集资金，加大城镇基础设施建设，加快完善城镇现代化服务功能，不断提高城镇综合承载能力。以把楚雄市构建成为滇中城市群中特色鲜明、竞争力较强的区域中心城市为抓手，着眼完善城市功能，全面推进中心城镇和小城镇建设，加快推进城镇化进程。推进市政公用事业市场化改革，形成开放市场、引入竞争和建立政府监管体系的工作格局；推进城镇路网、城镇集贸市场、城镇供排水、污水处理、垃圾处理和污染治理等市政公用基础设施建设，加强城镇消防基础设施建设，加快城镇基础设施网络一体化建设，提升城镇建设总体水平。加强城镇供水保障体系建设。实施好10县（市）县城供水管网改造，加快城市再生水利用设施建设，加强城市居民节水意识，促进水资源保护和合理利用。优化污水处理设施布局，加强设施建设和运行监管。抓紧完善10县（市）城市污水处理厂建设及排污管网配套，启动中心镇、重点镇污水处理设施建设，提高城镇污水的收集率，建立污水处理厂污水处理和水质监督机制。提高城镇生活垃圾无害化处理水平，改善城镇市容和环境卫生。加快完善城市生活垃圾处理工程建设，提高城市生活垃圾的回收利用率，逐步推广建设以垃圾堆肥和燃烧发电等新技术、新工艺的垃圾处理项目，逐步提高楚雄州垃圾无害化处理水平。加快城市之间公路交通和城市路网的全面对接，有效提升城镇的功能配套。做好棚户区改造项目的争取和实施工作。继续推进旧城、城中村改造，提升城镇品位和一体化服务功能。

四、加快推进能源基础设施建设

以建设重大能源项目为重点，多渠道开发利用能源资源，统筹区域内能源基础设施建设，构建开放、多元、清洁、安全、经济的能源保障体系。以优化电力配置为重点，逐步完善区域性电网，继续实施农网改造升级工程，全面解决无电村组的通电问题，提高城乡供电质量和安全，提升全州经济社会发展的电力保障能力。加快水电开发建设，加快推进州境内主要流域在建和拟建水电项目建设；以太阳能利用、太阳能光伏（热）发电为主，推广太阳能的开发利用，有序推进风能开发；加快生物柴油开发和省级燃料乙醇试验示范项目建设，积极探索生物质能发电；加快推进能源输送存储设施建设，重点推进电力、油气和主要运煤通道建设，加快能源储备设施建设，提高能源供给及应急能力；加强能源民生保障工程建设，积极推进国家能源示范县建设。

五、加快推进信息基础设施建设

围绕构建“数字楚雄”的总体目标，加快部署TD—SCDMA等新一代移动通信网络建设，构建宽带、融合、安全的信息基础设施建设。推进电信网、互联网和有线电视网的“三网融合”，建成有线、地面和卫星三位一体的信息传输网络，促进网络资源共享和互联互通。加快发展宽带数字传输技术，推动城乡用户的宽带接入；加快改造全州交互式数字电视网络，全面推进广播电视村村通和“数字乡村”工程的实施，逐步构建覆盖全州、连接城乡的现代信息网络。通过市场化手段推进乡（镇）邮电所、村邮站建设，加快通信、邮政的普遍服务进程，加强物联网的推广应用。鼓励企业加强合作，实现优势互补，构建信息安全保障体系，提升网络与信息安全的保障能力。大力推进空间信息基础设施建设，有效整合空间信息资源，充分发挥地理空间信息在国民经济和社会信息化以及经济结构战略性调整中的作用，提高公共服务能力。完成楚雄州党政电子政务内网建设。

六、加快推进社会事业基础设施建设

围绕实现基本公共服务均等化的目标，以保障和改善民生为重点，大力推进社会事业基础建设，形成覆盖城乡、设施完善，适应经济又好又快发展的社会事业基础设施体系。优先推进教育基础设施建设，加强科技、文化、体育、医疗卫生、就业和社会保障等方面的基础设施建设重点，有效扩大公共服务范围，提高服务质量，增强与经济发展的协调性。

第六节　加快构建和谐彝州进程

积极适应经济和社会转型的要求，加快政府职能转变，创新社会管理，扩大基本公共服务覆盖面，促进公共管理方式转变，形成互促共进、良性互动、和谐稳定的社会发展新格局。

一、加快社会事业发展步伐

优先发展教育事业。统筹城乡教育发展，合理规划和调整中小学校布局结构，推进学校标准化建设和中小学校舍安全工程建设，加大对贫困地区的教育投入，加强农村学校建设，重点加强薄弱学校、农村寄宿学校的改造。建设农村学校教师周转房，解决教师住房问题。认真贯彻落实国家和省中长期教育改革和发展规划纲要，进一步巩固“两基”成果，积极发展学前教育，强化“双语”教育，大力发展公办幼儿园，积极扶持民办幼儿园，重视解决回族儿童入园难的问题，大力普及学前一年教育。加快普及高中阶段教育，合理配置公共教育资源，重点向农村、边远贫困、民族地区倾斜，支持民办普通高中发展，加快缩小教育差距，促进教育公平。妥善解决留守儿童上学问题，依法保障流动人口子女接受义务教育的权利，健全教育资助制度和助学体系，建立完善统筹城乡、区域教育发展的体制机制。扫除青壮年文盲，提高劳动力受教育年限。强化学校安全综合措施，保障在校学生的人身安全。稳步推进中小学教育教学改革。加强教师进修学校建设和管理，加强教师队伍建设，全面提高教师队伍的整体素质和业务水平。鼓励和引导社会力量兴办教育，有效拓宽办学渠道。合理布局职业教育学校，加快州职业教育园区建设，争取将州职业教育园区建设成为国家级民族职业教育示范基地。继续完善县、乡（镇）、村三级农民职业教育培训网络建设和管理。加强中等职业教育与高等职业教育相衔接；加快技术技能型、复合技能型和知识技能型人才培养，推行校企合作，订单培养，提高学生的就业率。积极发展高等教育，扩大高等教育规模，加强楚雄师院和楚雄医专等学校的学科专业建设，建设一批特色专业。提升高校科研水平和社会服务能力，强化高校就业指导服务能力。大力发展非学历继续教育，稳步发展学历继续教育，重视发展老年教育，努力形成全民学习、终身学习的学习型社会。重视民族教育，贯彻落实国家对民族地区的各种教育优惠政策，关心和支持特殊教育发展，改善特殊教育办学条件，加快州特殊教育学校建设。到2015年，实现高水平的普及教育，全州教育发展总体达到全国平均水平。

着力提升科技创新能力。按照“自主创新、重点跨越、支撑发展、引领未来”的方针，深入实施《建设创新型云南行动计划》，以增强自主创新能力和促进科技成果向现实生产力转化为中心，加大政府对科技的投入力度，理顺科技创新体系，突破一批经济社会发展的核心技术，加快实施重点产业重大科技攻关工程。通过集成创新和在引进先进技术基础上的消化吸收再创新，加大对冶金化工、生物医药、绿色食品、新能源新材料等产业开发项目的科技攻关力度，实现核心技术的新突破。培育一批拥有自主知识产权的龙头企业，促进重点产业发展由资源依托型向创新驱动型转变。强化社会主义新农村建设的产业技术支撑，促进农业增产农民增收，争取尽快建成适应现代农业发展需要的农业科技创新及服务体系。完善促进知识产权转化的政策措施，促进知识产权运用，引导企业采取知识产权转让、许可、质押等方式实现知识产权的市场价值，促进自主创新成果的知识产权化、商品化、产业化。注重发展以改善民生为重点的社会科技，加强知识产权的创造、运用、保护和管理。深入实施《全民科学素质行动计划纲要》，以提高未成年人、农民、城镇劳动者和社区居民、领导干部和公务员4类人群科学素质为重点，促进全民科学素质的提高。加强科普基础设施建设，强化面向公众的科学普及。

大力发展文化事业。加快建立覆盖城乡的公共文化服务体系，推进公民文化权益均等化，提高全民文化素质。以政府为主导，以公共财政为支撑，以城乡基层为重点，加强公共文化基础设施建设，努力形成覆盖城乡的公共文化设施网络。努力创新公共文化服务方式和技术，不断提高公共文化服务能力、质量和水平。深入实施重大文化惠民工程，着力解决“文化五难”问题，优先安排涉及群众切身利益的文化建设项目。促进公共文化服务社会化、多元化，增强公共文化产品供给和服务能力，推进公益性文化设施免费开放。加强文化遗产保护，在全面普查的基础上，做好国家和省、州、县（市）级文物保护单位申报，以建设国家级民族民间文化艺术之乡、省级民族文化生态保护区和培育非物质文化遗产传承人为重点，全面加强非物质文化遗产传承保护工作，建成1个州级、5个县级非物质文化遗产传承展示中心（传习所）。增强少数民族节目的译制和制作能力。大力推广运用无线电新技术和产品，提高无线电管理服务水平。全面、科学、规范开展古籍保护整理工作。加大文化市场监管力度，建立健全管理体制、监管体系和长效机制，高度重视互联网等新兴媒体的建设、运用和管理，坚持正确的舆论导向，加大对非法出版物的打击力度，营造文明和谐的文化环境。坚持依法修志，推动彝州地方志事业科学发展。积极做好档案工作，在各级档案馆中建立起政府公开信息查阅场所，完成国家中西部地区档案馆建设项目在楚雄州的实施。加强文化人才培养，通过挖掘、培养本土文化人才，加大彝族特色文化对外宣传力度。

积极发展体育事业。重点推进州游泳中心、全民健身中心、县级体育馆、社区健身中心、乡（镇）体育场、行政村农民健身场所、高原体育训练基地等体育基础设施建设，推进城乡体育共同发展。坚持群众体育和竞技体育并重，广泛开展全民健身活动，努力建设社会化全民健身服务组织网络体系，提高全民健康素质，推进城乡体育共同发展，力争到2015年经常参加体育活动的人数比例达到32%以上。建立科学合理的后备人才梯队和竞赛机制，改革和完善竞赛、训练、人才输送、奖励等机制，健全学校体育人才培养选拔机制，培养出能在省内外大赛上获奖的优秀运动员。

加快卫生事业发展。健全覆盖城乡居民的基本医疗和以国家基本药物制度为基础的药品供应保障体系。加强公共卫生服务体系基础设施、人员队伍、技术装备建设，提高公共卫生服务和应对重大突发公共卫生事件的处置能力。加强防治重大传染病、慢性病、职业病、地方病和精神疾病，有效遏制艾滋病传播，有效降低孕产妇和儿童死亡率，提高全民健康水平。进一步加强县、乡、村三级农村医疗卫生服务网络建设，完善城乡医疗救助制度，新增医疗卫生资源重点向农村和城市社区倾斜。坚持中西医并举，加大对中医药（彝医药）事业的投入，增强中医药服务能力。重点加强县乡村卫生基础设施建设，继续推进10所县级医院建设和乡（镇）卫生院标准化建设，进一步完善村卫生室基础设施，加大对疾病预防控制、妇幼保健、卫生监督、采供血、医疗急救、精神卫生和村卫生室、社区卫生服务机构等专业公共卫生机构建设的资金投入。实施“百千万”人才培养工程，增强卫生队伍的服务能力，加强乡村医务人员的配置，使卫生人才基本适应人民群众医疗卫生服务需求。强化卫生行政部门职能，充分发挥规划、服务、准入监管、经济调控、信息发布等功能，综合运用法律、法规、政策、信息发布等手段，提高对卫生资源的调控能力和管理水平。推进州人民医院新区、州第二人民医院建设，加强州、县医院对外合作发展。广泛深入开展爱国卫生运动，新创建一批省、州级卫生乡（镇）、卫生村，争创国家级卫生城市。鼓励和支持民营医疗机构的举办和发展，加强监管，提高服务质量和效率，满足群众多样化的卫生需求。到2015年，人口平均预期寿命达74岁，婴儿死亡率控制在12‰以内，孕产妇死亡率控制在35/10万以内。

全面做好人口和计划生育工作。坚持计划生育基本国策，加强人口和计划生育工作。下移人口和计划生育工作重心，把稳定低生育水平的重点放在农村、社区，严格控制违法生育。提高生殖健康水平，做好人口出生缺陷预防工作，提高出生人口素质，遏制出生人口性别比偏高趋势，将出生婴儿性别比控制在正常范围内。到2015年，全州总人口控制在275.47万人以内（户籍人口）。保障妇女儿童合法权益，贯彻落实男女平等基本国策和儿童优先原则，认真实施妇女、儿童发展的两个纲要，努力实现妇女在身心健康、文化教育、经济参与、决策管理、社会保障、法律保护和环境优化方面的发展。建立健全儿童健康保障机制，提高儿童整体素质。完善党委重视、政府主导、部门参与、妇儿工委协调的妇女儿童工作机制，促进妇女儿童事业与全州经济社会协调发展。着力加强残疾人基础设施和基层组织建设，健全残疾人服务体系，营造残疾人平等参与的社会环境，缩小残疾人生活状况与社会平均水平的差距，努力使广大残疾人残有所助、学有所教、劳有所得、病有所医、老有所养、住有所居，实现残疾人事业与经济社会协调发展。积极应对老龄化社会的各种挑战，高度重视老年人工作，在进一步加强离退休人员管理服务的同时，切实改善农村老年人的生活福利待遇。加强社会福利事业建设，完善社会救助体系，支持社会慈善、社会捐赠、群众互助等社会扶助活动。逐步推行养老服务社会化、服务主体多样化和服务队伍专业化，进一步落实孤儿救助政策，探索建立机构养老、居家养老和孤残儿童家庭寄养服务制度，切实解决养老院少、养老投入偏低、管理体制不顺、机制不活等问题。建立经常性社会捐助制度，多形式、多渠道兴建养老服务机构，提高农村“五保户”的集中供养率。切实做好流浪乞讨人员救助工作，进一步推进社会福利化进程。

加大安全生产监管力度。全面贯彻实施安全生产法律法规，落实国务院和省人民政府关于加强企业安全生产工作的部署，强化政府监管责任，健全安全生产机制，深入开展安全生产治理整顿，完善重大安全生产事故预警和预防体系，完善州、县（市）、乡（镇）三级安全生产综合监管体系，有效防范重特大事故发生。强化企业主体责任，健全安全规章制度，加大安全投入和安全生产执法力度，强制推行安全技术装备，改善作业环境和安全条件，提升安全生产水平。深入开展以矿山、尾矿库、危险化学品、民用爆炸物品、交通运输、建筑施工、冶金、化工等重点行业（领域）和工程为重点的安全生产专项整治。抓好职业危害申报，实施职业健康安全许可。建立覆盖矿山、危险化学品、民爆物品、烟花爆竹、交通运输、建筑施工、人员密集场所等各行业领域的应急救援体系。建立生产安全事故预报预警和应急协调等机制。强化安全生产“一岗双责”等制度措施。完善食品药品企业诚信机制和质量控制体系，切实保障食品药品安全，确保人民群众饮食用药安全。到2015年，全州各类生产安全事故死亡率下降36%以上。

二、提高社会管理创新水平

完善社会管理体系。加强政府社会管理和服务职能。建立健全党委领导、政府负责、社会协同、公众参与的社会管理体制，完善社会管理机制，扩大社会管理的公众参与。坚持社会管理重心下移，完善社区管理体制，注重公共资源配置向社区、农村倾斜，强化社区管理服务职能，使其能够承载政府和企事业单位剥离的社会管理和公共服务职能，加快形成依法自治、管理有序、服务完善、文明和谐的社会生活共同体。创新治安管理与城市管理、市场管理、行业管理等有机结合的模式。采取政府直接提供、政府委托社会组织提供和政府购买等方式，形成多元化的公共服务供给模式。大力促进各类社会组织健康有序发展，培育和发展一批有特色、有影响、有效益的农村专业合作组织和公益性民间组织、行业协会、社区民间组织，鼓励社会组织和企业参与提供公共服务，提高公共服务的能力和效率。积极培育发展志愿者服务队伍。简化社会组织注册登记办法。对个别有条件的县（市）尝试开展社会管理综合改革试点。进一步深化殡葬改革，加强地名管理和婚姻登记等规范化建设。加强“大调解”体系建设，建立和完善行业性、专业性调解组织。加强刑释教改社区校正人员过渡性安置基地建设。

创新政府行政管理模式。按照政府经济调节、市场监管、社会管理和公共服务职能，遵循精简、统一、效能的改革方向，着力转变职能、理顺管理、优化结构，充分发挥市场在资源配置中的基础性作用，全面推进政企、政资、政事、政府与市场中介组织分开，加快建设法治政府、服务型政府。遵循市场自由调节权，尊重企业自主管理权和社会组织自主决策权。进一步优化政府组织体系和运行机制，进行有机统一、行之有效的行政机关机构改革，实现机构编制管理的科学化、规范化、法制化。进一步扩大县（市）级政府在经济社会管理中的权限。深化行政审批制度改革，进一步减少和规范行政审批事项，完善行政监督制度，推进政务公开，充分发挥政务信息对经济社会活动和人民群众生产生活服务的引导作用，实现政府管理方式向规范有序、公开透明、便民高效的方向转变。

健全社会应急管理体制。建立应急管理体制机制，完善应急体系，提高政府处置突发事件能力，有效应对和妥善处置自然灾害、事故灾难、公共卫生、社会安全等突发事件。制定风险监控、应急处置、灾害救助、恢复重建等防灾减灾措施，加强地震、地质、气象、生物、火灾等防灾减灾和救灾能力建设，加大防灾减灾力量资源整合协调力度。积极适应形势变化的新特点，推动公共安全保障体系从被动应急型向主动防控型转变，从传统经验型向现代管理型转变。高度重视征地拆迁工作，切实维护被征地农民的合法权益，创新失地农民的安置模式，建立城镇建设和其他工程拆迁安置的长效机制。

三、完善就业和社会保障体系

有效扩大社会就业面。加强政府对促进就业的指导和服务，加大投入，建立扩大就业的有效机制，实行政府促进就业的目标责任制。形成面向市场的就业培训体系，加快培育联通城乡、信息及时、对象广阔的人力资源市场。大力开发公益性岗位，做好重点行业和困难特殊群体的就业促进工作，完善对困难群体的就业帮扶制度，充分发挥失业保险金在促进就业和职业培训方面的作用。统筹、制定产业和就业政策，引导和促进就业容量大的服务业、劳动密集型产业、中小企业、民营企业加快发展，扶持发展微型企业，有效拓宽就业面。推进城乡和区域就业统筹协调发展，建立健全平等就业制度，消除劳动者的城乡差别和就业歧视。重点做好高校毕业生、农村转移劳动力、城镇就业困难人员和退役军人等重点群体的就业工作。发挥政府、工会和企业的作用，努力形成企业和职工利益共享机制，维护劳动者合法权益，建立和谐劳动关系。到2015年，城镇累计新增就业人员10.72万人，累计转移农业富余劳动力72.52万人。

扩大社会保障覆盖面。加快推进覆盖城乡居民的社会保障体系建设，统筹加强城乡社会保险制度建设，扩大社会保险覆盖面。巩固完善城镇职工、城镇居民基本医疗保险和新型农村合作医疗制度，建立健全养老保险制度体系，扩大城镇基本养老保险范围，到2015年末，城镇职工基本养老保险参保人数达12.5万人以上，实现城镇居民社会养老保险制度和新型农村社会养老保险全覆盖，城镇职工基本医疗保险参保人数达22万人以上，城镇居民基本医疗保险参保人数达20万人以上，失业保险实际参保人数达9.5万人以上，企业工伤保险参保人数达8.5万人以上、企业生育保险参保人数达5.7万人以上，企业退休人员社区社会化管理服务率达100%。深化失业保险制度改革，扩大工伤保险和生育保险覆盖面。推动用人单位依法为农民工办理参加工伤保险，保障农民工基本权益。完善以最低生活保障为基础的社会救助体系，到2015年，实现农村最低生活保障全覆盖。加强社会福利、养老服务、优抚安置和救灾应急保障机制。继续发挥红十字会、各类慈善基金会等组织的示范作用，引导和鼓励社会各方面积极参与慈善和公益事业。推进廉租房、公租房、地震安居工程、农村危旧房改造和国有林区棚户区改造建设，切实改善城乡住房困难群众的居住条件。

四、加强民主法治和精神文明建设

继续推进依法治州进程。着力建设法治政府，坚持依法行政，规范执法行为。树立“执法有保障、有权必有责、用权受监督、违法受追究、侵权须赔偿”的法治观念。加快推进政务公开，提高执法效能，强化执法监督，完善法制评价体系。推进司法公开，保证司法公正，加强司法救助和法律援助。编制好“六五”普法规划和“四五”依法治州规划，全面开展“六五”普法和依法治州，广泛开展法治楚雄、法治县（市）创建活动，不断提高全民法律素质和社会法治化管理水平。建立健全立法听证会等扩大公民有序政治参与的制度和机制。加强社会治安综合治理，依法严厉打击各种严重刑事犯罪活动，严密防范境外敌对势力、各类邪教组织的渗透破坏活动，打赢全民禁毒防艾战争，切实保障人民群众生命财产安全，巩固和提高社会治安整体防控水平，深化“平安楚雄”创建成果。完善国防动员体系，做好国民经济动员、人民防空、交通战备和“双拥”工作，加强全民国防教育和后备力量建设，密切军政军民关系。

加强廉政建设。坚持教育、制度、监督、改革、纠风、惩处相结合，进一步推进惩治和预防腐败体系建设。强化审计监督和行政监察，规范权力运行的监督和制约。严格执行党政领导干部问责制度，严肃查处违纪违法案件，坚决纠正损害群众利益的不正之风，确保政令畅通。

推进民主法治建设。坚持和完善人民代表大会制度，依法接受人大的工作监督和法律监督，充分发挥人大代表的作用。坚持和完善中国共产党领导的多党合作和政治协商制度，充分发挥人民政协政治协商、民主监督、参政议政的作用。健全重大事项集体决策、专家咨询、公众参与和决策评估等制度。坚持重大决策征求民主党派和无党派人士意见。以健全基层自治组织和民主管理制度为重点，逐步扩大基层民主。认真做好信访工作，及时回应人民群众的合理诉求，努力把矛盾纠纷和涉及人民群众切身利益的问题解决在基层。规范科学决策程序，保障公民的知情权、表达权、参与权和监督权等合法权益。

全面贯彻党的民族宗教政策。加强党的民族理论、民族政策、民族法律法规和民族知识的宣传教育。全面贯彻执行《中华人民共和国民族区域自治法》、《国务院实施〈中华人民共和国民族区域自治法〉若干规定》、《云南省实施〈中华人民共和国民族区域自治法〉办法》及其他配套法律法规，认真实施《云南省加快少数民族和民族地区经济社会发展“十二五”规划》。重视加强少数民族干部和各类人才的培养，使少数民族干部与本民族人口比例相当。重点实施好少数民族和民族地区基础设施建设、民生改善、社会保障、特色产业发展、民族教育科技振兴、民族文化发展、劳动者素质提高、民族团结保障8项重点工程，突出改善生产生活条件、加强居住环境治理等重点。实施人口较少民族、散居民族地区的扶持发展工程。加大扶贫工作力度，争取国家和省更多的政策倾斜和项目扶持。大力争取和实施贫困县、民族乡和民族聚居乡扶贫开发项目和民族团结示范村、示范乡建设项目，加大以工代赈、安居温饱、易地扶贫等工作力度。牢固树立“三个离不开”的思想，按照“团结、教育、疏导、化解”的方针，正确处理好影响民族团结的问题，巩固和发展社会主义新型民族关系。全面贯彻党的宗教政策，积极引导宗教与社会主义相适应，依法管理宗教事务，妥善处理涉及宗教的各种矛盾纠纷，维护社会稳定。

加强社会主义精神文明建设。建设社会主义核心价值体系，倡导爱国守法和敬业诚信，构建传承中华传统美德、符合社会主义精神文明要求、适应社会主义市场经济的道德和行为规范。坚持正确的舆论导向，巩固壮大积极健康的社会主流舆论阵地。弘扬中华民族优秀传统文化和彝族特色文化，培育创新、创业、诚信精神，打造具有时代气息的彝州精神，促进物质文明和精神文明共同发展。加强社会公德、职业道德、家庭美德和个人品德建设，培育“奋发进取、理性平和、开放包容”的良好社会心态，摒弃浮躁、喧嚣、忽悠、炒作、炫富、装穷、冷漠、暴戾8种不良社会心态，形成健康向上的社会风气。

第七章 深化改革与扩大开放

第一节 深化重点领域和关键环节改革，建立健全有利于实现科学发展的体制机制

针对经济社会发展过程中深层次的矛盾和突出问题，按照经济社会发展转型要求，全面推进各项改革，着力破除经济社会发展中的体制机制障碍，为加快发展提供动力支持。

一、继续深化行政管理体制改革

按照中央和省的总体安排部署，积极稳妥地推进政府机构改革。进一步转变政府职能，深化行政审批制度改革，减少政府对微观经济活动的干预，加强政府自身建设。健全政府职责体系，强化政府经济调节、市场监管、社会管理和公共服务的职能，加快健全覆盖全民的公共服务体系，全面增强基本公共服务能力。

二、推进统筹城乡综合配套改革

稳定和完善农村基本经营制度，依法保障农民的生产自主权和经营收入权。稳步推进农村土地管理制度改革，加强土地承包经营权流转管理和服务，引导和鼓励农民在自愿互利的基础上发展多种形式的规模经营和集约经营，逐步建立规范的土地承包经营权流转市场和城乡统一的建设用地市场。加强土地出让管理改革，严格执行“招、拍、挂”制度。深入推进集体林权制度配套改革，加快建立新型采伐管理、公益林生态效益补偿、森林政策性保险和林权抵押贷款等制度。全面完成水务体制改革，建立城乡涉水事务统一管理的新机制。健全完善财政资金投入“三农”的稳定增长机制，建立多元化的农业发展和农村建设投融资体制机制。加强农民专业合作组织和农业社会化服务组织建设，扶持农村集体经济发展。积极推进城乡综合配套改革实验，继续深入推进乡（镇）机构、农村义务教育和县乡财政管理体制改革。加快落实放宽中小城市、小城镇特别是县城和中心集镇落户条件的政策，进一步放宽农民工进城落户、引进人才户口迁移、亲属到城镇投靠落户、离退休人员和下岗职工户口迁移等的限制条件。

三、进一步深化投融资体制改革

认真贯彻落实中央鼓励和引导民间投资健康发展的有关精神，完善鼓励民间投资的配套政策，进一步支持和引导民间投资，促进非公有制经济发展。进一步优化投资环境，开放投资领域，激发民间投资主体活力，引导社会资金投向社会事业、基础设施、基础产业和高新技术领域。按照公司治理结构，进一步理顺体制、建立机制，培强壮大楚雄州投融资平台，增强其投融资能力，提高运营效率。加快培育资本市场，切实拓宽融资渠道，建立多元化、多层次、多专业的投融资体系。完善投资项目后评价、重大项目公示制和责任追究制度。

四、积极推进财税体制和地方金融改革

健全政府预算体系，全面编制政府性基金预算，实施国有资本经营预算编制试点，科学编制社会保险基金预算，建立部门预算责任制，全面推进支出绩效评价。深化国库集中收付制度改革，全面执行公务卡制度，完善政府采购制度。全面推进非税收入收缴管理改革。完善政府性债务监管制度建设，推进农村公益性债务化解。继续加强银政银企合作，加大风险防范力度，大力发展地方金融机构。鼓励社会资本参与中小金融机构改造，稳步发展各种所有制金融企业。深化农业发展体制改革，加强地方金融和农村金融工作，鼓励支持企业上市融资，扩大直接融资规模。培育合格市场主体，推进资本市场改革发展，拓宽资产证券化的途径和渠道。着力培育现代保险企业，强化保险市场功能，推进保险业改革发展。

五、继续深化社会事业改革

积极稳妥推进教育、科技、文化、卫生、体育等事业单位分类改革，逐步实现基本公共服务均等化和基本公共服务方式供给多元化。按照促进义务教育均衡发展、加快普及高中教育、提高高等教育质量、大力发展职业教育的方向，深化教育体制改革。坚持公共医疗卫生的公益性质，按照政事分开、管办分开、医药分开、营利性与非营利性分开的原则，稳步推进医药卫生体制改革，加快推进基本医疗保障制度建设，全面执行国家基本药物制度，健全基层医疗卫生服务体系，推进公立医院改革试点工作。深化文化体制改革，完善扶持公益性文化体育事业、发展文化体育产业、鼓励文化创新政策，营造有利于出精品、出人才、出效益的环境。培育扶持和依法管理社会组织，支持、引导其参与社会管理和服务。改革基本公共服务提供方式，引入竞争机制，扩大购买服务，实现提供主体和提供方式多元化。推进非基本公共服务市场化改革，增强多层次供给能力，满足群众多样化需求。

六、着力推进收入分配制度改革

坚持和完善按劳分配为主体、多种分配方式并存的分配制度。坚持走共同富裕的道路，积极推进工资收入分配制度改革，逐步提高居民收入在国民收入分配中的比重，提高劳动报酬在初次分配中的比重，促进国民收入分配向低收入群体和农民倾斜。通过深化改革，逐步扭转收入分配差距持续扩大的趋势，积极创造条件增加居民财产性收入。健全扩大就业增加劳

动收入的发展环境和制度保障，促进机会公平。完善公务员工资制度，深化事业单位收入分配制度改革。

第二节　进一步扩大开放，营造更加良好的发展环境

全面落实科学发展观，进一步加大对外开放力度，紧紧抓住国家建设面向西南开放重要桥头堡和新一轮国际国内产业转移的机遇，加强与东南亚、南亚国家和地区的交流合作，着力构建楚雄州作为连接东南亚和滇川合作的桥梁，努力把楚雄州建设成为滇中经济区战略大通道的重要枢纽和金沙江流域经济合作的重要节点；深入推进与东中部地区和周边地区的产业合作与交流；进一步优化投资软硬环境，完善招商引资责任制和激励机制，打造各类招商引资平台，坚持招商选资，创新招商引资方式，全面提升楚雄州开放型经济发展水平。

一、构建开放发展新格局

立足楚雄州处于云南省北入四川、西进藏缅、面向东南亚和南亚重要交通枢纽的区位优势，以大开放促进大合作、大合作促进大发展为目标，以搭建不同层次、不同领域的合作平台为载体，以“引进来”、“走出去”并重和顺势、取势、蓄势、转势、借势、造势为手段，总体上构建从内到外3个开放合作的圈层：第一圈层是区域内的开放合作。遵循区域经济发展规律，通过实施《滇中城市群楚雄区域中心城市发展规划》、《楚雄州北部金沙江流域经济社会发展总体规划》、《楚雄州南部红河流域经济社会发展总体规划》，打破区域内县（市）与县（市）之间的行政区划，实现资源跨县域的优化配置，加快要素向区、带、点流动和集聚，以非均衡发展的方式推动区域经济走向均衡发展。第二圈层是与周边区域的开放合作。总体按照“东向融入、北向借势、西向拓展、南向造势”的取向推进。东向：积极参与桥头堡和滇中经济区建设，加快融入滇中经济区；北向：通过积极参与推动构建金沙江流域特色经济带建设，重点加强与攀西经济区的合作，形成借势发展的态势；西向：主动参与昆明—丽江—香格里拉—西藏昌都对内经济走廊和昆明—皎漂对外经济走廊建设，以参与建设滇西黄金旅游线路为切入点，并向商贸物流等实体经济的合作领域拓展；南向：以打通南下便捷通道为依托，与普洱、玉溪合作争取共建哀牢山国家公园为平台，加大对外宣传力度，形成造势发展态势。第三圈层是推进大尺度的开放合作。依托云南省搭建的对内、对外开放合作平台，通过与滇中经济区参与桥头堡建设和同川渝黔桂、泛珠三角、长三角地区展开基础设施建设、贸易投资、资源开发、产业培育、人才科技、生态环保、文化旅游等方面的互利合作，更多地承接发达地区产业转移发展，形成楚雄州全方位、多层次、宽领域的对外开放新格局，不断开拓东南亚、南亚市场，加强与环孟加拉湾国家的合作，努力把楚雄州建成面向西南开放重要桥头堡的绿色产业基地、冶金化工基地、民族文化旅游产业基地。

二、创新招商引资模式

按照“构建产业链条、培育产业集群、壮大核心企业、建设重大项目”的思路，围绕建设重点优势特色产业，进一步优化招商引资的硬件环境。在推进农业、交通、电力、通信、城镇等重大基础设施建设中，高度重视与重点产业布局发展之间的配套关系，避免重大基础设施建设与产业基地和产业园区相脱节的问题，有效降低产业的投入成本，增强招商引资的比较优势。进一步营造更加良好的招商引资软环境。强化全民招商意识，制定更加优惠的招商引资政策，建立健全招商引资的奖惩激励机制，解决好外来投资者子女就学等问题，形成亲商、安商的良好社会氛围。进一步转变招商引资方式。实现招商引资工作从项目招商向产业招商、从被动招商向主动招商、从政府招商向专业招商转变。借鉴先行地区的成功经验，大胆探索通过招商引资与政府合作建设产业园区，以完善的产业园区进行以商招商的新模式。高度重视招商引资的质量。

三、完善对外开放服务体系

通过体制改革和制度创新，营造有利于企业“引进来”和“走出去”的制度环境。完善鼓励政策，依法规范和简化行政办事程序，为企业发展创造透明的政策环境。加快服务体系建设，完善市场、金融、信息、人力资源开发、公共服务管理，积极培育中介组织，健全监督保障体系，维护企业合法权益和国家利益。

第八章　推进资源节约型和环境友好型社会建设

第一节　加强生态建设

围绕生态更加良好的目标，加大生态建设和防灾减灾体系建设力度，不断增强可持续发展和应对自然灾害的能力。理顺开发与保护的关系，保障生态和环境安全。继续实施天然林保护、水土流失治理等生态建设重点工程，巩固退耕还林还草成果，加强森林火险应急和林业有害生物防治减灾体系建设，完善森林资源安全保障体系。加大“三江”流域楚雄部分、礼舍江流域等重点地区生物多样性及森林生态保护力度，重点推进哀牢山国家公园的申报和建设等工作；加强大姚、永仁和元谋等县干热河谷地区的生态恢复，加强矿山生态恢复、自然保护区的管理和建设；着力推进生态县、生态乡（镇）、生态村、生态工业园区等生态系列创建和学校、社区、酒店、交通、商场、环境友好型企业等绿色创建活动细胞工程。按照谁开发、谁保护、谁受益、谁补偿的原则，努力建立公平的生态利益共享及相关责任分担机制，从财政、税收、特色产业发展等多个方面，建立相应的激励机制，加大对生态保护重点区域的财政转移支付和环境保护投入力度，完善生态补偿长效机制，加强重点生态功能区保护和管理，增强涵养水源、保持水土能力，保护生物多样性。以防震减灾、地质灾害防治、防汛抗旱为重

点，切实抓好防震减灾能力建设，加快建立地质灾害易发区调查评价、监测预警、防治体系和应急体系。增强城乡防洪抗旱能力，加大重点地区地质灾害治理力度，加强救援队伍建设，提高物质保障水平。

第二节 强化环境保护

坚持预防为主、综合治理、远近结合、标本兼治的原则，树立环境保护意识，着力解决流域水污染、矿区环境污染、大气污染和农业农村面源污染等突出环境问题。建立以工业污染防治、城镇“两污”处理、农业农村面源污染控制为主的防控体系。继续抓好重点流域水污染防治，农业农村污染防治，重金属污染治理、工业污染治理。重点加强饮用水水源地保护，加大重点河流污染治理力度，加强小流域综合治理，控制入河污染物排放。加大城镇生活污水和垃圾收运处理设施建设，加强对已建成污染处理设施的运行监管，提高污水处理率和垃圾无害化处理率。大力推进农村环境综合整治，以畜禽养殖污染、土壤污染、农村生活垃圾污染治理为重点，有效控制农村面源污染。积极推进秸秆还田、青储氨化、气化、造纸等综合利用。加快工业污水处理与再生利用设施建设，全面实施矿区环境综合整治，加大工业治污力度，依法关停超标排放企业，杜绝工业污染向农村地区转移。完善生态环境监测预警和监督执法体系，落实减排目标责任制，强化污染物减排和治理，全面实现节能减排预期目标，健全重大环境事件和污染事故责任追究制度，严格执行国家大气污染物排放标准，努力改善区域空气环境质量。严格执行环境保护标准和污染物排放总量控制制度，强化环境共同保护、共同治理，切实提高环境承载能力。力争到2015年，城镇生活垃圾无害化处理率和饮用水源地达标率分别达80%以上和98%。全面贯彻执行《中华人民共和国环境影响评价法》、《国务院关于规划环境影响评价条例》，依法做好各类重点专项规划和行业规划的环境影响评价。

第三节 集约节约利用资源

按照可持续发展原则，把经济、社会、生态和环境效益放在同等重要位置。坚持资源的集约利用、生态产业化和产业生态化，积极探索资源集约节约和持续利用的有效途径，建立完善资源开发保护长效机制，推进土地、水、矿产等资源的高效利用。统筹土地资源的开发利用和保护，推动土地集约化利用、规模化经营。合理确定新增建设用地规模、结构和时序，提高单位土地投资强度和产出效益。在保护生态环境的前提下，科学规划重点流域河道治理、水土保持和土地开发，有序推进未利用地集中成片开发，加大土地整理复垦力度，加大基本农田整理、中低产田地及中低产林改造、撂荒地复垦力度，严格实行耕地占补平衡，加快高标准农田建设，提高农业用地综合效益。引导农民集中居住，推进乡村适度合并，鼓励农民向城镇转移，提高农村建设用地利用效率。大力推进节水型社会建设，提高水资源集约利用水平。加大城市节水工作力度，鼓励推广使用节水设备和器具，支持企业实施节水技术改造，提高工业用水重复利用率，鼓励再生水、中水回用，限制发展高耗水行业。积极推广农业旱作技术，大力发展节水灌溉农业，加强水资源开发利用，提高地面蓄水能力。严格水资源管理，建立和完善总量控制和定额管理相结合的用水管理制度，推进水价形成机制和水资源管理体制改革，建立水权转让制度和水权交易市场。加快供水配水管网的更新改造。依法管理矿产资源，严格开发资格认证和许可管理，严禁私挖滥采，杜绝矿产资源流失。加强地质勘查，增强后备资源保障能力，合理开发矿产资源。建立资源型企业可持续发展准备金，专项用于环境治理与生态恢复和接续替代产业发展和解决相关社会问题。鼓励金融机构设立促进资源型地区可持续发展专项贷款。

第四节 大力发展循环经济

坚持开发节约并重、节约优先，按照减量化、再利用、资源化的原则，加强资源开采、生产、消耗、废物产生、最终消费等环节管理。大力推进节能节水节材，加快建立全社会资源循环利用体系。鼓励生物资源的综合开发利用和废旧物资的回收利用，以提高资源生产率和减少废物排放为目标，推动形成“低消耗、低污染、高效率”的集约型发展方式。以产业结构调整为契机，推进传统资源型产业向精细化方向发展。加大落后产能的淘汰力度，加强节能改造，推进全面节能行动计划，严格节能减排指标的考核，完善评价考核体系，建立严格的奖惩制度。重点推动禄丰县省级工业园区金山片区循环经济示范项目、武定县大坪子冶金化工片区、姚安县农业循环经济试点等循环经济园区建设，建成一批符合循环经济发展要求的工业园区和特色生态工业园区，提高园区产业集聚能力。新建工业项目优先在园区布局建设，鼓励现有工业企业向园区转移，实现集聚生产、集中治污、集约发展。推进发展一批新型环保企业，发挥示范带动作用，加强高效能、可循环技术研发，推广循环生产模式，加快工业、建筑、交通等领域和新型载能、电力、建材等行业的节能降耗技术改造，构筑生态环保产业链。加强节能减排和节能技术研发推广，加强能源生产、运输、消费各环节的制度建设和监管，健全和落实节能评估审查制度。落实节能减排目标责任制，严格实施新建项目节能评估和审查制度，加强环境准入管理，严格清洁生产审核。全面推行工程减排、结构减排和管理减排。大力削减COD（化学需氧量）和SO_2（二氧化硫）排放量，确保实现省下达给楚雄州的节能减排考核指标。

第九章　构建经济社会又好又快发展的支撑体系

第一节　构建制度创新支撑体系

围绕全州“十二五”经济社会发展的战略目标，按照党的十七大提出的推进经济、政治、文化、社会、生态建设的总体目标和决策部署，以加快行政管理体制改革、建设服务型政府为核心，突出经济调节、市场监管、社会管理、公共服务各领域为重点，加快建立和完善有利于落实科学发展观，激发经济社会发展活力的制度创新所需要的决策、执行、监督等支撑体系，在全社会营造以创新的制度维护公平与正义和促进经济社会协调发展的良好环境。

第二节　构建“人才强州”支撑体系

按照人才发展“四个优先”的要求，全面实施《楚雄州中长期人才发展规划》，充分发挥人才在实现楚雄州“十二五”科学发展新跨越中的基础性、战略性、决定性作用。推进实施“人才强州”战略，坚持服务发展、人才优先、以用为本、创新机制、自主培养、高端引领、整体开发的方针，确立在经济社会发展中人才优先发展的战略格局。提高人力资本投资比重，加快人才发展体制机制创新，完善人才培养、吸引、使用、评价、激励办法，切实营造优秀人才脱颖而出的良好氛围，努力把各方面优秀人才集聚到彝州各项事业中来。落实重大人才政策，抓好重大人才工程，以高层次创新人才和六大重点产业建设急需人才为重点，统筹推进各类人才队伍建设。加快人才培养的载体建设，高度重视本地人才的自主培养，依托楚雄师院、楚雄医专、职教园区等教育资源，加大各类人才的培养力度，发挥本地人才服务彝州的积极性。用好现有人才，积极引进高层次和紧缺人才，为各类人才干事创业和实现价值提供机会和条件，使全社会的创新智慧竞相迸发。

第三节　构建资金保障支撑体系

完善建设资金保障制度，拓宽资金来源渠道。加大财源建设力度，加强税收征管和非税收入管理，保持财政收入稳步增长。建立和完善向上争取项目资金制度，力争中央和省向楚雄州的转移支付和项目资金稳定增长。加快投融资体制改革，加大招商引资力度，全面激活社会各类投资。建立和完善资源资产化、资产资本化、资本证券化的体制机制，充分发挥政府投融资平台的作用。建立和完善金融机构进一步支持地方发展的制度，促进银企、银政、银项和银银合作，有效拓宽投融资渠道，加快形成多元投融资新格局。

第四节　构建重点项目支撑体系

按照项目基本建设程序规范要求，建立和完善覆盖面广、论证充分、要件齐全、上报及时、滚动有力的项目争取支撑体系，最大限度争取国家和省的扶持。围绕“十二五”规划的总体目标，《楚雄州“十二五”项目集群规划》规划提出10个方面投资规模500万元以上的重点项目2204项，总投资7846.48亿元，其中，“十二五”期间总投资6265.18亿元。一是农业强基富民工程。共505项，总投资457.78亿元。二是工业强州建设工程。共368项，总投资2551.09亿元。其中采矿业项目84项，投资207.53亿元；制造业项目179项，投资1141.58亿元；电力项目96项，投资1180.14亿元；其他能源项目9项，投资21.83亿元。三是城镇基础设施建设工程。共195项，总投资1228.86亿元。四是综合交通建设工程。共55项，总投资1388.53亿元。五是物流基础设施建设工程。共141项，总投资113.91亿元。六是水利基础设施建设工程。共246项，总投资606.57亿元。七是服务业提升工程。共187项，总投资1271.66亿元。其中房地产项目52项，投资141.39亿元；其他服务业项目135项，投资1130.27亿元。八是公益性社会事业基础设施建设工程。共325项，总投资116.28亿元。九是生态环境保护及治理工程。共130项，总投资49.97亿元。十是其他建设工程。党政机关及其他建设，共52项，总投资15.81亿元。

第五节　构建产业发展支撑体系

结合产业结构调整和重点产业发展布局，建立和完善推动产业发展的三大支撑体系：建立和完善产业基地建设支撑体系。根据烟草、生物产业的规划发展目标，在确保农民权益的前提下，加大土地依法、有序、有偿流转力度，促进土地向适度规模集中，建立政府、企业、农民三方利与权责相统一的和谐合作关系。建立和完善产业园区建管体系。坚定不移地走产业园区企业化运作的改革和发展之路，建立政府出地监管、企业出资建园经营、入园企业能进能出的现代产业园区运作模式。建立和完善重点产业财政扶持政策。建立产业资金扶持体系，建立产业发展专项基金并逐年增加，对重点产业核心技术研发、重大科技成果的引进、产业园区的配套服务等方面进行扶持。

第六节　构建区域合作支撑体系

围绕形成开放型经济的发展目标，建立和完善区内、区际、区际外3个层次区域合作支撑体系。构建区内合作支撑体系，按照重点产业的空间布局，建立打破县级行政区划进行资源跨区域配置的推进机制和对资源输出地的税收补偿机制。构建区际合作支撑体系，本着搭建平台、共建共享、优势互补、互利双赢的原则，以交通、电力、通信等基础设施建设为桥梁，以产业合作发展为纽带，建立与周边区域展开合作的良性互动机制。建立与区际外区域合作支撑体系，追踪国内产业转移发展的重点和方向，建立承接发达地区产业转移发展的工作机制，尤其要抓住“央企入滇”的机遇，以更加灵活的工作措施，抢占与大企业、大集团合作的先机。

第十章 规划实施的保障措施

第一节 组织保障

本《纲要》是全州国民经济和社会发展战略性、纲领性、综合性的规划，是制定楚雄州各类规划、国民经济和社会发展年度计划以及有关政策的重要依据和政府履行经济调节、市场监管、社会管理和公共服务职能的重要依据，由州人民政府组织实施。要切实加强组织领导，搞好统筹协调，加强制度、规划和政策的协调，加强有关规划与《纲要》的综合协调，促进规划联动，推进《纲要》实施。要对涉及需要政府履行职责的约束性指标和重大战略任务进行分解，各级各部门要按照职能职责，制定具体措施，从任务、指标、项目、政策、改革等方面进行落实，切实保障《纲要》主要目标和任务顺利完成。

第二节 政策保障

围绕《纲要》提出的发展目标和战略重点，着眼于发展的关键领域和薄弱环节，明确政策导向。根据“十二五”期间的重大政策体系，制定和完善财税、金融、土地、环保、投资、产业、改革、开放、人才、民生、价格等政策，形成政策合力。要严格政策出台有关规定和程序，加强各项政策间的衔接协调和配合，保障实施效果。州级有关部门要根据全州“十二五”期间发展战略和重点，深入开展前期调研，加强与有关政策的衔接论证，提出需要制定实施的重大政策，经州人民政府同意后发布实施，按照职能职责抓好落实。要适时配套完善政府投资管理办法，优化投资结构，科学界定政府投资范围。“十二五”期间，政府投资要以有利于扩大就业、推进基本公共服务均等化、促进经济社会全面协调可持续发展的基本原则来安排，重点加大对民生领域和“三农”建设的主导投入力度，加大对结构调整、转变经济发展方式的引导投入力度，加大对战略性新兴产业和循环经济、低碳发展以及重点领域改革的支持力度。

第三节 机制保障

各级各部门要根据各自的工作职能，加强对规划实施的指导，依法接受人大的工作监督、法律监督，主动接受政协的民主监督，尤其是要将落实本《纲要》的总体要求与实施好相应的重点专项规划结合起来，建立政府牵头管总，部门主要领导亲自抓，以重点专项规划的实施来推动本《纲要》全面落实的工作机制和考核评价体系，确保各项发展目标的实现。要落实监测监督制度，各级各部门要加强对《纲要》实施情况的跟踪分析，特别是要对重要发展目标进行监测，对战略重点任务实施情况进行分析，对重大项目进展情况进行跟踪。建立健全重大事项报告制度，及时报告《纲要》落实进展情况，自觉接受州人民代表大会及其常务委员会的监督检查。根据《纲要》实施情况，选择重点行业，确定年度重点任务，开展重点督查。健全规划评估制度，在规划实施中期，采取由规划编制部门组织评估和引入第三方评估相结合的方式，对规划实施情况开展中期评估。根据中期评估结果，需要对《纲要》进行修订或调整的，由州人民政府提出方案，报州人大常委会审议批准。

第四节 发挥优势

楚雄州是全国30个民族自治州之一，党和国家的民族区域自治制度赋予了民族自治地方经济、政治、文化各方面的自主权，国家和省在实施民族区域自治法过程中制定了一系列扶持民族地区经济社会发展的优惠政策。我们要充分发挥这一制度优势，用足、用活、用够国家和省的各项民族政策，尤其是在新一轮西部大开发、建设中国面向西南开放重要桥头堡、构建滇中经济区中打好民族牌，在重大基础设施、重点区域生态治理、重点产业建设等方面，争取上级更多的支持，努力缩小与发达地区的发展差距，促进民族地区共同繁荣进步事业的发展。

［州政府办供稿］

云南省楚雄彝族自治州公路条例

（2010年2月28日云南省楚雄彝族自治州第十届人民代表大会第五次会议通过，2010年5月28日云南省第十一届人民代表大会常务委员会第十七次会议批准）

第一条 为加强公路的规划、建设、养护和管理，保障公路安全畅通，促进经济社会发展，根据《中华人民共和国公路法》等有关法律法规，结合自治州实际，制定本条例。

第二条 本条例所称公路是指按照国家、省、州公路技术标准修建的县道、乡道和村道。

自治州内公路的规划、建设、养护和管理，适用本条例。

第三条 公路事业的发展应当遵循科学规划、保护环境、节约土地、建养并重、确保质量、安全畅通的原则。

第四条 自治州、县（市）人民政府应当加强对公路规划、建设、养护和管理的领导，并把公路事业发展纳入国民经济和社会发展规划。

第五条 自治州、县（市）人民政府应当设立公路规划、建设、养护和管理专项资金。资金主要来源：

（一）本级财政一般预算收入增量中每年不少于2%；

（二）上级扶持资金；

（三）同级财政全额返还公路损失赔偿费；

（四）公路桥梁、隧道冠名权和广告经营权拍卖资金；

（五）捐赠或其他资金；

（六）村（居）民委员会以“一事一议”方式筹措村道建设和养护资金。

第六条 自治州、县（市）人民政府交通运输行政主管部门负责公路的规划建设、养护管理、监督和服务工作。

自治州、县（市）的发展和改革、财政、国土资源、住房和城乡建设、林业、水利、环境保护等有关部门，按照各自职责做好公路的建设和管理工作。

乡（镇）人民政府、村（居）民委员会应当配合做好公路的建设和管理工作。

第七条 自治州、县（市）人民政府交通运输行政主管部门会同同级有关部门，按照国家和省的规定编制本行政区域内公路规划，报有关部门批准和备案。公路规划应当与城乡建设等规划相协调。

经批准的规划确需变更的，按原编制程序和规定报批，并报上一级人民政府交通运输行政主管部门备案。

第八条 公路建设用地，应当纳入基础设施建设用地计划，按照有关规定办理用地手续。

第九条 四级以上公路、中型以上桥梁和隧道的设计，应当由具有相应资质的设计单位承担；其他公路工程设计，可以由县（市）人民政府交通运输行政主管部门组织相关技术人员承担。

第十条 公路建设的工程设计，应当按照管理权限报交通运输行政主管部门审批。

第十一条 公路的标识和安全保护设施，应当与公路主体工程同时设计、同时施工、同时验收、同时交付使用。

公路建设项目实行施工许可制度。公路建设单位在取得施工许可前，应当按照有关规定办理工程质量监督等手续。

第十二条 公路建设项目中的县道、中型以上桥梁、隧道工程完工后，由自治州人民政府交通运输行政主管部门组织验收；乡道和村道建设项目由县（市）人民政府交通运输行政主管部门组织验收。

第十三条 自治州、县（市）人民政府交通运输行政主管部门所属的公路管理机构，应当加强公路养护和管理工作，按照技术规范和操作规程进行，保证路面平整、路肩整洁、排水畅通、设施完好。

第十四条 乡（镇）人民政府负责乡道、村道的养护管理工作。

乡道、村道的日常养护可以采取专业养护与群众参与相结合，或者由个人分段承包等方式进行。

第十五条 自治州、县（市）、乡（镇）人民政府应当制定公路抢险保通应急预案。因自然灾害或者其他突发事件致使公路中断或者严重损坏时，应当及时启动应急预案，保障公路畅通。

第十六条 公路养护作业用地以及因养护需要挖砂、采石、取土的，由县（市）、乡（镇）人民政府划定地点和范围，并按规定办理有关手续。

第十七条 公路的绿化、美化工作，县道、乡道由自治州、县（市）人民政府交通运输行政主管部门负责，村道由乡（镇）人民政府负责，村（居）民委员会应当协助做好公路绿化建设。

公路用地范围内的林木更新采伐，须经自治州、县（市）人民政府交通运输行政主管部门同意，并经林业行政主管部门批准。

第十八条 在公路上进行施工作业应当遵循下列规定：

（一）设置符合安全距离的施工警示标志，需要车辆绕行的，应当设置绕行标志；

（二）养护施工作业人员应当穿着统一的安全标志服；

（三）施工作业需要封闭道路的，应当报交通运输行政主管部门和公安机关交通管理部门批准，并在封闭路段设置标志，于施工前5日向社会公告。

第十九条 任何单位和个人未经交通运输行政主管部门批准，不得从事下列活动：

（一）占用、挖掘公路或者改变公路线路；

（二）拆除、移动公路设施；

（三）在公路用地范围内设置电杆、变压器、广告牌、加水站、加油站以及洗车场、停车场等；

（四）铁轮车、履带车及其他可能损坏公路的机具上路行驶；

（五）增设公路平面交叉道口。

第二十条 公路和公路用地范围内禁止下列行为：

（一）倾倒垃圾，堆放和焚烧物品；

（二）采矿、挖砂、取土、烧窑；

（三）摆摊设点，打场晒物；

（四）填塞、挖掘排水沟，向公路边沟排放污水，利用公路桥（涵）、边沟筑坝蓄水、设置闸门；

（五）损坏公路设施。

第二十一条 大、中型公路桥梁和公路渡口周围各200米、小型桥（涵）周围各50米、公路隧道上方和洞口两侧100米范围内，禁止爆破、取土、挖砂、烧荒、倾倒垃圾和堆放物品。

第二十二条 公路两侧边沟、截水沟、坡脚护坡道外缘，按照县道不少于10米，乡道不少于5米，村道不少于3米的标准划定公路建筑控制区。

除公路防护、养护需要外，禁止在公路建筑控制区内新建、改建、扩建建筑物和构筑物。

第二十三条 公路出入口及节点位置设置限高、限宽设施，应当报交通运输行政主管部门批准。

公路上行驶的车辆不得超过限高、限宽、限长标准。承运不可解体物品的超限车辆行驶，应当事先向自治州交通运输行政主管部门提出申请，经批准后在其监督下通行，并承担对公路、桥梁、涵洞等采取技术保护措施的费用；造成公路及其设施损坏的，应当给予赔偿。

第二十四条 跨越、穿越公路新建和改建设施的，应当经交通运输行政主管部门批准，并符合技术标准。

第二十五条 因交通事故造成公路及公路设施损坏的，当事人应当保护现场并及时报告公路管理机构。

公安机关交通管理部门处理交通事故时，应当将公路设施损坏情况及时告知当地公路管理机构。

第二十六条 违反本条例规定，有下列行为之一的，由交通运输行政主管部门给予处罚；构成犯罪的，依法追究刑事责任。

（一）违反第十一条规定的，责令改正，可以并处500元以上1000元以下罚款；

（二）违反第十八条规定的，责令改正，可以并处100元以上1000元以下罚款；

（三）违反第十九条第（一）、（二）、（三）、（四）项规定的，责令停止违法行为，恢复原状，赔偿损失，可以并处3000元以上30000元以下罚款；

（四）违反第十九条第（五）项规定的，责令停工，限期拆除，恢复原状；逾期不拆除的，由交通运输行政主管部门拆除，有关费用由建筑者、构筑者承担，可以并处5000元以上50000元以下罚款；

（五）违反第二十条规定的，责令改正，恢复原状，赔偿损失，可以并处100元以上1000元以下罚款；

（六）违反第二十一条规定的，责令停止违法行为，可以并处3000元以上30000元以下罚款；

（七）违反第二十二条第二款规定的，责令限期拆除，恢复原状；逾期不拆除的，由交通运输行政主管部门拆除，有关费用由建筑者、构筑者承担，可以并处5000元以上50000元以下罚款；

（八）违反第二十五条第一款规定的，给予警告，赔偿损失，可以并处100元以上1000元以下罚款。

第二十七条 驾驶人行车过程中违反本条例规定，拒不接受处罚的，交通运输行政主管部门可以暂扣车辆，并应当出具暂扣凭证。

第二十八条 当事人对行政处罚决定不服的，可以依法申请行政复议或者向人民法院提出诉讼；逾期不申请复议也不提出诉讼又不执行处罚决定的，交通运输行政主管部门可以依法申请人民法院强制执行。

第二十九条 自治州、县（市）人民政府交通运输行政主管部门、公路养护管理机构和有关部门工作人员在公路规划、建设、养护和管理工作中滥用职权、玩忽职守、徇私舞弊的，由其所在单位或者上级行政主管部门给予行政处分；构成犯罪的，依法追究刑事责任。

第三十条 本条例经自治州人民代表大会通过，报云南省人民代表大会常务委员会批准，由自治州人民代表大会常务委员会公布施行。

第三十一条 本条例由自治州人民代表大会常务委员会负责解释。

［州人大办供稿］

楚雄彝族自治州地方志工作规定

（2011年5月13日十届州人民政府第38次常务会议通过，楚雄州人民政府公告第28号公布，自2011年7月1日起施行）

第一章　总　　则

第一条　为发扬中华民族编史修志的优良传统，依法加强和规范地方志工作，推动地方志事业科学发展，根据《地方志工作条例》、《云南省地方志工作规定》等法规、规章的规定，结合本州实际，制定本规定。

第二条　本州行政区域内地方志的组织编纂、管理、开发利用等工作，适用本规定。

第三条　本规定所称地方志，包括地方志书、地方综合年鉴、方志地情资料书刊和方志地情资料信息库（网）。

地方志书，是指全面、系统记述本行政区域自然、政治、经济、文化和社会的历史与现状的资料性文献，包括州志、县（市）志和各种专志、专业志、部门志等。

地方综合年鉴，是指系统记述本行政区域自然、政治、经济、文化和社会等方面情况的年度资料性文献，包括州年鉴、各县（市）年鉴。

方志地情资料书刊，是指以州、县（市）行政区域名称冠名的方志资料文献和方志工作书刊。

方志地情资料信息库（网），是指州、县（市）地方志主管部门创建的方志地情资料信息库和信息网。

第二章　地方志工作机构

第四条　州、县（市）人民政府应当加强对地方志工作的领导，健全工作机构，保障工作条件，将地方志工作纳入国民经济和社会发展规划，将地方志工作经费列入本级财政预算，保证按时足额拨付。

第五条　州、县（市）人民政府地方志编纂委员会统筹规划、组织协调本行政区域内的地方志工作。地方志编纂委员会主任由同级人民政府主要负责人担任，副主任、委员分别由政府分管领导和相关部门负责人担任。

第六条　州、县（市）地方志办公室为同级人民政府的地方志工作机构，承担地方志编纂委员会的日常工作，工作人员按照《中华人民共和国公务员法》管理。

第七条　州、县（市）地方志办公室主管本行政区域内的地方志工作，履行下列职责：

（一）宣传和贯彻实施地方志工作的法规、规章及政策；

（二）组织、指导、督促和检查地方志工作；

（三）拟定地方志工作规划和编纂方案；

（四）组织编纂地方志书、地方综合年鉴和方志地情资料书刊；

（五）组织对地方志书的审查验收；

（六）搜集、保存和整理开发地方志资料和历史文献资料，加强地方史志研究和地情信息研究；

（七）建设和维护方志地情资料信息库和信息网；

（八）加强地方志人才队伍建设和业务建设，组织培训地方志专兼职编纂人员；

（九）完成与地方志有关的其他工作。

第八条　承担地方志撰稿任务的单位，应当明确机构、人员和分管领导，按照规定的内容、时间和质量要求完成地方志书和地方综合年鉴资料上报稿。

有条件的单位应当开展专志、专业志、部门志编纂工作，并接受同级地方志办公室的业务指导、督促检查和审查验收。

第三章　地方志编纂

第九条　州、县（市）地方志书，按照国家地方志书编纂规划，由政府主持，同级地方志办公室每20年左右编修1次。

第十条　州、县（市）地方综合年鉴，由政府主办，同级地方志办公室每年赓续编辑出版。

第十一条　州、县（市）地方志办公室在编纂出版地方志书和地方综合年鉴的同时，编纂出版方志地情资料书刊。

第十二条　地方志编纂应当吸收有关方面的专家、学者参加。编纂人员实行专兼职相结合，专职编纂人员应当具备较强的思想素质和相应的专业知识。

第十三条　地方志编纂应当做到指导思想正确，资料翔实可靠，记述客观准确，体例完备科学，审校严格规范，符合地方志书质量规定，并达到国家出版物质量标准。

第十四条　地方志体例及篇目设置，应当符合科学分类和社会分工实际，做到门类合理，归属得当，层次分明，编排有序，突出地方特色和时代特点。

地方志书应当明确时间断限。

地方综合年鉴应当增强时效性。

第十五条　地方志行文应当使用规范的现代语体文，力求严谨、朴实、简洁、流畅。

第十六条　地方志书、地方综合年鉴为职务作品，依照

《中华人民共和国著作权法》规定，其著作权由组织编纂的机构享有，参与编纂的人员享有署名权。

第四章　地方志管理

第十七条　建立地方志资料报送制度。州、县（市）相关部门、单位应当及时向同级地方志办公室报送以下地方志资料：

（一）地方志书、地方综合年鉴所需相关稿件；

（二）已经编纂出版的专志、专业志、部门志和部门年鉴；

（三）由部门、单位编纂出版的各类图书、报刊资料；

（四）其他具有存史价值的各种专题文字资料和图片资料。

州、县（市）地方志办公室可以向机关、社会团体、企事业单位、其他组织以及个人征集地方志资料。所提供资料要求真实、准确，不得故意提供虚假资料。所提供资料被采用或者收藏的，可获得适当报酬。

州、县（市）地方志编纂成果应当及时报送上级地方志办公室备案，并向当地图书馆、档案馆无偿提供藏书。

第十八条　建立地方志工作备案制度。州、县（市）相关部门、单位开展地方志编纂，应当向同级地方志办公室申报备案，并提供下列材料：

（一）成立编纂工作机构的文件；

（二）编纂工作方案和志书凡例、篇目；

（三）编纂班子、工作条件和进展情况；

（四）志书冠名、志书规模、志书断限及出版发行意向。

第十九条　建立地方志资料管理制度。地方志编纂过程中收集的文字、图表、照片、音像和实物资料，在志书出版后由编纂单位统一建档管理，个人不得据为己有或者私自出让、转借和出租。单位撤销的，应当依法将所存地方志书和资料及时移送同级地方志办公室和档案部门保存。

第二十条　建立地方志审查验收制度。州志、县（市）志严格执行自审、复审、终审制度，报上级地方志办公室审查验收合格和同级人民政府批准后方可出版；州、县（市）地方综合年鉴经自审、复审、终审后，报同级地方志编纂委员会或者年鉴编辑委员会审查验收合格后方可出版；州、县（市）各种专志、专业志、部门志经自审、复审、终审后，报同级地方志办公室审查验收合格后方可出版。

对地方志书进行审查验收，应当组织有关保密、档案、历史、法律、经济、民族、宗教、外事、统计、军事等方面的专家参加。重点审查地方志书的内容是否符合宪法和保密、档案等法律、法规的规定，是否符合全面、客观地反映本行政区域自然、政治、经济、文化和社会的历史与现状。

第二十一条　建立地方志报酬支付制度。地方志工作机构或者承担编撰任务的单位应当按照规定标准，向参与地方志编撰的专家、学者及相关人员支付资料费、撰稿费、编辑费、审稿费等工作报酬。

第二十二条　建立地方志工作奖励制度。已出版的地方志成果可依照有关规定参加国家和省、州地方志、社会科学优秀成果评奖。

州、县（市）人民政府每5年评选表彰1次地方志工作先进集体和个人。

第五章　地方志开发利用

第二十三条　州、县（市）人民政府及其地方志办公室应当积极拓宽全社会读志、用志途径，通过建设方志地情资料信息库和信息网等方式，加强地方志信息化建设。

第二十四条　州、县（市）地方志办公室应当向社会公开地方志文献资料，积极开展专题研究和地情咨询服务，并将服务范围和开放时间等事项向社会公示。

第二十五条　公民、法人和其他组织可以利用方志部门资料室、方志地情资料信息库（网）查阅、摘抄地方志文献资料，但涉及国家秘密、商业秘密和个人隐私以及不符合档案开放条件的除外。

第二十六条　凡利用地方志成果完成相关课题和出版物的，应当注明地方志资料来源。

第二十七条　根据地方志工作要求，规划建设楚雄彝族自治州方志馆和各县（市）方志馆。

第六章　罚　　则

第二十八条　违反本规定，擅自编纂出版以本行政区域名称冠名的地方志书、地方综合年鉴的，由同级地方志办公室提请同级人民政府出版行政部门依法查处。

第二十九条　违反本规定，未经审查验收、批准，将地方志文稿交付出版，或者地方志存在违反宪法、法律、法规规定内容的，由同级地方志办公室采取相应措施予以纠正；造成严重后果的，由同级人民政府视情节依法追究有关单位和个人的责任；构成犯罪的，依法追究刑事责任。

第三十条　违反本规定，故意提供虚假地方志资料或无故拖延、拒不承担地方志书、地方综合年鉴编撰及资料上报任务的，由同级地方志办公室责令限期改进；逾期不改的，由地方志办公室提请同级人民政府对直接负责的主管人员和其他直接责任人员依法给予处分。

第七章　附　　则

第三十一条　本州行政区域内乡（镇）志、村（社区）志和其他社会组织编纂的地方志文献资料参照本规定执行。

第三十二条　本规定自2011年7月1日起施行。

［州政府办供稿］

（责任编辑：周能汉）

统计资料

楚雄州2005～2010年国民经济和社会发展主要指标

指标	单位	2005年		2006年		2007年		2008年		2009年		2010年		“十一五”年均增长速度（%）
		绝对数	增速（%）	绝对数	增速（%）	绝对数	增速（%）	绝对数	增速（%）	绝对数	增速（%）	绝对数	增速（%）	
一、年末总人口	万人	256.7	0.2	258.5	0.7	260.2	0.7	260.4	0.1	262	0.6	261.5	-0.19	0.37
#农业人口	万人	220.6	0.3	221.6	0.5	222.2	0.3	221.8	-0.2	222.1	0.1	222.6	0.2	0.18
#少数民族人口	万人	83.8	2.3	85	1.5	86.3	1.5	87.2	1	88.7	1.7	90.4	1.9	1.52
#彝族	万人	68	2.6	69	1.5	70	1.4	70.6	0.9	71.8	1.7	73.2	1.9	1.47
人口出生率	‰	12.7	—	11.7	—	10.5	—	10.3	—	10.7	—	10.9	—	10.8
人口死亡率	‰	7.7	—	5.4	—	6	—	6	—	6.6	—	6.6	—	6.1
人口自然增长率	‰	5	—	6.4	—	4.5	—	4.3	—	4.1	—	4.3	—	4.7
城市化率	%	26	—	27.2	—	28.4	—	29.6	—	31.0	—	32.2	—	提高1.24个百分点
二、年末从业人员	万人	154.4	0.8	155.7	0.9	161.5	3.7	162.5	0.6	165.8	2	168.9	1.9	1.8
第一产业	万人	114.3	-0.8	113.6	-0.6	112.8	-0.6	111.4	-1.3	110.3	-1	109.4	-1.8	-0.9
三、地区生产总值	亿元	193.2	11.9	217.4	10.6	253.6	12.3	306	11.5	342.4	12.2	404.4	11.3	11.6
第一产业	亿元	50.7	4.3	56.6	7.1	63.5	5.8	74.3	5.6	80.8	5.8	90.5	3	5.5
第二产业	亿元	78.5	20.8	86.3	10.6	103.2	16.4	127.8	13.4	142.5	14.1	171.8	15	13.9
其中：工　业	亿元	63.3	16.7	72.6	9.7	87	16.9	107.8	13.6	116.5	10.5	140.5	14.7	13
建筑业	亿元	15.3	42.1	13.7	15.3	16.2	13.7	20	12.6	26.0	33.7	31.3	16.2	18.1
第三产业	亿元	64	8.5	74.5	13.3	86.9	12.5	104	13.4	119.1	14.2	142.1	12.2	13.1
人均GDP	元	7538	15.4	8441	12	9777	15.8	11757	20.3	13069	11.2	15452	18.2	15.4
非公经济增加值	亿元	76.9	2.4	98.5	26.3	117.3	19.1	135.7	1.6	152.9	0.3	168.4	10.7	11.1
非公经济增加值占GDP比重	%	39.8	—	45.3	—	46.3	—	44.4	—	44.7	—	42.1	—	—

(续上表)

指标	单位	2005年		2006年		2007年		2008年		2009年		2010年		"十一五"年均增长速度(%)
		绝对数	增速(%)	绝对数	增速(%)	绝对数	增速(%)	绝对数	增速(%)	绝对数	增速(%)	绝对数	增速(%)	
五大产业增加值	亿元	92.5	17.1	114	11.3	137	15.8	164.6	20.1	166.2	8.9	192.9	9.8	13.1
1. 烟草产业	亿元	42.3	14.4	44.9	2.3	48.9	5.1	63.2	14.9	58.2	12.3	63.9	4	7.6
2. 天然药业	亿元	1.4	63.5	1.5	-0.2	1.8	10.7	2.3	20.7	2.7	13.8	3.2	13.1	11.4
3. 冶金化工业	亿元	14.8	49.9	21.2	17.13	29.4	23.5	32.1	6.1	30.5	8.3	37.5	13.2	13.5
4. 绿色食品业	亿元	29.8	6	33	7.1	41.3	19.1	47.4	14.1	53	7	61.9	6.8	10.7
5. 文化旅游业	亿元	4.2	46.7	13.4	-5.7	15.6	12.3	19.6	18.6	21.8	10.6	26.3	14.1	9.6
五大产业增加值占GDP比重	%	47.9	—	52.4	—	54	—	53.8	—	48.5	—	47.7	—	—
四、农业														
1. 农业总产值	亿元	78.1	7.7	85.1	7.8	101	6.4	123.4	7.5	138	7.2	152.5	3.6	6.5
2. 农业增加值	亿元	50.7	4.3	56.7	7.1	63.5	5.8	74.3	5.6	80.8	5.8	90.5	3	5.5
3. 主要农产品产量														
粮食	万吨	94.3	0.4	96.4	2.2	97.9	1.6	100.2	2.3	102.2	2	96	-6	0.4
(1)谷物	万吨	81.6	0.4	83.5	2.3	84.8	1.6	86.9	2.5	89	2.4	83.6	-6.1	0.5
(2)豆类	万吨	9.8	-3	10.2	4.3	10.3	0.7	10.4	1	10.2	-1.9	6.7	-34.5	-7.3
油料	万吨	3.4	7.3	3.5	4.7	3.6	2.6	4	11.3	4.6	13.2	2.1	-53.2	-9.2
烤烟	万吨	8	23.3	7.544	-5.8	7.54	-0.1	8.6	13.9	8.9	3.1	10.1	14.4	5.4
蔬菜	万吨	103.5	20.5	103.5	0.02	112.3	8.5	117	4.1	119.7	2.4	125.4	4.7	3.9
水果	万吨	9.6	10.9	11.5	19.9	13.1	14	14.2	8	14.2	0.2	18.4	29.4	13.9
茶叶	吨	907.4	2.1	926	2	977	5.5	979.7	0.3	974	-0.6	998	2.5	1.9
中药材	吨	3662	90.8	2687	-26.6	2913	8.4	2969	1.9	3167	6.6	2122	-33	-10.3
肉类总产量	万吨	24.1	6.2	25.4	5.3	26.8	5.5	28.4	5.7	30.6	8	33.3	8.7	4.9
#猪牛羊肉	万吨	22	5.8	23.1	4.6	24.2	4.7	25.6	5.8	27.7	8.2	30.1	8.7	6.5
水产品产量	吨	9464	6.9	11759	24.2	14653	24.6	16004	9.2	17124	7	170.5	-0.5	12.5
五、工业														
1. 规模以上工业产值	亿元	117.3	27.1	141.7	19.3	185.9	23.1	222.7	18.6	237.1	3.9	298.7	24.4	17.6
2. 规模以上工业增加值	亿元	51.5	20.3	56.9	11.5	68.6	19.8	84.3	14.1	90.8	10	106.3	14.4	13.9
3. 主要工业品产量														
卷烟	万箱	56	2.9	54.5	-2.7	54.7	0.4	55.2	0.9	56.1	1.6	57.8	3	0.6
粗钢	万吨	91.1	76.6	106.2	16.5	122.5	15.4	143.9	17.5	150.3	4.4	147.3	-2	10.1

（续上表）

指标	单位	2005年		2006年		2007年		2008年		2009年		2010年		“十一五”年均增长速度（%）
		绝对数	增速（%）	绝对数	增速（%）	绝对数	增速（%）	绝对数	增速（%）	绝对数	增速（%）	绝对数	增速（%）	
钢材	万吨	71.5	107.7	75.8	6	111.5	47	139.7	25.1	146.6	5.4	143.2	-2.3	14.9
铜	万吨	1.7	19.6	1.3	-22.4	2.9	40.3	2.3	-23.1	3.2	34.4	5.3	68.5	25.5
铝	吨	4670	38.2	6060	29.3	12861	112.2	7365	-42.7	5272	-28.4	8439	60.1	12.6
原煤	万吨	163.2	-2.3	144.3	-15.3	147.8	2.4	254.1	4.5	171	12.7	169.6	-3.8	0.8
发电量	亿千瓦时	5.99	18.4	6.6	10.6	10.2	38	15.6	53.2	14.1	-9.6	12.9	-9.3	16.6
水泥	万吨	61.3	9.7	100.9	61.7	113.1	12.1	117.5	4	120.8	2.8	104.2	-13.7	11.1
中成药	吨	1024.6	81	779.6	-24.2	964.1	23.7	1158.6	17.5	1209.0	4.4	2237.8	85.1	16.9
化肥（折纯量）	万吨	4.2	78.8	4.2	-7.3	7.9	42.8	5.6	-1.4	5.6	10.3	6.3	-17.7	8.4
六、交通运输邮电														
1. 公路通车里程	千米	14131	—	16188	—	16197	0.1	16649	2.8	16903.1	1.5	16938.1	0.2	3.7
2. 客运周转量	万人千米	87246	28.1	104998	20.3	119667	14	130158	8.8	147320.2	13.4	164904	12.3	13.6
3. 货运周转量	万吨千米	84031	5.2	143488	70.9	140375	-2.2	174230	24.1	127776.3	-26.6	146107	14.5	11.7
4. 邮电业务总量	亿元	5.4	11.4	5.7	5.4	6.6	16.2	6.9	5.1	8.1	16.3	9.8	21.3	12.6
5. 固定电话	万部	28.5	9.2	34.1	19.6	34.3	0.6	33.5	-2.3	31.93	-5	29.2	-8.5	0.5
6. 移动电话	万部	39.7	8.8	52.8	33	67.5	27.8	79.4	17.6	93.1	17.3	106.3	14.2	21.8
7. 固定电话普及率	部/百人	11.1	—	13.2	—	13.2	—	12.9	—	12.2	—	11.1	——	——
8. 移动电话普及率	部/百人	15.5	—	20.5	—	25.9	—	30.5	—	35.5	—	40.6	——	21.2
七、固定资产投资														
全社会固定资产投资	亿元	72.5	25.7	93.3	28.5	117.4	25.3	143.1	21.8	208	45.3	280.6	34.9	31.1
1. 按经济类型分														
国有经济投资	亿元	42.1	36.7	56.0	33.0	64.3	4.9	68	5.8	110.1	61.9	149.2	35.6	28.8
集体经济投资	亿元	1.3	-41	1.9	46.2	2.5	31.1	—	—	—	—	—	—	—
私人投资	亿元	29.1	24.4	35.4	21.6	50.6	42.9	—	—	—	—	—	—	—
2. 按城乡分														
城镇	亿元	63.2	29.5	83	31.1	101.3	21.7	119.2	17.6	164.9	38.4	223.6	35.7	28.8
农村	亿元	9.3	16.3	10.3	10.3	16.1	53.2	23.9	48.4	43.1	80.1	57	32.2	43.7
3. 按产业分														
第一产业	亿元	9.3	8.1	10.3	10.8	11	6.8	12.2	28.4	13.7	12.2	15.6	13.7	10.9
第二产业	亿元	16.8	18.3	18.5	10.1	23.4	35.4	33.4	29.5	72.0	115.6	98.3	36.5	42.4

（续上表）

指标	单位	2005年		2006年		2007年		2008年		2009年		2010年		“十一五”年均增长速度（%）
		绝对数	增速（%）	绝对数	增速（%）	绝对数	增速（%）	绝对数	增速（%）	绝对数	增速（%）	绝对数	增速（%）	
第三产业	亿元	46.4	54.7	64.5	39	83	28.7	97.5	18.8	122.2	25.4	166.7	36.4	29.1
八、国内贸易														
社会消费品零售总额	亿元	55.3	13.3	63.6	15.5	74.2	16.9	90.4	21.8	109.7	21.4	131.9	20.2	19
1. 按经济类型分														
公有制经济	亿元	9.4	2.8	7	10.9	8.9	5.3	13	23.7	12.5	-3.2	19.5	18.8	15.7
#国有经济	亿元	6.4	2.3	4.8	5.6	5.9	5.8	8.1	20.3	9.3	14.4	15.8	19.9	19.8
非公经济	亿元	45.9	15.7	56.6	16.1	65.3	18.7	77.4	21.6	97.2	25.5	112.4	20.5	19.6
#个私经济	亿元	35.3	14.4	49.3	16.3	58.3	18.3	70.6	21.1	90.3	27.9	107.5	22.6	24.9
2. 按销售地区分														
市级	亿元	19.8	15.5	22.9	16.2	27	18.3	33.1	22.8	40.4	22.1	—	—	—
县级	亿元	16.6	11.7	19.2	14.4	22.5	17.1	27.7	23.3	33.5	20.9	—	—	—
县级以下	亿元	18.9	12.5	21.5	15.8	24.7	15.2	29.6	19.4	35.8	21	—	—	—
九、对外贸易														
进出口总额	万美元	3310	-47.5	5247	58.5	4643	-11.5	5294	13.6	6933	31	10843	56.4	26.8
其中：进口额	万美元	320	-47.7	373	15.1	457	22.5	2798	512.3	891	-68.2	492	-44.8	8.9
出口额	万美元	2990	-45.9	4874	62.8	4186	14.1	2496	-40.6	6042	140	10351	71.3	28.2
十、旅游														
1. 接待游国内客人数	万人次	279.7	16.1	335	19.8	374.9	11.7	618.6	65	812.2	31	964.4	18.7	28
2. 旅游总收入	亿元	13.6	59.4	10.7	-21.3	12.3	15	16.4	33	21.6	31.5	31.1	44	17.9
十一、财政														
财政总收入	亿元	33.2	5	39.4	18.9	54.2	25	65.6	20.9	73.3	11.8	86.5	18	21.1
#地方财政收入	亿元	12.9	12.4	14.9	15.6	18	25.4	22.7	26.5	25.6	12.7	30.7	20	18.9
地方财政支出	亿元	37.3	15	44.5	19.4	57.1	31.4	70	22.7	90.8	29.7	108.6	19.2	23.8
十二、金融														
金融机构年末存款余额	亿元	185	11.3	220.1	19	242.4	10.1	296.8	22.4	373.1	25.7	438	17.4	18.8
#城乡居民储蓄存款余额	亿元	107.1	18.5	121.5	13.4	123.8	1.9	157.5	27.3	190	20.7	228.5	20.3	16.4
金融机构年末贷款余额	亿元	115.8	12.1	121.8	5.3	136.4	11.9	157.6	24.2	216.4	37.3	265.2	22.6	18
十三、物价指数（上年=100）														
商品零售价格总指数	%	101.5	—	101.7	—	104.5	—	105.2	—	99.9	—	103.7	—	2.8

（续上表）

指　　标	单位	2005年		2006年		2007年		2008年		2009年		2010年		"十一五"年均增长速度（%）
		绝对数	增速（%）	绝对数	增速（%）	绝对数	增速（%）	绝对数	增速（%）	绝对数	增速（%）	绝对数	增速（%）	
居民消费价格总指数	%	102.7	—	102.2	—	105	—	105	—	100.5	—	103.7	—	3.3
#食品价格指数	%	102.5	—	101.6	—	113.7	—	114.3	—	102.5	—	109.0	—	8.1
农业生产资料价格总指数	%	103.6	—	101.7	—	104.4	—	117.8	—	98.3	—	102.8	—	4.8
十四、职工工资														
在岗职工人数	人	112439	-0.4	114334	1.7	142140	24.3	142068	-0.1	143898	1.3	148109	2.9	5.7
在岗职工工资总额	万元	167529	5.7	205300	22.6	270308	31.7	329079	21.7	372323	13.1	423150	13.7	20.4
在岗职工人均工资	元	14940	7.1	18178	21.7	19607	7.9	23268	18.7	26414	13.5	29110	10.2	14.3
十五、城乡居民生活														
农民人均纯收入	元/年	2223	7	2385	7.3	2737	9.2	3110	8.2	3511	12.9	3896	11	7.5
#农民人均可支配收入	元/年	2206	11.6	2318	5.1	2665	9.5	3014.4	7.7	3368	11.7	3715.5	10.3	8.8
城镇居民可支配收入	元/年	9195	6.4	10611	15.4	11701	5.1	13031	6.1	14319	9.9	15624	9.1	11.2
农村居民人均住房使用面积	平方米	32.9	1.9	33.8	2.8	33.5	-0.9	33.9	1.2	35.1	3.5	35.3	0.6	1.4
城镇居民人均住房总建筑面积	平方米	31.4	4.3	32.9	4.8	33.9	3	33.4	-1.5	34.4	3	35.2	2.3	2.3
人均粮食占有量	千克	367.7	0.1	374.1	1.7	377.6	0.9	385	2	390	1.3	366.7	-13.7	—
人均肉食占有量	千克	94	5.9	98.6	4.9	103.4	4.9	109	5.4	117	7.3	127.2	8.7	6.2
十六、教科文及体育														
高等院校在校生人数	人	5692	16.7	6676	17.3	9215	38	10661	15.7	10873	2	12296	13.1	16.7
中等学校在校生人数	人	12211	-5.2	19295	58	24310	26	27740	14.1	29059	4.8	31674	8.9	21
小学生在校生人数	万人	21.4	0.5	21.4	0.1	21.5	0.5	21.3	-1	21.1	-1	20.6	-2.4	-0.8
在园幼儿数	人	40698	1.2	42467	4.4	41733	-1.7	43275	3.7	44208	2.2	46533	5.3	2.7
学龄儿童入学率	%	94.3	—	94.1	—	99.3	—	99.5	—	99.6	—	99.9	—	98.5
艺术表演团体	个	10	—	10	—	10	—	10	—	10	—	10	—	—
文化馆	个	11	—	11	—	11	—	11	—	11	—	11	—	—
文化站（乡镇）	个	128	—	103	—	103	—	103	—	103	—	103	—	—
公共图书馆	个	11	—	11	—	11	—	11	—	11	—	11	—	—
广播覆盖率	%	95.5	—	95.5	—	95.5	—	96	—	96.5	—	97	—	96.1
电视覆盖率	%	95.6	—	96	—	96.5	—	96.5	—	96.9	—	97.3	—	96.6
获州以上科技进步奖	项	48	9.1	50	4.2	44	-12	41	-7	43	4.9	69	60.5	7.5
科技对国民经济增长贡献率	%	42.3	—	44.1	—	45.8	—	46.4	—	47.2	—	47.6	—	46.2

（续上表）

指　　标	单位	2005 年		2006 年		2007 年		2008 年		2009 年		2010 年		“十一五”年均增长速度（%）
		绝对数	增速（%）	绝对数	增速（%）	绝对数	增速（%）	绝对数	增速（%）	绝对数	增速（%）	绝对数	增速（%）	
运动员获州以上奖牌数	枚	92	19.5	108.5	17.9	112	3.2	107	-4.5	124	15.9	84	-32.2	-1.8
#金牌	枚	19	-17	28.5	50	42	47.4	37	-12	43	16.2	27	-37.2	1.4
十七、卫生														
卫生机构数	个	630	7.7	598	-5.1	544	-9	522	-4	557	6.7	569	2.2	-2.1
#医院	个	38	11.8	41	7.9	42	2.4	47	11.9	61	—	52		6.5
卫生技术人员	人	7235	0.5	7433	2.7	7456	0.3	7812	4.8	8580	9.8	10805	25.9	8.4
#医生	人	3414	2.5	3422	0.2	3406	-0.5	3610	6	3775	4.6	3832	1.5	2.3
床位数	张	6900	1.6	7292	5.7	6966	-4.5	7563	8.6	9218	21.9	9812	6.4	7.3
十八、民政和社会保障														
敬老院	个	130	2.4	115	-11.5	93	-19.1	102	9.7	102	—	102	—	-4.7
救济困难人数	万人	13	—	11	—	16.4	—	17	—	17.5	—		—	—
城镇居民领取最低生活保障金人数	万人	4.9	11.4	5.7	16.3	5.8	1.8	6.6	13.8	7.1	7.6	7.6	7	9.2
参加基本养老保险的人数	人	95384	3.7	99085	3.9	103965	4.9	108140	4	113511	5	116790	2.9	4.1
参加失业保险的人数	人	109827	2.4	115113	4.8	117781	2.3	123744	5.1	126348	2.1	128500	1.7	3.2
参加基本医疗保险的人数	人	184296	2.7	191127	3.7	200253	4.8	205564	2.7	208381	1.4	399302	91.6	16.7
参加新型农村合作医疗人数	万人	—	—	—	—	194.2	—	204.6	5.4	205.5	0.4	211.2	2.8	—
参加农村社会养老保险的人数	万人	27.1	—	28.1	3.8	28.2	0.4	28.6	1.4	29.4	2.8	53.3	81.2	14.5
城镇登记失业率	%	3.1	—	3	—	3.1	—	3.2	—	3.2	—	3.3	—	3.2
十九、环境保护														
工业废水排放达标率	%	84.3	—	94.3	—	85.6	—	89.9	—	86.5	—	92.2	—	89.6
森林覆盖率	%	60.7	—	60.7	—	60.7	—	60.7	—	60.7	—	62.5	—	61.1

说明：1. 表中数据均为统计公报数。

2. 地区生产总值、各产业增加值绝对数按现价计算，增长速度按不变价计算。

3. 部分数据因四舍五入的原因，存在着与分项合计不等的情况。

4. 2008 年非公有制增加值统计口径调整。

5. 2006 年州内公路通车里程（包含村道）统计口径调整。

6. 2007 年、2008 年农民人均纯收入、农民人均可支配收入、城镇居民可支配收入增幅已扣除物价上涨因素。

7. 2009 年医院包含妇幼保健院个数。

全省16州（市）及全州10县（市）2010年国民经济主要指标

州（市）	生产总值		农业增加值		工业增加值		建筑业增加值		第三产业增加值		粮食总产量	
	绝对数（亿元）	位次	绝对数（亿元）	位次	绝对数（亿元）	位次	绝对数（亿元）	位次	绝对数（亿元）	位次	绝对数（万吨）	位次
昆明市	2120.3	1	120.3	2	709.6	1	251.2	1	1039.2	1	108.4	7
曲靖市	1005.6	2	183.6	1	468.6	2	58.0	2	295.4	2	254.7	1
玉溪市	736.4	3	69.6	11	437.5	3	20.4	12	208.9	3	45.1	12
昭通市	379.6	7	74.5	7	132.6	7	42.2	4	130.3	8	175.9	2
红河州	650.4	4	104.4	4	297.9	4	47.3	3	200.9	4	141.6	3
文山州	329.9	8	73.1	9	90.1	8	32.0	6	134.6	7	127.6	4
普洱市	248.1	10	73.7	8	53.8	10	29.9	8	90.6	10	90.5	9
西双版纳州	160.3	12	43.8	12	31.5	14	16.2	13	68.8	12	37.1	14
大理州	474.1	5	108.9	3	154.4	5	33.9	5	176.9	5	126.9	5
保山市	260.9	9	79.0	6	59.3	9	21.2	11	101.4	9	112.6	6
德宏州	140.6	14	37.2	13	37.0	12	10.7	15	55.8	14	60.3	11
丽江市	143.6	13	26.0	14	33.1	13	21.9	10	62.5	13	43.4	13
怒江州	54.8	16	6.6	16	14.7	16	5.0	16	28.4	16	17.7	15
迪庆州	77.1	15	7.2	15	15.9	15	13.7	14	40.3	15	14.7	16
临沧市	217.0	11	71.5	10	53.7	11	22.5	9	69.3	11	79.2	10
楚雄州	404.7	6	90.8	5	140.5	6	31.3	7	142.1	6	96.0	8
楚雄市	164.3	1	16.4	2	79.1	1	14.6	1	54.2	1	17.7	2
双柏县	13.4	9	5.6	9	2.4	9	0.8	9	4.6	9	4.2	9
牟定县	21.3	7	6.1	8	3.9	7	2.9	3	8.4	4	7.7	7
南华县	22.2	5	7.8	6	5.1	6	1.3	6	7.9	6	9.7	4
姚安县	20.5	8	7.5	7	5.5	5	0.7	10	6.9	8	8.2	6
大姚县	28.9	3	8.8	3	7.6	3	2.9	3	9.5	3	10.8	3
永仁县	11.6	10	4.2	10	1.8	10	1	8	4.6	10	4.1	10
元谋县	22.1	6	8.7	5	3.9	7	1.3	7	8.0	5	6.8	8
武定县	24.1	4	8.8	3.0	5.9	4	1.4	5	7.9	7	8.9	5
禄丰县	85.3	2	16.9	1	27.7	2	4.3	2	36.5	2	17.9	1

(续上表)

州(市)	猪、牛、羊肉产量		地方财政一般预算收入		地方财政一般预算支出		全社会固定资产投资		社会消费品零售总额		农民人均纯收入	
	绝对数(万吨)	位次	绝对数(亿元)	位次	绝对数(亿元)	位次	绝对数(亿元)	位次	绝对数(亿元)	位次	绝对数(元)	位次
昆明市	37.6	5	253.8	1	346.3	1	1812.8	1	1060.2	1	5810	1
曲靖市	133.9	1	72.4	2	181.6	2	701.5	2	232.8	2	4130	4
玉溪市	20.8	9	64.7	3	107.3	6	324.6	5	141.5	6	5747	2
昭通市	37.5	6	25.6	8	146.6	4	356.1	4	105.7	8	2768	15
红河州	52.9	2	61.2	4	169.4	3	520.6	3	153.5	3	3922	5
文山州	38.9	4	22.0	9	114.1	7	271.0	8	143.6	4	2806	14
普洱市	12.2	11	30.9	6	114.1	8	235.1	9	72.7	10	3456	9
西双版纳州	2.7	15	11.3	14	42.4	15	111.1	15	50.6	13	4354	3
大理州	40.6	3	37.6	5	124.2	5	282.8	6	142.1	5	3902	6
保山市	29.1	8	21.4	10	82.3	11	211.6	11	84.4	9	3626	8
德宏州	7.0	13	13.2	13	58.1	13	131.3	14	54.4	12	3368	11
丽江市	9.3	12	16.5	11	59.1	12	202.1	12	45.5	14	3410	10
怒江州	3.0	14	5.8	16	34.0	16	60.0	16	14.9	16	2005	16
迪庆州	2.2	16	6.0	15	43.1	14	133.9	13	20.9	15	3347	12
临沧市	17.0	10	14.5	12	90.8	10	234.4	10	72.6	11	3279	13
楚雄州	30.1	7	30.7	7	108.6	9	280.6	7	131.9	7	3896	7
楚雄市	4.7	2	9.73	1	18.71	1	76.2	1	53.7	1	4434	3
双柏县	2.6	5	0.98	6	6.77	7	14.5	8	2.2	9	3083	10
牟定县	1.9	9	0.96	7	6.63	8	18.3	5	5.2	7	3356	7
南华县	2.6	5	1.24	5	8.07	5	15.1	6	8.3	3	3602	5
姚安县	2.3	7	0.77	10	6.09	9	13.6	9	6.1	5	3722	4
大姚县	2.7	4	1.45	4	9.12	3	20.3	3	8.3	4	3491	6
永仁县	1.7	10	0.88	8	5.41	10	12.4	10	2.0	10	3240	8
元谋县	2	8	0.86	9	7.24	6	19.1	4	5.2	8	4783	1
武定县	3.8	3	1.95	3	8.23	4	14.7	7	6.0	6	3223	9
禄丰县	5.8	1	4.63	2	15.65	2	63.6	2	22.8	2	4584	2

全国30个少数民族自治州2010年国民经济主要指标

省份	自治州	年末总人口		生产总值		人均生产总值		农业增加值	
		绝对数（万人）	位次	绝对数（亿元）	位次	绝对数（元）	位次	绝对数（亿元）	位次
吉林	延边	219.08	12	534.11	6	24448	5	52.48	13
甘肃	甘南	68.98	20	67.69	24	9877	25	15.89	23
	临夏	194.67	13	106.38	21	5449	30	24.06	20
青海	玉树	37.34	27	31.86	29	8531	28	17.98	22
	海南	44.17	24	69.89	23	15690	11	18.73	21
	黄南	25.67	29	43.68	27	17888	9	12.81	24
	海北	28.32	28	54.53	26	19358	8	10.42	25
	果洛	18.17	30	20.43	30	12547	17	4.40	30
	海西	39.07	25	365.49	9	78180	1	10.28	26
新疆	巴音郭楞	132.30	15	640.14	4	46955	2	108.15	5
	博尔塔拉	48.26	23	131.45	19	27374	4	49.47	14
	克孜勒苏	53.98	21	38.88	28	7202	29	7.80	27
	昌吉	159.43	14	557.99	5	35554	3	166.27	3
	伊犁	450.79	3	885.03	1	19479	7	254.61	1
湖南	湘西	285.23	10	303.54	15	11949	18	49.37	15
湖北	恩施	397.57	6	351.13	11	10327	23	107.65	6
贵州	黔东南	453.50	2	312.57	13	9004	27	76.74	9
	黔西南	339.81	9	307.13	14	10940	22	55.79	12
	黔南	403.79	5	356.68	10	11059	21	70.13	11
四川	甘孜	106.06	17	122.83	20	11660	20	28.77	18
	阿坝	89.88	19	132.76	18	14662	13	25.13	19
	凉山	478.94	1	784.19	2	17564	10	172.06	2
云南	西双版纳	94.21	18	160.32	16	14503	15	43.83	16
	德宏	121.38	16	140.63	17	11681	19	37.24	17
	怒江	53.43	22	54.76	25	10266	24	6.63	29
	大理	352.57	7	474.13	7	13498	16	108.96	4
	迪庆	39.00	26	77.10	22	20051	6	7.15	28
	红河	440.87	4	650.42	3	14547	14	104.38	7
	文山	348.39	8	329.85	12	9456	26	73.11	10
	楚雄	261.51	11	404.73	8	15463	12	90.78	8

（续上表）

省份	自治州	工业增加值		建筑业增加值		第三产业增加值		粮食总产量	
		绝对数（亿元）	位次	绝对数（亿元）	位次	绝对数（亿元）	位次	绝对数（万吨）	位次
吉林	延边	223.79	6	27.35	11	230.49	3	100.08	11
甘肃	甘南	14.45	26	1.59	30	35.76	23	8.55	26
	临夏	21.70	20	9.85	22	50.77	19	62.08	14
青海	玉树	0.45	30	6.83	25	6.60	30	1.73	29
	海南	18.53	21	12.33	20	20.30	26	11.30	24
	黄南	14.44	27	3.18	28	13.25	28	2.91	28
	海北	18.24	22	2.11	29	16.62	27	4.15	27
	果洛	6.41	28	9.25	24	7.51	29	0.15	30
	海西	260.03	4	28.93	9	66.24	16	10.08	25
新疆	巴音郭楞	361.15	1	52.02	3	118.81	14	45.13	17
	博尔塔拉	15.98	23	9.80	23	56.20	17	53.67	16
	克孜勒苏	4.59	29	4.53	27	21.96	25	23.70	19
	昌吉	186.61	7	47.53	4	157.58	6	207.16	4
	伊犁	239.45	5	83.22	1	307.75	1	427.00	2
湖南	湘西	102.18	11	19.09	13	132.91	13	87.90	13
湖北	恩施	85.57	14	15.35	18	142.56	8	167.18	5
贵州	黔东南	69.38	15	24.73	12	141.72	10	147.81	6
	黔西南	95.45	12	15.49	17	140.40	11	100.41	10
	黔南	114.45	10	28.03	10	144.08	7	452.88	1
四川	甘孜	29.15	19	15.76	16	49.14	20	20.30	20
	阿坝	40.80	16	17.72	14	49.11	21	17.18	22
	凉山	290.45	3	80.60	2	241.08	2	219.04	3
云南	西双版纳	31.51	18	16.16	15	68.83	15	37.11	18
	德宏	36.96	17	10.66	21	55.76	18	60.30	15
	怒江	14.74	25	4.99	26	28.40	24	17.74	21
	大理	154.42	8	33.88	6	176.87	5	126.90	9
	迪庆	15.95	24	13.75	19	40.25	22	14.67	23
	红河	297.85	2	47.30	5	200.88	4	141.57	7
	文山	90.14	13	32.01	7	134.60	12	127.58	8
	楚雄	140.48	9	31.33	8	142.14	9	96.03	12

（续上表）

省份	自治州	地方财政一般预算收入		地方财政一般预算支出		全社会固定资产投资	
		绝对数（亿元）	位次	绝对数（亿元）	位次	绝对数（亿元）	位次
吉林	延边	41.26	5	151.18	5	739.82	1
甘肃	甘南	3.84	24	86.30	17	90.51	22
	临夏	5.55	23	80.11	19	100.85	21
青海	玉树	0.84	30	114.09	11	50.10	26
	海南	3.03	26	37.68	25	69.17	23
	黄南	1.21	28	25.23	29	22.53	29
	海北	2.21	27	29.16	28	39.48	27
	果洛	0.85	29	21.76	30	16.60	30
	海西	34.49	7	61.82	20	178.23	17
新疆	巴音郭楞	43.57	4	87.87	16	360.42	6
	博尔塔拉	6.30	20	31.52	27	52.31	25
	克孜勒苏	3.79	25	41.97	24	30.42	28
	昌吉	32.72	8	86.13	18	235.37	13
	伊犁	64.85	1	264.61	1	524.08	3
湖南	湘西	17.78	15	104.11	14	208.51	15
湖北	恩施	22.16	13	135.24	7	244.38	12
贵州	黔东南	26.18	12	144.70	6	271.80	10
	黔西南	28.78	10	103.83	15	204.21	16
	黔南	27.15	11	129.36	9	323.86	7
四川	甘孜	16.30	17	131.98	8	211.11	14
	阿坝	16.67	16	203.83	2	362.41	5
	凉山	62.69	2	190.70	3	660.51	2
云南	西双版纳	11.26	19	42.43	23	111.16	20
	德宏	13.24	18	58.11	21	131.32	19
	怒江	5.84	22	34.04	26	60.00	24
	大理	37.62	6	124.24	10	282.80	8
	迪庆	5.97	21	43.15	22	133.96	18
	红河	61.22	3	169.42	4	520.55	4
	文山	22.03	14	113.99	12	271.03	11
	楚雄	30.70	9	108.58	13	280.62	9

(续上表)

省份	自治州	社会消费品零售总额		农民人均纯收入		年末人均储蓄存款余额	
		绝对数（亿元）	位次	绝对数（元）	位次	绝对数（元）	位次
吉林	延边	257.67	1	5416	5	23563	3
甘肃	甘南	19.65	22	2689	26	8381	15
	临夏	33.58	19	2375	28	6262	22
青海	玉树	3.41	29	3663	16	5556	27
	海南	14.37	25	4490	9	6404	20
	黄南	4.37	28	3032	23	6255	23
	海北	9.50	26	4813	7	6749	18
	果洛	2.68	30	2629	27	5069	30
	海西	43.17	17	5434	4	27110	1
新疆	巴音郭楞	73.86	14	7432	2	24066	2
	博尔塔拉	18.31	23	7130	3	15698	6
	克孜勒苏	8.33	27	1902	30	5352	29
	昌吉	112.79	11	8806	1	18645	4
	伊犁	172.67	3	5405	6	11628	8
湖南	湘西	116.99	10	3173	21	8400	14
湖北	恩施	132.00	7	3255	19	6446	19
贵州	黔东南	120.89	9	3163	22	6132	24
	黔西南	88.28	13	3246	20	5479	28
	黔南	97.19	12	3760	14	5881	26
四川	甘孜	37.42	18	2744	25	7192	17
	阿坝	33.06	20	3741	15	10884	9
	凉山	244.88	2	4565	8	7315	16
云南	西双版纳	50.60	16	4354	10	15958	5
	德宏	54.36	15	3368	17	15217	7
	怒江	14.87	24	2005	29	6325	21
	大理	142.10	6	3902	12	9150	12
	迪庆	20.99	21	3347	18	9386	11
	红河	153.47	4	3922	11	10556	10
	文山	143.64	5	2806	24	5883	25
	楚雄	131.93	8	3896	13	8730	13

[楚雄州统计局供稿]

（责任编辑：者宗菊）

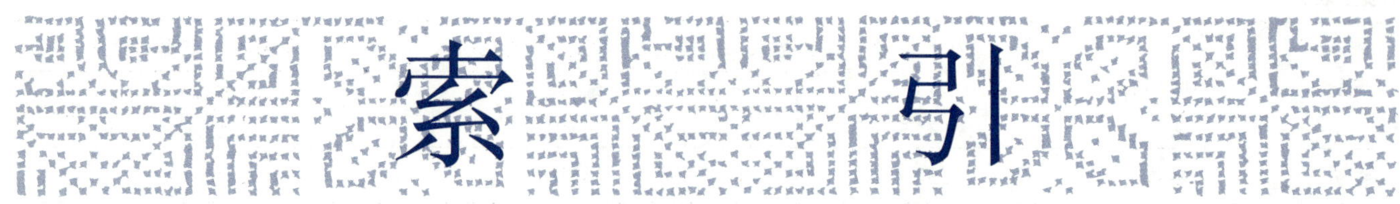

索引

1. 本索引采用主题分析方法，按汉语拼音音序排列。
2. 类目和分目标题用黑体字标示。
3. 特载、年鉴论坛、附录、统计资料内容及图片、表格不作索引。
4. 索引词后的数字表示内容所在页码，数字后的字母a、b、c分别表示左、中、右栏。
5. “附见”条放在索引词下面，索引词后自第二个页码起为“参见”条目页码。

A

爱国卫生 293b
爱国卫生月活动 293b
安全保卫 144b
安全管理工作 135b
安全生产工作概况 165a
安全生产监督管理 165a
安全生产检查 165c
安全生产行政许可 166a
安全生产“一岗双责” 166c
安全生产应急管理 166b
安全生产月活动 166c
安全隐患排查治理 166a
案件查处 124b
案件查处 124c
案件执行 148a

B

坝后电站并网发电 180c
白恩培 27c
百草岭药业有限公司 197b
保密工作 79b
保密工作概况 79b
保密管理 80b
保密技术防范 80a
保　险 244b
保障性住房建设 225c
报　纸 281a
北部片区金沙江提水工程规划 178b
北部片区水资源综合利用规划 178c
本草精素生物科技有限公司 198a
编辑出版《楚雄政报》 113c
编辑出版《彝州经济研究》 113c
编印内参 114a
编制妇女儿童发展新规划 117a
编制使用审批制度 108b
标准化工作 163b
标准化规模养殖 173b
表彰第一届“彝州光彩之星” 133b
表彰奖励 70a 102c
殡葬改革 309a
补充医疗保险 306a
部队安全管理 138a
部队正规化管理 139b
部省共建楚雄州山区水利发展与改革示范区 177c

C

财务经审工作 126b
财　政 229a
财政改革 231b
财政监管 231c
财政收支概况 229a
财政·税务 229
参加“全国乡村歌手大赛” 275b
参加全省首届宗教界体育运动会 314b
参加全省宗教工作专题研讨班 313c
参加省第十三届运动会 295b
参加省政协系统书画摄影作品展览 285c
参加首届大理巍山·南诏文化节系列活动 258a
残疾人劳动就业 313a
残疾人事业 312c
残疾人事业概况 312c
残疾人体育 313b
残疾人职业技能竞赛 313a
藏品清理管理保护 277c
曹建方 30b
茶桑生产 173a
产地检疫 174b
产科建设 293c
产品质量监督管理工作概况 163a
产业扶贫 311c

场馆建设 296b
车辆技术管理 205c
陈小娅 29b
成人教育培训 109c
诚实守信模范 348a
周平忠 348a
冯志华 348a
杨 涌 348a
陆 萍 348b
期信才 348b
城建·环保 222
城市房屋拆迁 225c
城市公交 209b
城市管理 223b
城市广场数字电影 279a
城市规划编制管理以奖代补 222c
城乡低保 308c
城乡规划 222a
城乡建设概况 223a
城乡社会救助 308c
城乡总体规划和专业规划编制 222b
城镇建设管理 223a
城镇居民生活质量 301c
城镇居民收入 301a
城镇居民支出 301a
出版物市场安全专项行动 278a
出入境管理 144b
出租车司机旅游知识培训 209b
储备粮油管理 202a
楚台两地交流往来 116a
楚雄阿乖佬彝歌队获奖 298c
楚雄城区傈僳族阔时节 299a
楚雄城区彝族年 298c
《楚雄党史党建》编辑出版 259a
楚雄高级技工学校 268b
楚雄供电局安全生产 186a
楚雄供电局电网规划 186a
楚雄供电局概况 185c
楚雄供电局供电能力 185c
楚雄供电局经营管理 186a
楚雄供电局农电工作 186b
楚雄供电局应急抢险 186b
楚雄嘉源医药有限公司 198b
楚雄监狱 151a
楚雄交通运输集团有限公司
207b 208b 209a 209b
楚雄经济开发区 168b
楚雄经济开发区概况 168b
国民经济 168c
工业经济 168c
招商引资 169a
主导产业 169a
重点项目建设 169b
园区建设 169c
非公有制经济 170a
城乡一体化建设 170a
社会事业 170b
楚雄军分区 135a
楚雄军分区概况 135a
楚雄开发区实验小学 267a
楚雄开发区永安小学 267b
楚雄民族中等专业学校 268b
楚雄农业学校 268a
《楚雄日报》实现彩色印刷 282b
《楚雄日报》宣传发行工作 282c
楚雄日报传媒有限公司成立 282b
楚雄日报社工作概况 281a
楚雄师范学院本科教学工作合格评估
调研 269b
楚雄师范学院成人教育与国际合作
交流 270a
楚雄师范学院附属小学 267a
楚雄师范学院附属中学 266b
楚雄师范学院概况 269b
楚雄师范学院教学科研 269b
楚雄师范学院学生管理及帮困
助学 269c
楚雄师范学院招生就业工作 269c
楚雄师范学院重点学科建设 269b
楚雄市 315
地理位置 315a
行政区划 315a
人口民族 315a
自然概貌 315a
资源特产 315b
经济状况 316a
教科文卫 316c
社会生活 317a
参加首届中国农民艺术节 317c
紫溪山茶花种植基地考察 317c
乡(镇)领导名录 317
乡(镇)情况一览表 318
楚雄市人武部 136a
楚雄钛产业基地建设 187b
楚雄天人中学 267a
《楚雄晚刊》全新改版 282a
楚雄一中 266a
楚雄医药高等专科学校概况 270b
楚雄医药高等专科学校校庆活动 271a
楚雄医药高等专科学校教育科研与人才
培养 270b
楚雄医药高等专科学校招生就业与社会
服务 270c
楚雄彝族自治州概貌 52a
地理位置 52a
历史沿革 52a
行政区划 52b
人口民族 52c
自然概貌 52c
气候环境 53a
资源特产 53a
经济状况 53c
教科文卫 54c
社会生活 55a

《楚雄彝族自治州民族教育条例》执法检查 300a
楚雄预备役高炮团 137c
《楚雄政研》编辑 79b
楚雄州保险行业协会 244b
楚雄州茶花协会 177b
楚雄州川北医药有限公司 198b
楚雄州地方志学会 260c
楚雄州第八届民族传统体育运动会 300a
楚雄州第二届道德模范 346
楚雄州第二届十大杰出女性 350
王建平 350a
李秀芳 350a
杨　彩 350b
杨艳梅 350b
杨爱萍 351a
杨雪斌 351a
沙翠梅 351a
梁　芬 351b
普　珍 351b
樊志勇 352a
楚雄州第二人民医院 291a
楚雄州庆“三八”女子健身运动会 295a
楚雄州第四届残疾人运动会 295b
楚雄州方志地情网 260b
楚雄州妇幼保健院 291b
楚雄州公安局人民警察培训学校 269a
楚雄州供电有限公司安全生产 186c
楚雄州供电有限公司概况 186b
楚雄州供电有限公司抗旱救灾抢险 186c
楚雄州广通医院 291b
楚雄州虹成药业有限公司 198b
楚雄州疾病预防控制中心 291b
楚雄州集体林权制度主体改革总结表彰暨林业产业发展大会 177b
楚雄州科协五届四次全会 251c
楚雄州民族中学 266b
《楚雄州年鉴》编纂出版 259c
楚雄州拳击协会换届选举大会 294b
楚雄州人大常委会 85
楚雄州人民医院 290c
楚雄州人民政府 94
楚雄州人民政府常务会议 94a
楚雄州人民政府第四次廉政工作会议 94a
楚雄州人民政府全体（扩大）会议 94a
楚雄州人民政府驻北京联络处 105b
楚雄州人民政府驻昆明办事处 105c
楚雄州十届人大常委会会议 85c
楚雄州十届人大常委会主任会议 87a
楚雄州十届人大五次会议 85a
楚雄州十届人大五次会议代表建议、批评和意见办理 93b
楚雄州十届人大五次会议议案办理 91a 91c 92b
楚雄州十届人大五次会议议案和建议 91a
楚雄州特殊教育学校 267c
楚雄州体育运动学校 268c
楚雄州消防支队 139b
楚雄州医药有限公司 198a
楚雄州幼儿园 267b
楚雄州在省第九届民运会获佳绩 300b
《楚雄州志》续修工作 259c
楚雄州中医医院 291a
《楚雄自驾游美食地图》公开发行 212c
《楚州今古》办刊工作 260b
处理重大信访问题 85b
传染病防治卫生监督 289c
创建基层党建工作示范点 83b
创建学习型纪检监察机关示范点 124a
创先争优活动 61b
基本情况 61b
主要做法及成效 61c
创先争优活动宣传 281b
创新宗教工作 314a
《春的记忆》获奖 258c
春运交通安全保卫 149c
纯雌性系温室专用型迷你黄瓜新品种选育 247c
促进就业创业 127b
促进市场主体发展 158c
村级文化体育活动广场建设 296b

D

搭建招商引资平台 157b
打击发票违法犯罪 234c
打击非法违法生产经营建设行为专项行动 166b
打击经济犯罪 143b
打击手机网站制作传播淫秽色情专项行动 278c
打击私挖滥采 156b
打击刑事犯罪 143b
大接访大下访活动 85c
大事记 18a
大事·要闻 18
大姚石羊古镇旅游区荣升 AAA 级旅游区 212a
大姚县 329
地理位置 329a
行政区划 329a
人口民族 330a
自然概貌 330a
资源特产 330a
经济状况 330b
教科文卫 330c
地震恢复重建 330c
全国新型农村社会养老保险试点县 330c

优质山泉水生产线投产　331a
大姚一中 70 周年校庆活动　331a
《大姚县志》(1978～2005)公开出版　331b
乡（镇）领导名录　331
乡（镇）情况一览表　332
大姚县人武部　136b
大姚县农村电气化建设通过验收　179a
大中专毕业生就业　109b
代表视察　88a
党报党刊收订任务　220a
党的基层组织建设　57b
党的宗旨教育　123b
党风党纪　123b
党风廉政建设宣传　281c
党建活动　68b
党建主题活动　82a
党史工作概况　258c
党史研究　258c
党校教育　84a
党员队伍状况　71c
党政纪案件公开审理　124c
党组织概况　71b
档　案　284a
档案工作概况　284a
档案利用体系建设　284b
档案制度建设　284c
导游年检培训　211b
导游资格考试　211b
道路交通管理概况　149c
道路运输应急保障　206a
等级公路建设　207b
地方病防治　292c
地方公路养护　204a
地方税费收入概况　234b
地方税务　234b
地方志编修指导工作　260c
地方志编纂　259b
地方志工作概况　259b
地震应急　253a
地震应急工作及安全工程检查　253b
地质灾害防治　155c
第二次全国土地调查　155b
第二届道德模范评选表彰活动　59b
第二批教工书屋评估验收　265a
第九期企业党建论坛　83c
第七届世界云南同乡联谊大会　77c
第四批茶花新品种通过鉴定　177b
滇川友邻州市第六届男子篮球联赛　295c
滇西北旅游线联合赴日本促销　216a
“滇中牛”纳入《中国畜禽遗传资源目录》　174c
滇中特色大城市建设　225b
滇中引水受水区配套工程规划　178c
滇中有色金属公司　187a
电化教育　272c
电化教育概况　272c
电力工业　185c
电　信　220c
电　影　278c
电影事业概况　278c
调查研究　78c
调研和对外宣传工作　72c
调研和课题研究　113a
调研活动　121a
动物疫病监测　174a
动物预防免疫　174a
督查督办　85c
督促落实重点难点指标　117a
队伍建设　151c
对台工作　115c
对台工作概况　115c
对台和海外交流交往工作　78a
对外经济合作　201a
对外贸易与经济合作　200b
对外宣传工作　75c
对外宣传演出　276a

E

“2·25”地震恢复重建　223c
“2·25”地震抗震救灾　40b
20 个重大建设项目　31a
20 项重要工作　33a

F

发行市政项目建设债券　154c
发展党员情况　71c
发展与计划　152a
发展与计划工作概况　152a
法律援助　149a
法学研究　149b
法　制　141
反渎职侵权　145c
反贪污贿赂　145c
方山诸葛营民族文化生态旅游示范村　214a
防雹工作　255b
防雷减灾　255b
防震减灾　252c
防震减灾工作概况　252c
防震减灾知识宣传　253c
房地产业　225b
房地产业概况　225b
放射卫生监督　289c
非公经济发展　167b
非公经济人士思想政治工作　134a
非公有制企业党建工作　83a
非物质文化遗产保护工作　276c
非物质文化遗产传承人　299a
废旧文件资料收集销毁工作　80b
风景名胜区建设规划　212a

扶贫工作概况　310c
扶贫开发　310c
扶贫整县整乡整村推进　311a
服务新农村建设　158c
妇女儿童工作　116c
妇女儿童工作概况　116c
妇女联合会　127c
妇女社会地位调查　117c
妇女组织概况　127c
妇幼保健　293c
附　录　372
赴西双版纳等地促销　216a
富滇银行楚雄分行　243c

G

改水改厕　293b
干部队伍状况　72a
干部教育培训　72a　84a
干休所工作　74b
高等教育　269b
高级专业技术职务任职资格人员名录　368
高技能人才培养与就业　304c
高钛碴系列项目开发　247b
高效照明产品推广和财政补贴　184c
高校招生考试　273b
高中（中专）招生考试　273b
革命老区建设　311c
耕地保护目标责任制　60c
工程建设领域环保专项整治　227c
工程建设领域专项治理　110c
工程扫尾　180b
工程质量监管　224a
工　会　125a
工会工作概况　125a
工商联　133
工商联组织概况　133a
工商行政管理　158a
工商行政管理工作概况　158a
工　业　171
工业发展方式转变　183a
工业发展基础建设　182c
工业发展质量提高　181a
工业高新技术开发运用　249a
工业固定资产投资节能评估审查　184b
工业经济发展概况　181a
工业经济结构调整　182b
工业经济人才队伍建设　183c
工业经济运行协调　183b
工业经济综述　181a
工业可持续发展能力　181b
工业投资增长　182a
工业园区基础设施建设　184a
工业园区建设　183c
工业园区建设概况　183c
工业招商　156c
公　安　143a
公安队伍建设　144c
公安法制建设　144b
公安工作概况　143a
公安交通管理　149c
公安应急抢险救灾　144c
公共场所卫生监督　289b
公共机构节能工作　118a
公交事业管理　209b
公路工程质量监管　204a
公路管理与养护　206c
公路管养改革　207b
公路管养概况　206c
公路基础设施管理　206b
公路建设　203a
公路建设概况　203a
公路路政管理　206a
公路行政执法　206b
公路运输　207b
公民道德建设实践活动　59b
公诉工作　145b
公务接待　106b
公务员管理　108b
公务员医疗补助　306a
公　证　149a
供销合作　201a
供销合作概况　201a
供销合作经济组织建设　201b
供销组织助农增收　201b
巩固治理公路“三乱”成果　111a
共青团　126c
固定资产投资　55c
观音岩水电站建设移民前期工作　312b
贯彻落实州委全会精神宣传　281a
灌区建设　178a
光彩事业　134c
广播电视　279b
广播电视“村村通”　280b
广播电视事业概况　279b
广播电视体制改革　280c
广播网开通　280a
广东旅游团接待　215c
广泰生物科技有限公司　197c
广通车务段　210a
广通工电段　209c
规范土地市场　155a
规范行政权力运行　58b
规范性文件清理　58c
规范性文件制定、登记、审查、备案　112a
规范印刷企业经营行为　278b
规划编制和管理　222a
国防后备力量建设　135c
国防后备新闻宣传　135c
国际劳务输出　200c
国家档案资源体系建设　284a
国家级协会会员培养　275b

国家赔偿　148a
国家税务　232b
国家统计局楚雄调查队调查服务　162a
国家统计局楚雄调查队工作概况　161c
国家统计局楚雄调查队基础建设　161c
国家统计局楚雄调查队业务建设　162a
国家统一考试保密管理　79c
国民经济决议　90b
国培计划和履职晋级培训　272c
国税收入概况　232b
国土资源管理　154c
国土资源管理工作概况　154c
国有粮食储备企业发展　202a
国有资产管理　232a

H

海事航运管理　206a
韩国庆南固城郡与禄丰世界恐龙谷签署合作协议　216b
韩启德　27b
旱粮和晚秋作物生产　172c
夯实征管基础　236b
河口河等小（一）型水库大坝截流　178c
黑井古镇“盐龙女”文化旅游节　217b
红十字会工作　310a
红十字会工作概况　310a
红十字青少年工作　310b
宏观调控　229b
洪涝灾害　179b
后勤保障建设　140a
后勤装备保障　135b
后勤综合保障　138b
胡四一　29a
胡振民　29a
化工骨干企业发展　189a
化学工业　189a
化学工业概况　189a
环保评价管理　227a
环保宣传　60b
环境保护　226a
环境保护概况　226a
环境监测　228b
环境执法监察　228a
黄　毅　28c
会议接待　107a
会员服务　134b
惠农政策落实　111b
火把节体育活动　295c
货物运输管理　205b
获云南省有突出贡献优秀专业技术人才称号人员名录　368

J

96221 部队　137b
机动车及驾驶人管理　150c
机动车驾驶员培训管理　205b
机构编制管理　107b
机构队伍建设　160a
机构改革部门“三定”工作　107c
机关党建　80c
机关事务管理　117c
机关信息化建设　72b
机械工业　187c
机械工业发展概述　187c
积极财政政策　229a
基本气候概况　254b
基层妇女参选参政　127c
基层基础工作　127a
基层民主政治建设　309b
基层政法综治维稳干部培训　142b
基础测绘工作　156a
基础教育　265b
基础教育概况　265b
基础教育课程改革　272a
基础性民心工程建设　59c
基础应用平台和协同办公系统应用　218b
极端天气气候　254c
疾病预防与控制　291c
集体林权制度改革　177a
集中销毁侵权盗版制品及非法出版物　278b
计划编制　152b
计划执行　152c
计量管理　163b
计生协会工作　303c
计生药具管理　303c
纪检调研　124c
纪检监察调研　124c
纪检监察工作会议　122c
纪检监察工作十大行动　110a
纪检监察系统工作总结会　123b
纪检监察信息　125b
纪念活动　68c
纪念“三八”妇女节 100 周年活动　128a
技术机构自身建设　164a
家电下乡工作　199c
价格管理　153b
价格监测　154a
价格监督检查　154b
价格认证　154a
间接融资　154b
监所管理　144a
监所检察　146a
监狱布局调整　151b
监狱管理概况　151a
减轻企业负担　164a
检　察　145a
检察工作概况　145a
检察技术信息工作　147a

"见义勇为"先进个人颁奖会 141c
见义勇为模范 347a
周德明 347a
杨正美 347b
符正云 347b
罗 斌 347b
吴保柱 348a
建材工业 188a
建材工业发展概况 188a
建立自由裁量基准制度 274b
建筑工程安全管理 224b
建筑节能 224a
建筑业 223c
建筑业管理概况 223c
健康教育与健康促进 289a
健全文艺发展机制 275a
交警队伍建设 150c
交通安全宣传教育 150b
交通安全专项整治 150a
交通银行楚雄分行 243a
交通运输业 203
较大安全事故 167a
教师远程培训 273a
教师专业技术职务评审 263c
教研与师训 271c
教 育 261
教育改造 151a
教育工会三届七次全会 265a
教育工作概况 261a
教育技术装备管理 265a
教育科研及信息工作 272b
教育乱收费治理 263b
教育目标管理 263c
教育行业行风建设 263b
教育综述 261a
接待工作 106a
接待工作概况 106a
节会招商实效 156c
节能减排 184b
节能减排概况 184b
节能宣传周活动 184b
节庆活动 217a
节庆活动概况 217a
金 融 237a
金融·保险 237
金融协调 230b
禁毒工作 143b
经济管理 152
经济活动 68a
经济建设 55b 70c 103b
经济结构调整 55b
经济决策与咨询 113a
经济运行情况 55b
经贸活动 99b
精神文明建设 59a
景区建设 213a
景区建设工作概况 213a
警营文化建设 138a
净化社会文化环境家庭护卫行动 59c
"敬老节"系列文体活动 74a
敬业奉献模范 348b
张之道 348b
朱光荣 349a
杨明玉 349a
李赞阳 349a
李建华 349a
九三学社楚雄市委 132c
"九校楚合作"项目工作 77b
救灾工作 308a
救灾资金及物资监管 110c
就业再就业工作 304a
局部工程验收 180c
卷烟厂经济指标 193c
卷烟厂企业文化建设 194b
卷烟厂易地搬迁技改项目建设 194a
卷烟设备管理 194a
卷烟生产 193c
卷烟生产安全管理 194a
卷烟生产概况 193c
卷烟销售 193a
卷烟销售概况 193a
决议决定 89b
军队转业干部安置 110a
军 事 135
军事业务训练 138a

K

卡拉 OK 版权收费工作 274c
开发投资 154b
勘察和设计 224a
看望慰问易地安置离休干部 73c
"抗大旱、保民生，调纠纷、保稳定"工作 143a
抗旱保教和抗震救灾 261b
抗旱保畜 174c
抗旱工作 255a
抗旱救灾 139b 179b
抗旱救灾地下找水打井突击行动 155a
抗旱救灾卫生应急 290b
抗旱救灾宣传 281c
抗震救灾卫生应急 290b
抗震设防要求管理 253b
考试服务 273c
烤烟生产管理 191b
科技成果 250b
科技成果管理 250b
科技工作概况 246a
科技活动周 249b
科技抗旱 248b
科技社团管理 251c
科技项目管理 246c
科技项目申报 246b
科技协会 251c

科技信息征集报送 250a
科技运用 248a
科技综述 246a
科普宣传 249b
科协工作概况 251c
科学编制“三个规划” 155b
科学技术 246
科研活动 247a
课题研究及管理工作 272a
孔垂柱 30a
控告申诉检察 146a
库区工作概况 180a
库塘蓄水 179c
矿产资源开发整合 155c
矿山地质环境恢复治理 156a
矿政管理 155c
昆钢奕标新型建材有限公司 188b
昆交会参展情况 200a
昆明大理楚雄三地老年书画联展 285c
昆明理工大学楚雄应用技术学院概况 271a
昆明理工大学楚雄应用技术学院联合办学 271b
昆明理工大学楚雄应用技术学院学生技能培养 271b
昆明新知（楚雄）图书城 283c
扩大网络覆盖 127a

L

劳动保障工作 306c
劳动合同签订 306c
劳动和社会保障概况 303c
劳动就业和社会保障 303c
劳动能力鉴定 306c
劳动者报酬收入增长 302a
老拨云堂药业有限公司 197b
老干部工作 73b
老干部构成概况 73b
老干部活动中心 74b
老年大学工作 74b
李纪恒 28a
李　江 28b
李连杰 215a
理论武装工作 74c
联合执法检查 278a
联络交往 105b
廉洁自律工作 124a
良种良法推广 173b
粮食安全保障体系建设 201c
粮食高产示范区创建 248a
粮食流通 201b
粮食流通工作概况 201b
粮食行政首长负责制 201c
粮油质量安全 202b
“两会”宣传报道 281b
“两基”迎国检工作 265b
林产工业 190a
林产工业概况 190a
林化产业发展 190b
林　业 176c
林业工作概况 176c
林业抗旱减灾 176c
临时勤务 139a
领导班子和干部队伍建设 56c
领导干部报告个人有关事项公示工作试点 124b
领导视察 27b
刘尧汉教授90华诞座谈会 257b
流动人口计生服务管理 303b
“六一”儿童节庆祝活动 117b
龙发制药有限公司 197a
禄丰腊玛古猿化石产地遗址保护 213b
禄丰世界恐龙谷新建设 214a
禄丰土官桃花节 217a
禄丰县 340
地理位置 340a
行政区划 340a
人口民族 340a
自然概貌 340b
资源特产 340b
经济状况 340c
教科文卫 341b
社会生活 341c
《智慧树》栏目走进禄丰 342a
“2·25”地震 342b
世界恐龙谷二期项目动工 342b
“云南美德少年”颁奖仪式 342c
全省“三下乡”集中示范工作 342c
乡（镇）领导名录 342
乡（镇）情况一览表 343
禄丰县恐龙文化旅游节 217c
禄丰县人武部 136c
禄丰与元谋交界发生地震 253a
路政管理 204c
路政管理概况 206a
路政规范管理 206c
旅客运输管理 205a
旅游安全组合保险 211c
旅游促销团赴省内外促销 216b
旅游饭店服务技能大赛 212a
旅游接待 214c
旅游接待概况 214c
旅游小镇建设 223a
旅游业 211
旅游业概况 211a
旅游业协会旅游餐饮美食分会成立 211b
旅游业综述 211a
律师业务 149a
绿色创建活动 60b
绿色上网专区建设 274c
绿色食品加工 175c
罗正富 28a

落实惠农政策　173c
落实强农惠农政策　172a

M

慢性非传染性疾病防治　292c
矛盾纠纷排查化解　85a
煤矿安全隐患治理　185b
煤矿工业发展概况　185a
煤矿瓦斯治理　185b
煤炭安全监管　185a
煤炭从业人员培训教育　185b
煤炭工业　185a
煤炭资源整合　185b
民革楚雄市委　131a
民建楚雄州委　130b　130c　131a
民进楚雄州委　129c　130a　130b
民盟楚雄市总支　131c
民商事审判　147c
民事行政检察　146b
民　政　307c
民政工作概况　307c
民主党派　128
民主党派工商联工作　77c
民主党派工作座谈会　77b
民主党派制度建设　57c
民　族　297
民族代表人士迎新春座谈会　297a
民族机动金管理　298b
民族健身操教练员培训　300c
民族教育　299c
民族教育概况　299c
民族经济　298b
民族理论政策培训班　297a
民族旅游餐饮文化产业规划研究　212b
民族体育　300a
民族团结报告会　297c
民族团结创建活动　297c
民族团结示范乡村建设　297b
民族文化　298c
民族文化宣传工作现场会　299b
民族综述　297a
名牌战略　164c
明德小学建设项目　116c
命名表彰“和谐宗教活动场所”　314c
牟定风电场项目研发　247b
牟定县　321
　地理位置　321a
　行政区划　321b
　人口民族　321c
　自然概貌　322a
　资源特产　322a
　经济状况　322b
　教科文卫　322c
　社会生活　322c
　风屯风电场开工仪式　323a
　县人民医院建院70周年庆典　323b
　乡（镇）领导名录　323
　乡（镇）情况一览表　323
牟定县人武部　136b

N

内贸流通概况　199b
南华县　324
　地理位置　324a
　行政区划　324a
　人口民族　324a
　自然概貌　324a
　资源特产　324b
　经济状况　324c
　教科文卫　325b
　社会生活　325b
　廉租房建设　325c
　县民族中学建设　325c
　龙山水库工程　325c
　县中医院建设项目　326a
　乡（镇）领导名录　326
　乡（镇）情况一览表　326
南华县“班班通”建设试点　273a
南华县人武部　136b
南华野生菌美食文化节　217b
能源审计工作　184c
倪慧芳　30b
年度关注　31a
年鉴论坛　42
农产品质量安全　172a
农村初中校舍建设　262b
农村房屋所有权证　225c
农村公路建设　204a
农村环境综合整治　228a
农村基层文化阵地建设　276b
农村经济概况　171a
农村经济综述　171a
农村经营管理　172b
农村居民家庭经营收入　302a
农村居民人均纯收入　302a
农村居民生活水平提高　302b
农村居民生活住房条件改善　302b
农村劳动力文化水平程度提高　302a
农村劳动力转移就业　56a
农村社会养老保险　306b
农村数字电影放映　279a
农村危房改造　223c
农村药品“两网”建设　195c
农村义务教育经费保障机制改革　262c
农村饮水安全项目建设　178a
农村综合改革　231c
农工党楚雄州委　128a　129a　129b
农函大科技培训　252b
农机安全监管　175a
农机登记管理与检验　175b
农机服务　175a
农机工作概况　174c

农机购置补贴 175a
农机技术培训 175b
农机技术示范推广 175c
农家书屋发行配送 283b
农家书屋建设 283a
农民专业合作组织工作 252a
农民专业技术职称评定 252b
农 业 171
农业产业化经营 171c
农业产业化示范基地建设 248b
农业机械化 174c
农业抗旱 171a
农业科技推广 171b
农业信息化建设 172b
农业执法 172b
农作物病虫害防治 173a
女领导干部联谊会联谊活动 128c
女性人才队伍建设 117b
女职工工作 126b

P

派出纪工委建设 124b
潘家华 29c
盘龙云海药业有限公司 197a
培育创新型农业龙头企业 249a
批准《楚雄州人民政府机构改革方案》的决定 90c
普法和依法治理 148b
普通高中教学管理和指导 271c

Q

78355 部队 137a
“7·09”地震恢复重建 223c
“七彩云南风情楚雄广东行”宣传活动 216c
其他移民工作 312b
企事业单位工作人员履职考核 109b
企业党建 82c
企业党建工作会 82c
企业党务干部培训班 83c
企业清洁生产 184c
企业文化建设 83c
气象基础设施建设 255c
气象监测与预报 254b
气象科技服务 255b
气象现代化建设 255c
汽车综合性能检测 205c
强制性清洁生产审核 228c
抢险救灾 138c
侨务调研工作 114c
侨务工作 114b
侨务工作概况 114b
青山嘴水库工程建设 180a
青山嘴水库移民搬迁安置扫尾工作 312a
青少年科技教育 252c
轻纺工业 188c
轻纺工业概况 188c
庆祝建校 60 周年 84b
区域经济 56a
全国安全生产大检查 166c
全国第三届老年合唱大赛 73b
全国龙狮大联动系列活动 295a
全国人大代表视察文化旅游业 215a
全国“扫黄打非”工作电视电话会议 278a
全国文物普查通过验收 277b
全民科学素质建设 252a
全省看守所安全管理大检查 142b
全省政府系统工作会议 98c
全省政协外联工作座谈会 119c
全州档案工作暨“双先”表彰会议 284a
全州工商联工作会议 133b
全州老干部工作会议 73b
全州老干部政治理论培训班 73c
全州文物保护培训 277c
全州县（市）人大常委会主任座谈会 88c
全州县域经济发展研究 113c
全州政法工作会议 141a
全州政协工作座谈会 120a
全州综治维稳基层组织建设工作会议 142a
群众团体 125
群众文化 276b
群众性精神文明创建活动 60a

R

燃二化工公司 189b
人才队伍建设 72b
人才交流 109b
人大代表建议办理 104c
人防工程建设 140b
人防工作概况 140b
人防信息化建设 140c
人防宣传教育 140c
人防指挥体系建设 140b
人口管理 143c
人口和计划生育 302c
人口和计划生育工作概况 302c
人口和计划生育奖励扶助 303b
人口和计划生育宣传教育 303a
人口和计划生育依法行政 303a
人口和计划生育优质服务 303a
人口控制 302c
人民调解 148c
人民防空 140b
人民监督员制度试点工作 146c
人民生活 301a
人事变动决定 89b

人事代理和人才派遣　109b
人事管理　108b
人事考试　109c
人事任免决定　89c
人　物　344

S

三生教育　263a
“三下乡”活动　249b
“三项重点工作”推进会议　141b
散杂居少数民族发展　298c
“扫黄打非”专项行动　278c
森林资源保护　61a
商标战略　159a
商贸流通　199b
商贸流通概况　199a
商贸业　199
商贸综述　199a
商务绩效管理　199a
商务接待　107b
商务考察彝州行活动　77a
商业节能减排　200b
少数民族代表人士调查统计　298a
少数民族公务员招录　299c
少数民族农民致富带头人受表彰　298c
少数民族中青年干部培训　299c
社　会　301
社会帮扶　311c
社会保险费征管　236a
社会保险工作　305a
社会福利事业　309a
社会管理创新试点工作　142c
社会化管理服务　307b
社会化消防　139c
社会活动　102b
社会建设　71b　104a
社会救助　310b
社会科学　257
社会科学工作概况　257a
社会科学研究　257b
社会事业投入　231a
社会治安防控体系建设　144a
社会主义核心价值体系建设　59a
社会主义思想道德建设　59a
社科综述　257a
社区矫正　149b
涉密文件清退　80b
深入学习实践科学发展观活动　63c
　基本情况　63c
　主要做法　63c
　主要成效　64c
深入整治用人上不正之风　57a
审　计　162b
审计工作概况　162b
审　判　147a
审判工作概况　147a
审判业务培训　148a
生活饮用水卫生监督　289b
生态建设　104b
生态建设　60a
生态建设重点工程　61a
生态养鱼　180b
生物资源开发　175c
生物资源开发概况　175c
省督查组督查楚雄“三项重点工作”　142a
省级无线覆盖工程建设　280c
省内异地就医联网结算　306b
省人大常委会调研检查和视察　87b
省委督查组检查指导民族工作　298a
省委老干部局到楚雄州调研　74a
省政协视察组　121b
失地农民创业园建设　176b
“十一五”辉煌成就宣传　282a
“十一五”建设成就　224c
石油购销　202b
实施妇女发展项目　128b
实施公共卫生与基层医疗卫生事业单位绩效工资　109a
实施科普惠农兴村计划项目　252c
食品工业　189c
食品工业概况　189c
食品工业主要产品产量　190a
食品监管　163c
食品卫生监督　289b
食品药品应急监管　196a
《食全食美彝州游》公开发行　212c
市场环境优化服务　159b
市场监测管理　199b
市场监管　159b
市政公用行业市场化改革　223b
市政基础设施建设　223a
事业单位管理　109a
视察调研　121b
适用科技培训　173c
收费管理　153b
手持电视开通　280a
首家民间彝族文化博物馆　299a
首届国际彝学高峰论坛　40c
首届“云南美德少年”评选表彰活动　59b
书法·美术·摄影　284c
书法篆刻临作展　285b
舒建新中国画作品展　285a
输油管道泄漏事故处置　228c
双柏县　319
　地理位置　319a
　行政区划　319a
　人口民族　319a
　自然概貌　319a
　资源特产　319b
　经济状况　319b
　教科文卫　320a

社会生活　320b
项目工作　320c
产业培育　320c
乡（镇）领导名录　321
乡（镇）情况一览表　321
双柏县人武部　136a
水　利　177c
水利改革　179c
水利工作概况　177c
水利建设前期规划　178b
水情报汛　256a
水土保持　179a
水土保持监测工作　256c
水文测验　256a
水文服务　256b
水文水资源概况　255c
水文水资源勘测研究　255c
水源工程建设　178a
水政执法　179c
水质监测　256a
水资源状况　256c
税收信息化建设　236c
税收优惠政策　234c
税收征管　234a
税收执法　232c
税务稽查　234c
税种管理　234a
司法工作概况　148b
司法鉴定　149a
司法考试　149b
司法行政　148b
思想建设　80c
思想政治建设　139c
思想政治教育　137c
四项设施建设　138b
饲草饲料推广　174a
“送欢乐、下基层”书画创作笔会　284c
“送欢乐、下基层”慰问活动　40c　275b
素质提升工程　125c
速递物流经营调查　219c
溯源体系建设　174b
孙宝厚　30c

T

台胞抗旱救灾献爱心　115c
台湾佛教慈济慈善事业基金会捐赠物资　116a
台湾南山保险大盟旅行社到楚雄考察　215b
台资企业和台胞台属基本情况调查　116c
太极拳走进西部活动　295c
太阳历文化园建设　214a
钛材加工研发及项目建设　247a
泰康人寿保险楚雄中心支公司　245b
唐仁健　29c
特大干旱抗旱救灾　39a
特大旱灾报道　280a
特色餐饮名店评选　212c
特色蔬菜种植　176a
特色优质烟叶生产　191c
特殊教育　313a
特　载　1
特种设备监管　163c
提案办理　122c
提案工作　122b
提案活动　121a
提案提交　122b
提高失业保险金标准　304c
“体彩杯”楚雄城区元旦穿城赛跑　294c
体　育　294
体育比赛　294c
“体育彩票杯”全州体育系统职工运动会　296a
体育彩票销售　296c
体育产业　296c
体育场馆建设　296b
体育场馆开放成效显著　296c
体育工作概况　294a
体育综述　294a
天利药业有限公司　197c
天然药业　196b
天然药业发展配套政策　196b
铁路运输　209c
统　计　160b
统计调查　161c
统计法制建设　160c
统计方法改革　160b
统计服务　161b
统计工作概况　160b
统计基础建设　161a
统计资料　400
统战工作　77a
统战工作概况　77a
突发公共卫生事件　290a
图　书　282c
图书馆工作概况　282c
屠宰检疫　174b
土地卫片执法　156b
团组织概况　126c
推广施肥新技术　173a
推进新农村建设　172a

W

外贸进出口概况　200b
外事工作　115a
外事工作概况　115a
外事接待　107b
外事接待和管理工作　115b
外事信息工作　115c
外向型特色生物产业　176a

外资利用　201a
完善库区交通　180c
万村千乡市场工程　199c
万名儿童爱眼行动　117b
万名妇女“学科技、创佳绩、促和谐”
　竞赛活动　128b
汪　民　29a
王　晨　30c
王克斌　30c
网吧市场专项整治　274b
危险物品管理　143c
为地方经济社会发展服务　114c
为侨排忧解困　114c
为台胞台属台企服务　116b
为职工办实事　125b
维护妇女合法权益　128c
维护侨益工作　114b
维护消费者合法权益　159b
维权机制建设　125a
卫　生　286
卫生城市创建　293b
卫生工作概况　286a
卫生监测　293a
卫生监督执法　289b
卫生建设项目　287b
卫生行政处罚　290a
卫生行政许可　290a
卫生应急　290a
卫生知识法规培训　290a
卫生专业技术资格考评　287b
卫生综述　286a
文博发展概况 277a
文博展览　277b
文　化　274
文化产业对外宣传　76c
文化工作概况　274a
文化活动　100c
文化旅游重大项目推进情况　214b
文化市场　274b
文化市场监督管理　274b
文化体制改革　274a
文化体制改革实施方案　76c
文化体制改革与文化产业发展　76c
文化先进县（市）复评　276c
文化综述　274a
文明交通三年行动　60a
文物博物　277a
文物征集　277c
文学创作与成果获奖　275c
文艺创作　274c
文艺创作概况　274c
乌东德水电站建设前期工作　312b
污染防治　227b
污染物减排　60a
无偿献血　289a
无线电监测管理　219a
无线电频谱管理　218c
武定牡丹文化旅游节　217a
武定县　338
　地理位置　338a
　行政区划　338a
　人口民族　338a
　自然概貌　338a
　资源特产　338a
　经济状况　338b
　教科文卫　339a
　被列为联合国千年发展目标基金项目
　　试点县　339b
　鑫发托佩克养猪场成为楚雄州养殖
　　基地　339c
　乡（镇）领导名录　339
　乡（镇）情况一览表　340
武定县民族团结宣传专题报告会　298b
武定县人武部　136c
武警楚雄州支队　137c
物价监督管理　153a
物价监督管理工作概况　153a

X

县级档案馆库房建设项目启动　284b
县级社科联组织建设　257a
县（市）党史工作业务指导　259b
县（市）概况　315
县（市）新闻”宣传专页　282a
现代教育技术发展　273a
现代烟草农业建设　191c
“乡村流通工程”人才培训　201b
乡村流通网络体系建设　201a
乡村旅游培训　212c
乡村旅游特色村建设　211a
乡村文化产业发展　277a
乡镇企业　167a
乡镇企业发展概况　167a
享受国务院政府特殊津贴人员名录　367
享受云南省政府特殊津贴人员名录　368
项目开发和央企入滇项目提报
　工作　157a
项目申报和管理　176b
项目投资　153a
消防工作概况　139b
消防宣传教育　140a
孝老爱亲模范　349b
　白家文　349b
　黎家荣　349b
　朱福翠　349b
　张翠秀　349b
　郑永芬　350a
校园安全保卫督促检查　142a
校园文化建设　263a
校园足球活动　296b
新华书店成立 60 周年活动　283b
新华书店多元化经营　283b
新华书店图书销售　283a

新农村建设指导员工作 73a
新农村省级重点建设村工程建设 56b
新世纪中药饮片有限公司 197c
新闻出版 277c
新闻出版业概况 277c
新闻人物 344
李开斌 344a
李彩林 344a
晋晓琴 344b
蔡红梅 345a
普艳喜 345a
何 金 345b
袁美珍 345b
徐永芬 346a
信贷扶贫 311b
信访工作 84c
信访工作概况 84c
信访举报 124b
信访与告诉申诉 148a
信息产业 218
信息产业综述 218a
信息法规宣传 218a
刑事审判 147a
刑释解教人员安置帮教 149b
行政复议 112c
行政后勤保障工作 118b
行政监察 110a
行政审判 148a
行政审批清理 58b
行政问责 110c
行政行为监督管理 58c
畜产品质量检测 173c
畜牧项目争取 173c
畜牧业 173b
畜牧业概况 173b
畜牧执法 174c
畜禽品种改良 173b
宣传促销 215c
宣传促销工作概况 215c
宣传工作 310c
宣传工作 74c
宣传工作概况 74c
学会发展与管理 257a
学科教学竞赛及研讨活动 272a
学前教育规模扩张 265c
学术活动 252a
学校安全管理 262b
学校卫生监督 289b
巡视工作 124b

Y

亚洲政党扶贫专题会议代表参观考察 215b
烟草农业生产合作社经营 192b
烟草生产 191b
烟草生产风险防范 192c
烟草生产基地单元规划建设 192c
烟草生产专业化服务 192c
烟草业 191
烟草育苗大棚装置获专利 193b
烟草专卖 191a
烟草专卖管理 191a
烟草专卖经营 191a
烟叶生产基础设施建设 192b
烟叶收购 192a
严格执行税收政策 234c
阳光青少年体育活动 296b
杨保健 30a
杨应楠 28c
养殖监管 174b
姚安县 327
地理位置 327a
行政区划 327a
人口民族 327a
自然概貌 327a
资源特产 327b
经济状况 327b
教科文卫 328b
社会生活 328b
教育园区建设 328c
县城东片区一期开发建设 328c
第二批县级非物质文化遗产保护项目 328c
乡（镇）领导名录 329
乡（镇）情况一览表 329
姚安县人武部 136b
药品抽验 196a
药品监管体制调整 196a
药品经营 198a
药品经营企业概况 198a
药品生产 197a
药品生产监管概况 195a
药品市场监督 195b
冶金矿产业 187a
冶金矿产业概况 187a
“一书三证”核发管理 222c
医患纠纷人民调解机制建立 287b
医疗服务和医药购销督查 111a
医疗机构卫生监督 289c
医疗事业 290c
医疗事业概况 290c
医疗责任保险制度建立 287c
医学会工作 287b
医药工业概况 196b
医药企业技术改造 196b
医药卫生体制改革 287c
医药卫生重点改革 288a
医药行业协会常务理事会 197a
医药业 195
医药综述 195a
移民安置 180a
移民工作 312a
移民工作概况 312a

彝人古镇建设 214a
“彝州传统菜、创新菜”大赛 212c
《彝州手机报》改版创新 282b
彝族文化科学研究 258b
彝族文化“五个一百”工程 257c
彝族文化研究 257b
彝族文化应用研究 258a
彝族医药体系建设 196c
艺术表演 276a
艺术表演概况 276a
艺术展览 275c
议案和建议办理 91a
异常监测 253c
疫苗接种 292b
疫情报告 291c
因公出国（境）管理 115a
引进智力 108c
引团入楚旅行社受奖 211b
营造创业环境 158c
拥政爱民 139a
永仁县 332
地理位置 332a
行政区划 332a
人口民族 332a
自然概貌 332b
资源特产 332c
经济状况 332c
教科文卫 333b
社会生活 333b
楚雄州首个农村环境综合整治村建成 333b
打造永仁太阳城 333c
乡（镇）领导名录 334
乡（镇）情况一览表 334
永仁县人武部 136c
优抚安置及拥军优属 309b
优化纳税服务 236c
优势农产品基地建设 172c
优秀剧（节）目获奖 276a
优秀卷烟工厂创建 193c
优秀民营企业家受表彰 298c
邮集及邮品宣传 220a
邮　政 219a
邮政服务概况 219a
邮政服务流程及质量管理 220b
邮政经营 219b
邮政人力资源管理 220a
油茶采穗圃及苗木培育基地建设及开发 247c
有色金属 187a
有线电视数字化整体转换 280b
舆论引导工作 75a
预防艾滋病母婴传播 293c
预防道路交通事故 150a
元谋县 334
地理位置 334a
行政区划 334a
人口民族 334b
自然概貌 334c
资源特产 335a
经济状况 335a
教科文卫 335c
社会生活 336b
元谋人博物馆暨元谋体育馆建成开馆 336c
特大洪涝灾害 336c
乡（镇）领导名录 337
乡（镇）情况一览表 337
元谋县发现清代彝汉文古墓碑 299b
元谋县人武部 136c
元谋县首届基督教运动会 314b
元谋新华浪巴铺土林景区建设 214b
园区建设 156c
云开电气集团有限公司 187c
云南大姚机械配件厂 188a
云南东骏药业有限公司楚雄分公司 198c
云南嘉宏纺织集团有限公司 188c
云南剑华药业有限公司 198b
《云南经济日报·楚雄经济》 282c
云南久泰药业有限公司楚雄分公司 198c
云南康瑞德医药有限公司 198a
云南岭东印刷包装有限公司 188c
云南省城镇特色规划研讨暨武定县特色规划论证会 222a
云南省第八届五人制足球赛楚雄赛区比赛 296b
云南省花灯艺术周 41b
云南省民主党派工商联社会服务工作研讨会 77c
云南省农村信用社楚雄办事处 242a
云南省足球业余联赛楚雄赛区比赛 296a
云南省“做一个有道德的人”主题夏令营活动 59b
云南太阳鸟药业有限公司楚雄分公司 198c
“云审工程”建设 163a
云中制药有限公司 197b
孕产妇与儿童保健 293c
运输安全管理 205c
运输管理 204b
运输审批管理 205a
运输业概况 204b
运政稽查 205b

Z

战备训练 135a
张云华书法作品展 285b
招标投标管理 224b
招商引资 156b
招商引资概况 156b

招商引资工作　116b
招商引资激励机制　157c
招商引资项目推介会　77a
招生工作　273a
招生工作概况　273a
召开楚雄州十届人大六次会议的决定　90c
侦查监督工作　145b
赈灾工作　310a
震情会商　253c
争取上级扶持资金　167b
政策研究　78b
政法工作概况　141a
政法委员会　141a
政风行风建设　111b
政风行风热线工作　111b
政府部门工作会议　95b
政府采购工作　118b
政府法律服务　113a
政府法制　111c
政府法制工作概况　111c
政府法制监督　112b
政府机构改革　107b
政府门户网站管理　218a
政府四项制度建设　57c
政府网站建设及信息公开　218b
政府信息系统安全检查　218c
政府信用建设合作项目　154b
政务督查　104b
政务督查和建议提案办理　104b
政务和公益中文域名注册管理工作　108b
政务活动　100b　120a
政协楚雄州八届四次会议　119a
政协楚雄州委员会　119
政协楚雄州委员会常委会议　119a
政协委员提案办理　105a
政　治　66
政治建设　56c　70c　103c
政治理论宣讲　84b
政治理论研究　84a
支农投入　231a
知识产权保护宣传　249c
知识产权管理　246c
知识产权培训　250a
执法大比武活动　165a
执法监察　110b　156a
执法检查　88a
职工文体活动　126a
职务犯罪预防工作　146c
职业教育　267c
职业教育概况　267c
职业危害　166c
职业卫生监督　289c
职业中毒卫生应急　290b
制度建设　81c　117c
治安整治专项行动　143c
治理教育乱收费　111a
治理商业贿赂　110b
治污项目建设　223b
质量安全　180b
质量技术监督　163a
“质量兴州”战略　164b
“质量月”活动　164c
致公党楚雄市支部　132b
中低产林改造　177a
中低产田地改造　56b
中共楚雄党史网站更新和管理　259a
中共楚雄州纪委　122
中共楚雄州纪委七届五次全会　122a
中共楚雄州委　66
《中共楚雄州委年鉴》出版发行　259a
中共党史学会学术研讨活动　259b
中国大地财产保险楚雄支公司　245b
中国电信楚雄分公司　220c
中国工商银行楚雄分行　239c
中国国际旅游交易会　216c
中国建设银行楚雄州分行　242b
中国联通楚雄分公司　221b
中国农业发展银行楚雄州分行　241a
中国农业银行楚雄分行　240c
中国人民财产保险楚雄州分公司　245a
中国人民健康保险楚雄中心支公司　245c
中国人民银行楚雄州中心支行　238a
中国人寿保险楚雄分公司　245b
中国太平洋财产保险楚雄中心支公司　245b
中国移动楚雄分公司　221a
中国银行楚雄州分行　242c
中国银行业监督管理委员会楚雄监管分局　237a
中国邮政储蓄银行楚雄州分行　243b
中华彝族文化学派创建30年座谈会　257b
中石化楚雄石油分公司　202c
中石油楚雄销售公司　202b
中小型病险水库除险加固工程完工　179a
中小学区域布局调整　262a
中小学校舍安全工程　261c
中药材种植基地建设　196c
中药材种植技术推广　248b
种植业　172c
种植业概况　172c
重大动物疫病防控　174a
重大国情国力调查　161b
重大决策听证　58c
重点产业建设　55c
重点产业专题招商　157a
重点工程用地服务　155b
重点工作成效　127b
重点公路建设　203c
重点公路项目建设前期工作　203b

重点疾病预防控制　291c
重点课题研究　78c
重点文物保护单位维修工程验收　277b
重点污染防治项目　228a
重点项目建设　224c
重要会议
66a　85a　94a　119a　122a
重要活动　68a　87b　99b　120a
重要决策　70c
重要决策和部署　103b
重要文稿起草　78b
州工商联（商会）三届四次执委（扩大）会议　133a
州工商联四川广安商会　133b
州光彩事业促进会换届　133b
州广播电视传媒公司成立　279c
州广播电台第二套节目扩大覆盖工程　280c
州级电影单位体制改革　279b
州级科技成果奖励项目　250b
州级文化体制改革　76c
州级政法部门和军事机关迁建工程规划　222b
州人大常委会调研审议体育工作　294a
州人大常委会各工委工作会议　88b
州人民政府顾问　114a
州人民政府专家咨询委　114a
州委部门工作会议　68c
州委常委会议　66b
州委理论中心组学习会议　67c
州委企业工委系统创先争优活动　83a
州委全体会议　66a
州政协视察调研工作　121c
州直机关党组织概况　80c
州直学校（学院）第八届教职工运动会　295b
住房分配货币化　225c
住房公积金管理　167b
住房公积金管理概况　167b
住房公积金归集使用　167c
住房公积金信息化管理　168a
住房公积金业务建设　167c
住房规划编制　225c
住宅专项维修基金　225c
助人为乐模范　346a
王跃斌　346a
倪宏先　346a
李俊芬　346b
刘大才　347a
王荣生　347a
驻楚部队　137a
抓好理论武装　126c
专题活动　89a
专项社会事务管理　309c
专项审计情况　162b
专项助残活动　313b
专业化分级散烟收购试点　192a
专业技术人才培养管理　108c
专业技术职务评聘　108c
资金调度　154b
紫溪山旅游区荣升AAA级旅游区　212a
宗教工作概况　313c
宗教事务　313c
综　述　52
综治暨政法机关社会管理创新工作推进会　142c
综治维稳、铁路护路“宣传月”　141b
组织地厅级老干部参观考察　74a
组织工作　71b
组织机构及领导名录　352
组织建设　81a
“做一个有道德的人”主题班会竞赛活动　59c

保护自然　关爱家园

Conservation Care homes

中共楚雄州委宣传部
楚雄州地方志办公室
楚雄州工商行政管理局

扶贫开发

①

②

③

帮助贫困地区尽快脱贫致富，历来是州委、州政府重中之重的工作。10年来，州委、州政府始终坚持“政府主导、社会参与、自力更生、开发式扶贫”的方针，瞄准最贫困的人、最贫困的村，实行扶贫工作党政一把手负责制，层层落实扶贫工作责任制，积极探索创新扶贫开发机制和方式，在全州组织实施千村扶贫整村推进“988”工程、产业扶贫、易地搬迁、信贷扶贫、社会扶贫、外资扶贫、贫困地区劳务输出等扶贫工程。全州累计投入各项扶贫资金56.48亿元，实施了3个少数民族特困乡综合扶贫项目，扶持了87个重点贫困行政村，建设了238个温饱村，完成3640个扶贫整村推进项目，培训贫困地区劳动力608万人次，组织输出贫困地区劳动力61万人次，建成基本农田地92.7万亩，解决了102.18万人、66.88万头大牲畜饮水困难；建设村组公路3296千米，农村公路通车里程达14817千米；1037个村居委会通电，14650个村民小组进行了农村电网改造，55.13万户农户受益；建设沼气池16.97万口，4.66万户人家用上了节能灶，安装太阳能热水器32.6万平方米；发展经济林果200万亩，带动7.5万户农户增收。

10年来，在全州103个乡（镇）累计发放到户扶贫贷款18.57亿元，扶持扶贫龙头企业500多个，扶持发展种植业、养殖业、加工业等1000多个产业扶贫开发项目，358065户贫困农户得到扶持；实施大规模易地扶贫搬迁13008户、转移安置贫困人口53314人，建成集中安置点126个；使一批丧失生存条件的贫困群众，实现了“搬得出、稳得住、能致富”的目标；167个国家、省、州级机关企事业单位，33名州级领导和903个县（市）机关企事业单位挂钩扶贫全州10县（市）502个贫困村，36539名党员干部与34303户贫困农户结对帮扶，引进